Corrigenda

Lies

Seite 1, Zeile 11: Kaisareia

Seite 2, Zeile 13: Ἐκκλησιαστικὴ ἱστορία

Seite 35, Zeile 10: σύγγραμμα

Seite 37, Zeile 29: εἰς τὴν ἑξαήμερον

Seite 39, Zeile 17: – und das,

Seite 49, Zeile 11: Ἐξηγητικά

Seite 51, Zeile 17: σύγγραμμα

Seite 59, Zeile 16/17: ἐπιστολὴ πρὸς Φάβιον

Seite 101, Zeile 33: perseverare

Seite 310, Anmerkung 803: nach 233 gepredigt

Seite 514, Zeile 8-10: Alain Le Boulluec

MEIKE WILLING

EUSEBIUS VON CÄSAREA ALS HÄRESEOGRAPH

PATRISTISCHE TEXTE UND STUDIEN

IM AUFTRAG DER

PATRISTISCHEN KOMMISSION

DER AKADEMIEN DER WISSENSCHAFTEN
IN DER BUNDESREPUBLIK DEUTSCHLAND

HERAUSGEGEBEN VON

H. C. BRENNECKE UND E. MÜHLENBERG

BAND 63

WALTER DE GRUYTER · BERLIN · NEW YORK

EUSEBIUS VON CÄSAREA
ALS HÄRESEOGRAPH

VON

MEIKE WILLING

WALTER DE GRUYTER · BERLIN · NEW YORK

∞ Gedruckt auf säurefreiem Papier,
das die US-ANSI-Norm über Haltbarkeit erfüllt.

ISBN 978-3-11-019572-9
ISSN 0553-4003

Bibliografische Information der Deutschen Nationalbibliothek

Die Deutsche Nationalbibliothek verzeichnet diese Publikation in der Deutschen
Nationalbibliografie; detaillierte bibliografische Daten sind im Internet
über http://dnb.d-nb.de abrufbar.

Printed in Germany
Einbandgestaltung: Christopher Schneider, Berlin

Vorwort

Die Kirchengeschichte des Eusebius von Cäsarea († ca. 340) hat unser heutiges Verständnis der Alten Kirche in vielerlei Hinsicht geprägt. Für sein umfassendes Werk konnte Euseb auch auf älteste, heute zum Teil nicht mehr oder nur bruchstückhaft erhaltene Quellen zurückgreifen. Die hier präsentierte Untersuchung widmet sich Eusebs schriftstellerischem Wirken. Anhand des Umgangs mit seinen Vorlagen analysiert sie sein Verständnis von Häresie und Orthodoxie, das ein zentrales Thema in Eusebs *historia ecclesiastica* darstellt, das in der Forschung bislang aber kaum Beachtung fand.

Die vorliegende Arbeit wurde im März 2006 unter dem Titel „Euseb als Häreseograph. Die Häresie in Eusebs Kirchengeschichte" von der Theologischen Fakultät der Georg-August-Universität Göttingen als Dissertation angenommen. Für die Drucklegung wurde sie leicht überarbeitet und durch einen Registerteil ergänzt.

An dieser Stelle gilt es die Personen zu würdigen, die mich beim Zustandekommen dieser Arbeit in vielfältiger Weise unterstützt haben. Mein ganz besonderer Dank gilt Herrn Prof. Dr. Ekkehard Mühlenberg, der diese Arbeit über mehrere Jahre betreut, durch Rat und Tat gefördert und das Erstgutachten erstellt hat. Anregende Hinweise verdanke ich auch Herrn Prof. Dr. Thomas Kaufmann, der das Zweitgutachten anfertigte. Ein herzlicher Dank gilt ebenfalls Herrn Prof. Dr. Jörg Ulrich, Halle, der mein Vorhaben begleitet und durch kritische Gespräche und zahlreiche Denkanstöße bereichert hat.

Frau Dr. Christine Wulf und Frau Dr. Sabine Wehking, Inschriftenkommission der Göttinger Akademie der Wissenschaften, sei für die angenehme Zusammenarbeit in den Jahren 2001–2005 gedankt, die mir mehr bedeutete als nur eine finanzielle Absicherung. Nicht zuletzt durch die Möglichkeit der flexiblen Arbeitsgestaltung wurde mir der zeitliche Freiraum geschaffen, der für die Anfertigung der Dissertation nötig war.

Dank schulde ich auch Herrn Alf Özen, Göttingen, für inspirierende Anfragen und Diskussionen auch über das rein Fachliche hinaus, das Korrekturlesen und die Erstellung der Druckvorlage.

Besonders danken möchte ich meinem Vater, Herrn Gerhard Willing, Hemmingen, der meine Arbeit nicht nur finanziert, sondern das Forschungsprojekt auch mit Interesse und Anteilnahme begleitet hat.

Herrn Prof. Dr. Hanns Christof Brennecke und Herrn Prof. Dr. Ekkehard Mühlenberg gilt stellvertretend für die Patristische Kommission der Akademien der Wissenschaften in der Bundesrepublik Deutschland mein Dank für die Aufnahme der vorliegenden Untersuchung in die Reihe „Patristische Texte und Studien".

Göttingen, im Februar 2008   Meike Willing

Inhalt

Einleitung

1. Forschungsstand: „Euseb und die Häresie"

In der Forschung wurde die Thematik „Euseb und die Häresie" bislang unter zwei unterschiedlichen Aspekten behandelt.

Zum einen findet das Thema Beachtung, wenn *Euseb und seine Arbeit* selbst im Zentrum der Betrachtung stehen. Da Euseb „die Person, die Zahl und die Zeit derer, die sich aus Neuerungssucht zu den schlimmsten Irrtümern hinreißen ließen" (h.e. I 1,1), als eines der sechs zentralen Themen seiner Kirchengeschichtsschreibung bestimmt, wird die Häresiethematik in den Analysen zur eusebianischen Kirchengeschichtsschreibung diskutiert. So gliedert beispielsweise Grant seine Schrift „Eusebius as Church Historian" entsprechend der von Euseb genannten Themen und widmet der Häresiethematik ein längeres Kapitel.[1] Auch in Euseb-Biographien wie der von Winkelmann, Euseb von Kaisarea, wird die Häresiethematik aufgegriffen, nimmt jedoch eine eher marginale Rolle ein.[2]

Weiterhin findet sich das Thema „Euseb und die Häresie" auch in Euseb-Monographien, die sich anderen Themen verpflichtet sehen: Barnes, Constantine and Eusebius, geht insbesondere bei der Gesetzgebung Konstantins gegen die Häretiker auf die Haltung Eusebs zur Häresie ein. Ulrich, Euseb und die Juden, analysiert Eusebs Verhältnis zum jüdischen Volk und thematisiert in diesem Zusammenhang auch die judenchristlichen Häresien.[3]

Der zweite Kontext, in dem die neuere Forschungsliteratur auf die Frage „Euseb und die Häresie" zu sprechen kommt, sind die diversen Versuche einer historischen Rekonstruktion *einzelner Häresien* oder *häreseologischer Konzeptionen* des vorkonstantinischen Christentums. Gerade bei der Eruierung der theologischen Positionen einzelner Häretiker, deren Ansichten aufgrund polemischer Verzeichnung ihrer Gegner oftmals schwer bestimmbar sind, kommt Euseb eine prominente Rolle zu, da er in seiner Kirchengeschichte einige frühe, heute nicht mehr erhaltene Quellen

---

[1]   Grant, Eusebius as Church Historian, chapter VIII. The third theme: heretics. Vgl. auch die anderen Analysen zur eusebianischen Kirchengeschichtsschreibung, wie Mühlenberg, Geschichte; Nigg, Kirchengeschichtsschreibung.

[2]   Vgl. Wallace-Hadrill, Eusebius of Caesarea; Winkelmann, Euseb von Kaisareia.

[3]   Vgl. Barnes, Eusebius and Constantine; Ulrich, Euseb und die Juden; Twomey, Apostolikos Thronos.

überliefert. Hier stehen also eher Eusebs Quellenvorlagen als seine eigenen Ausführungen zur Häresie im Zentrum des Interesses.[4]

Nicht anders verhält es sich bei Forschungsarbeiten, deren Ziel die Rekonstruktion häreseologischer Ansätze aus voreusebianischer Zeit ist, z. B. derjenigen des Justin, des Irenäus oder des Hegesipp. In diesen Untersuchungen wird die eusebianische Kirchengeschichte bisweilen mit betrachtet, sozusagen als Schlußpunkt einer Entwicklungslinie. Im Vordergrund stehen jedoch die früheren Häreseologen und ihre argumentative Auseinandersetzung mit der Häresie. Da Euseb zunächst auch häreseologisch nicht originell erscheint, bleibt er meist nur am Rande erwähnt.[5]

Aus den genannten Gründen scheint es sinnvoll und lohnend, das Verhältnis Eusebs zur Häresie einmal selbst zum Gegenstand einer Untersuchung zu machen. Die Schwierigkeit für ein solches Unterfangen liegt allerdings darin, daß Euseb an keiner Stelle seiner Ἐκκλησιαστικὴ ἱστορία (h.e. I 1,1; I 5,1; II 1,1; VII praef.; X 1,2) direkt über diese Thematik reflektiert, sondern die Geschichte der Häresie in 26 Einzelhäresien entfaltet. Der erste Häretiker Simon Magus (h.e. II 1,10–12; II, 13–14) trat nach Darstellung Eusebs zur Zeit der Apostel auf, Mani, der letzte Häretiker, wirkte unter Diokletian (h.e. VII 31). Eusebs Ansichten über die Häresie müssen aus seinen Häresiedarstellungen in Buch II bis Buch VI rekonstruiert werden.

Ein besonderes Spezifikum der eusebianischen Häresiedarstellung sei vorweg genannt. In seiner Kirchengeschichtsschreibung geht Euseb gegen die Häresie nicht argumentativ vor. Er selbst widerlegt keine einzige Häresie. Auch finden sich keine Reflexionen, welche (indirekt) die Fehlerhaftigkeit einer Häresie aufzeigen sollen.

Euseb setzt die Falschheit einer häretischen Lehre apodiktisch voraus, wobei er sich vielfach auf ältere Quellen berufen kann, und stellt die durch andere Häreseologen bereits widerlegten und damit überwundenen Häresien in einen größeren

---

[4]   Vgl. Markschies, Valentinus Gnosticus; Löhr, Basilides und seine Schule; Bardy, Paul de Samosate; Decker, Monarchianer; Greschat, Apelles; Förster, Marcus Magus.

[5]   Analyse der Häreseologien: Hilgenfeld, Ketzergeschichte; Bauer, Rechtgläubigkeit und Ketzerei; Le Boulluec, La notion; Pourkier, L'hérésiologie.
      Während Hilgenfeld die einzelnen Häreseologen analysiert, um hinter aller polemischer Verzeichnung die Lehre des jeweiligen Häretikers zu rekonstruieren, untersuchen Le Boulluec und Pourkier die historische Entwicklung der Häreseologie. Le Boulluec beschreibt die Geschichte der Häreseologie im 2. und 3. Jh. anhand der Entwürfe von Justin, Irenäus, Klemens von Alexandrien und Origenes; Pourkier analysiert die Häreseologie des Epiphanius und verortet sie im Kontext der Häreseologen Justin, Irenäus, Hegesipp und Hippolyt.
      Die Untersuchung der eusebianischen Häreseologie wird sich von den zuvor genannten darin grundlegend unterscheiden, daß sie in „rezipierte Quellen" und „eusebianische Ausführungen" differenziert. Diese abweichende Vorgehensweise ist in der zu betrachtenden Quelle, der h.e., begründet: Wie die Analysen von Le Boulluec und Pourkier zeigen, greifen die Häreseologen Justin, Irenäus, Hippolyt und Epiphanius bei ihrer Darstellung zwar auf Quellen zurück, sie zitieren sie aber nicht, so daß ihre Häresiedarstellung einheitlich erscheint. Euseb hingegen *zitiert* Quellen, unter anderem auch solche, die seiner eigenen Konzeption oder einer anderen eingefügten Quelle widersprechen. Eusebs Quellenrezeption nötigt zu einer differenzierten Betrachtung von eusebianischer Formulierung und Quellenzitat.

geschichtlichen Zusammenhang. Er weist den Häresien und dem Phänomen Häresie generell den ihnen entsprechenden Ort innerhalb der Kirchengeschichte zu. Damit ist Euseb streng genommen nicht mehr als Häreseologe anzusprechen, sondern als Häreseograph, der das ihm überkommene Quellenmaterial nach bestimmten Gesichtspunkten auswählt und zu einem Ganzen zusammensetzt. Eusebs Häreseographie zeichnet sich durch eine charakteristische Häresiekonzeption aus, die im folgenden näher analysiert werden soll.

2. Methodische Vorüberlegungen und Aufbau der Untersuchung

Euseb war nicht nur Sammler und Kompilator verschiedenster Traditionen, sondern selbständiger Redaktor und eigenständiger Schriftsteller. Seine Kirchengeschichte ist keine Materialsammlung, keine planlose Addition von Einzeltexten, sondern ein nach bestimmten Gesichtspunkten komponiertes einheitliches Gebilde. „Man muß davon ausgehen, daß die Übernahme eines jeden Zitats genau überlegt und einem großen Plan eingefügt war. So ist von dem heutigen Leser an jeder Stelle die Frage zu stellen, aus welchem Grunde Euseb gerade diese Auswahl, dieses Exzerpt, diese Akzentuierung wählte."[6] Diesem spezifischen Profil Eusebs als Redaktor, Schriftsteller und nicht zuletzt als Theologe soll in dieser Untersuchung im Hinblick auf seine Darstellung der Häresie nachgespürt werden.

2.1 Grundlegende Beobachtungen zur Häresiethematik in der Kirchengeschichte Eusebs als Ausgangspunkt der Untersuchung

Die Analyse der eusebianischen Aussagen zur Häresie gestaltet sich in mehrerlei Hinsicht schwierig. Mit der Aufnahme von Quellen integriert Euseb fremde und ganz unterschiedliche Ansichten in seine Kirchengeschichtsdarstellung. Zumeist dienen diese Zitate der Bestätigung eigener Aussagen. Problematisch werden die Zitate jedoch, wenn sie Eusebs eigener Darstellung oder aber einer anderen aufgenommenen Quelle widersprechen. Anders als alle übrigen in der h.e. behandelten Themen wirkt insbesondere die Häresiethematik inhaltlich unausgewogen, manchmal sogar geradezu diffus. Es ist an vielen Stellen offensichtlich, daß Eusebs Ansicht über die Häresie, ihr Wesen und ihre Entstehung von denjenigen seiner zitierten Quellen abweicht.[7] Zwei Beispiele mögen diese Unstimmigkeiten verdeutlichen:

---

6   Winkelmann, Euseb, 112.

7   Barnes, Constantine and Eusebius, 141, hat allgemein, ohne Angabe eines bestimmten Textbelegs, aus den Unstimmigkeiten zwischen den Quelleneinleitungen/Paraphrasen Eusebs einerseits und

– Betrachtet man die Aussagen über den Zeitpunkt der Entstehung von Häresie, so finden sich verschiedene Datierungsansätze. Euseb geht bei seiner eigenen Darstellung von der Apostelgeschichte aus und datiert die Häresieentstehung mit Simon Magus bereits unter Tiberius. Justin hingegen spricht vom erstmaligen Auftreten eines Häretikers, eben jenes Simon Magus, unter Kaiser Klaudius. Hegesipp und Ignatius datieren die Häresieentstehung noch später in die Zeit Kaiser Trajans: Nach Hegesipp tritt mit Thebutis erstmals das bis dahin nur aus dem Judentum bekannte Phänomen der Häresie auch im Christentum auf; zuvor sei die Kirche noch von der Häresie unbefleckt gewesen. Auch Ignatius geht davon aus, daß die Häresie erst kurz vor seinem eigenen Verbringen nach Rom entstanden ist.[8]

– Euseb zitiert in h.e. V 28,6 eine Streitschrift, die behauptet, der Schuster Theodot habe als erster Christus einen bloßen Menschen genannt. Euseb wiederholt diese These sogar noch einmal in seiner selbst formulierten Quelleneinleitung (h.e. V 28,1). Zwar referiert er damit die Quelle zuverlässig, bringt aber gleichzeitig einige Spannungen in seine eigene Kirchengeschichtsdarstellung, da er in h.e. III 27,2 diese Lehre bereits als Charakteristikum der zeitlich früher anzusiedelnden Ebionäer benannt hatte.

Die Auflistung von Spannungen zwischen Eusebs Darstellung und den zitierten Quellen ließe sich fortsetzen.[9]

Für die Analyse der eusebianischen Position gegenüber der Häresie stellt sich nun die zentrale Frage, welche der Aussagen Eusebs durch seine Quellen bedingt sind und welche Position er bei der Vielzahl unterschiedlicher Meinungen selbst einnimmt. Das Beispiel der Quelleneinleitung zu den Theodotianern weist darauf

---

den Quellenzitaten andererseits geschlossen, daß Euseb einen Schreiber oder Assistenten mit dem Einfügen der Zitate beauftragt hatte und es später unterließ, die Unausgeglichenheiten zu beseitigen. Diese von Barnes nicht begründete Annahme, daß Euseb von Gehilfen unterstützt wurde, läßt sich nicht halten. An gegebener Stelle (Anm. 29) wird auf diese These eingegangen werden.

Diese Arbeit will anders vorgehen und nicht nur die Inkonsistenzen des eusebianischen Werkes auflisten, sondern auch nach Gründen für die scheinbaren Ungenauigkeiten fragen. Es zeigt sich, daß Euseb häufiger, als Barnes dies wohl erwartet, seine Quellen – trotz „sauberer" Zitate – allein durch redaktionelle Mittel inhaltlich modifiziert.

8   Zum Stellennachweis und zur näheren Analyse der Häresiedatierungen vgl. Teil I 3.2.2.4 Von Euseb nicht geteilte Datierungen zur Häresieentstehung.

9   Kornelius von Rom wirft Novatus vor, daß es nur *einen* Bischof in einer katholischen Gemeinde geben könne und daß bereits am angemaßten „Bischofsamt" sein Häretikersein offenbar werde. Euseb hat andererseits jedoch keine Bedenken, in h.e. VII 32,21 davon zu berichten, daß Bischof Anatolius die Gemeinde von Cäsarea zunächst mit Theoteknus gemeinsam leitete. Auch eine Doppelbesetzung des Bischofsstuhls durch Narcissus und Alexander von Jerusalem kennt Euseb (h.e. VI 11,1).

Der Antimontanist lehnt es nach h.e. V 16,20–21 entschieden ab, einen Häretiker als Märtyrer anzuerkennen. Euseb dagegen kann unbefangen in h.e. VII 12 von einer marcionitischen Märtyrerin aus Cäsarea berichten.

hin, daß auch von Euseb selbständig formulierte Aussagen nicht immer seinen eigenen Ansichten entsprechen müssen.

Aus dieser grundlegenden Beobachtung ergibt sich die Notwendigkeit einer strikten Trennung der eusebianischen Aussagen zur Häresie von denjenigen seiner Quellen. Auch die von Euseb selbständig formulierten Textpassagen müssen auf mögliche Vorlagen und Abhängigkeiten hin analysiert werden. Diese grundlegende Differenzierung wird sich auch im Aufbau dieser Untersuchung widerspiegeln: der Teil I wird die voreusebianischen Quellen und ihre Rezeption durch Euseb betrachten, Teil II die eusebianische Häresiekonzeption.

2.2 Zu Teil I: Die Häresiethematik in den voreusebianischen Quellen und die Quellenrezeption Eusebs

Will man Euseb als Schriftstellerpersönlichkeit ernst nehmen, so bietet die differenzierte Betrachtung von eingearbeiteten Quellen und genuin eusebianischen Aussagen einige Vorteile, da sie Raum für die Analyse der eusebianischen Quellenrezeption läßt. Diese setzt jedoch noch einen weiteren Schritt voraus, nämlich eine Untersuchung, welche Quellen Euseb bei der Abfassung seiner h.e. wirklich vorlagen, wobei von einer vor 303 verfaßten Sieben-Bücher-Erstausgabe ausgegangen werden soll.[10]

---

[10] Ohne auf die Revisionen der h.e. im einzelnen eingehen zu wollen, sei auf folgende grundlegende Arbeiten zu dieser Thematik verwiesen: Schwartz (GCS Euseb II/3, lvi–lix; Eusebios) konnte anhand einer Analyse der handschriftlichen Überlieferung zeigen, daß an die einheitlich überlieferten Bücher I–VIII in einer späteren Revision das Buch IX hinzugefügt wurde, an dessen Ende Konstantin-Erlasse standen. Bei der Hinzufügung von Buch X gruppierte Euseb diese nach h.e. X 5–7 um. Die letzte Auflage der h.e. ist gekennzeichnet durch Streichungen, insbesondere durch die *damnatio memoriae* des Licinius.

Aus textkritischen Erwägungen kommt Laqueur, Eusebius als Historiker, zu dem Schluß, daß Euseb anfangs nur eine Erstausgabe mit sieben Büchern konzipiert hatte und das achte Buch nachträglich zum Werk hinzugefügt wurde (so auch zuvor Harnack, Altchristliche Litteratur II/2, 112–114). Hatte Schwartz die Verheißung in h.e. I 1,2 als ursprünglich anerkannt und auf das Toleranzedikt (Eusebios, 1403) gedeutet, so erkennt Laqueur in ihr einen sekundären Zusatz (ebd., 211). Barnes, Editions, 201, geht mit seinen textkritischen Erwägungen weiter und sieht alle Bezugnahmen auf die Verfolgung von 303–311 (h.e. I 1,2; VII 11,26; 30,22; 32,1.4.22–23.25. 28–29.31), auf die *Apologie für Origenes*, auf das *Leben des Pamphilus* (h.e. VI 23,4; 32,3; 33,4; 36,4) und die Passage über Porphyrius, *Gegen die Christen* (h.e. VI 19,2–8) als sekundär an. Grant, Eusebius as Church Historian, 10–21, versucht auch in den ersten sieben Büchern der h.e. mehrere Überarbeitungen aufzuzeigen.

Während sich über lange Zeit die Annahme einer Sieben-Bücher-Erstausgabe durchgesetzt zu haben schien (Twomey, Apostolicos Thronos, 13–16 [1982]; Winkelmann, Euseb, 108.189 [1991]), melden sich in jüngerer Zeit wieder Forschungsmeinungen, die an der Acht-Bücher-Erstausgabe festhalten wollen, vgl. Louth, Date (1990). Bourgess (1997), Dates and Editions, geht sogar noch weiter und behauptet, daß die Bücher VII bis IX – ausgenommen das heutige Buch VIII – aus einem Guß sind und für die Ausgabe von 313/314 verfaßt wurden.

2.2.1 Euseb bekannte Schriften

Euseb nennt in der h.e. eine Vielzahl ihm angeblich vorliegender Quellen. Doch nicht alle namentlich aufgezählten Schriften lassen sich auch als von Euseb gelesen nachweisen; vielfach scheint er nicht mehr als den ungefähren Titel einer Schrift zu kennen. Daher wird die Gruppe der von Euseb in der h.e. genannten Quellen differenziert werden müssen in ihm nur dem Titel nach bekannte Schriften und diejenigen, die Euseb wirklich gelesen und rezipiert hat.

Nur wenn sich nachweisen läßt, daß Euseb eine Schrift selbst gelesen hat, kann seine Quellen- und Stoffauswahl näher analysiert werden. Erst anschließend kann die Frage erörtert und sinnvoll beantwortet werden, welche Inhalte, Motive und Traditionen Euseb für seine Darstellung aufnimmt oder ausläßt. Daher wird in einem ersten Schritt (Teil I 1) zu klären sein, welche Quellen Euseb wirklich aus eigener Lektüre kannte.

Für die Unterscheidung in ‚gelesen‘ und ‚ungelesen‘ sind vorab Kriterien zu entwickeln, an denen auszumachen ist, daß Euseb eine Schrift gelesen hat.

Als Euseb aus eigener Lektüre bekannt wird eine Schrift dann einzuschätzen sein, wenn er aus ihr zitiert oder glaubwürdig ihren Inhalt referieren kann.[11] Dafür unerheblich ist zunächst die Frage, ob die zitierte Schrift auch anderweitig erhalten oder bei Euseb unikal überliefert ist.

Während sich bei einer erhaltenen Schrift die Kenntnis Eusebs recht schnell überprüfen läßt, muß bei einer unikal überlieferten Quelle sehr genau geprüft werden, ob Eusebs Angaben auf der Lektüre des Werkes beruhen. Sofern er detaillierte

---

Da die Häresiethematik nur in den ersten sieben Büchern begegnet, ist es – von der Datierung der ersten sieben Bücher abgesehen – für diese Untersuchung irrelevant, ob die Erstausgabe der h.e. in sieben oder acht Büchern erfolgte. In Teil I werden nur diejenigen Schriftsteller und ihre literarischen Erzeugnisse auf ihre Kenntnis bei Euseb hin untersucht, die auch in den ersten sieben Büchern genannt werden. Für die Frage, welche Schriften bei Euseb als bekannt vorausgesetzt werden können, soll die früher als die h.e. anzusetzende *Chronik* Eusebs zur Kontrolle der Untersuchungsergebnisse hinzugezogen werden. Auf zeitgleich mit der h.e. entstandene Werke, wie der *praeparatio* und der *demonstratio evangelica* (vgl. auch Anm. I 297), soll nur eingegangen werden, sofern aus ihnen die Schriftenkenntnis Eusebs sicher rekonstruiert werden kann. Später als die h.e. verfaßte Schriften Eusebs können zu dieser Betrachtung nicht beitragen, da eine mögliche spätere Kenntnisnahme durch Euseb nicht ausgeschlossen ist.

Da der Verfasserin die Argumente für eine Sieben-Bücher-Erstausgabe im Blick auf die Häresiethematik plausibler erscheinen, wird im folgenden von einer Abfassung vor 303 ausgegangen (vor 300: Barnes, Constantine and Eusebius, 277; zwischen 293 und 303: Winkelmann, Euseb, 189). Diese Entscheidung wird in Teil II Konsequenzen nach sich ziehen, wenn es um den Abschluß der Häresiethematik mit Mani und die Frage nach weiteren Euseb bekannten, aber nicht dargestellten Häresien geht. An den betreffenden Stellen wird jedoch immer die Möglichkeit einer später entstandenen Acht-Bücher-Erstausgabe mitbedacht.

11   Unter glaubwürdigem Referat ist eine inhaltliche Wiedergabe der Schrift zu verstehen, deren Informationen nicht aus dem Titel der Schrift erschlossen werden können. Ein offensichtliches Gegenbeispiel ist die Charakterisierung des Dionysius-Briefs an Xystus und die römische Gemeinde in h.e. VII 9,6.

inhaltliche Angaben machen oder eine genaue Gliederung seiner Quelle geben kann, soll von der Kenntnis der Schrift bei Euseb ausgegangen werden, auch wenn sich diese nicht mit letzter Sicherheit verifizieren läßt.

Anders herum ist die Kenntnis einer Quelle dann in Frage zu stellen bzw. zu verneinen, wenn Euseb sie nirgends – weder in der h.e. noch in anderen zuvor oder zeitnah verfaßten Schriften – zitiert bzw. wenn er keine über die Nennung des Titels hinausgehenden Informationen zu Inhalt oder Gliederung überliefert.

Diese Kriterien zur Überprüfung des eusebianischen Kenntnisstandes sind bewußt sehr viel strenger gehalten als in der neueren Forschungsliteratur in der Regel angenommen. Während Carriker, Library, alle von Euseb aufgelisteten Schriften dem Werkverzeichnis der Bibliothek in Cäsarea zuordnet und betont, daß jene Schriften Euseb demnach alle zugänglich waren, soll hier kritischer nach der *inhaltlichen Kenntnis* Eusebs gefragt werden.[12] Sollte die These Carrikers zutreffen, daß Euseb Bibliothekskataloge abschreibt, so bedeutet dies noch nicht, daß Euseb alle Schriften, auch wenn sie in der Bibliothek Cäsareas vorhanden waren, gelesen hat.

Mit dieser Unterscheidung läßt sich die Fülle der von Euseb genannten Literatur differenzieren. Die Analyse wird zeigen, daß Euseb gelesene Schriften gerne in seine Darstellung einfließen läßt, wohingegen er die nur dem Namen nach bekannten Schriften sehr vage charakterisiert. Die genaue Beobachtung der eusebianischen Einführung einer Schrift trägt häufig bereits zur Unterscheidung in ‚bekannt‘ oder ‚unbekannt‘ bei. Nur ein geringer Teil der von Euseb genannten Schriften läßt sich nicht eindeutig der einen oder anderen Gruppe von Schriften zuordnen.

2.2.2 Die Gestalt der Euseb vorliegenden Quellen: Ganzschrift oder häreseologische Anthologie?

Nach der Klassifizierung in gelesene bzw. nur dem Namen nach bekannte Schriften stellt sich sogleich die *Frage nach der Gestalt* der jeweiligen Euseb vorliegenden Quelle. Nicht jede zitierte oder referierte Quelle muß Euseb als Ganzschrift vorgelegen haben. Gustavsson, Eusebius' Principles, hat in anderem Kontext auf die Bedeutung der Frage nach Primär- oder Sekundärquellen innerhalb der h.e. aufmerksam gemacht. Nach seiner Einschätzung greift Euseb häufig auf Sekundär-

---

12 Die ältere Forschung betrachtete die von Euseb in seine h.e. integrierten Literaturlisten sehr viel kritischer. Beispielsweise mißtraut Harnack, Altchristliche Litteratur, in sehr viel stärkerem Maße als Carriker den Angaben Eusebs zur eigenen Schriftenkenntnis. Er legt bei seiner Beurteilung von Eusebs Angaben in der h.e. folgendes Kriterium zugrunde: Wenn Euseb keine, spärliche oder falsche Angaben macht, muß ihm die Kenntnis der Schrift abgesprochen werden – auch wenn er beteuert, die Schrift in seinem Besitz zu haben. Nähere Angaben zu den einzelnen Schriften siehe in Teil I 1. Euseb bekannte Schriften.

quellen wie Exzerpte, Anthologien von Exzerpten, Zitate oder Auszüge aus Werken
zurück, ohne diese kenntlich zu machen.[13]

Obwohl Euseb die Nennung antihäretischer Werke als Streitschriften für die
Wahrheit wichtig war, gibt er in der h.e. keinen Hinweis darauf, daß er eine gegen
die Häresie gerichtete Anthologie verwendet. Dies muß jedoch noch nicht gegen
die Existenz und Benutzung einer solchen sprechen.

Die Entscheidung, ob Euseb selektiv aus den ihm vollständig vorliegenden
häreseologischen Schriften auswählt oder ob ihm bereits eine Auswahl in Form
einer Anthologie oder Exzerptsammlung zur Häresiebekämpfung vorliegt, hat weitreichende Konsequenzen für die Analyse der redaktionellen und schriftstellerischen
Tätigkeit Eusebs.[14]

Lägen Euseb (nur) Auszüge aus Schriften vor, dann würde die Auswahl von
Inhalt und Umfang der in die h.e. eingearbeiteten Zitate nicht von Euseb stammen, sondern wäre bereits von seinen Vorgängern getroffen worden. Schlüsse über
etwaige Auswahlkriterien Eusebs ließe die Auswahl dann nicht zu. Anders läge der
Fall hingegen, wenn sich zeigen ließe, daß Euseb die antihäretischen Schriften mit
ihren unterschiedlichen häreseologischen Konzeptionen im Original kannte. Dann
könnte man an der Auswahl, der Zitatabgrenzung und der bewußten Auslassung
einzelner Themen und Topoi Rückschlüsse auf die eusebianischen Häresievorstellungen gewinnen. Daher wird im Hinblick auf die hier interessierende häreseologische Literatur zu klären sein, ob Euseb auf Anthologien zurückgreift oder ob
ihm die jeweilige Quelle selbst zur Verfügung stand.

Die Frage, woran eine Anthologie als Vorlage Eusebs zu erkennen ist, läßt sich
nur schwer beantworten.[15] Der Schlüssel dazu ist meines Erachtens die Rekonstruktion einer häreseologischen Anthologie.

---

[13] Gustavsson, Eusebius' Principles, 430–433. Gustavsson (430) nennt als Beispiele für die Benut-
      zung von Sekundärquellen das Reskript des Trajan (h.e. III 33,3) und das Antoninus Pius zuge-
      schriebene Edikt (h.e. IV 13), da sie sich vom originalen Wortlaut der kaiserlichen Erlasse unter-
      scheiden. Grundsätzliche Kritik an dieser Fragestellung hat Carriker, Library, 46–47, dahingehend
      geübt, daß die heutigen Editionen der genannten Quellen zumeist auf Handschriften des Mittel-
      alters basieren und daher später als die eusebianische Textfassung entstanden sind. Daher sei der
      Vergleich der eusebianischen Textfassung mit modernen Editionen nicht hilfreich.
         Eklatante Auslassungen und Modifikationen von eingearbeiteten Quellen sollen jedoch im
      Kontext der Häresiedarstellungen notiert und gegebenenfalls im Hinblick auf die eusebianische
      Häresiekonzeption ausgewertet werden. Im Anschluß soll ein kurzes Resümee Einblick in den
      eusebianischen Umgang mit seinen Quellen geben (vgl. Teil I 3.3 Eusebs Umgang mit seinen
      Quellen).
[14] Für unsere Fragestellung kann im folgenden auf die Differenzierung Gustavssons in ‚Anthologie'
      und ‚Exzerpt' verzichtet werden, da auch die Exzerpte – so sie nicht von Euseb selbst verfaßt wur-
      den – ihm in Form einer Zusammenstellung zu einer Thematik überkommen sein müssen.
[15] Bereits die Bestimmung und genaue Abgrenzung einer von Euseb verarbeiteten Sammlung zu
      anderen Themen als der Häresie stellt ein Problem dar, wie die Ausführungen zum Werk des Dio-
      nysius von Alexandrien (Teil I 1.22) und des Dionysius von Korinth (Teil I 1.3) zeigen können.
      Vgl. dazu den jeweiligen Abschnitt unten.

Eine häreseologische Anthologie müßte entweder das Ziel verfolgen, die Häreseologen im Kampf gegen die Häresie darzustellen oder ein nützliches und leicht handhabbares Kompendium mit Ansätzen für die Widerlegung aktueller Häresien zu bieten. Folglich wäre die Anthologie entweder eine Sammlung von Texten eines spezifischen Autors und trüge mehr oder weniger hagiographische Züge oder sie würde eine thematische Sammlung unter bestimmten Gesichtspunkten darstellen, in der die schlagkräftigsten Argumente gegen die jeweilige Häresie zusammengestellt waren.

Geht man von den vermuteten Intentionen aus, die hinter der Zusammenstellung einer Anthologie stehen, so können daraus in einem weiteren Schritt Kriterien entwickelt werden, anhand derer man erkennen kann, wann Euseb eine bereits vorliegende Textsammlung zur Häresiethematik benutzt.

– Eine Anthologie, deren Schwerpunkt auf dem erbaulichen bzw. hagiographischen Aspekt der Erzählung über eine orthodoxe Person liegt, wird weniger Wert auf einen genauen Zitatnachweis legen. Die Angabe, woher eine Textpassage stammt, ist zwar nicht ausgeschlossen, jedoch nicht erforderlich und stört eher den Erzählduktus. Sollte Euseb ein derartiges Zitat mit Titel und genauer Buchangabe einfügen, so könnte dies ein Indiz gegen eine Anthologie sein.

– Geht man hingegen von einer Anthologie aus, welche verschiedene argumentative Widerlegungen einer Häresie in sich vereint und sich aus Gründen der Praktikabilität an den Häresien, nicht an ihren orthodoxen Bestreitern orientiert, dann sprächen weitere Informationen, die Euseb über den Kontext des Zitats geben kann – insbesondere die Abfolge der behandelten Häresien in der Ausgangsschrift[16] – eindeutig gegen eine Überlieferung des Zitats innerhalb einer Anthologie.

– Über die beiden genannten Kriterien hinausgehend kommt eine Anthologie als Ausgangsquelle generell nicht in Betracht, wenn Euseb noch weitere Zitate aus derselben Schrift einbringt, deren Überlieferung in einem antihäretischen Diskurs nicht denkbar ist.

Sollte die Rekonstruktion beider Typen von häreseologischen Anthologien richtig sein, so ist zu bedenken, daß Euseb in seine h.e. sowohl Portraits von Häreseologen als auch argumentative Widerlegungen integriert. Zusätzlich bietet er auch reine Häretiker-Darstellungen ohne Nennung eines Häreseologen oder einer Wider-

---

16   Zur Verdeutlichung soll auf Eusebs Einleitung des Menander-Zitats in h.e. III 26,3 verwiesen werden. An dieser Stelle läßt Euseb sein Wissen über die ursprüngliche Abfolge ‚Simon – Menander‘ in Justin, apol. I 26 erkennen, wenn er schreibt: „Auch Justin erzählt in gleicher Weise über Menander, und zwar im Anschluß an seinen Bericht über Simon". Euseb weiß zudem, daß der Bericht über Marcion und die zitierte Information, wonach Justin eine eigene Schrift gegen Marcion zu verfassen beabsichtige, zusammengehören. Aus einer Anthologie, die nach Häretikern angeordnet war, lassen sich diese Informationen nicht erklären.

legung. Aufgrund der Heterogenität des Stoffes und dessen Zielsetzung[17] scheint es geradezu ausgeschlossen, daß Euseb diese unterschiedlichen Quellen in einer einzigen Anthologie vorgefunden hat. Will man an der Anthologie-Erklärung festhalten, so muß man bei Eusebs Darstellung mindestens zwei bzw. drei unterschiedlich ausgerichtete Anthologien voraussetzen.

2.2.3 Die Verwendung des Werke-Verzeichnisses der Bibliothek von Cäsarea

Bei der Unterscheidung in ‚gelesen‘ und ‚nicht gelesen‘ ist zu bedenken, daß diejenigen Schriften, die sich nach der eusebianischen Darstellung als ‚nicht gelesen‘ erweisen lassen, ihm in Informationen eines Bibliotheksverzeichnisses vorgelegen haben können.

Blum konnte zeigen, daß Eusebs Präsentation der Schriften derjenigen in Kallimachos Pinakes ähnelt, die dieser für die Bibliothek von Alexandrien anfertigte.[18] Pamphilus hätte dann in Alexandrien die Form der Schriftverzeichnung kennengelernt und in der Bibliothek in Cäsarea eingeführt.[19] Nach Rekonstruktion Blums fanden sich in diesem Bibliotheksverzeichnis die christlichen Schriftsteller und ihre Schriften chronologisch geordnet, zumindest jedoch einer kaiserlichen Regierung zugeordnet. Die aus der Lektüre der Schriften gewonnenen Informationen über die Schrift (Datierung, Titel, Umfang) oder den Autor (Blütezeit, Todeszeit, Herkunft, Lehre, Tätigkeiten/Ämter, Wirkungsstätten, Eigenarten, Schicksale, Grabstätte) wurden im Bibliotheksverzeichnis zusammengestellt, um die Schriftsteller bei Homonymie zu unterscheiden und die unter ihrem Namen fälschlich kursierenden Schriften zu identifizieren. Diesen Werke-Katalog der Bibliothek von Cäsarea wertet Euseb in seiner h.e. aus: teilweise schreibt er ausschließlich die Titel der Schriften ab, wie im Fall Hippolyts, teilweise fügt er den Daten des Katalogs noch weitere Informationen hinzu, wie im Fall des Origenes oder des Dionysius.

---

[17]   Eine Zusammenstellung von antihäretischen Argumentationen dient zur Auseinandersetzung mit Häretikern und zu deren Widerlegung. Eine Anthologie von Erzählungen über die Bekehrung oder Widerlegung einzelner Häretiker durch orthodoxe Vertreter dient der Erbauung der Gemeinde bzw. der Hagiographie. Diejenigen Berichte, die weniger auf die falsche Lehre als auf die falsche Lebensführung des Häretikers abstellen, nehmen eine Zwischenstellung ein: sie dienen der Abschreckung der Gemeinde durch Aufdeckung der Verfehlungen, geben aber auch indirekt Zeugnis für die Orthodoxie des Häreseologen.

[18]   Zur Rekonstruktion von Kallimachos' Pinakes vgl. Blum, Literaturverzeichnis, 19–28;

[19]   Blums Rekonstruktion basiert auf der Formulierung in h.e. VI 32,3, wonach Euseb in der *Vita des Pamphilus* bereits *Pinakes*, verstanden als terminus technicus für „Bibliothekskataloge", der von Pamphilus gesammelten Bücher des Origenes und der übrigen Kirchenschriftsteller beigefügt habe <GCS Euseb II/1, 586,27–588,1: [...] τῆς συναχθείσης αὐτῷ τῶν τε Ὠριγένους καὶ τῶν ἄλλων ἐκκλησιαστικῶν συγγραφέων βιβλιοθήκης τοὺς πίνακας παρεθέμην [...]>. Hieronymus weiß in c. Ruf. II 22, daß dieses Origenes-Verzeichnis im *dritten* Buch der *Vita des Pamphilus* stand. Diese hat er nach seinen glaubwürdigen Informationen in ep. 33,4.6 (Schriftenverzeichnis des Origenes; Niederschrift der Liste in kurzer Zeit, d. h. Abschrift) vorliegen.

Die Benutzung eines Bibliothekskataloges kann erklären, warum Euseb trotz offensichtlicher Unkenntnis eines Werkes einige wenige Informationen einfügen kann: Es befand sich im Bibliotheksbestand, jedoch sah Euseb es nicht ein, sondern verließ sich auf den von Pamphilus und seinen Gehilfen erstellen Werke-Katalog der Bibliothek von Cäsarea.

2.2.4 Die redaktionelle Tätigkeit Eusebs

Sind die Euseb zur Verfügung stehenden Quellen, ihre Inhalte und ihre Form benannt, können die redaktionellen Tätigkeiten Eusebs genauer profiliert werden. Dazu sollen die 26 Häresiedarstellungen in der h.e. auf redaktionelle Überarbeitungen Eusebs hin betrachtet werden. Die Analyse der redaktionellen Bearbeitung von eusebianischen Vorlagen konzentriert sich zunächst auf die Einbettung seiner Quellen in den Gesamtkontext, sodann aber auch auf alle Varianten redaktioneller Arbeit: der stilistischen bzw. inhaltlichen Verbesserung der Vorlage, der ergänzenden Erläuterung, der Kürzung bzw. der Auslassung schwieriger Textpassagen, dem Verknüpfen mehrerer selbständiger Einzeltraditionen sowie der Selektion einzelner Themen oder Stoffe.[20] Anschließend soll nach Gründen für diese oder jene ungewöhnliche Häresie-Darstellung oder tendenziöse Berichterstattung gefragt werden.

2.2.5 Die Rekonstruktion der eusebianischen Rezeptionskriterien

Nachdem alle 26 Häresiedarstellungen der h.e. analysiert sind, können die eusebianischen Rezeptionskriterien systematisch zusammengetragen werden. Sollte Euseb eine (heute noch erhaltene) Schrift vollständig vorgelegen haben, kann leicht überprüft werden, welche Inhalte, Motive oder Topoi er in seine Kirchengeschichtsdarstellung bevorzugt aufnimmt. Sollten Euseb mehrere Quellen zu einer Häresie

---

[20]   Barnes, Constantine and Eusebius, 140–141, hat ein vernichtendes Urteil über den eusebianischen Umgang mit Quellen gefällt: Wenn Euseb seine Quelle paraphrasiere, fühle er sich frei, sie zu kürzen oder zu erweitern oder gar dem Text eine andere Betonung zu geben. Wenn er eine Quelle zitiere, gebe er kaum acht auf grammatikalische Strukturen; er beginne/beende ein Zitat mitten im Satz oder lasse einen Mittelteil aus, wodurch er seine Autoritäten teilweise falsch repräsentiere und seinen Zitaten eine andere Aussage gebe. Barnes kommt daher zu dem Schluß „it must be inferred that the quotations of lost documents and lost writers have undergone similar alterations" (141).
       Barnes' Schlußfolgerung muß an dieser Stelle entschieden widersprochen werden. Sofern eine Überprüfung der von Euseb im Häresiekontext eingearbeiteten Quellen möglich war, hat sich im Rahmen der hier vorgelegten Untersuchung ergeben, daß Euseb sehr sorgfältig mit seinen Quellen umgeht und sie wortgetreu wiedergibt. An entsprechender Stelle wird auf die eusebianischen Kürzungen und die damit verbundenen inhaltlichen Modifikationen seiner Vorlage eingegangen werden (Teil I 3.3 Eusebs Umgang mit seinen Quellen). Insgesamt bewegen sich die Kürzungen im Rahmen des Normalen. Sie sind überwiegend gut nachvollziehbar und sinnvoll.

zur Verfügung gestanden haben, wird zu klären sein, warum er einer Quelle den
Vorzug gegenüber einer anderen gibt.

Aber auch die Negativprobe, welche Quellen oder welche Inhalte Euseb *nicht*
übernimmt, kann Einblicke in die eusebianischen Rezeptionskriterien sowie in
seine Häresievorstellungen geben.[21] Von immenser Bedeutung für die Würdigung
der eusebianischen Häresiekonzeption ist die Frage, welche Häresiekonzeptionen
ihm aus seinen Quellen geläufig waren und gegen welche er sich bei seiner Darstellung in der h.e. entschied. Auch die Aussparung einiger Häretiker und Häresievorwürfe, deren Kenntnis sich bei Euseb nachweisen läßt, gibt einen Einblick in die
Quellenrezeption Eusebs.

2.3 Zu Teil II: Die Untersuchung der
eusebianischen Häresiekonzeption

Nachdem die Häresiedarstellungen in der h.e. auf Abhängigkeit von anderen Quellen hin untersucht wurden, können die genuin eusebianischen Aussagen zur Häresie analysiert und inhaltlich-systematisch ausgewertet werden.

Dabei soll die dämonologische Häresieerklärung den Einstieg in die geschichtliche Auseinandersetzung zwischen Gott und Teufel bzw. Apostel/Streiter für die
Wahrheit und Häretiker bilden. Anschließend soll nachgezeichnet werden, wie
Euseb aus dem zeitlosen Phänomen der Einzelhäresien, die er durch die *successio haereticorum* hintereinander reiht, ein quasi-permanentes Gegenüber zur ewigen Wahrheit konzipiert. Einen weiteren Schwerpunkt bei der Untersuchung der
eusebianischen Häresiekonzeption wird die Unbeständigkeit bzw. die Auflösungs-
tendenz der Häresie darstellen.

Der Abschnitt über die Funktion der eusebianischen Häreseographie für die
h.e. wird der Frage nachgehen, ob die Häresiethematik von Euseb insbesondere deshalb aufgegriffen wurde, um seine Kirchengeschichte überhaupt als geschichtlichen
Fluß darstellen zu können und damit der klassischen Forderung der (säkularen)
griechischen Geschichtsschreibung nach einer Geschichte in Bewegung nachzu-
kommen. Probleme und Grenzen der eusebianischen Häreseographie, welche insbesondere an der Darstellung der innerkirchlichen Streitigkeiten offenbar werden,
sollen diesen Teil beschließen.

---

21   Völker, Tendenzen, 160, bestimmt Eusebs Quellenauswahlkriterien dahingehend, daß Euseb der
      Nachwelt nur überliefern möchte, was der Nachwelt von Nutzen sei, nicht aber ihr „einen genauen
      und vollständigen Bericht zu liefern" und setzt hinzu: „Nichts ist hierfür lehrreicher als auf das zu
      achten, was geflissentlich verschwiegen wird" (160).

Teil I:
Die voreusebianischen Quellen und ihre Rezeption in Eusebs h. e.

1. Euseb bekannte Schriften

Die Euseb zugänglichen Bibliotheken

Die große Anzahl zitierter Literatur in Eusebs h. e. verwundert nicht[1], wenn man sich vor Augen hält, daß Euseb Zugang zu einer umfangreichen *Bibliothek in Cäsarea* besaß.[2] Diese wurde von Origenes nach seinem dauerhaften Übersiedeln nach Cäsarea im Jahr 232 parallel zu seiner Schule ebendort begründet[3] und sollte der textkritischen Arbeit am Bibeltext dienen.[4] Pamphilus führte das Werk des Orige-

---

[1] Nach Lawlor/Oulton, Eusebius, I, 19, beinhaltet Eusebs h. e. „nearly 250 passages transcribed from early sources. Almost half of them – including the greater number of the more lengthy – are otherwise unknown to us".

[2] Zur Bibliothek in Cäsarea und Eusebs Aufgabenbereich ebendort vgl. Schwartz, Eusebios, 1372–1373; Schwartz, Über Kirchengeschichte, 118; Winkelmann, Euseb, 23–34; Carriker, Library, 1–36; Barnes, Constantine and Eusebius, 94. Vgl. auch Andresen, Siegreiche Kirche, 407–408.

[3] Euseb geht von einer dauerhaften Übersiedlung des Origenes nach Cäsarea im Jahre 232 aus (h. e. VI 26); Nautin, Origène, 410, geht hingegen von einer Übersiedlung im Jahr 234 aus.

[4] Carriker, Library, 2–3, gibt zu bedenken, daß bereits vor der Gründung durch Origenes eine Sammlung von Büchern und Dokumenten des kirchlichen und liturgischen Lebens existierte und sieht diese These durch Eusebs Zitat in h. e. V 25 bestätigt, wo er aus einem Brief der Bischöfe in Palästina zum Osterfeststreit (um 180) zitiert. Da Euseb in h. e. V 25 jedoch keinen Hinweis auf die Herkunft des Textes gibt, muß Carrikers Postulat einer vororigenistischen Bibliothek in Cäsarea mit Vorsicht betrachtet werden. Denkbar wäre auch, daß der Brief der Bischöfe in Palästina (h. e. V 25) in Jerusalem aufbewahrt wurde und erst zu einem späteren Zeitpunkt, vielleicht auch erst unter Euseb, nach Cäsarea gelangte. — Anders Barnes, Constantine and Eusebius, 93: Pamphilus spendete in Cäsarea seinen Reichtum „to founding a library, which continued to exist for several centuries". Harnack, Altchristliche Litteratur, I/2, 542–543, erkennt in Pamphilus den Gründer der Bibliothek von Cäsarea, deren Grundstock die Bibliothek des Origenes darstellte (542); später verschenkte Pamphilus sie an die Kirche von Cäsarea. Ebenso Blum, Literaturverzeichnung, 84, der von der eusebianischen Formulierung in h. e. VI 32,3, Pamphilus „sammle" die Werke des Origenes (86 Anm. 24), schließt, daß die Bibliothek nach dem Tod des Origenes „größtenteils zerstreut oder vernichtet" wurde. Harnack und Blum können sich dabei auf die Formulierung des Hieronymus, ep. 34,1, berufen, der aus Eusebs *Vita des Pamphilus* schöpfend berichtet, Pam-

nes fort und erweiterte den Bibliotheksbestand. Unter anderem bemühte er sich um die Sammlung verstreuter Origenes-Schriften, um auf der Grundlage der origenischen Textkritik einwandfreie Bibelhandschriften zu produzieren.[5] Euseb hat in seiner heute leider verlorenen Schrift über Pamphilus ein Verzeichnis des Bibliotheksbestandes gegeben[6], das neben den erwähnten Bibelexemplaren und Origenes-Schriften auch andere theologische, philosophische und historiographische Werke sowie Urkunden und Akten umfaßt haben muß.[7]

Euseb war zur Zeit der Abfassung der Erstausgabe seiner Kirchengeschichte einer der Gehilfen des Pamphilus. Er selbst war mit der Korrektur der abgeschriebenen Bibelhandschriften und deren Abgleichung mit der Hexapla betraut.[8] Auch nach seiner Ernennung zum Bischof von Cäsarea scheint Euseb der Schule von

---

philus habe nach Werken der christlichen Schriftsteller, insbesondere des Origenes, gesucht und die Sammlung später an die Gemeinde von Cäsarea geschenkt. Die Textpassagen beweisen nur, daß Pamphilus die Bibliothek – auch durch weitere Origenes-Schriften – erweiterte. Daraus den Verlust der Origenes-Bibliothek zu rekonstruieren, geht zu weit. Euseb hätte die Zerstörung der Bibliothek durch Feuer oder Plünderungen sowie ihre Neugründung durch Pamphilus in seiner h.e. mit Sicherheit eigens thematisiert.

5   Über Pamphilus' Sammeltätigkeit von Origenes-Schriften berichten sowohl Euseb (h.e. VI 32,3) als auch Hieronymus (de vir. ill. 75). Vgl. auch Barnes, Constantine and Eusebius, 94; Röwekamp, Streit um Origenes, 35–36. Zur textkritischen Arbeit von Pamphilus und Euseb vgl. Winkelmann, Euseb, 30–32.

6   Vgl. h.e. VI 32,3.

7   Winkelmann, Euseb, 30, gibt einen Hinweis auf die Vorgehensweise bei der Sammlung der Werke in der Bibliothek von Cäsarea, wenn er schreibt: „Die späteren Zeugnisse über die Bibliothek legen die Annahme nahe, daß vollständige Schriften gesammelt wurden und nicht nur eine Auswahl von Exzerpten das Ziel der Bemühungen war."

8   Von Origenes weiß man, daß ihm bei der Abfassung seiner Schriften zahlreiche Schreiber zur Verfügung standen. Euseb nennt in h.e. VI 23,2 „mehr als sieben Schnellschreiber", eine „nicht geringere Zahl an Reinschreibern nebst den im Schönschreiben geübten Mädchen". Die notwendigen Ausgaben für dieses Personal wurden, wie Euseb im Anschluß berichtet, von seinem Mäzen Ambrosius bezahlt. — Für Pamphilus und Euseb stand diese Schreibschule vermutlich nicht mehr zur Verfügung. Carriker, Library, 48, verweist auf die Aussage des Hieronymus, de vir. ill. 75, daß Pamphilus Teile des Origenes-Werkes *sua manu* kopierte <PL 23, 685A: ut maximam partem Origenis voluminum sua manu descripserit, quae usque hodie in Caesariensi bibliotheca habentur.>. Über das eusebianische Vorgehen bei der Abfassung seiner Werke ist nichts bekannt. Üblich war zur Zeit Eusebs das Diktat an einen Schreiber; eine schriftliche Abfassung mit eigener Hand ist – wie das Pamphilus-Beispiel zeigt – nicht ausgeschlossen (vgl. dazu Carriker, Library, 48).
Verschiedentlich hat man versucht, die eusebianischen Überleitungen zwischen zwei Berichten wie φέρε mit der 1. Person Plural (z. B. φέρε δὲ παραθώμετα [Kommt, laßt uns vergleichen], so achtmal in der h.e.) nicht nur als rhetorisch geprägte Wendung, sondern als Hinweis auf die Situation Eusebs bei der Abfassung der h.e. zu verstehen. Nach Mras, GCS Eusebius VIII/1, LVIII (zur zeitnah zur h.e. entstandenen praep. ev.) seien Wendungen, welche das Wort λαβών beinhalteten, diktierte Anweisungen an einen Schreiber für das Einfügen von Zitaten. Mras (ebd.) beschreibt Eusebs Tätigkeit in der Bibliothek in Cäsarea wie folgt: „Eus[ebius] sitzt auf seiner καθέδρα, umgeben von seinen διάκονοι, die zugleich νοτάριοι (ταξυγράφοι) sind, in der bischöflichen Bibliothek von Cäsarea. Aufforderungen wie λαβὼν ἀνάγνωθι [...] gelten ja natürlich dem Leser, nichts hindert uns anzunehmen, daß sie auch den um Eusebius herumstehenden Diakonen galten. Das von Diakonen Vorgelesene wird von anderen nachgeschrieben. Nach Beendigung jeder solchen

Cäsarea und ihrer Bibliothek weiterhin verbunden geblieben zu sein. Zwar tritt er nirgends als Leiter in Erscheinung, jedoch wird er auch als Bischof von Cäsarea die Studien für einen kritischen Bibeltext weiter betrieben haben. Diese Annahme wird durch die Tatsache bestätigt, daß sich Konstantin später an ihn wandte und um fünfzig Bibelexemplare nachsuchte.[9]

Im Rahmen seiner Tätigkeit als Gehilfe des Pamphilus hatte Euseb auch Zugang zur *Bibliothek in Jerusalem* (Älia Capitolina). Diese wurde, wie Euseb selbst berichtet, durch Bischof Alexander von Jerusalem gegründet und stand ihm nicht nur für seine Studien am Bibeltext, sondern auch für die Abfassung der Kirchengeschichte zur Verfügung.[10]

Auch zum *Archiv von Edessa* hatte Euseb Zugang. Er selbst berichtet in h.e. I 13,5, er habe den Brief des Fürsten Abgar an Jesus im Archiv von Edessa vorgefunden und aus dem Syrischen ins Griechische übersetzt (vgl. auch h.e. I 13,21). Das Archiv in Edessa wird Euseb allein schon aufgrund der Distanz zu seinem Bischofssitz in Cäsarea seltener aufgesucht haben.[11] Inwieweit Euseb auf die Werke anderer Archive wie *Tyrus*, *Antiochien* oder *Laodicea* zurückgegriffen hat, läßt sich nur noch vermuten; zwingend beweisen läßt sich ihre Benutzung nicht.[12]

Vorlesung macht Eusebius seine (manchmal zu Homilien anwachsenden) Bemerkungen dazu." Vgl. dazu Grant, Eusebius as Church Historian, 28.

Die Formulierungen φέρε als Aufforderung an einen Schreiber, ein passendes Zitat an bezeichneter Stelle einzufügen, kann aber nicht gegen die eusebianische Kenntnis einer Schrift ins Feld geführt werden. Selbst wenn man von einer Euseb zur Verfügung stehenden Schreibschule ausginge, müßte Euseb vom Inhalt einer zitierten Schrift Kenntnis gehabt haben. Ein Schreiber hätte Euseb bei der Auffindung einer Textpassage hilfreich zur Seite stehen oder das eusebianische Diktat niederschreiben können. Die eigentliche Arbeit, die Quellen- und Stoffauswahl sowie die konzeptionelle Umsetzung, war aber Eusebs eigenes Werk. Vgl. auch Winkelmann, Euseb, 112–113 (das Zitat in Anm. I 1075).

[9]   Vgl. v.C. IV 36. Zur Schule von Cäsarea vgl. Euseb, h.e. VI 30 und h.e. VI 36,1 sowie Winkelmann, Euseb, 23–24.34.

[10]   Vgl. h.e. VI 20,1. Zur Bibliothek in Jerusalem vgl. Schwartz, Über Kirchengeschichte, 118; Nautin, Lettres et écrivains, 89.105; Völker, Tendenzen, 157; Gödecke, Geschichte als Mythos, 33.

[11]   Vgl. zur Benutzung der Bibliothek in Edessa auch Völker, Tendenzen, 158.

[12]   Euseb berichtet in h.e. IX 7,2, daß er den Text des kaiserlichen Erlasses (h.e. IX 7,3–14) von einer Säule in Tyrus abgeschrieben habe. Nautin, Origène, 214 und ders., Lettres et écrivains, 243–244, geht von der Angabe des Hieronymus (de vir. ill. 54) aus, wonach Origenes in Tyrus inhaftiert wurde und später dort verstarb, und folgert daraus, daß Euseb auch in der *Bibliothek von Tyrus* Origenes-Briefe kopiert haben könnte. — Barnes, Constantine and Eusebius, 135, geht davon aus, daß Euseb die Informationen zur novatianischen Auseinandersetzung aus den Briefen des Dionysius sowie direkt aus dem *bischöflichen Archiv von Antiochien* entnommen habe. Die eingehende Untersuchung der betreffenden Textpassage h.e. VI 43–46 macht es aber wahrscheinlicher, daß Euseb die Angaben über Novatus einer Sammlung von Dionysius-Briefen entnommen hat, vgl. dazu Carriker, Library, 73; 202. Die Tatsache, daß Euseb aufgrund seiner freundschaftlichen Beziehung zu Theodot, dem Bischof von Laodicea (vgl. h.e. VII 32,23), Zugang zur *Bibliothek in Laodicea* besaß, wie Carriker, Library, 72–73, glauben machen will, reicht nicht aus, um diese Bibliothek als mögliche Informationsquelle Eusebs namhaft zu machen. Nicht wahrscheinlich ist die Annahme Andresens, Siegreiche Kirche, 413–414, daß Euseb die Sammlung von Dionysius-Briefen zu Novatus und dem Ketzertaufstreit aus dem *bischöflichen Archiv in Alexandrien* bezogen

Die Bibliotheken in Jerusalem und Cäsarea waren nach heutigem Kenntnisstand sehr gut ausgestattet, so daß ein Besuch in Edessa nur selten notwendig
wurde. Beide regionale Bibliotheken boten neben ihrer räumlichen Nähe noch den
Vorteil, überwiegend griechischsprachige Schriften zu führen, so daß Euseb seine
Quellen nicht erst aus dem Lateinischen oder Syrischen übersetzen mußte.

Objektiv betrachtet hatte Euseb die besten Voraussetzungen, an die Schriften zu
gelangen, besaß er doch Zugang zu drei großen Bibliotheken. Doch wird man die
sich in den Schriftenverzeichnissen der h.e. scheinbar manifestierte Schriftenkenntnis Eusebs kritisch hinterfragen müssen, da er gerne mehr Schriften nennt, als er
besessen und gelesen hatte.[13] Aus diesem Grund sollen die Schriftenverzeichnisse
aller Schriftsteller, die Euseb in Verbindung mit der Häresiebekämpfung aufführt,
unter der Fragestellung analysiert werden, ob Euseb die Werke selbst bekannt
waren.[14] Es bietet sich für die vorliegende Untersuchung an, die Häreseologen und
ihre Schriften in der Reihenfolge ihrer Behandlung in Eusebs h.e. durchzugehen.

1.1 Justin

Euseb nennt im Schriftenverzeichnis in h.e. IV 18 die ihm bekannt gewordenen
Werke Justins.[15] Neben den beiden *Apologien* und dem Dialog mit Trypho, die

---

hat, als Euseb in der Zeit nach 309 die christlichen Märtyrer in Ägypten aufsuchte: „Der von ihm
h.e. VIII 9,4 erwähnte Besuch christlicher Märtyrer in Ägypten war also gleichzeitig eine Archiv-
reise in eigener Sache" (Andresen, Siegreiche Kirche, 407–408 Anm. 48).

13   Der Grundannahme Carrikers, Library, 56, wonach Euseb alle Schriften in seinem Besitz hatte,
die er in einem Katalog der h.e. nennt, ist entschieden zu widersprechen. Mit einiger Sicherheit
verarbeitet Euseb in den Schriftenverzeichnissen der h.e. einige Bibliothekskataloge. Unsicher
bleibt aber, ob es sich dabei wirklich um Kataloge der Bibliothek in Cäsarea handelt, wie Carriker
im Bestreben, die Bibliothek Cäsareas umfangmäßig aufzuwerten, folgert. Die Möglichkeit, daß
Euseb auch Kataloge aus anderen großen Bibliotheken verwertet haben könnte, zieht Carriker
nicht in Betracht. Carriker müßte zudem erklären, woher Euseb manche Schriften kennt und
zitiert, wenn sie augenscheinlich im Bibliotheksverzeichnis von Cäsarea *nicht* geführt sind. Beispielhaft hierfür wären die *Apologie* und die *Eclogae* Melitos zu nennen, die Euseb unzweifelhaft
vorlagen, die aber nicht im Bibliotheks- bzw. Schriftenverzeichnis genannt sind. — Bauer, Rechtgläubigkeit und Ketzerei, 157, erklärt diesen Sachverhalt dahingehend, daß Euseb den „Katalog
nicht aufgrund des ihm vorliegenden Melitomaterials selbst zusammengestellt hat", sondern die
beiden Schriften die einzigen sind, die Euseb von Melito noch kannte.

14   Ausgelassen sind diejenigen Schriftsteller, die nach Eusebs Einschätzung und Kenntnis in keinem
Zusammenhang mit der Häresiebekämpfung stehen, wie Judas (h.e. VI 7), Sextus Julius Africanus (h.e. VI 31), Alexander von Jerusalem (h.e. VI 14,8; VI 19,17–18) oder Ammonius (h.e. VI
19,10). Sofern auch nur ein vager Bezug zur Häreseologie besteht, wird der Schriftsteller auf dessen
Kenntnis bei Euseb hin untersucht, vgl. dazu Heraklit, Maximus u. a.

15   Carriker, Library, 220, sieht in h.e. IV 18 einen Auszug derjenigen Werke, die Euseb in der Bibliothek in Cäsarea vorgefunden hat. Carriker ist insofern Recht zu geben, als er ein Bibliotheksverzeichnis hinter Eusebs Angaben vermutet. Problematisch, weil nicht beweisbar, ist jedoch der
Schluß, daß dieses Schriftenverzeichnis den Inhalt der Bibliothek in Cäsarea wiedergibt. Aufgrund

unten genauer untersucht werden sollen, nennt Euseb die Schriften *An die Hellenen* (πρὸς Ἕλληνας, h.e. IV 18,3), *Gegen die Hellenen,* die auch *Widerlegung* genannt wird (πρὸς Ἕλληνας bzw. ἔλεγχον, h.e. IV 11,11; IV 18,4), eine Arbeit über die *Alleinherrschaft Gottes* (περὶ θεοῦ μοναρχίας, h.e. IV 18,4), eine Abhandlung mit der Überschrift *Psalter* (ψάλτης, h.e. IV 18,5) und eine Lehrschrift *Über die Seele* (περὶ ψυχῆς, h.e. IV 18,5).[16] Obwohl Euseb den Inhalt von zwei dieser Justin-Schriften vage angeben kann[17], zitiert er sie nicht. Die Titel scheint Euseb einem Bibliotheksverzeichnis entnommen zu haben, gelesen hat er die Schriften nicht.

Ähnliches gilt für die Schrift Justins *Gegen Marcion* (κατὰ Μαρκίωνος λόγος). Euseb führt sie bei der Darstellung Marcions in h.e. IV 11,8 ein, unterläßt es aber, aus diesem Werk zu referieren. Stattdessen zitiert er aus Justins *Erster Apologie* (apol. I 26,5). Diese Vorgehensweise zeigt, daß ihm Justins κατὰ Μαρκίωνος λόγος wohl nur dem Titel nach bekannt war, vermutlich nicht aus einem Bibliotheksverzeichnis, sondern aus dem Irenäus-Zitat adv. haer. IV 6,2, das er in h.e. IV 18,9 wiedergibt. Die Schrift selbst lag ihm nicht vor.[18] Die Zitierweise Eusebs läßt darauf

---

der Unsicherheit der Herkunft soll in dieser Arbeit darauf verzichtet werden, die genannten Schriften einer bestimmten Bibliothek zuzuweisen.

An dieser Stelle soll vielmehr untersucht werden, ob Euseb die Schriften vorlagen und er sie inhaltlich zur Kenntnis genommen hatte, als er seine h.e. abfaßte. Für diese Fragestellung ist es irrelevant, aus welcher Bibliothek Euseb das jeweilige Werk bezog. Die Untersuchung Carrikers, welche Schriften in Cäsarea lagerten, hilft im Hinblick auf die eusebianische Kenntnis der Schriften nur begrenzt weiter, da es sich vielfach zeigen läßt, daß Euseb manche Schriften *nicht* gelesen hat, *obwohl* sie in Cäsarea aufbewahrt gewesen sein sollen. Insbesondere eine Beobachtung spricht gegen Carrikers These: Hätten Euseb alle Bücher in der Bibliothek in Cäsarea vorgelegen, wäre es nicht notwendig gewesen, seine minimalen Informationen, wie an manchen Stellen der h.e. zu beobachten, künstlich „aufzubauschen"; er hätte einfach nachschlagen können.

16 Man kann mit Carriker, Library, 221–222, vermuten, daß sich hinter den bei Euseb in h.e. IV 18,3–4 genannten Schriften πρὸς Ἕλληνας, ἔλεγχον und περὶ θεοῦ μοναρχίας die fälschlich unter der Verfasserschaft Justins umlaufenden Werke *Oratio ad Graecos, Cohortatio ad Graecos* und *De monarchia* verbergen. Da Euseb aber keine weiteren Angaben über den Inhalt dieser Schriften macht, ist die Gleichsetzung der bei Euseb genannten Schriften mit den Ps.-Justin-Werken schwierig.

17 Den Inhalt der Lehrschrift *Über die Seele* umreißt Euseb in h.e. IV 18,5. Die Information, daß Justin „verschiedene Forschungen über das in der Überschrift genannte Thema vorgetragen" habe, konnte von Euseb noch aus dem Titel erschlossen werden. Die Angaben Eusebs, daß Justin auch Ansichten griechischer Philosophen aufnahm und verspricht, diese in einer weiteren Abhandlung zu widerlegen, reichen aber nicht aus, um von einer Kenntnis der Justin-Schrift bei Euseb auszugehen. Gleiches gilt auch für die Schrift Justins *An die Hellenen*. Daß Justin auf die bei den griechischen Philosophen und bei den Christen thematisierten Fragen eingegangen sein wird, kann Euseb aus dem Titel gefolgert haben. Daß die Erörterung der Natur der Dämonen eines der darin behandelten Themen gewesen sei, ist die einzige konkrete Information, die Euseb zu dieser Schrift geben kann. Er vermeidet jedoch eine weitere Vertiefung in die Thematik mit dem Hinweis, daß „es jedoch überflüssig sein dürfte, hier darauf einzugehen" (h.e. IV 18,3). Diese Formulierung zeigt deutlich, daß Euseb neben dem Titel der Schrift und der angeblich dort behandelten Dämonenthematik nicht mehr darüber zu sagen weiß. Eine Lektüre der Schrift selbst ist demnach nicht nachzuweisen und auch nicht wahrscheinlich.

18 Harnack, Altchristliche Litteratur I, 101–102. Bauer, Rechtgläubigkeit und Ketzerei, 158. Selbst Carriker, Library, 223, der davon ausgeht, daß alle in den Schriftenverzeichnissen genannten

schließen, daß er diese Schrift seinen Lesern zwar an geeigneter Stelle vorstellen wollte, sie aber nicht zitieren konnte. Wäre sie Euseb zugänglich gewesen, hätte er sie nach dieser Einführung auch zitiert; stattdessen versucht er den Lesern glauben zu machen, es handele sich bei dem eingefügten Zitat um einen Auszug aus Justins κατὰ Μαρκίωνος λόγος.[19]

Ein ähnlicher Fall liegt bei der Nennung von Justins *Syntagma gegen alle Häresien* (σύνταγμα κατὰ πασῶν τῶν γεγενημένων αἱρέσεων) vor. Euseb kennt den Titel der Schrift aus dem Justin-Zitat in apol. I 26,8, das er in h. e. IV 11,10 in seine Darstellung aufnimmt, hat diese Schrift aber nicht vorliegen und übergeht sie demnach stillschweigend in seinem Schriftenverzeichnis in h. e. IV 18, in das er „nur die ihm bekannt gewordenen" Schriften Justins aufnehmen will.

Eine weitere von Euseb genannte Schrift Justins ist der *Dialog gegen die Juden* (διάλογος πρὸς Ἰουδαίους). Euseb referiert den Inhalt der Schrift in h. e. IV 18,6: Er weiß von Justins Streitgespräch mit dem Juden Tryphon zu Ephesus, d. h., er hat Einblick in die Rahmenhandlung dieser Schrift. Zudem kennt Euseb den Bericht Justins, in dem er „durch Gottes Gnade zum Bekenntnis des Glaubens geführt, welchen Eifer Justin auf die Philosophie verwandt und mit welch feuriger Begeisterung er sich der Erforschung der Wahrheit gewidmet hat" (h. e. IV 18,6). Euseb gibt damit den Inhalt von dial. c. Trypho 2–8 zutreffend wieder. Das in h. e. IV 18,7 folgende Zitat aus dial. c. Trypho 17 gibt Auskunft über das Vorgehen der Juden gegen das von ihnen als häretisch eingeschätzte Christentum.

In h. e. IV 18,8 finden sich noch weitere Anspielungen Eusebs auf Justins *Dialog mit Tryphon*: Die Aussage, daß die prophetischen Gaben zur Zeit Justins noch in der Kirche leuchteten, korrespondiert mit dial. c. Trypho 82. Die Angabe, daß die Offenbarung des Johannes eine Schrift des Apostels ist, geht auf dial. c. Trypho 81 zurück. Der von Euseb angeführte Nachweis Justins, daß einige prophetische Aussprüche von den Juden aus der Schrift entfernt worden sind, ist in dial. c. Trypho 71–73 zu finden.

Euseb kennt neben dem Zitat aus dial. c. Trypho 17, das er in h. e. IV 18,7 einbringt, sowohl die Rahmenhandlung als auch einzelne Gesprächsgänge der Schrift. Aufgrund dieses Befundes ist es wahrscheinlich, daß Euseb Justins *Dialog mit Tryphon* als vollständige Schrift vorliegen hatte und gelesen hat.

Für die Häresiethematik von entscheidender Bedeutung ist die Untersuchung, ob Euseb die beiden *Apologien* Justins in seiner Bibliothek vorfand:

Werke auch tatsächlich in Cäsarea zugänglich waren, sieht im Fehlen von κατὰ Μαρκίωνος λόγος im Schriftenverzeichnis h. e. IV 18 ein Indiz dafür, daß diese Schrift in der Bibliothek in Cäsarea nicht aufbewahrt war.

19   Euseb suggeriert dem Leser, daß er aus κατὰ Μαρκίωνος zitiert, da er das Zitat ohne Hinweis auf die *Erste Apologie* Justins einfügt, so daß der Leser es als ein Zitat aus κατὰ Μαρκίωνος ansehen mußte. Man kann die Vorgehensweise vielleicht mit Marcovich, Iustin, 3, als „lapsus in memoriae vel calami" werten, wenn man nicht von einer bewußten Täuschung Eusebs ausgehen will. Denn die Schrift *Erste Apologie* lag Euseb – im Gegensatz zu κατὰ Μαρκίωνος – vor.

Die *Erste Apologie* Justins (προτέρα πρὸς Ἀντωνῖνον ἀπολογία) wird von Euseb häufig als Quelle für die Darstellung der frühen Zeit herangezogen. Er datiert sie in h.e. IV 18,2 durch den Hinweis, daß sie an Antoninus Pius, seine Söhne und den römischen Senat gerichtet war, wobei er auf die in h.e. IV 12 zitierte Quelle mit den darin genannten Adressaten der *Ersten Apologie* (apol. I 1) zurückgreift.[20]

Euseb zitiert die *Erste Apologie* insgesamt achtmal, dreimal in einem Häresiekontext.[21] Er zerteilt den justinischen Bericht über die Häretiker Simon Magus, Menander und Marcion aus apol. I 26: in h.e. II 13,3–4 zitiert er apol. I 26,1–3 zu Simon Magus, in h.e. III 26,3 apol. I 26,4 zu Menander und in h.e. IV 11,9–10 apol. I 26,5 zu Marcion.

Die übrigen fünf Zitate aus der *Ersten Apologie* in h.e. IV 8,3[22], h.e. IV 8,4[23], h.e. IV 8,7[24], h.e. IV 9,1–3[25] und h.e. IV 12[26] widmen sich anderen Themen, so daß sich aus der Verteilung der Zitate auf unterschiedliche Themenbereiche mit einiger Sicherheit schließen läßt, daß Euseb die Häresiezitate nicht aus einer antihäretischen Anthologie entnommen haben kann. Euseb wird die gesamte Schrift vor sich gehabt haben, wie sich an ihrer durchgängigen Benutzung erkennen läßt.

Aus Justins *Zweiter Apologie* zitiert Euseb viermal.[27] Wie sein Schriftenverzeichnis in h.e. IV 18,2 zu erkennen gibt, weiß Euseb von zwei *Apologien*, die an unterschiedliche Herrscher gerichtet waren.[28] Auffälligerweise weist er jedoch zwei

---

[20]   Zur Problematik der Glossen im Präskript von apol. I 1 vgl. Marcovich, PTS 38, 2–3. Wichtig ist hier festzuhalten, daß diese Glossen nicht von Euseb stammen, sondern daß er diese in seinem Exemplar bereits vorgefunden hat, vgl. Marcovich, Iustin, PTS 38, 2–3.

[21]   Euseb, h.e. II 13,3–4 (Simon Magus); h.e. III 26,3–4 (Menander); h.e. IV 8,3; h.e. IV 8,4; h.e. IV 8,7; h.e. IV 9,1–3; h.e. IV 11,9 (Marcion); h.e. IV 11,10 (Syntagma gegen alle Häresien).

[22]   Vgl. Justin, apol. I 29,4 (über die Verehrung des Antinous als Gott).

[23]   Vgl. Justin, apol. I 31,6 (über den Zweiten jüdischen Krieg unter Bar Kochba).

[24]   Vgl. Justin, apol. I 68 (Einleitung des Hadrian-Reskripts).

[25]   Vgl. Justin, apol. I 68 (Hadrian-Reskript).

[26]   Vgl. Justin, apol. I 1 (Adressierung der *Ersten Apologie* an Antoninus Pius, seine Söhne Lucius Verus und Marc Aurel und den römischen Senat).

[27]   Euseb, h.e. IV 8,5 (apol. II 12); h.e. IV 16,3–6 (apol. II 3); h.e. IV 17,13 (apol. II 3); h.e. IV 17,2–13 (apol. II 2). Anders Harnack, Griechische Apologeten, 135–136 Anm. 87, der die *Zweite Apologie* dreimal (h.e. IV 8,5; h.e. IV 16,3–6; h.e. IV 17,2–13) bei Euseb zitiert sieht. Vgl. auch Harnack, Altchristliche Litteratur I 102.

[28]   Nach h.e. IV 18,2 war die *Erste Apologie* an Antoninus Pius, seine Söhne und den römischen Senat gerichtet, die *Zweite Apologie* Justins ausschließlich an Marc Aurel adressiert. In h.e. IV 16,1 scheint sich Euseb dahingehend zu widersprechen, daß er die *Zweite Apologie* an beide Herrscher der Zeit, an Marc Aurel und an Lucius Verus, gerichtet sieht. Historisch zutreffend ist, daß beide *Apologien* von Justin an Antoninus Pius und Marc Aurel gerichtet wurden. — Wie uneindeutig der Name „Antoninus" jedoch war und welche Schwierigkeiten der Identifikation er bereitete, zeigt Grant, Father of Church History, 416. Vgl. auch Kienast, Römische Kaisertabelle, 134–141.147–151. Lawlor, Eusebiana, 168–169, erklärt die falsche Datierung der Zweiten *Apologie* dahingehend, daß Euseb annahm, die Dokumente seiner Schriftensammlung seien chronologisch geordnet gewesen: Die *Erste Apologie* entstand unter Antoninus Pius; der folgende Brief an die Gemeinden Asiens nennt „Mark Aurel" in der ersten Zeile, konnte aber nicht Mark Aurel meinen, da dieser als Verfolger der Christen keinen derartigen Brief verfassen konnte. Daher mußte dieser Brief zur Zeit

Zitate der *Zweiten Apologie* fälschlicherweise Justins *Erster Apologie* zu.[29] Wie diese Zuschreibung zu erklären ist, kann an dieser Stelle unbeantwortet bleiben. Wichtig ist für den Zusammenhang, daß Euseb sowohl Justins *Erste* als auch seine *Zweite Apologie* vorgelegen haben muß, denn nur auf diese Weise sind die fehlerhaften Zuweisungen der Zitate verständlich.

Abschließend ist festzuhalten, daß die Untersuchungen zu den Justin-Schriften gezeigt haben, daß Euseb sowohl den *Dialog mit Tryphon* als auch die *Erste* und *Zweite Apologie* Justins als vollständige Schrift in Händen hatte.

1.2 Hegesipp

Von Hegesipp, der nach Euseb unter Antoninus Pius (h.e. IV 11,7) und Mark Aurel (h.e. IV 21) wirkte, nimmt Euseb acht Zitate in seine h.e. auf.

Vier Zitate werden mit dem Hinweis auf die fünf Bücher umfassende Ausgangsschrift „*Hypomnemata*"[30] eingefügt. Ein Zitat wird von Euseb nur vage auf eine ebenfalls fünf Bücher umfassende Schrift zurückgeführt, in der Hegesipp „die unverfälschte Überlieferung der apostolischen Lehre in einfachster Form wiedergab".[31] Drei weitere Stellen werden ohne einen Hinweis auf ihren Titel von Euseb aufgenommen.[32]

Alle Zitate scheinen trotz ihrer unterschiedlichen Einführung aus Hegesipps *Hypomnemata* entnommen zu sein, eine Aufteilung der Zitate auf zwei Hegesipp-Schriften erscheint nicht plausibel.[33]

---

     des Antoninus Pius abgefaßt sein. Aus diesem Grund datierte Euseb die *Zweite Apologie* sowie das Martyrium Justins auch nicht in die Zeit des Antoninus Pius, sondern erst in die nachfolgende Regierung.

[29]   Das Zitat, das von der Bekehrung Justins berichtet, wird von Euseb in h.e. IV 8,5 wie die vorhergehenden Zitate als aus der *Ersten Apologie* stammend eingeführt. Lawlor, Eusebiana, 147, versucht den Sachverhalt dahingehend zu erklären, daß Euseb mit der Formulierung ἐν ταὐτῷ ... ταῦτα γράφει nicht „im selben Buch", d.h. in der *Ersten Apologie*, sondern „im selben Band" meinte, der auch die *Zweite Apologie* enthalten haben könnte. Unerklärt bleibt, warum Euseb das Zitat in h.e. IV 17,1 als ἡ προτέρα ἀπολογία einführt, obwohl er aus der *Zweiten Apologie* zitiert.

[30]   Euseb, h.e. II 23,4–18; h.e. IV 22,2–3; h.e. IV 22,4–6 und h.e. IV 22,7.

[31]   Euseb, h.e. IV 8,2 <GCS Euseb II/1, 314,8–10: ἐν πέντε […] ὑπομνηματισάμενος […].>.

[32]   Euseb, h.e. III 20,1–6; h.e. III 32,3; h.e. III 32,6.

[33]   Die ohne Hinweis auf den Werktitel eingefügten Hegesipp-Zitate könnten zunächst auf eine zweite, nicht namentlich genannte, sondern nur inhaltlich umschriebene Schrift Hegesipps (h.e. IV 8,2) zurückgehen. Euseb hätte dann diese Schrift nur mit dem Verfassernamen, nicht aber mit dem Werktitel vorliegen gehabt und es unterlassen, dieses titellose Werk mit den ihm bekannten *Hypomnemata* gleichzusetzen. Gegen die Annahme von zwei Hegesipp-Schriften spricht aber die Tatsache, daß sich die ohne Schrifttitel eingefügten drei Zitate thematisch ähneln und deshalb wohl der gleichen Schrift entstammen. Denn sowohl h.e. III 32,3 als auch h.e. III 32,6 behandeln den Märtyrertod des Symeon; deutlich parallel dazu konstruiert ist der Bericht über das Martyrium der Enkel des Judas. Damit korrespondiert die Angabe des auf die *Hypomnemata* zurückgeführten Zitats in h.e. II 23,4–18 über den Märtyrertod des Jakobus.

Der thematische Schwerpunkt der Hegesipp-Zitate liegt auf der Einheit und Reinheit der apostolischen Lehre, welche in der apostolischen Sukzession begründet sind. Hegesipp gelangte bei seiner Reise über Korinth nach Rom in den verschiedenen Gemeinden zu der Überzeugung, daß allein die ununterbrochene Sukzession der Bischöfe der Garant für die unverfälschte Überlieferung sowie der Schutz der apostolischen Lehre vor Angriffen der Häretiker ist. Aus diesem Grunde fixiert Hegesipp die Bischofslisten für Rom und Korinth schriftlich.

Ein weiterer inhaltlicher Schwerpunkt der Hegesipp-Schrift wird auf den Berichten über die Märtyrer gelegen haben, da Euseb zwei Martyriumsdarstellungen von Hegesipp übernimmt: das Martyrium des Jakobus mit einem ausführlichen Zitat in h.e. II 23,4–19 und das Martyrium des Symeon, das Euseb mit zwei Hegesipp-Zitaten in h.e. III 32,3 und III 32,6 untermauert. Mit den Martyriumsdarstellungen korrespondiert der Bericht über die Anklage der Enkel des Judas bei Domitian (h.e. III 20,1–6), welche jedoch nicht verurteilt wurden, sondern als Bekenner angesehene Stellungen in der Kirche erhielten.

Von Hegesipp übernommene Aussagen zur Häresiethematik finden sich neben den vom Martyrium des Symeon berichtenden Zitaten (h.e. III 32,3.6) nur noch h.e. IV 22,2–6: Das Zitat versucht den Ursprung der Häresie an der Person des Thebutis festzumachen, der aus Eifersucht nicht Bischof von Jerusalem geworden zu sein, die Kirche „zu beschmutzen anfing". Thebutis war nach Aussage Hegesipps Anhänger einer der im Anschluß aufgelisteten sieben Sekten des Judentums, aus denen auch die anderen Häretiker der frühen Zeit wie Simon, Kleobius, Dositheus und Gorthäus hervorgegangen waren, von denen wiederum andere Häresien abstammten. In diesem Häresiekontext wird man auch das von Euseb h.e. IV 22,7 angefügte Zitat Hegesipps über die sieben Sekten im Judentum zu verstehen haben, obwohl dieses bei Hegesipp ursprünglich nicht in einem antihäretischen Kontext gestanden haben muß.

Die beiden Zitate, die über das Martyrium des Symeon berichten, behandeln die Häresiethematik nur indirekt. Hegesipp gibt lediglich am Rand zu erkennen, daß es Häretiker waren, die Symeon als Nachkomme Davids (h.e. III 32,3) bzw. als Vetter des Herrn (h.e. III 32,6) anzeigten. Will man der Information Eusebs in h.e. III 32,3 Glauben schenken, so sind die besagten Häretiker später selbst unter der Anklage, Nachkommen Davids zu sein, verhaftet worden.[34]

Betrachtet man nun die auf die *Hypomnemata* zurückgeführten sieben Zitate mit der inhaltlichen Charakterisierung der Hegesipp-Schrift in h.e. IV 8,2, so fällt auf, daß die Zitate mit dieser Beschreibung zutreffend charakterisiert werden: sie betonen alle die unverfälschte Überlieferung der apostolischen Lehre, indem sie die Einheit der Lehre an allen von Hegesipp bereisten Orten (h.e. IV 22,1), die wahre Lehre bei den Korinthern und Römern (h.e. IV 22,2–3) und auch die Entstehung der Häresie als Phänomen des Judentums (h.e. IV 22,4–6) festhalten. Mit dieser Grundaussage korrespondiert die Darstellung der Martyrien angesehener Vertreter der christlichen Kirche: Sie zeugen mit ihrem Leben für die Wahrheit der von ihnen vertretenen Lehre.

34 Diese Information kann Euseb bei Hegesipp gelesen haben. Er kann sie aber auch aus h.e. IV 22,4–6 extrapoliert haben, wonach – getreu der Konzeption Hegesipps – alle Häresien aus dem

Eine weitere Verbindung zur Häresiethematik schafft Euseb in h.e. III 20,1–6. Aus der Quelle selbst geht nicht hervor, wer die Enkel des Judas der Nachkommenschaft Davids bezichtigt und vor Gericht bringt. Euseb hingegen gibt in h.e. III 19 als Ankläger nicht näher spezifizierte Häretiker an. Es wäre möglich, daß Euseb diese Information der Hegesipp-Vorlage entnommen hat. Andersherum wäre es aber auch denkbar, daß Euseb diese Information aus der parallelen Darstellung der Anklage Symeons extrapoliert und auf die Anklage der Judasenkel übertragen hat.

Hegesipp wird von Euseb oft als Zeuge für die Wahrheit der berichteten Ereignisse angeführt, ohne daß er ihn aber zitiert (h.e. III 11; III 16). Es ist daher zu vermuten, daß Euseb auch an anderen Stellen der h.e. auf Hegesipp zurückgreift.[35]

Euseb gibt zwar nicht an, aus welchem Buch er die einzelnen Zitate entnimmt, jedoch ist insbesondere für h.e. IV 8,2 oder h.e. III 20,1–6 kein antihäretischer Kontext denkbar, in dem diese Textpassagen tradiert worden sein können. Man darf daher ausschließen, daß Euseb diese Quellen aus einer antihäretischen Anthologie entnommen hat und folgern, daß ihm Hegesipps *Hypomnemata* als vollständige, fünf Bücher umfassende Schrift vorlag.[36] Die Tatsache, daß Euseb in der *Chronik* bereits auf Hegesipp zurückgriff, mag diese These bestärken.[37]

1.3 Dionysius von Korinth

Dionysius, Bischof von Korinth, wird von Euseb in h.e. IV 21 als ein zur Zeit Mark Aurels wirkender Mann beschrieben, der sich neben Hegesipp, Pinythus von Kreta, Philippus von Gortyna, Apollinarius von Hierapolis, Melito von Sardes, Musanus, Modestus und Irenäus in der Kirche besonders hervorgetan hat. Euseb nennt im folgenden sieben *Katholische Briefe* (καθολικαῖς πρὸς τὰς ἐκκλησίας ἐπιστολαῖς), die er der Reihe nach mit kurzen Inhaltsangaben wiedergibt: ein Brief an die Lacedämonier (h.e. IV 23,2), einer an die Athener (h.e. IV 23,2–3), einer an die Bewohner von Nikomedien (h.e. IV 23,4), einer an die Kirche von Gortyna und die übrigen Gemeinden auf Kreta (h.e. IV 23,5) und einer an die Gemeinde von Amastris und die Gemeinden im Pontus (h.e. IV 23,6). Euseb kennt zudem noch einen Brief

---

Judentum entstanden sind. Die Information, daß die Häretiker Nachkommen Davids waren, muß nicht notwendigerweise auf Detailkenntnis der Hegesipp-Schrift bei Euseb hindeuten.

[35]   Carriker, Library, 265, nennt h.e. III 5,2–3; h.e. III 17–18; h.e. III 19; h.e. III 20,9; h.e. III 35 und h.e. III 18,4. Vgl. auch Grant, Eusebius as Church Historian, 67–70.

[36]   Carriker, Library, 265, geht noch weiter und folgert, daß Euseb dieses Werk in Cäsarea vorfand. Anders Grant, Eusebius as Church Historian, 67–68, der annimmt, daß Euseb eine Kopie dieses Werkes in Jerusalem eingesehen hat.

[37]   Vgl. Grant, Eusebius as Church Historian, 70, 86. Grant geht jedoch davon aus, daß Euseb Hegesipp bei Abfassung seiner *Chronik* noch nicht genau studiert hatte. Bei der Abfassung der h.e übernähme er Gedanken von Hegesipp, wie beispielsweise seine sonderbare Chronologie (h.e. III 11), die er bei der Niederschrift der *Chronik* noch verworfen hatte (86).

des Dionysius an die Bewohner von Knossus, der wohl an Pinythus, den dortigen Bischof, adressiert war (h.e. IV 23,7–8), sowie einen Brief an die Römer und ihren Bischof Soter (h.e. IV 23,9). Außerdem nennt er noch einen Privatbrief des Dionysius von Korinth an Chrysophora (h.e. IV 23,13).

Euseb zitiert ausschließlich den Brief des Dionysius von Korinth an die Römer in h.e. II 25,8 und h.e. IV 23,10.11. Nicht ganz eindeutig ist, welchem Brief das Zitat in h.e. IV 23,12 entnommen ist. Vermutlich stammt es ebenfalls aus dem Brief an die Römer, den Euseb gerade behandelt und den er zuvor bereits zweimal zitiert hatte.[38]

Das Referat der genannten Briefe zeigt stellenweise eine auffallende Detailkenntnis Eusebs[39], die nur damit zu erklären ist, daß er sie wohl in Form einer Sammlung von Dionysiusbriefen in seinem Besitz hatte.[40] Aus dieser Sammlung scheint Euseb den zitierten Brief an die Römer sowie die Briefe an die Athener und an die Gemeinde in Amastris, deren Inhalt er detailreich darstellen kann (vgl. Anm. I 39), gelesen zu haben. Die Lektüre der anderen Briefe läßt sich nicht nachweisen.

---

38 Betrachtet man den Aufbau dieses h.e.-Kapitels, so ist deutlich, daß Euseb die Briefe einzeln durchgeht und mit Kommentaren – oder in diesem Falle mit Zitaten – bedenkt. Würde Euseb einen anderen als die in diesem Abschnitt genannten Briefe zitieren, hätte er dieses wahrscheinlich kenntlich gemacht. Zudem erscheint es nicht plausibel, warum Euseb ein Zitat aus einem anderen Brief an dieser Stelle nachschieben bzw. vorziehen sollte.

39 Während Euseb den *Brief an die Lacedämonier* (h.e. IV 23,2) inhaltlich nur vage umreißt, kann er den *Brief an die Athener* inhaltlich sehr genau wiedergeben (h.e. IV 23,2–3). Er kennt den Vorwurf des Dionysius an die Athener, sie wären nach dem Märtyrertod des Publius beinahe vom rechten Glauben abgefallen und weiß aufgrund des Briefes vom Eifer des Quadratus, die Gemeinde wieder zu sammeln. Zudem entnimmt er dem Brief die Information, daß der Areopagite Dionysius der erste Bischof der Kirche in Athen war. Diese Informationen müssen von der Lektüre des Briefes herrühren.
   Die folgenden *Briefe nach Nikomedien und Gortyna* (h.e. IV 23,4.5) sind inhaltlich etwas schwächer charakterisiert. Dies ist insbesondere im Hinblick auf die Häresiethematik der h.e. bedauerlich, da beide Briefe das Thema Häresie zum Gegenstand haben, Euseb aber auf die Rezeption dieser Quellen in der h.e. anscheinend verzichtet: Weder greift er zur Darstellung Marcions auf den Brief nach Nikomedien zurück, noch übernimmt er einzelner Warnungen über die Verführungen durch Häretiker aus dem Brief nach Gortyna. Der *Brief an die Gemeinde in Amastris* ist hingegen wieder mit zahlreichen Informationen sowie Namen angereichert, die nur aus der Kenntnis des Briefes herrühren können. Zum *Brief an die Bewohner von Knossos* vgl. die Darstellung des Pinytus (Teil I 1.4 Pinytus von Kreta).
   Der *Brief an Chrysophora* wird von Euseb inhaltlich sehr ungenau umrissen; er kann noch nicht einmal das genaue Thema des Briefes angeben. Es ist für diesen Brief zu vermuten, daß er sich, obwohl Euseb ihn offensichtlich nicht gelesen hat, doch in der Sammlung von Dionysius-Briefen befand.

40 Lawlor, Eusebiana, 147–148, geht davon aus, daß die Briefe des Dionysius in einem einzigen Band Euseb überliefert und bereits mit der Antwort des Pinytus von Kreta und dem Brief an Chrysophora zusammengefaßt waren. Ebenso Carriker, Library, 266, der vermutet, daß Dionysius die Sammlung der an unterschiedliche Adressen gerichteten Briefe selbst angelegt hat, um sie vor Verfälschungen durch die „Apostel des Teufels" (Zitat Dionysius in h.e. IV 23,12) zu schützen.

1.4 Pinytus von Kreta

Pinytus, der Bischof von Kreta, wird von Euseb in h.e. IV 21 als zur Zeit Mark
Aurels hervorragender Vertreter der Kirche eingeführt. Im Gegensatz dazu erscheint
die Darstellung dieses Mannes ziemlich blaß. Euseb kennt nur einen einzigen Brief
des Pinytus von Kreta – ein Antwortschreiben an Dionysius von Korinth (h.e. IV
23,8), das ihm im Kontext der Dionysius-Briefe zur Kenntnis gelangt sein wird.[41]
Euseb zitiert diesen Brief nicht. Das Referat seines Inhalts bleibt vage und gewinnt
erst aus der Kontrastierung mit dem Dionysiusbrief an Kontur: Pinytus fordert aus
Verantwortung für seine Gemeinde strengere Enthaltsamkeit als Dionysius (h.e. IV
23,7) und will seine Gemeinde mit kräftigerer Nahrung, d.h. mit höheren Lehren
bedenken (h.e. IV 23,8). Der Abschnitt endet mit einer Lobrede auf die Rechtgläubigkeit des Pinytus von Kreta, die Sorge für seine Untergebenen, seine wissenschaftliche Begabung und sein Verständnis für das Göttliche. Euseb hatte sowohl
den Brief des Dionysius von Korinth als auch das Antwortschreiben des Pinytus
von Kreta in einer Briefsammlung vorliegen und auch gelesen.

1.5 Theophilus von Antiochien

Euseb nennt in h.e. IV 24 die Schriften des Theophilus von Antiochien. Dem Titel
nach kennt er zunächst das drei Bücher umfassende Werk *An Autolykos* (τὰ πρὸς
Αὐτόλυκον συγγράμματα), welches Elementarlehren enthalten haben soll, außerdem eine Schrift mit dem Titel *Gegen die Häresie des Hermogenes* (πρὸς τὴν αἵρεσιν
Ἑρμογένους) und *Katechetische Schriften* (κατηχητικὰ βιβλία). Nach einem eusebianischen Exkurs über die Häretiker, die durch „aufgestellte Hirten" wie Theophilus
von den Herden Christi abgehalten wurden, fügt Euseb eine weitere Schrift des
Theophilus gegen Marcion (κατὰ Μαρκίωνος) ein. Alle Schriften seien nach Eusebs
Aussage noch bis in seine Zeit erhalten.

Die Beteuerung Eusebs, daß die Schriften noch erhalten sind, macht den auf-
merksamen Leser stutzig, zitiert er doch aus keinem dieser Werke – weder zu Marcion noch zu Hermogenes.[42] Eusebs Charakterisierung der Schrift *An Autolykos*
erscheint ziemlich vage und gibt auch nichts über deren Inhalt zu erkennen. Gleiches gilt für die *Katechetischen Schriften* des Theophilus.

Die Angabe Eusebs, daß Theophilus in seiner Schrift *Gegen die Häresie des
Hermogenes* die Apokalypse des Johannes zitiert, scheint zunächst auf die Kenntnis
der Schrift hinzudeuten, wird aber dadurch relativiert, daß Euseb Hermogenes als

---

[41] So Lawlor, Eusebiana, 148 und Carriker, Library, 265.

[42] Zu demselben Schluß kommt auch Bauer, Rechtgläubigkeit und Ketzerei, 159. — Anders Bardy,
SC 31, 206 Anm. 3, der der Kenntnis des Theophilus-Werkes gegen Marcion bei Euseb annimmt,
und Carriker, Library, 267–268, der der eusebianischen Beteuerung, daß alle aufgelisteten Theo-
philus-Werke bis in die Zeit Eusebs in der in der Bibliothek von Cäsarea aufbewahrt waren, vertraut.

Häretiker nicht darstellen kann.[43] Hermogenes und seine Lehre werden in der h.e. übergangen, was darauf schließen läßt, daß Euseb keine Informationen darüber besaß.[44]

Insgesamt ist festzuhalten, daß Euseb zwar die Titel, nicht aber den Inhalt der Theophilus-Schriften kannte. Vermutlich wird er diese aus einem Bibliotheksverzeichnis entnommen haben. Die Schrifttitel genügten Euseb jedoch, um Rückschlüsse auf Theophilus' Kampf gegen die Häresien zu ziehen. Er stilisiert ihn als einen Häreseologen, der „bald durch Mahnungen und Ermunterungen an die Brüder, bald im offenen Angriff in persönlicher und mündlicher Aussprache und Widerlegung sowie durch Schriften deren Meinung gründlich zerpflückte."[45] Diese allgemeine Charakterisierung, die auf alle damaligen Häreseologen zu passen scheint, soll wahrscheinlich davon ablenken, daß Euseb speziell über Theophilus von Antiochien nichts zu sagen vermag.

1.6 Philippus von Gortyna

In h.e. IV 25 nennt Euseb eine Schrift des Philippus gegen Marcion. Das ἐκ τῶν Διονυσίου φωνῶν [...] ἔγνωμεν zu Beginn des Abschnittes kann eine den Leser inkludierende Redeweise sein und zur Erinnerung an die Einführung des Philippus in h.e. IV 23,5 dienen.[46] Man kann diesen Relativsatz auch dahingehend verstehen, daß Euseb von sich selbst in der 1. Person Plural redet[47], was bedeuten würde, daß

---

43   May, Schöpfung aus dem Nichts, 162, hinterfragt die Aussage Eusebs (h.e. IV 24) kritisch, wonach Theophilus in der Schrift gegen Hermogenes die Apokalypse des Johannes zitiere, da sich in den Büchern an Autolykos (II 28) nur ein einziger, nicht ganz eindeutiger Anklang an die Apokalypse (Apk 12,9) finden lasse.

44   Allein die Aussage, daß Theophilus in der Schrift gegen Hermogenes die Apokalypse des Johannes zitiert, reicht für Carriker, Library, 267, aus, um die Kenntnis des Werkes bei Euseb anzunehmen.
      Euseb zeigt offensichtlich Interesse für die Diskussion um die Verfasserschaft der Johannes-Apokalypse (vgl. h.e. VII 25,1–27). In diesem Kontext, so zeigen die eusebianischen Ausführungen in h.e. III 25,6, spielt der Nachweis, ob und welcher kirchliche Schriftsteller die umstrittene Schrift benutzt hat, eine sehr große Rolle. In einem solchen Kontext könnte die Information, daß auch Theophilus die Johannes-Apokalypse zitiert habe, isoliert überliefert worden sein. Denkbar wäre auch, daß Euseb diese Informationen zu den Benutzern der Johannes-Apokalypse nicht selbst gesammelt hat, sondern auf eine vorliegende Sammlung von Aussagen zu dieser Thematik zurückgreift. Von einer Kenntnis der Schrift gegen Hermogenes wird man bei Euseb aus den oben genannten Gründen nicht ausgehen können. Zur Häresie des Hermogenes vgl. Teil I 3.2.2.2 Ausgelassene Häresien.

45   Euseb, h.e. IV 24 <GCS Euseb II/1, 380,5–9: τοτὲ μὲν ταῖς πρὸς τοὺς ἀδελφοὺς νουθεσίαις καὶ παραινέσεσιν, τοτὲ δὲ πρὸς αὐτοὺς γυμνότερον ἀποδυόμενοι, ἀγράφοις τε εἰς πρόσωπον ζητήσεσι καὶ ἀνατροπαῖς, ἤδη δὲ καὶ δι' ἐγγράφων ὑπομνημάτων τὰς δόξας αὐτῶν ἀκριβεστάτοις ἐλέγχοις διευθύνοντες.>.

46   Vgl. die Übersetzung von Haeuser, Eusebius, 224: „[...] den wir aus den Äußerungen des Dionysius [...] kennen".

47   Euseb bringt seine eigene Person zumeist in der 1. Person Plural ein, vgl. beispielsweise h.e. I 1,3; h.e. III 28,1; h.e. III 30,1; h.e. III 39,14; h.e. VII 26,3; h.e. VII 32,24.25.26. Die 1. Person

er Philippus von Gortyna ausschließlich aus dem Brief des Dionysius von Korinth kennt. Die letztere Erklärung scheint plausibler, da Euseb im folgenden auf die Marcionschriften des Irenäus und des Modestus umschwenkt. Weder zitiert Euseb aus dieser Schrift noch verweist er im Marcionkontext auf sie. Er wird von ihrer Existenz nur aus den Äußerungen des Dionysius von Korinth wissen.[48]

1.7 Modestus

Euseb nennt in h.e. IV 25 neben den Schriften des Philippus und des Irenäus (s. u.) eine weitere gegen Marcion verfaßte Schrift, nämlich die des Modestus. Euseb scheint allein das Faktum, daß Modestus eine Schrift gegen Marcion verfaßt hat, zu kennen. Weiterführende Informationen oder gar den Inhalt der Schrift gibt er nicht an. Man darf daher vermuten, insbesondere aus der gemeinsamen Darstellung mit Philippus von Gortyna, daß Euseb die Information über die Schrift des Modestus gegen Marcion ebenfalls dem Brief des Dionysius von Korinth entnommen hat.[49]

1.8 Melito von Sardes

Vom Bischof Melito von Sardes in Lydien, der nach Ansicht des Polykrates von Ephesus zu „den großen Sternen" gerechnet werden muß, die in Asien ihre Ruhestätte gefunden haben (h.e. V 24,2.5), kennt Euseb in h.e. IV 26,2 folgende Schriften: Dem Titel nach sind ihm die zwei Bücher umfassende Schrift *Über das Osterfest* (περὶ τοῦ πάσχα) und wohl die je ein Buch umfassenden Schriften *Die rechte Lebensweise und die Propheten* (περὶ πολιτείας καὶ προφητῶν), *Die Kirche* (περὶ ἐκκλησίας), *Der Sonntag* (περὶ κυριακῆς), *Der Glaube des Menschen* (περὶ πίστεως ἀνθρώπου), *Die Schöpfung* (περὶ πλάσεως), *Der Gehorsam der Sinne gegen den Glauben* (περὶ ὑπακοῆς πίστεως αἰσθητηρίων καὶ πρὸς τούτοις), *Seele und Leib* (περὶ ψυχῆς καὶ σώματος[50]), *Die Taufe* (περὶ λουτροῦ), *Die Wahrheit* (περὶ ἀληθείας), *Glaube und*

Singular begegnet dahingegen seltener, vgl. beispielsweise h.e. I 1,5; h.e. III 39,12; h.e. VI 33,4. Gelegentlich gebraucht Euseb aber auch eine den Leser inkludierende Redeweise, vgl. h.e. III 26,1.

48   Ebenso Carriker, Library, 268.

49   Ebenso Carriker, Library, 268.

50   Die doppelte Nennung der Schrift περὶ ψυχῆς καὶ σώματος, die ein zweites Mal im Anschluß an die Schrift *Über die Prophetie* genannt wird, dürfte ein (Ab-)Schreibfehler Eusebs oder seiner vorliegenden Quelle sein; daß zwei unterschiedliche Schriften eines Schriftstellers mit demselben Titel kursierten, ist nicht ausgeschlossen (vgl. die beiden Justin-Schriften πρὸς Ἕλληνας, h.e. IV 18,3.4), aber sehr unwahrscheinlich. Da zu vermuten ist, daß Euseb eine (selbstverschuldete fehlerhafte) Doppelung bei einem seiner Korrekturgänge und Überarbeitungsphasen gestrichen hätte, ist mit aller Vorsicht zu folgern, daß die Doppelung bereits in Eusebs Vorlage stand. Sollte Euseb der in h.e. IV 26 ausgeschriebene Bibliothekskatalog vorgelegen haben und die Schriften in Cäsarea zugänglich gewesen sein, so muß man folgern, daß Euseb er unterließ, durch Nachschlagen den

Geburt Christi (περὶ πίστεως καὶ γενέσεως Χριστοῦ), *Die Prophetie* (περὶ προφητείας), *Die Gastfreundschaft* (περὶ φιλοξενίας), *Der Schlüssel* (ἡ Κλεὶς), *Der Teufel und die Offenbarung des Johannes* (περὶ τοῦ διαβόλου καὶ τῆς Ἀποκαλύψεως Ἰωάννου), *Die Körperlichkeit Gottes* (περὶ ἐνσωμάτου θεοῦ) und *Das Büchlein an Antoninus* (πρὸς Ἀντωνῖνον βιβλίδιον) bekannt. Die Aufzählung erweckt den Eindruck, daß Euseb ein Bibliotheksverzeichnis abschreibt.

Euseb zitiert im folgenden in h.e. IV 26,3 einen Auszug aus der Schrift *Über das Osterfest* und datiert deren Abfassungszeit in die Zeit des Martyriums des Sagaris. Es verwundert, daß Euseb den Inhalt und insbesondere die Position Melitos von Sardes hinsichtlich der Osterfestberechnung nicht wiedergibt und sich auf Datierungsfragen der Schrift beschränkt. Dies erstaunt um so mehr, als sie für Klemens von Alexandrien der Anlaß zur Abfassung einer eigenen Abhandlung über das Osterfest war (h.e. IV 26,4). Man könnte vermuten, daß Euseb, obwohl er die Melito-Schrift zitiert, von dieser nur aus Klemens' Äußerungen weiß. Klemens könnte die Schrift Melitos bereits auszugsweise wörtlich aufgenommen haben, was Euseb in die Lage versetzte, aus Klemens das Melito-Zitat zu übernehmen.[51]

Daß sich Euseb auf die Datierung der Melito-Schrift beschränkt und die Position Melitos im Osterfest-Streit nicht skizziert, wird inhaltliche Gründe haben. Da sich Klemens, dessen Schrift durch Melitos Werk veranlaßt wurde, sicherlich sehr genau mit der Argumentation Melitos auseinandergesetzt haben wird, standen Euseb auch inhaltlich gehaltvollere Textpassagen zur Auswahl. Die eusebianische Zitatauswahl ist demnach tendenziell.[52] Folglich wird sich nicht mehr beantworten

---

Sachverhalt zu klären: er streicht weder die fehlerhafte Dittographie, noch setzt er ein α' bzw. β' zur Verdeutlichung hinter den Werktitel.

51   Bauer, Rechtgläubigkeit und Ketzerei, 155–156, zweifelt aufgrund des künstlichen Charakters des Zitats daran, daß Euseb direkt aus Melitos Werk zitiert. Ebenso Gustavsson, Eusebius' Principles, 430, der vermutet, daß Euseb das Melito-Zitat aus dem gleichnamigen Werk des Klemens entnommen hat, welches die Schrift Melitos „reproduced" (430). — Carriker, Library, 270, führt dagegen an, daß Euseb in h.e. IV 21 und h.e. IV 26,1 von der Überlieferung der Schrift bis in seine Zeit redet. Ihm sei in dieser Hinsicht zu trauen, da ihm alle in den diversen Katalogen in Buch IV genannten Schriften vorlagen. Selbst wenn Euseb nicht direkt aus Melito, sondern aus Klemens zitieren würde, so zeige doch die eusebianische Formulierung nach Carriker, Library, 270, daß Euseb diese Schrift in der Bibliothek von Cäsarea vorlag.

52   Im Kontext des Quartadezimaner-Streits zitiert Euseb in h.e. V 24,5 den Brief des Polykrates von Ephesus an Viktor von Rom, welcher deutlich macht, daß sich die Quartadezimaner auf Melito, der die quartadezimanische Praxis als gegeben voraussetzte, und wohl auch auf seine Schrift berufen haben. Da Melitos Schrift jedoch bereits um 166/67 verfaßt wurde, die Streitigkeiten aber erst um 195 ausbrachen, mußte Euseb Melito nicht unbedingt mit dem Quartadezimaner-Streit in Verbindung bringen, obwohl er eine bedeutende Rolle in dieser Auseinandersetzung bekommen sollte. Euseb scheint jedoch mehr Informationen zur Schrift und zur Position Melitos zu besitzen, als er den Leser wissen lassen will. Klemens wird in seiner Abhandlung die Position Melitos gründlich widerlegt haben.

Euseb hätte mit einem inhaltlichen Zitat aus Melitos Schrift einen namhaften Vertreter für die quartadezimanische Praxis ins Feld geführt, was die aus späterer Sicht bedenkliche Lehre aufgewertet hätte. Daher beschränkt er sich auf ein aus der Klemensschrift entnommenes Melito-Zitat, das ein unverfängliches Thema zum Gegenstand hat.

lassen, ob Euseb Melitos Schrift *Über das Osterfest* im Original gelesen hat oder ob er sie nur aus Klemens Widerlegung kannte. Da Euseb in h.e. IV 26,2 einen Bibliothekskatalog ausschreibt, kann mit aller Vorsicht vermutet werden, daß Euseb das Buch zumindest in der Bibliothek in Cäsarea oder in Jerusalem zugänglich war.[53] Des weiteren zitiert Euseb in h.e. IV 26,5.6.7–11 aus der „an den Kaiser gerichteten Schrift" (ἐν δὲ τῷ πρὸς τὸν αὐτοκράτορα βιβλίῳ, GCS Euseb II/1, 384,1), welche identisch sein wird mit dem zuvor genannten *Büchlein an Antoninus* (πρὸς Ἀντωνῖνον βιβλίδιον, GCS Euseb II/1, 382,8). Sollte die auf den eusebianischen Angaben (h.e. IV 26,4) beruhende Identifikation stimmen, war die Schrift an den Kaiser Mark Aurel gerichtet. Wie die drei von Euseb eingearbeiteten Zitate zeigen, wirbt Melito von Sardes darin um ein friedliches Miteinander zwischen Staat und Kirche als das für beide Seiten Segenbringende.

Schlußendlich kennt und zitiert Euseb in h.e. IV 26,13–14 eine Schrift des Melito mit dem Titel *Auszüge* (ἐκλογαί ἐκ τοῦ νόμου καὶ προφητῶν περὶ τοῦ σωτῆρος καὶ πάσης τῆς πίστεως ἡμῶν), die bemerkenswerterweise nicht im Schriftenverzeichnis in h.e. IV 26,2 genannt ist.[54] Das Zitat läßt erkennen, daß Melito darin für den Bruder Onesimus ein Verzeichnis der alttestamentlichen Bücher zusammenstellt.

Es erscheint für das *Büchlein an Antoninus* wahrscheinlich, daß Euseb es gelesen hat; die Schrift *Über das Osterfest* und die *Auszüge* hat Euseb ebenfalls inhaltlich zur Kenntnis genommen, jedoch ist nicht zu entscheiden, ob er sie im Original oder nur in Exzerpten und durch Klemens vermittelt vorliegen hat. Für die übrigen Schriften Melitos läßt sich eine Kenntnis bei Euseb nicht nachweisen, obwohl er – vorausgesetzt, Euseb schreibt in h.e. IV 26,2 ein Bibliotheksverzeichnis aus – Zugang zu diesen Büchern in der Bibliothek in Cäsarea oder in Jerusalem gehabt haben wird.

1.9 Apollinarius von Hierapolis

Euseb listet in h.e. IV 27 die ihm bekannten Schriften des Apollinarius von Hierapolis auf, wobei er einräumen muß, daß noch weitere Schriften des Apollinarius existieren könnten.[55] Er selbst kennt eine *Apologie* an Mark Aurel, das 5 Bücher

---

[53] Lawlor, Eusebiana, 149; ebenso Carriker, Library, 272. Bauer, Rechtgläubigkeit und Ketzerei, 157, geht davon aus, daß Euseb nur die *Apologie* und die *Eclogae* vorlagen, und der Schriftenkatalog h.e. IV 26 nicht das Euseb vorliegende Melito-Material wiedergebe. Der Katalog diene Euseb nur dazu, das eigene Wissen über Melito zu vervollständigen. Melitos Schriften hätten aufgrund seiner Stellung zum Quartadezimaner-Streit, zur prophetischen Bewegung, zu Marcion und anderen Häretikern die Zeit Eusebs nicht erreicht.

[54] Ebenso Bauer, Rechtgläubigkeit und Ketzerei, 157; Carriker, Library, 271. Lawlor, Eusebiana, 149, hingegen erwägt eine sekundäre Quelle. Hall, Melito of Sardis. On pascha, XVI, vermutet hinter dem Titel ἐκλογαι entweder eine „descriptive reference to an item earlier in the list" oder eine andere Quelle wie etwa Klemens, dem Euseb die Information entnommen haben könnte.

[55] Carriker, Library, 275, erkennt darin ein Indiz, daß Euseb immer nur die tatsächlich in Cäsarea in seinem Besitz befindlichen Schriften nennt. Vgl. zum Topos der vermeintlichen Unvollständigkeit

umfassende Werk *An die Hellenen* (πρὸς Ἕλληνας συγγράμματα), die zwei Bücher beinhaltenden Werke *Über die Wahrheit* (περὶ ἀληθείας) und *An die Juden* (πρὸς Ἰουδαίους). Die Titel der Schriften wird Euseb einem Bibliotheksverzeichnis entnommen haben, gelesen hat er aber keines dieser Werke.[56]

Euseb weiß in h.e. IV 27 auch von einer gegen den Montanismus gerichteten Schrift des Apollinarius von Hierapolis. Er gibt selbst in h.e. V 19,1 zu erkennen, daß er durch die lobende Erwähnung Serapions auf die antimontanistischen Schriften des Apollinarius aufmerksam wurde.[57]

Unklar ist, ob Euseb aus einer der Schriften gegen den Montanismus zitiert.[58] In h.e. V 16,1 hält sich Euseb sehr bedeckt, was die Herkunft seiner im Anschluß ausgiebig zitierten Quelle angeht (h.e. V 16,3–5.6–10.12–15.17.19.20–21.22; V 17,1.2–3.4). Er scheint den Verfasser nicht namentlich zu kennen, weiß aber wohl, daß das Werk zu Hierapolis verfaßt wurde. Daher grenzt Euseb den Erscheinungsort auf Hierapolis ein, indem er an diesem Ort eine „unbezwingbare Schutzwehr" aufgestellt sieht. Er nennt als einzigen Streiter Apollinarius von Hierapolis namentlich, stellt ihn dann aber in den Kreis anderer ebenfalls wohl schriftstellerisch tätiger und gegen den Montanismus kämpfender Männer, von denen einer die zitierte Schrift verfaßt haben soll. Euseb wird die drei Bücher umfassende Quelle mit Erscheinungsort, aber ohne Verfasserangabe überkommen sein. Er scheint Apollinarius als Verfasser anzusehen, ist sich offensichtlich aber nicht vollkommen sicher und unterläßt es daher, eine direkte Zuschreibung an Apollinarius

---

der genannten Schriftenliste auch h.e. VI 12,1 zu den Schriften des Serapion von Antiochien und h.e. VI 22 zu den Schriften des Hippolyt.

[56] Gegen Lawlor, Eusebiana, 151, und Carriker, Library, 275 und Anm. 337, die Apollinarius' *Apologie* beim Regenwunder in h.e. V 5,4 verarbeitet sehen. Die Formulierung in h.e. V 5,3 läßt jedoch einzig erkennen, daß Euseb weiß, daß das Regenwunder sowohl von nichtchristlichen als auch von christlichen Schriftstellern, wie Apollinarius (h.e. V 5,4) oder Tertullian (h.e. V 5,5), überliefert wird. Diese Information kann auch aus einer Sekundärquelle stammen. Daß sich der Bericht Eusebs über das Regenwunder (h.e. V 5,1–2) auf die *Apologie* des Apollonius stützt, wie Lawlor und Carriker vermuten, läßt sich nicht verifizieren, da 1.) Euseb Apollinarius nicht als Vorlage seines Berichts nennt, sondern vielmehr Tertullian parallel zu Apollinarius als Tradenten der Geschichte anführt und 2.) die *Apologie* des Apollonius nicht erhalten ist.

[57] Bauer, Rechtgläubigkeit und Ketzerei, 159, schließt aus Eusebs verdächtig wirkender Einleitung, daß „noch viele Werke bei vielen aufbewahrt werden" (h.e. IV 27), daß er keine Schrift vorliegen hatte, sondern diese nur aus Serapions Erwähnung kannte.

[58] Euseb weiß über seine anonyme Quelle, die er in h.e. V 16 zum Montanismus zitiert, daß sie mindestens drei Bücher umfaßt haben muß. Seine Einführung der Schrift des Apollinarius gegen die Montanisten in h.e. IV 27 läßt aufgrund der fehlenden Angabe zum Buchumfang (vgl. die anderen Schriften) auf eine nur ein Buch umfassende Schrift schließen.

Euseb mußte demnach klar gewesen sein, daß das mindestens drei Bücher umfassende (zitierte) Werk in h.e. V 16 aufgrund des Buchumfangs nicht das in h.e. IV 27 genannte Werk des Apollinarius gewesen kann. Andererseits spricht Serapion (h.e. V 19,1) anscheinend von mehreren Schriften des Apollinarius gegen den Montanismus. Die Möglichkeit, daß sich darunter auch eine mindestens drei Bücher umfassende Schrift befand, die Euseb ohne Angabe des Verfassers vorlag, ist nicht ganz auszuschließen.

vorzunehmen.[59] Sollte es sich bei der zitierten Quelle tatsächlich um ein Werk des Apollinarius handeln, hätte Euseb es gründlich studiert; anderenfalls ließe sich eine Kenntnis der antimontanistischen Schrift des Apollinarius bei Euseb nicht nachweisen.[60]

1.10 Musanus

Musanus wird in h.e. IV 28 als Häreseologe beschrieben, da er ein Werk gegen die Häresie der Enkratiten verfaßte, die mit ihrem Gründer Tatian entstand. Euseb kann aber weder den genauen Titel angeben, noch zitiert er aus diesem Werk. Die Information, daß es an einige zur Häresie der Enkratiten abgefallene Brüder gerichtet und daß der Urheber der Enkratiten Tatian war, will Euseb der Schrift selbst entnommen haben. Da diese Informationen derart allgemein gehalten sind[61], kann man daraus nicht auf die inhaltliche Kenntnis der Schrift bei Euseb schließen.[62] Er wird diese Angabe vermutlich anderen Quellen, vielleicht einem Bibliotheksverzeichnis, entnommen haben.

1.11 Irenäus

Euseb listet in h.e. V 20 die ihm bekannten Briefe und in h.e. V 26 weitere Werke des Irenäus auf. Nach seinen Angaben in h.e. V 20 sind ihm ein Brief des Irenäus *An Blastus über das Schisma* (πρὸς Βλάστον περὶ σχίσματος), ein Brief *An Florinus über die Alleinherrschaft Gottes oder daß Gott nicht der Urheber von Bösem sei* (πρὸς Φλωρῖνον περὶ μοναρχίας ἢ περὶ τοῦ μὴ εἶναι τὸν θεὸν ποιητὴν κακῶν) und ein weiterer Brief *Über die Achtzahl* (περὶ ὀγδοάδος), der ebenfalls an den Valentinianer Florinus gerichtet gewesen sein soll, bekannt.

Es gibt es keinen Hinweis dafür, daß Euseb der Brief des Irenäus an Blastus vorlag.[63]

---

59   Anders Blum, Literaturverzeichnung, 95: Euseb erkannte, daß Apollinarius nicht selbst, sondern nur einer seiner Mitstreiter der Verfasser sein konnte.

60   Bauer, Rechtgläubigkeit und Ketzerei, 159, geht nicht davon aus, daß Euseb Apollinarius' Werk gegen die Montanisten kennt.

61   Daß Tatian der Gründer der Enkratiten war, ist zur Zeit Eusebs *opinio communis*, wie der im folgenden in h.e. IV 29 zitierte Abschnitt aus Irenäus, adv. haer. I 28,1 und die von ihm abhängige Tradition zeigt.

62   Anders Carriker, Library, 277, der von der eusebianischen Formulierung φέρεται („is extant") ausgeht und daraus schließt, daß Euseb eine Kopie des Werkes vorlag. Bauer, Rechtgläubigkeit und Ketzerei, 161, erscheint gerade Eusebs „eintönige Wiederholung", daß ein Werk „noch in der Gegenwart vorhanden" sei, verdächtig. Insbesondere der Sprachgebrauch (δια-)σώζεσθαι oder διαφυλάττεσθαι zeige doch, daß der Untergang der Bücher gerade das Normale gewesen ist.

63   Euseb zitiert diesen Brief nicht. Er läßt auch nicht erkennen, daß er weitere, über den Titel hinausgehende Informationen über ihn besaß. Der Schluß liegt daher nahe, daß Euseb diese Schrift nur

Dagegen zitiert er aus beiden Briefen an Florinus: Einen Auszug aus dem Brief über die Alleinherrschaft Gottes fügt Euseb in h.e. V 20,4–8 ein. Eine Passage aus dem Irenäus-Brief über die Achtzahl wird von Euseb in h.e. V 20,2 wiedergegeben.[64] Beide Briefe dürften Euseb daher zumindest in Auszügen vorgelegen haben. Bemerkenswert ist jedoch, daß Euseb beide Briefe nicht zur Darstellung der häretischen Lehre des Florinus verwendet. Euseb fügt beide Zitate in seine Darstellung ein, um mit der Passage aus dem Brief über die Achtzahl die gewissenhafte Sorgfalt des Irenäus zu verdeutlichen. Mit dem Auszug aus dem Brief über die Alleinherrschaft Gottes möchte er den freundschaftlichen Verkehr zwischen Polykarp und Irenäus veranschaulichen. Diese Zitierweise legt zumindest die Vermutung nahe, daß Euseb diese Briefe des Irenäus an Florinus nicht vollständig gekannt hat. Beide Zitate bilden in sich geschlossene Einheiten, die auch in einem anderen Kontext mit der Angabe ihres Ursprungs tradiert worden sein könnten.

Einen weiteren Brief des Irenäus, der an Viktor von Rom gerichtet war, zitiert Euseb in h.e. V 24,12–13.14–17. Er ist von Irenäus im Namen der gallischen Brüder verfaßt, nimmt im sog. Osterfeststreit (um 195) kritisch Stellung zur Exkommunikationsforderung Viktors von Rom und mahnt zum Frieden und zur Einheit mit den Quartadezimanern. Euseb weist selbst darauf hin, daß ihm die Schrift in einer Briefsammlung zu diesem Thema vorlag.[65] Aufgrund der beiden längeren Zitate aus diesem Brief und den referierenden Passagen Eusebs, die eine genaue Kenntnis verraten[66], wird man schließen können, daß dieser Brief Euseb vollständig vorlag und er diesen – im Gegensatz zu den anderen im Kontext des Osterfeststreits abgefaßten Briefen[67] – gelesen hat.

In h.e. V 26 geht Euseb auf weitere ihm überlieferte Irenäus-Schriften ein. Er nennt *Über die Wissenschaft* (περὶ ἐπιστήμης), *Zum Erweis der apostolischen Verkündigung* (ἐπίδειξις τοῦ ἀποστολικοῦ κηρύγματος) und ein *Buch verschiedener Reden* (βιβλίον τι διαλέξεων διαφόρων). Allen Schriften gemein ist, daß Euseb sie

---

dem Namen nach kannte. Ebenso auch Koch, Tertullian, 70. Anders Carriker, Library, 217–218, der vermutet, daß Euseb auch den Brief des Blastus in Kopie vorliegen hatte.

[64] Koch, Tertullian, 70, vermutet, daß Eusebs Informationen aus zweiter Hand stammen.

[65] Euseb listet die ihm zum Thema des Osterfeststreits überkommenen Briefe in h.e. V 23,3 auf: einen Brief der in Palästina unter Theophilus von Cäsarea zusammengekommen Bischöfe; einen Brief von Viktor in Rom, der im Namen der dort versammelten Bischöfe schrieb; ein Schreiben der Bischöfe im Pontus; ein Schreiben der Gemeinden in Gallien unter dem Bischof Irenäus; ein Schreiben der Bischöfe in Osroëne und ein Privatschreiben des Bischofs Bacchyllus von Korinth. Nautin, Lettres et écrivains, 87–89, geht davon aus, daß es sich hierbei um eine einheitlich überlieferte und im bischöflichen Archiv von Jerusalem aufbewahrte Briefsammlung handelt.

[66] Euseb kennt die Position des Irenäus (vgl. h.e. V 24,11), der sich deutlich gegen die quartadezimanische Position ausspricht, und doch, wie beide von Euseb ausgewählten Zitate zeigen, eher für eine gegenseitige Toleranz und Einheit trotz unterschiedlicher Traditionen wirbt.

[67] Da Euseb keine weiteren Informationen über die im Rahmen des Osterfeststreits verfaßten Briefe bieten kann – ausgenommen das Schreiben des Irenäus an Viktor von Rom –, wird man davon ausgehen können, daß Euseb die Briefsammlung nicht gelesen hat, sofern sie ihm überhaupt vorlag.

nirgends in der h.e. zitiert. Es läßt sich daher auch nicht nachweisen, daß Eusebs diese Schriften inhaltlich zur Kenntnis genommen hat.[68] Woher Euseb aber die Informationen bezog, daß *Zum Erweis der apostolischen Verkündigung* einem gewissen Marcian gewidmet war und daß im *Buch verschiedener Reden* der Hebräerbrief und die Weisheit Salomos zitiert werden, läßt sich nicht sicher beantworten. Wenn man von einem mit umfangreichen Informationen angereicherten Verzeichnis der Bibliothek von Cäsarea ausgeht, wie es Blum rekonstruiert hat[69], wird Euseb diese Angaben von dort bezogen haben. Aus diesen Hinweisen aber eine Lektüre der Werke abzuleiten, wäre übertrieben, zumal Euseb sie auch aus anderen Quellen bezogen haben könnte.[70]

Eine weitere Schrift des Irenäus wird von Euseb eher beiläufig erwähnt: *Gegen Marcion* (κατὰ Μαρκίωνος λόγος). Er wußte aus adv. haer. I 27,4 vom Vorhaben des Irenäus, in einer gesonderten Abhandlung Marcion aus dessen Schriften selbst zu widerlegen, wie das eusebianische Referat der Stelle in h.e. V 8,9 erkennen läßt. Während das irenäische Zitat nur eine Absichtserklärung zum Ausdruck bringt, nimmt Euseb sie als ausgeführt an. In h.e. IV 25,1 spricht er von der Ausführung dieses Werkes und stellt Irenäus in eine Reihe mit anderen antimarcionitischen Schriftstellern wie Modestus und Philippus. Es läßt sich aber nicht erweisen, daß Euseb eine solche irenäische Schrift vorliegen hatte; die eusebianische Zitierweise spricht eher dagegen. Er zieht zur Marcion-Thematik Justins *Erste Apologie* und Irenäus' *Adversus haereses* heran, nicht aber die ausschließlich gegen Marcion gerichtete Irenäus-Schrift. Euseb kannte wohl nur die Ankündigung aus adv. haer. I 27,4 und versucht, seine Unkenntnis über die Ausführung dieses Werkes mit dem Hinweis in h.e. IV 25,1 zu kaschieren. Bezeichnenderweise nimmt Euseb diese Schrift auch nicht in sein Verzeichnis der ihm vorliegenden Werke in h.e. V 26 auf. Dieses Verhalten deutet darauf hin, daß er Irenäus' Schrift *Gegen Marcion* nur dem Titel nach kannte.

Für die Häresiethematik in der h.e. von zentraler Bedeutung ist Irenäus Schrift *Adversus haereses* (ἔλεγχος καὶ ἀνατροπὴ τῆς ψευδονύμου γνώσεως), die ebenfalls nicht im Schriftenverzeichnis h.e. V 26 aufgeführt ist. Dennoch ist diese Schrift Eusebs meist zitierte Quelle für die Darstellung der frühen Zeit.

Euseb fügt aus *Adversus haereses* 23 Zitate ein, wovon allein acht Auszüge die Häresiethematik direkt berühren. Hinzu kommen noch eine Anzahl weiterer Anspielungen mit dem expliziten Hinweis auf *Adversus haereses*, die erkennen lassen, daß Euseb mit dieser Irenäus-Schrift sehr gut vertraut war.

---

[68]   Anders Carriker, Library, 218, der aufgrund der eusebianischen Formulierung φέρεται im Einleitungssatz in Kombination mit dem Abschlußsatz von h.e. V 26 davon ausgeht, daß alle in diesem Kapitel aufgelisteten Schriften noch existieren und Euseb vorlagen.

[69]   Vgl. oben S. 10.

[70]   Die Art, wie Euseb aus quellenexternen Hinweisen Informationen zu Schriften rezipiert und zu einem Ganzen kompiliert, läßt sich in besonderem Maße an den eusebianischen Ausführungen zu Irenäus' *Gegen Marcion* erkennen.

Euseb zitiert *Adversus haereses* zu Valentin und Kerdon[71], zu Kerdon und Marcion[72] und zu Markus Magus.[73] In h.e. IV 14,3–8 läßt Euseb durch Irenäus ausführlich von Polykarps Umgang mit Valentin, Marcion und Kerinth berichten.[74] In h.e. IV 29,2.3 greift Euseb auf *Adversus haereses* zurück, um Tatian als Urheber der Enkratiten auszumachen.[75] Weiterhin läßt Euseb Irenäus in h.e. V 7,2 über die Unfähigkeit der Häretiker berichten, Tote aufzuerwecken.[76] In h.e. V 7,3–5 zitiert Euseb den Bericht des Irenäus[77] über die Charismen der Gemeinde im Gegensatz zu denen der Häretiker und schließt in h.e. V 8,10 mit einem Zitat aus *Adversus haereses* zur Übersetzung des Alten Testaments durch Theodotion, Aquila und die Ebionäer.[78]

Da Euseb aus *Adversus haereses* auch in anderem Kontext als der Häresiethematik zitiert[79], kann man davon ausgehen, daß er diese Irenäus-Schrift vollständig, und nicht etwa nur in Auszügen oder in Form einer häreseologischen Anthologie vorliegen hatte. Auch die vielen Referate[80] und Anspielungen[81] Eusebs, die mit

---

[71] Euseb, h.e. IV 11,1 (= Iren., adv. haer. III 4,3).

[72] Euseb, h.e. IV 11,2 (= Iren., adv. haer. I 27,1.2).

[73] Euseb, h.e. IV 11,5 (= Iren., adv. haer. I 21,3).

[74] Euseb, h.e. IV 14,3–8 (= Iren., adv. haer. III 3,4).

[75] Euseb, h.e. IV 29,2–3 (= Iren., adv. haer. I 28,1).

[76] Euseb, h.e. V 7,2 (= Iren., adv. haer. II 31,2).

[77] Euseb, h.e. V 7,3–5 (= Iren., adv. haer. II 32,4).

[78] Euseb, h.e. V 8,10 (= Iren., adv. haer. III 21,1.2).

[79] Euseb, h.e. III 18,3 und h.e. V 8,6 (= adv. haer. V 30,3; Zitat über die Johannesapokalypse); h.e. III 23,3 (= adv. haer. II 22,5; Zitat über den Apostel Johannes in Ephesus); h.e. III 23,4 (= adv. haer. III 3,4; Zitat über die Kirche in Ephesus); h.e. III 36,12 (= adv. haer. V 28,4; Zitat über das Martyrium des Ignatius); h.e. III 39,1 (= adv. haer. V 33,4; Zitat über Papias); h.e. IV 18,9 (= adv. haer. IV 6,2; erstes Zitat über Justin); h.e. IV 18,9 (= adv. haer. V 26,2; zweites Zitat über Justin); h.e. V 6,1–3 (= adv. haer. III 3,3; Zitat mit der römischen Bischofsliste I); h.e. V 6,4–5 (= adv. haer. III 3,3; Zitat mit der römischen Bischofsliste II); h.e. V 7,6 (= adv. haer. V 6,1; Zitat über die prophetischen Gaben); h.e. V 8,2–4 (= adv. haer. III 1,1; Zitat über die Evangelisten); h.e. V 8,5 (= adv. haer. V 30,1; Zitat über die Zahl des Antichristen); h.e. V 8,7.8 (= adv. haer. IV 20,2; IV 38,3; Zitate zur Schriftkenntnis des Irenäus); h.e. V 8,11–15 (= adv. haer. III 21,2; Zitat zur LXX-Übersetzung).

[80] Euseb referiert an vielen Stellen der h.e. Textpassagen aus *Adversus haereses*, die er mit einem Verweis auf Irenäus' Schrift einfügt und bei denen er sich inhaltlich sehr deutlich an den irenäischen Ausgangstext anlehnt: Das Referat über Simon Magus in h.e. II 13,5–9 wird durch einen Verweis auf die Schrift des Irenäus eingeleitet, deren Lektüre weitergehende Detailinformationen über die Häresie des Simon innerhalb der eusebianischen Darstellung überflüssig mache; jedoch zeigt sich das folgende Referat Eusebs durch Informationen aus adv. haer. I 23,2.4 geprägt. Zur Behandlung des Menander in h.e. III 26,1–2 verweist Euseb auf Irenäus als Quelle seines Referats, das größtenteils auf Informationen aus adv. haer. I 23,5 basiert. H.e. III 28,6 bietet ein Referat über die Anekdote des Johannes, der Kerinth im Badehaus antrifft. Dieselbe Episode, die auf Iren., adv. haer. III 3,4 zurückgeht, fügt Euseb ein zweites Mal in h.e. IV 14,6–7 als Zitat ein. Die Darstellung des Satorninus und des Basilides in h.e. IV 7,3–4 beruht auf der Schilderung des Irenäus in adv. haer. I 24,1.3, die des Karpokrates in h.e. IV 7,9 auf Iren., adv. haer. I 25,1.3.4.6.

[81] Euseb wendet sich in h.e. III 39,13 gegen den Millenarismus des Papias und weiß, daß auch Irenäus von diesen millenaristischen Gedanken beeinflußt ist, womit er auf adv. haer. V 33 anspie-

dem Hinweis auf die Ausgangsquelle *Adversus haereses* eingefügt werden und eine umfassende Kenntnis auch der nicht zitierten Passagen verraten, deuten darauf hin, daß Euseb die Schrift eingehend studiert hat.

Da Euseb auf alle fünf Bücher von *Adversus haereses*[82] zurückgreift – zumeist sogar unter Nennung des jeweiligen Buches – und auch Passagen zitiert, die nicht innerhalb eines häretischen/häreseologischen Kontextes tradiert sein konnten, kommt eine antihäretische Anthologie als Ausgangsquelle Eusebs nicht in Betracht. Euseb hatte Irenäus' Schrift *Adversus haereses* als ganze vorliegen.

1.12 Miltiades

Euseb fügt innerhalb seiner Darstellung der Montanisten einen kleinen Exkurs zum Schriftsteller Miltiades ein, den er nach eigenen Angaben nur aus einer ihm anonym überlieferten antimontanistischen Streitschrift (h.e. V 16,3–5.6–10. 12–15.17.19.20–21.22; 17,1.2–3.4) kannte. Aus deren drittem Buch entnahm er – und macht dies durch das Zitat in h.e. V 17,1 deutlich –, daß sich die Montanisten gegen ein Buch des Miltiades wandten, in dem jener darlege, daß ein Prophet nicht in Ekstase reden dürfe.

Die Schriften des Miltiades fügt Euseb in h.e. V 17,5 als Auftakt der sich anschließenden Darstellung antimontanistischer Schriftsteller an. Neben der in h.e. V 17,1 genannten Schrift gegen die Häresie der Montanisten kennt Euseb je eine gegen die Juden und eine gegen die Heiden (πρὸς Ἕλληνας und πρὸς Ἰουδαίους, h.e. V 17,5) gerichtete Abhandlung, in denen Miltiades jeweils in zwei Büchern Fragen an die betreffende Personengruppe richtete. Ferner nennt Euseb eine an die weltlichen Machthaber adressierte Verteidigungsschrift für die christliche Philosophie,

---

len wird (zu Eusebs antimillenaristischer Position vgl. Schwartz, Eusebios, 1379). Die eusebianische Information zum Vorgehen des Irenäus gegen die valentinianische Lehre in h.e. IV 11,3 wird vermutlich auf die irenäischen Aussagen in adv. haer. I 1–9 zurückzuführen sein, und der Hinweis auf die Taschenspielereien des Markus Magus in h.e. IV 11,4 stammt wohl aus adv. haer. I 13,1; vgl. dazu unten die Abschnitte über Valentin (Teil I 2.9) und Markus Magus (Teil I 2.11). Euseb gibt in h.e. IV 22,9 zu erkennen, daß er von der Hochschätzung der Sprüche Salomos bei Irenäus weiß und wird dabei wohl auf adv. haer. IV 20,3 anspielen. Er weist in h.e. V 8,7–8 im Kontext der irenäischen Schriftenkenntnis und -benutzung darauf hin, daß dieser den ersten Brief des Johannes und den ersten Brief des Petrus häufiger zitiert, womit er sich auf adv. haer. III 16,5 (1. Joh 2,18–22), auf adv. haer. III 16,8 (1. Joh 4,1–3 und 5,1), auf adv. haer. IV 9,2 (1. Petr. 1,8) und adv. haer. V 7,2 (1. Petr. 1,8) bezieht. Zudem berichtet Euseb in h.e. V 8,8, daß Irenäus Erklärungen zu Herrenworten von einem apostolischen Presbyter anführt, dessen Namen er verschweigt, womit er sicherlich auf adv. haer. IV 27,1.2; adv. haer. IV 28,1; adv. haer. IV 30,1; adv. haer. IV 31,1 oder adv. haer. IV 32,1 anspielt.

82   Betrachtet man die Aufnahme der in der h.e. eingearbeiteten Zitate sowohl zur Häresie als auch zu anderen Themen, so ergibt sich eine etwa gleich umfangreiche Herkunft aus allen fünf Büchern: adv. haer. I 21,3; I 27,1.2; I 28,1; – adv. haer. II 22,5; II 31,2; II 32,4; – adv. haer. III 1,1; III 3,3 (2x); III 3,4 (2x); III 4,3; III 21,1; III 21.2 (2x); – adv. haer. IV 6,2; IV 20,2; IV 38,3; – adv. haer. V 6,1; V 26,2; V 28,4; V 30,1; V 30,3; V 33,4.

die wohl – entgegen der eusebianischen Darstellung – an Mark Aurel (161–180) und seinen Mitregenten Lucius Verus (161–169) gerichtet war.[83]

Euseb kennt die Schrift des Miltiades gegen die Montanisten nur aus den Hinweisen der antimontanistischen Streitschrift, aus der er vermutlich auch seine Informationen über die anderen Schriften bezogen hat.[84] Sicher erscheint jedoch, daß Euseb die Schriften nicht vollständig gelesen hatte, denn ansonsten hätte er die *Apologie* wohl zeitlich korrekt in seine Darstellung der h.e. eingeordnet.

1.13 Apollonius

Euseb fügt in seiner Darstellung der gegen die Montanisten vorgehenden Schriftsteller Apollonius mit dessen Schrift (σύγραμμα) gegen die sogenannte kataphrygische Häresie ein (h.e. V 18,1). In seiner Einleitung zu den folgenden Zitaten macht Euseb die in dieser Schrift erkennbare Vorgehensweise des Apollonius gegen die Montanisten anschaulich: Apollonius widerlege die vorgeblichen Weissagungen der Montanisten „Wort für Wort" und berichte auch über das Leben der häretischen Führer. Die sich anschließenden Zitate aus dieser Abhandlung in h.e. V 18,2.3.4.5.6–10.11 berichten über Montanus, seine Prophetinnen, Themison und Alexander. Am Ende seiner Darstellung des Apollonius gibt Euseb noch einige wichtige Informationen: Die besagte Schrift sei nach Angabe des Werkes selbst etwa vierzig Jahre nach dem erstmaligen Auftreten des Montanus begonnen worden (h.e. V 18,12). Zudem bestätige auch die Aussage des Apollonius das in h.e. V 16,17 wiedergegebene Zitat der (anonymen) antimontanistischen Streitschrift, wonach Zoticus den Geist der Maximilla zu widerlegen suchte und von ihren Gesinnungsgenossen daran gehindert wurde. Die sich in h.e. V 18,14 anschließenden Informationen Eusebs zu Apollonius sollen – obwohl ihnen der direkte Bezug zum Thema „Montanismus" fehlt – ebenfalls aus diesem Werk entnommen sein.[85]

---

83   Zur Datierung der *Apologie* des Miltiades vgl. Altaner/Stuiber, Patrologie, 62. Wenn Euseb Miltiades in seiner Darstellung in die Regierungszeit des Commodus (180–192, ab h.e. V 9) einordnet, so datiert er sowohl Miltiades als auch seine *Apologie* etwa 20 Jahre zu spät. Aus der Darstellungsweise Eusebs, die dem Leser die genauen Adressaten verschweigt und ihn vielmehr in dem Glauben bestärkt, daß unter dem „weltlichen Machthaber" Commodus zu verstehen sei, läßt sich schließen, daß Euseb selbst keinerlei Informationen besaß, die ihm die zeitliche Einordnung des Miltiades erleichtert hätten. Von der Nennung des Miltiades und evtl. auch seiner *Apologie* in der antimontanistischen Streitschrift ausgehend, ordnet Euseb Miltiades (anachronistisch) mit den späteren antimontanistischen Schriftstellern Apollinarius und Apollonius gemeinsam ein.

84   So auch Carriker, Library, 231.

85   Der Hinweis auf den Märtyrer Threasas, die Überlieferung, wonach Christus den Jüngern untersagt habe, zwölf Jahre lang Jerusalem zu verlassen, der Gebrauch der Offenbarung des Johannes und der Bericht, daß Johannes in Ephesus einen Toten auferweckt habe, werden von Euseb ohne erkennbaren inneren Zusammenhang in h.e. V 18,13–14 mit der Notiz angefügt, daß er diese der Schrift des Apollonius entnommen habe.

Die Zitate, die detailreiche Wiedergabe des Inhalts sowie die Vorgehensweise der montanistischen Widerlegung lassen keinen Zweifel daran, daß Euseb diese Schrift vollständig kannte.[86]

1.14 Serapion von Antiochien

Auf die Schriften und Briefe Serapions, des achten Bischofs von Antiochien (h.e. V 22,1), kommt Euseb in h.e. VI 12 zu sprechen, nachdem er in h.e. VI 11,4 vom Tod des Serapion und vom Wechsel des Bischofsamts zu Asklepiades während der Regierungszeit des Caracalla berichtet hatte. Euseb räumt gleich zu Beginn der Darstellung ein, daß seine Auflistung der Serapion-Schriften nicht vollständig ist und wohl noch andere Schriften des Serapion existieren könnten, die ihm aber nicht zur Kenntnis gekommen sind.[87]

Euseb nennt konkret zwei Briefe des Serapion von Antiochien – einen an Domnus und einen an Karikus und Pontius gerichteten – sowie eine Abhandlung über das Petrusevangelium.[88]

Obwohl Euseb in h.e. VI 12 den Adressaten Domnus recht genau charakterisieren kann[89], läßt sich eine Lektüre des Briefes an diesen durch Euseb nicht nachweisen; vielmehr wird man davon ausgehen müssen, daß Euseb diese Angabe einem Bibliotheksverzeichnis entnommen hat. Der Brief *An die kirchlich gesonnenen Männer Pontius und Karikus* (πρὸς Πόντιον καὶ Καρικόν, ἐκκλησιαστικοὺς ἄνδρας[90]) wird Euseb hingegen vollständig in seinem Besitz gehabt haben, denn er zitiert daraus in h.e. V 19,2.3 mehrere Passagen: Zum einen gibt Euseb die Empfehlung Serapions wieder, die Briefe des Klaudius Apollinarius von Hierapolis gegen die neue Prophetie zu studieren (h.e. V 19,2), zum anderen benennt Euseb mittels zweier Zitate die den Brief mitunterzeichnenden Bischöfe (h.e. V 19,3).

---

[86]   Die Annahme der Vollständigkeit der Schriftvorlage gründet darauf, daß Euseb auch Themen angibt, die nicht im Häresiekontext gestanden haben können, wie das Martyrium des Threasas oder die Benutzung der Offenbarung des Johannes. Beide Themen, das Martyrium und die Frage nach der Verfasserschaft der Johannesapokalypse, sind an unterschiedlichen Stellen in der h.e. behandelt, so daß man schließen kann, daß Euseb in h.e. V 18,13–14 eigene Notizen zur Schrift des Apollonius anfügt, die ihm zwar wichtig sind, aber ausgeführt nicht in den behandelten Kontext passen würden.

[87]   Vgl. zum Topos der vermeintlichen Unvollständigkeit des genannten Schriftenverzeichnisses auch h.e. IV 27 zu Apollinarius von Hierapolis, h.e. VI 12 zu Serapion und h.e. VI 22 zu Hippolyt.

[88]   Carriker, Library, 256–257, geht davon aus, daß Euseb in h.e. VI 12 nur diejenigen Schriften auflistet, die er in der Bibliothek in Cäsarea besaß.

[89]   Domnus ist nach Darstellung Eusebs zur Zeit der Verfolgung vom christlichen Glauben zum jüdischen Eigenkult (ἐθελοθρησκεία) abgefallen.

[90]   Der vollständige Titel der Schrift wird der in h.e. VI 12 genannte sein. In h.e. V 19,1 gibt Euseb nur eine Kurzform des Titels (πρὸς Πόντιον καὶ Καρικόν) an, obwohl er dort ein Zitat aus diesem Brief einfügt.

Darüber hinaus kennt Euseb eine Arbeit Serapions *Über das sog. Petrusevangelium* (περὶ τοῦ λεγομένου κατὰ Πέτρον εὐαγγελίου), die er in h.e. VI 12,2 zunächst einführt und aus der er in h.e. VI 12,3–6 zitiert. Ob Euseb jedoch diese antihäretische Schrift, die sich auch gegen die Häresie des Marcian gerichtet hat[91], in Gänze vorlag, läßt sich nicht mit letzter Sicherheit belegen. Die Charakterisierung der Adressaten als der Häresie zuneigende Personen könnte Euseb natürlich aus der Lektüre der vollständigen Schrift gewonnen haben. Andererseits ließe sich diese Information in h.e. VI 12,2 auch aus dem Zitat rekonstruieren. Die Angabe, daß Serapion die in diesem Evangelium enthaltenen falschen Sätze in seiner Schrift zu widerlegen suchte, läßt sich aus dem Zitat bei Euseb (h.e. VI 12,6) ebenso entnehmen wie die Information, daß bereits einige Gemeindeglieder durch die Schrift zu falschen Lehren verleitet wurden (h.e. VI 12,4). Einzig die Angabe, daß die Gemeinde in Knossus der Adressat der Serapion-Schrift war, läßt sich nicht aus dem Zitat gewinnen – jedoch ist diese Angabe nicht ausreichend, um für die Vollständigkeit der Vorlage zu votieren. Da Euseb diese Adressatenangabe auch aus anderer Quelle, wie einem Bibliotheksverzeichnis, bezogen haben könnte, läßt sich nicht mit letzter Sicherheit entscheiden, ob er die Schrift des Serapion von Antiochien, die sich mit der Häresie des Marcian auseinandersetzt, vollständig oder nur in Auszügen vor sich liegen hatte. Zur Darstellung der Häresie des Marcian zieht er sie jedenfalls nicht heran.

1.15 Heraklit, Maximus, Kandidus, Apion, Sextus, Arabianus

In h.e. V 27 fügt Euseb eine Reihe unter der Regierung des Septimius Severus entstandener Werke in seine Darstellung ein. Es ist die erste Zusammenstellung orthodoxer Schriftsteller und ihrer zum Teil antihäretischer Schriften nach einem zeitlichen Kriterium.

Euseb kennt neben der Schrift Heraklits auf den Apostel (εἰς τὸν ἀπόστολον) eine Schrift des Maximus über die bei den Häretikern oft diskutierte Frage nach dem Ursprung des Bösen und über das Gewordensein des Stoffes.[92] Außerdem nennt er zwei Arbeiten über das Sechstagewerk (εἰς τὰ ἑξαήμερον) – die eine von Kandidus, die andere von Apion verfaßt. Ebenso wie die zuvor Genannten verfaßte Sextus

---

[91] Vgl. h.e. VI 12,5. Euseb stellt die Häresie des Marcian nicht dar, was ein Indiz dafür sein könnte, daß ihm die Quelle des Serapion nicht zur Verfügung stand, vgl. unten Teil I 3.2.2.2.2 Ausgelassene Häresien.

[92] Carriker, Library, 228, führt zur Schrift des Maximus die Argumentation Robinsons an, daß es sich bei diesem Werk um Methodius' *De libero arbitrio* handelt. Euseb kennt es fälschlicherweise unter dem Titel περὶ τῆς ὕλης mit Maximus als Verfasser. Erst mit der Zitation des Werkes in der praep. ev. gibt Euseb den Text akkurat als Schrift des Methodius wieder. Carriker, Library, 229, erklärt den Sachverhalt dahingehend, daß Euseb für die Verwendung in der h.e. auf eine Sekundärquelle zurückgreift. Anders Barnes, Constantine and Eusebius, 141, der hinter der Schrift des Maximus den Adamantius-Dialog erblicken will.

seine Schrift über die Auferstehung (περὶ ἀναστάσεως) zur Zeit des Septimius Severus. Den Titel oder das Thema einer von Arabianus verfaßten Schrift kann Euseb
nicht benennen; er faßt diesen Schriftsteller mit „unzähligen anderen" zusammen,
deren Schriften nicht zeitlich genau einzuordnen sind, um dann auf die zahlreichen
anderen ihm ohne Verfasserangabe überkommenen Werke abzuzielen.[93]

Es ist offensichtlich, daß Euseb an dieser Stelle der h.e. eine Liste orthodoxer,
zur Zeit des Septimius Severus wirkender Schriftsteller einfügt. Vermutlich handelt
es sich hierbei um einen Auszug aus einem Bibliotheksverzeichnis. Er kennt die
genannten Schriften nur dem Titel nach; er kann weder aus ihnen zitieren noch
kennt er den Anlaß zur Abfassung, den eventuellen Adressaten bzw. Gegner oder
den Inhalt der Schriften.[94]

Der Regierungsantritt des Septimius Severus bot Euseb eine günstige Gelegenheit, um seine Informationen über die Schriftsteller der damaligen Zeit zusammenzustellen und auf weitere „unzählige" Schriftsteller der Zeit zu verweisen. Deutlich
ist sein Bemühen, den Verfasser der im Anschluß zitierten antimontanistischen
Schrift (h.e. V 28) ausfindig zu machen und die angeführten Schriftsteller in den
Kampf gegen die Häresie einzubinden. Außer einer gelungenen Überleitung von
h.e. V 27 zu V 28 mittels der Stichwortverbindung „anonyme Schrift aus der
Zeit des Septimius Severus" kann Euseb jedoch keine Verbindung der genannten
Schriftsteller zur Häreseologie glaubhaft machen.[95]

1.16 Klemens von Alexandrien

Euseb gibt in h.e. VI 13 und 14 ein Verzeichnis der Schriften wieder, die ihm von
Klemens von Alexandrien überkommen sind. Viele dieser Abhandlungen hatte er
in Auszügen zuvor bereits in seine Darstellung integriert.

---

[93]   Bardy, SC 41, 74 Anm. 2, weist darauf hin, daß Euseb anscheinend unvollständige oder beschä-
digte Kopien der Werke besaß; Euseb „veut grossir le nombre des écrivains chrétiens, ou plutôt
qu'il a vu à Césérée de vieux manuscrits, sans doute incomplets, auxquels manquait le titre"
Carriker, Library, 228 Anm. 164, folgert aus Eusebs Ausführungen, daß alle anonymen oder
unvollständigen Schriften in einem *einzigen* unvollständigen oder beschädigten Kodex vorlagen.

[94]   Ebenso Bauer, Rechtgläubigkeit und Ketzerei, 151–153, der aufgrund der vagen Angaben Eusebs
die Kenntnis der Schriften abspricht. Insbesondere die eusebianischen Beteuerungen, daß „sehr
viele Denkmäler des trefflichen Fleißes kirchlicher Männer aus alter Zeit sich bei vielen noch bis
jetzt erhalten haben" (h.e. V 27), mache das Vorliegen der Werke suspekt und zeige schließlich
nur das eusebianische Bemühen, „das Vorhandensein eines möglichst alten, möglichst reichhal-
tigen, noch in der Gegenwart möglichst beliebten und entsprechend weit verbreiteten kirchlichen
Schrifttums zu behaupten" (152–153). Carriker, Library, 228, vertraut hingegen der eusebianischen Formulierung καὶ ἄλλων δὲ πλείστων ... ἦλθον εἰς ἡμᾶς λόγοι (h.e. V 27,1) und wähnt Euseb
im Besitz der Werke.

[95]   Die Information, wonach Maximus in seiner Schrift ebenso wie manche andere Häretiker nach
dem Ursprung des Bösen gefragt habe, muß nicht notwendigerweise bedeuten, daß er sich darin
mit häretischen Lehrmeinungen auseinandergesetzt hat.

Euseb nennt zunächst die *Stromata* des Klemens, von denen ihm nach eigenen Angaben in h.e. VI 13,1 acht Bücher vorlagen und deren vollständiger Titel *Des Titus Flavius Klemens' Teppiche von aufgezeichneten Erkenntnissen in der wahren Philosophie* (Τίτου Φλαυίου Κλήμεντος τῶν κατὰ τὴν ἀληθῆ φιλοσοφίαν γνωστικῶν ὑπομνημάτων στρωματεῖς) lautet. Im folgenden kann er in h.e. VI 13,4–5 sehr genau den Inhalt des Werkes und die Vorgehensweise des Klemens umreißen.[96] Euseb kommt in h.e. VI 13,6–7 auf die ihn besonders interessierenden Themen in den *Stromata* zu sprechen, wenn er auf die Ansichten des Klemens zu den bestrittenen Schriften oder auf die Betonung des Alters der jüdischen gegenüber der griechischen Geschichtsschreibung abhebt.[97] Auch Detailkenntnisse hinsichtlich der *Stromata* lassen sich in h.e. VI 13,8 erkennen. So hebt Euseb hervor, daß Klemens nach eigenem Zeugnis im „1. Buch" der *Stromata* den Aposteln sehr nahegestanden habe (= strom. I 11) oder daß er einen Genesiskommentar zu schreiben gedenke (= strom. III 95; strom. IV 3; strom. VI 168,4).

Aufgrund der inhaltlich sehr genauen Charakterisierung und der detailreichen Fülle an Informationen erscheint Eusebs Lektüre der Stromata bereits wahrscheinlich – und daß, obwohl er innerhalb seines Schriftenverzeichnisses kein einziges Zitat einfügt. Diese Beobachtung wird durch die zahlreichen innerhalb der h.e. zu unterschiedlichen Themen eingestreuten Zitate unterstrichen. In h.e. III 29,2–4 fügt Euseb eine Passage aus „dem dritten Buch" (= strom. III 25,6–26,3) über die Nikolaïten ein. Im Anschluß daran bringt er in h.e. III 30 gegen diejenigen, die die Ehe verwerfen, zwei Zitate aus den *Stromata* ein: strom. III 52,4–53,1[98] und strom. VII 63,3–64,1. Einen längeren Abschnitt aus strom. I 11,1–3 fügt Euseb in h.e. V 11,3–5 ein. Nach Eusebs Einschätzung spielt Klemens in ihm auf seinen in den *Hypotyposen* erwähnten Lehrer Pantänus an.

Erwähnenswert ist noch der Versuch einer chronologischen Fixierung der *Stromata* in h.e. VI 6, der auf eine weitergehende Kenntnis Eusebs schließen läßt. Er gibt zu erkennen, daß Klemens im ersten Buch der *Stromata* chronologische Angaben macht und mit dem Tod des Septimius Severus endet. Aus dieser Beobachtung

---

[96]   Euseb weiß um die Aufnahme von Textpassagen aus göttlichen und, sofern sie Nützliches enthielten, auch aus heidnischen Schriften. Er charakterisiert die Vorgehensweise des Klemens in den *Stromata* dahingehend, daß dieser die Ansichten sowohl der Griechen als auch der Barbaren skizziere und die falschen Auffassungen der Sektenstifter prüfe. Da Klemens auch auf die Lehrmeinungen der Philosophen eingehe, erscheint Euseb der Titel „Teppiche" der Schrift durchaus angemessen.
      Da Euseb sich hier an eine persönliche Einschätzung wagt, welche die Angemessenheit der Namensgebung im Hinblick auf den Inhalt der Schrift zum Gegenstand hat, wird man – allein von dieser Tatsache ausgehend – auf die Kenntnis der Schrift bei Euseb schließen können.
[97]   Euseb spielt damit auf die Ausführungen des Klemens in strom. I 72; strom. I 141; strom. I 147; strom. I 150 und strom. I 153 an.
[98]   Etwas unglücklich erscheint die eusebianische Angabe, daß das Zitat in h.e. III 30,1 (= strom. III 52,4–53,1) ursprünglich „im Anschluß" an das zu den Nikolaïten Gesagte (h.e. III 29 = strom. III 25,6–26,3) gestanden haben soll. Er hat jedoch damit zumindest deutlich gemacht, aus welchem Buch er beide Zitate entnimmt.

folgert Euseb, daß die Schrift des Klemens unter diesem Kaiser entstanden sein muß.

Die Verwendung der *Stromata* – sei es als Zitat, Referat oder Anspielung – zeigt zweifelsfrei, daß Euseb diese Schrift des Klemens sehr genau studiert hatte.

Im Hinblick auf die Häresiethematik ist nun noch einmal genauer zu fragen, ob Euseb die sich mit der Häresie befassenden Zitate aus den *Stromata* nicht doch vielleicht aus einer antihäretischen Anthologie entnommen haben könnte. Dies ist zu verneinen, da Euseb den *Stromata* ein breites Spektrum an Themen entnimmt, die nicht innerhalb eines häreseologischen Kontextes tradiert worden sein können. Euseb werden die *Stromata* in allen acht Büchern vorgelegen haben.[99]

Eine weitere Schrift des Klemens, die Euseb ebenso häufig wie die *Stromata* zitiert, sind die *Hypotyposen* (ὑποτύπωσεις). Sie lagen ihm nach eigenen Angaben in h.e. VI 13,2 in acht Büchern vor. Er charakterisiert die *Hypotyposen* im Anschluß an das Schriftenverzeichnis in h.e. VI 14,1 dahingehend, daß Klemens in ihnen eine gedrängte Auslegung der ganzen Bibel böte, ohne die umstrittenen Schriften wie den Judasbrief, die übrigen katholischen Briefe, den Barnabasbrief oder die Petrusapokalypse zu übergehen.

Sodann fügt Euseb in h.e. VI 14,2 die Überzeugung des Klemens an, wonach der Hebräerbrief ursprünglich von Paulus in hebräischer Sprache verfaßt und von Lukas ins Griechische übersetzt und an die Griechen weitergeleitet worden sei, was nach Klemens die recht ähnliche Sprachfärbung von Hebräerbrief und Apostelgeschichte erklären könnte.

In diesem Kontext der Authentizitätsfrage des Hebräerbriefes müssen auch die beiden folgenden in h.e. VI 14,3.4 aufgenommenen Zitate gestanden haben, die mögliche Einwände gegen diese These entkräften sollten.[100] Euseb läßt mit diesen kurzen und prägnanten Sätzen die gesamte Argumentation des Klemens und dessen Vorgehensweise deutlich werden. Das sich anschließende Referat in h.e. VI 14,5–7 beschäftigt sich mit der von Klemens in den *Hypotyposen* vertretenen Entstehungsreihenfolge der Evangelien.

Neben den kurzen, aber gut ausgewählten Textbelegen in h.e. VI 14 zitiert Euseb auch andernorts aus Klemens' *Hypotyposen*: In h.e. II 1,3 fügt er ein Zitat aus dem 6. Buch ein, demzufolge Jakobus der Gerechte erster Bischof von Jerusalem wurde, und schließt in h.e. II 1,4–5[101] ein Zitat aus dem 7. Buch an, das über

---

[99]   Auch in praep. ev. IX, X und XIII bringt Euseb zahlreiche Zitate aus den *Stromata*.

[100] In h.e. VI 14,3, einem Zitat aus den *Hypotyposen*, folgt ein erster Argumentationsgang gegen den möglichen Einwand, daß der Hebräerbrief nicht unter dem Namen des Paulus tradiert werde. Klemens entkräftet diese Kritik mit dem Hinweis, daß Paulus bewußt seinen Namen verschwieg, um die Hebräer nicht durch dessen Nennung abzustoßen. Mit h.e. VI 14,4 wird ein weiterer Einwand abgewiesen, der darauf abzielt, daß Paulus sich – so er doch an die Hebräer geschrieben habe – nicht nur als Apostel der Heiden, sondern auch als Apostel der Hebräer bezeichnen müßte. Nach Klemens unterläßt es Paulus aus Ehrfurcht vor Christus, dem zu Hebräern Gesandten, sich als Apostel der Hebräer zu betiteln.

[101] Das Ende der zitierten Passage ist nicht eindeutig, vgl. dazu Gustavsson, Eusebius' Principles, 435.

den Tod von Jakobus dem Gerechten[102] und einem anderen Jakobus Auskunft gibt. Der „andere" Jakobus wird von Euseb in h.e. II 9,2 als der Bruder des Johannes identifiziert, der nach einem Zitat aus dem 7. Buch der *Hypotyposen* enthauptet wurde (h.e. II 9,3).

Aus dem 6. Buch der *Hypotyposen* gibt Euseb in h.e. II 15,2 einen Bericht des Klemens wieder, wonach Petrus durch eine Offenbarung von der Niederschrift des Evangeliums durch seinen Begleiter Markus erfuhr und anschließend das Markus-evangelium für die Lesung in den Kirchen bestätigte. Euseb erklärt in h.e. II 15,2 diesen Bericht des Klemens als in Übereinstimmung stehend mit der Notiz des Papias.

Eine weitere Information will Euseb aus den *Hypotyposen* entnommen haben, auf die er zweimal, in h.e. V 11,2 und h.e. VI 13,2, Bezug nimmt, für die er aber kein Zitat aus der Klemensschrift selbst anführen kann oder will: die Schülerschaft des Klemens bei Pantänus.[103] Kann man nun durch das offensichtliche Fehlen eines Nachweises für die Lehrerschaft des Pantänus in den *Hypotyposen* darauf schließen, daß Euseb die Schrift nicht oder nur in Auszügen vor sich liegen hatte, so daß ihm der Nachweis aus diesem Grunde nicht möglich war? Diese Anfrage läßt sich mit Blick auf die Zitationsweise Eusebs entkräften, fügt er doch den Großteil seiner Zitate mit dem Hinweis auf das jeweils von ihm zitierte Buch ein.[104] Daher kann man vermuten, daß Euseb es vielleicht nicht für notwendig erachtete, die allgemein bekannte Tatsache der Lehrerschaft des Pantänus durch einen Buchnachweis abzu-sichern. Andererseits könnte ihm auch ein eindeutiges Zitat, das die Schülerschaft bei Pantänus beweisen könnte, wie im Falle von strom. I 11,1–3 fehlen.

Da Euseb, obwohl er nachweislich nur das sechste und siebte Buch zitiert, ausreichende Detailkenntnisse zu unterschiedlichsten Themen vorweist, wird man ihm Glauben schenken können, wenn er von sich behauptet, alle acht Bücher von Klemens' *Hypotyposen* vorliegen zu haben.

Im Schriftenverzeichnis h.e. VI 13,3 nennt Euseb eine weitere Schrift des Klemens mit dem Titel *Welcher Reiche wird gerettet werden* (τίς ὁ σωζόμενος πλούσιος), die er bereits in h.e. III 23,6–19 mit einem langen Zitat eingeführt hatte. Im Kontext dieses Zitats (in h.e. III 23,3–5) versucht Euseb, die Aussage zu unter-mauern, daß der Apostel Johannes noch zur Zeit des Trajan am Leben war. Er greift dazu auf Irenäus' Aussagen zurück und sieht sie durch Klemens' Aussage in der Schrift *Welcher Reiche wird gerettet werden* bestätigt. Das Zitat aus dieser Schrift

---

[102] Auf den Sturz des Jakobus des Gerechten von der Zinne des Tempels und seine spätere Erschla-gung wird in h.e. II 23,3 wieder mit Hinweis auf die *Hypotyposen* Bezug genommen. Euseb sieht diesen Bericht des Klemens durch den ausführlichen Bericht des Hegesipp in seinen *Hypomnemata* (h.e. II 23,4–18) bestätigt.

[103] Daß Klemens seinen Lehrer Pantänus in den Hypotyposen genannt hat, wie Euseb berichtet, bestätigt auch Photius, bibl. 109 <Henry, 80,39–81,2>.

[104] Euseb, h.e. II 1,3 (Zitat aus dem 6. Buch), h.e. II 1,4–5 (Zitat aus dem 7. Buch), h.e. II 9,2 (Zitat aus dem 7. Buch), h.e. II 15,2 (Bericht aus dem 6. Buch). Ausnahmen sind die Zitate in h.e. VI 14,3.4.

in h.e. III 23,6–19 unterstreicht die lange Lebenszeit des Johannes noch einmal erzählerisch.

Obwohl Euseb eine längere Passage wiedergeben kann, läßt sich nicht sicher nachweisen, daß ihm über die Johannes-Erzählung hinausgehend die gesamte Schrift vorgelegen hat. Aus seiner Darstellung wird nicht deutlich, daß es sich bei diesem Werk um eine von Mk 10,17–32 ausgehende Auslegung handelt, der alle anderen Themen wie auch der Bericht über Johannes untergeordnet sind.[105] Zudem kann er diese Erzählung über den Apostel Johannes erstaunlicherweise nicht mit dem Titel *Welcher Reiche wird gerettet werden* in Beziehung setzen. Da diese Geschichte in sich abgeschlossen erscheint, könnte sie auch eigenständig tradiert worden sein.

Die Schrift des Klemens *Über das Osterfest* (περὶ τοῦ πάσχα) wird von Euseb erstmals im Schriftenverzeichnis Melitos (h.e. IV 26,4) genannt, wo Euseb berichtet, daß die Schrift des Klemens durch Melitos *Über das Osterfest* veranlaßt wurde und daß Klemens in seinem Werk Melito nennt. Euseb erwähnt Klemens' Schrift wiederum im Schriftenverzeichnis in h.e. VI 13,3, ohne deren Inhalt näher zu charakterisieren. Er kommt schlußendlich in h.e. VI 13,9 noch einmal auf Klemens' *Über das Osterfest* zu sprechen. Nach Euseb war der Anlaß zur Abfassung das Drängen von Freunden, welche die Überlieferung der alten Presbyter schriftlich fixiert sehen wollten. Außerdem weiß Euseb, daß Klemens in diesem Werk Melito, Irenäus und andere Schriftsteller erwähnt und aus ihren Schriften Berichte anführt.

Wenn man außerdem berücksichtigt, daß Euseb das Melito-Zitat vermutlich aus Klemens' Schrift übernommen hat, könnte man mit aller Vorsicht folgern, daß Euseb diese vor sich liegen hatte, obwohl er keine Aussage des Klemens zitiert und nur wenige Details referiert.

Die weiteren in h.e. VI 13,3 aufgezählten Schriften wie die *Mahnrede an die Heiden* (προτρεπτικὸς πρὸς Ἕλληνας), den drei Bücher umfassenden *Pädagogus* (παιδαγωγός), *die Predigten über das Fasten und über die Verleumdung* (περὶ νηστείας καὶ περὶ καταλαλιᾶς), *die Aufforderung zur Standhaftigkeit oder an die Neugetauften* (προτρεπτικὸς εἰς ὑπομονὴν ἢ πρὸς τοὺς νεωστὶ βεβαπτισμένους) sowie der dem Bischof Alexander gewidmete sog. *Kirchliche Kanon oder Wider die jüdisch Gesinnten* (κανὼν ἐκκλησιαστικὸς ἢ πρὸς τοὺς Ἰουδαΐζοντας) wird Euseb einem Bibliotheksverzeichnis entnommen haben. Er zitiert nicht aus ihnen, kann ihren Inhalt nicht angeben und nimmt auch nicht in referierenden Passagen auf diese Bezug. Daraus wird man schließen können, daß ihm diese Schriften nur dem Titel nach bekannt waren.[106]

---

[105] Während von Campenhausen, Griechische Kirchenväter, 40–41, es offen läßt, ob es sich bei diesem Klemens-Werk um eine „wirkliche Gemeindepredigt" oder um einen „geistlichen Vortrag" im Schülerkreis handelt, gehen Altaner/Stuiber, Patrologie, 194, von einer „Homilie über Mc. 10, 17/31" aus. Klemens legt in seiner Schrift die Perikope vom „reichen Jüngling" aus und kommt nur in Kapitel 42,1–15 auf die Erzählung über den Apostel Johannes zu sprechen. Wenn Euseb das Werk des Klemens vollständig gekannt hätte, wäre er bestimmt in den die Schrift einleitenden (h.e. III 23,5) oder resümierenden Worten (h.e. III 24,1) auf den Kontext eingegangen.

[106] Anders Carriker, Library, 198, der davon ausgeht, daß der in h.e. VI 13 genannte Katalog den Bestand der Bibliothek in Cäsarea widerspiegelt.

1.17 Gaius

Euseb kommt viermal auf die einzige ihm bekannte Schrift des Gaius, den Dialog mit dem Montanisten Proklus, zu sprechen. In h.e. II 25,6 referiert Euseb, daß Gaius unter dem römischen Bischof Zephyrin (198–217) gelebt und einen Dialog mit Proklus, einem Haupt der phrygischen Häresie, verfaßt hat. Aus diesem zitiert Euseb in h.e. II 25,7 eine kurze Passage über die Siegeszeichen der Apostel, welche nach Darstellung Eusebs das Martyrium von Petrus und Paulus in Rom belegen sollen.[107] Ebenso zieht Euseb diese Schrift zur Beschreibung des Häretikers Kerinth heran, der nach dem Zitat des Gaius in h.e. III 28,2 eigene „Offenbarungsschriften" verfaßte, um seine millenaristische Lehre vom Reich Christi auf Erden zu bestätigen.

Im Kontext des Aufweisens der Begräbnisorte berühmter apostolischer Männer kommt Euseb wiederum auf Gaius' Dialog mit Proklus zu sprechen. Dem Brief des Polykrates von Ephesus an Viktor von Rom entnahm Euseb die Information, daß Philippus in Hierapolis verstorben und zusammen mit seinen beiden jungfräulichen Töchtern ebendort begraben sei. Das Zitat, das Euseb aus der Gaius-Schrift zur Untermauerung dieser Angabe in h.e. III 31,4 zusätzlich anführt, ist nun bemerkenswert: Selbst Proklus, gegen den die Schrift gerichtet ist, kann bestätigen, daß die Gräber der Töchter des Philippus und ihres Vaters in Hierapolis in Asien liegen.[108]

---

[107] Gustavsson, Eusebius' Principles, 434, meldet Zweifel an, daß Euseb dieses Zitat direkt aus Gaius' Schrift entnommen hat. Gustavsson wendet sich gegen die in der Forschung vertretene Annahme, daß das Grab des Petrus unter dem Petersdom liege und daher „das Siegeszeichen der Apostel" die Stelle des Martyriums, nicht aber das Grab selbst bezeichnen könne. Diese Argumentation sei, so Gustavsson, weit gefehlt, da es schwerlich zu glauben sei, daß Christen um 160 als eine noch nicht einmal erlaubte Religion in Rom ein Siegeszeichen aufrichten konnten. Er kommt daher zu dem Schluß, daß Euseb aus Gaius' Dialog mit Proklus in Oratio recta einzig die Worte „das Siegeszeichen der Apostel" (τρόπαιον) zitiere. Der Kontext berichtet über die Grabstätten in Rom. Euseb füge das Gaius-Zitat ein, als ob es die Grabstätten der Apostel bezeugen würde; er scheine daher zwei Quellen zu zitieren, zunächst Gaius und sodann einen zeitgenössischen Bericht. Gustavsson läßt es offen, ob die Verbindung zwischen beiden Quellen Euseb schon vorlag oder von ihm selbst geschaffen wurde. — Die Verbindung beider Traditionen scheint m. E. voreusebianisch zu sein, denn Euseb ist überzeugt, die Schrift des Gaius zu zitieren. Wäre Euseb bekannt, daß es sich um einen späteren Bericht handelt, wäre seine Argumentation hinfällig. Gründe für eine bewußte Fälschung Eusebs sind nicht zu erkennen. Daß Euseb die Schrift des Gaius vollständig vorlag, wird aus den vielen Zitaten deutlich. Gegen Gustavsson ist auch der archäologische Befund in Rom anzuführen: Thümmel, Memorien, 6–7.96–99, der vom archäologischen Befund in Rom ausgeht, kommt zu dem Schluß, daß es das Siegeszeichen und die Kontinuität von Kultorten wahrscheinlich machen, daß „auch die erste faßbare Anlage am Vatikan bereits auf Petrus bezogen war. Dann ist aber hier für die 2. Hälfte des 2. Jahrhunderts eine Petrusmemorie archäologisch nachgewiesen, und es ist kaum denkbar, daß Gaius diese Anlage nicht im Auge hatte, als er auf das Tropaion am Vatikan verwies." (6–7).

[108] Die eusebianische Einleitung des Zitats, insbesondere dessen Rückführung auf Proklus, läßt erkennen, daß die Schrift wirklich dialogisch gehalten war. Das Faktum des Grabes des Philippus und seiner Töchter in Hierapolis scheint eine nicht geringe Bedeutung innerhalb des Dialogs besessen

In h.e. VI 20 kommt Euseb im Kontext der Darstellung der unter Caracalla (211–217) wirkenden Schriftsteller ein letztes Mal auf Gaius und seine Schrift gegen Proklus zu sprechen. Die Schrift des Gaius habe Euseb mit anderen Briefen der Zeit in der Bibliothek zu Älia Capitolina vorgefunden, die von Bischof Alexander von Jerusalem gegründet worden war.[109] Euseb charakterisiert den Dialog dahingehend, daß Gaius hier seinen Gegner Proklus wegen dessen verwegener Aufstellung neuer Schriften zum Schweigen bringt. Zudem berichtet Euseb, Gaius erkenne nur dreizehn Briefe des Apostels Paulus an, da er den Hebräerbrief für nichtpaulinisch halte.

Euseb zitiert demnach in drei unterschiedlichen Kontexten die Schrift des Gaius gegen Proklus. Er kann darüber hinausgehend auch noch deren Inhalt eingrenzen und weiterführende Informationen wie die Einschätzung des Hebräerbriefes als nichtpaulinisch bieten.[110] Man wird daher davon ausgehen können, daß Euseb diesen Dialog vollständig kannte. Auffälligerweise benutzt Euseb ihn aber gerade nicht zur Darstellung des Montanismus, gegen den sich die Schrift des Gaius richtet, sondern nur für die Präsentation Kerinths. Eine Erklärung für dieses Phänomen wird zum einen in der dialogischen Struktur der Quelle selbst liegen, denn Euseb brauchte eine Kurzdarstellung, keine argumentative Auseinandersetzung. Zum anderen auch in der eusebianischen Darstellungsweise begründet sein, bei der es bis auf wenige Ausnahmen auf die Häresiegründer, nicht aber auf spätere Vertreter einer Lehre ankommt.[111] Gegen die Kenntnis der Schrift spricht diese Tatsache aber nicht.

---

zu haben, wird es wohl nicht nur von Gaius, sondern sogar von seinem Gegner Proklus anerkannt.

[109] Ebenso Lawlor/Oulton, Eusebius, Bd. II, 207. — Carriker, Library, 208, wendet dagegen ein, daß Euseb in der Einleitung (h.e. VI 20,1) die Bibliothek von Jerusalem deswegen rühmt, weil sie die Briefe mehrerer gelehrter Kirchenmänner aufbewahrt habe, wozu die Schrift des Gaius, ein Dialog, nicht gerechnet werden könne. Daraus schließt Carriker, daß sich die Schrift des Gaius nicht dort, sondern in der Bibliothek in Cäsarea befunden haben muß. Gegen Carrikers Argumentation ist einzuwenden, daß sie die Struktur des gesamten Abschnitts (h.e. VI 20,1–3) mißachtet: Die genannten Schriftsteller Beryll, Hippolyt und Gaius werden von Euseb gerade als Beispiele für die gelehrten Kirchenmänner der damaligen Zeit angeführt. — Auch Nautin, Lettres et écrivains, 137 Anm. 1, erkennt als Motiv, den Dialog an dieser Stelle zu plazieren, den zeitlichen Aspekt der Wirksamkeit aller Schriftsteller unter Zephyrin, und kommt dann aber zu dem Schluß, daß der Dialog nicht notwendigerweise in Jerusalem, sondern doch eher in Cäsarea aufbewahrt war.

[110] Ausgeschlossen werden kann die Tradierung von Dialogpassagen in einer Anthologie, da das von Euseb wiedergegebene Themenspektrum die inhaltliche Einheitlichkeit einer Anthologie sprengen würde.

[111] Ausnahmen sind die eusebianische Darstellung der Severianer (h.e. IV 29,4–5) und der marcionitischen Schule (h.e. V 13). Vgl. auch die eusebianische Konzeption vom Auflösen der Häresie nach ihrer Widerlegung in Teil II 2.7 Der Auflösungsprozeß der Häresie.

1.18 Hippolyt

Euseb bezeichnet Hippolyt in h.e. VI 20,2 als einen zur Zeit des Caracalla wirkenden Schriftsteller[112], ohne aber auf einzelne Werke einzugehen.[113] In h.e. VI 22,1 nennt er die ihm überkommenen Titel von Hippolyts Schriften: *Über das Osterfest* (περὶ τοῦ πάσχα), *Über das Sechstagewerk* (εἰς τὴν Ἑξαήμερον), *Über die auf das Sechstagewerk folgenden Ereignisse* (εἰς τὰ μετὰ τὴν Ἑξαήμερον), *Gegen Marcion* (πρὸς Μαρκίωνα), *Über das Hohe Lied* (εἰς τὸ Ἄισμα), *Über einzelne Teile aus Ezechiel* (εἰς μέρη τοῦ Ἰεζεκιήλ) und *Gegen alle Häresien* (πρὸς ἁπάσας τὰς αἱρέσεις). Auffälligerweise weist Euseb zum Abschluß von h.e. VI 22 darauf hin, daß man wohl von Hippolyt noch sehr viele andere Schriften finden könne, die hier oder dort aufbewahrt werden. Dies ist als Indiz dafür zu werten, daß Euseb sich nicht ernsthaft um eine Sammlung weiterer Hippolyt-Schriften bemüht hat. Im Wissen um eine mögliche Unvollständigkeit seiner Liste, vermutlich eines Bibliotheksverzeichnisses, fügt er diesen Nachsatz an.[114]

Euseb kann die Abhandlungen zwar mit ihrem Titel nennen, wird sie aber nicht gelesen haben. Die Schrift gegen Marcion oder das Werk gegen alle Häresien[115] zitiert Euseb an keiner Stelle, obwohl er daraus wertvolle Informationen zur Häresiethematik hätte gewinnen können[116].

---

[112] Bezeichnenderweise gibt Euseb nicht an, wo Hippolyt schriftstellerisch tätig war. Da er aus den in Jerusalem aufbewahrten Briefen (vgl. h.e. VI 20,1–2) wissen mußte, daß Hippolyt als schismatischer Bischof in Rom wirkte, schließt Frickel, Das Dunkel um Hippolyt von Rom, 6–9, auf ein planvolles Vorgehen Eusebs mit gezielter Unterdrückung der Informationen über Hippolyts Bischofsitz, die das brisante Thema verschweigen soll.

Die Argumentation Frickels setzt voraus, daß Euseb die Briefe der in h.e. VI 20 genannten Schriftsteller gelesen hat, was sich für Hippolyt nicht mit Sicherheit behaupten läßt. Da sich eine Kenntnis Eusebs vom hippolytschen Bischofsitz nicht zweifelsfrei nachweisen läßt, kann von einer bewußten Geschichtsfälschung aus vermeintlich apologetischem Interesse nicht die Rede sein.

[113] Euseb kannte die in Jerusalem aufbewahrten Briefe Hippolyts nicht, vgl. Carriker, Library, 215.

[114] Vgl. zum Topos der vermeintlichen Unvollständigkeit der Schriftenliste die eusebianische Einleitung der Schriften des Apollinarius von Hierapolis in h.e. IV 27, des Serapion in h.e. VI 12 und des Hippolyt in h.e. VI 22. Während Carriker, Library, 210, in dieser Formulierung eine genaue Auflistung Eusebs erkennt, welche Bücher in der Bibliothek von Cäsarea vorhanden waren, vermutet Nautin, Lettres et écrivains, 256–257, dahinter eher die Faulheit Eusebs, der sich die erneute Mühe des Auflistens ersparen wollte, die er bereits in der Vita des Pamphilus gegeben hatte. Nautin muß sich aber fragen lassen, warum Euseb nicht auf seine vollständige Auflistung in der Vita des Pamphilus zurückgreift (oder auf sie verweist) und stattdessen eine unvollständige Liste einfügt.

[115] Euseb wird damit vermutlich eher auf das unter diesem Titel kursierende, heute zur Unterscheidung als *Syntagma* bezeichnete Werk Hippolyts (πρὸς ἁπάσας τὰς αἱρέσεις) Bezug nehmen als auf dessen *Refutatio* (κατὰ πασῶν αἱρέσεων ἔλεγχος). Unter dem in der Refutatio 1 Praef. 1 angeführten „früher geschriebenen Werk", in dem Hippolyt die „Lehrsätze der Griechen widerlegt" habe, wird man das bei Euseb genannte „Syntagma" verstehen können. So auch Harnack, Altchristliche Litteratur II/2, 220–224; Markschies, Valentinus Gnosticus, 381; Twomey, Apostolikos Thronos, 52, und Frickel, Das Dunkel um Hippolyt von Rom, 113–114.

[116] Das Problem stellt sich erneut mit der Frage nach der Verfasserschaft der in h.e. V 28 zitierten Quelle. Diese Quellenproblematik soll erst innerhalb der Darstellung der Häresie des Artemon

Die Schrift Hippolyts über das Osterfest muß gesondert betrachtet werden.[117] Euseb weiß über sie zu berichten, daß Hippolyt in ihr eine Chronologie liefert und einen 16jährigen Osterkanon aufstellt, in dem er die Zeitbestimmung mit dem ersten Jahr des Kaisers Alexander beginnt. Diese Kenntnisse könnte Euseb aus einer sekundären Quelle gewonnen haben; sie könnten aber auch auf der Lektüre der Schrift beruhen. Euseb interessierte sich nicht nur für chronographische Schriften, sondern hatte sich auch mit der Osterfestthematik eingehend beschäftigt.[118] Er kann auffällig viele Schriftsteller nennen, die sich mit dieser Thematik auseinandersetzten. Daher hätte er sehr gut Hippolyts Schrift über das Osterfest gelesen und in seinem Besitz haben können; eine sichere Entscheidung wird sich aber aufgrund der Ermangelung eines Zitats oder Referates nicht gewinnen lassen.

Ob Euseb die *Refutatio* anonym vorlag, so daß er sie im Schriftenverzeichnis Hippolyts h.e. VI 22 zwar nicht nennt, aber dennoch rezipiert hat, soll bei den Häresieanalysen (Teil I 2.1–2.26) eigens untersucht werden.[119]

Es ist vielfach vermutet worden, daß Eusebs Referat über die Häresie des Artemon (h.e. V 28) Informationen aus Hippolyts *Refutatio* schöpft, die ihm anonym vorlag. Diese These hat sich aus mehreren Überlegungen als unhaltbar erwiesen.[120] Der Verzicht auf ein direktes Zitat aus Hippolyts *Refutatio* muß jedoch noch nicht gegen ihre Kenntnis sprechen, da Euseb in den meisten Fällen die früheste Quelle als Zitat auswählt. Da aber Hippolyt vielfach die Informationen aus Irenäus' *Adversus haereses* ausschreibt, ist es schwer, Hippolyts Ausführungen als Vorlage des euse-

---

näher betrachtet werden. Sollte sich herausstellen, daß Euseb an dieser Stelle Hippolyt zitiert, so ist bereits an seinem Schriftenverzeichnis zu erkennen, daß er die ihm anonym vorliegende Schrift aus h.e. V 28 nicht mit Hippolyts *Refutatio omnium haereseum* in Verbindung bringt.

[117] Die doppelte Nennung der Schrift über das Osterfest ist damit zu erklären, daß Euseb diese zu Beginn inhaltlich darstellt und anschließend einer Liste folgt, welche die Schrift zum Osterfest noch einmal nennt. Von zwei unterschiedlichen Abhandlungen gleichen Titels wird – trotz der Angabe des Hieronymus, de vir. ill. 61 – nicht auszugehen sein, vgl. Lawlor, Eusebiana, 151–152; Carriker, Library, 211.

[118] Neben der Schrift Hippolyts werden folgende Abhandlungen zum Osterfest genannt: Melito, *Über das Osterfest* (h.e. IV 26,3), Klemens, *Über das Osterfest* (h.e. VI 13,3.9), der Brief des Irenäus mit der Stellungnahme im quartadezimanischen Streit (h.e. V 24,12–13.14–17) und Anatolius, *Über das Osterfest* (h.e. VII 32,14–19). Euseb sollte später selbst eine Schrift *Über das Osterfest* verfassen. Diese wird in der l.C. 4,35 in einem Konstantin-Brief genannt und dürfte in die Jahre 334/35 (Winkelmann, Euseb, 191) zu datieren sein. Die umfangreiche Materialsammlung zum Osterfest, deren Schriften in der h.e. genannt werden, sollte aufgrund des zeitlichen Abstandes nicht als Vorarbeit zur eigenen Abhandlung gewertet werden. Jedoch zeigt Eusebs *Über das Osterfest*, daß er in besonderem Maße an dieser Thematik interessiert war. Die richtige Berechnung des Osterfestes bewegte nicht nur Euseb, sondern stellte auch für seine Zeitgenossen ein dringend zu klärendes Problem dar, das nach Eusebs Zeugnis in v.C. III 17–20 auf dem Konzil von Nicäa erörtert und allgemeingültig gelöst wurde.

[119] Twomey, Apostolikos Thronos, 52, lehnt die Kenntnis der Philosophumena bei Euseb ab, da sie nicht im Werkverzeichnis Hippolyts aufgeführt sind. Euseb nenne dort ausschließlich das Syntagma (πρὸς ἁπάσας τὰς αἱρέσεις), scheint dieses aber nicht gelesen zu haben. Daß Euseb das Werk vielleicht anonym vorgelegen haben könnte, bedenkt Carriker nicht.

[120] Siehe unten im Abschnitt Teil I 2.19 Artemon, b) Die Verfasserfrage.

bianischen Referates auszumachen. In den wenigen Fällen, in denen er eigenständige, über Irenäus hinausgehende Informationen gesammelt hat, ist genauer zu analysieren, ob Euseb Hippolyts *Refutatio* kennt. Das Resultat dieser Analysen soll an dieser Stelle nur kurz vorweggenommen werden. Zur detaillierteren Begründung siehe die einzelnen Häresiedarstellungen:

- Obwohl Hippolyt wie Euseb eine doppelte Widerlegung Simons in Judäa und Rom bietet (ref. VI 20), läßt sich eine Kenntnis der *Refutatio*-Passage bei Euseb nicht nachweisen; vielmehr spricht das Auslassen des hippolytschen Berichts über den Tod des Simon gegen die Kenntnis.
- Die Ausführungen in ref. VII 34 über die Ebionäer lehnen sich zu dicht an die irenäische Vorlage an, als daß man die *Refutatio* als Quelle ausmachen könnte.
- Im Falle der Häresie des Basilides (ref. VII 2; 14; 19–27 und X 14) wäre erkennbar gewesen, wenn Euseb auf Hippolyt zurückgegriffen hätte. Da Euseb vorzugsweise frühe Quellen in seine Darstellung integriert, konnte er dieses späte Zeugnis nicht zitieren.
- Ob sich die eusebianische Formulierung von einer basilideischen Schulgründung auf Hippolyts *Refutatio* zurückführen läßt oder ob sie nicht doch indirekt aus Irenäus' Andeutungen konstruiert ist, kann nicht zweifelsfrei bewiesen werden.
- Der Bericht über Karpokrates in der *Refutatio* (ref. VII 32) ist ein gekürztes Referat aus Irenäus' *Adversus haereses* und daher als eusebianische Vorlage nicht nachweisbar.
- Die eusebianische Darstellung der Häresie Valentins ist zu knapp gehalten, als daß man eine Abhängigkeit der Aussagen von Hippolyts *Refutatio* (ref. IV 51 und VI 20–22.29) festmachen könnte.
- Die Ausführungen zu Kerdon in Hippolyts *Refutatio* (ref. VII 37) sind den irenäischen Ausführungen zu ähnlich, als daß eine Abhängigkeit von Hippolyts *Refutatio* nachgewiesen werden könnte; der zweite Abschnitt über Kerdon/Marcion in ref. X 19 weicht durch die Angabe, Kerdon und Marcion lehrten drei Prinzipien, von allen früheren Traditionen ab, so daß Euseb sie zwar gekannt haben, sie aber aus inhaltlichen Gründen ausgelassen haben könnte; eine Kenntnis läßt sich weder bestätigen noch widerlegen.
- Da der eusebianische Bericht über Markus Magus äußerst knapp gehalten ist, läßt sich nicht mehr erkennen, ob er Informationen aus ref. VI 39–54 übernommen hat.
- Gleiches gilt für eine Vorlage von Hippolyts Darstellung Tatians (ref. VIII 16) und der Enkratiten (ref. VIII 20); den Vergleich Tatians und der Enkratiten mit den Kynikern hätte Euseb aus inhaltlichen Gründen nicht wiedergegeben, da er – im Gegensatz zu Hippolyt und Irenäus – die Häresie nicht auf die Philosophie zurückführt.
- Die eusebianische Darstellung des Apelles läßt keine Kenntnis von ref. VII 12; 38 oder in ref. X 20 erkennen.

– Die Spätdatierung der Elkesaïten macht deutlich, daß Euseb die Informationen über Alkibiades, einem Zeitgenossen Hippolyts, in ref. IX 4.13–17 und X 29 nicht gekannt hat, da er die Gruppierung ansonsten früher datiert hätte.
– Die eusebianischen Ausführungen zu Sabellius sind zu knapp und allgemein gehalten, als daß man sie auf ref. IX 11.12 zurückführen könnte.

Zusammenfassend läßt sich festhalten, daß sich die Kenntnis von Hippolyts *Refutatio* bei Euseb zwar nicht ausschließen, jedoch auch nicht zwingend beweisen läßt. Es gibt hingegen Indizien, die darauf hindeuten, daß Euseb Hippolyts *Refutatio* nicht gekannt hat.

1.19 Origenes

Bei der Darstellung der Schriften des Origenes weicht Euseb in seiner Vorgehensweise insofern von der bisher üblichen ab, als er – wie später ebenfalls bei Dionysius – dessen Schriften den entsprechenden Lebensabschnitten zuordnet. Sie finden sich demnach nicht in *einem* zentralen Schriftenverzeichnis zusammengefaßt, sondern sind innerhalb der Lebensbeschreibung des Origenes verteilt eingefügt. Auf andere Besonderheiten der Darstellung der origenischen Schriften soll im Anschluß eingegangen werden.

Das erste Mal kommt Euseb in h.e. III 1,3 auf eine Schrift des Origenes, seine Erklärungen zur Genesis (ἐξηγήτικα εἰς τὴν Γένεσιν), zu sprechen, der er entnimmt, daß Origenes im dritten Buch über das Martyrium von Petrus und Paulus berichtet habe. Diese Angabe scheint auf eine genauere Kenntnis der Schrift bei Euseb hinzudeuten, obwohl er es unterläßt, weitere Angaben darüber zu machen.

In h.e. VI 14,10 fügt Euseb ein Zitat des Origenes ein, wonach dieser die sehr alte Kirche der Römer zu sehen wünscht. Der Kontext dieses Zitats ist bemerkenswert, da Euseb zu erkennen gibt, daß ihm die genaue Schriftstelle nicht präsent ist: Nach Eusebs Angaben soll Origenes unter Zephyrin kurz Rom besucht haben. Diese Information stehe, so Euseb, in einer Schrift des Origenes, die er nicht nennen kann. Das folgende Zitat – ohne Angabe der Herkunft – soll nun Eusebs anfängliche Aussage bekräftigen. Strenggenommen tut es dies aber gerade nicht, da Origenes in diesem Zitat nur sein Vorhaben, nicht aber dessen Umsetzung thematisiert.

Damit sollen weder die Historizität der Romreise des Origenes noch die Authentizität des Zitats in Frage gestellt werden. Hätte Euseb das Zitat ohne jeglichen Bezug zu einer Origenes-Schrift frei erfunden, wäre es wahrscheinlich stärker im Sinne einer Bekräftigung seiner eigenen Aussage zur Durchführung der Romreise unter Zephyrin ausgefallen. Festzuhalten bleibt jedoch, daß Euseb, der die Schriften des Origenes derart gut kannte, daß er sie aus dem Gedächtnis zitieren zu können meinte, anscheinend nicht willens war, einen genauen Quellennachweis zu führen.[121]

Ein weiteres, wiederum ohne Angabe der Herkunft eingeführtes Zitat in h.e. VI 19,12–14 thematisiert Origenes' Beschäftigung mit den heidnischen Wissenschaften und den häretischen Lehren. Origenes beruft sich dabei auf die Praxis von Pantänus und Heraklas[122], die als angesehene kirchliche Männer ebenfalls die heidnische Lehre studierten bzw. studieren.

Euseb wendet sich in h.e. VI 24 nun in einer Art Schriftenverzeichnis, das über eine reine Auflistung hinausgeht, denjenigen Anhandlungen des Origenes zu, die allesamt während seiner Wirkungszeit in Alexandrien abgefaßt sind. Euseb nennt als erstes Werk den *Kommentar zum Johannesevangelium* (κατὰ Ἰωάννην Ἐξηγητικῶν), dessen erste fünf Bücher in Alexandrien verfaßt wurden, wie die Angabe aus dem sechsten Buch derselben Schrift deutlich macht. Sodann nennt Euseb ein Werk des Origenes zum gesamten Evangelium (εἰς τὸ πᾶν εὐαγγέλιον), von dem ihm aber nur 22 Bücher überliefert sind. Diese Angabe macht deutlich, daß Euseb um die Unvollständigkeit des ihm überlieferten Werkes wußte, was wiederum die Lektüre der Schrift voraussetzt.

Aus dem neunten Buch des insgesamt 12 Bücher umfassenden *Kommentars zur Genesis* (εἰς τὴν Γένεσιν) entnimmt Euseb die Angabe, daß Origenes nicht nur die ersten acht Bücher in Alexandrien verfaßt, sondern auch eine Erklärung zu den ersten 25 Psalmen (εἰς τοὺς πρώτους δὲ πέντε καὶ εἴκοσι Ψαλμοὺς) und einen Kommentar zu den Klageliedern (εἰς τοὺς Θρήνους) fertiggestellt habe (h.e. VI 24,2). Während Euseb über die Erklärung zu den Psalmen 1–25 zunächst keine weiteren Informationen einfügt – aus der Erklärung zum ersten Psalm wird Euseb in h.e. VI 25,1–2 zitieren –, weiß er über den Kommentar zu den Klageliedern, daß dieser in fünf Büchern abgefaßt war und daß Origenes in ihm seine Schrift „Über die Auferstehung" (περὶ ἀναστάσεως) erwähnt, die zwei Bücher umfaßt haben soll. Da diese früher verfasst sein muß, kann Euseb auf Alexandrien als Abfassungsort bzw. -zeitraum schließen.

Als ebenfalls in Alexandrien unter Alexander Severus (222–235) entstanden nennt Euseb in h.e. VI 24,3 Origenes' *Teppiche* (στρωματεῖς). Diese Information läßt sich nach Euseb aus den ausführlichen Kapitelüberschriften des Origenes

---

121 Die Unterschiede zu allen anderen Zitaten sind offensichtlich: Sofern Euseb in der h.e. eine Schrift anonym einfügt, kennt er den Titel der Schrift nicht (vgl. das Zitat in h.e. V 28 zur Häresie des Artemas). Selbst bei unbedeutenderen Schriften nennt Euseb häufig das Buch, aus dem er zitiert oder referiert. Nur hier, bei einer Schrift des Origenes, kann er keine Titel- oder Buchangabe machen, obwohl er und Pamphilus für die Bibliothek in Cäsarea Origenes-Schriften gesammelt haben. Man kann dieses Phänomen nur dadurch erklären, daß Euseb entweder die Kenntnis des Zitats beim Leser, der selbst Titel und Buchangabe zuordnen kann, voraussetzt oder daß er bewußt – aus noch zu untersuchenden Gründen – eine genaue Angabe verschweigt, um seine Kenntnis der Schrift als möglichst gering darzustellen.

122 Heraklas folgte Origenes in der Leitung der Schule in Alexandrien nach, als dieser nach Cäsarea ging; Origenes hatte Heraklas bei seinem Lehrer Ammonius kennengelernt und ihm später den Elementarunterricht übertragen (vgl. h.e. VI 15).

erschließen. Auch die Schrift *Über die Grundlehren* (περὶ ἀρχῶν) soll nach h.e. VI 24,3 noch in Alexandrien verfaßt worden sein, jedoch gibt Euseb bei dieser Schrift keinen Hinweis, woher er diese Angabe bezogen hat.

Aus den bereits in h.e. VI 24,2 genannten Erklärungen zu den ersten 25 Psalmen zitiert Euseb in h.e. VI 25,1–2 eine Passage aus der Auslegung des ersten Psalms, in der Origenes ein Verzeichnis der 22 Bücher des Alten Testaments liefert. Diese Schrift läßt sich damit anhand des Zitats eindeutig als Euseb bekannt nachweisen.

Ein weiteres Zitat aus dem fünften Buch des *Johanneskommentars* (κατὰ Ἰωάννην Ἐξηγητικά) fügt Euseb im Anschluß daran in h.e. VI 24,1 ein, um die origenischen Aussagen zu den Briefen des Paulus, des Petrus und des Johannes sowie der Apokalypse aufzunehmen. Bereits in h.e. VI 24,1 hatte Euseb die Entstehungszeit der Bücher 1–5 aufgrund einer Angabe in Buch 6 auf Alexandrien eingegrenzt. Später wird Euseb in h.e. VI 28 darauf hinweisen, daß sich Origenes im 22. Buch dieser Schrift mit der Verfolgung unter Maximinus I. Thrax (235–238) auseinandersetzt. Diese eusebianischen Angaben zum Johanneskommentar lassen keinen Zweifel darüber aufkommen, daß Euseb die Schrift eingehend studiert hat.

Zur Thematik der Zitate in h.e. VI 25,1–2 (Schriften des AT), h.e. VI 25,4–6 (Schriften des NT) und h.e. VI 25,7–10 (Apostelbriefe und Apokalypse) passend zitiert Euseb anschließend in h.e. VI 25,11–12.13–14 eine Passage aus einer Homilie zum Hebräerbrief, welche dessen Verfasserfrage zu klären sucht. Nach Origenes stamme der Brief aufgrund des besseren Griechisch nicht von einem Apostel; jedoch seien die Gedanken des Hebräerbriefes ganz im Sinne des Paulus. Als mögliche Verfasser kommen für Origenes Klemens von Rom oder der Evangelist Lukas in Betracht.

Als in Cäsarea entstandene Werke[123] nennt Euseb in h.e. VI 28 die Schrift *Über das Martyrium* (περὶ μαρτυρίου). Von dieser weiß er zu berichten, daß sie zur Zeit der Verfolgung unter Maximinus entstanden und Ambrosius und Protoklet, einem Presbyter der Gemeinde in Cäsarea, gewidmet sein soll.

In h.e. VI 31,1 berichtet Euseb von einem Antwortbrief des Origenes an Julius Africanus, weil dieser die Echtheit der Geschichte der Susanna im Danielbuch bestritten hatte.

Von den *Erklärungen zu Jesaja* (τὰ εἰς τὸν Ἡσαΐαν), die zur Zeit des Gordianus III (238–244) entstanden sein sollen, kennt Euseb nach h.e. VI 32,1 dreißig Bücher, welche bis zum dritten Teil reichen, d. h. bis zur Erscheinung der vierfüßigen Tiere in der Wüste.[124] Die Formulierung zeigt eine Unsicherheit in bezug auf diese Schrift, da Euseb aufgrund seiner Lektüre erkannt hat, daß die ihm vorliegenden Erklärungen das Jesajabuch nicht vollständig kommentieren. Er gibt daher

---

[123] Euseb geht nach h.e. VI 26 von einer dauerhaften Übersiedlung des Origenes nach Cäsarea im Jahr 232 aus.

[124] Unklar bleibt trotz dieser genauen Angabe, inwieweit Euseb die *Erklärungen zu Jesaja* vorgelegen haben: Von vierfüßigen Tieren ist sowohl in Jes 30,6 als auch in Jes 40,16 die Rede, doch ist nicht sicher zu entscheiden, auf welche Bibelstelle Euseb sich bezieht.

an, daß ihm 30 Bücher der Schrift vorlagen, läßt es aber durch seine Formulierung offen, ob die Schrift ihm nur teilweise überkommen ist oder ob sie von Origenes nicht vollendet wurde.

Zusammen mit den *Erklärungen zu Jesaja* nennt Euseb in h.e. VI 32,1–2 die *Erklärungen zu Ezechiel* (τὰ εἰς τὸν Ἰεζεκιὴλ), die während des Aufenthalts des Origenes in Athen vollendet wurden und Euseb in 25 Büchern vorlagen. Woher Euseb diese Information bezieht, macht er nicht deutlich.

Als ebenfalls in Athen begonnen und bis zu Buch 5 fertiggestellt nennt Euseb den *Kommentar zum Hohen Lied* (εἰς τὸ Ἆισμα) in h.e. VI 32,2. Über diesen weiß Euseb außerdem zu berichten, daß Origenes ihn in Cäsarea zu 10 Büchern erweiterte.

In h.e. VI 36 nennt Euseb weitere Schriften des Origenes, die er im Alter von über sechzig Jahren Schnellschreibern diktiert haben soll. So kennt er acht Bücher des Origenes zur Widerlegung des *Wahrheitsgemäßen Beweises* (ἀληθῆς λόγος, h.e. VI 36,2) des Celsus.[125] Das 25 Bücher umfassende Werk *Über das Matthäusevangelium* (εἰς τὸ κατὰ Ματθαῖον εὐαγγέλιον, h.e. VI 36,2) wird identisch sein mit dem in h.e. VI 25,3 genannten Werk (τὸ [συγγράμμα] κατὰ Ματθαῖον), aus dem Euseb in h.e. VI 25,4–6 eine Passage über die vier Evangelien und deren Verfasser zitiert.[126] Weiter nennt Euseb einen Brief an Kaiser Philippus Arabs (244–249, h.e. VI 36,3), einen an dessen Gemahlin Otacilia Severa (h.e. VI 36,3) und einen an Fabian von Rom über seine Rechtgläubigkeit (h.e. VI 36,4).[127] Euseb spricht in h.e. VI 36,3 von mehr als hundert Origenes-Briefen, die er gesammelt habe, damit sie nicht mehr zerstreut würden.

Darüber hinausgehend nennt Euseb eine Schrift über die Zwölf Propheten (εἰς τοὺς δώδεκα προφήτας, h.e. VI 36,2), von dem ihm aber nur fünfundzwanzig Bücher überkommen sind – ein deutliches Indiz dafür, daß Euseb aufgrund der Lektüre die Unvollständigkeit des ihm vorliegenden Werkes aufgefallen sein muß.[128]

Zum letzten Mal zitiert Euseb Origenes in h.e. VI 38 zur Darstellung der Häresie der Elkesaïten. Er greift dabei auf Aussagen seiner Homilie zum 82. Psalm zurück, um die Lehre der Elkesaïten, ihre selektive Auswahl aus den biblischen Schriften und ihr Verwerfen der Paulusbriefe darzustellen. Origenes berichtet wei-

---

[125] Die Schrift *Contra Celsum* wertet Euseb für seine Darstellung der Ebionäer und der Häresie vom Sterben der Seele aus; vgl. zum Nachweis der Abhängigkeit Teil I 2.3 Ebionäer; Teil I 2.21 Häresie vom Sterben der Seele.

[126] Euseb benutzt den Matthäuskommentar des Origenes für die Darstellung der Ebionäer; vgl. unten Teil I 2.3 Ebionäer.

[127] Euseb verschleiert hier den Sachverhalt. Origenes schrieb nicht wie viele Männer seiner Zeit „über die Rechtgläubigkeit", etwa um sein Gegenüber wieder zur Orthodoxie zurückzubringen, sondern um bei Fabian von Rom seine eigene Rechtgläubigkeit unter Beweis zu stellen und den Häresieverdacht zu entkräften. Zum eusebianischen Umgang mit dem Häresievorwurf gegen Origenes vgl. unten S. 54–55 und Teil I 3.2.2.2.3 Ausgelassene Häresievorwürfe.

[128] Hätte Euseb den vollem Umfang an Büchern dieser Schrift wenn auch nicht vorliegen, so doch gekannt, hätte er die Zahl mit einiger Sicherheit dem Leser mitgeteilt.

ter von deren Behauptung, daß die Verleugnung des Glaubens in der Not irrelevant
für den Glaubenden sei.

Über Origenes' Arbeit an der Hexapla und der Tetrapla berichtet Euseb in h.e.
VI 16,1–4. Obwohl er selbst als Gehilfe des Pamphilus in der Bibliothek von Cäsarea mit der Fortführung der origenischen Arbeit betraut war, unterläßt es Euseb,
seinen Lesern eine Kostprobe aus beiden Werken zu geben.

Im Vergleich mit anderen Schriftstellern fällt die Darstellung des Origenes auf, da
sie in mehrerer Hinsicht vom üblichen Schema abweicht. Bereits eingangs ist auf
die Parallelität zur Darstellung des Dionysius von Alexandrien hingewiesen worden,
da in beiden Fällen die Schriften den Lebensabschnitten ihrer Verfasser zugeordnet
werden. Die Darstellung der Dionysius-Schriften erscheint damit als Vergleichs-
punkt für die des Origenes besonders geeignet.

Die Präsentation beider Männer in den sie eigens thematisierenden Kapiteln ist
fast gleich lang: Origenes wird in 22 Kapiteln dargestellt, Dionysius in 20 (bzw. 21)
Kapiteln.[129] Betrachtet man jedoch die Anzahl der von ihnen verfaßten Schriften,
so fällt auf, daß dem Leser der h.e. sehr viel mehr Dionysius-Schriften vorgestellt
werden. Dessen Werke werden größtenteils inhaltlich rezipiert, wohingegen bei
den Abhandlungen des Origenes oftmals nur die Anzahl an Büchern und deren
Abfassungsort bzw. -zeit genannt werden.[130]

Ganz offensichtlich wird der Unterschied in der Darstellungsweise bei der
Anzahl der von Euseb für seine h.e. ausgewählten Zitate. Von Dionysius übernimmt
Euseb 33 zumeist lange Zitate; von Origenes hingegen nur acht, wobei zwei Zitate
auch noch ohne Herkunftsangabe eingefügt werden. Das heißt für die Präsentation
der beiden Personen, daß Dionysius größtenteils durch Zitate aus seinen Schriften
und weniger durch referierende Passagen dem Leser dargestellt wird. Origenes wird
dagegen kaum durch Zitate[131], sondern hauptsächlich durch Eusebs eigene Referate zur Person vorgeführt. Diese unterschiedliche Vorgehensweise bedeutet für die
Häresiethematik, daß von Dionysius viele Zitate zu Häresien und zum Umgang
mit ihnen überliefert sind. Origenes wird hingegen zwar als eifriger Bekämpfer der
Häresie dargestellt[132], sein eigenes Urteil über diese jedoch – mit Ausnahme von
seiner Bewertung der Elkesaïten – verschwiegen.

---

[129] Als Origenes-Kapitel sind h.e. VI 2–4, 8, 14–16, 18, 19, 21, 23–27, 30, 32, 33 und 36–39, als
Dionysius-Kapitel sind h.e. VI 40–42, 44, 45 und h.e. VII 4–11, 20–26 und mit gewissen Einschränkungen h.e. VII 28 (h.e. VII 28,3 Todesnotiz) anzusehen.

[130] Die Angaben über Umfang und Abfassungszeit einer Schrift wird Euseb dem Werke-Verzeichnis
der Bibliothek von Cäsarea entnommen haben.

[131] Die Zitate berühren zumeist Fragen nach der Verfasserschaft der ntl. Schriften. Textpassagen, welche die Person des Origenes ins Zentrum der Darstellung rücken, finden sich nicht. Damit stehen
sie im genauen Gegensatz zu den Zitaten des Dionysius, die ausführlich und in großem Umfang
sowohl dessen Ansichten als auch dessen Erfahrungen während der Verfolgungen thematisieren.

[132] Vgl. h.e. VI 18,1 (Widerlegung des Valentinianers Ambrosius), h.e. VI 33,2–3 (Widerlegung der
Häresie des Beryll von Bostra), h.e. VI 37 (Widerlegung der Häresie, die das Sterben der Seele im
Tod vertrat).

Dieses Ungleichgewicht, das durch die abweichende Behandlung der Origenes-Schriften in die h.e. gekommen ist, wiegt um so schwerer, als gerade Euseb ein guter Kenner derselben war.[133] So weist er in der h.e. einige Male auf die mit Pamphilus gemeinsam betriebene Abfassung der *Apologie für Origenes* hin.[134] In h.e. VI 32,3 erwähnt Euseb, das er nicht beabsichtige, ein vollständiges Schriftenverzeichnis des Origenes zu geben, da dies eine Spezialarbeit darstellen würde und er bereits ein (Bibliotheks-)Verzeichnis verfaßt habe. Dieses findet sich nach Eusebs eigenen Angaben in der *Biographie des Pamphilus* eingearbeitet, die neben der Darstellung seines theologischen Eifers eben auch die von ihm gesammelten Werke des Origenes und anderer Schriftsteller auflistet. Pamphilus' Origenes-Schriften werden zweifellos in der Bibliothek in Cäsarea aufbewahrt gewesen sein, zu der Euseb Zugang hatte und wo er sie für Pamphilus' *Biographie* auflistete.[135]

Zu diesem sonderbaren Umgang mit Origenes-Schriften tritt eine weitere Auffälligkeit, die erst bei der Analyse der einzelnen eusebianischen Häresiedarstellungen deutlich wird, an dieser Stelle jedoch vorweggenommen werden soll: Euseb greift sowohl bei der Darstellung der Ebionäer[136] als auch bei der Darstellung der

---

[133] Barnes, Constantine and Eusebius, 94: „Pamphilus and Eusebius regarded themselves as the intellectual heirs of Origen and devoted their lives to scholarship in the tradition which he had founded." Vgl. Barnes, Constantine and Eusebius, 95: „He [sc. Eusebius] regarded himself as an intellectual heir of Origen, concerned to defend him against charges of heresy and accepting on trust many of his philosophical and theological views."

[134] Zur *Apologie für Origenes* vgl. Nautin, Origène, 99–153, der davon ausgeht, daß die bei Photius, bibl. 117 genannte (anonyme) Apologie diejenige des Pamphilus und des Euseb sei. Die bei Photius überlieferte Apologie beinhaltet einen Katalog von 15 als Irrlehren bekämpfte Ansichten des Origenes. Sowohl Bienert, Älteste Apologie, 123, als auch Williams, Damnosa haereditas, 151–169, und mit ihm Amacker/Junod, SC 465, 47–52, lehnen die Identifikation beider Schriften ab, da in Photius, bibl. 118 die Apologie des Pamphilus und des Eusebius behandelt werde und Photius dieselbe Schrift nicht einmal anonym und einmal unter dem Namen „Pamphilus/Eusebius" darstellen würde. Dagegen wendet Williams mit einigem Recht ein, daß sich die lateinische Apologie Rufins, die durch das Bestreben, Origenes vom Vorwurf des Proto-Arianers reinzuwaschen, gekennzeichnet ist, elementar von der Apologie des Pamphilus unterscheide, die, im Jahre 307–310 verfaßt, den Arianismus nicht im Blick hatte, vgl. Amacker/Junod, SC 465, 51.

Gegen Nautins Identifikation beider Apologien spricht auch die Beobachtung, daß die anonyme Apologie (Phot., bibl. 117) eher später, im Kontext der origenistischen Streitigkeiten des 4./5. Jhs., entstanden ist, vgl. Bienert, Älteste Apologie, 125–126. Williams, Damnosa haereditas, 151, geht davon aus, daß der Text der (anonymen) Apologie auf einer griechischen Vorlage basiert, die Passagen aus den ersten fünf Büchern der Apologie des Pamphilus exzerpiert.

[135] Zur *Vita des Pamphilus* vgl. Euseb, h.e. VI 32,3 und Euseb, de mart. Pal. (S) 11,3 sowie Hier., de vir. ill. 81 und Hier., c. Ruf. 1,9. Auch wenn die *Vita des Pamphilus* erst später als die h.e. entstanden ist (nach 309: Winkelmann, Euseb, 189; 311–313: Wallace-Hadrill, Eusebius of Caesarea, 57), somit den eusebianischen Kenntnisstand eines späteren Zeitpunktes dokumentiert und die sich auf diese Schrift beziehenden Passagen der h.e. erst in einer späteren Textfassung für h.e. sekundär hinzugekommen sind, ist an der Tatsache nicht zu zweifeln, daß sich die Werke des Origenes bereits zur Abfassung der h.e.-Erstausgabe in der Bibliothek von Cäsarea befunden haben.

[136] Das Referat über die Ebionäer setzt sich neben Informationen aus Irenäus *Adversus haereses* vornehmlich aus Ausführungen in verschiedenen Origenes-Schriften zusammen: die Differenzierung in zwei Gruppierungen von Ebionäern entnahm Euseb aus c. Cels. V 61, die ebionitische Ver-

Häresie vom Sterben der Seele[137] auf Informationen des Origenes zurück, ohne dessen Namen zu nennen. Diese Vorgehensweise ist ungewöhnlich, da er aus Gründen der eigenen Glaubwürdigkeit sonst immer die Quellen für seine Informationen angibt. Nur an zwei Stellen der h.e. nennt Euseb die Vorlage seines Häresie-Referats nicht, nämlich dort, wo er auf Origenes zurückgreift.

Der auffällige Umgang mit Origenes und seinen Schriften, der sich in fehlenden Origenes-Zitaten und der Nichtbenennung der Origenes-Urheberschaft von Informationen zeigt, hat vermutlich seine Gründe im gegen Origenes erhobenen Häresievorwurf. Um 308/309, also zeitnah zur Abfassung der h.e.[138], verfaßten Pamphilus und Euseb eine sechs Bücher umfassende *Apologie für Origenes*, von der nur noch das von Pamphilus entworfene erste Buch in einer lateinischen Übersetzung Rufins erhalten ist.[139] Diese Schrift läßt erkennen, daß beide Verfasser eine unter ägyptischen Bekennern in den Bergwerken und Gefängnissen Palästinas umlaufende Liste mit Häresie-Vorwürfen gegen Origenes zu entkräften suchen.[140] Euseb

---

werfung der Paulusbriefe aus c. Cels. V 65 und die doppelte Erklärung des Namens Ebionäer aus Orig., comm. in Mt XVI 12. Die dem Buchstaben verhaftete Bibelauslegung der Ebionäer kannte Euseb aus *De principiis* IV 3,8. Zum Nachweis der eusebianischen Abhängigkeit von Origenes' Schriften beim Ebionäer-Referat siehe Teil I 2.3 Ebionäer.

[137]   Für die Darstellung der Häresie vom Sterben der Seele übernimmt Euseb Informationen aus c. Cels. III 22 und der *Disputation mit Heraklides* 10. Zum Nachweis der Abhängigkeit des eusebianischen Referats von Origenes siehe Teil I 2.21 Häresie vom Sterben der Seele.

[138]   Winkelmann, Euseb, 189, datiert die *Apologie für Origenes* in die Jahre 308/309. Pamphilus erlitt am 16. Februar 310 unter dem Statthalter Firmilian das Martyrium. Zuvor saß er bereits längere Zeit im Gefängnis, wo Euseb ihn aufsuchte, um gemeinsam mit ihm die *Apologie für Origenes* zu verfassen. Röwekamp, Streit um Origenes, 38, vermutet, daß „die Arbeit an der Apologie demnach so ausgesehen haben könnte, daß Pamphilus das Werk entworfen hat und Eusebius insbesondere für die Auswahl und das Heraussuchen der Zitate zuständig war."

        Bei der Annahme einer Sieben-Bücher-Erstausgabe (zwischen 297–303: Winkelmann, Euseb, 189) der h.e. wären die eusebianischen Bezugnahmen auf die *Apologie für Origenes* (h.e. VI 33,4; h.e. VI 36,4) sekundär in die vor 303 verfaßte Sieben-Bücher-Erstausgabe der h.e. nachgetragen. Geht man hingegen von einer zwischen 311–313 verfaßten Acht-Bücher-Erstausgabe (Schwartz, Eusebios, 1403–1404) aus, wären die Aussagen zur *Apologie* in der ursprünglichen Konzeption Eusebs verankert.

[139]   Euseb, h.e. VI 33,4. Röwekamp, Streit um Origenes, 40–41, betont die Unsicherheit hinsichtlich Verfasserschaft und Umfang der *Apologie für Origenes* in der Alten Kirche: Der Übersetzer Rufin ordnete das Werk (bzw. das erste Buch) in seinem Vorwort allein Pamphilus zu (Ruf., apol. praef.). Hieronymus, de vir. ill. 75. 81, ging zunächst (im Jahr 393) von zwei *Apologien* aus, von denen er die eine dem Pamphilus, die andere dem Euseb zuschrieb <de vir. ill. 75; TU XIV, 41,14–15: Scripsit [sc. Pamphilus], antequam Eusebius Caesariensis scriberet, Apologeticum pro Origene>. Als Hieronymus später (im Jahr 399) das Werk selbst in Augenschein nahm, sah er das ganze sechsbändige Werk als das des Eusebius an und beschuldigte Rufin (Hier., c. Ruf. III 12), das erste Buch fälschlich unter dem Namen des Pamphilus veröffentlicht zu haben. Der Kirchenhistoriker Sokrates (Socrates, III 7,10) wußte wiederum von der Autorschaft beider, und Photius schließlich präzisierte dahingehend, daß die Bücher I–V von beiden gemeinsam erarbeitet worden seien und Buch VI von Eusebius nach dem Tod des Pamphilus hinzugefügt wurde (Photius, bibl. 118).

[140]   Pamphilus widmete die *Apologie für Origenes* den Bekennern in den Bergwerken Palästinas (vgl. PG 17, 541: ad confessores ad metalla Palestine damnatos).

kann sich in der *Apologie* deutlich auf die Seite des Origenes stellen, ihn zitieren[141] und argumentativ gegen den erhobenen Häresie-Vorwurf vorgehen. Innerhalb seiner Kirchengeschichte war ihm die argumentative Auseinandersetzung versagt. Die apologetische Tendenz in der Darstellung des Origenes, insbesondere die Hervorhebung seiner Orthodoxie und des vorbildlichen Lebenswandels, ist deutlich.

Zusammenfassend läßt sich festhalten, daß Euseb die Origenes-Schriften, obwohl er sie so selten zitiert, mit einiger Sicherheit in der Bibliothek in Cäsarea vorgefunden und im Andenken an deren Begründer und Förderer wohl gehütet hat.[142] Die Angaben über Abfassungszeit und -ort der einzelnen Schriften, die Euseb entweder aus den Schriften selbst oder durch Rückschlüsse aus anderen Werken gewonnen hat[143], lassen erkennen, daß er die Origenes-Schriften sehr genau studierte. Die

---

Nach Williams, Origenes/Origenismus, 415, war Origenes' Lehre insofern umstritten, als er sich „nicht deutlich genug über die Pluralität der göttlichen Personen äußere und den Unterscheid zwischen Gottheit und Menschheit in Christus überbetone". Andere verwahren sich gegen eine übermäßige Verwendung der Allegorese bei der Schriftauslegung und über die Lehre von der Loslösbarkeit der Seele vom Leib und von der Seelenwanderung". — Röwekamp, Streit um Origenes, 43–44, geht vom erhaltenen ersten Buch der *Apologie für Origenes* aus und rekonstruiert neun gegen Origenes erhobene Häresievorwürfe: „1. Origenes nenne den Sohn Gottes ungeboren, 2. er behaupte, der Sohn Gottes sei – wie in den Geschichten Valentins – durch ‚Hervorbringung' zur Existenz gekommen, 3. er nenne Christus – wie Artemas und Paul von Samosata – einen bloßen Menschen, das heißt nicht auch Gott, 4. er behaupte, alle Taten des Erlösers seien nur ‚doketisch', das heißt zum Schein, geschehen; sie seien allegorisch zu verstehen und nicht auch im geschichtlichen Sinn, 5. er verkünde zwei Christi/Christusse, 6. er bestreite die Geschichtlichkeit der Taten der Heiligen, 7. er habe eine falsche Auffassung von der Auferstehung und leugne, daß den Sündern Qualen auferlegt werden, 8. er lehre Falsches über die Beschaffenheit der Seele, und 9. er lehre die Seelenwanderung." — Vgl. auch die Analyse der Liste bei Nautin, Origène, 114–149, der von 15 gegen Origenes erhobenen Anklagepunkten ausgeht. Während die ersten zehn Artikel eine logische Ordnung aufweisen, behandeln die letzten fünf Artikel Fragen, die aus der Auseinandersetzung mit den ersten Artikeln entstanden sind, in invertierter Anordnung (134). Nautin erklärt diesen Befund damit, daß Pamphilus und Euseb einer schriftlichen Vorlage der Origenes-Gegner folgen. — Auch Kraft, Eusebius, 30, sieht die Verteidigung des Origenes als ein Leitmotiv der eusebianischen Darstellung, da „die kirchliche Geltung des großen Meisters damals schon von mindestens zwei Seiten her angefochten war". Euseb zeichne Origenes – der nichtorigenistischen Theologie und Feindschaft in Antiochien und in Kleinasien zum Trotz – als Amtsträger, im Sinne des munus triplex als Priester, Lehrer und Märtyrer. — Grant, Eusebius as Church Historian, 86.93, weist auf einen bereits zu Lebzeiten des Origenes erhobenen Häresievorwurf hin, den er in h.e. VI 36,4 („Origenes und seine Rechtgläubigkeit") angedeutet findet.

141 Nach Amacker/Junod, SC 464, 324–326, und Röwekamp, Streit um Origenes, 38, finden sich im 1. Buch der *Apologie für Origenes* allein 70 Zitate aus 15 Werken.

142 Euseb (h.e. VI 32,3) und Hieronymus (de vir. ill. 75 und ep. 34,1) bestätigen, daß Pamphilus die Schriften des Origenes in Cäsarea sammelte. Zudem wird Origenes selbst zahlreiche Werke hinterlassen haben. Carriker, Library, 241–242, spricht sogar von Cäsarea als dem „capital of the study of Origen".

143 Vgl. dazu Eusebs Lokalisierung der Erklärungen zu Psalm 1–25 und der Erklärungen zu den Klageliedern in Alexandrien nach dem neunten Buch des Genesiskommentars (h.e. VI 24,2). Außerdem weist er die ersten acht Bücher des Genesiskommentars – ebenfalls nach dem neunten

komplexen Verweise, die er in h.e. VI 24 seinen Lesern bezüglich der Datierung und Lokalisierung einzelner Schriften gibt, können nicht nur mit einem „einfachen" Lesen erklärt werden. Euseb hat die Schriften gezielt unter dieser Fragestellung analysiert.

1.20 Kornelius von Rom

Von Kornelius von Rom kennt Euseb einige Briefe, die ihm innerhalb einer Briefsammlung zur Novatus-Thematik überkommen sein dürften. Euseb nennt in h.e. VI 43,3 ein Schreiben, das die Beschlüsse der römischen Synode und die „Beschlüsse der Christen in Italien, Afrika und den dortigen Ländern" zum Gegenstand hat, ohne aber auf deren Inhalt genauer einzugehen. In h.e. VI 43,4 berichtet Euseb zudem von zwei weiteren Briefen des Kornelius, die dem ersten Schreiben über die Synode beigefügt waren.[144]

Den von Euseb zuletzt genannten Brief zitiert er in h.e. VI 43,5–6.7–12. 13–15.16.17.18–19.20. In diesem schildert Kornelius das zunächst heimliche Streben des Novatus[145] nach der Bischofswürde, die mit Gewalt herbeigeführte Bischofsweihe, seine ungültige Taufe und die Verleugnung seines Presbyteramtes. Es steht außer Frage, daß Euseb diesen Brief vor sich liegen hatte und aus ihm zitierte. Die Kenntnis der anderen Briefe des Kornelius von Rom läßt sich bei Euseb nicht nachweisen.

Zu fragen bleibt, ob Euseb *eine* Briefsammlung zum Thema „Novatus" oder *zwei* unter dem Verfassernamen umlaufende Briefsammlungen verarbeitet. Obwohl Lawlor gute Gründe für die Annahme von zwei Briefsammlungen unter dem Namen „Kornelius von Rom" und „Dionysius von Alexandrien" anführt[146], scheint

---

Buch des Genesiskommentars – als in Alexandrien entstanden aus. Euseb verweist in h.e. VI 24,2 darauf, daß auf die Schrift über die Auferstehung in den Erklärungen zu den Klageliedern bereits Bezug genommen wird. Es ist ihm aufgrund der ausführlichen Kapitelüberschriften möglich, die Teppiche in die Zeit unter Alexander Severus in Alexandrien zu datieren (h.e. VI 24,3). Auch der Johanneskommentar ist nach Eusebs Angabe in h.e. VI 24,1 aufgrund eines Hinweises aus dem sechsten Buch derselben Schrift in die alexandrinische Zeit zu datieren.

[144]   Nautin, Lettres et écrivains, 143–150, identifiziert den Brief des Kornelius an Fabius über die römische Synode (h.e. VI 43,3) mit dem Brief über das Tun und Treiben des Novatus, den Euseb im folgenden ausgiebig zitiert und der nach Eusebs Angaben in h.e. VI 43,21 mit Unterschriften der versammelten Bischöfe endete. Diese Beschreibung Eusebs deutet auf ein Synodalschreiben hin und muß daher identisch sein mit dem zuerst genannten Brief an Fabius über die römischen Synodalbeschlüsse (h.e. VI 43,1). Die anderen Briefe, die lateinisch verfaßten Briefe Cyprians und der afrikanischen Bischöfe und der Brief des Kornelius über die Beschlüsse der römischen Synode (April/Mai 251) waren dem Synodalschreiben beigefügt. Vgl. dazu auch Andresen, Siegreiche Kirche, 399–400.

[145]   Zum Sprachgebrauch Novatus/Novatian bei Euseb und in dieser Untersuchung vgl. Teil I 2.23 a) Die Häresie des Novatus oder die Häresie des Novatian?

[146]   So Lawlor, Eusebiana, 152–154 und Carriker, Library, 201, die von zwei Dossiers ausgehen: einem aus Briefen des Kornelius von Rom (und des Cyprian von Karthago) bestehenden und einem

Euseb seinen Leser in h.e. VI 43,3 eher glauben machen zu wollen, daß er eine größere, ausschließlich gegen Novatus gerichtete Briefsammlung auswertet.[147]

Die Zuordnung der beiden Briefe des Dionysius von Alexandrien an Fabius von Antiochien (h.e. VI 44) und an Novatus (h.e. VI 45) wird damit in Frage gestellt. Gehören sie zu den im folgenden h.e. VI 46 aufgelisteten Dionysius-Briefen[148] oder noch zur antinovatianischen Briefsammlung (h.e. VI 43)? Da sich die in h.e. VI 46 genannten Dionysius-Briefe – mit Ausnahme der drei letzten an ehemalige Anhänger des Novatus in Rom gerichteten Briefe – inhaltlich schwer mit der Novatus-Thematik vereinbaren lassen, stehen die beiden Briefe des Dionysius von Alexandrien, will man sie keinem antinovatianischen Dossier zuordnen, ohne Überlieferungskontext da.[149]

1.21 Cyprian

Bei der Darstellung von Novatus' Häresie nennt Euseb auch überlieferte, lateinisch verfaßte Briefe Cyprians (h.e. VI 43,3), die ihm wohl innerhalb einer Briefsammlung zum Thema „Novatus" vorlagen. Euseb weiß, daß sie die Ansichten Cyprians sowie der mit ihm vereinten afrikanischen Bischöfe widerspiegeln. Die Verfasser seien – so Euseb – damit einverstanden, daß man den Verführten zu Hilfe kommen müsse, daß aber der Urheber der Häresie zugleich mit allen seinen Anhängern aus gutem Grund aus der katholischen Kirche ausgeschlossen werden sollte. Eusebs Wiedergabe des Inhalts und der römischen wie der afrikanischen Position deutet auf die Kenntnis der Briefe hin, die aber aufgrund eines fehlenden Zitats oder

---

weiteren Dossier der Briefe des Dionysius von Alexandrien, zu dem auch die Briefe aus h.e. VI 46 gehören sollen (Carriker, Library, 210). Lawlor begründet seine Zusammenstellung mit einer bei Hieronymus überlieferten Liste mit vier Kornelius-Briefen, welche – die Cyprian-Briefe fälschlicherweise Kornelius zuschreibend – die gleiche Abfolge wie Euseb bietet.

Nach Lawlors Rekonstruktion hätte Hieronymus demnach die gleiche Briefsammlung wie Euseb vorgelegen. Es ist aber kaum denkbar, daß Hieronymus nicht erkannt hat, daß es sich bei den einzigen lateinisch verfaßten Briefen um Cyprian-Briefe handelte, zumal er die eusebianische Information besaß, daß im Kontext der Kornelius-Briefe auch Cyprian-Briefe überliefert wurden.

[147] Dieses antinovatianische Dossier umfaßt nach Eusebs Angaben folgende Briefe: 1. Kornelius an Fabius über die römisch Synode; 2, Kornelius über die Beschlüsse der Synode; 3. Kornelius an Fabius über Novatus (vielleicht mit 1. identisch, vgl. Anm. I 144); 4. Dionysius von Alexandrien an Fabius; 5. Dionysius an Novatus. Vermutlich gehörten auch die in h.e. VI 43,3 genannten lateinischen Briefe Cyprians zu dieser Sammlung, vgl. Nautin, Lettres et écrivains, 165.

[148] Carriker, Library, 201. Carriker erkennt nicht, daß er damit zwei gegen Novatian gerichtete Briefe mit zwei thematisch abgeschlossenen Briefsammlungen zusammenordnet, eine zum Thema Buße (h.e. VI 46,1–2) und eine an die römische Adresse gerichtete (h.e. VI 46,3–5). Selbst Lawlor, Eusebiana, 156, geht davon aus, daß es sich in h.e. VI 46 um die Liste einer eigenen Brief-Sammlung handelt.

[149] Zur Thematik und Abgrenzung der Dionysius-Briefsammlungen vgl. unten Teil I 1.22 Dionysius von Alexandrien.

Referates nicht zweifelsfrei bewiesen werden kann.[150] Es wäre denkbar, daß Euseb aufgrund der lateinischen Abfassung seiner Vorlagen kein Zitat einfügt.[151] Vermutlich sind die Briefe Cyprians zusammen mit denen des Kornelius von Rom und des Dionysius von Alexandrien als antinovatianische Sammlung zusammengefaßt und Euseb in dieser Form überliefert worden.[152]

1.22 Dionysius von Alexandrien

Euseb listet die Schriften des Dionysius von Alexandrien († 264/65) – wie die des Origenes – aufgrund ihrer großen Anzahl nicht an *einer* zentralen Stelle der h.e. auf, sondern ordnet die Schriften nach chronologischen Aspekten dem Leben des Dionysius zu.[153] Die Darstellung läßt erkennen, daß Euseb neben Einzelschriften auch fünf Briefsammlungen des Dionysius von Alexandrien zu unterschiedlichen Themen besaß.[154]

Die von Euseb am häufigsten herangezogene Schrift ist der *Brief an Germanus* (πρὸς Γερμανὸν ἐπιστολή). Germanus, der sich selbst seiner vielen Bekenntnisse rühmte, scheint Dionysius wegen dessen Flucht zur Zeit der Decischen Verfolgung angegriffen zu haben, woraufhin Dionysius ihm in diesem Brief mit einer Darstellung seiner Verbannung und seiner Bekenntnisse antwortete. Euseb zitiert diesen gegen die Vorwürfe des Germanus verfaßten Brief in h.e. VI 40,1–3.4.5–9 und h.e. VII 11,2–17.18–19, um Dionysius über seine Erfahrungen berichten zu lassen und so einen Eindruck von den Verfolgungen unter Decius und Valerian aus Sicht eines Augenzeugen zu bieten. Die drei Zitate in h.e. VI 40 berichten vom standhaften

---

[150] Vgl. dazu S. 334–336 sowie Anm. I 818 und 821. Dagegen Völker, Tendenzen, 171, der aus dem Mangel an „wunderbaren Zügen" bei Eusebs Darstellung des 3. Jhs. folgert, daß Euseb die Cyprian-Briefe nicht kannte.

[151] Euseb vermeidet es, lateinische Quellen in seiner h.e. anzuführen. Der Grund liegt weniger darin, daß er des Lateinischen nicht mächtig war, als darin, daß er bei seinem Lesepublikum geringe Lateinkenntnisse annahm. Siehe unten Teil I 3.1 Quellenauswahlkriterien. — Nautin, Lettres et écrivains, 165, bemerkt zum Dossier gegen Novatian, daß bis auf die Cyprian-Briefe alle Quellen Euseb in griechischer Sprache vorlagen. Da das Synodalschreiben in Rom in lateinischer Sprache verfaßt wurde, mußte Kornelius dieses übersetzen. Euseb nutzte die Chance, den Brief in Griechisch zu zitieren. Die Cyprian-Briefe ließ Kornelius unübersetzt.

[152] Vgl. dazu Anm. I 147.

[153] Euseb differenziert dabei in vor, während und nach der Verfolgung entstandene Schriften des Dionysius. Vgl. dazu auch die Darstellung der Schriften des Origenes.

[154] Offensichtlich ist in h.e. VII 5–9 die Vorlage einer Briefsammlung über die Taufe, deren Schreiben Euseb bereits numeriert vorlagen, vgl. Carriker, Library, 202–203. In h.e. VI 46,1–2 findet sich eine Briefsammlung über die Buße, die an unterschiedliche Adressaten gerichtet ist. In h.e. VI 46,3–5 nennt Euseb eine Sammlung, die fünf Schreiben an die Römer beinhaltet. Eine weitere, mindestens vier Briefe umfassende Briefsammlung von Osterfestbriefen dürfte Euseb in h.e. VII 20–22 vorgelegen haben. Eine letzte Briefsammlung ist in h.e. VII 26,1 auszumachen, wo Euseb die gegen Sabellius gerichteten Briefe auflistet. Vgl. zu den voreusebianischen Sammlungen von Dionysius-Briefen auch Carriker, Library, 201–204.

Ausharren und der durch göttliche Weisung befohlenen Flucht des Dionysius (h.e. VI 40,1–3), von seiner Gefangennahme (h.e. VI 40,4) und von seiner ungewollten Befreiung (h.e. VI 40,5–9).

Die im siebten Buch der h.e. eingefügten Zitate beschreiben seine Erfahrungen in der Verbannung unter Valerian. Das Zitat in h.e. VII 11,2–17 gibt einen anschaulichen Bericht über das Verhör vor dem Statthalter Aemilianus, welches die Verbannung nach Kephro und später nach Kolluthion zur Folge hat. Das letzte von Euseb eingefügte Zitat aus diesem Brief (h.e. VII 11,18–19) gibt die Auseinandersetzung mit Germanus, dem Adressaten der Schrift, wieder. Es liefert eine Zusammenfassung der unter Decius, Sabinus und Aemilianus erfahrenen Leiden und ist mit den Zitaten aus dem *Brief an Dometius und Didymus* (ἐπιστολή πρὸς Δομέτιον καὶ Δίδυμον) in h.e. VII 11,20–23.24–25 erzählerischer Höhepunkt und Abschluß der eusebianischen Darstellung der Valerianischen Verfolgung.[155] Es steht nach allen genannten Zitaten außer Frage, daß Euseb beide Briefe in voller Länge gekannt hat.

Einen weiteren Brief des Dionysius *An Fabius, Bischof von Antiochien* (ἐπιστολή τῆς πρὸς Φάβιον, Ἀντιοχέων ἐπίσκοπον), zitiert Euseb in h.e. VI 41,1–42,4.5–6 und h.e. VI 44,2–6. Nach seinen Angaben in h.e. VI 44,1 neigte Fabius zum Schisma. Um ihn von der Falschheit der Position des Novatus zu überzeugen, schrieb Dionysius diesen Brief. Die ersten beiden Passagen sind von Euseb geschickt als Auftakt der Auseinandersetzungen um Novatus eingefügt: Das erste Zitat (h.e. VI 41,1–42,4) schildert ausführlich die Verfolgungssituation in Alexandrien, die schon vor der eigentlichen Verfolgung unter Decius einsetzte, beschreibt den Bekennermut der Alexandriner und benennt ihre Märtyrer. Dionysius berichtet neben den zahlreichen Märtyrererzählungen aber auch, wie die Stimmung unter den Christen mit dem Erlaß des Verfolgungsediktes des Decius umschlägt und viele aus Furcht opfern, den Glauben verleugnen oder fliehen.

Das zweite Zitat in h.e. VI 41,5–6 leitet nun geschickt zur Novatus-Thematik über, indem Dionysius vom gütigen Umgang der Märtyrer mit den reuevollen Lapsi berichtet. Die am Ende des Zitats von Dionysius aufgeworfenen Fragen stellen pointiert die Position des Dionysius heraus und sind von Euseb aufgrund der Kontrastierung mit der Position des Novatus bewußt als Einleitung zu den folgenden Streitigkeiten gewählt. Das letzte aus dem Schreiben wiedergegebene Zitat findet sich in h.e. VI 44,2–6, nachdem Euseb den Brief kurz inhaltlich skizziert hat. Euseb führt die Geschichte über Serapion als eine wunderbare Begebenheit ein, „welche nicht übergangen werden darf". Serapion, der in der Verfolgung geopfert hatte, wurde so lange am Leben erhalten, bis er die Absolution empfangen hatte.

---

[155] Euseb, h.e. VII 12 geht zwar auch noch auf die Valerianische Verfolgung ein, jedoch erscheint diese Textpassage eher als Nachtrag zum Thema. Euseb fügt dort die ihm bekannt gewordenen Informationen über drei Märtyrer aus Palästina ein. Die durch den beklemmenden Augenzeugenbericht des Dionysius aufgebaute Spannung ist in h.e. VII 12 bereits aufgehoben: an die Stelle der erfahrenen Leiden während der Verfolgung tritt ein Bericht über das „herrliche Martyrium" und „die eilig nach der Krone des Martyriums greifenden" Männer.

Dionysius deutet dies als (göttliche) Bestätigung der von ihm eingeführten Absolu-
tionspraxis, da nun Serapion – trotz seiner Schwäche in der Verfolgung – um seiner
Verdienste willen von Gott anerkannt werden konnte. Die drei Zitate aus diesem
Brief sowie die Wiedergabe seines Inhalts machen es wahrscheinlich, daß Euseb
diesen Brief des Dionysius an Fabius von Antiochien vollständig vorliegen hatte.

In h.e. VI 45 zitiert Euseb einen im Hinblick auf die Häresiethematik sehr
wichtigen Brief des Dionysius, den dieser an Novatus richtete. Da der Brief mit
einem Präskript in griechischer Form beginnt und mit dem traditionellen Wunsch
für Frieden und Wohlergehen des Adressaten endet, wird der von Euseb wiedergegebene Brief wohl vollständig in Zitatform vorliegen[156]. Dionysius bemüht sich
in seinem Schreiben um die Rückkehr des Novatus, so er gegen seinen eigenen
Willen fortgerissen worden war. Sodann wirft Dionysius ihm vor, daß er eher alles
Mögliche hätte erdulden sollen, selbst das Martyrium, als die Einheit der Kirche
zu gefährden.[157] Die Umkehr und die Rückführung seiner Anhänger in die Kirche
würde aber seinen Fehltritt aufheben. Falls die Einheit jedoch nicht mehr herbeizuführen sei, solle Novatus allein umkehren und seine eigene Seele retten.

In h.e. VI 46 fügt Euseb ein erstes Verzeichnis von Dionysius' Schriften ein,
wobei sich zwei Briefsammlungen, eine zum Thema „Buße" und eine, die an verschiedene Adressaten in Rom gerichtet war, als Vorlage der eusebianischen Darstellung ausmachen lassen.[158]

Euseb nennt in diesem Abschnitt allein vier Briefe über die Buße, die 1.) an
die Brüder in Ägypten (h.e. VI 46,1), 2.) an Kolon von Hermupolis (h.e. VI 46,2),
3.) an Bischof Meruzanes und die Armenier (h.e. VI 46,2) und 4.) an Bischof Thely-
midres und die Laodizäer (h.e. VI 46,2) gerichtet waren. Gegen die Annahme einer
gemeinsamen Sammlung über diese Thematik sprechen zunächst das Mahnschreiben an die eigene Gemeinde in Alexandrien (ἐπιστρεπτικὴ πρὸς τὸ κατ' Ἀλεξάνδρειαν
αὐτοῦ ποίμνιον, h.e. VI 46,2) und der Brief an Origenes (πρὸς τὸν Ὠριγένην, h.e. VI
46,2) über das Martyrium. Da sie eine vermeintlich andere Thematik behandeln,
scheinen sie zunächst die Einheitlichkeit der Briefthematik aufzuheben und eine
Briefsammlung über die Buße generell in Frage zu stellen. Jedoch ist festzuhalten,
daß mit der Bezeichnung „Mahnschreiben" (ἐπιστρεπτική) noch keine inhaltliche
Charakterisierung von Euseb vorgenommen ist. Ähnliches gilt für den Brief an
Origenes, der das Martyrium zum Gegenstand haben soll. Euseb bemerkt zu diesem Brief ausdrücklich, daß auch er „hierher gehört", d.h. daß er zur behandelten

---

[156]   Kürzungen sind nicht ausgeschlossen; jedoch zeigen sich keine markanten Brüche, die auf Auslassungen hindeuten könnten.

[157]   Diese Formulierung setzt voraus, daß Kornelius bereits zum Bischof von Rom gewählt wurde, vgl.
Nautin, Lettres et écrivains, 158.

[158]   Lawlor, Eusebiana, 156, behauptet hingegen, daß Euseb alle Briefe aus h.e. VI 46 in *einer* Sammlung vorfand. Er rechnet auch die Briefe des Dionysius an Fabius von Antiochien (h.e. VI 44) und
an Novatus (h.e. VI 45) zu dieser Sammlung. Dieses Dionysius-Konvolut umfaßte nach Lawlor,
Eusebiana, 157, fünfzehn Schriften.

Thematik der Buße inhaltlich paßt oder zumindest in ihrem Kontext überliefert wurde.[159]

Für alle unter der Thematik „Buße" subsummierten Briefe gilt es festzuhalten, daß sich eine Kenntnis ihres Wortlautes bei Euseb nicht nachweisen läßt. Zwar liefert er über den Titel hinausgehende Informationen zu einigen Briefen[160], doch läßt sich nur für den Brief an die Brüder in Ägypten ernsthaft überlegen, ob Euseb ihn wirklich gelesen hat. Er gibt die Information, daß Dionysius in diesem Schreiben seine Meinung über die Gefallenen kundtut und dabei vier Grade von Verfehlungen unterscheidet. Woher Euseb diese Angabe hat – aus der eigenen Lektüre oder aus anderen Quellen –, wird sich nicht sicher beantworten lassen. Es läßt sich demnach an dieser Stelle nur festhalten, daß Euseb eine Sammlung von Briefen vorlag, die alle einen Beitrag zum Thema „Buße" enthielten; gelesen hat er sie wahrscheinlich nicht.[161]

Die zweite im Schriftenverzeichnis in h.e. VI 46 genannte Briefsammlung[162] setzt sich aus Schreiben zusammen, die allesamt *an eine römische Adresse gerichtet* waren. Euseb nennt explizit einen Brief an Kornelius von Rom (h.e. VI 46,3–4). Drei weitere Briefe (h.e. VI 46,5) gingen ebenfalls nach Rom, ohne daß der Adressatenkreis genauer eingegrenzt wird: Einer thematisierte den Kirchendienst, ein weiterer handelte „Über den Frieden" (περὶ εἰρήνης) und ein anderer war mit „Über die Buße" (περὶ μετανοίας) betitelt.[163] Die letzten drei Briefe (h.e. VI 46,5) dieser Sammlung waren an römische Bekenner gerichtet, die der Häresie des Novatus anhingen.[164]

---

[159] Auch Andresen, Siegreiche Kirche, 411–412, geht von einer einheitlichen Sammlung aus.

[160] Die Namen der damaligen Bischöfe der Gemeinden in Armenien und Laodicea könnte Euseb aus einem Schriftenverzeichnis entnommen haben, das zur Identifizierung der Briefe Angaben aus dem Präskript, wie Adressaten oder Ähnliches, auflistete – eine Lektüre der Briefe muß damit nicht verbunden gewesen sein.

[161] Es läßt sich hier wie in anderen Fällen der h.e., in denen Euseb eine Briefsammlung ganz vorliegen hatte, aber offensichtlich nicht alle Briefe gelesen hat, vermuten, daß er bei seiner Darstellung der Sammlung die Briefe nach dem Bibliotheksverzeichnis durchgeht. Ob die Kodices bereits in Eusebs Zeiten wie später üblich Inhaltsverzeichnisse gehabt haben, läßt sich nur noch vermuten, nicht aber sicher beweisen.

[162] Nautin, Lettres et écrivains, 159–165.

[163] Nautin, Lettres et écrivains, 159.161, geht von einer einzigen Schrift *Über den Frieden und über die Buße* (περὶ εἰρήνης καὶ ὡσαύτως περὶ μετανοίας) aus. Das ὡσαύτως deute nach Nautin nicht auf zwei Schriften hin, sondern zeige nur an, daß die Schrift zum einen über den Frieden und „zugleich auch" über die Buße handelte.

[164] Carriker, Library, 201–202, versucht, die Briefsammlung über die Buße und die an die Römer gesandten Schriften aus h.e. VI 46,1–5 zu einer einzigen Sammlung über die novatianischen Streitigkeiten zusammenzufassen und zu den Dionysius-Briefen über Novatian in h.e. VI 41–42 hinzuzurechnen. Auch den Brief des Fabius von Antiochien (h.e. VI 44) und den Brief an Novatian (h.e. VI 45) zählt er zu dieser antinovatianischen Sammlung.

Das Problem bei Carrikers Rekonstruktion liegt weniger in den letzten Briefen an die Bekenner (h.e. VI 46,5), die durchaus zur Novatian-Sammlung passen könnten, als vielmehr in den zuvor genannten Briefen aus h.e. VI 46,1–2. Diese Schriften unter dem Stichwort „Novatian"

Der Brief an Kornelius von Rom wird von Euseb inhaltlich genauer beschrieben. Dionysius antworte mit diesem auf einen Brief des Kornelius von Rom gegen Novatus. Euseb weiß zudem, daß Dionysius darin von seiner Einladung zur Synode in Antiochien berichtet, um gegen diejenigen vorzugehen, die das Schisma zu festigen suchten. Zudem gebe Dionysius – so Euseb – zu erkennen, daß er die Nachricht vom Tod des Fabius und von der Neueinsetzung des Demetrianus als Bischof von Antiochien erhalten habe. Diese Informationen kann Euseb nur aus der Lektüre des Briefes selbst gewonnen haben. Mit dieser Beobachtung korrespondiert die Tatsache, daß Euseb ein kurzes Zitat aus diesem Brief in h.e. VI 46,4 einfügt, wonach Alexander von Jerusalem im Gefängnis eines seligen Todes gestorben sei.

Die Beschreibung der weiteren drei Briefe an die Römer (h.e. VI 46,5) steht in großem Kontrast zu der des ersten Schreibens an Kornelius von Rom. Die Briefe an die Römer werden zwar inhaltlich eingegrenzt (über den Kirchendienst, den Frieden und die Buße), doch gibt Euseb darüber hinausgehend kaum konkrete Informationen. Nur von dem Brief über den Kirchendienst weiß er zu berichten, daß er durch Hippolyt überbracht wurde. Woher Euseb diese Information bezogen hat, wird sich kaum mit Sicherheit klären lassen. Aus dieser vagen Angabe zum Überbringer des Schreibens aber zu schließen, daß Euseb den Brief nicht nur dem Titel nach gekannt, sondern auch gelesen hatte, wäre überzogen. Man wird daher davon ausgehen müssen, daß Euseb die Titel der in der Sammlung zusammengefaßten Einzelbriefe bereits in einem Verzeichnis vorfand. Aus diesem könnte auch die Information über den Überbringer der Nachricht stammen. Gelesen hat sie Euseb aber nicht, denn sonst hätte er aller Wahrscheinlichkeit nach weitere Informationen – wie etwa beim Brief an Kornelius von Rom – einfließen lassen.

Die letzten drei von Euseb in h.e. VI 46,5 genannten Briefe richteten sich an römische Bekenner, die der novatianischen Lehre anhingen, wie Euseb zu berichten weiß. Nach Abfassung des ersten Briefes kehrten sie, so Eusebs Referat, zur Kirche zurück, woraufhin Dionysius noch zwei weitere Schreiben an sie adressierte.[165] Obwohl Euseb den Inhalt der Schriften weder referierend noch zitierend wiedergibt,

---

zusammenfassen zu wollen, verkennt ihre Unterschiedlichkeit. Eine Aufteilung der Briefe auf zwei Sammlungen (Bußthematik einerseits – an die römische Adresse gerichtet andererseits) wird ihrem Inhalt wohl eher gerecht. Damit ist aber auch deutlich, daß die in h.e. VI 41–42 überlieferten Dionysius-Briefe über Novatus nicht mit den Briefen in h.e. VI 46,3–5 zusammengefaßt werden können. — Auch Andresen, Siegreiche Kirche, 397–402.411–412, geht von zwei unterschiedlichen Sammlungen in h.e. VI 46,1–5 aus: Er folgt in h.e. VI 46,1–2 Bienert in der Annahme eines einzigen „Summariums" (411) und erkennt in h.e. VI 46,3–5 mit Nautin ein *dossier* über das römische Schisma Novatians (398).

165   Nach Nautin, Lettres et écrivains, 162–163, handelt es sich um die in Cyprian, ep. 46 und 49, genannten Bekenner Maximus, Urbanus, Sidonius und Celerinus, dessen christlicher Name Makarius war (vgl. Nautin, Lettres et écrivains, 162 Anm. 1). In ep. 46 tadelt Cyprian die Abkehr der Bekenner von der Kirche. In ep. 49 berichtet Kornelius über die Wiederaufnahme der genannten bußfertigen Bekenner und Ex-Novatianer (vgl. auch Cypr., ep. 53 und 54), welche auch aus dem Brief des Kornelius an Fabius (h.e. VI 43,6) bekannt sind.

wird doch aus seiner Darstellung deutlich, daß er den inneren Zusammenhang der Briefe gekannt haben muß. Euseb kann die veränderte Situation benennen, in die hinein die Briefe geschrieben sind. Dieses Faktum könnte darauf hindeuten, daß Euseb sie gelesen hat; allein aus der Lektüre des Präskripts oder des Titels ließe sich diese Information kaum gewinnen. Da Euseb diese Angabe aber auch einer anderen Quelle entnommen haben könnte, läßt sich die Kenntnis der drei Schreiben der römischen Bekenner bei Euseb nicht zwingend nachweisen. Die eusebianische Darstellung, die weder den Inhalt noch die Adressaten namentlich anführt, läßt eher eine Unkenntnis der Briefe bei Euseb vermuten.

In h.e. VII 2–9 berichtet Euseb über den sog. Ketzertaufstreit und fügt in den folgenden Kapiteln eine Sammlung von Dionysiusbriefen ein. Das Markante dieser Sammlung von *„Briefen über die Taufe"* ist die Tatsache, daß Euseb diese bereits numeriert, aber nicht chronologisch angeordnet vorlagen.[166] Euseb verändert die vorgegebene Numerierung nicht. Der erste Brief über die Taufe ist an Stephanus von Rom gerichtet[167], der zweite an Xystus von Rom, der dritte an den römischen Presbyter Philemon, der vierte an Dionysius von Rom und der fünfte wiederum an Xystus von Rom.

Euseb erwähnt den *ersten Brief über die Taufe* in h.e. VII 2 und gibt in h.e. VII 4 eine kurze Einleitung in das Schreiben, die aber inhaltlich nicht über die Informationen des Zitats hinausgeht. Das von Euseb eingefügte Zitat in h.e. VII 5,1–2 betont die wiedergewonnene Einheit der Kirche nach dem Ende der Verfolgung und die breite Ablehnung der novatianischen Position.

Der *zweite Brief über die Taufe* ist an Xystus von Rom, den Nachfolger des Stephanus, adressiert und erzählt von Stephanus' Verhalten während der Streitigkeiten. Nach dem eingefügten Zitat des Dionysius (h.e. VII 5,4–5) kündigte Stephanus die Gemeinschaft mit Helenus, Firmilian, allen Bischöfen Kilikiens, Kappadoziens, Galatiens und der angrenzenden Gebiete auf, da sie die Häretiker wieder tauften. Dionysius weiß aber auch von Synoden zu berichten, die im Sinne der „Wiedertaufenden" entschieden hätten. Euseb fügt im Anschluß ein weiteres Zitat aus diesem Brief ein (h.e. VII 5,6), welches nur kurz die Abfassung von zwei weiteren Briefen

---

Aufgrund der Parallelen, insbesondere den namensgleichen Bekennern, der bei Euseb genannten Briefe des Dionysius an die Bekenner (h.e. VI 46,5) mit den Cyprianbriefen 53 und 54, kommt Nautin, Lettres et écrivains, 162–163, zu dem Schluß, daß die Briefe identisch sein müssen: Es handele sich bei den beiden Briefen um das Schreiben der Bekenner an Fabius und an Dionysius (Cypr., ep. 53) und um den Antwortbrief darauf von Dionysius an Maximus und seine Brüder (Cypr., ep. 54). Euseb habe nach Ansicht Nautins (ebd., 162) das Aktenbündel der Dionysiusbriefe nur flüchtig durchgesehen.

[166] So auch Lawlor, Eusebiana, 159–160. Der zweite Brief nimmt auf den dritten und vierten Bezug (h.e. VII 5,6), muß also *nach* den beiden anderen abgefaßt worden sein. Anders Andresen, Siegreiche Kirche, 396, der die Numerierung nicht chronologischer, sondern „archivalischer" Zählung gefolgt sein läßt.

[167] Die Zählung findet sich bereits in h.e. VII 2, doch ist aus den folgenden Briefeinleitungen ersichtlich, daß das Zitat in h.e. VII 5,1–2 aus dem ersten Brief über die Taufe stammen muß und nicht etwa aus einem anderen Schreiben des Dionysius an Stephan von Rom.

erwähnt, die Dionysius an die früheren Anhänger der Position des Stephanus, die Presbyter Dionysius und Philemon, schrieb.

Diese von Euseb eingefügte Notiz ist wichtig, läßt sie doch den Aufbau der ihm überkommenen Briefsammlung erkennen, den er seinen Lesern weitergeben möchte. Die im Zitat genannten Briefe an die Presbyter Dionysius und Philemon sind identisch mit dem dritten und vierten Brief über die Taufe.[168] Euseb ist daher in h.e. VII 7,6 zu erklären bemüht, daß Dionysius bei deren Abfassung noch Presbyter, bald darauf aber Bischof von Rom war. Das Zitat aus dem zweiten Brief des Dionysius an Xystus von Rom wird von Euseb zur Erläuterung und zur Bestätigung der Authentizität der Briefe drei und vier eingefügt worden sein.

Euseb hält an der Reihenfolge der Briefe innerhalb der Sammlung fest, obwohl sich insbesondere für das erste Zitat aus dem zweiten Brief (h.e. VII 5,4–5) die Frage stellt, ob es für die eusebianische Darstellung nicht sinnvoller gewesen wäre, zunächst das Zitat aus dem zweiten Brief (h.e. VII 5,4–5: Darstellung des Streits) und anschließend das Zitat aus dem ersten Brief (h.e. VII 5,1–2: Freude über die wiedergewonnene Einheit) wiederzugeben.[169] Aus dem zweiten Brief über die Taufe entnimmt Euseb in h.e. VII 6 durch ein kurzes Zitat noch Informationen über die Sabellianer, gegen die Dionysius einige Briefe verfaßte.[170]

Der *dritte Brief über die Taufe* ist an den römischen Presbyter Philemon gerichtet. Euseb fügt gleich drei Zitate aus diesem Brief in h.e. VII 7,1–3.4.5 ein. Das erste Zitat thematisiert Dionysius' Studium der häretischen Lehre, die darin begründete Gefährlichkeit für die eigene Seele und dessen Nutzen. Gleichzeitig rechtfertigt Dionysius sein Studium der häretischen Lehre mit einer von Gott empfangenen Vision, die ihm diese Erforschung und Prüfung befohlen habe. Das zweite Zitat gibt den Umgang des Dionysius mit der Häresie angeklagten Personen wieder. Er beruft sich bei seinem Verfahren auf die ihm von Heraklas überkommene Regel, wonach bereits Häresieverdächtige ausgeschlossen werden sollen und die um Wiederaufnahme Flehenden alles bei den Gegnern Gehörte öffentlich berichten müssen; eine zweite Taufe lehnt Dionysius aber ab. Das dritte Zitat läßt erkennen, daß Dionysius anerkennt, daß der Brauch der Afrikaner nicht neu ist und daß bereits die Synoden zu Ikonium und Synada in ihrem Sinne entschieden haben.

Der *vierte Brief über die Taufe* wendet sich an Dionysius von Rom, der zur Zeit der Abfassung des Schreibens noch römischer Presbyter war. Das Briefzitat in h.e. VII 8 behandelt wiederum die Novatusthematik und gibt der Verbitterung des Dionysius Ausdruck, daß Novatus die Kirche gespalten, die Brüder zu Gottlosigkeiten

---

[168] Vgl. dazu auch Andresen, Siegreiche Kirche, 396.

[169] Wäre das Zitat aus dem zweiten Brief (h.e. VII 5,4–5) vor dem aus dem ersten Brief (h.e. VII 5,2–3) plaziert, wäre nicht nur die Chronologie gewahrt, sondern das Zitat aus dem ersten Schreiben (h.e. VII 5,2–3) hätte das Zitat aus dem zweiten Brief (h.e. VII 5,4–5) im Nachhinein bestätigen können. Euseb verzichtet um der vorgegebenen Briefzählung willen auf ein Zitat des zweiten vor dem ersten Brief über die Taufe. Es wird an dieser Stelle deutlich, daß die Zählung der Briefe nicht von Euseb stammen kann.

[170] Vgl. dazu den Abschnitt Teil I 2.24 Sabellius.

veranlaßt, über Gott eine unheilige Lehre verbreitet, Christus als unbarmherzig verleumdet, die Taufe und das Bekenntnis verworfen und den Heiligen Geist gänzlich aus den Abgefallenen vertrieben habe.

Der *fünfte Brief über die Taufe* ist wiederum an Xystus von Rom gerichtet. Aus diesem zitiert Euseb eine Erzählung des Dionysius über einen bei den Häretikern getauften Mann. Dieser erkannte nach der Beiwohnung einer orthodoxen Taufhandlung, daß seine eigene Taufe nicht rechtmäßig vollzogen war, und erbat von Dionysius eine erneute Taufe. Dionysius verweigerte diese mit dem Hinweis, daß er ihn nicht ein zweites Mal taufen könne.

Angesichts der teils langen Zitate aus den fünf Briefen zur Taufe steht außer Frage, daß Euseb dieses Konvolut zum Ketzertaufstreit vorgelegen und er dieses eingehend studiert hat. Die Sammlung selbst scheint, nach den Zitaten Eusebs zu urteilen, neben der Ketzertaufthematik auch andere Themen wie den Umgang mit den Häretikern oder Angaben über den Sabellianismus enthalten zu haben, die Euseb seiner Darstellung nicht vorenthalten wollte. Da er der ihm überkommenen Briefnumerierung folgt, erscheint die Passage h.e. VII 4–VII 9,5 im Ganzen inhaltlich uneinheitlich und unchronologisch.

Unklar ist, ob der im Anschluß in h.e. VII 9,6 erwähnte Brief an Xystus und die römische Gemeinde zur ursprünglichen Sammlung der Tauf-Briefe gehörte. Euseb nennt ihn direkt im Anschluß, was darauf hindeuten könnte, daß ihm der Brief in diesem Taufkontext überkommen ist. Die Thematik ist vermutlich die gleiche, jedoch scheint dieses Schreiben – entgegen allen anderen Briefen zur Taufe – ohne Numerierung vorzuliegen. Da Euseb aber im Anschluß noch einen weiteren Brief an Dionysius von Rom über Lukian erwähnt (h.e. VII 9,6), wird man davon ausgehend müssen, daß Euseb beide Briefe eigenständig an dieser Stelle plaziert hat. Der Ort schien ihm günstig, da Thema und Adressat identisch mit denen des fünften Briefes über die Taufe waren. Es drängt sich der Verdacht auf, daß Euseb beide Briefe nicht wirklich vorliegen hatte, denn ihre inhaltliche Charakterisierung ist eher nichtssagend. Dionysius stelle in diesem Briefe eine „weitläufige Untersuchung über die vorliegende Streitfrage" an (h.e. VII 9,6). Die Information könnte er auch dem Titel des Briefes in einem Schriftenverzeichnis entnommen haben.

Auf eine andere Briefsammlung dürften Eusebs Informationen in h.e. VII 20–22 zurückgehen. Soweit sich aus den Angaben erkennen läßt, enthielt diese eine Sammlung von Dionysiusbriefen mit feierlichen Ansprachen zum Osterfest. Zu nennen sind folgende Festbriefe: 1.) ein Brief an Flavius; 2.) ein Brief an Dometius und Didymus; 3.) ein Brief an die Presbyter in Alexandrien (h.e. VII 20); 4.) ein Brief an Hierax (h.e. VII 21); 5.) ein Brief an die Brüder in die Brüder in Alexandrien (h.e. VII 22).

Unklar ist, wo die Vorlage Eusebs endet bzw. ob die in h.e. VII 22,11–12 genannten Briefe noch als Osterfestbriefe anzusehen sind. Für den ersten Brief, einen Festbrief (h.e. VII 22,11), kann das noch vermutet werden; die anderen Briefe könnten auch in einem anderen Kontext als einer Osterfestbrief-Sammlung tradiert worden sein – zumindest führt Euseb sie nicht explizit als Osterfestbriefe ein.[171] Sollten die vier in h.e. VII 22,11–12 genannten Briefe (der Festbrief an die Brüder in Ägypten, das Schreiben über den Sabbat, ein anderes über die Erziehung und der Brief an Hermammon) doch zu den Osterfestbriefen zu rechnen sein, so umfaßte diese Briefsammlung insgesamt neun Osterfestbriefe des Dionysius von Alexandrien.[172]

Den Festbrief an Flavius nennt Euseb in h.e. VII 20, gibt aber dessen Inhalt nicht an. Anders verhält es sich mit dem Festbrief über das Osterfest an Dometius und Didymus, von dem Euseb in h.e. VII 20 zu berichten weiß, daß Dionysius in ihm einen Osterkanon für acht Jahre bekannt gab und festlegte, daß Ostern nur nach der Frühlings-Tag-und-Nacht-Gleiche gefeiert werden solle. Es scheint, als ob Euseb diesen Osterfestbrief bereits schon einmal zur Darstellung der Verfolgung unter Valerian in h.e. VII 11,20–23.24–25 zitiert. An beiden Stellen, an denen er auf die Briefe eingeht, spricht er von *einem* vorliegenden Brief an Dometius und Didymus[173], der nach h.e. VII 11,25 und h.e. VII 20 während der Verfolgung verfaßt sein soll. Geht man von der Identität beider genannten Schriften aus, so hat Dionysius in einem während der Verfolgung geschriebenen Festbrief über das Osterfest seine eigenen Verfolgungserfahrungen berichtet und einen Osterkanon für acht Jahre festgelegt. Euseb wird der Brief vorgelegen haben, da er ihn im Kontext von zwei ihn besonders interessierenden Themen wie der Berechnung des Ostertermins[174] und der Verfolgung erwähnt bzw. zitiert.

Die nächste von Euseb genannte Schrift ist ein Brief an Dionysius' Mitpriester in Alexandrien (h.e. VII 20). Da Euseb den Inhalt dieses Briefes nicht genauer angeben kann, ist dieser nicht ganz zweifelsfrei auf die Sammlung von Osterfestbriefen zurückzuführen. Bedenkt man jedoch einerseits die Einleitung in h.e. VII 20, wonach Euseb im folgenden die ihm überkommenen Festbriefe des Dionysius darstellen will, und andererseits seine Durchführung dieses Vorhabens in h.e. VII 20–22,11, dann wird auch das nicht eigens als Festbrief ausgewiesene Schreiben an die Mitpriester in Alexandrien ein Osterfestbrief gewesen sein. Ob Euseb von diesem Brief mehr als nur den Namen wußte, läßt sich nicht sicher entscheiden. Wahrscheinlich kannte er ihn aber nur aus dem Inhaltsverzeichnis der Briefsammlung.

---

[171] Harnack, Altchristliche Litteratur II/2, 63–64, rechnet den Brief an Hermammon und den an die Brüder in Ägypten unter die Osterfestbriefe (63); die in Briefform gehaltenen Schriften *Über den Sabbat* und *Über die Erziehung* seien davon deutlich unterschieden.

[172] Lawlor, Eusebiana, 162, und Carriker, Library, 203–204, gehen davon aus, daß es sich bei den vier fraglichen Briefen in h.e. VII 22,11–12 um Osterfestbriefe handelt.
     Diese neun Osterfestbriefe wurden in einer vom sonstigen dionysischen Briefkorpus geschiedenen Sammlung überliefert, vgl. dazu Andresen, Siegreiche Kirche, 392. Zur Datierung der einzelnen Briefe vgl. Lawlor, Eusebiana, 170–174, und Harnack, Altchristliche Litteratur II/2, 63–64.

[173] Euseb, h.e. VII 11,20 <GCS Euseb II/2, 662,1: ἐν τῇ πρὸς Δομέτιον καὶ Δίδυμον ἐπιστολῇ>; h.e. VII 20 <GCS Euseb II/2, 674,11–12: τὴν δὲ Δομετίῳ καὶ Διδύμῳ.>.

[174] Vgl. dazu Anm. I 65.

Der nächste Festbrief ist an den Bischof Hierax in Ägypten gerichtet. Dieser Brief, obwohl später verfaßt, berichtet rückblickend über den Aufstand in Alexandrien, als es Dionysius nicht möglich war, „mit allen Brüdern in der Stadt zu verkehren". Euseb fügt in h.e. VII 21,2–10 ein langes Zitat aus diesem Schreiben ein, um die Situation des Aufstandes und der sich anschließenden Seuchen darzustellen. Daß er diesen in seiner Schilderung eindrücklichen Brief vollständig gelesen haben wird, steht außer Frage.

Auch der nächste Brief, ein Osterfestbrief des Dionysius an die Brüder, thematisiert die Situation nach dem Aufstand in Alexandrien, als „eine pestartige Krankheit" Alexandrien und seine Bewohner heimsuchte. Euseb zitiert in h.e. VII 22,2–6 eine Passage, welche mit der Lage der Christen zur Zeit der Verfolgung beginnt, sich dann aber der neuen, durch den Ausbruch der Pest gegebenen Situation zuwendet. Das anschließende Zitat aus diesem Brief in h.e. VII 22,7–10 beschreibt die Pflege der Kranken unter den Christen, die in vielen Fällen die Ansteckung mit der Pest zur Folge hatte. Aufgrund der beiden Zitate, die Euseb in h.e. VII 22,2–6.7–10 einfügt, kann man davon ausgehen, daß er diese Schrift aus der Briefsammlung zum Osterfest eingehend studiert haben wird.

Der letzte von Euseb sicher aus der Sammlung entnommene Brief zum Osterfest war an die Brüder in Ägypten gerichtet (h.e. VII 22,11). Euseb zitiert diesen nicht, weiß aber, daß er nach dem Ende der Verfolgung verfaßt wurde. Diese Angabe reicht bei weitem nicht aus, um die Kenntnis dieses Schreibens bei Euseb anzunehmen.

Geht man davon aus, daß Euseb die Briefe gemeinsam in einer Sammlung von Osterfestbriefen überkommen sind, verwundert es doch sehr, daß Euseb nur drei der fünf (bzw. mit dem Festbrief aus h.e. VII 22,11 sechs) Briefe gelesen hat.

Im Anschluß an den Durchgang durch die Sammlung von Osterfestbriefen nennt Euseb in h.e. VII 22,11 zwei Schriften des Dionysius, deren Überlieferung in der Osterfestbrief-Sammlung zumindest fragwürdig ist[175]: ein Schreiben *Über den Sabbat* (περὶ σαββάτου) und ein anderes *Über die Erziehung* (περὶ γυμνασίου). Sofern diese Briefe nicht in der Euseb Osterfestbrief-Sammlung vorlagen, ist zu vermuten, daß er an dieser Stelle weitere Elaborate des Dionysius aus der Zeit nach dem Ende der Verfolgung anschließt. Beide Schriften, von denen Euseb nicht mehr als den Titel angeben kann, wird er nur namentlich, nicht aber ihrem Inhalt nach gekannt haben.

Der nächste Brief, den Euseb von Dionysius von Alexandrien zitiert, könnte ebenfalls wie die zuvor genannten Briefe der Osterfestbrief-Sammlung entstammen. Allerdings ist auch die Überlieferung in einem anderen Kontext denkbar.[176] Er ist *an Hermammon* gerichtet und scheint, den Zitaten Eusebs nach zu urteilen, die römischen Kaiser und ihr Verhalten gegenüber den Christen zum Gegenstand gehabt zu haben. Das erste Zitat aus diesem Brief wird von Euseb in h.e. VII 1 zur

---

175 Siehe Anm. I 171.
176 Siehe Anm. I 171.

Darstellung des Trebonianus Gallus eingefügt, dessen Regierungsantritt er zuvor geschildert hatte. Dionysius berichtet, wie Gallus die heiligen Männer verbannte, die für seinen Frieden und sein Wohlergehen beteten.

Die nächsten drei Zitate (h.e. VII 10,2–4; h.e. VII 10,5–6; h.e. VII 10,7–9) werden von Euseb zur Darstellung des Valerian eingeführt, der den Christen zunächst wohlgesonnen war und viele Gläubige in seinem Haus aufnahm. Später jedoch kam er unter den Einfluß eines ägyptischen Magiers Makrianus, der ihn dazu verleitete, dem Christentum abzuschwören.

Damit verläßt Euseb zunächst den Brief des Dionysius an Hermammon, um erst in h.e. VII 22,12 wiederum auf ihn zu sprechen zu kommen. Neu ist die Information, daß dieser Brief neben Hermammon auch an die Brüder in Ägypten gerichtet gewesen sein soll. Euseb charakterisiert den Inhalt dieses Schreibens dahingehend, daß es über die Schlechtigkeit des Decius und seiner Nachfolger und den Frieden unter Gallienus berichtet haben soll. Es liegt die Vermutung nahe, daß es sich hierbei um denselben Brief wie in h.e. VII 1 und 10 handelt, da Dionysius wohl nicht zwei thematisch derart ähnliche Briefe nach Ägypten gesandt hat, nämlich einen ausschließlich an Hermammon gerichteten und einen an Hermammon und die Brüder. Vielmehr scheint es, daß Euseb in h.e. VII 1 und 10 den Brief mit einer verkürzten Adressenangabe einführt, welche er in h.e. VII 22,12 vervollständigt. Beim Adressaten Hermammon muß es sich demnach um einen ägyptischen Christen gehandelt haben.

Aus dem Brief an Hermammon und die Brüder in Ägypten zitiert Euseb in h.e. VII 23,1–3 einen Abschnitt, der vom Zugrundegehen des Makrianus und seiner Familie berichtet. Gallienus wird daraufhin neuer Kaiser. Seine Herrschaft breitet sich – so Dionysius – gereinigt von dem sündhaften Zustand kontinuierlich aus. In h.e. VII 23,4 gibt Euseb mittels eines weiteren Zitats eine zeitliche Einordnung dieses Briefes: Er ist zur Zeit der Vollendung des 9. Jahres der Regierung des Gallienus verfaßt worden.

Aufgrund der sechs Zitate aus diesem Brief des Dionysius kann zweifellos davon ausgegangen werden, daß Euseb ihn nicht nur vorliegen, sondern auch eingehend studiert hat.

In h.e. VII 24,1 kommt Euseb auf das wohl bekannteste Werk des Dionysius von Alexandrien zu sprechen, seine Schrift *Über die Verheißungen* (περὶ ἐπαγγελιῶν). Bereits in h.e. III 28,4–5 hatte Euseb ein Zitat aus dessen zweitem Buch eingeführt, das sich im Kontext der Betrachtung der Johannes-Offenbarung mit ihrer Verfasserschaft durch Kerinth auseinandersetzte. Euseb nutzt die Aussagen über Kerinth zur Darstellung von dessen Häresie.

Erst in h.e. VII 24,1 wird die Schrift an sich vorgestellt. Euseb weiß, daß die Abfassung dieses zwei Bücher umfassenden Werkes durch Nepos, einen Bischof Ägyptens, veranlaßt wurde, der die Bibel millenaristisch auslegte und ein 1000-jähriges Reich sinnlicher Freuden auf Erden verkündigte. Nepos stützte seine Aussagen auf die Johannes-Apokalypse und verfaßte eine Abhandlung, die er „Widerlegung der Allegoristen" nannte. Gegen diese Schrift des Nepos wandte sich Dionysius mit seiner Widerlegungsschrift, in der er im ersten Buch seine eigene Anschauung über die Lehre des Nepos darlegte und sich im zweiten Buch mit der Apokalypse des Johannes auseinandersetzte.

Im Anschluß an diese allgemeinen Ausführungen bringt Euseb fünf Zitate aus diesem Werk. Das erste Zitat in h. e. VII 24,4–5 beschreibt das Verhalten der Anhänger des Nepos, die aus dessen Schrift ihre Lehre begründen wollen. Das zweite von Euseb zu dieser Thematik eingefügte Zitat (h. e. VII 24,6–9) behandelt das bisherige Vorgehen des Dionysius gegen die Lehre des Nepos. Nachdem sich diese verbreitet hatte und ganze Kirchen schismatisch wurden, versammelte Dionysius Priester, Lehrer und auch Brüder, um öffentlich eine Prüfung anzustellen. Am Ende der Diskussion schwört Korakion der Lehre ab und die Einigung war vollzogen.

Die weiteren Zitate aus den *Verheißungen* stammen allesamt aus deren zweitem Buch. Obwohl Euseb die Buchangabe nicht nennt, sondern lediglich die Thematik „über die Apokalypse des Johannes" angibt (h. e. VII 25,1), ist dem Leser deutlich, daß nur das zweite Buch die dann folgenden Ausführungen zum Gegenstand gehabt haben kann.[177] Dionysius gibt die ihm überkommenen Ansichten über die Verfasserschaft der Apokalypse wieder (h. e. VII 25,1–5): Während die Alten in Kerinth ihren Verfasser vermuten und diese Schrift daher verwerfen, gibt Dionysius zu, deren Inhalt bzw. deren tieferen Sinn nicht verstanden zu haben, was ihn daran hindere, diese Schrift zu verurteilen. Die nächsten beiden Zitate (h. e. VII 25,6–8.9–27) aus dem zweiten Buch der *Verheißungen* geben die eigene Auffassung des Dionysius hinsichtlich der Verfasserschaft der Apokalypse wieder.[178]

Euseb kennt die *Verheißungen* des Dionysius sehr gut, wie seine Zitate und Referate der Schrift zeigen. Da er sie auch zu Kerinth zitiert, der als möglicher und von den Alten favorisierter Verfasser der Apokalypse innerhalb der *Verheißungen* wohl eher eine marginale Rolle einnahm – eine Ansicht, die Dionysius zwar wie-

---

[177] Euseb hatte in h. e. VII 24,3 auf die Zweiteilung des Werkes aufmerksam gemacht, so daß die Thematik „Johannes-Apokalypse" eindeutig dem zweiten Buch zugewiesen werden kann. Damit korrespondieren auch inhaltliche Beobachtungen. Daß Kerinth als Verfasser der Apokalypse angesehen wurde, war bereits aus dem Zitat in h. e. III 28,3 deutlich; dieses wurde von Euseb als aus dem zweiten Buch entnommen eingeführt.

[178] In h. e. VII 25,6–8 gibt Dionysius zu bedenken, daß die Identität des Verfassers, dessen Name „Johannes" nicht in Frage gestellt wird, nicht eindeutig zu fassen sei. Es kämen sowohl der Apostel als auch der Sohn des Zebedäus als auch der Bruder des Jakobus in Betracht. Aus dem Charakter des Johannesevangeliums und der Apokalypse sei aber zu schließen, daß verschiedene Verfasser am Werk waren, so daß der Apostel als Verfasser der Apokalypse ausscheide. Das letzte, sehr umfangreiche Zitat in h. e. VII 25,9–27 zeigt einen Ausschnitt aus der scharfsinnigen Untersuchung des Dionysius hinsichtlich des Stils, der Gedankenwelt und der Sprache der Apokalypse. Während das Johannesevangelium und die Johannesbriefe wohl dem gleichen Autoren zuzuschreiben seien, weiche die Apokalypse im Inhalt und in der Sprache, die nicht rein griechisch sei und barbarische Wendungen sowie sprachliche Verstöße aufweise, derart ab, daß nicht davon ausgegangen werden könne, daß sie vom Apostel verfaßt wurde.

dergibt, nicht aber selbst vertritt –, wird man davon ausgehen können, daß Euseb sie nicht nur vorliegen, sondern auch sehr genau studiert hatte.

Den Brief an Telesphorus und alle weiteren in h.e. VII 26,1 genannten Schreiben wird Euseb einer Sammlung von Dionysiusbriefen entnommen haben, die sich *gegen Sabellius* richteten.[179] Euseb kennt namentlich einen Brief an Bischof Ammon von Berenike, einen an Euphranor, einen an Ammon und Euporos und noch weitere vier Schriften an Dionysius von Rom. Da er über ihren genauen Inhalt oder ihre Argumentation keine Auskunft gibt und diese Briefe auch nicht zur Darstellung der sabellianischen Häresie in h.e. VII 6 heranzieht, wird man mit einiger Sicherheit schließen können, daß Euseb von diesen Schriften nicht mehr als nur ihren Titel kannte.[180]

Im Anschluß nennt Euseb weitere Dionysius-Schriften, die in Briefform oder als in Briefform abgefaßte umfangreiche Bücher auf ihn gekommen sind: Von der Schrift *Über die Natur* (περὶ φύσεως, h.e. VII 26,2) weiß Euseb zu berichten, daß sie Dionysius' Sohn Timotheus gewidmet war. Das Buch *Über die Versuchungen* (περὶ πειρασμῶν) war Euphranor zugeeignet – vermutlich demselben Mann, an den auch die Briefe gegen Sabellius (h.e. VII 26,1) adressiert waren. Euseb kann äußerst wenig zum Inhalt beider Schriften wiedergeben; vermutlich schrieb er nur einen Bibliothekskatalog ab. Die Lektüre dieser Briefe bei Euseb kann nicht nachgewiesen werden.[181]

Über den Brief an Basilides weiß Euseb in h.e. VII 26,3 zu berichten, daß Dionysius ihn an den Bischof der Gemeinden in der Pentapolis geschrieben habe und diesem darin mitteilt, er habe über den Anfang der Ecclesiastes eine Erklärung

---

[179]   Auch Lawlor, Eusebiana, 166, geht von einer eigens gegen den Sabellianismus gerichteten Sammlung von Dionysius-Briefen aus.

[180]   Die vier Bücher an Dionysius von Rom trugen nach Athanasius, de sent. Dionysii 13, den Titel *Widerlegung und Verteidigung* <PG 25, 499B: Ἐλέγχου καὶ Ἀπολογίας>. Euseb scheint den genauen Titel der vier Bücher demnach nicht zu kennen. Auch läßt seine Darstellung nicht erkennen, daß sich Dionysius selbst dem Verdacht des Sabellianismus aussetzte und er seine Lehre mittels der vier Bücher zu rechtfertigen suchte. In dem Werk *Widerlegung und Verteidigung* gab Dionysius von Alexandrien zur eigenen Rechtfertigung Erklärungen ab, welche Dionysius von Rom – und auch Athanasius – von der Orthodoxie seiner Lehre überzeugten. Ob Euseb über diesen Vorgang Kenntnis besaß und dementsprechend tendenziell in der h.e. berichtet (um seine Hauptperson in Buch VII vom Häresieverdacht freizuhalten) oder ob ihm der gegen Dionysius von Alexandrien erhobene Häresieverdacht unbekannt war, läßt sich aufgrund der eusebianischen Darstellungsweise nicht mehr klären. Lawlor, Eusebiana, 166, geht von einer tendenziösen Berichterstattung Eusebs aus.

[181]   Aus dem Buch *Über die Natur* wird von Euseb zwar in der praep. ev. XIV 23,1–27,12 (= de natura, Fragmente 1–7) zitiert, was aber dieser Beobachtung zunächst nicht widersprechen muß. Da die praep. ev. zeitlich später als die Sieben- bzw. Acht-Bücher-Erstausgabe der h.e. anzusetzen ist (h.e. 1–7: nach Winkelmann, Euseb, 189: zwischen 293 und 303; h.e. 1–8: nach Schwartz, Eusebios, 1403–1404: 311–313. Die praep. ev. entstand nach Winkelmann, Euseb, 190, zusammen mit der dem. ev. um 313/314; Schwartz, Eusebios, 1390 und 1393, datiert die praep. ev. nach 314, die dem. ev. nach 315), könnte Euseb sich die inhaltliche Kenntnis der Schrift nachträglich angeeignet haben.

geschrieben. Da Euseb den Bischof Basilides aus anderen Quellen nicht zu kennen scheint – eine Liste zu den Bischöfen der Pentapolis scheint er nicht vorliegen zu haben –, wird ihm diese Information im Kontext des Briefes überkommen sein.[182] Sollte man der anschließenden Information Eusebs Glauben schenken, daß ihm noch weitere Briefe des Dionysius an Basilides überliefert sind, so könnte man mit einiger Vorsicht auf eine weitere Sammlung schließen, die ausschließlich Schreiben an Basilides vereinigte. Eine über die Kenntnis des Adressaten hinausgehende Lektüre der Briefe ist bei Euseb nicht nachzuweisen.

Zusammenfassend läßt sich festhalten, daß Euseb mit Sicherheit folgende Schriften des Dionysius von Alexandrien gekannt und auch gelesen hat: den Brief an Germanus, den an Fabius von Antiochien, den an Novatus, den an Kornelius von Rom aus der Sammlung der nach Rom gerichteten Briefe, die fünf durchnumerierten Briefe über die Taufe, die Osterfestbriefe an Dometius und Didymus, an Hierax von Ägypten und den an die Brüder, den Brief an Hermammon und die Schrift *Über die Verheißungen*.

Nicht inhaltlich gekannt haben wird Euseb hingegen die Schreiben aus der Briefsammlung über die Buße, die drei an die Römer gerichteten Briefe über den Kirchendienst, den Frieden und die Buße, den Brief an Xystus von Rom über die Taufe, den Brief an Dionysius von Rom über Lukian, die drei Osterfestbriefe an Flavius, an die Mitpriester in Alexandrien und an die Brüder in Ägypten. Auch die Schriften *Über den Sabbat, Über die Erziehung, Über die Natur, Über die Versuchungen*, die gesamte Sammlung über Sabellius und den Brief an den pentapolitanischen Bischof Basilides wird Euseb nur dem Namen nach gekannt haben.

Wie diese große Zahl an Dionysius-Briefen und -Schriften nach Cäsarea gelangt ist, läßt sich nur vermuten. Die Werke könnten nach Dionysius' Tod zirkuliert oder in Alexandrien gesammelt worden sein, wo Pamphilus (oder Euseb) sie kopieren konnten.[183]

1.23 Synodalakten

In h.e. VI 33,3 verweist Euseb auf die noch vorhandenen, schriftlich fixierten Verhandlungen und Akten der Synode gegen Beryll von Bostra, die gemeinsam mit den Widerlegungen des Origenes im Kontext seiner in der Gemeinde abgehaltenen Disputationen gesammelt wurden. Dieser Hinweis Eusebs ist deshalb von Bedeutung, weil Origenes von ihm als Zeuge der zuvor in h.e. VI 33,2 dargestellten

---

182 Es wäre denkbar, daß Euseb diese Information einem Schriftverzeichnis entnahm, in dem neben dem Adressaten und dem Absender auch Tituli u.ä. enthalten gewesen sein könnten.

183 Nautin, Lettres et écrivains, 165, geht von der Zirkulation der Briefe aus. Andresen, Siegreiche Kirche, 413–414, sieht in Euseb einen engagierten Kollektor der Briefe aus dem Archiv in Alexandrien. Carriker, Library, 206, weist darauf hin, daß es auch vor Euseb gute Beziehungen zu Alexandrien gab, da Pamphilus dort unter Pierius studiert habe.

Widerlegung des Beryll angeführt wurde. Die Informationen Eusebs über Berylls Häresie bleiben unkonkret. Trotzdem dürften sie entweder als Bericht im Werk des Origenes[184] oder als Synodalschreiben in Cäsarea vorhanden gewesen sein.[185]

In h.e. VII 30 fügt Euseb zur Bestärkung seiner eigenen Ausführungen aus h.e. VII 27,2–29,2 den Beschluß der Synode in Antiochien gegen Paulus von Samosata in Form eines an Dionysius von Rom und Maximus von Alexandrien gerichteten Synodalschreibens ein. Das Zitat in h.e. VII 30,2 gibt das Präskript des Synodalschreibens wieder und macht so die große Anzahl der den Beschluß befürwortenden Bischöfe deutlich. Das zweite Zitat aus diesem Brief berichtet in h.e. VII 30,3–5 über Dionysius' und Firmilians Ableben, rechtfertigt damit sogleich deren Fernbleiben von der Synode und faßt ihren Kampf gegen Paulus zusammen. Das im folgenden eingefügte lange Zitat in h.e. VII 30,6–16 beschäftigt sich ausschließlich mit der Person des Paulus von Samosata, seiner Lebensführung und seiner Lehre. Die Pointe des Zitats liegt darin, daß die Synode Paulus nicht wegen seiner offensichtlich falschen Lehre oder Lebensführung verurteilen oder auch nur zur Rechenschaft ziehen will, wie sie es bei anderen kirchlichen Männern getan hätte. Sie konstatiert, daß es nicht ihre Pflicht sei, von einem außerhalb der katholischen Kirche stehenden Mann, „der das Geheimnis preisgegeben und mit der Häresie des Artemon prahlt"[186], Rechenschaft zu fordern. Das letzte Zitat, das Euseb in h.e. VII 30,17 einfügt, ist die notwendige Konsequenz aus dem Vorangegangenen: Paulus wird aus der Kirche ausgeschlossen, da er sich hartnäckig Gott widersetzt. An seiner statt wird Domnus als Bischof von Samosata eingesetzt. Aufgrund der ausführlichen Zitate darf man schließen, daß Euseb das Synodalschreiben gegen Paulus von Samosata vorlag.[187]

Mit Mani in h.e. VII 31 endet die eusebianische Häresiegeschichte. Nach dem „Ende" der Häresie kann Euseb auch keine Häreseologen mehr zu Wort kommen lassen, weshalb an dieser Stelle auf weitere Untersuchungen verzichtet werden kann.

---

[184]   Im Parallelfall, der Widerlegung des Paulus von Samosata, berichtet Euseb in h.e. VII 29,2, daß die Diskussion mit Malchion von Schnellschreibern mitgeschrieben wurde und, „wie wir wissen, noch heute erhalten" ist. Eine ähnliche Mitschrift der Diskussion zwischen Origenes und Beryll könnte sich auch im Werk des Origenes befunden haben.

[185]   Vgl. Carriker, Library, 195: „One suspects that the record of this synod of Bostra was transmitted to Caesarea either as an official notification of the synod's resolution, since the church in Caesarea had an interest in the synod because it sent Origen and possibly others as participants, or simply as part of the works of Origen, since he seems to have played the leading role in the discussions with Beryllus."

[186]   Euseb, h.e. VII 30,16 <GCS Euseb II/2, 712,13–15: […] καὶ ἐμπομπεύσαντα τῇ μιαρᾷ αἱρέσει τῇ Ἀρτεμᾶ (τί γὰρ οὐ χρὴ μόλις τὸν πατέρα αὐτοῦ δηλῶσαι;) οὐδὲν δεῖν ἡγούμεθα τούτων τοὺς λογισμοὺς ἀπαιτεῖν.>

[187]   Carriker, Library, 248, vermutet, daß Theoteknus von Cäsarea, der an der Synode in Antiochien teilnahm (h.e. VII 28,1 und h.e. VII 30,2), eine Kopie des Synodalschreibens mit nach Cäsarea gebracht hatte.

1.24 Zusammenfassung

Nach den Untersuchungen des ersten Teils kann zusammenfassend konstatiert werden, daß Euseb bei der Abfassung der Erstausgabe der h.e. in sieben Büchern folgende Schriften von Häreseologen nicht nur vollständig vorlagen, sondern daß er diese auch inhaltlich eingehend zur Kenntnis genommen hatte:

1) Justin, *Dialog mit Tryphon (heute erhalten)*
2) Justin, *Erste Apologie (heute erhalten)*
3) Justin, *Zweite Apologie (heute erhalten)*
4) Hegesipp, *Hypomnemata (Testimonien bei Euseb und Photius [bibl. 232])*
5) Dionysius von Korinth, Brief an die Römer *(Testimonien nur bei Euseb)*
6) Dionysius von Korinth, Brief an Pinythus von Kreta und die Bewohner von Knossus *(heute verloren)*
7) Pinythus von Kreta, Antwortschreiben an Dionysius von Korinth *(heute verloren)*
8) Melito von Sardes, *Büchlein an Antoninus (Testimonium nur bei Euseb)*
9) Irenäus, Brief an Viktor von Rom zum Osterfeststreit *(Testimonien bei Euseb und Ps.-Maximus Conf. [loci comm.])*
10) Irenäus, *Adversus haereses (heute erhalten)*
11) Apollonius, *Gegen die kataphrygische Häresie (Testimonien nur bei Euseb)*
12) Serapion von Antiochien, Brief an Pontius und Karikus *(Testimonien nur bei Euseb)*
13) Klemens von Alexandrien, *Stromata (heute erhalten)*
14) Klemens von Alexandrien, *Hypotyposen (Testimonien bei Euseb, Ps.-Caesarius, Isidor von Pelusium und anderen)*
15) Klemens von Alexandrien, *Über das Osterfest (Testimonium nur bei Euseb)*
16) Gaius, *Dialog mit dem Montanisten Proklus (Testimonien nur bei Euseb)*
17) Kornelius von Rom, Brief an Fabius von Antiochien über Novatus *(Testimonien nur bei Euseb)*
18) Dionysius von Alexandrien, Brief an Germanus *(Testimonien nur bei Euseb)*
19) Dionysius von Alexandrien, Brief an Fabius von Antiochien *(Testimonien nur bei Euseb)*
20) Dionysius von Alexandrien, Brief an Novatus *(Testimonium nur bei Euseb)*
21) Dionysius von Alexandrien, Brief an Kornelius von Rom (aus der römischen Briefsammlung) *(Testimonium nur bei Euseb)*
22) Dionysius von Alexandrien, Sammlung von fünf Briefen über die Taufe *(Testimonien nur bei Euseb)*
23) Dionysius von Alexandrien, Osterfestbrief an Dometius und Didymus *(Testimonium nur bei Euseb)*

24) Dionysius von Alexandrien, Brief an Hierax in Ägypten *(Testimonium nur bei Euseb)*
25) Dionysius von Alexandrien, Brief an die Brüder in Alexandrien *(Testimonien nur bei Euseb)*
26) Dionysius von Alexandrien, Brief an Hermammon und an die Brüder in Ägypten *(Testimonien nur bei Euseb)*
27) Dionysius von Alexandrien, *Über die Verheißungen (Testimonien nur bei Euseb)*
28) Synodalschreiben gegen Paulus von Samosata *(Testimonien nur bei Euseb)*

Neben den genannten hatte Euseb folgende Schriften *mit einiger Wahrscheinlichkeit* vorliegen und gelesen:

1) Dionysius von Korinth, Brief an die Athener *(heute verloren)*
2) Dionysius von Korinth, Brief an die Gemeinde in Amastris *(heute verloren)*

Die folgenden Schriften hatte Euseb vielleicht *nur in Auszügen,* wie etwa in einer Sekundärquelle integriert, vorliegen:

1) Melito von Sardes, *Über das Osterfest* (Sekundärquelle: Klemens von Alexandrien?) *(Testimonien bei Euseb und anderen)*
2) Melito von Sardes, *Auszüge* (Sekundärquelle: Klemens von Alexandrien?) *(Testimonium nur bei Euseb)*
3) Irenäus, An Florinus über die Alleinherrschaft Gottes *(Testimonium nur bei Euseb)*
4) Irenäus, An Florinus über die Achtzahl *(Testimonium nur bei Euseb)*

Im Hinblick auf die Origenes-Schriften ist eine Kenntnis bei Euseb anzunehmen, aber aufgrund der abweichenden Darstellungsweise (siehe oben Teil I 1.19 Origenes) nicht nachzuweisen. Mit einiger Sicherheit hatte Euseb die zitierten Schriften (die Auslegung des ersten Psalms, den Kommentar zum Johannesevangelium, eine Homilie zum Hebräerbrief und eine Homilie zum 82. Psalm) vorliegen.

Die Kenntnis der genannten Schriften und ihre Lektüre durch Euseb sollen im Fortgang der Untersuchung als Grundlage für die weitere Analyse der eusebianischen Rezeptionskriterien dienen.

2. Die Darstellung der Häresie in den voreusebianischen Quellen und ihre Rezeption durch Euseb

Ausgehend von der Beobachtung, daß sich Eusebs Aussagen zur Häresie nicht in allen Details mit denen seiner Quellen decken[188], sollen zunächst die *voreusebianischen* Quellen im Zentrum der Betrachtung stehen.

Zu klären wird zunächst sein, welche Quelle Euseb aus dem Fundus der ihm zur jeweiligen Häresie zur Verfügung stehenden rezipiert, wobei auf die Erkenntnisse aus dem ersten Teil zurückgegriffen werden kann.

Sodann soll bei jeder einzelnen Häresiedarstellung (Teil I 2.1–2.26) untersucht werden, wie Euseb mit seinen ausgewählten Quellen verfährt. Es wird zu betrachten sein, wie Euseb die Quellen für seine Darstellung abgrenzt, aber ebenso, wie Euseb seine Vorlagen einleitet und rahmt, um sie in seine Häresiekonzeption einzupassen. Dabei soll insbesondere auf die inhaltlichen Differenzen zwischen Quelle und eusebianischer Redaktion abgestellt werden. Die meist sorgsam vorgenommene Modifikation der Quellenaussagen bietet wertvolle Informationen für die Analyse der eusebianischen Konzeption von der Häresie (vgl. Teil II).

Im Anschluß daran sollen die Quellen sowie die eusebianischen Ausführungen im Hinblick auf ihre häreseologischen Aussagen und ihre Topik betrachtet werden, um inhaltliche Präferenzen Eusebs hervorzuheben, die bei seiner Quellenauswahl und -abgrenzung eine wesentliche Rolle spielten.

Am Ende sollen die Euseb bekannten, aber nicht von ihm zitierten Quellen in den Blick genommen werden, wobei nach den Gründen für ihre Auslassung zu fragen sein wird.

Zum Abschluß soll eine systematisierende Zusammenfassung die eusebianische Quellen- und Stoffauswahlkriterien (Teil I 3) herausarbeiten:

Die Analyse der eusebianischen Quellenauswahlkriterien (Teil I 3.1) fragt nach formalen Gründen wie Gattung, Form oder Sprache, die Euseb zur Aufnahme resp. Ablehnung einer Quelle geführt haben.

Die Analyse der Stoffauswahlkriterien (Teil I 3.2) betrachtet die inhaltlichen Bedingungen, die für die Rezeption der Quellen erfüllt sein müssen, benennt aber auch diejenigen Inhalte, die Euseb unter allen Umständen von seiner Darstellung fernhalten möchte. Die Stoffauswahlkriterien werden in drei Themenbereiche zu differenzieren sein:

1) Welche Themen und häreseologische Topoi nimmt Euseb auf bzw. welche läßt er konsequent aus (Teil I 3.2.1 und Teil I 3.2.2) ?

2) Welche Häresien werden von Euseb präsentiert bzw. welche werden – trotz nachgewiesener Kenntnis – verschwiegen (Teil I 3.2.2.2.2)

---

188   Vgl. die das Problem illustrierenden Beispiele auf S. 3–5.

3) Welche häreseologischen Deutungskategorien übernimmt Euseb für seine Darstellung und welche übergeht er, da sie mit seinem Häresieverständnis nicht
kompatibel zu sein scheinen (Teil I 3.2.2.3 und Teil I 3.2.2.4)?

2.1 Simon Magus (h.e. II 1,10–12; II 13–15,1)

Euseb kommt an zwei Stellen seiner Kirchengeschichte, in h.e. II 1 und h.e. II
13–15,1, auf Simon Magus zu sprechen, der in seiner Darstellung derjenige Häretiker ist, von dem alle Häresien ihren Ausgangspunkt nehmen.

Die zunächst verwundernde Zweiteilung der Darstellung läßt sich damit erklären, daß Euseb in h.e. II 1 seiner vorliegenden Quelle, der Apostelgeschichte, folgt
und sich auch an dieser Stelle eng an ihren Aufbau hält.[189] Simon Magus wird
demnach zunächst nur innerhalb der Philippus-Geschichte erwähnt. Erst während
seiner Behandlung der nachapostolischen Zeit arbeitet Euseb die ihm noch zusätzlich vorliegenden Informationen Justins, den er an dieser Stelle „bald nach den
Aposteln" (h.e. II 13,2) datiert[190], und die des Irenäus zu Simon Magus ein.

a) Die Rezeption der Informationen aus der Apostelgeschichte

h.e. II 1,10–12[191]

1,10 ἀλλὰ καὶ Φίλιππος, εἷς τῶν ἅμα Στεφάνῳ προχειρισθέντων εἰς τὴν διακονίαν, ἐν τοῖς διασπαρεῖσιν γενόμενος, κάτεισιν εἰς τὴν Σαμάρειαν, θείας τε ἔμπλεως δυνάμεως κηρύτ-τει πρῶτος τοῖς αὐτόθι τὸν λόγον, τοσαύτη δ' αὐτῷ θεία συνήργει χάρις, ὡς καὶ Σίμωνα τὸν	Unter denen, die sich zerstreut hatten, war auch Philippus, einer von jenen, welche mit Stephanus zu Diakonen erwählt worden waren. Er kam nach Samaria und verkün-dete voll der göttlichen Kraft den dortigen Bewohnern zum ersten Mal das Wort. Die

---

[189] Euseb berichtet von der Nachwahl des Apostels Matthias (h.e. II 1,1 = Apg 1,23–26), von der
Bestellung der sieben Diakone für den Dienst an der Gemeinde (h.e. II 1,1 = Apg 6,1–6) und
von der Steinigung des Stephanus (h.e. II 1,1 = Apg 7,58f.). Die Ausführungen über Jakobus
den Gerechten als erstem Bischof von Jerusalem (h.e. II 1,2–5) sowie der Exkurs über die Ent-
sendung des Thaddäus (h.e. II 1,6–7), der durch Thomas zu Abgar nach Edessa geschickt wurde,
beruhen nicht auf Überlieferungen der Apg (vgl. h.e. II 1,8), gehören aber eng mit dem berichteten Zeitraum zusammen. Im Anschluß daran folgt Euseb wieder der in der Apg vorgegebenen
Abfolge, wenn er von der Verfolgung der Kirche nach dem Märtyrertod des Stephanus und ihrer
Zerstreuung unter die Völker (h.e. II 1,8 = Apg 8,1) und die Verfolgung der Gemeinden durch
Paulus berichtet (h.e. II 1,9 = Apg 8,3). Als Folge der Zerstreuung wird das Zusammentreffen
des Philippus mit Simon Magus in Samaria (h.e. II 1,10–12) und die Taufe des Kämmerers aus
Äthiopien (h.e. II 1,13 = Apg 8,26–38) dargestellt.

[190] Euseb datiert Justin „bald nach den Aposteln", weiß aber in h.e. IV 11,8 zu berichten, daß er (erst)
unter Antoninus Pius (138–161) „in seinen Schriften für den Glauben kämpfte".

[191] Euseb, h.e. II 1,10–12 <GCS Euseb II/1, 106,10–108,10>. Die in dieser Untersuchung gebotene
deutsche Übersetzung lehnt sich in weiten Teilen an die von Haeuser, Eusebius, an. Modifikationen werden um der Lesbarkeit willen nicht gesondert hervorgehoben.

μάγον μετὰ πλείστων ὅσων τοῖς αὐτοῦ λόγοις ἐλχθῆναι.

1,11 ἐπὶ τοσοῦτον δ᾽ ὁ Σίμων βεβοημένος κατ᾽ ἐκεῖνο καιροῦ τῶν ἠπατημένων ἐκράτει γοητείᾳ, ὡς τὴν μεγάλην αὐτὸν ἡγεῖσθαι εἶναι δύναμιν τοῦ θεοῦ. τότε δ᾽ οὖν καὶ οὗτος τὰς ὑπὸ τοῦ Φιλίππου δυνάμει θείᾳ τελουμένας καταπλαγεὶς παραδοξοποιίας, ὑποδύεται καὶ μέχρι λουτροῦ τὴν εἰς Χριστὸν πίστιν καθυποκρίνεται·

1,12 ὃ καὶ θαυμάζειν ἄξιον εἰς δεῦρο γινόμενον πρὸς τῶν ἔτι καὶ νῦν τὴν ἀπ᾽ ἐκείνου μιαρωτάτην μετιόντων αἵρεσιν, οἳ τῇ τοῦ σφῶν προπάτορος μεθόδῳ τὴν ἐκκλησίαν λοιμώδους καὶ ψωραλέας νόσου δίκην ὑποδυόμενοι, τὰ μέγιστα λυμαίνονται τοὺς οἷς ἐναπομάξασθαι οἷοί τε ἂν εἶεν τὸν ἐν αὐτοῖς ἀποκεκρυμμένον δυσαλθῆ καὶ χαλεπὸν ἰόν. ἤδη γέ τοι πλείους τούτων ἀπεώσθησαν, ὁποῖοί τινες εἶεν τὴν μοχθηρίαν, ἁλόντες, ὥσπερ οὖν καὶ ὁ Σίμων αὐτὸς πρὸς τοῦ Πέτρου καταφωραθεὶς ὃς ἦν, τὴν προσήκουσαν ἔτισεν τιμωρίαν.

göttliche Gnade wirkte so sehr in ihm, daß sich durch seine Lehren unter sehr vielen anderen auch Simon der Magier gewinnen ließ. Dieser damals so berühmte Simon faszinierte die von seiner Zauberei Betrogenen so sehr, daß sie ihn für die große Kraft Gottes hielten. Da er damals von den Wundertaten, welche Philippus in göttlicher Kraft vollbrachte, ergriffen wurde, machte er sich an ihn heran und ließ sich, den christlichen Glauben heuchelnd, sogar taufen.

Mit Verwunderung nimmt man dergleichen auch noch heute an denen wahr, welche sich noch jetzt seiner Häresie anschließen, nach der Art ihres Stammvaters sich wie Pest und Krätze in die Kirche einschleichen und diejenigen in das größte Verderben stürzen, denen sie das in ihnen verborgene, unheilvolle und schlimme Gift verabreichen können. Die meisten von ihnen sind allerdings bereits, sobald sie ihrer Bosheit überführt wurden, ausgestoßen worden wie Simon selbst, der in seinem Wesen von Petrus bloßgestellt wurde und die verdiente Strafe empfing.

Der erste Teil der Darstellung des Simon Magus in h.e. II 1,10–11 ist ein Referat Eusebs, das sich an Apg 8,4–13 anlehnt. Ein Vergleich zwischen beiden Textabschnitten soll dies verdeutlichen:

Apg 8,4–8.9–13[192]

4 Die nun zerstreut worden waren, zogen umher und predigten das Wort. 5 Philippus kam hinab in die Hauptstadt Samariens und predigte ihnen von Christus. 6 Und die Menge neigte sich dem, was Philippus sagte, einmütig zu, als sie seine Worte hörte und sah, was er für Zeichen tat. 7 Denn die unreinen Geister fuhren mit großem Geschrei aus vielen Besessenen aus, auch viele Ge-

h.e. II 1,10–11

1,10 Unter denen, die sich zerstreut hatten, war auch Philippus, einer von jenen, welche mit Stephanus zu Diakonen erwählt worden waren. Er kam nach Samaria und verkündete voll der göttlichen Kraft den dortigen Bewohnern zum ersten Mal das Wort.

---

[192] Apg 8,9–13: (9) Ἀνὴρ δέ τις ὀνόματι Σίμων προϋπῆρχεν ἐν τῇ πόλει μαγεύων καὶ ἐξιστάνων τὸ ἔθνος τῆς Σαμαρείας, λέγων εἶναί τινα ἑαυτὸν μέγαν, (10) ᾧ προσεῖχον πάντες ἀπὸ μικροῦ ἕως μεγάλου λέγοντες, Οὗτός ἐστιν ἡ δύναμις τοῦ θεοῦ ἡ καλουμένη Μεγάλη. (11) προσεῖχον δὲ αὐτῷ διὰ τὸ ἱκανῷ χρόνῳ ταῖς μαγείαις ἐξεστακέναι αὐτούς. (12) ὅτε δὲ ἐπίστευσαν τῷ Φιλίππῳ εὐαγγελιζομένῳ περὶ τῆς βασιλείας τοῦ θεοῦ καὶ τοῦ ὀνόματος Ἰησοῦ Χριστοῦ, ἐβαπτίζοντο ἄνδρες τε καὶ γυναῖκες. (13) ὁ δὲ Σίμων καὶ αὐτὸς ἐπίστευσεν, καὶ βαπτισθεὶς ἦν προσκαρτερῶν τῷ Φιλίππῳ, θεωρῶν τε σημεῖα καὶ δυνάμεις μεγάλας γινομένας ἐξίστατο.

lähmte und Verkrüppelte wurden gesund gemacht; 8 so entstand große Freude.

9 Schon vorher lebte in dieser Stadt ein
Mann mit Namen Simon, der Zauberei trieb
und damit das Volk von Samaria in seinen
Bann zog und vorgab, er wäre etwas Großes.
10 Und alle hingen ihm an, klein und groß,
und sagten: Dieser ist „die große Gotteskraft".
11 Sie hingen ihm aber an, weil er sie lange
Zeit mit seiner Zauberei in seinen Bann gezogen hatte. 12 Als sie aber den Predigten
des Philippus vom Reich Gottes und vom
Namen Jesu Christi glaubten, ließen sich
Männer und Frauen taufen. 13 Da glaubte
sogar Simon, ließ sich taufen und schloß
sich Philippus an. Und als er die Zeichen
und große Taten, die geschahen, sah, geriet
er außer sich vor Staunen.

Die göttliche Gnade wirkte so sehr in ihm,
daß sich durch seine Lehren unter sehr vielen anderen auch Simon der Magier gewinnen ließ.

11 Dieser damals so berühmte Simon faszinierte die von seiner Zauberei Betrogenen so
sehr, daß sie ihn für die große Kraft Gottes
hielten. Da er damals von den Wundertaten, welche Philippus in göttlicher Kraft
vollbrachte, ergriffen wurde, machte er sich
an ihn heran und ließ sich, den christlichen
Glauben heuchelnd, sogar taufen.

Eusebs Bericht setzt mit der Zerstreuung der Jünger, darunter Philippus, ein. Die
Angabe, daß Philippus mit Stephanus zum Diakon erwählt worden sei, geht auf
Apg 6,5 zurück und dient Euseb zur Einführung seiner Person, die er bei der Wahl
der Diakone in h.e. II 1,1 nicht namentlich aufgeführt hatte. Es wird von Philippus
berichtet, daß er den Bewohnern Samariens erstmals das Wort Gottes verkündete,
was nicht explizit in der Apg erwähnt wird. Euseb reduziert seinen Bericht über
Philippus, indem er auf die in Apg 8,7 beschriebenen Wunder, wie Exorzismen
oder Heilungen, zunächst verzichtet[193].

Die Beschreibung der Bekehrung des Simon Magus weicht von der Apg insofern ab, als Euseb seine Informationen *umgruppiert*: Die Apg berichtet rückblickend
über Simons Tätigkeit in Samaria und den Zulauf des Volkes[194]; erst im Anschluß
daran wird von der Bekehrung des Simon aufgrund der Predigt des Philippus „vom
Reich Gottes und vom Namen Jesu Christi" erzählt.

Euseb hingegen schickt seinen Ausführungen vorweg, daß sich Simon Magus
mit sehr vielen anderen für den christlichen Glauben gewinnen ließ, um erst
anschließend die Person des Simon selbst einzuführen. Dazu übernimmt er Informationen der Apg.

Die Aussage der Apg über die Wirksamkeit des Simon Magus vor der Ankunft
des Philippus (Apg 8,10f.), wonach Simon „alle, klein und groß", „lange Zeit mit
seiner Zauberei in seinen Bann" ziehen konnte, wird von Euseb verschwiegen.[195]

---

[193] Euseb fügt die in Apg 8,7 ausführlich beschriebenen Wundertaten des Philippus an einer ihm
       geeigneten Stelle ein: Sie werden in h.e. II 1,11 als Motivationsgrund des Simon Magus genannt,
       sich taufen zu lassen.

[194] Apg 8,9–11.

[195] Diese Verkürzung der Informationen der Apg kann in Eusebs Häresiekonzeption begründet sein:
       Es lag ihm weniger daran, die Vorgeschichte des Simon Magus und seiner Zauberkraft als vielmehr

Stattdessen fügt er eine aus christlicher Sicht legitime Interpretation ein, die nicht in der Apg, dafür aber häufiger in der häreseologischen Literatur und der h.e. zu finden ist: Simon betrügt das Volk durch seine Zaubereien.[196] Während die Apg nur das Faktum, die Einflußnahme auf das Volk, nennt, *wertet* Euseb das Auftreten Simons, der sich anmaßt, etwas Großes zu sein, und sich vom Volk als „die große Gotteskraft" verehren läßt (Apg 8,9f.), als Betrug und seine Anhänger als Betrogene. Obwohl diese Interpretation der Intention der Apg nicht widerspricht, ist sie in der Apg nicht angelegt.

Tendenziell erscheint auch die eusebianische Modifikation des Ablaufes. Während sich nach Apg 8,13 Simon erst taufen läßt und dann über die Wunder des Philippus staunt, beschreibt Euseb den Vorgang andersherum. Erst aufgrund der Wundertaten des Philippus „machte er sich heran und ließ sich, den christlichen Glauben heuchelnd, sogar taufen".

Euseb trägt an dieser Stelle eine Interpretation ein, die er von Irenäus übernommen haben könnte. Die Apg wertet das Taufbegehren des Simon nicht als Heuchelei[197], sondern erkennt seine Bekehrung als durch die Missionspredigt des Philippus gewirkt an. Die Apg kann diesen Abschnitt (8,9–13) demnach auch mit den Worten beenden, daß Simon sich nach seiner Taufe beständig an Philippus hält. Die Auseinandersetzung bricht dort erst später zwischen Simon und Petrus auf (Apg 8,18–23), als jener sich mit Geld die Vollmacht der Geistverleihung kaufen möchte und von Petrus ob dieses Ansinnens zurechtgewiesen wird.

In der Rede von der Heuchlerei Simons zeigt sich, daß Euseb – wie Irenäus in adv. haer. I 23,1[198] – den weiteren Verlauf der Simon-Geschichte (Apg 8,18–23) in die Episode zwischen Philippus und Simon Magus hineininterpretiert. Ausgehend vom Wissen um das unangemessene simonianische Streben nach Größerem (die Vollmacht der Geistverleihung), das Euseb bei seinen Lesern als bekannt voraussetzt, projiziert dieser die falsche Gesinnung Simons, die sich in seinem Ansinnen manifestiert, in die Zeit seines „Gläubigwerdens" zurück: Simon ist ergriffen von den Wundertaten des Philippus und läßt sich deshalb taufen.[199] Diese Umkeh-

---

sein Auftreten als Häretiker, d. h. als Vertreter des Teufels, zu beschreiben. Häretiker wird Simon aber erst mit seinem Eintritt in die christliche Gemeinschaft. Näheres dazu in Teil II 2.2.4 Der Topos des Einschleichens der Häretiker.

[196]   Das Motiv, daß die Häretiker zum Betrug an den Christen aufgestellt sind, zieht sich durch die gesamte h.e., findet sich aber auch durchgängig in der Häreseologie, vgl. Teil II 2.2.3 Das doppelte Ziel der inneren Feinde.

[197]   Ebenso Pesch, Apostelgeschichte, 275.

[198]   Iren., adv. haer. I 23,1 <FC 8/1, 288,8–10: Hic igitur Simon, qui fidem simulavit, putans apostolos et ipsos sanitates per magiam et non virtute Dei perficere [...]>. Vgl. auch adv. haer. I 23,1 <FC 8/1, 228,20–22: Et cum adhuc magis non credidisset Deo [sc. nach der Zurechtweisung durch Petrus], et cupidus intendit contendere adversus apostolos, uti et ipse gloriosus videretur esse [...]>.

[199]   Roloff, Apostelgeschichte, 135 mutmaßt, daß Simon „sich in die Gemeinde [hat] eingliedern lassen in der Hoffnung, dadurch das Geheimnis der Wunderkraft des Philippus zu entdecken". Für die eusebianische Deutung träfe diese Aussage zu. In der Apg hingegen geht es Simon nicht um

rung der Aussagen der Apg macht für den Leser deutlich, daß sich Simon um der Wundertaten des Philippus willen, die auch er zu vollbringen erstrebt, taufen läßt – nicht aber wegen des Wortes Gottes. Die bereits vor der Taufe des Simon angesetzte Heuchelei ist für die eusebianische Häresiekonzeption von entscheidender Bedeutung, wie der folgende Abschnitt, der das Einschleichen in die Kirche als Hauptcharakteristikum der Häretiker nennt, zeigen wird.

Warum Euseb mit h.e. II 1,12 seine Vorlage Apg 8,4–13 verläßt und auf das Referat von Apg 8,18–23 (das Kaufen der Vollmacht zur Geistverleihung) verzichtet[200], wird deutlich, wenn man die nun folgenden eusebianischen Ausführungen betrachtet. Er nutzt die Geschichte des Simon, um etwas Grundlegendes über das Wesen der Häresie bzw. der Häretiker auszusagen und so seine eigenen Vorstellungen von der αἵρεσις in den Kontext der Apostelgeschichte einzutragen. Diese allgemein gehaltenen Ausführungen zur Häresie sind exemplarisch an der Person des Simon festgemacht, der hier als „Stammvater" aller Häretiker eingeführt wird, und bilden gleichsam den Auftakt der eusebianischen Ausführungen zur Häresiethematik.

Wie Simon heucheln auch die ihm nachfolgenden Häretiker den Glauben, lassen sich taufen und schleichen sich von außen in die Kirche ein, um wie eine Krankheit tödlichen Schaden anzurichten, indem sie ihr verborgenes, unheilvolles und schlimmes Gift verabreichen.

Da dieser für die eusebianische Häresiekonzeption bedeutende Abschnitt in Teil II 1 näher analysiert werden soll, mag ein Vergleich mit der Ausgangsquelle genügen. Die Apostelgeschichte kennt weder die Vorstellung von einem Einschleichen der Häretiker in die Kirche, noch die Charakterisierung der Häresie als todbringendes Gift. Auch kann Euseb mit seiner sukzessiven Einordnung der Häretiker in ein Abhängigkeitsverhältnis nicht auf die Apg zurückgreifen. Sie sind in der Häreseologie gängige und weitverbreitete Topoi[201], erscheinen jedoch im Referat der Apostelgeschichte als interpretative Fremdkörper.

Erst mit dem die Einheit abschließenden Satz in h.e. II 1,12 kehrt Euseb zu Simon Magus zurück und verweist auf die Bosheit, derer er überführt wurde, und seinen Ausschluß durch Petrus. Hatte Euseb zuvor das Wesen der Häresie behandelt, so kommt er nun auf den angemessenen Umgang mit den Häretikern zu sprechen. Er betont, daß die meisten Häretiker ausgestoßen wurden wie Simon, nachdem sie ihrer Bosheit überführt wurden. Euseb gründet seine Aussage wiederum auf eine Interpretation von Apg 8,18–23 und legitimiert dieses Vorgehen mit dem Hinweis

---

die Wundertaten des Philippus, wie Heilungen und Exorzismen, sondern um die Vollmacht, den Heiligen Geist zu spenden.

200   Neben der eusebianischen Aussage, daß Simon den Glauben nur heuchelte, deutet auch der Hinweis auf die Bloßstellung und Ausstoßung Simons durch Petrus darauf hin, daß Euseb die Passage kannte und sie weniger aus inhaltlichen Gründen – denn er setzt ihren Inhalt als bekannt voraus – als vielmehr aus konzeptionellen Gründen ausläßt.

201   Vgl. zur eusebianischen Topik Teil I 3.2.1 Eusebs bevorzugt aufgenommene Inhalte und Motive.

auf Petrus, der nun als Prototyp aller ihm folgenden Häreseologen fungiert[202]. Es gilt, wie das Vorbild des Petrus zeigt, das Wesen des Häretikers und seine Bosheit offenzulegen und ihn aus der Kirche auszustoßen.

Diese Aussage des Euseb ist insofern von Interesse, als seine Ausgangsbasis Apg 8,18–23 nicht von einem formellen Ausschluß des Simon Magus berichtet. Die Exkommunikation, wie sie Euseb aus seiner eigenen Zeit kennt, sieht er in der petrinischen Verdammung erstmals vollzogen. Er projiziert damit ein späteres Instrument im Umgang mit der Häresie in die apostolische Zeit zurück und legitimiert damit die Exkommunikationspraxis der Gegenwart.[203] Die Apg erwähnt zwar die Zurechtweisung des Simon Magus, einen Ausschluß aus der Gemeinschaft kennt sie jedoch nicht. Sie läßt vielmehr die Geschichte mit einem Ersuchen des Simon Magus um Fürbitte enden. Euseb erkennt in der Zurechtweisung dagegen einen offiziellen Ausschluß des Simon Magus aus der Gemeinschaft, der die „verdiente Strafe", wahrscheinlich nach Eusebs Vorstellung die von Petrus angekündigte (ewige) Verdammung, zur Folge hat.

b) Die Rezeption der Informationen aus Justin und Irenäus

h.e. II 13,1–8[204]

13,1 Ἀλλὰ γὰρ τῆς εἰς τὸν σωτῆρα καὶ κύριον ἡμῶν Ἰησοῦν Χριστὸν εἰς πάντας ἀνθρώπους ἤδη διαδιδομένης πίστεως, ὁ τῆς ἀνθρώπων πολέμιος σωτηρίας τὴν βασιλεύουσαν προαρπάσασθαι πόλιν μηχανώμενος, ἐνταῦθα Σίμωνα τὸν πρόσθεν δεδηλωμένον ἄγει, καὶ δὴ ταῖς ἐντέχνοις τἀνδρὸς συναιρόμενος γοητείαις πλείους τῶν τὴν Ῥώμην οἰκούντων ἐπὶ τὴν πλάνην σφετερίζεται.	Als sich der Glaube an unseren Heiland und Herrn Jesus Christus bereits über die ganze Menschheit ausbreitete, suchte der Feind des menschlichen Heils die Hauptstadt an sich zu reißen. Er bemächtigte sich daher des oben erwähnten Simons und unterstützte ihn in seinen trügerischen Kunststücken. So gewann er zahlreiche Bewohner Roms für seinen Irrtum.
13,2 δηλοῖ δὲ τοῦθ' ὁ μετ' οὐ πολὺ τῶν ἀποστόλων ἐν τῷ καθ' ἡμᾶς διαπρέψας λόγῳ Ἰουστῖνος, περὶ οὗ τὰ προσήκοντα κατὰ καιρὸν παραθήσομαι· ὃς δὴ ἐν τῇ προτέρᾳ πρὸς Ἀντωνῖνον ὑπὲρ	Bezeugt ist dies durch Justin, welcher bald nach den Aposteln sich in unserer Lehre ausgezeichnet hatte. Bei Gelegenheit werde ich noch das Passende über ihn mitteilen.

---

[202]   Twomey, Apostolikos Thronos, 56.102.109, versteht die Auseinandersetzung zwischen Petrus und Simon Magus als „‚prototypical' confrontation between Peter, the founder of the Church, and Simon Magus, the founder and father of all heresies" (109).

[203]   Justin kennt keinen Ausschluß des Simon Magus aus der Kirche. Irenäus, der neben den justinischen Informationen auch die Apg auswertet, sieht in der Zurechtweisung des Petrus keinen offiziellen Ausschluß Simons aus der Kirche. Sowohl der Hippolyt-Bericht als auch die Pseudo-Klementinen kennen eine wiederholte Auseinandersetzung zwischen Petrus und Simon Magus in Rom, wozu die Vorstellung eines endgültigen Ausschlusses durch Petrus nicht passen will. Die Liste der Häreseologen ließe sich fortsetzen. Der Gedanke, daß die petrinische Verdammung aus Apg 8,20–25 eine Ausweisung aus der Kirche darstellt, findet sich m.W. erstmals in Eusebs Kirchengeschichte.

[204]   Euseb, h.e. II 13,1–15,1 <GCS Euseb II/1, 132,20–136,24>.

τοῦ καθ' ἡμᾶς δόγματος ἀπολογίᾳ γράφων ὧδέ
φησιν

13,3 „καὶ μετὰ τὴν ἀνάληψιν τοῦ κυρίου εἰς
οὐρανὸν προεβάλλοντο οἱ δαίμονες ἀνθρώπους
τινὰς λέγοντας ἑαυτοὺς εἶναι θεούς, οἳ οὐ μόνον
οὐκ ἐδιώχθησαν ὑφ' ὑμῶν, ἀλλὰ καὶ τιμῶν
ἠξιώθησαν· Σίμωνα μέν τινα Σαμαρέα, τὸν
ἀπὸ κώμης λεγομένης Γίτθων, ὃς ἐπὶ Κλαυδίου
Καίσαρος διὰ τῆς τῶν ἐνεργούντων δαιμόνων
τέχνης δυνάμεις μαγικὰς ποιήσας ἐν τῇ πόλει
ὑμῶν τῇ βασιλίδι Ῥώμῃ θεὸς ἐνομίσθη καὶ
ἀνδριάντι παρ' ὑμῶν ὡς θεὸς τετίμηται ἐν τῷ
Τίβερι ποταμῷ μεταξὺ τῶν δύο γεφυρῶν, ἔχων
ἐπιγραφὴν Ῥωμαϊκὴν ταύτην· SIMONI DEO
SANCTO, ὅπερ ἐστὶν Σίμωνι θεῷ ἁγίῳ.

13,4 καὶ σχεδὸν μὲν πάντες Σαμαρεῖς, ὀλίγοι
δὲ καὶ ἐν ἄλλοις ἔθνεσιν ὡς τὸν πρῶτον θεὸν
ἐκεῖνον ὁμολογοῦντες προσκυνοῦσιν. καὶ
Ἑλένην τινά, τὴν συμπερινοστήσασαν αὐτῷ
κατ' ἐκεῖνο τοῦ καιροῦ, πρότερον ἐπὶ τέγους
σταθεῖσαν ἐν Τύρῳ τῆς Φοινίκης, τὴν ἀπ' αὐτοῦ
πρώτην ἔννοιαν λέγουσιν".

13,5 ταῦτα μὲν οὗτος· συνᾴδει δ' αὐτῷ καὶ
Εἰρηναῖος, ἐν πρώτῳ τῶν πρὸς τὰς αἱρέσεις
ὁμοῦ τὰ περὶ τὸν ἄνδρα καὶ τὴν ἀνοσίαν καὶ
μιαρὰν αὐτοῦ διδασκαλίαν ὑπογράφων, ἣν ἐπὶ
τοῦ παρόντος περιττὸν ἂν εἴη καταλέγειν, παρὸν
τοῖς βουλομένοις καὶ τῶν μετ' αὐτὸν κατὰ
μέρος αἱρεσιαρχῶν τὰς ἀρχὰς καὶ τοὺς βίους
καὶ τῶν ψευδῶν δογμάτων τὰς ὑποθέσεις τά
τε πᾶσιν αὐτοῖς ἐπιτηδευμένα διαγνῶναι, οὐ
κατὰ πάρεργον τῇ δεδηλωμένῃ τοῦ Εἰρηναίου
παραδεδομένα βίβλῳ.

13,6 πάσης μὲν οὖν ἀρχηγὸν αἱρέσεως πρῶτον
γενέσθαι τὸν Σίμωνα παρειλήφαμεν· ἐξ οὗ καὶ
εἰς δεῦρο οἱ τὴν κατ' αὐτὸν μετιόντες αἵρεσιν
τὴν σώφρονα καὶ διὰ καθαρότητα βίου παρὰ
τοῖς πᾶσιν βεβοημένην Χριστιανῶν φιλοσοφίαν
ὑποκρινόμενοι, ἧς μὲν ἔδοξαν ἀπαλλάττεσθαι
περὶ τὰ εἴδωλα δεισιδαιμονίας οὐδὲν ἧττον
αὖθις ἐπιλαμβάνονται, καταπίπτοντες ἐπὶ
γραφὰς καὶ εἰκόνας αὐτοῦ τε τοῦ Σίμωνος καὶ
τῆς σὺν αὐτῷ δηλωθείσης Ἑλένης θυμιάμασίν

In seiner *Ersten Apologie* an Antoninus
schreibt er:

*Nach der Himmelfahrt unseres Herrn schickten die bösen Geister einige Menschen aus, welche sich für Götter ausgaben. Diese wurden von
euch nicht nur nicht verfolgt, sondern sogar
durch Ehren ausgezeichnet. Zu diesen gehörte ein gewisser Simon aus dem Dorf Gitthon
in Samaria. Unter Kaiser Klaudius wirkte er
durch die Kraft der in ihm tätigen Dämonen
Zauberstücke. In eurer Kaiserstadt wurde er für
einen Gott gehalten, und durch eine Bildsäule
im Tiber zwischen den beiden Brücken habt
ihr ihn als Gott geehrt; denn es wurde ihm eine
Aufschrift in lateinischen Lettern gewidmet:
Simoni deo sancto, das heißt: ,Dem heiligen
Gott Simon'.*

*Fast alle Samaritaner, außerdem noch einige
aus anderen Völkern, bekennen und verehren
ihn als ersten Gott. Eine gewisse Helena, welche damals mit ihm herumzog, früher aber in
Tyrus in Phönizien sich in einem Hurenhaus
preisgegeben hatte, nennen sie seinen ersten Gedanken".*

Soweit Justin. Mit ihm stimmt Irenäus im ersten Buch gegen die Häresien überein, wo er
sowohl über die Person des Simon wie über
seine gottlose und schmutzige Lehre näher
unterrichtet. Doch dürfte es jetzt überflüssig
sein, die Lehre darzulegen. Denn wer will,
kann das Erscheinen und das Leben der nach
Simon der Reihe nach aufgetretenen Sektenhäupter sowie ihre falschen Lehrsätze und die
allen eigene Lebensweise aus dem erwähnten
Buch des Irenäus kennenlernen, wo sie genau überliefert sind.

Simon war, wie uns die Überlieferung lehrt,
der erste Urheber jeder Häresie. Von seinem
Auftreten bis auf unsere Zeit haben die Anhänger seiner Häresie die vernünftige und
wegen der Sittenreinheit bei allen berühmte Philosophie der Christen nur geheuchelt.
Den Götzendienst, von dem sie sich – wie
es schien – freimachten, nehmen sie gleichwohl wieder an. Sie werfen sich vor den
Gemälden und Bildern sowohl des Simon

τε καὶ θυσίαις καὶ σπονδαῖς τούτους θρησκεύειν ἐγχειροῦντες,

13,7 τὰ δὲ τούτων αὐτοῖς ἀπορρητότερα, ὧν φασι τὸν πρῶτον ἐπακούσαντα ἐκπλαγήσεσθαι καὶ κατά τι παρ' αὐτοῖς λόγιον ἔγγραφον θαμβωθήσεσθαι, θάμβους ὡς ἀληθῶς καὶ φρενῶν ἐκστάσεως καὶ μανίας ἔμπλεα τυγχάνει, τοιαῦτα ὄντα, ὡς μὴ μόνον μὴ δυνατὰ εἶναι παραδοθῆναι γραφῇ, ἀλλ' οὐδὲ χείλεσιν αὐτὸ μόνον δι' ὑπερβολὴν αἰσχρουργίας τε καὶ ἀρρητοποιίας ἀνδράσι σώφροσι λαληθῆναι.

13,8 ὅ τι ποτὲ γὰρ ἂν ἐπινοηθείη παντὸς αἰσχροῦ μιαρώτερον, τοῦτο πᾶν ὑπερηκόντισεν ἡ τῶνδε μυσαρωτάτη αἵρεσις, ταῖς ἀθλίαις καὶ παντοίων ὡς ἀληθῶς κακῶν σεσωρευμέναις γυναιξὶν ἐγκαταπαιζόντων.

wie seiner erwähnten Genossin Helena nieder und erkühnen sich, sie mit Weihrauch, Schlacht- und Trankopfern zu verehren. Was davon bei ihnen noch strenger geheim ist, das nach ihrer eigenen Erklärung den Neuling erschreckt und nach einer bei ihnen aufgezeichneten Wahrsagung erstaunt, ist tatsächlich voll Schrecken, voll von Verrücktheit und Wahnsinn. Ehrenwerte Männer können dieselben nicht nur nicht niederschreiben, sondern wegen des Übermaßes von unaussprechlicher Schändlichkeit nicht einmal über die Lippen kommen lassen. Was je als Gipfel der Schändlichkeit ersonnen worden war, all das wurde noch übertroffen von der überaus scheußlichen Häresie dieser Leute, welche mit erbärmlichen und tatsächlich in allen Schlechtigkeiten erfahrenen Weibern ihren Unfug treiben.

In h.e. II 13–14 ist Euseb bei der Darstellung der nachapostolischen Zeit angelangt und kann jetzt die ihm noch über die Apg hinausgehenden Informationen über Simon Magus von Justin und Irenäus einarbeiten.

H.e. II 13 läßt sich folgendermaßen untergliedern: Mit h.e. II 13,1 knüpft Euseb an seine vorherigen Aussagen zu Simon Magus an. Dieser Satz wird aufgrund der Terminologie und des Inhalts eine rein eusebianische Formulierung sein, da er sich in keiner der im folgenden zitierten oder referierten Quellen findet.[205] H.e. II 13,2 dient als Einleitung der in h.e. II 13,3 zitierten Quelle. Justin wird als Zeuge angeführt; eine Darstellung der Person verspricht Euseb an anderer Stelle zu geben – ein Indiz dafür, daß hier die Häresie des Simon im Zentrum der eusebianischen Ausführungen stehen soll. Das Zitat in h.e. II 13,3–4 geht auf Justins *Erste Apologie* zurück. In h.e. II 13,5 zieht Euseb eine weitere Quelle, Irenäus' *Adversus haereses*, zur Bestätigung der justinischen Aussagen hinzu, verzichtet aber auf ein direktes Zitat über Simon Magus. Er geht davon aus, daß der Leser sich selbst bei Irenäus informieren kann und beläßt es dabei, die irenäische Darstellung zu empfehlen. Das sich nun anschließende Referat in h.e. II 13,6–8 setzt sich größtenteils aus

---

[205] Die Beschreibung des Teufels als ὁ τῆς ἀνθρώπων πολέμιος σωτηρίας (GCS Euseb II/1, 132,18–19) korrespondiert mit anderen eusebianischen Formulierungen (vgl. h.e. II 14,1 <GCS Euseb II/1, 138,1: ἡ μισόκαλος καὶ τῆς ἀνθρώπων ἐπίβουλος σωτηρίας πονηρὰ δύναμις> oder auch dem. ev. IV 9,1–3 <GCS Euseb VI, 161,18: φθόνῳ τῆς ἀνθρώπων σωτηρίας). Die Betonung, daß sich der Glaube bereits über die ganze Menschheit ausbreitet, ist eine vielfach kritisierte, typisch eusebianische Verzeichnung der historischen Situation, bei der er die ihm bekannten kirchlichen Verhältnisse des 4. Jhs. auf die Situation des 1./2. Jhs. überträgt, vgl. dazu Barnes, Constantine and Eusebius, 142 und Völker, Tendenzen, 175.

Informationen des Irenäus zusammen, obwohl sich Euseb in h.e. II 13,6 auf die Überlieferung im allgemeinen beruft.

Eusebs Einleitung in h.e. II 13,1 berichtet, daß der Teufel, als sich der Glaube über die gesamte Menschheit ausbreitete, durch das Auftreten Simons die Hauptstadt an sich reißen wollte. Dieses planvolle Vorgehen des Teufels als Reaktion auf die rasche Ausbreitung des Glaubens ist eusebianische Interpretation und findet sich *nicht* in den ihm vorliegenden Quellen. Daß der Teufel Simon bei seinen Kunststücken unterstützt, so daß dieser viele Einwohner Roms für sich gewinnen konnte, hat Euseb modifiziert seiner Quelle Justin entnommen. Die Einleitung ist demnach bis auf die Notiz über die Taktik des Teufels aus Justin extrapoliert. Zudem geht auch die zeitliche Einordnung der Wirksamkeit Simons in Rom unter Kaiser Klaudius auf die Information Justins zurück.[206]

In h.e. II 13,3–4 fügt Euseb ein Zitat aus Justin, apol. I 26 ein[207], wonach Simon in Rom durch eine Bildsäule im Tiber mit der Aufschrift „Simoni deo sancto"[208] verehrt wurde. Justin weiß noch zu berichten, daß ihn fast alle Samaritaner und einige aus anderen Völkern als ersten Gott verehren, und daß er Helena, eine ehemalige Prostituierte, als ersten Gedanken mit sich führt.[209]

Mit diesem Zitat sind die Informationen Justins über Simon Magus erschöpft. Über die samaritanische Wirksamkeit des Simon Magus bietet Justin keine Informationen. Daß es sich bei seinen Aussagen um den in der Apg genannten Häretiker gehandelt haben muß, wird Euseb nicht nur aus den Angaben „Samaria" und „Zauberei" geschlossen, sondern auch bei Irenäus gelesen haben, der diese beiden Traditionen – Apg und Justin – kennt und kombiniert.

---

[206]   Die Zeit des Kaisers Klaudius (41–51) stellt Euseb ab h.e. II 8,1 dar.

[207]   Justin, apol. I 26,1–3 <PTS 38, 69,1–70,3: Τρίτον δ' ὅτι καὶ μετὰ τὴν ἀνέλευσιν τοῦ Χριστοῦ εἰς οὐρανὸν προεβάλλοντο οἱ δαίμονες ἀνθρώπους τινὰς λέγοντας ἑαυτοὺς εἶναι θεούς, οἳ οὐ μόνον οὐκ ἐδιώχθησαν ὑφ' ὑμῶν, ἀλλὰ καὶ τιμῶν κατηξιώθησαν· Σίμωνα μέν τινα Σαμαρέα, τὸν ἀπὸ κώμης λεγομένης Γιττῶν, ὃς ἐπὶ Κλαυδίου Καίσαρος διὰ τῆς τῶν ἐνεργούντων δαιμόνων τέχνης δυνάμεις ποιήσας μαγικὰς ἐν τῇ πόλει ὑμῶν βασιλίδι Ῥώμῃ θεὸς ἐνομίσθη καὶ ἀνδριάντι παρ' ὑμῶν ὡς θεὸς τετίμηται, ὃς ἀνδριὰς ἀνεγήγερται ἐν τῷ Τίβερι ποταμῷ μεταξὺ τῶν δύο γεφυρῶν, ἔχων ἐπιγραφὴν Ῥωμαϊκὴν ταύτην· SIMONI DEO SANCTO. καὶ σχεδὸν πάντες μὲν Σαμαρεῖς, ὀλίγοι δὲ καὶ ἐν ἄλλοις ἔθνεσιν, ὡς τὸν πρῶτον θεὸν ἐκεῖνον ὁμολογοῦντες [ἐκεῖνον καὶ] προσκυνοῦσι· καὶ Ἑλένην τινά, τὴν <συμ>περινοστήσασαν αὐτῷ κατ' ἐκεῖνο τοῦ καιροῦ, πρότερον ἐπὶ τέγους σταθεῖσαν, τὴν ὑπ' αὐτοῦ ἔννοιαν πρώτην γενομένην λέγουσι.>. Vgl. auch Anm. I 210 mit der Untersuchung, inwieweit Euseb seine Quelle wörtlich zitiert.

[208]   Daß die 1574 auf einem Mamorsockel wiederentdeckte Inschrift von Justin fälschlicherweise auf Simon Magus bezogen wurde, ist vielfach angemerkt worden; vgl. Hilgenfeld, Ketzergeschichte, 171f.; Le Boulluec, La notion, I, 82 Anm. 181, und Twomey, Apostolikos Thronos, 52. Zur Inschrift *Semoni Sanco Deo Fidio Sacrum* vgl. Corp. Inscr. Latin. VI, 567 (vgl. 30795). — Die Frage, welcher Gottheit die Inschrift ursprünglich galt, ist für unsere Untersuchung irrelevant. Euseb ging von seinen Zeugen Justin und Irenäus aus und hatte auch keine Möglichkeit (und auch kein Interesse), deren Informationen zu hinterfragen.

[209]   Vgl. dazu auch Le Boulluec, La notion, I, 81–85.

Euseb zitiert seine Quelle wörtlich und nimmt nur unwesentliche Modifikationen vor.[210] Vergleicht man die eusebianische Einleitung mit den Aussagen Justins, so ist eine Änderung jedoch auffällig: Während Justin von Dämonen redet, die Menschen für ihre Zwecke aufstellen, so ist nach Euseb der Teufel selbst Gegenspieler Gottes bzw. der Kirche. Diese Modifikation von Justins Dämonologie, die sich auch noch in h.e. III 26,1.4 findet, wird im Teil II 3.1 noch näher zu analysieren sein. Wichtig ist hier festzuhalten, daß Euseb eher einen Widerspruch in seiner Darstellung zulässt, als die Quelle für seine Zwecke zu „korrigieren".

Euseb wechselt in h.e. II 13,5–8 seine Quellenvorlage und fügt referierend Informationen des Irenäus ein. Wie das Referat der Apg wird es daraufhin zu untersuchen sein, welche Informationen Euseb übernimmt und welche seine eigene Interpretation darstellen.

Zunächst empfiehlt Euseb das Werk des Irenäus (h.e. II 13,5), in dem die gottlose, schmutzige Lehre des Simon ausführlicher dargestellt sei, und gibt eine Kurzcharakteristik der Schrift. Nach Irenäus sei Simon der erste Urheber jeder Häresie (adv. haer. I 23,2). Diese Aussage ist dem Leser der h.e. bereits aus h.e. II 1,12 bekannt, wo Simon Magus von Euseb als „Stammvater" beschrieben wird. Die fol-

---

[210] Euseb läßt zu Beginn seines Zitats die Aufzählung τρίτον δ' aus, da sie für das Zitat selbst keine Bedeutung hat und außerhalb des justinischen Kontextes störend wirkt. Die erste Abweichung von der justinischen Vorlage ist die Lesart τὴν ἀνάληψιν τοῦ κυρίου anstelle des justinischen τὴν ἀνέλευσιν τοῦ Χριστοῦ. Inhaltlich ist kaum eine Veränderung auszumachen. Eine Tendenz der Korrektur ist jedoch dahingehend zu erkennen, daß das nicht eindeutige ἀνέλευσις (Kommen oder Gehen) sowohl die Inkarnation als auch die Himmelfahrt Christi bezeichnen kann. Die Abänderung in ἀνάληψις verdeutlicht das Zitat ganz im Sinne Justins. Es ist daher kaum zu entscheiden, ob diese Modifikation auf einen voreusebianischen Schreiber oder auf Euseb selbst zurückgeht. Gleiches gilt für den Wechsel Χριστοῦ in κυρίου. Die weiteren Modifikationen der justinischen Vorlage sind größtenteils Vereinfachungen (ἠξιώθησαν statt des justinischen κατηξιώθησαν), Umstellungen in der Wortfolge (μαγικὰς ποιήσας anstelle von ποιήσας μαγικὰς; μὲν πάντες anstelle von πάντες μὲν; πρώτην ἔννοιαν anstelle von ἔννοιαν πρώτην) oder andere unwesentliche Veränderungen (Euseb liest Γίτθων anstelle des justinischen Γιττῶν und fügt einen Artikel vor βασιλίδι ein), die sowohl aus der eusebianischen Vorlage als auch von Euseb selbst herrühren können.

Wichtiger erscheinen die Änderungen, die eine bewußte Korrektur des justinischen Ausgangstextes andeuten. Die Auslassung des justinischen Relativsatzes (ὃς ἀνδριὰς ἀνεγήγερται) kann kaum als Lese- oder Abschreibfehler erklärt werden. Es ist eher anzunehmen, daß dieser Satzteil, der noch einmal die Menschheit des „Gottes Simon" betont und inhaltlich nichts Neues hinzufügt, bewußt ausgelassen wurde. Es darf vermutet werden, daß diese Streichung eine inhaltliche Doppelung vermeiden sollte. Die Einfügung von ὅπερ ἐστὶ Σίμονι θεῷ ἁγίῳ als Übersetzung des lateinischen SIMONI DEO SANTO ist eine erklärende Einfügung in den justinischen Text, wobei auch hier nicht eindeutig zu klären ist, wer als Urheber anzusehen ist. Der Zusatz selbst wurde erst notwendig, als die justinische *Apologie* den zweisprachigen lateinisch-griechischen Sprachraum verließ und für die Leser übersetzt werden mußte. Die Einfügung kann demnach von Euseb stammen, der bei seinen Lesern nur sehr geringe Lateinkenntnisse annahm und folglich seine Zitate übersetzte (vgl. h.e. IV 8,8; h.e. VII 13 [mit Begründung für sein Tun]; h.e. VIII 17,11; vgl. Teil I 3.1 Quellenauswahlkriterien; Anm. I 151 und I 960). Dieser Schluß ist aber nicht zwingend.

Eindeutiger ist jedoch die Herkunft der Angabe ἐν Τύρῳ τῆς Φοινίκης, die aus Irenäus, adv. haer. I 23,2 stammt. Ob sie durch Euseb eingefügt wurde (vgl. h.e. II 13,4) muß offenbleiben; eine voreusebianische Hinzufügung dieser Information ist nicht ausgeschlossen.

gende Aussage, daß die Anhänger „die vernünftige und wegen der Sittenreinheit bei allen berühmte Philosophie der Christen nur geheuchelt"[211] haben, findet sich bei Irenäus im Hinblick auf Simon selbst formuliert[212], wird aber, da er als Stammvater aller Häretiker gilt, auf seine Nachfolger übertragen.

Als weitere Charakteristik der Simonianer nennt Euseb die erneute Annahme des Götzendienstes, von dem sie sich freigemacht zu haben schienen. Darunter wird man sich die im folgenden angeführte Verehrung von Gemälden und Bildern des Simon und seiner Genossin Helena mit Weihrauch, Schlacht- und Trankopfern vorzustellen haben. Irenäus berichtet in adv. haer. I 23,4 zwar über den Besitz von Bildern des Simon, der in Gestalt des Zeus nachgebildet ist, und der Helena, in Gestalt der Minerva, sowie von ihrer beider Anbetung durch die Anhänger des Simon[213], nicht aber von den bei Euseb genannten Opfern. Die Angabe der Bilderverehrung durch Opfer wird eusebianisch sein.

In h.e. II 13,7 kommt Euseb auf die Lehre des Simon Magus zu sprechen – oder besser, er begründet, warum er diese nicht wiedergeben kann. Euseb berichtet, daß die Geheimlehre der Simonianer nach ihren eigenen Angaben den Neuling erschreckte und tatsächlich so voll Schrecken, Verrücktheit und Wahnsinn war, daß ehrenwerte Männer dieselbe wegen ihres Übermaßes an Schändlichkeit nicht einmal aussprechen, geschweige denn niederschreiben konnten. Diese eusebianische Ausführung entbehrt jeglichen Anhalts in seiner Quelle und dient einzig als Rechtfertigung dafür, warum er die Lehre des Simon nicht wiedergibt. Weder von einer Geheimlehre noch von ihrer Unaussprechlichkeit ist bei Irenäus die Rede. Im Gegenteil kann dieser, wie Euseb in h.e. II 13,5 auch zu erkennen gibt, die Lehre des Simon ausführlich darstellen.

An dieser Stelle läßt sich bereits ein später weiter zu verfolgendes Bemühen Eusebs erkennen, der es unter allen Umständen vermeidet, die Lehre der Häretiker darzustellen und damit weiterzutradieren. In der Benennung von Gründen, warum die simonianische Lehre nicht wiedergegeben werden kann, ist Euseb einfallsreich: Einerseits sei es überflüssig, die Lehre des Simon darzustellen (h.e. II 13,5), da sie bei Irenäus niedergeschrieben sei, andererseits wäre sie viel zu schändlich, um sie schriftlich festzuhalten (h.e. II 13,7) – den Widerspruch zwischen beiden Aussagen scheint Euseb nicht zu sehen.

Stattdessen fokussiert Euseb lieber auf das moralisch verwerfliche Verhalten der Häretiker, die „den Gipfel aller ersonnenen Schändlichkeit" in ihrem Unfugtreiben „mit erbärmlichen und tatsächlich in allen Schlechtigkeiten erfahrenen Weibern" übertreffen (h.e. II 13,8). Da letztere Information nur bedingt in der Vorlage zu

---

[211]   Euseb, h.e. II 13,6.

[212]   Iren., adv. haer. I 23,1: „Dieser Simon stellt sich gläubig, weil er der Meinung war, auch die Apostel würden die Heilungen durch Magie und nicht durch Gotteskraft vollbringen". Zum lateinischen Text vgl. Anm. I 198.

[213]   Iren., adv. haer. I 23,4 <FC 8/1, 294,4–6: Imaginem quoque Simonis habent factam ad figuram Iovis, et Helenae in figuram Minervae, et has adorant;>.

finden ist[214], zeigt sich, wie Euseb zum Abschluß der Irenäus-Passage das Augenmerk des Lesers auf die moralische Anstößigkeit Simons umlenkt.

Diese Betonung der sittlichen Verfehlungen der Häretiker (bei gleichzeitigem Verschweigen von Lehrinhalten) findet sich durchgängig in der h.e. und soll später eingehend untersucht werden.[215] Die Charakterisierung der Häresie als „Schrecken, Verrücktheit und Wahnsinn" (h.e. II 13,7) geht nicht auf Irenäus zurück, sondern findet sich häufiger in der h.e. und ist eine von Euseb gern benutzte Topik.[216]

c) Die eusebianische Verbindung beider Traditionen über Simon Magus

h.e. II 14,1–15,1[217]

14,1 τοιούτων κακῶν πατέρα καὶ δημιουργὸν τὸν Σίμωνα κατ' ἐκεῖνο καιροῦ ὥσπερ εἰ μέγαν καὶ μεγάλων ἀντίπαλον τῶν θεσπεσίων τοῦ σωτῆρος ἡμῶν ἀποστόλων ἡ μισόκαλος καὶ τῆς ἀνθρώπων ἐπίβουλος σωτηρίας πονηρὰ δύναμις προυστήσατο.

Diesen Simon, den Vater und Urheber solcher Schändlichkeiten, stellte damals die schlimme, dem Guten abholde und den Menschen wegen der Erlösung mißgünstige Kraft als gewaltige Gegenmacht gegen die großen, gotterleuchteten Apostel unseres Erlösers auf.

14,2 Ὅμως δ' οὖν ἡ θεία καὶ ὑπερουράνιος χάρις τοῖς αὐτῆς συναιρομένη διακόνοις, δι' ἐπιφανείας αὐτῶν καὶ παρουσίας ἀναπτομένην τοῦ πονηροῦ τὴν φλόγα ἦ τάχος ἐσβέννυ, ταπεινοῦσα δι' αὐτῶν καὶ καθαιροῦσα πᾶν ὕψωμα ἐπαιρόμενον κατὰ τῆς γνώσεως τοῦ θεοῦ.

Doch die göttliche, himmlische Gnade half ihren Dienern. Durch das Erscheinen und Auftreten derselben löschte die Gnade rasch die angefachte Flamme des Bösen aus, indem sie durch jene Männer alles, was sich hochmütig gegen die Erkenntnis Gottes erhob, demütigte und niederwarf.

14,3 διὸ δὴ οὔτε Σίμωνος οὔτ' ἄλλου του τῶν τότε φυέντων συγκρότημά τι κατ' αὐτοὺς ἐκείνους τοὺς ἀποστολικοὺς ὑπέστη χρόνους. ὑπερενίκα γάρ τοι καὶ ὑπερίσχυεν ἄπαντα τὸ τῆς ἀληθείας φέγγος ὅ τε λόγος αὐτὸς ὁ θεῖος ἄρτι θεόθεν ἀνθρώποις ἐπιλάμψας ἐπὶ γῆς τε ἀκμάζων καὶ τοῖς ἰδίοις ἀποστόλοις ἐμπολιτευόμενος.

Daher hatte weder die Sekte des Simon noch die irgendeines anderen damals auftretenden Mannes in jenen apostolischen Zeiten Bestand. Denn der Glanz der Wahrheit und das göttliche Wort selbst, das vor kurzem vom Himmel herab den Menschen geleuchtet hatte, auf Erden in Blüte stand und in den Aposteln wirkte, gewann über alles Sieg und Macht.

---

[214]   Iren., adv. haer. I 23,1–4 spricht ausschließlich von Helena., die Simon in Tyrus freigekauft hatte, nicht aber von anderen Frauen (adv. haer. I 23,2). Sexueller Libertinismus, den Euseb mit dieser Aussage unterstellen will, könnte sich an den von den Simonianern postulierten Freiheitsbegriff (adv. haer. I 23,3), die Charakterisierung der Lebensweise ihrer Priester als *libidinosa* (adv. haer. I 23,4) oder die Verwendung von *amatoria* und *agogima* (adv. haer. I 23,4) anlehnen.

[215]   Vgl. zur Präferenz der Darstellung der häretischen Lebensführung vor der häretischen Lehre Teil II 2.8 Die Verwerflichkeit der Häresiegründer.

[216]   Vgl. dazu den Abschnitt über die Topik (Teil I 3.2.1 Eusebs bevorzugt aufgenommene Inhalte und Motive).

[217]   Euseb, h.e. II 14,1–15,1 <GCS Euseb II/1, 136,24–140,2>.

14,4 αὐτίκα ὁ δηλωθεὶς γόης ὥσπερ ὑπὸ θείας καὶ παραδόξου μαρμαρυγῆς τὰ τῆς διανοίας πληγεὶς ὄμματα ὅτε πρότερον ἐπὶ τῆς Ἰουδαίας ἐφ᾽ οἷς ἐπονηρεύσατο πρὸς τοῦ ἀποστόλου Πέτρου κατεφωράθη, μεγίστην καὶ ὑπερπόντιον ἀπάρας πορείαν τὴν ἀπ᾽ ἀνατολῶν ἐπὶ δυσμὰς ᾤχετο φεύγων, μόνως ταύτῃ βιωτὸν αὑτῷ κατὰ γνώμην εἶναι οἰόμενος·

14,5 ἐπιβὰς δὲ τῆς ῥωμαίων πόλεως, συναιρομένης αὐτῷ τὰ μεγάλα τῆς ἐφεδρευούσης ἐνταῦθα δυνάμεως, ἐν ὀλίγῳ τοσοῦτον τὰ τῆς ἐπιχειρήσεως ἤνυστο, ὡς καὶ ἀνδριάντος ἀναθέσει πρὸς τῶν τῇδε οἷα θεὸν τιμηθῆναι. οὐ μὴν εἰς μακρὸν αὐτῷ ταῦτα προυχώρει.

14,6 παρὰ πόδας γοῦν ἐπὶ τῆς αὐτῆς Κλαυδίου βασιλείας ἡ πανάγαθος καὶ φιλανθρωποτάτη τῶν ὅλων πρόνοια τὸν καρτερὸν καὶ μέγαν τῶν ἀποστόλων, τὸν ἀρετῆς ἕνεκα τῶν λοιπῶν ἁπάντων προήγορον, Πέτρον, ἐπὶ τὴν Ῥώμην ὡς ἐπὶ τηλικοῦτον λυμεῶνα βίου χειραγωγεῖ· ὃς οἷά τις γενναῖος θεοῦ στρατηγὸς τοῖς θείοις ὅπλοις φραξάμενος, τὴν πολυτίμητον ἐμπορίαν τοῦ νοητοῦ φωτὸς ἐξ ἀνατολῶν τοῖς κατὰ δύσιν ἐκόμιζεν, φῶς αὐτὸ καὶ λόγον ψυχῶν σωτήριον, τὸ κήρυγμα τῆς τῶν οὐρανῶν βασιλείας, εὐαγγελιζόμενος.

15,1 οὕτω δὴ οὖν ἐπιδημήσαντος αὐτοῖς τοῦ θείου λόγου, ἡ μὲν τοῦ Σίμωνος ἀπέσβη καὶ παραχρῆμα σὺν καὶ τῷ ἀνδρὶ καταλέλυτο δύναμις·

Nachdem der erwähnte Betrüger zuerst vom Apostel Petrus in Judäa seiner bösen Taten überführt worden war, ergriff er alsbald die Flucht und begab sich, in seinem Geiste wie von einem göttlichen und wunderbaren Lichte geblendet, auf eine große Seereise vom Osten nach Westen in der Meinung, nur dort ein Leben nach Wunsch führen zu können.

Nach seiner Ankunft in der Stadt der Römer hatte er infolge energischer Unterstützung von seiten der dort lauernden Macht in kurzer Zeit in seinen Unternehmungen solchen Erfolg, daß er von den Bewohnern wie ein Gott durch Errichtung einer Bildsäule geehrt wurde. Doch der Erfolg dauerte nicht lange.

Denn noch unter der Regierung des Klaudius führte die allgütige und so barmherzige, alles beherrschende Vorsehung sofort Petrus, den gewaltigen und großen unter den Aposteln, der infolge seiner Tüchtigkeit der Wortführer aller anderen war, nach Rom, um gegen diesen gefährlichen Verderber des Lebens aufzutreten. Wie ein wahrer Feldherr Gottes, mit göttlichen Waffen gewappnet, brachte er den Schatz des geistigen Lebens aus dem Osten nach dem Westen, indem er das Licht selbst und das die Seelen rettende Wort, die Lehre vom Himmelreich, verkündete.

Da sich nunmehr das göttliche Wort dort ausbreitete, erlosch die Macht des Simon und verschwand sofort schon mit seiner Person.

H.e. II 14 bietet eine durchgängig eusebianische Erzählung, was sich wiederum an der Charakterisierung des Teufels, aber auch an der Häresiekonzeption festmachen läßt. Dieses Kapitel erscheint zweigeteilt: In h.e. II 14,1–3 findet sich eine Darstellung der Häresiekonzeption Eusebs, die in h.e. II 14,4–6 anhand der Simongeschichte exemplarisch entfaltet wird. Da die Ausführungen über Simon Magus in h.e. II 14,1–3 die Häresiekonzeption Eusebs widerspiegeln und auf keiner erkennbaren Quellenvorlage beruhen, soll dieser Abschnitt ausführlich in Teil II 1 analysiert werden.

Von Interesse sind an dieser Stelle die Aussagen Eusebs in h.e. II 14,4–6, da sie sein Bemühen zeigen, die beiden unterschiedlichen Traditionen über Simon Magus zu verbinden und zu harmonisieren. Euseb hätte es dabei belassen können, die samaritanische Wirksamkeit Simons nach der Apg und die römische nach Justin unverbunden hintereinanderzuschalten, wie es Irenäus vor ihm getan hatte.[218] Doch er versucht eine Verknüpfung beider Traditionen und fügt diese geschickt in seine Häresiekonzeption ein: Euseb hatte zuvor ausgeführt, daß die Häresie in den Zeiten der Apostel keinen Bestand haben konnte, da die himmlische Gnade ihren Dienern half, indem sie – wie der Teufel seine Häretiker – nun auch selbst Streiter für die Wahrheit aufstellte und für sie den Sieg errang (h.e. II 14,1–3). Von diesen allgemeinen Ausführungen kommt Euseb in h.e. II 14,4–6 wiederum auf Simon Magus zu sprechen. Er erinnert den Leser an die bereits dargestellte Widerlegung in Judäa (h.e. II 14,4) und an die römische Wirksamkeit des Simon Magus (h.e. II 14,5).

Neu sind an dieser Stelle die eusebianischen Verknüpfungen beider Traditionen:

a) *Simons Flucht:* Simon ergreift die Flucht und begibt sich durch göttliches (!) Licht geblendet nach Rom. Diese erste Verknüpfung findet sich in keiner Euseb bekannten häreseologischen Darstellung[219] und wird von ihm nicht nur selbst formuliert, sondern auch inhaltlich konzipiert worden sein.

b) *Die Verfolgung durch Petrus:* Nach der Wiederholung der justinischen Information über die römische Wirksamkeit Simons schreitet Euseb zur Anwendung seiner zuvor genannten Häresiekonzeption. Nicht nur Simon wird von göttlichem Licht geblendet nach Rom geführt, sondern auch Petrus wird aufgrund seiner Wortmächtigkeit von der göttlichen Vorsehung auserwählt, jenem dort entgegenzutreten. Die Auseinandersetzung in Rom wird nicht geschildert, da Euseb ihren Ausgang bereits in h.e. II 14,3 vorweggenommen hatte und ihn in h.e. II 15,1 nur noch einmal bekräftigen muß.[220]

Auch die zweite Verbindung der Traditionen durch die petrinische Verfolgung gilt es nach möglichen Vorlagen zu hinterfragen. Justin und Irenäus kommen als Quelle nicht in Betracht, denn beide Schriftsteller berichten weder von einer römischen Auseinandersetzung zwischen Simon und Petrus, noch von einem Nachsetzen des Petrus nach Rom.

Die Anwesenheit des Petrus in Rom steht für Euseb außer Frage; er vermag hierfür drei Zeugen ins Feld zu führen: Der in h.e. II 25,8 zitierte Brief des Dionysius von Korinth an die Römer bezeugt, daß Petrus in Rom das Martyrium erlitten hat. Gleiches erfuhr Euseb aus dem in h.e. III 1,3 angeführten 3. Buch des Gene-

---

[218] Iren., adv. haer. I 23,1.

[219] Justin berichtet in der apol. I 26,1–3 ausschließlich über eine römische Wirksamkeit Simons; er hatte das Problem der Verknüpfung der Traditionen demnach nicht. Irenäus verbindet in adv. haer. I 23,1 die Traditionen anders: Nach seiner Zurechtweisung trat Simon leidenschaftlich in Konkurrenz mit den Aposteln, um ebenfalls berühmt zu werden. Ohne Überleitung fügt Irenäus dann die Justin-Notiz an, wonach Simon durch ein Standbild verehrt worden sei.

[220] Euseb, h.e. II 14,3 <GCS Euseb II/1, 138,6–8> und h.e. II 15,1 <GCS Euseb II/1, 138,28–140,2>.

siskommentars von Origenes. Nach eusebianischem Referat berichteten Klemens'
Hypotyposen (h.e. VI 14,6) über die Predigtwirksamkeit des Petrus in Rom. Die
Aussage, daß aber Petrus eigens zur Widerlegung des Simon nach Rom eilte bzw.
daß Petrus in Rom eine Auseinandersetzung mit Simon hatte, konnte Euseb keiner
der genannten Vorlagen entnehmen.

Sucht man generell nach einer voreusebianischen Verbindung zwischen der
samaritanischen und der römischen Tradition, so kommen nur zwei Quellen mit
einer doppelten Auseinandersetzung zwischen Simon und Petrus als Vorlage ernsthaft in Betracht.[221]

Zum einen berichten die *Petrusakten* von einem göttlichen Gesicht, das Petrus
auffordert, zur Widerlegung des Simon nach Rom zu eilen.[222] Die Auseinandersetzung zwischen beiden wird dort in aller erzählerischer Breite ausgeführt.[223]

Zum anderen berichtet auch Hippolyt in seiner *Refutatio* (ref. VI 20), die bei
der Darstellung Simons auf Informationen der Petrusakten zurückgreift, von einer
doppelten Widerlegung des Simon in Judäa und in Rom.

Das Problem hinsichtlich der *Petrusakten* besteht darin, daß Euseb diese nur
dem Namen nach gekannt haben wird. Er nennt sie in h.e. III 3,2, verwirft sie
aber als unkanonisch. Indizien, wonach Euseb über den Titel hinausgehend den
Inhalt dieser Schrift gekannt hat, lassen sich neben der doppelten Widerlegung des
Simon in Judäa und Rom in der h.e. nicht erkennen.[224] Wenn man dennoch davon

---

[221] Twomey, Apostolikos Thronos, 51f., nennt noch die *Klementinischen Homilien* und die *Rekognitionen*, die *Petrus- und Paulusakten* und *Arnobius*, die aber als Vorlagen für die eusebianische Darstellung ausscheiden.
  Auf die *Klementinischen Homilien* und die *Rekognitionen* soll kurz eingegangen werden, weil
Euseb diese eventuell gekannt haben könnte: Wie die Petrusakten verwirft Euseb jedoch beide
Schriften, da die Alten diese Werke nirgends erwähnen (vgl. h.e. III 38,5), was jedoch noch nicht
gegen die Kenntnis bei Euseb sprechen muß. Da sie aber die Auseinandersetzung zwischen Simon
und Petrus in Palästina (Cäsarea) und nicht in Rom lokalisieren, kommen sie als Vorlage Eusebs
nicht in Frage. Anders Grant, Eusebius as Church Historian, 87, der eine Abhängigkeit von der
Clementine Romance erwägt, ohne Belege dafür zu geben.

[222] Die *Acta Petri* 5 berichten von dem Gesicht, das Petrus auffordert, den einstmals in Judäa vertrie-
benen Simon nun auch in Rom zu bezwingen (Hennecke/Schneemelcher, Bd. 2, 194).

[223] In *Acta Petri* 9 findet sich die erste Konfrontation in Rom beschrieben; in Kapitel 17 berichtet
Petrus rückblickend über die Ereignisse in Judäa; in Kapitel 23–29 erfolgt die letzte Auseinandersetzung.

[224] Sirinelli, Vues Historiques, 311 Anm. 3, sieht Eusebs Darstellung der Auseinandersetzung zwischen Simon und Petrus in Judäa ausschließlich als von den *Acta Petri* 8,18–23 abhängig. Twomey, Apostolikos Thronos, 52, geht davon aus, daß Euseb auf die Informationen der *Acta Petri*
zurückgreift, sie auf die „bare essentials" reduziert und aus ihnen die Auseinandersetzung in Rom
zwischen Simon und Petrus konstruiert. Den fehlenden Hinweis auf die Quelle erklärt er damit,
daß Euseb seine Darstellung ausschließlich mit angesehenen Autoritäten untermauern möchte.
Twomey macht seine Rückführung der eusebianischen Information auf die *Acta Petri* an einem
Indiz fest, sozusagen an einem Fehler Eusebs, der in h.e. II 14,4 – wie die *Acta Petri* – von Judäa
als Ort der ersten Auseinandersetzung berichtet.
  Der Wechsel von Samaria (Apg) zu Judäa (Euseb) ist auffällig, jedoch verkennt Twomey, daß
Euseb in h.e. II 14,4 nicht mehr inhaltlich an eine Quelle gebunden war. Er wird an dieser Stelle

ausgehen würde, daß Euseb den *Acta Petri* die göttliche Führung des Petrus nach Rom entnommen hat, so bliebe doch die zweite Verknüpfung durch die Flucht des Simon Magus unter göttlicher Führung eine eusebianische Konzeption.[225]

Da nicht geklärt ist, ob Euseb Hippolyts *Refutatio* wirklich kannte, soll an dieser Stelle für die Häresie des Simon Magus nach einer möglichen Abhängigkeit vom hippolytschen Werk gefragt werden. Hippolyt berichtet in ref. VI 7,9–20 über Simon und legt ausführlich dessen Lehre dar. In ref. VI 20 weiß Hippolyt im Anschluß an die Apg zu berichten, daß Simon in Samaria viele Anhänger täuschte und dort von den Aposteln überführt und verflucht wurde. Er habe dann erst seine (falsche) Lehre ersonnen und sei mit ihr bis nach Rom gekommen, widerstand dort den Aposteln und verzauberte viele. Petrus stellte sich ihm in Rom mehrmals entgegen. Kurz vor seiner endgültigen Widerlegung inszenierte Simon seine eigene Auferstehung, die nach drei Tagen aber ausblieb.

Hätte Euseb die Ausführungen Hippolyts über Simon gekannt, worauf die Nennung der samaritanischen und der römischen Widerlegung zunächst schließen lassen könnte, ergäbe sich folgender Sachverhalt: Da Hippolyt gerade nicht von einer Flucht des Simon nach Rom, auch nicht von einer göttlichen Führung des Petrus zur Widerlegung des Simon berichtet, wäre von ihm nur die Widerlegung durch Petrus in Rom übernommen. Die Tatsache, daß Euseb nicht wie Hippolyt über mehrmals stattfindende Auseinandersetzungen spricht, kann nicht als Gegenargument gegen eine Kenntnis der *Refutatio* geltend gemacht werden, da die Reduktion auf eine einmalige Widerlegung in der eusebianischen Häresiekonzeption begründet sein könnte.[226] Da Hippolyt aber – wie Irenäus auch – keine Verbindung beider Traditionen überliefert, sondern sie in einer zeitlichen Abfolge hintereinanderschaltet, hilft die *Refutatio* Hippolyts zum Verständnis der eusebianischen Konstruktion nicht weiter.

Bis zur Klärung, inwieweit Euseb auf Hippolyt zurückgreift[227], muß davon ausgegangen werden, daß Euseb sowohl die Reise des Simon Magus als auch die

---

den Bericht für seine Leser aktualisiert haben, da er wußte, daß Samarien im Jahre 44 n. Chr. nach dem Tod Agrippas I. der römischen Provinz Judäa zugeschlagen wurde; vgl. dazu auch h.e. II 19,2–20,1 und Eusebs *Chronik* zum Jahr 44 n. Chr. Ein Indiz für die Rezeption der *Acta Petri* ist damit nicht gegeben.

225   Euseb berichtet nicht die ausführlichen Auseinandersetzungen zwischen Petrus und Simon, wie sie in den *Acta Petri* wiedergegeben sind. Es bleiben nur die Idee der göttlichen Führung des Petrus und die Information über die Auseinandersetzung in Rom, die Euseb von dort übernommen hätte.

226   Euseb betont in h.e. II 14,3, daß sich die Häresie sofort nach ihrer Widerlegung auflöst, und versucht in h.e. II 14,4–6, diese These mittels der Simongeschichte zu belegen. Eine derart widersprüchliche Aussage hätte Euseb nicht übernommen – insbesondere, da er hier ohne ausgewiesene Quelle referiert und damit freier in der Auswahl seiner Informationen war.

227   Gegen die Kenntnis Hippolyts spricht *nicht*, daß (a) Hippolyt von mehreren Auseinandersetzungen zwischen Simon und Petrus berichtet, da Euseb diese gekürzt haben könnte, und daß (b) die Häresie in der *Refutatio* als Reaktion auf die Zurechtweisung der Apostel erfunden wird, denn das Fehlen dieser Aussage bei Euseb kann durchaus inhaltliche Gründe haben.

Reise des Petrus nach Rom und ihre dortige Auseinandersetzung zur Harmonisie-
rung der beiden unterschiedlichen Traditionen selbst konzipiert hat.

Die Annahme, daß die Flucht des Simon ebenso wie die göttliche Führung des
Petrus nach Rom eusebianisch sind, wird durch die Beobachtung der Parallelität
ihres Aufbaus gestützt. Beide werden „durch göttliches Licht" (Simon) oder „durch
göttliche Vorsehung" (Petrus) nach Rom geleitet, um dort ihre einstige samaritanische Auseinandersetzung in Rom fortzusetzen. Zudem scheint auch die Datierung
der Ankunft des Petrus in Rom unter Kaiser Klaudius in h.e. II 14,6 die eusebianische „Eigenschöpfung" zu bestätigen.[228]

Für eine eusebianische Komposition *beider* Aussagen, die Flucht Simons sowie
das Nachsetzen des Petrus, spricht nicht zuletzt auch der folgende Abschnitt der
h.e.: Euseb geht es um die praktische Anwendung seiner These aus h.e. II 14,2.3,
daß die „göttliche Gnade rasch die angefachte Flamme des Bösen auslöschte", weswegen die Sekte des Simon in der apostolischen Zeit keinen Bestand hatte.

Nun besaß Euseb zwei verschiedene Berichte: Der erste endet mit Informationen aus Samarien über die Widerlegung des Simon. Er wird aber durch die Informationen des zweiten justinischen Berichts insofern relativiert, als Simon in Rom
weiterhin ungehindert wirksam war. Insbesondere das Justin-Zitat zeugt gegen
Eusebs These, falsifiziert es doch die Aussage vom Auflösen einer Häresie nach ihrer
Widerlegung und stellt es zumindest die Wirkmächtigkeit der göttlichen Gnade,
die „ihren Dienern" in der Bekämpfung der Häresie „half" (h.e. II 14,1), in Frage.

Um dem Verdacht zu wehren, daß die göttliche Gnade zur Widerlegung der
Häresie des Simon Magus nicht mächtig genug sei oder daß Petrus zweier Anläufe

---

Gegen Eusebs Kenntnis des Refutatio-Abschnitts spricht, (a) daß Hippolyt nicht Vorlage
der Verbindung von röm. und sam. Tradition ist und (b) daß Euseb sich – so hypothetisch diese
Vermutung sein mag – die Geschichte über das Begräbnis Simons, der hoffte, durch eigene Kraft
am dritten Tage aufzuerstehen, nicht hätte entgehen lassen.

Für eine Kenntnis von Hippolyts *Refutatio* bei Euseb spricht demnach nur die doppelte
Widerlegung des Simon in Samaria und Rom, d.h. die Rezeption der beiden Traditionen aus Apg
und Justin.

[228]   Justin (apol. I 26,1–3) und mit ihm Irenäus (adv. haer. I 23,1–4) berichten nur von der Wirk-
samkeit des Simon unter Kaiser Klaudius, kennen aber keine zweite Widerlegung durch Petrus in
Rom. Hippolyt (ref. VI 20) datiert die Wirksamkeit Simons in Rom unbestimmt in die Zeit der
Apostel, namentlich in die des Petrus, mit dem Simon *häufiger* Auseinandersetzungen hatte. Einzig
die *Acta Petri* berichten, daß Petrus, nachdem er zwölf Jahre in Jerusalem verbracht hatte, von einer
Erscheinung aufgefordert wird, nach Rom zur Widerlegung zu eilen, was in die Regierungszeit des
Kaisers Klaudius fällt. Die Kenntnis der *Acta Petri* bei Euseb läßt sich aber nicht erhärten.
Euseb wird daher die Datierung von Petrus' Auftreten analog zur Angabe Justins, wonach
Simon unter Klaudius auftrat, konzipiert haben. Nach Eusebs Häresiekonzeption wurde die Wirk-
mächtigkeit der Häresie nur solange von der göttlichen Wahrheit geduldet, wie sie zur Ausbreitung
des Evangeliums durch Petrus diente. Euseb wollte daher eine nicht allzu lange Zeitspanne zwi-
schen dem Auftreten des Simon und der Bekämpfung durch Petrus ansetzen und ließ daher auch
Petrus unter Kaiser Klaudius in Rom auftreten. Damit korrespondiert auch die Angabe Eusebs in
der *Chronik*, wonach Petrus im Jahr 42 nach Rom kam, um das Evangelium zu verkünden (GCS
Euseb VII/1, 179,7–11).

zu einer nachhaltigen Widerlegung der Häresie bedurft hätte, fügt Euseb eine Interpretation ein, wonach die göttliche Vorsehung sowohl Simon als auch Petrus nach Rom geleitete. Die Flucht des Simon nach Rom wird somit von einem scheinbaren Sieg des Teufels in einen geschickten Schachzug der göttlichen Vorsehung umgedeutet. Denn im nächsten Satz zeigt Euseb, welchen Nutzen die zeitlich begrenzte Ausdehnung der Häresie hat: Sie dient der Verbreitung der christlichen Lehre im Westen durch die Mission des Petrus, der durch die – von göttlicher Vorsehung zugelassene – Wirksamkeit des Simon gezwungen wird, nach Rom zu eilen. „Wie ein tapferer Feldherr Gottes brachte Petrus den kostbaren Schatz des geistigen Lichtes, die Lehre vom Himmelreich, aus dem Osten nach dem Westen."[229] Nachdem die Ausbreitung der Häresie Petrus nach Rom geführt hatte, wird ihre Wirkmächtigkeit begrenzt: „Da sich nunmehr das göttliche Wort dort ausbreitete, erlosch die Macht des Simon und verschwand sofort schon mit seiner Person."[230]

d) Ausgelassene Informationen

Zum Schluß sollen noch einmal die von Euseb aus seinen Quellen nicht übernommenen Informationen betrachtet werden. Die Auslassung der Zurechtweisung des Petrus (Apg 8,18–24) ist oben bereits thematisiert worden und zeigte, daß Euseb die Passage als dem Leser bekannt voraussetzt.

Für die eusebianische Häresiekonzeption von Interesse sind diejenigen Informationen, die Euseb *nicht* übernimmt, obwohl er sie bei Irenäus gelesen haben wird. Die von Euseb rezipierten, mit Justin übereinstimmenden Informationen[231] stehen bei Irenäus eher am Rande der Darstellung. Irenäus hebt bei seinem Bericht über Simon Magus auf dessen gnostische Spekulationen ab, die er in aller Breite seinem Leser erläutert.[232] Die Lehre Simons will Euseb, wie seine doppelte Begrün-

---

229 Euseb, h.e. II 14,6 <GCS Euseb II/1, 138,25–28>.

230 Euseb, h.e. II 15,1 <GCS Euseb II/1, 138,28–140,2: οὕτω δὴ οὖν ἐπιδημήσαντος αὐτοῖς τοῦ θείου λόγου, ἡ μὲν τοῦ Σίμωνος ἀπέσβη καὶ παραχρῆμα σὺν καὶ τῷ ἀνδρὶ κατελέλυτο δύναμις·>.

231 Betrachtet man die Auswahl der von Irenäus übernommenen Informationen, so fällt auf, daß Euseb sich Angaben heraussucht, die zu seiner Quelle Justin inhaltlich passen: Nach adv. haer. I 23,1 (vgl. Anm. I 198) interpretiert Irenäus das Verhalten Simons – ähnlich wie Euseb in h.e. II 1,11 – als *Heuchelei*, was zur justinischen Quelle insofern paßt, als diese nicht vom christlichen Glauben Simons oder seinen Lehrinhalten berichtet. Der *Götzendienst* der Simonianer (h.e. II 13,6), d.h. die Verehrung Simons durch Bilder (adv. haer. I 23,1), findet sich in Einklang mit der justinischen Aussage, wonach Simon in Rom von seinen Anhängern mit einer Statue verehrt wurde. Gleiches gilt für die *Verehrung der Helena* (adv. haer. I 23,2; h.e. II 13,6), von der Justin bereits in apol. I 26,3 berichtet hatte, daß sie als erster Gedanke verehrt wird.

232 Euseb läßt konkret folgende Lehrinhalte aus: Er verschweigt die irenäische Konkretisierung der justinischen Information über die Selbstvergottung Simons, der von sich lehrt, er sei unter den Juden als Sohn erschienen, in Samarien aber als Vater herabgestiegen und zu den übrigen Völkern als heiliger Geist gekommen, und er sei überhaupt die höchste Gottheit und werde mit unterschiedlichen Namen angerufen (adv. haer. I 23,1). Die spätere Information in Eusebs *de theophania*, Fragment 15 <GCS III/2, 33*,27–29: ἄλλοι δὲ <πάλιν> κατὰ τοὺς χρόνους τῶν ἀποστόλων

dung (h.e. II 13,5.7) zeigt, jedoch unter keinen Umständen wiedergeben – ein noch häufiger zu beobachtendes Charakteristikum eusebianischer Häreseologie.[233]

Fragt man nun nach den Gründen für das Verschweigen der irenäischen Informationen über Simon Magus, so läßt sich vermuten, daß dessen Bericht zu ausführlich war und die eusebianische Darstellung der h.e. „gesprengt" hätte. Innerhalb einer durch Kaiser- und Bischofslisten gegliederten Geschichtsschreibung konnte Euseb eine Häresie nur in sehr begrenztem Maße darstellen. Er benötigte vielmehr einen kurzen Bericht, der die Lehre als falsch und durch angesehene kirchliche Autoritäten widerlegt darstellte.[234]

Obwohl Euseb für die Darstellung der apostolischen und nachapostolischen Zeit neben Philo und Josephus gerne auf Klemens von Alexandrien zurückgreift[235], läßt er dessen Information aus, wonach Simon Magus für kurze Zeit Petrus predigen hörte.[236] Euseb konnte diese Information aufgrund der impli-

---

Σίμωνα τὸν μάγον τὴν μεγάλην τοῦ θεοῦ δύναμιν ἐκάλουν, αὐτὸν εἶναι νομίσαντες τὸν Χριστόν.>, wird auf diese Irenäus-Stelle zurückgehen. Auch die irenäischen Informationen über Helena und die simonianische Kosmologie übergeht Euseb: Weder gibt er das Hervorgehen des ersten Gedankens/ Helena wieder, noch deren Hervorbringung der weltschaffenden Engel oder deren Gefangenschaft in der Welt (adv. haer. I 23,2). Auch die simonianische Soteriologie in adv. haer. I 23,3, wonach Simon wegen der schlechten Regentschaft der Engel sich selbst zur Erlösung der Helena und der Menschen von der Knechtschaft der weltschöpferischen Engel offenbaren mußte, läßt Euseb aus.

[233] Vgl. dazu Teil II 2.8 Die Verwerflichkeit der Häresiegründer.

[234] Eusebs Kirchengeschichte setzt sich aus vielen kleinen Einheiten zu unterschiedlichen Themen zusammen, die durch ihre Zuordnung in eine bestimmte Regierungszeit zu einem geschlossenen Ganzen, zur Geschichte, werden (vgl. dazu Teil II 3.1.2 Die Häresie als Darstellungsmöglichkeit von Geschichte). Dieser Aufbau macht es fast unmöglich, daß sich ein Thema über mehrere Regierungsperioden hinzieht; auch darf der Umfang eines Themas die Geschichtsdarstellung nicht aufsprengen.

Von diesen formalen Grundsätzen der eusebianischen Darstellung ausgehend, war es für ihn von entscheidender Bedeutung, daß er einen (1.) kurzen und (2.) abgeschlossenen Bericht über die Häresie übernahm.

(ad 1.) Weder die argumentative Widerlegung noch eine differenzierte Darstellung der häretischen Lehre konnte diese Voraussetzung der „Kürze" erfüllen, weshalb beide Textarten in der Kirchengeschichtsschreibung Eusebs kaum zu finden sind – ein Grund übrigens, warum Irenäus, der in der Offenlegung der Einzelaspekte einer Häresie bereits ihre Widerlegung sieht, häufiger, aber nur sehr ungern von Euseb zitiert wird.

(ad 2.) Die Geschlossenheit einer Häresiedarstellung erreicht Euseb damit, daß er Berichte über die Widerlegung der Häresie durch eine anerkannte Autorität einbringt. Dabei ist unerheblich, ob der Bericht auf eine bereits geschehene Widerlegung zurückblickt oder ob sich der zitierte Schriftsteller nur gegen die häretische Lehre ausspricht. Nach eusebianischer Konzeption löst sich die Häresie mit ihrer Widerlegung auf, weshalb er das Thema beenden und zu einem neuen fortschreiten kann, vgl. auch Teil I 3.1 Quellenauswahlkriterien. Bis auf die Darstellung des Simon Magus und des Paulus von Samosata begegnen die eusebianischen Häretiker unter jeweils nur einem Kaiser; ein Fortbestehen einer häretischen Gruppierung nach ihrer Widerlegung gibt es nicht.

[235] Euseb, h.e. II 1,3.4; h.e. II 9,3; h.e. II 15,2 (Referat); h.e. II 23,19 (Referat).

[236] Klem. Alex., strom. VII 107,1 <SC 428, 2–3: Μεθ' ὃν Σίμων ἐπ' ὀλίγον κηρύσσοντος τοῦ Πέτρου ὑπήκουσεν>. Klemens führt in diesem Abschnitt aus, daß alle Erfinder der Häresien erst unter

zierten simonianischen Schülerschaft bei Petrus für seine Darstellung nicht übernehmen.[237] Auch das Zeugnis des Origenes über Simon Magus läßt Euseb aus, obwohl er es gekannt haben wird. Origenes kommt in *Contra Celsum* I 57 nach Theudas und Dositheus auf Simon zu sprechen und berichtet, daß dieser zwar kurzfristig durch seine Zauberkünste viele Anhänger für sich gewinnen konnte, daß sich seine Häresie aber rasch auflöste, so daß zu seiner Zeit kaum dreißig Anhänger in Palästina zu zählen sind. Im Westen sei die Häresie Simons völlig unbekannt; die Christen würden nur noch seinen Namen aus der Apostelgeschichte kennen.[238] Es verwundert, daß sich Euseb für seine These vom Erlöschen einer Häresie nicht auf Origenes beruft, jedoch ist zu bedenken, daß Origenes zwar die Auflösung der Häresie bestätigt, aber dennoch eine, wenn auch verschwindend kleine Zahl von Anhängern für das 3. Jh. bezeugt. Die Auslassung des Origenes-Belegs wird demnach tendenziell sein.[239] Gleiches gilt für die Aussagen in *Contra Celsum* V 62[240] und VI 11[241].

Hadrian aufgetreten seien, auch wenn sie sich auf Lehrer der apostolischen Zeit, wie auf Glaukias, den Dolmetscher des Petrus, berufen. Klemens weist diesen Anspruch zurück und nennt einzig Simon Magus, der bereits zur Zeit des Petrus auftrat und ihn auch predigen gehört haben wird.

[237] Irenäus berichtet von Tatian, daß er bei Justin hörte und sein Schüler war. Euseb kommt wegen der Schülerschaft Tatians bei Justin in große Schwierigkeiten, den Lesern die Häresie Tatians zu erklären [vgl. Teil I 2.13 Tatian, Severus und die Severianer, e) Das Problem der Sukzession] – vielleicht spart er aus analogem Grund die Information über die „Schülerschaft" Simons bei Petrus aus.

Mit der in strom. II 52,2 eingestreuten Information, daß die Anhänger des Simon ihr Leben dem „Stehenden" verähnlichen wollten <GCS 52, 141,9–10: οἱ δὲ ἀμφὶ τὸν Σίμωνα τῷ Ἑστῶτι, ὃν σέβουσιν, ἐξομοιοῦσθαι <τὸν> τρόπον βούλονται>, scheint Euseb nichts anfangen zu können. Da er die Lehre der Simonianer hinsichtlich des Ἑστώς (*Stans*), wie sie in den Pseudoklementinen (hom. II 22,3; 24,5–7; hom. XVIII 6,5; 7,5; 12,1; 14,3 und rec. I 72,3; II 7,1.3; II 11,2) bezeugt ist, aller Wahrscheinlichkeit nach nicht kannte, wird er diese Äußerung nicht verstanden haben.

[238] Orig., c. Cels. I 57 <SC 132, 234,39–48: Ἠθέλησε δὲ καὶ Σίμων ὁ Σαμαρεὺς μάγος τῇ μαγείᾳ ὑφελέσθαι τινάς. Καὶ τότε μὲν ἠπάτησε, νυνὶ δὲ τοὺς πάντας ἐν τῇ οἰκουμένῃ οὐκ ἔστι Σιμωνιανοὺς εὑρεῖν τὸν ἀριθμὸν οἶμαι τριάκοντα, καὶ τάχα πλείονας εἶπον τῶν ὄντων. Εἰσὶ δὲ περὶ τὴν Παλαιστίνην σφόδρα ἐλάχιστοι· τῆς δὲ λοιπῆς οἰκουμένης οὐδαμοῦ τὸ ὄνομα αὐτοῦ, καθ' ἣν ἠθέλησε δόξαν περὶ ἑαυτοῦ διασκεδάσαι. Παρὰ γὰρ οἷς φέρεται, ἐκ τῶν Πράξεων τῶν ἀποστόλων φέρεται· Χριστιανοὶ δ' εἰσὶν οἱ ταῦτα περὶ αὐτοῦ λέγοντες, καὶ ἡ ἐνάργεια ἐμαρτύρησεν ὅτι οὐδὲν θεῖον ὁ Σίμων ἦν.>.

[239] Wie die Beobachtungen in ersten Teil ergeben haben, zitiert Euseb Origenes in den seltensten Fällen, obwohl er mit seinen Schriften sehr wohl vertraut war. Ein Origenes-Zitat wäre daher fast nicht zu erwarten gewesen, ein Referat Eusebs zu Origenes dagegen schon.

[240] Orig., c. Cels. V 62 <SC 147, 166,1–168,9: Εἶτα σωρὸν κατακέων ἡμῶν ὀνομάτων φησὶν *εἰδέναι τινὰς* καὶ Σιμωνιανούς, οἳ τὴν Ἑλένην ἤτοι διδάσκαλον Ἑλένον σέβοντες Ἑλενιανοὶ λέγονται. Ἀλλὰ λανθάνει τὸν Κέλσον ὅτι οὐδαμῶς τὸν Ἰησοῦν ὁμολογοῦσιν υἱὸν θεοῦ Σιμωνιανοί, ἀλλὰ δύναμιν θεοῦ λέγουσι τὸν Σίμωνα, τερατευόμενοι περὶ αὐτοῦ τινα, οἰηθέντος ὅτι, ἐὰν τὰ παραπλήσια προσποιήσηται οἷς ἔδοξε προσπεποιῆσθαι τὸν Ἰησοῦν, δυνήσεται καὶ αὐτὸς παρ' ἀνθρώποις τοσοῦτον ὅσον Ἰησοῦς τοῖς πολλοῖς. Die Kursivierung in der Quelle>. Die Quelle bringt Euseb keine zusätzlichen Erkenntnisse für die Häresie Simons, als daß er sie zitieren müßte. Die Parallelisierung vom Wunderwirken Christi und den Scheinwundern Simons hätte, durch ein Zitat aus dem argumentativen Kontext von *Contra Celsum* gelöst, beim Leser eher Befremden ausgelöst.

[241] Orig., c. Cels. VI 11 <SC 147, 204,16–206,30: Οἱ γὰρ ὁμοίως Κέλσῳ ὑπολαβόντες τερατεύεσθαι καὶ διὰ τοῦτο βουληθέντες ὁμοίως τερατεύσασθαι, ὡς καὶ αὐτοὶ παραπλησίως κρατήσοντες τῶν ἀνθρώπων,

Betrachtet man die Auswahl der Quellen bei Euseb, so fällt auf, daß er die frühesten Quellen wie Apg und Justin für seine Darstellung übernimmt. Irenäus, dessen Abhängigkeit von Justin Euseb nach h.e. IV 18,9 und V 8,9 bekannt ist, wird zur „Bestätigung" der justinischen Aussagen herangezogen. Spätere Quellen läßt Euseb beiseite.[242]

e) Die Darstellung der Häresie des Simon Magus bei Euseb

Zusammenfassend sollen noch einmal die Informationen über Simon Magus in eusebianischer Interpretation zusammengetragen werden: Euseb stellt Simon als in Samarien in der Provinz Judäa wirkenden Magier vor, der durch seine Zauberei viele Menschen in seinen Bann ziehen konnte. Simon sah die Wundertaten, die Philippus vollbrachte, heuchelte den Glauben und ließ sich taufen, um sich in die Kirche einzuschleichen und seine Lehre den Anhängern wie Gift zu verabreichen. Der Apostel Petrus erkannte seine Bosheit, stellte ihn in seinem Wesen bloß und exkommunizierte ihn. Simon ergriff wie durch göttliches Licht geblendet die Flucht und kam unter dem Kaiser Klaudius nach Rom. Da der Teufel mit ihm die Hauptstadt an sich zu reißen suchte, unterstützte er ihn in seinen trügerischen Kunststücken, so daß er viele Einwohner Roms für sich gewinnen konnte und dort mit einer Bildsäule als Gott verehrt wurde. Mit sich führte er eine Frau namens Helena, die sich früher in einem Hurenhaus preisgegeben hatte, und nannte sie seinen ersten Gedanken. Simons Anhänger verehrten ihn und Helena in Gemälden und Bildern mit Weihrauch, Schlacht- und Trankopfern und nahmen so den einstmals abgelegten Götzendienst wieder auf.

Euseb strebt mit seiner Darstellung eine Außenansicht der Häresie an. Es geht ihm nicht um den inneren Zusammenhang der Gruppierung, d. h. die Lehre des Simon Magus. Er beschreibt die Häresie, wie sie sich für einen Außenstehenden

---

τὸ οὐδὲν εἶναι ἐξηλέγχθησαν, Σίμων τε ὁ Σαμαρεὺς μάγος καὶ Δοσίθεος ὁ ἀπὸ τῆς αὐτῆς χώρας ἐκείνῳ τυγχάνων, ἐπεὶ ὁ μὲν ἔφασκεν αὐτὸν εἶναι δύναμιν θεοῦ τὴν καλουμένην μεγάλην (vgl. Apg 8,10), ὁ δὲ καὶ αὐτὸς υἱὸς τοῦ θεοῦ. Οὐδαμοῦ γὰρ τῆς οἰκουμένης Σιμωνιανοί· καίτοι γε ὑπὲρ τοῦ πλείονας ὑπαγαγέσθαι ὁ Σίμων τὸν περὶ τοῦ θανάτου κίνδυνον, ὃν Χριστιανοὶ αἱρεῖσθαι ἐδιδάχθησαν, περιεῖλε τῶν μαθητῶν, ἐναδιαφορεῖν αὐτοὺς διδάξας πρὸς τὴν εἰδωλολατρείαν (vgl. Iren., adv. haer. I 16,2.3). ἀλλ' οὐδὲ τὴν ἀρχὴν Σιμωνιανοὶ ἐπεβουλεύθησαν· ᾔδει γὰρ ὁ ἐπιβουλεύων δαίμων πονηρὸς τῇ τοῦ Ἰησοῦ διδασκαλίᾳ οὐδὲν τῶν ἰδίων παραλυθησόμενον βούλημα ἐκ τῶν Σίμων μαθητμάτων.>. Aufgrund der parallelen Darstellung von Simon Magus und Dositheus konnte Euseb die Textpassage nicht übernehmen, zumal sie inhaltlich keine über die Apg, Justin und Irenäus hinausgehenden Informationen enthält.

Die Erwähnungen des Simon Magus in Orig., hom. in Jeremiam V 3 <SC 232, 288,40–43>, comm. in Io. I 242 und VI 167, können hier vernachlässigt werden, da Origenes die Person des Simon in unterschiedlichen Themenkomplexen abhandelt, nicht aber innerhalb einer Häresiedarstellung, die Euseb als Zitat hätte verwenden können.

242   Die Information bei Hippolyt, ref. VI 9–18, wonach Simon Magus eine „Apophasis Megale" verfaßt haben soll, wird Euseb nicht bekannt gewesen sein. Vgl. auch oben Teil I 1.18 Hippolyt.

darstellt. Diese Tendenz läßt sich auch an den vier zentralen Themen der eusebianischen Simon-Darstellung festmachen:

1. Eusebs Darstellung der Häresie des Simon ermangelt konkreter Aussagen zu
   den *Lehrinhalten*. Obwohl Euseb sie gekannt hat, übernimmt er sie nicht und
   begründet dies mit der Unaussprechlichkeit derartiger Schändlichkeiten. Der
   Leser wird damit von der inhaltlichen Kenntnisnahme und Auseinandersetzung mit der häretischen Lehre abgehalten; er muß sich damit begnügen, daß
   Petrus die Falschheit der simonianischen Lehre aufgedeckt und Simon Magus
   aus der Kirche ausgestoßen hat. Weitere Informationen über die häretische
   Lehre wie diejenigen, daß sie voll Schrecken, Verrücktheit und Wahnsinn seien,
   sind damit nach Eusebs Vorstellung für den Leser nicht notwendig. Bedenkt
   man, daß die Annahme einer häretischen Lehre in ihrer Wirkung tödlich ist, so
   wird verständlich, warum Euseb keine inhaltlichen Ausführungen über diese
   Häresie gibt.
   Anstelle der Darstellung der häretischen Lehre fokussiert Euseb – abgesehen von aller Dramatik um Flucht und Verfolgung – auf drei Themenkreise:
   die Selbstvergottung, den Götzendienst und die moralische Verwerflichkeit
   Simons.

2. Die *Selbstvergottung* Simons, der sich als große Kraft ausgibt und sich mit einer
   Bildsäule und durch Opfer verehren läßt, stellt einen weiteren Aspekt in der
   Außenansicht auf die Häresie dar. An diesen Äußerlichkeiten kann Euseb die
   Hybris Simons aufzeigen. Mit dem Postulat als Kraft Gottes ist aber auch die
   Widergöttlichkeit seiner Person deutlich geworden, ohne daß sich Euseb inhalt-
   lich mit seiner Lehre auseinandersetzen mußte. Die Herleitung Simons vom
   Teufel sowie die Folgerung, daß Simon nur den Glauben heuchelnd sich in die
   Kirche eingeschlichen habe, ist von Euseb nur konsequent zu Ende gedacht.

3. Zur Betonung der Selbstvergottung tritt das Charakteristikum des Götzendienstes. Die Anhänger des Simon praktizieren in ihrer Verehrung Simons
   „*Götzendienst*" und „*Bilderverehrung*". Damit steht die Häresie im vollkom-
   menen Gegensatz zur „vernünftigen und wegen der Sittenreinheit bei allen
   gerühmten Philosophie der Christen" (h.e. II 13,6).

4. Ein weiterer Fokus der eusebianischen Darstellung ist die *moralische Verwerflichkeit* der simonianischen Häresie, die sich in Simons Syneisaktentum der
   ehemaligen Hure Helena, aber auch in seinen Unzucht treibenden Anhängern
   zeigt.

Betrachtet man über die Rezeption der Quellen hinausgehend die eusebianische
Häresiekonzeption, in die hinein die Quellen integriert sind, so zeigt sich, daß
Euseb bestrebt ist, Häresie und Orthodoxie aufs schärfste zu trennen. Simon, der
als Stammvater aller Häretiker gilt, war zu keiner Zeit seines Lebens ein legitimes
Mitglied der Kirche. Sein Glaube war geheuchelt, seine Taufe diente ihm – wie
seinen Nachfolgern – nur zum Eintritt in die Kirche, um seine Lehre zu verbreiten.

Nicht Gott, sondern der Teufel ließ ihn seine Kunststücke vollbringen. Seine die
Menschen bezaubernden Kunstfertigkeiten sind demnach gerade kein Indiz für die
Wirksamkeit Gottes, sondern diejenige des Teufels. So wird Simons Wirkmächtig-
keit erklärt. Damit ist aber deutlich, daß die Häresie, obwohl sie auf dem Boden
der Kirche wahrgenommen wird, ihrem Ursprung und ihrem Wesen nach von der
Kirche und ihrer Wahrheit grundlegend verschieden ist. Nach Eusebs Darstellung
der Häresie des Simon ist offenbar, daß es keine „Grauzone" zwischen Häresie und
Orthodoxie geben kann.

Der erste Häresieblock:
Die Häresien zur Zeit des Trajan (98–117)

Euseb kommt nach seinem Exkurs über den Evangelisten Johannes, über die Niederschrift der Evangelien und den Umfang der neutestamentlichen Schriften (h.e. III 23–25) in h.e. III 26,1 wieder zum Verlauf der Geschichte zurück und fügt im folgenden vier Häresien *en bloc* ein: in h.e. III 26 Menander, in h.e. III 27 die Ebionäer, in h.e. III 28 Kerinth und in h.e. III 29 die Nikolaïten.

Euseb ordnet alle vier Häresien unter dem Kaiser Trajan ein, dessen Regierungszeit er ab h.e. III 21 darstellt, und nimmt damit die Häresiethematik wieder auf, von der er zuletzt bei der Darstellung der Regierung des Klaudius berichtet hatte[243].

2.2 Menander (h.e. III 26)

h.e. III 26,1–4[244]

26,1 Ἴωμεν δὴ λοιπὸν καὶ ἐπὶ τὴν ἑξῆς ἱστορίαν.

Σίμωνα τὸν μάγον Μένανδρος διαδεξάμενος, ὅπλον δεύτερον οὐ χεῖρον τοῦ προτέρου τῆς διαβολικῆς ἐνεργείας ἀποδείκνυται τὸν τρόπον.

ἦν καὶ οὗτος Σαμαρεύς, εἰς ἄκρον δὲ γοητείας οὐκ ἔλαττον τοῦ διδασκάλου προελθών, μείζοσιν ἐπιδαψιλεύεται τερατολογίαις, ἑαυτὸν μὲν ὡς ἄρα εἴη, λέγων, ὁ σωτὴρ ἐπὶ τῇ τῶν ἀνθρώπων ἄνωθέν ποθεν ἐξ ἀοράτων αἰώνων ἀπεσταλμένος σωτηρίᾳ,

26,2 διδάσκων δὲ μὴ ἄλλως δύνασθαί τινα καὶ αὐτῶν τῶν κοσμοποιῶν ἀγγέλων περιγενήσεσθαι, μὴ πρότερον διὰ τῆς πρὸς αὐτοῦ παραδιδομένης μαγικῆς ἐμπειρίας ἀχθέντα καὶ διὰ τοῦ μεταδιδομένου πρὸς αὐτοῦ βαπτίσματος, οὗ τοὺς καταξιουμένους ἀθανασίαν ἀίδιον ἐν αὐτῷ τούτῳ μεθέξειν τῷ βίῳ, μηκέτι θνήσκοντας, αὐτοῦ δὲ παραμένοντας εἰς τὸ ἀεὶ ἀγήρως τινὰς καὶ ἀθανάτους ἐσομένους. ταῦτα μὲν οὖν καὶ ἐκ τῶν Εἰρηναίου διαγνῶναι ῥάδιον·

Doch verfolgen wir die Geschichte in ihrem weiteren Verlauf!

Auf Simon den Magier folgte Menander. Seine Lebensart offenbarte ihn als zweites, hinter dem ersten nicht zurückstehendes Werkzeug der teuflischen Kraft.

Auch er stammte aus Samaria. Obwohl er gleich seinem Lehrer die Zauberei im höchsten Maße betrieb, übertraf er ihn noch durch seine Wundersprüche. Denn er erklärte, er wäre der zum Heile der Menschen von oben durch unsichtbare Äonen gesandte Erlöser und lehrte, nur dadurch könne man Gewalt sogar über die die Welt bildenden Engel erhalten, daß man sich von der ihm selbst übergebenen Zauberkunst leiten und von ihm taufen lasse. Wer dieser Taufe gewürdigt würde, erlange schon in diesem Leben ewige Unsterblichkeit, da er nicht mehr sterben müsse, sondern auf Erden bleibe, ohne je zu altern und den Tod zu kosten. Hierüber kann man sich leicht bei Irenäus unterrichten.

---

243 Euseb besaß anscheinend für einen Zeitraum von etwa vierzig Jahren keine Informationen über die Häresie; zur „Spätdatierung" des Menander siehe unten S. 103–104.

244 Euseb, h.e. III 26,1–4 <GCS Euseb II/1, 252,25–254,23>.

26,3 καὶ ὁ Ἰουστῖνος δὲ κατὰ τὸ αὐτὸ τοῦ Σίμωνος μνημονεύσας, καὶ τὴν περὶ τούτου διήγησιν ἐπιφέρει, λέγων·

„Μένανδρον δέ τινα καὶ αὐτὸν Σαμαρέα, τὸν ἀπὸ κώμης Καπαρατταίας, γενόμενον μαθητὴν τοῦ Σίμωνος, οἰστρηθέντα καὶ αὐτὸν ὑπὸ τῶν δαιμόνων καὶ ἐν Ἀντιοχείᾳ γενόμενον, πολλοὺς ἐξαπατῆσαι διὰ μαγικῆς τέχνης οἴδαμεν· ὃς καὶ τοὺς αὐτῷ ἑπομένους ὡς μὴ ἀποθνήσκοιεν, ἔπεισεν, καὶ νῦν τινές εἰσιν, ἀπ' ἐκείνου τοῦτο ὁμολογοῦντες".

26,4 ἦν δ' ἄρα διαβολικῆς ἐνεργείας διὰ τοιῶνδε γοήτων τὴν Χριστιανῶν προσηγορίαν ὑποδυομένων τὸ μέγα τῆς θεοσεβείας μυστήριον ἐπὶ μαγείᾳ σπουδάσαι διαβαλεῖν διασῦραί τε δι' αὐτῶν τὰ περὶ ψυχῆς ἀθανασίας καὶ νεκρῶν ἀναστάσεως ἐκκλησιαστικὰ δόγματα. ἀλλ' οὗτοι μὲν τούτους σωτῆρας ἐπιγραψάμενοι τῆς ἀληθοῦς ἀποπεπτώκασιν ἐλπίδος·

Auch Justin erzählt in gleicher Weise über Menander, und zwar im Anschluß an seinen Bericht über Simon. Er sagt nämlich: *„Wie wir wissen, trat ein gewisser Menander, der ebenfalls aus Samaria, und zwar aus dem Dorfe Kaparattaia stammte, Schüler des Simon war und gleichfalls unter dem Einfluß der Dämonen stand, in Antiochien auf, wo er viele durch seine Zauberei irreführte. Denen, die ihm folgten, machte er weis, sie würden nicht sterben. Noch jetzt gibt es Leute, welche dies unter Berufung auf ihn behaupten."* Es gehörte zum Plan der teuflischen Macht, durch solche Zauberer, die sich mit dem Namen Christen schützten, das große Geheimnis unseres Glaubens als Zauberei zu verleumden und die kirchliche Lehre von der Unsterblichkeit der Seele und der Auferstehung der Toten zu verspotten. Doch wer sich solchen Heilanden verschrieben hatte, ging der wahren Hoffnung verlustig.

a) Die Rezeption der Informationen aus Justin und Irenäus

Euseb verknüpft mit h.e. III 26,1 seine Aussagen über Menander mit denen über Simon Magus (h.e. II 13–14), indem er den Leser an die Sukzession der Häretiker (h.e. II 13,6) und an ihre Anstiftung durch den Teufel (h.e. II 13,1; h.e. II 14,1) erinnert.[245] Diese Formulierung ist aufgrund zweier Beobachtungen als eusebianische Eigenschöpfung einzuordnen: Zum einen sieht Euseb das Wirken des Menander durch die teuflische Kraft veranlaßt an, was weder aus der im folgenden referierten Quelle Irenäus noch aus dem Zitat Justins hervorgeht[246]. Zum anderen spiegelt sich in der Formulierung, daß die Lebensart (ὁ τρόπος) Menander als Werkzeug des Teufels offenbart, die bereits bei Simon Magus erkannte Fokussierung auf das moralisch verwerfliche Leben; die häretische Lehre tritt in den Hintergrund. Die Lebensweise des Häretikers als Erkenntnismöglichkeit von Häresie ist eine Grundthese der eusebianischen Häreseologie, die an dieser Stelle explizit an den Anfang der folgenden Häresien gestellt ist.

---

[245]   Euseb, h.e. III 26,1 <GCS Euseb II/1, 252,25–27>.

[246]   Irenäus bietet keine Dämonologie zur Erklärung von Entstehung und Wesen der Häresie und scheidet daher als Vorlage der eusebianischen Ausführungen aus. Justin kommt als Vorlage ebenfalls nicht in Betracht, da er von Dämonen (Plural), nicht aber von einer διαβολικὴ ἐνεργεία (Singular) redet. Vgl. zur eusebianischen Modifikation der justinischen Dämonologie auch h.e. III 26,4 und Teil II 2.1.3 Die Singularität des Teufels als denknotwendige Voraussetzung der eusebianischen Häreseographie.

Nach der Einführung des Menander als Nachfolger Simons greift Euseb bei der Darstellung auf Quellen zurück, namentlich auf Justin und Irenäus. Wie bei Simon *referiert* Euseb die Informationen aus Irenäus, adv. haer. I 23,5 (h.e. III 26,1–2), und *zitiert* Justins *Erste Apologie* (apol. I 26,4 in h.e. III 26,3). Allerdings dreht er hier die Reihenfolge um und führt Justin als Bestätigung seines Referats der irenäischen Informationen an. Die Gründe für die Umstellung werden im weiteren zu betrachten sein.

Euseb berichtet in Anlehnung an Irenäus (h.e. III 26,2), daß Menander wie Simon aus Samaria stammte, gleich seinem Lehrer (διδάσκαλος) die Zauberei im höchsten Maße betrieb, ihn aber durch seine Wundersprüche noch übertraf. Die Angaben über die Herkunft und die Fähigkeiten Menanders gehen zweifelsfrei auf Iren., adv. haer. I 23,5 zurück.[247] Schwieriger ist der Nachweis der Information, daß Menander seinen Lehrer durch τερατολογίαι übertraf. Von „wunderlichen Berichten"[248] des Menander ist bei Irenäus nichts zu lesen, so daß man davon ausgehen muß, daß Euseb diese Formulierung selbst eingefügt hat, um die im folgenden wiedergegebene „Lehre" des Menander als völlig absurd und erfunden darzustellen. Da sich dieselbe Formulierung bei Kerinth im Zitat des Gaius findet, wird Euseb nicht nur eine Verbindungslinie nach hinten zu Simon Magus, sondern durch die Stichwortverbindung τερατολογίαι auch einen Bezug nach vorne zu Menanders Nachfolger Kerinth geschaffen haben.

Nach eusebianischer Darstellung behauptete Menander von sich, er wäre der zum Heile der Menschen von oben durch unsichtbare Äonen gesandte Erlöser. Er würde lehren, daß man nur dadurch Gewalt sogar über die die Welt bildenden Engel erhalten könne, daß man sich von der ihm selbst übergebenen Zauberkunst leiten und von ihm taufen lasse. Wer dieser Taufe gewürdigt würde, erlange schon in diesem Leben ewige Unsterblichkeit, da er nicht mehr sterben müsse, sondern auf Erden bleibe, ohne je zu altern und den Tod zu kosten.[249] Irenäus' Ausführungen in adv. haer. I 23,5 stehen unverkennbar hinter den eusebianischen Aussagen: *se autem eum esse qui missus sit ab invisibilibus Salvatorem pro salute hominum. Mundum autem factum ab angelis, quos ipse similiter ut Simon ab Ennoia emissos dicit. Dare quoque per eam quae a se doceatur magia scientiam ad id ut et ipsos qui mundum fecerunt vincat angelos. Resurrectionem enim per id quod est in eum baptisma accipere eius discipulos et ultra non posse mori, sed perservare non senescentes et immortales.*[250]

Jedoch sind im Referat Eusebs einige kleinere Modifikationen zu erkennen. Irenäus differenziert in seiner Menander-Darstellung zwischen dessen Magie, durch welche man die Kenntnis über die weltschaffenden Engel vermittelt bekomme, und

---

[247] Iren., adv. haer. I 23,5 <FC 8/1, 294,10–11: Huius successor fuit Menander, Samarites genere, qui et ipse ad summum magiae pervenit.>.

[248] Zur Übersetzung vgl. Lampe, Lexicon, 1388.

[249] Euseb, h.e. III 26,1.2 <GCS Euseb II/1, 254,1–9>.

[250] Iren., adv. haer. I 23,5 <FC 8/1, 294,12–19>.

dessen Taufe, durch welche man die Auferstehung erlange. Euseb verknüpft hingegen beide Aussagen, so daß Magie *und* Taufe Gewalt über die weltschöpfenden Engel verleihen, die Taufe aber darüber hinausgehend auch die Unsterblichkeit.

Ein weiterer Unterschied liegt auch darin vor, daß Irenäus von *baptisma in eum* (griechisch: βάπτισμα πρὸς αὐτόν), Euseb jedoch von βάπτισμα πρὸς αὐτοῦ spricht. Euseb scheint zunächst die irenäische Härte der „Taufe auf ihn" (d. i. auf den Namen des Menander) in „Taufe von ihm" abzuschwächen. Will man diese Modifikation nicht als Schonung des allzu sensiblen Lesers oder als eusebianischen Flüchtigkeitsfehler ansehen, so muß man erkennen, daß Euseb mit dieser scheinbar geringfügigen Modifikation viel für seine Häresiekonzeption gewinnt. Von einer Widerlegung der Häresie des Menanders wird nicht berichtet; ist aber die Taufe eng mit der Person des Menander verknüpft, und kann nur sie die Unsterblichkeit – und mit der Magie verbunden – die Macht über die weltschöpfenden Engel garantieren, so steht und fällt die Häresie mit der Person des Menander. Für sie gilt demnach auch der Satz, den Euseb h.e. II 15,1 im Hinblick auf Simon Magus formuliert hatte: Seine Häresie verschwindet mit seiner Person. Sollte diese Rekonstruktion zutreffend sein, dann stammt auch die erstgenannte Verknüpfung von Magie und Taufe mit einiger Sicherheit von Euseb.

Im Anschluß an das Referat irenäischer Informationen fügt Euseb ein Zitat aus Justin, apol. I 26 ein. Er schöpft bei seiner sehr wörtlichen Wiedergabe des Textes[251] alle bei Justin über Menander verfügbaren Informationen aus. Justin berichtet in apol. I 26,4, daß Menander aus dem Dorf Kaparattaia in Samarien stammte, Schüler des Simon war und gleichfalls unter dem Einfluß der Dämonen stand. Er sei in Antiochien aufgetreten, wo er viele durch seine Zauberei irreführte. Denjenigen, die ihm folgten, mache Menander weis, sie würden nicht sterben. Justin kennt auch Zeitgenossen, die dies unter Berufung auf Menander behaupten.

Zunächst ist zu fragen, welche neuen Informationen Euseb mit dem Zitat Justins für seine Darstellung gewinnt. Dieser berichtet über Irenäus hinausgehend von der Herkunft Menanders aus Kapparateia und dessen Wirksamkeit in Antiochien. Zudem betont er, daß Menander unter dem Einfluß der Dämonen stand, was nicht ganz der eusebianischen Dämonologie entsprach, sie aber doch stützen konnte.[252] Gänzlich gegen die eusebianische Häresiekonzeption spricht aber die justinische Aussage, daß es noch bis in seine Zeit, d. h. bis in die Zeit des Antoninus Pius[253], Anhänger der Lehre des Menander gab.

---

251   Euseb liest Καπαρατταίας statt Καππαρετάιας, οἰστρηθέντα statt ἐνεργηθέντα, τῶν δαιμόνων statt τῶν δαιμονίων und stellt εἰσιν τινές in τινές εἰσιν um. Diese Abweichungen können Überlieferungsvarianten sein.

252   Wie bereits bei Simon Magus beobachtet (vgl. S. 85), deutet er die in der Justin-Quelle gemachten Aussagen bezüglich der in den Häretikern wirksamen Dämonen in die Wirksamkeit des Teufels um.

253   Euseb gibt in h.e. II 13,2 und in h.e. IV 18,2 zu erkennen, daß er von der Abfassung der apol. I unter Antoninus Pius weiß (vgl. auch sein Zitat von apol. I 1 in h.e. IV 12). Daß sich die Häresie,

In h.e. III 26,4 kehrt Euseb zu seiner eigenen Häresiekonzeption zurück und beschreibt den Plan der teuflischen Macht, durch solche Zauberer, die sich mit dem Namen „Christen" schützten, das große Geheimnis des Glaubens als Zauberei zu verleumden und die kirchliche Lehre von der Unsterblichkeit der Seele und der Auferstehung der Toten zu verspotten. Er betont, daß derjenige, der sich solchen Heilanden verschrieben hatte, der wahren Hoffnung verlustig gehe.

Mit diesem Abschluß der Menander-Darstellung erinnert Euseb noch einmal an die zu Simon Magus gemachten Ausführungen. Es ist der Teufel, der die Häretiker anstiftet, um mit planvollen und gezielten Maßnahmen gegen die Ausbreitung der kirchlichen Lehre vorzugehen (vgl. h.e. II 13,1). Euseb weist noch einmal darauf hin, daß die Häretiker den Namen „Christ" nur zum Schutz annehmen, was impliziert, daß sie nur dem Namen, nicht aber ihrem Wesen nach Christen waren. Zudem betont er wie bei Simon die Tödlichkeit ihrer falschen Lehre, die zum Verlust der wahren Hoffnung führt.

b) Ausgelassene Informationen aus Irenäus

Einige Informationen aus Irenäus *Adversus haereses* werden von Euseb bewußt ausgelassen. Er berichtet nicht, daß nach Menanders Lehre die erste Kraft allen unbekannt sei.[254] Ebenso läßt er die Notiz aus, wonach die weltschöpferischen Engel wie bei Simon von der Ennoia ausgesandt sind.[255] Da er bereits bei der Darstellung des Simon auf dessen Lehre von den weltschöpferischen Engel verzichtet hatte, wäre der Vergleich mit der Lehre Simons ins Leere gelaufen.

c) Die Datierung der Häresie des Menander

Ein Problem der eusebianischen Darstellung liegt in der zeitlichen Einordnung des Menander. Euseb konnte weder aus Irenäus noch aus Justin eine Datierung dieser Häresie entnehmen. Justin und mit ihm Irenäus stellten ihn direkt im Anschluß an Simon Magus dar und nennen ihn seinen Schüler[256] bzw. Nachfolger[257]. Euseb hingegen legt zwischen beide sowohl eine chronologische wie auch eine geographische Distanz und ordnet Simons Auftreten in Rom in die Zeit des Klaudius (41–54

---

die unter Trajan entstand, bis in die Zeit des Antoninus Pius erstrecken konnte, widerspricht der eusebianischen Häresiekonzeption, wonach die Häresie keine Dauer hat.

[254] Iren., adv. haer. I 23,5 <FC 8/1, 294,11–12: Qui primam quidem virtutem incognitam ait omnibus; [...]>.

[255] Iren., adv. haer. I 23,5 <FC 8/1, 294,14–15: Mundum autem factum ab angelis, quos et ipse similiter ut Simon ab Ennoia emissos dicit.>.

[256] Vgl. Justin, apol. I 26,4 (PTS 38, 70,5: μαθητὴν) und Iren., adv. haer. III 4,3 (FC 8/3, 42,15: *a Menandro Simonis discipulo*).

[257] Vgl. Iren., adv. haer. I 23,5 (FC 8/1, 294,10: *successor*).

n. Chr.) und Menanders Wirken in Antiochien in die Zeit des Trajan (98–117 n. Chr.) ein.

Damit stellt sich aber euseb-immanent das Problem, wie er die Schülerschaft des Menander bei Simon Magus verstanden haben will. Einerseits kam es ihm auf eine enge Verbindung im Sinne eines Lehrer-Schüler-Verhältnisses an (vgl. h.e. III 26,1 διδάσκαλος), andererseits scheint er die zeitliche Problematik seiner Aussage zu erkennen; er kann daher auch sprachlich offener von Menander als „Nachfolger" reden (vgl. h.e. III 26,1 διαδεξάμενος). Eusebs sprachliche Indifferenz wird aus dem Datierungsaspekt resultieren.

Es ist noch zu klären, warum Euseb Menander entgegen seinen Quellen, die eher auf eine (zeitnahe) Schülerschaft als auf eine Nachfolgerschaft deuten, derart spät datiert. Er wußte von Irenäus, adv. haer. I 24,1, daß Satorninus und Basilides zur Zeit Hadrians von Menander ausgingen (vgl. h.e. IV 7,3)[258], was impliziert, daß Menander zu dieser Zeit noch lehrend tätig war. Euseb mußte damit Menander zeitlich *nach* Simon Magus und *vor* Satorninus und Basilides, die zur Zeit des Hadrian (117–138 n. Chr.) lehrten, einordnen.[259] Diese zeitlichen Vorgaben haben zur Folge, daß – wo auch immer Euseb Menander zeitlich einordnen wollte – sich ein Problem hinsichtlich der Datierung ergab.[260]

In der Wahl der Spätdatierung kann man mit Barnes eine Tendenz erkennen, Simon Magus von den späteren nachapostolischen Häretikern zu distanzieren.[261] Den Ausschlag für die Spätdatierung des Menander mag auch die eusebianische Konzeption gegeben haben, wonach die Häresie in den Zeiten der Apostel keinen Bestand hatte (h.e. II 14,3).

Da Euseb in h.e. III 23,3.4 aus Irenäus (adv. haer. II 22,5; adv. haer. III 3,4) das Zeugnis übernommen hatte, daß der Apostel Johannes noch bis in die Zeit Trajans (98–117) lebte, konnte die Häresie des Menander, die bis in die Zeit Justins fortbestand und sich in den Häresien des Satorninus und Basilides fortsetzte, noch nicht während der Lebenszeit dieses Apostels entstanden sein. Die Datierung des Menander wurde demnach von Euseb aus konzeptionellen Gründen vorgenommen; es ist jedoch zu beachten, daß er keine (Justin) bzw. indifferente Vorgaben (Irenäus) in seinen Quellen vorfand.

---

[258]   Vgl. zur Datierung des Basilides unten S. 148–149.

[259]   Euseb hatte Menander in der *Chronik* noch nicht behandelt, steht also bei der Abfassung der h.e. erstmals vor dem Problem der Datierung.

[260]   Wenn Menander erst gegen Ende der Regierung des Klaudius ein Schüler Simon gewesen wäre – vielleicht im Alter von 20 Jahren –, so wäre er beim Regierungsantritt des Hadrian im Jahre 117 bereits 83 Jahre alt gewesen.
Bei Irenäus tritt dieses Datierungsproblem kaum zutage, da er nicht wie Euseb davon ausgeht, daß die Häresie des Simon sofort mit seiner Widerlegung erlosch. In seiner Darstellung, die keine Widerlegung durch Petrus kennt, konnte Simon Magus in Rom weiterhin ungehindert lehren und auch Menander sehr viel später sein Schüler geworden sein.

[261]   Barnes, Constantine and Eusebius, 133.

d) Die Darstellung der Häresie des Menander bei Euseb

Menander wird von Euseb unter Trajan in Antiochien wirkend dargestellt. Er stammt wie Simon Magus aus Samaria und trieb wie er Zauberei. Auch er soll vom Teufel eingesetzt sein. Das Neue seiner Häresie besteht darin, daß er von sich behauptet, der zum Heile der Menschen aufgestellte Erlöser zu sein. Darin übertrifft er seinen Vorgänger Simon Magus, der sich zwar nach eusebianischer Darstellung als Gott verstand und verehren ließ, nicht aber als Erlöser der Menschen auftrat. Standen bei Simon allein die Zauberei, die Selbstvergottung und die moralische Verwerflichkeit im Zentrum, so übertrifft Menander ihn durch seine „wunderlichen Berichte", wonach man durch seine Taufe und Zauberkunst Gewalt über die weltschaffenden Engel und die ewige Unsterblichkeit erlangen könne.

Mit dem Überbietungsmotiv gelingt es Euseb, Menander, den er zunächst als ebenso gefährlich wie Simon Magus dargestellt hatte, als noch sehr viel schlimmer zu klassifizieren. Diese Steigerung, die Euseb selten so offensichtlich wie hier einfügt[262], dient neben der Verknüpfung der einzelnen Häresien auch der Dramatisierung des dargestellten Geschichtsablaufes.[263]

Menander wird als von der teuflischem Macht aufgestellt beschrieben, die den Glauben und die kirchliche Lehre von der Unsterblichkeit der Seele und der Auferstehung der Toten durch solche Zauberer, die den Namen „Christ" als Tarnung und Schutz mißbrauchten, verspottet. War bei Simon Magus von der Gefährlichkeit der häretischen Lehre die Rede, so konkretisiert Euseb bei Menander seine Ansicht: Die Häretiker sind gefährlich, weil sie eine falsche Erlösungslehre anbieten, welche die kirchliche Lehre und Praxis bewußt *imitiert*. Auch die bei Menander praktizierte Taufe scheint deutliche Parallelen zur christlichen Taufpraxis aufzuweisen.[264]

Euseb nimmt wie bei Simon eine Außenperspektive ein. Obwohl er einzelne Lehrinhalte wiedergibt, wie die Schöpfung der Welt durch die Engel und das Postulat Menanders als durch die unsichtbaren Äonen zum Heil der Menschen gesandter Erlöser, kann daraus keine Kosmologie oder gar Soteriologie Menanders rekonstruiert werden. Der innere Zusammenhang der Aussagen bleibt undeutlich. Offensichtlich ist bei dieser Außenperspektive nur die Falschheit der Lehre. Eine inhaltliche Auseinandersetzung oder sinnvolle Darstellung seines Lehrsystems brauchte Euseb auch nicht zu führen, da er eingangs vorausgeschickt hatte, daß bereits Menanders Lebensart und Auftreten ihn als Werkzeug des Teufels offenbarten.

Betrachtet man die Häresie des Menander im Kontext der drei folgenden Häresien (h.e. III 27: die Ebionäer, h.e. III 28: Kerinth und h.e. III 29: die Nikolaïten), so kam einzig sie als Anknüpfungspunkt zu Simon Magus in Betracht; einzig

---

262 Vgl. das Überbietungsmotiv bei Karpokrates (Teil I 2.8), Basilides (Teil I 2.7) und Marcion (Teil I 2.12).

263 Vgl. dazu Teil II 3.1.2 Die Häresie als Darstellungsmöglichkeit von Geschichte.

264 Zum Topos der häretischen Imitation kirchlicher Bräuche vgl. Teil I 3.2.1 Eusebs bevorzugt aufgenommene Inhalte und Motive und Teil II 2.6.2 Die Häresie als Neuerung.

die Häresie des Menander konnte die für Eusebs Konzeption so wichtige *successio haereticorum* begründen. Es wird daher genauer zu untersuchen sein, wie Euseb die folgenden Häresien einleitet und mit ihren Vorgängern in Beziehung setzt.

Daß der Bericht des Menander als Auftakt zum Angriff gegen Kerinth konzipiert ist, der wiederum eine Attacke auf die apokalyptische Eschatologie und den Millenarismus darstellt, wie dies Grant erwägt[265], läßt sich nicht erkennen. Bei Menander kommt neben der Zauberei (als Verknüpfung mit Simon Magus) zwar das Postulat der ewigen Unsterblichkeit auf Erden in den Blick, doch überwiegt hier der Gedanke einer teuflischen Imitation kirchlicher Lehre und Praxis.[266]

2.3 Die Ebionäer (h.e. III 27; V 8; VI 17)

h.e. III 27,1–6[267]

27,1 ἄλλους δ' ὁ πονηρὸς δαίμων, τῆς περὶ τὸν Χριστὸν τοῦ θεοῦ διαθέσεως ἀδυνατῶν ἐκσεῖσαι, θατεραλήπτους εὑρὼν ἐσφετερίζετο Ἐβιωναίους τούτους οἰκείως ἐπεφήμιζον οἱ πρῶτοι, πτωχῶς καὶ ταπεινῶς τὰ περὶ τοῦ Χριστοῦ δοξάζοντας.

Da der böse Dämon anderen den Glauben an den Christus Gottes nicht untergraben konnte, fand er eine andere schwache Seite an ihnen und gewann sie für sich. Die Alten nannten diese, da sie armselig und niedrig über Christus lehrten, Ebionäer.

27,2 λιτὸν μὲν γὰρ αὐτὸν καὶ κοινὸν ἡγοῦντο, κατὰ προκοπὴν ἤθους αὐτὸ μόνον ἄνθρωπον δεδικαιωμένον ἐξ ἀνδρός τε κοινωνίας καὶ τῆς Μαρίας γεγεννημένον· δεῖν δὲ πάντως αὐτοῖς τῆς νομικῆς θρησκείας ὡς μὴ ἂν διὰ μόνης τῆς εἰς τὸν Χριστὸν πίστεως καὶ τοῦ κατ' αὐτὴν βίου σωθησομένοις.

Diese hielten Christus für einen ganz gewöhnlichen Menschen, der nur kraft seines hervorragenden sittlichen Lebenswandels gerecht geworden, und glaubten, er wäre durch die Gemeinschaft eines Mannes mit Maria gezeugt worden. Die Beobachtung des Gesetzes erachteten sie für durchaus notwendig, gerade als ob sie nicht allein durch den Glauben an Christus und auf Grund eines glaubensgemäßen Lebens selig würden.

---

[265]   Grant, Eusebius as Church Historian, 87.

[266]   Grant ist zudem der Aufbau der h.e. entgegenzuhalten. Ginge es Euseb um eine Verknüpfung von Menander (h.e. III 26) und Kerinth (h.e. III 28) hinsichtlich ihrer millenaristischen Vorstellungen, wäre Euseb in seiner Anordnung so frei gewesen, Kerinth hinter Menander zu schalten und die Verbindung damit offensichtlich zu machen. Da Euseb die eigentliche Attacke gegen den Chiliasmus des Papias erst in h.e. III 39,11–13 führt, zieht sich die Millenarismus-Thematik zwar durch das Buch III (h.e. III 26: Menander; h.e. III 28: Kerinth; h.e. III 39: Papias), jedoch ist der Befund derart fragmentiert und mit anderen Themen vermischt, daß der Bericht des Menander nicht als Auftakt zum Großangriff gegen den Millenarismus zu werten ist.

Hätte Euseb wie später Hieronymus gewußt, daß auch die Ebionäer eine realistische Eschatologie vertraten, wäre es ihm ein Leichtes gewesen, mittels einer Fokussierung auf den Millenarismus eine Verbindungslinie von Menander (h.e. III 26) über die Ebionäer (h.e. III 27) hin zu Kerinth (h.e. III 28) und Papias (h.e. III 39) zu ziehen und damit die häretische Sukzession offenbar zu machen. Es deutet aber nichts darauf hin, daß Euseb das chiliastische Gedankengut der Ebionäer bekannt war. Vgl. dazu auch Blum, Chiliasmus, 729–733.

[267]   Euseb, h.e. III 27,1–6 <GCS Euseb II/1, 254,24–256,22>.

27,3 ἄλλοι δὲ παρὰ τούτους τῆς αὐτῆς ὄντες προσηγορίας, τὴν μὲν τῶν εἰρημένων ἔκτοπον διεδίδρασκον ἀτοπίαν, ἐκ παρθένου καὶ ἁγίου πνεύματος μὴ ἀρνούμενοι γεγονέναι τὸν κύριον, οὐ μὴν ἔθ' ὁμοίως καὶ οὗτοι προϋπάρχειν αὐτὸν θεὸν λόγον ὄντα καὶ σοφίαν ὁμολογοῦντες, τῇ τῶν προτέρων περιετρέποντο δυσσεβείᾳ, μάλιστα ὅτε καὶ τὴν σωματικὴν περὶ τὸν νόμον λατρείαν ὁμοίως ἐκείνοις περιέπειν ἐσπούδαζον.

27,4 οὗτοι δὲ τοῦ μὲν ἀποστόλου πάμπαν τὰς ἐπιστολὰς ἀρνητέας ἡγοῦντο εἶναι δεῖν, ἀποστάτην ἀποκαλοῦντες αὐτὸν τοῦ νόμου, εὐαγγελίῳ δὲ μόνῳ τῷ καθ' Ἑβραίους λεγομένῳ χρώμενοι, τῶν λοιπῶν σμικρὸν ἐποιοῦντο λόγον·

27,5 καὶ τὸ μὲν σάββατον καὶ τὴν ἄλλην Ἰουδαϊκὴν ἀγωγὴν ὁμοίως ἐκείνοις παρεφύλαττον, ταῖς δ' αὖ κυριακαῖς ἡμέραις ἡμῖν τὰ παραπλήσια εἰς μνήμην τῆς σωτηρίου ἀναστάσεως ἐπετέλουν·

27,6 ὅθεν παρὰ τὴν τοιαύτην ἐγχείρησιν τῆς τοιᾶσδε λελόγχασι προσηγορίας, τοῦ Ἐβιωναίων ὀνόματος τὴν τῆς διανοίας πτωχείαν αὐτῶν ὑποφαίνοντος· ταύτῃ γὰρ ἐπίκλην ὁ πτωχὸς παρ' Ἑβραίοις ὀνομάζεται.

Eine andere Richtung unter den Ebionäern vermied zwar den erwähnten seltsamen Unsinn, sofern sie die Geburt des Herrn aus der Jungfrau und dem Heiligen Geist nicht leugnete. Aber auch sie wollten nicht zugeben, daß er als Gott, Logos und Weisheit präexistierte, wodurch sie gleich jenen in Gottlosigkeit verfiel, zumal auch sie für die fleischliche Gesetzesbeobachtung eintrat.

Sie meinten, man müsse die Briefe des Apostels, von dem sie erklärten, er sei vom Gesetz abgefallen, vollständig verwerfen. Nur das sogenannte Hebräerevangelium benützen sie, die übrigen Schriften aber achteten sie gering.

Den Sabbat und die sonstigen jüdischen Bräuche beobachtete diese Richtung gleich den anderen, doch feierte sie auch gleich uns den Tag des Herrn zur Erinnerung an die Auferstehung des Erlösers.

Wegen solcher Lehren erhielten diese Richtungen den erwähnten Namen; denn das Wort Ebionäer deutet ihre geistige Armut an. Die Hebräer bezeichnen nämlich mit diesem Wort einen armen Menschen.

h.e. V 8,10[268]

ὁ θεὸς οὖν ἄνθρωπος ἐγένετο καὶ αὐτὸς κύριος ἔσωσεν ἡμᾶς, δοὺς τὸ τῆς παρθένου σημεῖον, ἀλλ' οὐχ ὡς ἔνιοί φασιν τῶν νῦν τολμώντων μεθερμηνεύειν τὴν γραφήν, „ἰδοὺ ἡ νεᾶνις ἐν γαστρὶ ἕξει καὶ τέξεται υἱόν‘‘· ὡς Θεοδοτίων ἡρμήνευσεν ὁ Ἐφέσιος καὶ Ἀκύλας ὁ Ποντικός, ἀμφότεροι Ἰουδαῖοι προσήλυτοι, οἷς κατακολουθήσαντες οἱ Ἐβιωναῖοι ἐξ Ἰωσὴφ αὐτὸν γεγενῆσθαι φάσκουσιν.

„Gott ist also Mensch geworden, und der Herr selbst hat uns erlöst, indem er uns das Zeichen der Jungfrau gegeben hat, aber nicht, wie einige von denen sagen, die das Schriftwort jetzt also zu übersetzen wagen: ‚Siehe, das junge Weib wird empfangen und einen Sohn gebären!‘ So haben nämlich Theodotion aus Ephesus und Aquila aus Pontus, beide jüdische Proselyten, übersetzt, und ihnen folgten die Ebionäer, sofern sie behaupten, er sei von Joseph erzeugt worden."

h.e. VI 17[269]

Τῶν γε μὴν ἑρμηνευτῶν αὐτῶν δὴ τούτων ἰστέον Ἐβιωναῖον τὸν Σύμμαχον γεγονέναι· αἵρεσις δέ ἐστιν ἡ τῶν Ἐβιωναίων οὕτω καλουμένη τῶν

Bezüglich der Übersetzer ist zu bemerken, daß Symmachus Ebionäer war. Die sogenannte Häresie der Ebionäer aber hält Chri-

---

268   Euseb, h.e. V 8,10 <GCS Euseb II/1, 446,19–448,2>.
269   Euseb, h.e. VI 17 <GCS Euseb II/2, 554,18–556,8>.

τὸν Χριστὸν ἐξ Ἰωσὴφ καὶ Μαρίας γεγονέναι φασκόντων ψιλόν τε ἄνθρωπον ὑπειληφότων αὐτὸν καὶ τὸν νόμον χρῆναι Ἰουδαϊκώτερον φυλάττειν ἀπισχυριζομένων, ὥς που καὶ ἐκ τῆς πρόσθεν ἱστορίας ἔγνωμεν.

καὶ ὑπομνήματα δὲ τοῦ Συμμάχου εἰς ἔτι νῦν φέρεται, ἐν οἷς δοκεῖ πρὸς τὸ κατὰ Ματθαῖον ἀποτεινόμενος εὐαγγέλιον τὴν δεδηλωμένην αἵρεσιν κρατύνειν. ταῦτα δὲ ὁ Ὠριγένης μετὰ καὶ ἄλλων εἰς τὰς γραφὰς ἑρμηνειῶν τοῦ Συμμάχου σημαίνει παρὰ Ἰουλιανῆς τινος εἰληφέναι, ἣν καί φησιν παρ' αὐτοῦ Συμμάχου τὰς βίβλους διαδέξασθαι.

stus für den Sohn des Joseph und der Maria und sieht in ihm einen bloßen Menschen; sie fordert auch, man müsse das Gesetz in streng jüdischem Sinne beobachten, wie wir schon an früherer Stelle unserer Geschichte erfahren haben.

Noch heute sind Schriften des Symmachus erhalten, in welchen er unter Berufung auf das Matthäusevangelium die erwähnte Häresie zu bekräftigen scheint. Origenes berichtet, er habe diese Schriften neben Bibelerklärungen des Symmachus von einer gewissen Juliana erhalten, welche, wie er sagt, die Bücher von Symmachus selbst überkommen hätte.

Gleich im Anschluß an die Häresie des Menander (h.e. III 26) kommt Euseb in h.e. III 27 auf die Ebionäer zu sprechen. Bedeutsam ist seine Überleitung in h.e. III 27,1. Da der Teufel mit der Häresie des Menander und dessen Magie und Imitation der kirchlichen Lehre, wie es scheint, nicht den erwünschten Erfolg erzielen und den Glauben an den Christus Gottes nicht untergraben konnte, fand er eine andere schwache Stelle bei den Christen und gewann sie für sich. Kam es bei der Einleitung des Menander auf die Übereinstimmung mit seinem Vorläufer Simon Magus hinsichtlich der Magie und der Selbstvergottung an, so schickt Euseb an dieser Stelle gerade die Andersartigkeit der Häresie der Ebionäer seiner eigentlichen Darstellung vorweg.

Der sich anschließende Bericht Eusebs beschreibt zwei Gruppen der Ebionäer. Sein Referat gründet sich nach eigenen Angaben auf οἱ πρῶτοι, deren Namen er aber nicht nennt.

Über die erste Richtung der Ebionäer (Ebionäer I) berichtet Euseb in h.e. III 27,2, daß sie Christus für einen ganz gewöhnlichen Menschen halten. Die Beobachtung des Gesetzes erachten sie durchaus für notwendig.[270] Die zweite Gruppe der Ebionäer (Ebionäer II) leugnet zwar nicht die Geburt des Herrn aus der Jungfrau und dem Heiligen Geist, will aber auch nicht zugeben, daß er als Gott, Logos und Weisheit präexistierte.[271] Eusebs folgende Ausführungen in h.e. III 27,4 werden auf die zweite Richtung der Ebionäer zu beziehen sein: Sie meinen, man müsse die Briefe des Apostels vollständig verwerfen.[272] Die zweite Gruppe beobachtet (wie die Ebionäer I) den Sabbat und die sonstigen jüdischen Bräuche, doch feiert sie darüber hinausgehend wie die orthodoxen Christen den Tag des Herrn zur Erinnerung an die Auferstehung des Erlösers.[273] Zum Abschluß fügt Euseb in h.e. III 27,6

---

[270] Euseb, h.e. III 27,2 <GCS Euseb II/1, 256,2–7>.
[271] Euseb, h.e. III 27,3 <GCS Euseb II/1, 256,7–13>.
[272] Euseb, h.e. III 27,4 <GCS Euseb II/1, 256,13–16>.
[273] Euseb, h.e. III 27,5 <GCS Euseb II/1, 256,16–19>.

eine Deutung des Namens Ebionäer an, den die Gruppierungen aufgrund ihrer Lehren erhielten.[274]

In h.e. V 8,10 fügt Euseb im Kontext der Darstellung des Irenäus und seiner Ansicht über die LXX-Übersetzung eine weitere Information aus Iren., adv. haer. III 21,1, über die Ebionäer ein, wonach diese das in Jes 7,14 gegebene Zeichen der Jungfrau in der Nachfolge des Theodotion und des Aquila verwerfen und stattdessen behaupten, Christus sei von Joseph gezeugt.[275]

Schlußendlich begegnet die Häresie der Ebionäer noch einmal in h.e. VI 17. Euseb berichtet zuvor in h.e. VI 16,4, daß Origenes in seiner Tetrapla[276] neben der LXX die Aussagen des Aquila, des Symmachus und des Theodotion verwendete, was Euseb die Gelegenheit gibt, weitere Informationen über den Ebionäer Symmachus einzufügen.[277] Anschließend referiert er mit einem Hinweis auf h.e. III 28 eine Zusammenfassung der Informationen über die Ebionäer: Diese halten Christus für den Sohn des Joseph und der Maria und sehen ihn als bloßen Menschen an[278]; sie fordern auch, man müsse das Gesetz in streng jüdischem Sinne beobachten. Neu ist allerdings die Information, daß Euseb noch erhaltene Schriften des Symmachus kennt, in welchen er unter Berufung auf das Matthäusevangelium die erwähnte Häresie zu bekräftigen suche. Origenes habe diese Symmachus-Schriften von einer gewissen Juliana erhalten, welche diese direkt von Symmachus empfangen hätte.

---

274 Euseb, h.e. III 27,6 <GCS Euseb II/1, 256,19–22>. Vgl. dazu auch Eusebs Ausführung in de eccl. theol. I 14,1: <GCS Euseb IV, 74,13–17: καὶ αὐτοῦ δὲ τοῦ σωτῆρος ἡμῶν οἱ πρωτοκήρυκες Ἐβιωναίους ὠνόμαζον, Ἑβραϊκῇ φωνῇ πτωχοὺς τὴν διάνοιαν ἀποκαλοῦντες, τοὺς ἕνα μὲν θεὸν λέγοντας εἰδέναι καὶ τοῦ σωτῆρος τὸ σῶμα μὴ ἀρνουμένους, τὴν δὲ τοῦ υἱοῦ θεότητα μὴ εἰδότας.>.

275 Über die Auslegung dieser Bibelstelle bei den Ebionäern vgl. auch Eusebs Ausführungen in dem. ev. VII 1 <GCS Euseb VI, 304,11–18: παρὰ δὲ τῷ Συμμάχῳ ταῦθ' οὕτως ἔχει (λέγεται δὲ ὁ Σύμμαχος Ἐβιωναῖος εἶναι· αἵρεσις δὲ ἦν οὕτω καλουμένων τινῶν Ἰουδαίων εἰς Χριστὸν πιστεύειν λεγομένων, ἐξ ὧν ὁ Σύμμαχος ἦν, παρ' ᾧ καὶ αὐτῷ ταῦτα οὕτως ἔχει)· „ ἀκούσατε οἶκος Δαβίδ, μὴ οὐκ αὔταρκες ὑμῖν κοποῦν ἀνθρώπους, ὅτι κοποῦτε τὸν θεόν μου; διὰ τοῦτο δώσει αὐτὸς ὑμῖν σημεῖον· ἰδοὺ ἡ νεᾶνις συλλαμβάνει καὶ τίκτει υἱόν, καὶ καλέσεις ὄνομα αὐτῷ Ἐμμανουήλ".>.

276 Euseb nennt das Origenes-Werk abweichend Τέτρασσα, vgl. h.e. VI 16,4 <GCS Euseb II/2, 554,17>.

277 Euseb, h.e. VI 17 <GCS Euseb II/2, 554,18–556,8>.

278 Die Charakterisierung der Ebionäer als einer Häresie, die wie Artemon und Paulus von Samosata die Lehre von Christus als ψιλὸς ἄνθρωπος vertritt, findet sich auch in der etwa zeitglich mit der h.e. entstandenen *Eclogae propheticae* IV 22 <PG 22, 1229D: Καὶ ταῦτα μὲν ὡς πρὸς τὴν τοῦ Χριστοῦ σαφήνειαν· ἁρμόζοι δ᾽ ἂν παρατεθῆναι τὴν περικοπὴν οὐ μόνον τοῖς ἐκ περιτομῆς, ἀλλὰ καὶ τοῖς ψιλὸν ἄνθρωπον ὑπειληφόσι γεγονέναι τὸν Σωτῆρα, Ἐβιωναίοις, ἢ τοῖς κατὰ Ἀρτέμωνα, καὶ τὸν Σαμωσατέα Παῦλον.>. Vgl. dazu auch Barnes, Constantine and Eusebius, 169, der hinter dieser Frontstellung in der ecl. proph. gegen Marcioniten, Ebionäer/Artemoniten und Paulianer die Situation Eusebs in Cäsarea vermutet.

a) Die Herkunft der Informationen für die Darstellung der Ebionäer

Im Hinblick auf die Frage, auf welche Quellen Euseb bei seiner Darstellung zurück-gegriffen haben wird, erscheint es sinnvoll, jeden Abschnitt zu den Ebionäern ein-zeln zu betrachten. Im Anschluß daran soll untersucht werden, warum Euseb seine Quellen nicht direkt zitiert und die Namen seiner Autoritäten, auf die er sich beruft, nicht preisgibt.

h.e. III 27

Justin und Hegesipp, die weder die Ebionäer noch eine andere judenchrist-liche Häresie kennen, kommen als Vorlage des eusebianischen Referats nicht in Betracht.[279]

Irenäus ist der erste Schriftsteller, der von den Ebionäern als Häretikern schreibt (adv. haer. I 26,2). Er berichtet, daß die Ebionäer die Welt zwar als von Gott erschaf-fen ansehen, aber vom Herrn ebenso reden wie Kerinth und Karpokrates.

Da Karpokrates nach adv. haer. I 25,1 vertrat, Jesus sei ein von Joseph gezeug-ter Mensch mit einer starken und reinen Seele, und Kerinth nach adv. haer. I 26,1 behauptete, Jesus sei nicht aus einer Jungfrau geboren, sondern Sohn Marias und Josephs und ein gewöhnlicher Mensch, auf den nach der Taufe im Jordan Christus hinabgestiegen ist, wird Irenäus die Gemeinsamkeit zwischen Ebionäern, Karpo-krates und Kerinth in der natürlichen Zeugung Jesu und damit in seiner bloßen Menschlichkeit sehen.[280]

Euseb könnte diese Information über die Christologie der Ebionäer von Irenäus übernommen haben, da auch er berichtet, daß die Ebionäer Christus für einen ganz gewöhnlichen, durch die Gemeinschaft eines Mannes mit Maria gezeugten Menschen hielten. Die exklusive Herleitung der Information von Irenäus bringt aber die Schwierigkeit mit sich, daß die eusebianische Behauptung, die Ebionäer hielten Christus für einen gewöhnlichen Menschen, der „nur kraft seines hervor-ragenden sittlichen Lebenswandels gerecht geworden" wäre, nun gerade nicht auf Irenäus zurückgeht.[281] Diese eusebianische Aussage kann daher entweder eigenstän-dig aus der irenäischen Gesetzesobservanz der Ebionäer gefolgert sein oder muß auf eine andere Quellenvorlage als Irenäus zurückgehen. Die Information, wonach die Gesetzesobservanz konstitutiv für die Lebensweise der Ebionäer sei, kann Euseb wieder Irenäus entnommen haben, denn dieser berichtet in adv. haer. I 26,2, daß

---

[279] Vgl. dazu Strecker, Judenchristentum, 320.

[280] Vgl. Iren., adv. haer. III 21,1, zitiert bei Euseb, h.e. V 8,10.

[281] Irenäus benennt gerade nicht die Gesetzesobservanz Christi als Grund für seine Rechtfertigung. Auch aus dem Vergleich zwischen Ebionäern einerseits und Karpokrates und Kerinth andererseits kann als Lehre der Ebionäer keine Rechtfertigung durch den hervorragenden sittlichen Lebens-wandel rekonstruiert werden, da Karpokrates nach Iren., adv. haer. I 25,1–2, lehrte, daß die beson-dere Qualität der Seele Jesu darin bestand, die jüdischen Bräuche zu verachten.

die Ebionäer die Beschneidung praktizieren und die Gewohnheiten, die vom Gesetz verlangt sind, beibehalten.[282]

Auch der Bericht über die Verwendung der Schriften in h.e. III 27,4 könnte auf Irenäus zurückgehen. Dieser erwähnt, daß die Ebionäer nur das Matthäusevangelium verwenden und den Apostel Paulus als Apostaten vom Gesetz ablehnen. Euseb gibt diese Ansicht in modifizierter Form[283] wieder, jedoch weist er sie seiner zweiten Ebionäergruppe zu. Da Irenäus keine Untergliederung der Ebionäer kennt, ist hinsichtlich ihrer Differenzierung eine andere Quelle als Grundlage anzunehmen. Sodann wird man auch die Zuweisung des Schriftgebrauchs an die *zweite* Gruppe der Ebionäer durch Abhängigkeit von einer über Irenäus hinausgehenden Quelle oder als eusebianische Interpretation derselben erklären müssen.

Zusammenfassend läßt sich hinsichtlich der Irenäus-Quelle als Vorlage für das eusebianische Referat in h.e. III 27 festhalten: Irenäus liefert Informationen, die Euseb größtenteils (bis auf den Schriftgebrauch) der ersten Gruppe der Ebionäer zuweist, welche durch die Annahme einer natürlichen Zeugung Jesu konstituiert ist.

Die Untergliederung der Ebionäer und die Angaben zu deren zweiter Gruppe kann Euseb nicht aus Irenäus übernommen haben, der diese nicht kennt.[284] Aber die über Irenäus hinausgehenden Informationen zur ersten Gruppe der Ebionäer, wie die Rechtfertigung Christi aufgrund seiner Thoraobservanz, der Gebrauch des Hebräerevangeliums und die Geringachtung der neutestamentlichen Schriften, legen es nahe, daß Euseb noch andere Quellen verarbeitet haben muß. Die bewußten Korrekturen der irenäischen Darstellung – wie die Verwendung des Hebräerevangeliums, nicht des Matthäusevangeliums, sowie die Zuweisung des Schriftgebrauchs an die zweite Gruppe der Ebionäer – wird Euseb aufgrund anderer Quellenvorgaben vorgenommen haben.

Eine Differenzierung in zwei Gruppierungen, die sich durch ihre Lehre von der Entstehung Christi unterscheiden, findet sich ausschließlich bei Origenes, dessen Werke man bei Euseb als bekannt voraussetzen darf. Origenes berichtet in *Contra Celsum* V 61, daß es Menschen gibt, die Jesus anerkennen und sich als Christen rühmen, aber auch weiter nach dem jüdischen Gesetz leben wollen. Dieses seien die beiden Gruppen der Ebionäer, „die entweder wie wir bekennen, daß Jesus von

---

[282] Iren., adv. haer. I 26,2 <FC 8/1, 316,10–12: [...] et circumciduntur ac perseverant in his consuetudinibus quae sunt secundum legem et iudaico charactere vitae [...]>. Das sich bei Irenäus anschließende Beispiel für die Praktizierung jüdischer Bräuche und die Verehrung Jerusalems als Wohnstätte Gottes wird von Euseb nicht wiedergegeben.

[283] Euseb nennt das Hebräerevangelium, nicht wie Irenäus das Matthäusevangelium, als zentrale Schrift der Ebionäer. Euseb weiß über Irenäus hinausgehend, daß nicht nur der Apostel Paulus verworfen wird, sondern auch die anderen ntl. Schriften gering geachtet werden.

[284] Nach Iren., adv. haer. V 1,3, ist es geradezu charakteristisch für die Ebionäer, daß sie „die neue Zeugung" durch den Heiligen Geist nicht annehmen wollen. Daß es eine Gruppe von Ebionäern gegeben habe, welche die Jungfrauengeburt angenommen hat, ist für Irenäus ausgeschlossen.

einer Jungfrau geboren ist, oder behaupten, er sei wie die übrigen Menschen ins Leben eingetreten".[285]

Die Kenntnis von zwei unterschiedlichen ebionitischen Gruppierungen wird Euseb bei Origenes gewonnen haben. Von der origenischen Betonung der Übereinstimmung zwischen Ebionäern und orthodoxen Christen in der gemeinsamen Annahme der Jungfrauengeburt distanziert sich Euseb jedoch durch den Hinweis, daß die Ebionäer II dennoch die Präexistenz Christi als Gott, Logos und Weisheit ablehnten. Über die Ansichten der Ebionäer hinsichtlich der Präexistenz Christi äußert sich Origenes jedoch an keiner Stelle.

Die Verwerfung der Paulusbriefe durch die Ebionäer wird von Origenes in *Contra Celsum* V 65 berichtet, jedoch gibt er keinen Grund für die Ächtung des Paulus an. Daher wird Euseb die Information über die Ablehnung der Paulusbriefe mit der Begründung durch die Apostasie des Paulus von Irenäus kombiniert haben. Entgegen der Information des Irenäus, der keine Differenzierung der Ebionäer kannte, und den Angaben des Origenes, der die Ablehnung der Paulusbriefe für beide Gruppierungen festhält[286], weist Euseb die Verwerfung der Briefe explizit der zweiten Gruppe zu, nicht aber beiden. Die Gründe dafür werden inhaltlicher Natur sein.[287]

Eusebs Bericht in h.e. III 27,5, nach dem die Ebionäer II wie die Ebionäer I den Sabbat und die jüdischen Bräuche beobachten, die Ebionäer II aber zusätzlich wie die orthodoxen Christen den Tag des Herrn zur Erinnerung an seine Auferstehung feiern, wird teilweise auf die Aussagen des Origenes in *Contra Celsum* V 61 zurückgehen. Dort beschreibt er, daß *beide* Gruppen der Ebionäer, die Christus angenommen haben und sich Christen zu sein rühmen, die Thoraobservanz beibehalten.[288]

Ein wichtiges Indiz für die Heranziehung von Origenes' Schriften für die eusebianische Darstellung ist die doppelte Erklärung des Namens Ebionäer: In h.e. III 27,1 gibt Euseb als Grund für die Namensgebung an, daß sie armselig und niedrig über Christus lehrten; in h.e. III 27,6 erklärt Euseb den Namen mit der geistigen Armut der Anhänger und fügt eine etymologische Erklärung an, wonach die Hebräer mit diesem Wort einen armen Menschen bezeichnen. Beide Deutungen des Namens finden sich auch bei Origenes. In *comm. in Matth.* XVI 12 nennt er die Ebionäer zusammen mit den „Armen hinsichtlich des Glaubens an Christus". In *de principiis* IV 3,8 kritisiert Origenes das dem Buchstaben verhaftete Verständ-

---

[285] Orig., c. Cels. V 61 <SC 147, 166,30–32: οὗτοι δ' εἰσὶν οἱ διττοὶ Ἐβιωναῖοι, ἤτοι ἐκ παρθένου ὁμολογοῦντες ὁμοίως ἡμῖν τὸν Ἰησοῦν ἢ οὐχ οὕτω γεγεννῆσθαι ἀλλὰ ὡς τοὺς λοιποὺς ἀνθρώπους>. Vgl. auch c. Cels. V 65 und die Auslegung der Bartimäus-Perikope in Orig., comm. in Mt XVI 12.

[286] Orig., c. Cels. V 65 <SC 147, 174,3–6: Εἰσὶ γάρ τινες αἱρέσεις τὰς Παύλου ἐπιστολὰς τοῦ ἀποστόλου μὴ προσιέμεναι, ὥσπερ Ἐβιωναῖοι ἀμφότεροι καὶ οἱ καλούμενοι Ἐγκρατηταί.>

[287] Zur Darstellung der Ebionäer siehe unten S. 120–122. Euseb distanziert sich in sehr viel stärkerem Maße von der zweiten Gruppe der Ebionäer; zu den Gründen vgl. S. 121 mit Anm. I 316.

[288] Irenäus hielt die Thoraobservanz nur für die erste Gruppe der Ebionäer fest.

nis[289] von Mt 15,24 bei den „geistig armen Ebionäern" und setzt erläuternd hinzu, daß „*ebion* bei den Hebräern ‚der Arme' heißt".[290]

Eine ganz ähnliche Formulierung findet sich auch in *Contra Celsum* II 1, wo Origenes den Namen Ebionäer von der Armut des Gesetzes ableitet, die dann vorhanden ist, wenn man es im buchstäblichen Sinn versteht. Euseb gibt diese Deutung des Namens nicht wieder, vermutlich wird er aber das buchstäbliche Verständnis des Gesetzes und dessen fleischliche Beobachtung (vgl. h.e. III 27,3) bei den Ebionäern aus Origenes gewonnen haben.[291]

Geht man von Origenes als Vorlage der eusebianischen Ausführungen aus, so erklären sich von daher die Differenzierung der Ebionäer, die fleischliche Gesetzesbeobachtung und die beiden Deutungen des Namens. Den Bericht Eusebs jedoch ausschließlich aus Origenes geschöpft sein zu lassen, wird dem Befund nicht gerecht.[292]

Im Anschluß an die Frage nach der Herkunft der Informationen soll kurz diskutiert werden, warum Euseb weder seine zugrundeliegenden Quellen zitiert bzw. referiert, noch die Zeugen für seine Darstellung namentlich nennt. Ein direktes Zitat aus Iren., adv. haer. I 26,2, kam für Euseb aufgrund der engen Verbindung zwischen Ebionäern, Karpokrates und Kerinth hinsichtlich der Christologie nicht

---

[289]   Diese am Literalsinn orientierte Auslegung der Bibel, die Origenes in de princ. IV 3,8 und comm. in Mt. XVI 12 bei den Ebionäern kritisiert, wird man auch hinter der Formulierung in h.e. III 27,3 vermuten können, mit der Euseb die fleischliche Gesetzesbeobachtung (τὴν σωματικὴν περὶ τὸν νόμον λατρείαν, GCS Euseb II/1, 256,12) der Ebionäer beschreibt.
Von der Art und Weise der ebionitischen Auslegung weiß Irenäus in adv. haer. I 26,2 nichts zu berichten. Er beschreibt in adv. haer. III 21,1 die Übersetzung des Theodotion und des Aquila, die Jes 7,14 mit „Siehe das Mädchen wird schwanger werden ..." wiedergeben. Die Ebionäer sollen sich deren Übersetzung angeschlossen haben. Aus dieser Textpassage kann Euseb aber die am Buchstaben orientierte Auslegungspraxis der Ebionäer nicht übernommen haben.

[290]   Orig., de princ. IV 3,8 <SC 268, 368,206–370,211: οὐκ ἀπεστάλην εἰ μὴ εἰς τὰ πρόβατα τὰ ἀπολωλότα οἴκου Ἰσραήλ, οὐκ ἐκλαμβάνομεν ταῦτα ὡς οἱ πτωχοὶ τῇ διανοίᾳ Ἐβιωναῖοι, τῆς πτωχῆς διανοίας ἐπώνυμοι (ἐβίων γὰρ ὁ πτωχὸς παρ' Ἑβραίοις ὀνομάζεται), ὥστε ὑπολαβεῖν ἐπὶ τοὺς σαρκίνους Ἰσραηλίτας προηγουμένως τὸν Χριστὸν ἐπιδεδημηκέναι>. Vgl. zur Herleitung des Namens Ebion aus dem Hebräischen auch Orig., c. Cels. II 1 und zur Armut im Geist Orig., hom. in Gen. III 5.

[291]   Verteilten sich die Ausführungen des Irenäus eher gleichmäßig auf die Themen „natürliche Zeugung Christi", „Schriftgebrauch" und „Beibehaltung der Vorschriften des Gesetzes", so fokussiert Origenes fast ausschließlich auf die Thoraobservanz der Ebionäer, vgl. Orig., c. Cels. II 1 und V 61.

[292]   Gegen Grant, Eusebius as Church Historian, 91, der den eusebianischen Bericht über die Ebionäer fast ausschließlich an den Schriften des Origenes angelehnt sehen will; nur die Einhaltung von Sabbat und Sonntag soll von Euseb selbst beobachtet sein. Gegen Le Boulluec, La notion, II, 527–528 und Anm. 307, der die beiden Gruppierungen der Ebionäer bei Euseb allein von Orig., Comm. in Mt. ser. 33; 16,8 und de princ. I 2,1; I 2,5 und II 6,1 zu erklären versucht.
Spätestens mit der Angabe, die Ebionäer gebrauchten das Hebräerevangelium, kommt die einseitige Ableitung aus den Origenes-Schriften an ihre Grenzen, da dieser davon ausgeht, daß die Ebionäer wie Symmachus das Matthäusevangelium verwenden (h.e. V 8,10) und auch keinen Hinweis darauf liefert, daß sie ein nichtkanonisches Evangelium gebrauchen.

in Betracht. Zudem kannte Irenäus nur die erste Gruppe der Ebionäer, von der er
– nach eusebianischem Verständnis fälschlich – die Verwerfung der Paulusbriefe
und die Geringachtung der anderen ntl. Schriften berichtete. Euseb korrigiert ihn
und ändert auch die Verwendung des Matthäusevangeliums in den Gebrauch des
Hebräerevangeliums ab. Damit war Irenäus legitimer Weise nicht mehr als Zeuge
für Eusebs Darstellung heranzuziehen. Die Aussagen des Origenes zu den Ebionäern begegnen in unterschiedlichen Kontexten. Allen Ausführungen ist zuzeigen,
daß die Ebionäer nur am Rande einer anderen Thematik erwähnt werden, so daß
Euseb allein aus inhaltlichen Gründen keine der Textpassagen als Zitat verwenden
konnte.

h.e. V 8,10

Das in h.e. V 8,10 im Kontext der LXX-Übersetzung eingefügte Zitat, das die
ebionitische Auslegung von Jes 7,14 zum Inhalt hat, geht auf Iren., adv. haer. III
21,1 zurück. Euseb übernimmt dieses Zitat beinahe wörtlich[293] und unterläßt es,
seine eigene Differenzierung der Ebionäer einzufügen oder die Aussage allein der
ersten Gruppe der Ebionäer zuzuweisen, da die Unterscheidung der irenäischen
Darstellung fremd ist.

h.e. VI 17

Die Frage nach der Herkunft der Informationen in h.e. VI 17 ist wiederum schwierig zu beantworten. Euseb ist anscheinend der erste Häreseologe, der Symmachus
als einen Ebionäer darstellt, der Christus für einen Sohn Marias und Josephs und
damit für einen bloßen Menschen hielt.[294] Die sich anschließende Kurzcharakteristik der Ebionäer geht, wie Euseb selbst anmerkt, auf die zuvor in h.e. III 27
erwähnten Quellen zurück und kann deshalb an dieser Stelle vernachlässigt werden.

Wichtig für die Frage nach den vorliegenden Quellen ist die Bemerkung
Eusebs, er habe Schriften des Symmachus vorliegen, in denen er seine Lehre unter
Berufung auf das Matthäusevangelium zu bekräftigen sucht. Diese Schriften habe
Origenes neben Bibelerklärungen des Symmachus von einer Juliana erhalten, die
diese Werke direkt von Symmachus empfangen hätte.[295]

---

[293] Eine unwesentliche Differenz kann man in der Einleitung des Schriftzitats Jes 7,14 erkennen:
        Euseb liest h.e. V 8,10 ἀλλ᾽ οὐχ ὡς ἔνιοί φασιν τῶν νῦν τολμώτατων μεθερμηνεύειν τὴν γραφὴν· <GCS
        Euseb II/1, 446,20–21>, wohingegen Irenäus *Non ergo vera est quorundam interpretatio qui ita
        audent interpretari scripturam* <FC 8/3, 252,19; 254,1> schreibt.

[294] Vgl. dazu Hilgenfeld, Ketzergeschichte, 425.

[295] Der Bericht des Palladius, hist. Laus. 64, der weitergehende Angaben über die Flucht des Origenes
        nach Cäsarea in Kappadokien bietet, von dessen zweijährigem Aufenthalt bei Juliana erzählt und
        ein Zitat des Origenes über den Empfang des Symmachus-Buches von Juliana wiedergibt, hat sich
        als vom eusebianischen Bericht abhängig erwiesen, vgl. Nautin, Origène, 219–222.

Diese Aussage Eusebs ist von einiger Bedeutung, da sie auf eine mögliche weitere, uns nicht mehr erhaltene Quelle (bzw. einen Quellenabschnitt) hinweist[296], die auch für die oben offengebliebenen Fragen nach der Herkunft einzelner Informationen Relevanz besitzen könnte. Euseb könnte in der Tetrapla, in der Hexapla oder in einer anderen, diese Schriften thematisierenden Abhandlung des Origenes einen Hinweis auf den Ebionitismus des Symmachus gefunden haben. Es wäre aber auch denkbar, daß Euseb, der, wie er in h.e. VI 17 angibt, die originalen Schriften des Symmachus vorliegen hatte,[297] selbst zu der Erkenntnis kam, daß Symmachus zu den Ebionäern zu rechnen ist.

Blieb nach dem Vergleich mit den (erhaltenen) Vorlagen Irenäus und Origenes die Herkunft der eusebianischen Information über die Rechtfertigung Christi durch die Thoraobservanz bei den Ebionäern I, die Ablehnung der Präexistenz, die Benutzung des Hebräerevangeliums, die Geringachtung der ntl. Schriften sowie die Feier des Herrentags zur Erinnerung an seine Auferstehung bei den Ebionäern II ungeklärt, so könnte Euseb diese Informationen aus Origenes oder gar aus Symmachus selbst entnommen haben. Er hätte dann die aus Origenes oder Symmachus gewonnenen Informationen in die Frühzeit der Ebionäer zurückprojiziert.

Abschließend sind noch drei weitere mögliche Quellen für die eusebianischen Informationen zu betrachten:

Man könnte erwägen, ob Euseb Kenntnis von Hippolyts *Refutatio* hatte, die ihm vielleicht anonym vorlag, da er ihren Titel nicht im Schriftenverzeichnis h.e. VI 22 nennt. In ref. VII 34 findet sich die Information, daß die Ebionäer gerechtfertigt würden, wie auch Jesus durch die Gesetzesbefolgung gerecht wurde. Da sich aber Hippolyts Ausführungen ansonsten sehr eng an die irenäische Darstellung anlehnen, kann aus dieser Parallele zwischen Euseb und Hippolyt keine Kenntnis der *Refutatio* bei Euseb nachgewiesen werden. Euseb kann diese Angabe über die Rechtfertigung Jesu aufgrund seiner Gesetzesbefolgung – wie auch Hippolyt vor ihm – aus der Gesetzesobservanz der Anhänger gewonnen und mittels Analogie-

---

[296] Nautin, Origène, 223–224, rechnet mit der Möglichkeit, daß Origenes in der Einleitung seiner Schrift mit dem Hinweis auf Juliana eine Garantie für die Originalität der zitierten Symmachus-Schriften geben wollte.

[297] Euseb kommt in seinen zeitnah zur h.e.-Erstausgabe entstandenen Schriften, wie der *praeparatio evangelica* [zwischen 303 und 313: Harnack, Altchristliche Litteratur II/2, 117–118; nach 314: Schwartz, Eusebios, 1390; nach 113/14: Winkelmann, Euseb, 190; 314–318: Barnes, Constantine and Eusebius, 278], der *demonstratio evangelica* [nach 113/14: Winkelmann, Euseb, 190; nach 315: Schwartz, Eusebios, 1393; 318–323: Barnes, Constantine and Eusebius, 278] sowie im *Jesaja-kommentar* [nach 315: Winkelmann, Euseb, 190; 330: Barnes, Constantine and Eusebius, 278] und im *Psalmenkommentar* [nach 335: Winkelmann, Euseb, 191], insgesamt etwa 850mal auf Symmachus zu sprechen. Er zitiert dort abweichende Bibelübersetzungen, wobei nicht ersichtlich ist, ob diese Lesarten direkt auf Symmachus zurückgehen oder durch Origenes vermittelt sind.

Euseb berichtet in dem. ev. VII 1,33 im Kontext der Auslegung von Jes 7,14, daß λέγεται δὲ ὁ Σύμμαχος Ἐβιωναῖος εἶναι· αἵρεσις δὲ ἦν οὕτω καλουμένων τινῶν Ἰουδαίων εἰς Χριστὸν πιστεύειν λεγόντων, ἐξ ὧν ὁ Σύμμαχος ἦν <GCS Euseb VI, 304,12–14>, ohne aber einen Nachweis für diese Information zu geben.

schlusses auf Christus zurückprojiziert haben. Das Fehlen der Rückführung auf einen Sektenstifter namens Ebion bei Euseb deutet jedoch eher darauf hin, daß er Hippolyts Werk nicht gelesen hatte.[298]

Die Annahme, Euseb habe seine zusätzlichen Informationen aus der Schrift *Kirchlicher Kanon oder Wider die jüdisch Gesinnten* des Klemens von Alexandrien entnommen, ist wenig hilfreich. Euseb kennt in h.e. VI 13,3 diese Schrift zwar ihrem Titel nach und weiß, daß diese dem Bischof Alexander gewidmet ist, wird ihren Inhalt aber nicht gekannt haben.[299]

Zuletzt ist zu bedenken, daß Euseb die Ebionäer anscheinend auch aus eigener Anschauung kennt. Er berichtet in seinem Onomasticon, das sich nicht sicher datieren läßt[300], daß in Choba, nördlich von Damaskus, Ebionäer leben.[301] Es muß damit gerechnet werden, daß Euseb in seiner Darstellung der Ebionäer weitere mündliche oder schriftliche Informationen verarbeitet hat.[302]

---

[298] Gegen die Kenntnis Hippolyts spricht, daß dieser sowohl in seinem Syntagma (vgl. Ps.-Tert., adv. omn. haer. III; Filaster, haer. XXXVII; Epiphan., pan. XXX) als auch in ref. VII 35,1 Ebion als Begründer der Ebionäer nennt, vgl. dazu Strecker, Judenchristentum, 312, und Hilgenfeld, Ketzergeschichte, 422–423.

　　Da Euseb die Rückführung der Häresie auf ein Sektenhaupt wichtig ist, darf man annehmen, daß er eine solche Information sicher eingefügt hätte, wenn sie ihm bekannt gewesen wäre. Aus demselben Grund kann geschlossen werden, daß Euseb auch die Aussagen Tertullians zu Ebion (praescr. X 8 und XXXIII 5; de carne christi XIV5; XVIII 1; XXIV 2; virg. vel. 6,1) nicht kannte.

[299] Vgl. Teil I 1.16 Klemens von Alexandrien. Hilgenfeld, Ketzergeschichte, 423, geht davon aus, daß diese Klemens-Schrift sich gegen die Ebionäer richtete. Da es jedoch zur Zeit des Klemens von Alexandrien eine breite Vielfalt judenchristlicher Gruppierungen gab und die Schrift einzig bei Euseb – ohne weitere Informationen zu ihrem Inhalt – bezeugt ist, kommen nicht ausschließlich die Ebionäer als Gegner des Klemens in Frage.

[300] Winkelmann, Euseb, 189, geht von einer Entstehung zwischen 293 und 303 aus. Auch wenn man eine spätere Niederschrift annimmt (Wallace-Hadrill, Eusebius of Caesarea, 57: um 326–330), so dürfte doch das Sammeln von Informationen bereits zur Zeit der Abfassung der Erstausgabe der h.e. eingesetzt haben. Schwartz, Eusebios, 1434, zählt das Onomasticon unter diejenigen Werke Eusebs, deren Abfassungszeitpunkt sich nicht genau bestimmen läßt, grenzt dessen Entstehung aber durch den Hinweis auf die Beauftragung durch Bischof Paulinus auf die Regierungszeit des Licinius oder die ersten Jahre Konstantins ein.

[301] Euseb, onom. <GCS Euseb III/1, 172,1–3: Χωβά. (Gen. 14,15) „ἥ ἐστιν ἐν ἀριστερᾷ Δαμασκοῦ“, ἔστιν δὲ καὶ Χωβὰ κώμη ἐν τοῖς αὐτοῖς μέρεσιν, ἐν ᾗ εἰσιν Ἑβραίων οἱ εἰς Χριστὸν πιστεύσαντες, Ἐβιωναῖοι καλούμενοι.>. Vgl. dazu Strecker, Judenchristentum, 321.

　　Auch die späteren Äußerungen Eusebs in de eccl. theol. I 20,43, wo Euseb eine Verbindungslinie von den Ebionäern zu Paulus von Samosata zieht, lassen erkennen, wie bedeutsam die Auseinandersetzung mit dieser häretischen Gruppierung noch im Jahr 336 oder später war: ἀλλὰ καὶ τοῦτο τῆς ἐκκλησίας ἀπελήλαται <τὸ> δόγμα· ὃ δὴ πάλαι μὲν Ἐβιωναῖοι νεωστὶ δὲ ὁ Σαμοσατεὺς καὶ οἱ ἐπίκλην ἐξ αὐτοῦ Παυλιανοὶ φρονήσαντες δυσφήμου ὑπέμειναν δίκην <GCS Euseb IV 88,6–9>. Zur Datierung von De ecclesiastica theologia vgl. Altaner/Stuiber, Patrologie, 223.

[302] Vgl. Grant, Eusebius as Church Historian, 91, der davon ausgeht, daß Euseb (nur) die Information über die Feier von Sabbat und Sonntag aus eigener Anschauung kennt. Wenn man wie Grant davon ausgeht, daß Euseb mündliche Traditionen verarbeitet, muß man diesem auch zugestehen, daß er mehr als nur diese eine Information übernimmt – zumal, da wie gesehen die Herkunft weiterer Angaben nicht geklärt ist.

b) Benutzten die Ebionäer das Hebräer- oder das Matthäusevangelium?

Für die Darstellung Eusebs, insbesondere für seinen Umgang mit ihm vorliegenden Traditionen, ist es von Interesse, wie er in h.e. III 27 zu der Aussage gelangt, daß die zweite Gruppe von Ebionäern das Hebräerevangelium benutzte. Euseb wendet sich bewußt gegen die durch Irenäus und Origenes bezeugte Verwendung des Matthäusevangeliums bei den Ebionäern.[303] In h.e. VI 17 berichtet er im Anschluß an Origenes andererseits von der Benutzung des Matthäusevangeliums durch Symmachus.

Will man diese Unstimmigkeit in Eusebs Darstellung nicht vorschnell literarkritisch durch den Hinweis auf mündliche oder schriftliche Traditionen auflösen[304], so ist zu fragen, ob der Widerspruch h.e.-immanent gelöst werden kann. Zwei Erklärungsmöglichkeiten bieten sich an:

1) Zum einen könnte Euseb von zwei parallel benutzten Evangelien in den unterschiedlichen Richtungen der Ebionäer ausgehen. Die durch die Ablehnung der Jungfrauengeburt konstituierte Gruppierung der Ebionäer I gebrauchte demnach wie Symmachus, der ebenfalls von einer natürlichen Zeugung Christi ausging, das Matthäusevangelium (h.e. VI 17). Die Ebionäer II hingegen beriefen sich auf das Hebräerevangelium (h.e. III 27,4). Diese Erklärungsmöglichkeit würde aber dem Zeugnis des Origenes direkt widersprechen, der von der Benutzung des Matthäusevangeliums in *beiden* Gruppen berichtet.

2) Zum anderen könnte Euseb auch den zeitlichen Abstand zwischen Ebionäern und Symmachus für sich geltend machen, so daß die frühen Ebionäer unter Kaisers Trajan (98–117) zwar das Hebräerevangelium verwendeten, sich aber bei den späteren Ebionäern wie Symmachus das Matthäusevangelium durchgesetzt hatte. Ein Wechsel im Gebrauch der Evangelien wird von Euseb jedoch nicht explizit berichtet, so daß auf der Darstellungsebene eher der Eindruck einer Unstimmigkeit innerhalb des eusebianischen Berichts bestehen bleibt.

Es ist daher ratsam, sich die in der h.e. zum Hebräerevangelium gemachten Aussagen Eusebs zu vergegenwärtigen und bei ihnen Gründe für die Eintragung in h.e. III 27 zu suchen. Euseb hatte im Abschnitt h.e. III 25,5 – kurz vor der Darstellung der Ebionäer – die Homologumena und die Antilegomena aufgelistet, wobei er das Hebräerevangelium, das vor allem bei den „Hebräern, die sich zum Christentum

---

Will man die Möglichkeit von mündlichen Informationen aufgrund der späteren Onomasticon-Notiz gelten lassen, dann wäre die im folgenden zu betrachtende Frage, warum Euseb gegen alle vorliegenden Traditionen vom Gebrauch des Hebräerevangeliums bei den Ebionäern spricht, geklärt: Er zöge dann die aus der Konfrontation mit den Ebionäern in Choba gewonnenen Erkenntnisse denen seiner Quellen vor.

[303] Diese Modifikation Eusebs kann nur bewußt vorgenommen sein, da sich seine Darstellung in einem starken Maß an die benutzten Quellen anlehnt; ein Flüchtigkeitsfehler Eusebs ist kaum anzunehmen.

[304] Euseb kannte laut seinen Aussagen im Onomasticon Ebionäer in Choba, vgl. oben S. 116 und Anm. I 301.

bekehrt haben, großes Ansehen besitzt", zu den Antilegomena zählt. Euseb kann auch aus der Benutzung des Hebräerevangeliums bei Papias (h.e. III 39,17) und Hegesipp (h.e. IV 22,8) schließen, daß beide Judenchristen waren (h.e. IV 22,8); zudem wird er die Zitate aus dem Hebräerevangelium bei Origenes und Klemens von Alexandrien kennen.[305]

Euseb schreibt den Ebionäern ein Evangelium zu, das mit καθ' Ἑβραίους überschrieben und unter den Judenchristen nachweislich weit verbreitet war.[306] Man kann vermuten, daß Euseb der Titel „Hebräerevangelium" durch die Angabe in h.e. III 25,5 nahegelegt war, insbesondere, da der dort bestimmte Benutzerkreis auch auf die Ebionäer paßte. Da aber die Schriften des Origenes und des Symmachus erhalten waren, die beide vom Gebrauch des Matthäusevangeliums bei den Ebionäern zeugen, mußte Euseb die Unstimmigkeit seiner Darstellung in Kauf nehmen.

Die Frage, welches Evangelium Euseb unter dem bei den Ebionäern gebrauchten Hebräerevangelium versteht, ist wichtig zu stellen, jedoch kaum zu beantworten. Euseb kannte die Zitate bei Origenes und Klemens aus dem (echten) Hebräerevangelium und wird festgestellt haben, daß diese inhaltlich und sprachlich sehr von dem abwichen, was er selbst von Symmachus kannte. Man darf daher vermuten, daß Euseb von zwei mit dem Titel „Hebräerevangelium" umlaufenden Evangelien wußte, sonst hätte er dieses nicht in h.e. III 27 eintragen können.[307] Ob es sich

---

[305] Zu beachten ist, daß Origenes, comm. in Io. II 87, Klemens, strom. II 45,5 sowie später Hier., in Eph. 5,4; de vir. ill. 3,2; in Is. 11–12 und in Hiez. 18,7 das *echte* Hebräerevangelium zitieren, das historisch betrachtet gerade nicht von den Ebionäern verwendet wurde, vgl. Röwekamp/Bruns, Ebionäerevangelium, 185. Für die Untersuchung der eusebianischen Position ist diese Unterscheidung jedoch unerheblich.

[306] Hieronymus, comm. in Mt. XII 13, wußte, daß das von den Nazarenern und Ebioniten gebrauchte Evangelium, das er selbst „jüngst aus der hebräischen in die griechische Sprache übersetzt" hatte, von den meisten als das authentische Evangelium des Matthäus angesehen wird <SC 242, 240,82– 85: In euangelio quo utuntur Nazareni et Hebionitae quod nuper in graecum de hebraeo sermone transtulimus et quod uocatur a plerisque Mathei authenticum [...]>. Epiphanius, pan. 30,13,2, weiß später, daß das bei den judenchristlichen Ebioniten gebrauchte Evangelium ein „gefälschtes und verstümmeltes" Matthäusevangelium war, das auch unter dem Namen „Hebräerevangelium" umlief <GCS Epiphanius I, 349,1–4: ἐν τῷ γοῦν παρ' αὐτοῖς εὐαγγελίῳ κατὰ Ματθαῖον ὀνομαζομένῳ, οὐχ ὅλῳ δὲ πληρεστάτῳ, ἀλλὰ νενοθευμένῳ καὶ ἠκρωτηριασμένῳ (Ἑβραϊκὸν δὲ τοῦτο καλοῦσιν)>.
   Könnte man eine ähnliche Information bei Euseb voraussetzen, würde dies vielleicht die eusebianische Korrektur von Matthäusevangelium in Hebräerevangelium erklären. Da jedoch der Informationsfluß auch andersherum, von Euseb zu Hieronymus und Epiphanius, geflossen sein kann, wird sich für diese Hypothese keine Sicherheit gewinnen lassen. Es ist jedoch zu bedenken, daß der Bericht des Epiphanius über den Ebionitismus erheblich von dem Eusebs abweicht. Auch Hieronymus bearbeitet und zitiert das „Jüdische Evangelium" eigenständig, so daß beide mit ihren Informationen nicht unbedingt von Euseb abhängig sein müssen.

[307] Euseb wird aufgrund einer zuverlässigen (mündlichen oder schriftlichen) Quelle die Korrektur von Matthäus- in Hebräerevangelium vorgenommen haben. Hätte er diese Information übernommen, hätte er ein häretisches Evangelium wohl kaum „Evangelium der Hebräer" genannt. Nach eusebianischer Terminologie stellt die Bezeichnung „Hebräer", die er im Wechsel mit φίλοι θεοῦ (h.e. I 2,21–22; dem. ev. I 6,29) als Bezeichnung für die Christusgläubigen vor der Inkarnation Christi verwendet, einen durchweg positiven Begriff dar, vgl. dazu Ulrich, Euseb und die Juden, 59–68.

bei dem ebionitischen Hebräerevangelium um ein gekürztes Matthäusevangelium gehandelt hat, wie es später Epiphanius behauptet, muß offenbleiben.[308]

c) Die Datierung der Häresie der Ebionäer

Die Schwierigkeit, die Herkunft der eusebianischen Informationen zu klären, spiegelt sich auch in der Frage wider, warum Euseb die Ebionäer zusammen mit Menander, Kerinth und den Nikolaïten in die Regierungszeit des Kaisers Trajan (98–117) einordnet. Weder Irenäus noch Origenes, die sich als Vorlagen Eusebs erwiesen haben, datieren die Ebionäer.[309]

Irenäus nennt die Ebionäer an siebter Stelle im Anschluß an Simon (1.), Menander (2.), Satorninus (3.), Basilides (4.), Karpokrates (5.) und Kerinth (6.). Euseb hingegen schließt an Simon (1.) und Menander (2.) die Ebionäer (3.) und Kerinth (4.) an, um dann (5.) die Nikolaïten hinzuzufügen, die bei Irenäus erst an *achter* Stelle im Anschluß an die Ebionäer genannt werden. In gleicher Abfolge wie bei Irenäus erscheinen dann bei Euseb Satorninus (6.), Basilides (7.) und Karpokrates (8.), die Irenäus bereits vor den Ebionäern (3.–5.) thematisiert hatte. Für eine absichtliche Veränderung der irenäischen Reihenfolge läßt sich kein Grund erkennen. Zudem bringt die Umstellung für Euseb im weiteren die Schwierigkeit mit sich, Satorninus und Basilides auf Menander zurückzuführen: Folgten sie bei Irenäus noch direkt aufeinander, so sind sie bei Euseb durch die eingeschobenen Häresien auseinandergerissen. Auch andere Quellen, auf die Euseb möglicherweise zurückgegriffen haben könnte, tragen zur Erklärung der eusebianischen Abfolge nicht bei.[310]

Man wird daher inhaltliche, quellenimmanente Erklärungen für die Datierung der Ebionäer suchen müssen. Nach h.e. II 14,3 hatte keine Häresie in den Zeiten der Apostel Bestand. Damit ist als *terminus post quem* auch für das Auftreten der Ebionäer – einer Gruppierung, die sich bis in die Zeit des Symmachus verfolgen läßt – der Tod des letzten Apostels anzunehmen. Euseb kommt nach dem Abschnitt

---

308 Vgl. Anm. I 306.

309 Gegen Hilgenfeld, Ketzergeschichte, 422, der adv. haer. III 21,1 (= h.e. V 8,10) dahingehend versteht, daß die Ebionäer, die der Übersetzung von Jes 7,14 bei Aquila und Theodotion folgen, nicht vor Hadrian zu datieren seien. Die Tatsache, daß sich die (vor Aquila und Theodotion entstandenen) Ebionäer auf eine ihre Lehre bestätigende Übersetzung wie die des Aquila oder des Theodotion berufen, sagt nichts über den Zeitpunkt ihrer Entstehung aus.

310 Hippolyts *Refutatio* hat eine eigene Reihenfolge und nennt in ref. VII 34 die Ebionäer nach Simon Magus, [...], Saturninus, Marcion, Karpokrates und Kerinth. Menander – obwohl in ref. VII 4 angekündigt – fehlt gänzlich. Eine ähnliche, aber stark gekürzte Abfolge findet sich in Buch X: Simon Magus, Valentin, Basilides, Marcion, Kerinth und die Ebionäer. Die Rekonstruktion des verlorenen Syntagmas nach Hilgenfeld, Ketzergeschichte, 58–63, geht von einer anderen Reihenfolge aus: Simon Magus; Menander; Saturninus; Basilides; Nikolaïten; Ophiten, Kainiten und Sethoiten als Vorläufer Valentins; Karpokrates; Kerinth; Ebion; Valentin. Beide Reihen helfen für die eusebianische Einordnung der Ebionäer nicht weiter.

über den Apostel Johannes (h.e. III 23,1–24,14) und einem kurzen Exkurs über die Schriften des Neuen Testaments (h.e. III 24,15–25,7) auf Menander und die Ebionäer zu sprechen. Er arbeitet die Ebionäer also an der für sein Konzept frühest möglichen Position der h.e. ein. Nur Menander wird von Euseb noch vor den Ebionäern genannt, was darin begründet ist, daß sich dieser aufgrund der irenäischen *successio haereticorum* nahtlos an die Darstellung des Simon Magus anfügen ließ.

Ein weiterer Aspekt bei der chronologischen Einordnung der Ebionäer ist die eusebianische Konzeption des Judentums, die auch Konsequenzen für die judenchristlichen Gruppierungen besitzt. Mit der Zerstörung des Tempels und der „Vernichtung des jüdischen Volkes" (h.e. III 7,8) unter Vespasian, die Euseb detailreich in h.e. III 5,3–7,9 wiedergibt, ist die Verwerfung des Gesetzes als Heilsweg historisch offenbar. Das Ende des Gesetzes trifft demnach auch die Ebionäer, die weiterhin am Gesetz festhalten wollen, „gerade als ob sie nicht allein durch den Glauben an Christus und auf Grund eines glaubensgemäßen Lebens selig würden".[311] Mit der Zerstörung des Tempels wird die Häresie des Judenchristentums, das wie die Ebionäer weiterhin an der Toraobservanz festhalten will, offenkundig.[312]

Später als unter Trajan konnte Euseb seine einzige judenchristliche Häresie nicht einordnen. Strenggenommen hätte Euseb sie bereits unter Vespasian datieren müssen, woran ihn jedoch seine häreseologische Konzeption hinderte. Deutlich ist an der eusebianischen Darstellung der knapp dreißig Jahre zwischen der Tempelzerstörung und dem Regierungsantritts Trajans eine starke zeitliche Raffung zu erkennen[313], so daß dem Leser die Zerstörung des Tempels sowie die Verfolgung der Juden durch Vespasian noch eindrucksvoll vor Augen gestanden haben wird und er diese mit der Beschreibung der Ebionäer zusammensehen konnte.

d) Die Darstellung der Häresie der Ebionäer bei Euseb

Euseb beschreibt die Ebionäer als eine von den Vorgängerhäresien vollkommen verschiedene Häresie und ordnet sie derjenigen des Menander nur zeitlich bei. Er unterläßt es, sie wie Irenäus in eine Sukzession einzureihen. Wie bei den vorherigen

---

[311]   Euseb, h.e. III 27,2 <GCS Euseb II/1, 256,5–7: δεῖν δὲ πάντως αὐτοῖς τῆς νομικῆς θρησκείας ὡς μὴ ἂν διὰ μόνης τῆς εἰς τὸν Χριστὸν πίστεως καὶ τοῦ κατ' αὐτὴν βίου σωθησομένοις.>

[312]   Vgl. dazu Ulrich, Euseb und die Juden, 154–160, insbesondere Anm. 113, der die eusebianische Vorstellung vom τέλος des Gesetzes in der *demonstratio evangelica* analysiert.

[313]   Euseb beendet nach einem Hinweis auf eine erneute Verfolgung der Juden (h.e. III 12) in h.e. III 13 die Regierungszeit Vespasians, nennt daraufhin kurz Titus (h.e. III 13), von dem er nur dessen Regierungsdaten zu berichten weiß, und erzählt innerhalb der Darstellung Domitians (ab h.e. III 13) die Geschichte von der Verbannung des Apostels Johannes. Die Regierungszeit Nervas wird in h.e. III 20,8 nur beiläufig erwähnt. Ab h.e. III 21 folgt die Darstellung Trajans, in dessen Herrschaft die weitere Geschichte des Apostels Johannes eingefügt ist.
        Einen stärkeren Zeitraffer verwendet Euseb in der Darstellung des Paulus von Samosata. Zum Einsatz der Zeitraffung als literarisches Mittel der Dramatisierung vgl. Teil I 2.25 Paulus von Samosata.

Häresien legt Euseb großen Wert darauf zu betonen, daß die Häresie der Ebionäer vom Teufel veranlaßt ist. Damit ist die Häresie wie bei Simon Magus und Menander als ein Phänomen beschrieben, das zwar auf kirchlichem Boden in Erscheinung tritt, jedoch aufgrund seines Ursprungs von der Kirche und ihrer Lehre unterschieden werden muß.

Die häretische Lehre wird von Euseb als in sich uneinheitlich und die Ebionäer in zwei Gruppierungen „zersplittert" dargestellt. Diese Inhomogenität betont Euseb auch in anderen Zusammenhängen wie im Referat über die Marcioniten (h.e. V 13) und im Zitat über die Häresie des Artemon (h.e. V 28,16–18); sie scheint für ihn ein Grundmerkmal für das Wesen von Häresie zu sein. Damit greift Euseb auf einen gängigen Topos der Häreseologie zurück, ohne ihn an dieser Stelle aber eingehender zu reflektieren.[314]

Euseb fokussiert im Abschnitt über die Ebionäer auf deren zweite Gruppe und scheint sie stärker als die erste zu attackieren.[315] Der Grund wird darin liegen, daß die zweite Gruppe mit der Annahme der Jungfrauengeburt eine größere Nähe zur kirchlichen Lehre aufweist und sie daher gefährlicher für die Orthodoxie ist, weil sie nicht so schnell als Häresie erkannt wird. Hob Origenes insbesondere die Nähe der Ebionäer zu den orthodoxen Christen hervor, so betont Euseb mit dem Hinweis auf die Leugnung der Präexistenz deren defizitären Charakter und Andersartigkeit. Die bereits für Menander aufgezeigte Praxis des Teufels, die kirchliche Lehre zu imitieren, läßt sich demnach auch für die Ebionäer festhalten. Ob sich Euseb auch persönlich von der Lehre der „bloßer Mensch"-Christologie distanzieren möchte und daher die zweite Gruppe der Ebionäer heftiger und emotionaler attackiert[316], läßt sich am Text nicht festmachen.

Euseb ordnet die Häresie der Ebionäer nach dem Tod des Evangelisten Johannes ein, da nach seiner Häresiekonzeption die Häresie zu Lebzeiten der Apostel keinen Bestand haben konnte. Mit der Zerstörung des Tempels hat sich das weitere Festhalten an der Toraobservanz, wie sie die Ebionäer vertraten, als häretisch erwiesen. Diese inhaltlichen Kriterien führen Euseb zur Datierung der Ebionäer in die Zeit Trajans.

314　Die Reflexion über die Unbeständigkeit und Vergänglichkeit der häretischen Lehre im Gegensatz zur Beständigkeit der Wahrheit liefert Euseb erst im Anschluß an den zweiten Häresieblock in h.e. IV 7,12–13. Vgl. auch Teil II 2.6 Die Unbeständigkeit der Häresie.

315　So auch Grant, Eusebius as Church Historian, 91.

316　So Grant, Eusebius as Church Historian, 91. — Eusebs eigene Position zur Lehre der Ebionäer wird aus dem Text nicht deutlich. Daß er sich im Gegensatz zu Origenes von der zweiten Gruppe der Ebionäer stärker distanziert, ist bereits beobachtet worden. Der Grund muß jedoch nicht in der *eigenen* Abgrenzung von der häretischen Lehre liegen, sondern vielmehr in der Häresiekonzeption begründet sein: Wenn die Lehre vom Teufel veranlaßt ist, dann sind Gemeinsamkeiten zwischen orthodoxer und häretischer Lehre bewußt intendiert, um orthodoxe Christen für sich zu gewinnen. Aus diesem Grund muß Euseb insbesondere diejenigen Häresien, die aufgrund ihrer Ähnlichkeit mit der Orthodoxie verwechselbar sind, schärfer attackieren und ihre Differenzen zur Orthodoxie in stärkerem Maße aufzeigen.

Auffallend ist bei der Darstellung der Ebionäer, daß Euseb im Gegensatz zu den früheren Häresien des Simon Magus und des Menander von keiner Widerlegung berichtet. Simon Magus war durch Petrus zweimal der Häresie überführt worden, Menanders Lehre durch die Aussagen des Justin und des Irenäus als häretisch klassifiziert. Allein die Ebionäer werden nicht durch externe Zeugen widerlegt, sondern ausschließlich in Eusebs Darstellung in ihrer Falschheit bloßgestellt.

2.4 Kerinth (h.e. III 28; VII 25)

h.e. III 28,1–6[317]

28,1 Κατὰ τοὺς δηλουμένους χρόνους ἑτέρας αἱρέσεως ἀρχηγὸν γενέσθαι Κήρινθον παρειλήφαμεν· Γάϊος, οὗ φωνὰς ἤδη πρότερον παρατέθειμαι, ἐν τῇ φερομένῃ αὐτοῦ ζητήσει ταῦτα περὶ αὐτοῦ γράφει·

28,2 „ἀλλὰ καὶ Κήρινθος ὁ δι' ἀποκαλύψεων ὡς ὑπὸ ἀποστόλου μεγάλου γεγραμμένων τερατολογίας ἡμῖν ὡς δι' ἀγγέλων αὐτῷ δεδειγμένας ψευδόμενος ἐπεισάγει, λέγων μετὰ τὴν ἀνάστασιν ἐπίγειον εἶναι τὸ βασίλειον τοῦ Χριστοῦ καὶ πάλιν ἐπιθυμίαις καὶ ἡδοναῖς ἐν Ἱερουσαλὴμ τὴν σάρκα πολιτευομένην δουλεύειν. καὶ ἐχθρὸς ὑπάρχων ταῖς γραφαῖς τοῦ θεοῦ, ἀριθμὸν χιλιονταετίας ἐν γάμῳ ἑορτῆς, θέλων πλανᾶν, λέγει γίνεσθαι".

28,3 καὶ Διονύσιος δέ, ὁ τῆς κατὰ Ἀλεξάνδρειαν παροικίας καθ' ἡμᾶς τὴν ἐπισκοπὴν εἰληχώς, ἐν δευτέρῳ τῶν Ἐπαγγελιῶν περὶ τῆς Ἰωάννου Ἀποκαλύψεως εἰπών τινα ὡς ἐκ τῆς ἀνέκαθεν παραδόσεως, τοῦ αὐτοῦ μέμνηται ἀνδρὸς τούτοις τοῖς ῥήμασιν·

28,4 „Κήρινθον δέ, τὸν καὶ τὴν ἀπ' ἐκείνου κληθεῖσαν Κηρινθιανὴν αἵρεσιν συστησάμενον, ἀξιόπιστον ἐπιφημίσαι θελήσαντα τῷ ἑαυτοῦ πλάσματι ὄνομα. τοῦτο γὰρ εἶναι τῆς διδασκαλίας αὐτοῦ τὸ δόγμα, ἐπίγειον ἔσεσθαι τὴν τοῦ Χριστοῦ βασιλείαν,

28,5 καὶ ὧν αὐτὸς ὠρέγετο, φιλοσώματος ὢν καὶ πάνυ σαρκικός, ἐν τούτοις ὀνειροπολεῖν

Zur erwähnten Zeit lebte, wie wir erfahren haben, Kerinth, der Führer einer anderen Häresie. Gaius, den wir schon oben zitiert haben, schreibt über ihn in seiner Untersuchung:

„Und Kerinth gibt uns in Offenbarungen, die den Anschein erwecken, als wären sie von einem großen Apostel geschrieben, wunderliche Berichte, von welchen er fälschlich behauptet, daß sie ihm von Engeln gegeben worden seien. Er sagt nämlich, daß nach der Auferstehung das Reich Christi auf Erden sein werde und daß die Leiber in Jerusalem leben und sich wiederum Leidenschaften und Vergnügungen hingeben werden. Und im Widerspruch mit den Schriften Gottes und in verführerischer Absicht erklärt er, daß ein Zeitraum von tausend Jahren in freudiger Hochzeitsfeier verfließen werde." Dionysius, der zu unserer Zeit Bischof der Kirche von Alexandrien geworden war, erwähnt im zweiten Buch seiner Verheißungen, in denen er unter Berufung auf alte Überlieferung einiges über die Offenbarung des Johannes berichtet, Kerinth mit folgenden Worten:

„Kerinth, der auch die nach ihm genannte kerinthische Häresie gestiftet hatte, wollte seinem Werk einen Namen von Klang geben. Der Inhalt seiner Lehre war nämlich: das Reich Christi wird auf Erden erscheinen.

Wonach er selbst, der in seinen Leib verliebt und ganz fleischlich gesinnt war, verlang-

---

317 Euseb, h.e. III 28,1–6 <GCS Euseb II/1, 256,23–260,6>.

ἔσεσθαι, γαστρὸς καὶ τῶν ὑπὸ γαστέρα πλησμοναῖς, τοῦτ' ἐστὶ σιτίοις καὶ πότοις καὶ γάμοις καὶ δι' ὧν εὐφημότερον ταῦτα ᾠήθη ποριεῖσθαι, ἑορταῖς καὶ θυσίαις καὶ ἱερείων σφαγαῖς" ταῦτα Διονύσιος·

28,6 ὁ δὲ Εἰρηναῖος ἀπορρητοτέρας δή τινας τοῦ αὐτοῦ ψευδοδοξίας ἐν πρώτῳ συγγράμματι τῶν πρὸς τὰς αἱρέσεις προθείς, ἐν τῷ τρίτῳ καὶ ἱστορίαν οὐκ ἀξίαν λήθης τῇ γραφῇ παραδέδωκεν, ὡς ἐκ παραδόσεως Πολυκάρπου φάσκων Ἰωάννην τὸν ἀπόστολον εἰσελθεῖν ποτε ἐν βαλανείῳ, ὥστε λούσασθαι, γνόντα δὲ ἔνδον ὄντα τὸν Κήρινθον, ἀποπηδῆσαί τε τοῦ τόπου καὶ ἐκφυγεῖν θύραζε, μηδ' ὑπομείναντα τὴν αὐτὴν αὐτῷ ὑποδῦναι στέγην, ταὐτὸ δὲ τοῦτο καὶ τοῖς σὺν αὐτῷ παραινέσαι, φήσαντα „φύγωμεν, μὴ καὶ τὸ βαλανεῖον συμπέσῃ, ἔνδον ὄντος Κηρίνθου τοῦ τῆς ἀληθείας ἐχθροῦ".

te, darin würde – so träumte er – das Reich Christi bestehen, das ist in der Befriedigung des Magens und der noch tiefer gelegenen Organe, also in Speise und Trank und Beilagern und – wodurch er besseren Eindruck zu erwecken glaubte – in Festen, Opfern und Schlachtungen von Opfertieren." So erzählt Dionysius.

Irenäus hat, nachdem er im ersten Buch seiner Schrift „Gegen die Häresien" einige geheime Truglehren des Kerinth angeführt hatte, im dritten Buch eine Geschichte, die nicht vergessen werden darf, überliefert. Aufgrund einer Mitteilung Polykarps berichtet er nämlich: „Der Apostel Johannes ging einmal in eine Badeanstalt, um sich zu baden. Doch als er erfuhr, daß Kerinth im Bad sei, verließ er die Anstalt und eilte dem Ausgang zu, da er es nicht über sich brachte, unter einem Dach mit ihm zu weilen. Seine Umgebung aber forderte er auf, das gleiche zu tun, mit den Worten: ‚Laßt uns fliehen! Denn es ist zu fürchten, daß die Badeanstalt einstürze, da Kerinth, der Feind der Wahrheit, darinnen ist.'"

h.e. IV 14,6 (≈ h.e. III 28,6)[318]

καὶ εἰσὶν οἱ ἀκηκοότες αὐτοῦ ὅτι Ἰωάννης ὁ τοῦ κυρίου μαθητὴς ἐν τῇ Ἐφέσῳ πορευθεὶς λούσασθαι καὶ ἰδὼν ἔσω Κήρινθον ἐξήλατο τοῦ βαλανείου μὴ λουσάμενος, ἀλλ' ἐπειπών· „φύγωμεν, μὴ καὶ τὸ βαλανεῖον συμπέσῃ, ἔνδον ὄντος Κηρίνθου τοῦ τῆς ἀληθείας ἐχθροῦ".

„Es gibt Leute, die ihn erzählen hörten, Johannes, der Jünger des Herrn, habe, als er in Ephesus ein Bad nehmen wollte, aber sah, daß Kerinth in demselben war, die Badeanstalt, ohne sich gebadet zu haben, verlassen und ausgerufen: ‚Laßt uns fliehen! Denn es ist zu fürchten, daß die Badeanstalt einstürze, da Kerinth, der Feind der Wahrheit, darin ist.'"

h.e. VII 25,2–3 (≈ h.e. III 28, 4.5)[319]

25,2 Κήρινθον δὲ τὸν καὶ τὴν ἀπ' ἐκείνου κληθεῖσαν Κηρινθιανὴν συστησάμενον αἵρεσιν, ἀξιόπιστον ἐπιφημίσαι θελήσαντα τῷ ἑαυτοῦ πλάσματι ὄνομα.

25,3 τοῦτο γὰρ εἶναι τῆς διδασκαλίας αὐτοῦ τὸ δόγμα, ἐπίγειον ἔσεσθαι τὴν τοῦ Χριστοῦ βασιλείαν, καὶ ὧν αὐτὸς ὠρέγετο, φιλοσώματος ὢν καὶ πάνυ σαρκικός, ἐν τούτοις ὀνειροπολεῖν

„Kerinth, der auch die nach ihm genannte kerinthische Häresie gestiftet hatte, wollte seinem Werk einen Namen von Klang geben.

Der Inhalt seiner Lehre war nämlich: das Reich Christi wird auf Erden erscheinen. Wonach er selbst, der in seinen Leib verliebt und ganz fleischlich gesinnt war, verlangte, darin würde

---

318   Euseb, h.e. IV 14,6 <GCS Euseb II/1, 332,24–334,4>.
319   Euseb, h.e. VII 25,2–3 <GCS Euseb II/2, 690,17–692,1>.

ἔσεσθαι, γαστρὸς καὶ τῶν ὑπὸ γαστέρα πλησμοναῖς, τοῦτ' ἐστὶ σιτίοις καὶ ποτοῖς καὶ γάμοις
καὶ δι' ὧν εὐφημότερον ταῦτα ᾠήθη ποριεῖσθαι,
ἑορταῖς καὶ θυσίαις καὶ ἱερείων σφαγαῖς.

– so träumte er – das Reich Christi bestehen, das
ist in der Befriedigung des Magens und der
noch tiefer gelegenen Organe, also in Speise und
Trank und Beilagern und – wodurch er besse-
ren Eindruck zu erwecken glaubte – in Festen,
Opfern und Schlachtungen von Opfertieren. "

a) Die Rezeption der Informationen aus Gaius, Irenäus und Dionysius von Alexandrien

In h.e. III 28,1–6 fügt Euseb den zuvor behandelten Häresien des Menander und der Ebionäer die Häresie des Kerinth hinzu. Er parallelisiert Kerinth zeitlich mit den Vorgängerhäresien und datiert sie somit in die Regierungszeit des Trajan (98–117). Zur Darstellung dieser Häresie greift Euseb – im Gegensatz zur Darstellung der Ebionäer – auf namentlich benannte Quellen zurück, die er auch als Zeugen zitiert: auf die Schrift des Gaius gegen Proklus, auf die *Verheißungen* des Dionysius und auf *Adversus haereses* des Irenäus.

Das Zitat des Gaius kann aufgrund des eusebianischen Rückverweises auf h.e. II 25,6 als aus dem Dialog mit dem Montanisten Proklus stammend identifiziert werden. Dieser Dialog, der unter Zephyrin (198–217) entstanden ist (h.e. II 25,6), hat nach h.e. VI 20,3 die Abfassung neuer Schriften durch Häretiker zum Gegenstand, wozu der Textabschnitt in h.e. III 28,1 inhaltlich zu passen scheint. Da die Gaius-Schrift heute verloren ist, können die eusebianische Textauswahl und Kontextabgrenzung für diese Untersuchung nicht ausgewertet werden.

Euseb zitiert aus Gaius' Schrift, daß Kerinth wunderliche Berichte über von Engeln gesandte Offenbarungen erzählt, welche den Anschein erwecken wollen, von einem Apostel geschrieben zu sein.[320] Kerinth behaupte in seiner Schrift, daß nach der Auferstehung das Reich Christi auf Erden sein werde und daß die Leiber in Jerusalem leben und sich wiederum Leidenschaften und Vergnügungen hingeben werden. In verführerischer Absicht – so Gaius – erkläre Kerinth, daß ein Zeitraum von tausend Jahren in freudiger Hochzeitsfeier verfließen werde.

Als zweiten Zeugen gegen die Häresie des Kerinth zieht Euseb Dionysius, den Bischof von Alexandrien, heran. Das Zitat stammt nach Euseb aus dem zweiten Buch der „Verheißungen", das sich mit der Verfasserschaft der Johannesapokalypse beschäftigt.[321] Wie Gaius kritisiert auch Dionysius die millenaristische Lehre

---

[320] Die Charakterisierung der häretischen Lehre als τερατολογίαι bei Gaius (h.e. III 28,2) entspricht der eusebianischen Beschreibung der Lehre des Menander (h.e. III 26). Da Euseb hier eine Quelle zitiert, wird er in dem selbstformulierten Abschnitt zu Menander der Stichwortverbindung geschaffen haben. Mit der Betonung der „wunderlichen Berichte" bei beiden Häresien schafft Euseb eine sukzessive Einordnung Kerinths, den er nicht an die „ganz andere" Häresie der Ebionäer anschließen konnte.

[321] Zur Schrift über die Verheißungen vgl. Teil I 1.22 Dionysius von Alexandrien.

Kerinths vom Reich Christi auf Erden. Inhaltlich neu ist gegenüber dem Gaius-Zitat, daß Kerinth als Haupt einer nach ihm benannten Häresie angeführt wird.

Erst durch die Zitateinleitung Eusebs in h.e. III 28,3 wird verständlich, welche Schrift Kerinth verfaßt haben soll. Gaius selbst berichtete nur davon, daß Kerinth mit seiner Schrift, die angeblich von Engeln gesandte Offenbarungen enthielt, den Anschein erwecken wollte, sie sei von einem großen Apostel geschrieben. Gleiches überliefert auch Dionysius. Erst mit dem eusebianischen Hinweis auf das zweite Buch der Verheißungen, das eigens die Offenbarung des Johannes betrachtet (vgl. h.e. VII 24,1 und S. 69), werden die Anspielungen deutlich. Kerinth wird demnach sowohl von Gaius als auch von Dionysius als Verfasser der Johannesoffenbarung benannt.[322]

Euseb jedoch scheint die Frage nach der Verfasserschaft der Johannesapokalypse in h.e. III 28 nicht eigens thematisieren zu wollen, zitiert er doch erst in h.e. VII 25 ausführlich die Dionysius-Schrift mit ihrer Auseinandersetzung um die Verfasserschaft der Apokalypse. Erst aus dem ausführlichen Zitat in h.e. VII 25, das den Kontext von h.e. III 28 überliefert, wird deutlich, daß Dionysius die Ansicht der Alten referiert, wenn er Kerinth die Abfassung der Apokalypse zuschreibt, und daß er diese Ansicht selbst nicht teilt. Euseb fokussiert in h.e. III 28 demnach nicht auf die Verfasserfrage, sondern auf die kerinthische Lehre vom Reich Christi auf Erden.

Die dritte Quelle, aus der Euseb in h.e. III 28,6 zur Darstellung Kerinths schöpft, ist Irenäus' adv. haer. III 3,4. Dort berichtet Irenäus eine Anekdote, die ihm von Polykarp von Smyrna erzählt wurde. Danach sei der Apostel Johannes in ein Badehaus gegangen, habe jedoch, als er erfuhr, daß Kerinth ebenfalls anwesend sei, das Bad fluchtartig verlassen, um mit dem Häretiker nicht unter einem Dache zu weilen. Die Umstehenden forderte er ebenfalls zur Flucht auf mit den Worten: „Laßt uns fliehen. Denn es ist zu fürchten, daß die Badeanstalt einstürzt, da Kerinth, der Feind der Wahrheit, darinnen ist." Euseb führt diese Episode als eine Geschichte ein, „die nicht vergessen werden darf". Diese Einleitung allein deutet bereits darauf hin, daß Euseb die einprägsame Geschichte aus dem Gedächtnis hinzusetzt, da sie durch die Thematik „Kerinth" an dieser Stelle paßte. Aber wie das Dionysiuszitat (h.e. III 28; VII 25) ist auch das Irenäus-Referat eine literarische Dublette, denn Euseb zitiert diese Episode noch einmal in h.e. IV 14,6.[323]

---

[322] So ebenfalls Markschies, Kerinth, 58.

[323] Untersuchenswert ist die Frage, wie die literarischen Dubletten der h.e. zu erklären sind. Es wäre möglich, daß Euseb sekundär die Aussagen zu Kerinth, die zunächst unabhängig voneinander im Kontext der Verfasserschaft der Johannesapokalypse und der Darstellung Polykarps existierten, zusammengestellt und in den vorhandenen Häresieblock h.e. III 26–29 eingefügt hat.

Gegen diese Annahme sprechen sowohl der Textbefund als auch logische Überlegungen: Euseb führt die irenäische Episode in h.e. III 28,6 mit den Worten ein, daß „sie nicht vergessen werden darf". Euseb hätte diese Episode aus *Adversus haereses* nicht derart einleiten können, wenn er sie zuvor bereits als „richtiges Zitat" in seine h.e. eingefügt hätte. Die literarische Dublette des Dionysius-Zitats kann dem nicht widersprechen; sie zeigt vielmehr, daß Euseb literarische Doppelungen in anderem Kontext mit anderer Schwerpunktsetzung nicht zu stören scheinen.

b) Ausgelassene Informationen zur Häresie des Kerinth

Da die Schrift *Adversus haereses* im Gegensatz zu den anderen beiden genannten Quellen zu Kerinth erhalten ist, kann hier die eusebianische Quellen- und Stoffauswahl näher betrachtet werden. Euseb gibt in der Einleitung der irenäischen Informationen den Hinweis, daß dieser auch im ersten Buch seiner Schrift *Adversus haereses* einige geheimere Truglehren des Kerinth angeführt hat. Euseb spielt damit deutlich auf adv. haer. I 26,1 an, wo Irenäus die kosmologischen und christologischen Vorstellungen Kerinths beschreibt.

Irenäus weiß zu berichten, daß Kerinth aus Asien stammte und eine Lehre vertrat, wonach die Welt nicht vom ersten Gott gemacht wurde, sondern von einer Kraft, die von der über alles herrschenden Gewalt in großem Abstand getrennt ist und den ersten Gott nicht kennt. Kerinth soll nach der Überlieferung des Irenäus ebenfalls gelehrt haben, daß Jesus nicht aus einer Jungfrau geboren wurde, sondern Josephs und Marias Sohn war, der allen anderen Menschen an Gerechtigkeit, Klugheit und Weisheit überlegen war. Erst nach der Taufe sei der Christus von der über alles herrschenden Gewalt auf ihn herabgekommen, so daß er den unbekannten Vater verkündete und Wunder tat. Vor dem Leiden jedoch habe der Christus, der pneumatisch und leidensunfähig ist, Jesus verlassen.

Diese Lehre, die Irenäus ausführlich darstellt, übergeht Euseb durch seinen kurzen Hinweis auf die im ersten Buch von *Adversus haereses* genannten „geheimen Truglehren". Bemerkenswert ist auch, daß Euseb diese irenäischen Informationen, die einen Gegenpol zu den Aussagen über das Reich Gottes auf Erden darstellen und jene erklären könnten, nicht überliefert. Ihm scheint die doch sehr prägnante Kosmologie sowie die Christologie Kerinths nicht der Überlieferung wert.[324]

Da Euseb neben Dionysius und Irenäus auch Gaius zur kerinthischen Häresie anführt und da insbesondere die Einführung des Gaius durch den Rückverweis in den Kontext eingebettet erscheint, kann dieser Abschnitt der h.e. nicht sekundär zur Kerinth-Problematik zusammengestellt worden sein. Die literarischen Dubletten, die an dieser Stellt sogar mehrfach begegnen, bleiben ein beachtenswertes Problem, das aber literarkritisch nicht gelöst werden kann.

[324] Die Darstellung der kerinthischen Häresie zeigt noch einmal die Besonderheit der Ebionäer: Während Euseb bei den Letztgenannten den Inhalt ihrer Lehre, wie z.B. die Ablehnung der Jungfrauengeburt, zumindest in Ansätzen wiedergibt, verweigert er an dieser Stelle den Hinweis auf ganz ähnliche Ansichten bei Kerinth.

Statt Kerinth direkt an die Ebionäer anzubinden, muß Euseb künstlich eine Verbindung zwischen Kerinth und Menander durch die Stichwortverbindung τερατολογίαι konstruieren. Die Ebionäer bleiben gemäß der eusebianischen Einführung (h.e. III 27) die „ganz andere" Häresie, wohingegen Kerinth durch Menander in die *successio haereticorum* eingeordnet ist.

c) Quellen- und Stoffauswahl Eusebs zur Häresie Kerinths

Betrachtet man die Auswahl und Präsentation der Quellen, so fällt auf, daß Euseb scheinbar gegen seine Gewohnheit nicht der ältesten Quelle den Vorzug gibt.[325] Die zuerst eingefügte Quelle des Gaius wird in die Zeit Zephyrins (198–217) zu datieren sein, in der Gaius – nach Eusebs Angaben in h.e. II 25,6 – in Rom wirksam war. Das zweite Zitat stammt aus noch späterer Zeit. Euseb selbst führt das Zitat in h.e. III 28,3 mit den Worten ein, daß Dionysius zu Eusebs eigener Lebzeit Bischof der Kirche von Alexandrien wurde. Der dritte Zeuge für die Häresie des Kerinth, Irenäus' *Adversus haereses*, ist die früheste Euseb überkommene Quelle.[326]

Die Gründe für die Anordnung der Quellen sind inhaltlicher Natur. Zum einen bestärken sich das Gaius- und das Dionysius-Zitat in ihrer Betonung der millenaristischen Lehre des Kerinth, zum anderen scheint Euseb die Irenäus-Schrift mit ihrer Häresiekonzeption, der es auf die minutiöse Aufdeckung der häretischen Lehre ankommt, nicht zu favorisieren. Daher betont Euseb mit der Voranstellung der beiden späteren Quellen die chiliastische Lehre des Kerinth, die von beiden Schriftstellern scharf attackiert wird. Die christologischen und kosmologischen Implikationen der kerinthischen Lehre, wie sie Irenäus wiedergibt, werden bei Euseb unterdrückt zugunsten einer Anekdote, die über Kerinth nichts Konkretes aussagt. Euseb hätte Irenäus, der bei der Darstellung vieler früher Häresien als Kronzeuge auftritt, kaum übergehen können. So beläßt er es dabei, von Irenäus eine Episode zu übernehmen, die vielleicht Aufschluß über den von Polykarp praktizierten Umgang mit Häretikern gibt, jedoch keine Aussagen zur Person und Lehre Kerinths macht. Sie rechtfertigt einzig die zeitliche Einordnung in die Regierungszeit Trajans (98–117).[327]

---

[325]   Vgl. die Präsentation der Quellen bei Simon Magus und Menander. Obwohl Euseb auch aus inhaltlichen Gründen die justinische Häresiekonzeption präferiert, kann diese Tatsache nicht darüber hinwegtäuschen, daß Euseb seine älteste ihm vorliegende Quelle, in diesen benannten Fällen Justin, *zitiert* und die jüngere Quelle Irenäus zur Bestätigung der justinischen Aussagen *referiert*.

[326]   Justin behandelt die Häresie Kerinths nicht. Hegesipp scheint ebenfalls über sie zu schweigen.

[327]   Vgl. dazu das Zitat aus Euseb, h.e. IV 14,3–9, das die Person Polykarps ins Zentrum der Darstellung rückt und dessen lange Lebenszeit betont.
       Markschies, Kerinth, 70, hat darauf aufmerksam gemacht, daß die Datierung des Kerinth als Zeitgenosse des Simon Magus und der Apostel „ein anachronistisches Mißverständnis" darstellt, „ausgelöst vermutlich durch die auch bei Irenäus [sc. wie in den Epistula Apostolorum] bezeugte Konfusion der Johannesgestalten." Er geht stattdessen vom Auftreten Kerinths am Ende des ersten Jahrhunderts aus, schließt aber auch das frühe zweite Jahrhundert nicht aus. Leider geht Markschies in diesem Kontext nicht auf die zeitliche Einordnung Kerinths in die h.e. ein, obwohl sie mit seinen eigenen Ausführungen zur historisch wahrscheinlichen Datierung Kerinths übereinstimmt.

2.5 Nikolaiten (h. e. III 29)

h. e. III 29,1–4[328]

29,1 Ἐπὶ τούτων δῆτα καὶ ἡ λεγομένη τῶν Νικολαϊτῶν αἵρεσις ἐπὶ σμικρότατον συνέστη χρόνον, ἧς δὴ καὶ ἡ τοῦ Ἰωάννου Ἀποκάλυψις μνημονεύει· οὗτοι Νικόλαον ἕνα τῶν ἀμφὶ τὸν Στέφανον διακόνων πρὸς τῶν ἀποστόλων ἐπὶ τῇ τῶν ἐνδεῶν θεραπείᾳ προκεχειρισμένων ηὔχουν. ὅ γε μὴν Ἀλεξανδρεὺς Κλήμης ἐν τρίτῳ Στρωματεῖ ταῦτα περὶ αὐτοῦ κατὰ λέξιν ἱστορεῖ·

29,2 „ὡραίαν, φασί, γυναῖκα ἔχων οὗτος, μετὰ τὴν ἀνάληψιν τὴν τοῦ σωτῆρος πρὸς τῶν ἀποστόλων ὀνειδισθεὶς ζηλοτυπίαν, εἰς μέσον ἀγαγὼν τὴν γυναῖκα γῆμαι τῷ βουλομένῳ ἐπέτρεψεν. ἀκόλουθον γὰρ εἶναί φασι τὴν πρᾶξιν ταύτην ἐκείνῃ τῇ φωνῇ τῇ ὅτι „παραχρᾶσθαι τῇ σαρκὶ δεῖ“, καὶ δὴ κατακολουθήσαντες τῷ γεγενημένῳ τῷ τε εἰρημένῳ ἁπλῶς καὶ ἀβασανίστως, ἀνέδην ἐκπορνεύουσιν οἱ τὴν αἵρεσιν αὐτοῦ μετιόντες.

29,3 πυνθάνομαι δ᾽ ἐγὼ τὸν Νικόλαον μηδεμιᾷ ἑτέρᾳ παρ᾽ ἣν ἔγημε κεχρῆσθαι γυναικί, τῶν τε ἐκείνου τέκνων τὰς μὲν θηλείας καταγηρᾶσαι παρθένους, ἄφθορον δὲ διαμεῖναι τὸν υἱόν· ὧν οὕτως ἐχόντων ἀποβολὴ πάθους ἦν ἡ εἰς μέσον τῶν ἀποστόλων τῆς ζηλοτυπουμένης ἐκκύκλησις γυναικός, καὶ ἡ ἐγκράτεια τῶν περισπουδάστων ἡδονῶν τὸ „παραχρᾶσθαι τῇ σαρκὶ“ ἐδίδασκεν. οὐ γάρ, οἶμαι, ἐβούλετο κατὰ τὴν τοῦ σωτῆρος ἐντολὴν „δυσὶ κυρίοις δουλεύειν“, ἡδονῇ καὶ κυρίῳ.

29,4 λέγουσι δ᾽ οὖν καὶ τὸν Ματθίαν οὕτω διδάξαι, σαρκὶ μὲν μάχεσθαι καὶ παραχρᾶσθαι μηδὲν αὐτῇ πρὸς ἡδονὴν ἐνδιδόντα, ψυχὴν δὲ αὔξειν διὰ πίστεως καὶ γνώσεως“.

ταῦτα μὲν οὖν περὶ τῶν κατὰ τοὺς δηλουμένους χρόνους παραβραβεῦσαι τὴν ἀλήθειαν ἐγκεχειρηκότων, λόγου γε μὴν θᾶττον εἰς τὸ παντελὲς ἀπεσβηκότων εἰρήσθω·

Damals existierte kurze Zeit auch die sogenannte Häresie der Nikolaïten, die auch die Offenbarung des Johannes erwähnt. Die Nikolaïten rühmten den Nikolaus als einen der Diakonen, die sich Stephanus angeschlossen hatten und von den Aposteln für die Armenfürsorge ernannt worden waren. Klemens von Alexandrien berichtet über ihn im dritten Buch der *Teppiche* wörtlich also:

Da Nikolaus, wie sie sagen, nach der Himmelfahrt des Erlösers wegen der Eifersucht auf seine hübsche Frau von den Aposteln zurechtgewiesen worden war, stellte er sie ihnen vor und überließ sie dem, der sie zu heiraten wünschte. Dies Verfahren stand – so sagen sie – im Einklang mit seinem Worte: ,Man muß das Fleisch verachten'. Die, welche sich seiner Richtung angeschlossen hatten, hielten sich einfältig und kritiklos an das, was geschah, und an seine Bemerkung und treiben in schamloser Weise Unzucht. Wie ich jedoch erfahren habe, hat Nikolaus nie mit einer anderen Frau als seiner eigenen verkehrt und seine Töchter sind bis zu ihrem Tode Jungfrauen geblieben, und auch sein Sohn lebte keusch. Wenn dem so ist, dann ist die Tatsache, daß Nikolaus seine eifersüchtig geliebte Frau in den Kreis der Apostel stellte, ein Beweis dafür, daß er der Leidenschaft entsagte, und war das Wort ,Man muß das Fleisch verachten' seinem Verzicht auf heiß ersehnte Genüsse entsprungen. Nach meiner Meinung wollte er dem Befehle des Erlösers entsprechend nicht zwei Herren dienen, der Sinnlichkeit und dem Herrn. Auch Matthias soll in gleicher Weise gelehrt haben, man müsse gegen das Fleisch kämpfen und es verachten, indem man seiner Sinnlichkeit in keiner Weise nachgibt; der Seele aber müsse man durch Glauben und Erkenntnis aufhelfen.“ Dies mag genügen bezüglich derer, welche zur erwähnten Zeit die Wahrheit zu verfälschen suchten, aber schneller als man beschreiben kann, völlig verschwunden sind.

---

[328]   Euseb, h. e. III 29,1–4 <GCS Euseb II/1, 260,7–262,6>.

Euseb fügt in h.e. III 29,1–4 die Häresie der Nikolaïten ein und ordnet sie zeitgleich mit der Häresie des Menander, der Ebionäer und des Kerinth in die Regierungszeit des Trajan (98–117) ein. Er greift bei der Darstellung der Nikolaïten erstmals auf die *Stromata* des Klemens von Alexandrien zurück, die er zur Darstellung
der Häresie bisher nicht herangezogen hatte. Die Informationen in h.e. III 29,1
über Nikolaus, der als ein aus dem Stephanuskreis stammender Diakon für die
Armenfürsorge beschrieben wird, kann Euseb nicht aus den *Stromata* entnommen
haben, da Klemens diese Information als gegeben vorauszusetzen scheint. Euseb
zieht daher vermutlich Angaben aus Apg 6,5 hinzu, kann sich für die Identifizierung des Nikolaus der Nikolaïten mit dem Nikolaus der Apostelgeschichte aber
auch an Irenäus, adv. haer. I 26,3, orientiert haben.

Euseb betont in seiner Einleitung wie auch zum Abschluß seiner Darstellung
der nikolaïtischen Häresie die Kurzfristigkeit ihrer Existenz, wobei er zunächst
nicht verdeutlicht, weshalb sich die Häresie aufgelöst hat.

a) Die Rezeption der Informationen des Klemens von Alexandrien

Klemens berichtet in *Stromata* III 25,6–26,3, daß Nikolaus, der seine eigene Frau
mit Eifersucht beobachtete, von den Aposteln zurechtgewiesen wurde. Als Reaktion darauf stellte er seine Frau mit dem Worte „Man muß das Fleisch verachten"
in den Kreis der Apostel und versprach sie demjenigen, der sie zu heiraten gedächte.
Nach Klemens sei dieses Wort des Nikolaus von seinen späteren Anhängern einfältig und kritiklos als Rechtfertigung für ihre schamlose Unzucht in Anspruch
genommen worden. Der Fortgang der Zitats dient der Erklärung von Nikolaus'
Verhalten und dessen Rechtfertigung gegenüber dem Häresievorwurf. Klemens
unterstreicht dabei, daß Nikolaus zu keinem Zeitpunkt Unzucht getrieben habe,
wie das seine Anhänger, die sich auf ihn berufen, behaupten. Er setzt in einem
zweiten Argumentationsgang hinzu, daß das Wort des Nikolaus, das Anlaß für derartige Schandtaten war, nur falsch interpretiert wurde. In Wirklichkeit aber stehe
das (mißverstandene) Wort des Nikolaus ganz im Einklang mit dem Herrenwort.
Der gegen Nikolaus erhobene Häresievorwurf, der sich auf das Fehlverhalten der
Nikolaïten und auf ihre Berufung auf Nikolaus gründet, wird von Klemens entkräftet. Klemens ist darüber hinaus bestrebt, Nikolaus als einen auf dem Boden
des Evangeliums stehenden Mann zu charakterisieren, der mit seiner Tat und seinem Wort nur die Weisung Christi (Mt 6,26; Lk 16,3) zu erfüllen suchte und das
Evangelium über die eigene Sinnlichkeit stellte. Daß er mit seiner Verachtung des
Fleisches keine singuläre Meinung vertrat, macht Klemens anhand des Vergleiches
mit Matthias deutlich, der ebenfalls ein enthaltsames Leben empfahl.

Der Nachsatz, daß die Nikolaïten, „schneller als man beschreiben kann, völlig verschwunden sind", hat keinen Anhalt in der Quelle und ist eusebianischen
Ursprungs. Euseb rahmt mit der Einleitung h.e. III 29,1 und dem Abschluß h.e.

III 29,4 die eingefügte Quelle und betont damit die Auflösungstendenzen und die Unbeständigkeit der Häresie.

Um die Tendenzen des Klemens-Zitats deutlicher hervortreten zu lassen, sollen kurz seine Ausführungen in strom. II 118,3–4 hinzugezogen werden: „Solche Leute sind auch diejenigen, die sich für Anhänger des Nikolaus ausgeben, indem sie einen Ausspruch des Mannes mit sich führen, welchen sie verdrehen: Man müsse das Fleisch mißbrauchen. Aber der edle Mann meinte, man müsse die Lüste und Begierden unterdrücken und durch diese Askese die Triebe und Angriffe des Fleisches welk machen."[329]

Damit stellt Klemens in beiden Kontexten hinsichtlich der Häresie der Nikolaïten fest:

1. Nikolaus ist ein auf dem Boden des Evangeliums stehender Mann, ein Häresieverdacht im Sinne eines sexuellen Libertinismus ist unbegründet.
2. Die Nikolaïten berufen sich zu unrecht auf ein Wort und eine Tat des Nikolaus.
3. Aus der Berufung auf Nikolaus' Wort erkennt man die Kritiklosigkeit und Einfältigkeit dieser Gruppe.[330]

Indirekt benennt Klemens damit auch den Grund für das rasche Auflösen der Nikolaïten. Indem er verdeutlicht, daß die Nikolaïten sich fälschlicherweise auf Nikolaus berufen und seinen Ausspruch geradezu ins Gegenteil verkehren, entzieht er ihnen die Legitimation für ihr unzüchtiges Verhalten.[331] Die Formulierung in h.e. III 29,1.4 über das rasche Verschwinden der Häresie der Nikolaïten ist von Euseb durchaus in Übereinstimmung mit der Aussage des Klemens geschaffen worden.

b) Ausgelassene Quellen zur Häresie der Nikolaïten

Es ist bezeichnend, daß Euseb aus der Fülle an Informationen, die ihm zu den Nikolaïten zur Verfügung steht, Klemens' *Stromata* auswählt. Ein Vergleich mit den anderen Quellen zu den Nikolaïten mag dieses veranschaulichen.

Euseb hatte zuvor bei seiner Darstellung des Simon Magus, des Menander und des Kerinth immer auf Informationen aus Irenäus' *Adversus haereses* zurückgegriffen und diese meist referierend eingebracht.[332] Hier jedoch scheint Euseb

---

[329]   Klemens Alex., strom. II 118,3–4 <GCS 52, 177,2–6: τοιοῦτοι δὲ καὶ οἱ φάσκοντες ἑαυτοὺς Νικολάῳ ἕπεσθαι, ἀπομνημόνευμά τι τἀνδρὸς φέροντες ἐκ παρατροπῆς τὸ „δεῖν παραχρῆσθαι τῇ σαρκί". ἀλλ' ὁ μὲν γενναῖος κολούειν δεῖν ἐδήλου τάς τε ἡδονὰς τάς τε ἐπιθυμίας καὶ τῇ ἀσκήσει ταύτῃ καταμαραίνειν τὰς τῆς σαρκὸς ὁρμάς τε καὶ ἐπιθέσεις>.

[330]   Zur Tendenz in der Darstellung des Klemens vgl. auch Löhr, Basilides und seine Schule, 252.

[331]   Da das Zitat aus strom. II 118,3 vielleicht pointierter, nicht aber informativer als das Zitat strom. III 26,1–26,3 gewesen wäre, wird Euseb das ausführlichere Klemens-Zitat gewählt haben.

[332]   Die Ebionäer bilden dabei insofern eine Ausnahme, als Euseb keine seiner verwendeten Quellen namentlich kenntlich macht.

bewußt die Informationen des Irenäus, die er mit Sicherheit kannte, beiseite zu lassen.[333]

Irenäus berichtet in adv. haer. I 26,3, daß die Nikolaïten Nikolaus als ihren Lehrer bezeichnen, der einer der sieben Armenpfleger war. Die Nikolaïten kennen keine moralischen Hemmungen. Bereits der Johannesapokalypse könne man entnehmen, daß es nach ihrer Lehre gleichgültig sei, ob man die Ehe breche oder Götzenopferfleisch verzehre, weshalb auch diese Schrift gegen sie zeuge: „Aber das hast du, daß du die Werke der Nikolaïten haßt, die auch ich hasse" (Apk 2,6). Wie Klemens attackiert auch Irenäus die libertinistische Lebensführung der Nikolaïten. Während Klemens jedoch nur den Ehebruch der Nikolaïten thematisiert, kennt Irenäus zusätzlich den Verzehr von Götzenopferfleisch.[334]

c) Die Quellen- und Stoffauswahl zur Häresie der Nikolaïten

Euseb scheint mit Irenäus insofern inhaltlich übereinzustimmen, daß er den Nikolaus der Nikolaïten mit dem Nikolaus der Apostelgeschichte identifiziert. Diese Gleichsetzung findet sich bei Klemens gerade nicht, auch nicht in der Apk. Der Grund für die Ablehnung der irenäischen Aussagen scheint in der Formulierung „Nicolaitae autem magistrum quidem habent Nicolaum" zu liegen, da sich nur hier die Informationen des Klemens und des Irenäus fundamental unterscheiden.[335] War nach Klemens Nikolaus ein rechtgläubiger Mann, dessen Wort und Verhalten von seinen angeblichen Anhängern für ihre Zwecke mißbraucht wurden, so erscheint Nikolaus nach irenäischer Darstellung als der eigentliche Begründer der Häresie, wohingegen die Nikolaïten „nur" seine Nachfolger sind.

---

[333] Es ist zu erwägen, ob die Identifizierung des Nikolaus mit dem Nikolaus der Apg auf Angaben des Irenäus (adv. haer. I 26,3) beruht. Ebenso könnte die Abfolge ‚Ebionäer – Nikolaïten' durch die irenäische Darstellung (adv. haer. I 26,2: Ebionäer; adv. haer. I 26,3: Nikolaïten) veranlaßt sein. Beide Analogien können eine Abhängigkeit der eusebianischen Darstellung von Irenäus nicht zwingend beweisen. Jedoch haben sowohl der erste Teil (vgl. S. 32–34) als auch Eusebs bisherige Häresiedarstellungen gezeigt, daß Euseb sehr gute Kenntnisse von Irenäus' Schrift besaß. Es müssen also inhaltliche Gründe für das Verschweigen der irenäischen Informationen vorliegen.

[334] Die irenäischen Ausführungen in adv. haer. III 11,1 liefern keine weiteren Kenntnisse über die Nikolaïten. Irenäus erläutert dort, daß der Apostel Johannes durch die Verkündigung des Evangeliums den Irrtum beseitigen wollte, der von Kerinth und zuvor von den sog. Nikolaïten unter die Menschen gebracht worden war. Die im Anschluß aufgelisteten falschen Lehren (Trennung von Gott und Demiurg, zwei Christusse, Leidensverweigerung des Christus, Schöpfung durch den Demiurgen), die Johannes zu vernichten suchte, sind derart allgemein gehalten, daß sie sich nicht eindeutig und ausschließlich auf Kerinth bzw. die Nikolaïten zurückführen lassen.

[335] In Zentrum der eusebianischen Darstellung steht unzweifelhaft die Person des *Nikolaus*. Daher sind die Differenzen der Quellen, inwieweit die *Nikolaiten* neben dem Ehebruch auch noch den Verzehr von Götzenopferfleisch praktiziert haben, nebensächlich und offensichtlich unerheblich für die eusebianische Entscheidungsfindung.

Sowohl überlieferungskritische als auch inhaltliche Erwägungen scheinen Euseb dazu bewogen zu haben, das Zitat des Klemens dem des Irenäus vorzuziehen. Euseb hatte zwei Texte aus unterschiedlichen Stadien der Überlieferung vorliegen: den früheren Text des Irenäus, wonach Nikolaus selbst der Häresiegründer war, und den späteren Text des Klemens, der bemüht ist, Nikolaus vom Häresiever-dacht „reinzuwaschen" und die Berufung der Nikolaïten auf seine Worte als falsch zu widerlegen. An anderer Stelle wählt Euseb die früheste ihm zur Verfügung ste-hende Quelle für seine Darstellung; hier jedoch wählt er die spätere Quelle, da sie sich kritisch mit dem u. a. von Irenäus erhobenen Häresievorwurf gegen Nikolaus auseinandersetzt und Klemens aufgrund eigener Nachforschungen (über Nikolaus' Töchter und Söhne) zu dem Schluß kommt, daß sich die Nikolaïten *fälschlicher-weise* auf Nikolaus berufen.

Neben den überlieferungskritischen Erwägungen scheinen Euseb auch inhalt-liche Überlegungen zur Auswahl seiner Quelle geführt zu haben. Neben dem aus h.e. II 14,3 bekannten Grundsatz, daß die Häresie in den Zeiten der Apostel keinen Bestand haben konnte, scheint es für Euseb unmöglich denkbar gewesen zu sein, daß ein „unter Gebet und Handauflegung der Apostel als Diakon für den Dienst an der Gemeinde" bestellter „bewährter Mann" (h.e. II 1,1), der nach Klemens (strom. III 25,6; strom. III 26,2) auch später in engem Kontakt und Austausch mit den zwölf Aposteln stand, selbst Begründer einer Häresie gewesen sein könnte.[336] Bereits Klemens schien dieser Information des Irenäus kritisch gegenüberzustehen, hinterfragte die Nachrichten und erkannte, daß sich die Nikolaïten fälschlicher-weise auf Nikolaus beriefen, der nach Einschätzung des Klemens ganz auf dem Boden des Evangeliums stand.

Sicherlich paßten die Informationen des Klemens, die Nikolaus vom Häresie-verdacht freisprechen und die häretische Reklamation seiner Person als falsch her-ausstellen, weit besser in die eusebianische Häresiekonzeption als die irenäischen Angaben. An die klementinischen Informationen konnte Euseb anknüpfen: Wenn sich die Nikolaïten fälschlicherweise auf Nikolaus beriefen, so ist darin für Euseb deutlich, daß der Ursprung dieser Häresie, die zwar im Bereich der Kirche begeg-net und die sich ganz bewußt auf einen Mann der apostolischen Zeit zurückführt, nicht in der Umgebung der Apostel zu suchen sein kann. Wenn die Lehre bzw. das daraus abgeleitete Verhalten der Nikolaïten aber nicht apostolischen Ursprungs ist, dann kann sie auch keinen Bestand haben, wie Euseb zweifach betont.[337]

---

[336]   Vgl. dazu die beiden Exkurse zur Durchlässigkeit der Grenze zwischen Häresie und Orthodoxie im Anschluß an die Darstellung von Bardesanes (Teil I 2.14 Exkurs 1) und an die von Beryll von Bostra (Teil I 2.20 Exkurs 4).

[337]   Vgl. die Unbeständigkeit der Häresie in Teil II 2.6.

d) Die Datierung der Häresie der Nikolaïten

Betrachtet man die Datierung der Nikolaïten, so scheint Euseb die Tendenz des Klemens, Nikolaus vom Häresieverdacht freizusprechen, noch zu unterstreichen. Klemens betonte inhaltlich-argumentativ, daß Nikolaus kein Häretiker gewesen sein konnte. Euseb hat aufgrund der historischen Darstellungsweise die Möglichkeit, die Nikolaïten sehr viel später als Nikolaus anzusetzen.

War bereits durch das Klemenszitat deutlich, daß Nikolaus noch mit den Aposteln verkehrte, so betont Euseb diese frühe zeitliche Einordnung zusätzlich dadurch, daß er, wie bereits Irenäus vor ihm, Nikolaus mit dem in Apg 6,5 genannten Diakon Nikolaus gleichsetzt.

Euseb rückt die Häresie der Nikolaïten, die bei Klemens nicht „datiert" war, in die Regierungszeit Trajans, was impliziert, daß Nikolaus keinesfalls als Lehrer der Nikolaïten aufgetreten sein konnte.[338] Auch damit setzt Euseb einen Gegenpol zu den irenäischen Aussagen.

e) Die Darstellung der Häresie der Nikolaïten bei Euseb

Die Informationen, die Euseb über die Nikolaïten in seine h.e. einfügt, sind minimal, wenn man die Rechtfertigung des Nikolaus unberücksichtigt läßt. Der Leser erfährt, daß sich diese Gruppierung mit ihrem verdorbenen Treiben fälschlicherweise auf den Armenpfleger Nikolaus beruft. Ausgangspunkt für ihr Tun war eine „einfältige und kritiklose" (ἁπλῶς καὶ ἀβασανίστως, GCS Euseb II/1, 260,18) Berufung auf das doppeldeutige Wort des Nikolaus, man solle das Fleisch verachten (παραχρᾶσθαι τῇ σαρκὶ δεῖ, GCS Euseb II/1, 260,16–17), das sie zu unzüchtigen Handlungen ermutigte.[339] Deutlich betont Euseb, wie Klemens vor ihm, die moralische Verwerflichkeit und die Einfältigkeit resp. Dummheit der Nikolaïten. Weitere Informationen über ihre Lehre oder über den bei ihnen üblichen Verzehr von Götzenopferfleisch erhält der Leser nicht; vermutlich hatte Euseb auch kaum weitergehende Informationen über die Nikolaïten.

Der Nachsatz, daß die Nikolaïten, „schneller als man beschreiben kann, völlig verschwunden sind", beruht nicht direkt auf einer Quelle, sondern ist Ausdruck der eusebianischen Häresiekonzeption, nach der die Häresie keinen Bestand haben kann.[340]

---

[338] Die anti-irenäische Tendenz ist auch an dieser Stelle greifbar: Nach Eusebs Rechnung ist es unmöglich, daß ein zur Zeit der Apostel erwachsener und verheirateter Mann unter Trajan noch lehrend tätig gewesen sein konnte. Damit löst Euseb bewußt das bei Irenäus für die Häresiekonzeption konstitutive Lehrer-Schüler-Verhältnis auf.

[339] Das Verb παραχράομαι kann sowohl die Konnotation „verachten" als auch „mißbrauchen" haben, vgl. dazu Art. παραχράομαι, in: Lampe, Lexicon, 1029. Zur Häresiekonzeption des Klemens siehe unten S. 415–418.

[340] Vgl. Teil II 2.7 Der Auflösungsprozeß der Häresie.

Der zweite Häresieblock:
Die Häresien zur Zeit des Hadrian (117–138)

Euseb kommt erst in h.e. IV 7 wieder auf die Häresie zu sprechen. Wie in h.e. III 26–29 fügt er auch an dieser Stelle mehrere Häresien *en bloc* ein. In die Häresie-Thematik steigt Euseb – wie in h.e. III 26,1 – mit einer kurzen Einführung (h.e. IV 7,1–2) ein, in der er gezielt bereits bekannte Themen aufgreift.[341] Anders als in seiner Darstellung in h.e. III 26–29, bei der Euseb die einzelnen Häresien nacheinander und nur durch die zeitliche Einordnung lose verbunden behandelt hatte, verknüpft er an dieser Stelle die drei folgenden Häresien miteinander. In h.e. IV 7,3 führt Euseb die beiden von Menander (h.e. III 26) ausgehenden Häretiker Satorninus und Basilides ein und behandelt sie parallel, wobei jedoch der Schwerpunkt ab h.e. IV 7,5 eindeutig auf Basilides liegt. In h.e. IV 7,9–11 fügt Euseb aufgrund der zeitlichen Parallelität zu beiden zuvor behandelten Häretikern Karpokrates hinzu. Gerahmt werden die Aussagen über die Häretiker mit abschließenden Bemerkungen in h.e. IV 7,12–15, die mit denen des Beginns (h.e. IV 7,1–2) korrespondieren und *in nuce* die eusebianische Häresiekonzeption verdeutlichen.[342]

2.6 Satorninus (h.e. IV 7,3–4)

h.e. IV 7,3–4[343]

7,3 ἀπὸ γοῦν τοῦ Μενάνδρου, ὃν διάδοχον τοῦ Σίμωνος ἤδη πρότερον παραδεδώκαμεν, ἀμφίστομος ὥσπερ καὶ δικέφαλος ὀφιώδης τις προελθοῦσα δύναμις δυεῖν αἱρέσεων διαφόρων ἀρχηγοὺς κατεστήσατο, Σατορνῖνόν τε Ἀντιοχέα τὸ γένος καὶ Βασιλείδην Ἀλεξανδρέα· ὧν ὁ μὲν κατὰ Συρίαν, ὁ δὲ κατ' Αἴγυπτον συνεστήσαντο θεομισῶν αἱρέσεων διδασκαλεῖα.

Von jenem Menander, den wir bereits weiter oben als Nachfolger Simons bezeichnet haben, ging eine doppelzüngige, zweiköpfige, schlangenartige Kraft aus, welche Satorninus aus Antiochien und Basilides aus Alexandrien als Häupter zweier verschiedenartiger Häresien aufstellte. Der eine von ihnen gründete in Syrien, der andere in Ägypten gottfeindliche Ketzerschulen.

7,4 τὰ μὲν οὖν πλεῖστα τὸν Σατορνῖνον τὰ αὐτὰ τῷ Μενάνδρῳ ψευδολογῆσαι ὁ Εἰρηναῖος δηλοῖ,

Wie Irenäus mitteilt, trug Satorninus in den meisten Punkten die gleiche falsche Lehre

---

[341] Euseb erinnert in seiner Einführung in h.e. IV 7,1.2 an zuvor bereits im Häresiekontext geäußerte Aussagen: an die konstante und kontinuierliche Ausbreitung des Christentums (h.e. IV 7,1; vgl. h.e. II 13,1), an den durch die Ausbreitung herausgeforderten Teufel als Feind der Wahrheit und der menschlichen Erlösung (h.e. IV 7,1; vgl. h.e. II 13,1), an die Häretiker als Werkzeuge des Teufels (h.e. IV 7,2; vgl. h.e. II 13,1; h.e. II 14,1; h.e. III 26,1) und die Aneignung des christlichen Namens zur Tarnung der Häresie (h.e. IV 7,2; vgl. h.e. II 11,1; h.e. II 13,6; h.e. III 26,4).

[342] Da die rahmenden Abschnitte h.e. IV 7,1–2 und h.e. IV 7,12–15 mit ihrem kunstvollen Aufbau in Teil II genauer analysiert werden sollen, kann an dieser Stelle auf eine Untersuchung der Aussagen verzichtet werden.

[343] Euseb, h.e. IV 7,3–4 <GCS Euseb II/1, 308,27–310,7>.

προσχήματι δὲ ἀπορρητοτέρων τὸν Βασιλείδην εἰς τὸ ἄπειρον τεῖναι τὰς ἐπινοίας, δυσσεβοῦς αἱρέσεως ἑαυτῷ τερατώδεις ἀναπλάσαντα μυθοποιίας.

wie Menander vor und dehnte Basilides, tiefe Geheimnisse versprechend, mit Hilfe von selbsterdichteten Wundergeschichten seine gottlosen ketzerischen Erfindungen ins Unendliche aus.

Euseb führt die im folgenden dargestellten Häretiker Satorninus und Basilides gemeinsam ein und stellt sie einander gegenüber. Von Satorninus weiß Euseb zu berichten, daß dieser wie sein Zeitgenosse Basilides von Menander ausging, aus Antiochien stammte und als Haupt einer eigenständigen Häresie seine Schule in Alexandrien gründete. Euseb beruft sich für die folgenden Informationen auf Irenäus, wenn er berichtet, daß Satorninus in den meisten Punkten die gleiche falsche Lehre wie sein Vorgänger Menander vortrug.

a) Die Rezeption der Informationen aus Irenäus

Die Informationen Eusebs zu Satorninus erscheinen geradezu spärlich. Euseb kann sich einzig auf Irenäus als Quelle für die Häresie des Satorninus berufen. Obwohl Euseb erst in h.e. IV 7,4 Irenäus als Zeugen für seine Ausführungen anführt, erscheint auch der erste Teil der Mitteilung (h.e. IV 7,3) durchaus irenäisch. Insbesondere die Gegenüberstellung und Verzahnung von Satorninus und Basilides hinsichtlich ihrer Herkunft und Wirkungsstätte findet sich auch bei Irenäus.[344] Euseb übernimmt für Satorninus von Irenäus die Heimatstadt Antiochien, jedoch ohne die nähere Spezifizierung „bei Daphne", welches das syrische Antiochien vom pisidischen Antiochien unterscheiden sollte. Auf diese Näherbestimmung konnte Euseb verzichten, da er im folgenden beschrieb, daß Satorninus eine Schule in Syrien gründete. Auch das Ausgehen beider Häretiker von Menander, das Euseb in h.e. IV 7,3 eindrücklich mit dem Bild der „doppelzüngigen, zweiköpfigen und schlangenartigen Kraft" beschreibt, findet sich bereits bei Irenäus formuliert.[345]

In h.e. IV 29,2–3 kommt Euseb ein weiteres Mal auf Satorninus zu sprechen. Dem eingefügten Irenäus-Zitat (adv. haer. I 28,1) zufolge vertrat Satorninus im

---

[344] Irenäus stellt in adv. haer. I 24,1 Satorninus aus Antiochien (bei Daphne) Basilides gegenüber, die beide „ganz unterschiedliche Meinungen" vortrugen; der eine in Syrien, der andere in Alexandrien <FC 8/1, 294,20–23: Ex his Saturninus, qui fuit ab Antiochia ea quae est apud Daphnen, et Basilides, occasiones accipientes, distantes doctrinas ostenderunt, alter quidem in Syria, alter vero in Alexandria.>.

[345] Das Ausgehen der satorninischen und der basilidianischen Lehre von der des Menander findet sich bei Irenäus nicht derart exklusiv formuliert wie bei Euseb, jedoch nennt auch Irenäus Menander und dessen Schüler als Ausgangspunkt der jüngeren Häresien <FC 8/1, 294,20–21: Ex his [sc. Menander et eius discipulos] Saturninus [...] et Basilides [...].>.
   Die Formulierung „doppelzüngige, zweiköpfige und schlangenartige Kraft" ist eusebianischer Natur und korrespondiert mit anderen Formulierungen, welche die Häresie mit einer Gift verabreichenden, todbringenden Schlange vergleichen; vgl. h.e. II 1,12 (Simon Magus) und h.e. IV 11,3 (Valentin). Vgl. auch Teil II 2.9 b) Die Häretiker als Schlangen.

Hinblick auf die Ehe dieselbe Haltung wie Marcion und die Enkratiten (h.e. IV 29,2), welche sie als Verderben und Unzucht bezeichneten (h.e. IV 29,3). Da in diesem Abschnitt der h.e. *Tatian* im Mittelpunkt des Interesses steht und der Hinweis auf die gleiche Lehre bei den drei Häretikern der sukzessiven Einordnung Tatians dient, verhallen die damit gegebenen Informationen zu Satorninus fast ungehört.

b) Ausgelassene Informationen aus Irenäus zur Häresie des Satorninus

Betrachtet man die irenäischen Informationen zu Satorninus, die Euseb zur Verfügung standen, so zeigt sich, daß diese keineswegs derart spärlich sind, wie man es aufgrund des eusebianischen Referats vermuten könnte. Irenäus weiß in adv. haer. I 24,1 über Satorninus zu berichten, daß er wie Menander auf den einen, allen unbekannten Vater verwies, der die Engel, Erzengel, Mächte und Gewalten geschaffen hat. Von sieben Engeln sei die Welt erschaffen und alles in ihr. Von der höchsten Macht erschien ihnen aber ein Bild, welches die Engel nicht festhalten konnten, da es wieder aufstieg. Daraufhin schufen die Engel den Menschen. Da sie jedoch zu schwach waren, konnte ihr Gebilde sich nicht aufrichten, sondern mußte wie ein Wurm kriechen. Die oberste Gottheit bekam Mitleid, da das Gebilde doch nach ihrem Gleichnis geschaffen war, und schickte einen Lebensfunken, der den Menschen aufrichtete und mit Leben versah. Der Lebensfunke kehrt jedoch nach dem Tod zu dem zurück, was ihm verwandt ist, und wird dort aufgelöst.[346]

Neben den kosmologischen und anthropologischen Ideen nennt Irenäus in adv. haer. I 24,2 noch Satorninus' Ansichten zur Soteriologie und Ethik. Nach seiner Vorstellung ist der Soter ungeboren, körperlos und ohne Gestalt und nur zum Scheine ein Mensch. Der Judengott sei nur ein Engel und einer der Archonten, die den Vater stürzen wollten. Der Vater jedoch kam ihnen zuvor, denn er sandte den Christus zum Sturz des Judengottes und zum Heil der an ihn Glaubenden. Da die Engel zwei Arten von Menschen, gute und böse, geschaffen hatten, und die Dämonen den bösen Menschen halfen, kam der Soter zur Vernichtung der schlechten Menschen und der Dämonen, um so den guten Menschen das Heil zu bringen. Nach Satorninus' Verständnis ist sowohl das Heiraten als auch das Kinderzeugen vom Teufel eingesetzt. Zudem verweigerten viele Anhänger des Satorninus den Fleischverzehr. Die Prophezeiungen sollen teils von den weltschöpferischen Engeln, teils vom Teufel selbst stammen.[347]

Diese Informationen des Irenäus lagen Euseb nachweislich vor. Damit zeigt sich ein bereits bei Simon Magus, Menander und Kerinth beobachtetes Phänomen, daß Euseb die detaillierte irenäische Darstellung der Lehrinhalte, namentlich der Kosmologie und der Soteriologie, übergeht. Zudem dürfte die Quelle auch zu lang

---

[346]   Iren., adv. haer. I 24,1 <FC 8/1, 294,20–25; 296,1–13>.
[347]   Iren., adv. haer. I 24,2 <FC 8/1, 296,14–24; 298,1–7>.

und zu detailliert gewesen sein, um sie in Gänze oder auch nur in Auszügen zu zitieren. Euseb hätte sie allenfalls referieren können.

c) Differenzen zwischen der Intention der Vorlage und der eusebianischen Rezeption

Von zentraler Bedeutung für die Rezeption der irenäischen Angaben wird das Verständnis von h.e. IV 7,4 sein. Irenäus berichtet in *Adversus haereses* I 24,1, daß Satorninus „ähnlich wie Menander" lehrt. Euseb übernimmt diese Aussage sinngemäß mit den Worten: „Satorninus trug in den meisten Punkten die gleiche falsche Lehre wie Menander vor" (h.e. IV 7,4).

Euseb scheint damit vordergründig die irenäische Aussage zu übernehmen. Fragt man aber, welches *tertium comparationis* zwischen Satorninus und seinem Vorgänger Menander von beiden Autoren gemeint ist, zeigen sich erhebliche Unterschiede. Irenäus zielte mit seinem Vergleich der satorninischen und menandrischen Lehre auf die von beiden vertretene Lehre vom unbekannten Vater und Engelschöpfer, wie Irenäus in adv. haer. I 24,1 deutlich macht, wenn er schreibt: „Ähnlich wie Menander verwies Satorninus auf den einen Vater, der allen unbekannt ist und die Engel, Erzengel, Kräfte und Gewalten gemacht hat".[348]

Da Euseb jedoch diese Lehre des Menander nicht wiedergegeben hatte, muß der von Irenäus übernommene Vergleich „Menander – Satorninus" zunächst ins Leere laufen. Euseb scheint jedoch Irenäus zum Zeugen für die Sukzession der Häresie, insbesondere von Menander und Satorninus resp. Basilides anführen zu wollen und nimmt daher in Kauf, daß er Irenäus – obwohl er ihn fast wörtlich übernimmt – derart aus dem Kontext reißt, daß er seine Aussage bis zur Unkenntlichkeit verfälscht. Irenäus wird innerhalb des eusebianischen Kontextes tatsächlich zum Zeugen dafür, daß Satorninus wie Menander – wenn er auch keine Zauberei betrieb – als Erlöser auftrat und mit seiner Lehre (und Taufe?) Unsterblichkeit in diesem Leben versprach. Irenäus hat dies an keiner Stelle behauptet.

Zum Abschluß ist zu fragen, ob sich Euseb über seinen erheblichen Eingriff in die Textaussage bewußt war oder ob er ohne weitere Überlegung den irenäischen Vergleich übernahm und uminterpretierte, ohne die Konsequenzen seines Tuns zu bedenken. Eine Antwort auf die Frage läßt sich an seiner Referatabgrenzung erkennen: Euseb spielt in h.e. IV 7,3 auf den irenäischen Sukzessionsgedanken „Menander – Satorninus" an. Dieser findet sich in adv. haer. I 24,1 in doppelter Weise formuliert:

1) Satorninus' und Basilides' Lehre wird auf Menander und seine Schüler zurückgeführt (*Ex his Saturninus ...*), d.h. auf eine *personale Anhängigkeit* im Sinne eines Lehrer-Schüler-Verhältnisses, und

---

[348] Iren., adv. haer. I 24,1 <FC 8/1, 294,23–25: Saturninus quidem similiter ut Menander unum patrem incognitum omnibus ostendit, qui fecit angelos, archangelos, virtutes, potestates.>.

2) die satorninische Lehre wird direkt von der Lehre des Menander abgeleitet, d. h. beide Lehren stehen in einer *ideengeschichtliche Abhängigkeit*.

Da Euseb keine Schüler des Menander kennt, wird er von der zweiten Rückführung des Satorninus auf Menander ausgehen. Diesen logischen Schluß konnte Euseb aber nur in Kenntnis des zweiten Teils des irenäischen Satzes vollziehen: „Saturninus quidem similiter ut Menander unum patrem incognitum omnibus ostendit, qui fecit angelos, archangelos, virtutes, potestates."[349] Eine Unachtsamkeit Eusebs oder eine Unkenntnis der irenäischen Textpassage sind ausgeschlossen. Euseb muß sich bewußt gewesen sein, daß sich die Abhängigkeit des Satorninus von Menander auf die Lehre vom *unum patrem incognitum* bezog, deren Darstellung er bei Menander wie auch bei Satorninus bewußt ausgelassen hatte. Euseb muß gewußt haben, daß er mit seinem Tun Irenäus zum Zeugen einer Abhängigkeit zwischen Menander und Satorninus machte, die dieser nie intendiert hatte.

d) Ausgelassene Quellen zur Häresie des Satorninus

Euseb kannte neben der Aussage des Irenäus noch weitere Zeugen für die Häresie des Satorninus. Voraussetzung dafür war, daß Satorninus nicht nur mit dem Namen Saturninus (Irenäus), sondern auch unter dem Namen Satornil bekannt war.[350]

Er zitiert in h.e. IV 22,5 einen Abschnitt aus Hegesipp, in dem dieser betont, daß die Satornilianer sowie die Menandristen, Marcianer, Karpokratianer, Valentinianer und Basilidianer Häretiker der zweiten Generation sind.[351] Vermutlich tradierte Hegesipp noch weitere Informationen über Satornil und seine Häresie, die Euseb in seiner Darstellung ausläßt.

Ein weiterer Euseb bekannter Zeuge für die Häresie der Satornilianer ist Justin. Dieser beschreibt in dial. c. Trypho 35,6, daß die Marcianer, Valentinianer, Basilidianer und Satornilianer wie die Philosophen ihren Namen von dem Gründer ihres Systems übernommen haben. Spannend ist die Überlegung, warum Euseb dieses frühe Zeugnis für die Satornilianer nicht zitiert, insbesondere da er Justin gerne als Zeugen anführt. Es drängt sich der Verdacht auf, daß Euseb den Vergleich der

---

349   Zitatnachweis s. Anm. I 348.

350   Anhand der verwendeten Namensformen zeigt sich, wie eng sich Euseb an seine Vorlagen anlehnt. Während er mit dem Hegesipp-Zitat terminologisch auf „Satornil" festgelegt war, hätte er beim Irenäus-Referat um eines einheitlichen Erscheinungsbildes der h.e. willen die irenäische Namensgebung abändern können. Dieses tut er aber weder in h.e. IV 7,3.4 noch in h.e. IV 29,2.3 (Zitat), wo er sich jedesmal terminologisch an die Vorgabe des Irenäus anpaßt. Vgl. dazu auch Teil I 2.23 a) Die Häresie des Novatus oder die Häresie des Novatian?

351   Euseb, h.e. IV 22,5 <GCS Euseb II/1, 370,13–372,3: ἄρχεται δὲ ὁ Θεβουθις διὰ τὸ μὴ γενέσθαι αὐτὸν ἐπίσκοπον ὑποφθείρειν ἀπὸ τῶν ἑπτὰ αἱρέσεων, ὧν καὶ αὐτὸς ἦν, ἐν τῷ λαῷ, ἀφ' ὧν Σίμων, ὅθεν Σιμωνιανοί, καὶ Κλεόβιος, ὅθεν Κλεοβιηνοί, καὶ Δοσίθεος, ὅθεν Δοσιθιανοί, καὶ Γορθαῖος, ὅθεν Γοραθηνοί, καὶ Μασβωθεοι. ἀπὸ τούτων Μενανδριανισταὶ καὶ Μαρκιανισταὶ καὶ Καρποκρατιανοὶ καὶ Οὐαλεντινιανοὶ καὶ Βασιλειδιανοὶ καὶ Σατορνιλιανοὶ ἕκαστος ἰδίως καὶ ἑτεροίως ἰδίαν δόξαν παρεισηγάγοσαν>.

Philosophen mit den Häretikern scheut und aus diesem Grund auf das Justin-Zitat verzichtet.[352]

Nicht gekannt haben wird Euseb die Aussagen Tertullians (de anima 23) und Hippolyts (ref. VII 28), die weitestgehend die Informationen des Irenäus ausschreiben.

e) Die Datierung der Häresie des Satorninus

Nachdem die Euseb vorliegenden Quellen zu Satorninus und ihre Auswahl betrachtet sind, bleibt noch die Datierung des Satorninus näher zu untersuchen. Euseb ordnet die beiden Häretiker Satorninus und Basilides, die bereits in der eusebianischen Vorlage miteinander verknüpft waren, in die Regierungszeit Hadrians (117–138).[353] Irenäus selbst gibt keinen Anhaltspunkt für eine zeitliche Einordnung, abgesehen von der Abfolge Menander – Satorninus, die als eine chronologische gewertet werden kann. Die Quellen Justin und Hegesipp geben keinen Hinweis für die Datierung des Satorninus.

Es scheint, daß Euseb die von Irenäus überlieferte, enge Verbindung zwischen Satorninus und Basilides bei seiner Datierung zugrunde legt. Dabei ist jedoch zu beachten, daß nach Irenäus die enge Verbindung zwischen beiden Häretikern einzig in ihrem Ausgangspunkt Menander liegt; eine Gleichzeitigkeit von Satorninus und Basilides findet sich bei Irenäus nicht explizit ausgesagt. Diese scheint Euseb jedoch aus der irenäischen Parallelisierung zu folgern, wenn er beider Wirksamkeit in die Regierungszeit des Hadrian legt.

Euseb hatte bereits in seiner *Chronik* ausgeführt, daß Basilides sich im Jahr 132 in Alexandrien aufhielt[354], wobei er möglicherweise auf Angaben des Klemens

---

352   Die genauen Gründe für die eusebianische Ablehnung einer Parallelisierung von Häretikern und Philosophen werden in Teil I 3.2.2.3.1 (Die Rückführung der Häresien auf die Philosophie: Justin und Irenäus) benannt werden können, wenn geklärt ist, welche häreseologischen Konzeptionen von Euseb abgelehnt werden.

353   Euseb stellt ab h.e. IV 3,1 die Regierungszeit Hadrians dar.

354   Die Datierung des Basilides weicht in den beiden Überlieferungen der *Chronik* voneinander ab: In der armenischen Textfassung heißt es zum 17. Jahr Hadrians (= 133): „Basilides erschien als Sektenhaupt zu jener Zeit" (Übersetzung von Karst). Die lateinische Überlieferung der *Chronik* bietet zum 16. Jahr des Hadrian (= 132): Basilides haeresiarches in Alexandria commoratur, a quo gnostici <GCS Euseb VII/1, 201,2–3>.
    Die Datierung ins Jahr 132, wie sie sich in der lateinischen Überlieferung findet, dürfte zusammen mit der Angabe, daß Basilides in Alexandrien auftrat, von Hieronymus sekundär in die *Chronik* Eusebs eingetragen sein. Die Angabe „Alexandrien" konnte er aus h.e. IV 7,3 entnehmen und in die *Chronik* eintragen. Mit dem Hinweis, daß von Basilides die Gnostiker abstammen, weicht Hieronymus von der irenäischen (und eusebianischen) Sukzession ab, in der adv. haer. I 25,6 Karpokrates als der „Vater" aller Gnostiker fungiert. Hieronymus formuliert später, ähnlich wie in der *Chronik* Eusebs, in de vir. ill. 21, seiner Agrippa Kastor-Notiz: „Moratus est autem Basilides, a quo Gnostici, in Alexandria temporibus Hadriani [...]" <TU XIV, 20,21–22>. Vgl. dazu auch Löhr, Basilides und seine Schule, 36, und Mühlenberg, Basilides, 296.

von Alexandrien zurückgriff, der in strom. VII 106,4 behauptete, daß Erfinder von Häresien wie Basilides erst unter Hadrian (117–138) auftraten.[355] Mit der Datierung des Basilides in die Zeit Hadrians ist für Euseb auch die zeitliche Einordnung des Satorninus gegeben.

Historisch betrachtet muß das erste Auftreten des Satorninus in Antiochien jedoch früher, etwa um 100 n. Chr.[356], angesetzt werden. Euseb hatte aber aufgrund der ihm vorliegenden Quellen keine Möglichkeit, die Häresie des Satorninus anders zu datieren. Er folgt sowohl in der zeitlichen Einordnung des Basilides als auch in der Parallelisierung von Satorninus – Basilides seinen Quellen. Die Rekonstruktion des zeitlichen Ablaufes ist durchaus nachvollziehbar und ausgehend von seinen Prämissen folgerichtig.

f) Die Darstellung der Häresie des Satorninus bei Euseb

Satorninus wird von Euseb aufgrund des falsch bezogenen irenäischen Vergleiches mit Menander als selbsternannter Erlöser dargestellt und damit in die Linie Simon Magus – Menander – Satorninus eingereiht. Seine eigentliche Lehre, namentlich die Kosmologie, Soteriologie, Anthropologie und Ethik, welche Euseb aus Irenäus kannte, wird ausgelassen. Trotz der Verzeichnung der bei Irenäus überlieferten satorninischen Lehre hält Euseb in hohem Maße an dieser Vorlage fest, da sie ihm – insbesondere ihre Parallelisierung zwischen Satorninus und Basilides[357] – als Datierungsgrundlage des Satorninus dient.

---

[355] Da Klemens mit keinem Wort auf Satorninus eingeht, kann er für Eusebs Datierungsproblem nicht direkt herangezogen werden. Zur Datierung des Basilides vgl. Anm. I 354 und S. 148–149.

[356] Mühlenberg, Epochen, 36. Kretschmar, Satornil, 1374, grenzt das Auftreten Satornils vage auf das Ende des ersten oder den Anfang des zweiten Jahrhunderts ein. Markschies, Satornil, 846, datiert ihn ins frühe 2. Jahrhundert. Hilgenfeld, Ketzergeschichte, 194–195, folgt eher Irenäus, wenn er Satornils Auftreten „nicht vor die Zeit des Kaisers Trajanus (98–117)" (194) und mit einiger Sicherheit „in die Zeit Kaiser Hadrians (117–138)" (195) legt.

[357] Ein ähnliches Phänomen der Übertragung von Informationen des Basilides auf Satorninus läßt sich vielleicht auch bei der Formulierung erkennen, daß Satorninus in Syrien eine αἱρέσεως διδασκαλεῖον gegründet habe. Keine Euseb nachweislich bekannte Quelle spricht von einer Schulbildung. Irenäus, adv. haer. I 24,1, beschreibt nur, daß Basilides und Saturninus „distantes doctrinas ostenderunt" (FC 8/1, 294,21–22), womit nicht notwendigerweise eine Schulgründung umschrieben sein muß. Hätte andersherum im griechischen (heute verlorenen) Text des Irenäus διδασκαλεῖον gestanden, hätte die Übersetzung ins Lateinische wahrscheinlich anders ausgesehen. Daher kann nur vermutet werden, daß Euseb diese Information zu Basilides überkommen war und er sie um der irenäischen Parallelität ‚Saturninus – Basilides' auf beide Häretiker bezogen hat; vgl. Teil I 2.7 Basilides.

2.7 Basilides (h. e. IV 7,3–8)

h. e. IV 7,3–8[358]

7,3 ἀπὸ γοῦν τοῦ Μενάνδρου, ὃν διάδοχον τοῦ Σίμωνος ἤδη πρότερον παραδεδώκαμεν, ἀμφίστομος ὥσπερ καὶ δικέφαλος ὀφιώδης τις προελθοῦσα δύναμις δυεῖν αἱρέσεων διαφόρων ἀρχηγοὺς κατεστήσατο, Σατορνῖνόν τε Ἀντιοχέα τὸ γένος καὶ Βασιλείδην Ἀλεξανδρέα· ὧν ὁ μὲν κατὰ Συρίαν, ὁ δὲ κατ' Αἴγυπτον συνεστήσαντο θεομισῶν αἱρέσεων διδασκαλεῖα.

7,4 τὰ μὲν οὖν πλεῖστα τὸν Σατορνῖνον τὰ αὐτὰ τῷ Μενάνδρῳ ψευδολογῆσαι ὁ Εἰρηναῖος δηλοῖ, προσχήματι δὲ ἀπορρητοτέρων τὸν Βασιλείδην εἰς τὸ ἄπειρον τεῖναι τὰς ἐπινοίας, δυσσεβοῦς αἱρέσεως ἑαυτῷ τερατώδεις ἀναπλάσαντα μυθοποιίας.

7,5 πλείστων οὖν ἐκκλησιαστικῶν ἀνδρῶν κατ' ἐκεῖνο καιροῦ τῆς ἀληθείας ὑπεραγωνιζομένων λογικώτερόν τε τῆς ἀποστολικῆς καὶ ἐκκλησιαστικῆς δόξης ὑπερμαχούντων, ἤδη τινὲς καὶ διὰ συγγραμμάτων τοῖς μετέπειτα προφυλακτικὰς αὐτῶν δὴ τούτων τῶν δηλωθεισῶν αἱρέσεων παρεῖχον ἐφόδους· 7,6 ὧν εἰς ἡμᾶς κατῆλθεν ἐν τοῖς τότε γνωριμωτάτου συγγραφέως Ἀγρίππα Κάστορος ἱκανώτατος κατὰ Βασιλείδου ἔλεγχος, τὴν δεινότητα τῆς τἀνδρὸς ἀποκαλύπτων γοητείας.

7,7 ἐκφαίνων δ' οὖν αὐτοῦ τὰ ἀπόρρητα, φησὶν αὐτὸν εἰς μὲν τὸ εὐαγγέλιον τέσσαρα πρὸς τοῖς εἴκοσι συντάξαι βιβλία, προφήτας δὲ ἑαυτῷ ὀνομάσαι Βαρκαββαν καὶ Βαρκωφ καὶ ἄλλους ἀνυπάρκτους τινὰς ἑαυτῷ συστησάμενον, βαρβάρους τε αὐτοῖς εἰς κατάπληξιν τῶν τὰ τοιαῦτα τεθηπότων ἐπιφημίσαι προσηγορίας, διδάσκειν τε ἀδιαφορεῖν εἰδωλοθύτων ἀπογευομένους καὶ ἐξομνυμένους ἀπαραφυλάκτως τὴν πίστιν κατὰ τοὺς τῶν διωγμῶν καιρούς, Πυθαγορικῶς τε τοῖς προσιοῦσιν αὐτῷ πενταετῆ σιωπὴν παρακελεύεσθαι·

Von jenem Menander, den wir bereits weiter oben als Nachfolger Simons bezeichnet haben, ging eine doppelzüngige, zweiköpfige, schlangenartige Kraft aus, welche Satorninus aus Antiochien und Basilides aus Alexandrien als Häupter zweier verschiedenartiger Häresien aufstellte. Der eine von ihnen gründete in Syrien, der andere in Ägypten gottfeindliche Ketzerschulen.

Wie Irenäus mitteilt, trug Satorninus in den meisten Punkten die gleiche falsche Lehre wie Menander vor und dehnte Basilides, tiefe Geheimnisse versprechend, mit Hilfe von selbstgedichteten Wundergeschichten seine gottlosen ketzerischen Erfindungen ins Unendliche aus.

Von den zahlreichen Kirchenmännern, die zu jener Zeit für die Wahrheit kämpften und mehr mit Vernunftgründen für die apostolische und kirchliche Lehre eintraten, gaben nunmehr einige in ihren Schriften den späteren Generationen auch Heilmittel gegen diese erwähnten Irrlehren in die Hand. Von diesen ist die vortreffliche „Widerlegung des Basilides" von Agrippa Kastor, einem damals hochgeschätzten Schriftsteller, verfaßt, auf uns gekommen; dieselbe läßt erkennen, wie schlimm der Betrug jenes Mannes gewesen war.

Kastor deckt die Geheimnisse des Basilides auf und teilt hierbei mit, derselbe habe 24 Bücher über das Evangelium geschrieben und sich selbst Propheten wie Barkabbas und Barkoph und noch einige andere, die gar nicht existiert hätten, erdichtet und benannt und ihnen barbarische Namen beigelegt, um auf Leute, die solches bestaunen, Eindruck zu machen. Auch habe er gelehrt, es sei kein (moralischer) Unterschied zwischen denen, die den Götzen geopfertes Fleisch genießen, und denen, die in den Zeiten der Verfolgung leichtsinnig ihren Glauben verleugnen, und

---

[358]   Euseb, h. e. IV 7,3–8 <GCS Euseb II/1, 308,27–310,25>.

habe nach Art der Pythagoreer seinen Anhängern ein fünfjähriges Schweigen auferlegt.

7,8 καὶ ἕτερα δὲ τούτοις παραπλήσια ἀμφὶ τοῦ Βασιλείδου καταλέξας ὁ εἰρημένος οὐκ ἀγεννῶς τῆς δηλωθείσης αἱρέσεως εἰς προῦπτον ἐφώρασε τὴν πλάνην.

Der erwähnte Schriftsteller zählt noch andere ähnliche Lehren des Basilides auf und stellt den Irrtum der genannten Häresie meisterhaft ans Licht.

Eng mit der Darstellung des Satorninus ist diejenige des Basilides verbunden. Euseb parallelisiert das Auftreten beider Häretiker und ordnet auch Basilides zeitlich in die Regierungszeit Hadrians (117–138) ein. Während Satorninus aus Antiochien stammte und seine eigene Schule in Syrien etablierte, kam Basilides aus Alexandrien und wurde der Gründer einer Schule in Ägypten.[359] Euseb nennt als ersten Informanten Irenäus, der berichtet, daß Satorninus in den meisten Punkten die gleiche falsche Lehre wie Menander vortrug.

Den zweiten Informanten zur Häresie des Basilides muß Euseb erst einführen. Ihm ist eine vortreffliche Schrift mit dem Titel „Widerlegung des Basilides" überkommen, verfaßt von Agrippa Kastor, einem damals hochgeschätzten Schriftsteller. Euseb reiht ihn in eine große Zahl anderer Kirchenmänner ein, die zu jener Zeit für die Wahrheit kämpften. Euseb schließt seine Darstellung mit dem kurzen Resümee ab, daß Agrippa Kastor noch ähnliche Lehren des Basilides aufzählt und dessen Irrtum meisterhaft ans Licht stellt.

a) Die Rezeption der Informationen des Irenäus

Wie bereits im Abschnitt über Satorninus aufgezeigt, übernahm Euseb seine Informationen in h.e. IV 7,3 aus Irenäus, adv. haer. I 24,1.[360] Er weiß zudem in h.e. IV 7,4 über Basilides zu berichten, daß dieser mit Hilfe von selbstdichteten Wundergeschichten „seine gottlosen ketzerischen Erfindungen ins Unendliche ausdehnte, indem er tiefe Geheimnisse versprach".[361] Für diese Information gibt Euseb Irenäus als Zeugen an, jedoch läßt sich nur vermuten, worauf er mit dem Hinweis auf die Ausdehnung der basilidianischen Erfindungen ins Unendliche bei Irenäus anspielt.

---

[359] Euseb, h.e. IV 7,3 <GCS Euseb II/1, 308,27–310,4>. — Euseb übernimmt von Irenäus den Herkunftsort des Satorninus aus der Stadt Antiochien, ohne aber diese näher zu lokalisieren. Woher Euseb den Herkunftsort des Basilides erfahren hat, bleibt offen, da Irenäus Alexandrien als *Wirkungs*stätte und nicht als *Herkunfts*ort benennt. Als Wirkungsstätten nennt Euseb im folgenden für Satorninus Syrien und für Basilides Ägypten. Da Euseb Alexandrien bereits als Herkunftsort des Basilides angegeben hatte, wird er als Wirkungsbereich Ägypten angeführt haben, um sprachlich zu variieren – ungeachtet dessen, daß er ihm damit einen größeren Wirkraum zugesteht.

[360] Vgl. dazu oben Anm. I 344 mit Irenäus-Zitat adv. haer. I 24,1.

[361] Euseb, h.e. IV 7,4 <GCS Euseb II/1, 310,4–7: τὰ μὲν οὖν πλεῖστα τὸν Σατορνῖνον τὰ αὐτὰ τῷ Μενάνδρῳ ψευδολογῆσαι ὁ Εἰρηναῖος δηλοῖ, προσχήματι δὲ ἀπορρητοτέρων τὸν Βασιλείδην εἰς τὸ ἄπειρον τεῖναι τὰς ἐπινοίας, δυσσεβοῦς αἱρέσεως ἑαυτῷ τερατώδεις ἀναπλάσαντα μυθοποιίας.>. Der Wortstamm ἀναπλάσσειν findet sich häufiger in der Ketzerpolemik; vgl. Justin, dial. c. Trypho 8,4 und Hippolyt, ref. VI 42,2.

Irenäus beschreibt in adv. haer. I 24,3 die Häresie des Basilides. Dort heißt es: „Es ging ihm um den Ruf, tiefere Einsichten und glaubhaftere Wahrheiten gefunden zu haben; dazu dehnte er seine Lehrmeinung ins Unendliche aus"[362], woraufhin Irenäus detailreich die Lehre des Basilides ausmalt.

Diese Textpassage ist die einzige, auf die Euseb bei Irenäus anspielen könnte. Er übernimmt die irenäische Vorstellung, daß die Lehre des Basilides ins Unermeßliche, gar Maßlose, abgleitet. Die Darstellung dieser Lehre läßt Euseb aus; es scheint ihm allein auf die Steigerung der Häresie des Basilides gegenüber der zuvor genannten Häresien (Kerinth, Menander) anzukommen.[363]

Euseb betont, daß Basilides Wundergeschichten erfand, mittels derer er seinen Anhängern tiefe Geheimnisse versprach. Diese Aussage gibt sich in zweifacher Hinsicht als eusebianische Topik zu erkennen: Zum einen zielt Eusebs Darstellung darauf ab, daß die Lehre der Häretiker ein Produkt der menschlichen Phantasie und ihr Ursprung im Gegensatz zur christlichen Lehre rein irdisch ist. Mit diesem Punkt eng verknüpft ist eine zweite Aussage, die an dieser Stelle nur indirekt anklingt, aber von Euseb noch häufiger in seiner h.e eingeführt wird. Ein Versprechen „tiefer Geheimnisse" – wie auch immer sie inhaltlich gefüllt werden –, das auf von Menschen erfundenen Lehren gegründet ist, kann nur zum Betrug der Anhänger gereichen.[364] Die „selbsterdichteten Wundergeschichten" bleiben nach Eusebs Verständnis „gottlose, ketzerische Erfindungen", womit er sich deutlich gegen die irenäische Vorgabe „doctrina" abgrenzt. Irenäus vermag es im Gegensatz zu Euseb, sehr viel neutraler von „Lehrmeinungen" der Häretiker zu sprechen, welche er, wie das Beispiel des Basilides zeigt, als in sich geschlossenes System mit inneren Zusammenhängen kennt und beschreiben kann.

Euseb greift demnach eine irenäische Formulierung auf und bettet in sie in seine Konzeption der Häresie ein, wobei er die Aussage anders als Irenäus nanciert.

---

362 Iren., adv. haer. I 24,3 <FC 8/1, 298,8–10: Basilides autem, ut altius et verisimilius invenisse videatur, in immensum extendit sententiam doctrinae suae [...].>

363 Menander (h.e. III 26,1) und Kerinth (h.e. III 28,2) hatte Euseb durch die Stichwortverbindung τερατολογίαι miteinander verknüpft. Mit seiner Terminologie μυθοποίαι in h.e. IV 7,4 weist er nur indirekt auf seine früheren Darstellungen zurück. Bei aller Verbindung zu früheren Häresien ist aber deutlich, daß es Euseb auf die Steigerung ins Unendliche (εἰς τὸ ἄπειρον, h.e. IV 7,4, GCS Euseb II/1, 310,6) ankommt. An dieser Stelle verbindet sich der Sukzessionsgedanke mit dem Überbietungsmotiv. Da die jüngeren Häresien ihre Vorgängerhäresien immer wieder überbieten, nimmt die Häresie an Größe, Gefährlichkeit, aber auch an Maßlosigkeit stetig zu, was der Häresiedarstellung eine gewisse Dynamik verschafft. Vgl. Teil II 2.5.5 Die Steigerung innerhalb der Sukzession.

364 Die Darstellung des Häretikers als Betrüger findet sich in der h.e. durchgängig in unterschiedlicher Ausprägung und kann damit als topisch gelten. Euseb kennt sowohl von Zauberei betrogene Anhänger (h.e. II 1,11; III 26,3) als auch durch die Lehre (h.e. III 26,3; III 28,2; IV 7,4; IV 7,7) oder die Prophetie (h.e. V 16,9) Betrogene. Vgl. dazu Teil I 3.2.1 Eusebs bevorzugt aufgenommene Inhalte und Motive.

b) Ausgelassene Informationen aus Irenäus

Bemerkenswert sind die Aussagen des Irenäus, die Euseb *nicht* übernimmt. Irenäus beschreibt in adv. haer. I 24,3–7 ausführlich die Lehre des Basilides. Ohne auf einzelne Aussagen näher eingehen zu wollen, soll kurz festgehalten werden, welche Themenbereiche Euseb ausspart, um sie mit denjenigen zu vergleichen, die er aus Agrippa Kastor zum Referat auswählt: Euseb läßt von Irenäus die Angaben über die Emanationslehre und Kosmologie (adv. haer. I 24,3[365]), die Soteriologie und Christologie (adv. haer. I 24,4[366]), die Ethik und Magie (adv. haer. I 24,5[367]), die Erlösung (adv. haer. I 24,6[368]) und die Zahlenspekulationen des Basilides (adv. haer. I 24,7) aus.[369]

c) Die Rezeption der Informationen des Agrippa Kastor

Die Darstellung der Orthodoxie des Agrippa Kastor scheint Euseb als Gegenbild zum Häretiker Basilides zu entwerfen. Agrippa Kastor tritt mit Vernunftgründen für die apostolische und kirchliche Lehre ein, wohingegen Euseb die „Lehre" des Basilides zuvor als selbstdichtete Wundergeschichten und gottlose, ketzerische und ins Maßlose gesteigerte Erfindungen charakterisiert hatte. Euseb stellt damit

---

[365] Nach Irenäus lehrte Basilides, daß der ungezeugte Vater zuerst den Nous zeugte, aus dem der Logos hervorgeht. Aus diesem wiederum wird die Phronesis gezeugt, von der Phronesis die Sophia und die Kräfte, Archonten und Engel. Diese formten den ersten Himmel, aus dem sich noch weitere sechs emanieren.

[366] Der letzte, von der Erde sichtbare Himmel wird von den Engeln beherrscht, die ihn geschaffen haben. Diese haben auch die Erde unter sich aufgeteilt; ihr Archon ist der Judengott, der die übrigen Völker unterwerfen wollte. Der unnennbare Vater sieht den Streit der Archonten und schickt seinen Christus, um die Gläubigen aus deren Gewalt zu befreien. Der Christus erschien als Mensch auf Erden, litt aber als körperlose Kraft nicht wirklich, sondern wechselte mit Simon von Kyrene die Gestalt, zwang ihn, sein Kreuz zu tragen, und fuhr zum ungezeugten Vater zurück. Das Wissen um diesen Vorgang bricht die Macht der Archonten. Das Bekenntnis zu dem Gekreuzigten ist dementsprechend abzulehnen.

[367] Nur die Seele, nicht der vergängliche Körper kann Heil erlangen. Die Prophezeiungen und das Gesetz stammen von den die Welt schaffenden Archonten. Götzenopfer soll man ohne Angst vollziehen, auch alle Riten. Magie, Zaubersprüche, Beschwörungen und sonstige Dinge werden von Basilides und seinen Anhängern praktiziert.

[368] Wer diese Lehre erfahren hat sowie alle Engel und ihre Ursachen kennt, wird für alle Engel und Mächte unsichtbar und ungreifbar. Ziel ist es, alles zu erkennen und selbst unerkannt zu bleiben, weshalb man die Mysterien in Schweigen bewahren muß.

[369] Zur historischen Rekonstruktion der Lehre des Basilides und den quellenimmanenten Schwierigkeiten vgl. Mühlenberg, Basilides, 297–299. Aufgrund der inhaltlichen Nähe von Clemens und Hippolyts Darstellung kommt Mühlenberg, Basilides, 299, zu dem Schluß, daß „der Bericht des Irenäus (haer. I,24) als Fehlermeldung beurteilt" werden muß. „Vielmehr ist der Bericht des Irenäus die Lehre eines verwilderten Basilidianismus, die Magie als Aufstiegspraxis benutzten (vgl. haer. VII,26,6) und Libertinismus vertraten [...] wie auch dem Martyrium durch Verleugnen auswichen."

pointiert die Wahrheit der Unwahrheit, die Vernunft der Unvernunft sowie die Angemessenheit in der Lehre der Maßlosigkeit der Häresie gegenüber. Hatte Euseb die Häretiker Satorninus und Basilides in h.e. IV 7,3 als „doppelzüngige, zweiköpfige und schlangenartige Kraft" beschrieben, deren Wirkung als tödlich eingeschätzt wurde[370], so begegnet mit Agrippa Kastors Bericht erstmals eine schriftlich fixierte und damit tradierbare Widerlegung des Basilides, die Euseb als προφυλακτικαί ἔφοδοι, als Häresieprophylaxe für spätere Generationen, tituliert.

Die Darstellung der Person des Agrippa Kastor bleibt bei dieser tendenziösen, allein auf die Kontrastierung abzielenden Einführung fragmentarisch. Euseb kann nur die vage Angabe machen, daß er „zu jener Zeit" (ἐν τοῖς τότε), also zeitgleich mit Basilides, auftrat.[371] Weitere konkrete Informationen über Agrippa Kastor fehlen, wobei in Betracht gezogen werden muß, daß sie Euseb vielleicht nicht vorgelegen haben. Auch wenn er, wie er selbst angibt, die Schrift „Widerlegung des Basilides" vorliegen hatte, mußte diese nicht notwendigerweise weitere Informationen über den Verfasser enthalten haben. Hat Euseb keine über seine Darstellung hinausgehenden Informationen über Agrippa Kastor besessen, so ist diese tendenziöse, wortreich-unkonkrete Einführung geschickt gestaltet, um über die eigene Unkenntnis hinwegzutäuschen.

Euseb knüpft in h.e. IV 7,7 durch die Stichwortverbindung τὰ ἀπόρρητα geschickt an sein Referat der Irenäus-Quelle an und teilt als Informationen aus der Widerlegungsschrift des Agrippa Kastor mit, daß Basilides 24 Bücher über das Evangelium geschrieben und sich selbst Propheten erfunden und ihnen barbarische Namen gegeben habe, um auf die Leute Eindruck zu machen. Zudem habe er gelehrt, daß es keinen Unterschied gebe zwischen denen, die Götzenopferfleisch genießen, und denen, die zur Zeit der Verfolgung den Glauben verleugnen. Als letzten Punkt nennt Euseb aus der Kastor-Schrift, daß Basilides seinen Anhängern ein fünfjähriges Schweigen nach Art der Pythagoreer auferlegt habe. Er beendet sein Referat der Widerlegungsschrift, wie er es begonnen hatte, und rahmt somit seine Darstellung des Agrippa Kastor: Er lobt ihn für die Aufdeckung der Geheimnisse und der Irrtümer des Basilides.[372]

---

[370] Vgl. die eusebianische Topik, die Häresie als tödliches Gift zu charakterisieren, in Teil I 3.2.1.1 Von Euseb häufig ausgewählte Themen.

[371] Euseb hebt diese Schrift des Agrippa Kastor deshalb so stark hervor, da er davon ausgeht, daß sie – vor Justin und Irenäus – die älteste, ihm erhaltene antihäretische Streitschrift ist; vgl. zur zeitlichen Einordnung der Schrift des Agrippa Kastor unten. Bei zeitlich früher eingeordneten Häresien hatte Euseb immer spätere Zeugnisse zur Darstellung heranziehen müssen; hier meint er mit Agrippa Kastor einen direkten Zeitzeugen des Basilides vor sich zu haben, vgl. auch Teil I 3.1 Quellenauswahlkriterien.

[372] Gegen Bauer, Rechtgläubigkeit und Ketzerei, 173, der es offen läßt, ob Euseb „die Schrift gesehen oder nur auf Umwegen von ihr gehört hat". M.E. sind die Informationen, obwohl sie in einem Referat Eusebs mit tendenziöser Berichterstattung begegnen, zu konkret, als daß vorstellbar wäre, Euseb hätte die Schrift nicht selbst gekannt.

d) Quellenauswahl

Da die Schrift *Widerlegung des Basilides* nicht mehr erhalten ist, kommt eine Untersuchung des eusebianischen Umgangs mit dieser Quelle, insbesondere die Stoffauswahl und die Kontextabgrenzung, nicht in Betracht. Jedoch sind zweierlei Aspekte
der Rezeption dieser Quelle festzuhalten.

Euseb wählt aus den ihm zur Verfügung stehenden Quellen die beiden frühesten Zeugen für die Häresie des Basilides aus. Er datiert – auf der Basis anderer
Quellen, wie sich unten zeigen wird – das Auftreten des Basilides in die Regierungszeit Hadrians. Aufgrund von Angaben innerhalb des Werkes von Agrippa Kastor
oder aufgrund des frischen Eindrucks der Auseinandersetzung geht Euseb davon
aus, daß Agrippa Kastor ein Zeitgenosse des Basilides war.[373] Genauere Angaben,
woher Euseb diese Datierung des Agrippa Kastor bezog, werden sich nicht mehr mit
Sicherheit finden lassen. Neben der frühesten Schrift, Agrippa Kastors *Widerlegung
des Basilides*, nennt Euseb seine zweitfrüheste Quelle: Irenäus, *Adversus haereses*.
Wie bereits zuvor bei Simon Magus und Menander beobachtet, geht Euseb ausführlich auf seine früheste Quelle ein – ohne sie hier aber zu zitieren – und referiert
wie gewohnt nur kurz Irenäus.

Ein zweites ist zur eusebianischen Quellenauswahl zu bemerken. Euseb hätte
alle aus Agrippa Kastor referierten Angaben über Basilides, mit Ausnahme der
Information über die Abfassung von 24 Büchern über das Evangelium, auch aus
Irenäus rezipieren können.[374] Auch Irenäus berichtet in adv. haer. I 24,5 davon, daß
die Anhänger des Basilides Namen für die Engel erdichten und diese den Himmeln
zuweisen. Auch er kennt die Lehre des Basilides, man solle die Götzenopfer mit
Gleichgültigkeit übergehen und ihnen keinen Wert beilegen (adv. haer. I 24,5).
Zudem weiß Irenäus über die Basilidianer zu berichten, daß „solche Leute bereit
sind zu leugnen – schon gar nicht wollen sie um des Namens willen leiden."[375]
Und er setzt im Anschluß hinzu, daß „ihre Mysterien geheim sind und man sie

---

[373] Nach Löhr, Basilides und seine Schule, 9–11, ging Euseb von der Annahme aus, daß „eine Ketzer-
polemik wie diejenige des Agrippa Castor mit dem Ziel ihrer Attacke gleichzeitig sein müsse". Da
Löhr eine Abhängigkeit des Agrippa Kastor von Irenäus zu beweisen sucht, vernachlässigt er die
Möglichkeit, daß Euseb einen Anhaltspunkt für die Datierung im Werk selbst gefunden hat.

[374] Die Identität von Inhalt und Themenabfolge zwischen der Darstellung des Agrippa Kastor und
des Irenäus versucht Löhr, Basilides und seine Schule, 9–11, dahingehend zu erklären, daß er eine
Abhängigkeit Agrippa Kastors von Irenäus annimmt. Er begründet seine Ansicht damit, (1.) daß
Irenäus die Erwähnung des Evangelienkommentars nicht ausgelassen hätte, (2.) daß das Verleugnen des Glaubens und die Martyriumsscheu von Irenäus selbst als polemische Schlußfolgerung
gezogen, bei Agrippa Kastor als Lehre des Basilides ausgegeben wird, was eine Weiterentwicklung
darstelle und (3.) daß die fünfjährige Schweigefrist aus irenäischen Angaben gewonnen sein kann.
Löhr kommt daher zu dem Schluß, daß Euseb eine undatierte Schrift des Agrippa Kastor vorliegen
hatte und davon ausging, daß Agrippa Kastor mit dem Ziel seiner Attacke zeitgleich sein müsse.
Die Rekonstruktion, wie sie Löhr vorschlägt, ist weder zwingend zu beweisen, noch zu widerlegen;
gleiches gilt für die angebliche falsche Datierung des Agrippa Kastor durch Euseb.

[375] Iren., adv. haer. I 24,6 <FC 8/1, 302,23–25: Quapropter et parati sunt ad negationem qui sunt
tales, immo magis ne pati quidem propter nomen possunt [...]>.

im Verborgenen durch Schweigen bewahren muß."[376] Obwohl die Informationen bei Agrippa Kastor anscheinend nicht derart präsentiert waren, daß Euseb sie zitieren konnte, greift er wohl aus zwei Gründen dennoch schwerpunktmäßig auf ihn zurück: Zum einen geht er davon aus, daß er mit Agrippa Kastors Werk eine zeitgenössische Quelle vorliegen hat. Zum anderen scheint er die irenäische Darstellung, obwohl sie ebenfalls alle aus Agrippa Kastor bekannten Informationen in adv. haer. I 24,5 gebündelt vorführt, aufgrund seiner eigenen Häresiekonzeption nicht zitieren zu wollen.[377]

e) Ausgelassene Quellen zur Häresie des Basilides

Zum Abschluß sollen noch kurz weitere Quellen betrachtet werden, die Euseb zur Häresie des Basilides vorlagen und die er aus unterschiedlichen Gründen für seine Darstellung nicht herangezogen hat. In diesem Kontext ist auch die Frage nach der Datierung des Basilides in die Zeit Hadrians zu klären.

Das Auslassen von Aussagen Justins verwundert zunächst, ist er doch eine von Euseb gern zitierte Quelle zur Häresiethematik. In dial. c. Trypho 35,6 wendet Tryphon innerhalb der Diskussion ein, daß es viele Christen gebe, welche Götzenopferfleisch verzehrten und behaupteten, keinen Schaden davon zu haben. Justin pflichtet dem bei und nennt als Repräsentanten dieser Auffassung Marcianer, (Karpokratianer,) Valentinianer, Basilidianer und Satornilianer. Diese seien jedoch nur scheinbar Christen und verfahren wie die Philosophen, die sich nach dem Vater ihrer Lehre benennen.[378] Zwei Gründe kommen für die Auslassung dieser Quelle in Betracht: Zum einen führt Euseb unter keinen Umständen die Häresie auf die Philosophie zurück und vermeidet auch jeglichen Vergleich zwischen Philosophen und Häretikern. Zum anderen geht er davon aus, daß ihm mit dem Werk des Agrippa Kastor eine Quelle zur Verfügung steht, die aus der Zeit Hadrians stammt

---

[376] Iren., adv. haer. I 24,6 <FC 8/1, 302,28; 304,1–2: Et non oportere omnino ipsorum mysteria effari, sed in abscondito continere per silentium.>.

[377] Euseb teilt generell die Ansicht des Irenäus nicht, daß allein die Aufdeckung der Häresie ihre Widerlegung bedeute. Euseb berichtet eher von einer Widerlegung der Häresie (unter Auslassung der Lehre), als die falschen Lehrsätze seinem Leser weiterzugeben. Daher bieten sich ihm die irenäischen Ausführungen nur im seltensten Fall als Zitat an. Speziell im Hinblick auf die Basilidianer kommt eine weitere Schwierigkeit hinzu: Irenäus sieht in den Basilidianern „keine Juden mehr, aber auch noch keine Christen" (adv. haer. I 24,6: Et Iudaeos quidem iam non esse dicunt, Christianos autem nondum, FC 8/1, 302,27–28). Die Vorstellung, daß die nach Euseb vom Teufel aufgestellten Häretiker *noch* keine Christen sind, mußte für Euseb eine ungeheuerliche und vollkommen inakzeptable Aussage sein.

[378] Justin, dial. c. Trypho 35,6 <PTS 47, 129,27–32: Καὶ εἰσιν αὐτῶν οἱ μέν τινες καλούμενοι Μαρκιανοί, <οἱ δὲ Καρποκρατιανοί,> οἱ δὲ Οὐαλεντινιανοί, οἱ δὲ Βασιλειδιανοί, οἱ δε Σατορνιλιανοί, καὶ ἄλλοι ἄλλῳ ὀνόματι, ἀπὸ τοῦ ἀρχηγέτου τῆς γνώμης ἕκαστος ὀνομαζόμενος, ὅν τρόπον καὶ ἕκαστος τῶν φιλοσοφεῖν νομιζόντων, ὡς ἐν ἀρχῇ προεῖπον, ἀπὸ τοῦ πατρὸς τοῦ λόγου τὸ ὄνομα ἧς φιλοσοφεῖ φιλοσοφίας ἡγεῖται φέρειν.>

(117–138). Justins Schrift dial. c. Trypho, die etwa in den Jahren 150–160 entstand, verliert damit für die Darstellung der Häresie des Basilides ihre Vorrangstellung, die sie ansonsten aufgrund ihres Alters innehatte. Inwieweit Justin die Basilidianer in seinem *Syntagma gegen alle Häresien* behandelt hat, läßt sich nicht mehr sicher rekonstruieren.[379]

Eine weitere Quelle scheint von Euseb ebenfalls aufgrund ihres geringen Alters ausgelassen zu sein: die *Stromata* des Klemens von Alexandrien. Klemens streut in dieser Schrift viele Einzelinformationen über Basilides und die Basilidianer sowie deren Lehren ein, die stark von dem abweichen, was Irenäus bzw. Agrippa Kastor darüber zu berichten wußten. Da Klemens aber schwerpunktmäßig auf die Ansichten der Basilidianer und insbesondere auf diejenigen des Basilidessohnes und -schülers Isidor fokussiert[380], war für Euseb leicht zu erkennen, daß Klemens' Informationen über die Basilidianer weniger aus frühen Quellen, denn aus eigenen Recherchen, die ein späteres Entwicklungsstadium widerspiegeln, entstammen mußten.

Ein weiterer Grund für die Auslassung von Quelleninformationen ist, daß Euseb unter keinen Umständen die Lehre der Häretiker darstellen und weitertradieren wollte und daher speziell die Lehrinhalte verschwieg. Da Klemens größtenteils Testimonien des Basilides und der Basilidianer bietet, kam eine Verwendung der *Stromata* für die eusebianische Darstellung des Basilides nicht in Betracht.

Nur in einem einzigen Punkt könnte Euseb gezielt auf Klemens' *Stromata* zurückgegriffen haben: bei der Datierung des Basilides. Während Irenäus, Justin und anscheinend auch Agrippa Kastor[381] das Auftreten des Basilides nicht zeitlich einordnen, behauptet Klemens in strom. VII 106,4, daß um die Zeit Kaiser Hadrians die Erfinder der Häresien aufkamen, wozu er namentlich auch Basilides zählt.

---

[379]   Die Nennung der Basilidianer in der Liste dial. c. Trypho 35,6 läßt vermuten, daß Justin die Basilidianer in seinem Syntagma behandelt hat, wobei sich der Inhalt bzw. der Umfang der Angaben nicht mehr rekonstruieren läßt; vgl. Löhr, Basilides und seine Schule, 15. Die Analyse der Euseb bekannten Schriften hat gezeigt, daß Euseb Justins *Syntagma* nicht kannte.

[380]   Klemens, strom. I 146,1–4 (Schüler des Basilides: Feier der Taufe Christi); strom. II 10,1.3 (Schüler des Basilides: über den Glauben); strom. II 27,1 (Schüler des Basilides: über den Glauben); strom. II 36,1 (Schüler des Basilides: Empfang des Evangeliums durch den Archon); strom. II 112,1–113,1 (Schüler des Basilides: Affekte als Anhängsel der Seele); strom. II 113,3–114,6 (Isidor: Über die angeborene Seele); strom. III 1,1 (Schüler des Basilides: über die Ehe); strom. III 2,2–3,2 (Isidor: über die Ehe); strom. III 3,3 (Schüler des Basilides: Freiheit zum Sündigen); strom. IV 81,1–83,2 (Basilides: keine Sündlosigkeit auf Erden); strom. IV 89,4 (Basilides: das von Natur aus gerettete Menschengeschlecht); strom. IV 153,4 (Basilides: über die Sündenvergebung); strom. IV 162,1 (Basilides: über die Emanation); strom. V 3,2–3,3 (Basilides: Erkenntnis Gottes durch die Natur); strom. VI 53,2 (Isidor: Auslegung des Propheten Parchor).

[381]   Löhr, Basilides und seine Schule, 9–11, geht davon aus, daß das Werk des Agrippa Kastor Euseb undatiert vorlag und folgert aus diesem Sachverhalt, daß die Abhängigkeit anders als von Euseb angenommen besteht: Agrippa Kastor sei von Irenäus abhängig.

Euseb geht – aus welchen Gründen auch immer – davon aus, daß Agrippa Kastor zeitgleich mit Basilides auftrat. Hätte Euseb konkrete Informationen für die Datierung sowohl der Schrift als auch von Basilides direkt in der Schrift vorgefunden, hätte er Basilides genauer als mit den Worten ἐν τοῖς τότε in die Zeit Hadrians datiert. Näheres wird sich nicht mehr klären lassen.

Da Euseb jedoch bereits in der *Chronik* – auf der Basis nicht mehr zu rekonstruierender Vorlagen oder nachzuvollziehender Denkoperationen – zur Datierung des Basilides ins Jahr 132 bzw. 133 gelangt war, bleibt die Abhängigkeit der eusebianischen Datierung von Klemens von Alexandrien, der ja einen sehr viel größeren Zeitraum annimmt, eine hypothetische.

Die späteren Quellen wie Origenes' Bibelkommentare wird Euseb gekannt und aus ihnen vielleicht einzelne Versauslegungen oder die häufiger thematisierte Seelenwanderungslehre des Basilides zur Kenntnis genommen haben.[382] Auch die origenische Deutung vom Wesen und Tun der Häretiker im Rahmen der Heilsgeschichte, unter anderem auch des Basilides, dürfte Euseb bekannt gewesen sein. Das Zeugnis des Origenes ist jedoch einerseits zu spät, als daß Euseb es für seine Darstellung der Kirchengeschichte hätte zitieren können, andererseits läßt er – wie oben bereits mehrfach beobachtet – in den seltensten Fällen Origenes selbst zu Wort kommen.

Nicht eindeutig festzustellen ist, ob Euseb die detailreichen Aussagen des Hippolyt über Basilides kannte.[383] Insbesondere bei der Darstellung des Basilides hätte man ablesen können, ob Euseb neben Irenäus' *Adversus haereses* auch Hippolyts *Refutatio* kannte, da Hippolyt bei seiner Darstellung des Basilides nicht nur Irenäus ausschreibt, sondern auch eigenständig berichtet.[384] Wie bei den anderen Häretikern auch, so ist hier der Fall gegeben, daß Euseb frühere, sogar zeitgenössische Quellen zur Verfügung standen, auf die er bei der Beschreibung der Basilides zurückgreifen konnte. Die Tatsache, daß Euseb Hippolyt weder zitiert noch referiert, muß jedenfalls nicht gegen dessen Kenntnis sprechen.

Der Überblick über die Euseb bekannten Schriften zu Basilides hat gezeigt, daß das Urteil, Euseb leide bei der Darstellung der Regierungszeit des Hadrian insbesondere im Hinblick auf die zu dieser Zeit wirksamen Häretiker unter einem akuten Quellenmangel[385], zu revidieren ist. Es zeigt sich vielmehr, daß Euseb ausreichende und sehr detaillierte Materialien zur Verfügung standen, die er aber aus ganz unterschiedlichen Gründen nicht zitieren oder referieren wollte bzw. konnte. Es scheitert zumeist daran, daß sich alle Häreseologen vor Euseb mit Basilides *inhaltlich* auseinandergesetzt hatten; dies konnte Euseb für seine Darstellung der Kirchengeschichte nicht gebrauchen.

---

[382] Orig., comm. ser. 38 in Mt. (Seelenwanderung, Auslegung von Röm 7,9); Comm. in Rom. V 1 (Seelenwanderung); hom. in Jeremiam X 5 (Verachtung des Schöpfers, genannt mit Marcion und Valentin); hom. in Jeremiam XVII 2 (der Teufel ruft durch Valentin, Marcion und Basilides); hom. in Lucam I 2 (Evangelium des Basilides).

[383] Hippol., ref. VII 2; 14; 19–27 und X 14.

[384] Diese Erkenntnis wäre von entscheidender Bedeutung für die Häresie des Artemon bzw. für die Identität ihres Hauptzeugen gewesen. Näheres dazu siehe unten Teil I 2.19 Artemon b) Die Verfasserfrage (S. 284–287).

[385] So Löhr, Basilides und seine Schule, 6.

f) Die Darstellung der Häresie des Basilides bei Euseb

Die von Basilides eingeführte Häresie wird als in einer Schule weitertradierte Lehre verstanden. Dabei ist auffällig, daß Euseb bei Satorninus und Basilides erstmals von einer Schulgründung (αἱρέσεων διδασκαλεῖον) redet, wobei aber aus den eusebianischen Ausführungen nicht deutlich wird, woher Euseb diese Informationen bezog und in welchem Verhältnis seiner Meinung nach diese Schule zur Kirche und den kirchlichen Schulen stand.

Euseb könnte die Angabe, daß Basilides eine Schule in Ägypten gründete, aus der irenäischen Formulierung „distantes doctrinas ostenderunt"[386] extrapoliert haben. Er könnte eine diesbezügliche Angabe aber auch bei Agrippa Kastor vorgefunden und sekundär – der irenäischen Verknüpfung beider Häretiker folgend – auf Satorninus *und* Basilides[387] bezogen haben. Da sich die Kenntnis Hippolyts nicht nachweisen ließ, kann die Übernahme dieser Information von diesem nicht nachgewiesen werden. Klemens von Alexandrien kennt einzig Isidor als Schüler des Basilides, alle anderen Nachfolger werden nicht explizit als Schüler des Basilides bezeichnet.

Welchen Zweck Euseb damit verfolgt, daß er Basilides und Satorninus als Lehrer in den von ihnen selbst gegründeten Schulen darstellt, kann an dieser Stelle nur mit einiger Vorsicht formuliert werden. Deutlich ist jedoch, daß die genannten Lehrer Satorninus und Basilides außerhalb der Kirche und des kirchlichen Lehrbetriebes auftraten, was sie zunächst für orthodoxe Gläubige ungefährlich erscheinen ließ. Gegen diese verharmlosende Tendenz versucht Euseb Basilides und dessen Häresie einerseits als etwas dem christlichen Glauben Fremdes und andererseits als etwas der Vernunft Zuwiderlaufendes darzustellen. Er betont daher, daß Basilides Propheten mit barbarischen Namen erfindet, um naive und leichtgläubige Menschen zu beeindrucken. Damit erzielt Euseb eine abschreckende Wirkung beim Leser. Er stellt nicht pointiert die Gefährlichkeit oder Tödlichkeit der Häresie heraus, sondern den Betrug des Basilides und die Fiktion, die Unvernünftigkeit und Maßlosigkeit seiner Lehre sowie die Einfachheit bzw. Dummheit ihrer Anhänger.

Eine ähnlich abschreckende Wirkung mußten die folgenden Aussagen haben, wonach der Genuß von Opferfleisch und die Verleugnung des Glaubens moralisch keinen Unterschied machen.[388] Die Anstößigkeit dieser Formulierung ist Euseb

---

[386] Iren., adv. haer. I 24,1 <FC 8/1, 294,21–22>.

[387] Zur engen Verzahnung beider Häretiker vgl. auch den Abschnitt über Satorninus Teil I 2.6 Satorninus.

[388] Ähnlich geht Irenäus vor, wenn er den Vorwurf des Verzehrs von Götzenopferfleisch zum gängigen Topos ausbaut. So ist der Vorwurf nicht nur gegenüber Basilides (adv. haer. I 24,5.6), sondern auch gegenüber den „perfecti" unter den Valentinianern (adv. haer. I 6,3) oder den Nikolaïten (adv. haer. I 26,3) formuliert. Vgl. dazu die Analyse dieses Vorwurfs von Le Boulluec, La notion, I, 131, der darin einen zentralen Angriff auf die „Indifferenz" der Häretiker erkennt, um dann im folgenden ihr Verhalten als heidnisch und irreligiös zu charakterisieren.

bewußt und korrespondiert mit seiner Grundannahme, daß die Häretiker nur zum Schein den Glauben und die Bezeichnung Christen angenommen haben.

Gänzlich suspekt wird die Gruppierung der Basilidianer durch die Auferlegung einer fünfjährigen Schweigenszeit nach Art der Pythagoreer.[389] Hatte Irenäus dieses Schweigen seinen Lesern als Imitation Christi zu erklären versucht, unterläßt Euseb jeglichen Deutungsversuch. So macht er diese Handlung für die Leser unverständlich und betont damit die Fremdartigkeit der Häresie.

Zusammenfassend kann man konstatieren, daß Euseb Basilides nur als Betrüger und Scheinchristen charakterisiert, für den die Wahrheit aufgrund seiner Verfälschung des Evangeliums mittels erfundener Propheten und der christliche Glaube aufgrund der Irrelevanz seiner Verleugnung bedeutungslos sind. Die häretische Lehre des Basilides spiegelt sich in der suspekten und anstößigen Lebensweise seiner Anhänger wider – eine Topik, der sich Euseb häufig bedient.[390] Euseb hatte die Möglichkeit und besaß ausreichend Quellenvorlagen, um theologische Inhalte des Basilides zur Sprache bringen zu können; stattdessen fokussiert er allein auf den großen Betrug des Basilides, dem er alle anderen Themen unterordnet.[391]

2.8 Karpokrates (h.e. IV 7,9)

h.e. IV 7,9[392]

7,9 γράφει δὲ καὶ Εἰρηναῖος συγχρονίσαι τούτοις Καρποκράτην, ἑτέρας αἱρέσεως τῆς τῶν Γνωστικῶν ἐπικληθείσης πατέρα· οἳ καὶ τοῦ Σίμωνος οὐχ ὡς ἐκεῖνος κρύβδην, ἀλλ᾽ ἤδη καὶ εἰς φανερὸν τὰς μαγείας παραδιδόναι ἠξίουν, ὡς ἐπὶ μεγάλοις δή, μόνον οὐχὶ καὶ σεμνυνόμενοι τοῖς κατὰ περιεργίαν πρὸς αὐτῶν ἐπιτελουμένοις φίλτροις ὀνειροπομποῖς τε καὶ παρέδροις τισὶ δαίμοσιν καὶ ἄλλαις ὁμοιοτρόποις τισὶν ἀγωγαῖς· τούτοις τε ἀκολούθως πάντα δρᾶν χρῆναι διδάσκειν τὰ αἰσχρουργότατα τοὺς μέλλοντας εἰς τὸ τέλειον τῆς κατ᾽ αὐτοὺς μυσταγωγίας ἢ καὶ μᾶλλον μυσαροποιίας ἐλεύ-	Wie Irenäus berichtet, lebte zu gleicher Zeit Karpokrates, der Vater einer anderen Häresie, nämlich der sogenannten Gnostiker. Diese wollten die magischen Künste des Simon nicht mehr wie jener im geheimen, sondern öffentlich von sich geben, als wären sie großartige Dinge, und waren geradezu stolz auf ihre mit viel Umständlichkeit hergestellten Tränke, ihre Geister, die Träume sandten und ihnen nahe waren, und andere ähnliche Beschwörungen. Im Anschluß an diese müßten – so lehrten sie – diejenigen, welche in die Tiefe ihrer verborgenen Weihen oder viel

---

Euseb schließt wie Irenäus in einem weiteren Schritt von der Indifferenz, wie sie sich im Hinblick auf den Verzehr von Götzenopferfleisch zeigt, auf die suspekte und anstößige Lebensweise der Basilidianer.

[389] Löhr, Basilides und seine Schule, 14, erkennt darin die „Logik der Häreseologie des Irenäus", die den Ketzer an die heidnischen Praktiken und Sekten assimilieren will.

[390] Euseb hatte bereits bei Menander formuliert, daß man die Häresie an der Lebensweise erkenne, was für ihn implizierte, häretische Lehrinhalte ausblenden zu können. Vgl. dazu auch die Darstellung der Nikolaïten in Teil I 2.5 und Teil II 2.8 Die Verwerflichkeit der Häresiegründer.

[391] So auch Löhr, Basilides und seine Schule, 13: „Agrippa Castor (bzw. Eusebius) zeichnet implizit das Porträt eines Betrügers und Hochstaplers [...]".

[392] Euseb, h.e. IV 7,9 <GCS Euseb II/1, 310,25–312,8>.

σεσθαι, ὡς μὴ ἂν ἄλλως ἐκφευξομένους τοὺς κοσμικούς, ὡς ἂν ἐκεῖνοι φαῖεν, ἄρχοντας, μὴ οὐχὶ πᾶσιν τὰ δι' ἀρρητοποιίας ἀπονείμαντας χρέα.

mehr ihres verdorbenen Treibens eindringen wollten, die häßlichsten Schandtaten vollbringen; denn nur dadurch könnten sie den kosmischen Mächten, den sogenannten Archonten, entrinnen, daß sie jeder derselben in geheimen Handlungen den notwendigen Tribut zahlten.

Im Anschluß an die Darstellung der Doppelhäresie Satorninus – Basilides schreitet Euseb zur Beschreibung der Häresie des Karpokrates. Anders als bei den beiden zuvor genannten Häretikern, die durch die irenäische Verzahnung miteinander verbunden waren, kehrt Euseb mit Karpokrates zu seiner gewohnten Darstellungsweise zurück.

a) Die Rezeption der Informationen aus Irenäus

Euseb referiert die Häresie des Karpokrates anhand der Informationen aus Irenäus' *Adversus haereses*. An dieser Stelle ist zu fragen, in wieweit die genannten Informationen wirklich auf Irenäus zurückgehen und wie Euseb die Angaben aus Irenäus rezipiert.

Euseb berichtet, daß laut Irenäus Karpokrates der Vater der Gnostiker war. Diese Formulierung wird sich an die irenäischen Ausführungen in *Adversus haereses* I 25,6 anlehnen, wo jedoch nur berichtet wird, daß sich die Anhänger als Gnostiker bezeichnen.[393] Da Irenäus aber nach adv. haer. I 23,4 die Sukzession aller Anhänger der fälschlich sogenannten Gnosis mit dem Archihäretiker Simon Magus beginnt, kann aus der irenäischen Vorlage schwerlich herausgelesen werden, daß Karpokrates der Vater der Gnosis war. Bereits der Eingangssatz Eusebs beruft sich demnach fälschlicherweise auf Irenäus.

Diese Vorstellung von Karpokrates als Vater der Gnosis scheint jedoch nicht Eusebs eigene Erfindung – ohne Anhalt in irgendeiner Quelle – zu sein, denn er korrigiert damit seine früheren Aussagen der *Chronik*. Dort schrieb er noch zum 16. Jahr des Hadrian (= 132), daß sich das Ketzerhaupt Basilides, von dem die Gnostiker abstammen, in Alexandrien aufhält.[394] Selbst wenn man konzedierte, daß diese Informationen „Vater der Gnostiker" und „Alexandrien" nachträglich durch Hieronymus eingetragen wurden, da sie in der armenischen Textvariante (zum 17. Jahr Hadrians!) fehlen, wird nach einer weiteren Quelle als Vorlage zu suchen sein.

Der einzige uns überlieferte Schriftsteller außer Irenäus, der Karpokrates mit der Gnosis in Verbindung bringt, ist Klemens von Alexandrien. Dieser beschreibt in *Stromata* III 5,3 Karpokrates explizit als Urheber der monadischen Gnosis.[395]

---

[393]   Iren., adv. haer. I 25,6 <FC 8/1, 314,2–3: Gnosticos se autem vocant.>.
[394]   Zum armenischen und lateinischen Text vgl. Anm. I 354.
[395]   Klemens Alex., strom. III 5,3 <GCS 52, 197,26–27: καθηγήσατο τῆς μοναδικῆς γνώσεως>.

Sollte Euseb die Aussage, Karpokrates sei der Vater der Gnosis gewesen, aus Klemens von Alexandrien übernommen haben, würde die Formulierung zweierlei veranschaulichen: Erstens kam es Euseb nicht auf die Spezifizierung „monadisch" an, da ihn die differenten Lehrinhalte generell nicht zu interessieren scheinen. Damit hängt der zweite, weit wichtigere Punkt zusammen. Er hatte Simon Magus zwar als Vater aller Häretiker eingeführt, nicht aber als Urheber der Gnosis. Er übernimmt aus Klemens von Alexandrien die Vorstellung, daß Karpokrates nicht nur, wie Irenäus meinte, ein *Vertreter* der Gnosis, sondern der *Begründer* der gnostischen Lehrrichtung war. Anknüpfend an die Betonung der lehrmäßigen Eigenständigkeit bei Klemens konnte Euseb Karpokrates als „Vater der Gnosis" darstellen.

Euseb gelingt es mit dieser „Umwidmung" des Vatertitels, die Gnosis sehr viel später zu datieren als dies noch bei Irenäus der Fall war. Beginnt bei diesem die fälschlich so genannte Gnosis bereits mit Simon Magus[396], so datiert Euseb ihre Entstehung in der Kirchengeschichte erst in die Regierung Hadrians. Diese Veränderung der irenäischen Vorlage muß als deutliche Korrektur verstanden werden. Daß sich Euseb bei seinem Referat, welches auf Angaben des Klemens beruht, namentlich auf Irenäus beruft, ist unberechtigt, spiegelt aber die immense Bedeutung wider, welche Irenäus als Zeuge für die Darstellung der h.e. zukommt.

Inhaltlich weiß Euseb über die Karpokratianer zu berichten, daß sie die magischen Künste des Simon nicht im geheimen, sondern öffentlich von sich geben wollten, als wären sie große Dinge. Auch die Rückführung dieser eusebianischen Formulierung auf Irenäus bringt Probleme mit sich. Im Abschnitt adv. haer. I 25,1–6, der sich mit Karpokrates und seinen Anhängern beschäftigt, nimmt Irenäus keinen Bezug auf Simon Magus. Zwar kennt er in adv. haer. II 31,2 – eine Textpassage, die häretische Lehren systematisch darstellt – eine Parallelisierung von Simon Magus und Karpokrates, wenn er schreibt: „Sowohl die Anhänger des Simon als auch die des Karpokrates werden überführt und alle anderen Wundertäter, daß sie nicht in der Kraft Gottes und auch nicht in Wahrheit und zum Segen der Menschen tun, was sie tun, sondern zu Verderben und Irreführung; durch magische Zauberstücke und lauter Betrug fügen sie denen, die ihnen glauben, weil sie sie verführen, mehr Schaden als Nutzen zu".[397] Jedoch zielt Irenäus nicht auf eine exklusive Ableitung der Karpokratianer von Simon Magus, zudem behandelt er, wie er selbst angibt, an dieser Stelle auch „alle anderen Wundertäter".

---

[396] Iren., adv. haer. I 23,4 <FC 8/1, 294,6–8: habent quoque et vocabulum a principe impiissimae sententiae Simone, vocati Simoniani, a quibus falsi nominis scientia accepit initia [...]>. Einzige Ausnahme ist adv. haer. III 4,3, wo Irenäus vom Simonschüler Menander als Stammvater aller anderen Gnostiker spricht.

[397] Iren., adv. haer. II 31,2 <FC 8/2, 268,24–25; 270,1–4: Super haec arguentur qui sunt a Simone et Carpocrate, et si qui alii virtutes operari dicuntur, non in virtute Dei neque in veritate neque ut benefici hominibus facientes ea quae faciunt, sed in perniciem et in errorem, per magicas elusiones et universa fraude, plus laedentes quam utilitatem praestantes his qui credunt eis in eo quod seducant.>
    Euseb kannte diese Textpassage, denn er zitiert in h.e. V 7,2 den folgenden Textabschnitt adv. haer. II 31,2.

Analysiert man die Aussagen des Irenäus dahingehend, inwieweit sie von einem *öffentlichen Auftreten* der Karpokratianer berichten, so finden sich nur zwei Textpassagen, auf die Euseb mit seiner Formulierung anspielen könnte. Im Anschluß an die Darstellung der karpokratianischen Lehre, nicht ihrer magischen Künste, berichtet Irenäus, daß sie ihre Ansichten bei den Heiden verkünden, damit die Menschen hören, wie ihre Lehre immer anders lautet, und sie sich vom Christentum abkehren.

Im Anschluß daran fällt eine weitere Bemerkung des Irenäus, die auf ein Tun der Karpokratianer zielt: „oder auch damit sie deren Treiben sehen und uns allen pauschal Übles nachsagen"[398]. Irenäus versteht jedoch unter dem „Treiben" der Karpokratianer, wie seine folgenden Aussagen zeigen, weniger deren magische Künste als vielmehr ihr verwerfliches exzessives Leben. Beide Aussagen des Irenäus können demnach nur sehr indirekt als Vorlage Eusebs gedient haben.

Der Satz, wonach die Karpokratianer die magischen Künste des Simon Magus öffentlich von sich geben wollten, entspringt folglich eusebianischen Überlegungen und geht nur in begrenztem Umfang auf irenäische Aussagen zurück. Die direkte Rückführung der Karpokratianer auf Simon Magus wird von Euseb selbst geschaffen sein. Gleiches gilt für die Darstellung der Karpokratianer als quasi Simonianer, welche Simons Magie nicht mehr bloß im geheimen, sondern öffentlich zur Schau stellen wollen. Beide Beobachtungen werden später noch einmal zu betrachten und hinsichtlich ihrer Aussagekraft für die Häresie des Karpokrates zu analysieren sein.[399]

Euseb berichtet weiter über die Karpokratianer, daß sie auf ihre mit Umständlichkeit hergestellten Tränke stolz waren, auf ihre Geister, die ihnen Träume sandten und ihnen nahe waren und auf ähnliche Beschwörungen. Damit referiert Euseb einigermaßen detailgetreu die Informationen des Irenäus in adv. haer. I 25,3. Dort schreibt dieser, daß „das Praktizieren magischer Künste bei ihnen üblich ist, genauso Zaubersprüche, Liebeszauber und Reizmittel, Beistandsgeister und solche, die Träume schickten, und sonstige üble Praktiken".[400] Vergleicht man beide Textpassagen miteinander, so zeigt sich, daß Euseb sinnvolle Kürzungen vornimmt. Da er bereits zuvor von der Praktizierung magischer Künste berichtet hatte, übergeht er diese in seinem Referat von adv. haer. I 25,3, um eine unnötige Doppelung zu vermeiden. Die bei Irenäus erwähnten „Zaubersprüche" läßt Euseb aus – vermutlich fand er sie bereits unter der „Praktizierung der magischen Künste" subsummiert. Die „Liebeszauber und Reizmittel" (philtra, charitesia, FC 8/1, 308,11)

---

[398] Vgl. Iren., adv. haer. I 25,3 <FC 8/1, 308,15–22: Qui et ipsi ad detractationem divini ecclesiae nominis, quemadmodum et gentes, a Satana praemissi sunt, uti secundum alium et alium modum quae sunt illorum audientes homines et putantes omnes nos tales esse, avertant aures suas a praeconio veritatis, aut videntes quae sunt illorum omnes nos blasphement in nullo eis communicantes neque in doctrina neque in moribus neque in quotidiana conversatione.>.

[399] Vgl. Teil I 2.8 d) Die Darstellung der Häresie des Karpokrates bei Euseb.

[400] Iren., adv. haer. I 25,3 <FC 8/1, 309,10–12: Artes enim magicas operantur et ipsi et incantationes philtra quoque et charitesia et paredros et oniropompos et reliquas malignationes [...]>.

reduziert Euseb anscheinend auf Liebestränke (φίλτρα) und übernimmt die Reizmittel (χαριτήσια[401]) nicht.[402] Die Beistands- und die Traumsendegeister erscheinen
bei Euseb in umgekehrter Reihenfolge. Die bei Irenäus genannten „sonstigen üblen
Praktiken" (nach Hippolyt, ref. VII 32: τὰ λοιπὰ κακουργήματα[403]) wandelt Euseb
in καὶ ἄλλαις ὁμοιοτρόποις τισὶν ἀγωγαῖς um.

Insgesamt scheint Euseb bei der Darstellung der magischen Künste der Karpokratianer auf Irenäus zurückzugreifen und nur unwesentliche Kürzungen vorzunehmen. Eusebs Einleitung, wonach seine Informationen über Karpokrates auf den
Angaben des Irenäus beruhen, findet hier erstmals ihre Bestätigung.

Weiterhin schildert Euseb die *Lehre* der Karpokratianer, wonach derjenige Anhänger, welcher in die Tiefen ihrer verborgenen Weihen eindringen wolle, die häßlichsten Schandtaten vollbringen müsse. Nur dadurch könnten sie den sogenannten weltlichen Mächten entrinnen, daß sie jeder derselben in unaussprechlichen
Handlungen den notwendigen Tribut zollten. Euseb spielt damit auf die Aussagen
des Irenäus in adv. haer. I 25,4 an – freilich unter Ausblendung der karpokratianischen Lehre, die zum Verständnis des irenäischen Referats und nicht zuletzt zum
Verständnis der karpokratianischen Handlungen selbst von entscheidender Bedeutung ist. Irenäus berichtet in adv. haer. I 25,4, daß die Karpokratianer von einer
Seelenwanderung ausgingen, die erst dann endet, wenn jemand das Leben in jeder
Hinsicht ausgekostet habe. Erst wenn der Seele bei ihrem Auszug aus dem Körper,
der als Gefängnis verstanden wird, absolut kein Erlebnis fehlt, kann sie nicht wieder vom Archonten gezwungen werden, noch einmal in einen Leib geschickt zu
werden. Daher müsse der Karpokratianer danach streben, alles gleich auf einmal zu
durchleben, um frei zu werden. Irenäus fügt zur Veranschaulichung dieser für ihn
unglaublichen Lehre eine karpokratianische Gleichnisauslegung von Lk 12,58f. an.

In Eusebs Wiedergabe der Irenäus-Vorlage bleibt die Motivation für das exzessive Leben der Karpokratianer völlig im Dunkeln. Es kam Euseb ausschließlich
auf den moralisch verwerflichen Lebensstil an – nicht auf die Lehre selbst. Zwar
fokussiert Irenäus zuvor ebenfalls auf den verwerflichen Lebensstil der Karpokratianer, wenn er schreibt, daß er die Praktizierung dieser „gottlosen, schauderhaften
und verbotenen Auffassungen" bezweifeln würde, so er sie nicht in ihren eigenen
Büchern und Auslegungen gefunden hätte.[404] Aber seine Ausführungen über die

---

[401] Zur Bedeutung des Wortes χαριτήσιον vgl. Lampe, Lexicon, 1519, und Liddel-Scott-Jones, Lexicon, 1979f., die beide mit ihrer Übersetzung („spell for winning favour") vom Wortcharakter
dieser Handlung überzeugt. Uneindeutiger ist die Übersetzung in den SC 264, 337, mit
„charmes", was sowohl „Zaubermittel" als auch „Zauberspruch" bedeuten kann.

[402] Der irenäische Sprachgebrauch ist im Griechischen mit aller Vorsicht aus Hippolyt, ref. VII 32,5,
rekonstruierbar, da dieser den irenäischen Text ausschreibt: φίλτρα <PTS 25, 316,24>, χαριτήσια
<PTS 25, 316,12>.

[403] Hippol., ref. VII 32,5 <PTS 25, 316,25–26>.

[404] Iren., adv. haer. I 25,5. Vgl. adv. haer. I 25,4, wo Irenäus bezweifelt, daß „bei Menschen, die hier-
zulande in unseren Städten leben, so etwas praktiziert wird", er sich jedoch wiederum auf deren
eigene Schriften beruft.

Lebensführung der Karpokratianer sind im Gegensatz zu denen Eusebs vom Willen nach Verständnis dieser sonderbaren Lehre geprägt.

Eusebs Referat, wonach die Karpokratianer durch ihr exzessives Leben den Weltmächten entrinnen wollen, muß bei den christlichen Lesern seiner Zeit auf besonderen Widerspruch gestoßen sein. Eine derart verkürzt wiedergegebene Lehre der Karpokratianer mußte höchst unlogisch, gar widersinnig, erscheinen. Denn nach Paulus' biblischem Verständnis führte das Vollbringen der häßlichsten Schandtaten gerade nicht zum Entkommen aus der Gefangenschaft der weltlichen Mächte, sondern war ein Zeichen für die Weltverhaftung, für die Sünde und Verdammung. Euseb erreicht mit seiner Fokussierung auf die moralisch verwerfliche Lebensführung der Karpokratianer einen Abschreckungseffekt bei seinen Lesern und unterstreicht indirekt den diabolischen Ursprung der karpokratianischen Lehre.

b) Ausgelassene Informationen des Irenäus zur Häresie des Karpokrates

Betrachtet man die eusebianischen Aussagen zur Häresie des Karpokrates, so ist offensichtlich, daß Euseb wiederum auf die moralisch verwerfliche Lebensweise der Karpokratianer fokussiert. Noch deutlicher wird dieser Eindruck, wenn man die von Euseb ausgelassenen Informationen des Irenäus näher betrachtet. Irenäus beschäftigt sich sehr ausführlich mit der Lehre des Karpokrates. In adv. haer. I 25,1 erläutert er die Ansicht der Karpokratianer, daß die Welt von Engeln stamme, die geringer als der ungezeugte Vater seien und daß Jesus, von Joseph gezeugt, den Menschen gleich war. Damit stellt Irenäus Karpokrates hinsichtlich der Lehre von der Engelschöpfung in eine Reihe mit Menander[405] und hinsichtlich der Lehre von der natürlichen Zeugung Christi in eine Reihe mit Kerinth und den Ebionäern[406]. So erreicht er eine indirekte Anknüpfung des Karpokrates, der jedoch nicht explizit, etwa durch die Nennung eines Vorgängers, in die häretische Sukzession eingeordnet ist.

Die im Anschluß bei Irenäus referierte Lehre über die Seele Jesu, deren Besonderheit und Stärke in der Verachtung der Weltschöpfer liegt (adv. haer. I 25,1), übergeht Euseb ebenso wie die daran anknüpfende karpokratianische Lehre von der Verachtung der Welt und der Weltschöpfer als Voraussetzung für die eigene Erlösung (adv. haer. I 25,2). Das in adv. haer. I 25,3 dargestellte Praktizieren magischer Künste wird von Euseb übernommen, wobei er jedoch verschweigt, daß die Magie von den Karpokratianern als Möglichkeit angesehen wird, schon jetzt Macht über die Weltschöpfer zu erlangen. Die sich anschließende Klage des Irenäus, die Karpokratianer seien zur Verleumdung der Kirche vom Satan zu den Heiden

---

405   Nach Iren., adv. haer. I 23,5, geht Menander von einer Weltschöpfung durch Engel aus. Simon Magus, auf den Euseb Karpokrates zurückführen will, geht nach irenäischer Kenntnis von einer Weltschöpfung durch den ersten Gedanken, d. h. Helena, aus.

406   Vgl. Iren., adv. haer. I 26,1, zu Kerinth und I 26,2 zu den Ebionäern, wo Irenäus explizit alle drei Häresien aufgrund ihrer Christologie zusammenfaßt.

gesandt, damit diese sich einerseits von der Predigt der Wahrheit abwenden und andererseits den Christen alles Üble nachsagen, wird von Euseb nicht zur Person des Karpokrates überliefert. Es scheint aber, daß diese Informationen in allgemeineren, die Häresien Satorninus/Basilides und Karpokrates rahmenden Abschnitten eingetragen sind.[407]

Die irenäischen Informationen aus adv. haer. I 25,4 über die Notwendigkeit, das Leben in allen Dingen auszukosten, damit die Seele vom Zwang einer weiteren Inkarnation frei wird, sind von Euseb, wie bereits gesehen, selektiv aufgegriffen. Nicht rezipiert hat er die Begründung für das exzessive Leben in der Seelenwanderungslehre des Karpokrates; ihm reichte die Aussage, daß die Karpokratianer die häßlichsten Schändlichkeiten zur Befreiung von weltlichen Mächten vollbringen.

Die in adv. haer. I 25,4 überlieferte karpokratianische Auslegung des Gleichnisses vom Richter (Lk 12,58f./Mt 5,25f.) übergeht Euseb stillschweigend, wie er auch an anderen Stellen der h.e. auf die Wiedergabe häretischer Bibelauslegungen verzichtet.[408] Vielleicht war ihm die Ableitung einer moralisch verwerflichen Lehre wie die der Karpokratianer aus einem Bibelwort suspekt, vielleicht wollte er aber auch generell keinen Gebrauch der Bibel bei Häretikern berichten.[409] Den irenäischen Zweifel daran, daß es überhaupt Menschen gäbe, die diese geschilderten gottlosen, schauderhaften und verbotenen Auffassungen praktizieren (adv. haer. I 25,5), und dessen Beteuern, von ihnen in ihren eigenen Büchern gelesen zu haben, übergeht Euseb. Gleiches gilt für die Rückführung der karpokratianischen Lehre auf eine Sonderunterweisung Jesu, die dieser seinen Jüngern im geheimen weitergegeben habe, wonach man durch Glaube und Liebe gerettet werde. Alles andere sei indifferent, denn es erscheine nur nach Meinung der Leute böse, sei es aber von Natur aus nicht (adv. haer. I 25,5).

Das Übergehen der Informationen über Marcellina (adv. haer. I 25,6) könnte in der eusebianischen Häresiekonzeption begründet sein.[410] Irenäus berichtet über eine gewisse Marcellina, die unter Anicet nach Rom kam und wie alle Karpokratianer durch ein Brandmal auf dem rechten Ohrläppchen gekennzeichnet war. Da

---

[407]   Die Behauptung, daß die Häretiker, vom Satan gesandt, den ungläubigen Heiden einen Überfluß an übler Nachrede liefern und dadurch zur Verleumdung des ganzen Christenvolkes dienen, findet sich als ein Aspekt der häretischen Wirksamkeit auch in h.e. IV 7,10. Vgl. die genauere Analyse dieses Textes in Teil II 2.2.3 Das doppelte Ziel der inneren Feinde.

[408]   Der Verzicht, Bibelauslegungen und Kommentare von Häretikern zu nennen oder zu zitieren, wird weiter unten zu betrachten sein, vgl. Teil II 2.10 Die Häresie und das Evangelium. Ausnahmen sind Basilides, von dem Euseb berichtet, er habe einen Kommentar zur Bibel verfaßt, und die Ebionäer, von denen Euseb eine Übersetzung von Jes 7,14 wiedergibt.

[409]   Vgl. dazu Teil I 2.3 Ebionäer. Euseb schreibt ihnen den Gebrauch des Hebräerevangeliums, nicht aber des Matthäusevangeliums zu.

[410]   Auch Origenes nennt Marcellina in Orig., c. Cels. V 62 und weiß über sie zu berichten, daß sie eine Gruppierung namens „Marcellianer" um sich scharte. Diese Quelle wird Euseb ebenfalls gekannt haben; jedoch eignete sie sich aufgrund der Reihung mit anderen durch Frauen wie Mariamme und Martha geleitete Gruppierungen nicht als Zitat in der h.e. Zu Marcellina vgl. auch Epiphanius, pan. 27,6,1.

nach eusebianischer Konzeption die Häresien unter Hadrian kurz nach ihrem Entstehen wieder verlöschen, wie Euseb in h.e. IV 7,12 im Anschluß an die Darstellung des Karpokrates deutlich macht, kann es unter Anicet (ca. 154–165) keine Karpokratianer mehr geben. Euseb läßt diese Angaben des Irenäus aus und postuliert das Verschwinden der Häresie, obwohl er anders lautende Informationen besaß.[411]

Auffällig an der Rezeption von Irenäus' Informationen ist, daß Euseb die Schilderung der karpokratianischen Bilderverehrung in adv. haer. I 25,6 nicht übernimmt. Hätte Euseb auf die Abhängigkeit der Karpokratianer von den Simonianern im Hinblick auf die magischen Praktiken fokussiert, so wäre in der Bilderverehrung eine weitere Gemeinsamkeit zwischen beiden Häresien zu finden gewesen, welche die eusebianische *successio haereticorum* weiter hätte stützen können.[412]

c) Ausgelassene Quellen zur Häresie des Karpokrates

Betrachtet man die Quellen, die Euseb nachweislich vorlagen, so zeigt sich, daß Euseb über Karpokrates und die Karpokratianer sehr gut informiert gewesen sein muß.

Hegesipp, den Euseb in h.e. IV 22,5 zitiert, beschreibt das Hervorgehen der Karpokratianer aus den Simonianern, Kleobienern, Dosithianern und Gorathenern. Dieses Zitat ist insofern für die eusebianische Darstellung von Bedeutung, als es die von Euseb postulierte direkte Abhängigkeit der Karpokratianer von den Simonianern stützen könnte. Er verweist in h.e. IV 7,9 aber gerade nicht auf die an versteckter Stelle integrierten Informationen Hegesipps. Sollten Euseb im Kontext der Hegesipp-Schrift noch weitere Informationen über diese Häresie überliefert gewesen sein, gibt er sie seinen Lesern nicht weiter.

Auch Klemens von Alexandrien berichtet in seinen *Stromata* ausführlich über Karpokrates, dessen früh verstorbenen Sohn Epiphanes und die Karpokratianer, wobei seine Informationen wohl auf eigenen Erkundungen beruhen. Ausführlich beschreibt Klemens in strom. III 5,1–10,2 die Deutung des Begriffes „Gerechtigkeit Gottes", welche er der gleichnamigen Schrift des Karpokrates entnommen hat. Nach Klemens' Referat erweist sich diese Bezeichnung als Schlüsselbegriff zum Verständnis seiner Lehre. Karpokrates verstand die Gerechtigkeit als Gemeinschaft

---

[411]   Zur Verzeichnung der historischen Gegebenheiten siehe unten Teil II 2.6.4 Die Ewigkeit der Wahrheit und die Zeitlosigkeit der Häresie.

Lampe, Stadtrömische Christen, 269–270, erkennt im irenäischen Bericht über Marcellina die Bestätigung, daß die nach Klemens, strom. III 5–8, geforderte Gleichheit aller Menschen auch tatsächlich bei den Karpokratianern umgesetzt ist: Marcellina stand der römischen Gemeinde lehrend und leitend vor.

[412]   Nach adv. haer. I 25,6 bekränzen die Karpokratianer ein angeblich von Pilatus hergestelltes Christusbild und weitere Philosophenbilder wie diejenigen von Pythagoras, Plato und Aristoteles. Euseb vermeidet jedoch die Parallelisierung von Häresie und Philosophie. Zu Eusebs und Irenäus' Einschätzung des Verhältnisses von Philosophie und Häresie vgl. auch Teil I 3.2.2.3.1 Die Rückführung der Häresien auf die Philosophie: Irenäus.

von gleichrangigen Menschen, woraus er folgerte, daß – wie die Nahrung von Gott allen Menschen und Tieren gleichermaßen gegeben wurde – auch die Frauen allen Menschen gleichermaßen gemeinschaftlich sind (strom. III 6,1–4; vgl. strom. III 5,1). Erst die Gesetze schränkten die Gemeinschaft ein und lehrten die göttliche Gerechtigkeit zu übertreten (strom. III 7,1–4). Die Leugnung der Gemeinschaftlichkeit führe zu widernatürlichem Besitzdenken. Die sich über alle menschlichen Gesetze hinwegsetzende Begierde sei daher von Gott eingesetzt, um das Besitzdenken zu überwinden und die Gemeinschaftlichkeit zu fördern (strom. III 8,1–6).[413]

Klemens weiß in strom. III 10,1–2 von Mählern der Karpokratianer zu berichten, bei denen sich deren Anhänger mit aufreizender Speise sättigen, „das ihre unzüchtige Gerechtigkeit beschämende Licht durch Entfernung des Leuchters löschen und sich vermischen, wie und mit welchen Weibern sie wollen [...]".[414]

Euseb kannte diesen sowohl polemischen als auch in hohem Maße skandalösen Bericht des Klemens und hätte ihn gut zur Exemplifikation der von den Karpokratianern betriebenen „häßlichsten Schändlichkeiten" (h.e. IV 7,9) anführen können. Er begibt sich jedoch nicht auf dieses Niveau und unterläßt es – wie schon bei der Darstellung des Simon Magus gesehen[415] –, auf „schlüpfrige" Details einzugehen.

Eine weitere Passage bei Klemens von Alexandrien ist für die eusebianische These der Abhängigkeit des Karpokrates von Simon Magus bedeutsam.[416] Klemens erkennt eine andere Abhängigkeit als Euseb, wenn er in strom. III 25,5 die Karpokratianer aufgrund ihrer sexuellen Verfehlungen mit den Nikolaïten parallelisiert. Euseb kannte diese Verbindung bei Klemens, denn er zitiert die folgende Passage (strom. III 25,6–26,3) über Nikolaus in h.e. III 29,2–4. Er fokussiert zwar wie Klemens auf die sexuellen Verfehlungen der Nikolaïten, verknüpft aber die Karpokratianer aufgrund ihres Magietreibens, das sich nur bei Irenäus, nicht aber bei Klemens findet, mit Simon Magus. Euseb folgt damit seiner zeitlich früheren Quelle.

Die Kenntnis Hippolyts, der in ref. VII 32 die Karpokratianer behandelt, läßt sich bei Euseb nicht nachweisen, da jener im wesentlichen Irenäus tradiert und ihn nur unwesentlich kürzt.[417]

---

[413]　Zum platonischen Hintergrund des karpokratianischen Begriffes „Gerechtigkeit Gottes" vgl. Le Boulluec, La notion, II, 299–301.

[414]　Klem. Alex., strom. III 10,1.

[415]　In h.e. II 13,7 hatte Euseb auf Einzelheiten mit dem Hinweis verzichtet, daß „ehrenwerte Männer dieselben nicht nur nicht niederschreiben, sondern wegen des Übermaßes von unaussprechlicher Schändlichkeit nicht einmal über die Lippen kommen lassen können".

[416]　Die Widerlegung des karpokratianischen Gerechtigkeitsbegriffs in strom. III 54,1 bringt keine weiteren Informationen, auf die Euseb hat zurückgreifen können, und kann daher vernachlässigt werden.

[417]　Hippolyt referiert vollständig die irenäischen Informationen aus adv. haer. I 25,1.2; adv. haer. I 25,3 gibt Hippolyt um den Schluß gekürzt wieder. Er läßt die in adv. haer. I 25,4 überlieferte Auslegung des Gleichnisses vom Richter ebenso aus wie die irenäischen Aussagen in adv. haer. I 25,5. Die Bilderverehrung und die Kennzeichnung der Anhänger durch ein Brandmal übernimmt Hippolyt aus adv. haer. I 25,6, ohne aber Marcellina namentlich zu erwähnen. Obwohl manche Kürzung des irenäischen Textes bei Hippolyt mit der bei Euseb übereinstimmt, kann eine

d) Die Darstellung der Häresie des Karpokrates bei Euseb

Karpokrates wird von Euseb als „Vater der Gnostiker" eingeführt. Somit entscheidet sich Euseb auf der Grundlage von Aussagen des Klemens von Alexandrien gegen die Konzeption des Irenäus. Mit der Darstellung des Karpokrates als Vater der Gnostiker gelingt Euseb eine Spätdatierung der Gnosis in die Zeit Hadrians.

Euseb stellt die Karpokratianer als eine direkt von den Simonianern ausgehende Gruppierung dar, welche die magischen Künste des Simon Magus öffentlich praktizieren wollte. Auch mit dieser Aussage modifiziert Euseb das Zeugnis des Irenäus, welcher Karpokrates nicht direkt eingeordnet hatte. Er schafft mit der Abhängigkeit der Karpokratianer von Simon Magus eine Sukzession, die Irenäus noch nicht kannte und entscheidet sich damit gegen die von Klemens' präferierte Abhängigkeit der Karpokratianer von den Nikolaïten.[418]

An dieser Stelle ist zu fragen, wieso Euseb die Abhängigkeit von Simon Magus präferiert. Es ist nach der Quellenlage wahrscheinlich, daß er die Ähnlichkeit zwischen beiden Häresien selbst erkannt hat. Da er im Gegensatz zu Irenäus und Klemens die karpokratianische Lehre nicht darstellt, fällt ihm die direkte Ableitung der Karpokratianer von den Simonianern nicht schwer: Das *tertium comparationis* zwischen beiden Häresien ist nach Eusebs eigenen Angaben in h.e. IV 7,9 die Magie, die beide Gruppierungen betreiben – die einen verborgen, die anderen öffentlich.

Es scheint zunächst, als ob sich Euseb die Sache leicht macht, da er die eklatanten Lehrunterschiede beider Häresien ausblendet. Jedoch ist zu bedenken, daß Euseb noch viele andere Übereinstimmungen zwischen beiden Häresien kennt, auch wenn er diese seinen Lesern nicht darstellt. Wenn Irenäus aus der Parallelität seiner Aussagen zu Simon Magus und zu Kapokrates keine Konsequenzen zog, so tut Euseb dieses jetzt und formuliert die Abhängigkeit der Karpokratianer von den Simonianern. Ihm war im Gegensatz zu Irenäus die Identität ihrer Praktiken aufgefallen: Daß die Karpokratianer Magie verwendeten, erwähnt Euseb mit Berufung auf Irenäus in h.e. IV 7,9. Die Bilderverehrung, die Irenäus in adv. haer. I 25,6 bei den Karpokratianern beschreibt, führt Euseb nicht aus, aber er kennt sie natürlich ebenso wie die Bilderverehrung der Simonianer (adv. haer. I 23,4; vgl. h.e. II 13,6). Mit dem zügellosen Leben der simonianischen Mysterienpriester (adv. haer. I 23,4) korrespondieren die sowohl von Klemens ausführlich beschriebenen sexuellen Verfehlungen der Karpokratianer (strom. III 5,1) als auch die von Irenäus belegten Ausführungen über deren exzessives Leben (adv. haer. I 25,3). Darüber hinausgehend finden sich die bei Simon genannten Zaubersprüche (adv. haer. I 23,4) auch für Karpokrates belegt (adv. haer. I 25,3). Beide Häresien verwenden Liebestränke

Abhängigkeit oder auch nur eine Kenntnis des hippolytschen Textes bei Euseb nicht nachgewiesen werden. — Zur Kenntnis von Orig., c. Cels. V 62 vgl. Anm. I 410.

418 Euseb konnte sich bei seiner Herleitung von Simon Magus auf das Zeugnis Hegesipps berufen. Jedoch zeigt sich auch an anderer Stelle, daß Euseb dessen Konzeption nicht teilt und dessen Ausführungen (h.e. IV 22,5) nicht für seine Häresiedarstellung auswertet.

und Verführungsmittel (adv. haer. I 23,4 für Simon Magus; adv. haer. I 25,3 für Karpokrates). In beiden Häresien spielen Geister, die nahe sind, und Geister, die Träume senden, eine bedeutende Rolle (adv. haer. I 23,4 bei Simon Magus; adv. haer. I 25,3 bei Karpokrates).

Es zeigt sich, daß die Parallelen zwischen beiden irenäischen Häresie-Darstellungen Euseb insofern recht geben, als eine gewisse Übereinstimmung besteht, die Irenäus an keiner Stelle kenntlich macht. Euseb leitet daraus die Abhängigkeit der Karpokratianer von den Simonianern ab, was ihm allein schon aus den zeitlichen Gegebenheiten wahrscheinlich war. Diese Parallelen zwischen beiden Häresien brachten es mit sich, daß sich Euseb ausdrücklich gegen die von Klemens in strom. III 25,5 postulierte Abhängigkeit der Karpokratianer von den Nikolaïten wandte.

An die Problematik der Sukzession anschließend stellt sich die Frage, ob Euseb die Aussage, daß die Karpokratianer nun öffentlich praktizieren wollen, einfügt, um beide Häresien wieder unterscheidbar zu machen. Da die Euseb vorliegenden Quellen nicht davon berichten, daß die Karpokratianer die magischen Kunststücke des Simon Magus in der Öffentlichkeit präsentieren wollten, wird man davon ausgehen müssen, daß Euseb dieses Motiv selbst geschaffen hat. Er konnte damit eine weitgehende Identität und Abhängigkeit betonen, ohne aber die Differenzen zwischen beiden Häresien zu verwischen.

Mit dem *Öffentlichkeitsmotiv* integriert Euseb aber auch eine Spannung in seine Häresiedarstellung. Er hatte bei Simon Magus kein Wort darüber verloren, daß jener seine magischen Künste nur im geheimen praktizierte. Vielmehr widerspricht das Karpokratianer-Referat seiner eigenen Darstellung des simonianischen Wirkens. Dort hatte Euseb im Anschluß an Justin von der Ehrung des Simon Magus durch eine Bildsäule in Rom berichtet, zudem von einem Zustrom der Massen aus den Samaritanern und aus anderen Völkern. Daß sich Euseb in seiner Darstellung derart selbst widerspricht, ist ihm wohl nicht bewußt gewesen.

Mit der Aussage des öffentlichen Auftretens hält auch etwas Neues und das Frühere Überbietende in die Darstellung der eusebianischen Kirchengeschichte Einzug: War bei Basilides eine Steigerung gegenüber Menander dadurch gegeben, daß er dessen Lehre ins Maßlose steigerte, so findet bei Karpokrates die Überbietung durch das Heraustreten aus dem geschlossenen Zirkel der Anhänger in die Öffentlichkeit statt. Mit dem *Überbietungsmotiv* integriert Euseb ein dramaturgisches Moment der Steigerung und damit eine gewisse Dynamik in seine Häresiedarstellung.

Mit dem Öffentlichkeits- und dem Überbietungsmotiv übernimmt Euseb noch eine weitere Unstimmigkeit seiner Darstellung in Kauf, denn er berichtet in h.e. IV 7,9, daß die Karpokratianer den weltlichen Mächten „in geheimen Handlungen" Tribut zollten.

Das *Geheimnismotiv* nimmt im eusebianischen Referat einen größeren Raum ein. Die Karpokratianer praktizieren sowohl „verborgene Weihen" als auch „geheime Handlungen". An anderen Stellen der h.e. „bauscht" Euseb das Geheimnismotiv geradezu auf, um die Häresie seinem Leser als undurchschaubar und doppelbödig und somit als fragwürdig und suspekt erscheinen zu lassen.[419] Bei Karpokrates klingt dieses Thema durch die beiden Begriffe unterschwellig an, wird aber von Euseb nicht weiter vertieft. Der Leser wird die Unstimmigkeit zwischen Geheimnismotiv, für das er sensibilisiert ist, und dem von Euseb neu eingeführten Öffentlichkeitsmotiv aufgefallen sein.

Zusammenfassend läßt sich für die Häresie des Karpokrates festhalten: Sie ist die Überbietung der Häresie des Simon Magus, da sie auf Außenwirkung zielt. Eine Beziehung zu Menander, der ebenfalls von Simon Magus ausgeht und als Magier skizziert wird, stellt Euseb jedoch nicht her. Das Praktizieren magischer Kunstfertigkeiten steht im Zentrum der Darstellung; die moralische Verwerflichkeit, die der Abschreckung des Lesers dienen soll, wird hervorgehoben, ohne jedoch auf Details einzugehen.

---

[419] Weitere Beispiele siehe unten Teil II 2.9 Die Gefährlichkeit und Tödlichkeit der häretischen Lehre: f) Das Geheimnismotiv.

Der dritte Häresieblock:
Die Häresien zur Zeit des Antoninus Pius (138–161)

Euseb setzt in h.e. IV 10 mit der Darstellung der Regierungszeit des Antoninus Pius (138–161) ein, um gleich im Anschluß an den berichteten Regierungswechsel auf die Häresiethematik zu sprechen zu kommen. Diese erhält eine herausragende Stellung in der Regierungszeit des Antoninus Pius, was sich sowohl am Umfang des Berichts über die Häresie als auch an der Anzahl der in die Darstellung der h.e. aufgenommenen Häretiker zeigt.[420]

Wie bei den zur Zeit Hadrians entstandenen Häresien bezieht Euseb auch hier die ersten beiden Häresien, Valentin und Kerdon, aufeinander und ordnet Markus Magus den beiden erstgenannten zeitlich bei. Marcion, der bereits im Irenäus-Zitat in h.e. IV 11,2 als Nachfolger Kerdons genannt wird, kann aufgrund seiner Posteriorität gegenüber den ersten drei Häretikern erst später (h.e. IV 11,9) dargestellt werden.

2.9 Valentin (h.e. IV 10–11,3)

h.e. IV 10–11,3[421]

10 τούτου δὲ τὸ χρεὼν μετὰ πρῶτον καὶ εἰκοστὸν ἔτος ἐκτίσαντος, Ἀντωνῖνος ὁ κληθεὶς Εὐσεβὴς τὴν Ῥωμαίων ἀρχὴν διαδέχεται. τούτου δὲ ἐν ἔτει πρώτῳ Τελεσφόρου τὸν βίον ἑνδεκάτῳ τῆς λειτουργίας ἐνιαυτῷ μεταλλάξαντος, Ὑγῖνος τὸν κλῆρον τῆς Ῥωμαίων ἐπισκοπῆς παραλαμβάνει. ἱστορεῖ γε μὴν ὁ Εἰρηναῖος τὸν Τελεσφόρου μαρτυρίῳ τὴν τελευτὴν διαπρέψαι, δηλῶν ἐν ταὐτῷ κατὰ τὸν δηλούμενον Ῥωμαίων ἐπίσκοπον Ὑγῖνον Οὐαλεντῖνον ἰδίας αἱρέσεως εἰσηγητὴν καὶ Κέρδωνα τῆς κατὰ Μαρκίωνα πλάνης ἀρχηγὸν ἐπὶ τῆς Ῥώμης ἄμφω γνωρίζεσθαι, γράφει δὲ οὕτως·

11,1 „Οὐαλεντῖνος μὲν γὰρ ἦλθεν εἰς Ῥώμην ἐπὶ Ὑγίνου, ἤκμασεν δὲ ἐπὶ Πίου, καὶ παρέμεινεν ἕως Ἀνικήτου· [...]

Nachdem Hadrian 21 Jahre regiert hatte, zahlte er dem Tod seinen Tribut, und an seine Stelle trat in der römischen Regierung Antoninus mit dem Beinamen „der Fromme". Im ersten Jahr seiner Regierung schied Telesphorus, nachdem er zehn Jahre die Kirche verwaltet hatte, aus dem Leben, und Hyginus erhielt die bischöfliche Würde in Rom. Irenäus erzählt, daß Telesphorus sein Lebensende durch das Martyrium verherrlicht habe. Im gleichen Buch berichtet er auch, daß unter dem erwähnten römischen Bischof Hyginus sowohl Valentin, der Gründer einer eigenen Häresie, als auch Kerdon, der Urheber des marcionitischen Irrtums, in Rom aufgetreten seien. Er schreibt:

„Valentin kam unter Hyginus nach Rom, gewann unter Pius Ansehen und blieb noch bis Anicet. [...]"

---

420   Die Regierungszeit des Antoninus Pius stellt Euseb in h.e. IV 10–14 dar. Fast die Hälfte des eusebianischen Berichts befaßt sich mit den zu dieser Zeit aufkommenden Häresien, was überproportional viel ist. Auch die Darstellung von kirchlichen Vertretern wie Justin oder Polykarp von Smyrna ist geprägt von der Einordnung ihrer Position im Kampf gegen die Häresien.

421   Euseb, h.e. IV 10–11,3 <GCS Euseb II/1, 320,9–322,13>.

11,2 ταῦτα δέ φησιν ἐν τρίτῳ τῶν πρὸς τὰς αἱρέσεις· [...] 11,3 ὁ δ' αὐτὸς Εἰρηναῖος τὸν ἄπειρον βυθὸν τῆς Οὐαλεντίνου πολυπλανοῦς ὕλης εὐτονώτατα διαπλώσας, ἑρπετοῦ δίκην φωλεύοντος ἀπόκρυφον οὖσαν αὐτοῦ καὶ λεληθυῖαν ἀπογυμνοῖ τὴν κακίαν.

So erzählt er im dritten Buch seiner Schrift „Gegen die Häresien": [...] Irenäus bahnt sich energisch einen Weg durch den unermeßlichen Abgrund der vielen Irrtümer der Lehre Valentins und legt dann dessen Schlechtigkeit bloß, die sich gleich einer in der Höhle lauernden Schlange versteckt und verborgen hielt.

Euseb setzt mit h.e. IV 10 neu ein und beschreibt im folgenden die Regierungszeit des Antoninus Pius. Nach einer kurzen Erwähnung des Bischofswechsels in Rom infolge des Märtyrertods von Telesphorus und dem Hinweis auf *Adversus haereses* als Quelle seiner Informationen kommt Euseb direkt auf die Häresien zur Zeit des Antoninus Pius zu sprechen. Da das Martyrium des Telesphorus innerhalb der römischen Bischofsliste in adv. haer. III 3,3 überliefert wird[422] und die Darstellung des Valentin/Kerdon aus adv. haer. III 4,3 entnommen ist, lehnt sich die eusebianische Darstellung in der Abfolge des Berichteten an die irenäische Vorlage an.

Die Darstellung der Häresie Valentins ist zweigeteilt: Das Irenäuszitat (adv. haer. III 4,3) in h.e. IV 11,1 bietet nur im Eingangssatz Informationen zu Valentin und richtet dann die Aufmerksamkeit auf die Häresie Kerdons. Euseb fügt daran anschließend noch ein weiteres Irenäuszitat zu Kerdon/Marcion (adv. haer. I 27,1) an. Erst danach kommt er auf den eingangs genannten Valentin zurück und rahmt damit seine Darstellung Kerdons. Während das Zitat das Wirken der Häretiker ins Zentrum der Darstellung rückt, legt Euseb den Schwerpunkt seines Referates auf die antivalentinianische Wirksamkeit des Irenäus.[423]

a) Die Rezeption der Informationen aus Irenäus

Das Zitat aus Irenäus, adv. haer. III 4,3, das Euseb in h.e. IV 11,1 übernimmt, dient allein der Datierung Valentins in die Zeit des Hyginus von Rom (ca. 136–142) und bereitet hinsichtlich der eusebianischen Rezeption keine Probleme.[424] Anders verhält es sich mit den im eusebianischen Referat (h.e. IV 11,3) verarbeiteten Informationen über Valentin bzw. über dessen Widerlegung durch Irenäus. Da der Bezugspunkt der eusebianischen Ausführungen bei Irenäus nicht eindeutig ist – was u. a. Konsequenzen für die Bedeutung von ὕλη im eusebianischen Referat hat –, erscheint es sinnvoll, Eusebs Ausführungen in h.e. IV 11,3 in Abschnitte zu untergliedern und diese einzeln auf die Rezeption irenäischer Informationen hin zu befragen.

---

[422] Die irenäische Bischofsliste aus adv. haer. III 3,3 überliefert Euseb vollständig in h.e. V 6,4–5.

[423] In diesem Abschnitt parallelisiert Euseb Irenäus als Kämpfer gegen Valentin und Justin als Streiter gegen Marcion (vgl. h.e. IV 11,3 und h.e. IV 11,8).

[424] Da Euseb von Irenäus' Aufenthalt in Rom berichtet hatte (h.e. V 4,2), erscheint die Quelle glaubwürdig und eignet sich als Zitat in besonderem Maße.

– Irenäus bahnt sich einen Weg durch den unermeßlichen Abgrund der vielen Irrtümer der Lehre Valentins und legt dann dessen Schlechtigkeit dar.

Es ist nicht eindeutig, auf welche irenäische Textpassage Euseb mit seiner Formulierung ὁ δ' αὐτὸς Εἰρηναῖος τὸν ἄπειρον βυϑὸν τῆς Οὐαλεντίνου πολυπλανοῦς ὕλης εὐτονώτατα διαπλώσας, die *in nuce* die irenäische Arbeitsweise charakterisiert, anspielt. Das Problem der Identifikation der Quellenvorlage liegt darin, daß nicht klar ist, ob Euseb ausschließlich Irenäus' Aussagen zu *Valentin* heranzieht oder ob auch Aussagen zu den *Valentinianern* verwertet sind. Hinzu tritt bei Irenäus die Schwierigkeit, daß die Darstellung der Valentinianer durch einen wechselnden Personenkreis geprägt ist, so daß nicht immer deutlich ist, wessen Lehre Irenäus jeweils beschreibt.[425]

Differenzierte Euseb *nicht* zwischen Valentin und seinen Schülern, könnte er die gesamte Darstellung von adv. haer. I 1,1 bis zum Neueinsatz mit Markus Magus in adv. haer. I 13,1 als ein „energisches Durchschreiten der Lehre Valentins" (h.e. IV 11,3) verstehen. Anders wäre es, wenn Euseb – obwohl er nicht von Valentinschülern berichtet – trotzdem zwischen Valentin und seinen Schülern differenzieren würde. Dann bezöge sich die Aussage in h.e. IV 11,3 ausschließlich auf adv. haer. I 11,1, die eigentliche Darstellung Valentins.

Für letztere Alternative spricht die Tatsache, daß Euseb den in h.e. IV 11,4 dargestellten Markus Magus nicht als Valentinianer einführt. Er differenziert demnach zwischen Valentin und Markus Magus, d.h. zwischen Valentin und seinen Schülern, weshalb die eusebianische Aussage, daß sich Irenäus einen Weg durch die Irrtümer der valentinianischen Lehre gebahnt habe, nur auf adv. haer. I 11,1 zu beziehen sein wird.

Wenn es zutrifft, daß Euseb mit seiner Formulierung in h.e. IV 11,3 ausschließlich auf adv. haer. I 11,1 anspielt – denn nur diese Textpassage zu Valentin kommt bei Irenäus als Parallelstelle ernsthaft in Frage, wie die weiter unten aufgeführten Euseb bekannten, aber nicht zitierten Textstellen belegen – wird man die Formulierung βυϑὸν τῆς Οὐαλεντίνου πολυπλανοῦς ὕλης[426] noch einmal gesondert betrachten müssen.

---

[425] Iren., adv. haer. I 1–9, beschreibt das Lehrsystem der Ptolemäer, adv. haer. I 11,1 die Lehre Valentins und adv. haer. I 11,2 die Lehre des Sekundus. Ab adv. haer. I 11,3 wechselt der dargestellte Personenkreis, wobei Irenäus die Vertreter der jeweiligen Lehre gar nicht mehr namentlich nennt und auch die eingangs eingeführte Differenzierung zwischen valentinianischer und ptolemäischer Lehre aufgibt. Erst mit dem Neueinsatz in I 13,1 ist deutlich, daß Irenäus im folgenden auf die Lehre des Markus Magus anspielt. Der Grundtenor der Darstellung adv. haer. I 1–23,1 (bis zum Neueinsatz mit Simon Magus) liegt auf dem Nachweis, „wie unbeständig sie in ihren Vorstellungen sind. Wenn man bloß zwei oder drei von ihnen nimmt, so haben sie zur gleichen Sache nicht dieselbe Meinung, sondern geben an Inhalten und Bezeichnungen ganz Gegensätzliches von sich" (adv. haer. I 11,1). Die Darstellung des Irenäus, welche die Rückführung einer Lehrmeinung auf einen namentlich benennbaren Vertreter aufgibt, trägt der Wandelbarkeit der Lehre innerhalb der valentinianischen Gruppierung Rechnung.

[426] Euseb, h.e. IV 11,3 <GCS Euseb II/1, 322,11–12>.

Versteht man ὕλη im engeren Wortsinn als „Materie, Substanz"[427], bleibt unklar, worauf Euseb bei Irenäus anspielt, denn dieser gibt weder eine eigenständige Abhandlung noch einen Hinweis auf das valentinianische Verständnis der ὕλη.[428]

Anders verhält es sich, wenn man davon ausgeht, daß Euseb den Terminus ὕλη an dieser Stelle als „Lehre, Stoff" im Sinne von „Lehraussage" verwendet haben wollte. Die Aussage, daß sich Irenäus energisch einen Weg durch den unermeßlichen Abgrund der vielen Irrtümer der Lehre Valentins bahnt, läßt sich als Interpretation von adv. haer. I 11,1 eher verstehen als die Formulierung, Irenäus bahne sich einen Weg durch den unermeßlichen Abgrund der vielen Irrtümer Valentins über die Materie.[429]

Euseb greift bei seiner Formulierung auf das irenäische Vorgehen gegen Valentin in adv. haer. I 11,1 zurück – ohne jedoch Inhalte der valentinianischen Lehre zu nennen. Diese Grundentscheidung Eusebs, keine häretischen Lehrinhalte wiederzugeben, ist bereits häufiger beobachtet worden, führt aber insbesondere bei Valentin dazu, daß Euseb eine Inkonsequenz in seiner Darstellung zuläßt. Im Referat zu den Enkratiten in h.e. IV 29,2–3 berichtet Euseb später in Übereinstimmung mit Irenäus (adv. haer. I 28,1), daß der Enkratit Tatian wie Valentin von unsichtbaren Äonen fabelte. Diese Information zu Valentin war Euseb seinen Lesern zuvor schuldig geblieben; jetzt muß er sie ungeschickt um der sukzessiven Einordnung Tatians willen nachtragen.

– Irenäus „legt die Schlechtigkeit Valentins bloß, die sich gleich einer in der Höhle lauernden Schlange versteckt und verborgen hielt."

Die Beantwortung der Frage, an welche Textpassage Euseb in Adversus haereses anknüpft, wenn er behauptet, Irenäus „lege die Schlechtigkeit (Valentins) bloß, die

---

[427]   In diesem Sinne versteht und übersetzt Rufin die Textpassage; die Übersetzung von Haeuser folgt ihm darin. <GCS Euseb II/1, 323,9–12: Idem quoque ipse Irenaeus inmensum profundum Valentini erroris de materia et ceteris validissime coarguit et serpentis in modum caecis semet ipsum latebris obtegentem in lucem protrahit ac denudat.>.

[428]   Will man die These, Euseb trenne zwischen Valentin und seinen Schülern, nicht annehmen und betrachtet man deshalb zusätzlich die Aussagen seiner Schüler, so findet sich auch in dem so erweiterten Abschnitt über die Valentinianer (adv. haer. I 1,1–I 21,5) keine Passage, auf die Euseb mit seiner Aussage, Irenäus habe sich mit den valentinianischen Irrtümern über die Hyle auseinandergesetzt, Bezug nehmen könnte. Die vereinzelte Nennung der Hyle in adv. haer. I 4,2.5; 5,1.5.6; 6,1; 7,1 hilft hierfür nicht weiter.
        Nun könnte man Irenäus' Kritik in adv. haer. II 10,3 am valentinianischen Verständnis der Materie (substantia) als Schöpfung aus den Tränen der Achamoth (vgl. auch adv. haer. IV praef. 3) hinter Eusebs Formulierung in h.e. IV 11,3 wähnen. Dieser Abschnitt bei Irenäus bezieht sich jedoch eindeutig auf seine Aussagen in adv. haer. I 4,1–7,1 und behandelt damit die ptolemäische Lehre. Irenäus' Kritik zielt darauf ab, daß Gott im Gegensatz zur Achamoth des Ptolemäus fähig ist, Substanz aus dem Nichts zu schaffen. Diese Interpretation setzt aber voraus, daß 1.) Euseb ὕλη im engeren Sinne als Materie versteht und daß 2.) Euseb nicht zwischen Valentin und Ptolemäus differenziert.

[429]   Gegen die Übersetzung von Philipp Haeuser in: Eusebius von Caesarea, Kirchengeschichte, 203.

sich gleich einer in der Höhle lauernden Schlange versteckt und verborgen hielt", ist ebenfalls mit einigen Schwierigkeiten behaftet.

Unzweifelhaft ist zunächst, daß der zweite Satzteil nicht nur eine eusebianische Formulierung darstellt, sondern auch eusebianischem Gedankengut entspringt. Es ist eine von Euseb gerne und häufig aufgegriffene Topik, die Häresie mit einer Schlange zu vergleichen, um ihre Giftigkeit und ihre Tödlichkeit für den Menschen zu betonen.[430]

Im ersten Satzteil scheint Euseb auf Irenäus' Aussagen in adv. haer. II 19,8 Bezug zu nehmen, wo dieser die Lehre Valentins und seiner Anhänger als „untauglich, hinterhältig, verführerisch und schädlich" charakterisiert und sich rühmt, die Lehre selbst aufgelöst zu haben.[431] Leitet man die eusebianische Formulierung von dieser Stelle (adv. haer. II 19,8) ab, dann wäre der Terminus κακία – als Äquivalent zum lateinischen *nequam* gebraucht – als Schlechtigkeit im Sinne von „Fehlerhaftigkeit", „Untauglichkeit "oder „Erbärmlichkeit" zu verstehen, der sich auf die Lehre Valentins bezöge.

Sollte Euseb auf diese Passage bei Irenäus anspielen, so hat er ihren Aussagegehalt zumindest verkürzt und derart in seine kirchengeschichtliche Darstellung eingefügt, daß dem Leser eine andere Deutung von κακία wesentlich näher liegt. Insbesondere die offene Formulierung, bei der das Bezugswort zu κακία nicht genannt ist, läßt auch einen Bezug auf die Person Valentins zu. Bezieht man den Terminus κακία auf die Person Valentins, so bekommt er die Konnotation von „sittlicher Schlechtigkeit", „schlechtem Charakter" oder „Bosheit"[432] – eine Zuschreibung, die der Leser der Kirchengeschichte bereits von anderen Häretikern kennt.

Von der persönlichen Schlechtigkeit Valentins redet Irenäus gerade nicht, sondern beschränkt sich darauf, dessen Lehre mit ihren schlechten Konsequenzen für alle an sie Glaubenden herauszuarbeiten.

Euseb gelingt mit seiner Wendung καὶ λεληθυῖαν ἀπογυμνοῖ τὴν κακίαν eine Formulierung, die als Verkürzung der irenäischen Aussage in adv. haer. II 19,8 verstanden werden kann. Zugleich erreicht er durch die Offenheit seiner Formulie-

---

[430]   In adv. haer. I 30,15 vergleicht Irenäus die valentinianische Schule mit einer lernäischen Hydra – ein Vergleich, der Euseb Vorlage für seinen Vergleich der Häresie mit einer Schlange gewesen sein könnte. Er konnte diesen aber aufgrund seiner Häresiekonzeption nicht direkt übernehmen. Nach Eusebs Theorie *erlischt* eine häretische Lehre, wenn man ihr im übertragenen Sinn „den Kopf abgeschlagen" hat; sooft Herakles der Hydra den Kopf abschlug, wuchsen den Köpfen nach. In adv. haer. III 2,3 beschreibt er das Verhalten von Valentin, Marcion, Kerinth und Basilides (vgl. adv. haer. III 2,1) mit dem einer Schlange; auch diese Passage könnte Vorlage der eusebianischen Ausführungen gewesen sein, zumal Buch III in diesem Kontext (h.e. IV 11,1) zitiert wird. Vgl. zur Topik Teil I 3.2.1.1 Von Euseb häufig ausgewählte Themen und Teil II 2.9 b) Die Häretiker als Schlangen.

[431]   Iren., adv. haer. II 19,8 <FC 8/2, 164,26–27: [...] nequam et dolosum et seductorium et perniciosum de scola eorum qui sunt a Valentino>. Vgl. zur Charakterisierung der valentinianischen Häresie auch die irenäischen Einleitungen in adv. haer. II praef. 1 und adv. haer. III praef. 1.

[432]   Vgl. Lampe, Lexicon, 694; Liddell-Scott-Jones, Lexicon, 861; Menge-Güthling, Altgriechisch–Deutsch, 356.

rung, daß Valentin vom Leser in eine Kategorie mit Simon Magus, den Ebionäern
und Karpokrates eingeordnet wird, denen ebenfalls moralische Vergehen angelastet
werden.[433] Es ist dem Leser, dem die sittlichen Verfehlungen der Häretiker von
Euseb unablässig vor Augen gestellt wurden, nicht zu verdenken, daß er mit κακία
sofort ein moralisches Vergehen Valentins, nicht aber eine unzureichende Lehre
assoziiert. Euseb scheint seine Formulierung sehr bewußt in dieser Offenheit formuliert zu haben, die dem Leser jeden Interpretationsspielraum beläßt.

b) Nicht aufgenommene Informationen aus Irenäus

Betrachtet man das Referat und die in ihm enthaltenen Informationen zu Valentin,
so scheint es zunächst, als habe Euseb kaum Nachrichten vorliegen gehabt. Wie bei
Basilides trügt dieser Eindruck jedoch. Untersucht man allein die Ausführungen,
die Euseb in seiner Quelle Irenäus, *Adversus haereses*, gelesen haben wird, so hätte
er ein weit umfangreicheres und detailgetreueres Referat über Valentin, seine Lehre
und auch seine Schüler bieten können.

Euseb nennt als prominente Schüler Valentins aber weder Ptolemäus noch
Sekundus oder andere valentinianische Vertreter, deren Lehrmeinungen Irenäus
detailliert im ersten Abschnitt des ersten Buches von *Adversus haereses* (I 1–9; 11–22)
darstellt.[434] Der Grund für ihr Fehlen innerhalb der eusebianischen Geschichtsdarstellung mag zum einen darin liegen, daß Euseb selten Schüler der Häresiegründer nennt, zum anderen darin, daß Euseb kein Interesse daran hatte, häretische
Lehrinhalte in seine kirchengeschichtliche Darstellung aufzunehmen.

Die zentrale Darstellung findet sich in adv. haer. I 11,1, wo Irenäus beschreibt, daß
Valentin von einer unnennbaren Zweiheit ausgeht, welche aus Arretos und Sige
besteht. Aus dieser Zweiheit sei eine weitere Dyas, bestehend aus Pater und Aletheia
emaniert. Aus dieser Vierheit sei eine weitere Vierheit (Logos, Zoe, Anthropos und
Ekklesia) und aus der Verbindung von Logos und Zoe noch weitere zehn Kräfte
hervorgegangen. Nach irenäischer Darstellung nehme Valentin zwei Grenzen an:
eine zwischen dem Bythos und dem übrigen Pleroma, um die Gezeugten vom
ungezeugten Vater zu trennen, und eine zweite, um die Mutter vom Pleroma fernzuhalten. Nach Vorstellung Valentins sei Christus nicht von den Äonen im Pleroma
emaniert worden, sondern von der aus dem Pleroma ausgeschlossenen Mutter in

---

[433]   Vgl. h.e. II 13,8 <GCS Euseb II/1, 136,21–24: ὅτι ποτὲ γὰρ ἂν ἐπινοηθείη παντὸς αἰσχροῦ μιαρώτερον,
τοῦτο πᾶν ὑπερηκόντισεν ἡ τῶνδε μυσαρωτάτη αἵρεσις, ταῖς ἀθλίαις καὶ παντοίων ὡς ἀληθῶς κακῶν
σεσωρευμέναις γυναιξὶν ἐγκαταπαιζόντων.>.

[434]   Iren., adv. haer. I 11,2 (Sekundus), I 11,3–4 (ein anderer anerkannter Lehrer), I 11,5 (eine andere
Gruppe von ihnen), I 12,1 (die Leute aus der Schule des Ptolemäus), I 13,1–7 (Markus Magus).
         Markschies, Valentinus Gnosticus, 294 Anm. 4, hat unter Berufung auf die Indizes von
B. Reynders festgehalten, daß Irenäus bei insgesamt 38 Erwähnungen der Valentinianer nur an 15
Stellen Valentin selbst thematisiert. Der weit überwiegende Teil der Aussagen ist Valentins Schü-
lern gewidmet.

ihrer Erinnerung an die bessere Welt, jedoch unter einem Schatten geboren. Da Christus männlich war, schnitt er den Schatten von sich ab und eilte hinauf ins Pleroma, woraufhin die Mutter unter dem Schatten, von pneumatischer Substanz entleert, zurückblieb. Sie zeugte daraufhin einen weiteren Sohn, den Demiurgen, der sich selbst Herrscher über diese Welt nennt, und zeitgleich einen dritten, den Valentin als linken Archon bezeichnet. In letzterem sieht Irenäus die Übereinstimmung mit den Gnostikern gegeben.

Irenäus fügt diesem Abriß der valentinianischen Lehre noch weitere Deutungen und Auslegungen an. Er untermauert nun die eingangs postulierte These, daß Valentins Lehre in ihren Auslegungen unbeständig sei[435], da Valentin einmal behaupte, daß Jesus von dem von seiner Mutter getrennten Äon (d. h. vom Theletos), der mit der Gesamtheit der Äonen vereint geblieben war, emaniert sei, ein anderes Mal aber lehre, daß Jesus aus dem Äon, der ins Pleroma hinaufgestiegen war (d. h. vom Christus), hervorgegangen ist. Valentin kennt darüber hinausgehend auch noch eine Hervorbringung Jesu aus dem Anthropos und der Ekklesia.

Die Bücher II–V von *Adversus haereses* liefern im Kontext der irenäischen Auseinandersetzung mit der valentinianischen Lehre noch andere Einzelaussagen.[436] Allen Informationen ist gemein, daß sie nicht wie die Angaben in Buch I innerhalb einer Häresie*darstellung*, sondern innerhalb einer *Widerlegung* der Häresie vorkommen, bei der Irenäus argumentativ gegen einzelne Ansichten Valentins und der Valentinianer vorgeht. Diese inhaltlichen Auseinandersetzungen waren für Eusebs Darstellung in der h. e. nicht zu verwerten, zumal sie selten zwischen Valentin und seinen Anhängern differenzieren. Es seien jedoch beispielhaft einzelne Informationen benannt, die Euseb (durch Irenäus vermittelt) über Valentin gekannt haben wird:

Er wird aus adv. haer. III 11,9 gewußt haben, daß Valentins Anhänger eigene Evangelien, u. a. das Evangelium der Wahrheit, benutzen und sich daher rühmen, mehr Evangelien als die (orthodoxen) Christen zu besitzen. Ihm war bekannt, daß die Valentinianer ihre Lehre hauptsächlich auf Auslegungen des Lukasevangeliums (adv. haer. III 14,4) und des Johannesevangeliums (adv. haer. III 11,7) gründen. Er kannte aus adv. haer. III 11,2 die valentinianische Lehre von der doppelten Schöpfung durch den Logos sowie durch den Demiurgen. Zudem muß Euseb die christologischen Eigenheiten der valentinianischen Lehre gekannt haben, an der sich die irenäische Kritik immer wieder entzündete. Auch die valentinianische Differenzierung in Jesus und in Christus, die Irenäus als Zerteilung des einen Herrn anprangert (adv. haer. III 16,1), war Euseb bekannt.

---

435   Vgl. den Eingangssatz in adv. haer. I 11,1.
436   Vgl. adv. haer. II praef. 1; adv. haer. II 4,1; adv. haer. II 16,4; adv. haer. II 17,8; adv. haer. II 19,8; adv. haer. II 28,6; adv. haer. II 28,9; adv. haer. II 31,1; adv. haer. III praef.; adv. haer. III 2,1; adv. haer. III 3,4; adv. haer. III 4,3; adv. haer. III 11,2; adv. haer. III 11,7; adv. haer. III 11,9; adv. haer. III 12,12; adv. haer. III 14,4; adv. haer. III 16,1; adv. haer. IV praef. 2; adv. haer. IV 6,4; adv. haer. IV 33,3; adv. haer. IV 35,1; adv. haer. V 1,2; adv. haer. V 15,4; adv. haer. V 26,2.

c) Nicht aufgenommene Quellen zur Häresie Valentins

Nicht sicher ist, ob Euseb die zwei von Irenäus verfaßten Briefe an Florinus, der sich „zum Irrtum Valentins hinüberziehen ließ" (h.e. V 20,1), vollständig vorlagen. Euseb zitiert zwar aus ihnen[437], greift aber bei der Darstellung der Häresie Valentins nicht auf sie zurück.

Neben Irenäus kannte Euseb natürlich auch Justins Charakterisierung der Valentinianer als „Scheinchristen", die sich wie die Philosophen nach dem Urheber ihrer Lehrmeinung nennen (dial. c. Trypho 35,6), kann diesen Abschnitt jedoch aufgrund der Parallelisierung von Philosophie und Häresie[438] nicht in seine h.e. aufnehmen.[439]

Euseb hatte zudem die Aussagen des Klemens von Alexandrien gelesen, den er gerne – nur nicht zum Thema Häresie – in der h.e. anführt.[440] Klemens zitiert in seinen *Stromata* häufiger aus Briefen Valentins und zeigt sich über die valentinianische Lehre sehr gut unterrichtet.[441] So kritisiert Klemens die valentinianische Lehre von der Rettung aufgrund der eigenen Natur (strom. II 10,2; strom. IV 89,1–90,4; strom. V 3,3) und beschreibt mit einem Briefzitat die valentinianische Vorstellung von der Menschenschöpfung (strom. II 36,2–4). Er zitiert zudem aus einem Brief Valentins über die Reinheit des Herzens und die Anhängsel (strom. II 114,3–6). Die Notiz über die Valentinianer in strom. III 29,3, die „geistige Gemeinschaften" postulierten, und Klemens' Kritik, die „Gemeinschaft fleischlichen Übermutes von der heiligen Prophetie herzuleiten", könnte Euseb zur Wahl des schillernden Terminus κακία inspiriert haben. Nur an dieser Stelle bei Klemens, nicht bei Irenäus, findet sich ein Hinweis auf die moralische Verwerflichkeit Valentins, die Euseb mit seiner offenen Formulierung zumindest nicht ausgeschlossen hat.

Darüber hinausgehend bietet Klemens Auslegungen der Valentinschüler Julius Cassianus und Herakleon[442]. Euseb konnte die Informationen des Klemens von

---

[437] Vgl. dazu Teil I 1.11 Irenäus. Euseb gibt in h.e. V 20,4–8 einen Auszug aus dem Brief über die Alleinherrschaft Gottes, in h.e. V 20,2 eine Passage aus dem Brief über die Achtzahl wieder.

[438] Vgl. Teil I 3.2.2.3.1 Die Rückführung der Häresien auf die Philosophie: Irenäus.

[439] Beachtenswert ist, daß sich Justin zwar über die Valentinianer äußert, aber an keiner Stelle auf den Gründer Valentin selbst zu sprechen kommt. Es läßt sich auch nicht wahrscheinlich machen, daß Justins *Syntagma* (vor 150) einen Bericht über Valentin beinhaltete; so auch Markschies, Valentinus Gnosticus, 382, der sich kritisch mit Harnacks Rekonstruktion des justinischen *Syntagma* auseinandersetzt. In der *Ersten Apologie* geht Justin auf die Valentinianer nicht ein.

[440] Klemens' Informationen über Valentin in den *Excerpta ex Theodoto* I 2,1; 6,1; 16,1; 17,1; 21,1; 23,1; 24,1; 25,1; 28,1 und 37,1) dürften Euseb nicht bekannt gewesen sein und können an dieser Stelle vernachlässigt werden.

[441] Vgl. strom. II 10,2; strom. II 36,2–4; strom. II 114,3; strom. III 1,1; strom. III 29,3; strom. III 59,3; strom. III 92,1; strom. III 102,3; strom. IV 71,1; strom. IV 89,1–90,4; strom. V 3,3; strom. VI 52,3–53,1; strom. VII 106,4 und strom. VII 108,1. Vgl. dazu Mühlenberg, Wirklichkeitserfahrung, 163–175.

[442] Zu Julius Cassianus vgl. strom. I 101,23; strom. III 91,1–92,23; strom. III 91,1; strom. III 95,23 und strom. III 102,3. Zu Herakleon vgl. strom. IV 71,1–73,1.

Alexandrien für seine Zwecke nicht verwerten, da er keine Lehrinhalte und schon gar keine Häretikerzitate in seine h.e. aufnehmen wollte. Zudem besaß er eine frühere Quelle, Irenäus, auf die er für seine Darstellung zurückgreifen konnte.

Das Kriterium der Posteriorität einer Quelle als Grund für ihre Auslassung ließe sich auch auf die Origenes-Schriften anwenden. Origenes kritisiert in *Contra Celsum* die Valentinianer wegen ihrer Veränderung des Evangeliums (c. Cels. II 27), wegen ihrer Lehre von der Erlösung als Konsequenz der menschlichen Beschaffenheit (c. Cels. V 61) und wegen ihrer Lehre von der Emanation einer weltlichen Kirche aus einer höheren Welt (c. Cels. VI 35). Außerdem kennt Euseb aus Origenes' Johanneskommentar (II 100) eine Auslegung des Valentinschülers Herakleon zu Joh 1,3. Die Bezeugung der valentinianischen Differenzierung in Demiurg, Vater Christi und Gott des Gesetzes und der Propheten dürfte Euseb ebenfalls bei Origenes, Homiliae in Lucam 20, gelesen haben. Weitere Belege für die namentliche Nennung Valentins bei Origenes tragen für die Darstellung bei Euseb nichts aus.[443]

Nicht sicher zu klären ist, ob Euseb Kenntnis von Hippolyts Ausführungen zu Valentin hatte, der in seinen Schriften *Contra Noetum* (c. Noet. 11,3) und *Refutatio* (ref. IV 51; ref. VI 20–22.29) auf diesen einging.[444] Ob Euseb weitere antivalentinianische Schriften vorlagen und er diese für seine Darstellung zu Rate zog, läßt sich aufgrund der knappen Textbasis zu Valentin nicht mehr erkennen.[445]

d) Die Darstellung der Häresie Valentins bei Euseb

Eusebs Darstellung der Häresie Valentins beschränkt sich auf minimale Informationen.[446] Er beruft sich auf Irenäus bei seiner Aussage, daß Valentin unter Hyginus

---

[443] Erwähnt wird Valentin zusammen mit Marcion und Basilides in Orig., hom. in Jeremiam X 5; hom. in Jeremiam XVII,2 und hom. in Lucam XXXI 3. Da Origenes an keiner Stelle inhaltliche Aussagen zu Valentin macht, konnte Euseb allein schon aus diesem Grunde nicht auf Origenes zur Darstellung der Häresie Valentins zurückgreifen. Zu den Gründen der Auslassung von Origenes-Quellen vgl. oben Teil I 1.19 Origenes und unten Teil I 3.2.2.2.3 Ausgelassene Häresievorwürfe.

[444] Das Referat Eusebs in h.e. IV 11,1.3 ist terminologisch zu eusebianisch, als daß man über Irenäus hinausgehend eine Abhängigkeit von Hippolyt festmachen könnte.

[445] Euseb gibt keinen Hinweis darauf, daß er Tertullians Schrift *Adversus Valentinianos* vorliegen hatte. Er kennt von ihm anscheinend nur die *Apologie*; vgl. Euseb, h.e. II 2,5–6; II 25,4; III 33,3 und V 5,7.

[446] Diese Minimalinformationen hatte Euseb ebenfalls bereits in seiner *Chronik* gegeben. Dort heißt es zum Jahr 140: Sub Hygino Romanae urbis episcopo Ualentinus haeresiarches et Cerdo magister Marcionis Romam uenerunt <GCS Euseb VII/1, 202,7–9> und zum Jahr 143: Ualentinus haereticus agnoscitur et permanet usque ad Anicetum <GCS Euseb VII/1, 202,20–21>. Euseb kann dort sowohl auf Irenäus, als auch auf Klemens von Alexandrien, strom. VII 108,1 zurückgegriffen haben. Im Gegensatz zur Kirchengeschichte nennt Euseb in der *Chronik* konkrete Jahreszahlen. Aber nur zwei der drei aus Irenäus bekannten Informationen waren mit einer Jahreszahl überliefert (vgl. adv. haer. III 4,3 [zitiert h.e. IV 11,1]), so daß angenommen werden muß, daß Euseb offenbar eine zusätzliche, unabhängige Überlieferung verarbeitet, die sekundär auf das Schema

nach Rom kam, unter Pius Ansehen gewann und noch bis Anicet blieb.[447] Durch die Verknüpfung der valentinianischen Häresie mit der des Kerdon, die sich bereits bei Irenäus findet, erreicht Euseb ein Abschweifen vom Valentin-Thema, das er erst später in h.e. IV 11,3 wieder aufnimmt.

Nachdem Euseb mit der ersten Bezugnahme auf Valentin nur dessen Wirkungszeit in Rom umriß, schildert er in h.e. IV 11,3 die irenäische Vorgehensweise gegen Valentin aus *Adversus haereses* I 11,1. Die Äußerung, Irenäus habe sich energisch einen Weg durch den unermeßlichen Abgrund der vielen Irrtümer der Lehre Valentins gebahnt und dann dessen Schlechtigkeit bloßgelegt, ist jedoch im Hinblick auf die Häresie Valentins derart allgemein gehalten, daß sich ein Bezugspunkt in *Adversus haereses* nur vage festmachen läßt.

Die Darstellungsweise in der h.e. hat zur Annahme geführt, daß Euseb keine weiteren Quellen über Valentin vorlagen und daß er aus diesem Grund eher allgemeingültige Aussagen zur irenäischen Häresiebekämpfung trifft.[448] Die Analyse der Euseb bekannten irenäischen Informationen aus *Adversus haereses* hat indes gezeigt, daß er sehr viel umfangreichere Kenntnis von der Person Valentins und seiner Lehre besaß, als es nach dem Referat den Anschein hatte. Auch die Formulierung Eusebs, Irenäus bahne sich einen Weg durch den unermeßlichen Abgrund der vielen Irrtümer, welche mit der Nennung des Bythos einen zentralen valentinianischen Terminus aufgreift und ihn seines speziellen Sinnes entleert, zeigt weitreichende Kenntnisse. War der Bythos bei Valentin als unnennbarer Vater verstanden, so wird er bei Euseb zum „Abgrund"[449] aller Schlechtigkeit.

Fragt man nach den Gründen für Eusebs kurz gefaßte Darstellungsweise, so ist zu beachten, daß er in diesem Abschnitt der h.e. Irenäus als Häreseologen Valentins (in h.e. IV 11,3) mit Justin als Bekämpfer Marcions (in h.e. IV 11,8) parallelisiert. Beide werden als „Streiter für die christliche Wahrheit" eingeführt. Daher betont Euseb auch besonders die *irenäische Vorgehensweise* gegen diese Häresie, hinter der die Person und die Lehre Valentins zurücktreten müssen.

Die Art der Darstellung gleicht derjenigen der ersten Doppelhäresie Satorninus/Basilides: Hier wie dort nutzt Euseb die durch Irenäus vorgegebene Verknüpfung von Valentin/Kerdon bzw. Satorninus/Basilides, um nach einer knappen

---

des Irenäus appliziert wurde; vgl. Harnack, Altchristliche Litteratur II/1, 38–39. Ob Euseb die Applikation durch Julius Africanus' *Weltchronik* bekannt war, ist nicht sicher; zumindest hat er seine Jahreszahlen nicht frei erfunden; vgl. Harnack, Altchristliche Litteratur II/1, 43. Vgl. dazu auch Markschies, Valentinus Gnosticus, 297.

[447]   Markschies, Valentinus Gnosticus, 298, errechnet aus diesen Angaben eine ungefähr fünfzehnjährige Wirksamkeit Valentins in Rom.
    Zum Problem dieses Zitats für Eusebs Postulat von der Zeitlosigkeit der Häresie und zu den Gründen, die Euseb dennoch zur Rezeption drängten, siehe unten Teil II 2.6.4 Die Ewigkeit der Wahrheit und die Zeitlosigkeit der Häresie.

[448]   So Grant, Eusebius as Church Historian, 88.

[449]   Bereits Irenäus wendet die Bezeichnung „Bythos" gegen die Valentinianer, wenn er in adv. haer. I praef. 2 den Leser vor „dem Abgrund des Unsinns und der Blasphemie" (τὸν βυθὸν τῆς ἀνοίας καὶ τῆς εἰς τὸν θεὸν βλασφημίας, FC 8/1, 124,24–25) warnt. Vgl. auch Iren., adv. haer. I 22,2.

zeitlichen (Valentin) oder geographischen Minimalinformation (Satorninus) das Thema zu wechseln und zum nächsten Häretiker zu eilen.

Euseb erzielt mit dieser Art der Darstellung beim Leser zweierlei. Er läßt einerseits einen der bestbezeugten Häretiker der frühen Kirche nicht aus, andererseits gibt er ihm aber durch die knappe Abhandlung in zwei Sätzen auch keinen Raum innerhalb seiner Darstellung. Er erreicht so zwar Vollständigkeit, minimiert aber gleichzeitig die Bedeutung Valentins dadurch, daß er nur knapp auf ihn eingeht. Anderen, weit weniger gefährlichen Häretikern, räumt Euseb sehr viel mehr Raum in seiner Darstellung ein. Er erweckt damit beim Leser, dem keine weiteren Quellen als Lektüre zur Verfügung stehen, den Eindruck, mit Valentin einen Häretiker vor sich zu haben, dessen Leben und Lehre aufgrund der geringen Bedeutung schon zur Zeit Eusebs schlecht bezeugt sind.[450] Dieser Eindruck hat sich, wie gesehen, bis heute erhalten.

2.10 Kerdon (h. e. IV 10–11,2)

h. e. IV 10–11,2[451]

10 [...] ἱστορεῖ γε μὴν ὁ Εἰρηναῖος τὸν Τελεσφόρον μαρτυρίῳ τὴν τελευτὴν διαπρέψαι, δηλῶν ἐν ταὐτῷ κατὰ τὸν δηλούμενον Ῥωμαίων ἐπίσκοπον Ὑγῖνον Οὐαλεντῖνον ἰδίας αἱρέσεως εἰσηγητὴν καὶ Κέρδωνα τῆς κατὰ Μαρκίωνα πλάνης ἀρχηγὸν ἐπὶ τῆς Ῥώμης ἄμφω γνωρίζεσθαι, γράφει δὲ οὕτως

11,1 „Οὐαλεντῖνος μὲν γὰρ ἦλθεν εἰς Ῥώμην ἐπὶ Ὑγίνου, ἤκμασεν δὲ ἐπὶ Πίου, καὶ παρέμεινεν ἕως Ἀνικήτου·
Κέρδων δ᾽ ὁ πρὸ Μαρκίωνος καὶ αὐτὸς ἐπὶ Ὑγίνου, ὃς ἦν ἔνατος ἐπίσκοπος, εἰς τὴν ἐκκλησίαν ἐλθὼν καὶ ἐξομολογούμενος, οὕτως διετέλεσεν, ποτὲ μὲν λαθροδιδασκαλῶν, ποτὲ δὲ πάλιν ἐξομολογούμενος, ποτὲ δὲ ἐλεγχόμενος ἐφ᾽ οἷς ἐδίδασκεν κακῶς, καὶ ἀφιστάμενος τῆς τῶν ἀδελφῶν συνοδίας".

11,2 ταῦτα δέ φησιν ἐν τρίτῳ τῶν πρὸς τὰς αἱρέσεις· ἔν γε μὴν τῷ πρώτῳ αὖθις περὶ τοῦ Κέρδωνος ταῦτα διέξεισιν „Κέρδων δέ τις ἀπὸ τῶν περὶ τὸν Σίμωνα τὰς ἀφορμὰς λαβὼν καὶ ἐπιδημήσας ἐν τῇ Ῥώμῃ ἐπὶ Ὑγίνου ἔνατον

[...] Irenäus erzählt, daß Telesphorus sein Lebensende durch das Martyrium verherrlicht habe. Im gleichen Buch berichtet er auch, daß unter dem erwähnten römischen Bischofe Hyginus sowohl Valentin, der Gründer einer eigenen Häresie, als auch Kerdon, der Urheber des marcionitischen Irrtums, in Rom aufgetreten seien. Er schreibt:

„Valentin kam unter Hyginus nach Rom, gewann unter Pius Ansehen und blieb noch bis Anicet.
Auch Kerdon, der Vorläufer Marcions, kam unter Hyginus, dem neunten Bischof, in die Kirche, wo er seinen Irrtum bekannte. Seine weitere Geschichte war: er trug im geheimen Lehren vor, bekannte wiederum seinen Irrtum, wurde schlechter Lehren überführt und fiel von der Gemeinschaft der Brüder ab."

So erzählt er im dritten Buch seiner Schrift „Gegen die Häresien". Im ersten Buch führt er über Kerdon aus:

„Als ein gewisser Kerdon, der von den Anhängern Simons beeinflußt worden war, sich unter

---

450   Daß dem nicht so war, gibt Euseb in seiner v.C. (v.C. III 64,1) zu erkennen: Die Valentinianer, die Marcioniten, die Paulianer und die Kataphryger stellten noch während der Regierungszeit Konstantins ein ernstzunehmendes Problem dar.

451   Euseb, h.e. IV 10–11,2 <GCS Euseb II/1, 320,13–322,10>.

κλῆρον τῆς ἐπισκοπικῆς διαδοχῆς ἀπὸ τῶν ἀποστόλων ἔχοντος, ἐδίδαξεν τὸν ὑπὸ τοῦ νόμου καὶ προφητῶν κεκηρυγμένον θεὸν μὴ εἶναι πατέρα τοῦ κυρίου ἡμῶν Ἰησοῦ Χριστοῦ· τὸν μὲν γὰρ γνωρίζεσθαι, τὸν δὲ ἀγνῶτα εἶναι, καὶ τὸν μὲν δίκαιον, τὸν δὲ ἀγαθὸν ὑπάρχειν. διαδεξάμενος δὲ αὐτὸν Μαρκίων ὁ Ποντικὸς ηὔξησεν τὸ διδασκαλεῖον, ἀπηρυθριασμένως βλασφημῶν".

Hyginus, dem neunten Bischof seit den Aposteln, in Rom aufhielt, lehrte er, der vom Gesetz und den Propheten verkündete Gott wäre nicht identisch mit dem Vater unseres Herrn Jesus Christus, der eine wäre erkennbar, der andere unerkennbar, der eine gerecht, der andere gut. Sein Nachfolger Marcion aus Pontus machte durch seine schamlosen Lästerungen noch mehr Schule. "

Den Häretiker Kerdon datiert Euseb mit Valentin in die Regierungszeit des Kaisers Antoninus Pius (138–161) und in die Amtszeit des römischen Bischofs Hyginus (ca. 136–142; h.e. IV 10). Die Darstellung Kerdons ist in die Berichterstattung über Valentin eingepaßt, die sowohl in h.e. IV 11,1 als auch in h.e. IV 11,3 die Aussagen über Kerdon rahmt.

a) Die Rezeption der irenäischen Informationen

Zur Skizzierung der Häresie fügt Euseb zwei Zitate aus Irenäus' *Adversus haereses* ein, die Kerdons Leben und Lehre zum Gegenstand haben.

Das erste Zitat, das Kerdons Biographie näher beleuchtet, stammt aus adv. haer. III 4,3 und parallelisiert die Häresien Kerdons und Valentins aufgrund ihres zeitgleichen Auftretens in Rom. Kerdon kam nach Irenäus' Angabe unter Hyginus, dem neunten Bischof[452], in die Kirche, wo er seinen Irrtum bekannte, dann jedoch im geheimen Lehren vortrug, wiederum seinen Irrtum bekannte und von der Gemeinschaft der Brüder abfiel.[453]

Das zweite von Euseb eingefügte Zitat beschäftigt sich mit der Lehre Kerdons und stammt aus adv. haer. I 27,1–2. Irenäus weiß dort über Kerdon zu berichten, daß er von den Anhängern Simons beeinflußt worden war. Er lehrte nach den Informationen des Irenäus, daß der vom Gesetz und den Propheten verkündete Gott nicht identisch mit dem Vater unseres Herrn Jesus Christus wäre, da der eine erkennbar, der andere unerkennbar, der eine gerecht, der andere gut wäre. Irenäus fügt seiner Darstellung noch eine interessante Notiz hinzu, wenn er bemerkt, daß

---

[452]   Es ist mit Blick auf die lateinische Überlieferung von adv. haer. III 4,2 zu vermuten, daß Irenäus sowohl in adv. haer. III 4,2 als auch in adv. haer. I 27,1 von Hyginus als *achtem* Bischof gesprochen hat. Euseb hingegen, der Petrus als ersten Bischof mitzählt, nennt Hyginus an beiden Stellen als *neunten* Bischof. Vgl. zum Problem der Bischofszählung die Ausführungen von Brox, FC 8/1, 318–319 Anm. 115.

[453]   Die Darstellung Kerdons in Eusebs *Chronik* scheint ebenfalls auf dieser irenäischen Information zu beruhen, wenn Euseb zum dritten Jahr des Antoninus Pius (=140) schreibt: sub Hygino Romanae urbis episcopo Ualentinus haeresiarches et Cerdo magister Marcionis Romam uenerunt <GCS Euseb VII/1, 202,7–9>. In der Kirchengeschichte verzichtet Euseb auf eine genauere zeitliche Fixierung des Auftretens Kerdons und Valentins in Rom.

Kerdons Nachfolger Marcion aus dem Pontus durch seine schamlosen Lästerungen noch mehr Schule machte.[454]

Die eusebianische Darstellung Kerdons setzt sich zunächst wenig spektakulär aus zwei (wörtlichen) Irenäus-Zitaten zusammen, womit Euseb auch alle irenäischen Aussagen zur Person Kerdons wiedergegeben hat.

b) Nicht aufgenommene Quellen zur Häresie Kerdons

Oftmals ist hinsichtlich der Häresie Kerdons der Verdacht geäußert worden, daß Euseb für die Darstellung der Häresien unter dem Episkopat des Hyginus kaum Quellen zur Verfügung standen.[455] Eine Kenntnis von Tertullians *Adversus Marcionem* läßt sich aus Eusebs Bemerkungen über Kerdon nicht nachweisen.[456] Gleiches gilt für Hippolyts *Refutatio*.[457] Ob Euseb die Äußerung des Klemens von Alexandrien bei der Abfassung der Kerdon-Darstellung präsent war, läßt sich ebenfalls nicht mehr klären.[458]

---

[454] May, Markion, 237, gibt zu bedenken, daß Irenäus (oder seine Quellen) kaum Informationen über Kerdon besaßen. Während der Abschnitt über Marcion scharf konturiert sei, werde ein theologisches Profil Kerdons nicht deutlich.

[455] Grant, Eusebius as Church Historian, 88, geht davon aus, daß Euseb nur spärliche Informationen über das Episkopat des Hyginus vorlagen.

[456] Tertullian thematisiert mehrfach die Abhängigkeit der Lehre Marcions von Kerdon, vgl. adv. Marc. I 2,3; adv. Marc. I 22,10; adv. Marc. III 21,1 und adv. Marc. IV 17,12. So auch Völker, Tendenzen, 173.

   Hilgenfeld, Ketzergeschichte, 331, hebt hierzu hervor, daß Tertullian nur die Zweigötterlehre auf Kerdon zurückführe, wobei der Lehrer zudem fast ganz hinter seinem Schüler Marcion verschwinde.

[457] Hippolyt kommt in ref. VII 37 und ref. X 19 auf Kerdon zu sprechen. Da er jedoch in ref. VII 37 bis auf die Erwähnung der Antithesen Marcions im wesentlichen das Kerdon-Referat des Irenäus ausschreibt, läßt sich die Kenntnis jener Stelle bei Euseb nicht nachweisen. Anders verhält es sich mit der Passage ref. X 19, in welcher Hippolyt Marcion mit seinem Lehrer Kerdon zusammen darstellt und über ihre Grundannahme von drei Prinzipien berichtet. Da dieser Abschnitt nicht gerade vertrauenswürdig erscheint, weil er der frühen Tradition über Marcion widerspricht, könnte Euseb ihn auch aus inhaltlichen Gründen vernachlässigt haben. Die Nichterwähnung von Hippolyts Schrift muß nicht gegen deren Kenntnis sprechen; sie kann aber auch nicht positiv glaubhaft gemacht werden.

[458] Klemens Alexandrinus, strom. VII 106,4–107,1, vertritt insofern eine Gegenposition zu Irenäus und Hippolyt, als er davon berichtet, daß Basilides, welcher ein Schüler des Petrus, und Valentin, welcher ein Schüler des Paulus gewesen sein soll, Marcions Zeitgenossen waren, der noch in höheren Jahren mit ihnen als Jüngeren verkehrte. Anders Hilgenfeld, Ketzergeschichte, 326–327.

   Ob Euseb diese Gegenposition des Klemens bewußt war und er sich absichtlich gegen diese Konzeption entschied oder ob ihm diese knappe Formulierung entfallen war, kann nicht entschieden werden. Deutlich ist jedoch, daß durch die eusebianische Darstellung Basilides unter Hadrian, Valentin und Kerdon unter Antoninus Pius datiert werden. Marcion tritt später als Kerdon in Rom auf, kann also nur begrenzt als Zeitgenosse von Basilides und Valentin angesehen werden. Das Verhältnis zwischen Marcion und Basilides/Valentin wird von Euseb nicht näher bestimmt.

c) Die Darstellung des Häresie Kerdons bei Euseb

Mit dem Zitat aus *Adversus haereses* erfährt der Leser erstmals nach der Darstellung des Simon Magus wieder etwas über die Biographie eines Häretikers. Treten die Häretiker sonst nur für eine kurze Zeit mit ihrer Lehre auf, bis sie widerlegt aus dem Blickfeld der Leser verschwinden, so beschreibt der irenäisch-eusebianische Bericht den „Lebenslauf" Kerdons. Er trat unter Hyginus in die Kirche ein, bekannte seinen Irrtum, trug im geheimen Lehren vor und bekannte wiederum seinen Irrtum. Schließlich wurde er schlechter Lehren überführt und wandte sich von der Gemeinschaft der Brüder ab.[459]

Euseb nimmt am Irenäus-Zitat keine Veränderungen vor, jedoch zeigt sich, daß der Text problemlos in die eusebianische Häresiekonzeption eingepasst ist. Euseb konnte und mußte nicht deutlicher werden und an die Aussagen zu Simon Magus erinnern, wonach sich die Häretiker von außen in die Kirche einschleichen und den Glauben heuchelnd das Bekenntnis ablegen. Da der Glaube nicht echt war, ist es nach eusebianischer Lesart auch nur konsequent, daß Kerdon, nachdem er schlechter Lehren überführt wurde, seinen Glauben wieder ablegt und sich von der Gemeinschaft abwendet. Obwohl dem Irenäus-Zitat der Gedanke des Glaubenheuchelns fremd ist und auch die Vorstellung vom Eindringen der Häresie von außen in die Kirche dort nicht vorkommt, wird der Leser das Irenäus-Zitat ganz im Sinne Eusebs verstanden und es als Bestätigung der eusebianischen Häresiekonzeption gewertet haben.

---

[459]   Euseb, h.e. IV 11,1 <GCS Euseb II/1, 320,19–20.20–24: Κέρδων δ' ὁ πρὸ Μαρκίωνος καὶ αὐτὸς ἐπὶ Ὑγίνου [...] εἰς τὴν ἐκκλησίαν ἐλθὼν καὶ ἐξομολογούμενος, οὕτως διετέλεσεν, ποτὲ μὲν λαθροδιδασκαλῶν, ποτὲ δὲ πάλιν ἐξομολογούμενος, ποτὲ δὲ ἐλεγχόμενος ἐφ' οἷς ἐδίδασκεν κακῶς, καὶ ἀφιστάμενος τῆς τῶν ἀδελφῶν συνοδίας>.
    Der Terminus ἐξομολογούμενος, der in h.e. IV 11,1 zweimal vorkommt <GCS Euseb II/1, 320,21.22> – bei Irenäus in adv. haer. III 4,3 zweimal *exhomologesim faciens* <FC 8/3, 42,9. 10–11> –, hat zu Verwirrung geführt. Rousseau/Doutreleau, SC 211, 51; Sagnard, Contre les héresies, 119.121, sowie Hilgenfeld, Ketzergeschichte, 323, beziehen das Partizip auf die Buße (Rousseau/Doutreleau; Sagnard: pénitence) bzw. Beichte (Hilgenfeld). Kerdon trat demnach in die Kirche ein und tat Buße, verbreitete dann Geheimlehren und tat dafür wiederum Buße, wurde schließlich schlechter Lehre überführt und fiel endgültig von der Gemeinschaft ab.
    Brox, FC 8/3, 43 Anm. 41, sieht das Problem dieser Übersetzung darin, daß sie beim Leser anachronistisch ein bestimmtes Bußinstitut aus späterer Epoche in die Zeit des Irenäus zurückprojiziere. Wenig hilfreich ist jedoch sein Vorschlag, das Partizip ἐξομολογούμενος zweimal mit „das Glaubensbekenntnis ablegen" zu übersetzen (so auch Haeuser, Eusebius, 203) und beim zweiten Mal erklärend hinzuzusetzen, daß Irenäus wohl damit meinte, daß Kerdon „aufdringlich als Bekenner auftrat".
    Im Sinne Hilgenfelds ist einzuwenden, daß bereits Tertullian, paen. IX 2, erklärt, „exomologesis est, qua delictum nostrum Domino confitemur" <SC 316, 180,5–6>, womit deutlich ist, daß *exomologesis facere* im Sinne von „Buße tun" bzw. „seine Schuld bekennen" zu verstehen ist. Um das Mißverständnis beim Leser, auf das Brox zu Recht hinwies, zu vermeiden, ist es vielleicht besser, neutraler von „seinen Irrtum bekennen" zu sprechen. Dieser Überlegung folgt auch die obige Übersetzung.

Im Irenäus-Zitat klingt noch ein weiteres Thema an, das Euseb in seiner h.e. zu einem Motiv ausgebaut hat. Das Geheimhaltungsmotiv durchzieht die gesamte Kirchengeschichte. Wie Valentin, der wie eine Schlange im Verborgenen lauert, so trägt auch Kerdon seine Lehre nur im geheimen vor. Dieses Motiv soll die Unaufrichtigkeit der Häretiker und ihre Angst vor einer öffentlichen Widerlegung ihrer Lehre herausstellen und es mit der öffentlichen Predigt des Evangeliums kontrastieren.[460]

Betrachtet man den zweiten Teil der Kerdon-Darstellung, so fällt auf, daß Euseb neben der Lebensgeschichte auch auf die Lehre eingeht. Vermied es Euseb zuvor, auf Lehrinhalte detaillierter einzugehen und war dies gerade der Grund, Irenäus zumeist nur referierend einzufügen, so ändert sich die Stoffauswahl bei Kerdon grundlegend: Euseb stellt seinem Leser mit einem Zitat aus adv. haer. I 27,1–2 die Zwei-Götter-Lehre Kerdons dar, wonach der eine durch die Propheten verkündete Gott erkennbar und gerecht, der Vater Christi aber unerkennbar und gut wäre.

Der Schlüssel zum Verständnis dieser ungewöhnlichen Darstellung scheint die dritte Auffälligkeit des Kerdon-Abschnittes zu sein, welche singulär in der h.e. begegnet. Während alle Häretiker der h.e. als Gründer einer eigenen Häresie auftreten[461], führt Euseb die Person Kerdons als „Urheber des marcionitischen Irrtums" ein. Er erscheint nur als *Vorläufer* Marcions, der „später noch viel mehr Schule machen sollte".[462] Kerdon erfüllt somit innerhalb der eusebianischen Konzeption eine wichtige Funktion für die Sukzession und kann daher von Euseb nicht ausgelassen werden: Er ist – nach Iren., adv. haer. I 27,1 – das Bindeglied zwischen den Simonianern und Marcion und dient dazu, letzteren in die häretische Sukzession einzugliedern, was allein durch das Justin-Zitat zu Marcion nicht hätte geschehen können.[463] Obwohl Euseb mit dem Irenäuszitat einräumen muß, daß die Häresie des Simon Magus sich nicht gleich nach ihrer Widerlegung aufgelöst hat und daß die Abhängigkeit Kerdons von den Simonianern gegen die eusebianische Häresiekonzeption spricht, scheint ihm diese Einordnung so wichtig zu sein, daß er auch entgegen seiner sonstigen Gewohnheit die Wiedergabe der kerdonischen Lehre in Kauf nimmt.

Bei Valentin/Kerdon hatte Euseb Irenäus als Kämpfer gegen die Häresie stark hervorgehoben. Im folgenden Abschnitt h.e. IV 11,8–12,1 steht Justin als zentrale Figur der Häresiebekämpfung im Mittelpunkt des Interesses. Da Euseb Justin nur

---

460 Vgl. Teil I 3.2.1 Eusebs bevorzugt aufgenommene Inhalte und Motive.

461 Eine Ausnahme stellen die Häretikerschüler wie Severus oder Apelles dar, die den Auflösungsprozeß der Häresie veranschaulichen sollen. Auch diese werden von Euseb nicht als eigene Häresiegründer einführt.

462 Die gleiche Funktion erfüllt Kerdon auch in der *Chronik* Eusebs. Zum Jahr 140 notiert er: Sub Hygino Romanae urbis episcopo Ualentinus haeresiarches et Cerdo magister Marcionis Romam uenerunt <GCS Euseb VII/1, 202,7–9>.

463 Da Euseb die Häresie-Darstellung aus apol. I 26 in drei Abschnitte aufgeteilt und den jeweiligen Häretikern zugeordnet hat, geht der Bezug zwischen Marcion, Menander und Simon Magus verloren.

zu Marcion zitieren konnte[464], stilisiert er ihn zum großen Marcion-Bekämpfer, wie er zuvor Irenäus zum Bekämpfer der Doppelhäresie Valentin/Kerdon gemacht hatte. Euseb konnte innerhalb des Justin-Abschnittes keine zusätzlichen Informationen aus Irenäus zu Marcion anführen. Dies hätte den Aufbau gesprengt und die Stilisierung Justins zum Marcion-Bekämpfer zunichte gemacht. So mußte er entscheidende Lehrinhalte Marcions in die Darstellung Kerdons vorziehen und gleichzeitig den inneren Zusammenhang zwischen kerdonischer und marcionitischer Häresie betonen.

Euseb gibt auf diese Weise das entscheidende Charakteristikum der marcionitischen Lehre bereits bei Kerdon wieder, wobei er sowohl die Abhängigkeit Marcions als auch das Vorläufertum Kerdons hervorheben muß. An dieser Stelle der h.e. wird deutlich, wie die starke Bezogenheit aufeinander einerseits die Häresie Kerdons als kraftlose Vorläuferhäresie entwertet und andererseits die häretische Lehre Marcions ihrer Eigenständigkeit beraubt.

2.11 Markus Magus (h.e. IV 11,4–5)

h.e. IV 11,4–5[465]

11,4 πρὸς τούτοις καὶ ἄλλον τινά, Μάρκος αὐτῷ ὄνομα, κατ' αὐτοὺς γενέσθαι λέγει, μαγικῆς κυβείας ἐμπειρότατον, γράφει δὲ καὶ τὰς ἀτελέστους αὐτῶν τελετὰς μυσεράς τε μυσταγωγίας ἐκφαίνων αὐτοῖς δὴ τούτοις τοῖς γράμμασιν
11,5 „οἳ μὲν γὰρ αὐτῶν νυμφῶνα κατασκευάζουσιν καὶ μυσταγωγίαν ἐπιτελοῦσιν μετ' ἐπιρρήσεών τινων τοῖς τελουμένοις καὶ πνευματικὸν γάμον φάσκουσιν εἶναι τὸ ὑπ' αὐτῶν γινόμενον κατὰ τὴν ὁμοιότητα τῶν ἄνω συζυγιῶν, οἳ δὲ ἄγουσιν ἐφ' ὕδωρ καὶ βαπτίζοντες οὕτως ἐπιλέγουσιν „εἰς ὄνομα ἀγνώστου πατρὸς τῶν ὅλων, εἰς ἀλήθειαν μητέρα τῶν πάντων, εἰς τὸν κατελθόντα εἰς τὸν Ἰησοῦν'· ἄλλοι δὲ Ἑβραϊκὰ ὀνόματα ἐπιλέγουσιν πρὸς τὸ μᾶλλον καταπλήξασθαι τοὺς τελουμένους.“

Er [sc. Irenäus] erzählt auch, daß zu gleicher Zeit noch ein anderer Irrlehrer, namens Markus, ein in den magischen Taschenspielereien sehr erfahrener Mann, lebte. Über die unheiligen Heiligungen und die schmutzigen Einweihungen äußert er sich wörtlich also: *„Die einen bereiten ein Brautgemach und vollziehen die Weihe unter gewissen Worten an die Weihekandidaten. Sie nennen diese Zeremonie geistige Vermählung und spielen auf die himmlischen Vermählungen an. Andere führen die Kandidaten an das Wasser und taufen sie mit den Worten: ,Im Namen des unerkennbaren Vaters von allem, in der Wahrheit, der Mutter von allem, und in dem, der auf Jesus herabgekommen ist.' Andere sprechen hierbei hebräische Worte, um auf die Weihezöglinge um so tieferen Eindruck zu machen."*

Euseb fügt im Anschluß an die Doppelhäresie Valentin/Kerdon die Häresie des Markus Magus an, da sie, wie er in h.e. IV 11,4 ausführt, zeitgleich mit den beiden

---

[464]   Euseb besaß nur die apol. I, nicht das Syntagma, so daß die Häretikerauswahl daher eingeschränkt war.

[465]   Euseb, h.e. IV 11,4–5 <GCS Euseb II/1, 322,13–25>.

anderen Häresien aufkam. Euseb datiert das Entstehen der Häresie des Markus Magus demnach in die Zeit des Antoninus Pius (138–161) und des römischen Bischofs Hyginus (ca. 136–142).[466] Jedoch scheint Euseb keine genaueren Angaben über die Stätte seiner Wirksamkeit machen zu können.

a) Die Rezeption der irenäischen Informationen

Die kurze Darstellung des Markus Magus bei Euseb bringt einige Schwierigkeiten hinsichtlich der Quellenauswahl und Präsentation der irenäischen Informationen mit sich.

Die Angabe, daß Markus Magus ein in magischen Taschenspielereien erfahrener Mann war, ist zunächst problemlos, da Euseb mit ihr auf die irenäische Formulierung in adv. haer. I 13,1 anspielt, wo es heißt, daß Markus große Erfahrung in Betrug und Zauberei hatte.[467] Auch die eusebianische Einleitung in das Irenäus-Zitat stellt noch kein Problem dar, referiert Euseb doch nur Informationen, die er aus dem folgenden Text selbst extrapoliert hat.

Die Schwierigkeit liegt im Irenäus-Zitat selbst. Euseb führt es als ein wörtliches Zitat zur Häresie des Markus Magus ein, jedoch zitiert er eine Textpassage aus Irenäus, die Markus Magus nicht direkt nennt und deren Verbindung mit den Markosiern zunächst einmal zu hinterfragen ist.

Das Irenäus-Zitat (adv. haer. I 21,3) stammt aus einem Abschnitt von *Adversus haereses*, der geprägt ist durch einen wechselnden Kreis an dargestellten Personen. In adv. haer. I 13,1 nimmt Irenäus eindeutig auf Markus Magus Bezug, wenn er ihn als Mann mit Erfahrung in Betrug und magischen Taschenspielereien darstellt, der viele Männer und Frauen verführte, weil er ihnen tiefste Erkenntnis und höchste Vollkommenheit versprach. Unklarheit besteht jedoch in der Frage, wo das Referat über Markus bzw. die Markosier endet. In adv. haer. I 13,6 werden die umherziehenden Schüler des Markus in den Blick genommen, in adv. haer. I 14,1 kehrt Irenäus jedoch zu Markus und seiner Behauptung, allein Schoß und Gefäß der Sige zu sein, zurück, um im Anschluß dessen Buchstaben- und Zahlenspiel zu referieren. Eine deutliche Zäsur begegnet in adv. haer. I 15,5–16,3 mit der Kritik des Irenäus

---

466   Da Euseb in h.e. IV 11,1 berichtet, daß Valentin unter Antoninus Pius auftrat und bis Anicet blieb, könnte man vermuten, daß er auch für Markus Magus eine längere Wirkungsdauer annahm. Die zeitliche Parallelisierung des Markus Magus bezieht sich direkt auf Valentin und nur vermittelt auf Kerdon, der anscheinend nach eusebianischer Vorstellung nur unter Hyginus wirkte.

467   Irenäus, adv. haer. I 13,1 <FC 8/1, 216,20: [...] μαγικῆς ὑπάρχων κυβείας ἐμπειρότατος [...]>.
      Der Grund dafür, daß Euseb zunächst nur den Hinweis auf die Zauberei, nicht aber den Betrug von Irenäus übernimmt, wird darin liegen, daß Euseb die folgende Passage mit dem Irenäuszitat als Indiz für den Betrug des Markus Magus bzw. der Markosier wertete. Näheres dazu siehe unten Teil I 3.2.1 Von Euseb bevorzugt aufgenommene Inhalte und Motive und Teil I 2.7 Basilides, in dessen Darstellung die Erfindung von Propheten mit barbarischen Namen von Euseb als „Betrug" gewertet wird.

an derartigen Lehren. In adv. haer. 17,1 geht Irenäus dazu über, *valentinianische* Theorien über die Schöpfung und das Pleroma sowie ihre Schriftbeweise darzustellen. Dieser Kontext, in dem auch das von Euseb übernommene Irenäus-Zitat aus adv. haer. I 21,3 begegnet, ist derart allgemein gehalten, daß Irenäus auf die namentliche Nennung einzelner Vertreter der jeweiligen Lehre verzichtet. Er redet allgemein über die, „welche die vollkommene Gnosis erhalten haben" (adv. haer. I 21,2; FC 8/1, 276,12–13: τοῖς τὴν τελείαν γνῶσιν εἰληφόσιν), was sich zunächst auf alle Nachfolger Valentins wie Valentinianer, Ptolemäer und auch die Markosier beziehen kann.

Wenn Euseb das Irenäus-Zitat aus adv. haer. I 21,3 auf die Markusschüler bezieht, kann dies zwei Gründe haben. Es wäre zum einen denkbar, daß Euseb schlichtweg übersehen hat, daß die irenäischen Ausführungen über Markus Magus in adv. haer. I 16,2 enden. Bei flüchtiger Lektüre ist das Übersehen des Wechsels im dargestellten Personenkreis denkbar. Da Irenäus im Anschluß die dargestellten häretischen Lehren nicht mehr namentlich auf ihre Vertreter zurückführt, reicht ein kurzer Moment der Unaufmerksamkeit aus, um davon auszugehen, daß Irenäus in adv. haer. I 21,3 weiterhin die Markosier behandelt.

Eine andere Erklärungsmöglichkeit erscheint jedoch plausibler. Euseb kennt den eigentlichen, mit adv. haer. I 13,1 einsetzenden (und mit adv. haer. I 16,2 endenden) Abschnitt über Markus Magus, was dessen Einführung als μαγικῆς κυβείας ἐμπειρότατον (adv. haer. I 13,1 = h.e. IV 11,4) beweist. Im folgenden Abschnitt adv. haer. I 13,3 beschreibt Irenäus auch die Vereinigung des Markus mit einigen Frauen, die er als Verbindung zwischen Braut und Bräutigam beschreibt: „Halte dich bereit wie eine Braut, die auf ihren Bräutigam wartet, damit du wirst, was ich bin, und ich, was du bist. Laß den Samen des Lichtes sich in dein Brautgemach niederlassen. Empfange von mir den Bräutigam. Nimm ihn auf und laß dich in ihn aufnehmen."[468] Diese ausschließlich bei der Darstellung des Markus Magus vorkommende Terminologie (νύμφη bzw. νυμφίος) läßt Euseb erkennen, daß die zwar allgemein gehaltenen Aussagen in adv. haer. I 21,3 doch auf die Markosier zu beziehen sind.[469]

Ausgehend vom irenäischen Sprachgebrauch in adv. haer. I 13,1 bezieht Euseb die irenäische Aussage in adv. haer. I 21,3 auf die Markosier, wobei unter diesen Voraussetzungen zumindest der erste Satz, in dem von der πνευματικὸς γάμος die Rede ist, folgerichtig auf die Markosier bezogen ist.[470]

---

[468]   Iren., adv. haer. I 13,3 <FC 8/1, 220,5–9: Εὐτρέπισον σεαυτὴν, ὡς νύμφη ἐκδεχομένη τὸν νυμφίον ἑαυτῆς, ἵνα ἔσῃ ὃ ἐγώ, καὶ ἐγὼ ὃ σύ. Καθίδρυσον ἐν τῷ νυμφῶνί σου τὸ σπέρμα τοῦ φωτός. Λάβε παρ' ἐμοῦ τὸν νυμφίον, καὶ χώρησον αὐτόν, καὶ χωρήθητι ἐν αὐτῷ.>.

[469]   Der Wortstamm νύμφη, νυμφίος κτλ. findet sich außerhalb der Darstellung des Markus Magus nur noch in adv. haer. I 7,1, wo vom eschatologischen Schicksal der Achamot berichtet wird (5x), in adv. haer. I 7,5, der Beschreibung, wie die pneumatischen Elemente als Bräute den Engeln des Soter zugeführt werden, und in adv. haer. I 9,4, einem Homerzitat aus der Odyssee (11,38).

[470]   Berner, Initiationsriten, 145; Pagels, Valentinian Interpretation, 153–169. Dagegen Förster, Marcus Magus, 12 Anm. 27.

Ob jedoch die im folgenden bei Irenäus dargestellten Taufhandlungen wie bei Euseb auf die Markosier bezogen werden können, ist zumindest fraglich, da Irenäus im Anschluß in adv. haer. I 21,4 noch weitere Formeln und Handlungen darstellt. Zusätzlich zu der bei Euseb thematisierten markosischen Wassertaufe (adv. haer. I 21,3) nennt Irenäus noch zwei unterschiedliche Salbungsriten und ein bloßes Wortsakrament ohne begleitende Handlung (adv. haer. I 21,4).[471]

Zwei Interpretationsmöglichkeiten bieten sich an: Einerseits könnte es sich – wie Euseb es verstanden hat – um weitere Initiationsrituale der Markosier handeln. Jedoch bringt diese Interpretation die Schwierigkeit mit sich, daß Irenäus im Markus Magus-Referat (adv. haer. I 13,1–16,2) keine Taufhandlungen der Markosier kennt. Sodann müßte man entweder verschiedene Untergruppen der Markosier mit verschiedenen Kultformeln annehmen oder diese sehr unterschiedlichen Praktiken sinnvoll zueinander in Beziehung setzen können, um weiterhin von *einer* Gruppierung um Markus ausgehen zu können, denn von einer Aufspaltung berichtet Irenäus nichts. Die sich anschließende Frage wäre dann, warum Euseb die Wassertaufe als markosisch, die Salbungsriten und das Wortsakrament als nicht-markosisch einstuft.

Andererseits birgt auch die Annahme, Irenäus behandele bei seinem Referat nicht nur den Initiationsritus der Markosier, sondern auch andere Initiationsriten der Valentinianer, einige Schwierigkeiten.[472] In diesem Fall würde Euseb, geblendet von der Erkenntnis, daß Irenäus in adv. haer. I 21,3 auf die Markosier anspielt, die gesamten Initiationsrituale in adv. haer. I 21,3–4 (fälschlicherweise) auf die Markosier beziehen.[473]

An dieser Stelle braucht nicht entschieden zu werden, welche Möglichkeit historisch wahrscheinlicher ist. Beide Standpunkte sind in der jüngeren Forschung vertreten worden. Insbesondere der Ansatz von Rousseau/Doutreleau zeigt, daß das eusebianische Verständnis der dargestellten Handlungen als markosische Initiationsriten nicht ganz abwegig ist.[474]

Ein weiteres Problem der eusebianischen Darstellung des Markus Magus besteht im Zitat selbst, das einen wortgetreu wiedergegebenen, aber verkürzten Irenäustext bietet. Ließe sich Euseb als Urheber der Kürzungen ausmachen, so wäre diese Vorgehensweise im Umgang mit ihm vorliegenden Quellen hier erstmals zu beobachten und verdiente daher besondere Aufmerksamkeit.[475]

---

[471] Vgl. dazu Berner, Initiationsriten, 147–148.

[472] Vgl. dazu Rousseau/Doutreleau, SC 263, 137.

[473] Vgl. Förster, Markus Magus, 12–13.

[474] Rousseau/Doutreleau, SC 263, 137, gehen davon aus, daß die eusebianische Identifikation historisch wahrscheinlich ist und Irenäus in dem Abschnitt adv. haer. I 21,3–4 unterschiedliche Rituale von verschiedenen Gruppen der Markosier auflistet. Dagegen Förster, Marcus Magus, 12–13.

[475] Es ist häufiger beobachtet worden, daß Euseb sehr genau auswählt, was er als Zitat in seine Darstellung aufnimmt. Auch eine Umdeutung der eingefügten Quelle ist bei Euseb bereits beobachtet worden. Einen bewußten Eingriff in die Quelle ohne Kenntlichmachung von Kürzungen wäre neu. Vgl. dazu auch Teil I 3.3 Eusebs Umgang mit seinen Quellen.

Die erste Kürzung findet sich in der Beschreibung der ersten Taufhandlung. Dort gibt Euseb zwar den ersten Teil der Taufformel wieder („Im Namen des unerkennbaren Vaters von allem, in der Wahrheit, der Mutter von allem, und in dem, der auf Jesus herabgekommen ist"), kürzt sie jedoch um ihren Abschluß, der bei Irenäus mit „zur Vereinigung und Erlösung und Gemeinschaft der Kräfte"[476] angegeben wird.

Die zweite „Kürzung" besteht in der Auslassung der hebräischen Worte an die zu Weihenden, die Irenäus in adv. haer. I 21,3 überliefert: Basema chamosse baaianoora mistadia rhouada kousta babophor kalachthei.[477] Da diese angeblich hebräische Taufformel bereits zur Zeit des Irenäus nicht mehr verständlich war, fügt er eine griechische Übersetzung hinzu. „Die Übersetzung lautet: ‚Was über alle Kraft des Vaters geht, das rufe ich an, Licht wird es genannt und gutes Pneuma und Zoe, weil du im Leib geherrscht hast'." Euseb wird erkannt haben, daß die hebräische Weiheformel „total fehlerhaft und darum sinn- und zusammenhanglos"[478] war und daß die von Irenäus gebotene Übersetzung mit dem angeblich hebräischen Text nicht in Einklang gebracht werden konnte.[479] Es ist daher denkbar, daß Euseb diese zweite „Kürzung" vorgenommen hat, indem er das Zitat geschickt mitten im Satz vor der eigentlichen Weiheformel abbrach.

So offensichtlich der Grund für die zweite Kürzung der irenäischen Vorlage ist, so undeutlich bleibt er für die erste Auslassung. Über die Gründe, warum Euseb die Worte „zur Vereinigung und Erlösung und Gemeinschaft der Kräfte" nicht überliefert, kann nur spekuliert werden. Zunächst muß mit der Möglichkeit gerechnet werden, daß die Worte εἰς ἕνωσιν καὶ ἀπολύτρωσιν καὶ κοινωνίαν τῶν δυνάμεων in Eusebs Exemplar gefehlt haben. Da Euseb mit ihm vorliegenden Quellen sehr genau umgeht und Kürzungen in der Regel auch kenntlich macht[480],

---

[476] Iren., adv. haer. I 21,3 <FC 8/1, 278,10–13: Εἰς ὄνομα ἀγνώστου πατρὸς τῶν ὅλων, εἰς Ἀλήθειαν μητέρα τῶν πάντων, εἰς τὸν κατελθόντα εἰς τὸν Ἰησοῦν, εἰς ἕνωσιν καὶ ἀπολύτρωσιν καὶ κοινωνίαν τῶν δυνάμεων.>. <SC 264, 298, 40–41: ad unitionem et redemtionem et communionem Virtutum.> Der Text von adv. haer. I 21,3 ist auf Griechisch außer in Eusebs h.e. nur in Epiphanius' *Panarion* 34 überliefert, der Irenäus' Informationen zu den Markosiern bis auf wenige Abschnitte (adv. haer. I 13,1; adv. haer. I 21,5) wörtlich übernimmt. Der Text von adv. haer. I 21,3 läßt keinen Zweifel darüber aufkommen, daß die Wendung „zur Vereinigung und Erlösung und Gemeinschaft der Kräfte" zum Irenäustext gehört; vgl. dazu Rousseau/Doutreleau, SC 263, 270, Anmerkung zu SC 264, 299. Die Kürzung des Irenäustextes ist eusebianisch.

[477] Iren., adv. haer. I 21,3 <FC 8/1, 278,13–19: [Ἄλλοι δὲ Ἑβραϊκὰ ὀνόματα ἐπιλέγουσι πρὸς τὸ μᾶλλον καταπλήξασθαι τοὺς τελουμένους,] οὕτως· *Βασεμὰ χαμοσσὴ βααιανοορὰ μισταδία ρουαδὰ κουστὰ βαβοφὸρ καλαχθεῖ.* Τούτων δ' ἡ ἑρμηνεία ἐστι τοιαύτη· „Ὑπὲρ πᾶσαν δύναμιν τοῦ πατρὸς ἐπικαλοῦμαι Φῶς ὀνομαζόμενον καὶ Πνεῦμα ἀγαθὸν καὶ Ζωή, ὅτι ἐν σώματι ἐβασίλευσας."> . Kursivierung in der Vorlage.

[478] Brox, FC 8/1, 278 Anm. 88.

[479] Irenäus scheint keine hebräische, sondern eine aramäische oder syrische Formel vorzuliegen. Zu den möglichen Textrekonstruktionen vgl. Rousseau/Doutreleau, SC 263, 270–271 und Brox, FC 8/1, 278–279 Anm. 88 mit einer möglichen Übersetzung von F. Graffin.

[480] Die eusebianische Art, Kürzungen seiner Vorlage kenntlich zu machen, zeigt sich sehr deutlich in seinen Brief-Referaten. Vgl. beispielsweise Melito von Sardes' *Apologie* an den Kaiser Mark

scheint diese Annahme nicht gänzlich von der Hand zu weisen zu sein. Es wäre aber auch denkbar, daß Euseb an dieser Stelle eine Unachtsamkeit unterlaufen ist. Als dritte Erklärung kämen inhaltliche Gründe in Betracht. Es könnte sein, daß Euseb die genannten Begriffe nicht mit einer häretischen Lehre in Verbindung gebracht haben wollte. Da sich die Beweggründe, die Euseb zur Auslassung geführt haben, nicht am Text der h.e. festmachen lassen, sei noch einmal auf den spekulativen Charakter der Überlegungen verwiesen. Gewißheit wird sich in dieser Frage nicht mehr gewinnen lassen.

b) Ausgelassene Informationen aus Irenäus

Betrachtet man die Euseb zur Häresie des Markus Magus und seiner Anhänger vorliegenden Informationen, so ist seine Text-Auswahl bemerkenswert. Daher soll zunächst auf die nicht aufgenommenen Passagen eingegangen werden, bevor die Frage erörtert wird, warum Euseb gerade das Zitat aus adv. haer. I 21,3 auswählt.

Irenäus charakterisiert Markus Magus in adv. haer. I 13,1 als einen in Betrug und Zauberei erfahrenen Mann, der durch die schlechten Späße des Anaxilaos, gepaart mit der Verschlagenheit der sogenannten Magier, viele Männer und Frauen für seine Lehre gewinnen konnte.[481] Den anschließenden Bericht über das Weinwunder des Markus Magus, bei dem sich der Wein rot färbt (adv. haer. I 13,2) und beim Umfüllen von einem kleineren in einen größeren Kelch über-fließt, läßt Euseb ebenso aus wie die irenäische Vermutung, Markus habe auf-grund der Mithilfe eines Dämons großen Einfluß auf reiche Frauen (adv. haer. I 13,3). Die Kenntnis des irenäischen Textes über die im Kontext der geistigen Vermählung weissagenden Frauen (adv. haer. I 13,2) befähigt Euseb zur Identi-fikation des Textabschnittes in adv. haer. I 21,3, wird aber von ihm mit keiner Silbe genannt. Die Berichte über die von der Häresie des Markus Magus zurück-kehrenden Frauen in adv. haer. I 13,4–5, welche die Kultversammlungen thema-tisieren, insbesondere mit den Weissagungen und den geistigen Vermählungen, bilden den Übergang zu den weiteren Ausführungen, die sich mit den Schülern des Markus Magus beschäftigen. Der Grundtenor der irenäischen Ausführungen ist die Schändlichkeit der im Kontext dieser geistigen Vermählungen vollzogenen sexuellen Praktiken, die Irenäus sowohl durch ehemalige Anhängerinnen des Mar-kus Magus (adv. haer. I 13,5) als auch seine Schüler berichtet sein läßt (adv. haer. I 13,6; adv. haer. I 13,7 im Rhônegebiet). Euseb übergeht – wie bei Simon Magus

---

Aurel, aus der Euseb in h.e. IV 26,5.6.7–11 drei Zitat anbringt. Diese sind eingeleitet mit typisch eusebianischen Eingangsformulierungen wie καὶ μεθ' ἑτέρα φησιν (h.e. IV 26,6, GCS Euseb II/1, 384,8) oder τούτοις αὖθις ἐπιφέρει λέγων (h.e. IV 26,7, GCS Euseb II/1, 384,18), welche die Aus-lassung von Text kennzeichnen.

481 Die Kenntnis dieser Stelle aus adv. haer. zeigt sich in der eusebianischen Wendung μαγικῆς κυβείας ἐμπειρότατον (h.e. IV 11,4, GCS Euseb II/1, 322,15). Vgl. Anm. I 467 mit Zitatnachweis.

und Karpokrates – die Details.[482] Ihm reichen die Hinweise auf die „schmutzigen Einweihungen", das bereitete „Brautgemach" und die „geistige Vermählung", um beim Leser eine Ahnung dessen, was dort geschieht, aufkommen zu lassen. Als letzten Abschnitt fügt Irenäus seiner Darstellung das Buchstaben- und Zahlenspiel der Markosier an (adv. haer. I 14,1–16,2), das Irenäus in adv. haer. I 16,3 der Lächerlichkeit preisgab.

Nachdem alle Textpassagen zu Markus Magus bei Irenäus betrachtet sind, stellt sich noch einmal die Frage, warum Euseb gerade das Zitat aus adv. haer. I 21,3 für seine Darstellung auswählt.

Gegen die Auswahl spricht doch zunächst, daß (1.) Markus gar nicht namentlich erwähnt wird, daß (2.) wieder einmal – entgegen der eusebianischen Tendenz – explizit von Schülern eines Häretikers die Rede ist[483], daß (3.) die Markosier einen kirchlichen Brauch wie die Taufe praktizieren[484] und daß (4.) schließlich die Aussage Eusebs über die Magie des Markus Magus gerade nicht durch das Zitat belegt wird.

Euseb wollte, wie gesehen, nicht von der Verführung der Frauen durch Markus Magus berichten; die Anstößigkeit der geistigen Vermählung findet sich auch in dem Zitat aus adv. haer. I 21,3. Die Zauberstücke des Markus Magus (Rötung des Weines und Überlaufen des Kelches beim Umfüllen) in adv. haer. I 13,2 waren für die eusebianische Darstellung einerseits zu lang, andererseits hätte der Bericht eine gewisse Faszination beim Leser auslösen können, die Euseb anscheinend vermeiden wollte. Der Abschnitt über die Weissagungen ist bei Irenäus als Dialog zwischen Markus Magus und den Frauen gestaltet, was zur eusebianischen Darstellungsweise der Häresie, insbesondere zu der gebräuchlichen Form des zitierten Zeugenberichts, nicht passen will.[485] Zudem ist der irenäische Bericht über die weissagenden Frauen zu lang, um in die eusebianische Darstellung aufgenommen werden zu können. Die irenäische Aussage, Markus halte sich einen Dämonen (adv. haer. I 13,3), widerspricht der eusebianischen Häresiekonzeption und ist aus diesem Grund für

---

[482]   Dieses Phänomen, daß Euseb Einzelheiten der sexuellen Verfehlungen, die ihm durchaus bekannt waren, in seine h.e. nicht aufnimmt, obwohl sie in sehr viel stärkerem Maße die Häretiker verunglimpfen könnten, findet sich auch bei der Darstellung des Simon Magus (h.e. II 13,7), wo Euseb mit dem Hinweis, daß „ehrenwerte Männer dieselben nur nicht niederschreiben, sondern wegen des Übermaßes von unaussprechlicher Schändlichkeit nicht einmal über die Lippen kommen lassen können", auf Einzelheiten verzichtet, und bei der Darstellung des Karpokrates (h.e. IV 7,9), wo Euseb auf die Heranziehung der Informationen des Klemens verzichtet. Euseb scheint sich auf dieses Niveau der Häreseologen nicht begeben zu wollen.

[483]   Vgl. dazu unten die Analyse in Teil I 2.11 d) Die Darstellung der Häresie des Markus Magus bei Euseb.

[484]   Vgl. die Tendenz in der Darstellung des Menander (Teil I 2.2 Menander), wo Euseb die Taufpraxis als teuflische Imitation der kirchlichen Taufe wertet.

[485]   Euseb zitiert in seiner h.e. keinen Dialog, der in 3. Person zwischen zwei Gegenübern geführt wird. Er fügt eher eine Quelle ein, in der der Verfasser über ein Streitgespräch mit einem Häretiker berichtet.

Euseb nicht rezipierbar.[486] Die Tatsache, daß Euseb die markosische Lehre von der Apolytrosis nicht wiedergibt (adv. haer. I 13,6) und auch das Buchstaben- und Zahlenspiel des Markus übergeht, verwundert nicht, vermeidet es Euseb doch fast konsequent, häretische Lehrmeinungen wiederzugeben.

Das bloße Ausschlußverfahren zeigt, daß der irenäische Abschnitt über Markus Magus (adv. haer. 13,1–16,2) kaum eine für Eusebs Verwendungszweck als Zitat annehmbare Textpassage enthält. Mit dem zitierten Textabschnitt, der von unterschiedlichen Traditionen bei den Markosiern berichtet, verfolgt Euseb ganz andere Zwecke, nämlich die Unbeständigkeit und Uneinheitlichkeit der Häresie darzustellen. Für diese Zielsetzung eignete sich das Zitat aus adv. haer. I 21,3 besonders gut.

c) Ausgelassene Quellen zur Häresie des Markus Magus

Über die Irenäus-Vorlage hinausgehende Quellen sind bei Euseb nicht mit Sicherheit anzunehmen: Ob er Hippolyts Ausführungen in *Refutatio* VI 39,1–54,2 über Markus Magus gekannt hat, wird sich anhand der sehr begrenzten Textbasis eusebianischen Ursprungs nicht mehr klären lassen. Tertullians *Adversus Valentinianos* (32,4) wird Euseb mit einiger Sicherheit nicht gekannt haben. Weitere Quellen, welche die Häresie des Markus Magus thematisieren, lassen sich für Euseb nicht namhaft machen. Wie Euseb zur zeitlichen Einordnung des Markus Magus unter Antoninus Pius parallel zu Valentin und Kerdon gelangt ist, wird nicht deutlich, ließe sich aber auch durch die Hinzuziehung der genannten Quellen nicht zufriedenstellend erklären.

d) Die Darstellung der Häresie des Markus Magus bei Euseb

Im Gegensatz zur irenäischen Darstellung, in der Markus Magus als Schüler Valentins geführt wird, erscheint er in der h.e. als eigenständiger Häretiker.[487] Damit fällt bei Euseb die sukzessive Einordnung weg, die er jedoch durch die gewählte Topik kompensiert.

---

486 Nach Eusebs Ansicht hält sich nicht der Häretiker seinen Dämon, sondern der Teufel stellt seine Häretiker auf. Auch die irenäische Aussage in adv. haer. I 13,4, wonach der Teufel seine dienstbaren Dämonen zum Verderben der Christen schickt, scheint nicht ganz die Vorstellung Eusebs zu treffen. Nach seinem Verständnis agiert der Teufel selbst, indem er Menschen für seine Zwecke in seinen Dienst nimmt. Vgl. dazu auch Teil II 2.1.3 Die Singularität des Teufels als denknotwendige Voraussetzung der eusebianischen Häreseographie.

487 Markus Magus wird aus chronologischen Gründen den beiden zuvor genannten Häretikern beigeordnet. Eine Abhängigkeit des Markus Magus – beispielsweise von Valentin – läßt Eusebs Darstellung nicht erkennen, obwohl er von ihr gewußt hat.

Obwohl Markus Magus nicht explizit auf Simon Magus oder Menander zurückgeführt wird, ist er bereits inhaltlich – durch die Benennung seiner magischen Kunstfertigkeiten – als „Simonianer" offenbart. Auch an seine Aussagen über Basilides scheint Euseb anknüpfen zu wollen, wenn er Markus Magus vollkommen unverständliche Worte an die Einzuweihenden unterstellt. [488] Mit der Betonung der sexuellen Vergehen des Markus Magus stellt Euseb ihn in eine Reihe mit Simon Magus, den Nikolaïten und anderen libertinistischen Häretikern.

Eine weitere Besonderheit der eusebianischen Darstellung ist die Nennung von „Schülern" des Markus Magus – obwohl dieser Terminus bei Euseb nicht explizit fällt. [489] Bei diesem Häretiker werden nun erstmals „Nachfolger" genannt, welche unterschiedlichen Traditionen folgen und die damit offensichtlich die Lehre ihres Lehrers weiterentwickelt haben. Sie sind den Aussagen des Irenäus zufolge mehr als bloße Anhänger und Tradenten der vorgegebenen Lehre, kommen aber andererseits in der eusebianischen Darstellung nicht als Gründer einer eigenen Häresie in den Blick. In dieser Spannung von Eigenständigkeit und Abhängigkeit sind die Schüler anzusiedeln.

Von derart charakterisierten Schülern hatte Euseb zuvor noch nicht berichtet[490]. Es scheint, daß Euseb mit der Darstellung der Häresie des Markus Magus das innerhalb der Häreseologie häufig zu findende Postulat von der Uneinheitlichkeit der häretischen Lehre erzählerisch umsetzen möchte. Euseb *erzählt* von der Uneinheitlichkeit und Unbeständigkeit der markosischen Lehre, womit ihm – sehr passend in der h.e. plaziert – der Auftakt zur Darstellung der Marcionschule gelingt. [491] Hier wie später bei Marcion beschreibt er die Uneinheitlichkeit der häretischen Lehre anhand der Aufgliederung in unterschiedliche Lehrmeinungen. Mit der Uneinheitlichkeit ist aber für Euseb immer auch die Unbeständigkeit verbunden, wie seine Ausführung in h.e. IV 7,13 zeigt. [492]

---

[488]   Nach Agrippa Kastor (h.e. IV 7,7) gibt Basilides seinen (erfundenen) Propheten barbarische Namen. Das Motiv der Fremdartigkeit bzw. Unverständlichkeit hätte Euseb noch deutlicher ausführen können, wenn er die völlig sinnlosen Worte des Markus Magus aus Irenäus, adv. haer. I 21,3, überliefert hätte.

[489]   Bei Valentin geht Euseb nicht weiter auf dessen Schüler ein, so daß auch Markus Magus nicht als Schüler Valentins in den Blick kommt. Die Darstellung Kerdons, die Schüler des Simon Magus nennt, war insofern eine Ausnahme, als Euseb den Hinweis auf die Simonianer brauchte, um Kerdon als indirekt von Simon Magus beeinflußt zu kennzeichnen. Gleichfalls ist die Nennung der Schüler des Nikolaus eine Ausnahme, da es Euseb wie auch Klemens von Alexandrien darauf ankommt, Nikolaus vom Häresieverdacht zu befreien und dessen Schülern allein die Schuld für die Häresieentstehung zuzuweisen.

[490]   Auch die genannten Simonianer scheinen nach eusebianischer Vorstellung die Lehre ihres Stammvaters – anscheinend ohne Modifikationen – weiterzutradieren.

[491]   Vgl. Teil I 2.15 Die marcionitische Schule: Apelles.

[492]   Vgl. dazu auch den Abschnitt Teil II 2.6 Die Unbeständigkeit der Häresie, der sich eingehend mit Eusebs Aussagen in h.e. IV 7,13 beschäftigt.

Vergleich Häresieblock 2 und 3

Bereits zuvor ist die Beobachtung geäußert worden, daß sich die beiden Blöcke der Häresien unter Hadrian und unter Antoninus Pius hinsichtlich ihrer Darstellungsweise ähneln. Es werden von Euseb jeweils drei Häresien für jeden Zeitabschnitt angeführt:

Die Häresien z. Z. des Hadrian	Die Häresien z. Z. des Antoninus Pius
1) Satorninus (h. e. IV 7,3.4)	*1) Valentin (h. e. IV 10–11,1; 11,3)*
2) Basilides (h. e. IV 7,3–8)	*2) Kerdon (h. e. IV 10–11,2)*
3) Karpokrates (h. e. IV 7,9)	*3) Markus Magus (h. e. IV 11,4–5)*

Beide Häresieblöcke sind sehr ähnlich aufgebaut. Aufgrund der durch ein Irenäus-Zitat vorgegeben Verknüpfung von Häresie 1 und Häresie 2 eines jeden Blockes gelingt es Euseb, die erstgenannte Häresie zugunsten der Darstellung der zweiten Häresie zu übergehen. So überspringt Euseb im ersten Häresieblock die Häresie des Satorninus, im zweiten diejenige des Valentin mit wenigen Sätzen, und bietet dem Leser nur eine Minimalinformation über beide Häretiker.[493] Die zweite Häresie eines jeden Blockes, Basilides bzw. Kerdon, wird von Euseb in gewohnter Ausführlichkeit dargestellt.

Anders als bei der durch die Quelle vorgegebenen Verknüpfung der ersten beiden Häresien schafft Euseb den Anschluß der dritten Häresie selbst. Er reiht den dritten Häretiker, Karpokrates respektive Markus Magus, in beiden Fällen aus zeitlichen Gründen den anderen Häretikern nach. Auch inhaltlich fällt eine Parallele auf: Sowohl Karpokrates als auch Markus Magus, beide an dritter Stelle von Euseb innerhalb des Häresieblocks genannt, werden als Magier eingeführt.

Diese systematische Zusammenstellung von Häresien, wie sie sich für die Zeit Hadrians und Antoninus Pius festhalten läßt, kann Euseb in späteren Zeiten aufgrund einer veränderten Quellenlage nicht mehr konsequent fortführen. Der vierte und der fünfte Häresieblock (Tatian/Bardesanes; Apelles/Montanus) bestehen auch jeweils nur aus zwei Häresien. Eine ähnliche Strukturierung der Häresiezusammenstellung ist für die Folgezeit nicht mehr erkennbar. Alle weiteren Häresien begegnen als Einzelhäresie.

---

[493] Zwar kommt Euseb in h.e. IV 11,3 noch einmal auf Valentin zurück, jedoch dienen diese Informationen eher dazu, die Vorgehensweise des Irenäus gegen Valentin zu charakterisieren, als Informationen über diesen anzuführen. Die Aussage über den Ketzerbekämpfer Irenäus, der sich energisch einen Weg durch den Abgrund der Lehre Valentins bahnt, ist ganz parallel zur folgenden Präsentation Justins als Bekämpfer Marcions formuliert und soll den Kampf des Irenäus für die Orthodoxie betonen.

2.12 Marcion (h. e. IV 10; 11,1.2; 11,8–9)

h. e. IV 11,8–9[494]

11,8 μάλιστα δ' ἤκμαζεν ἐπὶ τῶνδε Ἰουστῖνος, ἐν φιλοσόφου σχήματι πρεσβεύων τὸν θεῖον λόγον καὶ τοῖς ὑπὲρ τῆς πίστεως ἐναγωνιζόμενος συγγράμμασιν· ὃς δὴ καὶ γράψας κατὰ Μαρκίωνος σύγγραμμα, μνημονεύει ὡς καθ' ὃν συνέταττε καιρὸν γνωριζομένου τῷ βίῳ τἀνδρός, φησὶν δὲ οὕτως

11,9 „Μαρκίωνα δέ τινα Ποντικόν, ὃς καὶ νῦν ἔτι ἐστὶν διδάσκων τοὺς πειθομένους ἄλλον τινὰ νομίζειν μείζονα τοῦ δημιουργοῦ θεόν· ὃς καὶ κατὰ πᾶν γένος ἀνθρώπων διὰ τῶν δαιμόνων συλλήψεως πολλοὺς πέπεικε βλάσφημα λέγειν καὶ ἀρνεῖσθαι τὸν ποιητὴν τοῦδε τοῦ παντὸς πατέρα εἶναι τοῦ Χριστοῦ, ἄλλον δέ τινα ὡς ὄντα μείζονα παρὰ τοῦτον ὁμολογεῖν πεποιηκέναι. καὶ πάντες οἱ ἀπὸ τούτων ὡρμημένοι, ὡς ἔφαμεν, Χριστιανοὶ καλοῦνται, ὃν τρόπον καὶ οὐ κοινῶν ὄντων δογμάτων τοῖς φιλοσόφοις τὸ ἐπικαλούμενον ὄνομα τῆς φιλοσοφίας κοινόν ἐστιν".

Zur Zeit dieser [sc. Bischöfe Pius und Anicet] trat vor allem Justin hervor, der im Gewand eines Philosophen das göttliche Wort verkündete und in seinen Schriften für den Glauben kämpfte. In einer Schrift, welche er gegen Marcion verfaßt hat, erwähnt er, daß zur Zeit, da er schrieb, Marcion noch am Leben war. Er sagt:

„Ein gewisser Marcion aus Pontus lehrt noch jetzt seine Anhänger, sie sollen glauben, daß es einen Gott gebe, der noch größer ist als der Weltschöpfer. Mit Hilfe der Dämonen hat er bei allen Volksstämmen die Massen dazu verführt, den Schöpfer dieses Alls zu schmähen und zu leugnen, daß er der Vater Christi ist, dagegen einen anderen, der größer wäre, als den Weltschöpfer zu bekennen. Alle, die sich von diesen Ideen beeinflussen lassen, werden, wie wir sagten, Christen genannt, wie ja auch den Philosophen, obgleich sie in ihren Lehren auseinandergehen, dennoch der Name Philosophie gemeinsam ist.“

Die Präsentation Marcions fällt ganz aus dem Rahmen dessen, was wir aus der eusebianischen Häretikerdarstellung in der h. e. kennen. Es war bisher üblich, daß Euseb an *einer* Stelle seiner kirchengeschichtlichen Darstellung auf den betreffenden Häretiker einging und sein Auftreten damit in die entsprechende kaiserliche Regierungszeit datierte. Einzige Ausnahme war die Präsentation des Simon Magus in zwei Abschnitten, wobei diese Aufgliederung aufgrund der unterschiedlichen Quellen und der damit gegebenen zeitlichen Umstände geschah.

Die Angaben über Marcion und seine Häresie finden sich hingegen über die Bücher IV und V der h. e. verteilt, ohne daß von einem zentralen Abschnitt der Darstellung Marcions geredet werden könnte. Zudem erscheinen die meisten Informationen in Kontexten, die sich nicht oder nur in begrenztem Maße mit der Häresiethematik auseinandersetzen.

---

[494]   Euseb, h. e. IV 11,8–9 <GCS Euseb II/1, 324,10–23>.

a) Die Rezeption der Informationen aus Irenäus, Justin und anderen Quellen zu Marcion

In h.e. IV 10 und IV 11,1.2 hatte Euseb Marcion bereits bei der Darstellung Kerdons vorwegnehmend genannt, als er diesen als Vorläufer des marcionitischen Irrtums einführte.[495] Das in diesem Kontext (h.e. IV 11,2) von Euseb eingebrachte Irenäus-Zitat aus adv. haer. I 27,2, beschreibt Marcion aus Pontus als Kerdons Nachfolger, der durch seine schamlosen Lästerungen noch mehr Schule machte.[496] Es ist bereits im Abschnitt über Kerdon angemerkt worden, daß Euseb den Hinweis auf Marcion in h.e. IV 11,2 brauchte, um diesen in die häretische Sukzession eingliedern zu können – obwohl er damit in seiner Darstellung zeitlich vorgriff und einen Anachronismus in seine Erzählung aufnahm.[497] Mit dem Ende der Darstellung Kerdons und dem Übergang zur Häresie des Markus Magus verläßt Euseb zunächst auch die Marcion-Thematik. Verstärkt wird diese Zäsur zusätzlich durch den Bericht über den Bischofwechsel in Rom von Hyginus über Pius zu Anicet (h.e. IV 11,6).

Im anschließenden Abschnitt (h.e. IV 11,7–12) stehen die unter Anicet in Rom wirksamen Häreseologen Hegesipp und Justin im Zentrum des Interesses.[498]

In diesem Kontext der Darstellung Justins kommt Euseb nun wiederum auf Marcion zurück und stilisiert Justin zu *dem* prominenten Marcion-Bekämpfer in der frühen Kirche. Dem in h.e. IV 11,9 nachgelieferten Zitat entnahm Euseb, daß Justin ein Augenzeuge Marcions war und daß dieser zur Zeit der Abfassung der *Ersten Apologie* noch am Leben war. Euseb hat mit dieser Quelle, wie er eingangs auch betont, erstmals sichere Informationen eines Zeitzeugens vorliegen.

Das Justin-Zitat, das apol. I 26 entnommen ist, gibt die marcionitische Lehre wieder, wonach Marcion lehre, daß es einen Gott gebe, der noch größer ist als der Weltschöpfer. Marcion habe mit Hilfe der Dämonen bei allen Volksstämmen die

---

495   Euseb, h.e. IV 10 <GCS Euseb II/1, 320,13–17: ἱστορεῖ γε μὴν ὁ Εἰρηναῖος τὸν Τελεσφόρον μαρτυρίῳ τὴν τελευτὴν διαπρέψαι, δηλῶν ἐν ταὐτῷ κατὰ τὸν δηλούμενον Ῥωμαίων ἐπίσκοπον Ὑγῖνον Οὐαλεντῖνον ἰδίας αἱρέσεως εἰσηγητὴν καὶ Κέρδωνα τῆς κατὰ Μαρκίωνα πλάνης ἀρχηγὸν ἐπὶ τῆς Ῥώμης ἄμφω γνωρίζεσθαι [...]> (Eusebs Einleitung); h.e. IV 11,1 <GCS Euseb II/1, 320,19–20: [...] Κέρδων δ᾿ ὁ πρὸ Μαρκίωνος καὶ αὐτὸς ἐπὶ Ὑγίνου [...]> (Irenäus-Zitat).

496   Euseb, h.e. IV 11,2 <GCS Euseb II/1, 322,8–10: [...] διαδεξάμενος δὲ αὐτὸν Μαρκίων ὁ Ποντικὸς ηὔξησεν τὸ διδασκαλεῖον, ἀπηρυθριασμένος βλασφημῶν.>.

497   Dieses Phänomen der Eingliederung Marcions in die *successio haereticorum* ist insofern von besonderer Bedeutung, als Euseb ansonsten nur Justin als Quelle zur Darstellung Marcions heranzieht und dieser gerade keine Einordnung Marcions überliefert. Vgl. auch S. 184–185 mit der Begründung, warum Euseb die Lehre Kerdons darstellen mußte.

498   Aus dem in h.e. IV 22,3 wiedergegebenen Zitat aus Hegesipps *Hypomnemata* entnahm Euseb die Information, daß Hegesipp unter Anicet nach Rom kam und bis Eleutherus dort blieb, und fügte sie in seine eigene Darstellung in h.e. IV 11,7 ein. Über Justin kann Euseb berichten, daß jener im Gewand eines Philosophen in Rom auftrat, das göttliche Wort verkündete und in seinen Schriften für den Glauben kämpfte.

Massen dazu verführt[499], den Schöpfer dieses Alls zu schmähen und zu leugnen, daß er der Vater Christi sei, und dagegen einen anderen zu bekennen, der größer wäre als der Weltschöpfer. Alle, die sich von diesen Ideen beeinflussen lassen, werden ebenso Christen genannt, wie auch den Philosophen, obgleich sie in ihren Lehren auseinandergehen, dennoch der Begriff Philosophie gemeinsam ist.[500] Im Anschluß an dieses Zitat aus der *Ersten Apologie* geht Euseb wieder dazu über, Justins Kampf für den kirchlichen Glauben anhand seiner Schriften darzustellen, wobei er unter anderem seine Schrift gegen alle Häresien und seine Schrift gegen die Hellenen nennt.[501]

Mit der Darstellung Justins verläßt Euseb die Marcion-Thematik und kehrt erst innerhalb der Darstellung Polykarps zu ihr zurück. Auch an dieser Stelle ist das Interesse Eusebs deutlich, weniger Marcion als Häretiker, sondern Polykarp als Zeugen für die Wahrheit und gegen die Häresie zu präsentieren, wie das Zitat aus adv. haer. III 3,4 (h.e. IV 14,5) zeigt: „Polykarp war ein viel glaubwürdigerer und verläßlicherer Zeuge der Wahrheit als Valentin, Marcion und die übrigen Irrlehrer"[502]. Polykarp soll nach Informationen des Irenäus viele von den erwähnten Häretikern durch die Erklärung für die Kirche gewonnen haben, daß es einzig die von der Kirche überlieferte Wahrheit sei, welche er von den Aposteln empfangen habe. Zur Bestätigung seiner Angaben fügt Irenäus zwei Episoden hinzu: eine von Polykarp erzählte Geschichte über das Zusammentreffen vom Herrenjünger Johannes mit Kerinth im Badehaus und eine andere über seine Begegnung mit Marcion. Dieser sei einmal Polykarp begegnet und sprach zu ihm: „Erkenne uns an", worauf Polykarp entgegnete: „Ich erkenne, ich erkenne den Erstgeborenen des Satans".[503] Mit h.e. IV 14,10 endet innerhalb der eusebianischen Darstellung die Regierungszeit des Antoninus Pius und damit auch die Zeit Marcions.[504]

Alle weiteren Nennungen Marcions finden sich ohne erläuternde Darstellung ebenfalls in Abhandlungen über orthodoxe Schriftsteller, wobei es den Eindruck macht, daß Euseb bestrebt war, bei allen orthodoxen Häreseologen anhand ihrer Schriften eine antimarcionitische Haltung nachzuweisen.

---

[499] Harnack, Marcion, 7*, folgert aus dieser Formulierung, daß sich Marcions Lehre bei der Niederschrift der Apologie bereits „über weite Gebiete beider Reichshälften" verbreitet hatte. Aland, Marcion/Marcionitismus, 90, geht hingegen mit Blick auf die Übersetzung Rufins (nur) von einer „raschen und weiten Verbreitung" der marcionitischen Lehre aus.

[500] Euseb, h.e. IV 11,9 <GCS Euseb II/1, 324,15–23>.

[501] Zur eusebianischen Kenntnis von Justins Syntagma gegen alle Häresien vgl. Teil I 1.1 Justin. Euseb kannte (und zitierte) den Hinweis aus apol. I 26,8 – vorliegen hatte er die Schrift nicht.

[502] Euseb, h.e. IV 14,5 <GCS Euseb II/1, 332,18–20: [Πολύκαρπος] πολλῷ ἀξιοπιστότερον καὶ βεβαιότερον ἀληθείας μάρτυρα ὄντα Οὐαλεντίνου καὶ Μαρκίωνος καὶ τῶν λοιπῶν κακογνωμόνων·>.

[503] Euseb, h.e. IV 14,7 <GCS Euseb II/1, 334,4–7: καὶ αὐτὸς δὲ ὁ Πολύκαρπος Μαρκίωνί ποτε εἰς ὄψιν αὐτῷ ἐλθόντι καὶ φήσαντι „ἐπιγίνωσκε ἡμᾶς", ἀπεκρίθη „ἐπιγινώσκω ἐπιγινώσκω τὸν πρωτότοκον τοῦ σατανᾶ."·>.

[504] Da Euseb den Häretikern keine längere Wirkungszeit einräumt und sie nur punktuell in der Kirchengeschichte auftreten, schließt sich mit dem Regierungswechsel von Antoninus Pius zu Mark Aurel das Zeitfenster, in dem Euseb Marcions Wirksamkeit angesetzt hat.

Euseb belegt im Verzeichnis der Justin-Schriften mit einem Irenäus-Zitat dessen Kampf gegen Marcion[505]. Innerhalb der Schriften des Dionysius von Korinth (h.e. IV 23,1–13) fand Euseb einen an die Bewohner Nikomediens gerichteten Brief, welcher die nach seiner Einschätzung antimarcionitische Position des Dionysius deutlich zeigte. Auch die Schriften des Theophilus von Antiochien zeugen von seinem Kampf gegen die Häretiker, wie Euseb aus seiner „vortrefflichen Schrift gegen Marcion" entnommen haben will (h.e. IV 24). Zu guter Letzt weiß Euseb von Philippus von Gortyna zu berichten, daß dieser ebenfalls eine „sehr fleißige Schrift" gegen Marcion verfaßt habe wie auch Irenäus[506] und Modestus und noch mehrere andere (h.e. IV 25), wozu auch der ehemalige Valentinianer Bardesanes (h.e. IV 30,1) und Hippolyt (h.e. VI 22) gehören dürften.[507] Die eusebianische Tendenz, möglichst viele Gegner Marcions mit ihren Schriften aufzulisten, dürfte deutlich geworden sein; auf die Gründe dafür wird später einzugehen sein.

Alle weiteren Angaben in der h.e. betreffen die *Schüler* Marcions, deren Schulgründung und Aufspaltung in drei Lehrrichtungen Euseb anschaulich in h.e. V 13 berichtet. Diese Darstellung der marcionitischen Schule wird in einem eigenen Abschnitt analysiert werden (2.15 Die marcionitische Schule: Apelles).

Jedoch sei noch auf drei Stellen der h.e. hingewiesen, an denen Euseb allgemein auf *Nachfolger* Marcions eingeht, die er jedoch aufgrund der Quellenlage den genannten Schulrichtungen anscheinend nicht zuordnen kann. Allen Textpassagen ist die Frage gemein, ob man die marcionitischen Märtyrer anerkennen soll.

1) In h.e. IV 15,46 fügt Euseb Informationen an, die ihm zusammen mit dem Bericht über Polykarps Martyrium überliefert sind und Martyrien zu dessen Zeit zum Gegenstand haben. So überliefert Euseb die Hinrichtung des Metrodorus, der für einen Priester der marcionitischen Irrlehre gehalten wurde und des Feuertodes starb. Er berichtet von diesem Priester ohne Zögern, daß er das Martyrium erlitten habe.

2) Ganz anders urteilt der Antimontanist in h.e. V 16,20–21. Dieser hält als orthodoxe Haltung fest, daß man keine häretischen Märtyrer anerkennen werde und daß diese (bei den Montanisten) nicht für die Kraft des prophetischen Geistes zeugen könnten. Und wenn auch die Marcioniten vorgäben,

---

[505] Justins *Syntagma gegen Marcion* wird in adv. haer. IV 6,2 von Irenäus genannt. Diesen Abschnitt zitiert Euseb in h.e. IV 18,9 im Kontext des Schriftenverzeichnisses als Beleg für den Kampf Justins gegen Marcion.

[506] Die eigens gegen Marcion gerichtete Schrift des Irenäus lag Euseb nicht vor. Er wußte aber aus den irenäischen Äußerungen in adv. haer. I 27,1 oder adv. III 12,12 (vgl. h.e. V 8,9), daß dieser eine eigens gegen Marcion gerichtete Arbeit anfertigen wollte, in der er ihn aus seinen eigenen Schriften zu widerlegen gedachte. Diese Notiz wird für Euseb der Anlaß gewesen sein, Irenäus unter die schriftlichen Bestreiter Marcions (h.e. IV 25) aufzunehmen; auf die inhaltliche Kenntnis der Schrift bei Euseb läßt sich daraus nicht schließen.

[507] Euseb berichtet in h.e. IV 30,1, daß Bardesanes Dialoge gegen die Anhänger Marcions und die Anhänger anderer Vertreter abweichender Lehre verfaßt habe. Von Hippolyts Schrift gegen Marcion kennt Euseb in h.e. VI 22,1 jedoch nur den Titel.

viele Märtyrer Christi zu haben, so fehle es bei ihnen daran, daß sie Christus nicht in Wahrheit bekennen.

3) Der letzte Text, h.e. VII 12, ist eine eusebianische Eigenformulierung und zeigt deutliche Unterschiede zur Haltung des zuvor genannten Antimontanisten: In der Valerianischen Verfolgung sei in Cäsarea eine Frau als Märtyrerin gestorben, von der erzählt wird, sie gehöre der Häresie Marcions an. Dieser kurze Abschnitt ist insofern von Interesse, als sich Euseb hier auf das Hörensagen beruft und damit zu erkennen gibt, daß er ohne schriftliche Vorlage formuliert. Sollte diese Annahme richtig sein, so zeigt sich Euseb auffällig „tolerant" gegenüber der Häresie Marcions, wenn er – im Gegensatz zum Antimontanisten – den Marcioniten ihre Märtyrer zugesteht.

Der Durchgang durch die innerhalb der h.e. geäußerten Aussagen über Marcion macht ganz deutlich, daß die Präsentation Marcions stark von derjenigen anderer Häretiker abweicht. Sie zieht sich über mehrere Kapitel hin und fügt sich aus unterschiedlichen, im Kontext von Schriftstellerverzeichnissen geäußerter Informationen zusammen, wobei die orthodoxen Bestreiter Marcions unzweifelhaft im Zentrum der Darstellung und des Interesses stehen.

Diese Art der Präsentation erweckt den Eindruck, als ob Euseb Marcion aufgrund seiner Bedeutung und seines Einflußreichtums nicht verschweigen konnte, er in ihm aber eine derart schwerwiegende Gefahr erkannte, daß er eine bedeutende Anzahl von Schriftstellern aufbieten mußte, die sich gegen Marcion und seine Lehre ausgesprochen hatten. Näheres zur Tendenz der eusebianischen Präsentation wird sich jedoch erst nach der Analyse der Quellen- und der Stoffauswahl festhalten lassen.

b) Von Euseb nicht aufgenommene Quellen zu Marcion

Die von Euseb eingebrachten Informationen zur Lehre Marcions erscheinen angesichts der Fülle an Schriften, die Euseb angeblich vorlagen, geradezu gering. Nach eigenen Angaben kennt Euseb allein zehn Werke, die sich ausschließlich gegen Marcion und seine Häresie richteten:

Justin, κατὰ Μαρκίωνος σύγγραμμα (h.e. IV 11,8)
Justin, πρὸς Μαρκίωνα συντάγματι (h.e. IV 18,9)
Dionysius von Korinth, Brief nach Nikomedien (h.e. IV 23,4)
Theophilus von Antiochien, Schrift gegen Marcion (h.e. IV 24)
Philippus von Gortyna, Schrift gegen Marcion (h.e. IV 25)
Irenäus, Schrift gegen Marcion (h.e. IV 25; h.e. V 8,9)
Modestus (h.e. IV 25)
Bardesanes, Dialog gegen Marcion (h.e. IV 30,1)
Rhodon (h.e. V 13,1)
Hippolyt, Gegen Marcion (h.e. VI 22,1)

Einzig die Abhandlung Rhodons gegen Marcion und seine Schule hatte Euseb vorliegen, da er aus ihr ausgiebig in h.e. V 13 zu den drei marcionitischen Schulrichtungen zitiert.[508] Beide Schriften Justins sowie diejenige des Irenäus gegen Marcion wird Euseb hingegen nur dem Titel nach gekannt haben.[509] Auch die über die bloße Kenntnis des Titels hinausgehende Vertrautheit mit dem Inhalt der anderen Schriften läßt sich nicht mehr nachweisen, da Euseb an keiner Stelle der h.e. auf diese Werke inhaltlich Bezug nimmt.

Für die Analyse der Rezeption Eusebs ist es aufschlußreich, die Euseb bekannten Schriften, die sich *nicht ausschließlich* gegen Marcion richten, auf Informationen über Marcion hin zu untersuchen.

Euseb kannte neben den zitierten Angaben aus apol. I 26 auch die Ausführungen Justins in apol. I 58,1–2. Da dieser Abschnitt aber nur die bereits bekannten Informationen wiederholt, in apol. I 26,5 aber die marcionitische Zwei-Götter-Lehre sowie die Betonung der dämonischen Anstiftung Marcions prägnanter dargestellt sind, wird verständlich, warum Euseb sich für die erste Textstelle entscheidet. Die Auswahl bringt es jedoch mit sich, daß Euseb die Information entgeht, Marcion habe zwei Christusse gelehrt.[510]

Die bei Irenäus in *Adversus haereses* überlieferten Informationen zu Marcion dürften Euseb ebenfalls bekannt gewesen, von ihm aber ausgelassen worden sein. Irenäus' Rückführung der marcionitischen Häresie auf Kerdon (adv. haer. I 27,2) hatte Euseb bereits im Kontext der Kerdon-Darstellung in h.e. IV 11,2 zitiert. Irenäus fährt in adv. haer. I 27,2 mit Informationen über die marcionitische Charakterisierung des Schöpfergottes als Schöpfer des Übels fort, der seinem Wesen nach kriegslüstern und unberechenbar ist, und fügt Marcions Ansichten zur Christologie an. Nach Marcion stamme der Christus vom guten Vater, der über dem Weltschöpfer ist, und trat zur Zeit des Pilatus in Menschengestalt auf, um die Propheten, das Gesetz und alle Werke des Kosmokrators aufzulösen. Seine Lehre gründet Marcion gemäß den Angaben des Irenäus auf ein gekürztes Lukasevangelium, das um die Abstammung Christi und die Bekenntnisse Christi zum Weltschöpfer

---

508 Da die Schrift nicht erhalten ist, läßt sich ihr Inhalt nur schwer umreißen: Euseb sieht sie gegen die Häresie Marcions gerichtet; das Zitat hingegen beschreibt die Aufspaltung der marcionitischen Schule in drei Schulrichtungen und läßt ein späteres Stadium der marcionitischen Häresie als noch bei Justin erkennen. Da Euseb einzig im Kontext der marcionitischen Schule auf die Schrift des Rhodon eingeht, soll sie später eingehend analysiert werden, vgl. 2.15 Die marcionitische Schule: Apelles.

509 Vgl. zur eusebianischen Kenntnis der Irenäus-Schrift S. 32.

510 Es wäre denkbar, daß Euseb den Weissagungsbeweis, der für seine geschichtliche Darstellung von zentraler Bedeutung ist (vgl. h.e. I 5,2; 6,1–2.8; 8,1), nicht durch die Wiedergabe der marcionitischen Position in Frage gestellt sehen wollte. Da apol. I 58 nicht nur von zwei Göttern, sondern auch von zwei Christussen berichtet, wobei der Christus des guten Gottes nicht durch die Propheten vorher verkündet sein soll, könnte Euseb sich aus diesem Grund gegen die Wiedergabe dieser Textpassage entschieden haben. Eine derartige Schwierigkeit fand sich in apol. I 26 nicht, so daß sich dieser Text eher zur Zitation anbot.

als Vater reduziert ist, sowie auf einen von den prophetischen Ankündigungen des Herrn gereinigten Apostolos.[511] Aufgrund des „Herumschneidens" an den Schriften verspricht Irenäus, in einer eigenen Abhandlung gegen Marcion vorzugehen, um ihn aus seinen eigenen Schriften aufgrund derjenigen Worte des Herrn und des Apostels, die Marcion nicht gestrichen hat, zu widerlegen – ein Vorsatz, den Euseb ohne genauere Kenntnis in h.e. IV 25 als umgesetzt beschreibt.

Die Gründe, warum Euseb auf den sehr detaillierten Bericht des Irenäus in adv. haer. I 27,2 verzichtet, lassen sich vermuten: Zum einen ist es für Euseb von entscheidender Bedeutung, Justin als den Kämpfer gegen Marcion zu stilisieren (h.e. IV 11,8–9), wie er zuvor analog Irenäus als Kämpfer gegen den Valentinianismus (h.e. IV 11,3) dargestellt hatte. Aus diesem Grund kam Irenäus als Quelle nicht ernsthaft in Betracht, insbesondere da er später als der Zeitzeuge Justin über Marcion berichtete. Zum anderen werden auch inhaltliche Überlegungen Euseb zur Auslassung der Textpassage geführt haben. Wie bei Karpokrates bereits beobachtet, weigert sich Euseb, häretische Lehren als – wenn auch falsche – Auslegungen der Bibel darzustellen.[512] Die Aussage, daß Marcion seine Lehre auf Aussagen des Neuen Testamentes gründete, wird Euseb davon abgehalten haben, die Textpassage des Irenäus zu übernehmen. Hinzu trat vermutlich die Überlegung, daß der Leser zwar über die Zwei-Götter-Lehre Marcions informiert werden sollte, aber die Charakterisierung des Schöpfers als kriegslüstern und unberechenbar das Normalmaß an Information weit überschritt.

Alle weiteren Bezugnahmen des Irenäus auf Marcion und seine Lehre finden sich nicht in deskriptiven Passagen, sondern in Abschnitten, die durch die irenäische Widerlegung Marcions geprägt sind. Diese spiegeln einzelne Lehrsätze Marcions in der argumentativen Auseinandersetzung wider, beschreiben aber nicht mehr das marcionitische Lehrsystem in seiner Geschlossenheit. Diese Passagen, so informativ sie für Euseb auch gewesen sein mögen, eigneten sich nicht für die Aufnahme als Zitat oder Referat.[513]

---

[511]   Marcion streicht in seiner *Bibel* diejenigen Textpassagen des *Lukasevangeliums*, die von den Verteidigern des Judentums durch Interpolation verunreinigt waren. Die Bezeichnung des Vaters Christi als „Schöpfer" oder die alttestamentlichen Verheißungen auf den Christus des guten Gottes strich Marcion aus seinem Evangelium. Dem gereinigten Lukasevangelium stellte er 10 Briefe des Paulus an die Seite, welche dessen Kampf für das reine Evangelium gegen die Judaisten veranschaulichen sollten. In den *Antithesen*, als Beigabe (*dos*, Tert., adv. Marc. IV 1,1) zum Bibelkanon verfaßt, entfaltet Marcion exegetisch und systematisch die Gegensätze von Evangelium und Gesetz sowie von gerechtem Schöpfer und gutem, fremdem Gott. Vgl. zu Marcion und seinem Umgang mit der Bibel Harnack, Marcion, 35–73; Aland, Marcion/Marcionitismus, 91–93; Grant, Heresy, 33–47.

[512]   Die eusebianische Tendenz, die Bibel von den Häretikern fern zu halten und deren Lehre lieber vom Teufel angestiftet als durch die Schrift selbst begründet zu sehen, soll in einem späteren Abschnitt eigens betrachtet werden; vgl. dazu den Abschnitt Teil II 2.10 Die Häresie und das Evangelium.

[513]   Iren., adv. haer. II 1,2 zeigt mit logischen Argumenten, daß Marcions guter Gott nicht allumfassend gedacht werden kann; Iren., adv. haer. II 1,4 geht auf den denknotwendigen, die beiden Götter trennenden und damit beide Größen umfassenden Raum ein. Die Zwei-Götter-Lehre streift Irenäus noch einmal in adv. haer. III 12,12 und adv. haer. III 25,2–3. Der Vorwurf, Mar-

Mit der Auslassung der irenäischen Texte übergeht Euseb die über die justinische Darstellung hinausgehenden Informationen zum marcionitischen Schöpfergott, den Hinweis auf die Textkritik und den Doketismus Marcions.

Die Ausführungen des Klemens von Alexandrien in seinen *Stromata* dürfen gleichfalls als bekannt vorausgesetzt werden. Er zeigt die Widersprüchlichkeit des marcionitischen Tuns auf und widerlegt argumentativ dessen Lehre, wenn er sich in strom. II 39,1–3 gegen die marcionitische Trennung von Güte und Gerechtigkeit oder in strom. III 12,1–3 gegen die Ansicht einer bösen Materie als Grund für das marcionitische Verbot der Zeugung und des Genusses einzelner Speisen ausspricht.[514] Die sich in der Annahme einer bösen Materie offenbarende Undankbarkeit Marcions gegenüber dem Schöpfer thematisiert Klemens in strom. III 22,1 sowie in strom. III 25,1–2. Die Lehre von der Scheingeburt und dem Scheinleib Christi läßt er in strom. III 102,3 anklingen, ohne sie jedoch weiter zu entfalten. Erst in strom. V 4,2–4 wendet er sich noch einmal Marcions Lehre zu, indem er die Posteriorität und somit die Inferiorität des guten Gottes und seiner Erlösung herausstellt: Der gute Gott ersinne seine Erlösung erst in Nachahmung des gerechten Gottes und erlöse ihm fremde Menschen mit List, womit die Singularität seiner Erlösung und die Güte seines Tuns in Frage gestellt sind. Einen für die Datierung der Häretiker wichtigen Hinweis gibt Klemens in strom. VII 107,1, wenn er berichtet, daß Marcion im selben Zeitalter wie Basilides und Valentin lebte, indem er als ein Älterer mit ihnen als Jüngeren zusammen war.

Insgesamt betrachtet eigneten sich die Hinweise des Klemens kaum für die Aufnahme als Zitat bzw. Referat in die h.e. Sie setzen sich zumeist argumentativ mit Marcion auseinander; die Lehre oder das Leben Marcions darstellende Passagen bietet Klemens nicht.[515]

Die durch die Parallelisierung mit Basilides und Valentin gegebene Datierung Marcions in strom. VII 107,1 konnte Euseb nicht verwerten, da sie seinen beiden zitierten Quellen widerspricht: der Darstellung Justins, der (allein) Marcion als Höhepunkt und Abschluß der Häresie ausmacht, sowie der Darstellung des Irenäus,

---

cion schneide am Lukasevangelium herum, findet sich erneut in adv. haer. III 11,7 sowie adv. haer. III 11,9 formuliert. In adv. haer. III 14,3 listet Irenäus diejenigen Bibelstellen auf, die Marcion verwendet hat. Den marcionitischen Ausschluß Abrahams aus dem Erbe berichtet Irenäus in adv. haer. IV 8,1. Eine abschließende Zusammenfassung der Einzelaspekte marcionitischer Lehre sowie seine Widerlegung bringt Irenäus in adv. haer. IV 33,2.

Die weiteren Notizen, in denen Irenäus Marcions Lehre mit denen anderer Häretiker pauschal verwirft, tragen inhaltlich nichts aus (vgl. adv. haer. II 3,1; adv. haer. II 28,6; adv. haer. II 30,9; adv. haer. II 31,1; adv. haer. III 2,1; adv. haer. III 3,4 [= h.e. IV 14,5]; adv. haer. III 4,3; adv. haer. III 12,5; adv. haer. IV 2,2; adv. haer. IV 6,4; adv. haer. IV 13,1; adv. haer. IV 34,1).

514   Die böse Materie mit ihren ethischen Konsequenzen für die Marcioniten thematisiert Klemens auch in strom. III 18,3; strom. III 19,3–5.

515   Es sei daran erinnert, daß Klemens – wenn auch wenige – deskriptive Passagen über Häretiker kennt, die Euseb auch übernehmen kann, wie die Darstellung der Nikolaïten zeigt.

welcher Marcion über Kerdon auf die Simonianer zurückführt und Basilides viel früher als Marcion datiert.

Da Klemens keine außergewöhnlich neuen Erkenntnisse über Marcion zu berichten weiß, greift Euseb auf frühere ihm zur Verfügung stehende Quellen für seine Darstellung zurück.

Als letzter Schriftsteller, den Euseb sicherlich gekannt haben wird, kommt Origenes in den Blick.[516] Origenes äußert sich verschiedentlich über Marcion: In c. Cels. II 27 nennt er die Marcioniten zusammen mit den Valentinianern, die den Evangelientext überarbeiten und verändern; in c. Cels. VI 53 überliefert er die kritischen Einwände des Celsus gegen die marcionitische Zwei-Götter-Lehre kennt darüber hinaus nach c. Cels. VI 74 auch Argumente des Celsus *für* die marcionitische Lehre. In seinen Kommentaren und Homilien geht Origenes noch häufiger auf Marcion ein; jedoch sind diese Aussagen für Euseb kaum zu verwerten gewesen.[517]

c) Die Quellenauswahl

Die Präsentation Marcions erlaubt einen Einblick in die Überlegungen, die Euseb zur Aufnahme bzw. Ablehnung einer Quelle geführt haben. Euseb bevorzugt Informationen von Augenzeugen wie Justin und Polykarp. Spätere Schriften werden von Euseb in Schriftenverzeichnissen aufgenommen, um die breite Front der Ablehnung, die bereits im Polykarp-Bericht anhebt, zu verdeutlichen. Als Informationsquellen kommen sie jedoch nicht in Betracht.

d) Die Stoffauswahl

Die Aufnahme des Justin-Zitats bringt einige Schwierigkeiten für die eusebianische Darstellung von Häresie mit sich. Die Vorstellung, wonach die Dämonen, nicht der Teufel, für die Entstehung von Häresie verantwortlich sind, stimmt nicht unbedingt mit Eusebs eigener Häresiekonzeption überein. Sie wird jedoch, wie die Darstellung des Simon Magus ebenfalls gezeigt hat, von Euseb toleriert und stillschweigend als Bestätigung für die eusebianische Herleitung der Häresie vom Teufel herangezogen.[518]

---

[516] Tertullians *Adversus Marcionem*, die heutige Hauptquelle zu Leben und Lehre Marcions, sowie *De praescriptione* kannte Euseb vermutlich nicht.

[517] Vgl. Orig., comm. in Io. V 7 (Singularität des Evangeliums Christi, daher Verwerfung der anderen Evangelien); Orig., comm. in Io. X 24 (Verwerfung der Geburt aus Maria und Tilgung der betreffenden Textpassagen aus dem Evangelium); hom. in Jeremiam X 5 (Origenes Klage über das Blühen der Häresie); hom. in Jeremiam XVII 2 (teuflische Anstiftung der Häretiker); comm. in Mt. XII 12 (Häretiker, namentlich Marcion, Basilides und Valentin, als Baumeister der Höllenpforten); comm. in Mt. XV 3 (Marcions Ablehnung der Allegorese).

[518] Vgl. zu Simon Magus oben S. 85 und Teil II 2.1.2 Die Dämonologie Justins als Ausgangspunkt der eusebianischen Häreseographie.

Der eusebianischen Häresiekonzeption völlig zuwiderlaufend ist der justinische Analogieschluß zwischen den christlichen Gruppierungen einerseits und den Philosophenschulen andererseits. Die Untersuchung hat bisher ergeben, daß Euseb insbesondere Texte, welche die Häresie mit der Philosophie in Verbindung brachten, ausläßt. Philosophie und Orthodoxie gehören für ihn zur selben Seite der Medaille, deren Rückseite die Häresie ist. Der Vergleich Justins sollte erklären, warum auch die Häretiker als Christen bezeichnet werden, obwohl sie anderes als die orthodoxen Christen lehren. Justin veranschaulicht den Sachverhalt damit, daß den unterschiedlichen, sich gar widersprechenden Lehren, wie sie in den verschiedenen Philosophenschulen sichtbar werden, die Bezeichnung „Philosophie" gemeinsam ist.

Nach Eusebs Häresiekonzeption ist ein Häretiker kein Christ, er kann sich nur von außen einschleichen und das Christsein heucheln.[519] Damit ist Euseb weit davon entfernt, den Häretikern eine – wenn auch in manchen Punkten abweichende – *christliche* Lehre zuzugestehen. Wenn die Wahrheit eine ist, kann es nur eine häretische *Imitation* der christlichen Lehre zur Irreführung der Glaubenden geben, eine friedliche Koexistenz mit den Häretikern unter dem Namen „Christen" ist ausgeschlossen. Daß Euseb diese seiner Konzeption zuwiderlaufende Quelle „Justin" als Beleg für die marcionitische Häresie aufnimmt, zeugt für den Respekt anderen Einschätzungen von Häresie gegenüber.

e) Die Präsentation Marcions innerhalb der Schriftenverzeichnisse

Bereits oben ist beobachtet worden, daß Euseb die Marcion-Thematik fast ausschließlich durch die Aufnahme von antimarcionitischem Schrifttum darstellt. Die Tatsache, daß Euseb neben der zitierten Schrift des Justin allein zehn ausschließlich gegen Marcion gerichtete Schriften anführt, ist bemerkenswert und innerhalb der h.e. singulär.

An dieser Stelle soll überlegt werden, welchen Grund und welche Funktion die wiederholte Nennung Marcions in den Schriftstellerdarstellungen und -verzeichnissen besitzt.

Nach den die Lehre Marcions darstellenden Abschnitten (h.e. IV 11,2 und h.e. IV 11,9) scheint der zentrale Angelpunkt die Auseinandersetzung Polykarps mit Marcion zu sein, da Euseb nach dieser Episode zur Auflistung von Schriften gegen Marcion übergeht. Die Ablehnung der Anerkennung marcionitischer Lehre und die Verwerfung Marcions als „Erstgeborenen des Satans" in h.e. IV 14,7 ist somit der Auftakt für die weiteren, nun aber schriftlich formulierten Verwerfungen der marcionitischen Lehre. Die Vorrangstellung Justins im Kampf gegen Marcion ist durch die Polykarp-Episode nicht in Frage gestellt.[520]

---

519   Vgl. dazu die allgemeingültige Aussage Eusebs zu Beginn der Häresiethematik in h.e. II 1,12.

520   Justin wird von Euseb als Augenzeuge Marcions eingeführt. Obwohl Justin keine eigentliche Widerlegung Marcions bietet, zeigt das von Euseb direkt angefügte Zitat aus apol. I 26, daß dieser

Daran schließt sich die Frage an, was Euseb durch die reine Auflistung anti-
marcionitischer Schriftsteller für seine Kirchengeschichte gewinnt. Zum einen
spiegelt allein die Nennung der antimarcionitischen Schriften die breite Front
der Ablehnung dieser Lehre wider und veranschaulicht die Geschlossenheit im
Kampf gegen die Häresie. Die Darstellungsweise hat zum anderen den Vorteil, daß
Euseb die marcionitische Häresie zwar benennen und damit als Thema in seine
h. e. aufnehmen kann, aber keine weiteren Informationen über Marcion zu geben
braucht.[521]

Blickt man für einen Moment hinter die eusebianische Fassade der Kirchen-
geschichte, dann erahnt man in der sich von Justin bis Hippolyt hinziehenden
Auseinandersetzung[522] die Gefahr, welche die damaligen Generationen als von
Marcion ausgehend empfanden und die sie zu immer neuer Widerlegung zwang.
Gleichzeitig belegt das von Euseb überlieferte Schriftenkorpus die Verbreitung die-
ser nicht nur auf Rom beschränkten Lehre und ihre Resistenz trotz prominenter
Widerlegung.[523]

Die eusebianische Darstellung hingegen läßt diesen Blick hinter die Kulissen
nicht zu. Es scheint, als ob Euseb die Häresie Marcions geradezu „verharmlosen"
will. Mit der breiten Front der Ablehnung erweckt er den Eindruck, als ob die
Häresie mit Justin, spätestens aber mit Polykarp, in ihrer Falschheit erkannt und
widerlegt war. Alle anderen Häreseologen bestätigen nur noch die Widerlegung.
Gefahr kann von einer als falsch erkannten und als Häresie offenbar gewordenen
Lehre nach Eusebs Konzeption nicht mehr ausgehen. Da allein Justin als Bekämpfer Marcions stilisiert wird, entsteht der Eindruck, die Häresie Marcions sei nach
ihrer Widerlegung der Wirkmächtigkeit beraubt. Dieser Eindruck wird durch die
Aufspaltung der Marcioniten in drei Schulrichtungen – ein innerhalb der eusebianischen Konzeption (h. e. IV 7,13) mit der Widerlegung einsetzender Auflösungsprozeß – verstärkt. Die Möglichkeit, daß die Auseinandersetzung zwischen Marcion und den späteren orthodoxen Schriftstellern noch dieselbe Intensität wie in
der Anfangszeit gehabt haben könnte, läßt sich aus der Darstellung Eusebs nicht
erkennen.

---

die Textpassage über Marcion als Widerlegung verstanden wissen wollte. Das Polykarp-Zitat (h. e.
IV 14,7 = Iren., adv. haer. III 3,4) hingegen, das die Konfrontation mit Marcion auf die Spitze
treibt, bleibt durch den Irenäus-Kontext, in dem Euseb es beläßt, eher im Bereich des Anek-
dotenhaften. Euseb hätte allein durch die Umstellung beider Zitate, was die Hervorhebung des
Irenäus-Zitats zur Folge hätte, die Auseinandersetzung zwischen Polykarp und Marcion zu einem
dramatischen Kampf zwischen Orthodoxie und Häresie ausbauen können. Er unterließ es jedoch.

[521] Vgl. die Darstellung des Simon Magus, wo Euseb mit dem Hinweis auf die vortreffliche Irenäus-
schrift *Adversus haereses* auf die Darstellung von Details verzichtet. Obwohl Euseb es an dieser
Stelle nicht explizit erwähnt, werden ähnliche Gedanken im Hintergrund gestanden haben.

[522] Hippolyt ist der späteste in der h. e. genannte, ausschließlich gegen Marcion schreibende Schriftsteller.

[523] Euseb wird noch in der v. C. III 64,1 von Konstantins Kampf gegen die Marcioniten, Novatianer,
Valentinianer, Paulianer und Kataphryger berichten.

Die Tendenz zur Verharmlosung der marcionitischen Häresie wird in der eusebianischen Realität begründet sein. Gerade *weil* die Marcioniten zu Eusebs Zeiten
eine Gefahr für die orthodoxen Christen darstellten, mußte er sie verharmlosen
und ihnen die breite Front der antimarcionitischen Schriftsteller entgegenstellen.[524]
Euseb gibt in de mart. Pal. 10,3 zu erkennen, daß es zur Zeit des Maximinus Daja
(305–313) in der Gegend von Cäsarea einen marcionitischen Bischof gab.[525] Geht
man davon aus, daß Euseb etwa um dieselbe Zeit Bischof in Cäsarea wurde[526],
so sah er sich einer fest organisierten marcionitische Kirche mit eigenem Bischof
gegenübergestellt, deren Mitgliederzahl – belegt durch den Bischofssitz – nicht
gering gewesen sein dürfte. Euseb fügt die Marcioniten, die er nicht übergehen
konnte, verharmlosend als durch eine Vielzahl orthodoxer Schriftsteller widerlegte
und damit ungefährliche und sich bereits auflösende Häresie ein. Legt man die
eusebianische Häresiekonzeption (h. e. IV 7,13) zugrunde, so verkündet Euseb in
seiner h. e. zwar indirekt, aber doch unzweifelhaft den Untergang einer in seiner
eigenen Zeit noch blühenden Häresie: Die Widerlegung ist geschehen, der Auflösungsprozeß hat mit der Aufspaltung in drei Schulrichtungen angehoben, allein
das endgültige Verschwinden steht noch aus.[527]

f) Das Verhältnis der marcionitischen Häresie zur Vorläuferhäresie Kerdons: Das Überbietungsmotiv

Auch im Hinblick auf die Abhängigkeit von einer Vorläuferhäresie ist die marcionitische Häresie eine Besonderheit. Hatte Euseb bislang eine Art ideengeschicht-
licher Abhängigkeit der Häresien untereinander postuliert und diese durch ein Lehrer-Schüler-Verhältnis veranschaulicht, so scheint die Abhängigkeit Marcions von
Kerdon ihren eigenen Charakter zu besitzen. Beide Häretiker scheinen im Gegen-

---

524　Harnack, Marcion, 341*, vermutet aufgrund der eusebianischen Darstellungsweise, daß dieser
　　　Marcion als den „gefährlichsten Feind der Kirche" im 2. Jahrhundert angesehen habe. Nach
　　　Harnack, Marcion 348*, stellte die marcionitische Kirche Anfang des vierten Jahrhunderts keine
　　　schwere Gefahr mehr für die Kirche dar, wie man an Eusebs Kirchengeschichtsdarstellung erken-
　　　nen könne, in der die Häresie Marcions nicht anders als andere Häresien des 2. Jhs. dargestellt
　　　wird. Allein durch die Aufzählung der gegen Marcion gerichteten Spezialschriften (Justin, Irenäus,
　　　Rhodon, Hegesipp) „muß der Leser merken, daß die Marcionitische Bewegung in den alten Zei-
　　　ten bedeutender und gefährlicher war als irgend eine andere".
525　Auch zuvor, bei der Abfassung der Sieben-Bücher-Erstausgabe der h. e., dürfte das Problem der
　　　zahlreichen Marcioniten in Cäsarea bestanden haben – auch wenn es sich literarisch nicht greifen
　　　läßt. Zur Datierung von de mart. Pal. ins Jahr 311 vgl. Winkelmann, Euseb, 189.
526　Der genaue Zeitpunkt und die Umstände der Bischofswahl Eusebs sind nicht mehr zu rekonstru-
　　　ieren. Der Terminus *post quem* der Bischofsweihe ist die Einweihung der Kirche in Tyrus im Jahre
　　　315, bei der Euseb als Bischof von Cäsarea eine Rede hielt. Vgl. Winkelmann, Euseb, 51.
527　Die marcionitische Kirche geht im Westen bereits in der ersten Hälfte des 3. Jhs., im Osten erst
　　　in der Mitte des 4. Jhs. zahlenmäßig zurück. In den nicht-griechischsprachigen Gebieten (Syrien,
　　　Armenien) hält sich der Marcionitismus noch bis in die ersten Jahrzehnte des 5. Jhs. Vgl. Aland,
　　　Marcion/Marcionitismus, 98–99.

satz zu ihren Vorläufern *dieselbe* Lehre vertreten zu haben, und obwohl Kerdon als Erfinder der Lehre eingeführt wird, ist es Marcion, der die Lehre durch schamlose Lästerungen groß machte.[528]

Die Darstellung Kerdons und Marcions steht im Spannungsfeld zweier unterschiedlicher Überlieferungen (Justin und Irenäus) und erhält von dort ihre Prägung. Euseb kommen dabei nur unwesentliche kompilatorische Ergänzungen zu.

Euseb besaß von seiner Hauptquelle Justin herkommend keine Einordnung Marcions in eine *successio haereticorum*. So brauchte Euseb die Verbindung Marcions mit Kerdon, um die bei Justin fehlende Kontrastierung der beiden Götter in gut und gerecht einfügen zu können, und er betont daher die Identität der Lehre beider Häretiker. Um beide Häresien jedoch für den Leser unterscheidbar zu halten, unterstreicht Euseb das bereits bei Irenäus angelegte Überbietungsmotiv: Nicht Kerdon, sondern Marcion ist der eigentliche Gründer der Häresie[529], und *er* ist es, der „durch seine schamlosen Lästerungen noch mehr Schule macht". Worin jedoch die Überbietung Marcions gegenüber Kerdon besteht, kann Euseb bei dieser Ineinssetzung beider Lehren nicht ausführen.

Wie bei der Darstellung des Karpokrates und des Basilides legt Euseb besonderen Wert auf die Überbietung der Vorläuferhäresie.[530] War bei beiden zuvor genannten Häresien das Überbietungsmotiv von Euseb selbst geschaffen, so kann er sich an dieser Stelle auf seinen Informanten Irenäus berufen.

Das Überbietungsmotiv dient Euseb generell dazu, Häresien in ihrer Sukzession aufzuzeigen, ihre Identität und Abhängigkeit voneinander zu betonen, ohne sie aber ununterscheidbar zu machen. Mit der Überbietung des Früheren durch die Veröffentlichung häretischer Lehre (Karpokrates), durch die Ausdehnung der Lehre ins Maßlose (Basilides) und ihre wirkmächtige Verbreitung (Marcion) gelingt Euseb nicht nur die Abgrenzung der Häresien untereinander, sondern auch die Einführung eines steigernden Moments. Die Geschichte der Häresie bekommt

---

[528] Vgl. h.e. IV 11,2 (= Iren., adv. haer. I 27,1). Hilgenfeld, Ketzergeschichte, 324, erklärt den Sachverhalt damit, daß sich Kerdon unter Hyginus mit seiner verschämten Lästerung des Weltschöpfers noch notdürftig in der Kirche halten konnte. Marcion hingegen sei zu einem offenen Bruch mit der Kirche fortgeschritten, indem er die Lästerung schamlos vortrug und die Gerechtigkeit des alttestamentlichen Gottes als eine Art Bosheit vortrug. Die Überbietung liegt demnach im offenen Bruch Marcions mit der Kirche, der es ihm ermöglichte, „noch mehr Schule" mit seiner Häresie zu machen. Anders May, Markion, 236, der die Fortentwicklung darin sieht, daß Marcion den „alttestamentlichen Gott nicht einfach gerecht nannte [sc. wie Kerdon], sondern ihn regelrecht schmähte".

Inwieweit diese Charakterisierung des Abhängigkeitsverhältnisses Kerdon–Marcion bei Irenäus zutrifft und worin die Popularität der Häresie unter Marcion begründet ist, braucht an dieser Stelle nicht weiter untersucht zu werden, da sie für die eusebianische Darstellung nicht von Bedeutung ist. Vgl. dazu Hilgenfeld, Ketzergeschichte, 322–326.340–341.

[529] So auch in Eusebs *Chronik* zum Jahr 140 <GCS Euseb VII/1, 202,7–9: Sub Hygino Romanae urbis episcopo ualentinus haeresiarches et Cerdo magister Marcionis Romam uenerunt.>.

[530] Bei Karpokrates lag die Steigerung darin, daß dieser die Kunststücke des Simon Magus nicht mehr im geheimen, sondern in der Öffentlichkeit präsentieren wollte. Basilides hingegen steigert die Lehre des Menander ins Maßlose.

damit eine Dynamik: Die Häresie als Summe aller Einzelhäresien wächst im Laufe der Geschichte an, sie steigert sich durch permanente Überbietung der Vorläufer-häresie. Mit dieser Dynamik schafft es Euseb, so viel sei vorweggenommen[531], aus zeitlich begrenzten Phänomenen wie den einzelnen Häresien die Geschichte als einen dynamischen und zielgerichteten Prozeß zu beschreiben.

g) Die Darstellung der Häresie Marcions bei Euseb

Während sich Euseb in der *Chronik* zum dritten Jahr des Titus Antoninus (= Antoninus Pius, = 140) mit dem kurzen Hinweis „sub Hygino Romae urbis episcopo ualentinus haeresiarches et Cerdo magister Marcionis Romam uenerunt"[532] begnügen konnte, war er in seiner Kirchengeschichte zu einer detaillierteren Berichterstattung gezwungen.

Die Darstellung der Person Marcions und seiner Lehre erscheint in vieler Hinsicht außergewöhnlich. Sie findet sich nicht wie gewohnt in einem eigenständigen Abschnitt über den Häretiker, sondern erstreckt sich über mehrere Bücher der h.e., gleichsam gespiegelt im Schrifttum seiner Gegner.

Neu ist das Faktum, daß Euseb zum ersten Mal die *Lehre* eines Häretikers darstellt. Wurde zuvor durchgängig die Tendenz beobachtet, daß Euseb diese unter allen Umständen aussparte, so überrascht die Darstellung Marcions. Der Grund für die hier abweichende Berichterstattung wird in der marcionitischen Häresie selbst liegen: Euseb besaß keine Berichte über (magische) Kunstfertigkeiten, die er auf den Teufel zurückführen konnte, auch keinen Hinweis auf moralisch verwerfliche Handlungen.[533] Vielmehr besaß er Hinweise darauf, daß Marcion die Ehelosigkeit und die Enthaltsamkeit von bestimmten Speisen forderte und damit hohe ethische Forderungen für seine Anhänger verbindlich vorschrieb. Es scheint, als ob Eusebs traditionelle Häresiemuster bei Marcion nicht anwendbar waren und er deshalb gezwungen war, seinen Lesern inhaltliche Grundlagen der marcionitischen Lehre mitzuteilen. Erst mit der Benennung zentraler Lehrinhalte kann Euseb die marcionitische Lehre als Häresie offenbar machen.

---

531   Vgl. dazu Teil II 2.5.5 Die Steigerung innerhalb der Sukzession und II 3.1.2 Die Häresie als Darstellungsmöglichkeit von Geschichte.

532   Euseb, *Chronik* zum 3. Jahr des Antoninus Pius (= 140) <GCS Euseb VII/1, 202,7–9>.

533   Euseb hätte wohl gerne (wie bei den Theodotianern in h.e. V 28,13–19) auf die Verfälschung bzw. „Verstümmelung" des Evangeliums fokussiert und Marcion aufgrund dieses Tuns als Häretiker offenbart. Es fehlten ihm jedoch die entsprechenden Quellen: Die Textpassagen, die über die marcionitische Säuberung des Lukasevangeliums berichten (wie Iren., adv. haer. I 27,2), setzen die marcionitische Trennung in Demiurg und Erlösergott voraus und verbinden beide Informationen zu einer Einheit. Euseb hätte auch so eine inhaltliche Darlegung der marcionitischen Lehre nicht umgehen können.

h) Die Lehre Marcions

Die Informationen über Marcion und seine Lehre sind angesichts der Fülle an Schriften, die Euseb angeblich vorliegen hatte, geradezu spärlich. Jedoch muß man Euseb zu gute halten, daß er die Lehrinhalte geschickt ausgewählt hat, so daß der Leser aus den wenigen eusebianischen Angaben das Lehrsystem Marcions zumindest in seinen Grundzügen erschließen kann. Nimmt man die Informationen zum Marcionvorläufer Kerdon hinzu, die Euseb aufgrund der Quellenlage und seiner Prämissen in seiner Darstellung vorwegnehmen mußte[534], ergibt sich ein knappes, aber doch sehr pointiertes Bild der Lehre Marcions.

Nach eusebianischer Darstellung lehrt Marcion wie Kerdon (vgl. h.e. IV 11,2), daß „der vom Gesetz und den Propheten verkündete Gott nicht identisch wäre mit dem Vater unseres Herrn Jesus Christus, der eine wäre erkennbar, der anderer unerkennbar, der eine gerecht, der andere gut."[535] Mit dem Irenäus-Zitat führt Euseb die zentralen Punkte der kerdonisch-marcionitischen Lehre ein: die Zwei-Götter-Lehre. Der eine Gott ist vom Gesetz und den Propheten verkündet, erkennbar und gerecht. Der andere Gott jedoch, der Vater Jesu Christi, sei unerkennbar und gut.

Das Justin-Zitat zu Marcion (h.e. IV 11,9) bestätigt die Zwei-Götter-Lehre, ohne sie aber näher auszuführen. Justin gibt nur die marcionitische Ansicht wieder, daß der eine Gott größer als der Weltschöpfer wäre und daß der Weltschöpfer *nicht* der Vater Christi sei. Daraus folgere Marcion, daß man den Weltschöpfer verachten und allein den guten Gott als Vater Christi bekennen soll. Mit dem Justin-Zitat gelingt Euseb die Bestätigung seines eigenen Postulats der Abhängigkeit Marcions von Kerdon und eine Konkretisierung der irenäischen Aussagen zu Kerdon im Hinblick auf den Schöpfer. Eher versteckt berichtet Euseb im Irenäus-Zitat zu Tatian von der marcionitischen Forderung der Ehelosigkeit (h.e. IV 29,2.3), die vor dem Hintergrund der Verachtung des Schöpfers und der eigenen Geschöpflichkeit verständlich ist. Es scheint, als ob er die Lehre Marcions auf die Schlagworte „Zwei-Götter-Lehre" und „Lästerung des Schöpfers" beschränken will.[536]

---

[534]   Da Euseb die typisch marcionitische Kontrastierung der beiden Götter nicht durch das Justin-Zitat (apol. I 26) einbringen kann, er auch das Syntagma Justins nicht vorliegen hatte und generell an dieser Stelle der h.e. auch nur Schriftsteller unter Antoninus Pius behandeln konnte (zentrales Thema waren die orthodoxen Schriftsteller, nicht die Häresie!), blieb Euseb nichts anderes übrig, als diese für Marcion bedeutsamen Informationen in die Darstellung Kerdons vorziehen. Aus diesem Grunde beteuert Euseb bei der Darstellung Kerdons an drei Stellen (h.e. IV 10; IV 11,1.2), daß die besagte Lehre Kerdons erst unter Marcion zur eigentlichen Blüte gelangte. Vgl. oben S. 177–178.

[535]   Iren., adv. haer. I 27,1 (= h.e. IV 11,2) <GCS Euseb II/1, 322,5–10: [Κέρδων] ἐδίδαξεν τὸν ὑπὸ τοῦ νόμου καὶ προφητῶν κεκηρυγμένον θεὸν μὴ εἶναι πατέρα τοῦ κυρίου ἡμῶν Ἰησοῦ Χριστοῦ· τὸν μὲν γὰρ γνωρίζεσθαι, τὸν δὲ ἄγνωτα εἶναι, καὶ τὸν μὲν δίκαιον, τὸν δὲ ἀγαθὸν ὑπάρχειν. [διαδεξάμενος δὲ αὐτὸν Μαρκίων ὁ Ποντικὸς ηὔξησεν τὸ διδασκαλεῖον, ἀπηρυθριασμένως βλασφημῶν].>.

[536]   Beide Themen kommen an zentralen Punkten der Marcion-Darstellung in h.e. IV 11,2 (die Erstnennung Marcions im Irenäus-Zitat) und in h.e. IV 11,9 (Darstellung der Lehre im Justin-Zitat) vor.

Die Auswahl des wiedergegebenen Inhalts reicht aus, um den Leser mit den Grundzügen der marcionitischen Lehre vertraut zu machen; viele Details gibt Euseb seinem Leser nicht weiter.[537] Es konnte aber auch nicht seine Absicht sein, bei den Lesern ein Verstehen der Lehre Marcions zu erwecken. Da er Marcion ausschließlich Verfehlungen in der *Lehre*, nicht hinsichtlich seines Lebenswandels, vorwerfen konnte, war er entgegen seiner üblichen Praxis gezwungen, überhaupt Lehrinhalte darzustellen.

---

[537] Euseb berichtet weder von der marcionitischen Ablehnung der allegorischen Auslegung, die insbesondere den Weissagungsbeweis trifft, noch von der Charakterisierung des Schöpfers als unberechenbar und böswillig, noch vom Doketismus der marcionitischen Christologie (u. a. Ablehnung der Geburt), noch von den marcionitischen Sonderwegen in der Soteriologie (der gute Gott richtet nicht, er rettet nur die Seelen). Die Ablehnung von Gesetz und Propheten (als vom Schöpfergott herrührend) übergeht Euseb ebenso wie den selektiven Umgang mit den neutestamentlichen Schriften. Zur marcionitischen Lehre vgl. May, Schöpfung aus dem Nichts, 55–62; Aland, Marcion/Marcionitismus, 91–93.

Der vierte Häresieblock:
Die Häresien zur Zeit des Mark Aurel (161–180)

Obwohl Euseb bereits ab h.e. IV 14,10 über die Ereignisse in der Regierungszeit des Mark Aurel berichtet, kommt er doch erst gegen Ende des vierten Buches (h.e. IV 28–30) zur Darstellung der Häresien dieser Zeit.[538]

Der Grund für das späte Eingehen auf die Häresiethematik liegt darin, daß Euseb zunächst das Martyrium Polykarps (h.e. IV 15,1–48) sowie das Martyrium Justins (h.e. IV 16,1–13) und seine Gedanken darüber (h.e. IV 17) ausführlich beschreibt. Das sich anschließende Schriftenverzeichnis Justins (h.e. IV 18) leitet nach einem sehr knappen Vermerk über die Bischofswechsel an ausgewählten Bischofssitzen (h.e. IV 19–20) organisch zu den damals wirkenden Schriftstellern über. Euseb zählt in h.e. IV 21 neun Schriftsteller auf, die zur Zeit des Mark Aurel tätig waren, und geht in h.e. IV 22–28 ausführlich auf ihre Personen und ihre Werke ein.

Mit Musanus, der ein Buch gegen die Enkratiten schrieb, kann Euseb schließlich zur Häresiethematik überleiten.[539] Er schildert im folgenden die Häresie Tatians (h.e. IV 28–29) und seines Nachfolgers Severus (h.e. IV 29) sowie die Häresie des Bardesanes (h.e. IV 30), womit das Buch IV endet. Die Häresien des Tatian/Severus und des Bardesanes sind im Hinblick auf die Frage nach der Durchlässigkeit der Grenze zwischen Häresie und Orthodoxie als einander ergänzende Darstellungen von Euseb angelegt, was im Anschluß näher zu betrachten sein wird.

2.13 Tatian, Severus und die Severianer (h.e. IV 28–29,7)

h.e. IV 28–29,7[540]

28 Καὶ Μουσανοῦ δέ, ὃν ἐν τοῖς φθάσασιν κατελέξαμεν, φέρεταί τις ἐπιστρεπτικώτατος λόγος, πρός τινας αὐτῷ γραφεὶς ἀδελφοὺς ἀποκλίναντας ἐπὶ τὴν τῶν λεγομένων Ἐγκρατιτῶν αἵρεσιν, ἄρτι τότε φύειν ἀρχομένην ξένην τε καὶ φθοριμαίαν ψευδοδοξίαν εἰσάγουσαν τῷ βίῳ·

Von Musanus, den wir im Vorhergehenden erwähnt haben, ist ein sehr eindringliches Buch erhalten, das von ihm an einige zur Häresie der sogenannten Enkratiten abgefallene Brüder geschrieben wurde. Diese erhob sich gerade damals und verbreitete eine fremdartige und verderbliche Irrlehre.

---

[538]   In der *Chronik* hat Euseb beide Häretiker in der gleichen Abfolge in das 12. Jahr des Mark Aurel, d.h. in das Jahr 172, datiert: Tatianus haereticus agnoscitur, a quo Encratitae. Bardesanes alterius haereseos princeps notus efficitur. <GCS Euseb VII/1, 206,13–16>.

[539]   Die Umstellung der Reihenfolge, in der Euseb die neun Schriftsteller darstellt, ist offensichtlich: Hatte Euseb in h.e. IV 21 programmatisch Modestus und Irenäus an achter und neunter Stelle *nach* Musanus angekündigt, so stellt er die Reihenfolge bei der Durchführung um und zieht Modestus und Irenäus *vor*, um von Musanus und seinem Werk über Tatian (h.e. IV 28) direkt zu den Enkratiten (h.e. IV 29) überleiten zu können.

[540]   Euseb, h.e. IV 28–29,7 <GCS Euseb II/1, 388,17–392,13>.

29,1 ἧς παρεκτροπῆς ἀρχηγὸν καταστῆναι Τατιανὸν λόγος ἔχει, οὗ μικρῷ πρόσθεν τὰς περὶ τοῦ θαυμασίου Ἰουστίνου παρατεθείμεθα λέξεις, μαθητὴν αὐτὸν ἱστοροῦντες τοῦ μάρτυρος. δηλοῖ δὲ τοῦτο Εἰρηναῖος ἐν τῷ πρώτῳ τῶν πρὸς τὰς αἱρέσεις, ὁμοῦ τά τε περὶ αὐτοῦ καὶ τῆς κατ᾽ αὐτὸν αἱρέσεως οὕτω γράφων

Der Gründer dieser Verwirrung war nach Mitteilung der Schrift Tatian. Etwas weiter oben haben wir von Tatian einige Worte über den bewundernswerten Justin angeführt und ihn als Schüler des Märtyrers bezeichnet. Dasselbe behauptet Irenäus im ersten Buch seiner Schrift gegen die Häresien. Daselbst schreibt er über Tatian und dessen Häresie folgendermaßen:

29,2 „ἀπὸ Σατορνίνου καὶ Μαρκίωνος οἱ καλού- μενοι Ἐγκρατεῖς ἀγαμίαν ἐκήρυξαν, ἀθετοῦντες τὴν ἀρχαίαν πλάσιν τοῦ θεοῦ καὶ ἠρέμα κατηγοροῦντες τοῦ ἄρρεν καὶ θῆλυ εἰς γένεσιν ἀνθρώπων πεποιηκότος, καὶ τῶν λεγομένων παρ᾽ αὐτοῖς ἐμψύχων ἀποχὴν εἰσηγήσαντο, ἀχαριστοῦντες τῷ πάντα πεποιηκότι θεῷ, ἀντι- λέγουσί τε τῇ τοῦ πρωτοπλάστου σωτηρίᾳ.

„Von Satorninus und Marcion ausgehend, lehrten die sogenannten Enkratiten die Ehe- losigkeit und verwarfen damit das alte Werk Gottes, den sie im stillen für die Erschaffung von Mann und Weib zur Erzeugung des Men- schengeschlechts anklagten. Sie forderten die Enthaltung von den sogenannten animalischen Speisen, wodurch sie sich gegen den Schöpfer des Alls undankbar erwiesen. Auch leugneten sie die Seligkeit des ersten Menschen.

29,3 καὶ τοῦτο νῦν ἐξευρέθη παρ᾽ αὐτοῖς Τατιανοῦ τινος πρώτως ταύτην εἰσενέγκαντος τὴν βλασφημίαν· ὃς Ἰουστίνου ἀκροατὴς γεγο- νώς, ἐφ᾽ ὅσον μὲν συνῆν ἐκείνῳ, οὐδὲν ἐξέφηνεν τοιοῦτον, μετὰ δὲ τὴν ἐκείνου μαρτυρίαν ἀποστὰς τῆς ἐκκλησίας, οἰήματι διδασκάλου ἐπαρθεὶς καὶ τυφωθεὶς ὡς διαφέρων τῶν λοιπῶν, ἴδιον χαρακτῆρα διδασκαλείου συνεστήσατο, αἰῶνάς τινας ἀοράτους ὁμοίως τοῖς ἀπὸ Οὐαλεντίνου μυθολογήσας γάμον τε φθορὰν καὶ πορνείαν παραπλησίως Μαρκίωνι καὶ Σατορνίνῳ ἀναγο- ρεύσας, τῇ δὲ τοῦ Ἀδὰμ σωτηρίᾳ παρ᾽ ἑαυτοῦ τὴν ἀντιλογίαν ποιησάμενος".

Diese Lehren sind in unserer Zeit bei diesen Leuten aufgetaucht, und ein gewisser Tatian ist der erste, der diese Gottlosigkeit einführte. Tatian war Hörer Justins. Solange er mit diesem verkehrte, äußerte er nichts Derartiges; doch nach dessen Martyrium fiel er von der Kirche ab und gründete, aufgeblasen von Lehrdünkel, in der verblendeten Meinung, mehr als die an- deren zu sein, eine besondere Schule. Gleich den Valentinianern erdichtete er unsichtbare Äonen, und ähnlich dem Marcion und Satorninus er- klärte er die Ehe als Verderben und Unzucht. Was er gegen die Seligkeit Adams vortrug, war jedoch seine eigene Erfindung."

29,4 ταῦτα μὲν ὁ Εἰρηναῖος τότε· σμικρῷ δὲ ὕστερον Σευῆρός τις τοὔνομα κρατύνας τὴν προδεδηλωμένην αἵρεσιν, αἴτιος τοῖς ἐξ αὐτῆς ὡρμημένοις τῆς ἀπ᾽ αὐτοῦ παρηγμένης Σευηριανῶν προσηγορίας γέγονεν.
29,5 χρῶνται μὲν οὖν οὗτοι νόμῳ καὶ προφή- ταις καὶ εὐαγγελίοις, ἰδίως ἑρμηνεύοντες τῶν ἱερῶν τὰ νοήματα γραφῶν· βλασφημοῦντες δὲ Παῦλον τὸν ἀπόστολον, ἀθετοῦσιν αὐτοῦ τὰς ἐπιστολάς, μηδὲ τὰς Πράξεις τῶν ἀποστόλων καταδεχόμενοι.
29,6 ὁ μέντοι γε πρότερος αὐτῶν ἀρχηγὸς ὁ Τατιανὸς συνάφειάν τινα καὶ συναγωγὴν οὐκ

So schrieb seinerzeit Irenäus. Etwas später brachte ein Mann namens Severus in die er- wähnte Häresie noch mehr Leben und wur- de zum Anlaß, daß ihre Anhänger Severianer genannt wurden.
Diese benützen das Gesetz, die Propheten und die Evangelien, wobei sie allerdings den Inhalt der heiligen Schriften eigenartig aus- legen. Den Apostel Paulus beschimpfen sie, und seine Briefe lehnen sie ab; auch die Apo- stelgeschichte nehmen sie nicht an.
Ihr erster Gründer Tatian verfaßte eine Art Evangelienharmonie und, ich weiß nicht

οἶδ' ὅπως τῶν εὐαγγελίων συνθείς, Τὸ διὰ
τεσσάρων τοῦτο προσωνόμασεν, ὃ καὶ παρά τισιν εἰς ἔτι νῦν φέρεται· τοῦ δ' ἀποστόλου φασὶ
τολμῆσαί τινας αὐτὸν μεταφράσαι φωνάς, ὡς
ἐπιδιορθούμενον αὐτῶν τὴν τῆς φράσεως σύν-
ταξιν.
29,7 καταλέλοιπεν δὲ οὗτος πολύ τι πλῆθος
συγγραμμάτων, ὧν μάλιστα παρὰ πολλοῖς
μνημονεύεται διαβόητος αὐτοῦ λόγος ὁ Πρὸς
Ἕλληνας, ἐν ᾧ καὶ τῶν ἀνέκαθεν χρόνων
μνημονεύσας, τῶν παρ' Ἕλλησιν εὐδοκίμων
ἁπάντων προγενέστερον Μωυσέα τε καὶ τοὺς
Ἑβραίων προφήτας ἀπέφηνεν· ὃς δὴ καὶ δοκεῖ
τῶν συγγραμμάτων ἁπάντων αὐτοῦ κάλλιστός
τε καὶ ὠφελιμώτατος ὑπάρχειν. καὶ τὰ μὲν κατὰ
τούσδε τοιαῦτα ἦν·

wieso, nannte das Werk Diatessaron. Es ist
bei manchen noch heute im Umlauf. Auch
soll er es gewagt haben einige Sätze des Apostels umzuschreiben, um seine Ausdrucksweise zu verbessern.

Tatian hinterließ eine große Anzahl von
Schriften. Den größten Ruhm genießt bei
vielen seine Schrift *An die Hellenen*. Er greift
darin auf die alten Zeiten zurück, um zu
zeigen, daß Moses und die Propheten der
Hebräer älter sind als alle berühmten Männer der Hellenen. Tatsächlich scheint diese
Schrift das schönste und nützlichste von allen Werken Tatians zu sein. Soviel hierüber.

a) Die Rezeption der Informationen aus Irenäus

Nachdem Euseb den Leser daran erinnert, daß er den jetzt zu behandelnden Häretiker Tatian bereits in h.e. IV 16,7.8–9 zum Martyrium Justins zitiert hatte[541], geht
er auf Tatians Schülerschaft bei Justin in Rom ein. Diese sei durch Irenäus im ersten
Buch von *Adversus haereses* (adv. haer. I 28,1) bezeugt; Euseb untermauert dies mit
einem Zitat.

Die Irenäus-Vorlage setzt im Gegensatz zur eusebianischen Einleitung jedoch
nicht mit Tatian, sondern mit den sogenannten Enkratiten ein. Diese lehren von
Satorninus und Marcion[542] ausgehend die Ehelosigkeit und klagen Gott im stillen
für die Erschaffung von Mann und Frau zur Erzeugung des Menschengeschlechts
an. Damit einhergehend fordern sie die Enthaltung von animalischen Speisen,
wodurch sie sich wiederum dem Schöpfer gegenüber als undankbar erweisen. Die
Seligkeit des ersten Menschen leugnen sie.

Erst im Anschluß daran kommt Irenäus auf Tatian zu sprechen, den Urheber
dieser Gottlosigkeit, der sogar Schüler des Märtyrers Justin gewesen sein soll. Dieses „Paradox" versucht Irenäus damit zu erklären, daß Tatian, solange er mit Justin
zusammen war, keine häretischen Lehren äußerte. Erst nach Justins Martyrium
sei er von der Kirche abgefallen und „gründete, aufgeblasen von Lehrdünkel, eine
besondere Schule".

---

[541] Euseb zitiert in h.e. IV 16,7.8–9 zweimal aus Tatians Schrift „Gegen die Hellenen", um Kreszenz,
infolge dessen Intrigen Justin den Tod fand, näher zu charakterisieren. Er zitiert die Schrift auch
in praep. ev. X 11,1–35 und äußert sich lobend über sie in praep. ev. X 12,1.

[542] Die Aussage, daß Marcion die Ehe verwirft, findet sich zuvor an keiner Stelle der h.e. auch nur
angedeutet. Die nachträgliche Hinzufügung von Informationen unterstreicht die Besonderheit,
aber auch die Andersartigkeit der Darstellung von Marcions Häresie. Vgl. Teil I 2.12 Marcion.

Irenäus, der bestrebt ist, alle Häresien (ideengeschichtlich) in eine Abhängigkeit zu bringen, weiß schlußendlich über Tatians Lehre zu berichten, daß dieser wie die Valentinianer unsichtbare Äonen erdichtete und wie Marcion und Satorninus die Ehe für Verderben und Unzucht erklärte; letzteres hatte er bereits ähnlich für die von Tatian abstammenden Enkratiten festgehalten (vgl. h.e. IV 29,2). Tatians Ablehnung der ersten Seligkeit Adams kann Irenäus in keine Sukzession einordnen; er bescheinigt seiner Lehre an diesem Punkte Originalität.[543] Euseb übernimmt den Irenäustext wörtlich.

b) Die Herkunft der Informationen zum Severianer-Referat Eusebs

Nach der an Irenäus orientierten Präsentation der Enkratiten findet sich eine deutliche Zäsur. Euseb berichtet zunächst eigenständig über die Severianer. Hatte er sich bisher ausschließlich auf Irenäus als Vorlage berufen, so greift er nun anscheinend auf andere, nicht namentlich genannte Quellen zurück.[544]

Euseb schreitet zunächst chronologisch voran und berichtet über die zweite Generation der Enkratiten: Severus brachte noch mehr Leben in die Häresie, so daß diese Gruppierung auch Severianer genannt werden kann. Nach dieser kurzen Erläuterung, welche die differenzierte Namensgebung der Gruppierung erklären soll, fügt Euseb einige Informationen über den Schriftgebrauch bei den Severianern ein. Danach benützt diese Gruppierung das Gesetz, die Propheten und die Evangelien, wobei Euseb aber sofort hinzusetzt, daß sie diese sehr eigenartig auslegen. Den Apostel Paulus sowie die Apostelgeschichte hingegen lehnten sie ab.[545]

Nach dem Exkurs über die zweite Generation kehrt Euseb in die Anfangszeit der Enkratiten zurück und fügt weitere Informationen über den Sektengründer Tatian hinzu, die er dem Irenäus-Zitat noch nicht hatte entnehmen können: Tatian habe eine Evangelienharmonie verfaßt, die er Diatessaron nannte und die noch zu Eusebs Zeiten im Umlauf sei.[546] Weiter weiß er zu berichten, daß jener es gewagt

---

543   Vgl. zur Lehre Tatians auch Elze, Tatian, 108.

544   Vgl. dazu unten die Euseb vorliegenden Schriften zur Häresie Tatians [c] Nicht rezipierte Quellen]. Da die uns überlieferten Schriften des Irenäus, des Klemens von Alexandrien, des Origenes, des Hippolyt oder die *Oratio ad Graecos* die Severianer nicht kennen, kommen sie als Vorlage des eusebianischen Referats nicht in Betracht. Das Buch des Musanus, das Euseb in h.e. IV 28,1 als Einleitung in die enkratitische Häresie benutzte, ist zeitlich zu früh entstanden, als daß es Informationen über die Severianer enthalten haben könnte (vgl. S. 210). Folglich könnte (nur) die Schrift des Rhodon gegen Apelles als Informationsquelle Eusebs in Frage kommen (vgl. S. 210).

545   Euseb läßt den Leser im Unklaren darüber, warum die Enkratiten den Apostel beschimpfen und seine Briefe ablehnen, und unterläßt es, eine Verbindung zwischen den Enkratiten und den Ebionäern zu ziehen. Zu diesen hatte Euseb im Anschluß an Irenäus berichtet, daß sie in Paulus einen Apostaten vom Gesetz sahen und ihn deshalb ablehnten.

546   Eusebs Formulierung παρά τισιν in h.e. IV 29,6 ist hinsichtlich ihres Bezuges nicht ganz eindeutig. So kann das Diatessaron entweder (allgemein) bei manchen Menschen oder (speziell) bei manchen Severianern zu Eusebs Zeit in Gebrauch sein. Da im näheren Kontext aber nur von Tatian die

haben soll, einige Sätze des Apostels Paulus umzuschreiben, um die Ausdrucksweise zu verbessern. Neben dem Diatessaron kennt Euseb noch weitere Schriften Tatians, wobei die Schrift *An die Hellenen*, die den Nachweis der Posteriorität der Hellenen gegenüber Moses und den Propheten der Hebräer führt, bei vielen das größte Ansehen genießt, und er geht sogar so weit, diese als das schönste und nützlichste Werk Tatians zu qualifizieren.

Eusebs Referat in h.e. IV 29,4–7, das er ohne Nachweis einer Quelle einfügt[547], steht zu seinen vorherigen Ausführungen in einer eigentümlichen Spannung. Ihm zufolge verfaßte *Tatian* eine Evangelienharmonie, die auch noch bis in eusebianische Zeiten im Umlauf sei; die *Anhänger Tatians* hingegen benutzen weiterhin die Evangelien.[548] *Tatian* selbst macht sich die Mühe, die Ausdrucksweise des Apostels Paulus zu verbessern; *seine Schüler* hingegen lehnen die Paulusbriefe generell ab.

Die Unstimmigkeiten zwischen Tatian und seinen Schülern, den Severianern, die der eusebianische Bericht über den Schriftgebrauch offenbart, werden nicht näher erläutert. Euseb erklärt seinem Leser nicht, wie er die unterschiedliche Haltung innerhalb *einer* Häresie verstanden wissen will.

Da Euseb darauf hinweist, daß die Severianer zeitlich später als Tatian anzusetzen sind, wird man – will man keine Aufspaltung der Gruppierung in zwei Richtungen annehmen – eine Entwicklung bzw. Veränderung im Schriftgebrauch von Tatian zu den Severianern annehmen müssen. Damit spiegelten Eusebs Ausführungen verschiedene Entwicklungsstadien ein und derselben Häresie wider. Obwohl Tatian eine Evangelienharmonie verfaßte, kehren seine Nachfolger, die Severianer, wieder zum Gebrauch der Evangelien zurück. Die Existenz des Diatessarons bis in Eusebs Zeit muß dem nicht unbedingt widersprechen. Auch der Versuch Tatians, die Briefe des Apostels Paulus sprachlich zu verbessern, scheint von den Severianern nicht angenommen worden zu sein; sie verwerfen den Apostel Paulus insgesamt.

Unklarheit besteht bei der genannten „evolutionären" Erklärung nur darin, wie das Verhältnis zwischen Enkratiten (Irenäus) und Severianern (Euseb) aussieht, resp. welche Position die Enkratiten des Irenäus-Zitats beim Schriftgebrauch eingenommen haben. Haben diese eher die Position Tatians vertreten, da Irenäus die

---

Rede ist, wird Euseb eine allgemeine Aussage über den bis in seine Zeit anhaltenden Gebrauch der Tatian-Schrift machen.

547   Elze, Tatian, 112, geht davon aus, daß Euseb sich mit seiner Behauptung, Tatian sei Stifter der Enkratiten, auf die verlorene Schrift des Musanus stützt. Vgl. auch Anm. I 548.

548   Elze, Tatian, 112, erklärt die Unstimmigkeiten in Eusebs Referat damit, daß Tatian – entgegen der erstmals sicher von Euseb erhobenen Behauptung – vielleicht *nicht* Gründer der Enkratiten war. Denn wäre Tatian der Gründer der Sekte gewesen, hätte er das Diatessaron für seine Anhänger geschrieben. Dieses kann wiederum nicht vor seinem Abfall verfaßt sein, da Irenäus dieses Werk offensichtlich nicht kennt. Er hätte sich bei seinen Ausführungen über den Vier-Evangelien-Kanon (adv. haer. III 11,7) eine Kritik an Tatians Evangelienharmonie nicht entgehen lassen. Elze kommt mit seiner historischen Rekonstruktion der tatianischen Lehre und seines Wirkens zu dem Schluß, daß man „die historisch-biographische Frage nach dem ‚Abfall' Tatians auch deshalb nicht definitiv beantworten [kann], weil viel zu wenig klar ist, wer in Wirklichkeit hinter den verketzerten Enkratiten steht" (ebd.).

Gemeinsamkeiten betont, oder ist auch für sie ein von Tatian abweichender Schriftgebrauch wie bei den Severianern anzunehmen?

Diese Unsicherheit – sofern Euseb diese ebenfalls als eine solche empfunden
hat – konnte er vermutlich nicht zufriedenstellend lösen, da Irenäus keine Severianer kennt und folglich nicht zwischen Enkratiten und Severianern differenziert.

Des weiteren finden sich verstreut über die h.e. noch andere, eher am Rand
stehende Aussagen zu Tatian, die kurz benannt sein sollen. Bereits in h.e. IV 16,7
hatte Euseb berichtet, daß Tatian in griechischen Wissenschaften Unterricht erteilte,
damit nicht wenig Ruhm erntete und zahlreiche wissenschaftliche Denkmäler
hinterließ. Die Informationen über Tatian werden durch Aussagen seines Schülers Rhodon in h.e. V 13 ergänzt. Während Irenäus die Wirksamkeit Tatians nicht
lokalisiert, berichtet Euseb im Anschluß an Rhodon[549], daß Tatian in Rom wirkte.
Nach Rhodon hat Tatian ein Werk der *Problemata* (προβλήματα) verfaßt, in dem er
die schwierigen und dunklen Stellen in den göttlichen Schriften behandelte (h.e. V
13,8). Als dritte Quelle zu Tatian kommt – eher unerwartet – die antiartemonitische
Schrift aus h.e. V 28,4 in den Blick. Diese führt Tatian als orthodoxen Schriftsteller,
der die Gottheit Christi lehre, gegen Artemon ins Feld. Eusebs Angabe in h.e. VI
13,7, wonach Klemens in den *Stromata* Tatians Rede *An die Hellenen* erwähnt, ist
für die Darstellung Tatians eher nebensächlich. Diese Aussage zeigt aber, daß Tatian
durchaus (und nicht nur in den Augen Eusebs) zitierfähig war.

c) Nicht rezipierte Quellen zur Häresie Tatians, der Enkratiten und der Severianer

Da Euseb in h.e. IV 16,7.8 aus Tatians *Oratio ad Graecos* (orat. ad Graec. 18–19)
zitiert[550], wird man ihm in h.e. IV 29,7 Glauben schenken können, daß ihm diese
Schrift mit anderen Tatian-Werken überliefert ist.[551] Daß er sie eingehend studiert
hat, zeigt sich auch an seinem Urteil, daß sie „das schönste und nützlichste von
allen Werken Tatians" sei.

---

549   Der Tatianschüler Rhodon soll im Abschnitt über Apelles näher dargestellt werden, vgl. dazu Teil
         I 2.18 Die marcionitische Schule: Apelles.

550   Während h.e. IV 16,8 den Tatiantext *Oratio ad Graecos* 19,2 wörtlich wiedergibt, weicht das Zitat
         in h.e. IV 16,9 vom Original ab: anstelle des eusebianischen ὁ καταφρονεῖν συμβουλεύων bietet
         Tatian nur ὁ καταφρονῶν; Euseb liest αὐτὸς anstelle des tatianischen αὐτὸν und μεγάλῳ anstelle der
         tatianischen Lesarten καὶ ἐμὲ ὡς (Ms M), καὶ ἐμὲ οὓς (Ms P) bzw. καὶ ἐμὲ οἶον (Ms V). Alle Lesarten
         nach dem Apparat bei Marcovich, PTS 43, 39. Der Tatiantext ist an dieser Stelle nicht eindeutig
         überliefert, wie die Abschriften M, P, V einer für diesen Teil verlorenen Handschrift (Aretaskodex)
         zeigen. Euseb wird den Tatiantext h.e. IV 16,8–9 nicht bewußt abgeändert haben. Vgl. dazu auch
         Harnack, der Euseb zunächst (Griechische Apologeten, 142) eine bewußte Fälschung des Textes
         unterstellen wollte, sein Urteil aber später zurückzog (Altchristliche Litteratur II/1, 284–285 Anm.
         2), und Elze, Tatian, 46.

551   Nach eigenen Angaben hatte Euseb die Schrift orat. ad graec. bereits für seine *Chronik* (vgl. *Chro-
         nik*, praef.) ausgewertet, und bringt auch später in der praep. ev. (praep. ev. X 11) zwei längere
         Zitate (orat. ad graec. 31.36–42).

Die *Oratio ad Graecos* kommt damit auch als Quelle für die Darstellung Tatians in Betracht. Aus der Formulierung in orat. ad graec. 29,1 konnte Euseb schließen, daß Tatian sie in Rom, vermutlich noch zu Lebzeiten Justins, geschrieben hat.[552] Da jener bis zu diesem Zeitpunkt jedoch nach Zeugnis des Irenäus noch keine häretischen Ideen geäußert hatte, kommt diese Quelle für Euseb nur als Zeugnis für das Martyrium Justins, nicht aber für die Häresie Tatians in Betracht.[553]

Euseb gibt selbst zu erkennen, daß er ein sehr eindringliches Buch des Musanus besitzt, das „an einige zur Häresie der sogenannten Enkratiten abgefallene Brüder geschrieben wurde"[554]. Da das Buch verfaßt wurde, als sich die Häresie gerade erhob (h.e. IV 28), wird man ausschließen können, daß das Werk bereits die Severianer, deren Urheber Severus nach Eusebs Angaben erst später auftritt, behandelt hat. Folglich kommt dieses Werk als Quelle für die Informationen über die Enkratiten, nicht aber über die Severianer in Betracht.[555]

Das Werk des Enkratiten Rhodon gegen Apelles und die marcionitische Schule könnte indirekt Informationen über Tatian und seine Schüler enthalten haben. In h.e. V 13 referiert Euseb, daß er aus Rhodons Schrift den Entschluß entnommen habe, auf Tatians Werk der Problemata (προβλήματα), das die dunklen und schwierigen Stellen in den göttlichen Schriften vorführte, mit einem eigenen Buch der Lösungen zu antworten.

Die insbesondere gegen Apelles gerichtete Abhandlung könnte durchaus Informationen über Fragestellungen und Auseinandersetzungen innerhalb der enkratitischen Gemeinschaft enthalten haben. Welche darüber hinausgehenden Informationen über Tatian in der Schrift Rhodons enthalten waren, wird sich aufgrund ihres Verlustes nicht mehr klären lassen.

Die zentrale Stelle aus Irenäus' *Adversus haereses* zu Tatian und den Enkratiten in adv. haer. I 28,1 hat Euseb in h.e. IV 29,2–3 zitiert. Irenäus behandelt Tatian sonst nur noch in adv. haer. III 23,8. Dort schilt er ihn einen Lügner, da er die Lehre von der Seligkeit Adams als erster bestritt. Er habe diese Lehre auch nur erfunden,

---

[552] Der Ort der Niederschrift der *Oratio ad Graecos* (und damit ihre Datierung) schwankt zwischen Rom und dem Osten, vgl. Lampe, Stadtrömische Christen, 250. Harnack, Altchristliche Litteratur II/1, 284, geht von einer Abfassung vor dem Tod Justins „unter dem frischen Eindruck der Anfeindungen des Crescens" in Rom aus. Elze, Tatian, 44, vermutet, daß sich Tatian das Werk seines Lehrers Justin zum Vorbild nahm und daher seine Schrift, die wohl eine „Ausarbeitung der Lehrvorträge Justins in seiner philosophischen Schule" darstellt, ebenfalls „an die Hellenen" betitelte. Daher ist es auch nicht ausgeschlossen, daß Tatian sein Werk zu Lebzeiten Justins in Rom verfaßte. Anders Grant, The Heresy of Tatian, 64, der zu dem Schluß kommt, daß Tatian seine Schrift gegen die Hellenen nach seiner Abkehr von der Kirche und damit erst später im Osten verfaßt hat.

[553] Die kurzen biographischen Angaben des Tatian, wie in orat. ad graec. 19,2–5, konnte Euseb ebensowenig für seine Darstellung auswerten wie die knappen theologischen Stellungnahmen (vgl. orat. ad graec. 20,1), die häreseologisch vollkommen unverdächtig sind.

[554] Euseb, h.e. IV 28 <GCS Euseb II/1, 388,17–19: Καὶ Μουσανοῦ δέ, ὃν ἐν τοῖς φθάσασιν κατελέξαμεν, φέρεταί τις ἐπιστρεπτικώτατος λόγος, πρός τινας αὐτῷ γραφεὶς ἀδελφοὺς ἀποκλίναντας ἐπὶ τὴν τῶν λεγομένων Ἐγκρατιτῶν αἵρεσιν [...].>.

[555] Anders Elze, Tatian, 112. Vgl. Anm. I 548.

um etwas Neues einzuführen, ansonsten verwende er immer wieder Äußerungen des Paulus. Diese irenäische Darstellung hätte Euseb zur Bestätigung seiner eigenen Aussage in h.e. IV 29,6, Tatian benutze (im Gegensatz zu den Severianern) den Apostel Paulus, heranziehen können. Er unterläßt es aber, da dort der Vorwurf der Paulus-Korrektur nicht mehr fällt.[556]

Mit adv. haer. III 23,8 ist das irenäische Material zu Tatian erschöpft; weitere Informationen über die Enkratiten finden sich nicht; Severus und die Severianer werden bei Irenäus nicht genannt.

Mit einiger Sicherheit kannte Euseb die Ausführungen des Klemens von Alexandrien zu Tatian in seinen *Stromata*. Wie Euseb in h.e. VI 13,7 berichtet, hat Klemens von Alexandrien Tatians Schrift *An die Hellenen* in den *Stromata* erwähnt. Euseb wird mit seiner Aussage auf Klemens, strom. I 101,1–2 anspielen, der dort mit Hinweis auf Tatian einige Zeitberechnungen anstellt, die beweisen sollen, daß die Philosophie der Hebräer älter ist als alle Weisheit der Hellenen.

Ein weiterer Themenbereich, den Klemens immer mit dem Namen Tatian in Verbindung bringt, ist die Rückführung der Ehe auf den Teufel. In strom. III 81,1–2 zitiert Klemens aus Tatians Schrift „Über die Vervollkommnung nach dem Vorbild des Heilands" (περὶ τοῦ κατὰ τὸν σωτῆρα καταρτισμοῦ) dessen Begründung für die Ehelosigkeit. Nach Tatian fördere nur die Enthaltsamkeit das Beten; die Gemeinschaft aber hindere daran, so daß auch der Apostel Paulus die Ehe verboten habe. Tatian sei nach Klemens' Ansicht in strom. III 92,1 aus der Schule Valentins hervorgegangen, da er wie dieser die Enthaltsamkeit lehre. Klemens hat im folgenden seine Mühe, Tatians Auslegungen des Paulus zu widerlegen, und kommt zu dem Schluß: „Er fälscht die Wahrheit, indem er durch Wahres Lüge stützt".[557]

Der Terminus „Enkratiten" fällt in Klemens' Darstellung nur an zwei Stellen, wobei sie jedoch nicht mit Tatian in Verbindung gebracht werden: In strom. I 71,5 weiß Klemens von den Samanen zu berichten, daß sie wie die Enkratiten der Gegenwart keine Ehe kennen. In strom. VII 108,1, dem Abschnitt, der sich der Untergliederung der Häresie in verschiedene Kategorien[558] widmet, zählt Klemens die Enkratiten zu denjenigen Häresien, die ihren Namen nach einem Verhalten erhalten haben.

Klemens setzt sich sehr ausführlich mit Tatian auseinander. Er versucht, dessen Lehre, die sich – wie die der orthodoxen Christen – auf Paulus beruft, inhaltlich-

---

556 Vgl. dazu Teil II 2.10 Die Häresie und das Evangelium.

557 Klem. Alex., strom. III 81,3 <GCS Clemens II, 233,1–2: σοφίζεται δὲ τὴν ἀλήθειαν δι᾿ ἀληθοῦς ψεῦδος κατασκευάζων.>. Der gesamte Abschnitt strom. III 81,1–92,1 kreist um die Ablehnung der Ehe durch Tatian (und Julius Cassianus).

558 Klemens unterteilt die Häresien aufgrund ihrer Benennung: Die erste Gruppe sei nach einem Namen (wie Valentin), die zweite nach einem Ort (wie die Peratiker), die dritte nach einem Volk (wie die Phryger), die vierte nach einem Verhalten (wie die Enkratiten), die fünfte nach ihren eigentümlichen Lehren (wie die Doketen), die sechste nach ihren Annahmen und Verehrungsobjekten (wie die Kaianisten) und die siebte nach ihren widergesetzlichen Veranstaltungen (wie die Entychiten) genannt. Klemens folgt in dieser Art der Unterscheidung Diogenes Laertius, vitae philosophorum I 17, vgl. Le Boulluec, La notion, II, 264.

argumentativ zu widerlegen. Für Euseb kamen diese Ausführungen als mögliches Zitat oder Referat nicht in Betracht. Über Severus oder die Severianer macht Klemens keine Angaben.

Euseb wird mit einiger Sicherheit auch die Origenes-Schrift *De Oratione* gekannt haben, in der er sich mit Tatians Auslegung von Gen 1 auseinandersetzt. Origenes wendet sich dort (de orat. 24,5) gegen Tatians Auslegung von γενηθήτω als einem Wunsch, den Gott äußerte, als er sich noch in Finsternis befand.[559] Auch wird Euseb die Äußerung des Origenes in *Contra Celsum* I 16 zur Kenntnis genommen haben, wo dieser sich lobend über Tatians Rede *An die Hellenen* äußert und ihn als einen kenntnisreichen Schriftsteller rühmt.[560] Von der Verwerfung der Paulus-Briefe bei den Enkratiten wußte Euseb aus *Contra Celsum* V 65.[561] Severus und die Severianer kommen bei Origenes ebenfalls nicht vor.

Unklar ist, inwieweit Euseb die Ausführungen in Hippolyts *Refutatio* kannte. Wie Klemens trennt auch Hippolyt Tatian, den er in ref. VIII 16 behandelt, von der Gruppe der Enkratiten (ref. VIII 20). Über Tatian berichtet Hippolyt, daß er nicht wie sein Lehrer, der Märtyrer Justin, lehrte, sondern unsichtbare Äonen wie die Schüler Valentins annahm. Gleichzeitig soll er wie Marcion die Ehe als Unzucht abgelehnt und die Rettung Adams bestritten haben, da dieser Anführer des Ungehorsams gewesen sei. Die angebliche Zusammenfassung in ref. X 18 geht über den ersten Bericht in Buch VIII insofern hinaus, als Hippolyt nun zu erkennen gibt, daß nach Vorstellung Tatians einer der unsichtbaren Äonen maßgeblich an der Schöpfung der Welt beteiligt gewesen ist. Dieser soll ein Leben wie ein Kyniker geführt haben, wobei er sich mit seinen Lästerungen und seiner Ehegesetzgebung kaum von Marcion unterschied.

Die Enkratiten behandelt Hippolyt in ref. VIII 20. Während er ihnen hinsichtlich ihres Gottes- und Christusbildes Orthodoxie bescheinigt, hält er doch ihre Lebensführung für aufgeblasen: Durch die Wahl der Speisen, durch Verzicht auf animalische Speisen und die Ehe meinten sie, sich einen Namen machen zu können. Aus diesem Grunde haben sie eher als Kyniker, denn als Christen zu gelten, obwohl sie sich als Gerechte brüsten. Ein Hinweis auf Severus und die Severianer findet sich bei Hippolyt nicht.

---

[559]   Orig., de orat. 24,5 <GCS Origenes 2, 356,6–10: μὴ συνιδὼν δὲ ὁ Τατιανὸς τὸ „γενηθήτω" οὐ πάντοτε σημαίνειν τὸ εὐκτικὸν ἀλλ' ἔσθ' ὅπου καὶ προστακτικόν, ἀσεβέστατα ὑπείληφε περὶ τοῦ εἰπόντος „γενηθήτω φῶς" θεοῦ, ὡς εὐξαμένου μᾶλλον ἤπερ προστάξαντος γενηθῆναι τὸ φῶς· „ἐπεί," ὥς φησιν ἐκεῖνος ἀθέως νοῶν, „ἐν σκότῳ ἦν ὁ θεός.">.

May, Schöpfung aus dem Nichts, 156, und Elze, Tatian, 119–120, vermuten, daß vielleicht nicht nur Rhodon (h.e. V 13,8), sondern auch schon Tatian eine Auslegung der Schöpfungsgeschichte geschrieben hat. Tatians eigentümliche Deutung von Gen 1,3, wonach das „Es werde Licht" als Bitte des Schöpfers an den ersten Gott zu verstehen sei, findet sich fragmentarisch auch bei Klemens Alex., ecl. proph. 38,1 <GCS Klemens III, 148,17–19>.

[560]   Orig., c. Cels. I 16 <SC 132, 118,11–13: Καὶ Τατιανοῦ δὲ νεωτέρου φέρεται ὁ πρὸς Ἕλληνας λόγος, πολυμαθέστατα ἐκτιθεμένου τοὺς ἱστορήσαντας περὶ τῆς Ἰουδαίων καὶ Μωϋσέως ἀρχαιότητος.>.

[561]   Orig., c. Cels. V 65 <SC 147, 174,3–6: Εἰσὶ γάρ τινες αἱρέσεις τὰς Παύλου ἐπιστολὰς τοῦ ἀποστόλου μὴ προσιέμεναι, ὥσπερ Ἐβιωναῖοι ἀμφότεροι καὶ οἱ καλούμενοι Ἐγκρατηταί.>.

Der Durchgang durch die Euseb bekannten Quellen hat keine direkte Vorlage für das Severusreferat in h.e. IV 29,4.5 ergeben.[562] Es bleibt unklar, woher die Informationen über Severus, die Severianer und ihren Schriftgebrauch stammen.

Auch die Informationen, daß Tatian eine Art Evangelienharmonie, Diatessaron genannt, verfaßte und daß er einige Sätze des Apostels Paulus verbessert habe, lassen sich hinsichtlich ihres Ursprungs nicht mehr sicher lokalisieren. Da Euseb mit einiger Wahrscheinlichkeit das vermutlich in Griechisch abgefaßte[563] Diatessaron vorlag (worauf auch die Formulierung, es sei noch in seiner Zeit im Umlauf, deuten mag), könnte es sich hierbei auch um eine durch eigene Lektüre gebildete Meinung handeln. Die Herkunft aller anderen Aussagen in h.e. IV 29,1–7 ist geklärt.

d) Die Darstellung der Häresie Tatians

Die Darstellung Tatians zerfällt in zwei Teile: Euseb zeichnet dessen ersten Lebensabschnitt positiv, wenn er berichtet, Tatian habe Unterricht in den griechischen Wissenschaften erteilt[564], sei dann Schüler des Märtyrers Justin geworden und habe während seines Aufenthalts in Rom seine „schönste und nützlichste Schrift" *An die Hellenen* geschrieben. Über diesem Lebensabschnitt steht das Urteil des Irenäus, daß Tatian, solange er mit Justin verkehrte, noch keine häretischen Lehren verbreitete.

Die zweite, „häretische" Lebensphase Tatians beginnt mit dem Martyrium Justins infolge der Intrigen des Kreszenz. Im Tod Justins sieht Irenäus den Grund für den Abfall Tatians vom Christentum. Seines Lehrers beraubt, aufgeblasen von Lehrdünkel und in der Meinung, besser als die anderen zu sein, gründete Tatian eine neue Schule und wurde damit zum Vater einer eigenen Häresie.[565]

---

562 Der Bericht des Epiphanius (pan. 45) über Severus und die Severianer ist vom eusebianischen vollkommen verschieden und in seinen Informationen unabhängig: Die Severianer stammen danach von Apelles ab, vertreten wie dieser eine gnostische Lehre und werden von Epiphanius noch vor Tatian und den Enkratiten genannt. Es lassen sich keine Quellen als Vorlage von Epiphanius' Referat ausfindig machen.

563 Der Text des Diatessaron scheint in griechischer, nicht in syrischer Sprache abgefaßt zu sein, vgl. Lampe, Stadtrömische Christen, 250.

564 Euseb berichtet seinem Leser, daß Tatian zunächst griechischer Lehrer war (vgl. h.e. IV 16,7). Die Wendung τὸν πρῶτον αὐτοῦ βίον <GCS Euseb II/1, 358,2–3> läßt erkennen, daß sich Euseb mit seiner Beschreibung an Tatian, orat. ad. Graec. 42,1, anlehnt, wo jener sein früheres Studium der Philosophie mit seiner heutigen Verkündigung des Evangeliums, sein πρῶτον mit seinem δεύτερον βίον kontrastiert. Zur philosophischen Bildung Tatians vgl. Lampe, Stadtrömische Christen, 248–249.

565 Euseb datiert die Häresie dadurch, daß er sie mit Irenäus *nach* dem Martyrium Justins, etwa im Jahre 165, und noch *vor* der Abfassung von *Adversus haereses* (um 180) ansetzt. Genauer als in die Regierungszeit des Mark Aurel (161–180) mußte Euseb die Häresieentstehung der Enkratiten in der h.e. nicht datieren. In der *Chronik* hatte Euseb Tatians Abfall für das Jahr 172 festgehalten <GCS Euseb VII/1, 206,13–16: Tatianus haereticus agnoscitur, a quo encratitae.>. Vgl. Elze, Tatian, 16.

Obwohl Euseb inhaltlich mit den Aussagen des Irenäus übereinstimmt, scheint sein Urteil über Tatian differenzierter und offensichtlich milder auszufallen. Während Irenäus das gesamte *wissenschaftliche Tun* Tatians als „Gottlosigkeit" abtun kann (h.e. IV 29,3 = adv. haer. I 28,1), unterscheidet Euseb in eine justinische und in eine nachjustinische Schaffensperiode: Unter dem Einfluß Justins entwarf Tatian seine schönste und nützlichste Schrift, in der er zeigt, daß die Propheten der Hebräer älter sind als alle berühmten Männer der Hellenen.[566] Euseb berichtet auch anerkennend über die Zeit, als Tatian mit seinem Unterricht in den griechischen Wissenschaften nicht wenig Ruhm erntete und zahlreiche wissenschaftliche Denkmäler hinterließ (h.e. IV 16,7).

Alle anderen von Euseb genannten Schriften scheinen aus der zweiten Lebensphase Tatians zu stammen. Die Beschreibung dieser Werke fällt deutlich distanzierter und kritischer aus. Sachlich-neutral berichtet Euseb vom Diatessaron, dessen Verbreitung und Gebrauch bis in seine eigene Zeit die Beliebtheit dieses Werkes andeutet.[567] Offene Kritik übt Euseb am Vorgehen Tatians, einzelne Sätze des Apostels Paulus umzuändern, um die Ausdrucksweise zu verbessern. Offensichtlich ist, daß für Euseb in der „Korrektur" des Paulus die Vermessenheit und die Hybris Tatians greifbar ist (h.e. IV 29,6), die auch Irenäus bereits kritisiert hatte (h.e. IV 29,3).

Die *Lehre* Tatians, die er „aufgeblasen von Lehrdünkel" nach dem Martyrium Justins verkündete, lehnen Euseb wie Irenäus ab. Irenäus berichtet, daß Tatian wie die Valentinianer unsichtbare Äonen erdichtete und die Ehe als Unzucht ablehnte. Dieser Satz, der dem Gesamtgefüge von *Adversus haereses* entnommen ist, war bei Irenäus noch inhaltlich gefüllt, da er die Valentinianer zuvor dargestellt hatte. Bei Euseb bleibt diese Formulierung aufgrund des fehlenden Kontextes unklar. Es mußte ihm deutlich sein, daß seine Leser die Parallelisierung mit der valentinianischen Äonenlehre nicht verstehen konnten, da er sie in seiner Darstellung Valentins ausgespart hatte. Die Aussagen, daß die Lehre Tatians von der Ablehnung der Ehe derjenigen des Marcion und des Satorninus ähneln soll, gewinnt damit an Bedeutung, weil Euseb mit ihr wieder an beim Leser Bekanntes anknüpfen kann.[568] Hinzu kommt, daß diese Thematik von Irenäus bereits eingangs ausführlich für die Enkratiten festgehalten wurde und somit eine inhaltliche Doppelung darstellt, die sich beim Leser einprägt. Die Negierung der Seligkeit Adams wird von Euseb wie von Irenäus nur schlicht als Tatians eigene Erfindung benannt.[569]

---

[566] Darin stimmen Tatians Ausführungen grundlegend mit denen des Klemens von Alexandrien und des Julius Africanus überein, wie Euseb in seiner *Chronik* zu erkennen gibt (*Chronik*, praef.; 7b, 21). Euseb nennt Tatian als Gewährsmann für das Alter des Mose, womit er vermutlich auf *Oratio ad Graecos* 31–41 anspielt.

[567] Die Einschränkungen οὐκ οἶδ' ὅπως und φασι zeigen, wie distanziert Euseb von diesem Werk Tatians berichtet.

[568] Euseb hatte zuvor noch nicht von Marcions Eheverbot berichtet.

[569] Den Gründen, warum Euseb so ausführlich wie sonst kaum häretische Lehrinhalte nennt, soll in e) *ad 1) Das Problem der Sukzession* weiter nachgegangen werden.

e) Die Probleme der Tatian-Darstellung für die eusebianische Häreseologie

Mit seiner Tatian-Darstellung integriert Euseb zwei Probleme in seine Kirchengeschichtsschreibung, die derart gravierend sind, daß sie die Grundfesten seiner
Häresiekonzeption zu erschüttern drohen. Obwohl sie über die Tatian-Darstellung
in den Gesamtkontext der h.e. hinausweisen, sollen sie bereits hier und nicht erst
in Teil II betrachtet werden, da sie singulär bei Tatian begegnen.

1) Tatians Schülerschaft bei Justin und seine spätere Initiierung einer Häresie
   stellt die *successio haereticorum* grundlegend in Frage: Wie kann ein μαθητὴς
   (Euseb: h.e. IV 29,1) bzw. ἀκροατὴς Justins (Irenäus: h.e. IV 29,3) zu einem
   ἀρχηγός der Enkratiten (Euseb: h.e. IV 29,6) werden? Wenn die Schülerschaft
   bei einem angesehenen Märtyrer wie Justin nicht mehr als Garantie für die
   Orthodoxie einer Lehre dienen kann, scheint die Konzeption der *successio apostolorum* ad absurdum geführt! Euseb steht – wie Irenäus – vor der Schwierigkeit, die häretische Sukzession neu formulieren zu müssen, da das traditionelle
   Abhängigkeitsverhältnis ‚Lehrer–Schüler‘ auf Tatian nicht anwendbar ist. Nur
   mit einer Neuinterpretation der *successio haereticorum* kann das Dilemma von
   Tatians Schülerschaft bei Justin gelöst werden, ohne die apostolische Sukzession in Frage zu stellen.

2) Tatians Wechsel von der Orthodoxie zur Häresie stellt Eusebs Postulat der
   wesensmäßigen Andersartigkeit der Häresie in Frage. Wenn sich nach Eusebs
   Vorstellung Orthodoxie und Häresie aufgrund ihrer unterschiedlichen
   Ursprünge und Zielsetzungen ausschließen, ist zu fragen, zu welcher Seite
   Tatian gehört – zur Häresie oder zur Orthodoxie? Wie wird man dann die
   Darstellung des Irenäus zu verstehen haben, der von Tatians Abfall von der
   Orthodoxie zur Häresie berichtet? Kann Euseb Irenäus in dieser Hinsicht fol-
   gen oder muß er seine Aussagen anders interpretiert haben?

ad 1) Das Problem der Sukzession

Im Normalfall diente der Nachweis der Schülerschaft bei einem Apostel, Apostel-
schüler oder Märtyrer als Garantie für die *Orthodoxie* einer Lehre, wie die irenäische *successio apostolorum* zeigt, die auf eben dieser Grundlage basiert. Wenn die
Schülerschaft bei dem Märtyrer und Häreseologen Justin nicht mehr als Garant
für die Orthodoxie von Tatians Lehre dienen kann, ist letztlich auch die orthodoxe
bzw. apostolische Sukzession in Frage gestellt.[570] Vor diesem Hintergrund müssen

---

570   Brox, Häresie, 260, schildert eindrucksvoll, wie irritierend der Sachverhalt für die Gemeinde-
      christen sein mußte, daß viele Häretiker wie Marcion, Valentin oder Arius ehemalige Gemeinde-
      mitglieder waren und auch weiterhin sein wollten. Die Kirche reagierte auf diese Verunsicherung
      mit der auf 1. Joh 2,19 („sie sind aus unserer Mitte gekommen, aber sie gehörten nicht zu uns;
      denn wenn sie zu uns gehört hätten, dann wären sie bei uns geblieben") basierenden Argumenta-
      tion, daß sich die Häretiker mit ihrer Lehre von der Kirche abgewendet hätten. Ihre Lehre zeige
      im Nachhinein, daß sie „nie von uns waren" (Iren., adv. haer. III 16; vgl. Tert., de praescr. III 13;
      Cypr., de unitate eccles. IX und Cyprian., ep. 59,7 und 69,1).

Irenäus und Euseb ihren Lesern erklären, wie es zu Tatians Abfall und seinen häretischen Ansichten kommen konnte.

Während Irenäus die Formulierung ἀκροατής für das Verhältnis Tatians zu Justin wählt, bestimmt Euseb jenen ganz ungeschuldet als dessen μαθητής (h.e. IV 29,1).[571] Hatte Euseb bei seinen vorherigen Häresiedarstellungen die Abhängigkeit der Häretiker im Sinne eines Schüler-Lehrer-Verhältnisses zu erklären gesucht[572], so kam dieses Erklärungsmodell aufgrund der *Schülerschaft bei Justin* nicht in Frage.

Da Euseb aber die Schülerschaft Tatians bei Justin nicht verschweigen konnte/wollte, um ihn als einen direkten und glaubwürdigen Zeugen für dessen Martyrium anführen zu können, blieb ihm nichts anderes übrig, als neben der personalen Nähe eine *ideengeschichtliche Abhängigkeit von häretischen Lehrinhalten* zu postulieren. Die unsichtbaren Äonen habe Tatian von den Valentinianern, die Ehelosigkeit von Marcion und Satorninus übernommen. Das Umschwenken von der direkten Schülerschaft auf eine ideengeschichtliche Abhängigkeit fand Euseb bereits bei Irenäus vor und konnte es von dort übernehmen.[573]

Diese häretische Einordnung Tatians aufgrund einzelner häretischer Lehren barg jedoch die Gefahr, die Eigenständigkeit der Häresie Tatians zu negieren. Daher berichtet Irenäus von Tatians Leugnung der Seligkeit Adams und bescheinigt ihm in dieser Ansicht Originalität. Tatians Lehre wird mit dieser Formulierung unzweifelhaft zur eigenständigen Häresie. Auch Euseb greift diese zur Legitimierung Tatians als eines eigenständigen Häresiarchen (ἀρχηγὸς, h.e. IV 29,6) auf.[574]

Das Ausweichen auf eine ideengeschichtliche Einordnung Tatians kann als Indiz dafür gewertet werden, daß Euseb mit seiner häreseologischen Konzeption des Lehrer-Schüler-Verhältnisses als verbindendes Glied zwischen einzelnen Häresien an seine Grenzen kommt.

---

[571] Vielleicht hat Irenäus Tatian sehr bewußt nicht als „Schüler", sondern als „Hörer" bezeichnet. Ein Hörer scheint mit dem Lehrer nicht so eng verbunden zu sein.

[572] Einzige Ausnahme waren nur Menander und die Ebionäer, vgl. Teil I 2.2 Menander und 2.3 Die Häresie der Ebionäer.

[573] Vgl. auch unten Teil II 2.5 Die eusebianische *successio haereticorum*. Dort wird genauer zu analysieren sein, wann und mit welchem Ziel Euseb auf die irenäische *successio* zurückgreift, wie er sie modifiziert und inwieweit er dieser Konzeption bei seiner Häresiedarstellung überhaupt verpflichtet ist.

[574] Mit der Originalität der Lehre Tatians steht für Euseb noch mehr auf dem Spiel, wie ein kurzer Vergleich mit der Darstellung Manis in h.e. VII 31 zeigen soll. Dort beschreibt Euseb das Ende der Häresie, das damit gegeben ist, daß alle häretischen Lehren bereits formuliert, bekannt und bekämpft sind. Neue Häresien, die potentiell immer mehr entstehen können, sind nach Eusebs Einschätzung nur noch aus alten, längst erloschenen häretischen Lehrsätzen neu zusammengesetzt. Originalität in der Lehre – wie bei Tatian – kann es mit und nach Mani nicht mehr geben. Aus diesem, weit über inhaltliche Überlegungen zu Tatian hinausgehenden Grund mußte Euseb viel daran liegen, die Lehre von der Ablehnung der ersten Seligkeit Adams als Tatians *eigene* Erfindung herauszustellen.

ad 2) Orthodoxie und Häresie der Person Tatians – oder:
Die Frage nach der Durchlässigkeit der Grenze zwischen Orthodoxie und Häresie

Deutlich ist im Irenäus-Zitat die Tendenz zu erkennen, Justin von der Häresie fernzuhalten. Weder zu dessen Lebzeit, noch im persönlichen Umgang mit Tatian wurden häretische Lehren zur Sprache gebracht. Erst *nach* Justins Martyrium gründet
Tatian seine eigene Schule und verbreitet häretische Lehren.[575] Irenäus bescheinigt
Tatian zu Lebzeiten Justins Orthodoxie oder zumindest sein Schweigen über häretische Ansichten.

Für Eusebs Häresiekonzeption bringt die irenäische Erklärung der Häresieentstehung mehrere Schwierigkeiten mit sich. Nach seiner eigenen Häresiekonzeption
sind die Häretiker wesensmäßig von den orthodoxen Christen zu unterscheiden.
Die Häretiker schleichen sich, angestiftet durch den Teufel, in die Kirche ein, indem
sie den christlichen Glauben heucheln. Ihr Ziel ist es, die orthodoxen Christen vom
rechten Glauben wegzuführen und den Heiden Anlaß zu Lästerungen zu geben.

Diese irenäische Erklärung stellt Euseb vor die Alternative: Entweder hält er an
dem Konstrukt vom (durch den Teufel angestifteten) Einschleichen der Häretiker
in die Kirche fest und muß dann einräumen, daß auch der große Häreseologe
Justin durch einen Häretiker in der eigenen Schülerschaft getäuscht wurde, oder
er geht wie Irenäus von einem sekundären Abfall Tatians nach dem Tod Justins
aus, was nicht nur bedeuten würde, daß auch Schüler prominenter Lehrer von der
Häresie anfechtbar sind, sondern vielmehr auch, daß der Teufel Tatian zur Häresie
anstiftete, als dieser noch auf dem Boden der Orthodoxie stand.

Im letzterem Fall würde der Teufel nicht mehr nur *indirekt*, durch Häretiker
vermittelt, sondern *direkt* auf dem Boden der Kirche agieren und Menschen für
seine Lehre rekrutieren.

Aus diesen Überlegungen ergibt sich die Frage, welche der beiden Alternativen
Euseb vertreten haben wird. Da bei der Annahme der zweiten Konzeption grundlegende Ansichten der eusebianischen Häresiekonzeption preisgegeben wären, wird
man davon ausgehen müssen, daß Euseb eher davon ausging, daß Justin von Tatian
getäuscht wurde.[576]

Die Formulierung bei Irenäus, die positiv die Orthodoxie Tatians zu Lebzeiten Justins bezeugen sollte, kann auch negativ dahingehend verstanden werden,

---

[575] So interpretiert auch Lampe, Stadtrömische Christen, 245, die Irenäus-Stelle. Das an Tatian Eigen-
willige, der Enkratismus, trat nicht während Tatians Aufenthalt in Rom zutage, sondern erst später
im Osten. In Rom wirkte Tatian „als ein fest innerhalb der großkirchlichen Gemeinschaft verwur-
zelter Antihäretiker".

[576] Der Parallelfall ‚Novatus' zeigt, daß sich auch ein Bischof hinsichtlich der Orthodoxie einer Person
irren kann. Obwohl nach Angaben des Kornelius von Rom (h.e. VI 43,14) der Satan bereits vor
der Taufe in Novatus gefahren war und in ihm wohnte, weiht ihn der Bischof, ungeachtet der Warnung seiner Gemeinde, zum Presbyter. Der Parallelfall ‚Novatus' ist mit der Aussage des Kornelius
eindeutig entschieden: Es gelingt dem Teufel, auch kirchliche Vertreter zu täuschen. Er kann aber
keinen auf dem Boden der Kirche stehenden Mann in seinen Besitz nehmen, sondern muß ihn
außerhalb (vor dessen Taufe) rekrutieren und dann in die Kirche einschleusen.

daß er nur keine häretischen Lehren *geäußert* habe. In eusebianischer Lesart hieße dies, daß sich Tatian, vom Teufel angestiftet, einschlich, den Glauben geschickt heuchelte, den großen Häreseologen Justin täuschte und sich in seiner Gegenwart nie der Häresie verdächtig machte. Zum strategischen Vorgehen des Teufels paßt es sehr gut[577], daß er neue Wege einschlägt, indem er seine Häretiker als Schüler berühmter Lehrer mit hohem Ansehen einschleust.

Sollte diese Überlegung richtig sein, dann integriert Euseb mit der Anstiftung Tatians durch den Teufel ein steigerndes Moment in seine Darstellung: „Strohmänner" des Teufels innerhalb der Kirche sind nicht mehr nur einfache Christen, sondern auch Schüler prominenter Kirchenvertreter, deren Schülerschaft im Normalfall gerade ein Garant für die Orthodoxie darstellten.

Ein Einwand, der *gegen* die teuflische Anstiftung Tatians *vor* der Schülerschaft bei Justin und *für* den sekundären Abfall zur Häresie nach dem Tod Justins sprechen könnte, sei kurz entkräftet. Die Tatsache, daß Euseb die Schriften Tatians, wie die Schrift *An die Hellenen*, lobend erwähnen oder sogar zum Tod Justins zitieren kann, muß nicht notwendigerweise als ein Indiz für eine nur vorgetäuschte Orthodoxie Tatians gewertet werden. Zwei Gründe sprechen dagegen:

a) Die bisherige Untersuchung hatte zwar gezeigt, daß Euseb häretische Werke oder Zitate von Häretikern unter allen Umständen auslässt. Das Tatian-Zitat stellt aber insofern eine Ausnahme dar, als Euseb mit ihm einen *Augenzeugen*bericht zum Martyrium Justins einfügt. Da ihm diesbezüglich anscheinend keine anderen Quellen zur Verfügung standen, kann Euseb auch Tatian zitieren, zumal der Text keine theologischen Themen berührt.[578]

b) Es konnte wahrscheinlich gemacht werden, daß Euseb von der Abfassung der Schrift *Oratio ad Graecos* noch zu Lebzeiten Justins, d.h. in Tatians „orthodoxer" Phase, ausgeht, als er noch unter dem Einfluß Justins stand. An anderer Stelle der h.e. (h.e. II 14,3) erklärt Euseb seinem Leser, daß in den Zeiten der Apostel die Häresie des Simon keinen Bestand hatte, „weil der Glanz der Wahrheit und das göttliche Wort [...] auf Erden in Blüte stand und in den Aposteln wirkte". Obwohl Euseb diesen Gedanken nicht weiter ausführt, kann man hier mit aller Vorsicht erwägen, ob er nicht auch an dieser Stelle annahm, daß Tatian in Gegenwart Justins machtlos war, seine häretische Lehre zu äußern. Unter dem Einfluß und der Kontrolle Justins stehend, konnte Tatian sogar eine nicht-häretische Schrift wie *An die Hellenen* verfassen.

---

[577] Vgl. die Aussagen Eusebs zur Strategie des Teufels, immer neue Angriffsarten auf die Kirche zu wählen, unter Teil II 2.2 Die Doppelstrategie des Teufels: innere und äußere Feinde.

[578] Wie sich im Rahmen der Darstellung des Apelles zeigen wird, kann Euseb auch den Häretiker Rhodon ausführlich zitieren, wenn er damit entscheidende Grundlagen seiner Häresiekonzeption stützen kann. Vgl. dazu unten Teil I 2.15 Exkurs 2: Der Tatianschüler Rhodon und das Problem der Zitation häretischer Schriften.

f) Die Darstellung der Häresie der Severianer bei Euseb
und ihr Verhältnis zum Urheber Tatian

Eusebs Ausführungen zu den Severianern sollten – im Gegensatz zu den irenä-ischen Ausführungen über die Enkratiten – die Unterschiede zwischen Tatian und den Severianern betonen. Während zur Zeit Tatians die Enkratiten (nach Irenäus) noch ganz in Übereinstimmung mit ihrem Lehrer lebten, bringt das Auftreten des Severus Irritationen in der Lehre. Das Verhältnis von scheinbar „konservati-ven" Enkratiten und „progressiven" Severianern steht in eigentümlicher Spannung, ohne daß Euseb dem Leser die Verhältnisbestimmung zwischen beiden Gruppie-rungen deutlich macht.

Euseb kam diese (irenäische) Beschreibung der Häresie Tatians gelegen, zeu-gen die unterschiedlichen Berichte über diese Häresie doch von einem Auflösungs-prozeß, der mit Lehrdifferenzen zwischen Tatian/Enkratiten und den Severianern beginnt. Euseb zufolge ist die Häresie durch Uneinheitlichkeit, Wandelbarkeit und damit auch Unbeständigkeit gekennzeichnet. Dieser Topos, der an dieser Stelle noch unterschwellig eingeführt ist, wird im Laufe der Häresiedarstellung immer weiter an Raum und Gewicht gewinnen.[579]

Mit der Verwerfung des Diatessarons und der Korrekturen an den Paulusbrie-fen durch die Severianer ist das eigentliche Werk Tatians durch seine eigenen Nach-folger zunichte gemacht, ganz wie Euseb in h.e. IV 7,13 prophezeit hatte: „Da stets neue Häresien ersonnen wurden, siechten die früheren immer wieder dahin und lösten sich bald auf diese, bald auf jene Weise zu mannigfaltigen und vielgestaltigen Erscheinungen auf."[580]

2.14 Bardesanes (h.e. IV 30)

h.e. IV 30,1–3[581]

30,1 ἐπὶ δὲ τῆς αὐτῆς βασιλείας, πληθυουσῶν τῶν αἱρέσεων ἐπὶ τῆς Μέσης τῶν ποταμῶν, Βαρδησάνης, ἱκανώτατός τις ἀνὴρ ἔν τε τῇ Σύρων φωνῇ διαλεκτικώτατος, πρὸς τοὺς κατὰ Μαρκίωνα καί τινας ἑτέρους διαφόρων προϊσταμένους δογμάτων διαλόγους συστη-σάμενος τῇ οἰκείᾳ παρέδωκεν γλώττῃ τε καὶ γραφῇ μετὰ καὶ πλείστων ἑτέρων αὐτοῦ

Als unter der gleichen Regierung die Irrleh-ren in Mesopotamien überhandnahmen, ver-faßte Bardesanes, ein äußerst fähiger Mann, der in der syrischen Sprache sehr bewandert war, gegen die Anhänger des Marcion und die Anhänger anderer Vertreter abweichen-der Lehren Dialoge, welche er ebenso wie zahlreiche andere Werke in seiner Mutter-

---

[579] Bei der marcionitischen Schule (Teil I 2.15 Die marcionitische Schule: Apelles) und bei der Häre-sie des Artemon (Teil I 2.19 Artemon) soll dieser Topos noch weiter herausgearbeitet werden, vgl. dort.

[580] Euseb, h.e. IV 7,13 <GCS 312,22–26>; für den griechischen Text vgl. Anm. II 97. Vgl. auch die Ausführungen zu Apelles und die Abschnitte in Teil II 2.6 Die Unbeständigkeit der Häresie und 2.7.2 Auflösung der Häresie durch das Entstehen neuer häretischer Lehren.

[581] Euseb, h.e. IV 30,1–3 <GCS Euseb II/1, 392,14–27>.

συγγραμμάτων· οὓς οἱ γνώριμοι (πλεῖστοι δὲ ἦσαν αὐτῷ δυνατῶς τῷ λόγῳ παρισταμένῳ) ἐπὶ τὴν Ἑλλήνων ἀπὸ τῆς Σύρων μεταβεβλήκασι φωνῆς·

30,2 ἐν οἷς ἐστιν καὶ ὁ πρὸς Ἀντωνῖνον ἱκανώτατος αὐτοῦ περὶ εἱμαρμένης διάλογος ὅσα τε ἄλλα φασὶν αὐτὸν προφάσει τοῦ τότε διωγμοῦ συγγράψαι.

30,3 ἦν δ᾽ οὗτος πρότερον τῆς κατὰ Οὐαλεντῖνον σχολῆς, καταγνοὺς δὲ ταύτης πλεῖστά τε τῆς κατὰ τοῦτον μυθοποιίας ἀπελέγξας ἐδόκει μέν πως αὐτὸς ἑαυτῷ ἐπὶ τὴν ὀρθοτέραν γνώμην μετατεθεῖσθαι, οὐ μὴν καὶ παντελῶς γε ἀπερρύψατο τὸν τῆς παλαιᾶς αἱρέσεως ῥύπον.

sprache herausgab. Seine Schüler – er hatte sehr viele, weil er mit Kraft seine Lehre zu vertreten wußte – haben diese Schriften aus dem Syrischen ins Griechische übersetzt. Unter seinen Schriften sind ein ganz trefflicher an Antoninus gerichteter Dialog über das Fatum und viele andere angeblich infolge der damaligen Verfolgung verfaßten Arbeiten.

Bardesanes hatte sich früher der Schule Valentins angeschlossen. Als er sie aber durchschaut hatte, wies er die meisten ihrer Fabeln zurück und glaubte sich zu einer reinen Lehre bekehrt zu haben. Doch hat er den Schmutz der alten Häresie nicht vollständig abgeschüttelt.

Wie in der *Chronik* ordnet Euseb das Wirken von Tatian und Bardesanes historisch falsch[582] in die Regierungszeit Mark Aurels ein.[583] Erstmals nach der Darstellung der Ebionäer (in h.e. III 27) stellt Euseb wieder eine Häresie dar, ohne eine Quellenvorlage für sein Referat zu nennen. Er berichtet, daß Bardesanes in Syrisch Dialoge gegen die Marcioniten und andere Häresien verfaßte, wobei Euseb anscheinend nur einen an Antoninus gerichteten Dialog über das Fatum namentlich kennt. Zudem sei Bardesanes ein Ex-Valentinianer, der die meisten ihrer Fabeln zurückwies und glaubte, sich damit zu einer reinen Lehre bekehrt zu haben. Euseb stellt diesem subjektiven Eindruck des Bardesanes seine eigene Meinung gegenüber und notiert, daß dieser „den Schmutz der alten Häresie nicht vollständig abgeschüttelt habe".[584]

---

[582] Euseb datiert Bardesanes wie in der *Chronik* (vgl. Anm. I 583) in die Zeit Mark Aurels, die er ab h.e. IV 14,10 darstellt. Ihm mußte mit den Informationen über Bardesanes die Angabe überliefert sein, daß dieser unter „Antoninus" auftrat. Euseb schloß auf Mark Aurel, womit er Bardesanes ziemlich früh ansetzt. Wahrscheinlicher wäre ein Wirken unter den Antoninen Caracalla oder Elagabal. Barnes, Constantine and Eusebius, 141, erklärt die falsche zeitliche Einordnung damit, daß Bardesanes nach h.e. IV 30,2 einen Dialog „Über das Fatum" verfaßt und an Antoninus adressiert hat, den Euseb fälschlicherweise mit dem Antoninen Mark Aurel identifiziert habe.
    Wenn man jedoch von der Geburt des Bardesanes im Jahre 154 ausgeht (Hilgenfeld, Ketzergeschichte, 290; Drijvers, Art. Bardesanes, TRE 5 [1980], 206) ist ein Auftreten des Bardesanes unter Mark Aurel nicht vollkommen ausgeschlossen, ein späteres Auftreten unter Caracalla oder Elagabal wäre jedoch wahrscheinlicher. Vgl. zur eusebianischen Datierung des Bardesanes auch Hilgenfeld, Ketzergeschichte, 517; Drijvers, Bardaisan, 169–170 (154–222 n.Chr.) und Grant, Eusebius as Church Historian, 89.

[583] Euseb, *Chronik* zum 12. Jahr des Mark Aurel (= 172): Bardesanes alterius haereseos princeps notus efficitur. <GCS Euseb VII/1, 206,15–16>. Bemerkenswert ist die eusebianische Aussage, daß Bardesanes eine eigene Häresie gründete. In der h.e. wird Euseb nur noch von einem *Anhänger* der Valentinianer sprechen, vgl. Grant, Eusebius as Church Historian, 89.

[584] Euseb, h.e. IV 30,3 <GCS Euseb II/1, 392,26–27>.

a) Die Darstellung der Häresie des Bardesanes

Die Häresie des Bardesanes wird von Euseb als nicht eigenständig herausgestellt; sie bewegt sich ganz in den Bahnen des Valentinianismus. Der Grund, Bardesanes als Tradenten einer „alten" Häresie (vgl. h.e. IV 10–11,3) dennoch eigens zu betrachten, liegt weniger in den häretischen Inhalten, als in dem von Euseb mit dieser Darstellung verfolgten Ziel. An beiden Häretikern, Tatian und Bardesanes, veranschaulicht Euseb einen Aspekt der Frage nach der Durchlässigkeit der Grenze zwischen Häresie und Orthodoxie. Beide Berichte (h.e. IV 29 und IV 30) sind diesbezüglich als einander ergänzende Einheit von Euseb geschaffen, weshalb die Frage nach den rezipierten Quellen hier vernachlässigt werden kann.[585]

Wie bei Tatian schwankt die Darstellung des Bardesanes zwischen Anerkennung des wissenschaftlichen Tuns und Ablehnung als Häretiker. Euseb stellt Bardesanes positiv als „fähigen Mann", „in der syrischen Sprache bewandert", dar, der an Antoninus einen „trefflichen" Dialog über das Fatum schrieb und weitere Dialoge gegen die Marcioniten und andere Häresien richtete.[586] Auch hebt Euseb anerkennend hervor, daß Bardesanes seine Lehre mit Kraft zu vertreten wußte, so daß ihm viele Schüler anhingen. Diese durchaus positive Darstellung des Bardesanes kippt jedoch in h.e. IV 30,3 mit dem Hinweis auf die Schülerschaft bei Valentin und der eusebianischen Einschätzung, Bardesanes habe sich nie ganz von der Häresie befreien können.

Allein die Präsentation des Bardesanes zeigt, wie sehr sie von Euseb als Parallele zu Tatian entworfen wurde: Beide sind Lehrer, haben viele Schüler und können ihre Lehre überzeugend darstellen. Beide verfassen von Euseb selbst lobend erwähnte Schriften, wobei Bardesanes im Gegensatz zu Tatian sogar antihäretisch wirksam ist, indem er sich gegen die Marcioniten und andere Häretiker ausspricht. Jedoch können einzelne durchaus lobenswerte Leistungen beider Häretiker nicht darüber hinwegtäuschen, daß sie in ihrer Lehre häretisch sind.[587]

---

[585]   Für die eusebianische Häresiedarstellung wäre nur die Frage nach der Herkunft der Information über die valentinianische Vergangenheit des Bardesanes von Interesse. Ließe sich die Kenntnis von Hippolyts *Refutatio*, insbesondere ref. VI 35, bei Euseb nachweisen, wo Hippolyt von der Aufspaltung der Valentinianer in einen anatolischen (Bardesanes und Axionikos) und einen italischen Zweig (Herakleon und Ptolemäus) berichtet, wäre die Herkunft geklärt. Da sich die Kenntnis von Hippolyts *Refutatio* bei Euseb aber nicht zweifelsfrei nachweisen läßt, wird man aufgrund dieser knappen Information keine Kenntnis rekonstruieren können. Andere Euseb nachweislich bekannte (und erhaltene) Schriften (vgl. Teil I) enthalten keinen Hinweis auf die valentinianische Vergangenheit des Bardesanes, so daß die Herkunft der eusebianischen Information offen bleiben muß.

[586]   Euseb zitiert in praep. ev. Auszüge aus Bardesanes *liber legum regionum*: praep. ev. VI 9,32 (eusebianische Einleitung), praep. ev. VI 10,1–10,10 (*liber legum regionum* 15–16); VI 10,11–48 (*liber legum regionum* 25–47). Den genauen Titel der Schrift kann Euseb nicht angeben und nennt sie in praep. ev. VI 9,32 „Dialog mit den Freunden" (πρὸς τοὺς ἑταίρους διάλογος).

[587]   Eine ähnlich ambivalente Haltung Eusebs findet sich ebenfalls bei der Darstellung des Rhodon in h.e. V 13: Wie Tatian kann Euseb auch den (Häretiker) Rhodon zitieren; zudem schwankt dessen Darstellung zwischen Anerkennung seines wissenschaftlichen Tuns bzw. seiner antihäretischen

Die „Doppelhäresie" Tatian – Bardesanes ist von Euseb als eine aufeinander bezogene Einheit geschaffen worden, welche mit beiden Häresiarchen die Durchlässigkeit der Grenze zwischen Orthodoxie und Häresie thematisiert. Für Bardesanes hält Euseb außergewöhnlich deutlich fest, daß dieser, obwohl seine Einzelleistungen durchaus positiv bewertet werden können, *nie* auf orthodoxem Boden stand.

Auch wenn Bardesanes sich durchaus wirkmächtig im Kampf gegen die Häresie erweist, garantiert das nach Eusebs Ansicht jedoch nicht, daß er auch orthodox ist. Ein Kämpfer gegen die Häresie, der in dieser Frontstellung zwar dasselbe Ziel wie die Kirche verfolgt, muß nicht *per se* selbst orthodox sein. Euseb differenziert an diesem Punkt sehr genau und weist seinen Leser wieder auf das entscheidende Kriterium hin: auf die Herkunft und auf den Ursprung der Lehre. Damit ist ein Wechsel von der Häresie zur Orthodoxie ausgeschlossen. Bardesanes war trotz seiner antimarcionitischen Wirksamkeit nie Anhänger der wahren Lehre.

Mit der Darstellung des Bardesanes nimmt Euseb wie bei Tatian indirekt die Topik von der Uneinheitlichkeit und Unbeständigkeit der Häresie auf, ohne sie eigens explizit zu thematisieren. Die Häresie ist im Gegensatz zur Wahrheit in ihrem Wesen uneinheitlich, was sich daran erkennen läßt, daß sich die Einzelhäresien untereinander bekämpfen. So zieht der Valentinianer Bardesanes gegen die Marcioniten und andere Häresien zu Felde.

Geht man nun davon aus, daß die Häresie des Tatian und die des Bardesanes als Doppelhäresie von Euseb geplant ist, finden sich hier beide gängigen Aspekte des Topos „Uneinheitlichkeit der Häresie": der durch unterschiedliche Lehrmeinungen der Schüler veranlaßte innere Auflösungsprozeß und ein von außen initiierter Auflösungsprozeß durch andere Häresien. Nimmt man beide Aspekte zusammen, so sind sie als Auftakt der Darstellung des Apelles (h.e. V 13) zu verstehen. Dort ist es der Tatianschüler Rhodon, der als Außenstehender die marcionitische Schule widerlegt und gleichzeitig den mit Apelles, Syneros, Potitus und Basilikus ansetzenden inneren Auflösungsprozeß der marcionitischen Schule aufgrund von Lehrdifferenzen beschreibt.

Beachtenswert ist noch das von Euseb am Anfang der Bardesanes-Darstellung eingefügte Steigerungsmotiv. Euseb beginnt den Abschnitt mit den Worten: ἐπὶ δὲ τῆς αὐτῆς βασιλείας, πληθυουσῶν τῶν αἱρέσεων ἐπὶ τῆς Μέσης τῶν ποταμῶν [...] (h.e. IV 30,1). Damit gelingt Euseb zunächst einmal ein Auftakt zur antihäretischen Wirksamkeit des Bardesanes. Zugleich nimmt er ein dramatisierendes und alle bisherigen Aussagen über die Häresie überbietendes Element in seine Darstellung auf, wenn er davon spricht, daß in einer bestimmten Region des Römischen Reiches die Häresie Überhand gewinnen konnte. Trat die Häresie bisher in Eusebs Darstellung immer nur in einzelnen Gruppierungen, manchmal nur in Form von einzelnen Häresiegründern in Erscheinung, so spricht Euseb nun von der zahlenmäßigen

---

Wirksamkeit und der Ablehnung als Schüler des Häretikers Tatian. Vgl. dazu Teil I 2.15 Exkurs 2: Der Tatianschüler Rhodon und das Problem der Zitation häretischer Schriften.

Überlegenheit der Häresie in Mesopotamien.[588] Das Moment der dramatischen Steigerung wurde in anderen Häresiedarstellungen bereits häufiger beobachtet und soll unten näher analysiert werden.[589]

Exkurs 1:
Die Durchlässigkeit der Grenze zwischen Häresie und Orthodoxie anhand der Darstellung der Häresien von Tatian und Bardesanes

Die Darstellung Tatians wie auch die des Bardesanes sind für das Verständnis der eusebianischen Häresiekonzeption insofern von besonderer Bedeutung, als sie erzählerisch grundlegende Positionen Eusebs hinsichtlich der Häresie verdeutlichen. Mit Tatian ist Euseb herausgefordert, seinem Leser zu erklären, wie ein Schüler des angesehenen Märtyrers Justin zur Häresie abfallen konnte; bei Bardesanes hält Euseb fest, daß der ehemalige Häretiker, obwohl er im Kampf gegen die Häresie dieselben Ziele wie die orthodoxen Häreseologen verfolgt, nicht allein aufgrund seines Tuns Orthodoxie für sich beanspruchen kann. Beide Häresie-Berichte thematisieren also direkt die Durchlässigkeit der Grenze zwischen Orthodoxie und Häresie. Während Irenäus im Falle Tatians und vermutlich die öffentliche Meinung im Falle des Bardesanes von der Möglichkeit eines Übertrittes von einer zur anderen Seite ausgehen, muß Euseb diesen Wechsel der Fronten negieren.[590] Beide Häresiedarstellungen lassen erkennen, daß er sehr wohl über das Verhältnis von Häresie und Orthodoxie reflektiert hatte und anscheinend auch unpopuläre Entscheidungen trifft.[591]

Die Entscheidung gegen einen möglichen Frontenwechsel resultiert aus einem mit der eusebianischen Häresiekonzeption gegebenen „Systemzwang". Die sich aus einem Übertritt von der Orthodoxie zur Häresie (Tatian) sowie von der Häresie zur

---

[588] Die eusebianische Konzentration auf die Häresiegründer unter Absehung ihrer Schulen erweckt den Eindruck, die Häresie sei bislang ein zahlenmäßig kleines Phänomen.

[589] Vgl. Teil II 2.5.5 Die Steigerung innerhalb der Sukzession.

[590] Euseb kennt zwar die Rückkehr von Häretikern zur Kirche und deren Wiederaufnahme (h.e. VII 7,4), aber diese Fälle unterscheiden sich von Bardesanes dadurch, daß es sich bei ihnen um ehemalige orthodoxe Christen handelt, die nur temporär abgefallen sind. Nach Eusebs Darstellung war Bardesanes vor seinem Leben als Valentinianer nie ein orthodoxer Christ. Während bei den „orthodoxen" Christen in h.e. VII 7,4 die christliche Grundlage vorhanden ist, an die bei der Wiederaufnahme angeknüpft werden kann, fehlt diese beim häretischen Bardesanes, der sich wohl von der valentinianischen Gemeinschaft abkehren kann, aber dadurch nicht orthodox wird.

[591] Eusebs Darstellung läßt erkennen, daß sowohl Tatian als auch Bardesanes bei Kirchenvertretern angesehen waren. Tatian, ein ehemaliger Heide (h.e. IV 16,7), kann als orthodoxer Zeuge gegen Artemon angerufen werden (vgl. h.e. V 28,4), und seine wissenschaftlichen Schriften werden nicht zuletzt von Klemens von Alexandrien und Origenes gerühmt (vgl. dazu die Euseb bekannten Schriften). Bardesanes galt in Kirchenkreisen als orthodox, obwohl er früher Valentinianer war. Euseb spricht beiden Häretikern ihre Orthodoxie ab; im Fall Tatians wendet sich Euseb gegen seine Quelle Irenäus, im Fall des Bardesanes hält Euseb schlußendlich gegen die wohl gängige Kirchenmeinung fest, daß Bardesanes den Schmutz der Häresie nie abwaschen konnte.

Orthodoxie (Bardesanes) ergebenden Konsequenzen sind derart gravierend, daß Euseb eher einen möglichen Wechsel negierte als seine gesamte Geschichtskonzeption aufzugeben.[592]

Im Falle Tatians hätte der späte Wechsel von der Orthodoxie zur Häresie nach dem Tod Justins bedeutet, daß der Teufel nicht von außerhalb, sondern vom Boden der Kirche aus agiert hätte, womit die Grenze zwischen Kirche und Häresie verwischt und die Wirkungsbereiche Gottes und des Teufels vermengt wären. Zudem stellt der sekundäre Abfall eines Märtyrerschülers die apostolische Sukzession, die als Garant für die Orthodoxie einer Lehre diente, in Frage.[593]

Der Wechsel des Bardesanes von der Häresie zur Orthodoxie hätte Eusebs Grundannahme, daß sich die Häretiker den Glauben heuchelnd *von außen* in die Kirche einschleichen und sie zu verderben suchen, völlig konterkariert. Wer nach Eusebs Darstellung von außen – sogar anerkanntermaßen von der Häresie herkommend – in die Kirche eindringt, scheinbar „orthodox" auftritt, kann nicht wesensmäßig zur Kirche gehören, sondern nur den Glauben heucheln und die christliche Lebensweise imitieren – und das perfekt. Wäre dieser Übertritt von der Häresie zur Orthodoxie möglich, fiele ein wichtiges Unterscheidungskriterium von Häresie und Orthodoxie: das des Ursprungs einer Lehre.[594]

Beide Häresiedarstellungen zeigen aber auch, daß Euseb nicht allein aus „Systemzwang" bzw. zur Rettung seiner Konzeption von Häresie und Geschichte, sondern auch aus dem Ernstnehmen der häretischen Gefahr zur Negierung einer jeglichen Grenzüberschreitung geführt wird. Diese rigorose – und im Falle des Bardesanes auch unpopuläre – Haltung im Hinblick auf Häresie und Orthodoxie als einfache Schwarz-Weiß-Malerei[595] abzutun, wird Eusebs Darstellung nicht gerecht.

---

[592] Gödecke, Geschichte als Mythos, 141, erkennt in Eusebs Darstellung eine „Schwarz-Weiß-Malerei, die nur zwischen der Zugehörigkeit zur einen oder andern Seite zu unterscheiden vermag". Euseb kenne keine neutralen Kategorien wie Veränderung oder Wandlung. Daß sich Euseb seine offensichtlich unpopuläre Entscheidung (vgl. Anm. I 591) nicht einfach gemacht hat, verkennt Gödecke.

[593] Näheres dazu unter 2.13 e) Das Problem der Sukzession (bei Tatian).

[594] Anders verhält es sich bei Beryll von Bostra in h.e. VI 33,2, der von Origenes wieder zur rechten Lehre bekehrt wird. Euseb notiert zuvor (h.e. VI 20,2), daß Beryll orthodoxer Bischof der Araber in Bostra war. Er fiel später zu einer häretischen Lehre ab, wurde aber von Origenes wieder „zur früheren gesunden Ansicht zurückgebracht" (h.e. VI 33,2). Der Fall Beryll unterscheidet sich von Bardesanes dahingehend, daß Beryll im Gegensatz zu Bardesanes bereits vorher Anhänger der wahren Lehre war. Er hatte sie zuvor kennengelernt und konnte so zurückkehren. Von einem Einschleichen eines Häretikers in die Kirche zur Verwirrung der Vielen kann bei Beryll nicht die Rede sein.

[595] Vgl. Anm. I 592.

Der fünfte Häresieblock:
Die Häresien zur Zeit des Commodus (180–192)

Nach einer kurzen Darstellung der Schule in Alexandrien, die zur Zeit des Commodus von Pantänus und später von seinem Schüler Klemens geleitet wurde, und einer Auflistung der Bischöfe von Jerusalem, geht Euseb in h.e. V 13 ausführlich auf die marcionitische Schule ein.

In h.e. V 14–15 leitet Euseb nach einer Skizzierung seiner eigenen Häresiekonzeption zu den im folgenden zu behandelnden Häretikern über: zu Montanus und seinen Prophetinnen in Asien und sowie zu Florinus und Blastus in Rom. An die in h.e. V 14–15 vorgegebene Abfolge der Häretiker hält sich Euseb auch in seiner ausführlichen Darstellung (h.e. V 16–20). Montanus' Präsentation in h.e. V 16,1–19,4 nimmt dabei den größten Raum ein. Blastus, über den Euseb bereits in der Ankündigung (h.e. V 15) nicht mehr als den Ort seiner Wirksamkeit, nämlich Rom, nennen kann, bleibt auch bei der eigentlichen Darstellung in h.e. V 20,1 hinsichtlich seiner Person und Lehre konturlos. Florinus hingegen wird von Euseb in h.e. V 20,4–8 wieder ausführlicher thematisiert.

Mit der Darstellung des Florinus und Blastus greift Euseb eine bereits bei ihm häufiger beobachtete Verzahnung zweier Häresien auf.[596] Er nennt dabei zunächst beide Häresien (h.e. V 15), verknüpft sie miteinander aufgrund zeitlicher (Commodus), geographischer (Rom) und inhaltlicher Aspekte (beide von Irenäus bekämpft). Sodann übergeht Euseb mit wenigen Worten die erstgenannte Häresie (Blastus, h.e. V 20,1), um die zweite Häresie (Florinus, h.e. V 20,1.4–8) ausführlich zu behandeln. Die Gründe für diese Darstellungsweise lagen bislang darin, daß Euseb über den ersten Häretiker aus inhaltlichen Gründen nicht berichten wollte oder es aufgrund mangelnder Quellen nicht konnte. Die Ursachen für die Darstellungsweise von Florinus und Blastus werden unter weiter analysiert.

2.15 Die marcionitische Schule: Apelles (h.e. V 13)

h.e. V 13,1–9[597]

13,1 Ἐν τούτῳ καὶ Ῥόδων, γένος τῶν ἀπὸ Ἀσίας, μαθητευθεὶς ἐπὶ Ῥώμης, ὡς αὐτὸς ἱστορεῖ, Τατιανῷ, ὃν ἐκ τῶν πρόσθεν ἔγνωμεν, διάφορα συντάξας βιβλία, μετὰ τῶν λοιπῶν καὶ πρὸς τὴν Μαρκίωνος παρατέτακται αἵρεσιν· ἣν ς. καὶ εἰς διαφόρους γνώμας κατ' αὐτὸν διαστᾶσαν ἱστορεῖ, τοὺς τὴν διάστασιν ἐμπεποιηκότας

Um diese Zeit verfaßte Rhodon, der aus Asien stammte und, wie er selbst erzählt, in Rom Schüler des oben erwähnten Tatian war, verschiedene Schriften und wandte sich mit anderen auch gegen die Häresie des Marcion. Er berichtet, daß sich dieselbe damals in verschiedene Richtungen gespalten habe,

---

596 Die Art der Verknüpfung zweier Häresien findet sich auch bei den Doppelhäresien Valentin/Kerdon und Satorninus/Basilides. Nähere Analysen siehe dort.

597 Euseb, h.e. V 13,1–9 <GCS Euseb II/1, 454,15–458,15>.

ἀναγράφων ἐπ' ἀκριβές τε τὰς παρ' ἑκάστῳ τούτων ἐπινενοημένας διελέγχων ψευδολογία

zählt diejenigen auf, welche die Spaltungen herbeigeführt, und widerlegt gründlich die von jedem derselben ersonnenen falschen Lehren.

13,2 ἄκουε δ' οὖν καὶ αὐτοῦ ταῦτα γράφοντος· „διὰ τοῦτο καὶ παρ' ἑαυτοῖς ἀσύμφωνοι γεγόνασιν, ἀσυστάτου γνώμης ἀντιποιούμενοι. ἀπὸ γὰρ τῆς τούτων ἀγέλης Ἀπελλῆς μέν, ὁ τὴν πολιτείαν σεμνυνόμενος καὶ τὸ γῆρας, μίαν ἀρχὴν ὁμολογεῖ, τὰς δὲ προφητείας ἐξ ἀντικειμένου λέγει πνεύματος, πειθόμενος ἀποφθέγμασι παρθένου δαιμονώσης, ὄνομα Φιλουμένης·

Vernimm seine eigenen Worte:
„Da sie nun an einer unhaltbaren Meinung festhalten, sind sie unter sich uneins. Denn während Apelles, einer aus ihrer Schar, ein Mann, der sich seines Wandels und seines Alters rühmt, den Sprüchen einer besessenen Jungfrau namens Philumene folgend, nur ein einziges Prinzip annimmt, obwohl er die prophetischen Schriften aus einem feindlichen Geiste entstehen läßt,

13,3 ἕτεροι δέ, καθὼς καὶ αὐτὸς ὁ ναύτης [Μαρκίων], δύο ἀρχὰς εἰσηγοῦνται· ἀφ' ὧν εἰσιν Ποτῖτός τε καὶ Βασιλικός.

sprechen andere, wie der Schiffer Marcion, von zwei Prinzipien; zu ihnen gehören Potitus und Basilikus.

13,4 καὶ οὗτοι μὲν κατακολουθήσαντες τῷ Ποντικῷ λύκῳ καὶ μὴ εὑρίσκοντες τὴν διαίρεσιν τῶν πραγμάτων, ὡς οὐδ' ἐκεῖνος, ἐπὶ τὴν εὐχέρειαν ἐτράποντο καὶ δύο ἀρχὰς ἀπεφήναντο ψιλῶς καὶ ἀναποδείκτως· ἄλλοι δὲ πάλιν ἀπ' αὐτῶν ἐπὶ τὸ χεῖρον ἐξοκείλαντες, οὐ μόνον δύο, ἀλλὰ καὶ τρεῖς ὑποτίθενται φύσεις· ὧν ἐστιν ἀρχηγὸς καὶ προστάτης Συνέρως, καθὼς οἱ τὸ διδασκαλεῖον αὐτοῦ προβαλλόμενοι λέγουσιν".

Diese folgen dem pontischen Wolfe. Da sie sich so wenig wie dieser die Gegensätze in den Erscheinungen erklären konnten, machten sie sich die Sache leicht und nahmen einfach, ohne nach Beweisen zu fragen, zwei Prinzipien an. Wieder andere unter ihnen gerieten auf noch schlimmere Bahnen und behaupten nicht nur zwei, sondern drei Urwesen. Begründer und Führer dieser Richtung ist, wie ihre Anhänger lehren, Syneros. "

13,5 γράφει δὲ ὁ αὐτὸς ὡς καὶ εἰς λόγους ἐληλύθει τῷ Ἀπελλῇ, φάσκων οὕτως·

Derselbe Rhodon schreibt, daß er auch mit Apelles eine Unterredung gehabt habe. Seine Worte sind:

„ὁ γὰρ γέρων Ἀπελλῆς συμμίξας ἡμῖν, πολλὰ μὲν κακῶς λέγων ἠλέγχθη· ὅθεν καὶ ἔφασκεν μὴ δεῖν ὅλως ἐξετάζειν τὸν λόγον, ἀλλ' ἕκαστον, ὡς πεπίστευκεν, διαμένειν· σωθήσεσθαι γὰρ τοὺς ἐπὶ τὸν ἐσταυρωμένον ἠλπικότας ἀπεφαίνετο, μόνον ἐὰν ἐν ἔργοις ἀγαθοῖς εὑρίσκωνται· τὸ δὲ πάντων ἀσαφέστατον ἐδογμάτιζετο αὐτῷ πρᾶγμα, καθὼς προειρήκαμεν, τὸ περὶ θεοῦ. ἔλεγεν μὲν γὰρ μίαν ἀρχὴν καθὼς καὶ ὁ ἡμέτερος λόγος".

„Als der greise Apelles sich mit uns in eine Diskussion einließ, wurde er überführt, wie unrecht er in vielen Dingen hatte. Daraufhin sagte er, es gehe durchaus nicht an, den Glauben zu untersuchen, es müsse vielmehr jeder bei seinem Glauben bleiben. Wer seine Hoffnung auf den Gekreuzigten setze – so erklärte er –, werde das Heil finden, wenn er nur in guten Werken erfunden werde. Das allerdunkelste Problem in seiner Lehrmeinung war, wie gesagt, die Lehre von Gott. Er nahm allerdings nur ein Prinzip an, wie auch wir lehren. "

13,6 εἶτα προθεὶς αὐτοῦ πᾶσαν τὴν δόξαν, ἐπιφέρει φάσκων „λέγοντος δὲ πρὸς αὐτόν „πόθεν ἡ ἀπόδειξις αὕτη σοι, ἢ πῶς δύνασαι λέγειν μίαν ἀρχήν;

Nachdem sodann Rhodon die ganze Lehre des Apelles dargelegt hat, fährt er fort: *„Auf meine Worte: ,Woher hast du den Beweis für deine Lehre, oder wie kommst du dazu, nur*

φράσον ἡμῖν" ἔφη τὰς μὲν προφητείας ἑαυτὰς ἐλέγχειν διὰ τὸ μηδὲν ὅλως ἀληθὲς εἰρηκέναι· ἀσύμφωνοι γὰρ ὑπάρχουσι καὶ ψευδεῖς καὶ ἑαυταῖς ἀντικείμεναι. τὸ δὲ πῶς ἐστιν μία ἀρχή, μὴ γινώσκειν ἔλεγεν, οὕτως δὲ κινεῖσθαι μόνον.

13,7 εἶτ' ἐπομοσαμένου μου τἀληθὲς εἰπεῖν, ὤμνυεν ἀληθεύων λέγειν μὴ ἐπίστασθαι πῶς εἷς ἐστιν ἀγένητος θεός, τοῦτο δὲ πιστεύειν. ἐγὼ δὲ γελάσας κατέγνων αὐτοῦ, διότι διδάσκαλος εἶναι λέγων, οὐκ ᾔδει τὸ διδασκόμενον ὑπ' αὐτοῦ κρατύνειν".

13,8 ἐν τῷ αὐτῷ δὲ συγγράμματι Καλλιστίωνι προσφωνῶν ὁ αὐτὸς μεμαθητεῦσθαι ἐπὶ Ῥώμης Τατιανῷ ἑαυτὸν ὁμολογεῖ· φησὶν δὲ καὶ ἐσπουδάσθαι τῷ Τατιανῷ Προβλημάτων βιβλίον· δι' ὧν τὸ ἀσαφὲς καὶ ἐπικεκρυμμένον τῶν θείων γραφῶν παραστήσειν ὑποσχομένου τοῦ Τατιανοῦ, αὐτὸς ὁ Ῥόδων ἐν ἰδίῳ συγγράμματι τὰς τῶν ἐκείνου προβλημάτων ἐπιλύσεις ἐκθήσεσθαι ἐπαγγέλλεται· φέρεται δὲ τοῦ αὐτοῦ καὶ εἰς τὴν ἑξαήμερον ὑπόμνημα.

13,9 ὅ γέ τοι Ἀπελλῆς οὗτος μυρία κατὰ τοῦ Μωυσέως ἠσέβησεν νόμου, διὰ πλειόνων συγγραμμάτων τοὺς θείους βλασφημήσας λόγους εἰς ἔλεγχόν τε, ὥς γε δὴ ἐδόκει, καὶ ἀνατροπὴν αὐτῶν οὐ μικρὰν πεποιημένος σπουδήν. ταῦτα μὲν οὖν περὶ τούτων·

ein einziges Prinzip zu behaupten? Antworte uns.' entgegnete er: ,Die prophetischen Schriften widerlegen sich selbst, da sie keineswegs die Wahrheit gesagt haben; denn sie stimmen miteinander nicht überein, sind falsch und widersprechen sich selbst.' Warum es nur ein einziges Prinzip gäbe, behauptete er nicht zu wissen; er fühle sich nur angetrieben, so zu glauben. Als ich ihn sodann beschwor, die Wahrheit zu sagen, schwur er, es entspräche der Wahrheit, wenn er sage, er wisse nicht, warum nur ein einziger unerzeugter Gott sei, und daß er das nur glaube. Ich lachte ihn aus und tadelte ihn, weil er sich als Lehrer ausgab, aber es nicht verstand, seine Lehre zu beweisen."

In der gleichen Schrift, die er an Kallistion richtet, bekannte Rhodon, daß er in Rom Schüler Tatians gewesen sei. Er berichtet auch, daß Tatian ein Buch der Probleme verfaßt habe. Da Tatian es unternahm, darin die schwierigen und dunklen Stellen in den göttlichen Büchern vorzuführen, kündete Rhodon an, in einer eigenen Schrift Lösungen zu den Problemen Tatians zu geben. Auch ist ein Kommentar Rhodons zum Sechstagewerk vorhanden.

Der erwähnte Apelles hatte sich nämlich tausendfach gegen das Gesetz des Moses versündigt, in mehreren Schriften die göttlichen Bücher verlästert und sich nicht geringe Mühe gegeben, dieselben, wie er wenigstens meint, zu entlarven und zu widerlegen. Soviel hierüber.

Nach Eusebs Ausführungen in h.e. IV 7,12–13 verzeichnete der Teufel mit einer Häresie nicht lange Erfolge, „denn die Wahrheit raffte sich auf und erstrahlte im folgenden Zeitalter zu herrlichem Lichte. Durch ihre Kraft widerlegt, brachen rasch die Angriffe der Feinde zusammen. Da stets neue Häresien ersonnen wurden, siechten die früheren immer wieder dahin und lösten sich bald auf diese, bald auf jene Weise zu mannigfaltigen und vielgestaltigen Erscheinungen auf."[598] Hatte Euseb bisher nur über die Sukzession der Einzelhäresien sowie über ihre Widerlegung durch orthodoxe oder häretische Bestreiter berichtet, so fügt er mit seiner

---

[598]   Euseb, h.e. IV 7,12–13. Vgl. dazu Teil II 2.6 Die Unbeständigkeit der Häresie und II 2.7.2 Die Auflösung der Häresie durch das Entstehen neuer häretischer Lehren.

Quelle Rhodon erstmals konkret die Beschreibung eines Auflösungsprozesses einer Häresie ein.[599]

Zunächst scheint die Häresie Marcions weiter zu existieren – trotz der Widerlegung durch Justin und der Vielzahl von Euseb namentlich genannter Häreseologen. Diesem Sachverhalt hält Euseb die Darstellung Rhodons entgegen, der davon berichtet, daß sich die Häresie Marcions in drei unterschiedliche Gruppierungen aufgespalten hat. Diese Richtungen stehen mit ihrer Auseinandersetzung über die Anzahl der Prinzipien unversöhnlich nebeneinander (h.e. V 13,2). Damit – so die Vorstellung Eusebs – ist die Macht der Häresie, die in ihrer Einheitlichkeit hätte liegen können, gebrochen, da sich die Schülergruppierungen in kräfteraubenden Streitigkeiten über die Anzahl der Prinzipien verlieren.

Der Bericht des Rhodon ist nach eusebianischer Lesart eine Illustration für die Unbeständigkeit und die Auflösung einer Häresie in „vielgestaltige Erscheinungen" (h.e. IV 7,13). Die dargestellten Lehrrichtungen, welche die marcionitische Lehre teilweise grundlegend umgestalten, werden von Euseb nicht einmal als eigenständige Häresien anerkannt. Apelles wird beispielsweise nicht als Begründer einer nach ihm benannten Gruppierung (Apellejer) dargestellt, sondern kommt nur als Nachlaßverwalter Marcions in den Blick.[600] Mit den genannten Schülern – Apelles, Potitus und Basilikus sowie Syneros –, die untereinander heillos zerstritten sind, endet die eusebianische Darstellung Marcions und seiner Schule. Marcion mitsamt Potitus und Basilikus sind bereits durch Justin widerlegt; Apelles wird von Rhodon wegen seiner Lehre ausgelacht. Der Auflösungsprozeß, der mit der Widerlegung Marcions anhob, kommt mit der Aufspaltung der marcionitischen Schule zu ihrem Abschluß.[601]

---

[599]   In der Darstellung der Severianer und Tatians war der Auflösungsprozeß indirekt dargestellt: Euseb beschreibt dort, wie die Severianer, die Nachfolger Tatians, dessen Werk ablehnen und so zunichte machen. Eine Reflexion darüber, wie die Uneinheitlichkeit in Lehrfragen notwendigerweise die Unbeständigkeit in der Lehre und in der Häresie nach sich zieht, unterbleibt dort noch.

[600]   Zum Vergleich sei beispielsweise auf die Darstellung von Menander hingewiesen, die deutlich macht, wie wichtig zuvor die Konzeption des Schüler-Lehrer-Verhältnisses für die Einordnung der Häretiker in eine Sukzession war. Angesichts der Unterschiedlichkeit der häretischen Lehren diente die Konzeption der Schülerschaft dazu, einen Überblick und damit Orientierung innerhalb der Häresie zu schaffen.

In h.e. V 13 bekommt der Leser zwar einen Eindruck davon, daß auch die Marcionschüler in ihrer Lehre durchaus eigenständig waren. Eine eigene Häresie wird ihnen – im Gegensatz zu allen anderen Häretikerschülern vor ihnen – nicht zugestanden (vgl. Teil I 2.1 Tatian, Severus und die Severianer).

Ein paralleler Fall liegt in der Darstellung Theodots vor, der nach Aussagen des Antimontanisten als „erster Verwalter" (πρῶτος ἐπίτροπος) dieser Häresie in h.e. V 16,14 genannt wird.

[601]   Harnack, Marcion, 177, interpretiert die Rhodon-Quelle dahingehend, daß es zu einem Bruch zwischen der marcionitischen und der apellejischen Schulrichtung kam. Anders Lampe, Stadtrömische Christen, 214 und Anm. 333, der den Bericht Rhodons dahingehend versteht, daß mehrere Schulen nach Marcions Tod „innerhalb der marcionitischen Kirche Platz fanden" (Hervorhebung im Original). So auch Greschat, Apelles, 37, welche die Apellejer als einen „Zirkel am Rande der marcionitischen Kirche" ansieht.

a) Die Rezeption der Informationen aus Rhodon

Da die von Euseb zur Darstellung der marcionitischen Schule herangezogene Quelle Rhodon nicht mehr erhalten ist, kann die Darstellung nur indirekt auf Kriterien für die eusebianische Quellenauswahl untersucht werden.

Aus Eusebs Einleitung bzw. Einordnung der Quelle ist zu schließen, daß der aus Asien stammende Tatianschüler Rhodon seine Schrift zur Zeit des Commodus verfaßte.[602] Diese Schrift sei an Kallistion gerichtet gewesen und, so weiß Euseb weiterhin zu berichten, behandelte die Aufspaltung der Marcionschule in drei Richtungen, wobei Rhodon diejenigen benennt, welche die Spaltungen herbeigeführt haben, aber auch alle drei Schulrichtungen im einzelnen widerlegt.

Das erste Zitat (h.e. V 13,2–4), das Euseb diesem Werk entnimmt, berichtet über die drei Gruppierungen innerhalb der marcionitischen Schule, die sich unversöhnlich gegenüberstehen, und zwar in aufsteigender Anzahl der von ihnen vertretenen Prinzipien: Apelles vertrat ein Prinzip; Potitus und Basilikus nahmen wie Marcion zwei Prinzipien an; Syneros ging von drei Prinzipien aus. Ob das von Euseb gewählte Zitat, das Überblicksinformationen zur Aufspaltung der Schule bietet, zu Beginn des Buches, quasi als Einleitung in die Thematik, stand und ob sich aus der genannten Abfolge auch ein Hinweis auf die Gliederung des Werkes erkennen läßt, kann nur vermutet werden. In Eusebs Darstellung gibt das Zitat jedenfalls einen knappen Einblick in die Zersplitterung der Gruppe und benennt die Gründe dafür. Der Schwerpunkt der Darstellung liegt auch bei der Vorlage bereits auf Apelles, von dem Rhodon die meisten Informationen zu berichten weiß; die anderen Schüler werden sehr viel knapper dargestellt.

An die Hervorhebung des Apelles im ersten Zitat kann Euseb mit seinem zweiten in h.e. V 13,5 anknüpfen, das ausschließlich das Streitgespräch zwischen Rhodon und Apelles zum Gegenstand hat.[603] Die voraufgehenden Untersuchungen, insbesondere zu Marcion, haben gezeigt, daß Euseb mit Vorliebe Augenzeugenberichte in die Darstellung der h.e. aufnimmt. Das überlieferte Streitgespräch zwischen Rhodon und Apelles, das die dialogische Struktur trotz nachträglicher Niederschrift bewahrt hat, wird für Euseb ein Grund gewesen sein, diese Quelle zum Zitat auszuwählen. Nicht ausgeschlossen ist, daß der Passus auch die Auswahl und die Abgrenzung des ersten Zitats, dessen Schwerpunkt auf Apelles lag, mitbedingt hat.

Sollte Euseb den Inhalt der Rhodon-Schrift, insbesondere die Zerstrittenheit der Marcioniten hinsichtlich der Anzahl der Prinzipien, einigermaßen zutreffend darstellen, kann von mehreren Schulrichtungen innerhalb der marcionitischen Kirche nicht mehr ausgegangen werden. Vgl. zu den grundlegenden Modifikationen des Apelles am marcionitischen Lehrsystem Willing, Neue Frage, 221–231.

602   Euseb stellt ab h.e. V 9 die Regierung des Commodus (180–192) dar.

603   Zur Analyse des Streitgespräches zwischen Apelles und Rhodon vgl. auch May, Schöpfung aus dem Nichts, 157–158; Greschat, Apelles, 74–81.

Rhodon berichtet rückblickend, wie Apelles der falschen Lehren überführt wurde und daß er sich weigerte, den Glauben mit dem Hinweis untersuchen zu lassen, es reiche aus, auf den Gekreuzigten zu hoffen und in guten Werken erfunden zu werden.[604]

Die eingangs von Rhodon getroffene Feststellung, Apelles sei der Falschheit seiner Lehre überführt worden, ist bekanntlich von immenser Bedeutung für die eusebianische Häresiekonzeption. Die folgende Rechtfertigung des Apelles, es gehe durchaus nicht an, den Glauben zu untersuchen, wird Euseb aus dem Werk Rhodons gerne zitiert haben, da das Sich-einer-Überprüfung-Entziehen im folgenden zu einem Charakteristikum häretischen Lehrens überhaupt wird.[605] Die Rechtfertigung des Apelles, es reiche für die Erlangung des Heils aus, auf den Gekreuzigten zu hoffen und in guten Werken erfunden zu werden, welche Euseb vermutlich nur mit einigem Zögern aufgenommen hätte, wird durch den anschließenden Hinweis Rhodons, daß das Allerdunkelste der apellejischen Lehre die Gotteslehre sei, zitierfähig.

Die eusebianische Überleitung zum nächsten Zitat zeigt noch einmal sehr deutlich, daß Euseb – entgegen der Darstellung Marcions – wieder zur gewohnten Präsentation häretischer Lehre übergegangen ist. Er übergeht die detaillierte Darstellung der apellejischen Lehre in seiner Vorlage und gibt dies seinem Leser auch explizit zu verstehen (h.e. V 13,6).

Das im Anschluß eingefügte vierte und längste Zitat gibt einen Ausschnitt aus dem Streitgespräch zwischen Apelles und Rhodon wieder. Rhodon drängt darin auf einen Beweis für Apelles' Lehre von dem einen Prinzip. Dieser beruft sich bei seiner Antwort darauf, daß die prophetischen Schriften aufgrund ihrer Widersprüchlichkeit nicht zum Beweis für das eine, von ihm postulierte Prinzip herangezogen werden können. Den Grund, warum es nur einen einzigen, ungezeugten Gott gäbe, wisse er nicht, er fühle sich nur angetrieben, dies zu glauben.[606] Nach Rhodons Ansicht ist er damit den Beweis für seine Lehre schuldig geblieben. Er lacht ihn aus und tadelt ihn, da er sich als Lehrer ausgibt, aber seine Lehre nicht zu beweisen vermag.[607]

---

[604] Da die Wendung μόνον ἐὰν ἐν ἔργοις ἀγαθοῖς εὑρίσκωνται weder marcionitisch noch gnostisch zu verstehen sei, geht Aland, Marcion/Marcionitismus, 99, davon aus, daß Apelles dieses nicht gelehrt haben wird.

[605] Vgl. dazu die Darstellungen des Montanus (Teil I 2.16 Montanus) und des Novatus (Teil I 2.23 Novatus).

[606] Einen Beweis aus den ntl. Schriften bzw. dem marcionitischen Lk-Evangelium strebte Apelles wohl nicht an, oder Rhodon kürzt die Diskussion an dieser Stelle ab. Euseb wertet dieses Zitat als Bestätigung dafür, daß Apelles – wie alle anderen Häretiker auch – keine Schriftautorität für ihre Lehre anführen können, vgl. unten Teil II 2.10 Die Häresie und das Evangelium.

[607] Lampe, Stadtrömische Christen, 250–251, macht darauf aufmerksam, wie sehr Rhodon und Tatian in ihrer Grundannahme, daß der Glaube intellektuell zu durchdringen ist, vereint sind. Beide wurzeln damit in der griechischen Bildungswelt. Apelles, der mit rationaler Strenge die Widersprüche im AT aufdeckt und kritisiert, verweigert jedoch im Gegensatz zu Rhodon den „Beweis" und hält sich statt dessen an die Prophetien der Philumene. Vgl. auch Elze, Tatian, 114.

Rhodon betont hier das Unvermögen des Apelles, seine Lehre von dem einen Prinzip zu beweisen und hebt dessen Vermessenheit hervor, sich als Lehrer auszugeben. Damit ist die apellejische Lehre als unbegründet und widersinnig offenbart – eine argumentative Auseinandersetzung mit der Lehre des Apelles, wie sie Rhodons Schrift wohl geboten hat, braucht Euseb daher nicht wiederzugeben. Die Tatsache, daß Rhodon Apelles und seine Lehre der Lächerlichkeit preisgibt, ist für ihn ein gelungener Abschluß seiner Darstellung.

Der folgende Abschnitt (h.e. V 13,8) geht exkursartig auf den Verfasser und seine Schrift gegen Marcion ein und kehrt in h.e. V 13,9 zu Apelles zurück, um über diesen zusammenfassend zu berichten, daß er sich „tausendfach gegen das Gesetz des Mose versündigt, in mehreren Schriften die göttlichen Bücher verlästert und sich nicht geringe Mühe gegeben habe, dieselben, wie er meinte, zu entlarven und zu widerlegen."[608]

b) Ausgelassene Quellen zur Häresie des Apelles

Euseb hat mit den vier Zitaten aus Rhodons Schrift seine Quelle ausgiebig zitiert. Der Umfang der eingebrachten Zitate sowie der Darstellung des Apelles übersteigt denjenigen anderer Häretiker in weitem Maße, so daß bereits aus diesem Grunde kein zusätzliches Zitat bzw. Referat einer anderen Quelle zu erwarten gewesen wäre. Dennoch soll an dieser Stelle nach anderen, Euseb möglicherweise bekannten Schriften gegen die Marcionschule gefragt werden.

Justin und Irenäus kennen keine Aussagen zu Apelles oder den anderen genannten Marcionschülern. Die heute verlorene Tertullian-Schrift *Adversus Apelleiacos*, die ausschließlich die Apellejer zum Gegenstand der Darstellung machte, kannte Euseb ebensowenig wie andere Tertullian-Schriften, die am Rande auf Apelles eingingen.[609] Auch die Ausführungen Hippolyts in seiner *Refutatio* wird Euseb nicht gekannt haben.[610] Hingegen könnte Euseb einige Hinweise zu Apelles bei Origenes gelesen haben, der in verschiedenen Schriften und unterschiedlichen Kontexten

---

608   Greschat, Apelles, 19, gibt zu bedenken, daß die Informationen in h.e. V 13,9, wonach sich Apelles tausendfach gegen das Gesetz des Mose versündigt habe, aus Rhodons Schrift über das Sechstagewerk entnommen sein könnten, da die Absage des Apelles an das Gesetz des Mose zuvor nicht begegnet. Da Euseb beide Schriften Rhodons, eine gegen Marcion und eine über das Sechstagwerk, vorliegen hatte (ebenso Greschat, Apelles, 17), wäre diese Annahme durchaus möglich. Es ist jedoch zu beachten, daß wir aus Rhodons Schrift gegen die Marcioniten nur noch die bei Euseb erhaltenen Auszüge kennen; da Rhodon nach Eusebs Angaben die Schulrichtungen einzeln widerlegt, wären auch in diesem Kontext Aussagen zum Gesetz des Mose denkbar.

609   Tertullian behandelt Apelles und seine Lehre in der praescr. VI 6; XXX 5–7; XXXIII 6; XXXIV 4; XXXVII 3; in adv. Marc. III 11,2; IV 17,11 (Apelles als *emendator* Marcions); in de carne I 3; VI 1–3; VII 1–2.8; VIII 2–3; in de resurr. carnis 1,5; 2,3; 5,2 sowie in de anima 23,3; 36,3. Euseb kannte Tertullians Schriften aber offensichtlich nicht.

610   Hippolyt behandelt Apelles in ref. VII 12.38 sowie in ref. X 20.

auf ihn und seine Lehre eingeht. Dort hätte Euseb ebenfalls wie bei Rhodon lesen können, daß Apelles die Schriften des Mose verwarf, da sie fiktiv und lügenhaft seien und aus diesem Grunde nicht von Gott stammen könnten.[611] Die Begründung seiner Ansicht, die Apelles in seinen Syllogismen schriftlich fixierte, dürfte Euseb ebenfalls aus den Origenes-Schriften bekannt gewesen sein.[612] Euseb wußte sogar aus Pamphilus' *Apologie*, daß Origenes um der Anhänger des Apelles willen ein Umherziehender wurde und – ihnen weit überlegen – zur Verkündigung durch die Städte zog.[613]

Neben Rhodon kam nur Origenes als weiterer Informant zu Apelles in Betracht. Wie bereits zuvor beobachtet, vermeidet es Euseb jedoch, Origenes zu zitieren oder auch nur zu referieren. Selbst wenn Euseb seinen Vorbehalt gegen ein Origenes-Zitat/Referat aufgegeben hätte, so wären dessen Apelles-Testimonien für die Darstellung der h.e. zu lang gewesen. Außerdem würde ein Zitieren daran scheitern, daß Euseb stets die häretische Lehre selbst, insbesondere wörtliche Auszüge derselben, wie sie Origenes überliefert, unter allen Umständen ausspart.[614]

c) Die Darstellung der Häresie des Apelles bei Euseb

Während Euseb mit dem ersten Zitat über die Aufspaltung der marcionitischen Schule die Richtung des Potitus und Basilikus sowie diejenige des Syneros nur kurz streift, stellt er den Häretiker Apelles ausführlich dar: Der Leser erfährt, daß dieser sich seines Lebenswandels und seines Alters rühmt (h.e. V 13,2), den Sprüchen einer besessenen Jungfrau Philumene folgt und wie die orthodoxen Christen nur ein göttliches Prinzip (h.e. V 13,2) bzw. einen Gott (h.e. V 13,7) annimmt.

In der Darstellung Eusebs erscheint die Person des Apelles schillernd, und nicht alle Informationen über Apelles scheinen zu den bisher über andere Häretiker geäußerten Aussagen zu passen. Unerhört ist das Streben des Apelles nach einem vorbildlichen, auf gute Werke bedachten Lebenswandel, von dem Euseb sogar zweimal berichtet (h.e. V 13,2.5); zuvor war es Kennzeichen eines Häretikers, daß sich seine häretische Gottesvorstellung auch in moralischer Verwerflichkeit äußerte. Bei Menander konnte Euseb sogar formulieren, daß die Häresie am Lebenswandel ablesbar ist.[615] Obwohl Euseb nicht allen Häretikern moralische oder gar sexuelle Verfehlungen nachweisen kann, läßt sich tendenziell doch festhalten, daß er derartige

---

611 Vgl. Orig., hom. in Gen. II 2; comm. in ep. ad Titum; c. Cels. V 54.

612 Die heute nur bei Ambrosius tradierten Fragmente aus Apelles' Syllogismen stammen wahrscheinlich aus Origenes' Werk. Zu nennen wären Testimonien in Ambros., de paradiso 5,28; 6,30; 6,31; 6,32; 7,35; 8,38; 8,40 und 8,41. Vgl. dazu Greschat, Apelles, 50–63; Grant, Heresy, 75–88.

613 Praedestinatus XXII <PG 53, 594BC>. Vgl. auch Harnack, Marcion, 418*.

614 Zu Origenes vgl. Teil I 1.19 Origenes und I 3.2.2.2.3 Ausgelassene Häresievorwürfe. Zum Problem der Zitation aus häretischen Werken vgl. anschließend Teil I 2.15 Exkurs 2: Der Tatianschüler Rhodon und das Problem der Zitation häretischer Schriften.

615 Euseb, h.e. III 26,1.

Vergehen nennt, so er von ihnen in der Literatur gehört hat. Apelles ist der erste Häretiker, über den sich Euseb hinsichtlich seines Lebenswandels positiv äußert.

Ebenfalls ist bei der eusebianischen Darstellung des Apelles auffällig, daß dieser – im Gegensatz zu den anderen Marcioniten – „wie wir" nur einen Gott annimmt.[616] Zwar betont Rhodon, der Urheber dieser Formulierung, im folgenden Satz, daß das allerdunkelste Problem in seiner Lehrmeinung die Lehre von Gott ist, doch läßt Euseb weitere Erläuterungen zur häretischen Gotteslehre, welche den Häresievorwurf inhaltlich konkreter fassen könnten, beiseite.

Des weiteren ist Apelles der erste und einzige Häretiker, der den Glauben an den Gekreuzigten sowie das Tun guter Werke zur Voraussetzung des menschlichen Heils macht. Zuvor war es Kennzeichen der Häretiker, daß sie das von ihnen versprochene Heil exklusiv an ihre eigene Person bzw. Lehre banden. Apelles vertritt hinsichtlich der menschlichen Erlösung erstmals eine Position, die ein orthodoxer Christ der damaligen Zeit ebenfalls vertreten haben wird. Die Äußerung des Apelles, von Rhodon aus dem Gesamtkontext der Argumentation gerissen, erscheint durchaus orthodox.

Der vorbildliche, auf gute Werke zielende Lebenswandel, der Monotheismus (ein einziger, ungeschaffener Gott) und die Hoffnung auf den gekreuzigten Christus klingen objektiv nicht häretisch und lassen Apelles sogar in positivem Licht erscheinen.[617]

Die dunkle, häretische Seite des Apelles wird von Euseb nur kurz skizziert. Offensichtlich muß Euseb auf die häretischen Lehrinhalte eingehen, obwohl er dies, wie so oft beobachtet, nur ungern tut, da er sonst Apelles nicht als Häretiker offenbaren kann.[618] Dabei reißt Euseb viele Themen nur an, ohne sie weiter auszuführen; viele Schlagworte bleiben dem Leser unverständlich. Der Sinn der andeutenden Redeweise liegt darin, eher Assoziationen zu anderen Häretikern zu wecken als ein deutliches Bild der apellejischen Lehre zu geben.

Neben der dunklen Gotteslehre, die Euseb nicht wiedergibt, folgt Apelles 1) einer besessenen Jungfrau Philumene, entzieht sich 2) der Überprüfung seines Glaubens, lehnt 3) die prophetischen Schriften ab, lästert 4) die göttlichen Bücher und sündigt 5) gegen das Gesetz des Mose.

Die ersten beiden Informationen, das Hören auf die Sprüche der Philumene[619] und die Ablehnung einer Glaubensuntersuchung, erscheinen zunächst nicht unbe-

---

616 Euseb, h.e. V 13,5 <GCS Euseb II/1, 456,16–17: ἔλεγεν μὲν γὰρ μίαν ἀρχὴν καθὼς καὶ ὁ ἡμέτερος λόγος.>.

617 Die sehr ambivalente Präsentation des Apelles zeigt eine deutliche Nähe zur Darstellung des Tatian und des Bardesanes, von denen Euseb ebenfalls positive, anerkennenswerte Eigenschaften berichten konnte. Beschränkte sich das Lob bei Tatian und Bardesanes auf den wissenschaftlichen resp. schriftstellerischen Bereich, so ist bei Apelles eher der Lebenswandel Gegenstand des Lobes.

618 Bereits bei Marcion mußte Euseb die Lehre wiedergeben und in ihrer Falschheit darstellen, da er anscheinend am Lebenswandel keine häretischen Verfehlungen festmachen konnte.

619 Ob Euseb die Sprüche der Philumene als Testimonien bei Rhodon überliefert fand oder sie nur inhaltlich gekannt hat, läßt sich nicht mehr entscheiden. Er geht auch nicht weiter darauf ein,

dingt häretisch. Sie werden aber zu entscheidenden Indizien für die Häresie, wenn
man sie als vorweggenommenen Auftakt zur Häresie des Montanus versteht, welche sich direkt an die Darstellung des Apelles anschließt. Apelles, der den Sprüchen
der Philumene folgt, rückt deutlich in die Nähe des Montanus und seiner Prophetinnen. Beide, Montanus und Apelles, pflegen den Umgang mit weissagenden
Jungfrauen. Auch Maximilla und Priscilla entziehen sich später wie Apelles einer
Untersuchung ihres Glaubens. Euseb nutzt die Darstellung des Apelles sehr bewußt
als Vorspiel zum folgenden Komplex des Montanismus. Was bei Apelles noch nicht
ganz häretisch klingt, wird mit der Beschreibung der montanistischen Bewegung
eindeutig zur Häresie.

Die letzten drei Punkte gehören zusammen und spiegeln die rational-logische
Textkritik am Alten Testament wider, die Euseb bereits von Marcion kannte, aber
dort verschwieg. Nun schreibt er sie als Novum in der Häresiegeschichte dem Mar-
cionschüler Apelles zu.[620] Die prophetischen Schriften sind nach Apelles' Vorstel-
lung aus einem feindlichen Geist entstanden (h.e. V 13,2), widerlegen sich selbst
und können, da sie nicht übereinstimmen und falsch sind (h.e. V 13,6), keine
Wahrheit für sich beanspruchen. Aus den logischen Unstimmigkeiten des Alten
Testaments folgert Apelles, daß nicht Gott, sondern ein ihm feindlicher Geist als
Urheber der prophetischen Schriften anzusehen ist. Euseb gibt mit dem Schlußsatz,
Apelles habe sich „tausendfach gegen das Gesetz des Mose versündigt, in mehreren
Schriften die göttlichen Bücher verlästert und sich nicht geringe Mühe gegeben
[...], dieselben, wie er meinte, zu entlarven und zu widerlegen", zu erkennen, daß
Apelles seine logische Herangehensweise an die biblischen Texte nicht auf die pro-
phetischen Bücher beschränkt hat.

Da Apelles seine Lehre von dem einen Prinzip nicht beweisen kann und sich
nur angetrieben fühle, so zu glauben, lacht Rhodon Apelles aus, womit innerhalb
der eusebianischen Darstellung die häretische Lehre eindeutig widerlegt ist. Nicht
nur die Person mit ihrem falschen Anspruch als Lehrer, sondern auch die häretische
Lehre, die weder begründet werden kann noch soll, wird mit Rhodons Lachen der
Lächerlichkeit preisgegeben.

Exkurs 2:
Der Tatianschüler Rhodon und das Problem
der Zitation häretischer Schriften

Bislang ließ sich an der eusebianischen Darstellungsweise der Häresien deutlich
erkennen, daß Euseb Quellen mit Testimonien einzelner Häretiker unter allen

---

inwieweit Apelles seine Lehre auf die Sprüche der Philumene ausrichtete bzw. aufbaute. Dieses
Vorgehen zeigt, daß es Euseb nicht vornehmlich um das Verständnis beim Leser ging, sondern er
die Apelles-Darstellung ganz als Auftakt zu den Montanisten konzipierte.

[620] Vgl. dazu den Abschnitt Teil II 2.10 Die Häresie und das Evangelium.

Umständen ausläßt.[621] Das Tatian-Zitat zum Martyrium Justins (h.e. IV 16,7–9) stellt insofern eine Ausnahme dar, als Euseb auf Informationen Tatians, einem direkten Augenzeugen des justinischen Martyriums, für seine Darstellung nicht verzichten konnte bzw. wollte.

Im Falle Rhodons verhält es sich anders. Euseb selbst führt zu diesem aus, daß er aus Asien stammte und in Rom Schüler des Tatian war (h.e. V 13,1). Wie Euseb aus der Lektüre der Schrift gegen Apelles wußte, versprach Rhodon, auf Tatians Werk, das sich mit den schwierigen und dunklen Stellen der göttlichen Schriften beschäftigte, mit einem eigenen Buch der Lösungen (Προβλημάτων βιβλίον) zu antworten (h.e. V 13,8). Aus diesen Informationen Eusebs läßt sich erkennen, daß dieser ihn – wie auch Rhodon sich selbst – noch zur Zeit der Abfassung der Schrift gegen Apelles als Schüler Tatians verstand (h.e. V 13,1.8). Die Abhängigkeit Rhodons von Tatian ist damit offensichtlich, sein Häretikertum also ebenfalls.

Jedoch muß der Umstand, daß Euseb einen Häretiker zur Bekämpfung der Häresie anführt, keine weitreichenden Konsequenzen für die eusebianische Häresiekonzeption bedeuten. Die Häretiker, die sich mit Schriften gegen andere Häretiker wenden, werden von Euseb deutlich von den orthodoxen Schriftstellern unterschieden, die als Anwälte der Wahrheit fungieren (vgl. h.e. IV 8,1), obwohl ihre Ziele, die Bekämpfung der Häresie, durchaus übereinstimmen können.[622]

Die Tatsache, daß eine Häresie gegen eine andere zu Felde zieht, wie im Falle Rhodons gegen Apelles, zeigt die wesensmäßige Widersprüchlichkeit der Häresie, die Euseb vielfach hatte anklingen lassen. Die Grundüberzeugung von der Uneinheitlichkeit und Unbeständigkeit der Häresie ist ein gängiger Topos in der Häreseologie.[623]

Wenn Euseb den Häretiker Rhodon so ausführlich zu Wort kommen läßt, ist der Grund sicherlich ein zweifacher: Einerseits beschreibt Rhodon in seiner Schrift den Auflösungsprozeß der Marcioniten aufgrund der Uneinigkeit untereinander. Andererseits zeigt das Zitat Rhodons auf der Metaebene, wie uneinheitlich das Phänomen Häresie generell ist, wenn sich die einzelnen Häresien, in diesem Fall Enkratiten (Rhodon) und Marcioniten (Apelles), gegenseitig bekämpfen. Vor dem Hintergrund des eusebianischen Auflösungsprozesses von Häresien nach ihrer Widerlegung wird verständlich, warum Euseb auch häretische Schriften wie die des Rhodon oder des Bardesanes gegen die Marcioniten überschwenglich loben kann.

---

[621] Deutlich ist diese Tendenz bei der Zitation des Klemens von Alexandrien zu erkennen. Euseb schätzt diesen Schriftsteller sehr und greift häufig auf seine Darstellung zurück (vgl. dazu Teil I 1.16 Klemens von Alexandrien). Nur zur Häresiethematik zitiert bzw. referiert Euseb Klemens' *Stromata* selten, was darin begründet sein wird, daß Klemens gerne Originalzitate von Häretikern in seine Darstellung aufnimmt. Die einzige zur Häresiethematik zitierte Passage aus strom. III 25,6–26,3 zu den Nikolaïten beinhaltet kein häretisches Zitat. Vgl. zur Thematik auch unten Teil I 3.1 Quellenauswahlkriterien.

[622] Vgl. dazu die Darstellung des Bardesanes, den Euseb für seine vorzüglichen Dialoge gegen die Marcioniten loben kann, Teil I 2.15 Die marcionitische Schule: Apelles.

[623] Vgl. dazu Teil II 2.6 Die Unbeständigkeit der Häresie.

Ist man sich der doppelten Funktion des Rhodon-Zitats innerhalb der eusebianischen Häresiedarstellung bewußt, erscheint der einleitende Satz Eusebs wie pure Ironie: „Wie sie nun an einer unhaltbaren Meinung festhalten, sind sie unter sich uneins" (h.e. V 13,2). Nicht nur die Marcioniten, denen der Satz vordergründig gilt, sondern das Wesen der Häresie selbst ist mit diesen Worten charakterisiert.

2.16 Montanus (h.e. V 14; V 16,1–19,4)

h.e. V 14,1[624]

14,1 μισόκαλός γε μὴν ἐς τὰ μάλιστα καὶ φιλοπόνηρος ὢν ὁ τῆς ἐκκλησίας τοῦ θεοῦ πολέμιος μηδένα τε μηδαμῶς τῆς κατὰ τῶν ἀνθρώπων ἀπολιπὼν ἐπιβουλῆς τρόπον, αἱρέσεις ξένας αὖθις ἐπιφύεσθαι κατὰ τῆς ἐκκλησίας ἐνήργει· ὧν οἳ μὲν ἰοβόλων δίκην ἑρπετῶν ἐπὶ τῆς Ἀσίας καὶ Φρυγίας εἷρπον, τὸν μὲν δὴ παράκλητον Μοντανόν, τὰς δ' ἐξ αὐτοῦ γυναῖκας, Πρίσκιλλαν καὶ Μαξίμιλλαν, ὡς ἂν τοῦ Μοντανοῦ προφήτιδας γεγονυίας αὐχοῦντες·
[...]

Wiederum erregte der Feind Gottes, welcher das Gute tödlich haßt und das Böse liebt und welcher keine Gelegenheit, den Menschen nachzustellen, je vorübergehen läßt, seltsame Häresien gegen die Kirche. Die einen schlichen gleich giftigen Schlangen in Asien und Phrygien umher und priesen Montanus als Paraklet und seine Anhängerinnen Priscilla und Maximilla als die Prophetinnen des Montanus.

[...]

h.e. V 16,1–19,4[625]

16,1 Πρὸς μὲν οὖν τὴν λεγομένην κατὰ Φρύγας αἵρεσιν ὅπλον ἰσχυρὸν καὶ ἀκαταγώνιστον ἐπὶ τῆς Ἱεραπόλεως τὸν Ἀπολινάριον, οὗ καὶ πρόσθεν μνήμην ὁ λόγος πεποίητο, ἄλλους τε σὺν αὐτῷ πλείους τῶν τηνικάδε λογίων ἀνδρῶν ἡ τῆς ἀληθείας ὑπέρμαχος ἀνίστη δύναμις, ἐξ ὧν καὶ ἡμῖν ἱστορίας πλείστη τις ὑπόθεσις καταλέλειπται.

Gegen die sogenannte kataphrygische Häresie hat jene Macht, welche für die Wahrheit kämpfte, zu Hierapolis in Apollinarius, der schon früher erwähnt wurde, und außer ihm in noch mehreren anderen gebildeten Männern jener Zeit eine starke, unbezwingbare Schutzwehr aufgestellt. Dieselben haben auch uns reichlichen Stoff für unsere Geschichte hinterlassen.

16,2 ἀρχόμενος γοῦν τῆς κατ' αὐτῶν γραφῆς, τῶν εἰρημένων δή τις πρῶτον ἐπισημαίνεται ὡς καὶ ἀγράφοις τοῖς κατ' αὐτῶν ἐπεξέλθοι ἐλέγχοις· προοιμιάζεται γοῦν τοῦτον τὸν τρόπον

16,3 „ἐκ πλείστου ὅσου καὶ ἱκανωτάτου χρόνου, ἀγαπητὲ Ἀουίρκιε Μάρκελλε, ἐπιταχθεὶς ὑπὸ σοῦ συγγράψαι τινὰ λόγον εἰς τὴν τῶν κατὰ Μιλτιάδην λεγομένων αἵρεσιν, ἐφεκτικώτερόν

Einer der genannten Männer berichtet zu Beginn seiner Schrift gegen die Häretiker zunächst, daß er sich auch mündlich gegen sie gewandt habe. Er schreibt nämlich in der Einleitung also:

„Obwohl du mich, teurer Avircius Marcellus, schon vor langer und geraumer Zeit gedrängt hast, gegen die Häresie jener Leute zu schreiben, die sich nach Miltiades nennen, habe ich mich

---

[624]   Euseb, h.e. V 14,1 <GCS Euseb II/1, 458,16–22>.
[625]   Euseb, h.e. V 16,1–19,4 <GCS Euseb II/1, 458,28–480,15>.

πως μέχρι νῦν διεκείμην, οὐκ ἀπορίᾳ τοῦ δύνασθαι ἐλέγχειν μὲν τὸ ψεῦδος, μαρτυρεῖν δὲ τῇ ἀληθείᾳ, δεδιὼς δὲ καὶ ἐξευλαβούμενος μή πη δόξω τισὶν ἐπισυγγράφειν ἢ ἐπιδιατάσσεσθαι τῷ τῆς τοῦ εὐαγγελίου καινῆς διαθήκης λόγῳ, ᾧ μήτε προσθεῖναι μήτε ἀφελεῖν δυνατὸν τῷ κατὰ τὸ εὐαγγέλιον αὐτὸ πολιτεύεσθαι προῃρημένῳ.

16,4 προσφάτως δὲ γενόμενος ἐν Ἀγκύρᾳ τῆς Γαλατίας καὶ καταλαβὼν τὴν κατὰ τόπον ἐκκλησίαν ὑπὸ τῆς νέας ταύτης, οὐχ, ὡς αὐτοί φασιν, προφητείας, πολὺ δὲ μᾶλλον, ὡς δειχθήσεται, ψευδοπροφητείας διατεθρυλημένην, καθ' ὅσον δυνατόν, τοῦ κυρίου παρασχόντος, περὶ αὐτῶν τε τούτων καὶ τῶν προτεινομένων ὑπ' αὐτῶν ἕκαστά τε διελέχθημεν ἡμέραις πλείοσιν ἐν τῇ ἐκκλησίᾳ, ὡς τὴν μὲν ἐκκλησίαν ἀγαλλιαθῆναι καὶ πρὸς τὴν ἀλήθειαν ἐπιρρωσθῆναι, τοὺς δ' ἐξ ἐναντίας πρὸς τὸ παρὸν ἀποκρουσθῆναι καὶ τοὺς ἀντιθέτους λυπηθῆναι.

16,5 ἀξιούντων οὖν τῶν κατὰ τόπον πρεσβυτέρων ὅπως τῶν λεχθέντων κατὰ τῶν ἀντιδιατιθεμένων τῷ τῆς ἀληθείας λόγῳ ὑπόμνημά τι καταλείπωμεν, παρόντος καὶ τοῦ συμπρεσβυτέρου ἡμῶν Ζωτικοῦ τοῦ Ὀτρηνοῦ, τοῦτο μὲν οὐκ ἐπράξαμεν, ἐπηγγειλάμεθα δέ, ἐνθάδε γράψαντες, τοῦ κυρίου διδόντος, διὰ σπουδῆς πέμψειν αὐτοῖς".

16,6 ταῦτα καὶ ἑξῆς τούτοις ἕτερα κατ' ἀρχὰς εἰπὼν τοῦ λόγου, τὸν αἴτιον τῆς δηλουμένης αἱρέσεως προϊὼν τοῦτον ἀνιστορεῖ τὸν τρόπον „ἡ τοίνυν ἔνστασις αὐτῶν καὶ πρόσφατος τοῦ ἀποσχίσματος αἵρεσις πρὸς τὴν ἐκκλησίαν τὴν αἰτίαν ἔσχε τοιαύτην.

16,7 κώμη τις εἶναι λέγεται ἐν τῇ κατὰ τὴν Φρυγίαν Μυσίᾳ, καλουμένη Ἀρδαβαῦ τοὔνομα· ἔνθα φασί τινα τῶν νεοπίστων πρώτως, Μοντανὸν τοὔνομα, κατὰ Γρᾶτον Ἀσίας ἀνθύπατον, ἐν ἐπιθυμίᾳ ψυχῆς ἀμέτρῳ φιλοπρωτείας δόντα πάροδον εἰς ἑαυτὸν τῷ ἀντικειμένῳ πνευματοφορηθῆναί τε καὶ αἰφνιδίως ἐν κατοχῇ τινι καὶ παρεκστάσει γενόμενον ἐνθουσιᾶν ἄρξασθαί τε λαλεῖν καὶ ξενοφωνεῖν, παρὰ τὸ κατὰ παράδοσιν καὶ κατὰ

doch bis jetzt zurückgehalten, nicht aus Unvermögen, die Lüge zu widerlegen und für die Wahrheit einzutreten, sondern aus Furcht und Besorgnis, ich möchte vielleicht da und dort den Schein erwecken, als wollte ich dem Worte der neutestamentlichen Frohbotschaft etwas ergänzend beifügen, da doch keiner, der entschlossen ist, nach diesem Evangelium zu leben, etwas beifügen noch abstreichen darf.

Da ich aber bei meinem kürzlichen Aufenthalt zu Ancyra in Galatien wahrnehmen mußte, daß sich die dortige Kirche von dieser neuen, nicht, wie sie sagen, Prophetie, sondern, wie sich zeigen wird, Pseudoprophetie betören ließ, so haben wir uns, so gut es ging und soweit es der Herr fügte, in der Gemeinde mehrere Tage über jene Männer und ihre Lehre im einzelnen ausgesprochen. Die Folge war, daß diese Kirche sich freute und in der Wahrheit befestigt, die Gegenpartei aber bis jetzt zurückgeschlagen und die Widersacher in Trauer versetzt wurden.

Als uns die Presbyter der dortigen Gemeinde in Gegenwart unseres Mitpriesters Zoticus aus Otrus baten, wir möchten eine Aufzeichnung dessen, was wir gegen die Feinde der wahren Lehre vorgebracht, hinterlassen, kamen wir dem zwar nicht nach, gaben aber das Versprechen, hier, wenn der Herr es fügt, die Schrift zu verfassen und sie ihnen baldigst zuzusenden. "

Nach diesen und noch weiteren einleitenden Worten geht er auf den Urheber der erwähnten Häresie über und berichtet also:

„Ihr Auftreten und ihre vor kurzem erfolgte häretische Lostrennung von der Kirche hatten folgenden Anlaß.

Im phrygischen Mysien soll ein Dorf namens Ardabau liegen. Daselbst soll ein Mann namens Montanus, einer von denen, die erst zum Glauben übergetreten waren, zur Zeit, da Gratus Prokonsul in Asien war, in dem unbändigen Verlangen, Führer zu sein, dem Widersacher Zutritt gestattet haben und, von Geistern beeinflußt, plötzlich in Verzückung und Ekstase geraten sein, so daß er anfing, Laute auszustoßen und seltsame Dinge zu reden und in einer

διαδοχὴν ἄνωθεν τῆς ἐκκλησίας ἔθος δῆθεν
προφητεύοντα.

16,8 τῶν δὲ κατ' ἐκεῖνο καιροῦ ἐν τῇ τῶν
νόθων ἐκφωνημάτων ἀκροάσει γενομένων οἳ
μὲν ὡς ἐπὶ ἐνεργουμένῳ καὶ δαιμονῶντι καὶ
ἐν πλάνης πνεύματι ὑπάρχοντι καὶ τοὺς ὄχλους
ταράττοντι ἀχθόμενοι, ἐπετίμων καὶ λαλεῖν
ἐκώλυον, μεμνημένοι τῆς τοῦ κυρίου διαστολῆς
τε καὶ ἀπειλῆς πρὸς τὸ φυλάττεσθαι τὴν τῶν
ψευδοπροφητῶν ἐγρηγορότως παρουσίαν· οἳ
δὲ ὡς ἁγίῳ πνεύματι καὶ προφητικῷ χαρίσματι
ἐπαιρόμενοι καὶ οὐχ ἥκιστα χαυνούμενοι καὶ
τῆς διαστολῆς τοῦ κυρίου ἐπιλανθανόμενοι, τὸ
βλαψίφρον καὶ ὑποκοριστικὸν καὶ λαοπλάνον
πνεῦμα   προυκαλοῦντο,   θελγόμενοι   καὶ
πλανώμενοι ὑπ' αὐτοῦ, εἰς τὸ μηκέτι κωλύεσθαι
σιωπᾶν.

16,9 τέχνῃ δέ τινι, μᾶλλον δὲ τοιαύτῃ
μεθόδῳ κακοτεχνίας ὁ διάβολος τὴν κατὰ τῶν
παρηκόων ἀπώλειαν μηχανησάμενος καὶ παρ'
ἀξίαν ὑπ' αὐτῶν τιμώμενος ὑπεξήγειρέν τε καὶ
προσεξέκαυσεν αὐτῶν τὴν ἀποκεκοιμημένην
ἀπὸ τῆς κατ' ἀλήθειαν πίστεως διάνοιαν, ὡς
καὶ ἑτέρας τινὰς δύο γυναῖκας ἐπεγεῖραι καὶ
τοῦ νόθου πνεύματος πληρῶσαι, ὡς καὶ λαλεῖν
ἐκφρόνως καὶ ἀκαίρως καὶ ἀλλοτριοτρόπως,
ὁμοίως τῷ προειρημένῳ. καὶ τοὺς μὲν χαίροντας
καὶ χαυνουμένους ἐπ' αὐτῷ μακαρίζοντος
τοῦ πνεύματος καὶ διὰ τοῦ μεγέθους τῶν
ἐπαγγελμάτων ἐκφυσιοῦντος, ἔσθ' ὅπῃ δὲ καὶ
κατακρίνοντος στοχαστικῶς καὶ ἀξιοπίστως
αὐτοὺς ἄντικρυς, ἵνα καὶ ἐλεγκτικὸν εἶναι
δοκῇ (ὀλίγοι δ' ἦσαν οὗτοι τῶν Φρυγῶν
ἐξηπατημένοι), τὴν δὲ καθόλου καὶ πᾶσαν
τὴν ὑπὸ τὸν οὐρανὸν ἐκκλησίαν βλασφημεῖν
διδάσκοντος τοῦ ἀπηυθαδισμένου πνεύματος,
ὅτι μήτε τιμὴν μήτε πάροδον εἰς αὐτὴν τὸ
ψευδοπροφητικὸν ἐλάμβανε πνεῦμα,

16,10 τῶν γὰρ κατὰ τὴν Ἀσίαν πιστῶν πολλάκις
καὶ πολλαχῇ τῆς Ἀσίας εἰς τοῦτο συνελθόντων
καὶ τοὺς προσφάτους λόγους ἐξετασάντων καὶ
βεβήλους ἀποφηνάντων καὶ ἀποδοκιμασάντων
τὴν αἵρεσιν, οὕτω δὴ τῆς τε ἐκκλησίας ἐξεώ-
σθησαν καὶ τῆς κοινωνίας εἴρχθησαν".

Weise zu prophezeien, die offenkundig der alten
kirchlichen Überlieferung und der überkommenen Lehre widersprach.

Von denen, welche damals seine unechten Worte hörten, wiesen ihn die einen als verrückten,
vom Teufel besessenen, im Geiste des Irrtums
befangenen und aufrührerischen Menschen voll
Erbitterung zurecht und suchten ihn am Reden
zu hindern, eingedenk der Mahnung des Herrn,
sich sorgfältig vor falschen Propheten in acht
zu nehmen. Die anderen seiner Zuschauer aber,
voll stolzen Vertrauens auf die Heiligkeit seines
Geistes und auf seine prophetische Begabung,
aufgeblasen und das Gebot des Herrn vergessend, bezaubert und irre gemacht, drangen
in den Tollheit stiftenden, schmeichlerischen,
aufwiegelnden Geist, daß er sich nicht zum
Schweigen zwingen lasse.

Durch List also oder vielmehr durch diese Art
von Trug arbeitete der Teufel am Verderben der
Treulosen und erregte und entflammte, wider
Gebühr von ihnen geehrt, ihren Sinn, der sich
eingeschläfert vom wahren Glauben abgekehrt
hatte. Er erweckte dazu noch zwei Weiber und
erfüllte sie mit dem falschen Geist, so daß sie
gleich dem Montanus Unsinniges, Wirres und
Fremdartiges sprachen. Da der Geist (des Montanus) die, welche sich an ihm freuten und auf
ihn stolz waren, selig pries und sie durch die
Größe seiner Verheißungen aufgeblasen machte, da und dort allerdings auch in geschickter
und Vertrauen heischender Weise unverholen
verurteilte, um den Schein eines Richters zu
erwecken (obwohl die Zahl der Phryger, welche
sich täuschen ließen, nur gering war), da andererseits der freche Geist die ganze, überall unter dem Himmel verbreitete Kirche zu lästern
lehrte, weil der Lügenprophet weder Ehre noch
Zutritt bei ihr erhielt,

so kamen die Gläubigen Asiens wiederholt zusammen, prüften die neue Lehre, erkannten
ihre Gemeinheit und verurteilten die Häresie,
worauf diese Leute aus der Kirche hinausgeworfen und aus der Gemeinschaft ausgeschlossen
wurden."

16,11 ταῦτα ἐν πρώτοις ἱστορήσας καὶ δι᾽ ὅλου τοῦ συγγράμματος τὸν ἔλεγχον τῆς κατ᾽ αὐτοὺς πλάνης ἐπαγαγών, ἐν τῷ δευτέρῳ περὶ τῆς τελευτῆς τῶν προδεδηλωμένων ταῦτά φησιν

16,12 „ἐπειδὴ τοίνυν καὶ προφητοφόντας ἡμᾶς ἀπεκάλουν, ὅτι μὴ τοὺς ἀμετροφώνους αὐτῶν προφήτας ἐδεξάμεθα (τούτους γὰρ εἶναί φασιν οὕσπερ ἐπηγγείλατο τῷ λαῷ πέμψειν ὁ κύριος), ἀποκρινάσθωσαν ἡμῖν πρὸς θεοῦ· ἔστιν τις, ὦ βέλτιστοι, τούτων τῶν ἀπὸ Μοντανοῦ καὶ τῶν γυναικῶν λαλεῖν ἀρξαμένων ὅστις ὑπὸ Ἰουδαίων ἐδιώχθη ἢ ὑπὸ παρανόμων ἀπεκτάνθη; οὐδείς. οὐδέ γέ τις αὐτῶν κρατηθεὶς ὑπὲρ τοῦ ὀνόματος ἀνεσταυρώθη; οὐ γὰρ οὖν. οὐδὲ μὴν οὐδὲ ἐν συναγωγαῖς Ἰουδαίων τῶν γυναικῶν τις ἐμαστιγώθη ποτὲ ἢ ἐλιθοβολήθη; οὐδαμόσε οὐδαμῶς,

16,13 ἄλλῳ δὲ θανάτῳ τελευτῆσαι λέγονται Μοντανός τε καὶ Μαξίμιλλα. τούτους γὰρ ὑπὸ πνεύματος βλαψίφρονος ἑκατέρους ὑποκινήσαντος λόγος ἀναρτῆσαι ἑαυτοὺς οὐχ ὁμοῦ, κατὰ δὲ τὸν τῆς ἑκάστου τελευτῆς καιρὸν φήμη πολλὴ καὶ οὕτω δὲ τελευτῆσαι καὶ τὸν βίον καταστρέψαι Ἰούδα προδότου δίκην,

16,14 καθάπερ καὶ τὸν θαυμαστὸν ἐκεῖνον τὸν πρῶτον τῆς κατ᾽ αὐτοὺς λεγομένης προφητείας οἷον ἐπίτροπόν τινα Θεόδοτον πολὺς αἱρεῖ λόγος ὡς αἱρόμενόν ποτε καὶ ἀναλαμβανόμενον εἰς οὐρανοὺς παρεκστῆναί τε καὶ καταπιστεῦσαι ἑαυτὸν τῷ τῆς ἀπάτης πνεύματι καὶ δισκευθέντα κακῶς τελευτῆσαι· φασὶ γοῦν τοῦτο οὕτως γεγονέναι.

16,15 ἀλλὰ μὴ ἄνευ τοῦ ἰδεῖν ἡμᾶς ἐπίστασθαί τι τῶν τοιούτων νομίζωμεν, ὦ μακάριε· ἴσως μὲν γὰρ οὕτως, ἴσως δὲ οὐχ οὕτως τετελευτήκασιν Μοντανός τε καὶ Θεόδοτος καὶ ἡ προειρημένη γυνή“.

16,16 αὖθις δ᾽ ἐν τῷ αὐτῷ φησιν λόγῳ τοὺς τότε ἱεροὺς ἐπισκόπους πεπειρᾶσθαι μὲν τὸ ἐν τῇ Μαξιμίλλῃ πνεῦμα διελέγξαι, κεκωλύσθαι δὲ πρὸς ἑτέρων, συνεργούντων δηλαδὴ τῷ πνεύματι·

So berichtet der Schriftsteller zu Beginn und widerlegt durch das ganze Buch den Irrtum der Montanisten. Im zweiten Buch äußert er sich sodann über das Lebensende der erwähnten Personen also:

Da sie uns auch als Prophetenmörder verschrien, weil wir ihre maßlos geschwätzigen Propheten, welche nach ihrer Lehre der Herr dem Volke zu senden verheißen hat, nicht aufnahmen, so mögen sie uns doch vor Gott die Frage beantworten: ,Teuerste, ist unter der Schar, die mit Montanus und seinen Weibern zu schwätzen begonnen, ein einziger, der von den Juden verfolgt oder von den Gesetzlosen getötet worden wäre?' Nein! Auch ist keiner von ihnen um seines Namens willen ergriffen und gekreuzigt worden. Keineswegs! Oder ist eine von den Frauen in jüdischen Synagogen je gegeißelt oder gesteinigt worden? Nie und nirgends!

Wohl aber sollen Montanus und Maximilla eines ganz anderen Todes gestorben sein. Nach einem weit verbreiteten Gerücht haben sich beide unter dem Einfluß eines Tollheit stiftenden Geistes erhängt, nicht zu gleicher Zeit, sondern zu der Zeit, die einem jeden zum Sterben bestimmt war. So wären sie gleich dem Verräter Judas gestorben und aus dem Leben geschieden. Auch wird vielfach erzählt, daß Theodot, der seltsame erste Verwalter ihrer sogenannten Prophetie, einst durch Entrückung und Erhebung in den Himmel verzückt worden sei und sich den Geiste des Irrtums anvertraut habe, dann aber, zur Erde hinabgeschleudert, elend zugrunde gegangen sei. So wird wenigstens berichtet.

Jedoch Teurer, da wir das Erzählte nicht gesehen haben, sollten wir nicht glauben, etwas Bestimmtes darüber zu wissen. Es kann sein, daß Montanus, Theodot und das erwähnte Weib in dieser Weise geendet sind, es kann aber auch sein, daß sie eines anderen Todes gestorben sind."

Ferner berichtet der Schriftsteller im gleichen Buch, daß die heiligen Bischöfe damals den Versuch gemacht hätten, den Geist in Maximilla zu widerlegen, daß sie aber daran durch solche, die offenbar mit dem Geiste in Ver-

16,17 γράφει δὲ οὕτως
„καὶ μὴ λεγέτω ἐν τῷ αὐτῷ λόγῳ τῷ κατὰ
Ἀστέριον Ὀρβανὸν τὸ διὰ Μαξιμίλλης πνεῦμα
„διώκομαι ὡς λύκος ἐκ προβάτων· οὐκ εἰμὶ
λύκος· ῥῆμά εἰμι καὶ πνεῦμα καὶ δύναμις“,
ἀλλὰ τὴν ἐν τῷ πνεύματι δύναμιν ἐναργῶς
δειξάτω καὶ ἐλεγξάτω καὶ ἐξομολογεῖσθαι
διὰ τοῦ πνεύματος καταναγκασάτω τοὺς τότε
παρόντας εἰς τὸ δοκιμάσαι καὶ διαλεχθῆναι
τῷ πνεύματι λαλοῦντι, ἄνδρας δοκίμους καὶ
ἐπισκόπους, Ζωτικὸν ἀπὸ Κουμάνης κώμης καὶ
Ἰουλιανὸν ἀπὸ Ἀπαμείας, ὧν οἱ περὶ Θεμίσωνα
τὰ στόματα φιμώσαντες οὐκ εἴασαν τὸ ψευδὲς
καὶ λαοπλάνον πνεῦμα ὑπ᾽ αὐτῶν ἐλεγχθῆναι“.

16,18 ἐν ταὐτῷ δὲ πάλιν ἕτερα μεταξὺ πρὸς
ἔλεγχον τῶν τῆς Μαξιμίλλης ψευδοπροφητειῶν
εἰπών, ὁμοῦ τόν τε χρόνον καθ᾽ ὃν ταῦτ᾽ ἔγραφεν,
σημαίνει καὶ τῶν προρρήσεων αὐτῆς μέμνηται
δι᾽ ὧν πολέμους ἔσεσθαι καὶ ἀκαταστασίας
προεμαντεύσατο, ὧν καὶ τὴν ψευδολογίαν
εὐθύνει, ὧδε λέγων

16,19 „καὶ πῶς οὐ καταφανὲς ἤδη γέγονεν καὶ
τοῦτο τὸ ψεῦδος; πλείω γὰρ ἢ τρισκαίδεκα ἔτη
εἰς ταύτην τὴν ἡμέραν ἐξ οὗ τετελεύτηκεν ἡ
γυνή, καὶ οὔτε μερικὸς οὔτε καθολικὸς κόσμῳ
γέγονεν πόλεμος, ἀλλὰ καὶ Χριστιανοῖς μᾶλλον
εἰρήνη διάμονος ἐξ ἐλέου θεοῦ“.

16,20 καὶ ταῦτα δ᾽ ἐκ τοῦ δευτέρου συγγράμματος. καὶ ἀπὸ τοῦ τρίτου δὲ σμικρὰς παραθήσομαι λέξεις, δι᾽ ὧν πρὸς τοὺς αὐχοῦντας ὡς
ἄρα πλείους καὶ αὐτῶν μεμαρτυρηκότες εἶεν,
ταῦτά φησιν
„ὅταν τοίνυν ἐν πᾶσι τοῖς εἰρημένοις ἐλεγχθέντες
ἀπορήσωσιν, ἐπὶ τοὺς μάρτυρας καταφεύγειν
πειρῶνται, λέγοντες πολλοὺς ἔχειν μάρτυρας
καὶ τοῦτ᾽ εἶναι τεκμήριον πιστὸν τῆς δυνάμεως
τοῦ παρ᾽ αὐτοῖς λεγομένου προφητικοῦ πνεύματος. τὸ δ᾽ ἐστὶν ἄρα, ὡς ἔοικεν, παντὸς μᾶλλον
οὐκ ἀληθές.

bindung standen, verhindert worden seien.
Er schreibt:

Der in Maximilla wirkende Geist möge im gleichen Buch nach Asterius Urbanus doch nicht sagen: ,Ich werde wie ein Wolf von den Schafen weggetrieben. Ich bin kein Wolf. Ich bin das Wort, der Geist, die Kraft.' Möge sie doch die Kraft des Geistes klar offenbaren und beweisen, und möge sie durch ihren Geist die bewährten Bischöfe Zoticus aus dem Dorf Kumane und Julianus aus Apamea, welche damals erschienen waren, um die Sache zu untersuchen und mit dem geschwätzigen Geist zu disputieren, zur Zustimmung zwingen! Die Anhänger des Themison allerdings hatten diesen Männern den Mund verschlossen und ihnen nicht gestattet, den falschen, verführerischen Geist zu widerlegen.“

Nachdem der Schriftsteller im gleichen Buch noch andere Bemerkungen zur Widerlegung der falschen Weissagungen der Maximilla eingefügt hatte, deutet er die Zeit an, da er schrieb, erwähnt zugleich ihre Prophezeiungen, in welchen sie Kriege und Aufstände voraussagte, und deckt deren Unwahrheit auf. Er sagt:

Ist denn nicht bereits auch diese Lüge offenbar geworden? Denn seit dem Tod jenes Weibes sind bis auf den heutigen Tag schon mehr als dreizehn Jahre verstrichen, ohne daß ein lokaler oder ein Welt-Krieg entstanden wäre; ja selbst die Christen genießen durch Gottes Erbarmen dauernden Frieden.“

Soviel aus dem zweiten Buch. Aus dem dritten Buch will ich noch ein paar Worte anführen. Gegenüber denen, welche sich rühmen, daß es auch in ihren Reihen mehrere Märtyrer gebe, äußert er sich hier also:

Wenn sie sich nun in allen Punkten geschlagen sehen und in Verlegenheit sind, dann suchen sie Zuflucht bei ihren Märtyrern und behaupten, die vielen Märtyrer, die sie hätten, wären ein deutlicher Beweis für die Kraft ihres sogenannten prophetischen Geistes. Doch dieser Schluß ist, wie mir dünkt, durchaus unrichtig.

16,22 „ὅθεν τοι καὶ ἐπειδὰν οἱ ἐπὶ τὸ τῆς κατ' ἀλήθειαν πίστεως μαρτύριον κληθέντες ἀπὸ τῆς ἐκκλησίας τύχωσι μετά τινων τῶν ἀπὸ τῆς τῶν Φρυγῶν αἱρέσεως λεγομένων μαρτύρων, διαφέρονταί τε πρὸς αὐτοὺς καὶ μὴ κοινωνήσαντες αὐτοῖς τελειοῦνται διὰ τὸ μὴ βούλεσθαι συγκαταθέσθαι τῷ διὰ Μοντανοῦ καὶ τῶν γυναικῶν πνεύματι. καὶ ὅτι τοῦτ' ἀληθές, καὶ ἐπὶ τῶν ἡμετέρων χρόνων ἐν Ἀπαμείᾳ τῇ πρὸς Μαιάνδρῳ τυγχάνει γεγενημένον ἐν τοῖς περὶ Γάϊον καὶ Ἀλέξανδρον ἀπὸ Εὐμενείας μαρτυρήσασι πρόδηλον".

„Wenn daher Glieder der Kirche, welche zum Martyrium für den wahren Glauben berufen sind, zufällig mit sogenannten Märtyrern der phrygischen Häresie zusammentreffen, halten sie sich von diesen fern und gehen, ohne mit ihnen Gemeinschaft gepflogen zu haben, in den Tod; denn nicht wollen sie den Geist anerkennen, der durch Montanus und seine Frauen spricht. Daß dem so ist, hat sich in unseren Tagen zu Apamea am Mäander an den Märtyrern bestätigt, welche mit Gaius und Alexander aus Eumenea das Martyrium erlitten."

17,1 Ἐν τούτῳ δὲ τῷ συγγράμματι καὶ Μιλτιάδου συγγραφέως μέμνηται, ὡς λόγον τινὰ καὶ αὐτοῦ κατὰ τῆς προειρημένης αἱρέσεως γεγραφότος· παραθέμενος γοῦν αὐτῶν λέξεις τινάς, ἐπιφέρει λέγων „ταῦτα εὑρὼν ἔν τινι συγγράμματι αὐτῶν ἐνισταμένων τῷ Μιλτιάδου τοῦ ἀδελφοῦ συγγράμματι, ἐν ᾧ ἀποδείκνυσιν περὶ τοῦ μὴ δεῖν προφήτην ἐν ἐκστάσει λαλεῖν, ἐπετεμόμην".

In diesem Buch wird auch erwähnt, daß der Schriftsteller Miltiades gegen die genannte Häresie geschrieben habe. Nachdem der Verfasser einige Worte derselben angeführt, fährt er also fort: *„Da ich diese Worte in einer ihrer Schriften fand, welche sich gegen das Buch unseres Bruders Miltiades richten, worin dieser dartut, daß ein Prophet nicht in Ekstase reden dürfe, habe ich sie in Kürze wiedergegeben."*

17,2 ὑποκαταβὰς δ' ἐν ταὐτῷ τοὺς κατὰ τὴν καινὴν διαθήκην προπεφητευκότας καταλέγει, ἐν οἷς καταριθμεῖ Ἀμμίαν τινὰ καὶ Κοδρᾶτον, λέγων οὕτως „ἀλλ' ὅ γε ψευδοπροφήτης ἐν παρεκστάσει, ᾧ ἕπεται ἄδεια καὶ ἀφοβία, ἀρχομένου μὲν ἐξ ἑκουσίου ἀμαθίας, καταστρέφοντος δὲ εἰς ἀκούσιον μανίαν ψυχῆς, ὡς προείρηται.

Etwas weiter unten zählt er im gleichen Buch diejenigen auf, welche unter dem Neuen Bunde geweissagt haben; zu ihnen rechnet er eine gewisse Ammia und Quadratus. Er sagt: *„.... der falsche Prophet aber in der Ekstase, dem rücksichtslose Verwegenheit zur Seite geht. Er fängt mit freiwilliger Unwissenheit an und geht sodann, wie oben gesagt, in unfreiwillige Raserei der Seele über.*

17,3 τοῦτον δὲ τὸν τρόπον οὔτε τινὰ τῶν κατὰ τὴν παλαιὰν οὔτε τῶν κατὰ τὴν καινὴν πνευματοφορηθέντα προφήτην δεῖξαι δυνήσονται, οὔτε Ἄγαβον οὔτε Ἰούδαν οὔτε Σίλαν οὔτε τὰς Φιλίππου θυγατέρας, οὔτε τὴν ἐν Φιλαδελφίᾳ Ἀμμίαν οὔτε Κοδρᾶτον, οὔτε εἰ δή τινας ἄλλους μηδὲν αὐτοῖς προσήκοντας καυχήσονται".

Doch werden sie weder aus dem Alten noch aus dem Neuen Bunde einen Propheten nennen können, der auf solche Weise vom Geiste ergriffen worden wäre. Sie werden sich nicht auf Agabus oder Judas oder Silas oder die Töchter des Philippus oder Ammia in Philadelphia oder Quadratus oder auf sonst jemanden berufen können; denn mit diesen haben sie nichts zu tun."

17,4 καὶ αὖθις δὲ μετὰ βραχέα ταῦτά φησιν „εἰ γὰρ μετὰ Κοδρᾶτον καὶ τὴν ἐν Φιλαδελφίᾳ Ἀμμίαν, ὥς φασιν, αἱ περὶ Μοντανὸν διεδέξαντο γυναῖκες τὸ προφητικὸν χάρισμα, τοὺς ἀπὸ

Bald darauf berichtet er weiter: *„Wenn nach Quadratus und nach Ammia in Philadelphia, wie sie behaupten, die dem Montanus sich anschließenden Weiber die prophe-*

Μοντανοῦ καὶ τῶν γυναικῶν τίνες παρ' αὐτοῖς διεδέξαντο, δειξάτωσαν· δεῖν γὰρ εἶναι τὸ προφητικὸν χάρισμα ἐν πάσῃ τῇ ἐκκλησίᾳ μέχρι τῆς τελείας παρουσίας ὁ ἀπόστολος ἀξιοῖ. ἀλλ' οὐκ ἂν ἔχοιεν δεῖξαι τεσσαρεσκαιδέκατον ἤδη που τοῦτο ἔτος ἀπὸ τῆς Μαξιμίλλης τελευτῆς".

tische Gabe erhalten haben, dann möge man uns die zeigen, welche bei ihnen als Nachfolger des Montanus und seiner Weiber die Prophetie überkommen haben. Denn die prophetische Gabe muß sich nach der Lehre des Apostels in der ganzen Kirche bis zur letzten Wiederkunft erhalten. Doch es dürfte ihnen nicht möglich sein, jemanden vorzuweisen, obwohl bereits vierzehn Jahre seit dem Tod der Maximilla verstrichen sind. "

17,5 οὗτος μὲν δὴ τοσαῦτα· ὅ γέ τοι πρὸς αὐτοῦ δεδηλωμένος Μιλτιάδης καὶ ἄλλας ἡμῖν τῆς ἰδίας περὶ τὰ θεῖα λόγια σπουδῆς μνήμας καταλέλοιπεν ἔν τε οἷς πρὸς Ἕλληνας συνέταξε λόγοις καὶ τοῖς πρὸς Ἰουδαίους, ἑκατέρᾳ ἰδίως ὑποθέσει ἐν δυσὶν ὑπαντήσας συγγράμμασιν, ἔτι δὲ καὶ πρὸς τοὺς κοσμικοὺς ἄρχοντας ὑπὲρ ἧς μετῄει φιλοσοφίας πεποίηται ἀπολογίαν.

Soweit jener Schriftsteller. Der von ihm erwähnte Miltiades hat uns auch noch andere Denkmäler seiner eigenen theologischen Studien hinterlassen. Er schrieb sowohl gegen die Griechen als auch gegen die Juden, und antwortete jeder der beiden Gruppierungen in je zwei Büchern. Gegen die weltlichen Machthaber verfaßte er ferner eine Verteidigungsschrift zugunsten seiner Philosophie.

18,1 Τῆς δὲ κατὰ Φρύγας καλουμένης αἱρέσεως καὶ Ἀπολλώνιος, ἐκκλησιαστικὸς συγγραφεύς, ἀκμαζούσης εἰς ἔτι τότε κατὰ τὴν Φρυγίαν ἔλεγχον ἐνστησάμενος, ἴδιον κατ' αὐτῶν πεποίηται σύγγραμμα, τὰς μὲν φερομένας αὐτῶν προφητείας ψευδεῖς οὔσας κατὰ λέξιν εὐθύνων, τὸν δὲ βίον τῶν τῆς αἱρέσεως ἀρχηγῶν ὁποῖός τις γέγονεν, διελέγχων· αὐτοῖς δὲ ῥήμασιν περὶ τοῦ Μοντανοῦ ταῦτα λέγοντος ἄκουε
18,2 „ἀλλὰ τίς ἐστιν οὗτος ὁ πρόσφατος διδάσκαλος, τὰ ἔργα αὐτοῦ καὶ ἡ διδασκαλία δείκνυσιν. οὗτός ἐστιν ὁ διδάξας λύσεις γάμων, ὁ νηστείας νομοθετήσας, ὁ Πέπουζαν καὶ Τύμιον Ἱερουσαλὴμ ὀνομάσας (πόλεις δ' εἰσὶν αὗται μικραὶ τῆς Φρυγίας), τοὺς πανταχόθεν ἐκεῖ συναγαγεῖν ἐθέλων, ὁ πρακτῆρας χρημάτων καταστήσας, ὁ ἐπ' ὀνόματι προσφορῶν τὴν δωροληψίαν ἐπιτεχνώμενος, ὁ σαλάρια χορηγῶν τοῖς κηρύσσουσιν αὐτοῦ τὸν λόγον, ἵνα διὰ τῆς γαστριμαργίας ἡ διδασκαλία τοῦ λόγου κρατύνηται".
18,3 καὶ ταῦτα μὲν περὶ τοῦ Μοντανοῦ· καὶ περὶ τῶν προφητίδων δὲ αὐτοῦ ὑποκαταβὰς οὕτω γράφει
„δείκνυμεν οὖν αὐτὰς πρώτας τὰς προφήτιδας ταύτας, ἀφ' οὗ τοῦ πνεύματος ἐπληρώθησαν,

Die sogenannte kataphrygische Häresie, welche damals noch in Phrygien blühte, widerlegte der Kirchenschriftsteller Apollonius. Er verfaßte gegen sie eine eigene Schrift, worin er ihre vorgeblichen Weissagungen Wort für Wort als falsch widerlegte und das Leben der häretischen Führer wahrheitsgemäß schilderte. Vernimm seine eigenen Worte über Montanus!
„Doch wer dieser neue Lehrer ist, zeigen seine Taten und seine Lehre. Es ist es, der die Trennung der Ehen lehrte, Fastengesetze erließ, Pepuza und Tymion, kleine Städte Phrygiens, als Jerusalem bezeichnete, in der Absicht, daselbst Leute aller Gegenden zu vereinen. Er ist es, der Steuereinnehmer aufstellte, unter dem Titel Opfer Geschenke anzunehmen verstand und den Verkündigern seiner Lehre Lohn auszahlte, auf daß die Predigt seiner Lehre durch Schlemmerei an Kraft gewänne. "

Dies ist sein Urteil über Montanus. Über seine Prophetinnen schreibt er später folgendes:
„Wir beweisen nun, daß eben diese ersten Prophetinnen die ersten gewesen sind, die ihre

τοὺς ἄνδρας καταλιπούσας. πῶς οὖν ἐψεύδοντο Πρίσκιλλαν παρθένον ἀποκαλοῦντες;"

18,4 εἶτ᾽ ἐπιφέρει λέγων
„δοκεῖ σοι πᾶσα γραφὴ κωλύειν προφήτην λαμβάνειν δῶρα καὶ χρήματα; ὅταν οὖν ἴδω τὴν προφῆτιν εἰληφυῖαν καὶ χρυσὸν καὶ ἄργυρον καὶ πολυτελεῖς ἐσθῆτας, πῶς αὐτὴν μὴ παραιτήσωμαι;"

18,5 αὖθις δ᾽ ὑποκαταβὰς περί τινος τῶν κατ᾽ αὐτοὺς ὁμολογητῶν ταῦτά φησιν
„ἔτι δὲ καὶ Θεμίσων, ὁ τὴν ἀξιόπιστον πλεονεξίαν ἠμφιεσμένος, ὁ μὴ βαστάσας τῆς ὁμολογίας τὸ σημεῖον, ἀλλὰ πλήθει χρημάτων ἀποθέμενος τὰ δεσμά, δέον ἐπὶ τούτῳ ταπεινοφρονεῖν, ὡς μάρτυς καυχώμενος, ἐτόλμησεν, μιμούμενος τὸν ἀπόστολον, καθολικήν τινα συνταξάμενος ἐπιστολήν, κατηχεῖν μὲν τοὺς ἄμεινον αὐτοῦ πεπιστευκότας, συναγωνίζεσθαι δὲ τοῖς τῆς κενοφωνίας λόγοις, βλασφημῆσαι δὲ εἰς τὸν κύριον καὶ τοὺς ἀποστόλους καὶ τὴν ἁγίαν ἐκκλησίαν".

18,6 καὶ περὶ ἑτέρου δὲ αὖθις τῶν κατ᾽ αὐτοὺς τετιμημένων ὡς δὴ μαρτύρων οὕτω γράφει
„ἵνα δὲ μὴ περὶ πλειόνων λέγωμεν, ἡ προφῆτις ἡμῖν εἰπάτω τὰ κατὰ Ἀλέξανδρον, τὸν λέγοντα ἑαυτὸν μάρτυρα, ᾧ συνεστίαται, ᾧ προσκυνοῦσιν καὶ αὐτῷ πολλοί· οὗ τὰς λῃστείας καὶ τὰ ἄλλα τολμήματα ἐφ᾽ οἷς κεκόλασται, οὐχ ἡμᾶς δεῖ λέγειν, ἀλλὰ ὁ ὀπισθόδομος ἔχει.

18,7 τίς οὖν τίνι χαρίζεται τὰ ἁμαρτήματα; πότερον ὁ προφήτης τὰς λῃστείας τῷ μάρτυρι ἢ ὁ μάρτυς τῷ προφήτῃ τὰς πλεονεξίας; εἰρηκότος γὰρ τοῦ κυρίου μὴ κτήσησθε χρυσὸν μήτε ἄργυρον μηδὲ δύο χιτῶνας, οὗτοι πᾶν τοὐναντίον πεπλημμελήκασιν περὶ τὰς τούτων τῶν ἀπηγορευμένων κτήσεις. δείξομεν γὰρ τοὺς λεγομένους παρ᾽ αὐτοῖς προφήτας καὶ μάρτυρας μὴ μόνον παρὰ πλουσίων, ἀλλὰ

Männer verlassen haben, nachdem sie vom Geiste erfüllt worden waren. Wie sehr haben sie also gelogen, wenn sie Priscilla als Jungfrau bezeichneten!"

Sodann fährt er fort:
„Glaubst du nicht, daß die ganze Schrift es einem Propheten verbietet, Geschenke und Gold anzunehmen? Wenn ich nun sehe, daß die Prophetin Gold, Silber und kostbare Gewänder angenommen hat, soll ich sie da nicht ablehnen?"

Im weiteren Verlauf des Berichts erzählt er von einem ihrer Bekenner folgendes:
„Ferner hat Themison, mit habsüchtiger Scheinheiligkeit angetan, das Zeichen des Bekenntnisses nicht ertragen, sich vielmehr mit einer großen Geldsumme aus dem Kerker losgekauft. Während er doch deswegen hätte demütig sein sollen, wagte er es, sich als Märtyrer zu rühmen, in Nachahmung des Apostels einen katholischen Brief zu verfassen, diejenigen, welche mehr als er selbst den Namen von Gläubigen verdienten, zu belehren, mit nichtssagenden Worten zu fechten und den Herrn, die Apostel und die heilige Kirche zu schmähen."

Über einen anderen Mann wieder, den sie unter die Zahl der von ihnen verehrten Märtyrer rechnen, schreibt er:
Um nicht von mehreren zu sprechen, gebe uns die Prophetin Auskunft über Alexander, der sich als Märtyrer bezeichnet und mit dem sie sich in Schmausereien hingibt und den auch viele verehren! Über seine Räubereien und andere Verbrechen, derentwegen er bestraft worden ist, brauchen wir nicht zu reden; im Archiv sind sie aufbewahrt.
Wer nun vergibt dem anderen die Sünden? Vergibt der Prophet dem Märtyrer seine Räubereien oder der Märtyrer dem Propheten seine Habsucht? Denn obwohl der Herr gesagt hat: ,Ihr sollt weder Gold noch Silber noch zwei Röcke besitzen', haben sich diese Leute ganz im Gegensatz dazu durch den Erwerb dieser verbotenen Dinge versündigt. Wie wir zeigen werden, haben ihre sogenannten Propheten und

καὶ παρὰ πτωχῶν καὶ ὀρφανῶν καὶ χηρῶν κερματιζομένους.

Märtyrer nicht nur von den Reichen, sondern sogar von den Armen, den Waisen und Witwen ihr Scherflein gefordert.

18,8 καὶ εἰ πεποίθησιν ἔχουσιν, στήτωσαν ἐν τούτῳ καὶ διορισάσθωσαν ἐπὶ τούτοις, ἵνα ἐὰν ἐλεγχθῶσιν, κἂν τοῦ λοιποῦ παύσωνται πλημμελοῦντες. δεῖ γὰρ τοὺς καρποὺς δοκιμάζεσθαι τοῦ προφήτου· ἀπὸ γὰρ τοῦ καρποῦ τὸ ξύλον γινώσκεται.

Und wenn sie ein gutes Gewissen haben, dann mögen sie vortreten und Rede und Antwort stehen, damit sie, im Falle sie überführt werden, wenigstens für die Zukunft von ihren Sünden ablassen. Es ist notwendig, die Früchte des Propheten zu prüfen; denn an der Frucht wird der Baum erkannt.

18,9 ἵνα δὲ τοῖς βουλομένοις τὰ κατὰ Ἀλέξανδρον ᾖ γνώριμα, κέκριται ὑπὸ Αἰμιλίου Φροντίνου ἀνθυπάτου ἐν Ἐφέσῳ, οὐ διὰ τὸ ὄνομα, ἀλλὰ δι' ἃς ἐτόλμησεν λῃστείας, ὢν ἤδη παραβάτης· εἶτ' ἐπιψευσάμενος τῷ ὀνόματι τοῦ κυρίου, ἀπολέλυται, πλανήσας τοὺς ἐκεῖ πιστούς, καὶ ἡ ἰδία παροικία αὐτόν, ὅθεν ἦν, οὐκ ἐδέξατο διὰ τὸ εἶναι αὐτὸν λῃστήν, καὶ οἱ θέλοντες μαθεῖν τὰ κατ' αὐτὸν ἔχουσιν τὸ τῆς Ἀσίας δημόσιον ἀρχεῖον·

Damit jedoch die Wißbegierigen die Geschichte Alexanders kennenlernen, so bemerke ich: er wurde von dem Prokonsul Ämilius Frontinus in Ephesus nicht wegen der Bezeichnung [sc. Christ] verurteilt, sondern wegen der Räubereien, die er als Abtrünniger verübt hatte. Die Lüge, er sei um des Namens des Herrn willen verurteilt worden, täuschte die dortigen Gläubigen und erwirkte die Loskaufung. Doch die eigene Heimatgemeinde nahm ihn nicht auf, weil er ein Räuber war. Wer über ihn Genaueres erfahren will, dem steht das öffentliche Archiv Asiens zur Verfügung.

18,10 ὃν ὁ προφήτης συνόντα πολλοῖς ἔτεσιν ἀγνοεῖ. τοῦτον ἐλέγχοντες ἡμεῖς, δι' αὐτοῦ καὶ τὴν ὑπόστασιν ἐξελέγχομεν τοῦ προφήτου. τὸ ὅμοιον ἐπὶ πολλῶν δυνάμεθα ἀποδεῖξαι, καὶ εἰ θαρροῦσιν, ὑπομεινάτωσαν τὸν ἔλεγχον".

Auch der Prophet, mit dem er doch viele Jahre verbunden war, will ihn nicht mehr kennen. Dadurch, daß wir Alexander entlarven, enthüllen wir auch das Wesen des Propheten. Ähnliches könnten wir an vielen zeigen, und wenn sie Mut haben, mögen sie sich der Prüfung unterziehen. "

18,11 πάλιν τε αὖ ἐν ἑτέρῳ τόπῳ τοῦ συγγράμματος περὶ ὧν αὐχοῦσι προφητῶν ἐπιλέγει ταῦτα
„ἐὰν ἀρνῶνται δῶρα τοὺς προφήτας αὐτῶν εἰληφέναι, τοῦθ' ὁμολογησάτωσαν ὅτι ἐὰν ἐλεγχθῶσιν εἰληφότες, οὐκ εἰσὶ προφῆται, καὶ μυρίας ἀποδείξεις τούτων παραστήσομεν. ἀναγκαῖον δέ ἐστιν πάντας καρποὺς δοκιμάζεσθαι προφήτου. προφήτης, εἰπέ μοι, βάπτεται; προφήτης στιβίζεται; προφήτης φιλοκοσμεῖ; προφήτης τάβλαις καὶ κύβοις παίζει; προφήτης δανείζει; ταῦτα ὁμολογησάτωσαν πότερον ἔξεστιν ἢ μή, ἐγὼ δ' ὅτι γέγονεν παρ' αὐτοῖς, δείξω".

An einer anderen Stelle seiner Schrift sagt er über die Propheten, auf welche sie stolz sind, noch folgendes:
„Wenn sie die Tatsache leugnen, daß ihre Propheten Geschenke angenommen haben, so mögen sie doch wenigstens so viel zugeben, daß, wenn ihnen die Annahme von Geschenken nachgewiesen ist, sie keine Propheten sind! Und hierfür werden wir unzählige Beweise erbringen. Es ist übrigens notwendig, alle Früchte eines Propheten zu prüfen. Sage mir: Färbt sich ein Prophet? Schminkt sich ein Prophet? Liebt ein Prophet den Schmuck? Spielt ein Prophet Brett und Würfel? Leiht ein Prophet auf Zinsen aus? Sie mögen es klar aussprechen, ob so etwas

erlaubt ist oder nicht! Ich aber will zeigen, daß es bei ihnen vorgekommen ist."

18,12 ὁ δ' αὐτὸς οὗτος Ἀπολλώνιος κατὰ τὸ αὐτὸ σύγγραμμα ἱστορεῖ ὡς ἄρα τεσσαρακοστὸν ἐτύγχανεν ἔτος ἐπὶ τὴν τοῦ συγγράμματος αὐτοῦ γραφὴν ἐξ οὗ τῇ προσποιήτῳ αὐτοῦ προφητείᾳ ὁ Μοντανὸς ἐπικεχείρηκεν,

18,13 καὶ πάλιν φησὶν ὡς ἄρα Ζωτικός, οὗ καὶ ὁ πρότερος συγγραφεὺς ἐμνημόνευσεν, ἐν Πεπούζοις προφητεύειν δὴ προσποιουμένης τῆς Μαξιμίλλης ἐπιστὰς διελέγξαι τὸ ἐνεργοῦν ἐν αὐτῇ πνεῦμα πεπείραται, ἐκωλύθη γε μὴν πρὸς τῶν τὰ ἐκείνης φρονούντων.

18,14 καὶ Θρασέα δέ τινος τῶν τότε μαρτύρων μνημονεύει. ἔτι δὲ ὡς ἐκ παραδόσεως τὸν σωτῆρά φησιν προστετάχεναι τοῖς αὐτοῦ ἀποστόλοις ἐπὶ δώδεκα ἔτεσιν μὴ χωρισθῆναι τῆς Ἱερουσαλήμ, κέχρηται δὲ καὶ μαρτυρίαις ἀπὸ τῆς Ἰωάννου Ἀποκαλύψεως, καὶ νεκρὸν δὲ δυνάμει θείᾳ πρὸς αὐτοῦ Ἰωάννου ἐν τῇ Ἐφέσῳ ἐγηγέρθαι ἱστορεῖ, καὶ ἄλλα τινά φησιν, δι' ὧν ἱκανῶς τῆς προειρημένης αἱρέσεως πληρέστατα διηύθυνεν τὴν πλάνην. ταῦτα καὶ ὁ Ἀπολλώνιος.

Der gleiche Apollonius erzählt in derselben Schrift, daß es zur Zeit der Abfassung seines Werkes gerade vierzig Jahre waren, daß Montanus seine angebliche Prophezeiung begonnen hat.

Ferner berichtet er, daß Zoticus, dessen auch der vorerwähnte Schriftsteller gedachte, gegen Maximilla sich erhob, die sich in Pepuza als Prophetin ausgab, und den in ihr wirkenden Geist zu widerlegen versuchte, woran er jedoch von ihren Gesinnungsgenossen gehindert wurde.

Auch gedenkt Apollonius unter den damaligen Märtyrern eines gewissen Thraseas. Ferner teilt er als Überlieferung mit, der Heiland habe seinen Aposteln befohlen, sie sollten zwölf Jahre Jerusalem nicht verlassen. Er benützt auch Zeugnisse aus der Offenbarung des Johannes und erzählt, derselbe Johannes habe in Ephesus einen Toten durch göttliche Kraft zum Leben erweckt. Noch manches andere erwähnt er und tut die Verirrungen der genannten Häresie treffend und vollständig dar. Soweit Apollonius.

19,1 Τῶν δὲ Ἀπολιναρίου κατὰ τῆς δηλωθείσης αἱρέσεως μνήμην πεποίηται Σεραπίων, ὃν ἐπὶ τῶν δηλουμένων χρόνων μετὰ Μαξιμῖνον ἐπίσκοπον τῆς Ἀντιοχέων ἐκκλησίας γενέσθαι κατέχει λόγος· μέμνηται δ' αὐτοῦ ἐν ἰδίᾳ ἐπιστολῇ τῇ πρὸς Καρικὸν καὶ Πόντιον, ἐν ᾗ διευθύνων καὶ αὐτὸς τὴν αὐτὴν αἵρεσιν, ἐπιλέγει ταῦτα

19,2 „ὅπως δὲ καὶ τοῦτο εἰδῆτε ὅτι τῆς ψευδοῦς ταύτης τάξεως τῆς ἐπικαλουμένης νέας προφητείας ἐβδέλυκται ἡ ἐνέργεια παρὰ πάσῃ τῇ ἐν κόσμῳ ἀδελφότητι, πέπομφα ὑμῖν καὶ Κλαυδίου Ἀπολιναρίου, τοῦ μακαριωτάτου γενομένου ἐν Ἱεραπόλει τῆς Ἀσίας ἐπισκόπου, γράμματα".

19,3 ἐν ταύτῃ δὲ τῇ τοῦ Σεραπίωνος ἐπιστολῇ καὶ ὑποσημειώσεις φέρονται διαφόρων ἐπισκόπων, ὧν ὁ μέν τις ὧδέ πως ὑποσεσημείωται·

Die Schriften des Apollinarius, die gegen die genannte Häresie gerichtet sind, werden von Serapion erwähnt, der nach der Überlieferung zu jener Zeit nach Maximinus Bischof der Kirche von Antiochien war. Er gedenkt dessen in seinem privaten Brief an Karikus und Pontius, worin er auch dieselbe Häresie zurechtweist und dabei also spricht:

„Damit ihr aber wißt, daß das Treiben dieser lügenhaften Genossenschaft, welche sich als neue Prophetie bezeichnet, von allen Brüdern der Erde verabscheut ist, übersende ich euch Briefe des Klaudius Apollinarius, des seligen Bischofs von Hierapolis in Asien."

In diesem Briefe des Serapion finden sich auch Unterschriften verschiedener Bischöfe. Einer derselben unterzeichnet wie folgt:

„Αὐρήλιος Κυρίνιος μάρτυς ἐρρῶσθαι ὑμᾶς εὔχομαι", ὁ δέ τις τοῦτον τὸν τρόπον·

„Αἴλιος Πούπλιος Ἰούλιος ἀπὸ Δεβελτοῦ κολωνίας τῆς Θρᾴκης ἐπίσκοπος· ζῇ ὁ θεὸς ὁ ἐν τοῖς οὐρανοῖς, ὅτι Σωτᾶς ὁ μακάριος ὁ ἐν Ἀγχιάλῳ ἠθέλησε τὸν δαίμονα τὸν Πρισκίλλης ἐκβαλεῖν, καὶ οἱ ὑποκριταὶ οὐκ ἀφῆκαν".

19,4 καὶ ἄλλων δὲ πλειόνων τὸν ἀριθμὸν ἐπισκόπων συμψήφων τούτοις ἐν τοῖς δηλωθεῖσιν γράμμασιν αὐτόγραφοι φέρονται σημειώσεις. καὶ τὰ μὲν κατὰ τούτους ἦν τοιαῦτα·

Ich, Aurelius Quirinius, Märtyrer, bete, daß es euch gut gehe." Eine andere Unterschrift lautet:

Älius Publius Julius aus der Kolonie Debeltus in Thrazien, Bischof: So wahr Gott im Himmel lebt, hat der selige Sotas in Anchilaos den Dämon in Priscilla austreiben wollen, aber die Heuchler haben es nicht zugelassen."

Auch noch von mehreren anderen Bischöfen, welche mit diesen Männern übereinstimmen, finden sich eigenhändige Unterschriften im erwähnten Briefe. Soviel über diese Personen.

Als zweite zur Zeit des Commodus (180–192) entstandene Häresie nennt Euseb nach Apelles die kataphrygische Häresie des Montanus und seiner Prophetinnen. Da sich diese Darstellung im Gegensatz zu allen früheren über mehrere Kapitel der h.e. erstreckt[626], ist es sinnvoll, sich zunächst über die Gliederung des Abschnittes über Montanus (h.e. V 14–19) klarzuwerden.

a) Gliederung der Aussagen zu Montanus

Die Einleitung in h.e. V 14–15 ist durchgängig eusebianisch und dient dazu, die Häresie des Montanus mit den folgenden Häresien des Florinus und Blastus zu verknüpfen.[627]

Euseb greift bei seiner eigentlichen Darstellung der Montanisten (h.e. V 16–19) auf drei Quellen zurück, anhand derer man die Ausführungen Eusebs grob untergliedern kann.

1. Die antimontanistische Streitschrift (h.e. V 16,3–5.6–10.12–15.17.19. 20–21.22; 17,1.2–3.4) mit Hinweis auf die literarische Tätigkeit des Miltiades (h.e. V 17,1);
2. Apollonius (h.e. V 18,2.3.4.5.6–10.11) mit anschließendem eusebianischen Referat über Apollonius (h.e. V 18,12–14);
3. Serapion (h.e. V 19,2.3).

---

[626] Bereits bei Apelles zeichnete sich die Tendenz ab, die Häresie aufgrund des vorhandenen Quellenmaterials (Rhodon) ausführlicher und durch einen längeren Bericht darzustellen. Bei der Präsentation des Montanus und seiner Prophetinnen fügt Euseb umfangreiche Zitate aus mehreren Quellen ein. Die Tatsache, daß ihm erstmals nach den Häresien der Frühzeit (Simon Magus, Menander, Marcion) wieder mehrere Quellen zur Verfügung stehen, ist bemerkenswert.

Völker, Tendenzen, 170, sieht den Grund für diesen im Gegensatz zu Marcion umfangreichen Bericht Eusebs in seinem Interesse am Montanismus und im „Vorhandensein des pneumatischen Elementes, dessen Echtheit damals lebhaft diskutiert wurde".

[627] Vgl. dazu die Einleitung in den fünften Häresieblock, die u. a. die eusebianische Technik der Verzahnung von Häresien genauer betrachtet.

b) Die Rezeption der Informationen aus der antimontanistischen Streitschrift, Apollonius und Serapion

Die erste Schrift (h.e. V 16 und 17) scheint Euseb ohne Namen des Verfassers vorgefunden zu haben. Aus seinen einleitenden Bemerkungen ist zu schließen, daß er den Verdacht hegte, Apollinarius von Hierapolis sei der Verfasser der anonymen Schrift, daß er sich aber in seiner Vermutung nicht sicher war.[628] Die wortreiche Einleitung τὸν Ἀπολινάριον, οὗ καὶ πρόσθεν μνήμην ὁ λόγος πεποίητο, ἄλλους τε σὺν αὐτῷ πλείους τῶν τηνικάδε λογίων ἀνδρῶν ἡ τῆς ἀληθείας ὑπέρμαχος ἀνίστη δύναμις[629] soll über diesen Sachverhalt hinwegtäuschen. Euseb formuliert diesen Satz derart offen, daß ein Leser, der die zitierte Schrift kannte und sie eindeutig einem Verfasser zuweisen konnte (ob Apollinarius oder einem anderen Schriftsteller), keinen Anstoß an der eusebianischen Formulierung nahm, sondern vielmehr sein Wissen in der Aussage Eusebs bestätigt fand. Obwohl er den Verfasser nicht namhaft machen kann, lag ihm die Schrift zweifellos vor.[630]

In h.e. V 16 und 17 bietet Euseb zehn Quellenzitate aus der anonymen, mindestens 3 Bücher umfassenden *antimontanistischen Streitschrift*. Das erste Zitat (h.e. V 16,3–5) berichtet über die Widerlegung der Häresie in der Gemeinde zu Ancyra in Galatien durch den Verfasser. Dieses Eingangszitat dient der Qualifizierung des Verfassers und seiner Aussagen. Es weist ihn als siegreichen Kämpfer gegen den Montanismus (in Person des Miltiades, h.e. V 16,3) aus und unterstreicht, daß sich seine Aussagen auf Augenzeugenberichte gründen. Das zweite Zitat (h.e. V 16,6–10) erzählt von der Person des Montanus und seinen Prophetinnen, das dritte (h.e. V 16,12–15) von deren und Theodots Lebensende. Die nächsten beiden Zitate kreisen um das Thema der Widerlegung des Montanismus: Das vierte

---

[628] Nach Ansicht Eusebs kommt Apollinarius als Verfasser in Betracht, da er aus dem Brief des Serapion an Karikus und Pontius wußte, daß jener Briefe gegen die Montanisten verfaßt hat. Doch er scheint in der Verfasserfrage nicht sicher zu sein, weshalb er im Eingangssatz noch „andere gebildete Männer dieser Zeit" nennt. Die Unsicherheit Eusebs zeigt sich auch an seinen Zitat-Überleitungen (h.e. V 16,11.16.18; 17,1), die er unpersönlich formuliert.

Die syrische Übersetzung gibt an zwei Stellen den Namen Apollinarius als Verfasser an: in h.e. V 16,1 <Wright/McLean, Ecclesiastical History, 287,5–6: ܕܒܐܦܘܠܝܢܐܪܝܘܣ ܗܘ ܗܢܐ ܗܘ ܕܐܠܗܐ ܠ ܘܡ.ܕܝܐ ܘܐܝܠܝ̈ܘ ܗܘ> und h.e. V 16,11 <Wright/McLean, Ecclesiastical History, 290: ܗܘ ܐܦܘܠܝܢܐܪܝܘܣ ܟܬܒ ܗܟܢܐ>. Auch die um 403 entstandene lateinische Übersetzung des Rufin nennt in h.e. V 16,1 Apollinarius als Verfasser der Testimonien <GCS Euseb II/1, 459,25–26: Sed adversum haeresim Cataphrygarum scutum validissimum protulit Apollinaris Hierapolites [...]>.

Man wird allerdings davon ausgehen müssen, daß beide Übersetzungen die „Leerstelle" im eusebianischen Text erkannt hatten und mit ihren Mitteln füllen wollten, wobei sie den Namen Apollinarius aus der Einleitung Eusebs in h.e. V 16,1 erschlossen und sekundär als Verfasser eintrugen.

[629] Euseb, h.e. V 16,1 <GCS Euseb II/1, 458,29–460,3>.

[630] Eusebs Überleitungen (h.e. V 16,11.16.18.20 und h.e. V 17,2) zeigen, daß er genau wußte, aus welchem Buch des drei Bücher umfassenden Werkes er zitiert. Auch die Inhaltsangaben von nicht zitiertem Stoff erscheinen durchaus glaubhaft.

Zitat (h.e. V 16,17) berichtet, daß es den Bischöfen Zoticus und Julianus nicht gestattet wurde, den Geist der Maximilla zu widerlegen; das fünfte Zitat (h.e. V 16,19) gibt jedoch die Ansicht des Verfassers wieder, daß die Prophezeiungen der Maximilla auch ohne Widerlegung schon dadurch als falsch erwiesen wurden, daß sie nicht eingetroffen sind.

Die nächsten beiden Zitate stellen wiederum eine Einheit dar und behandeln die Frage nach den montanistischen Märtyrern: Der Verfasser macht im sechsten Zitat (h.e. V 16,20–21) klar, daß die Montanisten entgegen ihren eigenen Angaben keine Märtyrer haben *können*, da sie die Wahrheit nicht besitzen, und zeigt sodann (h.e. V 16,22), daß auch in der Praxis keine Gemeinsamkeit bzw. Gemeinschaft zwischen montanistischen und orthodoxen Märtyrern besteht.

Die letzten drei Abschnitte kreisen thematisch um das „prophetische“ Auftreten der Montanisten. Das achte Zitat (h.e. V 17,1) dient der Verteidigung des Miltiades durch den Verfasser. Miltiades hatte in seinem Buch dargelegt, daß ein Prophet nicht in Ekstase reden dürfe, und mit dieser Aussage einen Sturm der Kritik auf montanistischer Seite ausgelöst. Das neunte Zitat (h.e. V 17,2–3) beschreibt die Ekstase der montanistischen Propheten und hält ihr die biblischen sowie die kirchlichen Propheten entgegen, die *nicht* in Raserei verfallen. Das zehnte und letzte Zitat (h.e. V 17,4) fokussiert auf die Weitergabe des prophetischen Geistes: Da nach Maximilla keine weitere Prophetin bei den Montanisten erweckt wurde, die prophetische Gabe aber bis zur letzten Wiederkunft Christi erhalten bleibt, ist deutlich, daß die Montanisten nie im Besitz der wahren Prophetie waren.

Im Anschluß an die umfangreichen Zitate aus der antimontanistischen Streitschrift fügt Euseb in h.e. V 18 noch weitere sechs Abschnitte aus einer *Schrift des Apollonius* ein, der seine Abhandlung nach eigener Angabe etwa 40 Jahre nach dem ersten Auftreten des Montanus verfaßte.[631] Das erste Zitat (h.e. V 18,2) listet die Taten des Montanus auf, um dessen Lehre in Mißkredit zu bringen; das zweite und dritte (h.e. V 18,3.4) überführt Maximilla als Lügnerin, wenn sie sich als Jungfrau und Prophetin bezeichnen läßt, da sie zum einen verheiratet war und zum anderen Geschenke und Geld annahm. Das vierte und fünfte Zitat widmet sich anderen führenden Persönlichkeiten der montanistischen Gruppierung: Das vierte Zitat (h.e. V 18,5) berichtet, daß sich Themison vom Kerker losgekauft habe, womit sein Anspruch, Märtyrer zu sein, als falsch und anmaßend herausgestellt wird. Das fünfte Zitat (h.e. V 18,6–10) beschäftigt sich mit Alexander, der vom Prokonsul Ämilius Frontinus wegen seiner Räubereien verurteilt wurde. Er täuschte die Gläubigen, die ihn daraufhin aus dem Gefängnis freikauften. Seine Heimatgemeinde hingegen nahm ihn nicht auf, und der Prophet, mit dem Alexander viele Jahre verbunden war, wollte ihn nicht mehr kennen. Das sechste Zitat (h.e. V 18,11) greift noch einmal das bereits im zweiten Zitat angeklungene Thema der Bestechlichkeit von Propheten auf: Apollonius will den Montanisten zumindest die Zustimmung abringen, daß wahre Propheten keine Geschenke annehmen dürfen und daß sie

---

[631]   Vgl. h.e. V 18,12. Vgl. zur Schrift des Apollonius und ihrer Abfassungszeit Anm. I 635.

umgekehrt keine Propheten sind, wenn ihnen die Annahme von Geschenken nach-
gewiesen werden kann. Zudem sollten sie zugeben, daß ein richtiger Prophet weder
Schmuck noch Glücksspiel liebt oder auf Zinsen leiht. Derartige Mißstände will
Apollonius bei den Montanisten im folgenden nachweisen.

Die dritte und letzte Quelle, die Euseb für seine Darstellung der Häresie des
Montanus auswählt, ist ein *Brief des Serapion von Antiochien an Karikus und Pontius*.
Das erste Zitat (h.e. V 19,2) dient Euseb zur Hervorhebung der Bedeutung des
zuvor zitierten Apollonius für die Bekämpfung des Montanismus, wenn Serapion
seinen Adressaten die Briefe des Apollinarius von Hierapolis zur Lektüre empfiehlt,
anhand derer sie erkennen können, was für eine „lügenhafte Gemeinschaft" die
Montanisten sind.

Die nächsten Zitat-„Splitter" (h.e. V 19,3) dienen der Bestätigung der zuvor
von Euseb gegebenen Informationen. Es handelt sich um die Aufzählung der
Unterschriften verschiedener Bischöfe, die Serapion in seinem Brief an Pontius
und Karikus wiedergegeben hat. Euseb läßt den Leser im Unklaren darüber, ob die
Bischöfe den Brief des Serapion unterzeichnet haben oder ob bereits Serapion die
Unterschriften eines anderen Briefes zitiert, um die breite Front der Ablehnung des
Montanismus zu betonen.[632]

c) Quellenauswahl

Betrachtet man die Quellenauswahl zu Montanus noch unter Absehung inhaltlicher Kriterien[633], so ist offensichtlich, daß Euseb die Quellen derart auswertet,
daß sich die Zitate gegenseitig inhaltlich bestärken.[634]

Euseb fügt mit seiner Quelle Apollonius nur kurze, die antimontanistische
Quelle bestätigende Berichte ein. Das Zitat in h.e. V 18,2 verifiziert und vervoll-
kommnet die Aussagen über Montanus in h.e. V 16,6–8; das Zitat aus h.e. V 18,3

---

[632] Der fragmentarische Charakter der Zitate wirft die Frage auf, wem der Gruß des Aurelius Quirinus
gilt und mit welcher Intention Euseb das Zitat in h.e. V 19,3 einfügt. Zitierte Euseb Unterschriften aus dem Brief des Serapion, so gilt der Gruß des Aurelius Quirinus den Adressaten Karikus und
Pontius. In diesem Fall bliebe unklar, welchen Standpunkt die beiden Adressaten gegenüber dem
Montanismus einnehmen. Stehen sie selbst im Kampf gegen den Montanismus, so dient der Gruß
der Anerkennung und Aufmunterung; neigen sie hingegen zum Montanismus, so dient der Gruß
des Märtyrers Aurelius Quirinus unter dem Brief des Serapion dem gewinnenden Werben für die
eigene (orthodoxe) Position.
Zitierte Serapion den Gruß des Aurelius Quirinus bereits aus einem anderen Schriftstück,
so stellen sich diese Fragen nicht. Die ungenaue Zitierweise Eusebs und der Verlust des Serapion-
Briefes lassen eine Entscheidung, ob die Zitatsplitter Euseb primär oder sekundär überliefert vorliegen, nicht mehr zu.

[633] Zur Analyse inhaltlicher Kriterien, die Euseb zur Auswahl seiner Quellen veranlaßt haben könnten,
siehe unten e) Die Stoffauswahl (S. 254–263).

[634] Für die Frühzeit der Häresie zitiert Euseb Justin und nennt Irenäus, dessen Abhängigkeit von
Justin ihm bekannt war, als Zeugen. Irenäus zitiert er nur, wenn dieser über Justin hinausgehende
Informationen bietet.

korrespondiert mit den Aussagen über Maximilla in h.e. V 16,9. Das Zitat über Themison (h.e. V 18,5) hat Euseb offensichtlich als Explikation von h.e. V 16,17 eingefügt, wo er berichtete, daß die Anhänger des Themison die Bischöfe Zoticus und Julianus von der Widerlegung der Maximilla abgehalten haben.

Damit ist auch der Grund für die Einfügung der Unterschrift des Bischofs Älius Publius Julius in h.e. V 19,3 offensichtlich: Euseb bestätigt damit indirekt seine vorherigen Informationen. Reden der Antimontanist und Apollonius davon, daß Zoticus aus Kumane und Julianus aus Apamea von Anhängern des Themison abgehalten wurden, den Geist der Maximilla zu widerlegen (h.e. V 16,17; h.e. V 18,13), so zeigt die Unterschrift des Älius Publius Julius, daß das Sich-Entziehen vor einer Untersuchung kein Einzelfall, sondern bei den Montanisten die Regel ist. Unter Anrufung Gottes bezeugt er, daß Sotas in Anchilaos den Dämon der Priscilla austreiben wollte, die Montanisten es aber nicht zuließen.

Diese Vorgehensweise, einander bestätigende Quellen in die h.e. aufzunehmen, ist neu und erst jetzt möglich, da Euseb wie zuvor nur in seltensten Fällen mehrere, voneinander unabhängige Quellen zu einer Häresie besaß.

Ein weiteres ist an der eusebianischen Quellenauswahl zu bemerken. Euseb wählt mit dem Antimontanisten die früheste ihm vorliegende Quelle aus[635] und bestätigt damit seine bereits häufiger beobachtete Rezeptionsgewohnheit.

Die antimontanistische Quelle blickt auf verschiedene, an unterschiedlichen Orten zusammengekommene Synoden gegen den Montanismus zurück (h.e. V 16,10), doch sei die häretische Ablösung erst vor kurzem erfolgt (h.e. V 16,6). Da der Antimontanist jedoch schon die Verbreitung des Montanismus bis Galatien (h.e. V 16,4–5), den Tod des Montanus und der Maximilla (h.e. V 16,13) sowie den ihres Nachfolgers Theodot (h.e. V 16,14) und eine nach dem Tod Maximillas verstrichene Friedenszeit von 13 Jahren (h.e. V 16,19) voraussetzt, kommt man mit Euseb auf eine Abfassung der Schrift unter Commodus (180–192).[636]

Die Schrift des Apollonius, so läßt Euseb seinen Leser wissen, sei erst vierzig Jahre nach dem ersten Auftreten des Montanus (h.e. V 18,12) verfaßt worden. Da

---

[635]   Die früheste Quelle, Miltiades (161–180; Frend, Montanismus, 272: um 180), kannte Euseb nur dem Titel nach, sie lag ihm aber nicht vor. Den Brief der Gemeinde in Galatien (ca. 177) wollte Euseb aus inhaltlichen Gründen nicht für seine Darstellung des Montanismus übernehmen (siehe Anm. I 640). Den Antimontanisten wird man nach den Angaben Eusebs unter Commodus (180–192) entstanden ansehen müssen (Frend, Montanismus, 272: um 190). Die Schriften Melitos († vor 190), die sich möglicherweise mit dem Montanismus auseinandersetzten, werden Euseb nicht vorgelegen haben. Apollinarius' Schrift (196/197) meinte Euseb zitiert zu haben. Die Schrift des Apollonius (um 210; Frend, Montanismus, 272: um 195–215) zitiert Euseb ebenso wie die Schrift des Serapion (190–212; Frend, Montanismus, 272: um 190). Die Schrift des Gaius (unter Zephyrin, 198–217) kam aufgrund ihres dialogischen Charakters, die Schrift des Klemens († vor 215) aus zeitlichen Gründen als Zitatvorlage nicht in Betracht. Vgl. auch Teil I 2.16 d) Nicht aufgenommene Quellen zur Häresie des Montanus.

[636]   Vgl. dazu die Charakterisierung der Regierung des Commodus als Friedenzeit in h.e. V 21.

Montanus um 170 aufgetreten ist[637], dürfte die Schrift des Apollonius etwa um 210 entstanden sein. Der Brief des Serapion von Antiochien an Karikus und Pontius ist aufgrund der Bezugnahme auf die Schriften des Apollinarius (h.e. V 19,2) später als diese anzusetzen.

---

[637] Die Datierung des Montanus hängt von der Bewertung zweier Quellen ab: Während die Früh-datierung 156/157 auf Informationen des Epiphanius (Epiphanius, pan. 48) zurückgeht, datiert Euseb (*Chronik* zum Jahr 171, vgl. Anm. I 671) die Häresieentstehung ins Jahr 171.

Aland, Montanismus, 1117, und Frenschkowski, Montanus, 77, setzen das Auftreten des Montanus „ca. 157" bzw. „um 156/57" an. Hauschild, Lehrbuch, 173, datiert Montanus „um 160". Hausammann, Schriftsteller, 95, geht von einem öffentlichen Auftreten des Montanus „zwischen 156–170" aus. Frenschkowski begründet die Datierung mit der Identifikation des Pro-konsuls Gratus (h.e. V 16,7) mit einem ansonsten unbekannten Prokonsul Quadratus und mit der Annahme „eine[r] längere[n] Vorgeschichte vor der Konstituierung in weiteren Gemeinden". Ähnlich argumentiert Baumeister, Montanus, 444: „Da bereits 177 die Christen in Lyon und Vienne während der dortigen Verfolgung Kenntnisse über die in Phrygien entstandene Bewegung hatten, ist es angebracht, trotz der größeren Verläßlichkeit des Eusebius in historischer Hinsicht die Anfänge bereits in die sechziger Jahre des 2. Jh. zu datieren". Harnack, Altchristliche Litteratur, II/1, 276 (vgl. 370–371), gibt noch zu bedenken, daß mit der Frühdatierung der Apollonius-Schrift die Tatsache korrespondiere, daß Tertullian zwischen etwa 203 und 207 – also „zwischen der Anerkennung des Parakleten und dem Bruch mit der Kirche" – sein Werk *De ecstasi* verfaßte, an das er als siebtes Buch eine Verteidigung der Montanisten gegen die Schrift des Apollonius anhängte, vgl. Hier., de vir. ill. 40 <TU XIV, 28,10–12: Tertullianus sex voluminibus adversum ecclesiam editis, quae scripsit De ἐκστάσει, septimum proprie Adversum Apollonium elaboravit [...]> und Hier., de vir. ill. 53. Vgl. Hilgenfeld, Ketzergeschichte, 570.

Barnes hat jedoch gezeigt, daß die Identifikation in der h.e. genannten Prokonsuls schwie-rig ist. Gratus könnte ebenso in die zweite Lücke der Prokonsulatsliste zu datieren sein, d. h. in die Jahre 172/173. Demnach trägt die Liste für die Datierung des Gratus und damit des Montanus nichts aus (vgl. Anm. I 651). — Das Argument Baumeisters, daß man eine längere Vorgeschichte annehmen müsse, weil sich die Informationen über die Montanisten erst bis nach Lyon verbreiten mußten, spricht nicht zwingend gegen Eusebs Datierung. Der Zeitraum von fünf bis sieben Jahren (nach Eusebs Rechnung) ist ausreichend. — Inwieweit die heute verlorene Schrift Tertullians *De ecstasi* zur Klärung der Datierung beitragen kann, ist umstritten, denn Barnes, Chronology, 406, führt sie gleichsam als Zeugnis für seine Spätdatierung des Montanus an: Er geht von einer Datie-rung der Apollonius-Schrift „around the year 210" aus und sieht die Tertullian-Schrift *De ecstasi* erst als *nach* dem Bruch Tertullians mit der Kirche ungefähr im Jahr 213 verfaßt an. Ihm folgt Frend, Montanismus, 272, der die Apollonius-Schrift zwischen 195 und 215 entstanden sieht.

Die Datierung des Montanus hängt letztlich an der Frage, welcher Quelle (Euseb oder Epipha-nius) eher genaue Informationen zugetraut werden kann. Es scheint, daß Euseb historisch glaub-würdigere Quellen verarbeitet, auch wenn er sie nicht namentlich nennt. Seiner Datierung folgen Barnes, Chronology, 406 („around 170"); Markschies, Montanismus, 1472 („vermutlich um 172 n. Chr.") und Frend, Montanismus, 272.

Lawlor, Eusebiana, 122 Anm. 2, gibt noch etwas anderes zu bedenken, nämlich daß „we cannot be sure that Apollonius was accurately informed on that point, neither are we certain that he did not use round numbers when he spoke of the forty years that he had elapsed since the New Prophecy began". Lawlor sieht in Apollonius einen Asiaten, vielleicht – wie der Prädestinatus sagt – den Bischof von Ephesus.

Zum Problem der abweichenden eusebianischen Datierungweise siehe unten f) Das Problem der Datierung der Montanisten.

d) Nicht aufgenommene Quellen zur Häresie des Montanus

Die Zahl der Euseb nachweislich bekannten, aber nicht für die Darstellung des Montanismus herangezogenen Quellen ist entgegen allem Augenschein begrenzt.

Die Schrift des Miltiades, vermutlich mit dem Titel „Warum ein Prophet nicht in Ekstase reden darf" (h.e. V 17,1, περὶ τοῦ μὴ δεῖν προφήτην ἐν ἐκστάσει λαλεῖν[638]), kennt Euseb allem Anschein nach nur nur indirekt aus dem Antimontanisten, der bereits von einer montanistischen Entgegnung weiß und auf diese bezugnehmend eine Verteidigung des Miltiades verfaßt hat.[639]

Den *Brief der gallischen Gemeinden* (h.e. V 1,2–4,3) zitiert Euseb zur Darstellung der Montanisten vermutlich aus inhaltlichen Gründen nicht. Der Überbringer des Briefes der gallischen Gemeinden, die „im Interesse des kirchlichen Friedens" (h.e. V 3,4) eine Verständigung zwischen Montanisten und römischem Bischof suchten, ist nach Eusebs Angaben Irenäus (h.e. V 4,1). Wie die gallischen Märtyrer wird auch Irenäus eine versöhnliche Position im Umgang mit dem Montanismus vertreten haben.[640] Euseb, der von der dämonischen Anstiftung der Häretiker überzeugt ist, verschweigt aus inhaltlichen Gründen sowohl den Brief der gallischen Gemeinden als auch die Haltung des Irenäus gegenüber dem Montanismus, obwohl gerade die erstgenannte Quelle ein sehr frühes, Euseb auch vorliegendes Zeugnis für den Montanismus gewesen wäre.[641]

Im Schriftenverzeichnis des Apollinarius von Hierapolis h.e. IV 27,1 nennt Euseb ein „Werk gegen die Häresie der Phryger, welche bald darauf ihre Neuerun-

---

[638] Euseb, h.e. V 17,1 <GCS Euseb II/1, 470,5–6>.

[639] Euseb konnte aus der Schrift gegen Artemon in h.e. V 28,4 die Information entnehmen, daß Miltiades noch vor Viktor von Rom, d.h. vor 189, seine Schrift verfaßt hat. Läge Euseb diese Schrift vor, hätte er sie sicherlich zitiert, da es ihm – wie die Untersuchung ergeben hat – auf eine möglichst frühe, den historischen Ereignissen zeitlich nahestehende Quelle als Zitat-Vorlage ankommt.

[640] Die Milde des Irenäus gegenüber der Häresie des Montanismus läßt sich auch an seiner Schrift *Adversus haereses* festmachen, in der im übrigen die Häresie des Montanus und seiner Prophetinnen fehlt. In adv. haer. III 11,9 greift Irenäus diejenigen an, welche mit dem in den jüngsten Zeiten ausgegossenen Geschenk des Geistes auch das Evangelium des Johannes nicht gelten lassen wollen <FC 8/3, 116,8–15: Alii vero ut donum spiritus frustrentur quod in novissimis temporibus secundum placitum patris effusum est in humanum genus, illam speciem non admittunt <eius> quod est secundum Iohannem evangelium, in qua Paraclitum se missurum dominus promisit, sed simul et evangelium et propheticum repellunt spiritum. Infelices vere qui pseudoprophetas quidem esse volunt, propheticam vero gratiam repellunt ab ecclesia [...]>. Will man hinter dieser Formulierung auch keine direkte Anspielung auf den Montanismus bzw. die Bestreiter der neuen Prophetie erblicken, so wird doch die irenäische Argumentation, die auch Konsequenzen für den Umgang mit dem Montanismus hat, deutlich: Irenäus verteidigt das prophetische Reden im allgemeinen, da er diese Gabe als biblisch verheißen ansieht und ihre Ablehnung als Sünde gegen den Heiligen Geist auffaßt. Die in adv. haer. erkannte irenäische Haltung wird Euseb mit einiger Sicherheit auch in dem Brief der gallischen Gemeinden vorgefunden haben. Ein auf Nachsicht gegenüber den Montanisten drängendes Zitat konnte Euseb kaum als Zeugen für diese Häresie anrufen.

[641] Altaner/Stuiber, Patrologie, 108, datiert diesen Brief um 177.

gen ausbreitete und damals sich zum ersten Male regte, da Montanus mit seinen falschen Prophetinnen noch das Fundament des Irrtums legte".[642] Euseb meint, wie oben bereits dargelegt[643], mit seiner ersten Quelle (h.e. V 16–17) die Schrift des Apollinarius von Hierapolis vorliegen zu haben, ist sich aber nicht sicher und führt die Quelle in h.e. V 16,1–2 nur vage ein. Dafür nennt er aber ausführlich und wortreich die antimontanistische Schrift in Apollinarius' Schriftenverzeichnis, wobei jedoch zu vermuten ist, daß Euseb keine über die Angaben in h.e. IV 27,1 hinausgehenden Informationen über diese besaß. Die Unkenntnis der Apollinarius-Schrift ist auch der Grund dafür, daß er die anonyme Abhandlung andererseits auch als nicht-apollinarisch identifizieren konnte.

Ob und inwieweit sich die Schriften des Melito *Über die rechte Lebensweise und die Propheten* und *Über die Prophetie* auf den Montanismus bezogen und Euseb sie zu dieser Thematik hätte anführen können, läßt sich aufgrund ihres Verlustes heute nicht mehr klären. Die Angabe Eusebs zu den Schriften Melitos in h.e. IV 26 ist eine reine Auflistung, die nicht erkennen läßt, ob sie ihm überhaupt bekannt gewesen sind; sie werden von ihm zumindest nicht mit der Häresiethematik in Verbindung gebracht.

Die Schrift des Gaius gegen den Montanisten Proklus kennt Euseb nachweislich, da er sie dreimal in seiner Kirchengeschichte zitiert[644] und einmal auf sie Bezug nimmt[645], als er die antimontanistische Wirksamkeit des Gaius in Rom unter der Regierung des Caracalla (211–217) darstellt. Aus welchen Gründen Euseb diese Schrift nur zu den Tropaia der Apostel in Rom, nicht aber zum römischen Montanismus zitiert, wird sich nicht mit Sicherheit beantworten lassen. Inhaltliche Gründe kommen nach dem eusebianischen Referat über den „sehr gelehrten" Gaius, der „die Gegner wegen ihrer kühnen, verwegenen Aufstellung neuer Schriften zum Schweigen bringt" wohl nicht in Betracht. Vermutlich hielt Euseb die argumentierende Dialogform der Gaius-Schrift vom Zitieren ab, zudem das Bestreben, eine möglichst früheste Quellen zu zitieren.[646]

---

[642] Euseb, h.e. IV 27 <GCS Euseb II/1, 388,13–16: [...] συνέγραψε κατὰ τῆς τῶν Φρυγῶν αἱρέσεως, μετ' οὐ πολὺν καινοτομηθείσης χρόνον, τότε γε μὴν ὥσπερ ἐκφύειν ἀρχομένης, ἔτι τοῦ Μοντανοῦ ἅμα ταῖς αὐτοῦ ψευδοπροφήτισιν ἀρχὰς τῆς παρεκτροπῆς ποιουμένου.>. Haeusers Übersetzung von καινοτομηθείσης mit „Reformlehren ausbreiten" trifft die griechische Bedeutung nicht ganz und erscheint im Deutschen mißverständlich: *„Reform*lehre" ist zumeist positiv besetzt als „Verbesserung bestehender Lehrmeinung". Im Griechischen meint καινοτομία im Häresiekontext immer „Neuerung" im Sinne einer Verfälschung und damit einer Vernichtung von Wahrheit. Diesem Sachverhalt muß auch die Übersetzung von καινοτομέω Rechnung tragen.

[643] Vgl. oben S. 247 zum Verfasser.

[644] Euseb, h.e. II 25,7; h.e. III 28,2 und h.e. III 31,4.

[645] Euseb, h.e. VI 20.

[646] Wenn die Schrift des Gaius unter Zephyrin (198–217) verfaßt wurde (so Euseb, h.e. VI 20,3), so ist sie später als die des Antimontanisten (um 192) und wohl auch später als die des Apollonius (um 210) zu datieren. Sie kam daher aufgrund ihrer Posteriorität als zitierbare Quelle nicht mehr in Betracht.

Euseb wird ebenfalls beide Bezugnahmen des Klemens von Alexandrien auf die Phryger in strom. VII 108,2 und strom. IV 93,1 gekannt haben. Die erste Passage, in der es um die Benennung der Häresien geht, gibt an, daß diese Gruppierung nach der Volksgruppe der Phryger benannt ist. In der zweiten Textstelle weiß Klemens zu berichten, daß die Phryger diejenigen, welche nicht der neuen Prophetie anhingen, Psychiker nennen, und verspricht über diese Gruppierung in einer eigenen Schrift über die Prophetie zu verhandeln.[647]

Beide Abschnitte dürften Euseb als aufmerksamem Leser der *Stromata* bekannt gewesen sein. Doch wäre die Übernahme des Abschnittes über die Benennung der Häresien nur dann sinnvoll gewesen, wenn man *alle* unterschiedlichen Arten der Häresiebenennung nebeneinanderstellen würde. Die Information über die Bezeichnung aller Nicht-Montanisten als Psychiker konnte Euseb schlecht mit seinen zitierten Quellen verbinden, da sie über die montanistische Unterscheidung zwischen Pneumatikern und großkirchlichen Psychikern schweigen und so keinen Anknüpfungspunkt für die alexadrinischen Informationen bieten.

Die Kenntnis weiterer Quellen über den Montanismus läßt sich bei Euseb nicht nachweisen.[648] Euseb wählt damit die frühesten ihm vorliegenden Quellen aus[649] und ordnet sie chronologisch in seine Darstellung des Montanismus ein.

e) Die Stoffauswahl

Da die zitierten Quellen (Antimontanist, Apollonius und Serapion) heute nicht mehr in Gänze erhalten sind, ist eine genaue Analyse, welche Themen und Inhalte Euseb auswählt und welche er beiseite läßt, nicht mehr möglich. Jedoch können anhand der ausgewählten Inhalte, Motive und der eusebianischen Kontextabgrenzung einige Aussagen zur Stoffauswahl gemacht werden.

Da Euseb drei Quellenschriften hinsichtlich ihrer Aussagen zu Montanus und seinen Prophetinnen auswertet, sind die inhaltlichen Angaben zur montanistischen

---

[647] Klemens Alex., strom. IV 93,1: Es mögen uns die zuvor Genannten nicht schmähend Psychiker nennen, aber auch nicht die Phryger; denn auch sie nennen die, welche der neuen Prophetie nicht anhängen, Psychiker; mit ihnen wollen wir in der Schrift über die Prophetie verhandeln. <GCS 52, 289,12–15: Μὴ τοίνυν ψυχικοὺς ἐν ὀνείδους μέρει λεγόντων ἡμᾶς οἱ προειρημένοι, ἀλλὰ καὶ οἱ Φρύγες· ἤδη γὰρ καὶ οὗτοι τοὺς τῇ νέᾳ προφητείᾳ μὴ προσέχοντας ψυχικοὺς καλοῦσιν, πρὸς οὓς ἐν τοῖς Περὶ προφητείας διαλεξόμεθα.>.

[648] Euseb kannte Hippolyts *Refutatio* vermutlich nicht. Da Hippolyt bei der Betrachtung des Montanus von Irenäus unabhängig ist, wäre an der Darstellung der Phryger erkennbar, wenn Euseb auf Hippolyt, und nicht auf Irenäus, zurückgreifen würde. Hippolyt bescheinigt den Montanisten sowohl in ref. VIII 19 als auch in ref. X 25 im Hinblick auf die Gotteslehre und die Christologie orthodoxe Ansichten und kritisiert nur den Personenkult um die Propheten, die Bedeutung der prophetischen Aussprüche und die neueingeführten Fastengesetze. Nicht ganz auszuschließen ist daher, daß Euseb die *Refutatio* aus inhaltlichen Gründen nicht zitiert.

[649] Ausgenommen den Brief der gallischen Gemeinden, siehe oben Anm. I 640.

Häresie detailreich. Die erste Quelle, der Antimontanist, bietet Informationen über die Anfänge von Montanus' Wirken; ausgenommen ist davon das erste Zitat (h.e. V 16,3–5), das – wie oben gesehen[650] – die Glaubwürdigkeit der anonymen Informationen als diejenigen eines Augenzeugen betonen soll.

Das zweite Zitat (h.e. V 16, 6–10) berichtet über die Anfänge der häretischen Bewegung. Anlaß für die Abfassung der Quelle war das Auftreten des Montanus aus Arbau in Mysien, der erst vor kurzem, zur Zeit des Prokonsuls Gratus[651], zum Glauben gekommen war. In seinem Verlangen, Führer zu sein, hatte er dem Widersacher Zutritt gestattet und geriet von Geistern beeinflußt plötzlich in Verzückung und Ekstase, stieß Laute aus und fing an, seltsame Dinge zu reden und in einer der kirchlichen Überlieferung widersprechenden Weise zu prophezeien. Dieses Auftreten führte nach Zeugnis des Antimontanisten zur Aufspaltung der Gemeinde: Die eine Gruppe hielt ihn für verrückt und vom Teufel besessen, im Geiste des Irrtums befangen und aufrührerisch gesinnt, wies ihn zurecht und versuchte, ihn am Reden zu hindern. Die andere Gruppe vertraute stolz auf die Heiligkeit des Geistes und die prophetische Begabung des Montanus, wurde bezaubert und irre gemacht und drang in den Tollheit stiftenden, schmeichlerischen und aufwiegelnden Geist ein.

Nach Ansicht des Antimontanisten war es die List des Teufels, die durch Betrug am Verderben der Treulosen arbeitete. Montanus erweckte sich zwei Weiber und erfüllte sie mit seinem falschen Geiste, so daß auch sie Fremdartiges sprachen. Sein Geist lehrte die überall unter dem Himmel verbreitete Kirche lästern, weil er weder Ehre noch Zutritt bei ihr erhielt. Aus diesem Grund kamen die Gläubigen Asiens wiederholt zusammen, prüften die Lehre, erkannten die Gemeinheit und verurteilten die Häresie, woraufhin diese Leute aus der Kirche hinausgeworfen wurden.

Betrachtet man die inhaltlichen Aussagen des Zitats in h.e. V 16,6–10, so ist eine nahezu hundertprozentige Übereinstimmung mit der eusebianischen Häresiekonzeption festzustellen. Hier begegnen in Zitatform viele Themen und Topoi, die bereits als eusebianisch erkannt wurden und die früheren Aussagen Eusebs im Hinblick auf die Person des Montanus aktualisieren. Es ist der Teufel, welcher die Häretiker zu ihrem Tun anstiftet; diese dringen von außen in die Kirche ein, gehören aber nicht vollgültig zu ihr[652]; die Häresie wird durch fähige Männer – in euse-

---

[650] Vgl. oben S. 247.

[651] Die Regierungszeit des Prokonsuls Gratus, die von immenser Bedeutung für die Datierung von Montanus' erstem öffentlichen Auftreten ist, läßt sich nicht eindeutig eingrenzen: Barnes, Chronology, 406–407, rekonstruiert die Prokonsulate der Asia in der betreffenden Zeitspanne, kennt aber keinen Prokonsul Gratus. Den Prokonsulaten 164/165, 168/169 und 171/172 lassen sich aus anderen Quellen keine Namen zuweisen, so daß der von Euseb genannte „Gratus" in eben einer dieser Zeiten Prokonsul gewesen sein könnte. Da das Prokonsulat 164/165 ziemlich früh liegt, geht Barnes, Chronology, 408, von einem ersten Auftreten des Montanus 168/169 oder 171/172 aus, was der eusebianischen Chronologie entsprechen würde. Die frühere Datierung bei Epiphanius läßt Barnes als unhistorisch beiseite (Barnes, Chronology, 404–406).

[652] Montanus wird in h.e. V 16,7 als „gerade erst zum Glauben übergetreten" eingeführt. Die Formulierung „weil Montanus weder Ehre noch Zutritt bei ihr [sc. der Kirche] erhielt" als Begründung für die montanistischen Lästerungen wird vom Antimontanisten im Sinne eines Kirchenverweises

bianischer Terminologie ‚Streiter für die Wahrheit' – in ihrer Bosheit erkannt und widerlegt[653]. Schlußendlich werden die Häretiker ausgeschlossen.[654]

Auch die Topik der Quelle scheint Eusebs Ansichten zu entsprechen, wenn der Antimontanist den Geist des Montanus als „Tollheit stiftend" charakterisiert und die Prophezeiungen der beiden Prophetinnen als „fremdartig" beschreibt.[655]

Die Pointe des Ansatzes vom Antimontanisten liegt in seiner Beurteilung des Verhaltens der Gemeinde, mit der er eindeutig Position gegenüber den Montanisten sowie deren Sympathisanten in den (orthodoxen) Gemeinden bezieht: Die erste Gruppe gedenkt der Mahnung des Herrn, sich sorgfältig vor falschen Propheten zu hüten; die zweite Gruppe hingegen wird als das Gebot des Herrn vergessend, bezaubert und irregemacht dargestellt. Mit der Einbettung des Zitats in die eusebianische Häresiekonzeption wird die Besonderheit des antimontanistischen Ansatzes durch das Wiedererkennen bekannter eusebianischer Aussagen beim Leser überlagert und gerät ins Hintertreffen.

Das dritte Zitat des Antimontanisten (h.e. V 16,12–15) widerlegt die von montanistischer Seite erhobene Anschuldigung gegen (orthodoxe) Gemeinden als Prophetenmörder, da sie die montanistischen Propheten nicht aufnähmen. Der Antimontanist legt dar, daß die Montanisten weder von den Juden noch von den Sündern jemals verfolgt wurden, auch um des Namens Christ willen weder ergriffen noch gekreuzigt wurden. Um seine Aussage zu untermauern, fügt der Antimontanist nun die Gerüchte ein, die er über den Tod von Montanus, Maximilla und Theodot erfahren hat. Die beiden zuerst Genannten hätten sich zu einem unterschiedlichen Zeitpunkt erhängt wie der Verräter Judas; Theodot, der erste Verwalter ihrer Häresie, sei vom Geist des Irrtums entrückt worden und habe sich ihm anvertraut, woraufhin er von diesem zur Erde hinabgeschleudert wurde und elend zugrunde gegangen sei. Mit diesen, wenn auch – wie der Antimontanist einräumt – vagen Angaben über den Tod der drei montanistischen Protagonisten scheint für ihn der Prophetenmörder-Vorwurf widerlegt.

Aus der Auswahl dieses Abschnittes für die h.e. kann man schließen, daß der montanistische Vorwurf, die Propheten Gottes nicht aufzunehmen und auf diese Weise zu töten, auch noch zu Eusebs Zeit einige Relevanz besaß. Darüber hinausgehend ist für Euseb sicherlich auch die Todesart der drei montanistischen Anführer,

---

verstanden sein; nach eusebianischer Lesart könnte man damit aber auch die Ansicht bestärkt sehen, daß Montanus nie vollgültiges Mitglied der Kirche gewesen ist. Letztere Interpretation lag sicherlich nicht in der Intention des Antimontanisten, kam Euseb aber zur Bestätigung seiner Häresiekonzeption sehr gelegen.

653 Zum Erkennen und Widerlegen der Häresie durch fähige Männer vgl. Teil II 2.4 Der Kampf zwischen der von der göttlichen Gnade aufgestellten „Schutzwehr für die Wahrheit" und den Häretikern.

654 Vgl. zum Ausschluß des Häretikers Teil I 2.1 Eusebs bevorzugt aufgenommene Inhalte und Motive.

655 Vgl. dazu die Topik in Teil I 3.2.1.1 Von Euseb häufig ausgewählte Themen: Die Fremdartigkeit der Häresie und Teil I 3.2.1.1 Die Beschreibung der Häresie als Wahnsinn, Tollheit und Raserei.

insbesondere ihre Parallelisierung mit dem Verräter Judas, von einiger Bedeutung für die Auswahl des Zitats gewesen.

Das vierte und fünfte Zitat (h.e. V 16,17.19) dient dazu, die spärlichen Informationen über Maximilla, die in h.e. V 16,9 eher am Rande Erwähnung fand, aufzufüllen. Der Antimontanist beruft sich mit seinem Zitat der Maximilla auf seine Quelle Asterius Urbanus, in dem sie sich selbst als Wort, als Geist und als Kraft bezeichnet. Diesen Geist zu widerlegen, waren die Bischöfe Zoticus aus Kumane und Julianus aus Apamea zu Maximilla geeilt, jedoch von den Anhängern des Themison an einer Widerlegung des falschen Geistes gehindert worden.

Im Gesamtkontext von Eusebs Kirchengeschichte dient der Anspruch Maximillas, das göttliche Wort, der Heilige Geist oder die Kraft zu sein, eindeutig dazu, die Häresie des Montanus als Gott lästernd und hochmütig darzustellen. Euseb knüpft mit diesem Zitat, das die Selbstvergottung des Häretikers zum Ausdruck bringt, inhaltlich direkt an seine bzw. Justins Aussage in h.e. II 13,3 zu Simon Magus an.[656] An denselben Häretiker erinnert auch die Selbstbezeichnung Maximillas als „Kraft Gottes".[657] Darüber hinausgehend ist auch das Umherziehen mit Frauengestalten ein bereits durch Simon Magus und Apelles bekanntes Charakteristikum von Häresie.[658] Aufgrund der vielen Parallelen konnte Euseb Maximilla durch dieses Zitat in ein Geflecht (typisch) häretischer Verhaltensweisen einordnen und damit ihren Geist (auch ohne Widerlegung) als häretisch darstellen.

Das fünfte Zitat schließt sich an das vorhergehende direkt an, hält es doch fest, daß sich die Prophezeiungen der Maximilla dadurch als falsch erwiesen hätten, daß sie sich nicht erfüllten. In Eusebs Zusammenstellung der Zitate vier und fünf, die in der Ausgangsschrift durch weitere Widerlegungen der falschen Weissagungen der Maximilla getrennt waren, dient das letzte Zitat der Bekräftigung des voraufgehenden. Zugleich trägt die Angabe, daß mehr als dreizehn Jahre seit dem Tod der Maximilla verstrichen sind, zur Datierung der Schrift in die Frühzeit des Montanismus bei.[659]

Die beiden Quellenzitate in h.e. V 16,20–21 und V 16,22 beschäftigen sich mit der Problematik der montanistischen Märtyrer. Die Montanisten führen in der Auseinandersetzung mit der Kirche ihre vielen Märtyrer als Zeichen für die Kraft ihres prophetischen Geistes an. Die Argumentation des Antimontanisten zielt darauf, daß die Montanisten zum einen nicht die Wahrheit besitzen und sie folglich auch nicht als Märtyrer sterben können, zum anderen – das will der Hinweis auf

---

656   Dort hatte Justin als Hauptmerkmal aller Häresie die Selbstvergottung, das „ἀνθρώπους τινὰς λέγοντας ἑαυτοὺς εἶναι θεούς" <GCS Euseb II/1, 134,6> ausgemacht, vgl. h.e. II 13,3.

657   Nach dem Bericht Apg 8,10 (vgl. Euseb, h.e. II 1,11) wird Simon als „große Kraft" (Gottes) verehrt.

658   Die Parallele zwischen Montanus und Apelles ist um so deutlicher, als die mit den Häresiegründern umherziehenden Frauen Prophezeiungen aussprechen, die anscheinend normativen Charakter für die häretische Gruppierung besitzen. Die Bedeutung Helenas, des ersten Gedankens, für die simonianische Häresie ist nicht bekannt.

659   Vgl. zur Datierung den Abschnitt I 2.16 f) Das Problem der Datierung der Montanisten.

die Marcioniten andeuten – haben andere Häresien noch sehr viel mehr „Märtyrer", welche die Kirche aufgrund ihres falschen Bekenntnisses auch nicht anerkennt. Das folgende Zitat schließt diesen Gedankengang mit einem Hinweis auf die Praxis ab: Selbst in der Notsituation des Gefängnisses, angesichts des gleichen bevorstehenden Schicksals, bleibt die Grenze zwischen Christen und Montanisten bestehen. Aus diesem Grund hielten sich die Märtyrer aus Apamea, die mit Gaius und Alexander zur Zeit des Antimontanisten das Martyrium erlitten, von den mitgefangenen Montanisten fern und gingen, ohne mit ihnen Gemeinschaft gehalten zu haben, in den Tod.

Die beiden Zitate widerlegen den Anspruch der Montanisten auf eigene Märtyrer, womit ein schlagkräftiger Beweis für die Rechtmäßigkeit ihrer Lehre (h.e. V 16,20) *ad absurdum* geführt ist. Die Gründe für die Zitatauswahl Eusebs werden in der über die Frühzeit des Montanismus hinausgehende Relevanz der Problematik liegen. Nicht nur Montanisten und Marcioniten, sondern alle Häretiker sahen in ihren Märtyrern den Beweis für die Orthodoxie ihrer Lehre. Um diesen Anspruch generell als unberechtigt und falsch herauszustellen, bot sich dieses Zitat geradezu an, weil es den Blick von den Montanisten zu den anderen Häresien ausweitet.

Das Zitat in h.e. V 17,1 dient Euseb dazu, mit Miltiades einen weiteren Schriftsteller gegen die Montanisten anführen zu können, über den er keine weiteren Informationen besitzt und über dessen Schrift er nur die Angaben des Antimontanisten wiedergeben kann. Der Vorgang, den Euseb mit seinem kurzen Hinweis beschreibt, ist jedoch von einiger Relevanz für die Ereignisse der Frühzeit des Montanismus. Die Schrift des Miltiades „Warum ein Prophet nicht in Ekstase reden darf" hat noch vor Abfassung der Argumentation des Antimontanisten eine schriftliche (!) Widerlegung auf montanistischer Seite hervorgerufen. Das Euseb nicht weiter bekannte Werk des Miltiades dürfte demnach eine der ersten Schriften gegen den Montanismus gewesen sein.[660]

Die Zitate in h.e. V 17,2–3.4 behandeln die Frage nach der rechten Prophetie. Der Antimontanist hält fest, daß falsche Propheten, unter die er zweifelsfrei Montanus und seinen Anhang rechnet, in Ekstase reden und sich rücksichtslos verwegen gebärden. Ein falscher Prophet beginnt mit freiwilliger Unwissenheit und geht in unfreiwillige Raserei über. Dieses Verhalten steht demjenigen der im Alten wie Neuen Bunde weissagenden Propheten gänzlich entgegen. Auch die im Neuen Bund weissagenden Propheten wie Agabus[661], Judas und Silas[662], die Töchter des

---

[660] Harnack, Altchristliche Litteratur II/1, 362, hält Miltiades für einen Zeitgenossen Tatians. Markschies, Valentinus Gnosticus, 383 Anm. 344, datiert ihn in die letzten Jahre des Antoninus Pius (138–161) und erkennt in ihm damit einen Zeitgenossen Justins, Tatians und Valentins. Hier, de vir. ill. 39, datiert Miltiades hingegen später unter die Regierungen des Marc Aurel (161–180) und des Commodus (180–192) und erwähnt ein Werk gegen die Montanisten. Die Datierung des Hieronymus scheint aus den Angaben in Eusebs Kirchengeschichte gewonnen zu sein, was ebenfalls Schwierigkeiten bereitet; vgl. dazu I 2.16 f) Das Problem der Datierung der Montanisten.

[661] Vgl. Apg 11,28; 21,10.

[662] Vgl. Apg 15,32.

Philippus[663] oder Ammia in Philadelphia oder Quadratus gebärdeten sich nicht wie die Montanisten.

Die Abgrenzung des Verhaltens von Ammia und Quadratus von dem der Montanisten hat seinen besonderen Grund darin, daß sich die Montanisten, wie das Zitat in h.e. V 17,4 zeigt, auf beide Propheten beriefen und von ihnen den prophetischen Geist empfangen haben wollen. Der Antimontanist, der wie die Montanisten davon ausgeht, daß sich die Geistesgabe nach der Lehre der Apostel bis zur letzten Wiederkunft Christi erhalten wird, hält ihnen entgegen, daß die Montanisten keine Person aus ihren Reihen nennen können, die nach Montanus und seinen Weibern den Geist erhalten hat. Mit der Diskontinuität im Geistbesitz ist für den Antimontanisten der Beweis erbracht, daß die Montanisten nie im Besitz des Geistes waren und ihr Anspruch unbegründet und haltlos ist. Obwohl diese Zitate eine von Euseb selten übernommene argumentative Auseinandersetzung bieten, hat er diesen Abschnitt wohl mit einiger Zustimmung ausgewählt, um die kirchlichen Propheten von den vorgeblichen „Propheten" der Montanisten zu unterscheiden und letztere als häretische Imitation herauszustellen.

Die Zitate aus der Schrift des Antimontanisten kreisen alle um Probleme und Fragestellungen, die mit dem Auftreten des Montanismus aufbrechen und die der Antimontanist mit seiner Schrift klären möchte: Wie ist mit einer Gemeinde umzugehen, die dem Montanismus zuneigt? (h.e. V 16,3–5: Aussprache.) Gibt es Gemeinsamkeiten mit den Montanisten? (h.e. V 16,6–10: nein, sie sind vom Teufel angestiftet.) Wie ist mit den montanistischen Häresiegründern umzugehen? (h.e. V 16,6–10: Synoden zur Verurteilung der Lehre und zum Ausschluß der Anhänger.) Sind die Christen wirklich Prophetenmörder, wie die Montanisten vorgeben? (h.e. V 16,12–15: nein, weil kein Montanist aufgrund seines Glaubens verfolgt und getötet wurde.) Zeugen die Märtyrer der Montanisten für die Wahrheit ihrer Lehre? (h.e. V 16,20–21: nein, denn sie besitzen keine Märtyrer.)

Nicht alle Zitate lassen sich auf eine konkrete und aktuelle Fragestellung zurückführen, jedoch machen die Ausschnitte deutlich, daß die Schrift des Antimontanisten Antworten auf aktuelle Fragestellungen seiner Adressaten geben will.[664] Biographische Informationen über die Protagonisten Montanus, Maximilla und Priscilla begegnen in diesem Kontext ebenfalls, wenn beispielsweise die Todesart der Häresiegründer zur Entkräftung des Prophetenmord-Vorwurfs herangezogen wird; sie stehen offensichtlich aber *nicht* im Zentrum der Darstellung. Andere Angaben, welche die Häresie des Montanus inhaltlich charakterisieren und argumentativ widerlegen könnten, werden nicht berichtet – vielleicht, weil Euseb sie nicht wiedergeben wollte, vielleicht aber auch, weil der Antimontanist auf die aktuelle Auseinandersetzung und den praktischen Umgang mit den Montanisten fokussiert. Euseb wählt diese Quelle, die vollkommen anders als alle zuvor einge-

---

663 Vgl. Apg 21,9.

664 Vgl. h.e. V 16,5, wo der Antimontanist über die Gründe der Abfassung seiner Schrift berichtet. Die praktische Auseinandersetzung ging der Niederschrift voraus.

fügten Vorlagen mit der Häresiethematik umgeht, weil sie in der häreseologischen Konzeption und in der Topik mit seinen eigenen Ansichten übereinstimmt.[665]

Ganz anders verhält es sich mit der Schrift des Apollonius, die zumindest in der eusebianischen Stoffauswahl einen Gegenpol zur Schrift des Antimontanisten darstellt. Die Zitate des Apollonius in h.e. V 18 fokussieren – vielleicht mit Ausnahme des ersten Zitats – vornehmlich auf das Leben der Montanisten und setzen sich inhaltlich-argumentativ mit dem Montanismus auseinander.

Das erste Zitat des Apollonius (h.e. V 18,2) ist eine Zusammenfassung der montanistischen Taten und Lehren, welche die Person des Montanus als Häretiker und falschen Propheten herausstellen sollen. Montanus, so das Referat des Apollonius, lehre die Trennung der Ehen, erlasse Fastengesetze, bezeichne die phrygischen Städte Pepuza und Tymion als Jerusalem, dem Versammlungsort für alle Gläubigen, stelle Steuereinnehmer auf, nehme unter der Bezeichnung „Opfer" Geschenke an und zahle den Verkündern seiner Lehre Lohn aus, damit ihre Predigt durch Schlemmerei an Kraft gewänne.[666] Das Referat läßt zweierlei Aspekte der Diskreditierung von Montanus' Häresie erkennen: Zum einen werden Lehren oder Taten angeführt, die moralisch verwerflich sind, wie die Lehre von der Auflösung der Ehen oder die Annahme von Geschenken, zum anderen muß die Bezeichnung der phrygischen Städte als Jerusalem dem Leser unverständlich und widersinnig vorkommen, da sie ohne weitere Erklärung eingeführt ist.

Die Aussage, daß die Häresie neue Wahrheiten erfindet oder einführt, ist im Rahmen der eusebianischen Kirchengeschichte nicht neu; Euseb konnte mit diesem Zitat seine Leser an Bekanntes erinnern. Aus der Darstellung des Menander und anderer ist ebenfalls bekannt, daß die Häresie kirchliche Handlungen imitiert. Konnte Euseb aufgrund seiner Quellen lange Zeit nur über häretische Neuerungen in der Lehre berichten, so erinnert er seine Leser mit dem Zitat des Apollonius daran, daß die Häresie *auch in der kirchlichen Praxis* Neuerungen wie das Erlassen von Fastengesetzen oder das Bezahlen von Predigern einführt.[667]

---

[665]   Vgl. auch den folgenden Exkurs 3 zum Quellenwechsel und den daraus resultierenden Konsequenzen für die eusebianische Häresiedarstellung S. 267–270.

[666]   Tertullian kritisiert in ieiun. 17,4 den großkirchlichen Brauch, daß die *praesidentes* bei Agapemählern (Bischöfe, Presbyter usw.) eine doppelte Portion erhalten, wobei diese διπλῆ τιμή in Naturalien oder auch wie im römischen Vereinswesen in Geldspenden ausgezahlt werden konnte.
Sollte seit Anfang des dritten Jahrhunderts bezeugte großkirchliche Praxis den Hintergrund der Kritik an Montanus' „Bezahlung" seiner Amtsträger bilden, dann kritisiert Apollonius *nicht*, daß Montanus mit Schlemmereien die Gunst seiner *Anhänger* zu gewinnen sucht, sondern daß Montanus seinen Predigern „Schlemmereien" in Aussicht stellen muß, damit sie besser – oder modern ausgedrückt: motivierter – predigten. Zur Besoldung von Amtsträgern im kirchlichen Bereich wie im römischen Vereinswesen vgl. Schöllgen, διπλῆ τιμή, 232–239, und ders., Sportulae, 1–20.

[667]   Euseb hatte die häretische Imitation kirchlicher Bräuche bei Menander eingeführt, der einen „neuen" Taufritus schuf (h.e. III 26,2). Später wird Euseb bei Paulus von Samosata berichten, daß er neue Psalmen auf sich verfassen läßt (h.e. VII 30,10) und bei Novatian betonen, daß er innerhalb des Herrenmahls seine Anhänger zum Schwur auffordert (h.e. VI 43,18).

Das zweite Zitat in h.e. V 18,3 bestätigt das vorangegangene Zitat, indem es aufzeigt, daß die Prophetinnen die ersten waren, welche ihre Männer verlassen haben. Apollonius folgert daraus, daß der Anspruch, Jungfrau zu sein, aufgrund der vorherigen Ehe nicht haltbar ist.

Auch das dritte Zitat in h.e. V 18,4 dient der Bestätigung einer eingangs erhobenen Behauptung, nämlich, daß die Prophetinnen Geschenke annehmen. Apollonius begründet hier seine Ablehnung der Prophetin damit, daß er selbst gesehen habe, wie diese Gold, Silber und kostbare Gewänder annahm. Mit dem dritten korrespondiert das letzte Zitat in h.e. V 18,11, das die Informationen über Themison und Alexander rahmt. Auch wenn die Montanisten die Tatsache leugnen, daß ihre Propheten Geschenke annehmen, so sollen sie doch zumindest zugeben, daß ein wahrer Prophet keine Geschenke akzeptieren darf und daß, sofern ihm die Annahme von Geschenken nachgewiesen wird, er nicht mehr als Prophet gelten kann. Auch die weitere Auflistung soll zeigen, daß sich die montanistischen „Propheten" für Propheten unangemessen verhalten: Ein *echter* Prophet färbt und schminkt sich nicht, er liebt weder den Schmuck, noch spielt er Brett und Würfel; auch verleiht er nicht gegen Zinsen.

Die Auflistung dient der Diskreditierung des Lebenswandels der Montanisten, die als eitle, auf die eigene Schönheit bedachte, der Spielsucht verfallene Lebemänner dargestellt werden, die ihren kostspieligen Lebensunterhalt durch Geschenke und als Zinsverleiher finanzieren.

Diese drei Zitate (h.e. V 18,3.4.11) wird Euseb nicht ohne seine eigene Zustimmung in seine h.e. aufgenommen haben, vertritt er doch wie Apollonius die Ansicht, daß „der Baum an der Frucht erkannt wird" (h.e. V 18,8; h.e. V 18,11). Die Fokussierung auf das anstößige Verhalten der Prophetinnen (und der Montanisten generell) macht ihr Häretikersein offenbar, ohne daß Apollonius (oder Euseb) auf häretische Lehrinhalte eingehen müssen.

Die gleichen Gründe stehen wohl auch hinter der Aufnahme der beiden eben übersprungenen Zitate in h.e. V 18,5.6–10, die über Themison und Alexander, beides führende Persönlichkeiten der montanistischen Bewegung, berichten. Themison war bereits durch das Zitat des Antimontanisten (h.e. V 16,17) eingeführt als derjenige, der federführend die Widerlegung der Maximilla durch die Bischöfe Zoticus aus Kumane und Julianus aus Apamea verhinderte. Über Themison weiß Apollonius zu berichten, daß er sich aus Furcht vor dem Martyrium mit einer großen Geldsumme aus dem Kerker losgekauft hat. Anstatt Buße zu tun, rühmte er sich als Märtyrer, verfaßte wie der Apostel einen katholischen Brief, belehrte die Gläubigen, focht mit nichtssagenden Worten und schmähte so den Herrn, die Apostel und die Kirche.

Wieder steht bei den biographischen Angaben über Themison die moralische Verwerflichkeit im Zentrum. Zunächst ist es „nur" die menschliche Schwäche in Form von Angst, die jedoch durch das anmaßende Verhalten nach der Freilassung in verwerfliches Handeln umschlägt. Die erforderliche Reue und Demut, die in der

Buße zum Ausdruck kämen, lassen sich im Verhalten des Themison nicht erkennen. Stattdessen spielt er sich unberechtigter Weise als Märtyrer auf und nutzt seine ruhmvolle und einflußreiche Position, um andere Gläubige mit einem Brief zu belehren. Apollonius hält ihm demnach Feigheit, Lebensgier, Ruhmsucht und Hybris vor – alles in allem Charakterzüge, die Euseb (und seine Quellen) auch an anderen Häretikern beanstanden.

Die Bewertung Alexanders im vierten Zitat h.e. V 18,6–10 fällt nicht besser aus: Alexander, mit dem sich die Prophetin in Schmausereien hingibt, nennt sich wie Themison ungerechtfertigter Weise Märtyrer. Aufgrund seiner Räubereien, nicht, wie er glauben machen wollte, aufgrund seines Christseins, wurde er von Prokonsul Ämilius Frontinus in Ephesus verurteilt. Mit der Lüge, er sei wegen seines Glaubens im Gefängnis, täuschte er die dortige Gemeinde, welche seine Loskauf erwirkte. Aber weder seine Heimatgemeinde, noch die montanistische Gruppierung, nahm ihn mehr auf. Der Topos des Betruges, hier an der eigenen Gemeinde, ist von Euseb gern rezipiert.[668]

Einige Details im Bericht des Apollonius sind noch bemerkenswert: Er stellt den Pseudomärtyrer Alexander und den Pseudopropheten Montanus einander gegenüber und äußert die rhetorische Frage nach der Sündenvergebung, derer beide bedürfen. Weder kann der Räuber dem Propheten seine Habgier vergeben, noch der falsche Prophet dem Pseudomärtyrer seine Räubereien. Damit hat Apollonius den zentralen Schwachpunkt der Gemeinschaft ausgemacht. Nach seiner Darstellung ist dort niemand in der Lage, einem anderen die Schuld zu vergeben. Sie ermangelt damit nicht nur des Heiligen Geistes, sondern auch der Sündenvergebung. Wichtig ist für Apollonius deshalb auch festzuhalten, daß Alexander die Räubereien beging, als er nicht mehr Mitglied, sondern ein Abtrünniger (παραβάτης) der Kirche war; diese bleibt damit vom Vergehen Alexanders unberührt.[669]

Beide Zitate, zu Themison, der sich freikaufte (h.e. V 18,5), und zu Alexander, dem freigekauften Räuber (h.e. V 18,6–10), greifen noch einmal die mit den Anti-

---

[668] Vgl. auch die späteren Aussagen Eusebs in *de theophania* IV 35, Fragment 15, wo Simon und Montanus und alle anderen Häretiker diejenigen Betrüger sind, die von Christus für die Endzeit angekündigt wurden: ἄλλοι δὲ <πάλιν> κατὰ τοὺς χρόνους τῶν ἀποστόλων Σίμωνα τὸν μάγον τὴν μεγάλην τοῦ θεοῦ δύναμιν ἐκάλουν, αὐτὸν εἶναι νομίσαντες τὸν Χριστόν. καὶ κατὰ τὴν Φρυγίαν δὲ Μοντανὸν ἕτεροι, ἀλλαχοῦ δὲ πάλιν ἑτέρους ἄλλοι νενομίκασιν, καὶ οὐ παύσονταί γε οἱ ἀπατεῶνες. <GCS III/2, 33*,29–34*,1>.

[669] Zwei Möglichkeiten der Interpretation von παραβάτης sind möglich: Erst einmal wäre denkbar, daß Apollonius „nur" festhalten möchte, daß Alexander nicht mehr orthodoxer Christ war, als er die Räubereien beging. Man könnte die Formulierung auch weitergehend fassen und schließen, daß Alexander auch kein Montanist mehr war, als er die Räubereien beging, was erklären könnte, warum ihn der Prophet nicht mehr kennen will. Gegen die letzte Möglichkeit spricht aber, daß die Prophetin weiterhin mit ihm Kontakt hat (h.e. V 18,6) und auch die Anwesenheit des Räubers (!) Alexander in der montanistischen Gruppierung in h.e. V 18,7 vorausgesetzt wird. Die ablehnende Haltung des Propheten gegenüber Alexander kann aber auch als Reaktion auf die Räubereien des Alexander gewertet werden. Trifft diese Überlegung zu, dann ließe sich die Formulierung des Apollonius dahingehend verstehen, daß Alexander zur Zeit seiner Räubereien noch Montanist, aber bereits παραβάτης der Kirche war.

montanisten aufgeworfene Frage nach Anerkennung montanistischer Märtyrer auf (h.e. V 16,20–21.22). Beantwortete der Antimontanist die Frage damit, daß die Montanisten keine Märtyrer haben können, da sie einen falschen Glauben bekennen, so bringt Apollonius zwei Beispiele von montanistischen Märtyrern, welche von orthodoxer Seite aufgrund ihres Lebenswandels unzweifelhaft *nicht* als Märtyrer anerkannt werden. Mit den Beispielen Themison und Alexander gibt Euseb noch einmal eine eindeutige Antwort auf die Frage nach häretischen Märtyrern.

Die Quelle Apollonius stellt das Tun und den Lebenswandel, weniger die Lehre der Montanisten in den Vordergrund. Dieses korrespondiert mit dem eusebianischen Darstellungsstil, die moralisch anstößigen Taten in den Vordergrund zu stellen, um die Lehre in der Darstellung vernachlässigen zu können. Euseb übergeht nicht nur beim Antimontanisten (h.e. V 16,11; V 16,18) und bei Apollonius (h.e. V 18,14) deren Ausführungen zur häretischen Lehre, sondern er sieht seinen eigenen Standpunkt scheinbar zutreffend im Satz des Apollonius zusammengefaßt: „Es ist notwendig, die Früchte des Propheten zu prüfen; denn an der Frucht wird der Baum erkannt."[670] Die Frucht ist nach Apollonius eindeutig der verwerfliche Lebenswandel, nicht aber die Lehre.

Diese erkenntnistheoretische Argumentation ist von Euseb bereits bei der Darstellung des Menander in h.e. III 26,1 eingefügt worden. Dort begründete Euseb seine Fokussierung auf den Lebenswandel damit, daß es die Lebensart ist, die jenen „als zweites, hinter dem ersten nicht zurückstehendes Werkzeug der teuflischen Kraft" *offenbarte*. Die Aussage des Apollonius, an den Früchten (= Werken) sei der Prophet erkennbar, mußte Euseb für seine Häresiekonzeption gelegen kommen.

f) Das Problem der Datierung der Montanisten

Die Einordnung des Montanus in die Kirchengeschichte Eusebs bringt hinsichtlich der Datierung einige Schwierigkeiten mit sich. Wie gesehen ist die in der h.e. übliche Rezeptions-Praxis diejenige, den Häretiker und seine Häresie unter demjenigen Kaiser einzufügen, unter dem sie nach Ansicht Eusebs erstmals aufgetreten ist. Häufig sind die Quellen, die Euseb zur Darstellung einer Häresie anführt, späteren Datums als die dargestellte Häresie, weshalb Euseb im Regelfall der frühesten Quelle, die den Ereignissen zeitlich am nächsten steht, den Vorzug gibt.

Von dieser gängigen Zitierweise weicht Euseb mit seiner Montanus-Darstellung ab. Nach der *Chronik* Eusebs trat Montanus im 11. Jahr des Mark Aurel auf (= 171), ein Jahr *vor* Tatian und Bardesanes.[671] Diese Reihenfolge der *Chronik* verwundert zunächst, da Montanus in der h.e. *nach* Tatian und Bardesanes unter Commodus (180–192, ab h.e. V 9) wirkend eingeordnet wird.

---

[670] Euseb, h.e. V 18,8; vgl. h.e. V 18,11.

[671] Euseb, *Chronik* zum Jahr 171 <GCS Euseb VII/1, 206,9–12: pseudoprofetia, quae cata frygas nominatur, accepit exordium auctore Montano et Priscilla Maximillaque insanis uatibus.>.

Daran anschließend stellt sich die Frage, ob Euseb die Häresie des Montanus aufgrund neuer Erkenntnisse, die er erst nach Fertigstellung der *Chronik* erhalten hat, umdatiert oder ob Euseb keine Umdatierung vornimmt und (nur) von seiner üblichen Darstellungsgepflogenheit abweicht.

Überblickt man die in der h.e. eingestreuten Informationen, so ist die zweite Variante wahrscheinlicher. An eher unauffälliger Stelle (h.e. IV 27) nennt Euseb im Schriftenverzeichnis des Apollinarius von Hierapolis, der nach h.e. IV 21 unter Mark Aurel wirkte, „ein Werk gegen die Häresie der Phryger, die bald darauf ihre Neuerungen ausbreitete und sich damals zum ersten Male regte, da Montanus mit seinen falschen Prophetinnen noch das Fundament des Irrtums legte."[672] Da diese Passage von Euseb selbst formuliert ist, kann man davon ausgehen, daß er vom Auftreten des Montanus unter Mark Aurel überzeugt ist.

Nun ist zu klären, warum Euseb die eigentliche Montanus-Darstellung erst in h.e. V 16–19 unter der Regierung des Commodus einfügt. Es ist zu vermuten, daß diese Einordnung mit der anonym vorliegenden Schrift zusammenhängt. Da sich Euseb hinsichtlich der Verfasserschaft nicht sicher war, jedoch Apollinarius als Schreiber vermutete (vgl. die einleitenden Sätze h.e. V 16,1–2), berichtet er in seinem Schriftenverzeichnis (h.e. IV 27) ausführlich über dessen antimontanistisches Werk – in der Hoffnung, daß sich der Leser (sollte Apollinarius wirklich der Verfasser der Zitate in h.e. V 16–17 sein) an seine vorherigen Ausführungen in h.e. IV 27 erinnert. Dies impliziert, daß die Schrift selbst keine genauen Rückschlüsse auf die Abfassungszeit gab, anhand derer Euseb das Werk wirklich in die Zeit des Apollinarius datieren konnte.

Die Schrift selbst liefert nur vage Angaben zur chronologischen Einordnung, die Euseb seinem Leser zur zeitlichen Orientierung wiedergibt. Das Zitat in h.e. V 16,19 berichtet, daß eine 13-jährige Friedenszeit für die Kirche zwischen dem Tod der Maximilla und der Abfassung der Schrift des Antimontanisten verstrichen ist.[673] Nach h.e. V 21 identifiziert Euseb diese Friedenszeit mit der Regierung des Commodus.[674] Diese Identifikation von Angaben der Quelle mit geschichtlichen Ereignissen wird Euseb dazu geführt haben, die anonyme Quelle in die Zeit des Commodus (180–192) einzuordnen.

Sollten diese Überlegungen zur Einordnung der Quelle in die h.e. richtig sein, dann hieße dies, daß Euseb seine übliche Darstellungsweise verläßt und die Häresie nicht zum Zeitpunkt ihrer Entstehung, sondern zum Zeitpunkt ihrer „frühesten"[675]

---

[672] Euseb, h.e. IV 27 <GCS Euseb II/1, 388,13–16: [...] καὶ ἃ μετὰ ταῦτα συνέγραψε κατὰ τῆς τῶν Φρυγῶν αἱρέσεως, μετ' οὐ πολὺν καινοτομηθείσης χρόνον, τότε γε μὴν ὥσπερ ἐκφύειν ἀρχομένης, ἔτι τοῦ Μοντανοῦ ἅμα ταῖς αὐτοῦ ψευδοπροφήτισιν ἀρχὰς τῆς παρεκτροπῆς ποιουμένου.>.

[673] Vgl. die Aussage in h.e. V 17,5, wonach der Antimontanist auf vierzehn Jahre seit dem Tod der Maximilla zurückblickt, in denen keine neuen Propheten bei den Montanisten aufgetreten sind.

[674] Die Regierungszeit des Mark Aurel ist gekennzeichnet durch Kriege und Christenverfolgungen und kam nach Eusebs Ansicht als Zeit der Abfassung nicht in Betracht.

[675] Die Schrift des Apollinarius von Hierapolis in h.e. IV 27 hatte Euseb nicht zur Hand. Die früheste für ihn greifbare Quelle ist die des Antimontanisten.

Bezeugung einfügt. Die Häresie(gründung) ist damit – früher als ihre Darstellung – in die Zeit des Mark Aurel anzusetzen. Damit behalten sowohl die Aussagen im Schriftenverzeichnis des Apollinarius (h.e. IV 27) als auch die Angaben in Eusebs *Chronik* ihre Richtigkeit. Anzeichen für eine Umdatierung sind nicht zu erkennen.

Ausgehend von der eusebianischen Datierung der antimontanistischen Schrift soll im folgenden *mittels der Zitate* eine euseb-immanente zeitliche Einordnung des Montanus und seiner Anhänger versucht werden.

Der Leser geht nach den eusebianischen Angaben von einer Datierung der antimontanistischen Schrift unter Commodus (180–192) aus.[676] Folglich ist Maximilla, die dreizehn bzw. vierzehn Jahre vor Abfassung der Schrift verschied, bereits unter Mark Aurel (161–180) gestorben.[677] Montanus scheint sich noch zu Lebzeiten der Maximilla erhängt zu haben, wie man aus der Abfolge in h.e. V 16,13 schließen kann. Die Häresie des Montanus muß – auch nach den Angaben in h.e. V 16–17 zu urteilen – unter Mark Aurel angesetzt werden, was mit den Angaben im Schriftenverzeichnis des Apollinarius in h.e. IV 27 übereinstimmt.[678]

In der Zeit zwischen dem Tod der Maximilla und der Abfassung der antimontanistischen Schrift (179–192) ist die montanistische Häresie bis nach Galatien vorgedrungen und hat dort zahlreiche Anhänger gewonnen, so daß der Antimontanist gezwungen war, die Häresie mehrere Tage zu widerlegen und die Gemeinde wieder für den wahren Glauben zu gewinnen.

Spannend ist die Bemerkung des Antimontanisten in h.e. V 16,6, daß die häretische Lostrennung erst vor kurzem erfolgt sei. Damit wäre die Ablösung der Montanisten von der Großkirche zwischen dem Tod der Maximilla und der Widerlegung in Galatien, welche zur Abfassung der Schrift führte, erfolgt. Der Antimontanist weiß weiterhin zu berichten, daß vor der Verurteilung und dem Ausschluß der Montanisten die Gläubigen Asiens vielfach zusammenkamen, um die neue Lehre zu prüfen, die Häresie zu verurteilen und die Anhänger aus der Kirche hinauszuwerfen (h.e. V 16,10). Setzt man die vor kurzem geschehene häretische Lostrennung (h.e. V 16,6) und den synodalen Ausschluß (h.e. V 16,10) in eins oder kurz hintereinander an, so wird man die Zeitspanne des wiederholten Zusammenkommens und Überprüfens ebenfalls nach dem Tod der Maximilla plazieren müssen, was mit der Angabe korrespondiert, Maximilla habe sich einer Überprüfung ihrer Lehre entzogen.

---

676 Harnack, Altchristliche Litteratur II/1, 364–364 und Lawlor, Eusebiana, 117 Anm. 2, stimmen Euseb in seiner Datierung des Antimontanisten zu, präzisieren diese aber auf das Jahr 192–193. Die Schrift wurde auf die Bitte des Avircius Marcellus von Hierapolis in der phrygischen Pentapolis (h.e. V 16,3) verfaßt. Die genannten Bischöfe Avircius Marcellus und Zoticus aus Ortrus werden vom Verfasser als Mitpresbyter angesprochen. Lawlor, Eusebiana, 117 Anm. 2, erwägt daher, daß alle drei Bischöfe aus der Pentapolis stammten und Miltiades (h.e. V 16,3), gegen den die Abhandlung gerichtet war, ein montanistischer Führer im selben Distrikt war.

677 Geht man von der Abfassung der antimontanistischen Schrift im Jahr 192 (vgl. Anm. I 635) aus, erhängte sich Maximilla im Jahre 178 bzw. 179.

678 Zur Datierung der Schrift des Apollinarius von Hierapolis vgl. Anm. I 635.

In den dreizehn Jahren seit Maximillas Tod wird Theodot, der erste Verwalter, die montanistische Bewegung geleitet haben (h.e. V 16,14), der zur Zeit der Abfassung der antimontanistischen Schrift ebenfalls bereits verstorben ist.

Die anonyme Schrift gibt einen detailreichen Einblick in die Frühphase des Montanismus unter Mark Aurel bis hin zur Regierung des Commodus, als die Gruppierung als Häresie ausgeschlossen und kirchlicherseits bekämpft wurde.

Die zweite Quelle, Apollonius, wird von Euseb wie gesehen zur Bestätigung der Aussagen des Antimontanisten eingefügt. Deutlich ist eine Entwicklung in der montanistischen Bewegung seit dem Antimontanisten zu erkennen. Nach Angaben des Apollonius (h.e. V 18,12) sind gerade vierzig Jahre zwischen dem ersten Auftreten des Montanus und der Abfassung der Schrift vergangen. Leider gibt Euseb seinem Leser keine weiteren Fixpunkte an die Hand, mit denen er entweder das erste Auftreten des Montanus oder die Niederschrift des Apollonius zeitlich näher einordnen kann.[679]

g) Die Darstellung der Häresie des Montanus bei Euseb

Euseb wählt für die Darstellung der Häresie des Montanus die frühesten ihm zur Verfügung stehenden Quellen aus und ordnet sie chronologisch in seinen Bericht ein; nur den Brief der Gemeinde in Gallien läßt er aus inhaltlichen Gründen aus.

Aus diesen Quellen wählt er Passagen, die inhaltlich durch die dämonologische Häresieerklärung und die verwendeten Topoi (Häretiker als verrückt, teufelsbesessen, feige, lebensgierig, betrügend und habgierig) zu seiner eigenen Häresiekonzeption passen.

Die Darstellung des Antimontanisten, welche auf die mit dem Montanismus aufgeworfenen praktischen Fragestellungen fokussiert, läßt deren Relevanz für die eusebianische Lebenszeit erkennen.[680] Die beiden anderen Quellen stellen wie gewohnt die Lebensführung der Häretiker ins Zentrum ihrer Darstellung. Damit verfolgt Euseb zwei Ziele: Zum einen kann Euseb sein erkenntnistheoretisches Theorem, wonach die Häretiker an ihrem Tun erkannt werden, wieder in die Erzählung einbringen[681], zum anderen sollen derart anstößige Verhaltensweisen die Gruppierung in Mißkredit bringen und so zur Abschreckung dienen.

---

[679]   Zur Datierung der Schrift des Apollonius vgl. Anm. I 635, zum Beginn der Wirksamkeit des Montanus vgl. Anm. I 637.

[680]   Daß die Frage nach dem rechten Umgang mit den Montanisten auch noch später eine große Bedeutung für Euseb und die (orthodoxen) Christen hatte, zeigt auch die Vita Constantini III 64,1: Ἐπίγνωτε νῦν διὰ τῆς νομοθεσίας ταύτης, ὦ Νοουατιανοί, Οὐαλεντῖνοι, Μαρκιωνισταί, Παυλιανοί, οἵ τε κατὰ Φρύγας ἐπικεκλημένοι, καὶ πάντες ἁπλῶς εἰπεῖν οἱ τὰς αἱρέσεις διὰ τῶν οἰκείων πληροῦντες συστημάτων, ὅσοις ψεύδεσιν ἡ παρ᾽ ὑμῖν ματαιότης ἐμπέπλεκται, καὶ ὅπως ἰοβόλοις τισὶ φαρμάκοις ἡ ὑμετέρα συνέχεται διδασκαλία, ὡς τοὺς μὲν ὑγιαίνοντας εἰς ἀσθένειαν τοὺς δὲ ζῶντας εἰς διηνεκῆ θάνατον ἀπάγεσθαι δι᾽ ὑμῶν <GCS Euseb I, 111,17–23>.

[681]   Zuletzt thematisierte er dieses in der Darstellung des Menander h.e. III 26,1.

Mit der Darstellung von Synoden, welche Montanus und seine Anhänger offiziell aus der Kirche ausschließen (h.e. V 16,10), greift Euseb wiederum ein altbekanntes Thema der h.e. auf, das er lange Zeit nicht hatte darstellen können. Er hatte berichtet, daß Simon Magus von Petrus, dem Prototyp aller späteren Häreseologen, offiziell aus der Kirche ausgeschlossen wurde. Nach seiner Häresiekonzeption mußte ihm daran gelegen sein, nicht nur Berichte über die Widerlegung einer Häresie, sondern auch Berichte von einem offiziellen Ausschluß aus der Kirche in seine Kirchengeschichte zu integrieren. Doch dazu mangelte es ihm insbesondere für die Frühzeit der Kirche an Quellen. Der Bericht des Antimontanisten kam ihm also sehr entgegen, weil er damit an den Ausschluß des Simon Magus anknüpfen und eine Brücke zur späteren Exkommunikation des Paulus von Samosata schlagen konnte.

Zwei kritische Einwände gegen Eusebs Darstellung sind anzumerken:

1) Die zeitliche Abfolge der montanistischen Anhänger wird aus Eusebs Darstellung nicht deutlich. Vermutlich war Euseb die Einordnung von Montanus, Maximilla, Priscilla, Themison, Alexander, Miltiades und Theodot selbst nicht klar.
2) Euseb stellt den Montanismus einseitig dar, da er den westlichen Zweig des Montanismus ausblendet und nur die östliche Ausprägung beschreibt.[682] Dies wird nicht zuletzt an der Präferenz Eusebs für griechischsprachige Quellen liegen.[683]

Exkurs 3:
Der sich mit der Darstellung des Apelles und des Montanus vollziehende Quellenwechsel und dessen Konsequenzen für die Darstellungsweise der Häresie

Betrachtet man die Art der Quellen, die Euseb zur Darstellung von Apelles und Montanus heranzieht, so ist eine Veränderung zu beobachten. Bis zu Tatian hatte Euseb zumeist aus häreseologischen Werken zitiert, die von einer geschlossenen Häresiekonzeption ausgehend mehrere Häresien skizzierten (oder auch nur katalogisierten) und erst anschließend den falschen Lehren – mehr oder weniger ausführlich – die Wahrheit gegenüberstellten. Charakteristisch ist für die Frühphase

---

682 Zur unterschiedlichen Ausprägung des westlichen und des östlichen Montanismus im Hinblick auf die Ekstase, die Stellung der Frau innerhalb der Gruppierung, die Bedeutung Pepuzas als Neuem Jerusalem, die Askese (nur im Westen) und die Absolutionsgewalt der Märtyrer (nur im Osten) anhand einer Kontrastierung von eusebianischer und tertullianischer Darstellung vgl. Lawlor, Eusebiana, 108–135.
683 Vgl. dazu Teil I 3.1 Quellenauswahlkriterien.

der schriftlich fixierten Häresiebekämpfung, daß die Einzelhäresien zueinander in Beziehung gesetzt[684] und alle trotz ihrer Verschiedenheit auf einen Ausgangspunkt[685] zurückgeführt werden. Aufgrund der darstellenden Perspektive in der frühen Häreseologie (Justin, Irenäus, Hegesipp) war es Euseb möglich, mit geschickter Zitatauswahl und -abgrenzung die wiedergegebene Lehre zu übergehen und sich stattdessen auf die Darstellung der Lebensweise prominenter Häretiker zu konzentrieren. An vielen Stellen seiner Kirchengeschichte gibt Euseb zu, daß er die Notizen zur Lehre eines Häretikers, die er in seiner Quelle dargestellt und widerlegt vorfand, übergeht. Ihm kam es auf das Faktum der Widerlegung der häretischen Lehre an – im besten Falle ein erzählender Bericht darüber durch eine prominente Person. Eine argumentative Widerlegung, *warum* eine Häresie als solche anzusehen war, brauchte Euseb für seine Kirchengeschichte nicht, sondern lediglich ein Urteil aus berufenem Mund, *daß* diese oder jene Lehre eine Häresie ist.

Mit Buch V der Kirchengeschichte ändert sich Eusebs Darstellungsweise. Bei der Berichterstattung über die Häresien unter Mark Aurel konnte er sich nicht mehr auf Irenäus' *Adversus haereses* stützen, womit auch die letzte Quelle, die eine in sich schlüssige häreseologische Konzeption bot, ausgeschöpft war.

Überblickt man die im folgenden zitierte Literatur, so fällt auf, daß Euseb nun zumeist auf Briefliteratur im weitesten Sinn zurückgreift.[686] Nehmen die Darstellungen des Apelles und des Montanus dabei noch eine Zwischenstellung ein, so ist mit der Häresie des Florinus und Blastus der Gattungswechsel offensichtlich vollzogen.[687]

---

[684]   Zu nennen wäre beispielsweise das Lehrer-Schüler-Verhältnis, das Justin und Irenäus als Verbindung der Häretiker untereinander konstruieren.

[685]   Justin, und mit ihm Irenäus, sieht die Dämonen, die sich der Häretiker bemächtigen, als Grund der Häresieentstehung an; Hegesipp sieht die menschliche Schwäche bzw. die sieben Sekten des Judentums als Entstehungsgrund der Häresie an. Nähere Details in Teil I 3.2.2.3 Von Euseb nicht übernommene häreseologische Erklärungsmöglichkeiten zur Entstehung und zum Wesen der Häresie.

[686]   Die Unterschiede zwischen einer Schrift, die einer Person gewidmet wurde, und einem Privatbrief scheinen zunächst offensichtlich zu sein. Während der Privatbrief an eine konkrete Person gerichtet ist und zu einer konkreten Frage Stellung nimmt, ist die einer Person gewidmete Schrift bereits bei der Niederschrift für die Wirksamkeit in der Öffentlichkeit konzipiert, was die Form und den Stil bei der Abfassung beeinflussen kann; vgl. zur Gattung „Brief" Vielhauer, Geschichte der urchristlichen Literatur, 58–62.
     Bei dieser Unterscheidung ist jedoch zu bedenken, daß es den reinen Privatbrief in den seltensten Fällen gab. Der Verfasser war – das zeigt die Briefliteratur der Antike – zumeist auf eine breite Öffentlichkeit bedacht. Zudem wurden viele Abhandlungen in einer (fiktiven) Briefform abgefaßt, wie Euseb in h.e. VII 26,2 hinsichtlich der Schriften des Dionysius von Alexandrien zu erkennen gibt, wenn er sie als „in Briefform abgefaßte umfangreiche Bücher" charakterisiert. Diese Beobachtungen legen es nahe, den Begriff „Brief" nicht allzu eng zu fassen und die Frage, inwieweit bei der Niederschrift von einem oder mehreren Lesern ausgegangen wurde, auszublenden.

[687]   Die Schrift des Rhodon ist nach Angaben Eusebs an einen gewissen Kallistion gerichtet. Die Schrift des Antimontanisten gibt sich bereits durch das erste Zitat (h.e. V 16,3–5) als Brief zu erkennen, der vom Verfasser an Avircius Marcellus und die Gemeinde von Ancyra gerichtet war. Ob die Schrift des Apollonius als Brief an eine konkrete Adresse gerichtet war, läßt sich aus der

Der Briefliteratur ist es zu eigen, daß sie nicht nur die falschen Lehrsätze *notieren*, sondern die Adressaten von der Falschheit einer Lehre *überzeugen* will. Eine Schrift, deren Intention die Überzeugung des Gegenübers ist, kann es nicht dabei belassen, die Verfehlungen aufzuzählen, sondern sie muß argumentativ ihre Falschheit aufdecken. Zudem ist ein Brief bzw. eine adressierte Schrift[688] immer aus einer bestimmten Situation des Verfassers in eine ebenso konkrete Situation des Adressaten hinein geschrieben. So geraten eigene Erfahrungen des Verfassers (Gemeindesituation, Kenntnis von der Gefährlichkeit der Häresie, Ereignisse etc.) und die Situation der Empfänger mit in den Blick. Zur Kontextualität kommt die Intentionalität eines Briefes, mit welcher der Verfasser sein Werk niederschreibt (erwünschte Handlungsänderung beim Gegenüber, Warnung, Information, Werben für die eigene Position usw.).

Allein aufgrund der Gattung Briefliteratur rückt das literarische Ich des Verfassers und die Person des Adressaten sowie deren Situation in Auseinandersetzung mit der Häresie sehr viel stärker ins Zentrum als in den zuvor zitierten ausschließlich häreseologischen Werken.

Mit dem Wechsel der Quellenart verändert sich, bedingt durch die Form, auch ihr Inhalt. Es begegnen neue Themen und Fragestellungen, die bisher eher am Rande oder sehr distanziert behandelt wurden. Zentrale Themen sind in den Briefen u. a. die Frage nach dem angemessenen Umgang mit Häretikern[689] oder der Bericht über die konkrete Bedrohung für die Gemeinden[690]. Inhaltlich neu ist die argumentative Auseinandersetzung mit der häretischen Lehre, was zur Konsequenz hat, daß die häretische Lehre zunächst einmal ausführlich dargestellt und widerlegt werden muß.[691] Skizzierten die häreseologischen Werke der Frühzeit die häretischen Lehrsätze und -konzeptionen aus einer Außenperspektive, um die Falschheit der Lehre zu notieren und die rechte Lehre dagegenzustellen, so werden jetzt die häretischen Lehrgebäude detailreich entfaltet; es werden Überlegungen und Motivationen der Häretiker deutlich, welche sie zu ihrem Tun und ihrer Lehre führten.[692] Damit kommt ungewollt die Persönlichkeit des Häretikers als auch die Eigenart seiner Lehre in sehr viel stärkeren Maße in den Blick. Die Einordnung

---

eusebianischen Darstellung nicht erkennen. Die Adressaten der Schrift des Serapion sind hingegen eindeutig als Karikus und Pontius angegeben (h. e. V 19,1).

[688] Das Problem von fiktiver Briefliteratur kann an dieser Stelle außer acht gelassen werden.

[689] Vgl. h. e. V 16,12 (Soll man Montanisten aufnehmen?); h. e. V 16,20; h. e. V 18,5 und h. e. V 18,6–10 (Soll man die montanistischen Märtyrer anerkennen und können sie für die Wahrheit zeugen?).

[690] Vgl. die Schilderung des Antimontanisten in h. e. V 16,4–5.

[691] Die Darstellung Eusebs läßt sehr gut erkennen, daß er die umfangreichen Passagen, die sich inhaltlich mit der häretischen Lehre auseinandersetzen, überspringt, vgl. h. e. V 16,11; h. e. V 16,18 und h. e. V 18,14.

[692] Vgl. die Darstellung der Lehre des Apelles, die sich anhand der Angaben Rhodons rekonstruieren läßt. Es ist erkennbar, daß Apelles bei der Anzahl der Prinzipien an der marcionitischen Lehre Anstoß nahm. Die zwei marcionitischen Götter reduzierte er auf ein Prinzip, wohingegen andere Marcionschüler sie auf drei Prinzipien erweiterten.

häretischer Lehren in eine Sukzession, wie sie die frühen häreseologischen Werke zum Ziel hatten, findet sich dementsprechend nur noch selten.[693] Zwar zieht auch die Briefliteratur Vergleiche zwischen einzelnen Häretikern, aber die Individualität der Häretiker in ihrem Wirken steht deutlich im Vordergrund.

Die Briefliteratur, die sich mit einem realen, zeitgenössischen Gegenüber auseinandersetzt, bietet für den Kirchengeschichtler zunächst den Vorteil, daß der Verfasser eines Briefes der Wahrheit in höherem Maße verpflichtet ist, da das Gegenüber, das zeitgleich zum Verfasser lebt, eine kontrollierende Instanz darstellt und falsche Informationen leicht erkennen kann. Euseb hatte beispielsweise kaum die Möglichkeit, die Informationen des Irenäus zu überprüfen; bei der Briefliteratur hingegen kann er sich sicher sein (obwohl polemische Verzeichnungen und Stilisierungen häufiger anzutreffen sind), daß die grundlegenden Informationen über die Häretiker weitgehend der Wahrheit entsprechen. Nur wenn sich die Informationen als richtig und die inhaltliche Auseinandersetzung als schlagkräftig erwiesen, wurden die Briefe weitertradiert – ein Brief, der von falschen Informationen ausgehend die Häresie nicht entscheidend treffen konnte, wäre wohl nicht erhalten geblieben. Ein etwas anderer Fall ist dann gegeben, wenn der Adressat selbst zur Häresie neigt; aber auch hier ist der Absender in höherem Maße der historischen Wahrheit verpflichtet.[694]

Die Briefliteratur bringt aber auch den Nachteil mit sich, daß Euseb seine strenge Vorgabe, keine häretische Lehre zu tradieren, nicht mehr strikt durchhalten kann, wenn er nicht stark redigierend in seine Quelle eingreifen wollte. In den folgenden Häresiedarstellungen bleibt der Schwerpunkt der Darstellung bei der häretischen Lebensführung und der erzählten Widerlegung bestehen, doch mischen sich praktische Fragestellungen und aktuelle Auseinandersetzungen in die eusebianische Darstellung hinein.

2.17 Florinus (h.e. V 15; V 20,1.4–8)

h.e. V 15[695]

15 οἳ δ᾽ ἐπὶ Ῥώμης ἤκμαζον, ὧν ἡγεῖτο Φλωρῖνος πρεσβυτερίου τῆς ἐκκλησίας ἀποπεσών, Βλάστος τε σὺν τούτῳ, παραπλησίῳ πτώματι κατεσχημένος· οἳ καὶ πλείους τῆς ἐκκλησίας περιέλκοντες ἐπὶ τὸ σφῶν ὑπῆγον βούλημα,	Die anderen erhoben sich in Rom. An ihrer Spitze standen Florinus, der das kirchliche Amt des Presbyters niedergelegt hatte, und neben ihm Blastus, der in gleicher Weise abgefallen war. Diese hatten noch mehrere von

---

[693] Eine häretische Sukzession findet sich nur noch im Synodalschreiben zur Verurteilung des Paulus von Samosata in h.e. VII 30,16.17, in dem die Häresie des Paulus auf die des Artemas zurückgeführt wird.

[694] Euseb zitiert einen Brief des Irenäus an den Häretiker Florinus (h.e. V 20,4–8) und weiß zum Brief des Dionysius von Alexandrien an Fabius von Rom zu berichten, daß letzterer zur novatianischen Häresie neigte (h.e. VI 44,1).

[695] Euseb, h.e. V 15 <GCS Euseb II/1, 458,22–27>.

θάτερος ἰδίως περὶ τὴν ἀλήθειαν νεωτερίζειν πειρώμενος.

der Kirche abwendig gemacht und zu sich hinübergezogen. Bezüglich der Wahrheit suchte jeder eigene, neue Wege zu gehen.

[h.e. V 16–19: Darstellung des Montanismus]

h.e. V 20,1.4–8[696]

20,1 ἐξ ἐναντίας δὲ τῶν ἐπὶ 'Ρώμης τὸν ὑγιῆ τῆς ἐκκλησίας θεσμὸν παραχαραττόντων, Εἰρηναῖος διαφόρους ἐπιστολὰς συντάττει, τὴν μὲν ἐπιγράψας Πρὸς Βλάστον περὶ σχίσματος, τὴν δὲ Πρὸς Φλωρῖνον περὶ μοναρχίας ἢ περὶ τοῦ μὴ εἶναι τὸν θεὸν ποιητὴν κακῶν. ταύτης γάρ τοι τῆς γνώμης οὗτος ἐδόκει προασπίζειν· δι' ὃν αὖθις ὑποσυρόμενον τῇ κατὰ Οὐαλεντῖνον πλάνῃ καὶ τὸ Περὶ ὀγδοάδος συντάττεται τῷ Εἰρηναίῳ σπούδασμα, ἐν ᾧ καὶ ἐπισημαίνεται τὴν πρώτην τῶν ἀποστόλων κατειληφέναι ἑαυτὸν διαδοχήν·

Gegen die, welche in Rom die gesunde Ordnung der Kirche störten, verfaßte Irenäus verschiedene Briefe. Einen betitelte er „An Blastus über das Schisma", einen anderen „An Florinus über die Alleinherrschaft Gottes oder daß Gott nicht der Urheber von Bösem sei". Diese Meinung schien nämlich Florinus zu verfechten. Wegen dieses Mannes, der sich zum Irrtum Valentins hinüberziehen ließ, verfaßte Irenäus auch noch die Studie „Über die Achtzahl". Darin gibt er auch zu erkennen, daß er die erste nachapostolische Generation noch angetroffen habe.

[h.e. V 20,2–3: Zitat aus der Irenäus-Schrift über die Sorgfalt bei der Anfertigung von Abschriften]

20,4 ἐν ᾗ γε μὴν προειρήκαμεν πρὸς τὸν Φλωρῖνον ὁ Εἰρηναῖος ἐπιστολῇ αὖθις τῆς ἅμα Πολυκάρπῳ συνουσίας αὐτοῦ μνημονεύει, λέγων

In dem vorhin erwähnten Brief an Florinus gedenkt Irenäus auch seines Verkehrs mit Polykarp, wenn er sagt:

„ταῦτα τὰ δόγματα, Φλωρῖνε, ἵνα πεφεισμένως εἴπω, οὐκ ἔστιν ὑγιοῦς γνώμης· ταῦτα τὰ δόγματα ἀσύμφωνά ἐστιν τῇ ἐκκλησίᾳ, εἰς τὴν μεγίστην ἀσέβειαν περιβάλλοντα τοὺς πειθομένους αὐτοῖς· ταῦτα τὰ δόγματα οὐδὲ οἱ ἔξω τῆς ἐκκλησίας αἱρετικοὶ ἐτόλμησαν ἀποφήνασθαί ποτε· ταῦτα τὰ δόγματα οἱ πρὸ ἡμῶν πρεσβύτεροι, οἱ καὶ τοῖς ἀποστόλοις συμφοιτήσαντες, οὐ παρέδωκάν σοι.

Diese deine Lehren, Florinus, sind – um mich schonend auszudrücken – nicht gesunder Anschauung entsprungen. Diese Lehren widersprechen der Kirche; sie stürzen ihre Bekenner in die größte Gottlosigkeit. Selbst die außerhalb der Kirche stehenden Häretiker haben niemals solche Lehren aufzustellen gewagt. Diese Lehren haben dir auch nicht die vor uns lebenden Presbyter, die noch mit den Aposteln verkehrten, überliefert.

20,5 εἶδον γάρ σε, παῖς ἔτι ὤν, ἐν τῇ κάτω Ἀσίᾳ παρὰ Πολυκάρπῳ, λαμπρῶς πράσσοντα ἐν τῇ βασιλικῇ αὐλῇ καὶ πειρώμενον εὐδοκιμεῖν παρ' αὐτῷ. μᾶλλον γὰρ τὰ τότε διαμνημονεύω τῶν ἔναγχος γινομένων

Denn als ich noch ein Knabe war, sah ich dich im unteren Asien bei Polykarp; du hattest eine glänzende Stellung am kaiserlichen Hof und suchtest die Gunst Polykarps zu erwerben. Ich kann mich nämlich viel besser an die damalige Zeit erinnern als an das, was erst vor kurzem geschah;

---

[696] Euseb, h.e. V 20,1.4–8 <GCS Euseb II/1, 480,16–482,1; 482,12–23–484,22>.

20,6 (αἱ γὰρ ἐκ παίδων μαθήσεις συναύξουσαι τῇ ψυχῇ, ἑνοῦνται αὐτῇ), ὥστε με δύνασθαι εἰπεῖν καὶ τὸν τόπον ἐν ᾧ καθεζόμενος διελέγετο ὁ μακάριος Πολύκαρπος, καὶ τὰς προόδους αὐτοῦ καὶ τὰς εἰσόδους καὶ τὸν χαρακτῆρα τοῦ βίου καὶ τὴν τοῦ σώματος ἰδέαν καὶ τὰς διαλέξεις ἃς ἐποιεῖτο πρὸς τὸ πλῆθος, καὶ τὴν μετὰ Ἰωάννου συναναστροφὴν ὡς ἀπήγγελλεν καὶ τὴν μετὰ τῶν λοιπῶν τῶν ἑορακότων τὸν κύριον, καὶ ὡς ἀπεμνημόνευεν τοὺς λόγους αὐτῶν, καὶ περὶ τοῦ κυρίου τίνα ἦν ἃ παρ' ἐκείνων ἀκηκόει, καὶ περὶ τῶν δυνάμεων αὐτοῦ, καὶ περὶ τῆς διδασκαλίας, ὡς παρὰ τῶν αὐτοπτῶν τῆς ζωῆς τοῦ λόγου παρειληφὼς ὁ Πολύκαρπος ἀπήγγελλεν πάντα σύμφωνα ταῖς γραφαῖς.

20,7 ταῦτα καὶ τότε διὰ τὸ ἔλεος τοῦ θεοῦ τὸ ἐπ' ἐμοὶ γεγονὸς σπουδαίως ἤκουον, ὑπομνηματιζόμενος αὐτὰ οὐκ ἐν χάρτῃ, ἀλλ' ἐν τῇ ἐμῇ καρδίᾳ· καὶ ἀεὶ διὰ τὴν χάριν τοῦ θεοῦ γνησίως αὐτὰ ἀναμαρυκῶμαι, καὶ δύναμαι διαμαρτύρασθαι ἔμπροσθεν τοῦ θεοῦ ὅτι εἴ τι τοιοῦτον ἀκηκόει ἐκεῖνος ὁ μακάριος καὶ ἀποστολικὸς πρεσβύτερος, ἀνακράξας ἂν καὶ ἐμφράξας τὰ ὦτα αὐτοῦ καὶ κατὰ τὸ σύνηθες αὐτῷ εἰπών „ὦ καλὲ θεέ, εἰς οἵους με καιροὺς τετήρηκας, ἵνα τούτων ἀνέχωμαι", πεφεύγει ἂν καὶ τὸν τόπον ἐν ᾧ καθεζόμενος ἢ ἑστὼς τῶν τοιούτων ἀκηκόει λόγων.

20,8 καὶ ἐκ τῶν ἐπιστολῶν δὲ αὐτοῦ ὧν ἐπέστειλεν ἤτοι ταῖς γειτνιώσαις ἐκκλησίαις, ἐπιστηρίζων αὐτάς, ἢ τῶν ἀδελφῶν τισί, νουθετῶν αὐτοὺς καὶ προτρεπόμενος, δύναται φανερωθῆναι". ταῦτα ὁ Εἰρηναῖος.

(denn was man in der Jugend erfährt, wächst mit der Seele und bleibt mit ihr vereint). Daher kann ich auch noch den Ort angeben, wo der selige Polykarp saß, wenn er sprach, auch die Plätze, wo er aus- und einging, auch seine Lebensweise, seine körperliche Gestalt, seine Reden vor dem Volke, seine Erzählung über den Verkehr mit Johannes und den anderen Personen, welche den Herrn noch gesehen, seinen Bericht über ihre Lehren, ferner das, was er von diesen über den Herrn, seine Wunder und seine Lehre gehört hatte. Alles, was Polykarp erfahren hat von denen, die die Augenzeugen waren des Wortes des Lebens, erzählte er im Einklang mit der Schrift.

Seine Worte habe ich durch das mir gewordene Erbarmen Gottes damals mit Eifer aufgenommen; nicht auf Papier, sondern in mein Herz habe ich sie eingetragen, und durch die Gnade Gottes käue ich sie immer getreulich wieder. Vor Gott bezeuge ich: Wenn jener selige, apostolische Presbyter solches gehört hätte, er hätte laut aufgeschrieen, sich die Ohren verstopft und seiner Gewohnheit gemäß ausgerufen: „O guter Gott, für welche Zeiten hast du mich aufbewahrt, daß ich solches erleben muß!" Er wäre fortgeeilt von dem Orte, an dem er sitzend oder stehend solche Lehre vernommen hätte.

Dieses kann man leicht erkennen anhand der Briefe, welche Polykarp teils an benachbarte Gemeinden, die er zu befestigen suchte, teils an einzelne Brüder, die er mahnte und ermunterte, geschrieben hat." So berichtet Irenäus.

Im Anschluß an die Darstellung des Apelles (h.e. V 13) und des Montanus (h.e. V 14.16–19) berichtet Euseb über die Häresien des Florinus und des Blastus (h.e. V 20). Wie bereits häufiger zu beobachten, verzahnt Euseb mehrere Häresien miteinander. Die Häresien des Florinus und des Blastus sind von Euseb zuvor in h.e. V 15 kurz genannt worden, ihre Darstellung erfolgt aber erst – wie in h.e. V 14–15 angekündigt – im Anschluß an den Bericht über Montanus.

a) Die Rezeption der Informationen aus Irenäus

Die Informationen, die Euseb zur Häresie des Florinus in seine Kirchengeschichtsdarstellung einfügt, sind ziemlich spärlich. Sie scheinen allesamt dem Brief des Irenäus an Florinus zu entstammen.[697] In h.e. V 15 berichtet Euseb nur, daß Florinus in Rom die Ordnung störte und sein Presbyteramt niederlegte. Die Informationen in h.e. V 20 geben kein genaues Bild über die Lehre des Florinus und die von ihm ausgelösten „ruhestörenden" Ereignisse in Rom.[698] Den Inhalt der Lehre deutet Euseb mit dem Titel der Irenäus-Schrift an, der erkennen läßt, daß Florinus Gott als den Urheber des Bösen ausgemacht hat. Ob und wie weit er die Alleinherrschaft Gottes bestritten hat, wie der Titel der Irenäus-Schrift nahelegt, wird sich nicht mehr klären lassen (h.e. V 20,1).[699] Euseb scheint aus dem Titel der gegen Florinus gerichteten Schrift zu schließen, daß dieser Valentinianer war, was er durch die zweite gegen ihn verfaßte Irenäus-Schrift über die valentinianische Achtzahl bestätigt sieht. Florinus erscheint damit wie Bardesanes (h.e. IV 30) nicht als Häresiegründer, sondern „nur" als Anhänger einer bereits bestehenden Häresie.

Über diese kargen Angaben hinausgehend liefert Euseb keine konkreten Informationen zu Florinus. Die beiden sich anschließenden Zitate aus dem Brief des Irenäus an Florinus über die Achtzahl[700] thematisieren nur sehr indirekt seine Person und scheinen von Euseb eher zur Darstellung des Irenäus und des Polykarp eingefügt. Das erste Zitat in h.e. V 20,2 zeigt die irenäische Sorgfalt beim Abschrei-

---

[697] Den Brief des Irenäus an den römischen Papst Viktor über Florinus, der uns heute nur noch fragmentarisch erhalten ist (vgl. das Zitat bei Severus von Antiochien, *Contra Additiones Juliani*, CSCO 295, 163f. [Text] und CSCO 296, 138 [Übersetzung]), kannte Euseb offensichtlich nicht.

[698] Eusebs karge Informationen haben in der Literatur zu mehreren Theorien über die „Häresie" des Florinus geführt. Euseb nennt einen Irenäus-Brief „An Florinus über die Alleinherrschaft Gottes oder daß Gott nicht der Urheber von Bösem sei" und schließt daraus und aus dem Titel aus der irenäischen Studie „Über die Achtzahl" (die Euseb nach allgemeiner Überzeugung nicht vorlag), daß Florinus Valentinianer war. Ihm folgt darin Baumstark, Lehre, 311–312. Vgl. auch Lampe, Stadtrömische Christen, 264; May, Schöpfung aus dem Nichts, 158–159.

Kastner, Kontroverse, 134, geht über diese Mutmaßung Eusebs hinweg und sieht in h.e. V 14–20 den Montanismus dargestellt, wobei Montanus den östlichen und Florinus/Blastus den westlich-römischen Montanismus repräsentierten. Kastner versucht dann in einem zweiten Schritt zu erhärten, daß der Presbyter Florinus mit Tertullian zu identifizieren sei. Zur Diskussion dieser Ineinssetzung vgl. Koch, Tertullian, 59–83.

Baumstark, Lehre, 311, wendet dagegen ein, daß Blastus zunächst gar kein Montanist sei, wie sich aus Hippolyts Syntagma erkennen lasse. Blastus sei nach Ps-Tert., adv. omn. haer. VIII, als Quartadezimaner anzusehen. Baumstark kommt daher zu dem Schluß: „Nicht als römische Montanisten gegenüber einem asiatischen Zweig der Sekte werden Florinus und Blastus eingeführt, sondern als selbständige Führer einer doppelten Neuketzerei in Rom stehen sie ebenbürtig in Parallele zu Montanus und seinen Prophetinnen" (311).

[699] Kastner, Kontroverse, 135, erkennt in Florinus einen Anhänger der in der Schrift περὶ μοναρχίας bekämpften Lehre und charakterisiert ihn daher als Monarchianer, der gegen den marcionitischen Dualismus die Einheit Gottes betont habe.

[700] Gegen Hilgenfeld, Ketzergeschichte, 448, der das erste Zitat (h.e. V 20,2) aus dem Brief an Blastus entnommen sehen will.

ben von Texten[701] und nimmt auf Florinus überhaupt keinen Bezug. Das zweite
Zitat (h.e. V 20,4–8) spiegelt zwar die Auseinandersetzung zwischen Irenäus und
Florinus wider, aber die Darstellung Polykarps und dessen enge Verbindung mit
Irenäus stehen im eusebianischen Textausschnitt im Zentrum. Die Textauswahl
läßt Irenäus über den gemeinsamen Aufenthalt mit Florinus bei Polykarp berich-
ten: Er erinnert Florinus an die gemeinsame Zeit im unteren Asien, als dieser die
Gunst Polykarps zu erlangen suchte und eine glänzende Stellung am kaiserlichen
Hof genoß (h.e. V 20,5). Die Lehren, die Florinus später verbreitet, hätte Polykarp,
so beteuert Irenäus, nicht unwidersprochen gelassen. Der Grundtenor der zitierten
Passage liegt darauf, daß die Lehre des Florinus nicht mit der kirchlichen Lehre
übereinstimmt und auch Polykarp – auf den sich Florinus mit seiner Lehre offensichtlich beruft – nicht als Zeuge für diese Lehre angeführt werden kann.

Wenn man die Gewichtung der behandelten Themen betrachtet, ist deutlich,
daß die Briefauszüge nicht so sehr wegen der Person oder der Lehre des Florinus,
sondern wegen der Informationen über Irenäus und Polykarp von Euseb eingefügt sind. Nicht nur Polykarp mit seinen Gewohnheiten und Eigenarten wird von
einem Augenzeugen dargestellt, auch die Person des „alten Irenäus" mit seinen
Erinnerungen an die Begegnungen seiner Jugend kommen in den Blick. Florinus
erscheint nur als Anlaß und Adressat des Briefes.

Für die eusebianische Darstellung von Häresie bot sich der Auszug aus dem
Irenäus-Brief insbesondere deshalb an, da Irenäus – ohne die Lehre des Florinus
im Detail zu skizzieren bzw. darstellen zu müssen – ganz im Einklang mit Polykarp
und Euseb feststellt, daß 1. die Lehren denen der Kirche widersprechen und in
Gottlosigkeit stürzen[702], daß 2. die Lehren etwas Neues sind[703], daß sich 3. Florinus mit seiner häretischen Lehre nicht auf kirchliche Autoritäten wie angesehene
Presbyter (h.e. V 20,4), insbesondere nicht auf Polykarp (h.e. V 20,7), berufen
kann[704], und Polykarp letztlich die Lehre des Florinus nicht anerkannt hätte. Darüber hinausgehend wird Euseb auch die Ansicht, daß die Häretiker außerhalb der
Kirche stehen (vgl. den Synodalbrief über Paulus von Samosata, h.e. VII 30,16)
gerne aufgegriffen haben. Das Steigerungsmotiv, wonach alle vorherigen Häretiker
keine derartige Lehre aufzustellen gewagt hätten, dient Euseb zur Dramatisierung
seiner Häresiedarstellung und ermöglicht neben der Verbindung des Florinus mit
allen anderen Häresien auch die Integrierung einer geschichtlichen Dynamik in
die Darstellung.

---

701 Die Intention, mit der Euseb das Zitat einfügt, zeigt sich sehr deutlich in h.e. V 20,3.

702 Die Topik, daß die Häresie in Gottlosigkeit stürzt, hat Euseb bereits in h.e. II 1,12; h.e. IV 7,10
      und häufiger thematisiert.

703 Vgl. zur Charakteristik „Häresie als Neuerung" den Topos von der Unbeständigkeit der Häresie
      in Teil I 3.2.1 Von Euseb bevorzugt aufgenommene Inhalte und Motive sowie Teil II 2.6 Die
      Unbeständigkeit der Häresie und Teil II 2.6.2 Die Häresie als Neuerung.

704 Zur Parallele zwischen Polykarp/Florinus und Justin/Titan siehe unten Teil I 2.17 d) Die Darstel-
      lung der Häresie des Florinus bei Euseb.

Neu innerhalb der Kirchengeschichte Eusebs ist die Heranziehung der Quellengattung Brief, der zudem an einen Häretiker adressiert ist. Die Besonderheit liegt zudem darin, daß Irenäus dem häretischen Gegenüber aufgrund der gemeinsamen Zeit bei Polykarp gewogen zu sein scheint. Aufgrund der Briefform und der direkten Adressierung an den Häretiker muß offenbleiben, ob die Lehre des Florinus überhaupt zusammenhängend dargestellt war. Da sowohl Irenäus als auch Florinus die umstrittene Lehre kannten, brauchte Irenäus die falschen Lehrsätze nicht notwendigerweise aufzulisten, um sie zu widerlegen. Betrachtet man den versöhnlichvermittelnden, gar um die Person des Florinus werbenden Tonfall, der sich an der Erinnerung an die gemeinsame Schülerschaft bei Polykarp festmachen läßt, so ist es denkbar, daß Irenäus die falsche Lehre nur in Ansätzen thematisiert und immer wieder auf die gemeinsame, von Polykarp überkommene orthodoxe Lehre rekurriert hat.

b) Die Darstellung der Häresie des Florinus bei Euseb

Obwohl Florinus die Häresie nicht durch neue Impulse voranbringt und auch altbekannte Lehren offensichtlich nicht modifiziert, liegt die Besonderheit der Häresiedarstellung im Aufgreifen und neu Zusammenstellen von bereits bekannten Themen. Euseb scheint mit dieser vollkommen unoriginellen Häresie den Leser an Bekanntes erinnern zu wollen. Er spielt mit einzelnen Assoziationen und führt sie in der Person des Florinus zusammen. Obwohl der Leser keine konkrete Information zu dieser Häresie erhält, ist ihm allein aufgrund der Parallelen zu anderen Häretikern deutlich, daß Florinus ebenfalls Häretiker sein muß.

Wie Apelles oder Bardesanes wird Florinus nicht als Gründer einer eigenen Häresie eingeführt; anscheinend unterscheidet er sich noch nicht einmal von seinem Lehrer Valentin, sondern tradiert dessen Lehre ohne Modifikationen weiter. Damit fügt Euseb zum Thema Häresie keine neuen Informationen hinzu, unterläßt es aber andererseits auch, die valentinianische Häresie als in einem Auflösungsprozeß befindlich hervorzuheben.

Auch die zweite Parallele wird von Euseb nur angedeutet, ohne auf die damit verbundenen Implikationen einzugehen. Nötigte die Tatsache, daß ein Märtyrerschüler wie Tatian zu einer Häresie abfiel, Euseb wie Irenäus zu einigen Worten der Rechtfertigung über seinen Lehrer Justin, so bleibt der (beinahe) parallele Fall „Florinus" unkommentiert.[705] Für Euseb scheint die Brisanz, daß ein ehemaliger Schüler Polykarps zu den Valentinianern abgefallen ist, mit der Erklärung zu Tatian ein für allemal erledigt. Polykarp, so der Irenäus-Bericht, hätte die häretische Lehre nicht unwidersprochen gelassen, wenn Florinus sie in seiner Gegenwart geäußert

---

[705] Die Schülerschaft des Florinus bei Polykarp ist nicht explizit ausgeführt. Irenäus berichtet nur, daß Florinus von der Person Polykarps beeindruckt war und dessen Gunst zu erwerben suchte. Ob ihm das gelang, läßt Irenäus nicht erkennen.

hätte. Damit ist wiederum die Parallele zu Justin gegeben, der zu Lebzeiten keine häretische Lehre Tatians hörte.

Eine weitere Parallele zieht Euseb von Florinus/Polykarp zu Kerinth/Johannes: Mit dem Bild des davoneilenden Polykarp knüpft Euseb geschickt an die in h.e. III 28,6 durch Polykarp resp. Irenäus (adv. haer. III 3,4) berichtete Episode an, nach welcher der Apostel Johannes aufgrund der Anwesenheit Kerinths ein Badehaus fluchtartig verläßt. Auch der Bericht darüber, daß Florinus – aus welchen Gründen auch immer – sein Presbyteramt niedergelegt hat (h.e. V 15), wird mit dem Bericht über Novatus in h.e. VI 43,16, der während der Verfolgung aus Feigheit sein Amt verläßt und flieht, eine besondere häretische Konnotation bekommen.[706]

c) Die Datierung der Häresie des Florinus

Aus Eusebs Ausführungen in h.e. V 14 und 15 ist zu schließen, daß er von einer zeitlichen Parallelität im Auftreten von Montanus, Florinus und Blastus ausgeht, wobei Montanus in Phrygien, Florinus und Blastus in Rom wirkten.

Wie oben gesehen, weicht Euseb bei der zeitlichen Einordnung des Montanus von seiner üblichen Darstellungsweise ab und ordnet die Quelle des Antimontanisten in die Zeit ihrer Entstehung ein (siehe S. 263–266). Damit behandelt er die Häresie des Montanus erst in der Regierungszeit des Commodus, obwohl er im Schriftenverzeichnis des Apollinarius von Hierapolis (h.e. IV 27) ihr Entstehen bereits unter Mark Aurel „datiert".[707]

Anschließend stellt sich nun die Frage, zu welcher Zeit die beiden römischen Häretiker Florinus und Blastus aufgetreten sind – unter Commodus, dessen Regierungszeit Euseb seit h.e. V 9 darstellt, oder unter Mark Aurel, wenn man die zeitliche Parallelität von Florinus und Blastus mit Montanus in h.e. V 14–15 ernstnehmen will.

Es ist zu vermuten, daß Euseb von einem Wirken des Florinus unter Commodus ausgeht. Der Anschluß in h.e. V 21 ist nahtlos und gibt an keiner Stelle zu erkennen, daß die zuvor berichteten Ereignisse früher anzusetzen sind. Folglich treten nach Eusebs Vorstellung Florinus und Blastus unter Commodus auf; die in h.e. V 14–15 vorgenommene Verzahnung zwischen Montanus und Florinus/Blastus ist daher *nicht* zeitlich zu verstehen. Vielmehr scheint es, als ob Euseb die Vorzeitigkeit der Ereignisse um Montanus in h.e. V 20 vergessen hat und mit der Darstellung der Geschehnisse unter Commodus fortfährt.

---

[706]   Auch bei Apelles ist die Vorgehensweise beobachtet worden, daß Euseb zunächst scheinbar neutral und ohne Kommentierung eine Verhaltensweise des Häretikers benennt (in h.e. V 13 das Syneisaktentum), die erst später ihre häretische Diffamierung erfährt.

[707]   Vgl. dazu die Ausführungen unter Teil I 2.16 f) Das Problem der Datierung der Montanisten.

2.18 Blastus (h.e. V 15; 20,1)

h.e. V 15[708]

15 οἳ δ᾽ ἐπὶ Ῥώμης ἤκμαζον, ὧν ἡγεῖτο Φλωρῖνος πρεσβυτερίου τῆς ἐκκλησίας ἀποπεσών, Βλάστος τε σὺν τούτῳ, παραπλησίῳ πτώματι κατεσχημένος· οἳ καὶ πλείους τῆς ἐκκλησίας περιέλκοντες ἐπὶ τὸ σφῶν ὑπῆγον βούλημα, θάτερος ἰδίως περὶ τὴν ἀλήθειαν νεωτερίζειν πειρώμενος.

Die anderen erhoben sich in Rom. An ihrer Spitze standen Florinus, der das kirchliche Amt des Presbyters niedergelegt hatte, und neben ihm Blastus, der in gleicher Weise abgefallen war. Diese hatten noch mehrere von der Kirche abwendig gemacht und zu sich hinübergezogen. Bezüglich der Wahrheit suchte jeder eigene, neue Wege zu gehen.

[h.e. V 16–19: Darstellung des Montanismus]

h.e. V 20,1[709]

20,1 ἐξ ἐναντίας δὲ τῶν ἐπὶ Ῥώμης τὸν ὑγιῆ τῆς ἐκκλησίας θεσμὸν παραχαραττόντων, Εἰρηναῖος διαφόρους ἐπιστολὰς συντάττει, τὴν μὲν ἐπιγράψας Πρὸς Βλάστον περὶ σχίσματος, τὴν δὲ Πρὸς Φλωρῖνον περὶ μοναρχίας ἢ περὶ τοῦ μὴ εἶναι τὸν θεὸν ποιητὴν κακῶν. ταύτης γάρ τοι τῆς γνώμης οὗτος ἐδόκει προασπίζειν· δι᾽ ὃν αὖθις ὑποσυρόμενον τῇ κατὰ Οὐαλεντῖνου πλάνῃ καὶ τὸ Περὶ ὀγδοάδος συντάττεται τῷ Εἰρηναίῳ σπούδασμα, ἐν ᾧ καὶ ἐπισημαίνεται τὴν πρώτην τῶν ἀποστόλων κατειληφέναι ἑαυτὸν διαδοχήν·

Gegen die, welche in Rom die gesunde Ordnung der Kirche störten, verfaßte Irenäus verschiedene Briefe. Einen betitelte er „An Blastus über das Schisma", einen anderen „An Florinus über die Alleinherrschaft Gottes oder daß Gott nicht der Urheber von Bösem sei". Diese Meinung schien nämlich Florinus zu verfechten. Wegen dieses Mannes, der sich zum Irrtum Valentins hinüberziehen ließ, verfaßte Irenäus auch noch die Studie „Über die Achtzahl". Darin gibt er auch zu erkennen, daß er die erste nachapostolische Generation noch angetroffen habe.

Die Informationen über die Häresie des Blastus sind spärlich. Euseb nennt ihn in h.e. V 15 zusammen mit Florinus als Unruhestifter in Rom. Blastus soll wie Florinus abgefallen sein und mehrere Menschen von der Kirche abtrünnig gemacht und zu sich hinübergezogen haben. Hinsichtlich seiner Häresie sei er aber von Florinus unabhängig.

Nach dieser sehr kurzen Einleitung in h.e. V 15 erwartet der Leser in h.e. V 20 wie bei Florinus ausführlichere Informationen, die Euseb seinem Leser aber schuldig bleibt. Stattdessen nennt Euseb nur eine Schrift, die Irenäus an Blastus richtete und darin das entstandene Schisma thematisierte. Dann schwenkt Euseb den Blick zur Darstellung des Florinus, womit seine Beschäftigung mit der Häresie des Blastus endet.

Es scheint, als ob Euseb keine über den Titel der Irenäus-Schrift hinausgehenden Informationen über Blastus besaß. Aus dem Titel leitete Euseb die Informatio-

---

708　Euseb, h.e. V 15 <GCS Euseb II/1, 458,22–27>.
709　Euseb, h.e. V 20,1 <GCS Euseb II/1, 480,16–482,1>.

nen in h.e. V 15 ab: den Abfall von der Kirche, die Anhängerschaft, aber auch die Eigenständigkeit der Gruppierung[710]. Weitere Angaben über die Häresie, wie den Inhalt der neuen Lehre oder das Schisma in Rom, lagen Euseb offensichtlich nicht vor. Die Informationen, die er über Blastus in Form eines Werktitels besaß, hat er seinem Leser wortreich in h.e. V 15 präsentiert. Weitere Quellen standen Euseb offensichtlich nicht zur Verfügung.

---

[710] Aus der irenäischen Bezeichnung „Schisma" durfte Euseb deutlich sein, daß es sich bei der Gruppierung um Blastus weder um die Neugründung einer eigenständigen Häresie, welche von Irenäus stets konsequent als αἵρεσις bezeichnet wird, noch um den Anschluß an eine bereits bestehende Häresie gehandelt hat. Letzteren Sachverhalt hätte Irenäus als „Abfall zur Häresie xy" beschrieben, oder er hätte Blastus als „Schüler von xy" klassifiziert.

Euseb mußte der irenäische Begriff σχίσμα undeutlich bleiben, vielleicht da er selbst nicht zwischen σχίσμα und αἵρεσις differenzierte: Für ihn zielt die Häresie ihrem Wesen nach immer auf das Schisma in der Kirche. Andererseits war ein Schisma, das die Einheit der Kirche zu zerstören suchte, immer auch häretisch. Vgl. dazu die Anm. I 853, I 855 und II 197.

Die Häresie zur Zeit des Septimius Severus (193–211)

Euseb scheint nur eine einzige unter Septimius Severus entstandene Häresie zu kennen: die des Artemon bzw. des Theodot. Mit der Darstellung dieser Häresie schließt das fünfte Buch seiner Kirchengeschichte. Das sechste setzt mit der Darstellung des Origenes ein und kehrt erst sehr spät (h. e. VI 37) zur Häresiethematik zurück.

2.19 Artemon (h. e. V 28)

h. e. V 28,1–19[711]

28,1 Τούτων ἕν τινος σπουδάσματι κατὰ τῆς Ἀρτέμωνος αἱρέσεως πεπονημένῳ, ἣν αὖθις ὁ ἐκ Σαμοσάτων Παῦλος καθ' ἡμᾶς ἀνανεώσασθαι πεπείραται, φέρεταί τις διήγησις ταῖς ἐξεταζομέναις ἡμῖν προσήκουσα ἱστορίαις.

Einer dieser Männer verfaßte gegen die Häresie des Artemon, welche in unserer Zeit Paulus von Samosata zu erneuern suchte, eine Schrift, in der eine Erzählung überliefert wird, die für unser Thema von Bedeutung ist.

28,2 τὴν γάρ τοι δεδηλωμένην αἵρεσιν ψιλὸν ἄνθρωπον γενέσθαι τὸν σωτῆρα φάσκουσαν οὐ πρὸ πολλοῦ τε νεωτερισθεῖσαν διευθύνων, ἐπειδὴ σεμνύνειν αὐτὴν ὡς ἂν ἀρχαίαν οἱ ταύτης ἤθελον εἰσηγηταί, πολλὰ καὶ ἄλλα εἰς ἔλεγχον αὐτῶν τῆς βλασφήμου ψευδηγορίας παραθεὶς ὁ λόγος ταῦτα κατὰ λέξιν ἱστορεῖ·

Die Schrift weist nach, daß die erwähnte Häresie, welche lehrt, der Erlöser sei ein bloßer Mensch gewesen, erst vor kurzem entstanden ist, während ihre Stifter ihr ein hohes Alter nachrühmen wollten. Nachdem sie zur Widerlegung ihrer gotteslästerlichen Lüge verschiedenes andere vorgebracht, erzählt sie wörtlich:

28,3 „φασὶν γὰρ τοὺς μὲν προτέρους ἅπαντας καὶ αὐτοὺς τοὺς ἀποστόλους παρειληφέναι τε καὶ δεδιδαχέναι ταῦτα ἃ νῦν οὗτοι λέγουσιν, καὶ τετηρῆσθαι τὴν ἀλήθειαν τοῦ κηρύγματος μέχρι τῶν Βίκτορος χρόνων, ὃς ἦν τρισκαιδέκατος ἀπὸ Πέτρου ἐν Ῥώμῃ ἐπίσκοπος· ἀπὸ δὲ τοῦ διαδόχου αὐτοῦ Ζεφυρίνου παρακεχαράχθαι τὴν ἀλήθειαν.

„Sie behaupten nämlich, daß alle früheren Christen und auch die Apostel das empfangen und gelehrt haben, was sie nun lehren, und daß bis zur Zeit Viktors, der nach Petrus der 13. Bischof in Rom war, die wahre Lehre sich unverfälscht erhalten habe. Erst von dessen Nachfolger Zephyrin an sei die Wahrheit verfälscht worden.

28,4 ἦν δ' ἂν τυχὸν πιθανὸν τὸ λεγόμενον, εἰ μὴ πρῶτον μὲν ἀντέπιπτον αὐτοῖς αἱ θεῖαι γραφαί· καὶ ἀδελφῶν δέ τινων ἔστιν γράμματα, πρεσβύτερα τῶν Βίκτορος χρόνων, ἃ ἐκεῖνοι καὶ πρὸς τὰ ἔθνη ὑπὲρ τῆς ἀληθείας καὶ πρὸς τὰς τότε αἱρέσεις ἔγραψαν, λέγω δὲ Ἰουστίνου καὶ Μιλτιάδου καὶ Τατιανοῦ καὶ Κλήμεντος καὶ ἑτέρων πλειόνων, ἐν οἷς ἅπασιν θεολογεῖται ὁ Χριστός.

Diese Behauptung könnte man vielleicht noch glauben, wenn nicht schon die göttlichen Schriften ihr entgegenstünden. Es existieren aber auch noch Schriften von Brüdern, welche über die Zeit Viktors hinausreichen und die diese sowohl gegen die Heiden als auch gegen die damaligen Häresien zugunsten der Wahrheit geschrieben haben. Ich meine die Schriften von Justin, Miltiades, Tatian, Klemens und vielen anderen, worin überall die Gottheit Christi gelehrt wird.

---

[711]   Euseb, h. e. V 28,1–19 <GCS Euseb II/1, 500,2–506,19>.

28,5 τὰ γὰρ Εἰρηναίου τε καὶ Μελίτωνος καὶ τῶν λοιπῶν τίς ἀγνοεῖ βιβλία, θεὸν καὶ ἄνθρωπον καταγγέλλοντα τὸν Χριστόν, ψαλμοὶ δὲ ὅσοι καὶ ᾠδαὶ ἀδελφῶν ἀπ' ἀρχῆς ὑπὸ πιστῶν γραφεῖσαι τὸν λόγον τοῦ θεοῦ τὸν Χριστὸν ὑμνοῦσιν θεολογοῦντες;

Wer kennt nicht die Schriften des Irenäus, Melito und der übrigen, welche verkünden, daß Christus Gott und Mensch ist? Wie viele Psalmen und Lieder, die von Anfang an von gläubigen Brüdern geschrieben wurden, besingen Christus, das Wort Gottes, und verkünden seine Gottheit!

28,6 πῶς οὖν ἐκ τοσούτων ἐτῶν καταγγελλομένου τοῦ ἐκκλησιαστικοῦ φρονήματος, ἐνδέχεται τοὺς μέχρι Βίκτορος οὕτως ὡς οὗτοι λέγουσιν κεκηρυχέναι; πῶς δὲ οὐκ αἰδοῦνται ταῦτα Βίκτορος καταψεύδεσθαι, ἀκριβῶς εἰδότες ὅτι Βίκτωρ Θεόδοτον τὸν σκυτέα, τὸν ἀρχηγὸν καὶ πατέρα ταύτης τῆς ἀρνησιθέου ἀποστασίας, ἀπεκήρυξεν τῆς κοινωνίας, πρῶτον εἰπόντα ψιλὸν ἄνθρωπον τὸν Χριστόν; εἰ γὰρ Βίκτωρ κατ' αὐτοὺς οὕτως ἐφρόνει ὡς ἡ τούτων διδάσκει βλασφημία, πῶς ἂν ἀπέβαλεν Θεόδοτον τὸν τῆς αἱρέσεως ταύτης εὑρετήν;"

Da nun seit so vielen Jahren die kirchliche Meinung verkündet wurde, wie kann man da annehmen, daß man bis Viktor im Sinne der Häretiker gelehrt habe? Schämen sie sich denn nicht, solche Lügen gegen Viktor auszusagen, der doch, wie sie genau wissen, den Schuster Theodot, den Urheber und Vater dieser abtrünnigen, Gott leugnenden Bewegung, aus der Gemeinschaft ausgeschlossen hatte, weil er als erster Christus einen bloßen Menschen nannte? Hätte Viktor, wie sie vorgeben, so gedacht, wie hätte er Theodot, den Urheber dieser Häresie, exkommunizieren können?"

28,7 καὶ τὰ μὲν κατὰ τὸν Βίκτορα τοσαῦτα· τούτου δὲ ἔτεσιν δέκα προστάντος τῆς λειτουργίας, διάδοχος καθίσταται Ζεφυρῖνος ἀμφὶ τὸ ἔνατον τῆς Σευήρου βασιλείας ἔτος. προστίθησιν δὲ ὁ τὸ προειρημένον συντάξας περὶ τοῦ κατάρξαντος τῆς δηλωθείσης αἱρέσεως βιβλίον καὶ ἄλλην κατὰ Ζεφυρῖνον γενομένην πρᾶξιν, ὧδέ πως αὐτοῖς ῥήμασι γράφων
28,8 „ὑπομνήσω γοῦν πολλοὺς τῶν ἀδελφῶν πρᾶγμα ἐφ' ἡμῶν γενόμενον, ὃ νομίζω ὅτι εἰ ἐν Σοδόμοις ἐγεγόνει, τυχὸν ἂν κἀκείνους ἐνουθέτησεν. Νατάλιος ἦν τις ὁμολογητής, οὐ πάλαι, ἀλλ' ἐπὶ τῶν ἡμετέρων γενόμενος καιρῶν.
28,9 οὗτος ἠπατήθη ποτὲ ὑπὸ Ἀσκληπιοδότου καὶ ἑτέρου Θεοδότου τινὸς τραπεζίτου· ἦσαν δὲ οὗτοι ἄμφω Θεοδότου τοῦ σκυτέως μαθηταὶ τοῦ πρώτου ἐπὶ ταύτῃ τῇ φρονήσει, μᾶλλον δὲ ἀφροσύνῃ, ἀφορισθέντος τῆς κοινωνίας ὑπὸ Βίκτορος, ὡς ἔφην, τοῦ τότε ἐπισκόπου.

Soviel über Viktor. Nachdem dieser zehn Jahre regiert hatte, wurde Zephyrin etwa im zehnten Jahr der Regierung des Severus sein Nachfolger. Der Verfasser des erwähnten Buches über den Urheber der genannten Häresie gibt auch noch einen Bericht über ein Ereignis unter Zephyrin. Er schreibt wörtlich:

„Ich will nun viele meiner Brüder an ein bei uns vorgefallenes Ereignis erinnern, von welchem ich glaube, daß es, wenn es in Sodoma geschehen wäre, selbst dessen Bewohner verwarnt hätte. Es lebte, nicht vor langer Zeit, sondern in unseren Tagen ein Bekenner Natalius. Dieser hatte sich einst von Asklepiodot und einem anderen Mann namens Theodot, einem Geldwechsler, verführen lassen. Diese beiden aber waren Schüler des Schusters Theodot, welcher von Viktor, der wie gesagt, damals Bischof war, dieser Meinung oder vielmehr dieser Torheit wegen als erster von der Gemeinschaft ausgeschlossen wurde.

28,10 ἀνεπείσθη δὲ ὁ Νατάλιος ὑπ' αὐτῶν ἐπὶ σαλαρίῳ ἐπίσκοπος κληθῆναι ταύτης τῆς αἱρέσεως, ὥστε λαμβάνειν παρ' αὐτῶν μηνιαῖα δηνάρια ρν'.

Sie überredeten Natalius, daß er sich gegen Besoldung von monatlich 150 Denaren zum Bischof dieser Häresie ernennen lasse.

28,11 γενόμενος οὖν σὺν αὐτοῖς, δι' ὁραμάτων πολλάκις ἐνουθετεῖτο ὑπὸ τοῦ κυρίου· ὁ γὰρ εὔσπλαγχνος θεὸς καὶ κύριος ἡμῶν Ἰησοῦς Χριστὸς οὐκ ἐβούλετο ἔξω ἐκκλησίας γενόμενον ἀπολέσθαι μάρτυρα τῶν ἰδίων παθῶν.

28,12 ἐπεὶ δὲ ῥᾳθυμότερον τοῖς ὁράμασιν προσεῖχεν, δελεαζόμενος τῇ τε παρ' αὐτοῖς πρωτοκαθεδρίᾳ καὶ τῇ πλείστους ἀπολλυούσῃ αἰσχροκερδίᾳ, τελευταῖον ὑπὸ ἁγίων ἀγγέλων ἐμαστιγώθη δι' ὅλης τῆς νυκτὸς οὐ μικρῶς αἰκισθείς, ὥστε ἔωθεν ἀναστῆναι καὶ ἐνδυσάμενον σάκκον καὶ σποδὸν καταπασάμενον μετὰ πολλῆς σπουδῆς καὶ δακρύων προσπεσεῖν Ζεφυρίνῳ τῷ ἐπισκόπῳ, κυλιόμενον ὑπὸ τοὺς πόδας οὐ μόνον τῶν ἐν κλήρῳ, ἀλλὰ καὶ τῶν λαϊκῶν, συγχέαι τε τοῖς δάκρυσιν τὴν εὔσπλαγχνον ἐκκλησίαν τοῦ ἐλεήμονος Χριστοῦ πολλῇ τε τῇ δεήσει χρησάμενον δείξαντά τε τοὺς μώλωπας ὧν εἰλήφει πληγῶν μόλις κοινωνηθῆναι".

28,13 τούτοις ἐπισυνάψομεν καὶ ἄλλας περὶ τῶν αὐτῶν τοῦ αὐτοῦ συγγραφέως φωνάς, τοῦτον ἐχούσας τὸν τρόπον „γραφὰς μὲν θείας ἀφόβως ῥεραδιουργήκασιν, πίστεώς τε ἀρχαίας κανόνα ἠθετήκασιν, Χριστὸν δὲ ἠγνοήκασιν, οὐ τί αἱ θεῖαι λέγουσιν γραφαί, ζητοῦντες, ἀλλ' ὁποῖον σχῆμα συλλογισμοῦ εἰς τὴν τῆς ἀθεότητος σύστασιν εὑρεθῇ, φιλοπόνως ἀσκοῦντες. κἂν αὐτοῖς προτείνῃ τις ῥητὸν γραφῆς θεϊκῆς, ἐξετάζουσιν πότερον συνημμένον ἢ διεζευγμένον δύναται ποιῆσαι σχῆμα συλλογισμοῦ·

28,14 καταλιπόντες δὲ τὰς ἁγίας τοῦ θεοῦ γραφάς, γεωμετρίαν ἐπιτηδεύουσιν, ὡς ἂν ἐκ τῆς γῆς ὄντες καὶ ἐκ τῆς γῆς λαλοῦντες καὶ τὸν ἄνωθεν ἐρχόμενον ἀγνοοῦντες. Εὐκλείδης γοῦν παρά τισιν αὐτῶν φιλοπόνως γεωμετρεῖται, Ἀριστοτέλης δὲ καὶ Θεόφραστος θαυμάζονται· Γαληνὸς γὰρ ἴσως ὑπό τινων καὶ προσκυνεῖται.

28,15 οἱ δὲ ταῖς τῶν ἀπίστων τέχναις εἰς τὴν τῆς αἱρέσεως αὐτῶν γνώμην ἀποχρώμενοι καὶ τῇ τῶν ἀθέων πανουργίᾳ τὴν ἁπλῆν τῶν θείων γραφῶν πίστιν καπηλεύοντες, ὅτι μηδὲ

Nachdem er sich so ihnen angeschlossen hatte, wurde er wiederholt vom Herrn durch Visionen gewarnt. Denn unser gütiger Gott und Herr Jesus Christus wollte nicht, daß ein Zeuge seiner eigenen Leiden außerhalb der Kirche lebe und zugrunde gehe.

Da Natalius, durch die Würde des Vorsitzenden und durch die die meisten verderbende Gewinnsucht berückt, jene Visionen wenig beachtete, wurde er schließlich von heiligen Engeln die ganze Nacht hindurch gegeißelt und heftig gepeinigt, so daß er sich, als er am Morgen aufgestanden war, mit einem Sacke bekleidet und mit Asche bestreut, eiligst unter Tränen dem Bischof Zephyrin zu Füßen warf. Nicht nur vor dem Klerus, sondern auch vor den Laien fiel er nieder und erweichte durch seine Tränen die gütige Kirche des barmherzigen Christus. Nach vielen Bitten und nach Vorzeigung der Striemen, welche ihm die Geißelung verursacht hatte, wurde er schließlich wieder in die Gemeinschaft aufgenommen.“

Diesen Worten wollen wir noch andere Bemerkungen des gleichen Schriftstellers über dieselben Häretiker beifügen. Sie lauten: *„Sie haben die göttlichen Schriften ohne Scheu verfälscht, die Richtschnur des alten Glaubens aufgehoben und Christus verleugnet. Sie fragen nicht, was die heiligen Schriften sagen, sondern mühen sich eifrig ab, logische Schlüsse zu finden, um ihre Gottlosigkeit zu begründen. Wenn ihnen jemand ein Wort der göttlichen Schrift vorhält, dann forschen sie darüber, ob dasselbe gestatte, den konjunktiven oder den disjunktiven Schluß anzuwenden.*

Unter Verachtung der heiligen Schriften Gottes beschäftigen sie sich mit Geometrie; denn sie sind Erdenmenschen, sie reden irdisch und kennen den nicht, der von oben kommt. Eifrig studieren einige von ihnen die Geometrie Euklids. Sie bewundern Aristoteles und Theophrast. Galen gar wird von einigen vielleicht angebetet.

Soll ich es noch eigens vermerken, daß die, welche die Wissenschaften der Ungläubigen brauchen, um ihre Häresie zu beweisen, und den Glauben der göttlichen Schriften mit der

ἐγγὺς πίστεως ὑπάρχουσιν, τί δεῖ καὶ λέγειν; διὰ τοῦτο ταῖς θείαις γραφαῖς ἀφόβως ἐπέβαλον τὰς χεῖρας, λέγοντες αὐτὰς διωρθωκέναι.

28,16 καὶ ὅτι τοῦτο μὴ καταψευδόμενος αὐτῶν λέγω, ὁ βουλόμενος δύναται μαθεῖν. εἰ γάρ τις θελήσει συγκομίσας αὐτῶν ἑκάστου τὰ ἀντίγραφα ἐξετάζειν πρὸς ἄλληλα, κατὰ πολὺ ἂν εὕροι διαφωνοῦντα, ἀσύμφωνα γοῦν ἔσται τὰ Ἀσκληπιάδου τοῖς Θεοδότου,

28,17 πολλῶν δὲ ἔστιν εὐπορῆσαι διὰ τὸ φιλοτίμως ἐκγεγράφθαι τοὺς μαθητὰς αὐτῶν τὰ ὑφ᾽ ἑκάστου αὐτῶν, ὡς αὐτοὶ καλοῦσιν, κατωρθωμένα, τοῦτ᾽ ἐστὶν ἠφανισμένα· πάλιν δὲ τούτοις τὰ Ἑρμοφίλου οὐ συνάδει. τὰ γὰρ Ἀπολλωνιάδου οὐδὲ αὐτὰ ἑαυτοῖς ἐστιν σύμφωνα· ἔνεστιν γὰρ συγκρῖναι τὰ πρότερον ὑπ᾽ αὐτῶν κατασκευασθέντα τοῖς ὕστερον πάλιν ἐπιδιαστραφεῖσιν καὶ εὑρεῖν κατὰ πολὺ ἀπάδοντα.

28,18 ὅσης δὲ τόλμης ἐστὶ τοῦτο τὸ ἁμάρτημα, εἰκὸς μηδὲ ἐκείνους ἀγνοεῖν. ἢ γὰρ οὐ πιστεύουσιν ἁγίῳ πνεύματι λελέχθαι τὰς θείας γραφάς, καί εἰσιν ἄπιστοι· ἢ ἑαυτοὺς ἡγοῦνται σοφωτέρους τοῦ ἁγίου πνεύματος ὑπάρχειν, καὶ τί ἕτερον ἢ δαιμονῶσιν; οὐδὲ γὰρ ἀρνήσασθαι δύνανται ἑαυτῶν εἶναι τὸ τόλμημα, ὁπόταν καὶ τῇ αὐτῶν χειρὶ ᾖ γεγραμμένα, καὶ παρ᾽ ὧν κατηχήθησαν, μὴ τοιαύτας παρέλαβον τὰς γραφάς, καὶ δεῖξαι ἀντίγραφα ὅθεν αὐτὰ μετεγράψαντο, μὴ ἔχωσιν.

28,19 ἔνιοι δ᾽ αὐτῶν οὐδὲ παραχαράσσειν ἠξίωσαν αὐτάς, ἀλλ᾽ ἁπλῶς ἀρνησάμενοι τόν τε νόμον καὶ τοὺς προφήτας, ἀνόμου καὶ ἀθέου διδασκαλίας προφάσει χάριτος εἰς ἔσχατον ἀπωλείας ὄλεθρον κατωλίσθησαν". καὶ ταῦτα μὲν τοῦτον ἱστορήσθω τὸν τρόπον.

Schlauheit der Gottlosen fälschen, mit dem Glauben nichts zu tun haben? Und so legen sie an die göttlichen Schriften keck ihre Hände und geben vor, sie hätten dieselben verbessert. Daß ich hiermit nicht falsch über sie berichte, davon kann sich jeder, der will, überzeugen. Wenn nämlich jemand die Abschriften eines jeden von ihnen sammeln und miteinander vergleichen wollte, würde er finden, daß sie vielfach nicht übereinstimmen. So stehen die Abschriften des Asklepiades nicht im Einklang mit denen des Theodot. Zahlreich sind die Beispiele, die sich aufweisen lassen; denn ihre Schüler haben sich mit großem Fleiß das aufgeschrieben, was jeder von ihnen, wie sie selbst sagen, verbessert, in der Tat aber verfälscht hatte. Mit diesen Abschriften stimmen wiederum nicht überein die des Hermophilus. Ja die Abschriften Apolloniades stimmen nicht einmal unter sich selbst überein. Man muß nur die früher hergestellten mit denen vergleichen, welche sie später verdreht haben, und man wird finden, daß sie stark voneinander abweichen. Wie vermessen ein solches Vergehen ist, müssen sie wohl auch selbst erkennen. Entweder glauben sie nicht, daß die göttlichen Schriften vom Heiligen Geist diktiert sind, entweder sind sie also ungläubig, oder sie halten sich selbst für weiser als den Heiligen Geist. Und was bedeutet dies anderes denn Besessenheit? Sie können nämlich nicht leugnen, daß diese Verwegenheit ihre eigene Tat ist, da ja die Abschriften von ihrer Hand gefertigt sind. Von ihren (christlichen) Lehrern haben sie solche Schriften nicht erhalten, und sie könnten keine Abschriften vorweisen, die die Vorlage für ihre Texte bildeten. Einige von ihnen haben sich nicht einmal bemüht, die Schriften zu fälschen, sondern haben kurzweg das Gesetz und die Propheten geleugnet und sind unter dem Vorwand, für die Gnade einzutreten, durch ihre gesetzlose und gottlose Lehre in die tiefsten Abgrund des Verderbens gestürzt." Soviel hierüber.

a) Die Häresie des Artemon oder die Häresie des Theodot?

Euseb fügt gleich zu Anfang seiner Darstellung der Zeit des Septimius Severus, die mit h.e. V 27 beginnt, die Häresie des Artemon ein. Auffällig ist jedoch, daß der Name Artemon in der zitierten Quelle selbst nicht begegnet, sondern ein Schuster Theodot als „Urheber und Vater dieser abtrünnigen, Gott leugnenden Bewegung" genannt wird (h.e. V 28,6). Sowohl die Bezeichnung „Häresie des Artemon" als auch den Hinweis auf Paulus von Samosata, der die Häresie in den Tagen Eusebs zu erneuern suchte (h.e. V 28,1), stammen von Euseb selbst.

Der Grund dafür, den Namen Artemon in die einleitende Passage in h.e. V 28,1 zu übernehmen, wird darin liegen, daß Euseb im Brief der Synode, die von der Absetzung des Paulus von Samosata berichtet, zwei Hinweise auf Artemas fand: Zum einen prahlt Paulus mit der „schmutzigen Häresie des Artemas" (h.e. VII 30,16), und zum anderen soll Paulus „an Artemas schreiben, damit diejenigen, die wie Artemas denken, mit ihm Gemeinschaft halten mögen" (h.e. VII 30,17). Die Abwandlung von „Artemas" (Synodalschreiben) in „Artemon" scheint dabei eusebianischer Eigenart zu entspringen, da Euseb bereits in der *Chronik* Paulus von Samosata den Erneuerer der Häresie des Artemon nennt.[712] Die Identität der Häresie des Artemas (h.e. VII 30) mit der Häresie des Artemon (h.e. V 28) ist damit deutlich. Die sprachliche Umbenennung in Artemon ist damit weder ein Versehen noch ein Schreib- oder Lesefehler[713], sondern bewußt gegen die Terminologie des Synodalschreibens formuliert.

Weitere Informationen über die Person des Artemon besaß Euseb nicht.[714] Er kannte Artemon/Artemas nur aus dem Brief der Synode als Vorläufer des Paulus

---

[712] Euseb, *Chronik* zum 13. Jahr des Gallienus und des Valerian (= 267) <GCS Euseb VII/1, 221,14–17: Paulus Samosatenus a cunctorum praedicatione desciscens Artemonis haeresin suscitauit. in cuius locum Antiochenae ecclesiae XVI ordinatur episcopus Domnus.> In der *Chronik* nennt Euseb die Häresie des Schusters Theodot nicht.
    In Eusebs Spätschrift, de eccl. theol. I 20,43 (nach Altaner/Stuiber, Patrologie, 223: 336 und später), korrigiert Euseb offensichtlich seine frühere Aussage und zieht eine andere Verbindungslinie: dort erneuert Paulus von Samosata die Häresie der Ebionäer; Artemon wird mit keinem Wort genannt. Vgl. das griechische Zitat in Anm. I 301.

[713] Gegen einen Schreib- oder Lesefehler spricht die Terminologie der *Chronik*, der *Eclogae propheticae* (ecl. proph. III 19 <PG 22, 1144B> und ecl. proph. IV 22 <PG 22, 1229D>) sowie die Begrifflichkeit in der Einleitung in das fünfte Buch der h.e. Vgl. dazu auch Grant, Eusebius as Church Historian, 92.

[714] Die Person Artemons, insbesondere die Zeit seiner Wirksamkeit, wird in der Forschung ganz unterschiedlich bewertet: Harnack ging in seiner Dogmengeschichte, 157, zunächst von einem Auftreten Artemons „einige Dezennien später" als die Theodotianer, welche er seit ca. 185 in Rom wirkend einordnet. In der Altchristlichen Litteratur II/2, 202, datiert Harnack Artemons Auftreten später in die Jahre 225–230. Bardy, Paul de Samosate, 238 Anm. 1, folgt Harnack zunächst und ordnet die Aktivitäten Artemons in die Jahre 225–230 ein, schließt aber ein noch späteres Auftreten in den Jahren 235–240 nicht aus. Später ändert Bardy, SC 41, 74 Anm. 1, seine zeitliche Einschätzung und geht davon aus, daß Artemon noch am Leben ist, als die Bischöfe im Jahre 268 Paulus von Samosata verurteilen. Hamel, Artemon, 636, geht vom Tod des Artemas um

und besaß die Quelle in h.e. V 28, die sich gegen zwei Theodote richtet. Euseb scheint die Ähnlichkeit zwischen der Lehre des Theodot und der des Paulus erkannt zu haben; er verknüpft beide Quellen (h.e. V 28 und h.e. VII 30) und beide Häresien (Theodot und Paulus von Samosata) durch die ihm ansonsten nicht weiter bekannte Person Artemon, wie es ihm durch das Synodalschreiben und (möglicherweise) die Apologie für Origenes nahegelegt war.[715] Mit der Verknüpfung der Personen Theodot – Artemon – Paulus von Samosata führt Euseb das durch Irenäus bekannte Schema der häretischen Sukzession weiter.[716]

Gegen die Annahme, daß bereits die anonyme Schrift in h.e. V 28 die Verbindung Theodot – Artemon überliefert und Euseb diese nur übernommen hat, spricht die Tatsache, daß er – so er den Namen Artemon vorgefunden hätte – die betreffende Textpassage mit einiger Sicherheit zitiert oder referiert hätte. Euseb unterläßt es aber gerade, die für ihn wichtige Information zur häretischen Sukzession mit einer Quelle abzusichern.[717]

b) Die Verfasserfrage

Bevor die inhaltlichen Informationen über die Häresie des Schusters Theodot analysiert werden können, soll die mit den anonymen Quellenzitaten gegebene Verfasserproblematik näher betrachtet werden.

---

270 in Rom aus. Loofs, Leitfaden, 143, wiederum datiert Artemons Tod erst nach 270. Barnes, Constantine and Eusebius, 134–135, sieht Artemon zur Zeit der Verurteilung des Artemas als noch lebend an, lokalisiert seine Aktivitäten jedoch nicht in Rom, sondern im Osten. Decker, Monarchianer, 56, konstatiert, daß präzise Angaben über Zeit oder Ort der Wirksamkeit Artemons nicht zu gewinnen sind.

715   Die Ansicht, daß Christus *purum hominem* war, nennt bereits der Antiorigenist in Pamphilus, *Apologie für Origenes* (um 308/309, vgl. Anm. I 138), als Lehrmeinung des Artemas und des Paulus von Samosata <SC 464, 154,6–156,2>. Bei der Annahme einer Sieben-Bücher-Erstausgabe (zwischen 297 und 303, vgl. Anm. I 10) hätte Euseb kurze Zeit später in der *Apologie für Origenes* die inhaltliche Übereinstimmung zwischen Artemas/Paulus näher bestimmt. Bei der Acht-Bücher-Erstausgabe der h.e. (um 311–313, vgl. Anm. I 10) konnte Euseb beim Ausziehen dieser Entwicklungslinie auf die Informationen der gemeinsam mit Pamphilus verfaßten Schrift zurückgreifen.

716   Eine ähnliche Sukzession liegt wohl in den kurz nach der h.e.-Erstausgabe entstandenen *Eclogae propheticae* vor. Dort nennt Euseb als Leugner der Gottheit Christi die Ebionäer, die Anhänger des Artemon und diejenigen des Paulus von Samosata. Diese Reihung von Häretikern legt nahe, daß Euseb in den *Eclogae propheticae* IV 22 wie in der h.e. die Theodotianer unter die Anhänger des Artemon subsumiert und in eine *successio haereticorum* stellt: Καὶ ταῦτα μὲν ὡς πρὸς τὴν τοῦ Χριστοῦ σαφήνειαν· ἁρμόζοι δ᾽ ἂν παρατιθέναι τὴν περικοπὴν οὐ μόνον τοῖς ἐκ περιτομῆς, ἀλλὰ καὶ τοῖς ψιλὸν ἄνθρωπον ὑπειληφόσι γεγονέναι τὸν Σωτῆρα, Ἐβιωναίοις, ἢ τοῖς κατὰ Ἀρτέμωνα, καὶ τὸν Σαμωσατέα Παῦλον <PG 22, 1229D>.

717   Decker, Monarchianer, 55, geht davon aus, daß der Abschnitt über Artemon „weggebrochen ist", läßt aber offen, wann dies geschah. Vgl. auch Schöne, Einbruch, 252 und Löhr, Theodotus, 101.

Euseb zitiert in h.e. V 28 mit einiger Sicherheit *eine* ihm anonym vorliegende Quelle.[718] Es scheint, als ob er – im Gegensatz zu h.e. V 16,1–2[719] – keine Vermutung hat, wer der Verfasser sein könnte. Er nennt in h.e. V 27, nachdem er die Schriftsteller unter Septimius Severus aufgelistet hat[720], auch „Schriften von unzähligen anderen, von denen wir, da uns jeder Anhaltspunkt fehlt, weder die Zeit festzulegen noch eine geschichtliche Erinnerung zu bieten vermögen. Und weiter sind von sehr vielen, von denen wir auch die Namen nicht kennen, Schriften auf uns gekommen. Es sind rechtgläubige, kirchlich gesinnte Männer, wie eines jeden Auslegung der göttlichen Schriften bekundet, aber wir kennen sie nicht, da die Schriften die Namen der Verfasser nicht anführen".[721]

Damit hat Euseb sein Problem mit dem folgenden anonymen Werk gegen die Häresie des Theodot auf den Punkt gebracht: Mit dem Namen des Verfassers fehlt Euseb der historische Haftpunkt zur chronologischen Einordnung sowohl der Quelle als auch der Häresie. Da Euseb offensichtlich keine weiteren Schriften zu besagter Häresie besaß, deren Verfasser ihm bekannt gewesen wären, mußte er notgedrungen eine anonyme und zeitlich nicht verortbare Quelle einfügen, wie er seinem Leser wortreich in h.e. V 27 zu verstehen gibt.

Aus der Schrift selbst konnte Euseb mehrere Informationen entnehmen, welche für die Frage nach der Verfasserschaft und der Datierung von Bedeutung waren. Der anonyme Verfasser berichtet, daß sich die Häretiker auf Viktor (189–198) berufen und seinen Nachfolger Zephyrin (198–217) der Verfälschung der Wahrheit bezichtigen. Die Datierung der Quelle hängt nun an der Frage, ob sie den Vorwurf der Wahrheitsverfälschung bereits zu Lebzeiten Zephyrins erhoben haben können oder ob nicht bereits sein Tod vorausgesetzt werden muß.

Diese Leerstelle im eusebianischen Text im Hinblick auf Zeit und Verfasser suchten frühere Schriftsteller und heutige Forscher zu füllen. Theodoret, haer. fab. II 5, nennt das Buch, aus dem Euseb zitiert haben soll, das „Kleine Labyrinth",[722]

---

718 Auch wenn die Formulierung in h.e. V 28,13 die Möglichkeit einer zweiten Quelle desselben Autors nicht definitiv ausschließt, wird man doch von nur *einer* Euseb vorliegenden Quelle ausgehen können. Denn hätte Euseb zwei unterschiedliche anonyme Schriften in einem Kodex vorliegen gehabt, wäre er mit einiger Sicherheit nicht von demselben Verfasser beider Schriften ausgegangen, wie er es aber in h.e. V 28,13 tut.

719 Euseb gibt in h.e. V 16,1–2 zu erkennen, daß er sich hinsichtlich der Verfasserschaft der antimontanistischen Schrift zwar unsicher ist, aber Apollinarius von Hierapolis als Autoren vermutet. Vgl. dazu oben S. 247.

720 Euseb nennt namentlich Heraklit, Maximus, Kandidus, Apion, Sextus und Arabianus.

721 Euseb, h.e. V 27 <GCS Euseb II/1, 498,27–500,1: καὶ ἄλλων δὲ πλείστων, ὧν οὐδὲ τὰς προσηγορίας καταλέγειν ἡμῖν δυνατόν, ἦλθον εἰς ἡμᾶς λόγοι, ὀρθοδόξων μὲν καὶ ἐκκλησιαστικῶν, ὥς γε δὴ ἡ ἑκάστου παραδείκνυσιν τῆς θείας γραφῆς ἑρμηνεία, ἀδήλων δ' ὅμως ἡμῖν, ὅτι μὴ τὴν προσηγορίαν ἐπάγεται τῶν συγγραψαμένων. >.

722 Fitzgerald, Little Labyrinth, 125–126, geht aufgrund der Parallelen zwischen h.e. V 28 und haer. fab. comp. II 4–5 davon aus, daß Euseb und Theodoret die gleiche Schrift ihren Ausführungen zugrunde gelegt haben. Obwohl Fitzgerald einräumen muß, daß Theodoret haer. fab. comp. II 5 weniger ein direktes Zitat aus der Schrift als eine Zusammenfassung der eusebianischen Ausführungen darstellt, sieht er in Theodorets Informationen über Artemon (haer. fab. comp. II 4) und

von dem er zusätzlich berichtet, daß es von einigen fälschlicherweise dem Origenes zugeschrieben werde.[723]

Eine weitere Spur verfolgt Photius, *Bibliotheca* 48, der die von Euseb zitierten Passagen als aus dem „Labyrinth" stammend beschreibt, welches er aber einem römischen Presbyter namens Gaius oder Caius zuschreibt, der unter Viktor und Zephyrin wirkte. Auch er weiß, daß diese Quelle fälschlich den Origenes-Schriften zugeschrieben wurde. Zudem nennt er noch ein weiteres Werk des Gaius, das ausschließlich gegen die Häresie des Artemon gerichtet gewesen sein soll.[724]

Läßt man zunächst die Verfasserschaft beiseite, so ist deutlich, daß die beiden Schriften „Labyrinth" (nach Photius) und „kleines Labyrinth" (nach Theodoret) aufgrund der Nomenklatur und der fälschlichen Zuschreibung an Origenes identisch sein müssen.

Wenn Origenes nach Ansicht von Theodoret und Photius als Verfasser nicht in Frage kommt, so hat man ausgehend von Stil, Sprache und Inhalt[725] sowie dem Titel „Labyrinth" Hippolyt als Verfasser der Zitat in h.e. V 28 ausmachen wollen.[726] Dieser rühmt sich in ref. X 5, „das Labyrinth der Häresien nicht mit Gewalt durchbrochen, sondern durch Widerlegung und durch die Kraft der Wahrheit aufgelöst

---

der Nennung des Titels *Das Kleine Labyrinth* (haer. fab. comp. II 5), welche aus Euseb nicht herausgelesen werden können, die Bestätigung dafür, daß Theodoret die Schrift vorliegen hatte. Daraus folgert er wiederum, daß die Euseb vorliegende Schrift den Titel *Das kleine Labyrinth* trug.

[723] Theodoret, haer. fab. II 5 <PG 83, 391 AB: contra istorium haeresin conscriptus est parvus Labyrinthus; 392AB: Κατὰ τῆς τούτων αἱρέσεως ὁ σμικρὸς συνεγράφη Λαβύρινθος>. Zur möglichen Verfasserschaft des Origenes vgl. Theodoret, haer. fab. II 5 <PG 83, 392B>.

[724] Photius, bibl. 48 <Henry, 34,40–35,9; 35,11–35,16: Εὗρον δὲ ἐν παραγραφαῖς ὅτι οὐκ ἔστιν ὁ λόγος Ἰωσήπου, ἀλλὰ Γαίου τινὸς πρεσβυτέρου ἐν Ῥώμῃ διατρίβοντος, ὅν φασι συντάξαι καὶ τὸν λαβύρινθον. οὗ καὶ διάλογος φέρεται πρὸς Πρόκλον τινὰ ὑπέρμαχον τῆς τῶν Μοντανιστῶν αἱρέσεως. Ἀνεπιγράφου δὲ καταλειφθέντος τοῦ λόγου φασὶ τοὺς μὲν Ἰωσήπου ἐπιγράψαι τοὺς δὲ Ἰουστίνου τοῦ μάρτυρος, ἄλλους δὲ Εἰρηναίου, ὥσπερ καὶ τὸν λαβύρινθόν τινες ἐπέγραψαν Ὠριγένους. Ἐπεὶ Γαΐου ἐστὶ πόνημα τῇ ἀληθείᾳ τοῦ συντεταχότος τὸν λαβύρινθον, ὡς καὶ αὐτὸς ἐν τῷ τέλει τοῦ λαβυρίνθου διεμαρτύρατο ἑαυτοῦ εἶναι τὸν περὶ τῆς τοῦ παντὸς οὐσίας λόγον […] Τοῦτον τὸν Γάιον πρεσβύτερόν φασι γεγενῆσθαι τῆς κατὰ Ῥώμην ἐκκλησίας ἐπὶ Οὐΐκτορος καὶ Ζεφυρίνου τῶν ἀρχιερέων, χειροτονηθῆναι δὲ αὐτὸν καὶ ἐθνῶν ἐπίσκοπον. Συντάξαι δὲ καὶ ἕτερον λόγον ἰδίως κατὰ τῆς Ἀρτέμωνος αἱρέσεως, καὶ κατὰ Πρόκλου δὲ σπουδαστοῦ Μοντανοῦ σπουδαίαν διάλεξιν συντετάχεναι.> Vgl. auch Hilgenfeld, Ketzergeschichte, 612–613; Fitzgerald, Little Labyrinth, 127–128.

[725] Connolly, Eusebius H.E. v. 28, 74–75, macht die sprachlichen und stilistischen Übereinstimmungen an den in h.e. V 28 vorkommenden Wörtern ἀναπίπτειν τινι, πιθανός, θεολογεῖν, καταψεύδεσθαι τινος, ἀρχηγός, κοινωνία, μηνιαῖος, σύστασις und τόλμημα und den Philosophumena fest und zieht weitere Parallelen zu den übrigen Hippolyt-Schriften; Belege siehe dort.

[726] Connolly, Eusebius H.E. v. 28, 74 unterstreicht die Verfasserschaft Hippolyts mit dem Argument, daß „the author was a Roman writer whose memory reached back to the pontificates of Victor and Zephyrinius (roughly A.D. 189–218) [...]. He shows himself well acquainted with the heresies which emerged at Rome about the end of the second century, and accuses their authors of plagiarizing the heathen philosophers or scientists – the staple argument of Hippolytus throughout the Philosophumena. [...] Finally, the style and language are, to me, strongly reminiscent of Hippolytus".

zu haben".[727] Jedoch ist der Titel Labyrinth für die Hippolytschrift nicht bezeugt – weder für die gesamte Schrift, die κατὰ πασῶν αἱρέσεων ἔλεγχος heißt, noch für die Zusammenfassung in ref. X 8–29, die als ἐπιτομὴ πασῶν τῶν αἱρέσεων bezeichnet wird.

Will man dennoch an der These der Verfasserschaft Hippolyts festhalten, so spräche dafür, daß er in seiner *Refutatio* Theodot von Byzanz und Theodot den Geldwechsler nennt und sich auch sehr gut in den römischen Verhältnissen zur Zeit Viktors und Zephyrins auskennt.

Die Tatsache, daß Theodot in ref. VII 35 nicht mit dem Epitheton „Schuster" bezeichnet wird, muß zunächst nicht gegen die Verfasserschaft sprechen. Die in der *Refutatio* vorliegenden, über die h.e. hinausgehenden Informationen über Theodot (den Schuster) könnte Euseb zudem gekürzt haben.[728] Schwerwiegender ist aber die Tatsache, daß die h.e. Informationen bietet, die Hippolyt, sofern sie ihm bekannt gewesen wären, in seiner *Refutatio* bestimmt nicht verschwiegen hätte. Dieser versucht in seiner *Refutatio* den Beweis führen, daß alle Häresien von der Philosophie ausgehen. Hätte er Informationen wie die in h.e. V 28,13–19 über den Gebrauch der Wissenschaften der Ungläubigen besessen, hätte er sie mit Sicherheit einfließen lassen.[729]

Die genannten Überlegungen sprechen gegen die Verfasserschaft Hippolyts[730], so daß die Verfasserfrage weiterhin offen bleiben muß.[731]

Aus den Zitaten in h.e. V 28 läßt sich herauslesen, daß der anonyme Verfasser sehr gut über die Begebenheiten in Rom zur Zeit Viktors und Zephyrins unterrichtet war. Daher wird man mit einiger Sicherheit von Rom als Abfassungsort ausgehen können.[732]

---

[727] Hippolyt, ref. X 5,1 <PTS 25, 380,1–3: Τὸν λαβύρινθον τῶν αἱρέσεων οὐ βί(ᾳ) διαρρήξαντες, ἀλλὰ μόνῳ ἐλέγχῳ ‹καὶ› ἀληθείας δυνάμει διαλύσαντες, πρόσιμεν ἐπὶ τὴν τῆς ἀληθείας ἀπόδειξιν.>.

[728] Als Beispiel seien die in ref. VII 36 angeführten Melchisedek-Information über den Geldwechsler Theodot genannt, welche in der bei Euseb zitierten Passage nicht begegnen. Zu den Argumenten, welche für die Verfasserschaft Hippolyts sprechen könnten, vgl. Connolly, Eusebius' H. e. V 28, 74.

[729] Fitzgerald, Little Labyrinth, 134–136, führt darüber hinausgehend an, daß das Porträt Zephyrins in den h.e.-Zitaten nicht mit dem übereinstimmt, was Hippolyt in seiner *Refutatio* von Zephyrin zeichnet: In h.e. V 28,8–12 sei Zephyrin der mitfühlende Bischof, welcher Natalius wieder in die Gemeinschaft aufnimmt; Hippolyt hingegen charakterisiert ihn in ref. IX 7,1 als ἄνδρος ἰδιώτου καὶ αἰσχροκερδοῦς <PTS 25, 342,6–7>, als theologisch naiv und als ein dummes Werkzeug in der Hand des Kallists.

[730] Ebenso Grant, Eusebius as Church Historian, 91f.

[731] Schöne, Einbruch, 252, vermutet einen unbekannten Verfasser aus der Zeit Anfang bis Mitte des 3. Jhs. Auch Fitzgerald, Little Labyrinth, 136, geht von einem anonymen Verfasser aus.

[732] Diese Beobachtung von einer Vertrautheit mit den Begebenheiten der Stadt Rom war bereits für Photius, bibl. 48, der Anlaß, im römischen Presbyter Gaius, der unter Viktor und Zephyrin lebte, den Verfasser zu erkennen. Barnes, Constantine and Eusebius, 133–135, folgt ihm darin.

c) Die Datierung der Häresie des Theodot

Mit der Frage nach der Verfasserschaft hängt die Frage nach der Datierung der Quelle auf das Engste zusammen. Euseb gibt in h.e. V 27 zu erkennen, daß er keine Vermutung hinsichtlich der zeitlichen Einrodnung besitzt. Jedoch weiß er aus der Schrift selbst, daß sie nicht schon zu Lebzeiten Viktors, sondern frühestens unter Zephyrin entstand, da sie auch auf dessen Zeit eingeht (h.e. V 28,8–12; h.e. V 28,13–19).

Aus der Zitierweise Eusebs wird man auch noch eine weitere Information für die Datierung der Quelle gewinnen können. Er nutzt das erste Zitat (h.e. V 28,3–6), um über Ereignisse unter Viktor zu berichten, insbesondere die Exkommunikation des Schusters Theodot. Da Euseb diese Quelle aber *nach* dem kaiserlichen Regierungswechsel (h.e. V 27) einfügt, kann man schließen, daß sie über die Wirksamkeit Viktors unter Septimius Severus in den Jahren 193–203[733] Auskunft gegeben hat, auch wenn dies die Zitate Eusebs nicht mehr explizit erkennen lassen. Demnach ist die Exkommunikation des Theodot zeitlich in die ersten Jahre der Regierungszeit des Septimius Severus einzuordnen.[734]

Für eine Entstehung der Quelle unter dem Pontifikat Zephyrins spricht die von Euseb zitierte Einleitung der Natalius-Episode, in welcher der Verfasser auf die Gleichzeitigkeit von Schriftabfassung und gescheiterter Kirchengründung unter Natalius abzielt.[735] Die Formulierung parallelisiert die Lebenszeit des Natalius mit der des Verfassers.[736] Da Zephyrin 18 Jahre im Amt war, könnte die Niederschrift der vorliegenden Quelle sowohl zu Lebzeiten als auch nach dem Tod Zephyrins, jedoch noch zu Lebzeiten des Natalius erfolgt sein.

Für die Abfassung der Schrift *nach* dem Tod Zephyrins spricht die Beobachtung, daß die beschriebenen Häretiker von einer Verfälschung der Lehre unter seinem Episkopat sprechen. Einen derartigen Vorwurf äußert man schwerlich noch zu Lebzeiten der betreffenden Person. Zudem hätte sich Zephyrin gegen diesen

---

[733]   Über die Wirksamkeit des römischen Bischofs Viktor unter Commodus hatte Euseb bereits zuvor berichtet. Er weiß, daß Viktor im 10. Jahr der Regierung des Commodus sein Bischofsamt antrat und den sog. Osterfeststreit „anzettelte" (h.e. V 22–24.25). Nachdem Euseb die Schriften des Irenäus in h.e. V 26 nachgetragen hatte, konnte er in h.e. V 27 zur Regierung des Septimius Severus übergehen. Viktor war weiterhin im Amt, so daß die nach dem Regierungswechsel berichteten Ereignisse unter dem Pontifikat Viktors in die Zeit zwischen dem Regierungsantritt des Septimius Severus (193) und dem Ende seines Pontifikats im zehnten Jahre des Septimius Severus (nach h.e. V 28,7: 203) stattgefunden haben müssen.

[734]   So auch Harnack, Dogmengeschichte, 156–157: Der Schuster Theodot kam aus Byzanz, brachte seine Lehre ab ca. 185 nach Rom und gründet dort eine römisch-adoptianistische Partei. Er wurde um 195 von Viktor aus der Kirche ausgestoßen, da er Christus als ψιλὸς ἄνθρωπος lehrte.

[735]   Euseb, h.e. V 28,8 <GCS Euseb II/1, 502,16–17: Νατάλιος ἦν τις ὁμολογητής, οὐ πάλαι, ἀλλ' ἐπὶ τῶν ἡμετέρων γενόμενος καιρῶν.>. Es lebte, nicht vor langer Zeit, sondern in unseren Tagen, ein Bekenner Natalius.

[736]   Eine ähnliche Wendung (τὴν καθ' ἡμᾶς γενεάν) findet sich bei Euseb zur Bezeichnung seiner eigenen Lebenszeit in h.e. VII 26,3.

Vorwurf zur Wehr gesetzt, was die anonyme Quelle bestimmt berichtet und Euseb bestimmt zitiert hätte.

Jedoch muß aufgrund der auszughaften Wiedergabe Eusebs eingeräumt werden, daß auch die Möglichkeit besteht, daß eine Entgegnung Zephyrins auf einen eventuellen Verfälschungsvorwurf in der Quelle wiedergegeben war bzw. der Verfasser auf diese Bezug nahm. In diesem Fall wäre der Vorwurf bereits zu Lebzeiten Zephyrins geäußert und auch von ihm selbst, nicht nur durch die Verteidigung des anonymen Verfassers, beantwortet worden. Damit wäre die Quelle wieder in die Zeit Zephyrins datierbar.

Nach diesen Überlegungen wird man die Abfassung der anonymen Quelle nur vage in das Pontifikat Zephyrins (ab dem 10. Jahr des Septimius Severus, vgl. h.e. V 28,7: 203)[737] oder in das seiner Nachfolger Kallistus, der im ersten Jahr des Macrinus (= 217) sein Pontifikat erhielt (h.e. VI 21,1), oder Urban (= 222) zeitlich eingrenzen können.

Die Datierung der Personen, insbesondere der Bischöfe, wurde im vorigen Abschnitt konsequent nach Eusebs Angaben der h.e. vorgenommen – d.h., es handelt sich dabei um diejenigen Datierungen, die Euseb für korrekt erachtete.

Auffallend ist, daß die diesen Zeitraum betreffenden kaiserlichen Regierungszeiten in der h.e. historisch richtig angegeben sind[738], wohingegen die Angaben zu den Pontifikaten durchgängig falsch sind.[739]

---

[737] Barnes, Constantine and Eusebius, 134: apparently while Zephyrinus (about 199–217) was bishop. Schöne, Einbruch, 252, sieht die Quelle Anfang bis Mitte des 3. Jhs. in Rom verfaßt. Lampe, Stadtrömische Christen, 290 Anm. 645, meint, das Werk sei in der 1. Hälfte des 3. Jahrhunderts entstanden. Anders Fitzgerald, Little Labyrinth, 141, der zu dem Schluß kommt, daß die anonyme Schrift in den 240er oder frühen 250er Jahren entstanden sein muß, da der Anlaß zu Abfassung die Ankunft Artemons in Rom war. Aus diesem Grund gestalte der anonyme Verfasser sein „Kleines Labyrinth" nach Hippolyts (großem) Labyrinth.

[738] Sowohl die h.e. als auch die *Chronik* datieren die Regierungsantritte des Septimius Severus (193), des Caracalla (211), des Macrinus (217) und des Elagabal (218) historisch zutreffend.

[739] Nach übereinstimmenden Angaben von *Chronik* und h.e. dauerte der Pontifikat Viktors 10 Jahre von 193 bis in das Jahr 203. Die Gründe, welche Euseb zur (historisch falschen) Spätdatierung Viktors führten, lassen sich nicht mehr erkennen.
Anders verhält es sich mit den Pontifikatszeiten Zephyrins: Während in der *Chronik* die Jahre 201–220 als Regierungszeit Zephyrins angegeben werden, nennt die *Kirchengeschichte* die Jahre 203–222. Anders als bei der Pontifikatszeit Viktors läßt sich hier die Motivation zur Korrektur der früheren Aussagen erkennen: Euseb hatte in der *Chronik* zum Jahr 193 den Regierungsantritt Viktors eingetragen und vermerkt, daß dieser 10 Jahre regiert habe; dort notiert er zum Jahre 201, daß Zephyrin Bischof wird. Die Unstimmigkeit der Aussagen bzw. die doppelte Besetzung des römischen Bischofsstuhl blieb Euseb innerhalb der Auflistung der *Chronik* verborgen, da die Informationen zu unterschiedlichen Jahren verzeichnet waren. Bei der Niederschrift der h.e. fiel Euseb diese Unstimmigkeit offensichtlich auf und datierte den Regierungsantritt Zephyrins, entsprechend den Angaben in der *Chronik*, erst zehn Jahre nach dem Amtsantritt Viktors, d.h. in das Jahr 203. Euseb kam dabei der Umstand zugute, daß er in der *Chronik* keine Angaben über die Dauer von Zephyrins Pontifikat gemacht hatte, so daß die Umdatierung vom Anfangsjahr 201 (*Chronik*) in das Jahr 203 (h.e.) keine weiteren Konsequenzen nach sich zog.

Es ist augenscheinlich, daß Euseb bis auf die Episode um Natalius keine Informationen über den Episkopat des Zephyrin besitzt. Erst beim Regierungsantritt des Elagabal in h.e. VI 21,1 vermeldet Euseb des Tod Zephyrins, nachdem dieser 18 Jahre im Amt war.[740]

Mit diesem Sachverhalt korrespondiert die Beobachtung, daß Euseb keine Bischofslisten beim Regierungsantritt des Septimius Severus, des Caracalla und des Macrinus einfügt, wie er es zuvor kontinuierlich getan hat. Erst in h.e. VI 21,1, dem Regierungswechsel zu Elagabal, wird die römische Bischofssukzession genannt, und in h.e. VI 23,3 werden die Sukzessionen in den anderen wichtigen Bischofssitzen nachgereicht.

Beide Beobachtungen lassen erkennen, daß Euseb keine Quellen aus dieser Zeit besaß, denen er eine gesicherte Sukzession der Bischöfe entnehmen konnte. Darin wird auch die fehlerhafte zeitliche Einordnung der römischen Bischöfe begründet sein.

d) Die Rezeption der anonymen Quelle zur Häresie des Schusters Theodot

Da die anonyme Quelle nicht bekannt ist und Euseb seinem Leser kaum Einblick in den Aufbau der Schrift gibt, kommt eine genauere Analyse der eusebianischen Rezeption der ihm vorliegenden Quelle (ausgelassene Informationen, Kontextabgrenzung, inhaltliche Schwerpunktsetzung bei der Zitatauswahl) nicht in Betracht. Es kann nur mit einiger Vorsicht die eusebianische Stoffauswahl nachgezeichnet werden.

Euseb leitet die ihm vorliegende Quelle mit einer Kurzcharakterisierung der häretischen Lehre ein, um den im folgenden Zitat strittigen Sachverhalt zu verdeutlichen. Obwohl die häretische Lehre erst vor kurzem aufgetreten sei[741], lehrten die Häretiker, daß der Erlöser bloßer Mensch war und daß ihre Lehre ein hohes Alter besitze. Mit dieser Skizzierung erleichtert Euseb seinem Leser das Verständnis des

---

[740] Es ist offensichtlich, daß Euseb bereits bei der Niederschrift der *Chronik* grundlegende Informationen über die Pontifikatszeit Zephyrins fehlten. Während Euseb bei Zephyrins Vorgänger Viktor und bei seinen Nachfolgern Kallist, Urban und Pontianus die Regierungsjahre angeben kann, fehlt diese Angabe zum Amtsantritt Zephyrins. Aus dieser Beobachtung wird man schließen können, daß sie nicht in seiner Vorlage stand. Hätte Euseb die Regierungszeiten generell aus den fixen Daten der Amtsantritte errechnet, wäre ihm die Überschneidung der Amtszeiten von Viktor und Zephyrin aufgefallen (vgl. Anm. I 739); diese bemerkt und korrigiert Euseb erst bei der Abfassung der h.e.

[741] Nach Fitzgerald, Little Labyrinth, 123, bot sich insbesondere diese Quelle für ein Zitat an, da sie Eusebs Lieblingswort νεωτερίζω enthielt, und Euseb nach h.e. I 1,1 die Häretiker gerade als von der Neuerungssucht (νεωτεροποία, GCS Euseb II/1, 6,7) getrieben darstellen wollte. Fitzgerald übersieht jedoch, daß es sich bei der Formulierung in h.e. V 28,2 um eine Einleitung Eusebs, nicht um ein Referat der Quelle handelt. Der Terminus νεωτερίζω ist von Euseb selbst an dieser Stelle plaziert. Vgl. auch Teil II 2.6.2 Die Häresie als Neuerung.

folgenden Zitats, das etwas verwirrend mit dem von Seiten der Häretiker gegen die
Kirche erhobenen Vorwurf der Wahrheitsverfälschung einsetzt.

Das erste Zitat stellt zunächst die Behauptung der Häretiker dar, ihre Lehre
sei apostolischen Ursprungs und alle früheren Christen hätten bis zur Zeit Viktors
wie sie selbst gelehrt. Die (nach Ansicht der Häretiker) wahre Lehre sei erst mit
Zephyrin verfälscht worden. Der Standpunkt der Häretiker ist somit deutlich. Sie
sehen gerade in ihrer Abweichung von der kirchlich-verfälschten Lehre (des Zephyrin) die Wiederherstellung der ursprünglichen und wahren Lehre. Inhaltlich, so
macht h.e. V 28,3–6 deutlich, geht es ihnen in erster Linie um die Ablehnung der
Gottheit Christi und die Annahme seiner bloßen Menschheit.[742] Formal versuchen
sie, wie auf orthodoxer Seite ebenfalls zu beobachten, ihre Lehre auf einen apostolischen Ursprung zurückzuführen und ihren Wahrheitsbesitz durch die Berufung auf
eine ununterbrochene Sukzession der Bischöfe zu sichern.

Der Verfasser begegnet diesem Vorwurf dadurch, daß er sowohl die biblischen
Schriften als auch die kirchlichen Schriftsteller vor Viktor anführt, namentlich
Justin, Miltiades, Tatian, Klemens, Irenäus und Melito, die alle die Göttlichkeit
Christi bezeugen.[743] Damit bestehe innerhalb der Kirche hinsichtlich der Lehre
von der Gottheit Christi Kontinuität, so daß der Vorwurf der Verfälschung durch
Zephyrin hinfällig sei. Um dies zu unterstreichen und um den gegen Zephyrin
erhobenen Verdacht zu entkräften, setzt der Verfasser noch einen weiteren Beweis-
gang hinzu: Gerade Viktor, der nach Auffassung der Häretiker im Besitz der reinen
Lehre war, schloß diejenigen Häretiker aus, welche die Gottheit Christi verleug-
neten. Hätte er noch die „wahre" und den Häretikern entsprechende, die Gottheit
Christi aber verleugnende Lehre besessen, so hätte Viktor den Schuster Theodot,
der eben dieses vertrat, nicht exkommuniziert.[744]

Auffällig ist an der Widerlegung, daß der anonyme Verfasser dieselbe Argumentationsstrategie wie die Häretiker verfolgt. Er führt für den Nachweis des
apostolischen Ursprungs der Lehre von der Gottheit Christi ebenfalls die apostolische Sukzession an, wenn er sich auf die biblischen Schriften und diejenigen der
Kirchenväter beruft. Damit entreißt der Verfasser den Häretikern ihren angeblich
apostolischen Ursprung und stellt sie in die *successio haereticorum*, die mit dem
exkommunizierten Schuster Theodot ihren Ausgang nimmt.

---

[742] Vgl. h.e. V 28,6 <GCS Euseb II/1, 502,5: Viktor exkommunizierte den Schuster Theodot, πρῶτον
εἰπόντα ψιλὸν ἄνθρωπον τὸν Χριστόν.>. Euseb scheint die bei Tertullian erstmals bezeugte Bezeichnung der Gruppierung als Monarchianer nicht zu kennen. Auch das mit der Behauptung, Christus
sei ein bloßer Mensch, verfolgte Anliegen, die Monarchie und Gottheit des Vaters zu wahren, ist
Euseb anscheinend fremd. Er fokussiert einzig auf die christologischen Aussagen, denn nur damit
kann er (implizit) eine Sukzession bis zu den Ebionäern aufbauen.

[743] Euseb, h.e. V 28,5 <GCS Euseb II/1, 500,23–26>.

[744] Euseb, h.e. V 28,6 <GCS Euseb II/1, 502,2–5>. Löhr, Theodotus, 102, erkennt eine *vierfache*
Widerlegung der Theodotianer: erstens haben die Artemonianer die Schriften gegen sich, zweitens
die Häreseologen, drittens die Psalmen und Hymnen der Gemeinde und viertens die römische
Kirchengeschichte selbst, die bestätigt, daß Bischof Viktor Theodotus den Lederarbeiter exkommuniziert hat.

Euseb wird dieses Zitat mit Freuden aufgenommen haben, bot es ihm nicht nur einen Bericht über die Exkommunikation des Schusters Theodot, sondern wird dadurch auch der Gedanke der häretischen Sukzession wieder aufgegriffen, den Euseb lange Zeit aufgrund mangelnder Quellen nicht thematisieren konnte.

Damit enden die Informationen, die Euseb zum Pontifikat Viktors besaß, und er schwenkt mit dem Hinweis auf den Wechsel im Bischofsamt zum zweiten Zitat aus der anonymen Schrift über, das über eine Episode aus dem Pontifikat Zephyrins berichtet. Der Verfasser erzählt darin legendarisch den gescheiterten Versuch einer Kirchengründung unter dem Bekenner Natalius.

Theodot der Geldwechsler und Asklepiodot, beides Schüler von Theodot dem Schuster, haben den Bekenner Natalius überredet, für einen Betrag von 150 Denaren Bischof der Gruppierung zu werden.[745] Dieser schließt sich der Häresie an, wird aber wiederholt durch Visionen vom Herrn gewarnt. Zunächst ignoriert er diese Warnungen, berückt durch die Würde des Vorsitzes und durch die Gewinnsucht, doch nachdem er eine Nacht lang von Engeln gegeißelt und gepeinigt wurde, kehrt er reumütig um. Er kleidet sich in Sack und Asche, eilt unter Tränen zum Bischof Zephyrin und wirft sich diesem und der gesamten Gemeinde zu Füßen. Nach vielen Bitten und nach der Vorzeigung der Striemen durch die Geißelung wird er schließlich wieder in die Gemeinschaft aufgenommen.

Die Episode hat legendarischen Charakter und führt die in der Ketzerpolemik tradierten Topoi gegen die Häretiker eindrucksvoll an der Person des Natalius vor Augen.[746] Neben der ausführlichen Auflistung von Schwächen und sittlichen Verfehlungen wird Euseb auch der erneute Bericht über die Exkommunikation des Schusters Theodot durch Viktor in h.e. V 28,9 (vgl. h.e. V 28,6) zur Aufnahme der Episode um Natalius veranlaßt haben, lag ihm doch insbesondere daran, die Häresiedarstellung mit dem Hinweis auf die Exkommunikation des Häresiegründers zu beenden.[747]

Das dritte Zitat aus der anonymen Quelle (V 28,13–19) behandelt die bei den Theodotianern verwendete Textkritik. Der Verfasser führt nun selbst Anklage gegen Theodots Häresie: Die Theodotianer, nicht Zephyrin, verfälschen die göttlichen Schriften ohne Scheu, heben die Richtschnur des alten Glaubens auf und verleugnen Christus.[748] Nach dieser eher allgemein gehaltenen Schelte geht der Verfasser dezidiert auf die Verfälschung der göttlichen Schriften ein. Die Häretiker verachten die Aussagen der Schrift und versuchen sie, sofern sie Gesetz und Propheten nicht gesamt verwerfen[749], nach logischen Schlüssen zu korrigieren, um ihre Gottlosig-

---

[745] Zur Besoldung des Natalius, die „ansehnlich, aber nicht übermäßig" war, vgl. Lampe, Stadtrömische Christen, 292.

[746] Zu den Topoi vgl. Teil I 2.19 e) Die Topik in der Darstellung der Häresie des Theodot.

[747] Vgl. dazu Teil I 3.1 Die Quellenauswahlkriterien und Teil II 2.7.1 Widerlegung von außen (durch Streiter für die Wahrheit).

[748] Euseb, h.e. V 28,13 <GCS Euseb II/1, 504,11–12>.

[749] Euseb, h.e. V 28,19.

keit zu beweisen.[750] Sie greifen bei ihren Argumentationen und Textkorrekturen auf die „Wissenschaften der Ungläubigen"[751] zurück, namentlich auf Euklid, Aristoteles, Theophrast und Galen.[752] Aus diesen Aussagen wird man schließen können, daß die Häretiker nur logische, im weitesten Sinne wissenschaftlich begründbare Aussagen über Christus zugelassen haben, so daß letztlich die reine Menschheit Christi übrigblieb.

Die Häretiker berufen sich – so der anonyme Verfasser – weniger auf die Aussagen der Bibel, obwohl sie diese gleichwohl benutzen, als vielmehr auf die Aussagen der griechischen Wissenschaften, die den eigentlichen Grund der Häresie darstellen. Ironisch hält der Verfasser den Häretikern entgegen, daß ihre sorgsam nach logischen Kriterien korrigierten Bibelschriften untereinander nicht übereinstimmen, womit er das gesamte Unterfangen *ad absurdum* führt.[753]

Denjenigen aber, die den Glauben der göttlichen Schriften mit der Schlauheit der Gottlosen fälschen[754], spricht der Verfasser (h.e. V 28,15) den Glauben ab, denn sie leugnen entweder, daß die göttlichen Schriften vom Heiligen Geist diktiert sind[755] und sind ungläubig, oder sie halten sich für weiser, was ihre Dämonenbesessenheit deutlich macht.[756]

Die Gleichsetzung „Häresie = Besessenheit" ist in der h.e. ein häufig anzutreffender Topos, u.a. auch in eigenständig von Euseb formulierten Passagen, so daß

---

750 Euseb, h.e. V 28,13 <GCS Euseb II/1, 504,12–14>. Vgl. zum Vorwurf der Streichung bzw. Überarbeitung der Bibel auch h.e. V 28,15 <GCS Euseb II/1, 504,25–26>.

751 Euseb, h.e. V 28,15 <GCS Euseb II/1, 504,21–22: ταῖς τῶν ἀπίστων τέχναις>.

752 Zur Abhängigkeit der theodotianischen Textkritik (h.e. V 28,13–19) von Galens „Einleitung in die Logik" (Institutio logica) vgl. Schöne, Einbruch, 260–264, und Grant, Heresy, 69. Lampe, Stadtrömische Christen, 292–293, sieht die theodotianische Textkritik abhängig vom fünfzehnbändigen Werk Galens vom wissenschaftlichen Beweis (περὶ ἀποδείξεως). Er schließt – wie auch Löhr, Theodotus, 103 Anm. 6 – einen Kontakt der Theodotianer mit Galen, der zwischen 161 und 166 sowie unter Mark Aurel bis zu seinem Tod 199 in Rom weilte, nicht aus.

753 Vgl. dazu Decker, Monarchianer, 59. — Lampe, Stadtrömische Christen, 250, macht darauf aufmerksam, daß das Argument der Vielzahl unterschiedlicher (widersprüchlicher) Lehren innerhalb einer Gruppierung als Indiz für die Falschheit der Lehre bereits in der nacharistotelischen Philosophie wurzelt. Tatian, orat. ad. Graec. 32,1, argumentiert im Hinblick auf die Philosophie ähnlich, wenn er über die Vielzahl von Hypothesen spottet, um die Widersprüche und Brüche gegen sie selbst ins Feld zu führen (vgl. Tatian, orat. ad. Graec. 3,9; 25,2–6; 35,1 u.ö.).
    Der von Euseb beschriebene Sachverhalt, ein und derselbe Schriftsteller käme in verschiedenen Abschriften zu widersprüchlichen Ergebnissen (h.e. V 28,16–17), paßt genau zu „Galens Programm einer konstanten Reexamination des Wissens, die ein ständiges μεταδιδάσκεσθαι bedeutet" (so Lampe, Stadtrömische Christen, 293).

754 Euseb, h.e. V 28,15 <GCS Euseb II/1, 504,23–24>.

755 Der Gedanke einer Verbalinspiration, kombiniert mit der Irrtums- und Widerspruchslosigkeit der Bibel, findet sich erstmals bei Origenes formuliert, vgl. Hauschild, Lehrbuch, 84. Origenes selbst kommt jedoch als Verfasser nicht in Betracht, da er schwerlich derart profunde Kenntnisse über die römischen Verhältnisse unter Viktor und Zephyrin besessen haben dürfte. Der anonyme Verfasser wird zeitlich noch vor Origenes zu datieren sein.

756 Euseb, h.e. V 28,18 <GCS Euseb II/1, 506,9–12>.

man davon ausgehen kann, daß dieser letzte Beweisgang des anonymen Verfassers von Euseb nicht ohne Zustimmung eingefügt wurde.

Hatte das erste Zitat von der Exkommunizierung Theodots gesprochen, so zeigt sich im letzten Zitat für Euseb die logische Konsequenz: die Auflösung der Häresie durch Lehrdifferenzen der Schüler untereinander. Euseb konnte mit dem letzten Zitat sein Postulat von der Unbeständigkeit der Häresie bekräftigt sehen und damit an die marcionitische Schule und ihre Zersplitterung erinnern.

e) Die Topik in der Darstellung der Häresie des Theodot

Mit den genannten Informationen über die Häresie des Theodot hat Euseb seinen Leser weit besser informiert als über andere Häresien zuvor. Jedoch überwiegen in diesem Abschnitt die Polemik und die häreseologischen Topoi, und es lohnt sich an dieser Stelle, die benutzte Topik noch einmal näher zu studieren.

Die Häresie wird als *Neuerung* (h.e. V 28,2.3) und als *Lüge* (h.e. V 28,2.6) dargestellt. Es zeigt sich, daß diese Definition sowohl von orthodoxer als auch von häretischer Seite vertreten wird. Ebenfalls wird auf beiden Seiten die Häresie als *Verfälschung* der Wahrheit angesehen (h.e. V 28,15.17.19), wobei die jeweils gegnerische Partei als Fälscher der Wahrheit ausgemacht wird: Während die Häretiker Zephyrin die Verfälschung der Wahrheit vorhalten, dreht der anonyme Verfasser den Vorwurf um und wirft den Häretikern dasselbe Vergehen vor. Es zeigt sich, daß beide Seiten – die orthodoxe wie die häretische – mit denselben Strategien und Topoi ihren Gegner als Häretiker offenbaren wollen.

Mit dem Topos der Verfälschung hängt der Topos der *Wandelbarkeit*, der *Unbeständigkeit* bzw. der *Uneinheitlichkeit* der häretischen Lehre zusammen, dem der Verfasser bereits zu Beginn die Beständigkeit der Wahrheit, belegt durch die Lehrkontinuität (h.e. V 28,4–5), gegenübergestellt hatte. Der aufwendige Nachweis in h.e. V 28,16–17 kommt zu dem Ergebnis, daß die häretischen Bibelabschriften des Apolloniades, des Hermophilus und anderer Schüler nicht übereinstimmen, einander sogar widersprechen, womit für den Verfasser deutlich ist, daß es auf seiten der Häretiker keine Einheit und damit auch keine Wahrheit geben kann.

Der Topos der angeblichen *Verbesserung der Schriften*, ebenfalls fester Bestandteil der Ketzerpolemik, hängt mit den zuvor genannten Topoi aufs engste zusammen und ließ sich bereits in der Darstellung Tatians (h.e. IV 29,6) festmachen. In der Verwerfung einzelner Teile der Schrift, wie Gesetz und Propheten (h.e. V 28,19), ist andererseits die *Unvollkommenheit* der Häresie offenbar. Sie ist nach Ansicht des Verfassers ihrem Wesen nach eine unvollständige und mangelhafte Lehre.[757]

---

[757]   Vgl. die Verwerfung von Teilen der Schrift bei den Elkesaïten (h.e.. VI 38) oder die Verwerfung des Apostels Paulus als Apostaten vom Gesetz bei den Ebionäern (h.e.. III 27,4) und den Enkratiten (h.e.. IV 29,5).

Neben diesen formalen Charakteristika finden sich auch Topoi, welche die Person des Häretikers näher charakterisieren sollen. Gezielt ans Ende der zitierten Textpassage plaziert findet sich eine eusebianische Lieblingsaussage, die sich durch viele Häretikerdarstellungen der h.e. zieht: Häretiker können ihrem Tun nach zu urteilen nur verrückt oder wahnsinnig sein.[758] Der Topos der Wahnsinnigkeit des Häretikers hängt aufs engste mit dem Topos der Besessenheit durch den Teufel zusammen, der das Zentrum der eusebianischen Häresiekonzeption bildet.

Zudem sind Häretiker charakterlich schwache Menschen.[759] Der Topos der Bestechlichkeit bzw. Käuflichkeit findet sich bei Natalius exemplarisch entfaltet. Geldgier[760] und Machtstreben[761] werden explizit als Gründe für die Annahme des Bischofsamtes und damit als Gründe für die Entstehung einer amtsmäßig organisierten Häresie genannt. Auch die Besoldung von Amtsträgern hat bereits innerhalb der eusebianischen Darstellung mit Montanus eine negative Konnotation erhalten.[762]

Eine weitere Topik, die in der Natalius-Episode breit ausgeführt ist, zieht sich auch durch die eusebianische Darstellung: Gott stellt nicht nur Streiter für die Wahrheit auf, sondern er bekämpft auch aktiv die Häresie, wenn er Natalius durch seine Engel auf die orthodoxe Seite zurückbringt. Auch Eusebs Geschichtsdarstellung ist geprägt vom Eingreifen Gottes an entscheidenden Wendepunkten der Geschichte.[763] Die Natalius-Episode paßt demnach sehr gut zur eusebianischen Geschichtskonzeption.

---

[758] Nach eusebianischer Darstellung sind neben den Theodotianern (h.e. V 28) auch Mani (h.e. VII 31) und zahlreiche andere Häretiker verrückt, vgl. Teil I 3.2.1.2 Von Euseb mit Zustimmung ausgewählte Themen.

[759] Grant, Eusebius as Church Historian, 92, versucht inhaltliche Parallelen zwischen Theodot und Paulus von Samosata aufzuzeigen und stilisiert dabei Theodot als Vorläufer des Paulus. Natalius' Verhalten sei von Geldgier und Herrschsucht geprägt (h.e. V 28,12) und antizipiere die Haltung des habgierigen und stolzen Paulus (h.e. VII 30,7–9). Die logische Exegese der Theodotianer sei ein Pendant zu Paulus' Bemühungen, die Christuspsalmen als spätere Komposition zu erweisen.
    Grant hat durchaus recht mit seiner Beobachtung, daß in der Darstellung des Theodot wie des Paulus Topoi der Ketzerpolemik aufgenommen sind, die miteinander korrespondieren. Es ist aber anzumerken, daß die gesamte Darstellung der Theodotianer (und auch des Paulus) derart topisch gehalten ist, daß zahlreiche andere und zudem viel deutlichere Parallelen von den Theodotianern zu anderen Häretikern verlaufen.

[760] Die angebliche Geldgier ist das bewegende Moment bei Natalius in h.e. V 28,12, bei Montanus und seinen Anhängern in h.e. V 18,2.

[761] Das Streben nach Macht, Ansehen und Ruhm ist der am häufigsten genannte Grund für die Entstehung von Häresie, vgl. unten Teil I 3.2.1.2 Von Euseb mit Zustimmung ausgewählte Themen.

[762] Vgl. h.e. V 18,2 zu Montanus, der seinen Predigern Lohn bezahlt, „damit die Predigt durch Schlemmerei an Kraft gewänne".

[763] Weitere Beispiele für das Eingreifen Gottes in geschichtliche Abläufe unter Anm. II 142.

f) Die Darstellung der Häresie des Schusters Theodot bei Euseb

Von der Häresie des Schusters Theodot und seiner Anhänger ist aufgrund der vielen häreseologischen Topoi nicht mehr viel historisch Gesichertes erkennbar. Er bekennt Christus als bloßen Menschen und ist aufgrund seines Bekenntnisses von Viktor exkommuniziert worden. Theodots Nachfolger Asklepiodot und der Geldwechsler Theodot suchten daraufhin den Bekenner Natalius als Gegenbischof zu Zephyrin zu installieren. Der Versuch der häretischen Kirchengründung scheiterte relativ schnell, da sich Natalius Bischof Zephyrin unterwarf und wieder in die Kirchengemeinschaft zurückkehrte.

Euseb zeigt an ausgewählten Zitaten, wie sich die Häretiker des Theodot bei ihrer Lehre auf die apostolische Sukzession berufen, obwohl sich die Lehre, Christus sei bloßer Mensch gewesen, nicht auf einen apostolischen Ursprung zurückführen läßt. Somit ist die gegen Viktor erhobene Beschuldigung, er habe die Wahrheit verfälscht, für Euseb hinfällig. Deutlich ist, daß alle, der anonyme Verfasser, Euseb und Theodot, die apostolische Sukzession als Garanten für die Wahrheit ihrer Lehre anführen und ihre Gegner in eine häretische Sukzession eingliedern wollen. Damit bedienen sich sowohl die orthodoxe wie auch die häretische Seite derselben Methode im Kampf gegeneinander. Innerhalb der eusebianischen Kirchengeschichtsschreibung kann dies nur bedeuten, daß die Häretiker mit ihrer angemaßten „apostolischen" Sukzession[764] die kirchliche, mit der Sukzession gegebene Garantie auf Orthodoxie unterwandern wollen. Damit ist die Häresie, wie bereits bei Menander gesehen, als Imitation der kirchlichen Lehre offenbart. Sie zielt auf die Täuschung der orthodoxen Christen und auf die Aushöhlung ihrer Gewißheit auf Orthodoxie.

Euseb führt den vom anonymen Verfasser nur unvollständig ausgeführten Sukzessionsgedanken weiter: Nicht nur die zur Zeit des Verfassers auftretenden Häretiker sind auf den Schuster Theodot zurückzuführen, sondern auch der Häretiker Artemon und der zur Zeit Eusebs agierende Häretiker Paulus von Samosata (h.e. VII 27–30). Mit der Einordnung in die häretische Sukzession gelingt Euseb eine generelle Verurteilung der Lehre von Christus als ψιλὸς ἄνθρωπος. Mit der Verurteilung Theodots durch Viktor ist nicht nur die Häresie der Theodotianer, sondern auch die des Artemon und des Paulus von Samosata als Häresie offenbart.

Nicht ganz verständlich ist, warum Euseb, dem an der sukzessiven Einordnung der Häresien gelegen ist, die ideengeschichtliche Abhängigkeit nicht zeitlich nach vorne auszieht. An dieser Stelle begnügt sich Euseb damit, den Schuster Theodot als ersten Häretiker zu benennen, der Christus als bloßen Menschen lehrte. Er folgt

---

[764] Vgl. auch die Darstellung der Häresie des Florinus, der sich mit seiner Lehre offensichtlich auf Polykarp berufen hat (h.e. V 20,4).

damit der Aussage seiner Quelle, obwohl er es besser wissen müßte, da auch die in
h.e. III 27,2 dargestellten Ebionäer Christus als bloßen Menschen betrachteten.[765]

Neben dem Beweis, daß der Anspruch der häretischen Lehre auf die Apostolizität falsch und unbegründet ist, tritt die Kritik an der (dem Bibeltext unangemessenen) textkritischen Arbeit. Der Verfasser kann nur die Alternative Unglaube oder
Besessenheit als Grund für das Tun der Häretiker ausmachen. Nicht ohne Triumph
hält er fest, daß die derart gereinigten Texte nicht mehr miteinander übereinstimmen, womit auch die textkritische Begründung der häretischen Lehre *ad absurdum*
geführt ist.

Historisch gesichert scheint zu sein, daß die Anhänger Theodots ihre Lehre
auf logischen, der griechischen Wissenschaft entlehnten Schlüssen gründen und
die biblischen Schriften nach diesen Erkenntnissen „korrigieren". Inwieweit Euklid,
Aristoteles, Theophrast und Galen wirklich Ausgangspunkt der häretischen Lehre
waren oder ob sie nur ein Instrumentarium für den wissenschaftlichen Umgang an
die Hand gaben, kann aufgrund der Polemik nicht mehr mit Sicherheit festgestellt
werden.

Deutlich ist aber anhand anderer Aussagen der h.e., daß der Versuch des
anonymen Verfassers, die Häresie in die Nähe der griechischen Philosophie zu rük-
ken und die textkritische Arbeit am Bibeltext als Wissenschaft der Ungläubigen
pauschal zu verwerfen, nicht der Überzeugung Eusebs entsprach und er diese Aussage wohl eher billigend in Kauf genommen hat.[766]

---

[765] Gegen Grant, Eusebius as Church Historian, 92, der die Sukzession von den Ebionäern bis Paulus
von Samosata ausgezogen sieht. Er macht darauf aufmerksam, daß die Christologie des Theodot
insofern ebionitisch ist, als sie in Origenes' zweite Klasse von Ebionäern hineinpaßt.
Euseb geht bei seiner Darstellung der Ebionäer ganz offensichtlich von Origenes' Informa-
tionen aus, jedoch führt er weder Paulus von Samosata noch die Theodotianer explizit auf die
Ebionäer zurück. Die Identität der Lehre von Christus als bloßem Menschen bei Ebionäern und
Theodotianern thematisiert Euseb selbst nicht, auch beruft er sich nicht auf Origenes bei der Einordnung der theodotianischen Christologie als ebionitisch.
Für die Sukzession von den Ebionäern über Artemon bis hin zu Paulus von Samosata, wie sie
Grant bereits für h.e. annahm, lassen sich die erst kurz nach der Abfassung der h.e.-Erstausgabe
entstandenen *Eclogae propheticae* IV 22 anführen, welche die Gemeinsamkeit der drei Häresien
aufzeigt. Erst in seiner Spätschrift de eccl. theol. I 20,43 (Altaner/Stuiber, Patrologie, 223: 336
und später) berichtet Euseb davon, daß Paulus von Samosata die Häresie der Ebionäer erneuert.
Vgl. das griechische Zitat in Anm. I 301.

[766] Vgl. dazu die Analyse der eusebianischen Position bezüglich der Philosophie und der griechischen
Wissenschaften im Abschnitt zu den von Euseb nicht übernommenen häreseologischen Konzeptionen Teil I 3.2.2.3.1 Die Rückführung der Häresien auf die Philosophie: Irenäus.

Die Häresie zur Zeit des Gordianus (238–244)

Mit dem Beginn von Buch VI, d.h. der Zeit des Septimius Severus, berichtet Euseb die Lebensgeschichte des Origenes. Die Stoffpräsentation ist ganz auf seine Person zugeschnitten, so daß alle Themen auf ihn hin ausgerichtet sind. Auch die Häresiethematik ist von dieser Darstellungsweise betroffen.

Euseb ist bemüht, seinen Protagonisten als wortgewaltigen und mächtigen Kämpfer gegen die Häresie zu stilisieren.[767] Obwohl er Origenes nur selten selbst zu Wort kommen läßt, fügt er allein drei Berichte ein, die von der Widerlegung einer häretischen Lehrmeinung und der Rückführung von Häretikern zum wahren Glauben berichten: Unter Caracalla (ab h.e. VI 8,7) berichtet er eine Bekehrung des Ambrosius von der valentinianischen Häresie (h.e. VI 18,1[768]); unter Gordianus (ab h.e. VI 29,1) beschreibt er die Widerlegung des Beryll von Bostra (h.e. VI 33,1–3). Unter Philippus Arabs (ab h.e. VI 34) ordnet Euseb zeitlich die Aufdeckung der Falschheit der Lehre vom Sterben der Seele (h.e. VI 37) und die Verurteilung der Häresie der Elkesaïten (h.e. VI 38) ein. Neben den Widerlegungs-Berichten findet sich aber auch eines der in der h.e. sehr seltenen Origenes-Zitate, worin er seine Beschäftigung mit den häretischen Lehren rechtfertigt (h.e. VI 19,12–14).

Da die Darstellung in Buch VI bis zum Auftreten des Novatus in h.e. VI 43 durch die Person des Origenes bestimmt ist, greift Euseb nur diejenigen Häresien auf, mit denen Origenes in Kontakt stand. Nur am Rande finden sich zwei Aussagen zur Häresiethematik, die *nicht* mit der Person Origenes verknüpft sind: ein Zitat Serapions über das Lesen häretischer Schriften (h.e. VI 12,3–6) und ein Exkurs zu Symmachus, der nach Eusebs Kenntnis Ebionäer (h.e. VI 17) war.[769]

2.20 Beryll von Bostra (h.e. VI 33,1–3)

h.e. VI 33,1–3[770]

33,1 Βήρυλλος ὁ μικρῷ πρόσθεν δεδηλωμένος   Der kurz vorher erwähnte Beryll, Bischof
Βόστρων τῆς Ἀραβίας ἐπίσκοπος, τὸν   von Bostra in Arabien, suchte den kirch-
ἐκκλησιαστικὸν παρεκτρέπων κανόνα, ξένα   lichen Kanon zu verdrehen und neue Glau-

---

767   So auch Völker, Tendenzen, 173–174. Die Betonung des antihäretischen Wirkens des Origenes wird nach Williams, Damnosa haereditas, 163, auch dadurch unterstrichen, daß die Origenes-Schüler wie Gregor, Athenodor und Theoteknus führend sind in der Widerlegung des Paulus von Samosata (h.e. VII 28,1).

768   Der eusebianische Bericht über die Bekehrung des Valentinianers Ambrosius in h.e. VI 18,1 kann in diesem Kontext unberücksichtigt bleiben, da Euseb keine Quelle verarbeitet. Es kommt ihm bei diesem Bericht auch nicht auf die Darstellung der Häresie, sondern auf das Faktum der Widerlegung durch Origenes und der damit gegebenen Rechtfertigung für die Beschäftigung mit häretischen Lehren an.

769   Vgl. zu Symmachus den Abschnitt Teil I 2.3 Ebionäer.

770   Euseb, h.e. VI 33,1–3 <GCS Euseb II/2, 588,4–18>.

τινὰ τῆς πίστεως παρεισφέρειν ἐπειρᾶτο, τὸν σωτῆρα καὶ κύριον ἡμῶν λέγειν τολμῶν μὴ προϋφεστάναι κατ' ἰδίαν οὐσίας περιγραφὴν πρὸ τῆς εἰς ἀνθρώπους ἐπιδημίας μηδὲ μὴν θεότητα ἰδίαν ἔχειν, ἀλλ' ἐμπολιτευομένην αὐτῷ μόνην τὴν πατρικήν.

benslehren einzuführen. Er erkühnte sich nämlich zu behaupten, unser Erlöser und Herr habe vor seinem Erscheinen unter den Menschen nicht als ein festumrissenes Wesen präexistiert und besitze keine eigene Gottheit, vielmehr wohne in ihm nur die Gottheit des Vaters.

33,2 ἐπὶ τούτῳ πλείστων ἐπισκόπων ζητήσεις καὶ διαλόγους πρὸς τὸν ἄνδρα πεποιημένων, μεθ' ἑτέρων παρακληθεὶς Ὠριγένης κάτεισι μὲν εἰς ὁμιλίαν τὰ πρῶτα τῷ ἀνδρί, τίνα νοῦν ἔχοι, ἀποπειρώμενος, ὡς δ' ἔγνω ὅ τι καὶ λέγοι, εὐθύνας μὴ ὀρθοδοξοῦντα λογισμῷ τε πείσας, τῇ περὶ τοῦ δόγματος ἐφίστησιν ἀληθείᾳ ἐπί τε τὴν προτέραν ὑγιῆ δόξαν ἀποκαθίστησιν.

Nachdem sich deswegen sehr viele Bischöfe in Untersuchungen und Dialogen gegen Beryll gewandt hatten, wurde u. a. auch Origenes zu Rate gezogen, der zunächst mit ihm in Verkehr trat, um seine Ansichten zu erforschen. Als er seine Lehre kennengelernt hatte, erklärte er sie für irrgläubig, und überzeugte ihn durch Schlußfolgerungen. Er zügelte ihn mit der wahren Lehre und brachte ihn zu der früheren gesunden Ansicht zurück.

33,3 καὶ φέρεταί γε εἰς ἔτι νῦν ἔγγραφα τοῦ τε Βηρύλλου καὶ τῆς δι' αὐτὸν γενομένης συνόδου, ὁμοῦ τὰς Ὠριγένους πρὸς αὐτὸν ζητήσεις καὶ τὰς λεχθείσας ἐπὶ τῆς αὐτοῦ παροικίας διαλέξεις ἕκαστά τε τῶν τότε πεπραγμένων περιέχοντα.

Noch jetzt sind die schriftlichen Verhandlungen des Beryll und die Akten der seinetwegen veranstalteten Synode, ebenso die von Origenes an ihn gerichteten Fragen und die in seiner Gemeinde abgehaltenen Disputationen, überhaupt alles, was mit der Sache zusammenhängt, vorhanden.

a) Die eusebianische Rezeption der Synodalakten zur Häresie des Beryll von Bostra

Die Informationen Eusebs über die Häresie des Beryll von Bostra scheinen den eusebianischen Angaben in h. e. VI 33,3 entsprechend den Synodalakten entnommen zu sein, welche sich aus schriftlichen Verhandlungen, Akten der Synode im engeren Sinne und Mitschriften von Fragen des Origenes an Beryll bei der Disputation in Bostra zusammensetzten.[771] Da Euseb diese Synodalakten nicht zitiert und diese unabhängig von den eusebianischen Angaben der h. e. nicht überliefert sind, ist eine genauere Untersuchung der eusebianischen Rezeption nicht möglich.

Nach Eusebs Angaben entnahm er ihnen, daß Beryll, der Bischof von Bostra, behauptete, Christus habe nicht als ein festumrissenes Wesen präexistiert und besitze keine eigene Gottheit, sondern die Gottheit des Vaters wohne in ihm.[772]

---

[771] Vgl. dazu Nautin, Lettres et écrivains, 209–218.

[772] Zur theologischen Einordnung Berylls als Modalist oder Adoptianist vgl. Nautin, Lettres et écrivains, 212–213. Nautin macht darauf aufmerksam, daß Euseb bei seiner Beschreibung Berylls auf den Abschnitt der Akten zurückgriff, in dem Origenes selbst mit Beryll sprach: Die Wortwahl erweise sich als origenisch, so daß die eusebianische Darstellung der Lehre aus Origenes Widerlegung extrapoliert sein wird (214).

Nachdem sich viele Bischöfe gegen diese Lehre anscheinend ohne Erfolg ausgesprochen haben, gelingt Origenes die Widerlegung, und er führt Beryll zur wahren Lehre zurück.

b) Ausgelassene Quellen zur Häresie des Beryll von Bostra

Auffälligerweise entnimmt Euseb seine Informationen über Beryll von Bostra nicht der Origenes-Schrift *Disputation mit Heraklides*, die er für die ebenfalls in Arabien aufgetretene Häresie vom Sterben der Seele (h.e. VI 37) auswertet. Dort konnte er lesen, daß Origenes Heraklides des Monarchianismus beschuldigte, den auch Beryll von Bostra in Arabien vertreten habe. Ebenfalls konnte Euseb den Ausführungen entnehmen, daß verschiedene Konzile in derselben Region sich bereits mit dieser Lehre auseinandergesetzt hatten. Obwohl Euseb die *Disputation mit Heraklides* nachweislich kannte[773], wird man ihm Glauben schenken können, wenn er stattdessen die Konzilsakten als Quelle seiner Informationen angibt. Der Grund, warum er Origenes nicht direkt zitiert oder auf dessen *Disputation mit Heraklides* Bezug nimmt, wird in seinem besonderen Verhältnis zu Origenes liegen.[774]

c) Die Darstellung der Häresie des Beryll von Bostra bei Euseb

Euseb hatte Beryll von Bostra bereits in h.e. VI 20,2 als einen „gelehrten Kirchenmann" eingeführt, dessen Werke er in der Bibliothek zu Älia Capitolina aufbewahrt fand, und der Bischof der Araber in Bostra war.

Von diesem Mann muß Euseb in h.e. VI 33,1–3 berichten, daß er den kirchlichen Kanon zu verdrehen und neue Glaubensregeln einzuführen versuchte.[775] Seine Lehre kann Euseb noch dahingehend charakterisieren, daß Beryll behauptete, „unser Erlöser und Herr haben vor seinem Erscheinen unter den Menschen nicht als ein festumrissenes Wesen präexistiert und besitze keine eigene Gottheit, vielmehr wohne in ihm nur die Gottheit des Vaters."[776] Nach dem kurzen Eingehen auf die Abweichungen von der christlichen Lehre, die Euseb selten bei seinen Darstellun-

---

Auch wenn sich der Abschnitt h.e. VI 33,1 in der Wortwahl als origenisch erweisen läßt, ist noch nicht sicher, daß er in dieser Form von Euseb selbst geschaffen wurde. Eine Zusammenfassung der origenischen Argumentation am Ende der Synodalakten wäre denkbar, so daß Euseb dann von dort die falschen Lehrsätze Berylls übernommen und sie nicht aus der wohl dialogischen Form der Disputation extrapoliert hätte.

[773]   Vgl. unten Teil I 2.21 Häresie vom Sterben der Seele.

[774]   Zu den Gründen der Auslassung von Origenes-Quellen vgl. oben Teil I 1.19 Origenes und unten Teil I 3.2.2.2.3 Ausgelassene Häresievorwürfe.

[775]   Der Neuerungsvorwurf und die Korrektur kirchlicher Lehre sind eindeutige Indizien für die Häresie, vgl. Teil I 3.2.1 Eusebs bevorzugt aufgenommene Inhalte und Motive und Teil II 2.6.2 Die Häresie als Neuerung.

[776]   Euseb, h.e. VI 33,1.

gen der Häresie wiedergibt, richtet er seinen Blick auf Origenes, den er als großen Häresiebekämpfer einführt. Diesem gelingt, was vielen Bischöfen zuvor versagt war: die Widerlegung der Lehre Berylls. Von den Schlußfolgerungen des Origenes überzeugt, kehrt er „zu der früheren, gesunden Lehre zurück".

Betrachtet man die Gewichtung der Themen in diesem Abschnitt der h.e., so erscheint die Häresie des Beryll nicht um ihrer selbst willen eingefügt, sondern um geschickt das Wissen über die analytischen und argumentativen Fähigkeiten des Origenes im Kampf gegen die Häresie zu präsentieren. Die Darstellung Berylls ist in ihrer Funktion vergleichbar mit den Darstellungen von Valentin (h.e. IV 11,3) und Marcion (h.e. IV 11,8–9), welche zur Profilierung ihrer orthodoxen Bestreiter Irenäus (h.e. IV 11,3) und Justin (h.e. IV 11,8) als wirkmächtige Kämpfer für die Wahrheit dienen. Dieser Eindruck wird durch zwei weitere Berichte über Widerlegungen durch Origenes in h.e. VI 18,1 (Valentinianer Ambrosius) und in h.e. VI 37 (Häresie vom Sterben der Seele) bestärkt.

Exkurs 4:
Die Durchlässigkeit der Grenze zwischen Häresie und Orthodoxie anhand der Darstellung der Häresie des Beryll von Bostra

Es scheint, als ob Euseb die Geschichte des Beryll als Gegenbeispiel zur Darstellung des Bardesanes eingefügt hat, zumal er an beiden Passagen der h.e. seine Informationen ohne erkennbare Vorlage selbständig referiert.

In h.e. IV 30 hatte Euseb die Möglichkeit negiert, daß der frühere Valentinschüler Bardesanes zur Orthodoxie übertreten kann.[777] Obwohl dieser die Falschheit der Lehre Valentins durchschaut, die meisten ihrer Fabeln zurückgewiesen hatte und sich zu einer reinen Lehre bekehrt zu haben glaubte, hält Euseb nüchtern fest: „Er hat den Schmutz der alten Häresie nicht vollständig abgeschüttelt"[778]. Für Bardesanes gibt es nach Euseb also keine Möglichkeit zum Übertritt von der Häresie zur Orthodoxie.

Anders verhält es sich im Falle Berylls von Bostra. Die Orthodoxie seiner Lehre steht aufgrund seiner Wahl zum Bischof außer Frage, sind es doch gerade die Bischöfe, welche die Orthodoxie der kirchlichen Lehre garantieren.[779] Der temporäre Abfall zur Häresie wird von Origenes rückgängig gemacht, indem er ihn mit logischen Argumenten zur wahren Lehre zurückführt. Im Gegensatz zu Bardesa-

---

[777] Vgl. zu Bardesanes Teil I 2.14 Exkurs 1: Die Durchlässigkeit der Grenze zwischen Häresie und Orthodoxie anhand der Darstellung der Häresien von Tatian und Bardesanes.

[778] Euseb, h.e. IV 30,3 <GCS Euseb II/1, 392,25–27: ἐδόκει μέν πως αὐτὸς ἑαυτῷ ἐπὶ τὴν ὀρθοτέραν γνώμην μετατεθεῖσθαι, οὐ μὴν καὶ παντελῶς γε ἀπερρύψατο τὸν τῆς παλαιᾶς αἱρέσεως ῥύπον.>.

[779] Aus diesem Grund mußte Euseb ebenso wie das Synodalschreiben betonen, daß Paulus, der „Bischof" von Samosata, zu keinem Zeitpunkt Mitglied der Kirche war und alle seine Weihen – einschließlich der Bischofsweihe – nichtig waren. Vgl. Teil I 2.25 Paulus von Samosata.

nes war Beryll orthodoxer Christ; von einem durch den Teufel angestifteten Einschleichen in die Kirche zum Verderben der anderen Gläubigen kann im Fall des Beryll von Bostra keine Rede sein. Zudem hatte Euseb mit der Darstellung Tatians deutlich gemacht, daß der Teufel seine Anhänger nicht direkt auf dem Boden der Kirche rekrutieren kann.

Obwohl es zunächst nicht den Anschein hat, bestätigt auch die Darstellung des Beryll von Bostra, daß es keine Durchlässigkeit der Grenze zwischen Häresie und Orthodoxie gibt.

Die Häresie zur Zeit des Philippus Arabs (244–249)

Wie oben ausgeführt[780], ist Eusebs Blick in Buch VI ganz auf die Person des Origenes gerichtet. Hatte Euseb die Regierungszeit des Gordianus mit der Bekehrung des Beryll von Bostra enden lassen, so kehrt er auch nach dem Regierungsantritt des Philippus Arabs schnell zur Häresiethematik zurück und knüpft wiederum mit einem Widerlegungsbericht an Vorhergehendes an. Zentral handelnde Person ist wiederum Origenes, der die Falschheit der Lehre vom Sterben der Seele aufdeckt und deren Anhänger zur rechten Lehre zurückbringt.

An diesen Bericht schließt Euseb eines seiner wenigen Origenes-Zitate an, wenn er die Häresie der Elkesaïten beschreibt. Mit diesem Zitat läßt Euseb die Regierung des Philippus Arabs enden, so daß hier – wie bereits zuvor beobachtet[781] – die Häresiebekämpfung den Abschluß der durch kaiserliche Regierungszeiten gegliederten Einheit darstellt.

2.21 Häresie vom Sterben der Seele (h. e. VI 37,1)

h. e. VI 37,1[782]

37,1 Ἄλλοι δ᾽ αὖ πάλιν ἐπὶ τῆς Ἀραβίας κατὰ τὸν δηλούμενον ἐπιφύονται χρόνον δόγματος ἀλλοτρίου τῆς ἀληθείας εἰσηγηταί, οῖ ἔλεγον τὴν ἀνθρωπείαν ψυχὴν τέως μὲν κατὰ τὸν ἐνεστῶτα καιρὸν ἅμα τῇ τελευτῇ συναποθνῄσκειν τοῖς σώμασιν καὶ συνδιαφθείρεσθαι, αὖθις δέ ποτε κατὰ τὸν τῆς ἀναστάσεως καιρὸν σὺν αὐτοῖς ἀναβιώσεσθαι. καὶ δὴ καὶ τότε συγκροτηθείσης οὐ σμικρᾶς συνόδου, πάλιν Ὠριγένης παρακληθεὶς καὶ ἐνταῦθα κινήσας τε λόγους ἐπὶ τοῦ κοινοῦ περὶ τοῦ ζητουμένου, οὕτως ἠνέχθη ὡς μετατεθῆναι τὰς τῶν πρότερον ἐσφαλμένων διανοίας.

Um diese Zeit traten in Arabien wieder andere Männer auf, die eine von der Wahrheit abweichende Lehre aufstellten. Sie behaupteten, daß die menschliche Seele für eine Weile in der gegenwärtigen Zeit mit dem Körper in der Todesstunde sterbe und verwese, bei der Auferstehung aber mit dem Körper wieder zum Leben erwache. Als nun damals eine nicht unbedeutende Synode einberufen wurde, wurde wiederum Origenes eingeladen, der hier über die Streitfrage vor dem Volke sprach und in einer Weise auftrat, daß die, welche sich zuvor hatten täuschen lassen, ihre Gesinnung wieder änderten.

---

780 Vgl. die Einleitung „Die Häresie zur Zeit des Gordianus (238–244)".

781 Vgl. auch die Darstellung des Beryll von Bostra (h.e. VI 33,1–3), die am Ende der Regierung des Gordianus eingefügt ist. Euseb ist jedoch nicht konsequent in seinem Tun, da er die Häresiedarstellungen auch zu Beginn oder in die Mitte einer Regierungszeit einordnen kann; eine Logik ist nicht zu erkennen.

782 Euseb, h.e. VI 37,1 <GCS Euseb II/2, 592,4–12>.

a) Die Herkunft der Informationen zur Häresie vom Sterben der Seele, ihre Datierung und Lokalisierung

Die Informationen über die Häresie sind spärlich. Euseb kennt weder den Begründer dieser Lehre noch einzelne Vertreter; auch den eigentlichen Namen der Häresie kann er nicht nennen.[783] Zeitlich grenzt er die damals gegen sie stattfindenden Synoden durch den Hinweis auf die Teilnahme des Origenes ein und lokalisiert sie nur vage in Arabien.

An der benutzten Terminologie ist deutlich, daß Euseb diesen Abschnitt der h.e. eigenständig formuliert hat. Jedoch ist zu fragen, woher er seine Informationen bezog und welche Häresie er mit seinen sehr vagen Andeutung beschreiben wollte.

Wie oben bemerkt, steht in Buch VI die Person des Origenes im Vordergrund des eusebianischen Interesses. Die Ausführungen in h.e. VI 37 lassen darauf schließen, daß Euseb die Informationen über die Häresie vom Sterben der Seele aus einer Origenes-Schrift entnommen hat, zumal er auch im folgenden Abschnitt über die Häresie der Elkesaïten auf eines seiner Werke zurückgreift.[784]

Überblickt man die Werke des Origenes, so geht dieser an zwei Stellen auf besagte Lehre vom Sterben der Seele ein: zum einen in *Contra Celsum* III 22, zum anderen in der *Disputation mit Heraklides* 10.

In *Contra Celsum* III 22 nennt Origenes eine Gruppierung, die behauptet, daß die bei den Griechen als Gott verehrten Männer überhaupt nicht mehr existieren und „auch ihre Seele der Vernichtung verfallen, wie ja einige von der Menschenseele annehmen, daß sie sofort (beim Eintritt des Todes) vernichtet werde".[785] Origenes nennt in diesem Kontext weder einen Vertreter dieser Lehre, noch gibt er den Hinweis darauf, wann und wo diese Meinung vertreten wurde.[786] Da der Hinweis auf eine zeitliche Einordnung und die Lokalisierung in Arabien an dieser Stelle fehlen, kann der Abschnitt *Contra Celsum* III 22 nicht alleinige Informationsquelle Eusebs gewesen sein.

In der *Disputation mit Heraklides* gibt Origenes im Abschnitt, der sich mit der Frage beschäftigt, ob das Blut die Seele sei, einige Hinweise auf die gesuchte Häre-

---

[783] Bezeichnenderweise heißt diese Häresie im Inhaltsverzeichnis des sechsten Buches „Spaltung unter den Arabern" <GCS Euseb II/2, 512,22: Περὶ τῆς τῶν Ἀράβων διαστάσεως>. Zum indifferenten Gebrauch der Bezeichnungen „Schisma", „Häresie" und „Spaltung" bei Euseb vgl. auch Anm. II 197.

[784] Obwohl Euseb nur in seltenen Fällen Schriften des Origenes zitiert, steht außer Frage, daß er sie gekannt hat, vgl. dazu Teil I 1.19 Origenes. Zur Häresie der Elkesaïten siehe unten Teil I 2.22 Elkesaïten.

[785] Origenes, c. Cels. III 22 <SC 136, 52,17–20: Φέρε οὖν πρὸς μὲν τοὺς μὴ νομίζοντας αὐτοὺς εἶναι θεοὺς ταῦτ' εἴπωμεν. Ἆρ' οὐδὲ τὴν ἀρχήν εἰσιν οὗτοι, ἀλλ' ὥσπερ οἴονταί τινες περὶ τῆς τῶν ἀνθρώπων ψυχῆς ὡς παραχρῆμα διαφθειρομένης, διεφθάρη καὶ τούτων ἡ ψυχή·>.

[786] Die Reihung der Gruppierungen läßt aufgrund der unterschiedlichen Vorstellungen vom Schicksal der menschlichen Seele auf die drei philosophischen Schulen der Epikureer (die Vernichtung der Seele), der Platoniker (die Unsterblichkeit der Seele) und der Stoiker (das Weiterleben der Seele) schließen, so Chadwick, Contra Celsum, 141; Borret, SC 136, 52–53.

sie.[787] In seiner Umgebung soll es Menschen gegeben haben, die glauben, daß die Seele, nachdem sie dieses Leben verläßt, kein Empfindungsvermögen mehr besitzt, sondern mit dem Körper im Grab verbleibt. Er weiß darüber hinaus zu berichten, daß diese Lehre mit enormer Heftigkeit gegen einen anderen Heraklides und seinen Vorgänger Keler durchgesetzt wurde.[788]

Diese Passage bezieht sich auf die aus *Contra Celsum* bekannte Lehre vom Sterben der Seele mit dem Körper. Wie in *Contra Celsum* werden auch hier die Namen derer, die diese Lehre öffentlich vertraten, nicht genannt, so daß Euseb aus diesem Text ebenfalls keine Personen für seine Darstellung namhaft machen konnte.[789] Neu ist jedoch die Angabe des Origenes, daß diese Menschen in seiner Umgebung auftraten, was einen Hinweis auf den Ort der häretischen Wirksamkeit gibt.[790] Euseb konnte dem Beginn der Schrift entnehmen, daß Origenes Heraklides beschuldigte, dieselbe Lehre wie Beryll von Bostra in Arabien zu vertreten. Er nimmt sodann Bezug auf verschiedene Konzile, die in derselben Region über eben diese Frage stattfanden, so daß für Euseb der Eindruck entstehen konnte, daß eines davon gegen Beryll einberufen worden war. Wenn aber das Streitgespräch mit Beryll in derselben Region wie das gegen Heraklides stattfand, kommt nur Arabien als Ort der Auseinandersetzung mit Heraklides in Frage.

Euseb verknüpft beide Informationen aus der *Disputation mit Heraklides* und wertet sie im Hinblick auf die Häresie vom Sterben der Seele aus: Wenn Origenes' Diskussion mit Heraklides, die selbst ein synodales Streitgespräch darstellt, in Arabien stattfand, mußten die in dial. c. Heraklides 10 genannten, „in der Umgebung auftretenden" Häretiker, die das Sterben der Seele vertraten, ebenfalls in Arabien zu lokalisieren sein.[791]

Waren die Häretiker nach *Contra Celsum* von Origenes zeitlich nicht eingeordnet, so läßt sich aus den Angaben der *Disputation mit Heraklides* die häretische Wirksamkeit aufgrund ihres zeitgleichen Auftretens mit Origenes vage in dessen

---

787 Zur Abhängigkeit der eusebianischen Darstellung von Origenes, dial. c. Heraklides 10, vgl. Nautin, Origène, 94–96, und Scherer, SC 67, 19–20. Ein Teil des Berichts von der Synode scheint in dial. c. Heraklides bewahrt zu sein, vgl. Barnes, Constantine and Eusebius, 135.

788 Origenes, dial. c. Heraklides 10: <SC 67, 76,16–78,25: Διονύσιος εἶπεν· „Εἰ ἡ ψυχὴ τὸ αἷμα;" Ὠριγένης εἶπεν· „Ἦλθέν μου εἰς τὰς ἀκοάς, καὶ πεπληροφορημένος λέγω, ὅτι τινὲς τῶν ἐνταῦθα καὶ τῶν ἐν τοῖς ἀστυγείτοσιν οἴονται μετὰ τὴν ἐντεῦθεν ἀπαλλαγὴν τὴν ψυχὴν μηδὲν αἰσθάνεσθαι, ἀλλὰ εἶναι ἐν τῷ μνημείῳ, ἐν τῷ σώματι. Καὶ οἶδα περὶ τούτου τραχύτερον ἐνεχθεὶς πρὸς τὸν ἄλλον Ἡρακλείδαν καὶ Κέλερα τὸν πρὸ αὐτοῦ, καὶ τοσοῦτον τραχύτερον ὥστε καταλιπεῖν καὶ θελῆσαι ἀπελθεῖν· καίτοι τιμῆς ἕνεκεν καὶ τοῦ λόγου μετεπέμψατο ἡμᾶς· >.

789 Die im Dialog genannten Gegner dieser Lehre, Heraklides und Keler, konnte Euseb anscheinend nicht einordnen und übernahm sie deshalb nicht in seine Darstellung.

790 Zur Lokalisierung der Disputation mit Heraklides in Arabien vgl. Nautin, Origène, 95–96.

791 Nautin, Origène, 95–96, nennt einen weiteren Hinweis in Origenes' Schrift, den Euseb zur Lokalisierung des Streitgesprächs mit Heraklides in Arabien gebracht haben könnte: In dial. c. Heraklides 6 <SC 67, 68,8.9> spricht Origenes einen Maximus an, welchen Euseb mit dem späteren Bischof von Bostra (h.e. VII 28,1) identifiziert haben könnte.

Lebenszeit datieren.[792] Zum Leidwesen Eusebs überliefert der Dialog keine Jahreszahl. Andere Informationsquellen scheint er nicht besessen zu haben, denn diese hätte er mit Sicherheit zur Datierung herangezogen. Da die Disputation auf die Synode gegen Beryll von Bostra zurückblickt, konnte Euseb diese Häresie nur *nach* dem Bericht über Beryll (h.e. VI 33,1–3) einordnen.

b) Die Darstellung der Häresie vom Sterben der Seele bei Euseb

Die Information, daß die häretische Lehre von einer Auferstehung der Seele zusammen mit dem Körper am Tage der Auferstehung ausgeht, konnte Euseb keiner der beiden genannten Origenes-Quellen entnehmen. Strenggenommen berichtet die *Disputation mit Heraklides* auch keine Widerlegung dieser Lehre durch Origenes, wie dies Euseb seinem Leser suggeriert. Er wird diese Punkte für seine Darstellung selbst geschaffen haben. Die Information über die Auferstehung der Seele mit dem Körper ist eine konsequente Schlußfolgerung aus den Ausführungen des Origenes, welche die sehr verkürzt überlieferte Lehre für den Leser der h.e. weiter auffächert. Die Darstellung, wonach Origenes die Häresie auf einer Synode widerlegt hat, wird von Euseb analog zu den zwei anderen Widerlegungsberichten (über den Valentinianer Ambrosius, h.e. VI 18,1, und über Beryll von Bostra, h.e. VI 33,1–3) mit dem Ziel geschaffen sein, Origenes als großen Häresiebekämpfer hervorzuheben.

2.22 Elkesaïten (h.e. VI 38,1)

h.e. VI 38,1[793]

38,1 Τότε δὲ καὶ ἄλλης διαστροφῆς κατάρχεται ἡ τῶν Ἑλκεσαϊτῶν λεγομένη αἵρεσις, ἣ καὶ ἅμα τῷ ἄρξασθαι ἀπέσβη. μνημονεύει δ᾽ αὐτῆς ὁμιλῶν ἐπὶ τοῦ κοινοῦ εἰς τὸν πβ ψαλμὸν ὁ Ὠριγένης, ὧδέ πως λέγων

„ἐλήλυθέν τις ἐπὶ τοῦ παρόντος μέγα φρονῶν ἐπὶ τῷ δύνασθαι πρεσβεύειν γνώμης ἀθέου καὶ ἀσεβεστάτης, καλουμένης Ἑλκεσαϊτῶν, νεωστὶ ἐπανισταμένης ταῖς ἐκκλησίαις. ἐκείνη ἡ γνώμη οἷα λέγει κακά, παραθήσομαι ὑμῖν, ἵνα μὴ συναρπάζησθε. ἀθετεῖ τινα ἀπὸ πάσης γραφῆς,

Damals begann auch die sog. Häresie der Elkesaïten, die allerdings schon bei ihrem Erscheinen erlosch, mit einer anderen Verirrung. Ihrer gedenkt Origenes in einer vor dem Volke zum 82. Psalm gehaltenen Homilie. Er sagt daselbst:

„In unserer Zeit ist ein Mann aufgetreten, der sich rühmt, den Anwalt der gottlosen, ganz verruchten sog. Elkesaïtenlehre spielen zu können, die sich erst vor kurzem gegen die Kirche erhob. Die schlimmsten Behauptungen jener Lehre will ich euch mitteilen, damit ihr euch nicht

---

[792]   Scherer, SC 67, 21, datiert das erste Auftreten der Häresie vom Sterben der Seele um 244. Die Häresie habe sich nach der Synode in Arabien spätestens 249 vollständig aufgelöst, woraus Scherer schließt, daß der Origenes-Dialog zwischen 244 und 249 zu datieren sei. Ebenso Altaner/Stuiber, Patrologie, 204–205. Das Gespräch wurde stenographisch aufgezeichnet (Papyrusfund von Tura), vgl. Altaner/Stuiber, Patrologie, 204–205, und Nautin, Origène, 96.

[793]   Euseb, h.e. VI 38 <GCS Euseb II/2, 592,13–594,2>.

κέχρηται ῥητοῖς πάλιν ἀπὸ πάσης παλαιᾶς τε καὶ εὐαγγελικῆς, τὸν ἀπόστολον τέλεον ἀθετεῖ. φησὶν δὲ ὅτι τὸ ἀρνήσασθαι ἀδιάφορόν ἐστιν καὶ ὁ μὲν νοήσας τῷ μὲν στόματι ἐν ἀνάγκαις ἀρνήσεται, τῇ δὲ καρδίᾳ οὐχί. καὶ βίβλον τινὰ φέρουσιν, ἥν λέγουσιν ἐξ οὐρανοῦ πεπτωκέναι καὶ τὸν ἀκηκοότα ἐκείνης καὶ πιστεύοντα ἄφεσιν λήψεσθαι τῶν ἁμαρτημάτων, ἄλλην ἄφεσιν παρ' ἣν Χριστὸς Ἰησοῦς ἀφῆκεν".

von ihr verführen laßt. Diese verwirft gewisse Teile der Bibel, verwendet aber wieder Worte aus dem ganzen Alten Testament und aus allen Evangelien. Den Apostel verwirft sie vollständig. Sie behauptet, daß die Leugnung des Glaubens bedeutungslos sei. In der Zeit der Not würde der vernünftige Mensch mit dem Munde den Glauben verleugnen, nicht jedoch mit dem Herzen. Auch besitzen sie ein Buch, das vom Himmel gefallen sein soll. Wer auf dasselbe hört und daran glaubt, werde Nachlassung der Sünden erlangen, eine andere Nachlassung, als sie Christus Jesus gewährt hätte."

Die Häresie der Elkesaïten ist von Euseb im Anschluß an die Häresie vom Sterben der Seele eingefügt und bildet den Abschluß der Berichte über die Regierungszeit des Philippus Arabs.[794] Euseb greift zur Darstellung der Elkesaïten auf eine heute ansonsten verlorene Homilie des Origenes zum 82. Psalm zurück, aus der er ein Zitat einfügt. Darin will Origenes die Gemeinde über die Elkesaïtenlehre informieren, um seine Zuhörer vor der häretischen Gefahr zu schützen. Der Anlaß für die Predigt war das Auftreten eines „Anwaltes der Elkesaïtenlehre"[795], die kurz zuvor entstanden war. Die konkrete Bedrohung der Gemeinde nötigte Origenes zur Darstellung der zentralen Lehrinhalte.

a) Die Rezeption der Informationen aus Origenes

Da die Homilie des Origenes zum 82. Psalm nicht erhalten ist, kann eine genauere Analyse der Informationsauswahl und der Kontextabgrenzung nicht vorgenommen werden.

Von der eusebianischen Zitierweise ausgehend, erscheint das Zitat des Origenes in h.e. VI 38 als etwas Besonderes, vermeidet Euseb es doch an anderen Stellen der h.e., direkt aus Origeneswerken zu zitieren. Es wird daher zu klären sein, warum er Origenes an dieser Stelle persönlich zu Wort kommen läßt.

Mit diesem Zitat in h.e. VI 38 kann Euseb Origenes noch ein letztes Mal als großen, leidenschaftlichen Prediger und Kämpfer gegen die Häresie darstellen. In h.e. VI 39,5 vermeldet er nur noch den Tod des Origenes infolge der schlimmen

---

[794]   Mit h.e. VI 39 beginnt Euseb die Zeit des Kaisers Decius.

[795]   Wen Origenes als Anwalt der Elkesaïtenlehre bezeichnet, geht aus dem Zitat selbst nicht hervor. Da er der Gemeinde bekannt war, muß sein Name auch nicht notwendigerweise in der Homilie genannt worden sein, so daß Euseb wohl keine Kenntnis von dessen Namen besaß.

Van Oort, Elkesaiten, 1227, wehrt sich gegen die Identifizierung der von Origenes genannten Person mit dem um 220 in Rom wirkenden Elkesaïtenmissionar Alkibiades, der über das Buch Elchasai predigte. Seiner Meinung nach handelt es sich dabei um eine ansonsten unbekannte Person, die etwa um 247 oder früher in der Gegend des palästinischen Cäsarea auftrat.

Erlebnisse in der Zeit der Verfolgung unter Decius (ab h.e. VI 39,1). Es ist beden-
kenswert, daß Euseb einen Bericht über die Widerlegung einer Häresie und keine
biblisch-exegetische Ausführung als Vermächtnis an das Ende seiner Origenes-
Darstellung setzt. Dabei scheint dieses Zitat als „Vermächtnis" geradezu ungeeig-
net: Weder widerlegt Origenes seine Gegner auf besonders brillante, inhaltlich und
argumentativ außergewöhnliche Weise, noch will er allgemeingültige Aussagen
über die Häresie machen.

Zwei Gründe können erklären, warum Euseb dieses eher unspektakuläre Zitat
des Origenes einbringt, das er auch hätte referieren können, wie er es zuvor mit
allen anderen Häresieberichten getan hat.[796]

1) Obwohl Euseb Origenes' Fähigkeiten in der argumentativen Widerlegung von
   Häretikern lobt, die auf der Erforschung der häretischen Lehre basieren, will
   er trotzdem keine argumentative Auseinandersetzung mit der Häresie in seine
   Kirchengeschichtsdarstellung aufnehmen. Er kann nur darüber berichten und
   Origenes' Fähigkeiten hervorheben. Eine Kostprobe dieser Kunstfertigkeit
   muß Euseb den Lesern aufgrund seiner Darstellungsprinzipien vorenthalten.

2) Ein weiterer, inhaltlicher Grund könnte Euseb zum Zitat dieser Textpassage
   geführt haben. Origenes stirbt infolge der „vielen harten Leiden um der
   Lehre Christi willen", die er zur Zeit der Decischen Verfolgung erlitten hatte,
   wobei Euseb namentlich „die Einkerkerung, seine körperlichen Qualen, seine
   Schmerzen in den eisernen Ketten und in den Winkeln des Verlieses, die viel-
   tägige Ausspannung seiner Füße bis zum vierten Loch des Folterblockes, die
   Bedrohungen mit dem Feuertode [...]"[797] nennt. In schärfstem Kontrast dazu
   steht nun die von den Elkesaïten erhobene Behauptung, „daß die Leugnung
   des Glaubens bedeutungslos sei; in der Zeit der Not würde der vernünftige
   Mensch mit dem Munde den Glauben verleugnen, nicht jedoch mit dem Herzen" (h.e. VI 38). Um dieser Aussage willen könnte Euseb das Zitat ausgewählt
   haben. Mit der direkt anschließenden Darstellung von Origenes' Leiden aufgrund seines Bekenntnisses zur christlichen Lehre gerade in der Zeit der Verfolgung wird die Falschheit der elkesaïtischen Lehre offensichtlich. Mit seinem
   Lebensende straft Origenes die Elkesaïten Lügen.

Nimmt man diese Beweggründe Eusebs an, ist die Auswahl und die Kontextabgrenzung des Origenes-Zitats verständlich.

---

[796]   Euseb besaß die Akten gegen Beryll von Bostra (vgl. h.e. VI 33,3) und auch andere Schriften, in
denen sich Origenes mit Häretikern auseinandersetzt. Ein Zitat aus diesen Schriften hätte den
Lesern sehr viel besser die argumentativen Fähigkeiten des Origenes bei der Widerlegung von
Gegnern veranschaulichen können als das Zitat zu den Elkesaïten, das sich rein deskriptiv mit der
Häresie auseinandersetzt.

[797]   Euseb, h.e. VI 39,5 <GCS Euseb II/2, VI 594,20–24: [...] οἷά τε καὶ ὅσα διὰ τὸν Χριστοῦ λόγον ὁ
ἀνὴρ ὑπέμεινεν, δεσμὰ καὶ βασάνους τὰς κατὰ τοῦ σώματος τάς τε ὑπὸ σιδήρῳ καὶ μυχοῖς εἱρκτῆς τιμωρίας,
καὶ ὡς ἐπὶ πλείσταις ἡμέραις τοὺς πόδας ὑπὸ τέσσαρα τοῦ κολαστηρίου ξύλου παραταθεὶς διαστήματα,
πυρός τε ἀπειλὰς [...]>.

b) Ausgelassene Informationen zur Häresie der Elkesaïten

Über die Origenes-Homilie hinausgehend läßt sich die Kenntnis weiterer Quellen bei Euseb nicht nachweisen.[798] In der *Chronik* kennt Euseb die Elkesaïten noch nicht. Auch wird er die Informationen über Alkibiades in Hippolyts *Refutatio* IX 4.13–17 und X 29 nicht gekannt haben[799], da er ansonsten die Häresie der Elkesaïten früher datiert hätte.[800]

c) Die Datierung der Häresie der Elkesaïten

Die Datierung der Häresie der Elkesaïten bereitet Euseb offensichtlich Schwierigkeiten. Die Origenes-Predigt war wohl nicht datiert und enthielt auch keinen Hinweis auf die Entstehungszeit der Häresie.

Da sich bereits Hippolyt mit seinem Zeitgenossen, dem Elkesaïten Alkibiades auseinandersetzt, wird man davon ausgehen können, daß die Elkesaïten früher entstanden sind, als Euseb sie einordnet. Wohlmöglich hielt auch Origenes seine Predigt gegen die Elkesaïten bereits früher.[801]

---

[798] Ebenso Nautin, Origène, 96.

[799] Hippolyt berichtet in ref. IX 4.13–17 und ref. X 29 über Alkibiades, daß er zur Zeit des Kallist mit einem Buch nach Rom kam, welches ein gewisser Elchasai zuvor erhalten habe und das vom Gottessohn und dem Heiligen Geist inspiriert sei. Alkibiades gewinnt mit der Verheißung einer neuen Sündenvergebung im dritten Jahr Trajans zahlreiche Anhänger. Mit der von ihm eingesetzten Taufe seien alle – selbst die als Christ begangenen – Sünden erlassen (ref. IX 13). Die Einhaltung des Gesetzes und die Beschneidung sind konstitutiv für die Gemeinschaft der Elkesaïten. Zudem kennt Hippolyt eine von Alkibiades verkündete Seelenwanderungslehre, die er an Christus exemplifiziert: Dieser sei bereits früher und oftmals als Mensch aus der Jungfrau geboren, und geschehe auch weiterhin; er ändere nur die Zeugungen und Körper.
Die Elkesaïten beschäftigten sich mit der Lehre des Pythagoras und betrieben ernsthaft mathematische, astrologische und magische Studien. Zur Verwirrung des einfachen Volkes benutzten sie Zauberworte, Beschwörungen und Sprüche zur Heilung von Kranken und Besessenen.
Die Ausführungen in ref. IX 15 beschäftigen sich mit der zweiten Taufe, diejenigen in ref. X 16 mit den aus der Astrologie gewonnenen Handlungsanweisungen für das tägliche Leben, und diejenigen in ref. X 17 thematisieren das Geheimhaltungsgebot für das Buch des Elchasai.

[800] Wären Euseb die Aussagen über die Elkesaïten in der *Refutatio* Hippolyts bekannt gewesen – insbesondere dessen Aussagen, welche erkennen lassen, daß Alkibiades ein Zeitgenosse Kallists und damit auch Hippolyts ist (ref. IX 13.17) –, hätte er die Elkesaïten bereits in die Lebenszeit Hippolyts eingeordnet. Da Euseb dessen Wirksamkeit nach h.e. VI 20,2 in die Zeit des Caracalla (211–217) datiert, hat er entweder die *Refutatio* nicht gekannt oder aus unbekannten Gründen die Elkesaïten zeitlich später als Hippolyt angesetzt. Da für letztere Möglichkeit keine Gründe namhaft gemacht werden können, wird man davon ausgehen können, daß Euseb die *Refutatio* Hippolyts, obwohl er sie in h.e. VI 22 nennt, nicht gekannt hat.

[801] Sollten die Angaben Hippolyts richtig sein, daß sowohl Elchasai aus Apamea im dritten Jahr des Trajan seine Offenbarung empfangen hat als auch daß Alkibiades in Rom in den 210/220er Jahren missionarisch tätig war, dann kann Origenes schwerlich um 247 (vgl. Datierung van Oort, Elkesaiten, 1227) davon reden, daß die Elkesaïten erst *„vor kurzem"* (νεωστί) entstanden sind.

Euseb kannte aber die *Refutatio* Hippolyts nicht und konnte daher die Häresie der Elkesaïten nur vage in die Lebenszeit des Origenes einordnen[802], und zwar in einen geschichtlichen Kontext, in dem die Behauptung der Elkesaïten, die Leugnung des Glaubens sei in Zeiten der Verfolgung irrelevant, sinnvoll erschien. So datiert Euseb die Häresie kurz vor die Decische Verfolgung, durch deren Qualen Origenes später sein Leben verlieren sollte. Nur wenn Euseb keine weiteren Informationen als die undatierte Origenes-Predigt zur Verfügung standen, ist die zeitliche Einordnung der Häresie mindestens dreißig Jahre zu spät verständlich.[803]

d) Die Darstellung der Häresie der Elkesaïten bei Euseb

Bevor auf die Verarbeitung der origenistischen Informationen zur Häresie eingegangen werden soll, lohnt sich ein Blick auf die eusebianische Einleitung der Quelle: „Die sogenannte Häresie der Elkesaïten begann damals und erlosch bereits in ihrem Entstehen" (h.e. VI 38). Mit dieser Formulierung knüpft Euseb an die häreseologischen Aussagen in h.e. IV 7,12–13 an, wo er berichtet hatte, daß die Wahrheit eigene Streiter aufstellt, so daß die Häresien, einmal widerlegt, *rasch* zusammenbrechen und sich auflösen.[804] Er schickt mit seinem Eingangssatz sozusagen das Resultat der origenistischen Predigt voraus, obwohl der zitierte Textabschnitt eigentlich keine Widerlegung bietet. Mit Eusebs Einleitung wird aus dem deskriptiv-informativen Bericht über die Häresie der Elkesaïten eine Widerlegung durch Origenes, welche nach der Konzeption Eusebs die Auflösung der Häresie zur Folge hat.

Die Besonderheit der Darstellung liegt darin, daß Euseb mit dem Origenes-Zitat zentrale Lehrinhalte der Elkesaïten wiedergibt. Origenes listet in seiner Predigt relativ nüchtern und ohne Polemik die falschen Lehrsätze der Elkesaïten auf; einzig der Anwalt der Lehre wird mit Schimpfworten bedacht. Origenes berichtet

---

Auch wenn man die origenische Zeitangabe als topisch geprägt ansehen will, so daß die Häresie im Gegensatz zur Wahrheit „erst vor kurzem entstanden ist", oder wenn man regionale Gegebenheiten geltend macht, weswegen Origenes erst spät von dieser Gruppierung erfahren hat, so wird man doch nicht umhin kommen, die Origenes-Predigt zeitlich etwas früher als bei Euseb eingearbeitet ansetzen zu müssen.

802   Die zeitlichen Angaben der Origenes-Predigt νεωστί und ἐπὶ τοῦ παρόντος brachten außer der vagen Datierung in Origenes' Lebenszeit für Euseb keinen weiteren Anhaltspunkt zur chronologischen Einordnung der Elkesaïten.

803   So auch Gustavsson, Eusebius' Principles, 439.
    Einen Anhaltspunkt hatte Euseb darin, daß Origenes erst nach 323 gepredigt hat, eine Origenes-Predigt also *nach* der dauerhaften Übersiedlung nach Cäsarea zu datieren ist. Geht man davon aus, daß sich die Häresie der Elkesaïten bereits zu Lebzeiten Hippolyts, genauer um 210 (vgl. Anm. I 801), missionarisch ausbreitete, dann datiert Euseb die Origenes-Predigt und die Elkesaïten mindestens dreißig Jahre zu spät, wenn er sie *nach* dem Regierungsantritt des Philippus Arabs (244) und *vor* dem Regierungsantritt des Decius (249, h.e. VI 39) einordnet.

804   Man muß Euseb zugute halten, daß er keine weiteren Informationen über die Häresie der Elkesaïten besaß, weshalb er an dieser Stelle seine häreseologische Konzeption von der Auflösung der Häresie einfügen konnte.

seiner Gemeinde, daß die Häretiker erstens gewisse Teile von jeder Schrift verwerfen, dafür aber Worte aus dem ganzen Alten Testament und aus allen Evangelien verwenden; nur die Briefe des Apostels verwerfen sie vollständig. Sie behaupten zweitens, daß die Leugnung des Glaubens in der Zeit der Not bedeutungslos sei, da jeder vernünftige Mensch mit dem Munde, jedoch nicht mit dem Herzen den Glauben verleugnen würde. Als drittes Charakteristikum dieser Häresie nennt Origenes den Besitz eines Buches, das nach den Angaben ihrer Anhänger vom Himmel gefallen sei. Wer auf dieses Buch gläubig höre, werde Nachlassung der Sünden erlangen, die, wie Origenes festhält, eine andere sei als diejenige, welche Christus gewährt.

Dem nüchternen und sachlichen Bericht des Origenes kommt mit der Integration in den Gesamtkontext der h.e. eine besonders häretische Konnotation zu, da Euseb einzelne Lehren bereits an anderer Stelle als Merkmale der Häresie gebrandmarkt hatte:

1) Das Verwerfen von Schriften aus dem Alten oder Neuen Testament hatte Euseb als ein wesentliches Charakteristikum der Häresie bei der Darstellung der Ebionäer (vgl. h.e. III 27,4)[805], der Severianer (vgl. h.e. IV 29,5) und der Theodotianer (h.e. V 28,19) herausgearbeitet. An der Ablehnung von Schriften oder der Korrektur biblischer Texte läßt sich nach eusebianischer Vorstellung die Falschheit sowie die Mangelhaftigkeit einer Lehre erkennen.

2) Ebenso ist auch die Behauptung, die Leugnung des Glaubens sei in Zeiten der Not irrelevant, da man nur mit dem Mund, nicht aber mit dem Herzen leugne, mit der Darstellung der eusebianischen Kirchengeschichte als falsch erwiesen.

Gegen letztere Behauptung spricht zum einen, daß Euseb Märtyrern, welche angesichts der Verfolgung standhaft für den christlichen Glauben gekämpft haben, in seiner Kirchengeschichte einen besonderen Platz einräumt. Nicht nur die berühmten Märtyrer von Justin bis hin zu Origenes, sondern auch die vielen ansonsten unbekannten Märtyrer aus Lyon (vgl. h.e. V 1,1–4,3) werden in Eusebs Darstellung integriert. Zum anderen kommt dieser Lehre der Verleugnung des Glaubens im Gesamtkontext der h.e. noch eine spezifisch häretische Konnotation zu, da der Häretiker Novatus sein Presbyteramt in der Verfolgung verleugnet, als er von Diakonen aufgefordert wird, seine Zelle zu verlassen, um den Brüdern zu helfen.[806]

3) Die Berufung auf ein Buch, das vom Himmel gefallen sei und die Nachlassung der Sünden verspricht, ist ohne Analogie in der eusebianischen Häresiedarstellung. Jedoch gibt es Parallelen in der Hinsicht, daß sich auch weitere Häresien

---

805   Vgl. auch Epiphanius, pan. 29,5,4; 30,2 <GCS Epiphanius I, 222,25–27; 336,1–4>, der in der Lehre eine Übereinstimmung zwischen Elkesaïten und Ebionäern/Sampsäern erkennt. Epiphanius besitzt aber nur wenige Informationen über die Elkesaïten, obwohl er zwei elkesaïtische Frauen, Marthus und Marthana (pan. 53,1), namentlich nennen kann. Zur Darstellung der Elkesaïten bei Epiphanius vgl. Strecker, Judenchristentum, 312.320.

806   Vgl. h.e. VI 43,16.

neben der Bibel auf andere autoritative Offenbarungsquellen des göttlichen Willens berufen. Zu nennen wären hier die Prophetinnen, welche eine häretische Lehre mit ihren Weissagungen mehr oder weniger geprägt haben und so in Konkurrenz zur Bibel getreten sind: Simons Helena (h.e. II 13,4) und Apelles' Philumene (h.e. V 13,2)[807]. Die Häresie des Montanus setzt mit ihrer Berufung auf den prophetischen Geist den Schwerpunkt der Gottesoffenbarung nicht in den biblischen Schriften, sondern in der zeitgenössischen Prophetie. Das Berufen auf eine andere Instanz als die biblischen Schriften ist für Euseb ein Zeichen von Häresie, an der auch die Häresie der Elkesaïten erkannt werden kann.

Auffallenderweise führt Euseb den Namen der „Elkesaïten" nicht auf eine Gründerfigur zurück[808], wie er es üblicherweise tut[809]. Da er den Namen auch nicht etymologisch wie bei den Ebionäern aus dem Hebräischen herleiten kann, ist dies die erste Häresie, deren Bezeichnung Euseb seinem Leser nicht erklärt.

---

[807] Der Sachverhalt, daß Apelles die Sprüche der Philumene in seiner Schrift Φανερώσεις niedergeschrieben hat, war Euseb nicht bekannt, da er dies weder in h.e. V 13,2 seinen Leser wissen läßt noch an dieser Stelle eine Parallele zwischen den Apellejern und den Elkesaïten konstruiert.

[808] Gründer der Sekte der Elkesaïten war der judenchristliche Prophet Elchasai (Alchasaios, Elkesai, Elxaios, Elxai), der 116–117 in Mesopotamien eine Offenbarung erhalten haben soll, welche er im Buch „Elchasai" aramäisch niederschrieb. Alkibiades predigte über dieses Buch etwa um 220 in Rom, ebenso der elkesaïtische Missionar in Cäsarea, vgl. van Oort, Elkesaiten, 1227–1228.

[809] Sofern Euseb den Namen einer Häresie überliefert, erklärt er ihn: Die Simonianer stammen von Simon ab, die Nikolaïten nennen sich (fälschlicherweise) nach Nikolaus usw. Eine Ausnahme bildete bislang nur die „Häresie vom Sterben der Seele", deren eigentlichen Namen und Gründer Euseb nicht kannte.

Die Häresie zur Zeit des Decius (249–251)

Wie zur Zeit des Gordianus hat Euseb auch zur Zeit des Decius nur Kenntnis von einer einzigen Häresie: derjenigen des Novatus. Gleich zu Beginn der Regierung des Decius, die Euseb ab h.e. VI 39,1 darstellt, berichtet er, daß jener aus Haß gegen den Christenfreund[810] Philippus Arabs die Verfolgung der Kirchen organisierte. Im Anschluß geht Euseb auf die bekannten Märtyrer unter Decius ein, wie Fabian von Rom (h.e. VI 39,1), Alexander von Jerusalem (h.e. VI 39,2) und Babylas von Antiochien (h.e. VI 39,4), um in einem weiteren Schritt deren Nachfolger im Amt zu benennen und so wie gewohnt die Bischofswechsel zu Beginn einer Regierungszeit darzustellen. In h.e. VI 39,5 beendet Euseb die Lebensgeschichte des Origenes, der in Folge der Decischen Verfolgung verstarb, mit einem Hinweis auf dessen schlimme Erlebnisse während der Verfolgung.

Mit h.e. VI 40,1 schwenkt Euseb zu seiner zweiten Hauptperson in Buch VI über, zu Dionysius von Alexandrien. Die folgenden Zitate aus den Briefen des Dionysius (an Germanus, h.e. VI 40,1–3.4.5–9; an Fabius, h.e. VI 41,1–42,4.5–6) thematisieren die Verfolgung unter Decius aus der Sicht eines Zeitzeugen und geben die für die Christen gefährliche Situation eindrucksvoll wieder. Insbesondere der Brief an Fabius läßt die Angst der Christen verständlich werden, die sie entweder zum Opfern oder aber zur Flucht veranlaßte.

Der Bericht über die Ereignisse zur Zeit des Decius läßt eine bewußte Quellenauswahl Eusebs erkennen. Er entscheidet sich für Augenzeugenberichte, welche seinem Leser eine besondere Nähe zu den verfolgten Christen der damaligen Zeit vermitteln.[811] In welchem Maße er mit dieser Textauswahl Stellung in der durch Novatus aufgeworfenen Frage des angemessenen Umgangs mit den gefallenen Brüdern nimmt, zeigt das letzte Zitat aus dem Brief des Dionysius an Fabius von Antiochien, das von Euseb offensichtlich als Einleitung bzw. Überleitung zur Novatusthematik eingefügt wurde. Dort berichtet Dionysius, daß insbesondere die Märtyrer sich den gefallenen Brüdern, die sich durch das Opfern versündigt

---

810   Euseb geht in h.e. VI 34 noch weiter und charakterisiert Philippus Arabs als Christen, der mit Zustimmung des römischen Bischofs an der Ostervigil teilnahm. Es ist historisch fraglich, ob Philippus Arabs wirklich Christ war. Dagegen spricht auch die Beobachtung, daß Euseb später Konstantin, nicht Philippus Arabs, als den ersten christlichen Kaiser feiert. Es scheint, als ob Euseb die Aussage über das Christsein des Philippus Arabs in h.e. VI 34 eingefügt hat, um den Haß des Decius auf die Kirche später (h.e. VI 39) motivieren zu können.

    Wahrscheinlich wird man die Bemerkungen über Philippus Arabs im Kontext der anderen Aussagen über die Kaiser verstehen müssen: Euseb unterscheidet und beurteilt die Kaiser nach ihrer Haltung gegenüber der Kirche. Philippus Arabs ist nach der Darstellung in h.e. VI 34 zu den christen*freundlichen* Kaisern zu zählen, dessen Interesse für den christlichen Glauben und Kultus die Person Konstantins präfiguriert.

811   Zur Verwendung und Funktion der (internen) Fokalisierung, der zeitweiligen Einschränkung des Erzählerblickes auf das Blickfeld einer am berichteten Geschehen beteiligten Person, um die „Innenwelt" der Figuren sichtbar zu machen, vgl. Hidber, Zeit und Erzählperspektive, 160–166.

hatten, erbarmten, deren Umkehr und Sinneswandel erkannten und sie wieder in ihre Gemeinschaft aufnahmen. Dionysius stellt sein Gegenüber Fabius hinsichtlich des Umgangs mit den Lapsi vor die Alternative: Entweder man urteilt wie die Märtyrer gnädig über die Gefallenen und nimmt sie wieder auf *oder* man wird zum Richter über die Märtyrer, erklärt ihr Urteil für falsch und zu milde und weist die Gefallenen aus der Kirche. Dionysius bezieht in dieser Frage deutliche Position für die Wiederaufnahme der Gefallenen und gegen die Kritik am erbarmungsvollen Handeln der Märtyrer.

Mit der Stellungnahme des Dionysius von Alexandrien, immerhin der zentralen Person in Buch VI, nimmt Euseb die Entscheidung, wie mit den Lapsi rechtmäßig umzugehen ist, erzählerisch vorweg und gibt dem Leser der h.e. den rechten Blickwinkel auf die im folgenden berichtete Häresie des Novatus, der in dieser Frage die Gegenposition zu Dionysius einnimmt.

2.23 Novatus (h.e. VI 43,1–22; VI 44,1–46,1; VII 7,6–8,1)

h.e. VI 43,1–46,1 [812]

43,1 Ταῦτα δ' εἰκότως ὁ Διονύσιος παρατέθειται, τὸν περὶ τῶν ἐξησθενηκότων κατὰ τὸν τοῦ διωγμοῦ καιρὸν ἀνακινῶν λόγον, ἐπειδήπερ τῇ κατὰ τούτων ἀρθεὶς ὑπερηφανίᾳ Νοουάτος, τῆς Ῥωμαίων ἐκκλησίας πρεσβύτερος, ὡς μηκέτ' οὔσης αὐτοῖς σωτηρίας ἐλπίδος μηδ' εἰ πάντα τὰ εἰς ἐπιστροφὴν γνησίαν καὶ καθαρὰν ἐξομολόγησιν ἐπιτελοῖεν, ἰδίας αἱρέσεως τῶν κατὰ λογισμοῦ φυσίωσιν Καθαροὺς ἑαυτοὺς ἀποφηνάντων ἀρχηγὸς καθίσταται·

Mit Recht hatte Dionysius der Erwähnung jener, welche während der Verfolgung schwach geworden waren, noch diese Bemerkungen beigefügt. Denn Novatus, ein Presbyter der römischen Kirche hatte sich hochmütig gegen diese (Gefallenen) erhoben, als ob für sie gar keine Hoffnung auf Rettung mehr bestünde, selbst dann nicht, wenn sie alles täten, was zu aufrichtiger Bekehrung und reinem Bekenntnis notwendig ist. Er wurde dadurch zum Führer jener neuen Häretiker, welche sich in geistigem Hochmut die Reinen nannten.

43,2 ἐφ' ᾧ συνόδου μεγίστης ἐπὶ Ῥώμης συγκροτηθείσης ἑξήκοντα μὲν τὸν ἀριθμὸν ἐπισκόπων, πλειόνων δ' ἔτι μᾶλλον πρεσβυτέρων τε καὶ διακόνων, ἰδίως τε κατὰ τὰς λοιπὰς ἐπαρχίας τῶν κατὰ χώραν ποιμένων περὶ τοῦ πρακτέου διασκεψαμένων, δόγμα παρίσταται τοῖς πᾶσιν, τὸν μὲν Νοουάτον ἅμα τοῖς σὺν αὐτῷ συνεπαρθεῖσιν τούς τε συνευδοκεῖν τῇ μισαδέλφῳ καὶ ἀπανθρωποτάτῃ γνώμῃ τἀνδρὸς προαιρουμένους ἐν ἀλλοτρίοις τῆς ἐκκλησίας ἡγεῖσθαι, τοὺς δὲ τῇ συμφορᾷ περιπεπτωκότας

Daher versammelte sich in Rom eine mächtige Synode von sechzig Bischöfen und einer noch größeren Zahl von Priestern und Diakonen, und berieten sich in den Provinzen die Hirten der übrigen Gegenden in besonderen Versammlungen über das, was zu tun wäre. Sie faßten alle den Beschluß, Novatus und die, welche sich mit ihm erhoben hatten, sowie diejenigen, welche seiner lieblosen und ganz unmenschlichen Anschauung beipflichten wollten, als der Kirche Fremde anzuse-

---

[812]   Euseb, h.e. VI 43,1–46,1 <GCS Euseb II/2, 612,12–626,24>.

τῶν ἀδελφῶν ἰᾶσθαι καὶ θεραπεύειν τοῖς τῆς μετανοίας φαρμάκοις.

43,3 ἦλθον δ' οὖν εἰς ἡμᾶς ἐπιστολαὶ Κορνηλίου Ῥωμαίων ἐπισκόπου πρὸς τὸν τῆς Ἀντιοχέων ἐκκλησίας Φάβιον, δηλοῦσαι τὰ περὶ τῆς Ῥωμαίων συνόδου καὶ τὰ δόξαντα τοῖς κατὰ τὴν Ἰταλίαν καὶ Ἀφρικὴν καὶ τὰς αὐτόθι χώρας, καὶ ἄλλαι πάλιν, Ῥωμαϊκῇ φωνῇ συντεταγμέναι, Κυπριανοῦ καὶ τῶν ἅμ' αὐτῷ κατὰ τὴν Ἀφρικήν, δι' ὧν τὸ καὶ αὐτοὺς συνευδοκεῖν τῷ δεῖν τυγχάνειν ἐπικουρίας τοὺς πεπειρασμένους ἐνεφαίνετο καὶ τῷ χρῆναι εὐλόγως τῆς καθολικῆς ἐκκλησίας ἐκκήρυκτον ποιήσασθαι τὸν τῆς αἱρέσεως ἀρχηγὸν πάντας τε ὁμοίως τοὺς συναπαγομένους αὐτῷ.

43,4 ταύταις ἄλλη τις ἐπιστολὴ συνῆπτο τοῦ Κορνηλίου περὶ τῶν κατὰ τὴν σύνοδον ἀρεσάντων καὶ πάλιν ἑτέρα περὶ τῶν κατὰ Νοουάτον πραχθέντων· ἀφ' ἧς καὶ μέρη παραθέσθαι οὐδὲν ἂν κωλύοι, ὅπως εἰδεῖεν τὰ κατ' αὐτὸν οἱ τῇδε ἐντυγχάνοντες τῇ γραφῇ.

43,5 τὸν δὴ οὖν Φάβιον ἀναδιδάσκων ὁποῖός τις ὁ Νοουάτος γεγόνοι τὸν τρόπον, αὐτὰ δὴ ταῦτα γράφει ὁ Κορνήλιος
„ἵνα δὲ γνῷς ὅτι πρόπαλαι ὀρεγόμενος τῆς ἐπισκοπῆς ὁ θαυμάσιος οὗτος καὶ κρύπτων ἐν αὐτῷ τὴν προπετῆ ταύτην αὐτοῦ ἐπιθυμίαν ἐλάνθανεν, ἐπικαλύμματι τῆς αὐτοῦ ἀπονοίας τῷ κατ' ἀρχὰς σὺν αὐτῷ τοὺς ὁμολογητὰς ἐσχηκέναι χρώμενος, εἰπεῖν βούλομαι.

43,6 Μάξιμος πρεσβύτερος τῶν παρ' ἡμῖν καὶ Οὐρβανός, δὶς τὴν ἐξ ὁμολογίας δόξαν ἀρίστην καρπωσάμενοι, Σιδόνιός τε καὶ Κελερῖνος, ἀνὴρ ὃς πάσας βασάνους διὰ τὸν τοῦ θεοῦ ἔλεον καρτερικώτατα διενέγκας καὶ τῇ ῥώμῃ τῆς αὐτοῦ πίστεως τὸ ἀσθενὲς τῆς σαρκὸς ἐπιρρώσας, κατὰ κράτος νενίκηκεν τὸν ἀντικείμενον, οὗτοι δὴ οὖν οἱ ἄνδρες κατανοήσαντες αὐτὸν καὶ καταφωράσαντες τὴν ἐν αὐτῷ πανουργίαν τε καὶ παλιμβολίαν τάς τε ἐπιορκίας καὶ τὰς ψευδολογίας καὶ τὴν ἀκοινωνησίαν αὐτοῦ καὶ λυκοφιλίαν, ἐπανῆλθον εἰς τὴν ἁγίαν

hen, dagegen die Brüder, welche ins Unglück gefallen waren, mit den Arzneimitteln der Buße zu heilen und zu pflegen.

Auf uns sind Briefe des römischen Bischofs Kornelius an Fabius, den Bischof der Kirche in Antiochien, gekommen, in welchen über die römische Synode und über die Beschlüsse der Christen in Italien, Afrika und den dortigen Ländern berichtet wird; ferner lateinisch verfaßte Briefe Cyprians und der mit ihm vereinten afrikanischen Bischöfe, aus welchen sich ergibt, daß auch sie damit einverstanden waren, daß man den Verführten zu Hilfe kommen und den Urheber der Häresie zugleich mit allen seinen Anhängern aus gutem Grund aus der katholischen Kirche ausschließen müsse.

Diesen Briefen war noch ein weiterer Brief des Kornelius über die Beschlüsse der Synode und noch ein Brief über das Tun und Treiben des Novatus beigefügt. Es dürfte am Platz sein, einige Stellen aus dem letzten Brief anzuführen, damit die Leser unserer Schrift wissen, wie es um Novatus steht.

Um Fabius über den Charakter des Novatus aufzuklären, schreibt Kornelius folgendes:

Damit du wissest, daß dieser sonderbare Mann schon längst heimlich nach der bischöflichen Würde strebte, dabei aber dieses unbesonnene Verlangen in sich verbarg, und daß er die Bekenner, die zunächst auf seiner Seite standen, als Tarnung für seine wahnsinnige Idee ausnützte, will ich dich darüber aufklären.
Maximus, ein Presbyter unserer Kirche, und Urbanus, Männer, die schon zweimal infolge ihres Bekenntnisses herrlichsten Ruhm geerntet haben, ferner Sidonius und Celerinus, welcher alle möglichen Martern durch die Gnade Gottes sehr standhaft ertragen, durch die Kraft seines Glaubens die Schwäche des Fleisches überwunden und so den Widersacher kraftvoll besiegt hat, diese durchschauten ihn und entlarvten seine Verschlagenheit und Falschheit, seine Meineide und Lügen, seine Ungesellichkeit und falsche Freundschaft und kehrten wieder

ἐκκλησίαν, καὶ ἅπαντα αὐτοῦ τὰ τεχνάσματα καὶ πονηρεύματα, ἃ ἐκ πολλοῦ ἔχων ἐν ἑαυτῷ ὑπεστέλλετο, παρόντων ἱκανῶν τοῦτο μὲν ἐπισκόπων τοῦτο δὲ πρεσβυτέρων καὶ λαϊκῶν ἀνδρῶν παμπόλλων, ἐξήγγειλαν, ἀποδυρόμενοι καὶ μεταγινώσκοντες ἐφ' οἷς πεισθέντες τῷ δολερῷ καὶ κακοήθει θηρίῳ πρὸς ὀλίγον χρόνον τῆς ἐκκλησίας ἀπελείφθησαν".

43,7 εἶτα μετὰ βραχέα φησίν

„ἀμήχανον ὅσην, ἀγαπητὲ ἀδελφέ, τροπὴν καὶ μεταβολὴν ἐν βραχεῖ καιρῷ ἐθεασάμεθα ἐπ' αὐτοῦ γεγενημένην. ὁ γάρ τοι λαμπρότατος καὶ δι' ὅρκων φοβερῶν τινων πιστούμενος τὸ μηδ' ὅλως ἐπισκοπῆς ὀρέγεσθαι, αἰφνίδιον ἐπίσκοπος ὥσπερ ἐκ μαγγάνου τινὸς εἰς τὸ μέσον ῥιφεὶς ἀναφαίνεται.

43,8 οὗτος γάρ τοι ὁ δογματιστής, ὁ τῆς ἐκκλησιαστικῆς ἐπιστήμης ὑπερασπιστής, ὁπηνίκα παρασπᾶσθαί τε καὶ ὑφαρπάζειν τὴν μὴ δοθεῖσαν αὐτῷ ἄνωθεν ἐπισκοπὴν ἐπεχείρει, δύο ἑαυτῷ κοινωνούς, ἀπεγνωκότας τῆς ἑαυτῶν σωτηρίας, ἐπελέξατο, ὡς ἂν εἰς βραχύ τι μέρος καὶ ἐλάχιστον τῆς Ἰταλίας ἀποστείλῃ κἀκεῖθεν ἐπισκόπους τρεῖς, ἀνθρώπους ἀγροίκους καὶ ἁπλουστάτους, πλαστῇ τινι ἐπιχειρήσει ἐξαπατήσῃ, διαβεβαιούμενος καὶ διισχυριζόμενος δεῖν αὐτοὺς ἐν τάχει παραγενέσθαι εἰς Ῥώμην, ὡς δῆθεν πᾶσα ἥτις δήποτε οὖν διχοστασία γεγονυῖα σὺν καὶ ἑτέροις ἐπισκόποις καὶ αὐτῶν μεσιτευόντων διαλυθῇ·

43,9 οὓς παραγενομένους, ἅτε δή, ὡς ἔφθημεν λέγοντες, ἀνθρώπους ἁπλουστέρους περὶ τὰς τῶν πονηρῶν μηχανάς τε καὶ ῥᾳδιουργίας, συγκλεισθέντας ὑπό τινων ὁμοίων αὐτῷ τεταραγμένων ἀνθρώπων, ὥρᾳ δεκάτῃ, μεθύοντας καὶ κραιπαλῶντας, μετὰ βίας ἠνάγκασεν εἰκονικῇ τινι καὶ ματαίᾳ χειρεπιθεσίᾳ ἐπισκοπὴν αὐτῷ δοῦναι, ἣν ἐνέδρᾳ καὶ πανουργίᾳ, μὴ ἐπιβάλλουσαν αὐτῷ, ἐκδικεῖ·

43,10 ἐξ ὧν εἷς μετ' οὐ πολὺ ἐπανῆλθεν εἰς τὴν ἐκκλησίαν, ἀποδυρόμενος καὶ ἐξομολογούμενος τὸ ἑαυτοῦ ἁμάρτημα, ᾧ καὶ ἐκοινωνήσαμεν λαϊκῷ, ὑπὲρ αὐτοῦ δεηθέντος παντὸς τοῦ παρόντος λαοῦ· καὶ τῶν λοιπῶν δὲ

zur heiligen Kirche zurück. In der Gegenwart von zahlreichen Bischöfen und Presbytern und einer großen Menge von Laien machten sie alle seine Ränke und Bosheiten kund, die er seit langem still bei sich gehegt hat, und bereuten es schmerzlich, daß sie dem hinterlistigen und bösartigen Tiere gefolgt waren und sich für einige Zeit von der Kirche getrennt hatten."

Bald darauf fährt Kornelius fort:

„Lieber Bruder, wir haben beobachtet, wie in kurzer Zeit an ihm eine unbegreifliche Änderung und Wandlung vorgegangen ist. Dieser hochangesehene Mann, der unter furchtbaren Eiden gelobt hatte, daß er in keiner Weise nach der bischöflichen Würde strebte, erschien plötzlich, wie von einem Geschütz unter das Volk geschleudert, als Bischof.

Dieser Meister der Lehre, dieser Verteidiger der kirchlichen Wissenschaft versuchte die bischöfliche Würde, da sie ihm nicht von oben gegeben ward, heimlich und mit List an sich zu reißen. Er wählte hierfür zwei Freunde, die auf ihr Heil verzichtet hatten, um sie in eine kleine und ganz unbedeutende Gegend Italiens zu schicken und von dort drei ungebildete und recht einfältige Bischöfe unter trügerischen Vorstellungen heranzulocken. Er versicherte und beteuerte, sie müßten eiligst nach Rom kommen, damit angeblich irgendeine Spaltung, die entstanden, durch ihre Vermittlung zugleich mit Hilfe der übrigen Bischöfe beseitigt würde.

Nachdem sie gekommen, ließ er sie von Anhängern seines Irrtums einschließen und nötigte sie mit Gewalt – wie gesagt, waren die Männer zu einfältig gegenüber den Ränken und Streichen des Bösen – um die zehnte Stunde, da sie betrunken und besinnungslos waren, ihm durch scheinbare und nichtige Handauflegung die bischöfliche Würde zu übertragen, die er nun, obwohl sie ihm nicht zu eigen ist, schlau und listig zu verteidigen sucht.

Einer von den Männern kehrte bald darauf zur Kirche zurück, indem er unter Tränen seinen Fehltritt bekannte. Auf Bitten des ganzen anwesenden Volkes hin nahmen wir ihn als Laien in die kirchliche Gemeinschaft auf. Für die

ἐπισκόπων διαδόχους εἰς τοὺς τόπους, ἐν οἷς ἦσαν, χειροτονήσαντες ἀπεστάλκαμεν.

43,11 ὁ ἐκδικητὴς οὖν τοῦ εὐαγγελίου οὐκ ἠπίστατο ἕνα ἐπίσκοπον δεῖν εἶναι ἐν καθολικῇ ἐκκλησίᾳ, ἐν ᾗ οὐκ ἠγνόει, πῶς γάρ; πρεσβυτέρους εἶναι τεσσαράκοντα ἕξ, διακόνους ἑπτά, ὑποδιακόνους ἑπτά, ἀκολούθους δύο καὶ τεσσαράκοντα, ἐξορκιστὰς δὲ καὶ ἀναγνώστας ἅμα πυλωροῖς δύο καὶ πεντήκοντα, χήρας σὺν θλιβομένοις ὑπὲρ τὰς χιλίας πεντακοσίας, οὓς πάντας ἡ τοῦ δεσπότου χάρις καὶ φιλανθρωπία διατρέφει·

43,12 ὃν οὐδὲ τοσοῦτο πλῆθος καὶ οὕτως ἀναγκαῖον ἐν τῇ ἐκκλησίᾳ, διὰ τῆς τοῦ θεοῦ προνοίας πλούσιός τε καὶ πληθύων ἀριθμὸς μετὰ μεγίστου καὶ ἀναριθμήτου λαοῦ, ἀπὸ τῆς τοιαύτης ἀπογνώσεώς τε καὶ ἀπαγορεύσεως ἐνέτρεψέν τε καὶ ἀνεκαλέσατο εἰς τὴν ἐκκλησίαν".

43,13 καὶ αὖθις μεθ' ἕτερα τούτοις προστίθησιν ταῦτα

„φέρε δή, ἑξῆς εἴπωμεν τίσιν ἔργοις ἢ τίσιν πολιτείαις τεθαρρηκὼς ἀντεποιήθη τῆς ἐπισκοπῆς. ἆρά γε διὰ τὸ ἐξ ἀρχῆς ἐν τῇ ἐκκλησίᾳ ἀνεστράφθαι καὶ πολλοὺς ἀγῶνας ὑπὲρ αὐτῆς ἠγωνίσθαι καὶ ἐν κινδύνοις πολλοῖς τε καὶ μεγάλοις ἕνεκα τῆς θεοσεβείας γεγονέναι; ἀλλ' οὐκ ἔστιν·

43,14 ᾧ γε ἀφορμὴ τοῦ πιστεῦσαι γέγονεν ὁ σατανᾶς, φοιτήσας εἰς αὐτὸν καὶ οἰκήσας ἐν αὐτῷ χρόνον ἱκανόν· ὃς βοηθούμενος ὑπὸ τῶν ἐπορκιστῶν νόσῳ περιπεσὼν χαλεπῇ καὶ ἀποθανεῖσθαι ὅσον οὐδέπω νομιζόμενος, ἐν αὐτῇ τῇ κλίνῃ, οὗ ἔκειτο, περιχυθεὶς ἔλαβεν, εἴ γε χρὴ λέγειν τὸν τοιοῦτον εἰληφέναι.

43,15 οὐ μὴν οὐδὲ τῶν λοιπῶν ἔτυχεν, διαφυγὼν τὴν νόσον, ὧν χρὴ μεταλαμβάνειν κατὰ τὸν τῆς ἐκκλησίας κανόνα, τοῦ τε σφραγισθῆναι ὑπὸ τοῦ ἐπισκόπου· τούτων δὲ μὴ τυχών, πῶς ἂν τοῦ ἁγίου πνεύματος ἔτυχεν;"

43,16 καὶ πάλιν μετὰ βραχέα φησίν

„ὁ διὰ δειλίαν καὶ φιλοζωΐαν ἐν τῷ καιρῷ τῆς διώξεως πρεσβύτερον εἶναι ἑαυτὸν ἀρνησάμενος.

übrigen Bischöfe wählten wir Nachfolger und schickten sie an die Orte, wo jene gewesen sind. Jener „Verteidiger des Evangeliums" begriff also nicht, daß nur ein Bischof in einer katholischen Gemeinde sein dürfe, in der es, wie er wohl wußte – denn wie sollte er es nicht wissen? –, 46 Presbyter, sieben Diakone, sieben Subdiakone, 42 Akoluthen, 52 Exorzisten, Lektoren und Türwächter und über 1500 Witwen und Hilfsbedürftige gibt, welche alle die Gnade und Güte des Herrn ernährt.

Nicht einmal eine so große und in der Kirche so notwendige Menge – eine durch die Vorsehung Gottes reiche und wachsende Zahl – nebst dem sehr großen und unzählbaren Volke vermochten ihn von diesem verzweifelten und verbotenen Handeln abzubringen und zur Kirche zurückzurufen. "

Diesen Worten fügte Kornelius noch das Folgende bei:

„Wohlan, wir wollen nun auch noch erwähnen, welche Taten und welches Verhalten ihm den Mut gegeben haben, Anspruch auf die bischöfliche Würde zu erheben. Hat er ihn etwa erhoben, weil er von Anfang an zur Kirche gehörte und weil er für sie viele Kämpfe bestanden hatte und des Glaubens wegen vielen und großen Gefahren ausgesetzt war? O nein!

Für ihn war der Anlaß zum Glauben der Satan gewesen, welcher in ihn fuhr und lange Zeit in ihm wohnte. Während die Exorzisten ihm zur Hilfe kamen, fiel er in eine schwere Krankheit und empfing, da man ihn dem Tod nahe glaubte, in eben dem Bette, worin er lag, durch Übergießung die Taufe – wenn man überhaupt sagen kann, daß ein solcher sie empfangen habe.

Nach der Wiedergenesung wurde er indes keineswegs der übrigen Dinge teilhaftig, welche man nach den Vorschriften der Kirche empfangen muß, nicht der Besiegelung durch den Bischof. Da er dies nicht empfangen, wie hätte er den Heiligen Geist empfangen?"

Kurz darauf fährt Kornelius also fort:

„Aus Feigheit und Lebensgier hat er zur Zeit der Verfolgung geleugnet, daß er Presbyter sei.

ἀξιούμενος γὰρ καὶ παρακαλούμενος ὑπὸ τῶν διακόνων, ἵν' ἐξελθὼν τοῦ οἰκίσκου, ἐν ᾧ καθεῖρξεν ἑαυτόν, βοηθήσῃ τοῖς ἀδελφοῖς ὅσα θέμις καὶ ὅσα δυνατὸν πρεσβυτέρῳ κινδυνεύουσιν ἀδελφοῖς καὶ ἐπικουρίας δεομένοις βοηθεῖν, τοσοῦτον ἀπέσχεν τοῦ πειθαρχῆσαι παρακαλοῦσι τοῖς διακόνοις, ὡς καὶ χαλεπαίνοντα ἀπιέναι καὶ ἀπαλλάττεσθαι· μὴ γὰρ ἔτι βούλεσθαι πρεσβύτερος εἶναι ἔφη, ἑτέρας γὰρ εἶναι φιλοσοφίας ἐραστής".

43,17 ὑπερβὰς δ' ὀλίγα, τούτοις πάλιν ἐπιφέρει λέγων·

„καταλιπὼν γὰρ ὁ λαμπρὸς οὗτος τὴν ἐκκλησίαν τοῦ θεοῦ, ἐν ᾗ πιστεύσας κατηξιώθη τοῦ πρεσβυτερίου κατὰ χάριν τοῦ ἐπισκόπου τοῦ ἐπιθέντος αὐτῷ χεῖρα εἰς πρεσβυτερίου κλῆρον, ὃς διακωλυόμενος ὑπὸ παντὸς τοῦ κλήρου, ἀλλὰ καὶ λαϊκῶν πολλῶν, ἐπεὶ μὴ ἐξὸν ἦν τὸν ἐν κλίνῃ διὰ νόσον περιχυθέντα, ὥσπερ καὶ οὗτος, εἰς κλῆρόν τινα γενέσθαι, ἠξίωσεν συγχωρηθῆναι αὐτῷ τοῦτον μόνον χειροτονῆσαι".

43,18 εἶτ' ἄλλο τι τούτοις χείριστον προστίθησιν τῶν τοῦ ἀνδρὸς ἀτοπημάτων, λέγων οὕτως

„ποιήσας γὰρ τὰς προσφορὰς καὶ διανέμων ἑκάστῳ τὸ μέρος καὶ ἐπιδιδοὺς τοῦτο, ὀμνύειν ἀντὶ τοῦ εὐλογεῖν τοὺς ταλαιπώρους ἀνθρώπους ἀναγκάζει, κατέχων ἀμφοτέραις ταῖς χερσὶ τὰς τοῦ λαβόντος καὶ μὴ ἀφείς, ἔστ' ἂν ὀμνύοντες εἴπωσιν ταῦτα (τοῖς γὰρ ἐκείνου χρήσομαι λόγοις)· „ὄμοσόν μοι κατὰ τοῦ αἵματος καὶ τοῦ σώματος τοῦ κυρίου ἡμῶν Ἰησοῦ Χριστοῦ μηδέποτέ με καταλιπεῖν καὶ ἐπιστρέψαι πρὸς Κορνήλιον".

43,19 καὶ ὁ ἄθλιος ἄνθρωπος οὐ πρότερον γεύεται, εἰ μὴ πρότερον αὐτῷ καταράσαιτο, καὶ ἀντὶ τοῦ εἰπεῖν λαμβάνοντα τὸν ἄρτον ἐκεῖνον τὸ ἀμήν, „οὐκ ἐπανήξω πρὸς Κορνήλιον" λέγει".

43,20 καὶ μεθ' ἕτερα πάλιν ταῦτά φησιν

„ἤδη δὲ ἴσθι γεγυμνῶσθαι καὶ ἔρημον γεγονέναι, καταλιμπανόντων αὐτὸν καθ' ἡμέραν ἑκάστην τῶν ἀδελφῶν καὶ εἰς τὴν ἐκκλησίαν ἐπανερχομένων· ὃν καὶ Μωσῆς, ὁ μακάριος μάρτυς, ὁ παρ' ἡμῖν ἔναγχος μαρτυρήσας

Er war nämlich von den Diakonen dringlich gebeten worden, er möchte doch die Zelle, in welche er sich eingeschlossen hatte, verlassen, um den Brüdern zu helfen, soweit es sich für einen Presbyter gebühre und er die Möglichkeit habe, notleidenden und hilfsbedürftigen Brüdern Hilfe zu bringen. Statt der Aufforderung der Diakone Folge zu leisten, ging er unwillig fort und ließ sie allein, denn er sei Anhänger einer anderen Philosophie."

Weiter unten fährt Kornelius also fort:

„Dieser angesehene Mann verließ nämlich die Kirche Gottes, in der er nach Annahme des Glaubens durch die Gunst des Bischofs, der ihm die Hand zur Weihe aufgelegt, Presbyter geworden war. Zwar hatten der ganze Klerus und auch viele Laien versucht, den Bischof daran zu hindern, da es nicht gestattet war, daß einer, der wie Novatus auf dem Krankenlager durch Übergießung getauft wurde, in irgendein geistliches Amt eintrete. Doch bat der Bischof, ihm zu genehmigen, diesen einen einzusetzen."

Sodann erwähnt Kornelius noch die schlimmste Torheit des Novatus mit den Worten:

„Wenn nämlich Novatus nach der Darbringung der Opfergaben jedem das Seinige zuweist und darreicht, zwingt er die armen Menschen statt der Danksagung zum Schwören. Wenn einer das Brot ergriffen hat, hält er dessen Hände fest und läßt sie erst nach folgendem Schwure los, den ich wörtlich anführen will: ‚Schwöre mir beim Blute und Leibe unseres Herrn Jesus Christus, daß du mich nie verlassen und nie zu Kornelius übergehen werdest!'

Der Unglückliche kostet so nicht eher, als bis er sich selbst verflucht hat. Statt beim Empfang des Brotes das Amen zu sagen, erklärt er: ‚Ich werde nicht zu Kornelius zurückkehren.'"

Und weiter unten sagt er wiederum folgendes:

„Wisse, daß Novatus bereits verlassen ist und allein steht, da sich Tag für Tag Brüder von ihm abwenden und zur Kirche zurückkehren! Auch der selige Märtyrer Moses, der erst vor kurzem bei uns einen schönen und bewundernswerten

καλήν τινα καὶ θαυμαστὴν μαρτυρίαν, ἔτι ὢν
ἐν κόσμῳ, κατιδὼν αὐτοῦ τὴν θρασύτητα καὶ
τὴν ἀπόνοιαν, ἀκοινώνητον ἐποίησεν σὺν τοῖς
πέντε πρεσβυτέροις τοῖς ἅμα αὐτῷ ἀποσχίσασιν
ἑαυτοὺς τῆς ἐκκλησίας".

43,21 καὶ ἐπὶ τέλει δὲ τῆς ἐπιστολῆς τῶν ἐπὶ
τῆς Ῥώμης παραγενομένων ἐπισκόπων τῆς
τε τοῦ Νοουάτου κατεγνωκότων ἀβελτηρίας
κατάλογον πεποίηται, ὁμοῦ τά τε ὀνόματα
καὶ ἧς ὁ καθεῖς αὐτῶν προηγεῖτο παροικίας,
ἐπισημαινόμενος,
43,22 τῶν τε μὴ παραγενομένων μὲν ἐπὶ τῆς
Ῥώμης, συνευδοκησάντων δὲ διὰ γραμμάτων
τῇ τῶν προειρημένων ψήφῳ τὰς προσηγορίας
ὁμοῦ καὶ τὰς πόλεις, ὅθεν ἕκαστος ὁρμώμενος
ἐπέστελλεν, μνημονεύει. ταῦτα μὲν ὁ Κορνήλιος
Φαβίῳ Ἀντιοχείας ἐπισκόπῳ δηλῶν ἔγραφεν·

44,1 τῷ δ' αὐτῷ τούτῳ Φαβίῳ, ὑποκατακλινομένῳ πως τῷ σχίσματι, καὶ Διονύσιος ὁ κατ'
Ἀλεξάνδρειαν ἐπιστείλας πολλά τε καὶ ἄλλα
περὶ μετανοίας ἐν τοῖς πρὸς αὐτὸν γράμμασιν
διελθὼν τῶν τε κατ' Ἀλεξάνδρειαν ἔναγχος
τότε μαρτυρησάντων τοὺς ἀγῶνας διιών,
μετὰ τῆς ἄλλης ἱστορίας πρᾶγμά τι μεστὸν
θαύματος διηγεῖται, ὃ καὶ αὐτὸ ἀναγκαῖον τῇδε
παραδοῦναι τῇ γραφῇ, οὕτως ἔχον

44,2 „ἓν δέ σοι τοῦτο παράδειγμα παρ' ἡμῖν
συμβεβηκὸς ἐκθήσομαι. Σεραπίων τις ἦν παρ'
ἡμῖν, πιστὸς γέρων, ἀμέμπτως μὲν τὸν πολὺν
διαβιώσας χρόνον, ἐν δὲ τῷ πειρασμῷ πεσών.
οὗτος πολλάκις ἐδεῖτο, καὶ οὐδεὶς προσεῖχεν
αὐτῷ· καὶ γὰρ ἐτεθύκει. ἐν νόσῳ δὲ γενόμενος,
τριῶν ἑξῆς ἡμερῶν ἄφωνος καὶ ἀναίσθητος
διετέλεσεν,

44,3 βραχὺ δὲ ἀνασφήλας τῇ τετάρτῃ
προσεκαλέσατο τὸν θυγατριδοῦν, καί· „μέχρι
με τίνος", φησίν, „ὦ τέκνον, κατέχετε; δέομαι,
σπεύσατε, καί με θᾶττον ἀπολύσατε, τῶν πρεσβυτέρων μοί τινα κάλεσον". καὶ ταῦτα εἰπών,
πάλιν ἦν ἄφωνος.

Zeugentod gestorben ist, hat, da er noch auf Erden weilte, die Dreistigkeit und Torheit desselben durchschaut und daher die Gemeinschaft mit ihm und den fünf Presbytern, welche sich zugleich mit ihm von der Kirche getrennt hatten, aufgegeben."

Am Schlusse seines Briefes gibt Kornelius ein Verzeichnis der Bischöfe, welche nach Rom gekommen waren und die Torheit des Novatus verurteilt hatten. Er nennt darin ihre Namen und welcher Gemeinde ein jeder vorstand.

Von jenen, welche nicht in Rom erschienen sind, aber schriftlich dem Urteile der oben genannten Bischöfe zugestimmt haben, erwähnt er sowohl die Namen als auch die Städte, aus denen ein jeder geschrieben. Das hat Kornelius brieflich an Fabius, den Bischof von Antiochien, berichtet.

An denselben Fabius, der etwas zum Schisma neigte, schrieb auch Dionysius von Alexandrien. Nachdem er in seinem Briefe an ihn vieles über die Buße vorgetragen und über die Kämpfe derer, die damals jüngst in Alexandrien das Martyrium erlitten, berichtet hat, erzählt er nebst anderen Geschichten eine wunderbare Begebenheit, welche ich in meiner Schrift nicht übergehen darf und welche sich also verhält:

Ich will nur dies eine Begebnis, das sich bei uns ereignet hat, als Beispiel anführen. Es lebte bei uns ein gläubiger alter Mann, namens Serapion. Lange Zeit hatte er ein tadelloses Leben geführt, doch in der Versuchug fiel er. Trotzdem er oft (um Verzeihung) flehte, achtete niemand auf ihn, weil er geopfert hatte. Da fiel er in eine Krankheit und war drei volle Tage sprachlos und bewußtlos,

erholte sich aber am vierten Tage, ließ den Sohn seiner Tochter kommen und richtete an ihn die Worte: ‚Wie lange, mein Kind, haltet ihr mich noch hin? Ich bitte: beeilet euch, gewährt mir rasch Lossprechung! Rufe mir einen Presbyter!' Nach diesen Worten verlor er von neuem die Sprache.

44,4 ἔδραμεν ὁ παῖς ἐπὶ τὸν πρεσβύτερον· νὺξ δὲ ἦν, κἀκεῖνος ἠσθένει. ἀφικέσθαι μὲν οὐκ ἐδυνήθη, ἐντολῆς δὲ ὑπ᾽ ἐμοῦ δεδομένης τοὺς ἀπαλλαττομένους τοῦ βίου, εἰ δέοιντο, καὶ μάλιστα εἰ καὶ πρότερον ἱκετεύσαντες τύχοιεν, ἀφίεσθαι, ἵν᾽ εὐέλπιδες ἀπαλλάττωνται, βραχὺ τῆς εὐχαριστίας ἔδωκεν τῷ παιδαρίῳ, ἀποβρέξαι κελεύσας καὶ τῷ πρεσβύτῃ κατὰ τοῦ στόματος ἐπιστάξαι.

Der Knabe eilte zum Presbyter. Doch es war Nacht, und der Presbyter war krank und konnte nicht kommen. Da ich aber verordnet hatte, man solle die Sterbenden, wenn sie darum bäten und vor allem wenn sie schon früher darum gefleht hätten, absolvieren, damit sie hoffnungsfreudig sterben könnten, so übergab er dem Knaben ein Stückchen von der Eucharistie mit der Weisung, es anzufeuchten und so dem Greis in den Mund zu träufeln.

44,5 ἐπανῆκεν ὁ παῖς φέρων, ἐγγύς τε γενομένου, πρὶν εἰσελθεῖν, ἀνενέγκας πάλιν ὁ Σεραπίων· „ἦκες“, ἔφη, „τέκνον; καὶ ὁ μὲν πρεσβύτερος ἐλθεῖν οὐκ ἠδυνήθη, σὺ δὲ ποίησον ταχέως τὸ προσταχθὲν καὶ ἀπάλλαττέ με“. ἀπέβρεξεν ὁ παῖς καὶ ἅμα τε ἐνέχεεν τῷ στόματι καὶ μικρὸν ἐκεῖνος καταβροχθίσας εὐθέως ἀπέδωκεν τὸ πνεῦμα.

Der Knabe kehrte damit zurück. Als er nahe gekommen und bevor er noch eintrat, hatte Serapion sich wieder erholt und sagte: ‚Du bist da, mein Kind? Der Priester konnte nicht kommen, tue schnell, was dir befohlen wurde, und laß mich sterben!' Der Knabe feuchtete (die Eucharistie) an und goß sie ihm in den Mund. Kaum hatte dieser sie hinuntergeschluckt, gab er seinen Geist auf.

44,6 ἆρ᾽ οὐκ ἐναργῶς διετηρήθη καὶ παρέμεινεν, ἕως λυθῇ καὶ τῆς ἁμαρτίας ἐξαλειφθείσης ἐπὶ πολλοῖς οἷς ἔπραξεν καλοῖς ὁμολογηθῆναι δυνηθῇ;“
ταῦτα ὁ Διονύσιος.

Ist er also nicht deutlich so lange am Leben erhalten worden, bis er absolviert wurde und nach der Tilgung der Sünde um seiner vielen Verdienste willen anerkannt werden konnte?"
So berichtet Dionysius.

45,1 Ἴδωμεν δ᾽ ὁ αὐτὸς ὁποῖα καὶ τῷ Νοουάτῳ διεχάραξεν, ταράττοντι τηνικάδε τὴν Ῥωμαίων ἀδελφότητα· ἐπειδὴ οὖν τῆς ἀποστασίας καὶ τοῦ σχίσματος πρόφασιν ἐποιεῖτο τῶν ἀδελφῶν τινας, ὡς δὴ πρὸς αὐτῶν ἐπὶ τοῦτ᾽ ἐλθεῖν ἐκβεβιασμένος, ὅρα τίνα τρόπον αὐτῷ γράφει·

Wollen wir noch sehen, was derselbe an Novatus, der damals die römische Brüdergemeinde in Verwirrung brachte, zu schreiben wußte! Da Novatus die Schuld des Abfalls und der Spaltung auf einige Brüder abschob, gleich als hätten diese ihn gezwungen, so weit zu gehen, so beachte, wie Dionysius darüber an ihn schreibt!

„Διονύσιος Νοουατιανῷ ἀδελφῷ χαίρειν. εἰ ἄκων, ὡς φῄς, ἤχθης, δείξεις ἀναχωρήσας ἑκών. ἔδει μὲν γὰρ καὶ πᾶν ὅτι οὖν παθεῖν ὑπὲρ τοῦ μὴ διακόψαι τὴν ἐκκλησίαν τοῦ θεοῦ, καὶ ἦν οὐκ ἀδοξοτέρα τῆς ἕνεκεν τοῦ μὴ εἰδωλολατρῆσαι γινομένης ἢ ἕνεκεν τοῦ μὴ σχίσαι μαρτυρία, κατ᾽ ἐμὲ δὲ καὶ μείζων. ἐκεῖ μὲν γὰρ ὑπὲρ μιᾶς τις τῆς ἑαυτοῦ ψυχῆς, ἐνταῦθα δὲ ὑπὲρ ὅλης τῆς ἐκκλησίας μαρτυρεῖ. καὶ νῦν δὲ εἰ πείσαις ἢ βιάσαιο τοὺς ἀδελφοὺς εἰς ὁμόνοιαν ἐλθεῖν, μεῖζον ἔσται σοι τοῦ σφάλματος τὸ κατόρθωμα, καὶ τὸ μὲν οὐ λογισθήσεται, τὸ δὲ ἐπαινεθήσεται. εἰ δὲ ἀπειθούντων ἀδυνατοίης, σῴζων σῷζε τὴν

„Dionysius grüßt den Bruder Novatianus. Wenn du, wie du vorgibst, wider deinen Willen fortgerissen wurdest, so erbring den Beweis hierfür dadurch, daß du freiwillig zurückkehrst! Denn lieber hättest du alles Mögliche erdulden sollen, als eine Spaltung in der Kirche Gottes herbeizuführen. Ein Martyrium, das du auf dich genommen hättest, um ein Schisma zu vermeiden, wäre nicht weniger ruhmvoll gewesen als ein Martyrium, das einer erduldet, weil er den Götzen nicht opfern will; nach meiner Meinung wäre es noch ruhmvoller gewesen. Denn im letzteren Fall leidet einer für seine eigene

σεαυτοῦ ψυχήν. ἐρρῶσθαί σε, ἐχόμενον τῆς εἰρήνης ἐν κυρίῳ, εὔχομαι".

Seele allein, im ersteren Fall dagegen für die ganze Kirche. Und wenn du jetzt die Brüder überredest oder dazu zwingst, (mit uns) eins zu werden, dann übertrifft die Größe deines Verdienstes die Größe deines Fehltritts. Dieser wird dir dann nicht angerechnet, dein Verdienst aber belobt werden. Sollte dir jedoch wegen der Widersetzlichkeit der Brüder eine Einigung nicht gelingen, dann rette doch deine eigene Seele! Ich wünsche dir Wohlergehen und Frieden im Herrn."

46,1 Ταῦτα καὶ πρὸς τὸν Νοουάτον·

So schreibt Dionysius an Novatus.

h.e. VII 7,6; 8,1[813]

7,6 γράφει δὲ αὐτῷ μεθ' ἕτερα τῶν κατὰ Νοουάτον μνημονεύων ἐν τούτοις

[...] In dem Schreiben (an Dionysius von Rom) erwähnt er [sc. Dionysius von Alexandrien] nach anderen Bemerkungen den Fall Novatus mit folgenden Worten:

8,1 „Νοουατιανῷ μὲν γὰρ εὐλόγως ἀπεχθανόμεθα, διακόψαντι τὴν ἐκκλησίαν καί τινας τῶν ἀδελφῶν εἰς ἀσεβείας καὶ βλασφημίας ἑλκύσαντι καὶ περὶ τοῦ θεοῦ διδασκαλίαν ἀνοσιωτάτην ἐπεισκυκλήσαντι καὶ τὸν χρηστότατον κύριον ἡμῶν Ἰησοῦν Χριστὸν ὡς ἀνηλεῆ συκοφαντοῦντι, ἐπὶ πᾶσι δὲ τούτοις τὸ λουτρὸν ἀθετοῦντι τὸ ἅγιον καὶ τήν τε πρὸ αὐτοῦ πίστιν καὶ ὁμολογίαν ἀνατρέποντι τό τε πνεῦμα τὸ ἅγιον ἐξ αὐτῶν, εἰ καί τις ἦν ἐλπὶς τοῦ παραμεῖναι ἢ καὶ ἐπανελθεῖν πρὸς αὐτούς, παντελῶς φυγαδεύοντι".

„Mit gutem Grund sind wir über Novatianus erbittert, der die Kirche gespalten, einige Brüder zu Gottlosigkeiten und Gotteslästerungen veranlaßt und über Gott eine ganz unheilige Lehre verbreitet hat, der unseren gütigsten Herrn Jesus Christus als unbarmherzig verleumdet, dazu das heilige Bad verwirft und Glauben und Bekenntnis zerstört, die ihm vorangehen, und den Heiligen Geist völlig aus den Abgefallenen vertreibt, auch wenn noch irgendeine Hoffnung bestand, daß er in ihnen verbleibe oder zu ihnen wieder zurückkehre."

a) Die Häresie des Novatus oder die Häresie des Novatian?

Euseb führt die in h.e. VI 43–46 dargestellte Häresie auf einen Novatus bzw. Novatian zurück, wobei sich erkennen läßt, daß er in der Wahl der Namensform seiner Hauptquelle, dem Schreiben des Kornelius von Rom (h.e. VI 43,17), folgt und seinen häretischen Protagonisten „Novatus" (Νοουάτος, h.e. VI 43,1.2.4.5.21) nennt. Er behält – wohl aus Gründen der Einheitlichkeit – diese Namensform auch bei den Briefen des Dionysius von Alexandrien bei (h.e. VI 45[814]; h.e. VII

---

[813] Euseb, h.e. VII 7,6; 8,1 <GCS Euseb II/2, 646,3–12>.

[814] Die Namensformen in den Handschriften variieren an dieser Stelle: Während Ms. B und sowie Hier., de vir. ill. 69, den Namen Νοουατιανῷ bieten, überliefern Mss. AT Νοουάτω, Ms. M Ναουάττω und Mss. ER Ναυάτω <GCS Euseb II/2, 626, Apparat zur Stelle>, was die lateinische Überlieferung des Rufin mit „Novatus" (vgl. Anm. I 816) an dieser Stelle verständlich macht.

8,1[815]), wodurch es in h.e. VI 45 und h.e. VII 7,6–8,1 zu einem Nebeneinander beider Namensformen (Euseb: Νοουᾶτος; Dionysius: Νοουατιανός) kommt.[816] Dieser zunächst irritierende Befund ist als bewußte Entscheidung Eusebs zu werten. Er entscheidet sich damit auch gegen den Sprachgebrauch seiner *Chronik.*[817] Dort hatte Euseb Novatus als einen Presbyter Cyprians bestimmt, der sich – als er nach Rom kam – Novatian und anderen Bekennern anschloß.[818] Das Umschwenken von Novatian auf Novatus als Bezeichnung des römischen Häretikers sowie die Reduzierung der beiden Häretiker der *Chronik* auf einen einzigen ist wohl durchdacht und keinesfalls nur als Verkürzung oder Simplifizierung des Sachverhaltes anzusehen.[819]

---

815   Die Namensform Νοουατιανῷ ist in h.e. VII 8,1 als Sprachgebrauch des Dionysius von Alexandrien eindeutiger belegt als noch in h.e. VI 45. Nennenswert ist nur die Lesart der Mss. ER, die ebenfalls wie in h.e. VI 45 (und damit konsequent in der gesamten h.e.) Ναυάτῳ liest.

816   Vgl. auch Nautin, Lettres et écrivains, 150.

 Rufin wird in seiner Übersetzung dem Sprachgebrauch Eusebs folgen und den Häretiker ausschließlich Novatus nennen, was beinhaltet, daß er auch den Sprachgebrauch des Dionysius-Briefes (h.e. VI 45) in „Novatus" abändert <GCS Euseb II/2, 627,8>. Nur an einer einzigen Stelle (h.e. VI 46,1), an der Euseb Νοουᾶτος liest, weicht er ab und nennt den Häretiker Novatian <GCS Euseb II/2, 627,20>.

817   Euseb, *Chronik* zum Jahr 253 <GCS Euseb VII/1, 219,9–12: Nouatus, presbyter Cypriani, romam ueniens Nouatianum et ceteros confessores sibi sociat eo, quod Cornelius paenitentes apostatas recepisset>. Novatus, der Presbyter Cyprians, schloß sich, als er nach Rom kam, Novatian und anderen Konfessoren an, weil Kornelius die Gefallenen, welche Buße getan haben, wieder aufnahm.

818   Euseb greift in seiner *Chronik* (vermutlich) auf Informationen der Cyprianbriefe zurück, die er nach seinen eigenen Angaben in h.e. VI 43,3 vorliegen hatte: Zunächst wußte Euseb, daß der Presbyter Novatian während der Vakanz des römischen Bischofsstuhls mit Cyprian in brieflichem Kontakt stand (Cyprian, ep. 30; 36). Cyprian berichtet in ep. 49 und ep. 50 von der Widerlegung des Novatian in Rom und der Rückkehr der Bekenner zur Kirche. Als Reaktion auf diese Niederlage scheint Novatian Novatus, erstmals in Cyprian, ep. 47 neben Novatian genannt, und weitere Anhänger nach Afrika entsandt zu haben: Cyprian, ep. 50, ist eine Warnung des Kornelius vor Novatus, die Cyprian mit ep. 52 beantwortet. Hier dankt Cyprian zunächst für die Warnung, informiert dann aber Kornelius detailliert über die Verfehlungen des Novatus *vor* seiner Abreise nach Rom (ep. 52,2).

 Andresen, Siegreiche Kirche, 398, geht davon aus, daß Euseb keine Kenntnis des cyprianischen Briefkorpusses besaß.

819   So Barnes, Constantine and Eusebius, 135, der Euseb der Simplifizierung komplexer historischer Zusammenhänge beschuldigt, da er die Personen Novatus und Novatian verwechselt.

 Obwohl es zunächst scheint, als ob Euseb beide Personen vertauscht, ist der Wechsel in der Namensform von der *Chronik* zur h.e. logisch: Wie bereits häufiger beobachtet, geht Euseb nur auf die Häresiegründer, nicht aber auf einzelne Schüler ein. Aus diesem Grunde wäre zu erwarten gewesen, daß er den an Cyprian angelehnten Sprachgebrauch der *Chronik* (Novatian) auch für die h.e. übernimmt. Stattdessen folgt Euseb in der h.e. dem Sprachgebrauch seiner Quelle Kornelius und benennt seinen Häretiker „Novatus". Verwechselt wird Euseb beide Häretiker nicht haben.

Wie Euseb sich dem Sprachgebrauch seiner Quelle, dem Brief des Kornelius von Rom (h.e. VI 43,17), anpaßt, so soll auch diese Untersuchung dem Sprachgebrauch Eusebs folgen und den römischen Häresiegründer „Novatus" nennen.[820]

b) Die Rezeption der Informationen von Kornelius von Rom und Dionysius von Alexandrien

Da die von Euseb eingefügten Quellen nur noch in den Auszügen der h.e. überliefert sind, muß auf eine Analyse der Stoffauswahl und der Kontextabgrenzung der Zitate verzichtet werden. Jedoch kann die Anordnung der verschiedenen Quellen und Zitate auf ihre Funktion und Intention innerhalb der h.e. hin untersucht werden.

Wie bereits gesehen, dient der Abschnitt h.e. VI 42,5–6 zur Sensibilisierung des Lesers für die Frage nach dem angemessenen Umgang mit denjenigen Christen, welche in der Decischen Verfolgung aus Furcht geopfert haben. Euseb gelingt mit diesem Einstieg in die Novatusthematik eine Einnahme des Lesers für die „orthodoxe" Position des Dionysius von Alexandrien, der, wie die Märtyrer zuvor, einen erbarmungsvollen Umgang mit den Lapsi vertrat.

In direktem Anschluß an das Dionysius-Zitat thematisiert Euseb die Position des Novatus zur Frage nach dem Umgang mit den Lapsi. Er kontrastiert dabei die Milde der Märtyrer mit dem „hochmütigen" Verhalten des Novatus, der behauptete, „daß es für die Lapsi gar keine Hoffnung auf Rettung mehr gebe, selbst dann nicht, wenn sie alles täten, was zu aufrichtiger Bekehrung und reinem Bekenntnis notwendig ist"[821]. Durch diese Haltung wurde er, so Euseb, zum Führer einer neuen Häresie, welche sich in geistigem Hochmut die Reinen nannte. Um diesem Schisma begegnen zu können, versammelten sich in Rom 60 Bischöfe zu einer mächtigen Synode, und auch in den Provinzen wurde über die Frage beraten, was zu tun wäre. Nach Eusebs Kenntnis kam man einhellig zu dem Entschluß, Novatus und diejenigen, „welche sich seiner lieblosen und ganz unmenschlichen Anschauung" (h.e. VI 43,2) angeschlossen hatten, als „der Kirche Fremde" auszuschließen und die gefallenen Brüder nach angemessener Buße wieder aufzunehmen.

Der Abschnitt h.e. VI 43,1–2 ist insofern von besonderem Interesse, als er Eusebs eigene Position zur der Novatus-Problematik widerspiegelt und nicht durch fremde Quellen geprägt ist. Zwar geht er von der im Dionysius-Zitat beschriebenen Milde der Märtyrer aus, um die eigene Darstellung des Novatus dem entgegenzusetzen, jedoch ist die Betonung der Härte, der Unmenschlichkeit und Lieblosigkeit

---

820 Nur bei der Zitation einer Quelle oder bei Zitat/Referat von Sekundärliteratur, welche die Namensform „Novatian" bietet, wird dieser zu folgen sein.

821 Euseb, h.e. VI 43,1. Es ist zu erwägen, ob Euseb an dieser Stelle die Ausführungen Cyprians im Gedächtnis hatte, der in ep. 55 ähnlich formuliert, daß „den Lapsi die Hoffnung auf Wiedererlangung der Gemeinschaft und des Friedens" nicht ganz und gar abgesprochen werden sollte (ep. 55,6), und dieses im Blick auf Novatian noch einmal aktualisiert (ep. 55,26).

der Haltung des Novatus nicht allein aus der Dionysius-Vorlage erklärbar. Deutlich ist die eusebianische Fokussierung auf die Grausamkeit und Unmenschlichkeit der novatianischen Häresie ersichtlich. Ein weiterer Fokus liegt auf dem geistigen Hochmut des Novatus, welchen Euseb an seinem Verhalten den Gefallenen gegenüber (h.e. VI 43,1) sowie an der Namensgebung seiner neuen Gruppierung (h.e. VI 43,1 „die Reinen") festmacht.

Im folgenden Abschnitt (h.e. VI 43,3) gibt Euseb Rechenschaft über die ihm zu diesem Thema vorliegenden Schriften. Wie im ersten Teil gesehen[822], liegt Euseb zur Novatus-Problematik eine Briefsammlung vor, die mindestens sechs Schreiben des Kornelius von Rom und des Cyprian von Karthago umfaßte.[823] Der kurze Rechenschaftsbericht hat für Euseb den Vorteil der Absicherung der eigenen, zuvor gemachten Ausführungen hinsichtlich der Verurteilung der novatianischen Position in Rom und Afrika. Gleichzeitig ist der Hinweis auf die vorliegenden Quellen eine geschickte Überleitung zu dem im folgenden (h.e. VI 43,5–20) zitierten Brief des Kornelius über „das Tun und Treiben des Novatus".

Euseb wählt damit eine Quelle aus, die mit dem römischen Bischof Kornelius als Verfasser einen direkten Augenzeugen und Konkurrenten des Novatus bietet. Die Quelle ist damit zwar nicht frei von jeglicher Polemik, kann jedoch aufgrund der Gattung „Brief" hinsichtlich der historischen Fakten Authentizität beanspruchen, da die berichteten Ereignisse vom Adressaten ohne Schwierigkeiten überprüfbar und die Informationen ggf. auch leicht falsifizierbar waren.[824] Für Euseb gab es

---

[822]   Vgl. Teil I 1.21 Cyprian und I 1.20 Kornelius von Rom.

[823]   Euseb nennt in h.e. VI 43,3–4 einen Brief des Kornelius an Fabius, einen des Kornelius über die Synodalbeschlüsse und einen weiteren, ebenfalls an Fabius gerichteten Brief über das Tun und Treiben des Novatus. Darüber hinaus enthielt die Briefsammlung mehrere Schreiben Cyprians, denen Euseb entnehmen konnte, daß sich auch die afrikanischen Bischöfe gegen die novatianische Position ausgesprochen hatten.
        Die Gründe, warum Euseb nicht auf die Cyprian-Briefe zurückgreift, sollen später erörtert werden (siehe unten „Nicht herangezogene Schriften zur Häresie des Novatus"). Die im weiteren zitierten Briefe des Dionysius von Alexandrien an Fabius (h.e. VI 44,2–6) und an Novatus (h.e. VI 45) nennt Euseb in diesem Kontext nicht, woraus man schließen kann, daß sie nicht im Kontext der Briefsammlung tradiert wurden. Als Argument, daß die genannten Briefe Euseb in einer Sammlung vorlagen, nennt Lawlor, Eusebiana, 153, die ungewöhnliche Zusammenstellung der Briefe: Hätte Euseb die Briefe selbst geordnet, so hätte er Brief 1 mit Brief 4 (beide an Fabius gerichtet) zusammengruppiert.
        Lawlor, Eusebiana, 152, geht hingegen von *vier* Euseb vorliegenden Briefen aus: ein Brief von Kornelius an Fabius, ein Brief von Cyprian, zwei weitere Briefe von Kornelius.
        Nautin, Lettres et écrivains, 144–147, gibt mit guten Gründen zu bedenken, daß das eusebianische Resümee des Korneliusbriefes an Fabius (h.e. VI 43,5–20) in h.e. VI 43,21, wonach der Brief mit persönlichen Unterschriften der anwesenden Bischöfe abgeschlossen wurde, auf ein Synodalschreiben hindeutet, das mit dem von Euseb in h.e. VI 43,3 zuerst genannten Synodalschreiben identisch ist.

[824]   Euseb wußte darüber hinaus, wie seine Einleitung des Dionysius-Briefes in h.e. VI 44,1 zeigt, daß Fabius zum Schisma neigte und damit anscheinend Novatus' Lehre und Person wohlgesonnen war. Aufgrund dieser Positionierung konnte Euseb sicher sein, daß sich Kornelius, wollte er Fabius

mit den Briefen des Cyprian und des Dionysius von Alexandrien die Möglichkeit, die Informationen des Kornelius zu überprüfen.[825]

Hatte Euseb bislang über die Relevanz der Frage nach dem angemessenen Umgang mit den in der Verfolgung Opfernden berichtet und die unerbittliche Haltung des Novatus mit allen Bischöfen in Rom und Afrika verurteilt (womit er gleichzeitig das Ergebnis der Synode der eigentlichen Darstellung vorwegnahm), so kommt er in h.e. VI 43,5–20 explizit auf das Tun und Treiben des Novatus zu sprechen. Das Zitat aus dem Brief des Kornelius an Fabius fokussiert auf die Person des Novatus, wobei dessen gesamtes Leben, von seinem Eintritt in die Kirche durch die Taufe über sein furchtsames Handeln zur Zeit der Verfolgung bis hin zu seinem anmaßenden Verhalten als Bischof einer minutiösen Kritik unterzogen wird.

Kornelius beschreibt im Auszug in h.e. VI 43,5–6, wie Novatus heimlich nach der bischöflichen Würde strebte und die Bekenner, die kurzzeitig auf seiner Seite standen, als Tarnung für seine „wahnsinnige Idee" ausnutzte.[826] Die Bekenner aber durchschauten Novatus, entlarvten seine Verschlagenheit und Falschheit, und kehrten zur Kirche zurück. In Gegenwart von zahlreichen Bischöfen – unter ihnen mit Sicherheit auch der Verfasser Kornelius – und Presbytern machten sie seine Bosheiten kund. Wenn Euseb diesen Abschnitt aus dem Brief des Kornelius als erstes Zitat in seine h.e. einführt, dann sicherlich mit der Intention, seiner Darstellung der novatianischen Häresie aufgrund eines Augenzeugenberichts besondere Glaubwürdigkeit zu verleihen.

Das längere Zitat in h.e. VI 43,7–12 beschreibt die listige Erlangung der bischöflichen Würde durch Novatus. Zunächst wird er als Eidbrecher und Lügner eingeführt, der entgegen allen Schwüren, nicht nach dem Bischofsstuhl zu streben, plötzlich als Bischof auftrat. Er riß sie „heimlich und mit List an sich", indem er drei ungebildete und recht einfältige Bischöfe aus einer ganz unbedeutenden Gegend Italiens unter trügerischen Versprechungen nach Rom lockte und sie dort um die zehnte Stunde, da sie betrunken und besinnungslos waren, mit Gewalt nötigte, durch eine vollkommen nichtige Handauflegung die bischöfliche Würde zu übertragen. Seitdem suche Novatus die bischöfliche Würde, die ihm nicht zu eigen ist, schlau und listig zu verteidigen. Die Kenntnis über diesen Vorgang

---

für seine Position gewinnen, über polemische Verzeichnungen hinausgehende Fehlinformationen über Novatus nicht leisten konnte.

825 Euseb besitzt mit der Novatus-Thematik zum ersten Mal die Möglichkeit, einen historischen Sachverhalt eigenständig aufgrund von unabhängigen Quellen zu prüfen. Zwar lagen ihm auch zu manchen anderen Häresien mehrere Berichte unterschiedlicher Häreseologen vor, jedoch war sich Euseb ihrer Abhängigkeit untereinander bewußt, insbesondere was die Frühzeit der Häresie anbetrifft. So läßt Euseb in h.e. IV 18,9 und V 8,9 erkennen, daß die Informationen in *Adversus haereses* auf den Angaben Justins beruhen, und er zieht daher generell die justinischen den irenäischen Informationen vor.

826 Zum Topos des „Wahnsinns" vgl. unten Teil I 2.23 d) Die Topik in der Darstellung des Novatus und die Analyse der eusebianischen Topik in Teil I 3.2.1.1 Von Euseb häufig ausgewählte Themen.

stammt, so Kornelius anschließend, von einem der drei Bischöfe selbst, der unter
Tränen seinen Fehltritt bekannte und auf Bitten des ganzen anwesenden Klerus
als Laie wieder in die kirchliche Gemeinschaft aufgenommen wurde. Damit können die Informationen des Kornelius, obwohl sie einen Vorgang thematisieren, der
innerhalb der Gruppe um Novatus stattfand, ebenfalls historische Glaubwürdigkeit
für sich beanspruchen.

Der Abschluß des Zitats versucht die Handlung des Novatus theologisch einzuordnen. Obwohl Kornelius durchaus ernsthaft Novatus als „hochangesehenen"
Mann (h.e. VI 43,7), als „Verteidiger der kirchlichen Wissenschaft" (h.e. VI 43,8)
und als „Verteidiger des Evangeliums" (h.e. VI 43,11) betitelt[827], muß er dessen
Verlangen, Bischof zu werden, auf schärfste verurteilen. Nach Kornelius besteht
der theologische Fehler des Novatus darin, „daß er also nicht begriff, daß nur ein
Bischof in einer katholischen Gemeinde sein dürfe" – obwohl, wie Kornelius zugibt,
die römische Gemeinde eine umfangreiche, rasch wachsende Größe ist. Eine theologische Begründung, warum es nur einen Bischof geben darf, könnte sich im Brief
des Kornelius angeschlossen haben; sie wird jedoch von Euseb, der hier sein Zitat
abbricht, nicht mehr wiedergegeben.[828]

Kornelius – wie auch Euseb – geht es mit diesem Zitat darum, die Unrecht-
mäßigkeit des Anspruchs auf die bischöfliche Weihe und die Ungültigkeit derselben herauszustellen, insbesondere da Novatus augenscheinlich die Handauflegung
zur Bischofsweihe durch zwei rechtmäßig eingesetzte Bischöfe für sich reklamiert.
Kornelius betont daher die Unzurechnungsfähigkeit der beiden Bischöfe aufgrund
ihrer Trunkenheit, die sich auch daran festmachen läßt, daß der eine Bischof, wieder nüchtern geworden, zur Kirche zurückkehrt.

Das dritte Zitat (h.e. VI 43,13–15) aus dem Brief des Kornelius an Fabius
beschreibt den Anlaß, der Novatus zum Streben nach der bischöflichen Würde
geführt hat. Weder herausragende Taten oder ein besonderes Verhalten ließen ihn
Anspruch auf die bischöfliche Würde erheben, noch weil er von Anfang an zur
Kirche gehört oder für sie viele Kämpfe bestanden oder wegen des Glaubens große
Gefahren durchlitten hat.

Nach Kornelius war der Satan in Novatus gefahren. Er sei lange Zeit von ihm
besessen gewesen, so daß man sogar Exorzisten zu Hilfe rief. Als Novatus eine
schwere Krankheit befiel, empfing er, da er dem Tod nahe schien, die Taufe durch
Übergießung. Da er nach seiner Genesung keineswegs der anderen Dinge teilhaftig

---

[827]   Es ist nicht ganz auszuschließen, daß die Epitheta, die Kornelius dem Novatus zubilligt, einen
polemischen Unterton haben. Jedoch scheint Kornelius diese nicht spontan für seinen Brief gebildet zu haben. Es ist vielmehr denkbar, daß Kornelius auf Ehrbezeichnungen des Kirchenvolkes
zurückgreift, das damit seinen Respekt vor den theologischen Leistungen des Novatus ausdrücken
wollte. Kornelius von Rom würde dann diese Ehrbekundungen aufnehmen und mit dem Verhalten des Novatus kontrastieren, um sie so zu entkräften.

[828]   Der Grund, warum Euseb eine möglicherweise folgende Begründung ausläßt, könnte darin liegen,
daß er durchaus von Gemeinden wußte, die von zwei Bischöfen geleitet wurden; vgl. die Doppelbesetzung des Bischofsstuhls in Jerusalem durch Alexander und Narcissus in h.e. VI 11,1–2.

wurde, die man nach den Vorschriften der Kirche empfangen muß, u. a. nicht der Besiegelung durch den Bischof, folgert Kornelius, daß Novatus trotz der Übergießung nie den Heiligen Geist empfangen habe und folglich nicht rechtmäßig getauft sei.[829] Die Konsequenz sei, von Kornelius impliziert, daß Novatus nie ein vollgültiges Mitglied der Kirche war. Euseb wird den Bericht des Kornelius mit Zustimmung gelesen haben, stützt er doch seine eigene These, daß die Häresie durch den Teufel initiiert ist, der seine Gesandten von außen in die Kirche einschleust.[830]

Das von Euseb im Anschluß präsentierte Zitat aus dem Brief des Kornelius (h.e. VI 43,16) läßt den Leser zunächst aufmerken und scheint von Euseb nicht gerade glücklich in den Kontext eingefügt zu sein, wenn er Kornelius berichten läßt, Novatus habe zur Zeit der Verfolgung sein Presbyteramt verleugnet. Erst mit der nächsten Bemerkung in h.e. VI 43,17 schafft Euseb Klarheit darüber, wie ein nicht rechtmäßig Getaufter in das Amt eines Presbyters gelangen konnte. Eine Umstellung von h.e. VI 43,16 und 17 wäre für den Leser zum Verständnis insofern einfacher gewesen, als sich der eusebianische Bericht am Leben des Kornelius orientiert hätte. Die jetzige Abfolge der h.e. deutet jedoch darauf hin, daß Euseb hier seiner Vorlage, dem Brief des Kornelius, folgt.

Das Zitat in h.e. VI 43,16 berichtet die genauen Umstände der Verleugnung des Presbyteramtes. Novatus habe sich zur Zeit der Verfolgung aus Feigheit und Lebensgier in seine Zelle eingeschlossen. Als er von den Diakonen aufgefordert wurde, den Brüdern beizustehen und ihnen Hilfe zu bringen, wie es sich für einen Presbyter gehört, ging er unwillig fort und ließ sie allein, indem er erklärte, er wolle kein Presbyter mehr sein, da er Anhänger einer anderen Philosophie sei.

Euseb scheint mit diesem Zitat zunächst einmal „nur" die Schwachheit des Novatus zur Zeit der Verfolgung und die schlechte Erfüllung des Presbyteramtes zu thematisieren. Er knüpft damit aber auch an seine eigenen Ausführungen in h.e. VI 43,1 an, die er prononciert der gesamten Novatus-Darstellung vorangestellt hat, und läßt so die Ausführungen des Kornelius in einem ganz anderen Licht erscheinen: Der Bericht von Novatus' „Flucht" wirft einen dunklen Schatten auf den mit der Selbstbezeichnung „die Reinen" gegebenen Anspruch der Gruppierung. Zwar kann Novatus für sich reklamieren, nicht geopfert zu haben, jedoch zeigt der Bericht des Kornelius, daß er seine Pflichten als Presbyter grob verletzte, indem er sich der Gefahr, vor die Alternative ‚Opfern oder Martyrium' gestellt zu werden, durch Aufgabe seines Amtes und anschließende Flucht entzog. Die Selbstbezeichnung als „Reiner" ist angesichts des von Kornelius beschriebenen novatianischen Verhaltens zumindest sehr fragwürdig geworden.

Euseb liefert die Erklärung, wie ein nicht rechtmäßig Getaufter zum Presbyter geweiht werden kann, mit dem Zitat in h.e. VI 43,17 nach. Obwohl sich

---

829 Zum Topos, daß Häretiker nicht im Besitz des Heiligen Geistes sind, vgl. die antimontanistische Streitschrift (h.e. V 18,7), die aus dem mangelnden Geistbesitz die Unmöglichkeit der Sündenvergebung folgert.

830 Eine nähere Analyse dieser Textpassage siehe unter Teil I 2.23 d) Die Topik in der Darstellung des Novatus.

der gesamte Klerus und auch viele Laien gegen die Presbyterweihe des Novatus ausgesprochen hatten, da er nur auf dem Krankenlager durch Übergießung getauft worden war, setzte sich der Bischof gegen diese Mahnungen mit der Weihe des Novatus durch.

Das nächste Zitat (h.e. VI 43,18) führt Euseb mit den Worten ein, daß Kornelius darin „die schlimmste Torheit" des Novatus überliefere. Dieser, so weiß Kornelius zu berichten, nötige bei der Darreichung des Brotes beim Herrenmahl die Gläubigen statt der Danksagung zum Schwören, indem er deren Hände solange festhält, bis sie ihm schwören: „Ich werde nicht zu Kornelius zurückkehren". Kornelius schließt daraus, daß die Anhänger des Novatus nicht eher das heilige Mahl kosten dürfen, als bis sie sich selbst verflucht haben.

Das abschließende Zitat aus dem Brief des Kornelius an Fabius in h.e. VI 43,20 bündelt noch einmal die Aussagen über Novatus in dem Satz: „Wisse, daß Novatus bereits verlassen ist und allein steht, da sich Tag für Tag Brüder von ihm abwenden und zur Kirche zurückkehren!" Als Beispiel nennt Kornelius den Märtyrer Moses, der erst „vor kurzem" das Martyrium erlitt.[831]

Nicht ohne Grund wird die Angabe vom Alleinstehen des Novatus von Euseb prononciert an das Ende seiner Zitate aus dem Korneliusbrief gesetzt. Er betont damit die Aussage in einem solchen Maße, daß für den Leser der Eindruck entstehen kann, eine massenhafte Umkehr von der Häresie des Novatus zur Kirche hätte bereits stattgefunden, so daß Novatus mit seiner Lehre vollkommen allein und verlassen stehe.

Euseb endet seine Abhandlung über den Brief des Kornelius in h.e. VI 43,21–22 damit, daß er seinem Leser den Abschluß des Schreibens zur Kenntnis bringt. Nach Eusebs Informationen schloß Kornelius seinen Brief mit einem Verzeichnis derjenigen Bischöfe, welche nach Rom gekommen waren und die Torheit des Novatus verurteilt hatten. Aber auch diejenigen Bischöfe, die sich schriftlich gegen Novatus aussprachen, werden von Kornelius mit ihren Heimatorten aufgelistet.

Über die Gründe, warum Euseb weder die Namen der Bischöfe nennt noch die Liste auch nur auszugsweise zitiert, kann nur spekuliert werden. Zunächst handelt es sich bei dem Brief des Kornelius im Gegensatz zu der zitierten Liste in h.e. V 19,3 um keinen offiziellen Synodalbrief. Auch ist er nicht mit der Unterschriftenliste in h.e. V 19,3 vergleichbar. Sodann wäre die Unterschriftenliste für eine referierende/zitierende Wiedergabe zu lang, zumal wenn wirklich sechzig Bischöfe in Rom anwesend waren.[832] Euseb scheint das Wissen darüber, daß der Brief mit

---

[831]   Euseb erinnert mit diesem Beispiel indirekt auch an die bereits in den Zitaten zuvor genannten Bekenner und Märtyrer: die Bekenner, die nur kurzzeitig auf der Seite des Novatus standen (h.e. VI 43,6), Maximus, Urbanus, Sidonius und Celerinus, die seine Falschheit durchschauten und zur Kirche zurückkehrten (h.e. VI 43,6), der einfältige Bischof, der von Novatus getäuscht ihm die bischöfliche Weihe übertrug, seinen Fehltritt aber bekannte und als Laie wieder aufgenommen wurde (h.e. VI 43,10).

[832]   Die Unterschriften unter dem Synodalbrief gegen Montanus zitiert Euseb in h.e. V 19,3. Dieser Abschnitt zeigt jedoch, wie schwierig es ist, einen Text, der aus einer reinen Auflistung von Namen

Unterschriften von Bischöfen, die sich gegen Novatus aussprachen, endete, seinem Leser nicht vorenthalten zu wollen. Er sichert damit mittels eines indirekten Quellennachweises seine eigene Information in h.e. VI 43,2 ab, wonach sich in Rom eine „mächtige Synode von sechzig Bischöfen und einer noch größeren Zahl von Priestern und Diakonen" und in den verschiedenen Provinzen die Bischöfe „in besonderen Versammlungen" über Novatus beraten haben.

Soweit die Zitate bei Euseb dies erkennen lassen, hatte der Brief an Fabius zwei Grundaussagen, die Kornelius in unterschiedlichen Kontexten verschieden konturiert ausführt: Zum einen ist Kornelius bemüht, die Größe und Bedeutung der novatianischen Partei hinunterzuspielen, indem er betont, daß Novatus mit seiner Meinung alleine stehe, von den Bekennern und Märtyrern verlassen und von der Synode verurteilt. Zum anderen versucht er aufzuzeigen, daß Novatus nie ein vollgültiges Mitglied der Kirche war. Seine Taufe war nicht rite vollzogen, seine Presbyterweihe geschah trotz Widerstrebens des Klerus, und seine angebliche Bischofsweihe wurde von volltrunkenen und besinnungslosen Bischöfen vollzogen. Ob man hinter letzterer Argumentationsstrategie eine Form „orthodoxer" Rechtfertigung für den Ausschluß des Novatus aus der Kirche sehen kann, wird sich nicht mehr mit aller Sicherheit beantworten lassen, da Euseb den Brief des Kornelius von Rom nur in Auszügen wiedergibt.[833]

Die zweite Quelle, die Euseb im Kontext der durch Novatus aufgeworfenen Frage nach dem Umgang mit den Lapsi einbringt, ist ein Brief des Dionysius von Alexandrien, der ebenfalls an Fabius von Antiochien gerichtet war. Dieser handelte nach Eusebs Angaben über die Buße und über die Märtyrer in Alexandrien und berichtete unter anderem auch die Geschichte des Serapion. Inwieweit die Häresie des Novatus in diesem Brief zur Sprache kam, kann aufgrund der Textauswahl nicht mehr beantwortet werden. Zumindest verknüpft Euseb diese Quelle direkt mit dem Novatus-Kontext, wenn er seinem Leser eine neue Information über Fabius von Antiochien mitteilt. Dieser neigte etwas zum Schisma, d. h. er liebäugelte mit der rigorosen Position des Novatus und betrachtete die Absonderung

---

und Bischofssitzen besteht – teilweise mit einer Gruß- oder einer Beschwörungsformel versehen, in einen erzählerischen Kontext einzupassen, ohne diesen aufzusprengen. Daher versucht Euseb in h.e. V 19,3, seinem Leser durch drei kurze Zitate einen Eindruck von der Liste zu vermitteln, ohne diese aber umfassend zu zitieren.

Vor einem ähnlichen Problem scheint auch Dionysius von Alexandrien gestanden zu haben, wenn er in seinem Brief an Stephanus (zitiert in h.e. VII 5,1–2) nur die angesehensten Bischöfe auflistet, „um meinen Brief nicht zu lang und meine Rede nicht zu schwerfällig zu machen".

833 Als Parallele sei auf den Brief der Synode zum Ausschluß des Paulus von Samosata (h.e. VII 27–30) verwiesen, die ihr Tun damit rechtfertigt, daß Paulus mit seiner Lehre die Richtschnur des Glaubens bereits verlassen hatte und nicht mehr auf dem Boden der Kirche stand, als ihn die Exkommunikation durch die Bischöfe traf. Die Exkommunikation schreibt daher nur einen bereits gegebenen Tatbestand fest. Die ausführlich geschilderten Verfehlungen dienen nicht mehr der Überführung des Paulus; er wird auch für sie nicht mehr explizit zur Rechenschaft gezogen. Die Auflistung der Verfehlungen gilt vielmehr als Indiz dafür, daß Paulus nicht mehr Glied der Kirche ist und dient so allein der Rechtfertigung der Bischöfe für ihren Ausschluß des Paulus.

der novatianischen Partei als Kirche „der Reinen" durchaus positiv. Euseb wird diese Angabe direkt oder indirekt dem Brief des Dionysius entnommen haben. Für die zitierte Passage ist nur wichtig festzuhalten, daß dieser sein Gegenüber von dem milden Umgang mit den gefallenen Brüdern überzeugen möchte und daß daher die Geschichte des Serapion in jenem Kontext verstanden sein will.

Dionysius berichtet in seinem Brief über einen gläubigen alten Mann, der lange Zeit ein tadelloses Leben geführt hatte, jedoch in der Versuchung schwach wurde und opferte. Obwohl er lange Zeit um Verzeihung flehte, beachtete ihn niemand. Da fiel er in eine schwere Krankheit und wies den Sohn seiner Tochter an, einen Presbyter zu holen, um von seinen Sünden losgesprochen zu werden. Der Knabe eilte bei Nacht zum Presbyter, doch konnte dieser aufgrund von Krankheit nicht kommen. Da Dionysius aber befohlen hatte, man solle die Sterbenden, wenn sie darum bäten und zuvor schon darum gefleht hätten, absolvieren, reichte der Presbyter dem Knaben ein Stückchen der Eucharistie, das dieser Serapion weitergab. Kaum hatte Serapion dieses geschluckt, gab er seinen Geist auf. In dieser Geschichte sah Dionysius einen eindeutigen Beweis dafür, daß Serapion so lange am Leben erhalten wurde, bis er absolviert war und nach der Tilgung seiner Sünden um seiner vielen Verdienste willen anerkannt werden konnte. Damit ist die durch Dionysius eingeführte Praxis im Umgang mit den zur Zeit der Verfolgung Opfernden göttlich legitimiert. Die Position des Novatus hingegen, die zwar nicht eigens thematisiert wird, jedoch als Hintergrund dieser Geschichte verstanden sein will, wird – will man der dionysischen Deutung der Serapion-Geschichte folgen – unzweifelhaft widerlegt.

Auch die dritte Quelle, die Euseb in seine h.e. aufnimmt, stammt von Dionysius von Alexandrien. Die Besonderheit dieser Quelle ist, daß sie an den Häretiker Novatus selbst gerichtet ist. Mit diesem Brief, der eine unmittelbare Auseinandersetzung zwischen Orthodoxie und Häresie bietet, knüpft Euseb an die „alte" Tradition der *direkten* Widerlegung eines Häretikers an und stellt Dionysius in die Tradition der „Streiter für die Wahrheit", die mit Petrus anhob und deren letzter namhafter Vertreter Origenes war. [834]

Dionysius reagiert in seinem Brief auf die novatianische Aussage, er sei wider Willen von der Kirche fortgerissen worden, was Dionysius durch den Beweis der freiwilligen Rückkehr bestätigt sehen will. Sodann hält er Novatus vor, er hätte lieber alles Mögliche, selbst das Martyrium, erdulden sollen, als ein Schisma herbeizuführen und die Kirche zu spalten. Ein solches Martyrium, das ein Schisma vermieden hätte, wäre nach Meinung des Dionysius sogar ruhmvoller gewesen als

---

[834] Der Kampf für die Wahrheit hat sich nach eusebianischer Darstellung im Laufe der Jahrhunderte gewandelt. Verlief die Auseinandersetzung zwischen Häresie und Orthodoxie in der Frühzeit der Kirche als eine direkte, mündliche Widerlegung zwischen Apostel(-schüler) und Häretiker, so wird in der Folge der Kampf auf seiten der Kirche institutionalisiert, indem die häretische Lehre, teilweise sogar in Abwesenheit ihrer Vertreter (vgl. h.e. V 16,10 zum Montanismus), auf Synoden verurteilt wird. Die direkte Auseinandersetzung in Streitgesprächen, die neben der Widerlegung auch die Rückkehrmöglichkeit des häretischen Gegenübers einschließt, tritt in den Hintergrund.

eines, das vollbracht wird, um nicht den Götzen zu opfern. Denn es wäre ein Leiden nicht nur für sich selbst, sondern für die ganze Kirche gewesen.

Anschließend wendet sich Dionysius wieder der Gegenwart zu und versucht, Novatus zur Umkehr zu bewegen, indem er ihm verheißt, daß die Größe des Verdienstes durch die Wiedervereinigung der Brüder mit der Kirche das Ausmaß des begangenen Fehltritts übertreffe; während der Fehltritt ihm dann nicht angerechnet werde, würde der Verdienst aber gelobt werden. In dem Fall, daß Novatus seine Anhänger aber wegen ihrer Widersetzlichkeit nicht zur Rückkehr bewegen könne, sollte er allein umkehren und seine eigene Seele retten. Das Schreiben endet mit einem Wunsch nach Wohlergehen und Frieden im Herrn.

Der Brief des Dionysius schlägt mit seiner Werbung um Rückkehr ganz andere Töne an als die Ausführungen des Kornelius von Rom, der als direkter Widerpart des Novatus auftritt. Euseb bringt insofern eine gewisse Spannung in seine h.e., als Novatus in dieser Textpassage als Opfer erscheint, das die Spaltung nicht gewollt habe und nur von seinen Brüdern dazu gedrängt worden sei.

Aus dem Brief des Kornelius ging deutlich hervor, daß Novatus sich aus inhaltlichen Gründen von der Kirche und ihrem, in seinen Augen zu laxen Umgang mit den Lapsi der Decischen Verfolgung abgrenzt und seine eigene Kirche gründet, als deren Bischof er auftritt. Ebenfalls ließ sein Brief erkennen, welchen Druck Novatus auf die Anhänger seiner Gruppierung ausübte, wenn er sie vor dem Empfang des Herrenmahls einen Treueeid schwören ließ.

Die Darstellung des Dionysius von Alexandrien vermittelt einen anderen Eindruck. Dieser geht zunächst vordergründig auf Novatus' Position ein, der sich als Opfer seiner Brüder geriert. Die Opferrolle wird von Dionysius vermutlich aufgegriffen und an den Anfang des Briefes gestellt, um bei Novatus Zustimmung und damit zunächst eine Öffnung für die weitere Diskussion zu bewirken. Die Haltung des Dionysius gegenüber der novatianischen Kirchenspaltung ist jedoch eindeutig, wenn er im folgenden erklärt: Sei Novatus wider seinen Willen fortgerissen, so solle er zurückkehren. Und auch die Erklärung, daß er lieber das Martyrium erlitten hätte, als die Kirche zu spalten, läßt keinen Zweifel an der Position des Dionysius aufkommen. Wichtig ist jedoch zu bemerken, daß er versucht, eine – wenn auch fiktive – Auseinandersetzung mit Novatus zu führen, indem er ihm Handlungsalternativen aufzeigt und diese anschließend bewertend diskutiert. Er versucht dabei auf die Situation des Novatus einzugehen und ihm die beste aller Lösungen, die Rückkehr und die Überwindung des Schismas, argumentativ nahezulegen. Folgte man Dionysius in seinen rein logischen Erwägungen, so müßte Novatus aufgrund der verheißenen Verdienste zweifellos umkehren, was zeigt, daß Dionysius die theologisch strittigen Themen geschickt ausspart.

Eine sehr dezente Kritik findet sich allerdings doch, nämlich in der Parallelisierung der Märtyrer, die gestorben sind, weil sie nicht opfern wollten, mit dem geschuldeten Martyrium des Novatus, das er lieber hätte erdulden sollen, als die

Kirche zu spalten. Die Parallelisierung, die in ihrer positiven Form zunächst nicht
weiter auffällig ist, wird kritisch, wenn man bedenkt, daß Novatus eben *nicht* das
Martyrium erlitt, sondern ein Schisma herbeiführte. Damit ist Novatus, der Schis-
matiker, nach Dionysius um keinen Deut besser als die Lapsi, welche in der Not
geopfert haben und welche er mit seiner Haltung zu kritisieren sich berufen fühlt.
Diese Kritik des Dionysius an Novatus ist sehr vorsichtig formuliert und wird erst
auf den zweiten Blick deutlich.

Euseb bringt die durch Novatus aufgeworfene Frage nach dem angemessenen
Umgang mit den in der Decischen Verfolgung Opfernden mit h.e. VI 45 inhaltlich
zum Abschluß. Die Position des Novatus ist sowohl durch Synoden, als auch durch
namhafte Bischöfe verurteilt; die Gefallenen werden nach einer entsprechenden
Buße wieder aufgenommen und die ehemaligen Anhänger des Novatus kehren zur
Kirche zurück. Novatus steht nach dem Zeugnis des Kornelius von Rom mit seiner
Meinung verlassen da (h.e. VI 43,20), und Dionysius von Alexandrien schließt
den Abschnitt damit, daß er Novatus explizit zur Rückkehr zur Kirche auffordert (h.e. VI 45). Innerhalb der eusebianischen Dramaturgie scheint die Novatus-
Problematik damit gelöst zu sein. Wie bekannt, löst sich die Häresie entsprechend
der eusebianischen Konzeption nach ihrer Widerlegung umgehend auf.

Obwohl die Novatus-Thematik mit h.e. VI 45 zum Abschluß gebracht ist, kann
Euseb nicht umhin, in Buch VII im Kontext des sog. Ketzertaufstreits[835] noch einmal einige Bemerkungen über „die Neuerung des Novatus" einzufügen. Aus dem
Brief des Dionysius von Alexandrien an Stephanus von Rom zitiert Euseb in h.e.
VII 5,1 die Bestätigung, daß „alle Kirchen des Orients und noch fernere Gegenden,
die sich einst losgesagt hatten, wieder zur Einheit zurückgekehrt sind". Dionysius
nennt im folgenden noch die Gebiete, in denen wieder Eintracht herrscht.

Erst diese letzte Bemerkung des Dionysius läßt das Ausmaß des Schismas
erkennen, das Novatus mit seiner Ansicht auslöste. Eusebs Ausführungen berichteten zuvor zwar von einer etwas größeren Anzahl von Schismatikern unter einem
Gegenbischof, über die regionale Ausbreitung hatte er jedoch keine Angaben
gemacht. Vielmehr schien die eusebianische Darstellung in Buch VI auf ein rein
auf Rom beschränktes Phänomen hinzudeuten, da er nur von der Gruppierung um
Novatus in Rom berichtet.

Ein zweiter Nachtrag zur Novatus-Thematik findet sich in der Darstellung des
Ketzertaufstreits. In h.e. VII 8 zitiert Euseb aus dem vierten Brief des Dionysius
von Alexandrien über die Taufe, der an Dionysius von Rom gerichtet war. Dort
werden noch einmal summarisch alle Einwände gegen die Häresie des Novatus
aufgelistet, wobei dieser Abschnitt in starkem Maße von Topoi der Ketzerpolemik
geprägt ist, die weiter unten eingehend analysiert werden sollen.[836] Vorgeblicher

---

835   Das mit dem Ketzertaufstreit gegebene Problem für die Darstellung der Häresie soll in einem eige-
      nen Abschnitt betrachtet werden, vgl. Teil II 3.2.2 Die innerkirchlichen Streitigkeiten als Problem
      für die eusebianische Häresiekonzeption.

836   Siehe unten Teil I 2.23 d) Die Topik in der Darstellung des Novatus.

Anlaß der dionysischen Ausführungen ist die Rechtfertigung, daß er mit gutem Grund über Novatus erbittert ist, weil dieser „die Kirche gespalten, einige Brüder zu Gottlosigkeiten und Gotteslästerungen veranlaßt und über Gott eine ganz unheilige Lehre verbreitet hat, der unseren gütigsten Herrn Jesus Christus als unbarmherzig verleumdet, dazu das heilige Bad verwirft und Glauben und Bekenntnis zerstört, die ihm vorangehen, und den Heiligen Geist völlig aus den Abgefallenen vertreibt, auch wenn noch irgendeine Hoffnung bestand, daß er in ihnen verbleibt oder zu ihnen wieder zurückkehre."[837]

c) Die eusebianische Quellenauswahl zur Häresie des Novatus

Nach eigenen Angaben besitzt Euseb eine große Anzahl an Quellen zur Häresie des Novatus.[838] Wie bereits bei den früheren Häresien beobachtet, wählt Euseb diejenige Quelle aus, die den berichteten Ereignissen zeitlich am nächsten steht. Er zitiert mit dem Brief des Kornelius von Rom an Fabius von Antiochien eine sehr frühe, wohl zeitgleich zur Häresie verfaßte Quelle. Im diesem Falle kommt hinzu, daß Kornelius auch direkter Augenzeuge bzw. Konkurrent des Novatus war. Da der Adressat Fabius selbst mit der Haltung des Novatus liebäugelte, konnte sich Euseb sicher sein, daß der zwar polemische Bericht in der Wiedergabe der historischen Fakten durchaus zuverlässig war.

Betrachtet man neben den rein formalen Gründen die Inhalte der Quellen, so fällt auf, daß sie mit ihrer Grundaussage, Novatus habe die Kirche gespalten (Kornelius, Dionysius), der eusebianischen Häresiekonzeption widersprechen und sie fast *ad absurdum* führen. Euseb hatte bei den früheren Häresien den Ursprung außerhalb der Kirche verortet und den Teufel als ihren Urheber ausgemacht. Die Häretiker schleichen sich von außen in die Kirche ein, um sie dann von innen zu verwirren und deren Anhänger zum Abfall zu verleiten. In diesem Fall aber bezeugen Eusebs Quellen die Initiierung der Häresie vom Boden der Kirche aus. Hätte Euseb nicht die Aussage in Kornelius' Brief an Fabius gefunden, wonach der Teufel ihm Anlaß zum Glauben und alle kirchlichen Sakramente und Weihen unrechtmäßig waren, wäre Eusebs Häresiekonzeption in arge Probleme geraten, da Novatus – nur so lassen sich die anderen Quellen verstehen – erst als Presbyter/Bischof die Häresie initiiert. Ohne den Kornelius-Brief als Gegenpol zu den anderen Quellen hätte der

---

837　Euseb, h.e. VII 8 <GCS Euseb II/2, 646,5–12>.

838　Barnes, Constantine and Eusebius, 135, geht davon aus, daß Euseb die historischen Vorgänge aus den Briefen des Dionysius und aus denjenigen, die in Antiochien überliefert wurden, kannte. Euseb sagt nirgends in der h.e., daß er direkten Zugang zur Bibliothek in Antiochien hatte. Da der Fall Novatus weite Kreise zog und auch der damalige Bischof Theoteknus von Cäsarea an der Synode in Antiochien teilgenommen hatte (h.e. VII 28,1 und VII 30,2), werden auch in der Bibliothek von Cäsarea oder der Älia Capitolina Akten oder Briefsammlungen zu dieser Thematik zu finden gewesen sein (vgl. auch Anm. I 187). Gegen Barnes ist zudem einzuwenden, daß Euseb aller Wahrscheinlichkeit nach auch die Cyprian-Briefe kannte, siehe unten Anm. I 841 und 842.

Teufel – will man auch hier an der dämonologischen Herleitung festhalten – die Kirche vom Boden der Kirche aus angegriffen, was Euseb bereits bei Tatian als Unmöglichkeit ablehnte.[839] Die Auswahl der weiteren Quellen zur Novatus-Thematik ist mit der Konzeption der Bücher VI und VII bereits entschieden: Dionysius von Alexandrien ist ab h.e. VI 40 die Hauptperson, um die herum Euseb die Darstellung seiner Kirchengeschichte anordnet. Da sich Dionysius auch mit Novatus auseinandersetzte und Euseb die diesbezügliche Quelle vorlag, bedarf deren Auswahl keiner weiteren Erklärung. Dionysius' Bericht erfüllt innerhalb der eusebianischen Darstellung zum einen die Funktion, dessen Praxis der Absolvierung der reuevollen Lapsi angesichts ihres Todes als gottgewollt, Novatus' Position hingegen als gottwidrig darzustellen. Zum anderen hält Dionysius den seiner Meinung nach angemessenen Umgang mit den *lapsi* bzw. *sacrificati* fest, welche im Kornelius-Zitat nur unzureichend zur Sprache kam und von Euseb in h.e. VI 43,2 nur angedeutet wurde: Die Lapsi wurden bei Todesgefahr wieder aufgenommen, wenn sie darum baten und bereits zuvor darum gebeten hatten.[840]

d) Nicht aufgenommene Quellen zur Häresie des Novatus

Euseb zieht die drei Briefe des Dionysius von Alexandrien an die römischen Bekenner, welche der Lehre des Novatus anhingen (h.e. VI 46,5), nicht zur Darstellung der novatianischen Häresie heran, wobei jedoch in Betracht gezogen werden muß, daß ihm diese Briefe eventuell nicht vorlagen.

Ebenfalls nicht aufgenommen hat Euseb nach eigenen Angaben die Schriften Cyprians, die ihm nach h.e. VI 43,3 wohl in lateinischer Sprache vorlagen.[841] Sie übermittelten den Beschluß der mit Cyprian vereinten afrikanischen Bischöfe, man solle „den [durch Novatus] Verführten zu Hilfe kommen und den Urheber der Häresie zugleich mit allen seinen Anhängern aus gutem Grund aus der katholischen Kirche ausschließen".[842] Die Gründe, warum Euseb nicht auszugsweise aus diesen Briefen Cyprians zitiert resp. referiert, liegen im Dunkel, lassen sich jedoch

---

839   Vgl. dazu Teil I 2.14 Exkurs 1: Die Durchlässigkeit der Grenze zwischen Häresie und Orthodoxie anhand der Darstellung der Häresien von Tatian und Bardesanes.

840   Euseb dokumentiert mit dem Synodenbericht (h.e. VI 43) und dem Dionysius-Bericht über Serapion (h.e. VI 44) bewußt oder unbewußt den Endpunkt einer Entwicklung, die etwa dem Stand der Diskussion im Frühsommer 253 entspricht, als nicht mehr zwischen bußfertigen *libellatici* und *sacrificati* differenziert wurde. Erst zu dieser Zeit wurde die anfangs nur für die *libellatici* erlaubte Rekonziliation auch auf *sacrificati* ausgeweitet; vgl. Alexander, Novatian/Novatianer, 679.

841   Die Differenzierung in „Novatian" und „Novatus" in der *Chronik* läßt sich nur verstehen, wenn man die Kenntnis der Cyprianbriefe bei Euseb voraussetzt (vgl. oben Teil I 2.23 a) Die Häresie des Novatus oder die Häresie Novatians?). Vgl. auch Anm. I 165.

842   Euseb, h.e. VI 43,3. Euseb wird mit dieser Formulierung wohl kaum die sich gegen das novatianische Schisma wendenden Schriften *De ecclesia unitate* und *De lapsis*, beide im Jahr 251 verfaßt, bezeichnen, obwohl sie beide, römischen Konfessoren übersandt, durchaus als „Briefe" gelten

anhand von analogen Beispielen zumindest teilweise beleuchten: Da Cyprian wie
Kornelius zeitgleich zum Häresiegründer Novatus seine Schriften verfaßte, kommt
der zeitliche Aspekt, eine Posteriorität gegenüber der Kornelius-Quelle, an dieser
Stelle nicht zum Tragen. Auch die Tatsache, daß Cyprian – im Gegensatz etwa
zu Kornelius – weit entfernt vom Schauplatz der Auseinandersetzung in Karthago
wirkte, scheint an dieser Stelle nicht zu greifen, da Euseb von den guten Beziehungen zwischen Rom und Karthago wußte und ihm auch mit Cyprian, wenn schon
kein Augenzeuge, so doch ein historisch glaubwürdiger Informant vorlag.

Der Grund für die Auslassung der cyprianischen Informationen wird in der
Abfassung in lateinischer Sprache liegen. Euseb war des Lateinischen durchaus
mächtig und übersetzt auch wichtige Quellenzitate in der h.e. für seine Leserschaft
ins Griechische.[843] Es ist jedoch die Tendenz zu erkennen, daß es Euseb weitestgehend vermeidet, nichtgriechische Quellentexte zu verwenden.[844]

Neben diesen formalen Grund tritt ein nicht minder wichtiger inhaltlicher
Aspekt, der Euseb zur Entscheidung gegen die Cyprian-Briefe veranlaßt haben wird.
Hätte Euseb direkt aus ihnen zitiert bzw. diese referiert, wäre es für ihn schwer
geworden, eine Textpassage zu finden, die nicht auf Novatus' „Vorgeschichte"
Bezug nimmt. Diese aber scheint Euseb um der Einfachheit seiner Häresiedarstel-
lung willen nicht erwähnen zu wollen.

Die Cyprian-Briefe lassen erkennen, daß Novatus in der Zeit der Vakanz nach
dem Märtyrertod Fabians (20.1.250) eine führende Rolle innerhalb der römischen
Gemeindeleitung innehatte. Da ein Synodalbeschluß zur Problematik der Lapsi
noch ausstand, erwirkte Novatus stellvertretend im Namen der römischen Presbyter eine Interimsregelung, wonach die Lapsi für die Sünde ihres Abfalls Buße
tun, aber nur bei akuter Todesgefahr wieder in die kirchliche Gemeinschaft aufgenommen werden sollten (Cyprian, ep. 30,8). Erst als nicht Novatus, sondern
Kornelius im Frühjahr 251 nach dem Ende der Verfolgung mit der Unterstützung

---

könnten. Betrachtet man die uns überkommene Briefsammlung Cyprians, so behandeln 12 Briefe,
ep. 44–55, das novatianische Schisma.

Vermutlich hatte Euseb Cyprians Briefe 55 und 57 vorliegen, welche die Bestätigung der
römischen Position durch die Synoden in Rom und Karthago thematisieren (vgl. ep. 55,6 und
ep. 57,2). Die Briefsammlung wird darüber hinaus mit einiger Sicherheit weitere Briefe umfaßt
haben, welche die „Vorgeschichte" Novatians – beginnend mit seiner Vakanzvertretung nach dem
Märtyrertod des römischen Bischofs Fabian am 20.1.250 (ep. 8, 30,5 [Novatian-Brief]), über
die Wahl des Kornelius zum römischen Bischof (ep. 55) bis hin zu Novatians Abspaltung – näher
beleuchten und die Problematik in ihrer Differenziertheit wiedergegeben haben.

Sollte die Briefsammlung umfassender gewesen sein, als Euseb erkennen läßt, wäre das Verschweigen der „Vorgeschichte" des Novatus in der eusebianischen Häresiekonzeption begründet,
die keinen Wechsel von der Orthodoxie zur Häresie vorsieht. Euseb könnte demnach eine Briefsammlung besessen haben, welche die Briefe 8, 30, 55 und 57 beinhaltet hat; genauere Rückschlüsse auf den Umfang des Euseb vorliegenden Schriftencorpus lassen sich jedoch nicht ziehen.
Vgl. dazu Alexander, Novatian/Novatianer, 678–679.

843   Vgl. auch Anm. I 151 und I 960 mit Beispielen. Siehe auch unten Teil I 3.1 Quellenauswahlkriterien.

844   Siehe auch unten Teil I 3.1 Quellenauswahlkriterien.

der Mehrheit der römischen Gemeinde und einer ansehnlichen Zahl von Bischöfen zum römischen Bischof ernannt wurde (Cyprian, ep. 55,8; vgl. h.e. VI 43,11), ließ sich Novatus zum Gegenbischof weihen und nahm eine rigorose Haltung bei der Wiederaufnahme der bußfertigen Lapsi ein.[845]

Euseb verschweigt diese Vorgeschichte des Novatus vermutlich aus mehreren Gründen. Zunächst wäre die Grenze zwischen Häresie und Orthodoxie, die Euseb mit der Kornelius-Quelle so klar abzustecken versucht hatte, verwischt worden. Novatus handelte ja sogar im Auftrag der römischen Presbyter in Stellvertretung des Bischofs, was sein Ansinnen auf den Bischofsstuhl beim Leser sogar verständlich machen und die Kornelius-Erklärung, nur der Teufel sei der Anlaß zum Streben nach der Bischofswürde gewesen, in Frage stellen könnte. Weil Euseb die Kornelius-Quelle als Stütze seiner dämonologischen Herleitung brauchte, mußte er darauf bedacht sein, die Grenze zwischen Häresie und Orthodoxie nicht zu verwischen. Die Tatsache, daß Novatus in der Sedisvakanz mit Zustimmung sowohl der römischen Presbyter als auch der anderen Bischöfe die Aufgaben eines Bischofs wahrnahm, konnte Euseb seinem Leser nicht mitteilen, wenn er seine Darstellung nicht unnötig verkomplizieren und weitere Erklärungen notwendig machen wollte.

Ein anderer Grund könnte in der Haltung Cyprians innerhalb des sich anschließenden Ketzertaufstreits liegen, bei dem er gegen die Ansichten Stephans von Rom und Dionysius' von Alexandrien (die Euseb nach seiner einseitigen Darstellungsweise offensichtlich präferiert) mit der Forderung auftrat, man solle die häretischen Konvertiten erneut taufen. Da Euseb diese Position ablehnt[846] und offensichtlich keine anderen, „erzählenswerten" Informationen über Cyprian besaß, scheint er dessen Bedeutung für die Kirchengeschichte bewußt herabzusetzen.[847]

Andererseits kann Euseb Cyprians wichtige Rolle im Vorgehen gegen Novatus nicht übergehen. Er nennt ihn und seine Briefe auch bereitwillig als Zeugen für die afrikanische Synode gegen Novatus, räumt ihm aber zugunsten des Dionysius von Alexandrien nur eine marginale Rolle bei der Widerlegung des Novatus ein.

e) Die Topik in der Darstellung des Novatus

Die Quellen über die Häresie des Novatus bedienen sich in großem Maße topischer Elemente zur Charakterisierung seiner Person und seines Verhaltens.

So benutzt Kornelius in seinem Brief an Fabius in starkem Maße Bezeichnungen, welche die Person des Novatus diffamieren sollen. Er stellt ihn als von „unbe-

---

[845] Vgl. dazu Alexander, Novatian/Novatianer, 678–682.

[846] Andresen, Siegreiche Kirche, 402, erkennt in der Formulierung Eusebs in h.e. VII 2.3 „eine unverhohlene Kritik an Cyprian".

[847] Die Herabsetzung der Bedeutung Cyprians geschieht vermutlich aus apologetischen Gründen, um die innerkirchlichen Streitigkeiten (wie den sog. Ketzertaufstreit) herunterzuspielen und von den häretischen Gruppierungen abgrenzen zu können. Vgl. dazu Teil II 3.2.2 Die innerkirchlichen Streitigkeiten als Problem für die eusebianische Häresiekonzeption.

sonnenem Verlangen getrieben" und von einer „wahnsinnigen Idee" (h.e. VI 43,5) besessen dar. Sowohl das von niederen, unkontrollierbaren Trieben Bestimmtsein als auch der Wahnsinn sind – wie die Analyse der topischen Elemente innerhalb der h.e. zeigen wird – in der Ketzertopik weit verbreitet. Sie verfolgen das Ziel, beim Leser Mißtrauen gegenüber der bezeichneten Person zu schüren. Wahnsinn, Toben und Raserei finden sich ebenso häufig als eindeutiges Kennzeichen der Häresie benannt[848] wie die Rückführung der Häresie auf den Teufel, der nach Kornelius' Aussage bei Novatus der Anlaß zum Glauben war. Mit der teuflischen Anstiftung des Novatus und dessen Einschleichen in die Kirche und dem (unrechtmäßen) Ergaunern von Sakrament (Taufe) und Weihen (Presbyter- und Bischofsweihe) stimmt Kornelius mit der eusebianischen Häresiekonzeption überein. Die Häresie wird damit zwar auf dem Boden der Kirche offenbar, ihre Wurzeln liegen aber außerhalb der Kirche, da – so der Grundtenor des Korneliusbriefes – Novatus nie ein rechtmäßiges Mitglied der Kirche war.

Ein weiteres topisches Element findet sich in der Aussage, daß Novatus sein Streben nach der Bischofswürde „in sich verbarg" (h.e. VI 43,5) bzw. auch „alle seine Ränke und Bosheiten, die er seit langem still bei sich gehegt hat", nicht von sich aus offenbarte (h.e. VI 43,6). Selbstverständlich wird Novatus, sollte er wirklich von Anfang an nach der Bischofswürde gestrebt haben, seine Pläne nicht öffentlich bekanntgemacht haben; insofern hätte die Ketzerpolemik recht. Zu bezweifeln ist jedoch grundsätzlich, daß Novatus von Anfang an nach der Bischofswürde strebte – diese Möglichkeit wird aufgrund der Polemik von Euseb nicht in Betracht gezogen. Das „Geheimhaltungsmotiv" bzw. das Verbergen der eigenen Ziele und Abgründe soll beim Leser Mißtrauen gegenüber den Beteuerungen des Häretikers bewirken und dessen Äußerungen generell als unglaubwürdig herausstellen.[849]

Ansonsten greift Kornelius auf das gesamte Repertoire der Ketzerpolemik zur Diffamierung der Person des Novatus zurück: Er nennt als Charakterzüge Verschlagenheit und Falschheit, die sich in Meineiden, Lügen, Ungeselligkeit und falscher Freundschaft äußern. Auch unterstellt er Novatus, daß dieser Ränke und Bosheiten schmiedet und auf seine Anhänger Druck ausübt, so daß sie nicht umkehren können. Eine Steigerung erfahren diese Aussagen darin, daß Novatus als „ein hinterlistiges und bösartiges Tier" charakterisiert wird, womit Kornelius ihm sein Menschsein abspricht. Er kommt mit dieser Charakterisierung den eusebianischen Beschreibungen des Simon Magus (h.e. II 1,12), des Satorninus und Basilides (h.e. IV 7,3) oder des Valentin (h.e. IV 11,3) sehr nahe.[850]

---

848   Zum topischen Motiv des Wahnsinns, der Raserei und des Irrsinns bei Häresiegründern vgl. Teil I 3.2.1.1 Von Euseb häufig ausgewählte Themen.

849   Dieses weit verbreitete topische Motiv, das von der Verbreitung von Geheimlehren (h.e. IV 11,1) und dem Vollzug geheimer Handlungen (h.e. IV 7,9) bis hin zur Verabreichung des verborgenen, unheilvollen Giftes (h.e. II 1,12) reicht, soll in einem gesonderten Abschnitt zur Topik untersucht werden; vgl. Teil I 3.2.1.1 Von Euseb häufig ausgewählte Themen.

850   Es ist ein Kennzeichen der eusebianischen Häresiedarstellung, die Häretiker mit Schlangen zu vergleichen, die im Verborgenen lauern, um Unwissenden ihr todbringendes Gift verabreichen

Eine weitere Quelle der eusebianischen Novatus-Darstellung erscheint vielversprechend für eine Analyse der verwendeten topischen Elemente: der in h.e. VII 8,1 zitierte Auszug aus dem Brief des Dionysius von Alexandrien an Dionysius von Rom. Das Zitat steht im Kontext des sog. Ketzertaufstreits, dessen Anlaß die Rückkehr novatianischer Konvertiten war.[851] Dionysius verurteilt die Novatianer in einer derart allgemeinen Form, daß die Anschuldigungen auf beinahe alle Häretiker hätten passen können.[852] Neben den in der Ketzertopik weit verbreiteten Anschuldigungen, er hätte Brüder zu Gottlosigkeiten und Gotteslästerungen veranlaßt, eine ganz unheilige Lehre über Gott verbreitet, Christus verleumdet, den Heiligen Geist vertrieben, die Taufe verworfen sowie Glauben und Bekenntnis zerstört, findet sich für die eusebianische Darstellung eher überraschend auch die Feststellung, daß Novatus die Kirche „gespalten" habe.

Diese Formulierung läßt aufmerken, da sich doch nach eusebianischer Vorstellung die Häretiker von außen in die Kirche einschleichen, sodann enttarnt und schlußendlich aus der Kirche ausgeschlossen werden. Die Einheit der Kirche ist mit dem Auftreten der Häretiker nicht in Frage gestellt. In diesem (eusebianischen) Sinne läßt sich auch die erstmals bei der Novatus-Darstellung begegnende Bezeichnung „Schisma" verstehen, wenn man darunter die Absonderung der häretischen Gruppierung von der Kirche im Sinne einer Aussonderung von nicht wesenseigenen Elementen versteht.[853] Insofern unterscheidet Euseb normalerweise – wie viele

---

zu können. Deutlich ist, daß Euseb bei allen Belegen (h.e. II 1,12; h.e. IV 7,3; h.e. IV 11,3) Vergleich sekundär an die zitierte/referierte Quelle heranträgt. Ob sich dieser Schlangen-Vergleich bei Euseb ausschließlich auf den Sprachgebrauch des Kornelius-Briefes an Fabius zurückführen läßt, ist jedoch fraglich, da dieses topische Motiv in der antiken Literatur häufiger vorkommt; vgl. dazu den Abschnitt vgl. Teil I 3.2.1.1 Von Euseb häufig ausgewählte Themen.

[851] Das Problem entbrannte, wie das Zitat in h.e. VII 8 unschwer erkennen läßt, an der Frage, wie mit Novatianern umzugehen sei, wenn Novatus „den Heiligen Geist völlig aus den Abgefallenen vertreibt, auch wenn noch irgendeine Hoffnung bestand, daß er in ihnen bleibe oder wieder zu ihnen wieder zurückkehre". Cyprian wollte daher die novatianischen Konvertiten taufen lassen, da allein die Kirche im Besitz des Heiligen Geistes sei und die apostolische Vollmacht der Sündenvergebung besäße. Da den Häretikern und Schismatikern jene Merkmale des Kircheseins fehlten, könne das Taufbad und die Handauflegung gar nichts vermitteln (ep. 69; 70; 73). Stephan von Rom attackierte die karthagische Praxis als Neuerung, woraufhin die afrikanischen und kleinasiatischen Kirchen die Position Cyprians bestätigten, was Stephan von Rom mit einem Ausschluß aus der Kirchengemeinschaft beantwortete. Vgl. auch Hauschild, Lehrbuch, 92–93.

[852] Vgl. dazu die dionysische Charakterisierung der Sabellianer in h.e. VII 6.

[853] Der Vorgang der häretischen Absonderung Einzelner aus der kirchlichen Gemeinschaft wird von Euseb häufiger beschrieben (vgl. die gnostischen Häresien), jedoch *nicht* mit der Bezeichnung „Schisma" versehen. Der Terminus begegnet erstmals im Kontext der Dionysius-Briefe an Fabius in h.e. VI 44,1 (Euseb: <GCS Euseb II/2, 624,6: τῷ δ' αὐτῷ τούτῳ Φαβίῳ, ὑποκατακλινομένῳ πως τῷ σχίσματι [...]>) und an Novatus in h.e. VI 45 (Euseb: <GCS Euseb II/2, 626,10–11: [...] ἐπειδὴ οὖν τῆς ἀποστασίας καὶ τοῦ σχίσματος πρόφασιν ἐποιεῖτο τῶν ἀδελφῶν τινας [...]>; h.e. VI 45 (Dionysius: <GCS Euseb II/2, 626,14–17: ἔδει μὲν γὰρ καὶ πᾶν ὅτι οὖν παθεῖν ὑπὲρ τοῦ μὴ διακόψαι τὴν ἐκκλησίαν τοῦ θεοῦ, καὶ ἦν οὐκ ἀδοξοτέρα ἡ ἕνεκεν τοῦ μὴ εἰδωλολατρῆσαι γινομένης ἢ ἕνεκεν τοῦ μὴ σχίσαι μαρτυρία [...]>).

seiner Zeitgenossen[854] – weder terminologisch noch inhaltlich zwischen Schisma und Häresie.[855]

Von einem vollkommen anderen Häresieverständnis zeugt nun aber die Aussage des Dionysius in h.e. VII 8,1, wenn er seiner Verbitterung Ausdruck verleiht, Novatus habe die Kirche „gespalten" (διακόψαντι τὴν ἐκκλησίαν). Diese Formulierung kann nur bedeuten, daß die Einheit der Kirche mit Novatus' Auftreten zunichte gemacht ist – eine für Euseb ungeheuerliche Vorstellung, auf deren Bedeutung und Konsequenzen er im weiteren lieber nicht eingeht.[856]

f) Die Darstellung der Häresie des Novatus bei Euseb

Betrachtet man die sehr umfangreichen Ausführungen Eusebs zur Häresie des Novatus, so fällt auf, daß sich die Informationen über seine Person stark in Grenzen halten – zumal wenn man die polemischen Äußerungen und topischen Elemente beiseite läßt.

Euseb teilt seinem Leser mit, daß Novatus eine rigorose Haltung gegenüber den während der Verfolgung Opfernden einnimmt und für sie keine Hoffnung auf Rettung mehr sieht.[857] Er kann zunächst die Bekenner für seine Haltung gewinnen, doch kehren diese bald zur Kirche zurück.

---

[854] Vgl. dazu Grant, Eusebius as Church Historian, 94.

[855] Euseb kann sich terminologisch dem Sprachgebrauch des Dionysius anpassen, wenn er referiert, Novatus hätte die Schuld des Abfalls und des *Schismas* auf die Brüder geschoben. Dionysius schreibt nämlich, daß Novatus eher das Martyrium hätte erleiden sollen, als ein *Schisma* herbeizuführen (h.e. VI 45,1). Andererseits bezeichnet Euseb die Abspaltung des Novatus in der Kapitelüberschrift als *Häresie*. Vgl. zur Ursprünglichkeit der Kapitelüberschriften Schwartz, Eusebios, 1407.

[856] Eine ähnliche, jedoch weit radikalere Konsequenz aus dem Auftreten von Häretikern zieht Hegesipp, der die Reinheit der Jungfrau Kirche unwiederbringlich zerstört sieht, vgl. dazu h.e. III 32,7–8. Auch an dieser Stelle der h.e. gibt Euseb unkommentiert die Meinung Hegesipps wieder. Er verschweigt die ihm unpassend erscheinende Ansicht nicht, geht aber nicht weiter auf sie ein. Vgl. auch Teil I 3.2.2.3 Von Euseb nicht übernommene häreseologische Erklärungsmöglichkeiten zur Entstehung und zum Wesen der Häresie: 3.2.2.3.6 Die Vorstellung, die Häresie bewirke die Spaltung der Kirche.

[857] Für Novatus lag der Anstoß zur Abspaltung – abgesehen von persönlichen Rivalitäten gegen Kornelius, der an seiner Statt römischer Bischof wurde – in der Frage nach der Wiederaufnahme der *libellatici*. Während Kornelius und Cyprian das Vergehen der *libellatici*, die sich in der Verfolgung durch Bestechung oder andere Mittel eine Bescheinigung über die Darbringung des Opfers verschafft hatten, als nicht so schwerwiegend einstuften als das derer, die tatsächlich geopfert hatten, so differenziert Novatus an diesem Punkte nicht (Cyprian, ep. 55,14), was ihn zur Gründung einer neuen „Kirche der Reinen" veranlaßte.
Die Darstellung Eusebs, die diese Unterscheidung in *sacrificati* und *libellatici* nicht kennt, gibt die novatianische Position im Ganzen zutreffend wieder, vereinfacht jedoch im Hinblick auf die damals brennende Frage nach der rechtmäßigen Wiederaufnahme-Praxis in beträchtlichem Maße.

Über die Vorgeschichte der schismatischen Abspaltung des Novatus weiß Euseb zu berichten, daß jener nach dem Zeugnis des Kornelius anscheinend nicht rechtmäßig getauft und daher auch nur mit Zögern des Klerus zum Presbyter geweiht wurde. Dieses Amt habe Novatus in der Zeit der Verfolgung, als er von Diakonen um Hilfe gebeten wurde, aufgegeben, da er nach seinen eigenen Worten Anhänger einer anderen Philosophie sei. Welche „andere Philosophie" dies war, geht weder aus den Ausführungen des Kornelius, noch aus der Gesamtdarstellung Eusebs hervor.[858] Die Bischofsweihe des Novatus geschah durch die Handauflegung von zwei rechtmäßig eingesetzten Bischöfen, die jedoch nach Informationen des Kornelius volltrunken und besinnungslos waren. Der Anspruch auf die bischöfliche Würde, die Novatus anschließend für sich geltend machte, sei – so die Argumentation des Kornelius – aufgrund der Unzurechnungsfähigkeit der weihenden Bischöfe unbegründet. Auf weitere Ereignisse vor der novatianischen Abspaltung, wie sie beispielsweise in den Cyprian-Briefen greifbar werden, geht Euseb nicht ein.[859]

Die Lehre des Novatus wird durch eine große Synode in Rom verurteilt, der sich weitere Synoden unter anderem in Karthago und Afrika anschließen. Nach eusebianischer Darstellung kehrt spätestens nach der Verurteilung des Novatus ein großer Teil der Anhänger zur Kirche zurück. Während Euseb mit seiner Darstellung eine rein auf Rom beschränkte Wirksamkeit der schismatischen Gemeinde um Novatus suggeriert, gibt die kurze Notiz des Dionysius im Rahmen des sog. Ketzertaufstreits zu erkennen, daß sich das novatianische Schisma sowohl bis Syrien und Kleinasien als auch bis Arabien ausgebreitet hat.[860] Nach der Verurteilung der Lehre löst sich die Häresie nach eusebianischer Darstellung auf: Novatus steht verlassen und allein da und wird von Dionysius zur Umkehr aufgefordert.[861]

Nachzutragen bleibt, daß Euseb mit seiner Darstellung des novatianischen Schismas in der h.e. seine Aussagen der *Chronik* nicht unwesentlich modifiziert. Neben der Reduzierung von Novatian und Novatus in der *Chronik* auf Novatus in der h.e. revidiert Euseb auch seine Datierung des novatianischen Schismas. Hatte Euseb die Ankunft des Novatus in Rom in der *Chronik* erst in das Jahr 253 datiert[862], so scheint er in der h.e. die durch Novatus aufgeworfene Streitfrage noch in die Regierung des Decius, d.h. vor oder vermutlich in das Jahr 251, einzuordnen.[863]

---

[858]   Novatus war vermutlich Asket im Sinne des philosophischen Lebens und bewohnte um 250 eine Hütte bei Rom (so Hauschild, Lehrbuch, 268, unter Berufung auf h.e. VI 43,16). Novatus stellte, so läßt sich aus der Passage bei Kornelius (h.e. VI 43,16) entnehmen, die Pflicht des Asketen über den Dienst des Presbyters, so daß er während der Verfolgung sein Presbyteramt ganz aufgab.

[859]   Vgl. oben unter Teil I 2.23 c) Nicht aufgenommene Quellen zur Häresie des Novatus.

[860]   Dionysius von Alexandrien nennt als Bischöfe, die sich über den wider Erwarten eingetretenen Frieden freuen, die Bischöfe von Antiochien, Cäsarea, Älia, Tyrus, Laodicea, Tarsus, alle Kirchen Kilikiens und Kappadoziens, Syriens und Arabiens (h.e. VII 5,1–2).

[861]   Die Kirche der Reinen bestand in Kleinasien und Syrien bis zum 4./5. Jh., zum Teil mit großen Gemeinden, und verschwand erst im 6./7. Jh.; vgl. Hauschild, Lehrbuch, 103.

[862]   Vgl. das lateinische Zitat in Anm. I 817.

[863]   Die Regierungszeit des Decius stellt Euseb von h.e. VI 39 bis h.e. VII 1 dar.

Die Häresie zur Zeit des Trebonianus Gallus (251–253)

Die Zeit unter dem Kaiser Trebonianus Gallus ist nach eusebianischer Darstellung durch den sogenannten Ketzertaufstreit geprägt. Die Frage, ob die Häresie-Konvertiten bei ihrem Eintritt in die Kirche erneut getauft werden müssen oder ob eine durch Handauflegung vermittelte Geistverleihung ausreiche, wurde, wie die eusebianischen Quellen zeigen, in unterschiedlicher Weise beantwortet. Die in diesem Rahmen getroffenen Aussagen spiegeln die unterschiedlichen Ansichten ihrer Verfasser über das Wesen der Häresie wider und werden so zu einem Problemfall für die eusebianische Häresiekonzeption.[864]

2.24 Sabellius (h.e. VII 6)

h.e. VII 6[865]

σημαίνων δὲ ἐν ταὐτῷ καὶ περὶ τῶν κατὰ Σαβέλλιον αἱρετικῶν ὡς κατ' αὐτὸν ἐπιπολαζόντων, ταῦτά φησιν

„περὶ γὰρ τοῦ νῦν κινηθέντος ἐν τῇ Πτολεμαΐδι τῆς Πενταπόλεως δόγματος, ὄντος ἀσεβοῦς καὶ βλασφημίαν πολλὴν ἔχοντος περὶ τοῦ παντοκράτορος θεοῦ πατρὸς τοῦ κυρίου ἡμῶν Ἰησοῦ Χριστοῦ ἀπιστίαν τε πολλὴν περὶ τοῦ μονογενοῦς παιδὸς αὐτοῦ, τοῦ πρωτοτόκου πάσης κτίσεως, τοῦ ἐνανθρωπήσαντος λόγου, ἀναισθησίαν δὲ τοῦ ἁγίου πνεύματος, ἐλθόντων ἑκατέρωθεν πρός ἐμὲ καὶ προγραμμάτων καὶ τῶν διαλεξομένων ἀδελφῶν, ἐπέστειλά τινα, ὡς ἐδυνήθην, παρασχόντος τοῦ θεοῦ, διδασκαλικώτερον ὑφηγούμενος, ὧν τὰ ἀντίγραφα ἔπεμψά σοι".

Im gleichen Schreiben berichtet Dionysius auch über die sabellianischen Häretiker, welche zu seiner Zeit hervortraten. Er sagte:

In Ptolemais in der Pentapolis wurde in unserer Zeit eine gottlose Lehre verkündet, welche zahlreiche Lästerungen gegen den allmächtigen Gott, den Vater unseres Herrn Jesus Christus, viele ungläubige Sätze über seinen eingeborenen Sohn, den Erstgeborenen vor jeder Schöpfung, den Mensch gewordenen Logos, und Unwissenheit bezüglich des Heiligen Geistes enthält. Da von beiden Seiten Erklärungen an mich kamen und Brüder mich aufsuchten, sich mit mir zu besprechen, habe ich hierüber, so gut ich es vermochte, mit Hilfe Gottes zur besseren Belehrung einige aufklärende Briefe geschrieben. Die Abschriften davon schicke ich dir.

Im sog. zweiten Brief zur Taufe, der an Xystus von Rom (vgl. h.e. VII 5,3) gerichtet ist, kommt Dionysius von Alexandrien eher am Rande auf die Sabellianer zu sprechen. Diese Gruppierung sei zu Dionysius' Zeit in Ptolemais in der Pentapolis mit einer gottlosen Lehre aufgetreten. Die sich anschließende inhaltliche Beschreibung dieser Lehre ist derart allgemein gehalten, daß sie auf fast alle Häresien applizierbar ist.[866]

---

864   Vgl. unten Teil II 3.2.2 b) Der Ketzertaufstreit.

865   Euseb, h.e. VII 6 <GCS Euseb II/2, 640,24–642,11>.

866   Vgl. ebenfalls den in h.e. VII 8 zu Novatus zitierten Auszug aus dem Brief des Dionysius von Alexandrien an Dionysius von Rom, der die novatianische Häresie in starkem Maße verallgemeinert.

Dionysius listet auf, an welchen Stellen Sabellius mit seiner Lehre vom wahren Glauben abweicht, wobei er bei der Aufstellung der häretischen Abweichungen vom triadischen Glaubensbekenntnis ausgeht, nicht von der häretischen Lehre: Lästerungen gegen Gott, ungläubige Sätze über seinen Sohn und Unwissenheit bezüglich des Heiligen Geistes. Die Ausführungen des Dionysius lassen – entgegen seiner Beteuerung im Fortgang des Zitats – keine genaue Kenntnis der sabellianischen Häresie erkennen. Details der Lehre, worin die Lästerungen Gottes, die ungläubigen Sätze über Christus und die Unwissenheit bezüglich des Heiligen Geistes bei den Sabellianern bestehen, gibt Dionysius nicht. Stattdessen beschreibt er, wie beide Seiten – wohl die orthodoxe und die sabellianische – Erklärungen an ihn richteten und ihn zur Diskussion aufforderten. Aus diesem Grunde habe er einige aufklärende Briefe geschrieben, deren Abschriften er dem Brief an Xystus von Rom beifügen will.

a) Die Rezeption der Informationen des Dionysius von Alexandrien

Euseb wählt mit seiner Quelle eine Textpassage aus, die im höchsten Grade uninformativ ist. Die Angaben, daß die Häresie zu Lebzeiten des Dionysius in der Pentapolis entstand, daß Dionysius die Gruppierung nach eigener Überprüfung als gottlos einstufte und daß er aufklärende Briefe an die Brüder verfaßte, sind die einzigen konkreten Aussagen. Genaueres über diese Häresie erfährt der Leser nicht.

Da Dionysius in seinem zweiten Brief zur Taufe wohl kaum Xystus von Rom über den Sabellianismus aufklären wollte, wird man die Bemerkung des Dionysius eher als einen Hinweis auf die beigefügten Abschriften zum Sabellianismus, verstehen müssen. Alle Informationen standen vermutlich in den mitgeschickten Brief-Abschriften, so daß Dionysius im Taufbrief auf eine detaillierte Darstellung der Häresie verzichten konnte.

Euseb wählt dieses wenig aussagekräftige Zitat, das die Person und die Lehre des Sabellius völlig ausblendet, für die Darstellung seiner h.e. aus, da es für seine Zwecke vollkommen ausreichend ist. Ihm liegt, wie häufig in der h.e. beobachtet, nichts an der Darstellung der häretischen Lehre, dafür aber an der Verurteilung einer Lehre als Häresie durch einen prominenten Vertreter, in diesem Fall Dionysius von Alexandrien.[867]

---

[867] Der Hauptkritikpunkt Grants (Eusebius as Church Historian, 93) an Eusebs Darstellung setzt genau an dieser Stelle an: „From Eusebius' History we learn absolutely nothing about them". Den Glauben des Sabellius und seine „Bloßer Gott"-Christologie erkennt Grant als Gegenpol zur „Bloßer Mensch"-Christologie des Ebion, des Artemas und des Paulus von Samosata (h.e. III 27,2; h.e. V 8,10; h.e. V 28,2.6; h.e. VI 17,1; h.e. VII 27,2; vgl. h.e. VII 30,11). Die Beobachtung Grants ist insofern zu relativieren, als sich Euseb – vielleicht mit Ausnahme der „Bloßer Mensch"-Christologie, auf die er näher eingeht – generell weigert, seinem Leser theologische Inhalte mitzuteilen. Ob Euseb Sabellius als Gegenpol zu den Ebionäern, Artemas und Paulus von Samosata gesehen und auch verstanden haben wollte, läßt sich anhand der Quellen nicht mit Sicherheit behaupten.

b) Ausgelassene Informationen zur Häresie des Sabellius

Die mit dem zweiten Taufbrief mitgesandten Abschriften der Briefe über den Sabellianismus kannte Euseb nur aus dem Zitat selbst. Ihm ist der zweite Taufbrief des Dionysius von Alexandrien in einer eigens zur Tauf-Thematik angelegten Sammlung überliefert, in der die für Xystus von Rom angefügten Abschriften zum Sabellianismus wohl nicht enthalten waren.

Obwohl Euseb in h.e. VII 26 eine ganze Reihe an Briefen des Dionysius von Alexandrien nennt, welche gegen den Sabellianismus verfaßt wurden, scheint er diese nur dem Titel nach gekannt zu haben; zumindest verzichtet er aus nicht mehr erkennbaren Gründen auf sie und fügt stattdessen über Sabellius nur die Informationen ein, die das Zitat aus Dionysius zusammenfassend bietet.

Die Tatsache, daß sich Euseb in seiner späten Schrift *De ecclesiastica theologia* sehr differenziert mit der Theologie des Sabellius auseinandersetzt[868], trägt weder etwas für die Frage nach der Kenntnis der Dionysius-Briefe zum Sabellianismus noch für die Frage nach dem Kenntnisstand der sabellianischen Häresie zum Zeitpunkt der Abfassung der h.e. aus. Da sich auch die Kenntnis der *Refutatio* Hippolyts, die in ref. IX 11–12 auf Sabellius eingeht, bei Euseb nicht nachweisen läßt, hat er zum Abfassungszeitpunkt der h.e. nur den Brief des Dionysius nachweislich vorliegen.[869]

c) Die Darstellung der Häresie des Sabellius bei Euseb

Die Minimalinformationen der Dionysius-Quelle erfüllen innerhalb der h.e. ihren Zweck dadurch, daß sie drei elementare Aussagen über die Häresie des Sabellius machen:

1) Der Sabellianismus ist aufgrund vieler blasphemischer Inhalte als Häresie einzuschätzen. Da Dionysius (und Euseb) keine weiteren inhaltlichen Informationen gibt, muß sich der Leser auf das Urteil des Dionysius, das er nach eingehendem Studium der Lehre gefällt hat, verlassen.

2) Dionysius hat den Sabellianismus in mehreren Briefen bekämpft. Damit kann Euseb Dionysius von Alexandrien als wichtigen Häreseologen der damaligen Zeit herausstellen.

---

[868] Beispielsweise de eccl. theol. I 14,1–4; I 20,42 oder III 6,4. Die dogmatische Schrift *De ecclesiastica theologia* entstand wie die Schrift *Contra Marcellum* in Auseinandersetzung mit dem Bischof Marcell von Ancyra im Jahr 336 oder später; vgl. Altaner/Stuiber, Patrologie, 223. Zu beachten ist jedoch dabei, daß die Bezeichnung „Sabellianismus" im Arianischen Streit zur Waffe der Polemik wird. Die genuine Lehre des Sabellius ist damit nur noch in Ansätzen charakterisiert; vgl. dazu Elze, Sabellius, 1262.

[869] Anders Barnes, Constantine and Eusebius, 135, der das Stillschweigen über die Person des Sabellius durch das Verschweigen der Informationen aus Hippolyts *Refutatio* über die Auseinandersetzung zwischen Kallist und Sabellius noch gesteigert sieht.

3) Die Häresie des Sabellius ist erst vor kurzem entstanden. Dieser häufiger von Euseb eingefügte häreseologische Topos unterstreicht die Posteriorität und die Inferiorität der häretischen Lehre.[870]

Innerhalb der eusebianischen Kirchengeschichtsdarstellung hält die Dionysius-Quelle erstmals inhaltlich-theologische Kriterien für die Orthodoxie einer Lehre fest:

a) der Glaube an den allmächtigen Gott, den Vater unseres Herrn Jesus Christus,

b) der Glaube an seinen eingeborenen Sohn, den Erstgeborenen vor jeder Schöpfung, den Mensch gewordenen Logos und

c) der Glaube an den Heiligen Geist.

Historisch betrachtet sind bereits bei Irenäus Ansätze zu erkennen, in denen er die für einen Christen heilsnotwendigen Glaubensinhalte zu formulieren sucht.[871] Da Euseb jedoch die häretischen Lehrinhalte nicht darstellte, stattdessen auf die moralische Verwerflichkeit zielte, und an der Anstiftung der Sektengründer durch den Teufel festhielt, brauchte er auch auf die Entwicklung der orthodoxen Lehrsätze in Auseinandersetzung mit der häretischen Lehre nicht einzugehen. Mit der Aufnahme der Dionysius-Quelle, welche ausgehend von der orthodoxen Lehre die Häresie als Unkenntnis der wahren Lehre beschreibt, trägt Euseb in seiner h.e. eine – historisch betrachtet – längst überfällige Entwicklung in der Häreseologie nach: die Auflistung der glaubensnotwendigen Heilswahrheiten, welche allererst ein Erkennen der häretischen Abweichungen ermöglichen.

---

[870] Vgl. die Topik der Posteriorität häretischer Lehre in Teil I 3.2.1.1 Von Euseb häufig ausgewählte Themen und Teil II 2.6.2 Die Häresie als Neuerung.

[871] Vgl. dazu die Auflistung der Glaubensinhalte in Iren., adv. haer. I 10,1; I 22,1; III 3,3 und IV 35,4, vgl. auch die Reflexionen des Irenäus über die Notwendigkeit eines für alle Christen verbindlichen Kanons an Heilswahrheiten in adv. haer. III 3,3 und V 20,1. Siehe auch unten Teil II 3.2.1 Die Dämonologie und die *successio haereticorum* als Ersatz für die fehlende inhaltliche Kriterienbildung zur Häresie.

Die Häresie zur Zeit des Gallienus (253–268)

Ab h.e. VII 13 berichtet Euseb über die Regierungszeit des Gallienus, die er in h.e. VII 26,3 als „Geschichte unseres Zeitalters" näher charakterisiert. Die Charakterisierung dieses Kaisers eröffnet Euseb mit dessen christenfreundlichem Reskript. Nach fünf der Regionalgeschichte Palästinas entstammenden Berichten[872] geht Euseb wieder zur Darstellung des Dionysius von Alexandrien über, der in aller Ausführlichkeit über den Aufstand und die anschließende Pest in Alexandrien berichtet (h.e. VII 21–22). Es folgt ein längerer Exkurs zu den *Verheißungen* des Dionysius, der Euseb die Möglichkeit zur Einfügung eines Berichts über das nepotische Schisma bietet (h.e. VII 24–25)[873]. Sodann kommt er nach einem kurzen Schriftenverzeichnis des Dionysius (h.e. VII 26) zur Geschichte des eigenen Zeitalters, welches er mit der Häresie des Paulus von Samosata (h.e. VII 27–30) beginnen läßt.

Die Häresie des Paulus erstreckt sich zeitlich bis zur Herrschaft Aurelians und wird von Euseb aus Gründen der Einheitlichkeit seiner Häresiedarstellung an das Ende der Regierung des Gallienus gesetzt, um ohne große Unterbrechung des Erzählstrangs zu den Ereignissen unter Aurelian überleiten zu können.

Der sich direkt an die Darstellung des Paulus von Samosata anschließende Bericht über Mani (h.e. VII 31) thematisiert unter Aurelian stattfindende Ereignisse, jedoch deutet bereits die Nähe beider Häresieberichte (h.e. VII 27–30 und h.e. VII 31) darauf hin, daß Euseb beide Häresien, Paulus und Mani, als Doppelhäresie konzipiert hat. Vor diesem Hintergrund will die Darstellung des Paulus von Samosata verstanden werden.

2.25 Paulus von Samosata (h.e. VII 27,1–30,19)

h.e. VII 27,1–30,19[874]

27,1 Ξύστον τῆς Ῥωμαίων ἐκκλησίας ἔτε-   Nachdem Xystus die römische Kirche elf
σιν ἔνδεκα προστάντα διαδέχεται τῷ κατ'   Jahre regiert hatte, folgte ihm Dionysius, ein
Ἀλεξάνδρειαν ὁμώνυμος Διονύσιος. ἐν τούτῳ   Namensvetter des Bischofs von Alexandrien.
δὲ καὶ Δημητριανοῦ κατ' Ἀντιόχειαν τὸν βίον   Um diese Zeit übernahm auch nach dem
μεταλλάξαντος, τὴν ἐπισκοπὴν Παῦλος ὁ ἐκ   Tod des Demetrianus Paulus von Samosata
Σαμοσάτων παραλαμβάνει.   das Bischofsamt in Antiochien.

---

[872] Euseb reiht in loser Folge fünf Berichte aus seiner nächsten Umgebung aneinander: die Enthauptung des Marinus in Cäsarea Maris (h.e. VII 15,1–5), sein Begräbnis ebendort durch Astyrius (h.e. VII 16), das Exorzismuswunder des Astyrius in Cäsarea Philippi (h.e. VII 17), den Bericht über die heidnische Verehrung der Statue von der blutflüssigen Frau in Cäsarea Philippi (h.e. VII 18) sowie die Verehrung von Jakobus' Bischofsstuhl in Jerusalem (h.e. VII 19).

[873] Zum Schisma des Nepos vgl. Teil II 3.2.2 Die innerkirchlichen Streitigkeiten als Problem für die eusebianische Häresiekonzeption.

[874] Euseb, h.e. VII 27,1–30,19 <GCS Euseb II/2, 702–714,9>.

27,2 τούτου δὲ ταπεινὰ καὶ χαμαιπετῆ περὶ τοῦ
Χριστοῦ παρὰ τὴν ἐκκλησιαστικὴν διδασκαλίαν
φρονήσαντος ὡς κοινοῦ τὴν φύσιν ἀνθρώπου
γενομένου, ὁ μὲν κατ᾽ Ἀλεξάνδρειαν Διονύσιος
παρακληθεὶς ὡς ἂν ἐπὶ τὴν σύνοδον ἀφίκοιτο,
γῆρας ὁμοῦ καὶ ἀσθένειαν τοῦ σώματος
αἰτιασάμενος, ἀνατίθεται τὴν παρουσίαν, δι᾽
ἐπιστολῆς τὴν αὐτοῦ γνώμην, ἣν ἔχοι περὶ
τοῦ ζητουμένου, παραστήσας, οἱ δὲ λοιποὶ τῶν
ἐκκλησιῶν ποιμένες ἄλλος ἄλλοθεν ὡς ἐπὶ
λυμεῶνα τῆς Χριστοῦ ποίμνης συνῇεσαν, οἱ
πάντες ἐπὶ τὴν Ἀντιόχειαν σπεύδοντες.

Da dieser niedrige und unwürdige Anschauungen über Christus hatte und im Gegensatz
zur kirchlichen Lehre behauptete, er sei seiner Natur nach ein gewöhnlicher Mensch gewesen, wurde Dionysius von Alexandrien zu
einer Synode eingeladen. Doch erschien er
wegen seines hohen Alters und seiner körperlichen Gebrechlichkeit nicht persönlich und
setzte seine Anschauung über die Frage in
einem Brief auseinander. Alle übrigen Hirten
der Kirchen aber eilten von allen Seiten nach
Antiochien und traten gegen den Verwüster
der Herde Christi zusammen.

28,1 Τούτων οἳ μάλιστα διέπρεπον, Φιρμιλιανὸς
μὲν τῆς Καππαδοκῶν Καισαρείας ἐπίσκοπος
ἦν, Γρηγόριος δὲ καὶ Ἀθηνόδωρος ἀδελφοὶ
τῶν κατὰ Πόντον παροικιῶν ποιμένες καὶ ἐπὶ
τούτοις Ἕλενος τῆς ἐν Ταρσῷ παροικίας καὶ
Νικομᾶς τῆς ἐν Ἰκονίῳ, οὐ μὴν ἀλλὰ καὶ τῆς
ἐν Ἱεροσολύμοις ἐκκλησίας Ὑμέναιος τῆς τε
ὁμόρου ταύτης Καισαρείας Θεότεκνος, Μάξιμος
ἔτι πρὸς τούτοις, τῶν κατὰ Βόστραν δὲ καὶ
οὗτος ἀδελφῶν διαπρεπῶς ἡγεῖτο, μυρίους τε
ἄλλους οὐκ ἂν ἀπορήσαι τις ἅμα πρεσβυτέροις
καὶ διακόνοις τῆς αὐτῆς ἕνεκεν αἰτίας ἐν
τῇ προειρημένῃ πόλει συγκροτηθέντας
ἀπαριθμούμενος, ἀλλὰ τούτων γε οἱ μάλιστα
ἐπιφανεῖς οἶδε ἦσαν.

Die hervorragendsten unter ihnen waren
Firmilianus, Bischof von Cäsarea in Kappadozien, die Brüder Gregor und Athenodor,
die Hirten der Gemeinden im Pontos, ferner
Helenus, Bischof von Tarsus, und Nikomas,
Bischof von Ikonium, aber auch Hymenäus,
Bischof der Kirche von Jerusalem, und
Theoteknus, Bischof des Jerusalem benachbarten Cäsarea, dazu Maximus, welcher in
ausgezeichneter Weise die Brüder in Bostra
leitete. Ohne Mühe könnte man noch unzählige andere Bischöfe aufzählen, welche sich
zusammen mit Presbytern und Diakonen zu
gleichem Zwecke in der erwähnten Stadt versammelten. Die Genannten aber waren die
berühmtesten unter ihnen.

28,2 πάντων οὖν κατὰ καιροὺς διαφόρως καὶ
πολλάκις ἐπὶ ταὐτὸν συνιόντων, λόγοι καὶ
ζητήσεις καθ᾽ ἑκάστην ἀνεκινοῦντο σύνοδον,
τῶν μὲν ἀμφὶ τὸν Σαμοσατέα τὰ τῆς ἑτεροδοξίας
ἐπικρύπτειν ἔτι καὶ παρακαλύπτεσθαι πειρω-
μένων, τῶν δὲ ἀπογυμνοῦν καὶ εἰς φανερὸν
ἄγειν τὴν αἵρεσιν καὶ τὴν εἰς Χριστὸν βλασφημίαν αὐτοῦ διὰ σπουδῆς ποιουμένων.

Alle traten nun häufig und zu verschiedenen
Zeitpunkten zusammen. Bei jeder Tagung
wurden lebhaft Sätze und Fragen erörtert.
Und während der Samosatener und seine
Anhänger das Irrige in ihrer Lehre noch verborgen zu halten und zu verschleiern suchten,
waren sie eifrig bemüht, seine Häresie und
Lästerung gegen Christus zu enthüllen und
offen ans Licht zu stellen.

28,3 ἐν τούτῳ δὲ Διονύσιος τελευτᾷ κατὰ τὸ
δωδέκατον τῆς Γαλλιηνοῦ βασιλείας, προστὰς
τῆς κατ᾽ Ἀλεξάνδρειαν ἐπισκοπῆς ἔτεσιν
ἑπτακαίδεκα, διαδέχεται δ᾽ αὐτὸν Μάξιμος.

Um diese Zeit starb Dionysius. Es war im
zwölften Jahr der Regierung des Gallienus.
Siebzehn Jahre war er Bischof der Kirche von
Alexandrien gewesen. Sein Nachfolger wurde
Maximus.

28,4 Γαλλιηνοῦ δ᾽ ἐφ᾽ ὅλοις ἐνιαυτοῖς
πεντεκαίδεκα τὴν ἀρχὴν κεκρατηκότος,

Nachdem Gallienus fünfzehn volle Jahre
die Herrschaft innegehabt hatte, folgte ihm

Κλαύδιος κατέστη διάδοχος. δεύτερον οὗτος διελθὼν ἔτος Αὐρηλιανῷ μεταδίδωσι τὴν ἡγεμονίαν·

Klaudius. Dieser überließ nach zwei Jahren die Regierung dem Aurelianus.

29,1 καθ' ὃν τελευταίας συγκροτηθείσης πλείστων ὅσων ἐπισκόπων συνόδου, φωραθεὶς καὶ πρὸς ἁπάντων ἤδη σαφῶς καταγνωσθεὶς ἑτεροδοξίαν ὁ τῆς κατὰ Ἀντιόχειαν αἱρέσεως ἀρχηγὸς τῆς ὑπὸ τὸν οὐρανὸν καθολικῆς ἐκκλησίας ἀποκηρύττεται.

Unter ihm versammelten sich sehr viele Bischöfe zu einer letzten Synode, auf welcher das Haupt der antiochenischen Häresie entlarvt und klar und einhellig wegen der Ketzerei verurteilt, aus der katholischen Kirche, sowie sie sich unter dem Himmel ausbreitet, ausgeschlossen wurde.

29,2 μάλιστα δ' αὐτὸν εὐθύνας ἐπικρυπτόμενον διήλεγξεν Μαλχίων, ἀνὴρ τά τε ἄλλα λόγιος καὶ σοφιστοῦ τῶν ἐπ' Ἀντιοχείας Ἑλληνικῶν παιδευτηρίων διατριβῆς προεστώς, οὐ μὴν ἀλλὰ καὶ δι' ὑπερβάλλουσαν τῆς εἰς Χριστὸν πίστεως γνησιότητα πρεσβυτερίου τῆς αὐτόθι παροικίας ἠξιωμένος· οὗτός γέ τοι ἐπισημειουμένων ταχυγράφων ζήτησιν πρὸς αὐτὸν ἐνστησάμενος, ἣν καὶ εἰς δεῦρο φερομένην ἴσμεν, μόνος ἴσχυσεν τῶν ἄλλων κρυψίνουν ὄντα καὶ ἀπατηλὸν φωρᾶσαι τὸν ἄνθρωπον.

Der ihn und sein Versteckspiel am gründlichsten zur Rechenschaft zog und restlos widerlegte, war Malchion, ein vielseitig gebildeter Mann, der einer Rhetorenschule vorstand, die zu den griechischen Bildungsstätten Antiochiens gehört, aber auch wegen der hervorragenden Lauterkeit seines Glaubens an Christus des priesterlichen Amtes in der dortigen Gemeinde gewürdigt ward. Dieser hatte mit ihm eine Disputation geführt, welche von Schnellschreibern mitgeschrieben wurde und, wie wir wissen, noch heute erhalten ist. Er allein unter ihnen allen war imstande, den heimtückischen und betrügerischen Menschen zu entlarven.

30,1 μίαν δὴ οὖν ἐκ κοινῆς γνώμης οἱ ἐπὶ ταὐτὸν συγκεκροτημένοι ποιμένες διαχαράξαντες ἐπιστολὴν εἰς πρόσωπον τοῦ τε Ῥωμαίων ἐπισκόπου Διονυσίου καὶ Μαξίμου τοῦ κατ' Ἀλεξάνδρειαν ἐπὶ πάσας διαπέμπονται τὰς ἐπαρχίας, τὴν αὐτῶν τε σπουδὴν τοῖς πᾶσιν φανερὰν καθιστάντες καὶ τοῦ Παύλου τὴν διάστροφον ἑτεροδοξίαν, ἐλέγχους τε καὶ ἐρωτήσεις ἃς πρὸς αὐτὸν ἀνεκινήκασιν, καὶ ἔτι τὸν πάντα βίον τε καὶ τρόπον τοῦ ἀνδρὸς διηγούμενοι· ἐξ ὧν μνήμης ἕνεκεν καλῶς ἂν ἔχοι ταύτας αὐτῶν ἐπὶ τοῦ παρόντος διελθεῖν τὰς φωνάς·

30,2 „Διονυσίῳ καὶ Μαξίμῳ καὶ τοῖς κατὰ τὴν οἰκουμένην πᾶσιν συλλειτουργοῖς ἡμῶν ἐπισκόποις καὶ πρεσβυτέροις καὶ διακόνοις καὶ πάσῃ τῇ ὑπὸ τὸν οὐρανὸν καθολικῇ ἐκκλησίᾳ Ἕλενος καὶ Ὑμέναιος καὶ Θεόφιλος καὶ Θεότεκνος καὶ Μάξιμος Πρόκλος Νικομᾶς καὶ Αἰλιανὸς καὶ Παῦλος καὶ Βωλανὸς καὶ

Die versammelten Hirten verfaßten nach gemeinsamem Beschluß einen Brief an die Adresse des Dionysius, des Bischofs von Rom, und des Maximus, des Bischofs von Alexandrien, und sandten ihn an alle Provinzen. Sie geben darin aller Welt Kenntnis von ihrer Tätigkeit und erstatten Bericht über die verkehrte und falsche Lehre des Paulus, über die Beweise, die sie geführt, und die Fragen, die sie an ihn gerichtet, und über das ganze Leben und den Charakter des Mannes. Es dürfte sich empfehlen, daraus die folgenden Worte für die Nachwelt hier anzuführen:

„Dem Dionysius und Maximus und allen unseren Mitdienern auf dem Erdkreise, den Bischöfen und Presbytern und Diakonen, und der ganzen katholischen Kirche unter dem Himmel, den geliebten Brüdern, wünschen Helenos, Hymenäus, Theophilus, Theoteknus, Maximus, Proklus, Nikomas, Älianus, Paulus, Bolanus, Protogenus,

Πρωτογένης καὶ Ἱέραξ καὶ Εὐτύχιος καὶ Θεόδωρος καὶ Μαλχίων καὶ Λούκιος καὶ οἱ λοιποὶ πάντες οἱ σὺν ἡμῖν παροικοῦντες τὰς ἐγγὺς πόλεις καὶ ἔθνη ἐπίσκοποι καὶ πρεσβύτεροι καὶ διάκονοι καὶ αἱ ἐκκλησίαι τοῦ θεοῦ ἀγαπητοῖς ἀδελφοῖς ἐν κυρίῳ χαίρειν".

30,3 τούτοις μετὰ βραχέα ἐπιλέγουσιν ταῦτα „ἐπεστέλλομεν δὲ ἅμα καὶ παρεκαλοῦμεν πολλοὺς καὶ τῶν μακρὰν ἐπισκόπων ἐπὶ τὴν θεραπείαν τῆς θανατηφόρου διδασκαλίας, ὥσπερ καὶ Διονύσιον τὸν ἐπὶ τῆς Ἀλεξανδρείας καὶ Φιρμιλιανὸν τὸν ἀπὸ τῆς Καππαδοκίας, τοὺς μακαρίτας· ὧν ὃ μὲν καὶ ἐπέστειλεν εἰς τὴν Ἀντιόχειαν, τὸν ἡγεμόνα τῆς πλάνης οὐδὲ προσρήσεως ἀξιώσας οὐδὲ πρὸς πρόσωπον γράψας αὐτῷ, ἀλλὰ τῇ παροικίᾳ πάσῃ, ἧς καὶ τὸ ἀντίγραφον ὑπετάξαμεν·

30,4 ὁ δὲ Φιρμιλιανός, καὶ δὶς ἀφικόμενος, κατέγνω μὲν τῶν ὑπ' ἐκείνου καινοτομουμένων, ὡς ἴσμεν καὶ μαρτυροῦμεν οἱ παραγενόμενοι καὶ ἄλλοι πολλοὶ συνίσασιν, ἐπαγγειλαμένου δὲ μεταθήσεσθαι, πιστεύσας καὶ ἐλπίσας ἄνευ τινὸς περὶ τὸν λόγον λοιδορίας τὸ πρᾶγμα εἰς δέον καταστήσεσθαι, ἀνεβάλετο, παρακρουσθεὶς ὑπὸ τοῦ καὶ τὸν θεὸν τὸν ἑαυτοῦ καὶ κύριον ἀρνουμένου καὶ τὴν πίστιν, ἣν καὶ αὐτὸς πρότερον εἶχεν, μὴ φυλάξαντος.

30,5 ἔμελλεν δὲ καὶ νῦν ὁ Φιρμιλιανὸς εἰς τὴν Ἀντιόχειαν διαβήσεσθαι καὶ μέχρι γε Ταρσῶν ἧκεν, ἅτε τῆς ἀρνησιθέου κακίας αὐτοῦ πεῖραν εἰληφώς· ἀλλὰ γὰρ μεταξύ, συνεληλυθότων ἡμῶν καὶ καλούντων καὶ ἀναμενόντων, ἄχρι ἂν ἔλθῃ, τέλος ἔσχεν τοῦ βίου".

30,6 μεθ' ἕτερα δ' αὖθις τὸν βίον τοῦ αὐτοῦ οἵας ἐτύγχανεν ἀγωγῆς, διαγράφουσιν ἐν τούτοις „ὅπου δὲ ἀποστὰς τοῦ κανόνος, ἐπὶ κίβδηλα καὶ νόθα διδάγματα μετελήλυθεν, οὐδὲν δεῖ τοῦ ἔξω ὄντος τὰς πράξεις κρίνειν,

30,7 οὐδ' ὅτι πρότερον πένης ὢν καὶ πτωχὸς καὶ μήτε παρὰ πατέρων παραλαβὼν μηδεμίαν εὐπορίαν μήτε ἐκ τέχνης ἤ τινος ἐπιτηδεύματος κτησάμενος, νῦν εἰς ὑπερβάλλοντα πλοῦτον

Hierax, Eutychius, Theodor, Malchion, Lucius und alle die übrigen, die mit uns in den benachbarten Städten und Provinzen wohnen, Bischöfe, Presbyter und Diakonen, und die Kirchen Gottes Freude im Herrn.

Kurz hernach fahren sie fort:

„Wir schickten auch Einladungsschreiben an viele fernwohnende Bischöfe, daß sie kämen und heilend Hand anlegten der todbringenden Lehre, so auch an Dionysius von Alexandrien und Firmilian aus Kappadozien, beiden seligen Andenkens. Der erstere richtete ein Schreiben nach Antiochien, wobei er aber den Urheber des Irrtums weder des Grußes würdigte noch das Schriftstück an seine Person, sondern an die Gesamtgemeinde schickte. Eine Abschrift davon legen wir bei.

Firmilian dagegen, der sich zweimal eingefunden, verurteilte seine Neuerung, wie wir, die dabei waren, wissen und bezeugen, und mit uns viele andere. Da aber Paulus Umkehr versprach, ließ er sich damit hinhalten im Glauben und in der Hoffnung, daß nun die Sache ohne Lästerung gegen das Wort in Ordnung käme. Doch war er von dem, der auch seinen Herrn und Gott verleugnete und den Glauben, den er dereinst hatte, nicht bewahrte, getäuscht worden.

Und so wollte Firmilian, nachdem er seiner gottesleugnerischen Bosheit innegeworden, abermals nach Antiochien kommen und hatte bereits Tarsus erreicht. Allein, während wir schon versammelt waren und nach ihm riefen und auf sein Erscheinen warteten, ereilte ihn der Tod."

Nach anderem schildern sie die Lebensführung des Paulus also:

„Da er von der Glaubensregel abgefallen und zu trügerischen und falschen Lehren übergegangen ist, so steht er außerhalb (der Kirche) und ist es nicht unsere Pflicht, über seine Handlungen ein Urteil zu fällen,

noch darüber, daß er, der früher arm und unbemittelt war und weder von den Vätern ein Vermögen ererbt noch sich durch ein Handwerk oder irgendwelche Beschäftigung etwas erwor-

ἐλήλακεν ἐξ ἀνομιῶν καὶ ἱεροσυλιῶν καὶ ὧν αἰτεῖ καὶ σείει τοὺς ἀδελφούς, καταβραβεύων τοὺς ἀδικουμένους καὶ ὑπισχνούμενος βοηθήσειν μισθοῦ, ψευδόμενος δὲ καὶ τούτους καὶ μάτην καρπούμενος τὴν τῶν ἐν πράγμασιν ὄντων ἑτοιμότητα πρὸς τὸ διδόναι ὑπὲρ ἀπαλλαγῆς τῶν ἐνοχλούντων, πορισμὸν ἡγούμενος τὴν θεοσέβειαν·

ben, nunmehr zu übermäßigem Reichtum gelangt ist durch gesetzwidrige Taten und Kirchenraub und gewaltsame Forderungen gegenüber den Brüdern. Denen, die Unrecht erlitten, spielt er sich als Anwalt auf und verspricht gegen Bezahlung Hilfe. Aber er belügt auch sie und zieht, ohne etwas zu erreichen, Nutzen aus der Bereitwilligkeit der Leute, die, in Prozesse verwickelt, gerne geben, um ihre Dränger loszuwerden, Gottseligkeit für einen Erwerb erachtend.

30,8 οὔτε ὡς ὑψηλὰ φρονεῖ καὶ ὑπερῆρται, κοσμικὰ ἀξιώματα ὑποδυόμενος καὶ δουκηνάριος μᾶλλον ἢ ἐπίσκοπος θέλων καλεῖσθαι καὶ σοβῶν κατὰ τὰς ἀγορὰς καὶ ἐπιστολὰς ἀναγινώσκων καὶ ὑπαγορεύων ἅμα βαδίζων δημοσίᾳ καὶ δορυφορούμενος, τῶν μὲν προπορευομένων, τῶν δ' ἐφεπομένων, πολλῶν τὸν ἀριθμόν, ὡς καὶ τὴν πίστιν φθονεῖσθαι καὶ μισεῖσθαι διὰ τὸν ὄγκον αὐτοῦ καὶ τὴν ὑπερηφανίαν τῆς καρδίας·

Auch brauchen wir nicht darüber zu urteilen, daß er nach Hohem trachtet und aufgeblasen ist, weltliche Ehrenstellen bekleidet und sich lieber Ducenarius nennen läßt als Bischof, stolz auf den Marktplätzen einherschreitet, öffentlich im Gehen Briefe liest und diktiert, von zahlreichem Gefolge umgeben, das ihm teils vorangeht, teils nachfolgt, so daß unser Glaube wegen seines Dünkels und Hochmuts scheel angesehen und gehaßt wird;

30,9 οὔτε τὴν ἐν ταῖς ἐκκλησιαστικαῖς συνόδοις τερατείαν, ἣν μηχανᾶται, δοξοκοπῶν καὶ φαντασιοκοπῶν καὶ τὰς τῶν ἀκεραιοτέρων ψυχὰς τοῖς τοιούτοις ἐκπλήττων, βῆμα μὲν καὶ θρόνον ὑψηλὸν ἑαυτῷ κατασκευασάμενος, οὐχ ὡς Χριστοῦ μαθητής, σήκρητόν τε, ὥσπερ οἱ τοῦ κόσμου ἄρχοντες, ἔχων τε καὶ ὀνομάζων, παίων τε τῇ χειρὶ τὸν μηρὸν καὶ τὸ βῆμα ἀράττων τοῖς ποσὶν καὶ τοῖς μὴ ἐπαινοῦσιν μηδὲ ὥσπερ ἐν τοῖς θεάτροις κατασείουσιν ταῖς ὀθόναις μηδ' ἐκβοῶσίν τε καὶ ἀναπηδῶσιν κατὰ τὰ αὐτὰ τοῖς ἀμφ' αὐτὸν στασιώταις, ἀνδράσιν τε καὶ γυναίοις, ἀκόσμως οὕτως ἀκροωμένοις, τοῖς δ' οὖν ὡς ἐν οἴκῳ θεοῦ σεμνοπρεπῶς καὶ εὐτάκτως ἀκούουσιν ἐπιτιμῶν καὶ ἐνυβρίζων καὶ εἰς τοὺς ἀπελθόντας ἐκ τοῦ βίου τούτου παροινῶν ἐξηγητὰς τοῦ λόγου φορτικῶς ἐν τῷ κοινῷ καὶ μεγαλορημονῶν περὶ ἑαυτοῦ, καθάπερ οὐκ ἐπίσκοπος ἀλλὰ σοφιστὴς καὶ γόης·

nicht, über seine Gaukeleien auf kirchlichen Versammlungen, die er, nach Ehren haschend und in eitlem Drange, ausklügelt und damit die Gemüter argloser Leute in Staunen setzt. So ließ er sich im Gegensatz zu dem Jünger Christi eine Tribüne und einen hohen Thron errichten. Auch hat er ein Sekretum wie die weltlichen Fürsten und nennt es so. Er schlägt mit der Hand an den Schenkel und stampft mit den Füßen auf die Tribüne. Und diejenigen, die ihm nicht Beifall spenden und mit Tüchern zuwinken wie in den Theatern, nicht lärmen und aufspringen gleich seinem in solch ungebührlicher Weise ihm zuhörenden männlichen und weiblichen Anhange, welche vielmehr, wie es sich im Hause Gottes geziemt, in Würde und Ordnung lauschen, tadelt und beschimpft er. Gegen bereits verstorbene Erklärer des (göttlichen) Wortes wütet er in abstoßender Weise bei öffentlicher Versammlung, während er sich selbst in einer Weise überhebt, als wäre er nicht Bischof, sondern Sophist und Marktschreier.

30,10 ψαλμοὺς δὲ τοὺς μὲν εἰς τὸν κύριον ἡμῶν Ἰησοῦν Χριστὸν παύσας ὡς δὴ νεωτέρους καὶ νεωτέρων ἀνδρῶν συγγράμματα, εἰς ἑαυτὸν

Die Psalmen auf unseren Herrn Jesus Christus verbot er, weil sie zu neu und erst von neueren Dichtern verfaßt wären, läßt auf sich selbst

δὲ ἐν μέσῃ τῇ ἐκκλησίᾳ τῇ μεγάλῃ τοῦ πάσχα ἡμέρᾳ ψαλμῳδεῖν γυναῖκας παρασκευάζων, ὧν καὶ ἀκούσας ἄν τις φρίξειεν· οἷα καὶ τοὺς θωπεύοντας αὐτὸν ἐπισκόπους τῶν ὁμόρων ἀγρῶν τε καὶ πόλεων καὶ πρεσβυτέρους ἐν ταῖς πρὸς τὸν λαὸν ὁμιλίαις καθίησιν διαλέγεσθαι· 30,11 τὸν μὲν γὰρ υἱὸν τοῦ θεοῦ οὐ βούλεται συνομολογεῖν ἐξ οὐρανοῦ κατεληλυθέναι (ἵνα τι προλαβόντες τῶν μελλόντων γραφήσεσθαι θῶμεν, καὶ τοῦτο οὐ λόγῳ ψιλῷ ῥηθήσεται, ἀλλ' ἐξ ὧν ἐπέμψαμεν ὑπομνημάτων δείκνυται πολλαχόθεν, οὐχ ἥκιστα δὲ ὅπου λέγει Ἰησοῦν Χριστὸν κάτωθεν), οἱ δὲ εἰς αὐτὸν ψάλλοντες καὶ ἐγκωμιάζοντες ἐν τῷ λαῷ ἄγγελον τὸν ἀσεβῆ διδάσκαλον ἑαυτῶν ἐξ οὐρανοῦ κατεληλυθέναι λέγουσιν, καὶ ταῦτα οὐ κωλύει, ἀλλὰ καὶ λεγομένοις πάρεστιν ὁ ὑπερήφανος·

30,12 τὰς δὲ συνεισάκτους αὐτοῦ γυναῖκας, ὡς Ἀντιοχεῖς ὀνομάζουσιν, καὶ τῶν περὶ αὐτὸν πρεσβυτέρων καὶ διακόνων, οἷς καὶ τοῦτο καὶ τὰ ἄλλα ἁμαρτήματα ἀνίατα ὄντα συγκρύπτει, συνειδὼς καὶ ἐλέγξας, ὅπως αὐτοὺς ὑπόχρεως ἔχῃ, περὶ ὧν λόγοις καὶ ἔργοις ἀδικεῖ, μὴ τολμῶντας κατηγορεῖν τῷ καθ' ἑαυτοὺς φόβῳ, ἀλλὰ καὶ πλουσίους ἀπέφηνεν, ἐφ' ᾧ πρὸς τῶν τὰ τοιαῦτα ζηλούντων φιλεῖται καὶ θαυμάζεται – τί ἂν ταῦτα γράφοιμεν;

30,13 ἐπιστάμεθα δέ, ἀγαπητοί, ὅτι τὸν ἐπίσκοπον καὶ τὸ ἱερατεῖον ἅπαν παράδειγμα εἶναι δεῖ τῷ πλήθει πάντων καλῶν ἔργων, καὶ οὐδὲ ἐκεῖνο ἀγνοοῦμεν ὅσοι ὑπὸ τοῦ συνεισάγειν ἑαυτοῖς γυναῖκας ἐξέπεσον, οἳ δ' ὑπωπτεύθησαν, ὥστ' εἰ καὶ δοίη τις αὐτῷ τὸ μηδὲν ἀσελγὲς ποιεῖν, ἀλλὰ τήν γε ὑπόνοιαν τὴν ἐκ τοῦ τοιούτου πράγματος φυομένην ἐχρῆν εὐλαβηθῆναι, μή τινα σκανδαλίσῃ, τοὺς δὲ καὶ μιμεῖσθαι προτρέψῃ. 30,14 πῶς γὰρ ἂν ἐπιπλήξειεν ἢ νουθετήσειεν ἕτερον μὴ συγκαταβαίνειν ἐπὶ πλέον εἰς ταὐτὸν γυναικί, μὴ ὀλίσθῃ, φυλαττόμενον, ὡς γέγραπται, ὅστις μίαν μὲν ἀπέστησεν ἤδη, δύο δὲ ἀκμαζούσας καὶ εὐπρεπεῖς τὴν ὄψιν ἔχει μεθ'

aber durch Frauen inmitten der Kirche am großen Ostertage Lieder singen, bei deren Anhören man sich entsetzen möchte. Ein solches Gebaren duldet er auch bei den ihm schmeichelnden Bischöfen und Presbytern der benachbarten Dörfer und Städte in deren Reden vor dem Volk. Während er nämlich nicht mit uns bekennen will, daß der Sohn Gottes vom Himmel herabgekommen ist, um etwas von dem, was schriftlich dargelegt werden soll, vorwegzunehmen; – und das wird keine leere Behauptung sein, sondern erhellt aus vielen Stellen in den Akten, die wir absandten, nicht zuletzt aus seinem Worte „Christus von unten" –, sagen die, welche Lieder auf ihn singen und vor dem Volke ihn verherrlichen, ihr gottloser Lehrer sei als Engel vom Himmel herabgekommen. Und der eitle Mann verhindert solche Reden nicht, ist vielmehr zugegen, wenn sie gesprochen werden. Was die Syneisakten anlangt, wie sie die Antiochener nennen, seine eigenen wie die seiner Presbyter und Diakonen, mit denen er trotz Wissen und Kenntnis diese und die anderen unheilbaren Sünden gemeinsam verbringt, damit sie ihm verpflichtet wären und in Furcht um die eigene Person nicht wagten, ihn wegen seiner ungerechten Worte und Taten zu verklagen – ja er hat sie sogar bereichert, weswegen er von ihnen, die von gleichem Verlangen beseelt sind, geliebt und bewundert wird –, was sollen wir darüber schreiben?

Wir wissen, Geliebte, daß der Bischof und die gesamte Priesterschaft dem Volke Vorbild in allen guten Werken sein sollen. Und wir wissen auch, wie viele durch Syneisakten gefallen oder in Verdacht gekommen sind. Man mag dem Paulus auch zugestehen, daß er nichts Schändliches begehe, so müßte er doch den Verdacht fliehen, der aus solchem Tun erwächst, um niemandem Ärgernis zu geben und niemanden zur Nachahmung anzuregen.

Denn wie könnte der einen anderen tadeln und ermahnen, daß er weiterhin mit keinem Weibe mehr zusammenkomme, damit er nicht falle, wie die Schrift sagt, der wohl eine Frau entlassen, dafür aber zwei blühende und wohlgestal-

ἑαυτοῦ, κἂν ἀπίῃ που, συμπεριφέρει, καὶ ταῦτα τρυφῶν καὶ ὑπερεμπιμπλάμενος;

30,15 ὧν ἕνεκα στενάζουσι μὲν καὶ ὀδύρονται πάντες καθ' ἑαυτούς, οὕτω δὲ τὴν τυραννίδα καὶ δυναστείαν αὐτοῦ πεφόβηνται, ὥστε κατηγορεῖν μὴ τολμᾶν.

30,16 ἀλλὰ ταῦτα μέν, ὡς προειρήκαμεν, εὔθυνεν ἄν τις ἄνδρα τὸ γοῦν φρόνημα καθολικὸν ἔχοντα καὶ συγκαταριθμούμενον ἡμῖν, τὸν δ' ἐξορχησάμενον τὸ μυστήριον καὶ ἐμπομπεύσαντα τῇ μιαρᾷ αἱρέσει τῇ Ἀρτεμᾶ (τί γὰρ οὐ χρὴ μόλις τὸν πατέρα αὐτοῦ δηλῶσαι;) οὐδὲν δεῖν ἡγούμεθα τούτων τοὺς λογισμοὺς ἀπαιτεῖν".

30,17 εἶτ' ἐπὶ τέλει τῆς ἐπιστολῆς ταῦτ' ἐπιλέγουσιν

„ἠναγκάσθημεν οὖν ἀντιτασσόμενον αὐτὸν τῷ θεῷ καὶ μὴ εἴκοντα ἐκκηρύξαντες, ἕτερον ἀντ' αὐτοῦ τῇ καθολικῇ ἐκκλησίᾳ καταστῆσαι ἐπίσκοπον, θεοῦ προνοίᾳ ὡς πεπείσμεθα, τὸν τοῦ μακαρίου Δημητριανοῦ καὶ ἐπιφανῶς προστάντος πρὸ τούτου τῆς αὐτῆς παροικίας υἱὸν Δόμνον, ἅπασιν τοῖς πρέπουσιν ἐπισκόπῳ καλοῖς κεκοσμημένον, ἐδηλώσαμέν τε ὑμῖν, ὅπως τούτῳ γράφητε καὶ παρὰ τούτου τὰ κοινωνικὰ δέχησθε γράμματα· τῷ δὲ Ἀρτεμᾶ οὗτος ἐπιστελλέτω καὶ οἱ τὰ Ἀρτεμᾶ φρονοῦντες τούτῳ κοινωνείτωσαν".

30,18 τοῦ δὴ οὖν Παύλου σὺν καὶ τῇ τῆς πίστεως ὀρθοδοξίᾳ τῆς ἐπισκοπῆς ἀποπεπτωκότος, Δόμνος, ὡς εἴρηται, τὴν λειτουργίαν τῆς κατὰ Ἀντιόχειαν ἐκκλησίας διεδέξατο·

30,19 ἀλλὰ γὰρ μηδαμῶς ἐκστῆναι τοῦ Παύλου τοῦ τῆς ἐκκλησίας οἴκου θέλοντος, βασιλεὺς ἐντευχθεὶς Αὐρηλιανὸς αἰσιώτατα περὶ τοῦ πρακτέου διείληφεν, τούτοις νεῖμαι προστάττων τὸν οἶκον, οἷς ἂν οἱ κατὰ τὴν Ἰταλίαν καὶ τὴν Ῥωμαίων πόλιν ἐπίσκοποι τοῦ δόγματος ἐπιστέλλοιεν. οὕτω δῆτα ὁ προδηλωθεὶς ἀνὴρ μετὰ τῆς ἐσχάτης αἰσχύνης ὑπὸ τῆς κοσμικῆς ἀρχῆς ἐξελαύνεται τῆς ἐκκλησίας.

tete Frauen bei sich hat und sie auch auf Reisen mitführt in Schwelgen und Völlerei?

Darüber trauern und seufzen zwar alle in ihrem Innern, aber sie sind vor seiner Tyrannei und Macht so sehr in Furcht, daß sie es nicht wagen, ihn anzuklagen.

Man müßte darüber, wie wir oben sagten, einen Mann, der wenigstens katholisch dächte und in unseren Reihen stünde, zur Rede stellen, aber von dem, der das Geheimnis preisgegeben und mit der schmutzigen Häresie des Artemas prahlt – warum sollen wir nicht endlich seinen Vater nennen? – Rechenschaft zu fordern, halten wir nicht für unsere Pflicht."

Am Schlusse des Schreibens fügen sie noch folgendes bei:

„Wir haben uns also genötigt gesehen, Paulus, da er sich Gott widersetzt und hartnäckig dabei bleibt, auszuschließen und an seiner Stelle mit Gottes Fügung, wie wir überzeugt sind, der katholischen Kirche einen anderen Bischof zu geben, nämlich Domnus, den Sohn des seligen Demetrianus, welcher vor jenem derselben Gemeinde mit Ehren vorgestanden. Domnus ist mit allen einen Bischof zierenden Gaben ausgestattet. Wir teilen euch dies mit, damit ihr an ihn schreibet und von ihm den Gemeinschaftsbrief erhaltet. Paulus mag aber an Artemas schreiben, und diejenigen, die wie Artemas denken, mögen mit ihm Gemeinschaft halten."

Als so Paulus zugleich mit dem wahren Glauben die bischöfliche Würde verloren hatte, übernahm, wie gesagt, Domnus den Dienst an der Kirche in Antiochien.

Doch da Paulus um keinen Preis das Haus der Kirche räumen wollte, wandte man sich an Kaiser Aurelianus, der durchaus billig in der Sache entschied, indem er befahl, denjenigen das Haus zu übergeben, mit welchen die christlichen Bischöfe Italiens und Roms in schriftlichem Verkehr stünden. Somit wurde der erwähnte Mann zu seiner größten Schande von der weltlichen Macht aus der Kirche vertrieben.

a) Gliederung der Aussagen zu Paulus von Samosata

Die umfangreichen Ausführungen Eusebs zu Paulus von Samosata lassen sich im Hinblick auf die berichteten Ereignisse und die gegen ihn unternommenen Schritte relativ gut untergliedern. In h.e. VII 27,1 berichtet Euseb, daß Paulus zur Zeit der Regierung des Gallienus zum Bischof von Antiochien gewählt wurde.[875]

H.e. VII 27,2–28,2 berichtet über eine, wohlmöglich die erste, in Antiochien stattfindende Synode gegen Paulus. Euseb listet in h.e. VII 28 – ohne erkennbare Vorlage – die bei der Synode anwesenden Bischöfe auf, die häufiger und zu verschiedenen Zeiten zusammentraten und die Sätze und Fragen erörterten (h.e. VII 28,2).[876] Die Nennung Firmilians an erster Stelle macht deutlich, daß diese (erste) Synode nicht identisch sein kann mit derjenigen, die Euseb in h.e. VII 29 als die „letzte" Synode gegen Paulus von Samosata bezeichnet und die in ihrem Synodalschreiben (h.e. VII 30,3) vom Tod Firmilians berichtet. Euseb weiß von dieser ersten Zusammenkunft zu berichten, daß es Paulus und seinen Anhängern noch gelang, das Irrige ihrer Lehre verborgen zu halten, obwohl die anwesenden Bischöfe eifrig bemüht waren, seine Häresie ans Licht zu bringen.

Euseb kehrt nach dieser Schilderung der „ersten" Synode in h.e. VII 28,3.4 zur allgemeinen Geschichte zurück. Dionysius stirbt „um diese Zeit" „im zwölften Jahr des Gallienus", sein Nachfolger wird Maximus. Gallienus wird nach fünfzehnjähriger Regierung von Klaudius II. Gothicus, dieser nach zwei Jahren von Aurelian abgelöst. Dieser Zeitraffer ist innerhalb der eusebianischen Darstellung auffällig, da er auf kürzestem Raum alle für den Fortgang der Geschichte notwendigen Informationen für den Leser zusammenstellt und dabei ganze zwei Jahre (die Regierung des Klaudius) in seiner Darstellung übergeht, um die Häresie des Paulus von Samosata nicht unnötig durch Regierungs- und Bischofslisten aufzuspalten.[877] Euseb lag offensichtlich daran, den Todeszeitpunkt des Dionysius von Alexandrien, bislang

---

[875]   Euseb datiert die Häresie des Paulus von Samosata in die letzten Regierungsjahre des Gallienus (h.e. VII 13–28,4). Damit folgt er seiner Darstellung der *Chronik*, in der er die Häresieentstehung in das Jahr 268 legt: Paulus Samosatenus a cunctorum praedicatione desciscens Artemonis haeresin suscitauit. in cuius locum Antiochenae ecclesiae XVI ordinatur episcopus Domnus <GCS Euseb VII/1, 221, 14–17>.

[876]   Harnack, Altchristliche Litteratur II/1, 103, geht von zwei Synoden in Antiochien aus, die vielleicht sogar von Firmilian geleitet wurden. Darüber hinaus entnimmt er dem eusebianischen Text (h.e. VII 30,3–4), daß Firmilian auf der Reise zur letzten Synode in Tarsus verstarb. Harnack kommt so zu (mindestens) drei Synoden gegen Paulus von Samosata. Bardy, Paul de Samosate, 214–215, wendet dagegen ein, daß die erste Synode unter dem Vorsitz des Firmilian lange dauerte und sich schwierig gestaltete. Die eusebianische Formulierung meine daher verschiedene Sitzungen, nicht verschiedene Synoden. Die Teilnehmer blieben in Antiochien und kehrten nicht zwischendurch um.

Das Problem von Bardys Erklärung liegt in Eusebs Formulierung (h.e. VII 30,4), wonach Firmilian vor Beginn der letzten Synode bereits zweimal Antiochien verlassen und einmal sogar Tarsus erreicht hatte, wo er verstarb.

[877]   Vgl. dazu auch unten Teil II 2.6.4 Die Ewigkeit der Wahrheit und die Zeitlosigkeit der Häresie.

die Hauptperson in Buch VII, und den Regierungswechsel zu Aurelian, der im folgenden von Bedeutung sein wird, möglichst genau festzuhalten.

Die letzte Synode gegen Paulus von Samosata beschreibt Euseb in h.e. VII 29. Diese verurteilt Paulus einhellig wegen Ketzerei und schließt ihn aus der katholischen Kirche aus. Federführend in der Widerlegung war Malchion, wie Euseb auffallend hervorhebt, ein „vielseitig gebildeter Mann, der einer Rhetorenschule vorstand, die zu den griechischen Bildungsstätten Antiochiens gehört, aber auch wegen der hervorragenden Lauterkeit seines Glaubens an Christus des priesterlichen Amtes in der dortigen Gemeinde gewürdigt ward" (h.e. VII 29,2).

Im folgenden Kapitel (h.e. VII 30) bietet Euseb seinen Lesern nun erstmals eine Quelle für die Häresie des Paulus von Samosata: einen Auszug aus dem Brief der Synode von Antiochien, die im Jahre 268[878] Paulus aus der Kirche ausschloß und dieses Ergebnis in einem an die Bischöfe Dionysius von Rom und Maximus von Alexandrien gerichteten Brief und „an alle Provinzen" kundmachte.[879]

Euseb scheint mit der Formulierung „sie geben (1.) Kenntnis von ihrer Tätigkeit und erstatten (2.) Bericht über die verkehrte und falsche Lehre des Paulus, und über die (3.) Beweise, die sie geführt, und (4.) die Fragen, die sie an ihn gerichtet, und über (5.) das ganze Leben und den Charakter des Mannes" eine Inhaltsangabe, wenn nicht gar eine Abfolge der behandelten Themen des Briefes zu geben.[880] Sollte diese Vermutung zutreffen, dann stammen die von Euseb aufgenommenen Zitate aus folgenden Briefabschnitten der Vorlage: h.e. VII 30,2 ist traditionelles Briefpräskript; h.e. VII 30,3–5 dürfte, da es das Fehlen von Dionysius und Firmilian entschuldigen soll, „kurz hernach" zu Beginn des Briefes entnommen sein.[881] Das

---

[878] Der von Euseb zitierte Brief wurde, wie h.e. VII 29,1 deutlich macht, im Anschluß an die „letzte Synode" verfaßt, „auf welcher das Haupt der antiochenischen Häresie entlarvt und klar und einhellig wegen Ketzerei verurteilt" und „aus der katholischen Kirche, soweit sie sich unter dem Himmel ausbreitet, ausgeschlossen wurde". Die Einleitung Eusebs läßt keinen Zweifel daran aufkommen, daß der Brief nach der Synode 268 und nicht bereits nach der ersten Synode 264 abgefaßt wurde. Zur Datierung der Synode und des Schreibens vgl. Bardy, Paul de Samosate, 217–218.
Barnes, Constantine and Eusebius, 146, sieht in der eusebianischen Datierung das Problem, daß Euseb das letzte Konzil mitsamt des Synodalschreibens in die Regierung des Aurelian (ab Sept. 270) verlegt, obwohl der Adressat des Schreibens, Dionysius von Rom, bereits 268 verstorben war. Der von Barnes aufgedeckte „Anachronismus" ist darin begründet, daß Euseb den Regierungswechsel von Gallienus auf Klaudius und auf Aurelian darstellerisch in h.e. VII 27,3–4 vorzieht, um das paulinische „Nachspiel" unter Aurelian nahtlos an den Synodalbrief anschließen zu können, ohne die Häresiedarstellung durch einen Bericht über den Regierungswechsel aufzuspalten. Vgl. dazu unten Teil II 2.6.4 Die Ewigkeit der Wahrheit und die Zeitlosigkeit der Häresie.

[879] Nach Hier., de vir. ill. 71, ist Malchion nicht nur federführend in der Widerlegung des Paulus, sondern auch noch der Verfasser des Synodalschreibens.

[880] Anders de Riedmatten, Les Actes, 18–19, der nicht davon ausgeht, daß die eusebianische Analyse das Konzept des Originals übernommen hat: H.e. VII 30,11 lasse erkennen, daß der Abschnitt über das Leben des Paulus den Brief beschloß, so daß die Ausführungen über die paulinische Lehre vor den erzählenden Auszügen zum Leben des Paulus behandelt wurden.

[881] Das Synodalschreiben berichtet, daß Firmilian und Dionysius während ihres Kampfes gegen Paulus von Samosata verstarben und daher auch nicht auf der Synode anwesend waren. Die Formulie-

folgende Zitat (h.e. VII 30,6–16) hingegen stammt, wie von Euseb angedeutet, vom Ende des Briefes (5.), wo die Lebensführung des Paulus behandelt wurde.[882] Der letzte Auszug zur Häresie des Paulus (h.e. VII 30,17), den Euseb nach eigenen Angaben dem Ende des Briefes entnommen hat, hält das Ergebnis der Synode fest: den Ausschluß des Paulus und die Neuwahl des Domnus an seiner Statt.

Das Zitat über die Lebensführung des Paulus endet in h.e. VII 30,16 mit dem Hinweis auf Artemas, den Vater der paulinischen Häresie. Um diese Aussage noch hervorzuheben, fügt Euseb mittels einer Stichwortverknüpfung noch das letzte Zitat in h.e. VII 30,17 hinzu, wo es heißt, Paulus solle sich an Artemas wenden und dessen Anhänger sollen mit ihm Gemeinschaft halten, wie die katholischen Bischöfe mit Domnus, dem Nachfolger des Paulus, Gemeinschaft pflegen sollen.

Die Nachgeschichte des Paulus von Samosata schildert Euseb wieder selbst. In h.e. VII 30,18 berichtet er die Einsetzung des Domnus als Bischof von Antiochien, wie sie bereits im Synodalschreiben angekündigt war. H.e. VII 30,19 zeigt hingegen die Schwierigkeiten, vor die sich Domnus als neuer Bischof gestellt sah: Paulus von Samosata wollte um keinen Preis das Kirchengebäude räumen, weshalb sich Domnus an Kaiser Aurelian wandte, der in dieser Frage entschied, daß derjenige das Kirchengebäude besitzen solle, der mit den christlichen Bischöfen in Italien und Rom in Verbindung stehe. Nicht ohne Triumph bemerkt Euseb abschließend, daß der erwähnte Mann zu seiner Schande von der weltlichen Macht aus der Kirche vertrieben wurde.

Exkurs 5:
Der Wandel in der eusebianischen Quellenrezeption

Mit der Darstellung der „Geschichte unseres Zeitalters" ab h.e. VII 26,3 wandelt sich die eusebianische Darstellungsweise der Kirchengeschichte elementar. Da er selbst als Zeuge für die berichteten Ereignisse fungieren kann, benötigt er für seine Geschichtsdarstellung keine weiteren Zeugen in Form von Quellen. Die Zahl der eingefügten Quellenzitate reduziert sich schlagartig, und nur noch wichtige Zeit-

---

rungen des Schreibens lassen erkennen, daß die Synodalbeschlüsse ganz im Sinne der Verstorbenen gewesen sein dürften: Dionysius von Alexandrien hatte sich kurz vor seinem Tod noch in einem Brief gegen Paulus ausgesprochen. Firmilian war ebenfalls bis kurz vor seinem Tod gegen Paulus aufgetreten und hatte diesen bei zwei Treffen in Antiochien wegen seiner Neuerungen verurteilt. Da Paulus Umkehr versprach, ließ sich Firmilian täuschen und trat die Heimreise an. Als er die Täuschung erkannte und zur Synode nach Antiochien zurückkehren wollte, ereilte ihn der Tod in Tarsus.

882   Euseb charakterisiert die kommenden Zitate dahingehend, daß sie „die Lebensführung des Paulus schildern". Die Formulierung μεθ' ἕτερα läßt erkennen, daß Euseb anderen Stoff absichtlich beiseite läßt. Die deutsche Übersetzung durch Haeuser läßt diesen Aspekt nicht erkennen, weshalb an dieser Stelle von ihr abgewichen wird.

dokumente, wie kaiserliche Briefe oder Erlasse zugunsten der Christen, werden wörtlich in Zitatform wiedergegeben.[883]

Diese Tendenz, weitestgehend auf Quellen zu verzichten, läßt sich auch an der Darstellung der Häresie des Paulus von Samosata festmachen. Hatte sich Euseb bei der Beschreibung einer Häresie zuvor im großen und ganzen – Ausnahme sind die Ebionäer und die Severianer[884] – auf Quellenmaterial gestützt, so erscheint die Darstellung der Häresie des Paulus bei der „ersten" Synode relativ eigenständig von Euseb berichtet. Auch wenn er Quellen als Vorlage seines Berichts besessen haben sollte[885], so lassen sie sich nicht mehr erkennen resp. sind die eusebianischen Angaben so allgemein gehalten, daß sich die vorliegende Quelle nicht mehr sicher rekonstruieren läßt.

Da Euseb auf ein derart wichtiges Zeugnis wie einen Synodalbrief mit dem Beschluß der Exkommunikation des Paulus von Samosata nicht verzichten konnte und wollte, zitiert er ihn in h.e. VII 30 als Abschluß seiner Darstellung der letzten Synode (h.e. VII 29).

Deutlich wird aber der Unterschied zwischen der eusebianischen Darstellung der letzten Synode und dem folgenden Zitat: Während Euseb die Person des Rhetors und Priesters Malchion[886] detailliert ins Zentrum seines Berichts setzt, scheint der Synodenbeschluß, wenn man die eusebianische Wiedergabe betrachtet, keine herausragende Mitwirkung des Malchion bei der Widerlegung des Paulus zu kennen. Dieser Eindruck mag durch die Zitatabgrenzung Eusebs entstanden sein.[887]

---

[883]   Euseb berichtet bis zum Ende von Buch VIII die geschichtlichen Ereignisse ohne weiteres Einfügen von Quellenzitaten. In Buch IX werden nur zwei Quellen wörtlich wiedergegeben: der Brief des Maxentius in h.e. IX 9a,1–9 und sein aus dem Lateinischen übersetzter Erlaß in h.e. IX 10,7–11. Buch X, das die freundliche Haltung Konstantins gegenüber den Christen hervorheben soll, enthält wesentlich mehr kaiserliche Briefe und Erlasse: den Erlaß des Konstantin und des Licinius in h.e. X 5,2–14 und weitere Konstantinbriefe in h.e. X 5,15–17; h.e. X 5,18–20; h.e. X 5,21–24; h.e. X 6,1–5 und h.e. X 7,1–2.

[884]   Vgl. h.e. III 27,1–6 (Ebionäer) und h.e. IV 29,4–5 (Severianer).

[885]   Die Angaben in h.e. VII 27,1–2 scheinen von Euseb im wesentlichen aus dem Synodalschreiben extrapoliert zu sein. Anders verhält es sich mit den eusebianischen Angaben in h.e. VII 28, insbesondere bei der Liste der anwesenden Bischöfe in h.e. VII 28,1 und dem Bericht über die Sitzungen der (ersten) Synode, wonach „alle häufig und zu verschiedenen Zeitpunkten zusammentraten" und „lebhaft Sätze und Fragen erörterten". Diese Informationen könnte Euseb ebenfalls einer Quelle entnommen haben – vielleicht sogar dem Synodalschreiben selbst, das einen Bericht über die Vorgeschichte der letzten Synode sowie Unterschriften enthalten haben könnte.

[886]   De Riedmatten, Les Actes, 20: Die Formel „nicht allein, sondern auch" (οὐ μὴν ἀλλὰ καί) in elliptischem Gebrauch kontrastiert das, was Malchion war, mit dem, zu dem er fortgeschritten ist. Nicht seine Qualität als Rhetor, sondern die hervorragende Lauterkeit seines Glaubens an Christus machte ihn zum Priester.

[887]   Da der Synodalbrief nach eusebianischen Angaben über die Fragen und die Beweise gegen Paulus berichtete, wäre in diesem nicht zitierten Abschnitt Raum für die Person Malchions. Euseb würde dann mit seiner Hervorhebung nur einen anderen im Synodalschreiben enthaltenen Aspekt betonen, den er durch das Zitat nicht hatte einbringen können.

Die andere Schwerpunktsetzung auf die Fähigkeiten Malchions zeigt, daß Euseb ab
h.e. VII 29,3 als gleichberechtigter Zeuge neben seine Quellen tritt.

b) Die Rezeption der Informationen aus dem Synodalschreiben

Trotzdem das Synodalschreiben in Eusebs Auszügen der h.e. überliefert ist, muß
auf eine Analyse der Zitatabgrenzung verzichtet werden. Einige Beobachtungen
zur eusebianischen Themenauswahl sind jedoch möglich – auch ohne den gesamten Brief zu kennen –, da Euseb einige Hinweise auf von ihm ausgelassene Textabschnitte gibt.

Euseb läßt zunächst den Teil des Schreibens aus, in dem die Bischöfe „aller Welt
Kenntnis von ihrer Tätigkeit" geben. Ebenso verzichtet er auf den sich anschließenden „Bericht über die verkehrte und falsche Lehre des Paulus, die Beweise, die sie
[sc. die Bischöfe] geführt, und die Fragen, die sie an ihn gerichtet" haben. Diesen
wohl umfangreichen Briefabschnitt, der die Lehre detailliert dargestellt und analysiert haben wird, übergeht Euseb ebenso wie den für die praktische Auseinandersetzung mit der häretischen Lehre wichtigen Passus, der die Fragen und Beweise
gegen Paulus gesammelt haben wird. Über die Lehre des Paulus erfährt der Leser
nur Bruchstückhaftes.

Stattdessen rückt Euseb das im Brief wohl eher am Rande stehende Thema der
paulinischen Lebensführung ins Zentrum seiner Häresiedarstellung (h.e. VII 30,6–
16). Obwohl die moralischen Verfehlungen minutiös von den Bischöfen aufgelistet
werden, waren sie doch nicht Grund für die Exkommunikation. Die Beweggründe,
die zum Ausschluß des Paulus führten, waren – nach den Aussagen Eusebs über
die ausgelassenen Textpassagen zu schließen – noch ausführlicher dargelegt und
theologischer, nicht moralischer Natur.

Die Tatsache, daß die Bischöfe dennoch sehr detailliert über die zumindest
anstößige Lebensführung berichten, erfüllt den Zweck, die Person des Paulus
von Samosata zu diskreditieren. Insbesondere der Bericht über das Syneisaktentum
des Paulus, bei dem die Synode einräumen muß, daß sie ihm nichts Verwerfliches
nachweisen kann (h.e. VII 30,13), dient dazu, Paulus zumindest in den Dunstkreis von Schändlichkeiten zu rücken. Denn – so die implizite Logik – auch wenn
man Paulus nichts nachweisen kann, muß dies noch nicht für seine Unschuld sprechen.[888]

Die Taktik, öffentlich Vermutungen zu äußern, die man nicht beweisen muß,
da man über sie ja auch nicht zu richten gedenkt, dient ausschließlich der Verleumdung der Person. Sie dient der Abschreckung der Gläubigen zur Zeit des Paulus –
sowie später der eusebianischen Leser –, wenn die Bischöfe Paulus von Samosata als
Räuber (h.e. VII 30,7), als Lügner (h.e. VII 30,7), als gewaltsamen Erpresser (h.e.

---

[888] Vgl. die Argumentation des Fronto von Cirta bei Minucius Felix, Octavius 9,3 <Kytzler, 70, 6–8:
Nec de ipsis, nisi subsisteret veritas, maxima et varia et honore praefanda sagax fama loqueretur.>.

VII 30,7), als Gaukler (h.e. VII 30,9) oder aus Hochmut nach weltlichen Ehrenstellen Strebenden (h.e. VII 30,8) darstellen. Auch der Vergleich mit einem Sophisten oder Marktschreier dient eher der Verunglimpfung (h.e. VII 30,9), als daß sie
sein Verhalten bei öffentlichen Versammlungen beschreiben sollen. Der Hinweis,
daß ein „normaler" Gottesdienst bei Paulus von Samosata nicht zu erwarten ist,
sondern daß diejenigen Christen, die in Andacht lauschen wollen, sogar getadelt
und beschimpft werden, dient offensichtlich dazu, die orthodoxen Christen vom
häretischen Gottesdienst fernzuhalten.[889]

Da Euseb erkenntnistheoretisch davon ausgeht, daß ein Häretiker an der
Lebensführung erkannt wird[890], ist für ihn die Beschreibung der Lebensführung,
wie sie sich im Brief der Synode findet, angemessen und vollkommen ausreichend,
das Wesen des Häretikers zu beschreiben.[891] Auf *theologische* Einzelheiten geht
Euseb nur am Rande ein, zumal diese eher unter das Stichwort „Hybris des Paulus"
als unter theologische Lehrdifferenzen zu subsumieren sind (h.e. VII 30,10.11):
Das Verbot, Psalmen auf Christus zu singen, da sie angeblich zu jung seien, wird
von den Synodalen mit den auf Paulus neugedichteten Psalmen kontrastiert, welche Frauen inmitten des Ostergottesdienstes singen und „bei deren Anhören man
sich entsetzen möchte". Ebenso stellen die Synodalen die Negierung des Herab-
kommens Christi vom Himmel[892] der Behauptung des Paulus entgegen, er sei als
Engel vom Himmel herabgekommen. Beide Beispiele zeigen, daß es an dieser Stelle
nicht wirklich um die Darstellung der Lehre, sondern um das anmaßende und gottlose Verhaltens des Paulus geht. So gesehen kann Euseb diese Textpassage, obwohl
sie auch bruchstückhaft die Lehre des Paulus wiedergibt, durchaus mit einiger
Genugtuung als Beispiel für das gottlose Wesen des Häretikers und sein anstößiges
Verhalten aufnehmen.

---

[889] Die Darstellung des Paulus, wie er sich theatralisch mit der Hand auf die Schenkel schlägt und mit
seinen Füßen auf die Bühne stampft, um sein Publikum zum Beifall zu ermuntern, ist im Kontext
eines Gottesdienstes unerwartet. Burrus, Rhetorical Stereotypes, 215–225, zeigt anhand des Vergleiches mit Handlungsanweisungen anderer Rhetoren – wie Cicero, Quintilian und Philostratus
– für den Umgang mit ihrem Publikum (218–219), daß Paulus in seinem Predigtstil zwar theatralisch auftrat, daß jedoch „much of the behaviour described in the letter would not have seemed
offensive to Paul's congregation, since it was the behavior common to rhetorians and particularly
admired by 'simpler folks'" (221).

[890] Eine derartige Argumentation findet sich innerhalb der eusebianischen Menander-Darstellung
und öfter formuliert. Dort wird die Häresie an der verwerflichen Lebensführung erkannt.

[891] Grant, Eusebius as Church Historian, 93.

[892] Paulus behauptete nach h.e. VII 30,11 „Ἰησοῦς Χριστὸς κάτωθεν" <GCS Euseb II/2, 710,20>,
lehnte die Inkarnation des Sohnes Gottes ab (h.e. VII 30,11) und hielt Christus für einen gewöhn-
lichen Menschen (h.e. VII 27,2). Der Sonderweg in der Christologie führt Paulus folgerichtig zur
Ablehnung der kirchlichen Psalmenauslegung und zum Verbot des Psalmsingens (h.e. VII 30,10).
Zur paulinischen Christologie siehe unten Teil I 2.25 Die Darstellung der Häresie des Paulus von
Samosata bei Euseb.

Euseb wird das letzte Zitat in h. e. VII 30,17 aus zwei Gründen gerne integriert haben: Zum einen hält es die Exkommunikation des Paulus pointiert fest.[893]
Dieser widersetzt sich hartnäckig Gott und nötigt die Kirche, ihn auszuschließen.
Zum anderen macht es noch einmal die Abhängigkeit der Häresien untereinander
offenbar. Wie wichtig Euseb die Abhängigkeit des Paulus von Artemas und den
beiden Theodoten von einander war, zeigte bereits die voraufgehende Analyse.[894]
Dieses innerhalb der Häresiedarstellung etwas ins Hintertreffen geratene Thema
der häretischen Sukzession kann Euseb mit der Verbindung „Artemas – Paulus
von Samosata" erneut aufleben lassen, was insbesondere für die sich anschließende
Mani-Darstellung von immenser Bedeutung ist.[895]

c) Nicht rezipierte Quellen für die Häresie des Paulus von Samosata

Die Möglichkeit, daß Euseb bei seiner eigenständigen Darstellung der Wirksamkeit
Malchions (h. e. VII 29,1–2) auf Mitschriften von dessen Diskussion mit Paulus
zurückgreift (h. e. VII 29,2), die angeblich von Schnellschreibern mitstenographiert
wurden[896] und noch zur Zeit Eusebs erhalten gewesen seien, ist nicht wahrscheinlich, jedoch auch nicht mit letzter Sicherheit auszuschließen.[897]
Eine weitere mögliche Quelle zur Häresie des Paulus von Samosata nennt Euseb
im Zitat des Synodalschreibens: einen Brief des Dionysius von Alexandrien, den er
an die Gemeinde von Antiochien richtete und „in dem er den Urheber des Irrtums
weder des Grußes würdigte noch das Schriftstück an seine Person, sondern an die
Gesamtgemeinde schickte" (h. e. VII 30,3). Da Euseb aber keine über die Ausführungen des Synodalschreibens hinausgehenden Informationen zum Dionysius-
Brief, wie etwa dessen Inhalt oder Gliederung, erkennen läßt, wird man schließen
können, daß er ihn nur aus dem Synodalschreiben kannte.[898] Zudem hätte Euseb

---

[893] Aus inhaltlichen Gründen wird Euseb die den Ausschluß des Paulus rechtfertigende Argumenta-
    tion in h. e. VII 30,16 der reinen Konstatierung in h. e. VII 30,17 wohl vorgezogen haben, benen-
    nen doch die Bischöfe in h. e. VII 30,16, daß Paulus weder katholisch denkt noch auf dem Boden
    der Kirche steht – Sätze, die Eusebs häreseologischer Konzeption entgegenkommen.

[894] Vgl. dazu die Analyse in Teil I 2.19 Artemon, die ergeben hat, daß Euseb die Sukzession von den
    monarchianischen Theodote über Artemas bis hin zu Paulus von Samosata auszieht.

[895] Vgl. die Sukzessionsvorstellung in Teil I 2.26 Mani.

[896] Vgl. auch die Ausführungen von Bardy, Paul de Samosate, 223–224, zur antiken Tradition des
    Mitstenographierens wichtiger Disputationen in hellenistischen Schulen.

[897] Bardy, Paul de Samosate, 12, geht davon aus, daß Euseb – entgegen seiner eigenen Beteuerung
    – die mitstenographierte Fassung der Disputation zwischen Malchion und Paulus weder direkt
    kannte noch in seiner Bibliothek vorliegen hatte. Ebenso de Riedmatten, Les Actes, 17–18.
      Von der Diskussion zwischen Malchion und Paulus von Samosata sind zwei Fragmente über-
    liefert: eines in syrischer (de Riedmatten, Les Actes, 145–147) und eines in griechischer Sprache
    abgefaßt (de Riedmatten, Les Actes, 156–157).

[898] Ebenso Bardy, Paul de Samosate, 18–19, der aufgrund der sehr vagen Redeweise zu dem Schluß
    kommt, daß Euseb den Brief des Dionysius nicht gelesen hatte; vgl. Bardy, Paul de Samosate,

diesen Brief, nach seiner Darstellung die „letzte" Äußerung des Dionysius, wahrscheinlich als Vermächtnis (gegen Paulus) zitiert, sofern er ihn besessen hätte.[899]

d) Die Topik in der Darstellung der Häresie des Paulus von Samosata

Die eusebianische Darstellung und insbesondere die eingefügte Quelle greifen auf häreseologische Topoi zur Beschreibung der Häresie des Paulus von Samosata zurück.

Betrachtet man zunächst die *eusebianischen Ausführungen* zu Beginn, so fällt die Beschreibung des Paulus und seiner Anhänger auf, welche auf der „ersten" Synode das Irrige in ihrer Lehre noch verborgen zu halten suchten (h.e. VII 28,2).[900] Dieses Geheimhaltungsmotiv, das Euseb öfter in seine Häresiedarstellung aufnimmt[901], setzt voraus, daß die Häretiker sich der Falschheit ihrer Lehre bewußt sind und diese vor den Verteidigern der Wahrheit verbergen und verschleiern müssen, um nicht verurteilt und ausgeschlossen zu werden. Die Tatsache, daß sie das Irrige verbergen, soll sie in den Augen der Leser als nicht vertrauenswürdig, vielmehr als suspekte Persönlichkeiten erscheinen lassen. Euseb nimmt in der h.e. häufig auf dieses topische Element Bezug, da es sehr gut zu seiner häreseologischen Konzeption paßt, wonach sich die Häretiker als Fremdkörper in die Kirche einschleichen und dort – möglichst unerkannt – ihre falsche Lehre verbreiten.[902]

Das *Synodalschreiben* operiert ebenfalls mit einer großen Anzahl häreseologischer Elemente, die allesamt die Person des Paulus diffamieren sollen.[903] Zunächst

---

207 Anm. 5. — Die weitere Begründung Bardys, daß Euseb diesen Brief nicht im Kontext einer (von Lawlor, Eusebiana, 154–166 rekonstruierten) Briefsammlung des Dionysius von Alexandrien nennt, ist allein nicht zwingend, da es ebenfalls denkbar ist, daß dieser Brief in einem anderen Kontext, wie einer Briefsammlung zum Thema ‚Paulus von Samosata', überliefert wurde. Daß Euseb ebenfalls thematische Briefsammlungen vorlagen, zeigt u.a. die Briefsammlung zum novatianischen Schisma in h.e. VI 43–45.

[899] Vgl. auch die Darstellung des Origenes, dessen letztes Wort und Vermächtnis eine Widerlegung der Elkesaïten ist. Siehe oben S. 308.

[900] Historisch wird der Sachverhalt anders zu verstehen sein: Erst nach längerer Auseinanderestzung, welche zur Klärung der jeweils eigenen Position beitrug, können die Bischöfe und Presbyter das häretische Element der paulinischen Lehre erkennen und dies auch theologisch begründen. Wie die syrischen Quellen zeigen, entwickelt sich nicht nur die orthodoxe, sondern auch die paulinische Lehre in der Diskussion weiter und wird im Verlauf immer pointierter. Da Euseb aber weder für die Häresie noch für die Orthodoxie eine Entwicklung oder gar eine Interaktion zwischen beiden Größen annehmen kann, muß er die häretische Lehrentwicklung bei Paulus als bewußte „Geheimhaltung" deuten.

[901] Vgl. die Zusammenstellung der Textpassagen in Teil I 3.2.1 Eusebs bevorzugt aufgenommene Inhalte und Motive.

[902] Vgl. dazu die allgemein gehaltenen Ausführungen bei Simon Magus in h.e. II 1,12.

[903] Burrus, Rhetorical Stereotypes, 221–222, geht sogar so weit, daß die gesamte Beschreibung von Paulus' Verhalten keinen Anhaltspunkt in der Wirklichkeit hat: Paulus, als ein Rhetor ausgebildet, trat wie ein Advokat in gerichtlichen Auseinandersetzungen auf. Sehr viele von den im Brief

wird das Verhalten des Paulus als unberechenbar und sein Versprechen als trügerisch eingeführt, wenn es in h.e. VII 30,4–5 heißt, daß sich selbst Firmilian von der
scheinbaren Umkehr des Paulus täuschen ließ. Sodann fährt das Synodalschreiben
mit einer Skizzierung des Wesens und Verhaltens des Paulus fort, das einem Laster-
katalog gleichkommt: Er kommt – obwohl arm geboren – durch gesetzwidrige
Taten, Kirchenraub und gewaltsame Forderungen an die Brüder zu Reichtum[904]
(h.e. VII 30,7)[905]. Trotz Bezahlung belügt er die Hilfsbedürftigen (h.e. VII 30,7). Er
trachtet nach Hohem, ist aufgeblasen, voll Dünkel und Hochmut (h.e. VII 30,8).
Er stellt sein weltliches Amt des Ducenarius über das des Bischofs, was ihn in den
Augen der Leser für dieses Amt unwürdig erscheinen läßt.

Nach Angabe des Synodalschreibens diskreditiert sein öffentliches Auftreten
auf den Marktplätzen die Christen, da aufgrund seines Verhaltens der christliche
Glaube mit Befremden angesehen wird.[906] Aber auch sein Verhalten im Gottesdienst muß für einen orthodoxen Christen absonderlich und unakzeptabel erscheinen. Die Liste der Verfehlungen und des anstößigen Verhaltens, wie etwa das Syneisaktentum[907], ließe sich ohne Probleme weiter entfalten.

---

beschriebenen Verhaltensweisen seien für seine Gemeinde nicht anstößig gewesen, da sie den üblichen Handlungen von Rhetoren entsprachen. Burrus gibt zu bedenken, daß Malchion, Sophist
und Lehrer der Rhetorik in Antiochien, unter den Hauptanklägern von Paulus wohl einen großen
Einfluß auf die Komposition des Briefes ausübte, indem er ihn in derselben Art beschuldigte wie
Lukian seinen Rivalen Julius Pollux in *Rhetorum praeceptor*. Malchion greift daher auf bereits
vorhandene negative Stereotype zurück. Paulus' moralischer Charakter und seine Theologie bleiben nach Burrus in einer solchen Auseinandersetzung weitestgehend unbekannt, ebenso wie die
genaue Rolle, die er in der Kontroverse um seinen Episkopat in Antiochien gespielt hat.

[904] Burrus, Rhetorical Stereotypes, 217, sieht hinter der Formulierung in h.e. VII 30,7 die stereotype
Beschuldigung, daß soziale Aufsteiger *per se* gierig und unmoralisch sind.

Innerhalb der Häreseologie spielt die soziale Komponente eine marginalere Rolle, als es Bur-
rus für das Bild des „schlechten Rhetors" herausarbeiten kann. Sicherlich wird man Neid auf das
Wohlergehen des Paulus *historisch betrachtet* nicht ausschließen können, jedoch spielen soziale
Unterschiede *innerhalb der Häreseologie* kaum eine Rolle. Es wird eher die Methode, zu Reichtum
zu gelangen, kritisch hinterfragt, als das Faktum an sich. Gleiches gilt auch für die eusebianische
Darstellung der Häresie des Paulus.

[905] Innerhalb der eusebianischen Darstellung ist damit eine Parallele zu Novatus in h.e. VI 43,18
geschaffen, der ebenfalls mit Gewalt seine Anhänger bei der Teilnahme am Herrenmahl zum
Schwur drängt.

[906] Nach Burrus, Rhetorical Stereotypes, 221, zeigt der Vergleich des Paulus mit dem Lehrer Lukians,
daß beide als soziale Aufsteiger porträtiert werden, die gierig nach Reichtum sind, die das Bessere
nachahmen und öffentliche Ehren, die ihnen nicht rechtmäßig zustehen, für sich beanspruchen,
die ihre Reden in prunkvollem Stil der Akteure der niederen Klassen halten, die ignorant der
klassischen Literatur gegenüberstehen, die Popularität eher beim gemeinen Volk als bei den Wohl-
erzogenen suchen und denen es an Gerechtigkeit und Mäßigung fehlt. Sie sind ganz nach dem
Stereotyp des „Schlechten Rhetors" porträtiert.

[907] Das Syneisaktentum ist ein von Euseb für die Häretikerdarstellung gerne aufgegriffenes Thema,
auch wenn in diesem Fall die Synode eingestehen muß, daß sie Paulus keine konkreten Vergehen
nachweisen kann (h.e. VII 30,12). Das Syneisaktentum hatte Euseb bereits bei Simon Magus (h.e.
II 13,4) und Apelles (h.e. V 13,2) hervorgehoben; bei Markus Magus (h.e. IV 11,5) deutete er es

Im Hinblick auf die Topik reicht diese unvollständige Auflistung aus, um zu zeigen, wie verwerflich das Verhalten und wie verkehrt der Charakter des Paulus erscheinen mußte – auch wenn man, wie die Bischöfe einräumen, nicht alle Vorwürfe und Unterstellungen absichern kann. Ein Häretiker, der mit seiner falschen Lehre gegen Gott und die wahre Lehre streitet, kann aufgrund seiner grundlegenden Verkehrtheit kein normales und unauffälliges Leben führen. In dieser Ansicht sind sich Euseb und die Synodalen einig; jedoch scheinen letztere anders als Euseb die Lebensführung nicht zum Erkenntnisgrund der Häresie zu machen.[908]

Ein weiteres topisches Element, das Euseb und die Bischöfe eint, ist die Vorstellung, es bestehe eine Abhängigkeit der Häresien untereinander. Die Synodalen erkennen in der Häresie des Paulus die des Artemas (h.e. VII 30,16). Euseb geht noch einen Schritt weiter und zieht die Verbindung nach vorne hin aus, indem er eine Linie von den beiden monarchianischen Theodote, über Artemon bis hin zu Paulus von Samosata zieht. Damit hat Euseb, wie die Synodalen, einen Zusammenhang falscher Lehre geschaffen, der dem Leser eine Einordnung und damit eine Orientierung über die Häresie erlaubt. Die Lehre des Paulus ist so bereits durch die sukzessive Einordnung als falsch herausgestellt, ohne daß sie eigens widerlegt werden müßte, da sie von einer widerlegten Häresie ausgeht und folglich keine Wahrheit für sich beanspruchen kann. Insbesondere für die Darstellung der Häresie des Mani ist die Erinnerung des Lesers an die häretische Sukzession sehr wichtig.[909]

Spannend, aber hier nicht weiter zu verfolgen, ist die Bezeichnung des Paulus als Sophist. Da man die Bezeichnung σοφιστής für Paulus nicht wörtlich nehmen kann, muß sie wohl als polemischer Topos der Häreseologie verstanden werden.[910] Die Synodalen greifen das Negativbild des „geschwätzigen Sophisten" auf, um die Worte des Paulus als wertloses Gerede zu disqualifizieren. Auch die Darstellung des Paulus in h.e. VII 30,8 als von Schülern umgebener, philosophierend auf dem Marktplatz wandelnder Lehrer unterstreicht den Vergleich mit einem Philosophen.

---

lediglich an. Für Nikolaus (h.e. III 29,2–3) hingegen entkräftet Euseb den gängigen Vorwurf des Syneisaktentums.

[908] Vgl. Euseb zu Menander h.e. III 26 und öfter.

[909] Euseb hatte zu Beginn seiner häreseologischen Ausführungen, basierend auf den Irenäus-Zitaten, die häretische Sukzession betont und als zentrales Kennzeichen der Häresie herausgestellt. Die späteren Quellen, welche zumeist nur eine einzelne Häresie bekämpften, konnte Euseb nicht für den Sukzessionsgedanken auswerten, so daß die Thematik in seiner Darstellung zurücktreten mußte. Mit dem Synodalschreiben, das Paulus in eine häretische Sukzession einordnet, konnte Euseb sein ins Hintertreffen geratenes Thema wieder aufgreifen und dem Leser erneut in Erinnerung rufen. Bei Mani wird Euseb auf diese Ausführungen zurückgreifen, wenn er postuliert, daß Mani seine Lehre nur noch aus längst erloschenen Häresien zusammenflicken kann, da alle nur denkbaren häretischen Lehren bereits bekannt sind. Vgl. Teil I 2.26 Mani und 2.20 Artemon.

[910] Vgl. dazu auch den Aufsatz von Burrus, Rhetorical Stereotypes, 215–225, welche die polemische Strategie des Synodalbriefes in der Beschreibung des Paulus als eines „schlechten Rhetors" sieht. Diese Vorgehensweise sei ein stereotyper Allgemeinplatz in der Rhetorik der zweiten sophistischen Bewegung (215).

Innerhalb der Häreseologie finden sich mehrere Erklärungsansätze, die Häresie auf die Philosophie zurückzuführen.[911] Euseb, der die philosophischen Kenntnisse des Origenes bewundert[912], spart diese Rückführung in seiner Häresiedarstellung konsequent aus. Die Philosophie ist für Euseb nicht das Gegenbild der Theologie; vielmehr kann die Philosophie „eine nicht wenig nützliche Unterlage für das Verständnis der göttlichen Schriften" sein.[913] Der häreseologische Topos, Häresie und Philosophie hinsichtlich ihres Ursprungs und ihres uneinheitlichen, sich in die Mannigfaltigkeit auflösenden Wesens zu vergleichen, bleibt dem Leser der eusebianischen Kirchengeschichte unbekannt, so daß der Hinweis des Synodalschreibens, Paulus verhielte sich wie ein Sophist oder ein Philosoph, aufgrund mangelnder Sensibilisierung beim Leser eher ungehört bleibt.

e) Die Darstellung der Häresie des Paulus von Samosata bei Euseb

Historische Details über die Lehre des Paulus von Samosata lassen sich trotz aller topischen Verzerrungen erkennen. Euseb charakterisiert die Lehre dahingehend, daß Paulus niedrige Anschauungen über Christus hat und im Gegensatz zur kirchlichen Lehre behauptet, er sei seiner Natur nach ein gewöhnlicher Mensch gewesen (h.e. VII 27,2). Damit korrespondiert im Synodalschreiben die angebliche Behauptung des Paulus, „Christus ist von unten", und dessen Negierung, daß der Sohn Gottes vom Himmel herabgekommen ist (h.e. VII 30,11). Nimmt man alle Indizien zusammen, so lassen sich doch, obwohl Euseb den Teil des Synodalschreibens über die paulinische Lehre ausläßt, die Grundzüge der Theologie in der Ablehnung der Präexistenz und der Inkarnation Christi sowie der Annahme seines bloßen Menschseins erkennen. Details der paulinischen Lehre bleiben jedoch ausgespart.[914]

---

[911]   Der größte Verfechter dieses Ansatzes ist Hippolyt in seiner *Refutatio*. Gelingt es ihm, eine Häresie als Zusammenstellung philosophischer Lehren zu enttarnen, ist für ihn damit bewiesen, daß diese Lehre nur häretisch, nicht aber christlich sein kann – vorausgesetzt natürlich, daß es keine Gemeinsamkeit zwischen der christlichen Lehre und der Philosophie gibt. Aber auch Justin und Irenäus kannten derartige Überlegungen. Vgl. dazu auch Teil I 3.2.2.3.1 Die Rückführung der Häresien auf die Philosophie: Irenäus.

[912]   Euseb, h.e. VI 18,1–3.

[913]   Euseb, h.e. VI 18,4.

[914]   Von dem Zitat Ἰησοῦς Χριστὸς κάτωθεν <GCS Euseb II/2, 710,20> ausgehend, wird man nur auf eine dynamistisch-monarchianisch geprägte Christologie des Paulus von Samosata schließen können (vgl. auch Anm. I 892).
        Detailliertere Rekonstruktionen der Theologie des Paulus müssen auf andere Quellen des vierten Jahrhunderts zurückgreifen und sind in ihrer Interpretation jeweils vom herangezogenen Quellen-Material abhängig; vgl. zum folgenden Slusser, Paulus von Samosata, 160–162. Nach Loofs, Paulus von Samosata, 229, lehrte Paulus eine unter stoischem Einfluß entwickelte Form des frühchristlichen ökonomisch-trinitarischen Monotheismus. Bardy, Paul de Samosate, 370–377, hingegen meint, daß Paulus die göttliche Einheit dadurch sicherzustellen suchte, daß er Jesus zwar an der Gottheit partizipieren ließ, ohne ihn jedoch in Einheit mit ihr zu sehen. Nach Sample, The Messiah as Prophet, 77–104, lehrte Paulus eine dynamistische Christologie des Aufstiegs, so daß

Euseb läßt weiterhin durch den Auszug aus dem Synodalschreiben erkennen, daß Paulus das Singen der Psalmen auf Christus aufgrund von Zweifeln über deren Alter verbietet. Ob sprachliche oder inhaltliche Kriterien dabei ausschlaggebend waren, ist aus dem Hinweis des Synodalschreibens nicht mehr zu rekonstruieren.

Inwieweit die Information, Paulus lasse sich als vom Himmel gekommener Engel besingen (h.e. VII 30,11), historische Glaubwürdigkeit beanspruchen kann, läßt sich nicht mehr mit Sicherheit beantworten. Einerseits soll die Kontrastierung „Ablehnung der *zu neuen* Psalmen auf Christus, der *nicht* vom Himmel kam", und „*neue* Psalmen auf den *vom Himmel kommenden* Engel Paulus" das anmaßende Verhalten und die Hybris des Paulus von Samosata herausstellen, so daß eine polemische Unterstellung ohne historischen Hintergrund durchaus denkbar wäre. Diese Formulierung könnte rein aus der häreseologischen Topik entwickelt sein.[915] Andererseits ist diese Information derart konkret, daß eine Zuschreibung ohne historischen Hintergrund kaum denkbar ist.[916]

Fragt man nun nach der Historizität der Information, Paulus von Samosata prahle mit der Häresie des Artemas (h.e. VII 30,16), so ergeben sich nicht wenige Schwierigkeiten daraus, daß uns die Person des Artemas singulär aus dem Synodalschreiben bekannt ist. Euseb setzt – berechtigterweise oder nicht – Artemas mit Artemon in eins, wenn er die Traditionslinie von den monarchianischen Theodote über Artemon bis zu Paulus von Samosata zieht.[917] Die

---

er sich in dieser Hinsicht als Vorläufer des Arianismus erweise. Nach Pannenberg, Christologie, 1764, interpretiert Paulus von Samosata die Einigung von Gott und Mensch in Christus als eine personhaft-ethische.

[915] Simon Magus wird nachgesagt, daß er für die große Kraft Gottes gehalten wurde (h.e. II 1,11) bzw. sich als Gott ausgab (Justin in h.e. II 13,3). Menander behauptete ebenfalls von sich, der zum Heile der Menschen von oben durch unsichtbare Äonen gesandte Erlöser zu sein (Euseb nach Irenäus in h.e. III 26,1). Montanus preist sich selbst als Parakleten und gibt Priscilla und Maximilla als seine Prophetinnen aus (h.e. V 14). Folgt man der Häreseologie in diesem Punkte – beginnend bei Justin (Apol I 26) –, so scheint es ein Kennzeichen der Häretiker zu sein, sich selbst als Gott (Erlöser, Paraklet) auszugeben. Die Aussage, Paulus habe sich als ein vom Himmel herabgekommener Engel ausgegeben, ließe sich demnach als häreseologische Topik verstehen.

[916] Die Frage, inwieweit die Behauptung, Paulus sei ein vom Himmel gekommener Engel, überhaupt mit der Ablehnung der Präexistenz Christi in Einklang gebracht werden kann, braucht an dieser Stelle nicht zu interessieren.

[917] Die Verbindung zwischen Artemon und Paulus von Samosata findet sich auch in der zeitlich der h.e. nahestehenden Schrift *Eclogae propheticae* IV 22, wo es heißt: Καὶ ταῦτα μὲν ὡς πρὸς τὴν τοῦ Χριστοῦ σαφήνειαν· ἁρμόζει δ' ἂν παρατιθέναι τὴν περικοπὴν οὐ μόνον τοῖς ἐκ περιτομῆς, ἀλλὰ καὶ τοῖς ψιλὸν ἄνθρωπον ὑπειληφόσι γεγονέναι τὸν Σωτῆρα, Ἐβιωναίοις, ἢ τοῖς κατὰ Ἀρτέμωνα, καὶ τὸν Σαμωσατέα Παῦλον <PG 22, 1229D>. Auffälligerweise subsumiert Euseb dort die Häresie der Ebionäer, des Artemon und des Paulus von Samosata unter dem Stichwort „Bloßer-Mensch-Christologie"; die Theodotianer werden an dieser Stelle nicht genannt.

Grant, Eusebius as Church Historian, 92, sieht in der Namensgebung nicht mehr als eine persönliche Präferenz des Autors: Während Euseb „Artemon" präferiert, beharren seine Gegner auf „Artemas" (wie der ‚Anti-Origenist' in Pamphilus, apol. Orig. I 5 <PG 17, 578C>; Methodius, sympos. VIII 10 <SC 95, 226,28>; Alexander von Alexandrien in Theodoret, h.e. I 4,35 <GCS N.F. 5,17–18>).

Formulierung des Synodalschreibens läßt jedoch nicht erkennen, ob es sich bei Artemas um einen Zeitgenossen des Paulus oder um seinen Vorgänger handelt.[918] Euseb geht von einer Vorzeitigkeit dieser Häresie aus, wie seine Einleitung in h.e. V 28,1 erkennen läßt.[919]

Hinter der polemischen Aussage, Paulus ließe sich lieber Ducenarius als Bischof nennen (h.e. VII 30,8), läßt sich die historische Gegebenheit erkennen, daß Paulus neben seinem Bischofsamt auch weltliche Ämter innehatte. Auch die Aussage, er habe wie die weltlichen Machthaber ein Sekretum (h.e. VII 30,9), in dem er wie die Richter Recht spricht, paßt zu diesem Bild des Paulus.[920] Der Synodalbrief läßt erkennen, daß Paulus „ein wohlhabender Mann mit öffentlichem Einfluß, vielleicht ein Staatsbeamter" war.[921]

Die letzte historische Nachricht über Paulus von Samosata wird sich in der Notiz fassen lassen, daß Paulus zwei wohlgestaltete Frauen mit sich herumführt (h.e. VII 30,14). Obwohl die Bischöfe mit diesem Hinweis auf eine häufig rekurrierte Topik der Häreseologie zurückgreifen und damit die Zwielichtigkeit des paulinischen Tuns untermauern wollen[922], scheint diese Angabe durchaus einen historischen Hintergrund zu haben.

Neben den einzelnen historischen Details zur Lehre und zum Lebenswandel stellt Euseb auch den Ablauf der Ereignisse im Großen und Ganzen richtig dar. Nichts spricht gegen seine Beschreibung der beiden Synoden, wobei es auf der zweiten Synode Malchion gelang, Paulus von Samosata zu widerlegen. Diese auffallende Betonung, daß nur ein Presbyter, nicht die anwesenden Bischöfe, die Häre-

---

918 Die Formulierung in h.e. VII 30,17, „Paulus möge an Artemas schreiben", setzt einerseits voraus, daß Artemas zur Zeit des Paulus noch am Leben ist. Andererseits soll Paulus nach h.e. VII 30,17 mit dessen Anhängern, nicht mit Artemas selbst Gemeinschaft halten, was nur bedeuten kann, daß Artemas bereits verstorben ist. Diese vage Redeweise des Synodalschreibens hat zu unterschiedlichsten Datierungen des Artemas geführt, vgl. Anm. I 714.

919 Euseb schreibt in h.e. V 28,1, daß „einer dieser Männer [sc. zur Zeit des Septimius Severus] gegen die Häresie des Artemon" eine Schrift verfaßte, aus der Euseb im folgenden zur Häresie des Schusters und des Geldwechslers Theodot zitiert. Barnes, Constantine and Eusebius, 134–135, sieht ihn daher als einer großen Verwirrung schuldig, da Artemon zur Zeit der Verurteilung des Paulus von Samosata noch lebte. Seine Aktivität siedelt Barnes im Osten an.

920 Obwohl auch Montanus in h.e. V 16,9 das Auftreten als Richter vorgehalten wird, kann man hinter dieser Formulierung bei Paulus von Samosata keine häreseologische Topik ausmachen.

921 Slusser, Paulus von Samosata, 160–162. De Riedmatten, Les Actes, 20, betont, daß Paulus wie auch Malchion eine brillante säkulare Position innehaben. Anders Burrus, Rhetorical Stereotypes, 217, die zwar ebenfalls davon ausgeht, daß Paulus zu einigem Reichtum gelangt ist, es aber für unwahrscheinlich hält, daß Paulus den prestigeträchtigen Titel eines kaiserlichen *procurator ducenarius* innehatte; vielmehr zeige der Text (h.e. VII 30,8), daß Paulus das Verhalten eines solchen Offiziellen nur *imitiere*.

922 Allein in der h.e. findet sich der Topos des Syneisaktentums häufig: Bereits der Erzketzer Simon Magus führt eine Frau namens Helena mit sich herum (h.e. II 13,4), auch Montanus hat zwei Prophetinnen (h.e. V 16,9), und Apelles hört auf Prophezeiungen einer gewissen Philumene (h.e. V 13,2). Die Hervorhebung des Syneisaktentums bei Häretikern zeigt, wie sehr sich dieses zum Erkennungszeichen eines Häretikers entwickelt hat.

sie des Paulus widerlegen konnte, überrascht, zumal die Person des Malchion im Zitat selbst keine Rolle mehr spielt. Sie zeigt aber auch, wie wichtig Euseb die Tatsache war, daß *alle* orthodoxen Christen als Streiter für die Wahrheit von Gott bestellt werden können. Der Kampf gegen die Häresie ist vornehmlich die Aufgabe der Bischöfe als Nachfolger Petri, nicht aber auf sie allein beschränkt, wie das von Euseb stark hervorgehobene Beispiel Malchions zeigt.

Gemäß der eusebianischen Konzeption endet eine Häresie mit ihrer Widerlegung resp. dem Ausschluß der betreffenden Person. Ungewöhnlich ist daher das angefügte „Nachspiel", die Weigerung des Paulus, die Kirche in Antiochien zu verlassen. Euseb betont auffallend deutlich, daß Paulus „zu seiner größten Schande von der weltlichen Macht aus der Kirche vertrieben wurde", womit er die kaiserliche Gewalt als ausführende Instanz kirchlicher Beschlüsse durchaus begrüßt.[923]

Euseb vereinfacht bzw. verkürzt in starkem Maße die Geschichte des Paulus, wenn er sie mit der Übergabe der Kirche an Domnus enden läßt. Er wußte genau, daß die Auseinandersetzung mit Paulus von Samosata mit der Ausweisung aus der Kirche in Antiochien noch nicht beendet war.[924] Selbst das Konzil von Nicäa wird sich später im Jahr 325 noch genötigt sehen, mit Kanon 19 die Wiedertaufe als Bedingung für die Rückkehr in die Kirche zu fordern, was zeigt, daß die Anhänger des Paulus trotz der Kirchenräumung weiterhin großen Rückhalt in der Gemeinde von Antiochien hatten.[925]

Die Tatsache, daß Euseb in dem Abschnitt der h.e., den er eigenverantwortet als „Geschichte unseres Zeitalters" niederschreibt, diese derart verkürzt, zeigt, in welchem Maße er seinen eigenen Systemzwängen der Kirchengeschichtsdarstellung verpflichtet ist. Der Häresie des Paulus räumte er – im Gegensatz zu allen anderen Häresien – schon eine „Lebensdauer" von ca. vier Jahren ein; eine eigene Geschichte parallel zur Kirchengeschichte kann er ihr von der eusebianischen Definition von „Häresie" ausgehend jedoch ganz offensichtlich nicht zugestehen.[926]

---

[923]   In diesem Abschluß mag man bereits in der ersten Ausgabe der h.e. eine Haltung Eusebs erkennen, die sich auch in späteren Ausgaben der h.e. und schließlich in der v.C. in noch stärkerem Maße zeigen wird. Die Darstellung Aurelians in der Paulus-Episode präfiguriert geradezu die spätere Rolle Konstantins als Hüter und Schützer der Orthodoxie (vgl. Konstantins Funktion in v.C. III 65; 66). Während Aurelian jedoch nur ausführende Gewalt der bischöflichen Beschlüsse ist, tritt mit Konstantin die weltliche Macht für die Wahrheit der Kirche ein und nimmt unter anderem aktiv an Synodalentscheidungen teil (v.C. I 44; v.C. III 6–16 u. ö.) und setzt diese auch mit allen ihm zur Verfügung stehenden Mitteln um (v.C. III 17–20 u. ö.).

[924]   Bei der Abfassung der h.e. im Jahre 303 (Sieben-Bücher-Erstausgabe) hätte Euseb erkennen müssen, daß die Auseinandersetzung mit dem Eingreifen Aurelians nicht beendet war. Spätestens mit der Abfassung von Buch VIII (313) konnte Euseb nicht übersehen, daß die Anhänger des Paulus von Samosata weiterhin eine einflußreiche Gemeinde in Antiochien bildeten.

[925]   Slusser, Paulus von Samosata, 160–162; Hefele, Conciliengeschichte, 427–430; Schatz, Konzilien, 35. Euseb setzt sich im Jahr 336 oder später noch einmal mit Paulus von Samosata auseinander, vgl. de eccl. theol. I 14,2; I 20,43; III 6,4. Zur Datierung von de eccl. theol. vgl. Altaner/Stuiber, Patrologie, 223.

[926]   Vgl. Teil II 2.6 Die Unbeständigkeit der Häresie und II 2.6.4 Die Ewigkeit der Wahrheit und die Zeitlosigkeit der Häresie.

Die Häresie zur Zeit des Diokletian (284–305)

Euseb faßt in h.e. VII 30,20–23 wie in h.e. VII 28,3–4 die Kirchengeschichte gleichsam in einem Zeitraffer zusammen, wenn er in h.e. VII 30,20–21 die Regierung des Aurelian, in h.e. VII 30,22 diejenige des Probus, Karus mit seinen Söhnen Karinus und Numerianus und den Regierungsantritt des Diokletian auflistet. Euseb gelingt in diesen drei Kapiteln (h.e. VII 30,20–22) der Übergang von Gallienus (bis 268) zu Diokletian (ab 284). Genauere Kenntnisse über die Ereignisse während dieser Zeit gibt Euseb seinem Leser nicht.[927] Der Grund, warum Euseb keine detaillierteren Informationen über Aurelians geplante (h.e. VII 30,20) und Diokletians durchgeführte Verfolgung und Zerstörung der Kirchen (h.e. VII 30,22) nennt, wird weniger darin liegen, daß er keine Kenntnis der Zeit hatte, sondern vielmehr darin, daß er die Häresiethematik, die mit Paulus von Samosata anhebt und mit Mani an ihr Ende kommt, nicht unnötig unterbrechen will.[928]

Die Häresien des Paulus von Samosata und des Mani bilden innerhalb der eusebianischen Darstellung eine Einheit, obwohl sie unterschiedlich zu datieren sind.

Die Häresie Manis stellt das Ende der Häresiethematik innerhalb der h.e. Eusebs dar. Sie korrespondiert mit den ebenfalls genuin eusebianischen Aussagen zu Simon Magus am Anfang und wird als abschließende Zusammenfassung Eusebs zur Häresiethematik zu verstehen sein. Die sich daran anschließende Frage, wie deren „Abbruch" zu verstehen ist, die ja in der Einleitung (h.e. I 1,1) als ein sich durch die Geschichte ziehendes Phänomen beschrieben wurde, wird erst im Anschluß zu klären sein.

2.26 Mani (h.e. VII 31,1–2)

h.e. VII 31,1–2[929]

31,1 Ἐν τούτῳ καὶ ὁ μανεὶς τὰς φρένας ἐπώνυμός τε τῆς δαιμονώσης αἱρέσεως τὴν τοῦ λογισμοῦ παρατροπὴν καθωπλίζετο, τοῦ δαίμονος, αὐτοῦ δὴ τοῦ θεομάχου σατανᾶ, ἐπὶ λύμῃ πολλῶν	Um jene Zeit rüstete sich auch der Wahnsinnige, benannt nach seiner vom Teufel besessenen Häresie, mit der Waffe der Geistesverwirrung. Der Teufel, der wider Gott

---

[927]   Euseb gibt zwar an, daß unter den in h.e. VII 30,22 genannten Kaisern „eine Verfolgung stattfand", wobei einige Kirchen zerstört wurden, unterläßt es aber, weitere Details zu nennen.

[928]   Zum wechselnden Verhältnis von Erzählzeit und erzählter Zeit und dem sich daraus ergebenden Rhythmuswechsel im Erzählduktus vgl. Hidber, Zeit und Erzählperspektive, 145–167, insbesondere 154–160. Hidber macht an mehreren Beispielen deutlich, daß chronologische Umstellungen, gezielte Selektionen, Ellipsen oder summarische Berichte durchaus häufiger in der antiken Historiographie anzutreffen und selbst in analistischen Werken nicht außergewöhnlich sind (159).
    Eusebs Zeitraffer und chronologische Umstellung (h.e. VII 30,20–22) dürfte sich durchaus im Rahmen des in der antiken Historiographie Üblichen bewegen.

[929]   Euseb, h.e. VII 31,1–2 <GCS Euseb II/2, 716,1–15>.

τὸν ἄνδρα προβεβλημένου. βάρβαρος δῆτα τὸν βίον αὐτῷ λόγῳ καὶ τρόπῳ τήν τε φύσιν δαιμονικός τις ὢν καὶ μανιώδης, ἀκόλουθα τούτοις ἐγχειρῶν, Χριστὸν αὑτὸν μορφάζεσθαι ἐπειρᾶτο, τοτὲ μὲν τὸν παράκλητον καὶ αὐτὸ τὸ πνεῦμα τὸ ἅγιον αὐτὸς ἑαυτὸν ἀνακηρύττων καὶ τυφούμενός γε ἐπὶ τῇ μανίᾳ, τοτὲ δέ, οἷα Χριστός, μαθητὰς δώδεκα κοινωνοὺς τῆς καινοτομίας αἱρούμενος·

31,2 δόγματά γε μὴν ψευδῆ καὶ ἄθεα ἐκ μυρίων τῶν πρόπαλαι ἀπεσβηκότων ἀθέων αἱρέσεων συμπεφορημένα καττύσας, ἐκ τῆς Περσῶν ἐπὶ τὴν καθ' ἡμᾶς οἰκουμένην ὥσπερ τινὰ θανατηφόρον ἰὸν ἐξωμόρξατο, ἀφ' οὗ δὴ τὸ Μανιχαίων δυσσεβὲς ὄνομα τοῖς πολλοῖς εἰς ἔτι νῦν ἐπιπολάζει. τοιαύτη μὲν οὖν ἡ καὶ τῆσδε τῆς ψευδωνύμου γνώσεως ὑπόθεσις, κατὰ τοὺς δεδηλωμένους ὑποφυείσης χρόνους·

kämpfende Satan selbst hatte ihn zum Schaden vieler vorgeschoben. Ein Barbar in seiner Lebensführung nach Sprache und Sitte, war er seinem Wesen nach besessen und rasend. Was er erstrebte, war dementsprechend. Er suchte Christus zu spielen. Bald gab er sich selbst, aufgeblasen in seinem Wahnsinn, als den Tröster und gar den Heiligen Geist aus, bald erwählte er als Christus zwölf Jünger zu Genossen seiner Neuerung.

Seine falschen und gottlosen Lehrsätze trug und flickte er aus zahllosen, längst erloschenen gottlosen Häresien zusammen und übertrug sie von Persien aus wie ein tödliches Gift auf unser ganzes Reich. Seitdem ist der ruchlose Name der Manichäer allgemein bekannt bis auf den heutigen Tag. So steht es um den Ursprung auch dieser fälschlich sogenannten Gnosis, die um die erwähnte Zeit entstanden ist.

Die historisch gesicherten Informationen über Mani sind innerhalb der durch Polemik und Topik geprägten Darstellung kaum zu erkennen. Euseb nennt den Namen Manis nur indirekt, wenn er mit einem Wortspiel einsetzt: ὁ μανείς – „der Wahnsinnige"– sei Gründer der Häresie. Die Anspielung auf Mani wird von jedem Leser sofort verstanden worden sein. Diese Umschreibung zeigt aber auch, wie polemisch Euseb in die Darstellung Manis einsteigt.

Die folgenden Informationen über Mani sind ebenfalls topischer bzw. polemischer Natur. Euseb insistiert wiederum darauf, daß der Teufel, der wider Gott kämpfende Satan, Urheber dieser Häresie ist, der Mani zum Schaden vieler mit der Waffe der Geistesverwirrung ausgestattet habe. Wie er nach Sprache und Lebensführung barbarisch war, so war er auch seinem Wesen nach besessen und rasend und erstrebte Entsprechendes.

Die anscheinend an historische Hintergründe anknüpfenden Informationen, wonach sich Mani als Christus oder den Tröster oder gar den Heiligen Geist ausgab und sich zwölf Jünger zu Genossen auswählte, lassen dem Leser keine Möglichkeit, sich ein genaues Bild über Manis Häresie zu machen.

Die Behauptung, Mani flicke seine falschen und gottlosen Sätze aus zahllosen, längst erloschenen Häresien zusammen, entspringt mit einiger Sicherheit der eusebianischen Häresiekonzeption. Die Vorstellung, daß eine häretische Lehre aus alten falschen Lehren „zusammengeflickt" sei, ist nicht neu in der Häreseologie. Euseb greift damit aber nicht nur eine gängige Polemik gegen häretische Lehren auf, sondern er begründet damit den Abschluß der Häresiethematik in der h.e.

Die Angabe, daß Mani zur Zeit Diokletians[930] seine Lehre von Persien aus auf das gesamte Römische Reich ausgebreitet hat und die Manichäer seitdem allgemein „bis auf den heutigen Tag" bekannt sind, enthält die einzigen historisch konkreten Informationen in dem gesamten Abschnitt.

a) Die Herkunft der Informationen zur Häresie Manis

Eusebs Darstellung läßt nicht erkennen, welche Quellen er zur Darstellung der Häresie Manis herangezogen hat. Insbesondere die fest in der häreseologischen Topik und Polemik gründende Sprache und Bilderwelt läßt eine Vorlage Eusebs nur schwer erkennen.

Grant hat den Versuch gemacht, Eusebs Beschreibung der manichäischen Mission auf ein Edikt Diokletians (Coll. leg. mos. et rom. XV 3) aus dem Jahr 297 zurückzuführen[931]: Eusebs „vom Land der Perser" scheint Diokletians „von der persischen Rasse feindlich zu uns" widerzuspiegeln.[932] Euseb schreibt, daß sie „in

---

[930]   Euseb gibt in der *Chronik* das Auftreten der Manichäer mit dem Jahr 280 an: *insana manichaeorum haeresis in commune humani generis malum exorta* <GCS Euseb VII/1, 223,25–26>; in der h.e. datiert er diese später in die Regierungszeit Diokletians (ab 284). Auf welchen Informationen beide Angaben Eusebs beruhen, wird sich nicht mehr klären lassen. Grant, Eusebius as Church Historian, 84–85, vermutet hinter dem Datum der *Chronik* die Ankunft von Missionaren in seiner Nachbarschaft, was sich jedoch nach der Datierung in der h.e. in die Regierung Diokletians als nicht haltbar erweist. Euseb wird aufgrund ihm historisch glaubwürdig erscheinender, uns aber nicht mehr erhaltener Informationen seine frühere Annahme korrigiert haben.

Ab wann Manichäer im Römischen Reich, insbesondere in Eusebs Nachbarschaft, wirksam werden, ist nicht genau zu bestimmen. Sicher ist, daß bereits zu Lebzeiten Manis (216–274/277) manichäische Missionare im Römischen Reich tätig waren: Addas missionierte in Syrien und Alexandrien, Pappos und Thomas wirkten in Oberägypten (Lykopolis). Vermutlich verliefen „die Wege der Mission [...] über die Handelsstraßen [...], einerseits von Mesopotamien über Syrien-Palästina nach Unterägypten oder über Arabien und das Rote Meer nach Oberägypten" (Böhling, Manichäismus, 38). Cäsarea wird als Sitz der römischen Prokuratoren und Metropolis Provinciae Syriae Palaestinae, zudem verkehrsgünstig an der Handelsstraße zwischen Antiochien und Alexandrien gelegen, relativ früh Bekanntschaft mit den manichäischen Missionaren gemacht haben, ohne daß sich ihr Auftreten näher greifen läßt (zu Cäsarea vgl. Winkelmann, Euseb, 18–26).

Das Verbot der Manichäer durch das Diokletian-Edikt von 297 belegt, welchen Einfluß diese seit Manis Lebzeiten erlangen konnten, wenn sich sogar die Staatsgewalt zum Eingreifen gegen diese Häresie genötigt sah, vgl. dazu Frenschkowski, Mani, 671.

[931]   Das Diokletian-Edikt „De mathematicis, maleficis et Manichaeis" in Coll. leg. mos. et rom. XV nennt im Präskript Diokletian, Maximinian, Constantius und Maximian. Adressiert ist es an Julian, den Prokonsul von Africa, und abgefaßt wurde es am 31. März in Alexandrien.

Aus diesen Angaben folgert Hyamson (Coll. leg. mos. et rom., 130 Anm. zu Zeile 12) die Datierung in die Jahre 292–295, erwägt aber auch das Jahr 302. Barnes, Constantine and Eusebius, 20, und Böhling, Manichäismus, 38, erwägen das Jahr 302, da mit der palmyrenischen Eroberung Ägyptens der Manichäismus weiter nach Westen vordringen konnte.

[932]   Vgl. Coll. leg. mos. et rom. XV 3,4 <Hyamson, 130,21–29: [...] Manichaei, audiuimus eos nuperrime ueluti noua [et] inopinata prodigia in hunc mundum de Persica aduersaria nobis gente progressa uel orta esse et multa facinora ibi committere, populos namque quietos perturbare nec non

unsere ganze Welt wie tödliches Gift" kamen, Diokletian spricht von „unserer ganzen Welt" und von „wie das Gift von einigen tödlichen Schlangen". Die Anhäufung dieser Indizien führt Grant zu dem Schluß, daß Euseb ein Auge auf dem offiziellen Dokument gehabt hat, als er den Abschnitt seiner h.e. verfaßte.[933]

Die von Grant genannten Parallelen sind jedoch innerhalb der voreusebianischen Häreseologie beinahe Allgemeinplätze, so daß mit einer direkten Abhängigkeit nur sehr vorsichtig argumentiert werden sollte. Euseb durfte die Herkunft der Manichäer aus Persien bekannt gewesen sein, weshalb die erste Analogie zwischen Euseb und Diokletian nicht unbedingt auf literarischer Abhängigkeit basieren muß. Die zweite Analogie, wonach die Häretiker ihr tödliches Gift verbreiten, ist nicht nur innerhalb der Häreseologie, sondern auch innerhalb der h.e. ein häufig anzutreffender Topos: Simon Magus verabreicht seinen Anhängern sein „verborgenes, unheilvolles Gift" (h.e. II 1,12). Denselben Vorstellungszusammenhang wird man hinter den eusebianischen Aussagen vermuten können, wonach Valentin wie eine „lauernde, versteckte, verborgene Schlange" agierte (h.e. IV 11,3) und von Satorninus und Basilides eine „schlangenartige Kraft" (h.e. IV 7,3) ausging. Mit dem Nachweis weiterer innereusebianischer Parallelen kann und soll die Abhängigkeit vom Diokletian-Brief nicht entkräftet werden, da auch diese durch den Sprachgebrauch und die Vorstellungswelt Diokletians geprägt sein können. Die monokausale Abhängigkeit vom Diokletian-Brief soll jedoch in Frage gestellt werden.

Betrachtet man die eusebianischen Ausführungen in h.e. VII 31,2, so wird eine andere Abhängigkeit offensichtlich, die Euseb seinem Leser sogar zu erkennen gibt. Er spielt auf diese an, wenn er schreibt: „so stehe es um den Ursprung dieser *fälschlich sogenannten Gnosis*". Auch wenn Euseb dieses Irenäus-Werk zumeist mit dem gekürzten Titel πρὸς τὰς αἱρέσεις angibt, kennt er, wie h.e. V 6,7 zeigt, den vollständigen Titel Ἔλεγχος καὶ ἀνατροπὴ τῆς ψευδονύμου γνώσεως.[934]

Über diese rein terminologische Anspielung auf *Adversus haereses* hinausgehend, lassen sich eine inhaltliche und eine formale Parallele zwischen Irenäus' Schrift und den eusebianischen Ausführungen über Mani erkennen.

Irenäus leitet in adv. haer. II 14,2–4 die Häresien aus der hellenistischen Philosophie her und zeigt auf, daß die Häretiker ihre Lehren nur aus bereits bekannten „schlechten Fetzen" zu einem neuen Lumpenrock zusammenflicken und so ein Obergewand aus akkurater Rede schaffen. Obwohl die Lehre der Häretiker neu erscheint, ist sie doch „alt und wertlos, weil sie von alten Dogmen, die nach

---

et ciuitatibus maxima detrimenta inserere: et uerendum est, ne forte, ut fieri adsolet, accedenti tempore conentur [per] execrandas consuetudines et scaeuas leges Persarum innocentioris naturae homines, Romanam gentem modestam atque tranquillam et universum orbem nostrum ueluti uenenis de suis maliuolis inficere.>

[933] Grant, Eusebius as Church Historian, 94–95.

[934] Mit der Wendung τῆς ψευδονύμου γνώσεως nimmt Irenäus auf 1.Tim 6,20 Bezug. Der vollständige Titel Ἔλεγχος καὶ ἀνατροπὴ τῆς ψευδονύμου γνώσεως findet sich in adv. haer. IV praef. 1 (de detectione et eversione falsae cognitionis) und in Anklängen auch in adv. haer. II praef. (falsi nominis agnitionem) und V praef. (de traductione et eversione falso cognominatae agnitionis).

Unwissenheit und Gottlosigkeit stinken, gesäumt ist."[935] Dieselbe Vorstellung findet sich auch bei Euseb, wenn er schreibt, daß Mani „seine falschen und gottlosen Lehrsätze zusammentrug und aus zahllosen, längst erloschenen gottlosen Häresien zusammenflickte" (h.e. VII 31,2). Obwohl die Lehre Manis neu und erst zur Zeit Diokletians entstanden ist, sind seine Lehrsätze doch alt und aus längst erloschenen – weil widerlegten – Häresien zusammengesetzt. Beide Schriftsteller sprechen mit diesem Bild des „geflickten Lumpenmantels" den neueren Häresien zunächst ihre Eigenständigkeit ab, um dann in einem zweiten Schritt die Wertlosigkeit zu betonen, die darin gründet, daß die Ausgangslehren bereits überholt sind.

Obwohl Irenäus und Euseb unterschiedliche Herleitungen der häretischen Lehre vertreten – Euseb teilt die Ansicht des Irenäus nicht, daß die Häresien der hellenistischen Philosophie entspringen –, ist doch ihre Strategie gegen sie dieselbe. Irenäus' Widerlegungsstrategie konnte Euseb für seine Zwecke nutzen, indem er sie aus dem Kontext herauslöste und in seine Konzeption der dämonologischen Herleitung der Häresien integrierte.

b) Die Topik in der Darstellung Manis

Grant charakterisiert die eusebianische Darstellung Manis recht zutreffend mit den Worten „Eusebius provides a minimum of information, a maximum of invective."[936] In der Tat ist die eusebianische Beschreibung in starkem Maße durch topische Elemente der Häreseologie geprägt.

So ist es wieder einmal der *Teufel*, der gegen Gott kämpfende Satan, welcher Menschen vorschiebt und sie mit Fähigkeiten zum Erreichen seines Ziels, der Verabreichung ihrer giftigen Lehre[937], ausrüstet.[938] Bereits Justin hatte im Hinblick auf Simon Magus festgehalten, daß die Dämonen ihn vorschoben und in ihm tätig wurden, so daß er durch ihre Kraft Zauberstücke vollbringen konnte.[939] Euseb

---

[935] Iren., adv. haer. II 14,2 <FC 8/2. 108,21–27; 110,1–3: Et non solum quae apud comicos posita sunt arguuntur quasi propria proferentes, sed etiam quae apud omnes qui Deum ignorant et qui dicuntur philosophi sunt dicta, haec congregant et, quasi centonem ex multis et pessimis panniculis consarcientes, fictum superficium subtili eloquio sibi ipsi praeparaverunt, novam quidem introducentes doctrinam, propterea quod nunc nova arte substituta sit, veterem autem et inutilem, quoniam quidem de veteribus dogmatibus ignorantiam et irreligiositatem olentibus haec eadem subsuta sunt.>.

[936] Grant, Eusebius as Church Historian, 94.

[937] Zum Topos der Häresie als Gift vgl. Teil II 2.9 a) Die Häresie als Gift.

[938] Es ist auffällig, daß Euseb eher die Erklärung der teuflischen Anstiftung als die des Ursprungs der Lehre außerhalb des Römischen Reiches betont. Er hätte die Entstehung der Häresie außerhalb des Römischen Reiches verorten können – was zur Betonung des Barbarentums Manis gepaßt hätte –, unterläßt es aber und betont die Anstiftung durch den Teufel, um ein letztes Mal die eigene Häresiekonzeption zu stützen.

[939] Justin, apol. I 26,1–3 bei Euseb h.e. II 13,3.

übernimmt diese Erklärung der Häresieentstehung gerne und beschreibt beispielsweise in h.e. III 26,1 Menander als „Werkzeug der teuflischen Kraft".[940]

Neben der Instrumentalisierung des Häretikers als Handlanger des Teufels findet sich innerhalb der Mani-Darstellung auch die Vorstellung, daß die *Häresie an der Lebensführung des Häretikers erkennbar* ist. Wenn die Vernunft als Steuerungsinstanz für das moralische Verhalten des Häretikers fehlt oder durch die Inbesitznahme des Teufels korrumpiert ist, kann das Verhalten des Häretikers nur falsch sein. Anderherum ist die verkehrte Lebensführung des Häretikers Indikator für die vernunftwidrige Lehre. Euseb hatte bereits bei Menander (h.e. III 26,1) die Lebensführung als entscheidendes Kriterium für die Erkenntnis der Häresie benannt. Auch das Synodalschreiben gegen Paulus von Samosata sieht einen Zusammenhang zwischen dessen Häresie und seinem Verhalten bzw. Auftreten. An diese Vorstellung, daß sich die Falschheit der Lehre an der Abart des Auftretens und des Wesens festmachen läßt, knüpft Euseb an, wenn er Mani nach Sprache und Sitte als Barbar und sein Wesen als besessen und rasend beschreibt. Damit erklärt Euseb zugleich, warum er auf die Darstellung der häretischen Lehre verzichtet.

Die Charakterisierung als *besessen* und *rasend* stellt einen häreseologischen Topos dar. Die Häretiker, die nach Eusebs Konzeption alle vom Teufel besessen sind, können sich nicht anders als rasend oder verrückt verhalten. Der Verfasser der Schrift gegen die Häresie Theodots (h.e. V 28,18) sieht beispielsweise im textkritischen Wirken der Anhänger einen Beleg für die Besessenheit dieser Gruppierung.[941] Auch wenn sich Euseb bei seiner Beschreibung der Häresie des Simon Magus fälschlicherweise auf Irenäus (h.e. II 13,7) beruft, als er die simonianische Häresie als „voll von Schrecken, voll von Verrücktheit und Wahnsinn" charakterisiert, so ist doch deutlich, daß Euseb mit dieser Beschreibung an eine breit ausgeführte Topik innerhalb der Häreseologie anknüpft.

Ein zentraler Topos der Mani-Darstellung ist die *Selbstvergottung*. Wie Simon Magus, Menander und Montanus gibt sich Mani als Gott aus: Er spielt Christus, wählt wie jener zwölf Jünger und gibt sich als Heiliger Geist oder Tröster aus. Diese Form der Selbstverherrlichung zeigt in eklatanter Weise die Widergöttlichkeit der Häretiker und wird, sofern sie auf den betreffenden Häretiker applizierbar ist, innerhalb der Häreseologie gerne angeführt.[942]

Die Bezeichnung der Häresie als *Neuerung* (καινοτομία) läßt einen weiteren gängigen Topos der Häreseologie erkennen, wonach die häretische Lehre im Gegensatz zur Wahrheit neu ist, da sie später als die Wahrheit entstand. Nach dem Axiom „antiquior omnibus veritas" ist aber nicht nur die Posteriorität, sondern auch die Inferiorität der Häresie offenbar. Obwohl seit Irenäus der Gedanke der Posteriorität der Häresie innerhalb der Häreseologie häufiger angeführt wird, nutzt Euseb diesen

---

940　Weitere Beispiele unten in Teil II 2.1 Die Dämonologie.

941　Weitere Beispiele zum Topos des Wahnsinns und der Verrücktheit von Häretikern siehe in Teil I 3.2.1 Eusebs bevorzugt aufgenommene Inhalte und Motive.

942　Zum Topos der Selbstvergottung vgl. Teil I 3.2.1 Eusebs bevorzugt aufgenommene Inhalte und Motive.

Topos nirgends in der h.e., um für die orthodoxe Lehre Vorteile zu gewinnen. Nach möglichen Gründen für den sonderbaren Umgang soll unten gefragt werden.[943]

c) Mani als Abschluß der Häresiethematik – Aspekte der eusebianischen Häresiekonzeption

Mit dem Bericht über die Häresie Manis endet innerhalb der h.e. die Häresiethematik, was den Leser zunächst verwundern muß, war sie ihm doch in h.e. I 1,1 als eines der Hauptthemen der h.e. angekündigt worden.[944] Während sich die meisten anderen Themen (Ereignisse der Kirchengeschichte, führende Männer und Schriftsteller) durch die gesamte Darstellung ziehen, bricht die Häresiethematik unvermittelt ab. Sie endet ohne eusebianische Erläuterung und ist weder als dramatischer Höhepunkt noch als expliziter Abschluß gestaltet.

Betrachtet man jedoch die von Euseb in der Einleitung h.e. I 1,1–2 genannten „Feinde der Kirche" (Juden, Häretiker, Heiden) und die zugehörigen Themenkreise, so enden neben der Häresiethematik auch die Berichte über das Schicksal der Juden sowie diejenigen über die kaiserlichen Verfolgungen der Christen „frühzeitig". Alle drei Themenkomplexe enden im Verlauf der eusebianischen Kirchengeschichte und erreichen das Ziel der Geschichte nicht.[945]

---

[943] Vgl. dazu Teil II 2.6.2 Die Häresie als Neuerung und 3.2.4 Das Problem der Definition der Häresie als „Neuerung".

[944] Euseb nennt in h.e. I 1,1 die Themen, welche er in seiner Kirchengeschichtsdarstellung besonders berücksichtigen will: die großen Ereignisse der Kirchengeschichte darstellen, die führenden Männer und Vorsteher der Kirche sowie die großen Schriftsteller nennen, die Häretiker aufzählen und am Rand auch auf das Schicksal des jüdischen Volkes und der Heiden eingehen.

Grant, Eusebius as Church Historian, 16 hat darauf aufmerksam gemacht, daß die Einleitung h.e. I 1,1–2 nicht zur ursprünglichen Kirchengeschichte Eusebs hinzugehört haben kann, sondern vielmehr in einer späteren Edition von Euseb hinzugefügt wurde.

Der Widerspruch zwischen eusebianischer Ankündigung und fehlender Ausführung bleibt bestehen. Wenn man wie Grant die Einleitung h.e. I 1,1–2 in einem späteren Stadium hinzugefügt ansieht, vergrößert sich die Schwierigkeit: Euseb hätte dann zu einem Zeitpunkt, als er absehen konnte, daß die Häresiethematik nicht weiterführen wird (mit Abschluß von Buch VIII oder später) eine Einleitung verfaßt, die trotzdem von der Häresie als einem zentralen und sich durch die Kirchengeschichte ziehenden Thema spricht.

[945] Vom „Schicksal der Juden" (h.e. I 1,2) berichtet Euseb die Verfolgung unter Gessius Florus, dem Prokurator in Judäa (h.e. II 26), die Verfolgung unter Trajan (h.e. III 5,1–7,9; h.e. III 10,12), den Krieg gegen die Juden unter Trajan (h.e. IV 2,1–5) und abschließend den Bar Kochba-Aufstand unter Hadrian (h.e. IV 6,1–4; h.e. IV 8,4). Hatte Euseb an früherer Stelle seiner Berichterstattung umfangreiche Reflexionen über die Schuld der Juden am Kreuzestod Christi und an der Verfolgung der Christen angestellt (h.e. III 5,3; h.e. III 6,28; h.e. III 7,8–9), so erscheint der Abschluß dieser Thematik „wortkarg": Euseb berichtet über die Eroberung Jerusalems, vom Verbot Hadrians, die Stadt zu betreten, und endet mit der Notiz, daß sich zu diesem Zeitpunkt die christliche Gemeinde ausschließlich aus Heiden zusammensetzte. Ausgehend von den detailreichen und emotionalen Schilderungen zuvor (h.e. II 26,2; h.e. III 6,28; h.e. IV 2,5) hätte man einen dra-

Um eine Fehlinterpretation von vornherein auszuschließen, ist zu betonen, daß Euseb historisch betrachtet wohl nicht davon ausgeht, daß mit Mani das Ende der Häresie erreicht ist. Obwohl Euseb das Ende einer Einzelhäresie gerne kurz nach ihrer Widerlegung ansiedelt, kann er seinem Leser nicht ernsthaft zu verstehen geben wollen, daß die Welt seit Diokletian von der Häresie befreit ist. Dagegen sprechen bereits die Aussagen Eusebs in seiner Kirchengeschichte.[946] Auch in späteren Schriften wie der v.C.[947] gibt er zu erkennen, daß er von späteren Häresien als Mani weiß.[948] Jedoch läßt sich nicht nachweisen, ob Euseb bereits zur Abfassung seiner h.e.-Erstausgabe Häresien kannte, die zeitlich zwischen Mani und dem Ende des Berichtzeitraums entstanden sind.[949]

---

matischen Höhepunkt oder grandiosen Abschluß der Judenthematik erwartet. Das Ausbleiben ist – wie im Falle der Häresiethematik – kaum zu erklären.

Die Angriffe der Heiden auf die christliche Kirche und die damit verbundene Märtyrerthematik enden ebenfalls unspektakulär. Euseb berichtet von der Christenverfolgung unter Nero (h.e. II 25,4), derjenigen durch Domitian (h.e. III 17) und von lokalen Verfolgungen unter Trajan (h.e. III 32,1). Dann folgt die Erklärung Eusebs, daß der Teufel, der „äußere Kampfmittel beraubt", nun die Häretiker zur Vernichtung der Kirche einsetzt (h.e. IV 7,2), was nach den christenfreundlichen Edikten von Hadrian, Antoninus Pius und Commodus (h.e. IV 9,1–3; h.e. IV 13,1–7; h.e. V 21,3) zunächst nachvollziehbar war. Die Verfolgung der Christen ist damit aber nicht beendet, und Euseb muß die Thematik mit der „lokalen" Christenverfolgung in Gallien durch städtische Einwohner (h.e. V 1,1–63), der vor allem gegen Origenes gerichteten Decischen Verfolgung (h.e. VI 39,1–5), der lokal begrenzten Verfolgung in Alexandrien (h.e. VI 41), der Valerianischen Verfolgung (h.e. VII 10,6; 11,1–13,1), der Diokletianischen Verfolgung (h.e. VIII 1,7–16,1) und schließlich der Maximinischen Verfolgung (h.e. IX 4,2–3) fortsetzen. Den Abschluß der Verfolgungsthematik bildet nach einer Liste mit Namen der Märtyrer (h.e. IX 6) und dem Reskript des Maximinus Daja (h.e. IX 7) der letzte Satz in h.e. IX 7,16, wonach Gott als Streiter für seine Kirche auftrat, seine himmlische Hilfe offenbarte und den Übermut des Tyrannen zum Schweigen brachte. Auch an dieser Stelle hätte man von Euseb eine ausführlichere abschließende Stellungnahme erwartet.

Die drei in der Einleitung als Feinde der Kirche ausgemachten Gruppierungen der Juden, der Häretiker und der Heiden „verabschieden" sich stillschweigend aus der Kirchengeschichte, ohne daß Euseb auf ihr Verschwinden eingeht. Ihr Kampf gegen die Kirche war vergeblich, ihr Widerstand zwecklos, sie erreichen ihr Ziel nicht und verlieren sich im Lauf der Geschichte.

[946] Die allgemein gehaltenen Einleitungssätze bei Simon Magus lassen erkennen, daß Euseb von der Existenz weiterer Häretiker ausgeht, wenn er schreibt, daß „dergleichen *auch heute noch* wahrgenommen wird bei denen, welche sich *noch jetzt* seiner verruchten Häresie anschließen" (h.e. II 1,12). Dagegen Gödecke, Geschichte als Mythos, 122, die sich auf Stellen wie h.e. X 4,47 oder h.e. X 9,6–9 beruft, welche den Eindruck vermittelten, als sein mit dem „Sieg" der (Groß-)kirche unter Konstantin alle Häresien im Grunde besiegt.

[947] In der v.C. weist Euseb Kaiser Konstantin die Aufgabe zu, Einheit unter den Christen zu stiften und so die Häresien, die aus Neid und Mißgunst entstehen (vgl. v.C. III 1), zu verhindern oder einzudämmen (vgl. v.C. III 5; v.C. III 10 u. ö.). Die Vorstellung, daß es mit oder nach Mani keine Häresien mehr geben könnte, liegt Euseb dort fern.

[948] Euseb kennt in v.C. II 61–62 Arius (vgl. v.C. III 4), in v.C. II 62 die Melitianer und in v.C. II 66 die Donatisten.

[949] Ob Euseb die Melitianer, Donatisten, Arianer oder Hierakiten schon kannte, soll unten (Teil I 3.2.2.2.2 Ausgelassene Häresien) geklärt werden.

Euseb wird nicht versucht haben, seine Leser davon zu überzeugen, daß Mani der letzte Häretiker auf Erden war. Eine derartige Verzerrung historischer Wirklichkeit wider besseren Wissens ist ihm nicht zuzutrauen. Auch hätte der Leser Eusebs Behauptung, die Häresie habe sich mit Manis Widerlegung aufgelöst, nur mit einem ungläubigen Kopfschütteln abgetan.

Wie ist demnach der Abschluß der Häresiethematik in h.e. VII 31 zu erklären? Drei Ansätze, die nicht exklusiv zu verstehen sind, sind naheliegend:

1) Die literarkritische Erklärung:

Sie könnte sich auf den Abschluß der h.e.-Erstausgabe mit Buch VII berufen. Viele Indizien scheinen für einen Abschluß der ersten h.e.-Auflage mit Buch VII zu sprechen. Euseb hätte dann bei der Darstellung der Zeitgeschichte (Buch VIII) und in den späteren Überarbeitungen und Fortschreibungen die Häresiethematik nicht weiter verfolgt.

Doch kann die literarkritische Überlegung den Abbruch der Häresiethematik nur teilweise erklären. Sie muß auch erläutern, warum Euseb die Thematik in seinen späteren Editionen nicht weiterverfolgt, d.h. sie muß zusätzlich inhaltlich begründen, wie die Darstellung Manis als Abschluß der Häresiethematik in der Sieben-Bücher-Erstausgabe konzipiert wurde.

2) Die inhaltliche Erklärung:

Inhaltlich scheint der Abschluß der Häresiethematik verständlich zu sein, erklärt Euseb doch an der Person Manis, warum er die Häresiethematik für überholt hält. Neue häretische Lehrsätze kann es nicht mehr geben, da sie alle bekannt sind. Das Auftreten neuer häretischer Lehren ist noch möglich, doch geht von ihnen keine Gefahr mehr aus. Sie sind Flickwerk aus längst Überholtem. Die Konsequenz der Mani-Darstellung kann nur bedeuten, daß der auf der Welt tobende Kampf zwischen Gott und Teufel, zwischen Orthodoxie und Häresie, entschieden ist. Der Teufel hat den Krieg verloren, obwohl er wie mit Mani noch einzelne Kämpfer in die Schlacht schicken kann. Das Auftreten neuer Häretiker kann die Kirche nicht mehr verwirren oder ihr Schaden zufügen, da sie sich nur ihrer Streiter für die Wahrheit zu erinnern braucht. Damit schließt Euseb historisch nicht aus, daß es noch Häretiker geben kann. Er setzt nur bei Mani den Schnitt: Mit und nach ihm kann es keine *neuen* häretischen Lehrsätze geben.

Aus diesem Grund ist Mani der erste Häretiker, bei dem Euseb nicht bemüht ist, die Widerlegung eines Häreseologen anzuführen. Die Häresie als Angriff und Infragestellung der Orthodoxie ist überholt.

Die literarkritische und die inhaltliche Erklärung müssen sich nicht ausschließen, sondern können sich sinnvoll ergänzen. Euseb hatte bei seiner Sieben-Bücher-Erstausgabe der h.e. mit Mani in h.e. VII 31 einen sinnvollen Abschluß der Thematik geschaffen. Da Euseb seine Darstellung mit der Regierung Diokletians beendet,

traf es Mani, zum „letzten" Häretiker zu werden. Als Euseb sich später zur Fortschreibung der h.e. entschloß, besaß er entweder keine weiteren Informationen zur
Häresiethematik oder ihm schien der Abschluß mit Mani derart gelungen, daß er
auf eine Fortsetzung (die ein Umschreiben des Mani-Kapitels notwendig gemacht
hätte) verzichten konnte.

Die Mani-Darstellung erscheint durch das Wortspiel „ὁ μανείς" („Mani" oder
„der Verrückte") transparent für alle anderen, Mani nachfolgenden Häretiker, so
daß Euseb mit dem offenen Bericht seine Häresiethematik in Buch VII (vorzeitig)
beenden konnte.[950]

3) Die formale Erklärung:

Will man den – im Gegensatz zu anderen Aussagen Eusebs zur Häresiekonzeption
– etwas unscheinbar angedeuteten inhaltlichen Gründen für den Häresieabschluß in
Buch VII nicht folgen[951], wird die Frage nach weiteren Euseb bekannten und ausgelassenen Häresien interessant. Der Abschnitt über die von Euseb ausgelassenen
Häresien (Teil I 3.2.2.2.2) wird zeigen, daß sich eine Kenntnis weiterer Häresien,
die nach Mani noch im Berichtszeitraum der h.e. entstanden, bei Euseb nicht sicher
nachweisen läßt.[952] Sollten ihm bis zum Abschluß seiner Kirchengeschichte keine
weiteren Häresien bekannt geworden sein, ist der Abschluß der Häresiethematik
mit Mani aufgrund mangelnder Informationen zu dieser Thematik geklärt.

---

[950] Auch aus diesem Grund betont Euseb in seinen Häresiedarstellungen den Topos vom Wahnsinn
der Häretiker, vgl. unten Teil I 2.1.2 Von Euseb mit Zustimmung ausgewählte Themen.

[951] Man hätte in einem Abschnitt, der explizit als Abschluß der Häresiethematik konzipiert wurde,
deutlich mehr *erklärende* Formulierungen Eusebs erwartet. Der Vergleich mit den anderen in der
Einleitung genannten Themen (h.e. I 1,1–2), wie das Schicksal der Juden oder die kaiserlichen
Verfolgungen, zeige jedoch, daß auch sie eher stillschweigend im Geschichtsablauf beendet werden,
vgl. oben Anm. I 945.

[952] Zu den Melitianern, Donatisten, Arianern und Hierakiten vgl. Teil I 3.2.2.2.2 Ausgelassene Häresien.

3. Rekonstruktion der eusebianischen Rezeptionskriterien

Im Anschluß an die Betrachtung der einzelnen Häresien sollen die Beobachtungen zu Eusebs Rezeptionskriterien noch einmal systematisch zusammengetragen werden. Es bietet sich an, zwischen Quellenauswahlkriterien und Stoffauswahlkriterien zu unterscheiden, obwohl in der Praxis beide Aspekte die Textauswahl beeinflußt haben.

Während die Kriterien, die Euseb zur Auswahl einer Quelle veranlaßten, eher formaler Natur sind, umfassen die Stoffauswahlkriterien alle inhaltlichen Kriterien. Die Stoffauswahlkriterien sind wiederum zu untergliedern in eine Gruppe von Themen, die Euseb bevorzugt aufnimmt, und in eine weitere, die Euseb trotz nachgewiesener Kenntnis ausläßt. Insbesondere die letzte Gruppe der von Euseb aus seinen Quellen *nicht* übernommenen Themen und Topoi kann den Blick für die eusebianische Häresiekonzeption schärfen, die im Teil II „Die eusebianische Häreseographie" näher betrachtet werden soll.

3.1 Quellenauswahlkriterien

Die Quellenauswahlkriterien Eusebs sind relativ häufig beobachtet und können kurz benannt werden[953]:

1) Euseb wählt die Quelle aus, die den berichteten Ereignissen zeitlich am nächsten steht.[954] So ist für Simon Magus, Menander und Marcion das Zeugnis Justins entscheidend, Irenäus wird – als von den Aussagen Justins abhängig (h.e. IV 18,9) – zur Bestätigung herangezogen, aber nicht zitiert. Sofern Justin keine Überlieferung bietet, ist Irenäus (Polykarp) der Hauptzeuge für die frühen Häresien. Für die spätere Zeit ist Eusebs Bemühen offensichtlich, Zeitzeugen der Häresie anzuführen, seien es Briefe, Synodalschreiben oder Homilien.

---

[953] Vgl. auch Völker, Tendenzen, 159–180, und Gödecke, Geschichte als Mythos, 32–35.

[954] Vgl. Gustavsson, Eusebius' Principles, 439. Jedoch lasse das eusebianische Bestreben, nur der orthodoxen Tradition entsprechende Quellen aufzunehmen, manchmal sein Prinzip, die früheste Quelle auszuschreiben, vergessen. Euseb zitiere daher manchmal eine spätere Quelle, obwohl ihm eine oder mehrere frühere, allerdings häretische Quellen zur Verfügung standen.

　Leider nennt Gustavsson kein einziges Beispiel, das seine These untermauern könnte. Die hier unternommenen Untersuchungen konnten nicht zeigen, daß Euseb eine frühere häretische Quelle, die sicher vorlag, nur aus dem Grund nicht zitiert, weil sie nicht orthodox ist. Zum einen kann Euseb durchaus häretische Quellen zitieren [s. unten 4)], zum anderen hatte Euseb wenig häretische Werke als Primärquellen vorliegen. Sollte sich ein derartiges Beispiel finden lassen, müßte Gustavsson dann beweisen, daß das Kriterium Orthodoxie/Häresie eines Autors *das* entscheidende Kriterium für die Aufnahme in die h.e. war und nicht andere Gründe zur Auslassung geführt haben.

Nur an einer einzigen Stelle der h.e. weicht Euseb von seinem Grundsatz ab, dem Leser die früheste Quelle zu bieten, nämlich als er aus inhaltlichen Gründen nicht auf den Brief der gallischen Gemeinden zu Montanus zurückgreift. Wenn Euseb eine noch frühere als die zitierte oder referierte Quelle nennt, ließ sich zeigen, daß er nicht mehr als ihren Titel kannte.

Der Grund für diese Auswahlpraxis wird von Euseb nicht explizit genannt, könnte aber im Bewußtsein gründen, daß die Überlieferung häretischer Informationen stärker als die anderer Inhalte zu Übertreibungen und Ausschmükkungen neigt, je weiter sie sich vom Datum ihrer Niederschrift entfernt.

2) Euseb schreibt eine Kirchengeschichte, keine Häreseologie. Daher braucht er kurze, prägnante Berichte über eine Häresie.[955] Die Länge von einem Kapitel überschreitet Euseb nur in wenigen Ausnahmen (Marcion, Montanus, Novatus, Paulus von Samosata). Er benötigt eine knappe Darstellung von Person und Lehre – möglichst in wenigen Sätzen. Differenzierte inhaltliche Darlegungen der Lehre sowie argumentative Auseinandersetzungen mit ihr können schon aus formalen Gründen nicht in die Kirchengeschichte aufgenommen werden.

3) Wenn Euseb eine Kirchengeschichte, keinen praktischen Leitfaden für den Umgang mit der Häresie schreiben wollte, dann mußte er auch weitgehend auf Handlungsanweisungen und praktische Tips verzichten. Es finden sich daher auch nur vereinzelt Anweisungen, die aber keinen Anspruch auf Allgemeingültigkeit erheben, sondern von prominenten Personen in einem historischen, situationsgebundenen Kontext gegeben werden.

4) Wichtig zu betonen ist, daß die Rechtgläubigkeit des Verfassers für die Rezeption einer Quelle unerheblich ist.[956] Das Beispiel Tertullian, den Euseb fünfmal zitiert[957], ist hierfür zwar nicht ganz aussagekräftig, da sich an keiner Stelle der h.e. erkennen läßt, ob er von Tertullians „Abfall" zum Montanismus weiß.[958]

---

[955] Vgl. Grant, Eusebius as Church Historian, 24–25, der die Passagen auflistet, an denen Euseb seine Leser auf von ihm ausgelassene Informationen oder Inhalte aufmerksam macht und sie auf andere Schriften verweist. In vielen Fällen ist die Länge bzw. der Umfang seiner Informationen als Grund für die Auslassung benannt.

[956] Gegen Gustavsson, Eusebius' Principles, 438, der die Quellenauswahl dadurch begrenzt sieht, daß Euseb nur Quellen anführen konnte, die der orthodoxen apostolischen Tradition entsprachen. Die Wahrheit könne unmöglich durch häretische Werke offenbart werden. Aus diesem Grund würde Euseb seine Informationen über die Häresien (mit einer Ausnahme, h.e. III 38,5) nur aus orthodoxen Quellen gewinnen. So auch Gödecke, Geschichte als Mythos, 49: „Euseb zitiert in der HE keine suspekten oder häretischen Werke, er übergeht sie aber nicht in blanker Unkenntnis."
Das Zitat Tatians zum Martyrium Justins (h.e. IV 16,7.8–9) zeigt hingegen, daß nach Vorstellung Eusebs auch Häretiker die Wahrheit bezeugen können. Vgl. auch Teil I 2.15 Exkurs 2: Der Tatianschüler Rhodon und das Problem der Zitation häretischer Schriften.

[957] Euseb, h.e. II 2,5–6; h.e. II 25,4; h.e. III 20,7; h.e. III 33,3; h.e. V 5,7.

[958] Dagegen Grant, Eusebius as Church Historian, 91, der meint, daß Euseb vom Montanismus Tertullians wußte. Gustavsson, Eusebius' Principles, 437, hingegen geht davon aus, daß Euseb der Abfall Tertullians zum Montanismus nicht bekannt war, weil er nie Quellen einfügen würde, die der orthodoxen Tradition widersprächen. Das Urteil Gustavssons basiert offensichtlich auf fal-

Auch das Beispiel des Proklus (h.e. III 31,4) kann nicht ganz überzeugen, da
Euseb mit ihm zwar einen Häretiker selbst zu Wort kommen läßt, ihn jedoch
aus dem Dialog des Gaius zitiert. Unzweifelhaft ist jedoch das Heranziehen des
Häretikers Rhodon, den Euseb in h.e. V 13 ausgiebig zu Apelles zitiert. Euseb
fügt an das Zitat über Apelles einige Bemerkungen zum Verfasser Rhodon
an, die erkennen lassen, daß er von dessen Schülerschaft bei Tatian überzeugt
ist. Dies hält ihn jedoch nicht davon ab, Rhodon zu zitieren.[959] Ebenso kann
Euseb Tatian zum Martyrium Justins zitieren (h.e. IV 16,7.8–9).

5) Euseb schreibt seine Kirchengeschichte in griechischer Sprache nieder. Er selbst
ist sowohl des Lateinischen als auch des Syrischen mächtig, vermeidet es aber,
lateinische oder syrische Texte in seine h.e. aufzunehmen.[960] Sofern es sich aufgrund ihrer Bedeutung nicht vermeiden läßt, lateinische Quellen einzufügen,
übersetzt Euseb diese und gibt sich selbst als Übersetzer zu erkennen.[961] Wenn
Euseb eine Quelle in griechischer Sprache vorliegt, deren Originalsprache

---

schen Voraussetzungen. Aufgrund mangelnder Aussagen Eusebs zu Tertullian wird man die Frage
offenlassen müssen.

    Der Grund, warum Euseb Tertullian so selten zu Wort kommen läßt, liegt mit Sicherheit
nicht in dessen Häretikersein, sondern vielmehr in der lateinischen Abfassung seiner Werke, die
Euseb seinen Lesern übersetzen müßte. Zudem wußte Euseb von Tertullian so wenig, daß er ihn
nicht einmal als einen (orthodoxen) Schriftsteller einführen konnte. Er kennt von Tertullian nur
die *Apologie*, die er fünfmal zitiert. Eine Kenntnis von Tertullians *Adversus Marcionem*, *Adversus
Valentinianos* und *Adversus Apelleiacos* läßt sich aus Eusebs Äußerungen nicht nachweisen.

[959] Damit ist auch Gustavsson, Eusebius' Principles, 439, zu widersprechen, der behauptet, Euseb
habe zum einen keinen Zugang zur häretischen Literatur besessen, zum anderen als orthodoxer
Kirchenmann aber auch keine Veranlassung gesehen, sich Zugang zu verschaffen. Euseb lebe in
einer Zeit, in der es keine Kommunikation zwischen Orthodoxen und Häretikern gab. Zudem sei
es für ihn undenkbar, Informationen über die Häresie aus häretischen Quellen zu entnehmen.

    Das Bild, das Gustavsson vom vierten Jahrhundert zeichnet, ist in weiten Teilen korrekt,
jedoch sind kleine Modifizierungen zu Euseb notwendig. Dieser hatte nur begrenzt Zugang zu
häretischem Schrifttum, konnte aber in den Besitz häretischer Literatur wie Rhodons Schrift über
die Marcioniten kommen. Auch die Aussage, Euseb hatte keine Veranlassung, sich die häretischen
Schriften zu beschaffen, ist zu überdenken: Eines der wenigen Origenes-Zitate (h.e. VI 19,12–14)
bietet eine Rechtfertigung, warum es nützlich sei, die Lehren der Häretiker zu studieren. Dionysius
von Alexandrien antwortet auf die Sorge eines Presbyters, man beschmutze seine Seele durch die
Lektüre häretischer Schriften und Überlieferungen, mit dem Hinweis auf eine von Gott gesandte
Vision, die ihm befahl, alles zu lesen, was ihm in die Finger kommt. Beide von Euseb eingefügte
Texte veranschaulichen, daß er die Lektüre häretischer Schriften für sinnvoll hielt. Zum eingehen-
den Studium der Häresie durch häretische Schriften fehlten ihm jedoch die Quellen. Er unterhielt
nicht wie sein Vorbild Origenes Kontakte zu den Häretikern seiner Zeit (vgl. h.e. VI 17)   .

[960] So auch Winkelmann, Euseb, 32–33. Barnes, Constantine and Eusebius, 142, bemerkt eine gewisse
Einseitigkeit der Darstellung, die er auf die Aussparung lateinischer Schriftsteller wie Tertullian,
Cyprian oder Minucius Felix sowie ihrer Schriften zurückführt. Euseb berichte zwar häufiger über
Ereignisse in Rom, die Informationen über die westlichen Provinzen seien aber mager. — Mit der
Festlegung auf das Griechische setzt Euseb den Schwerpunkt seiner Kirchengeschichtsdarstellung
im Osten, obwohl er konzeptionell die Kirche in ihrer Universalität darstellen will.

[961] Euseb, h.e. IV 8,8 (Hadrianbrief), h.e. VIII 17,11 (Toleranzedikt von 311); h.e. VII 13 und h.e.
IX 1,2 (Maximinus-Erlaß).

aber nicht griechisch gewesen sein kann, und er diese Quelle nicht selbst ins Griechische übersetzt hat, gibt er dies seinem Leser ebenfalls an, indem er die Quelle mit den Worten „Abschrift einer Übersetzung" (ἀντίγραφον ἑρμηνείας) kennzeichnet.[962] Syrische Texte lagen ihm nur in begrenzter Anzahl vor; diese übersetzt er wie die lateinischen Texte ins Griechische.[963]

Euseb wird sein Werk aus Gründen der Einheitlichkeit und Verständlichkeit nicht zwei- bzw. dreisprachig verfaßt haben. Er nimmt bei seinen Lesern anscheinend keine oder nur sehr geringe Lateinkenntnisse an, so daß er seine Kirchengeschichte gänzlich auf Griechisch niederschreibt. Auch die begrenzte Anzahl lateinischer Texte in der Bibliothek von Cäsarea oder der Älia Capitolina mag dazu beigetragen haben, daß Euseb in seiner h.e. selten auf sie zurückgreift.

Die syrische Sprache war dagegen im Osten weit verbreitet. So dürften auch in der Bibliothek von Cäsarea syrische Schriften gelagert haben. Syrisch wurde aber im Westen nur bedingt verstanden, so daß es als Sprache der h.e. ausschied.[964]

3.2 Stoffauswahlkriterien

3.2.1 Eusebs bevorzugt aufgenommene Inhalte und Motive

Aufgrund der Häufigkeit des Vorkommens bestimmter Inhalte, Topoi oder Motive in der h.e. läßt sich schließen, daß Euseb diese sehr bewußt aus seinen Quellen ausgewählt hat. Ein Teil dieser Themen ist allein aufgrund der Häufigkeit ihrer Rezeption auszumachen (I 3.2.1.1), ein anderer ist von Euseb sogar mit offensichtlicher Zustimmung eingefügt (I 3.2.1.2), wenn er die rezipierten Themen mit seiner Häresiekonzeption verbindet bzw. diese in ihr aufgehen läßt.

3.2.1.1 Von Euseb häufig ausgewählte Themen

Häretiker als Lügner
Die Beschreibung von Häretikern als Lügner korrespondiert mit dem unten näher zu analysierenden Topos des Betrugs[965], soll aber hier gesondert betrachtet werden.

---

[962] Euseb, h.e. IX 7,3 (Reskript des Maximinus auf der Säule in Tyrus), h.e. IX 10,7 (Hadrian-Erlasse), h.e. IX 9a (Brief des Maximinus) und h.e. X 5,1 (Toleranzedikt von Konstantin und Licinius). Vgl. dazu auch Carriker, Library, 18 Anm. 53.

[963] Die Abgar-Legende (h.e. I 13,1–21) wurde nach h.e. I 13,21 von Euseb aus dem Syrischen übersetzt.

[964] Man beachte aber, daß die syrische Übersetzung der h.e. vielleicht noch zu Eusebs Lebzeiten, sicherlich aber schon kurz nach seinem Tod angefertigt wurde (Wright/McLean, Ecclesiastical History, IX). Die lateinische Übersetzung Rufins entstand erst im Jahr 403.

[965] Vgl. unten Teil I 3.2.1.2 Von Euseb mit Zustimmung ausgewählte Themen: Häretiker als Betrüger.

Apollonius wirft den Montanisten vor, sie würden lügen, wenn sie Priscilla als Jungfrau bezeichneten (h.e. V 18,3). Weiterhin berichtet Apollonius, daß sich Themison als Märtyrer ausgibt, obwohl er sich freikaufen ließ (h.e. V 18,5), und daß er die Gemeinde belog, damit sie ihn freikaufte (h.e. V 18,9). Die antiartemonitische Streitschrift berichtet, wie die Häretiker Zephyrin der Verfälschung der wahren Lehre bezichtigen und Viktor als Zeugen für ihre Lügen anführen wollen (h.e. V 28,6). Kornelius von Rom erzählt, daß die Bekenner die Lügen des Novatus entlarvten (h.e. VI 43,6) und wie dieser die etwas einfältigen Bischöfe belügt, um sie nach Rom zu seiner Bischofsweihe zu locken (h.e. VI 43,8). Schließlich nennt auch das Synodalschreiben neben anderen Vergehen, daß Paulus von Samosata die bei ihm Hilfe Suchenden anlügt (h.e. VII 30,7).

Nur an einer einzigen Stelle der h.e. meldet sich Euseb zu dieser Thematik zu Wort und übernimmt vermutlich die Terminologie seiner Quelle, wenn er einleitend bemerkt, daß der Verfasser zur „Widerlegung ihrer infamen Lüge" verschiedenes anderes vorgebracht habe (h.e. V 28,2). Die Beschreibung des Häretikers als Lügner scheint von Euseb nicht abgelehnt, aber auch nicht mit vordringlichem Interesse eingebracht worden zu sein. Wichtiger scheint es ihm gewesen zu sein, den mit der Lüge verbundenen Aspekt des Betruges an den Anhängern zu betonen.

Die moralische Verwerflichkeit der Häretiker: Unzucht, Syneisaktentum und Völlerei

Der Komplex der moralischen Verwerflichkeit häretischen Handelns ist in die Bereiche Unzucht, mit dem Unterpunkt Syneisaktentum, sowie Völlerei/Maßlosigkeit zu untergliedern.

Unzucht: Nach Irenäus bereiten die Anhänger des Markus Magus (h.e. IV 11,5) ein Brautgemach und vollziehen eine Weihe, die sie geistige Vermählung nennen. Irenäus berichtet nicht, ob diese Zeremonie eine sexuelle Komponente beinhaltet. Da Euseb in diesem Kontext von unheiligen Heiligungen und schmutzigen Einweihungen spricht, bleibt das Schließen der Leerstelle im Text der Phantasie des Lesers überlassen. Gleiches gilt für die irenäische Beschreibung der Karpokratianer, welche im geheimen die häßlichsten Schandtaten vollbringen, wobei wiederum die sexuelle Komponente nicht eindeutig ist. Nach Angaben des Klemens von Alexandrien treiben auch die Nikolaïten in schamloser Weise Unzucht (h.e. III 29,2).

Euseb hält sich mit eigenen Äußerungen zu dieser Thematik deutlich zurück. Die einzige diesbezügliche Aussage findet sich in h.e. II 13,7 als Rechtfertigung dafür, nicht mehr über die Simonianer berichten zu müssen, da einerseits bereits alles bei Irenäus niedergeschrieben ist und andererseits einem ehrenwerten Mann derartige „Schändlichkeiten mit in allen Schlechtigkeiten erfahrenen Weibern" nicht über die Lippen kommen können. Diese Aussage ist symptomatisch für Euseb im Hinblick auf die moralischen Vergehen der Sektengründer. Er übergeht sie nicht, er schreibt sie aber auch nicht aus.

Syneisaktentum: Das Syneisaktentum ist ein häufiger Gegenstand der antihäretischen Literatur und bot für Zeitzeugen oftmals Anstoß für Kritik.[966] Justin berichtet, daß Simon Magus die ehemalige Hure Helena mit sich herumführt, die er seinen ersten Gedanken nennt (h.e. II 13,4). Nach der antimontanistischen Streitschrift hat Montanus zwei Weiber bei sich (h.e. V 16,9); Apelles folgt den Sprüchen einer besessenen Jungfrau namens Philumene (Rhodon, h.e. V 13,2). Das Synodalschreiben hält fest, daß nicht nur Paulus von Samosata zwei Frauen mit sich führt (h.e. VII 30,14), sondern daß auch seine Presbyter und Diakone Syneisakten haben (h.e. VII 30,12). Die Aussagen des Synodalschreibens zu den Frauen des Paulus (h.e. VII 30,13) lassen sich im Hinblick auf das Phänomen „Syneisaktentum" verallgemeinern: Man kann den Häretikern schwerlich etwas Schändliches nachweisen, jedoch bleibt ein Verdacht bestehen. Mit dieser Ungewißheit operieren die Häreseologen, welche den Häretikern ein Mitführen von Frauen nicht nur aus lauteren Motiven unterstellen.

Völlerei und Maßlosigkeit: Über die Völlerei bei Kerinth berichtet Dionysius von Alexandrien (h.e. III 28,5 und h.e. VII 25,3). Aber auch das Synodalschreiben hält die Schwelgerei und Völlerei des Paulus von Samosata und seiner zwei Frauen fest (h.e. VII 30,14).

Es ist auffallend, daß die Aussagen zur moralischen Verwerflichkeit größtenteils *nicht* von Euseb selbst formuliert sind, sondern aus seinen zitierten Quellen stammen, die in bezug auf die Betonung der moralischen Verwerflichkeit der Häretiker weniger zögerlich zu sein scheinen.[967] Mit der Aufnahme dieser Zitate zeigt sich eine inhaltliche Zustimmung Eusebs zum Berichteten, jedoch bleibt er als Verfasser der h.e. in seiner Berichterstattung insofern „neutral", als er sich jeglichen persönlichen Kommentars enthält.[968]

Die häretische Imitation kirchlicher Bräuche

Euseb übernimmt mit seinen Quellen häufig die Aussage, daß die Häretiker kirchliche Bräuche imitieren.[969] So berichtet Irenäus über die Taufe des Menander (h.e.

---

[966]   Die „Geschichte" des Syneisaktentums in der Alten Kirche ist wechselhaft: Das Syneisaktentum ist in Didache 11,11 für Propheten, nicht aber für Gemeindemitglieder, erlaubt. Bei den Hierakiten, den Marcioniten und den Montanisten stellte es eine besondere Form rigoristischer Askese dar. Seit Cyprian wurde es zunehmend bekämpft und durch zahlreiche Konzilsbeschlüsse verboten, vgl. dazu Adam, Syneisakten, 560–561.

[967]   Vgl. allein die irenäische Beschreibung der simonianischen Mysterienpriester, die rein nach ihrem Lustbedürfnis leben (insbesondere adv. haer. I 23,4). Euseb ziert sich in h.e. II 13,7 geradezu, diese Informationen wiederzugeben.

[968]   Brox, Häresie, 268, gibt zu bedenken, daß „alle Motive, aus denen nach dem Urteil der alten Kirche die Häresie entstand, sich auf menschliche Selbstüberschätzung und auf moralische Schwächen reduzieren" lassen.

[969]   In seiner Spätschrift *de theophania* IV 35 nennt Euseb Dositheus, Simon Magus und Marcion als endzeitliche Falschpropheten, die als Christusse auftraten und viele Menschen in die Irre führten. Der Grundtenor des gesamten Abschnittes sowie des vorherigen Kapitels (de theoph. IV 34), das sich mit der Auslegung des Gleichnisses vom Unkraut unter dem Weizen beschäftigte, liegt darauf,

III 26,2) oder des Markus Magus (h.e. IV 11,5). Nach Angaben des Kornelius von Rom (h.e. VI 43,9) erschleicht sich Novatus unter Vorspiegelung falscher Tatsachen die Bischofsweihe durch genötigte und besinnungslos betrunkene Bischöfe. Ebenso berichtet er, wie jener mit seinen Anhängern das Abendmahl feiert und die Kommunikanten zum Schwur auf seine eigene Person auffordert (h.e. VI 43,18). Darüber hinaus scheinen die Häretiker auch kirchliche Strukturen zu imitieren, wenn die antiartemonitische Streitschrift festhält, daß die Theodotianer den Bekenner Natalius als ihren ersten Bischof einsetzen (h.e. V 28,10).[970]

Euseb übernimmt diese Informationen, läßt sie aber unkommentiert und scheint am häretischen Tun *außerhalb* der Kirche wenig Interesse zu haben. Den Gedanken, daß sich an der Nachahmung kirchlicher Bräuche in besonderem Maße auch die Posteriorität der häretischen Lehre festmachen läßt, scheint Euseb nicht ausarbeiten zu wollen; die Posteriorität sichert Euseb einzig mit der sukzessiven Einordnung der Träger der jeweiligen Lehre.

Die Fremdartigkeit der Häresie

Der Topos der Fremdartigkeit der Häresie findet sich in unterschiedlicher Weise von Euseb aufgenommen.

Nach Eusebs *eigenen Angaben* erfindet Basilides Propheten mit barbarischen Namen und legt seinen Anhängern ein fünfjähriges Schweigen nach der Art der Pythagoreer auf (h.e. IV 7,7). Ebenso weiß Euseb von den Enkratiten zu berichten, dass sie eine „fremdartige und verderbliche Irrlehre" (h.e. IV 28) einführten. Das anschließende Zitat aus Irenäus' *Adversus haereses*, wonach die Enkratiten die Enthaltung von sogenannten animalischen Speisen gefordert haben (h.e. IV 29,2), unterstreicht das eusebianische Postulat von der Fremdartigkeit der Häresie, zumal Euseb seinem Leser keine Erklärung gibt, welche Speisen darunter zu verstehen sind.

Bei der Darstellung der Häresie des Novatus beschreibt Euseb dessen Anhänger „als der Kirche (wesensmäßig) Fremde" (h.e. VI 43,2), die von den einfachen Mitläufern unter den Brüdern zu differenzieren sind.

Allen von Euseb *eingearbeiteten Quellen* ist gemeinsam, daß sie auf unterschiedliche Weise die Fremdartigkeit der Häresie mit dem Ziel betonen, auf schlichte Gemüter Eindruck machen zu wollen.

---

daß die Häretiker Betrüger seien und Unkraut hervorbrächten, „indem sie sich der Lehre unseres Erlösers *anähneln* [...]" <GCS III/2, 215*,8>.

[970]   Vgl. dazu Brox, Häresie, 261–262, der anhand von zahlreichen Beispielen deutlich macht, wie verwirrend die „häretische Konkurrenz" aufgrund der Imitation kirchlicher Bräuche für die Gemeindechristen sein mußte. Die Häretiker simulierten den Glauben, nannten sich Christen, befaßten sich mit der Bibel und beriefen sich auf die (apostolische) Tradition und Glaubensregeln. Sie kannten Handauflegung, Amt und Sakramente, auch Märtyrer, und betrieben Polemik gegen alles, was in ihren Augen Häresie war, auch gegen die Großkirche. Die großkirchliche Strategie bestand nun darin, den Häretikern den Namen „Christ" und „Kirche" zu verwehren, deren Agapefeier als schlichte Mahlzeit zu erweisen und die Märtyrer nicht anzuerkennen. Letztere Argumentation findet sich auch bei Euseb in h.e. V 16,20.21 (Antimontanist) zitiert.

Nach Irenäus' Informationen über Markus Magus (h.e. IV 11,5) spricht dieser bei der Weihe seiner Anhänger eine Formel in hebräischer Sprache, um auf sie einen tieferen Eindruck zu machen. Von Montanus und seinen Anhängern weiß die antimontanistische Streitschrift zu berichten, daß sie „Unsinniges, Wirres und Fremdartiges" sprechen (h.e. V 16,9). Die Karpokratianer sind nach Irenäus stolz auf ihre umständlich hergestellten Tränke, ihre Beistandsgeister und Beschwörungen (h.e. IV 7,9).

Euseb greift den Topos von der Fremdartigkeit des häretischen Wesens, der häretischen Lehre und des häretischen Tuns häufiger auf. Er setzt diese Aussagen jedoch nicht in Beziehung zu der eigenen Häresiekonzeption. Eine Verbindung zur Teufelsbesessenheit der Häretiker wäre einfach zu ziehen gewesen, auch eine Kontrastierung der Fremdartigkeit der Häresie mit der Vernünftigkeit der christlichen Wahrheit. Beide Verknüpfungen stellt Euseb nicht her.

Charakterisierung der Häretiker

Bei der Charakterisierung einzelner Häretiker ist auffallend, daß sich Euseb weitestgehend mit eigenen Kommentaren zurückhält und eine scheinbar neutrale Berichterstatterrolle einnimmt.[971] Er läßt stattdessen seine rezipierten Quellen für sich sprechen.

Am häufigsten findet sich der Vorwurf der *Bosheit* gegen Häretiker erhoben: Kornelius von Rom spricht über „Ränke und Bosheiten" des Novatus (h.e. VI 43,6) und beschreibt die Bischöfe, die zur Bischofsweihe des Novatus eilten, als zu einfältig gegenüber den „Ränken und Streichen der Bösen" (sc. der Anhänger des Novatus, h.e. VI 43,9). Der Synodalbeschluß spricht von der „gottesleugnerischen Bosheit" des Paulus von Samosata, derer Firmilian viel zu spät gewahr wird (h.e. VII 30,5).

Der Bosheit der Häretiker korrespondiert die Charakterisierung als *Räuber* oder *Verbrecher*: Apollonius weiß über die Räubereien und Verbrechen des Montanisten Alexander zu berichten (h.e. V 18,6.9); das Synodalschreiben nennt ebenfalls „gesetzwidrige Taten und Kirchenraub" des Paulus von Samosata (h.e. VII 30,7).

Die *Anwendung von Gewalt* wird sowohl von den Anhängern des Novatus berichtet, welche die Bischöfe mit Gewalt zur Übertragung der bischöflichen Weihe nötigen (h.e. VI 43,9), als auch von den Anhängern des Themison, welche die Widerlegung der Maximilla mit Gewalt verhindern (h.e. V 16,17). Auch Paulus von Samosata stellt nach Angaben des Synodalschreibens gewaltsame Forderungen an die Brüder (h.e. VII 30,7).

Habgier oder *Machtgier* wird häufig als Charaktereigenschaft der Häretiker genannt: Die antimontanistische Streitschrift beschreibt Montanus als machtgierig

---

971   Euseb berichtet in h.e. II 1,12, daß die Häretiker wie Simon Magus ihrer Bosheit überführt werden, und in h.e. IV 11,3, wie Irenäus die Schlechtigkeit Valentins bloßstellt. Die Charakterisierung des Novatus als hochmütig (h.e. VI 43,1) und die des Paulus von Samosata als heimtückischen und betrügerischen Menschen (h.e. VII 29,2) sind die einzigen expliziten Aussagen, zu denen sich Euseb hinreißen läßt.

(h.e. VI 43,8); der Montanist Themison hat, so Apollonius, sich mit „habsüchtiger Scheinheiligkeit" aus dem Kerker losgekauft (h.e. V 18,5) und fordert sogar von Armen, Witwen und Waisen ihr Scherflein (h.e. V 18,7). Auch Natalius läßt sich aus Hab- und Machtgier durch eine Besoldung von monatlich 150 Denaren zur Ernennung zum Bischof „überreden" (h.e. V 28,10.12).

Die *unterlassene Hilfeleistung* wird als Fehlverhalten sowohl von Kornelius von Rom bei Novatus, der den verfolgten Brüdern nicht zur Hilfe kommt (h.e. VI 43,16), als auch im Synodalschreiben bei Paulus von Samosata kritisiert, der sich als Anwalt aufspielt und gegen Bezahlung Hilfe verspricht, die Hilfesuchenden dabei aber belügt (h.e. VII 30,7).

Ferner betonen die Quellen auf unterschiedliche Art das *anmaßende, vermessene Verhalten* der Häretiker: Nach Apollonius zeigt sich das anmaßende Verhalten des Themison darin, daß er sich aus dem Kerker freikauft und, ohne dies zu büßen, sich auch noch als Märtyrer rühmt (h.e. V 18,5). Darüber hinausgehend schreibt er in Nachahmung des Apostels noch einen katholischen Brief und sucht Weisere mit nichtssagenden Worten zu belehren (h.e. V 18,5).

Die antiartemonitische Streitschrift prangert die sich an der Korrektur der Schriften offenbarende Vermessenheit an, klüger sein zu wollen als der Heilige Geist (h.e. V 28,18). Anmaßendes und ungebührliches Verhalten berichtet das Synodalschreiben über Paulus von Samosata im Gottesdienst, wenn er andächtig lauschende Gläubige beschimpft und gegen verstorbene Ausleger der Schrift wütet (h.e. VII 30,9).

Ein *aufgeblasenes, hochmütiges und eitles Auftreten* wird von verschiedenen Häretikern berichtet: Über das „aufgeblasene" Gehabe der Montanisten berichtet die antimontanistische Streitschrift (h.e. V 16,8). Paulus von Samosata ist nach Zeugnis des Synodalschreibens „nach Hohem trachtend" und „aufgeblasen" (h.e. VII 30,8), „nach Ehren heischend" und „eitel" (h.e. VII 30,9.11).

Damit korrespondiert das *aufgeblasene Wesen, der Hochmut* und die damit verbundene *Hybris* bei den Häretikern: Nach Irenäus meint Tatian von sich, mehr als andere zu sein, und gründet daher eine Schule (h.e. IV 29,3). Der Geist des Montanus macht nach Angaben der antimontanistischen Streitschrift seine Anhänger aufgrund der Größe seiner Verheißungen aufgeblasen (h.e. V 16,8). Das Synodalschreiben wirft Paulus von Samosata Hochmut und Dünkel vor (h.e. VII 30,8).

Als weitere dem Häretiker wesenseigene Charaktereigenschaften werden von Kornelius von Rom *Falschheit* und *Verschlagenheit* (h.e. VI 43,6) sowie *Dreistigkeit* und *Torheit* (h.e. VI 43,20; über Novatus) genannt. Mit *Schläue* und *List* versucht Novatus seine falsche Bischofswürde zu verteidigen (h.e. VI 43,9; Kornelius von Rom). Auch *Ungeselligkeit* und *falsche Freundschaft*, sogar *Meineide*, berichtet Kornelius von ihm (h.e. VI 43,6.7). Miltiades charakterisiert das Verhalten des Montanus als *rücksichtslose Verwegenheit* (h.e. V 17,2).

Ohne alle den Häretikern nachgesagten Charaktereigenschaften umfassend würdigen zu wollen, ist aus der Auflistung jedoch deutlich geworden, daß der überwiegende Teil der Aussagen, welche das Bild der Häretiker in der h.e. prägen, nicht direkt auf Euseb zurückgeht. Euseb nimmt diese, die Häretiker nicht gerade sympathisch machenden Aussagen seiner Quellen jedoch in dem Maße auf, daß sie das Bild der Häretiker in der h.e. prägend beeinflussen, und signalisiert damit eine grundsätzliche Übereinstimmung mit den Aussagen seiner Quellen. Skrupel, inwieweit er auch haltlose Unterstellungen und häreseologische Topoi als Wahrheiten über einzelne Häretiker integriert, lassen sich bei ihm nicht erkennen.[972] Mit der durch Quellen vermittelten Darstellung der Häretiker bleibt Euseb in seiner Berichterstattung – abgesehen von der Auswahl und Abgrenzung der Quellen, die seine Intentionen erkennen lassen – scheinbar „neutral".

Charakterisierung der häretischen Lehre

Betrachtet man die Charakterisierungen der häretischen Lehre, so reicht das Spektrum von verkehrt und unwissend, über gottlos und ungläubig bis hin zu gotteslästernd und schmutzig. Euseb hält sich bei derartigen Einschätzungen sichtlich zurück. Nur an drei Stellen bringt er Wertungen der häretischen Lehre an, die er ansonsten wie gesehen gerne ausspart. Er nennt die Lehre des Paulus von Samosata *verkehrt* und *falsch* (h.e. VII 30,1), womit er sich an die Terminologie des Synodalschreibens (*trügerisch* und *falsch*) in h.e. VII 30,6 anlehnt. Die Lehre des Simon Magus nennt Euseb *gottlos* und *schmutzig* (h.e. II 13,5), was mit seiner Bezeichnung der Lehrsätze Manis als *falsch* und *gottlos* korrespondiert (h.e. VII 31,2).

Die wichtigsten Charakterisierungen aus den voreusebianischen Quellen sollen benannt werden, ohne daß eine vollständige Auflistung aller Bezeichnungen der häretischen Lehre in der h.e. angestrebt wird: Am häufigsten findet sich die Charakterisierung als *gottlos* oder als *in Gottlosigkeit stürzend* (h.e. IV 29,3; h.e. V 20,4; h.e. V 28,19; h.e. VI 38; h.e. VII 6,1; h.e. VII 8), die von Irenäus, der antiartemonitischen Streitschrift, Origenes und Dionysius von Alexandrien vertreten wird, gefolgt von der Charakterisierung als *falsch*[973]. Der Aspekt, daß die häretische Lehre zu Lästerungen gegen Gott verleitet, wird von Irenäus (h.e. IV 11,2) und Dionysius von Alexandrien (h.e. VII 6,1) betont. Den zur Leugnung Gottes verführenden Charakter der häretischen Lehre kritisiert Justin (h.e. IV 11,9).

3.2.1.2 Von Euseb mit Zustimmung ausgewählte Themen

Dämonologie

Euseb übernimmt aus seinen Quellen alle sich bietenden Informationen, die von einer Besessenheit des Häretikers durch den Teufel oder durch böse Geister berich-

---

972   Eusebs Absicherung gegen fehlerhafte oder verzerrte Informationen liegt darin, daß er meint, mit der frühesten Quelle das die historischen Ereignissen am treusten berichtende Zeugnis zu zitieren; vgl. dazu Teil I 3.1 Quellenauswahlkriterien.

973   Vgl. dazu unten S. 391 (Die Häresie als Irrtum).

ten. Er zitiert Justin, der die Besessenheit des Simon Magus durch böse Geister (h.e. II 13,3) oder Dämonen (h.e. II 13,3) festhält. Er übernimmt von ihm ebenfalls die Aussagen, daß Menander unter dem Einfluß der Dämonen steht (h.e. III 26,3) und daß Marcion durch die Mithilfe von Dämonen wirkt (h.e. IV 11,9). Die eusebianischen Aussagen in h.e. III 26,1 und h.e. III 27,1, die als Korrektur der justinischen Ausführungen zu verstehen sind, lassen erkennen, daß Euseb die Auffassung Justins nicht uneingeschränkt teilt. Während Justin von einer Vielzahl von dämonischen Mächten und Kräften ausgeht, die auf den Häretiker einwirken und die er sich für seine Zauberstücke dienstbar machen kann, geht Euseb nur von einer einzigen widergöttlichen Macht aus, die den Menschen in seine Gewalt bringt. Euseb thematisiert die Differenz zwischen der eigenen und der justinischen Position nicht. Vielmehr fügt er die justinischen Informationen als Beleg für seine eigenen Ausführungen zur Besessenheit durch den Teufel ein.[974]

Die Aussagen der antimontanistischen Streitschrift stimmen mit der eusebianischen Rede von der Teufelsbesessenheit der Häretiker überein. Es scheint, daß Euseb alle ihm diesbezüglich vorliegenden Informationen zitiert: Montanus gestattet dem Widersacher Zutritt (h.e. V 16,7), ist von Geistern beeinflußt (h.e. V 16,7) und wird von einigen als vom Teufel besessen abgelehnt (h.e. V 16,8). Den Theodotianern sagt die antiartemonitische Streitschrift Teufelsbesessenheit nach, die sich daran erkennen lasse, daß sie weiser als der Heilige Geist sein wollen und an den biblischen Schriften Verbesserungen vornehmen (h.e. V 28,18). Auch die Aussage des Kornelius von Rom, wonach der Teufel für Novatus der Anlaß zum Glauben gewesen sei, der in ihn fuhr und lange Zeit in ihm wohnte (h.e. VI 43,14), wird Euseb als Bestätigung seiner eigenen Ansicht über die teuflische Inbesitznahme des Häretikers angeführt haben.

Mit diesen drei Quellen, die bei weitem nicht gleichmäßig über die h.e. verteilt zitiert sind, gelingt es Euseb dennoch, die Teufelsbesessenheit der Häretiker zu einem sich durchziehenden Thema zu gestalten, das in seinen eigenen Aussagen zu Mani seinen Abschluß findet.

Während in den von Euseb eingearbeiteten Quellen nur von einzelnen, durch den Teufel besessenen Häretikern die Rede ist, verbindet dieser die Einzelaussagen zu einem sinnvollen Ganzen und konstruiert daraus ein planvolles Vorgehen des Teufels in seinem Kampf gegen die christliche Wahrheit.[975] Diese Verbindung von Einzelfällen zu einem Konzept strategischen teuflischen Agierens kennen die eusebianischen Quellen nicht. Selbst Justin, der mehrere Häresien vom Teufel veranlaßt sah, beschränkte sich darauf, mit Marcion den Höhepunkt und vermeintlichen Abschluß des teuflischen Tuns zu benennen.

---

[974]   Vgl. auch Teil II 2.1 Die Dämonologie.

[975]   Zur eusebianischen Unterscheidung zwischen äußeren und inneren Feinden der christlichen Wahrheit, dem metaphysischen Kampf zwischen Gott und Teufel, Aposteln bzw. Streitern für die christliche Wahrheit und Häretikern sowie dem von Euseb eruierten, planvollen Vorgehen des Teufels gegen die Kirche siehe Teil II 2.1 Dämonologie und II 2.2 Die Doppelstrategie des Teufels: innere und äußere Feinde.

Sukzessive Einordnung der Häresien

Ganz selbstverständlich folgt Euseb der sukzessiven Einordnung der Häresien, wie er sie in seinen Quellen vorfand. Nach Irenäus ist Simon Magus der Stammvater aller Häresien (h.e. II 13,6; vgl. auch Eusebs Einleitung in h.e. II 1,12). Simons Schüler ist – nach Angaben Justins – Menander (h.e. III 26,3; vgl. auch Eusebs Einleitung in h.e. III 26,1), von dem Satorninus und Basilides ausgehen, wie Euseb in Anlehnung an Irenäus in h.e. IV 7,3 zu berichten weiß. Kerdon, nach Informationen des Irenäus von den Simonianern beeinflußt, wird als Vorläufer Marcions benannt (h.e. IV 11,1), von dem, ebenso wie von Saturninus, die Enkratiten abstammen (h.e. IV 29,2). Nach Rhodon spaltet sich die marcionitische Schule in drei Gruppierungen auf, wobei Potitus und Basilikus ihrem Lehrer Marcion in der Annahme von zwei Prinzipien folgen (h.e. V 13,3, Rhodon). Das Synodalschreiben gegen Paulus von Samosata sieht in Artemas den geistigen Vater der Häresie des Paulus (h.e. VII 30,16.17; vgl. auch Eusebs Aussage in h.e. V 28,1).

Euseb greift dieses Motiv der sukzessiven Einordnung der Häresien auf, da sie ihm eine Systematisierung und damit eine Orientierung über das weitverbreitete und damit unübersichtliche Phänomen der Häresie bietet.

Er scheint aber die Ansicht seiner Quellen über die Abhängigkeit der Häresien voneinander nicht ganz zu teilen, da er erkannt hat, daß ein einfaches Lehrer-Schüler-Verhältnis als Erklärung nicht ausreicht. Der eusebianische Abschluß der Häresie mit Mani (h.e. VII 31,2) läßt deutlich erkennen, daß Euseb eher eine ideengeschichtliche Abhängigkeit der häretischen Lehren untereinander als eine in gemeinsamer „Schultradition" begründete Abhängigkeit annimmt.[976]

Ausschluß aus der Kirche

Für seine Kirchengeschichtsschreibung benötigte Euseb kurze Berichte über Häresien, die in sich abgeschlossen die Falschheit der Lehre festhielten oder mit einer Notiz über ihre Widerlegung endeten. Einen Glücksfall stellte es für Euseb dar, wenn ihm ein Bericht über den formellen Ausschluß eines Häretikers aus der kirchlichen Gemeinschaft vorlag.

Er zitiert die antiartemonitische Streitschrift, die darlegt, daß Viktor den Schuster Theodot aus der Kirche ausgeschlossen hat (h.e. V 28,6). Aus dem Brief des Kornelius von Rom zitiert Euseb den Ausschluß der zu Novatus übergelaufenen Bischöfe und die Neuwahl von Bischöfen (h.e. VI 43,10); ein passendes Zitat über die Exkommunikation des Novatus lag ihm anscheinend nicht vor. Stattdessen rahmt er in h.e. VI 43,2.3 und in h.e. VI 43,21 die Quelle mit eigenen Aussagen zur Exkommunikationsthematik – ein Indiz dafür, wie Euseb diese Quelle verstanden wissen wollte. Im Fall des Paulus von Samosata lag Euseb das gegen ihn gerichtete Synodalschreiben vor, das festhält, daß die Synode Paulus aus der Kirche ausgeschlossen habe, weil er sich hartnäckig Gott widersetzte (h.e. VII 30,17).

---

976 Vgl. zum eusebianischen Sukzessionsgedanken Teil II 2.5 Die eusebianische *successio haereticorum*.

Die Berichte, welche von einem formellen Ausschluß eines Häretikers sprechen, sind wichtige Zeugen für Eusebs Häresiekonzeption, welche die Häretiker als in die Kirche eingeschleuste Fremdkörper ansieht, die es zu enttarnen und auszuschließen gilt. An der Darstellung des Simon Magus wird deutlich, daß Euseb den biblischen Bericht, der allein von einer Zurechtweisung spricht, zu einem formellen Ausschluß Simons aus der Kirche ausgestaltet, um damit alle späteren Exkommunikationen biblisch zu legitimieren.[977]

Häretiker als Betrüger

Mit der Beschreibung der Häretiker als Betrüger greift Euseb einen in seiner vorliegenden Literatur gängigen Topos auf. Euseb und seiner Quellen kennen drei unterschiedliche Arten, wie die Häretiker ihre Anhänger betrügen: durch Magie bzw. Zauberstücke, durch falsche und erfundene Lehren oder durch falsche Prophezeiungen.[978]

Durch *Zauberstücke* betrügt Simon Magus seine Anhänger, wie Euseb aus Justin zitiert (h.e. II 13,3) und in h.e. II 1,11 und h.e. II 13,1 in Anlehnung an ihn ausführt.

Durch *falsche Lehren* betrügt Menander, wie aus dem Justin-Zitat in h.e. III 26,3 hervorgeht. Kerinth, über den Gaius in h.e. III 28,2 berichtet, gibt seine eigenen Berichte fälschlich als Offenbarungen von Engeln aus. Nach Irenäus „erdichtet" Tatian unsichtbare Äonen (h.e. IV 29,3). Die Ablehnung der Seligkeit Adams ist die „eigene Erfindung" Tatians (h.e. IV 29,3). Euseb greift den Aspekt der Erfindung häretischer Lehre in h.e. IV 7,4.7 selbst auf, wenn er über Basilides' selbsterdichtete Wundergeschichten und seine erfundenen Propheten mit barbarischen Namen berichtet und wenn er formuliert, daß Bardesanes die Fabeln Valentins zurückgewiesen habe.

Der Vorwurf des häretischen Betrugs durch *falsche Prophezeiungen* findet sich massiv im Kontext des Montanismus. Die antimontanistische Streitschrift zeigt auf, wie die Gemeinde durch die Pseudoprophetie betört ist (h.e. V 16,4) und charakterisiert Montanus als Lügenpropheten (h.e. V 16,9). Sie weist dem Leser nach, daß die Lüge der Prophezeiung Maximillas offenbar ist. Apollonius hält abschließend fest, daß sich die Anhänger des Montanus fälschlicherweise Propheten nennen, obwohl sie keine sind.

Euseb greift den Topos vom Häretiker als Betrüger gerne auf, da er sehr gut zu seiner häreseologischen Konzeption paßt. Der Häretiker, als vom Teufel zur Verwirrung der Gläubigen angestifteter Verkünder falscher Lehren und Prophezeiungen, kann nicht anders als betrügen. Die sehr unterschiedlichen Aussagen seiner Quellen hinsichtlich des betrügerischen Tuns der Häretiker wird Euseb gerne aufgenommen haben.

---

[977] Vgl. unten Teil II 2.7.1 Die Widerlegung von außen (durch Streiter für die Wahrheit).
[978] Zum Topos „Häretiker als Lügner" siehe oben S. 379–380.

Die Selbstvergottung der Häretiker

Den häreseologischen Topos von der Selbstvergottung der Häretiker übernimmt Euseb mit den Zitaten aus Justin. Nach dem Zeugnis Justins gaben sich Häretiker wie Simon Magus (h.e. II 13,3) als Götter aus.[979] In h.e. III 26,1 macht Euseb im Anschluß an Irenäus eine ähnliche Aussage über Menander, der sich als ein zum Heile der Menschen von oben durch die unsichtbaren Äonen gesandter Erlöser ausgab. Auch das Synodalschreiben hält Paulus von Samosata vor, daß er sich als vom Himmel gekommener Engel ausgibt (h.e. VII 30,11).

Euseb hatte nicht viele Häretiker, denen seine Quellen die Selbstvergottung unterstellten, so daß diese Thematik nach seinem zweiten Häretiker Menander zunächst abreißt. Die mit Paulus von Samosata wieder aufgegriffene Thematik führt Euseb selbst mit Mani zu ihrem Höhepunkt: Dieser sucht Christus zu spielen, gibt sich als Tröster oder als Heiliger Geist aus und erwählt zwölf Jünger zu Genossen seiner Neuerung (h.e. VII 31,1). Obwohl diese Thematik nur sporadisch innerhalb der h.e. begegnet, kann man aus dem eusebianischen Umgang mit ihr schließen, daß ihm die Selbstvergottung der Häretiker ein wichtiger Topos war. Sie ist nicht nur Ausdruck der häretischen Hybris, sondern spiegelt auch die Besessenheit durch den Teufel, der widergöttlichen Macht, wider.

Heuchelei des Glaubens

Die Aussage, daß die Häretiker den rechten Glauben nur heucheln, findet sich häufig in der Euseb vorliegenden Literatur. Nach Irenäus heuchelt Simon Magus den Glauben (h.e. II 13,6), was Euseb in h.e. II 1,11 in das Referat der Apostelgeschichte einträgt. Nach seiner Interpretation der irenäischen Aussagen über Tatian scheint dieser zu Lebzeiten Justins seine häretischen Lehren, die er als vom Teufel aufgestellter Häretiker bereits besaß, noch verborgen zu halten und selbst Justin hinsichtlich seiner Orthodoxie zu täuschen (h.e. IV 29,3)[980]. Nach Angaben des Synodalschreibens heuchelte Paulus von Samosata die Umkehr zum rechten Glauben, was Firmilian zur Abreise und erneuten Anreise nach Antiochien veranlaßte, die für ihn tödlich endete (h.e. VII 30,4). Auch Novatus, dem der Teufel Anlaß zum Glauben gewesen war, heuchelte den Glauben derart glaubwürdig, daß der Bischof sich über die Zweifel der Gemeinde hinwegsetzte und ihn zum Presbyter weihte (Kornelius von Rom in h.e. VI 43,17).

Euseb greift die Aussagen seiner Quellen, die vom Heucheln des Glaubens reden, gerne auf, da sie sich sehr gut mit seiner eigenen Häresiekonzeption verbinden lassen. Für ihn schleichen sich die vom Teufel angestifteten Häretiker von außen in die Kirche ein, um sie von innen zu verwirren. Der Glaube der Häretiker

---

[979] Bei Justin gaben sich noch Simon Magus, Menander und Marcion als Götter aus (apol. I 26). Euseb hatte den Bericht Justins in drei Abschnitte aufgeteilt, weshalb dessen Selbstvergottungsvorwurf in der eusebianischen Darstellung nur noch auf Simon Magus bezogen ist.

[980] Vgl. zur eusebianischen Interpretation von Tatians Schülerschaft bei Justin Teil I 2.13 e) Das Problem der Sukzession und f) Orthodoxie und Häresie der Person Tatians.

ist zu keinem Zeitpunkt auch nur annähernd orthodox. Da sie zur Verwirrung der Gläubigen möglichst lange unentdeckt bleiben müssen, um der Exkommunikation zu entgehen, verbergen sie ihren falschen Glauben und heucheln zum eigenen Schutz die wahre Lehre. Nur bei Kornelius von Rom könnte man den Gedanken des häretischen Einschleichens in die Kirche als Hintergrund seiner Ausführungen erwägen; er bleibt aber unausgeführt. Alle anderen von Euseb eingearbeiteten Quellen kennen das eusebianische Konzept des häretischen Einschleichens in die Kirche nicht, sondern halten einzig die Heuchelei des Glaubens bei den Häretikern fest.

Uneinheitlichkeit der Häresie

Der Topos der Uneinheitlichkeit der Häresie im allgemeinen und besonderen ist ein beliebter und häufig anzutreffender Topos der Häreseologie. Rhodon berichtet über die Marcioniten in h.e. V 13,2, wie zerstritten sie untereinander sind. Die antiartemonitische Streitschrift hält triumphierend fest, daß die Abschriften der Theodotianer untereinander nicht übereinstimmen und folglich keine Wahrheit besitzen können (h.e. V 28,16.17). Serapion betont, daß Marcian sich selbst widerspricht (h.e. VI 12,5). Die Quellen unterstreichen die Uneinheitlichkeit der Häresie; Euseb folgert daraus die Unbeständigkeit der häretischen Lehre und erkennt darin den Grund für den Auflösungsprozeß der Häresie. Die wenigen Quellen, die Euseb für diese Thematik anführen kann, sind von enormer Bedeutung, hängt doch allein an ihnen sein Postulat von der Auflösung von Häresien durch die Entstehung neuer Irrlehren (h.e. IV 7,12–13).[981]

Die Beschreibung der Häresie als Wahnsinn, Tollheit und Raserei

Ein sich durch die eusebianische Kirchengeschichte ziehender Topos ist die Beschreibung der Häresie als Wahnsinn, Tollheit und Raserei. Euseb zitiert zu diesem Themenkomplex vornehmlich Quellen, die er durch eine einleitende Bemerkung über die Häresie des Simon Magus, die „voll Schrecken, Verrücktheit und Wahnsinn" sei (h.e. II 13,7), und eine abschließende Feststellung zu Mani, dem Wahnsinnigen, der „vom Teufel besessen, mit der Waffe der Geistesverwirrung gerüstet, seinem Wesen nach besessen und rasend" ist, rahmt.

Ansonsten zitiert Euseb Quellen, die von der Verrücktheit der Häretiker berichten, wie Rhodon (h.e. V 13,2), der von Apelles behauptet, er folge einer besessenen Jungfrau Philumene. Die antimontanistische Streitschrift betont, daß die Anhänger des Montanus irregemacht, in den Tollheit stiftenden, schmeichlerischen und aufwiegelnden Geist eindringen (h.e. V 16,8). Unter dem Einfluß dieses Tollheit stiftenden Geistes haben sich auch Montanus und Maximilla erhängt (h.e. V 16,13). Wie ein montanistischer Prophet zu unfreiwilliger Raserei übergeht,

---

[981] Euseb, h.e. IV 7,12–13: „Da stets neue Häresien ersonnen wurden, siechten die früheren immer wieder dahin und lösten sich bald auf diese, bald auf jene Weise zu mannigfaltigen und vielgestaltigen Erscheinungen auf." Vgl. dazu die Ausführungen zu Apelles in Teil I 2.15 Die marcionitische Schule: Apelles, Teil II 2.6 Die Unbeständigkeit der Häresie und Teil II 2.7.2 Die Auflösung der Häresie durch das Entstehen neuer häretischer Lehren.

berichtet Miltiades (h.e. V 17,2). Nach Aussage des Kornelius von Rom gewinnt Novatus zunächst die Bekenner für seine wahnsinnige Idee (h.e. VI 43,5).

Der Wahnsinn der Häretiker durchzieht die eusebianische Kirchengeschichtsschreibung wie ein roter Faden. Der Grund für die bevorzugte Aufnahme dieses Themas wird darin liegen, daß es mit der eusebianischen Häresiekonzeption vollkommen kompatibel war und das eusebianische Postulat der Besessenheit des Häretikers durch den Teufel bestärken konnte. Besaß Euseb keine ausreichende Quellenbasis, welche die Teufelsbesessenheit der Häretiker bezeugte, so konnten auch die Verwirrung, der Irrsinn und die Raserei als Zeichen dieser Besessenheit gewertet werden. Die eusebianische Darstellung Manis zeigt, wie die Teufelsbesessenheit, die Geistesverwirrung und das rasende, besessene Wesen Manis zu einer Einheit verschmelzen können.

Die Häresie als Irrtum

Die Charakterisierung der Häresie als Irrtum ist in den voreusebianischen Quellen gut bezeugt und wird auch von Euseb häufig zur Beschreibung der häretischen Lehre aufgegriffen. Rhodon überführt Apelles, wie unrecht er in vielen Dingen hatte (h.e. V 13,5). Die antimontanistische Streitschrift beschreibt Montanus als im Geist des Irrtums befangen (h.e. V 16,8) und schildert, wie sich der Montanist Theodot dem Geist des Irrtums anvertraute und dadurch umkam (h.e. V 16,14). Der Torheit wegen wurde der Schuster Theodot ausgeschlossen, wobei die antiartemonitische Streitschrift unter „Torheit" die häretische Lehre von Christus als bloßem Menschen versteht (h.e. V 28,9). Kornelius von Rom bezeichnet die Anhänger des Montanus als „Genossen seines Irrtums" (h.e. VI 43,9).

Euseb macht diese Charakterisierung in den Quellen zu seiner eigenen, wenn er von den vielen Irrtümern Valentins spricht (h.e. IV 11,3) und beschreibt, daß Bardesanes den Schmutz des alten Irrtums doch nicht vollständig abgeschüttelt habe (h.e. IV 30,3). Florinus ließ sich nach dem Bericht Eusebs zum Irrtum Valentins hinüberziehen (h.e. V 20,1). Die Lehre der Elkesaïten beschreibt er als Verirrung (h.e. VI 38).

Der Grund für die eusebianische Übernahme des Terminus „Irrtum" als Synonym für die häretische Lehre wird darin liegen, daß er als Gegenbegriff zur „Wahrheit" (ebenfalls Synonym für die orthodoxe Lehre) fungiert. Irrtum und häretische Lehre[982] sind für Euseb austauschbar.

Häretiker als Magier

Die Beschreibung der Häretiker als Magier hat Euseb größtenteils aus seinen Quellen entnommen. Justin schildert Simon als Magier (h.e. II 13,3), was Euseb in

---

[982] Euseb verwendet den Begriff „Irrtum" nur für die häretische *Lehre*, nicht generell für die Häresie, was in h.e. IV 11,3 deutlich wird, wo er von vielen Irrtümern, d.h. vielen häretischen Lehren, Valentins spricht. Auch die Charakterisierung des Bardesanes unterstreicht dies, da er sich von der Häresie Valentins losgemacht hat, aber den Schmutz des alten Irrtums, d.h. einzelne häretische Lehren, nicht vollständig abgeschüttelt hat (h.e. IV 30,3).

seinem Referat der Apostelgeschichte (h.e. II 1,11) an erster Stelle hervorhebt. Gleiches ist bei der Darstellung des Menander zu beobachten: Justin charakterisiert Menander als Schüler des Simon Magus und als Magier, der viele durch seine Zauberei irreführte (h.e. III 26,3), was Euseb durch seine Einleitung in h.e. III 26,1 besonders betont. Euseb, der sich mit seiner Angabe auf eine nicht eindeutig identifizierbare Stelle bei Irenäus beruft, sieht Karpokrates als Magier an, der die magischen Künste des Simon nicht mehr im geheimen, sondern öffentlich von sich geben will (h.e. IV 7,9). Von Markus Magus berichtet Euseb magische Taschenspielereien (h.e. IV 11,4) und greift damit auf Irenäus' Aussagen zurück.

Soweit erkennbar, wählt Euseb alle Hinweise auf die Magie aus seinen vorliegenden Quellen aus.[983] Das Beispiel des Markus Magus zeigt deutlich, daß er die Zauberei als Charakteristikum der Häretiker in besonderem Maße hervorhebt, auch wenn andere Wesenszüge in den vorliegenden Quellen vorrangig thematisiert sind. Damit zeigt nicht die Häufigkeit der Rezeption, sondern die Auswahl des Stoffes aus der Quelle selbst, daß Euseb diese Charakterisierung bevorzugt aufnimmt.

3.2.2 Eusebs ungeliebte Themen, Inhalte und Motive

Dieser Abschnitt, der sich mit den Euseb nachweislich bekannten und dennoch ausgelassenen Informationen seiner Quellen beschäftigt, kann nicht auf alle von Euseb übergangenen Themen eingehen.[984] Ausgehend von den heute überlieferten Schriften soll die eusebianische Rezeptionspraxis auf generelle Tendenzen bei Auslassungen untersucht werden. Es ist ratsam, diesen umfangreichen Themenkomplex in Eusebs ungeliebte Inhalte (3.2.2.1), in von Euseb verleugnete Häretikerschüler, nicht übernommene Häresien und ausgelassene Häresievorwürfe (3.2.2.2), in nicht übernommene häreseologische Erklärungsmöglichkeiten zur Entstehung und zum Wesen der Häresie (3.2.2.3) und schließlich in von Euseb nicht geteilte Datierungen zur Häresieentstehung (3.2.2.4) zu untergliedern.

---

[983]   Die Tatsache, daß Euseb den irenäischen Hinweis über die Magie bei den Basilidianern nicht rezipiert, muß nicht gegen diese Beobachtung sprechen, da es sich in adv. haer. I 24,5 einerseits nicht direkt um Basilides, sondern um seine Schüler, und andererseits um einem Kontext handelt, der differenziert die Lehrmeinungen der Basilidianer darlegt. Beide Themen, die häretische Lehre wie die Schülerschaft, werden von Euseb in der h.e. ausgespart.

[984]   Grant, Eusebius as Church Historian, 23–25, hat sehr viel allgemeiner Eusebs Rezeptionskriterien untersucht und als Gründe für die eusebianische Auslassung bestimmter Quellen namhaft gemacht: 1. Euseb nehme nur nützliche und notwendige Quellen und Themen auf, lasse also nutzlose und nicht notwendige Materialien weg. – 2. Er behandle Themen nur kurz, wenn er sie in anderen Schriften bereits thematisiert hat (vgl. h.e. I 1,6; h.e. I 2,27; h.e. I 6,11). – 3. Er lasse manche Quelle aufgrund ihrer Länge aus (h.e. II 5,6; h.e. II 17,14; h.e. II 25,1–2; h.e. III 5,4.7; h.e. IV 18,1.3.10). – 4. Er gehe nur auf Details ein, wenn sie ihm erbaulich erscheinen (h.e. VIII 2,2–3).
  Vgl. auch Völker, Tendenzen, 160. — Vgl. Timpe, Was ist Kirchengeschichte, 188–190, der Parallelen zur antiken historiographischen Tradition zieht.

3.2.2.1 Eusebs ungeliebte Inhalte

Bei der Analyse der eusebianischen Häresiedarstellung war häufig zu beobachten, daß Euseb die häretische Lehre seiner Quellen nicht im Detail wiedergeben wollte. Teilweise läßt sich diese Auslassung an seinen eigenen Formulierungen ersehen, wie beispielsweise die Darstellung des Apelles und die des Paulus von Samosata zeigen. Die Lehre des Apelles, die Euseb in seiner Quelle Rhodon vorliegen hatte, übergeht er mit dem Hinweis: „nachdem Rhodon die ganze Lehre des Apelles dargelegt hat, fährt er fort" (h.e. V 13,6), um mit dem folgenden Zitat die apellische Widerlegung zu präsentieren. Auch bei der Darstellung des Paulus von Samosata gibt er einen Überblick über die Themen, die im Synodalschreiben behandelt werden: „ein Bericht über die verkehrte und falsche Lehre des Paulus, die Beweise, die sie [sc. die Bischöfe] geführt, und die Fragen, die sie an ihn gerichtet" (h.e. VII 30,1). Diesen umfangreichen Briefabschnitt läßt Euseb aus und zitiert stattdessen die Passage zur paulinischen Lebensführung, die nach Angaben der Bischöfe *nicht* Grund für den Ausschluß war. Auch andernorts läßt sich an Formulierungen der h.e. erkennen, wie Euseb häretische Lehrinhalte ausspart.[985]

Darüber hinausgehend hat der Vergleich mit den Euseb nachweislich bekannten Quellen gezeigt, daß er häretische Lehren auch ohne Hinweis in der h.e. verschweigt. Da nicht alle Quellen, die Euseb vorlagen, heute erhalten sind, ist der Nachweis, was er genau von jeder Häresie wußte, schwierig. Nur für die erhaltenen Quellen, namentlich Justins *Apologie*, Irenäus' *Adversus haereses* und Klemens' *Stromata*, lassen sich die von Euseb gekannten und ausgesparten Informationen greifen.

Euseb läßt die im Kontext der Gnosis entstandenen Spekulationen über die *Weltentstehung* aus. Er berichtet nicht von Simon Magus' Vorstellung vom Hervorgehen des ersten Gedankens (= Helena) und dessen Gefangenschaft in der Welt, obwohl er diese in adv. haer. I 23,2 gelesen hatte. Auch die unterschiedlichen Weltschöpfungen durch Engel, wie sie Simon (Iren., adv. haer. I 23,3), Menander (Iren., adv. haer. I 23,5) und in modifizierter Form auch Basilides (Iren., adv. haer. I 24,3) vertreten haben[986], kannte Euseb, nimmt sie aber in seine h.e. nicht auf. Gleiches gilt für die Häresien, welche keine Kenntnis des Schöpfers beim Geschöpf annehmen, wie Kerinth (Iren., adv. haer. I 26,1), Satorninus (Iren., adv. haer. I 24,1) und Menander (Iren., adv. haer. I 23,5).[987]

---

[985] Vgl. auch Grant, Eusebius as Church Historian, 25.

[986] Simon Magus und Menander vertreten die Lehre, daß die weltschöpferischen Engel von der Ennoia ausgesandt sind, vgl. Iren., adv. haer. I 23,5. Bei Basilides schafft der unerzeugte Vater den Nous, aus dem unzählige Emanationen hervorgehen, die wiederum sieben Himmel und schlußendlich die Erde schaffen, vgl. Iren., adv. haer. I 24,3.

[987] Kerinth lehrte die Weltschöpfung durch eine Kraft, die von der über ihr herrschenden Gewalt in großem Abstand getrennt ist und den ersten Gott nicht kennt. Satorninus geht ebenfalls davon aus, daß der allen unbekannte Vater der Schöpfer aller Engel, Erzengel, Mächte und Gewalten ist. Menander nahm an, daß die erste Kraft allen unbekannt ist.

Die vielen Theorien zur *Menschenschöpfung*, die Euseb bei Irenäus gelesen haben wird, übernimmt er nicht. Den ausführlichen Bericht über Satorninus' Menschenschöpfung, wonach die durch Engel geschaffenen Menschen nur wie ein Wurm kriechen konnten, bis die oberste Gottheit aus Erbarmen einen Lebens-funken schickte und den Menschen aufrichtete und mit Leben versah (adv. haer. I 24,1), nimmt Euseb ebensowenig auf wie die Menschenschöpfung des Karpokrates (adv. haer. I 25,1). Die Ansicht Marcions (adv. haer. I 27,2), daß der Schöpfer ein Schöpfer des Übels gewesen sein muß, verschweigt Euseb.

Auch häretische Ansichten zur *Christologie* spart Euseb aus. Die Lehre, wonach Jesus der Sohn der Maria und des Joseph war, weist Euseb den Ebionäern und den Theodotianern zu, obwohl er aus Irenäus wußte, daß sie auch von Karpokrates (adv. haer. I 25,1) und Kerinth (adv. haer. I 26,1) vertreten wurde. Kerinth modifiziert diese Lehre von Jesus als bloßem Menschen dahingehend, daß nach der Taufe der Christus über den Jesus gekommen sei, was ihn zum Vollbringen der Wunder befä-higte. Da Christus aber pneumatisch und leidensunfähig war, habe er Jesus vor dem Leiden verlassen (adv. haer. I 26,1).

Auch die doketischen Ansichten des Satorninus, wonach der Soter – wesens-mäßig ungeboren, körperlos und ohne Gestalt – nur zum Schein als Mensch auf Erden erschien (adv. haer. I 24,2), oder die Lehre des Basilides, wonach Christus, obwohl als Mensch auf Erden erscheinend, körperlos und leidesunfähig war, wes-halb er Simon von Kyrene sein Kreuz zu tragen zwang (adv. haer. I 24,4), waren Euseb offensichtlich derart zuwider, daß er sie in seine h.e. nicht aufnahm. Auch den daraus resultierenden Schluß des Basilides, das Bekenntnis zum Gekreu-zigten abzulehnen, weigert sich Euseb wiederzugeben (adv. haer. I 24,4). Daß nach Ansicht des Karpokrates die Besonderheit der Seele Jesu in der Verachtung der Weltschöpfer liegen sollte (adv. haer. I 25,1), muß für Euseb, der nicht zwi-schen weltschöpferischen Archonten und ungezeugtem Vater differenzierte, derart abscheulich geklungen haben, daß er sie ausließ.

Die häretische Differenzierung in *Gott* und *Schöpfer* schreibt Euseb in der h.e. Marcion und seinem Vorläufer Kerdon zu. Die Informationen des Irenäus, daß auch Satorninus und Basilides von zwei Personen mit je eigenem Werk ausgehen, übergeht Euseb stillschweigend. Satorninus erkennt im Gott der Juden nur einen Engel oder einen der Archonten, die den Vater stürzen wollten, weshalb dieser ihnen zuvorkam und Christus zum Sturz des Judengottes und zum Heil der an ihn Glaubenden sandte (adv. haer. I 24,2). Basilides schreibt hingegen das Gesetz und die Prophezeiungen nicht dem unnennbaren Gott, sondern dem die Welt schaffen-den Archonten zu, weshalb Christus auch gesandt worden sei, um das Gesetz und alle Werke des Kosmokrators aufzulösen (adv. haer. I 27,1–2). Nicht mit letzter Sicherheit nachweisen läßt sich die Kenntnis der beiden Götter des Apelles, von denen Origenes in seinem Kommentar zum Titusbrief (comm. in ep. ad Titum) spricht.

Die Aussagen zur *Soteriologie* werden von Euseb größtenteils übergangen. Der Leser erfährt nur von Menander, daß dieser eine Taufe zur Erlangung der Unsterblichkeit in diesem Leben praktiziert. Die Soteriologie des Simon Magus, der sich aufgrund der schlechten Regentschaft der Engel selbst offenbaren mußte, um Helena und die Menschen von der Knechtschaft der weltschöpferischen Engel zu erlösen (adv. haer. I 23,3), gibt Euseb nicht wieder. Auch die karpokratianische Ansicht, daß die Verachtung der Welt und des Weltschöpfers die notwendige Voraussetzung für die Erlösung ist (adv. haer. I 25,2), verschweigt Euseb.

Der *häretische Umgang mit den biblischen Schriften* soll unten in einem eigenen Abschnitt betrachtet werden.[988] Die Bearbeitung biblischer Schriften, wie Korrektur der sprachlichen Ausdrücke oder die Kürzung einzelner Textpassagen, nennt Euseb nur bei den Theodotianern und bei Tatian. Marcion, der als erster seine häretische Lehre auf ein gekürztes Lukasevangelium sowie einen von Verfälschungen bereinigten Apostolos gründete (adv. haer. I 27,2), nennt Euseb in diesem Kontext nicht.

Offensichtlich ist das Bestreben Eusebs, die Häretiker nicht in zu starkem Maße mit dem Bibeltext in Verbindung zu bringen. Häretische Bibelauslegungen, wie die des Karpokrates über das Gleichnis vom Richter aus Lk 12,58f. par (adv. haer. I 25,4), oder gar wörtliche Zitate mit biblischen Auslegungen, wie sie von Apelles bei Origenes und von Karpokrates bei Klemens von Alexandrien tradiert sind, kommen als Zitate nicht in Betracht, trotzdem Euseb sie gekannt haben wird.[989]

Obwohl Euseb gerne auf *sexuelles oder moralisches Fehlverhalten* der Sektengründer fokussiert, um von der häretischen Lehre abzulenken, übernimmt er nicht alle ihm zur Verfügung stehenden Informationen. Weder berichtet er die bei Klemens geschilderten Details der sexuellen Verfehlungen der Karpokratier (strom. III 10,1–2), noch die im Kontext der geistigen Vermählung vollzogenen sexuellen Praktiken der Markosier, über die Irenäus wettert (adv. haer. I 13,3–6).

Euseb benennt die Verfehlungen mit einiger Sachlichkeit, beteiligt sich aber nicht an der Verbreitung schlüpfriger Details. Er wahrt damit ein gewisses Niveau seiner Kirchengeschichtsschreibung.

Aber auch andere im weitesten Sinne die Ethik betreffende Lehren der Häretiker läßt Euseb aus: Weder berichtet er im Anschluß an Irenäus, daß Satorninus die Heirat und das Kinderzeugen als vom Teufel eingesetzt verwirft, noch im Anschluß an Klemens, daß Marcion von seinen Anhängern sexuelle Enthaltsamkeit fordert (strom. III 12,1–3).[990] Bei Satorninus erwähnt Irenäus, daß dieser den Verzicht auf

---

988   Vgl. Teil II 2.10 Die Häresie und das Evangelium.

989   Die von Ambrosius (de paradiso 5,28; 6,30; 6,32; 7,35; 8,38; 8,40 und 8,41) überlieferten Fragmente aus Apelles' Syllogismen stammen wahrscheinlich von Origenes und werden Euseb dann vermutlich vorgelegen haben. Die *Stromata* des Klemens von Alexandrien hatte Euseb nachweislich gelesen und in seiner h.e. rezipiert. Dort hat er in strom. III 6,1–4 die karpokratianische Auslegung des Begriffs „Gerechtigkeit" lesen können. Weitere karpokratianische Zitate, zumeist aber Isidor betreffend, finden sich bei Klemens; der genaue Nachweis in Anm. I 380.

990   Euseb hatte mit dem Irenäus-Zitat in h.e. IV 29,3 eher am Rande angemerkt, daß Tatian und Marcion die Ehe als Verderben und Unzucht ansahen. Innerhalb der Marcion-Darstellung gibt

Fleischgenuß propagiere (adv. haer. I 24,2); Euseb informiert seine Leser darüber nicht.

Das Bemühen Eusebs, die häretische Lehre, die ihm größtenteils vollkommen suspekt oder wirr vorkam, stillschweigend zu übergehen, ist evident. Der Grund, diese mit allen Mitteln auszusparen, wird nicht zuletzt darin liegen, daß Euseb sie als vom Teufel zur Verwirrung der Gläubigen erfunden ansieht. Daher kann es ihm nicht darum gehen, diese Lehre zu verstehen und sie in ihren Gedankengängen logisch nachvollziehbar seinen Lesern darzustellen, sondern nur darum, sie aus einer Außenperspektive derart zu präsentieren, daß ihre Falschheit offen zu Tage tritt. Details der häretischen Lehre bleiben damit fast vollständig ausgespart.

Jedoch kann Euseb dieses angestrebte Ziel aufgrund seiner Quellen nicht immer durchhalten; sie lassen sich nicht immer so selektiv zitieren, wie die eingangs genannten Berichte über Apelles oder Paulus von Samosata, in denen Euseb die Lehre einfach überspringen konnte. Daher integriert er in die h.e. auch Quellen, die häretische Lehrinhalte erwähnen.[991] Selten, wenn es sich bei selbstverantworteten Darstellungen einer Häresie nicht vermeiden läßt, finden sich auch eusebianische Charakterisierungen einer häretische Lehre; zumeist sind diese aber so allgemein gehalten, daß ihre Besonderheit nicht mehr zu erkennen ist.[992]

3.2.2.2 Eusebs verleugnete Häretikerschüler, nicht übernommene Häresien und ausgelassene Häresievorwürfe

In diesem Abschnitt sollen die von Euseb ausgelassenen Häretikerschüler (3.2.2.2.1), ausgelassene Häresien (3.2.2.2.2) und ausgelassene Häresievorwürfe (3.2.2.2.3) näher betrachtet werden. Abschließend wird zu klären sein, ob die durch Auslassung von Häresien/Häresievorwürfen entstehenden „häresiefreie Zeiten" (3.2.2.2.4) tendenzieller Natur sind.

Euseb keinen Hinweis auf dessen Forderung von sexueller Enthaltsamkeit.

[991] Die von Euseb zitierten Quellen erwähnen, daß Paulus von Samosata die Präexistenz Christi ablehnt (h.e. VII 30,11, Synodalschreiben). Die Ansicht, daß der Schöpfer nicht der Vater Christi ist, nennt Euseb bei Marcion (h.e. IV 11,9, Justin). Bei Tatian zählt Euseb als lehrmäßige Verfehlungen auf: die Anklage des Schöpfers für die Erschaffung der menschlichen Fortpflanzung (h.e. IV 29,2, Irenäus), die Leugnung der Seligkeit Adams (h.e. IV 29,2, Irenäus) und die Erfindung unsichtbarer Äonen, welche er mit den Valentinianern gemeinsam hat (h.e. IV 29,3, Irenäus). Die Lehre von der Aufhebung der Ehe wird von Montanus (h.e. V 18,2, Apollonius) berichtet. Daß die Verleugnung des Glaubens irrelevant sei, überliefert Euseb als Lehre des Basilides (h.e. IV 7,7, eusebianisches Referat des Agrippa Kastor) und der Elkesaïten (h.e. VI 38, Origenes). Die Lehre, daß die Seele mit dem Körper in der Todesstunde stirbt, gibt Euseb in h.e. VI 37 (Origenes) wieder.

[992] Euseb selbst nennt als häretische Lehrinhalte: die Verwerfung der Präexistenz Christi bei den Ebionäern (h.e. III 27,3) und bei Beryll von Bostra (h.e. VI 33), die Verwerfung der Jungfrauengeburt bei den Ebionäern (h.e. III 27,2) und die Lehre, daß Christus ein gewöhnlicher Mensch war, bei Symmachus (h.e. VI 17) und bei Paulus von Samosata (h.e. VII 27,2).

3.2.2.2.1 Ausgelassene Häretikerschüler

Es ist oft beobachtet worden, daß Euseb nur auf die Häresiegründer eingeht, ihre Schüler aber verschweigt. Diese Darstellungsweise gründet vor allem in der eusebianischen Häresiekonzeption, wonach eine Häresie nur kurz auftritt und sich nach ihrer Widerlegung sofort auflöst. Deshalb kann es auch keine Schüler geben. Wenn Euseb doch von „Schülern" oder „Nachfolgern" spricht, dann im Rahmen der *successio haereticorum*: Diese „Schüler" tradieren dann nicht nur die Lehre ihres Lehrers weiter, sondern modifizieren sie, begründen eine neue Häresie und führen letztendlich zur Auflösung ihrer Ausgangshäresie.[993]

Sieht man von dieser Konstruktion, der Verbindung der Häresien innerhalb der Sukzession, ab, so erscheinen die Häresiegründer als Einzelkämpfer. Obwohl an verschiedenen Stellen der h.e. erwähnt wird, daß die Häretiker vom Volke Zulauf haben[994], bleibt doch der Gesamteindruck prägend, daß ihr Zulauf temporär ist und sie letztlich als Einzelperson agieren, mit der ihre Häresie steht, aber auch fällt.[995]

Simon Magus erscheint als zentrale Figur seiner Gruppierung, hinter der Helena als Person verblaßt, obwohl Euseb über sie viel hätte berichten können. Menander agiert offensichtlich allein. Von Kerinth berichtet Euseb nur, daß er der Führer einer anderen Häresie ist, nicht aber explizit, daß er auch Anhänger hat (h.e. III 28,1–2). Satorninus und Basilides werden zwar als Häupter zweier verschiedener Schulen (h.e. IV 7,3) eingeführt, auf ihre Schüler geht Euseb aber nicht ein. Den in seiner *Chronik* noch dargestellten Schüler des Novatus läßt Euseb ebenfalls aus und fokussiert stattdessen ausschließlich auf den Häresiegründer.[996] Diese Liste ließe sich fortsetzen.

Einzig bei Häresien, bei denen Euseb keinen Häresiegründer benennen konnte (Ebionäer, Elkesaïten) oder wollte (Nikolaïten), kommt die Häresie als ein Gruppen-Phänomen in den Blick. Daß auch hinter den anderen Häresien eine Gruppierung mit festen Strukturen und Ämtern stehen könnte, wird nur in Ansätzen

---

[993] Menander, der Schüler des Simon Magus, gründet ebenso eine eigene Häresie wie Satorninus und Basilides, die von Menander ausgehen. Auch die Marcioniten und Severianer – die einzigen Schüler*gruppen* in der h.e. – zeigen, wie die Schüler mit ihren abweichenden Lehren zur Auflösung der Häresie ihres Lehrers beitragen. Nur an einer einzigen Stelle der h.e. referiert Euseb Rhodon und berichtet, daß Potitus und Basilikus (h.e. V 13,3) Marcion in der Annahme von zwei Prinzipien folgen.

[994] Von Simonianern berichtet Euseb dies eher versteckt in h.e. II 1,12, aber auch das Justin-Zitat (h.e. II 13,3) läßt erkennen, daß Simon Magus viele Menschen für sich gewinnen konnte. Menander kann nach Justins Zeugnis ebenfalls viele durch Zauberei irreführen (h.e. III 26,3).

[995] Ganz offensichtlich wird dieses, wenn man die Beschreibung des Novatus ansieht. Euseb berichtet zwar von vielen Anhängern, läßt seinen Bericht aber mit den Worten des Kornelius, wonach Novatus bereits verlassen und allein steht (h.e. VI 43,20), und dem Aufruf zu Novatus' Umkehr enden (h.e. VI 45). Vgl. auch die eusebianische Formulierung bei Simon Magus: die Häresie „verschwand mit seiner Person" (h.e. II 15,1).

[996] Siehe dazu oben Teil I 2.23 a) Die Häresie des Novatus oder die Häresie Novatians?

im Fall der Theodotianer[997], der Severianer[998], der Montanisten[999] und des Paulus von Samosata[1000] deutlich. Bei allen anderen Häresien werden die Häresiegründer nach Eusebs Darstellung zu schnell erkannt und widerlegt, als daß sie eine feste Gruppierung bilden könnten.

Dieses anhand der Betrachtung der h.e. gewonnene Ergebnis wird durch die Untersuchung der eusebianischen Rezeption bestätigt. Euseb kannte mehrere prominente Häretiker-Schüler aus der ihm vorliegenden Literatur, die er aufgrund seines Postulats von der Auflösung einer Häresie nach ihrer Widerlegung ausläßt.

Euseb kannte den Bericht des Irenäus über die karpokratianische *Marcellina* (adv. haer. I 25,6), die unter Anicet nach Rom kam. Er kannte die umfangreiche Darstellung der Lehre des *Ptolemäus* (adv. haer. I 1–9), einem Schüler Valentins (adv. haer. I praef. 2), und spart ihn aus. Die Darstellung der anderen valentinianischen Schulmeinungen konnte er nicht übernehmen, da Irenäus nur *Sekundus* (adv. haer. I 11,2) namentlich nennt, alle anderen Häretiker mit „ein anderer anerkannter Lehrer" (adv. haer. I 11,3) oder mit „eine andere Gruppe von ihnen" (adv. haer. I 11,5) einleitet, was für Euseb, der keine umfassende Darstellung der valentinianischen Lehrmeinungen anstrebt, nicht rezipierbar war.[1001] Auch die bei

---

[997]　Bei den Monarchianern läßt Euseb die antiartemonitische Streitschrift (h.e. V 28,8–12) berichten, daß der Schuster Theodot mit Asklepiodot und dem Geldwechsler Theodot zwei Schüler hatte, die den Bekenner Natalius zum Bischof weihen wollten. Da der Schuster Theodot bereits von Viktor ausgeschlossen worden war, Asklepiodot und der Geldwechsler Theodot aber unter Zephyrin auftraten, wird man der monarchianischen Häresie eine gewisse Zeit der Entwicklung einräumen müssen, während derer sie einen größeren Anhängerkreis sammeln und feste Strukturen wie ein Bischofsamt ausbilden konnte.

[998]　Im Fall der Severianer berichtet Euseb ohne erkennbare Vorlagen (h.e. IV 29,4), daß durch Severus in die Häresie der Enkratiten noch mehr Leben kam, weshalb sie auch Severianer genannt werden konnten. Es scheint, als ob Euseb diesen Hinweis auf die Enkratiten der „zweiten Generation" nur einfügt, um dem Leser die abweichende Namensgebung zu erklären, denn er schwenkt im folgenden wieder auf die Darstellung Tatians zurück (h.e. IV 29,6). Zudem betont Euseb in starkem Maße, wie weit sich die Severianer von ihrem Gründer Tatian inhaltlich distanziert haben, was den Auflösungsprozeß, nicht aber die Weiterentwicklung der Gruppierung, verdeutlichen soll.

[999]　Euseb nennt bei der Darstellung der montanistischen Häresie mehrere Namen, die mit der Gruppierung in Zusammenhang stehen: Montanus und seine beiden Prophetinnen Maximilla und Priscilla (h.e. V14), Theodot, den ersten Verwalter (h.e. V 16,14), Themison (h.e. V 18,5), Alexander (h.e. V 18,6–10), ohne daß aber die Funktion der Personen innerhalb der Gruppierung deutlich würde. Es ist unklar, ob Theodot der Nachfolger des Montanus ist; ebenso, welche Rolle Themison und Alexander einnahmen – daß es eine hervorragende gewesen sein muß, ist anzunehmen, denn sonst hätte sich Apollonius nicht die Mühe gemacht, die Falschheit dieser Personen darzustellen.

[1000]　Euseb läßt mit den Worten des Synodalbeschlusses berichten, daß Paulus von zahlreichem Gefolge umgeben auf dem Marktplatz umherschreitet (h.e. VII 30,8) und Syneisakten mit sich führt (h.e. VII 30,12). Gleichsam läßt das Synodalschreiben erkennen, daß die Häresie des Paulus von Samosata die gleichen Strukturen wie die orthodoxen Kirchen besaß: an ihrer Spitze der Bischof Paulus, der seine Anhänger zum Gottesdienst in einem Kirchengebäude versammelt, um das nach der Exkommunikation des Paulus der Streit entbrennt (h.e. VII 30,18–19).

[1001]　Eine Ausnahme bildet die Darstellung der Häresie vom Sterben der Seele, von der Euseb weder einen Vertreter noch einen Namen anführen kann. Er nimmt sie trotzdem auf, da sie von Origenes, seiner zentralen Person in Buch VI, widerlegt wurde.

Irenäus genannten, von den Simonianern ausgehenden *Barbelo-Gnostiker* (adv. haer. I 29,1–4) läßt er aus.

Euseb kannte auch die Ausführungen des Klemens von Alexandrien über *Isidor*, den Sohn und Schüler des Basilides (strom. II 113,3–II 114,6; strom. III 2,2–III 3,2; strom. VI 53,2–5) und weitere nicht namentlich genannte Schüler des Basilides[1002]. Ebenfalls wußte er von *Epiphanes*, dem Sohn und Schüler des Karpokrates (strom. III 5,1–3). Den angesehensten Schüler Valentins, *Herakleon* (strom. IV 71,1–73,1), sowie weitere, nicht namentlich genannte Schüler Valentins (strom. II 10,2), übergeht Euseb stillschweigend.

3.2.2.2.2 Ausgelassene Häresien

Über die oben genannten Häretikerschüler hinausgehend, kennt Euseb aus eigener Lektüre einige Häresien, die er in seine h.e. nicht aufnimmt.

Nicht sicher ist zunächst, ob Euseb die Schrift des Theophilus gegen *Hermogenes* rezipiert hat. Obwohl Euseb in h.e. IV 24 beteuert, daß ihm die erwähnten Arbeiten des Theophilus erhalten sind, ist die Kenntnis der Schrift und der häretischen Lehre des Hermogenes zu bezweifeln.[1003]

Die Häresie des *Marcian* wird Euseb zumindest in Grundzügen bekannt gewesen sein, ist sie doch der Anlaß für Serapions Schrift „Über das sog. Petrusevangelium". In h.e. VI 12,3–6 zitiert Euseb aus ihr die Warnung Serapions an die Gemeinde in Rhossus, wonach Marcian sich selbst widersprach und nicht wußte, was er sagte (h.e. VI 12,5). Etwas versteckt findet sich ein weiterer Hinweis auf Marcian: Nach Hegesipp (h.e. IV 22,5) gehen aus den sieben Sekten des jüdischen Volkes die Menandristen, Marcianer, Karpokratianer, Valentinianer, Basilidianer und Satornilianer hervor.

Euseb kannte Marcian sicherlich auch aus Justins, dial. c. Trypho 35,6, der davon berichtet, daß die Marcianer wie die Philosophen ihren Namen von dem Gründer ihres Systems übernommen haben. Der Grund, warum Euseb das frühe Zeugnis des Justin-Zitats ausläßt, liegt, wie oben häufiger ausgeführt, in der Parallelisierung ‚Häretiker – Philosophen'.

Man mag Euseb zugute halten, daß er nicht viele Informationen, schon gar keine verwendbaren Zitate, zur Häresie des Marcian besaß. Es erklärt aber nicht, warum er Marcian nicht als eigenständigen Häretiker in seine h.e. aufnimmt. Vergleicht man dazu die eusebianische Darstellung des Satorninus (h.e. IV 7,3–4), so zeigt sich, daß Euseb, nach seinen Quellen zu urteilen, über Marcian inhaltlich mehr hätte berichten können.

[1002] Klemens, strom. I 146,1–4; strom. II 10,1.3; strom. II 27,2; strom. II 36,1; strom. II 112,1–2; strom. III 1,1; strom. III 3,3.

[1003] Vgl. Teil I 1.5 Theophilus von Antiochien. Tertullians Schrift *Adversus Hermogenem* war Euseb ebenso unbekannt wie der Bericht des Hippolyt von Rom in ref. VIII 17,1–4.

Wenn Euseb die *Disputation mit Heraklides* 10,17 zur Darstellung der Häresie vom Sterben der Seele benutzt, wird er auch die Häresie des *Heraklides*, gegen die sich Origenes' Dialog im wesentlichen richtete, gekannt haben. Euseb stellt diese Häresie aber nicht dar – vermutlich, weil die dialogische Form der Quelle ein Zitat unmöglich machte. Aber auch die Verfasserschaft durch Origenes könnte zum Verschweigen dieser Häresie geführt haben.

Die ausführliche Darstellung des *Julius Cassianus*, des Urhebers der „doketischen Lehre" (strom. III 91,1), übergeht Euseb.[1004] Die Hinweise auf die Häresien der *Peratiker*, der *Haimatiten*, der *Kainiten*, der *Ophiten* (bei Irenäus noch ohne diese Bezeichnung eingeführt) und der simonianischen *Entychiten* wird Euseb bei Klemens von Alexandrien gelesen haben (strom. VII 108,2). Da Klemens aber nicht mehr als nur ihre Namen nennt, kann Euseb diese systematische Zusammenstellung der Häresien nach der Art ihrer Namensgebung für die h.e. nicht übernehmen.

Den im Hegesipp-Zitat genannten Häretiker *Dositheus* (h.e. IV 22,5) kannte Euseb vermutlich aus den Ausführungen des Origenes. Da jener in c. Cels. I 57, c. Cels. VI 11 sowie in de princ. IV 3,2 über diesen berichtet, war Euseb relativ gut informiert.

In seiner späteren Schrift *de theophania* IV 35, Fragment 15, nennt Euseb Dositheus noch vor Simon Magus und Marcion als einen Häretiker, der sich als Christus ausgab und viele in die Irre führte. Eine Kenntnis dieser Häresie zur Zeit der h.e.-Niederschrift ist wahrscheinlich. Der Grund für ihre Auslassung wird in der Verfasserschaft der Quellen durch Origenes liegen.[1005]

Euseb berichtete in h.e. V 13,2–3 im Anschluß an Rhodon von der Spaltung der marcionitischen Schule in drei Richtungen. Er selbst stellt nur Apelles dar, die Informationen über *Syneros*, *Potitus* und *Basilikus*, die ihm mit Sicherheit vorlagen, übergeht er in seiner Darstellung.

3.2.2.2.3 Ausgelassene Häresievorwürfe

Auch zwei Häresievorwürfe dürfte Euseb gekannt und seinen Lesern verschwiegen haben:

Origenes war zur Zeit der Abfassung der eusebianischen Kirchengeschichte der Häresie verdächtig.[1006] Euseb berichtet in h.e. VI 36,4, daß Origenes an den römischen Bischof Fabius und an sehr viele Kirchenvorsteher über seine Rechtgläubigkeit schrieb[1007], was vermutlich impliziert, daß er seine Lehre erklären und gegen Häresievorwürfe verteidigen mußte. Euseb verweist zudem an mehreren Stellen der

---

[1004] Klemens behandelt Julius Cassianus in strom. I 101,2; strom. III 91,1–92,2; strom. III 95,2; strom. III 102,3.

[1005] Nach Hauschild, Lehrbuch, 69, trat Dositheus zeitgleich mit Menander um 60–80 in Antiochien auf. Daher konnte Euseb Origenes schlecht zum Widerleger dieser Häresie stilisieren.

[1006] Vgl. zum Häresievorwurf gegen Origenes auch oben Teil I 1.19 Origenes.

[1007] Grant, Eusebius as Church Historian, 86.93.

h.e. auf seine mit Pamphilus verfaßte *Apologie für Origenes*, ohne aber genauer auf die erhobenen Vorwürfe einzugehen.[1008] Statt dessen unterstreicht Euseb Origenes' orthodoxen Lebenswandel und betont, daß er trotz seiner Beschäftigung mit häretischen Lehren diese von Kindheit an verabscheute (VI 2,14). Auch das Zitat, in dem Origenes seine Beschäftigung mit häretischen Lehren rechtfertigt, läßt vermuten, daß Euseb mit seiner Darstellung dem Häresievorwurf gezielt entgegenwirkt und indirekt durch die Zitatauswahl Stellung bezieht.

Dionysius von Alexandrien war des Sabellianismus verdächtig und rechtfertigte seine Lehre in vier an Dionysius von Rom gerichteten Schriften.[1009] Euseb betont, daß diese vier Bücher (h.e. VII 26,1), die nach Athanasius (de sent. Dionysii 13) unter dem Titel *Widerlegung und Verteidigung* umliefen, sich in seinem Besitz befanden.[1010] Ob er sie auch gelesen hat, den Anlaß ihrer Abfassung kannte und seinen Lesern bewußt verschweigt, wird sich nicht nachweisen lassen. Er wird aber vom Häresievorwurf gegen Dionysius von Alexandrien gewußt haben.

Beide zentrale Personen der eusebianischen Kirchengeschichte in Buch VI haben demnach mit dem Häresievorwurf zu kämpfen gehabt, der sich in beiden Fällen als haltlos erwies. Schon aus diesem Grund wird Euseb ihn verschwiegen haben. Hinzu tritt das eusebianische Verständnis von Häresie, das von einem unüberwindbaren Graben zwischen Häresie und Orthodoxie ausgeht. Origenes und Dionysius von Alexandrien, beide nach eusebianischer Darstellung „Streiter gegen die Häresie" und „Garanten für die orthodoxe Lehre", konnten daher nach Eusebs Vorstellung niemals, auch nicht temporär, häretischen Lehren angehangen haben.

1008 Zur Abfassung der *Apologie für Origenes*, insbesondere des letzten Buches durch Euseb, vgl. Anm. I 138.

Die apologetische Tendenz der Origenes-Darstellung ist auch unabhängig von Eusebs Aussagen zur *Apologie für Origenes* deutlich (vgl. Teil I 1.19 Origenes), so daß an der eusebianischen Kenntnis des Häresievorwurfs nicht zu zweifeln ist. Der Häresievorwurf wird zudem etwas länger im Raum gestanden haben, so daß Euseb ihn bereits in der Sieben-Bücher-Erstausgabe der h.e. berücksichtigt haben könnte, *bevor* er und Pamphilus sich im Jahr 308/309 (so die Datierung der Apologie von Winkelmann, Euseb, 189) zu einer eigenen Widerlegung der Vorwürfe genötigt sahen.

1009 Dionysius von Alexandrien wurde etwa 258 um ein Gutachten zu einem in der libyschen Pentapolis entstandenen Streit gebeten. In seinem Antwortschreiben kritisierte er den Modalismus der einen Partei, den er als Doketismus und Gefährdung des Heilswerkes ansah, und betonte die hypostatische Unterschiedenheit des Logos vom Vater, sogar sein Geschaffensein. Die libyschen Monarchianer verklagten Dionysius von Alexandrien daraufhin bei Dionysius von Rom. Dionysius von Alexandrien rechtfertigte sich mit seiner, der römischen Position entgegenkommenden Schrift *Widerlegung und Verteidigung*, in der er sowohl den Modalismus als auch den Tritheismus verurteilte sowie den mißverständlichen Begriff ὁμοούσιος akzeptierte, vgl. dazu Hauschild, Lehrbuch, 22.

1010 Damit korrespondiert der Sachverhalt, daß Euseb diese Schrift in der kurz nach der h.e. entstandenen praep. ev. (praep. ev. VII 19) zitiert; ob sie zum Zeitpunkt der h.e.-Abfassung bereits gelesen hatte, ist nicht zweifelsfrei nachweisbar.

3.2.2.2.4 Häresiefreie Zeiten

Wenn man das eusebianische Bestreben, unter jedem römischen Kaiser wenigstens einen Häretiker zu benennen, ernst nimmt, dann fallen die „häresiefreien Zeiten" um so mehr ins Gewicht, wenn sich nachweisen läßt, daß von Euseb bewußt ausgelassene Häresien diese Lücken hätten füllen können.

„Häresiefreie" Regierungszeiten, d.h. Zeiten, in denen keine neuen Häresien auftreten, sind

(1) der Zeitraum vom Ende der apostolischen Zeit bis Trajan (98);
(2) der Zeitraum von 211 bis 238: die Regierungen des Caracalla (211–217), des Macrinus (217–218), des Elagabal (218–222), des Severus Alexander (222–235) und des Maximinus I. Trax (235–238);
(3) der Zeitraum von 275 bis 284: die Regierungen des Tacitus (275/276), des Florian (276), des Probus (276–282), des Karus (282/83), des Numerianus (283/284) und des Karinus (283–285).

Ad (1): Euseb ordnet Simon Magus in die Zeit des Petrus ein, Menander in die Zeit Trajans. Wollte Euseb die Lücke zwischen Simon Magus und Menander füllen, dann käme nur eine von Simon Magus abhängige Häresie in Betracht.[1011] In adv. haer. I 23,5 zieht Irenäus eine *direkte* Verbindungslinie von Simon Magus zu Menander, worin ihm Euseb folgt (h.e. III 26). Irenäus läßt aber an einigen, eher versteckten Stellen erkennen, daß es darüber hinaus auch andere Abhängigkeiten von Simon bzw. den Simonianern gibt: In adv. haer. I 29,1 nennt Irenäus die Barbelo-Gnostiker als von den Simonianern ausgehend. Euseb hätte diese Gruppierung, da sie bei Irenäus undatiert ist, durchaus in sein Sukzessions-System einpassen können. Er unterläßt es aber, da er – entgegen der irenäischen Vorlage – eine Spätdatierung der Gnosis in die Zeit Hadrians vertrat und erst Karpokrates zum Vater der Gnostiker (h.e. IV 7,9) stilisiert. Vielleicht erkannte Euseb auch, daß die Lehre der Barbelo-Gnostiker inhaltlich eine späte Entwicklung der Gnosis darstellte.[1012]

Ad (2): a) Euseb ordnet die Schrift des Serapion *Über das Petrusevangelium*, die durch die Häresie des Marcian veranlaßt wurde, in die Regierungszeit des Caracalla, welche er ab h.e. VI 8,7 darstellt. Er hätte an dieser Stelle die Häresie des Marcian behandeln können, obwohl ihr Entstehen früher anzusetzen ist.[1013]

[1011] Im Fall der Ebionäer, der „ganz anderen Häresie", und der Nikolaïten hatte Euseb kein Problem, die irenäische Vorlage zu ergänzen und Häresien einzuführen, die nicht von Simon Magus ausgingen. Beide Häresien sind aber als Ausnahmen anzusehen, die das Prinzip, alle Häresien von Simon Magus abzuleiten, nicht in Frage stellen. Vgl. zur häretischen Sukzession Teil II 2.5 Die eusebianische *successio haereticorum*.

[1012] Hauschild, Lehrbuch, 69, datiert die Barbelo-Gnostiker um 160–200.

[1013] Hegesipp (h.e. IV 22,5) kennt die Häresie des Marcian als eine Gruppierung, welche aus den sieben Sekten des Judentums hervorgegangen ist. Vgl. auch den parallelen Fall „Montanus", wo Euseb die Häresie bei ihrer Erstbezeugung, nicht bei ihrer Entstehung zeitlich einordnet.

b) Ab h.e. VI 14,10 konzipiert Euseb seine h.e. ganz auf Origenes hin. Es ist zu vermuten, daß Euseb, dem noch mehr Origenes-Werke, als heute erhalten sind, vorlagen, weitere Häresie-Berichte über Auseinandersetzungen in dieser Zeit (211–238) besaß.

Ad (3):Vor dem Auftreten Manis bleiben viele Regierungen ohne Nennung neuer Häresien, so daß das immer wieder zu beobachtende Bemühen, jede Regierungszeit eines Römischen Kaisers mit einer Häresie in Verbindung zu bringen, an dieser Stelle aufgegeben scheint. Die „häresiefreie Zeit" zwischen 268–285 entsteht perspektivisch aus dem Bestreben Eusebs, beide Häresieberichte (Paulus von Samosata, Mani) als Einheit zu gestalten. Er übergeht daher die Regierung des Klaudius II. Gothicus (268–270) mit einem kurzen Satz (h.e. VII 28,4). Die Regierungen des Probus sowie die des Karus mit seinen Söhnen Karinus und Numerianus werden ebenfalls nur kurz erwähnt (h.e. VII 30,22). Offensichtlich ist, daß Euseb den literarischen Kunstgriff des Zeitraffers *nicht* deshalb einsetzt, weil er keine Informationen über diese Zeit hatte, sondern weil er die Häresiethematik, die mit Paulus von Samosata anhebt und mit Mani zu ihrem Höhepunkt und Abschluß kommt, nicht stören will. Weil Euseb bei dem Bericht aus seinem eigenen Zeitalter auf Quellenmaterial verzichtet, ist der Nachweis der eusebianischen Kenntnis anderer Häresien aus der Zeit von 275–285 schwierig.

An dieser Stelle ist zu fragen, ob Euseb nach Mani weitere Häresien kannte, die er mit Rücksicht auf den Häresie-Abschluß in seiner Darstellung ignoriert. Er selbst nennt in seiner *Vita Constantini* neben Arius in Alexandrien (v.C. II 61–72) die Melitianer in Ägypten und der oberen Thebais (v.C. II 62) und die Donatisten in Afrika (v.C. II 66).[1014]

Alle drei Häresien wären aus zeitlichen Gründen schwerlich im Berichtszeitraum der Erstauflage der h.e. zu erwarten gewesen. Dies gilt uneingeschränkt, wenn man von einer vor 303 entstandenen Sieben-Bücher-Erstausgabe der h.e. ausgeht. Nur wenn man von der Abfassung einer Acht-Bücher-Erstausgabe im Jahr 311/313

1014 Euseb leitet in v.C. II 61 in die Häresie-Thematik ein: Da die Kirche vor äußeren Feinden bewahrt war, schlich sich der Neid in die Kirche ein und ließ Bischöfe aneinandergeraten, „indem er unter dem Vorwand, es handele sich um göttliche Wahrheiten, Streitigkeiten unter ihnen erregte" und zu Spaltungen und Unfrieden in einem großen Teil der Kirche führte. Konstantin, nach v.C. II 63 von diesem Zustand der Kirche zutiefst erschüttert, sendet daraufhin an beide Seiten ein in v.C. II 64–72 wiedergegebenes Schreiben.
Euseb stellt den Arianischen Streit (und die Auseinandersetzung mit den Melitianern) fast ausschließlich durch Zitate aus dem Schreiben Konstantins dar (ganz parallel zur Darstellung der Donatisten in der h.e., vgl. Anm. I 1016), welcher den Ausgangspunkt des Streites als geringfügig und nichtig sowie des Streites und der Spaltung nicht wert einschätzt (v.C. II 72). Konstantin empfiehlt dementsprechend, nicht weiter nach solchen Dingen zu fragen, nur zur Streitsucht verleiten. Euseb korrigiert diese Einschätzung des Arianischen Streites in v.C. II 73 dahingehend, daß der Streit mächtiger war als von Konstantin zunächst angenommen, schafft damit aber auch einen gelungenen Auftakt zu Buch III, das mit der Einberufung der Synode durch Konstantin und der Beilegung des Streites fortfährt.

ausgeht, hätten die ab 306 wirkenden Melitianer[1015], nicht aber die sich erst im Jahr 311 konstituierenden Donatisten[1016], Mani als Abschluß der Häresiethematik ablösen können.

[1015] Melitius von Lykopolis' „Kirche der Märtyrer" bildete sich als Reaktion auf die Ostern 306 erlassene Enzyklika des Petrus von Alexandrien, in der dieser das Bußverfahren zur Wiederaufnahme der *lapsi* in der Diokletianischen Verfolgung regelte, vgl. Kettler, Melitius, 845–846. In Abwesenheit wurde Melitius 306 von der Synode seines Bischofsamtes enthoben, doch war der Erfolg des Petrus nur von kurzer Dauer. 308 wurde Melitius in die Bergwerke Palästinas deportiert, wo er sich aber einigermaßen frei bewegen und sogar Kirchen einrichten konnte. Von dort aus organisierte er seine „Kirche der Märtyrer" als Gegenkirche zur „katholischen Kirche" des Petrus von Alexandrien. Zur Abfassungszeit der Acht-Bücher-Erstausgabe (311/313) oder weiterer Auflagen der h.e. war der Konflikt Petrus/Melitius in vollem Gange, insbesondere auch in Cäsarea, vgl. Reichert, Melitius, 1217. Euseb wird von der Exkommunikation des Melitius gewußt und auch nähere Informationen über das melitianische Schisma besessen haben – über sein Schweigen zu diesem Thema kann nur spekuliert werden. Vielleicht sah er die Frage nach dem angemessenen Umgang mit den Lapsi durch seine Darstellung der Novatianer als ausreichend behandelt an.

[1016] Das donatistische Schisma bricht nach dem Tod des Bischofs Mensurius von Karthago (im Jahre 311/312) durch die Doppelwahl des Archidiakons Cäcilian und des Lektors Maiorinus zum Bischof aus, vgl. Karpp, Donatismus, 239. Die Wahl des Cäcilian geschah zwar mit Zustimmung des ganzen Volkes (Optatus I 18), wurde aber durch drei Bischöfe, die unter dem Verdacht der *traditio* standen, vollzogen. Die Numidier, die möglicherweise traditionell den Anspruch auf die Weihe des Bischofs von Karthago erhoben, eröffneten in Karthago ein Konzil, verdammten Cäcilian mit dem Hinweis, er sei von *traditores* geweiht worden, und weihten den Lektoren Maiorinus zum Bischof (Optatus I 19–20), dessen Bischofsstuhl Donatus nach seinem Tod im Jahre 313 übernahm. Konstantins Erlasse und Briefe an die afrikanischen Christen (von Soden, Urkunden, Nr. 7; 8 und 9, alle Ende 312 oder Anfang 313) lassen erkennen, daß der Kaiser von Anfang an deutlich auf der Seite Cäcilians stand. Die antidonatistische Haltung wird gänzlich offenbar an der unter Konstantins Obhut Anfang Oktober 313 in Rom tagenden Synode, auf der Donatus verurteilt wurde. Seit diesem Zeitpunkt, spätestens aber mit dem Konstantin-Edikt von 316/317, das die Beschlagnahmung der donatistischen Kultgebäude gebiet, mußte Euseb vom Häretikertum der Donatisten ausgehen können, vgl. dazu Schindler, Afrika I, 656–657.

Da Euseb die Geschichte Konstantins in aller Ausführlichkeit in den Büchern IX und X schildert, hätte er bei der letzten Ausgabe der Kirchengeschichte ausreichend Gelegenheit besessen, Donatus zu behandeln. Er geht indirekt durch drei Zitate sogar auf die Donatisten ein, nämlich mit einem Brief mit der Einladung der Bischöfe zu einer römischen Synode zur Wiederherstellung der kirchlichen Einheit (h.e. X 5,18–20), einem zweiten Brief, der Chrestus von Syrakus zu einer zweiten Synode in Arles (1. Aug. 314) einlädt (h.e. X 5,21–24), und einem letzten Brief, in dem Konstantin Cäcilian von Karthago eine Entschädigung von 3000 Folles zusagt und ihn auffordert, „einige Leute unsteten Sinnes", welche „das Volk der heiligen und katholischen Kirche durch schlimme Täuschungen irreführen wollen" (h.e. X 6,4) – gemeint sind mit einiger Sicherheit die Donatisten –, beim Prokonsul anzuzeigen (h.e. X 6,1–5).

Bedenkt man, daß diese Konstantin-Briefe, die im donatistischen Schisma eindeutig Stellung beziehen, erstmals am Ende von Buch IX eingefügt wurden, welches etwa zwischen 313 und 315 entstand (313: Winkelmann, Euseb, 190; Barnes, Constantine and Eusebius, 278; 315: Schwartz, Eusebios, 1405), kannte Euseb die Problematik spätestens seit 315. Er hätte bis zur Umgruppierung der Briefe nach Buch X (Entstehung von Buch X 1–7 zwischen 313–320: Winkelmann, Euseb, 190; ca. 315: Barnes, Constantine and Eusebius, 278) ausreichend Zeit gehabt, die Thematik zu recherchieren und in seiner „letzten" Ausgabe weiter auszuführen (letzte Ausgabe der h.e. 325/326: Winkelmann, Euseb, 190). Stattdessen beschränkt er seine Darstellung des donatistischen Schismas auf die unkommentierte Wiedergabe der Konstantin-Briefe, in denen der

Sollte Euseb die Häresien der Melitianer, Donatisten und Arianer[1017] schon zum Zeitpunkt der Niederschrift der zweiten (oder einer späteren) Ausgabe seiner Kirchengeschichte gekannt haben, hätte er sie bei der Darstellung der entsprechenden Zeit aus unbekannten Gründen ausgelassen.

Die Häresie der Hierakiten, die Epiphanius in seinem Panarion direkt im Anschluß an Paulus von Samosata und Mani als 67. Häresie nennt und die wohl in die Zeit zwischen 300 und 311 zu datieren ist, scheint Euseb nicht zu kennen.[1018]

3.2.2.3 Von Euseb nicht übernommene häreseologische Erklärungsmöglichkeiten zur Entstehung und zum Wesen der Häresie

Euseb hat seine eigenen Erklärungen, was das Wesen und die Entstehung der Häresien betrifft. Diese sollen im Detail in Teil II betrachtet werden.

Neben Eusebs häreseologischer Konzeption finden sich innerhalb der h.e. aber auch andere Deutungsmöglichkeiten, die Euseb mit seinen Quellen zwar übernimmt, aber inhaltlich nicht teilt und unkommentiert übergeht. Um diese abweichenden Konzeptionen herausarbeiten zu können, sollen auch die Euseb nachweislich bekannten, aber nicht rezipierten Schriften hinzugezogen werden. Erwägungen, warum Euseb diese ihm bekannten Erklärungsmuster nicht adaptieren konnte, sollen die Analyse abschließen.

3.2.2.3.1 Die Rückführung der Häresien auf die Philosophie: Justin und Irenäus

Eine weit verbreitete Erklärungsmöglichkeit für die Existenz sowie für die Entstehung der Häresie greift auf ein paralleles Phänomen innerhalb der Philosophie zurück.

Bereits Justin, dial. c. Trypho 35,6, erkennt die strukturelle Analogie zwischen Häresie und Philosophie in ihrer Aufspaltung in unterschiedliche Schulrichtungen und in der Namensgebung der jeweiligen Gruppierung nach ihrem Schulgründer,

---

Streitpunkt weder inhaltlich dargestellt noch Donatus als exkommunizierter Häretiker (vgl. h.e. X 5,22) herausgestellt wird.

[1017] Die arianischen Streitigkeiten heben erst mit der Exkommunikation des Arius durch Alexander von Alexandrien 318/319 an (Schneemelcher, Arius, 606) und kommen damit für die Darstellung in der h.e. kaum in Betracht: Euseb berichtet in seiner h.e. die Geschichte bis zum Sieg Konstantins über Licinius 324. Seine letzte Auflage der h.e. wird im Jahre 324/325 abgefaßt sein (Altaner/Stuiber, Patrologie, 219). Die arianische Lehre, die zwar bereits seit 318 umstritten war, wurde gerade eben zur Zeit der h.e.-Abfassung in Nicäa als Häresie verurteilt (letzte Ausgabe der h.e. 325/326: Winkelmann, Euseb, 190). Euseb schließt seine Darstellung zu einem früheren Zeitpunkt, so daß er das heikle Thema „Arianer" nicht zu thematisieren braucht. Anders Gödecke, Geschichte als Mythos, 122, die Eusebs Schweigen über Arius kritisiert.

[1018] Zur Datierung der Hierakiten in die Bischofszeit des Petrus von Alexandrien, der um 300 sein Amt antrat und um 311 den Märtyrertod erlitt, vgl. Pourkier, L' hérésiologie, 32 Anm. 10. Auch in Eusebs späteren Schriften findet sich kein Hinweis darauf, daß er die Hierakiten gekannt hat.

wenn er betont, daß die Marcianer, Valentinianer, Basilidianer und Satornilianer wie die Philosophen ihren Namen von dem Gründer ihres Systems übernehmen.[1019] Irenäus führt die Herleitung der Häresien aus der hellenistischen Philosophie weiter aus, indem er aus der strukturellen Parallele zwischen Philosophie und Häresie eine sukzessive Abhängigkeit der Häresie von der Philosophie folgert. In adv. haer. II 14,2–4 nennt Irenäus die Philosophie als Ausgangspunkt aller häretischen Lehren: „Und man ertappt sie nicht nur dabei, daß sie als eigenes Gedankengut ausgeben, was bei den Komikern vorgegeben ist, sondern auch die Aussagen all der Leute, die Gott nicht kennen, der sogenannten Philosophen, die sammeln sie. Sie haben sich sozusagen aus vielen schlechten Fetzen einen Lumpenrock zusammengeflickt und so ein Obergewand aus akkurater Rede geschaffen. Die Lehre, die sie einführen, ist zwar neu, weil sie erst jetzt mit neuartiger Geschicklichkeit hergestellt wurde; alt ist sie aber und wertlos, weil sie von alten Dogmen, die nach Unwissenheit und Gottlosigkeit stinken, gesäumt ist."[1020] Irenäus geht demnach nicht nur von einer strukturellen Analogie aus, sondern von einer inhaltlichen Identität von häretischer und philosophischer Lehre. Als Ziel seines Werkes sieht Irenäus nicht vordringlich die Widerlegung, sondern die Offenbarung der häretischen Lehre.[1021] Die irenäische Rückführung der Häresien auf die Philosophie bedarf aber des Beweises, daß die rechte Lehre älter und im Gegensatz zu den philosophischen Aussagen wahr ist. Dazu dienen Irenäus die auf Christus gedeuteten Aussagen des Alten Testaments (vgl. adv. haer. IV 1–11 und öfter).[1022]

[1019]   Vgl. dazu auch Le Boulluec, La notion, I, 36–37.60–64, der in Justins Vergleich der Häresien mit den philosophischen Schulen eine besonders polemische Analogie erkennt.

[1020]   Iren., adv. haer. II 14,2 <FC 8/2, 108,21–27; 110,1–3: Et non solum quae apud comicos posita sunt arguuntur quasi propria proferentes, sed etiam quae apud omnes qui Deum ignorant et qui dicuntur philosophi sunt dicta, haec congregant et, quasi centonem ex multis et pessimis panniculis consarcientes, finctum superficium subtili eloquio sibi ipsi praeparaverunt, novam quidem introducentes doctrinam, propterea quod nunc nova arte substituta sit, veterem autem et inutilem, quoniam quidem de veteribus dogmatibus ignorantiam et irreligiositatem olentibus haec eadem subsuta sunt.>.

[1021]   Iren., adv. haer. I 31,4: „Nachdem ihre Lehre allen öffentlich bekannt gemacht ist, braucht es nicht mehr viele Worte, um sie zu widerlegen. Das ist, wie wenn ein wildes Tier im Wald verborgen haust und von da angreift und viele Menschen umbringt. Wer den Wald umhaut und lichtet, so daß man das wilde Tier nun sehen kann, der gibt sich keine Mühe mehr, es einzufangen, da ja ohnehin jeder sieht, daß die Bestie eine Bestie ist, denn man kann die mörderische Bestie jetzt ja sehen und sich vor ihren Angriffen hüten, von allen Seiten auf sie schießen und sie verletzen und töten. Genauso ist es in unserem Fall: Wenn wir ihre verborgenen und von ihnen mit Schweigen umgebenen Mysterien an die Öffentlichkeit gebracht haben, ist es nicht mehr notwendig, mit vielen Beweisen ihre Lehre umzustoßen. Denn es steht dir und allen, die bei dir sind, jetzt frei, sich mit dem Gesagten zu beschäftigen, ihre wertlosen und plumpen Lehren zu stürzen und zu zeigen, daß sie nicht mit der Wahrheit übereinstimmen."

[1022]   Die Priorität der christlichen Lehre gegenüber der hellenistischen Philosophie hatte bereits Justin behauptet (Apol I 44.54.59), ohne jedoch einen Beweis zu erbringen. Klemens von Alexandrien (strom. I 64,5; I 101,1; strom. II 20,1; II 78,1 u. ö.) wird den irenäischen Altersbeweis dahingehend konkretisieren, daß er am Ende eines doppelten Beweisganges festhalten kann, daß sowohl

Auch hinter den Aussagen der antiartemonitischen Streitschrift (h.e. V 28,13–19) kann man die Herleitung der Häresie von der Philosophie bzw. den hellenistischen Wissenschaften vermuten. Der Verfasser führt Anklage gegen die Häretiker, welche die Aussagen der Schrift verachten und sie nach logischen Schlüssen zu korrigieren versuchen, um ihre Gottlosigkeit zu beweisen[1023]. Sie greifen bei ihren Argumentationen und Textkorrekturen auf die „Wissenschaften der Ungläubigen"[1024] zurück, namentlich auf Euklid, Aristoteles, Theophrast und Galen. Der Verfasser kommt in h.e. V 28,15 zu dem Schluß, daß „die, welche die Wissenschaften der Ungläubigen brauchen, um ihre Häresie zu beweisen, und den Glauben der göttlichen Schriften mit der Schlauheit der Gottlosen fälschen, mit dem Glauben nichts zu tun haben". Damit ist deutlich, daß sich griechisches Gedankengut und christliche Lehre derart ausschließen, daß einem „Christen", der mit griechischen Methoden der Textkritik – um die es sich ja bei der Häresie des Artemon handelt – an biblische Schriften herantritt, das Christsein abgesprochen wird.

Auch das Synodalschreiben gegen Paulus von Samosata operiert mit der Vorstellung von der Herleitung der Häresie aus der Philosophie: Man wird die Bezeichnung ‚σοφιστής' (h.e. VII 30,9) für Paulus zuvor nicht wörtlich nehmen können, da sie als polemischer Topos das Negativbild des „geschwätzigen Sophisten" aufgreift, um das Reden des Paulus als wertloses Gerede zu disqualifizieren. Deutlich bleibt aber der Vergleich mit einem Philosophen, was durch die Darstellung des Paulus in h.e. VII 30,8 als von Schülern umgebenem, philosophierend auf dem Marktplatz wandelndem Lehrer unterstrichen wird. Entspringt aber diese Häresie der Philosophie, so ist auch das Abspalten des Paulus von Artemas ein Abbild der Aufspaltung der einzelnen Philosophenschulen untereinander.[1025]

Die Beispiele zeigen deutlich, daß Euseb die Erklärung des Wesens der Häresie durch die Parallele ‚Philosophie' nicht teilt. Er läßt daher den frühen Beleg Justins für seine Darstellung der Valentinianer, Basilidianer und Satornilianer aus. Irenäus' Ansicht über die häreseologische Herleitung von den philosophischen Schul-

---

die Griechen ihre Weisheit aus den biblischen Schriften besitzen, als auch daß Mose ein Vorläufer Platons ist.

[1023] Euseb, h.e. V 28,13 <GCS Euseb II/1, 504,12–14: οὐ τί αἱ θεῖαι λέγουσιν γραφαί, ζητοῦντες, ἀλλ᾽ ὁποῖον σχῆμα συλλογισμοῦ εἰς τὴν τῆς ἀθεότητος σύστασιν εὑρεθῇ, φιλοπόνως ἀσκοῦντες>. Vgl. zum Vorwurf der Streichung bzw. Überarbeitung der Bibel auch h.e. V 28,15 <GCS Euseb II/1, 504,25–26: διὰ τοῦτο ταῖς θείαις γραφαῖς ἀφόβως ἐπέβαλον τὰς χεῖρας, λέγοντες αὐτὰς διωρθωκέναι.>.

[1024] Euseb, h.e. V 28,15 <GCS Euseb II/1, 504,21–22: ταῖς τῶν ἀπίστων τέχναις>.

[1025] Da sich das Synodalschreiben ausschließlich mit der Häresie des Paulus von Samosata beschäftigt, muß offenbleiben, ob die Synode nur die Häresie des Paulus in die Nähe der philosophischen Schulen rücken möchte oder ob sie generell jegliche Häresie in den Bereich der Philosophie verweist.

Die häreseologische Konzeption hätte für die Synode den Vorteil, daß das zunächst als kirchliches Problem empfundene Phänomen der Häresie in den Bereich der Philosophie zurückgewiesen wird, wo es seinen Grund und seinen Ausgangspunkt hat. Dazu würde die Aussage der Synode passen, wonach Paulus nicht mehr auf dem Boden der Kirche stehe und sein Ausschluß aus der Kirche nur logische Konsequenz aus seinem Verhalten/seiner Lehre sei (vgl. h.e. VII 30,16).

meinungen verschweigt Euseb ebenfalls.[1026] Alle anderen in der h.e. zitierten Quellen, die an einer Erklärung der Häresieentstehung durch die Philosophie festhalten, werden von Euseb derart eingefügt, daß ihre Konzeption dem Leser nicht deutlich wird und sie hinter der eusebianischen Konzeption von der Anstiftung einzelner Häretiker durch den Teufel zurücktritt. Dies gilt insbesondere für die Ansicht der antiartemonitischen Streitschrift, daß sich Textkritik und Glaube ausschließen.

Der Schlüssel für das Verständnis der eusebianischen Haltung zur Philosophie liegt in der Darstellung des Origenes, die zeigt, daß Euseb das Verhältnis von griechischen Wissenschaften und biblischer Exegese sehr viel differenzierter als der antiartemonitische Verfasser sieht.[1027] Eusebs Position ist aus der Origenes-Biographie in Buch VI zu eruieren, die er ohne erkennbare Vorlagen selbst formuliert.[1028] Euseb beschreibt in h.e. VI 2,15, wie bereits der Vater Origenes neben dem Studium der Bibel auch zum Studium der heidnischen Wissenschaften drängt. Origenes gibt selbst Grammatikunterricht (h.e. VI 3,8) und wählt später Heraklas, „der wissenschaftlich gut geschult und in der Philosophie nicht unbewandert war" (h.e. VI 15), zum Gehilfen für den Elementarunterricht. Schließlich berichtet Euseb in h.e. VI 18,2, daß viele Häretiker und angesehene Philosophen bei Origenes Unterricht in der heidnischen Philosophie nehmen. Er unterrichtet Geometrie, Arithmetik und andere grundlegende Wissenschaften sowie die Systeme der Philosophen, deren Schriften er erklärt und kommentiert, was ihm auch bei den Heiden den Ruhm eines großen Philosophen einträgt (h.e. VI 18,3, vgl. auch h.e. VI 19,1).

[1026] Neben Justin und Irenäus ist es Tertullian, der die Vorstellung der Abhängigkeit der Häresie von der Philosophie häufiger in seinen Schriften thematisiert (Tert., adv. Hermog. 8,3; de praescr. VII 7; adv. Marc. V 19,7; apol. 46,17–18 u. ö.).

Hippolyt macht diese Häresie-Ableitung in seiner *Refutatio* zur Grundlage seiner Darstellung und führt über lange Passagen den Nachweis, wie jede Häresie auf eine oder mehrere philosophische Schulrichtungen zurückzuführen ist (vgl. ref. praef. 8–9; X 32); eine Kenntnis der *Refutatio* bei Euseb läßt sich nicht nachweisen.

Klemens Alexandrinus parallelisiert zwar über weite Strecken der *Stromata* Häresie und Philosophie (strom. II 48–52), da ihr Wissen auf den menschlichen Bereich begrenzt ist. Obwohl er häufiger betont, daß es Parallelen zwischen philosophischer und häretischer Lehre gibt, da sich die Häretiker fälschlicherweise auf Platon berufen (strom. III 5,2 Epiphanes; III 10,2 Karpokrates; III 12,1 und III 21,1 Marcion; III 93,3 Cassian), führt er die Häresie nicht auf die Philosophie zurück (vgl. Le Boulluec, La notion, II, 271–272). Er geht sogar so weit, der libertinistischen (Karpokratianer) sowie der rigoristischen Verfehlung (Markioniten) mit Zitaten oder Referaten aus Platon kämpferisch entgegenzutreten, vgl. Wyrwa, Platonaneignung, 190–224. Häresie und Philosophie sind dadurch grundlegend unterschieden, daß die Häresie im Gegensatz zur Philosophie von der Kirche ausgeht und ein Wissen von Christus und den Schriften besitzt. Ganz explizit sagt Klemens dies in strom. I 95,6–7: „Das sind die Ketzersekten, welche die anfängliche Kirche verlassen haben. Wer in Ketzerei verfällt, ‚Geht durch eine wasserlose Wüste hindurch', nachdem er den wahren Gott verlassen hat, von Gott allein gelassen." Vgl. dazu Le Boulluec, La notion, II, 423.

[1027] Nicht zuletzt spricht Eusebs eigene Tätigkeit als Gehilfe des Pamphilus, der mit der Korrektur abgeschriebener Bibelhandschriften und deren Abgleichung mit der Hexapla betraut war, gegen die Haltung des anonymen Verfassers in h.e. V 28.

Zur besonderen Rolle der Philosophie in der Menschheitsgeschichte vgl. Anm. II 63.

[1028] Vgl. auch die Einführung Tatians in h.e. IV 16,7 als philosophisch gebildeter Mann.

Euseb berichtet anerkennend und nicht ohne Stolz über die philosophischen Kenntnisse des Origenes, so daß für ihn offenbar kein Widerspruch zwischen Bibelstudium und Studium der heidnischen Wissenschaften besteht. Es scheint, als ob er die heidnischen Wissenschaften mit ihren Methoden als Hilfsmittel zum Verständnis des biblischen Textes ansieht, wenn er in der Origenes-Darstellung schreibt: „Auch viele von denen, die der Bildung fernstanden, veranlaßte er zum Studium der allgemeinen Wissenschaften, indem er ihnen erklärte, daß sie damit eine nicht wenig nützliche Unterlage für das Verständnis der göttlichen Schriften gewönnen. Aus diesem Grunde hielt Origenes die Pflege der weltlichen Wissenschaften und der Philosophie auch für sich selbst für sehr notwendig" (h.e. VI 18,4).

Darüber hinausgehend beschreibt Euseb den christlichen Glauben als die „vernünftige und wegen der Sittenreinheit bei allen berühmte Philosophie (φιλοσοφία) der Christen" (h.e. II 13,6), was anzeigt, daß Philosophie und Orthodoxie keinen Gegensatz, sondern vielmehr das Pendant zur Häresie darstellen (h.e. II 13,6). Die christliche Überzeugung genießt nach Eusebs Einschätzung „wegen ihrer Erhabenheit und Weisheit und wegen ihrer göttlichen und auch philosophischen Grundsätze größtes Ansehen" (h.e. IV 7,14). Die Ansicht, daß die Philosophie aufgrund der Aufspaltung in Schulrichtungen, d.h. aufgrund einer strukturellen Analogie, Ausgangspunkt der Häresien ist, kann er ebensowenig teilen wie eine Herleitung der Häresie aus der Philosophie aufgrund inhaltlicher Ähnlichkeiten.

3.2.2.3.2 Die Rückführung der Häresie auf die Sekten des Judentums: Justin und Hegesipp

Die drei bei Euseb zitierten Passagen aus Justins apol. I 26, lassen neben der Rückführung der Häresie auf die dämonische Anstiftung einen zweiten Erklärungsansatz erkennen, der zum ersten in gewisse Konkurrenz tritt: Das Phänomen ‚Häresie' stamme aus dem Samaritanismus und werde erst nach der Himmelfahrt Christi im Christentum offenbar. Simon Magus kam aus Gitthon in Samaria, was impliziert, daß er Samaritaner ist. Bestätigt wird diese Annahme durch den Umstand, daß die Simonianer zahlreichen Zulauf von den Samaritanern haben (h.e. II 13,3.4).

Wie dial. c. Trypho 80,4 zeigt, wird der Samaritanismus von Justin als eine neben sieben anderen Gruppierungen innerhalb des Judentums verstanden: ὥσπερ οὐδὲ Ἰουδαίους, ἄν τις ὀρθῶς ἐξετάσῃ, ὁμολογήσειεν εἶναι τοὺς Σαδδουκαίους ἢ τὰς ὁμοίας αἱρέσεις Γενιστῶν καὶ Μεριστῶν καὶ Γαλιλαίων καὶ Ἑλλανιανῶν καὶ Φαρισαίων <καὶ> Βαπτιστῶν.[1029] Demzufolge haben Simon bzw. die Simonianer als Häresie der christlichen Zeit ihren Ursprung in den israelitischen Häresien, so daß das Phänomen Häresie nicht aus dem Christentum, sondern aus dem Judentum hervorgegangen ist und durch Simon sekundär auf das Christentum übertragen wurde.[1030]

[1029] Justin, dial. c. Trypho. 80,4 <PTS 47, 209,25–28>.

[1030] Zur justinischen Herleitung der Häresie aus den judenchristlichen Sekten vgl. Le Boulluec, La notion, I, 69–76.

Deutlicher wird die Herleitung der Häresie von den Sekten des Judentums in der Konzeption Hegesipps, die jedoch aufgrund der eusebianischen Quellenauswahl schwierig zu verstehen ist.[1031] Die zwei Zitate in h.e. IV 22,4–6.7 verdeutlichen seine Vorstellung vom Ursprung der Häresien. Die Häresie ist zunächst wie bei Justin ein aus dem Judentum bekanntes Phänomen.[1032] Aus den sieben jüdischen Gruppierungen läßt Hegesipp den Thebutis hervorgehen.[1033] Er berichtet, daß jener nach den Tod des Jakobus Bischof werden wollte. Da aber Symeon an seiner Stelle gewählt wurde, fing Thebutis an, die Kirche, die bis zu diesem Zeitpunkt nicht „durch eitle Lehren befleckt war" und als „Jungfrau bezeichnet" wurde[1034], mit eben jenen eitlen Lehren zu beschmutzen: ἄρχεται δὲ ὁ Θεβουθὶς διὰ τὸ μὴ γενέσθαι αὐτὸν ἐπίσκοπον ὑποφθείρειν ἀπὸ τῶν ἑπτὰ αἱρέσεων, ὧν καὶ αὐτὸς ἦν, ἐν τῷ λαῷ, ἀφ᾽ ὧν Σίμων, ὅθεν Σιμωνιανοί, καὶ Κλεόβιος, ὅθεν Κλεοβιηνοί, καὶ Δοσίθεος, ὅθεν Δοσιθιανοί, καὶ Γορθαῖος, ὅθεν Γοραθηνοί, καὶ Μασβωθεοι.[1035]

Von zentraler Bedeutung für das Verständnis von Hegesipps Häresievorstellung ist die Interpretation der Formulierung ἀφ᾽ ὧν. Leiten sich die Simonianer, Kleobiener, Dosithianer, Gorathener und Masbotheer – wie es auch die grammatikalische Konstruktion nahelegt – *direkt* von den sieben jüdischen Sekten ab, dann sind auch sie strenggenommen zu den jüdischen Sekten zu rechnen. Der Übergang von den jüdischen Häresien zu den im weiteren dargestellten christlichen Häresien bleibt somit unausgeführt. Diese Deutung der Textpassage führt außerdem zu der

---

[1031] Euseb scheint in h.e. III 32,7 eine Passage aus den *Hypomnemata* zu referieren, die er später in h.e. IV 22,4–6.7 zitiert. Das Referat scheint eusebianische Gedanken mit der Konzeption Hegesipps zu vermischen, weshalb hier nur auf das Zitat eingegangen werden soll. Das Referat wird unten, S. 421–422, näher analysiert werden.

Da die Schrift nur noch in den Zitaten Eusebs erhalten ist, müssen manche Fragen zur hegesippschen Konzeption aufgrund der fragmentarischen Überlieferung offenbleiben. Zur hegesippschen Häresiekonzeption vgl. Hilgenfeld, Ketzergeschichte, 31–35, und Markschies, Valentinus Gnosticus, 383. Le Boulluec, La notion, I, 95–112, versucht den Übergang des Phänomens Häresie vom Judentum zum Christentum in vier Schritten zu beschreiben: 1. die Häresieentstehung im Judentum hinsichtlich der Haltung gegenüber dem Messias; 2. der Neid des Thebutis; 3. die Entstehung der ersten Häresien; 4. das Auftreten zeitgenössischer Häretiker.

[1032] Euseb, h.e. IV 22,7 <GCS Euseb II/1, 372,9–11: ἦσαν δὲ γνῶμαι διάφοροι ἐν τῇ περιτομῇ ἐν υἱοῖς Ἰσραηλιτῶν κατὰ τῆς φυλῆς Ἰούδα καὶ τοῦ Χριστοῦ αὗται· Ἐσσαῖοι Γαλιλαῖοι Ἡμεροβαπτισταὶ Μασβώθεοι Σαμαρεῖται Σαδδουκαῖοι Φαρισαῖοι.>.

[1033] Euseb, h.e. IV 22,5 <GCS Euseb II/1, 370,13–15: ἄρχεται δὲ ὁ Θεβουθὶς διὰ τὸ μὴ γενέσθαι αὐτὸν ἐπίσκοπον ὑποφθείρειν ἀπὸ τῶν ἑπτὰ αἱρέσεων, ὧν καὶ αὐτὸς ἦν, ἐν τῷ λαω>. Man wird mit Euseb, wie sein zweites Hegesipp-Testimonium in h.e. IV 22,7 zeigt, unter ἐν τῷ λαῷ das jüdische Volk verstehen müssen, so daß Thebutis aus den oben genannten sieben jüdischen Gruppierungen der Essener, Galiläer, Hemerobaptisten, Masbotheer, Samaritaner, Sadduzäer und Pharisäer hervorgegangen ist. Von welcher Gruppierung er genau ausging, läßt sich aufgrund der fragmentarischen Überlieferung nicht mehr klären.

[1034] Euseb, h.e. IV 22,4 <GCS Euseb II/1, 370,12–13: διὰ τοῦτο ἐκάλουν τὴν ἐκκλησίαν παρθένον, οὔπω γὰρ ἔφθαρτο ἀκοαῖς ματαίαις>.

[1035] Euseb, h.e. IV 22,5 <GCS Euseb II/1, 370,13–17>.

Frage, warum Simon Magus, von dessen Taufe Hegesipp in Apg 8 lesen konnte, von ihm unter die Gründer jüdischer Häresien gerechnet wird.[1036]

Eine zweite, wahrscheinlichere Deutungsmöglichkeit ist, daß Thebutis ursprünglich aus den sieben Häresien des Judentums stammte, sich jedoch zum (orthodoxen) Christentum bekehrte und sich Hoffnungen auf den Bischofsstuhl in Jerusalem machte. Die christlichen Häresien gehen so vom zumindest zeitweise orthodoxen Thebutis und damit *indirekt* auch von den sieben jüdischen Häresien aus, was das „ἀφ' ὧν" erklärt. Nimmt man ein (zumindest temporäres) orthodoxes Christentum des Thebutis an, so wird anhand seiner Person, seiner Bekehrung und seines Abfalls der Übergang von der jüdischen zur christlichen Häresie „erzählt". Die doppelte Nennung der Masbotheer kann ebenfalls auf deren Anschluß an das Christentum hindeuten und von dort verständlich werden.

Eine weitere Schwierigkeit der Quellenzitate liegt darin, daß Hegesipp von keiner Häresie des Thebutis spricht, sondern von den Häresien der Simonianer, Kleobiener, Dosithianer, Gorathener und Masbotheer. Über Thebutis wird nur berichtet, daß er die Kirche nicht durch Angriffe „von außen", sondern durch eitle Reden „von innen" beschmutzt habe. Es ist denkbar, daß Thebutis, der aus den ἑπτὰ αἱρέσεις des Judentums kommt, nach Auffassung Hegesipps auch auf christlichem Boden αἱρέσεις initiiert hat und so Simon, Kleobius, Dositheus und Gorthäus durch eitle Reden zum Abspalten von der Kirche verführt hat.[1037]

Trotz aller Unterschiede zwischen der justinischen und der hegesippschen Erklärung zur Häresieentstehung sind sich beide Schriftsteller darin einig, daß die christlichen Häresien aus den Häresien des Judentums hervorgehen und von dort ihre Struktur übernehmen. Beide nehmen das Phänomen der Sektenbildung im Judentum als Ausgangspunkt ihrer Erklärung der christlichen Häresieentstehung und suchen dann einen Anknüpfungspunkt, an dem die jüdischen zu christlichen Häresien werden. Justin wählt traditionell den Samaritaner Simon Magus als Übergang von der jüdischen zur christlichen Häresie; Hegesipp hingegen sucht sich – offensichtlich singulär in der Alten Kirche – den ansonsten unbekannten Thebutis aus.

[1036] Hilgenfeld, Ketzergeschichte, 31 und Anm. 43, der vom Judentum des Thebutis überzeugt ist, führt als Beleg bei Josephus, bell. iud. VI 8,3, die Nennung eines jüdischen Priesters, Sohn des Θεβουθί, bei der Belagerung Jerusalems durch Titus an, muß aber einräumen, daß der Eigenname טבות häufiger belegt ist (Hilgenfeld, Ketzergeschichte, 32 Anm. 44). Folgt man Hilgenfeld und seiner direkten Ableitung aus den jüdischen Häresien, dann belegt Hegesipps Thebutis-Erzählung ausschließlich ein innerjüdisches Häresiephänomen. Dann wären für Hegesipp Simonianer, Kleobiener, Dosithianer, Gorathener und Masbotheer jüdische Sekten, wofür auch die doppelte Nennung der Masbotheer in h.e. IV 22,5.7 sprechen könnte. Jedoch bleibt bei dieser Erklärung offen, warum Hegesipp einmal von fünf und einmal von sieben, zudem unterschiedlichen Häresien des Judentums spricht.

[1037] Euseb, h.e. IV 22,5 <GCS Euseb II/1, 370,17–372,3: ἀπὸ τούτων Μενανδριανισταὶ καὶ Μαρκιανισταὶ καὶ Καρποκρατιανοὶ καὶ Οὐαλεντινιανοὶ καὶ Βασιλειδιανοὶ καὶ Σατορνιλιανοὶ ἕκαστος ἰδίως καὶ ἑτεροίως ἰδίαν δόξαν παρεισηγάγοσαν>.

Euseb kann mit dieser Konzeption, welche die Entstehung von Häresien auf christlichem Boden mit der jüdischen Analogie erklären will, nicht viel anfangen. Er führt die Häresie auf das Wirken des Teufels zurück, der nach biblischem Zeugnis erstmals in Simon Magus wirksam wird. Die Aussage Justins übergeht er stillschweigend, so daß die Herleitung aus dem Samaritanismus im Gesamtkontext untergeht. Die Ansicht Hegesipps zitiert Euseb, aber er zerteilt die Konzeption derart, daß der Leser aufgrund der nicht ganz leicht zuzuordnenden Bezüge der Zitate untereinander seine Schwierigkeiten im Verständnis hat.

Da sich die eusebianische Konzeption, die von Simon Magus als Stammvater aller (!) Häretiker und damit von der Neuheit des Phänomens ausgeht, und der hegesippsche Entwurf, der eine organische Entwicklung favorisiert, ausschließen und Euseb einseitig seine eigene Konzeption vorantreibt, bleibt Hegesipps Meinung als „Stimme eine Außenseiters" zwar zitiert, aber im Gesamtkontext der h.e. eher ungehört.

3.2.2.3.3 Die Rückführung auf das charakterliche Fehlverhalten eines Häresiegründers: Hegesipp

Neben der Herleitung der Häresie aus dem Judentum erklärt Hegesipp die Entstehung der Häresie auf christlichem Boden durch die Person des Thebutis, der aus Ärger, frustriertem Ehrgeiz oder Enttäuschung darüber, daß er nicht Bischof von Jerusalem wurde, das aus dem Judentum bekannte Phänomen der Sektenbildung auf das Christentum übertrug und andere zum Gründen von Häresien verleitete.[1038] Häresie entsteht nach Hegesipp durch charakterliche Schwächen.[1039]

Euseb läßt die Zitate Hegesipps unkommentiert. Er nimmt sie als Bericht über die Bischofsbesetzung durch Symeon, den Sohn des Klopas, einen Onkel des Herrn, gerne auf; dessen Erklärung für die Häresieentstehung teilt er nicht.

Für Euseb entsteht die Häresie mit Simon Magus, der bereits von Petrus zurechtgewiesen wird – nicht mit Thebutis. Er folgt demnach eher der Apg und Irenäus als Hegesipp. Für eine Person wie Thebutis, die einen organischen Übergang von den jüdischen zu den christlichen Häresien schaffen soll, ist innerhalb einer Konzeption, die auf einer Kombination aus biblischem Text (Apg), justinischer Ansicht von einer dämonischen Anstiftung und irenäischem Zeugnis über Simon Magus als Vater aller Häresien beruht, kein Platz.

[1038] Auch Löhr, Basilides und seine Schule, 16–17, erkennt beide einander (fast ausschließende) Erklärungsmöglichkeiten zur Häresieentstehung in Hegesipps Ansatz: Der „frustrierte Ehrgeiz" des Thebutis steht unverbunden neben der „Wiederholung der Urspaltung zwischen einem Teil der Söhne Israels und dem Stamme Juda, zwischen Israel und der Kirche in Jerusalem". In welchem Verhältnis beide Erklärungen zur Häresieentstehung stehen, kann auch Löhr aufgrund der schmalen Textbasis nicht klären.

[1039] Le Boulluec, La notion, I, 26–27, weist darauf hin, daß auch Klemens von Rom in der Eifersucht den Grund für die Häresieentstehung sah.

3.2.2.3.4 Die Begründung der Häresieentstehung als in der Schwierigkeit der Materie liegend: Klemens von Alexandrien und Origenes

So sehr Euseb seine beiden Protagonisten von Buch VI, Klemens von Alexandrien und Origenes, schätzt und bewundert, teilt er die von ihnen vertretene „alexandrinische Häresieerklärung"[1040] nicht.

Bereits der in der h.e. zur Häresie der Nikolaïten zitierte Ausschnitt aus den *Stromata* läßt Klemens' Konzeption erkennen. Der Vorwurf der Häresie findet sich im Klemens-Zitat zu den Nikolaïten (h.e. III 19,2–4) nur gegen die Nikolaïten gerichtet, Nikolaus hingegen steht im Einklang mit der Schrift und der Tradition und erscheint über jeden Häresieverdacht erhaben. Die Häresie gründet nach Klemens in der nikolaïtischen Fehlinterpretation des Verhaltens von Nikolaus. Seine Anhänger übernahmen einfältig (ἁπλῶς) und kritiklos (ἀβασανίστως) dessen Verhalten und Wort, man müsse das Fleisch verachten, und gingen als Ausdruck der Verachtung des Fleisches zum Mißbrauch in Form von Unzucht über. Klemens macht das Abgleiten von der durch Nikolaus praktizierten Askese zum ausschweifenden Leben der Anhänger am Mißverstehen des griechischen Wortes παραχράομαι fest, das beide Aspekte, ‚Geringachtung' als auch ‚Mißbrauch', ausdrücken kann.[1041] Von Nikolaus als Geringachtung im Sinne asketischer Enthaltsamkeit verstanden, wurde παραχράομαι von seiten seiner Anhänger als Aufforderung zum Mißbrauch des Fleisches interpretiert.

Das Phänomen Häresie, so kann man generalisierend schließen, entsteht für Klemens demnach aus Unverständnis und einfältiger und kritikloser Nachfolge.[1042]

Diese Interpretation findet auch in den anderen Aussagen der *Stromata* ihre Bestätigung. Die Ursache der Häresie liegt nach Klemens in der Schwierigkeit der Erforschung der Wahrheit, so daß Streitfragen innerhalb dieses Erkenntnisprozesses entstehen können.[1043] Gefördert durch die Selbstliebe und die Ruhmesliebe der Häresiegründer kann aus diesem Fragen nach der Wahrheit eine Häresie entstehen.[1044]

Da nach Klemens die Häresie aus der Schwierigkeit der Wahrheitserkenntnis resultiert, ist gerade sie ein Anlaß, mit umso größerer Anstrengung um die Wahrheit zu ringen – auch wenn sich damit das potentielle Risiko der Entstehung neuer Häresien erhöht. Diese Aussagen des Klemens belegen, daß die von den

---

[1040] Der Terminus nach Brox, Häresie, 267. Vgl. auch Brox, Häresie, 267–268, zu den Ansätzen des Origenes und des Klemens.

[1041] Vgl. dazu Art. παραχράομαι, in: Lampe, Lexicon, 1029.

[1042] Es ist bemerkenswert, daß auch alle anderen in den *Stromata* genannten Häretiker als direkte oder indirekte Schüler der Apostel beschrieben werden: Basilides wird als Schüler des Glaukias beschrieben, der selbst Dolmetscher des Petrus war. Ebenso hat Valentin den Paulus-Schüler Theodas predigen hören. Simon hörte für kurze Zeit den Apostel Petrus predigen (strom. VII 106,4; strom. VII 107,1).

[1043] Vgl. dazu Le Boulluec, La notion, II, 373–374.

[1044] Klem. Alex., strom. VII 91,2 <SC 428, 276,3–6: Δῆλον γὰρ ὅτι δυσκόλου καὶ δυσεργοῦ τῆς ἀληθείας τυγχανούσης διὰ τοῦτο γεγόνασιν αἱ ζητήσεις· ἀφ' ὧν αἱ φίλαυτοι καὶ φιλόδοξοι αἱρέσεις [...]>.

Häresien ausgehende Gefahr nicht die theologischen Lehrstreitigkeiten sind, da sie notwendigerweise zum Prozeß der Wahrheitserkenntnis gehören. Ihre Gefahr liegt in der Abspaltung der häretischen Gruppierungen und in der damit verbundenen Auflösung der kirchlichen Einheit.[1045] Neben der moralischen Verwerflichkeit wie Selbstliebe und Ruhmesliebe, die nur am Rande bei Klemens Erwähnung finden, ist es insbesondere die Sünde der „Einbildung" (οἴησις)[1046], welche die sich abspaltenden Häretiker gefährlich macht, da sie als Scheinweise, die die Wahrheit zu besitzen meinen, nicht nur sich selbst, sondern auch die Nächsten mit ihrer vermeintlichen Weisheit täuschen.[1047] Sie entziehen sich mit ihrem Halbwissen dem Prozeß der Wahrheitsfindung durch Ausgrenzung.

Die Konsequenz dieser Konzeption liegt darin, daß mit der Erklärung, die Häresie resultiere aus dem gemeinsamen Ringen um die Wahrheit, auch eine Neubestimmung des Wesens der Häresie geschieht: Häresie ist demnach ein Mangel an wahrer Lehre, was impliziert, daß häretische und orthodoxe Lehre in manchen Punkten durchaus übereinstimmen.

Euseb, der von einer dämonischen Anstiftung der Häresiegründer ausgeht, kann eine derart differenzierte Konzeption wie die des Klemens für seine h.e. nicht übernehmen, vermutlich aufgrund der Wesensbestimmung der Häresie. Auch sein Verständnis von Wahrheit, die im Gegensatz zur Häresie einfach und für jeden einsichtigen Menschen nachvollziehbar ist, spricht gegen den Ansatz des Kornelius. Folglich sind die Passagen aus den *Stromata*, insbesondere sein Bericht über die Nikolaïten, von Euseb derart rezipiert, daß dessen häreseologische Konzeption für den Leser der h.e. unerkennbar bleibt.

Origenes legt in *Contra Celsum* III 12 (vgl. c. Cels. V 61) dar, daß sich überall, wo etwas Ernstes und Gemeinnütziges ins Leben trat, αἱρέσεις gebildet haben. Dies sei an allen nützlichen und notwendigen Wissenschaften erkennbar, die verschiedene Schulrichtungen ausgebildet haben. Aus diesem Grund sei die Häresieentstehung als Zeichen dafür zu werten, daß ihre Anhänger einer ernsthaften Beschäftigung nachgingen. Alle Lernbegierigen, die in das Christentum weiter einzudringen versuchen, stehen nach Origenes grundsätzlich in der Gefahr, zur Häresie abzufallen. Auch sich selbst sieht Origenes nicht vor diesem Risiko gefeit, wie de princ. I praef. 2 oder hom. in Ez. II 2 zeigen. Die Schuld für das Entstehen von Häresie liegt genausowenig bei der Kirche wie das Entstehen von Schulrichtungen bei den anderen Wissenschaften (*Contra Celsum* II 27; V 61.65).

Euseb differenziert deutlich zwischen Häresie und Orthodoxie, göttlichem und teuflischem Ursprung einer Lehre. Nach seiner Vorstellung tritt die Häresie von außen an die Kirche und ihre Glieder heran; das Studium der göttlichen Lehre ist hingegen gefahrlos, sofern die Orthodoxie durch die ununterbrochene Sukzession der Bischöfe seit den Aposteln gesichert ist. Die Vorstellung des Origenes, daß

[1045] Klem. Alex., strom. VII 107,4.

[1046] Klem. Alex., strom. VII 100,7.

[1047] Klem. Alex., strom. VII 92,5.

die Häresie durch die ernsthafte Beschäftigung mit theologischen Fragestellungen entsteht und dieser Vorgang ein „normaler", bei allen Wissenschaften anzutreffender Prozeß sein soll, konnte Euseb nur befremden. Er übergeht diese Ansicht zur Häresie stillschweigend.

3.2.2.3.5 Die Definition des Wesens der Häresie als Mangelerscheinung oder Halbwissen: Klemens von Alexandrien

Hatte Klemens den Grund für die Häresieentstehung im erkenntnistheoretischen Scheitern an der Materie der Theologie gesehen, so folgert er in strom. VII 100,7 daraus, daß die Häresie ihrem Wesen nach eine Mangelerscheinung bzw. ein Halbwissen der orthodoxen Lehre ist.

Sowohl die Häresien, die selektiv mit der Schrift umgehen[1048], als auch die griechische Philosophie werden in strom. VI 123,1–4 von Klemens ihrem Wesen nach als „Mangelerscheinungen" bestimmt. Dabei stehen beide grundsätzlich in Übereinstimmung mit der (orthodoxen) Theologie: Bleibt die Philosophie in ihren Aussagen sehr oberflächlich, so geht die Häresie über die Philosophie in der Erkenntnis von Einzelheiten hinaus, da sie beispielsweise die Einheit Gottes behaupte und Christus lobsinge. Die Häresie aber läßt nur einen Teil der Heiligen Schriften gelten oder erfindet neue „Halbwahrheiten" hinzu.[1049]

Häresie und Philosophie sind nach Klemens nicht an sich lügenhaft oder vom Teufel, da nicht die Person oder ihr Tun über die Wahrheit entscheidet, „sondern es muß auf das Geredete gesehen werden, ob es die Wahrheit enthält".[1050] Von dieser Definition von Häresie ausgehend ist es für Klemens notwendig, sich auf die Untersuchung einer Häresie einzulassen und an der Schrift zu lernen, ob und wie sie irrt.[1051]

Den daraus resultierenden Umgang mit der Häresie beschreibt Klemens ausführlich in strom. VI 117,2–120,2 anhand des bereits von Paulus verwendeten Bildes vom Ölbaum: Wie der Philosoph sich aufpfropfen lassen muß, um so die göttliche Kraft durch den Glauben hinzuzubekommen und zum edlen, frucht-

---

[1048] Klem. Alex., strom. VII 103,4 <SC 428, 310,13–16: Ῥᾳθυμοῦσι μὲν γὰρ οἱ παρὸν τὰς οἰκείας ταῖς θείαις γραφαῖς ἐξ αὐτῶν τῶν γραφῶν πορίζεσθαι ἀποδείξεις τὸ παραστὰν καὶ ταῖς ἡδοναῖς αὐτῶν συναιρόμενον ἐκλεγόμενοι'>.

[1049] Der Vorwurf der Einführung neuer theologischer Inhalte findet sich in strom. VI 123,3. Häufiger findet sich die Anschuldigung, die Schriften zu manipulieren, um sie der eigenen (menschlichen) Lehrmeinung anzupassen: strom. VII 103,5 u. ö.

[1050] Klem. Alex., strom. VI 66,1.5 <GCS 52, 465,3–5.13–17: Ναὶ μὴν οἱ λέγοντες τὴν φιλοσοφίαν ἐκ τοῦ διαβόλου ὁρμᾶσθαι κἀκεῖνο ἐπιστησάτωσαν, ὅτι φησὶν ἡ γραφὴ μετασχηματίζεσθαι τὸν διάβολον „εἰς ἄγγελον φωτός" [...] οὐ τοίνυν ψευδὴς ἡ φιλοσοφία, κἂν ὁ κλέπτης καὶ ὁ ψεύστης κατὰ μετασχηματισμὸν ἐνεργείας τὰ ἀληθῆ λέγῃ, οὐδὲ μὴν διὰ τὸν λέγοντα προκαταγνωστέον ἀμαθῶς καὶ τῶν λεγομένων, ὅπερ καὶ ἐπὶ τῶν προφητεύειν νῦν δὴ λεγομένων παρατηρητέον· ἀλλὰ τὰ λεγόμενα σκοπητέον, εἰ τῆς ἀληθείας ἔχεται.>.

[1051] Klem. Alex., strom. VII 92,3.

bringenden Ölbaum zu werden, so muß auch der Häretiker μετὰ βίας[1052] zur Wahrheit zurückgeführt und auf den edlen Ölbaum gepfropft werden. Erst durch die Verbindung mit der edlen Grundlage, der orthodoxen Lehre, werden die verwilderten Zweige[1053] zum edlen Ölbaum, d. h., der ihnen jeweils eigene Mangel wird durch die Fülle des Glaubens behoben.[1054]

In Anlehnung an das biblische Gleichnis vom Unkraut unter dem Weizen (Mt 13,24–30) fügt Klemens ein weiteres Bild in strom. VII 91,6 hinzu[1055], um den praktischen Umgang mit den Häretikern darzustellen: „Auch unter den im Garten gezogenen Gemüsearten nämlich wächst Unkraut mit auf; enthalten sich nun etwa die Bauern deswegen der Sorge für den Garten?" Die Häretiker sind das Unkraut, das üblicherweise unter dem Weizen aufwächst. Die Bauern aber haben Sorge zu tragen für den Garten. Sie besitzen die Mittel der Unterscheidung der Pflanzen und haben sogar die Pflicht, zwischen ihnen zu unterscheiden[1056], da „auch die Kirche, welche rein sein muß, sowohl von den der Wahrheit entgegenge-

---

[1052] Klem. Alex., strom. VI 119,3 <GCS 52, 491,25–27: ὁ τρίτος δὲ ἐγκεντρισμὸς τῶν ἀγρίαδων καὶ τῶν αἱρετικῶν ἅπτεται τῶν μετὰ βίας εἰς τὴν ἀλήθειαν μεταγομένων>.

[1053] In strom. VI 119,1–3 werden drei verschiedene Personengruppen genannt, die als bislang unvollkommene Gruppierungen der Veredlung durch die wahre Lehre bedürfen: 1.) Die Ungebildeten und Heiden bedürfen der Veredlung durch die Vermittlung der christlichen Lehre. 2.) Die philosophisch Gebildeten und die Juden sollen durch die christliche Erklärung ihrer jeweiligen Lehren in den vollen Besitz der Wahrheit gelangen. 3.) Die Verwilderten und Häretiker müssen mit Gewalt zur orthodoxen Lehre zurückgebracht werden.

[1054] Le Boulluec, La notion, II, 421–423, will in strom. VI 102,2–5 eine apologetische Tendenz erblicken, da der Abschnitt in besonderem Maße betone, daß Gott unschuldig am Verlust der Häretiker sei und daß die göttlichen Strafen allein der Erziehung der Häretiker dienen.

[1055] In strom. VI 67,2 findet sich das biblische Bild vom Unkraut unter dem Weizen direkt auf die Häresie angewandt, wenn Klemens berichtet, daß „die Häresien unter uns mit aufgewachsen [sind] mit dem fruchtbaren Weizen". Vgl. auch strom. VI 67,1–2, wo Klemens das Bild vom Unkraut unter dem Weizen auch auf das Verhältnis von Barbarenphilosophie und hellenistischer Philosophie anwendet.

[1056] Klem. Alex., strom. VII 91,7 <SC 428, 278,28–30: ἔχοντες οὖν πολλὰς ἐκ φύσεως ἀφορμὰς πρὸς τὸ ἐξετάζειν τὰ λεγόμενα καὶ τῆς ἀληθείας τὴν ἀκολουθίαν ἐξευρίσκειν ὀφείλομεν>.
   Man vergleiche damit die eusebianische Auslegung des Gleichnisses vom Unkraut unter dem Weizen, die er in seiner späten Schrift de theophania IV 35, Fragment 15, gibt: Mani, Marcion und andere Heterodoxe brächten Unkraut hervor, indem sie sich der christlichen Lehre anähnelten, den christlichen Namen für ihre eigenen Ziele gebrauchten und die biblischen Schriften als Gefasel abtäten. Angestiftet seien sie vom Verleumder, der die Trugworte in ihre Seelen säte.
   Die eusebianische Argumentation beschreibt anschließend den gewohnten Dreischritt: Da Christus das Auftreten der Häretiker vorhergesagt hat, kann man ihm auch alle anderen Verheißungen glauben, nämlich, daß „die Ernte" das Ende und „die Schnitter" die Engel sind, welche das Unkraut ins Feuer werfen, und daß sie die reinen Samen einsammeln und sicher bewahren. Die Auslegung zielt traditionell auf die endzeitliche Scheidung von Gut und Böse. Die ekklesiologischen Konsequenzen für den gegenwärtigen Umgang mit der Häresie, die Klemens aus dem Gleichnis zieht, kennt Euseb in de theophania IV 34–35 nicht. Vgl. auch Cyprian, ep. 55,3, der vor einer eigenmächtigen Scheidung von Gut und Böse, von Unkraut und Weizen warnt.

setzten inneren Gedanken, als auch von denen, die von außen sie versuchen, d. h. von den Anhängern der Häresien, welche bewegen wollen, unzüchtig abzufallen von dem einen Manne, dem allherrschenden Gott, damit nicht [...] auch wir von der lüsternen Schlange der Häresie verführt, die Gebote übertreten."[1057]

Der daraus resultierende notwendige Umgang ist die Wahrheitsvermittlung an die Häretiker, aus der sie lernen sollen, um weise zu werden und sich zu Gott zu bekehren. Da die Häretiker aber in ihrer – so Klemens – „trügerischen Gerechtigkeit"[1058] verharren, sollten sie „sich doch wenigstens von Gott belehren lassen, indem sie sich die väterlichen Zurechtweisungen vor dem Gericht gefallen lassen, bis sie aus Scham anderen Sinnes werden."[1059]

Der väterlichen Zurechtweisung entspricht das Tun der Kirche wie auch das des Klemens selbst, der sich über die Beweggründe der Abfassung der *Stromata* folgendermaßen äußert: „Das habe ich dargelegt, teils um die Lernbegierigen abzuwenden vom leichten Abfall zu den Häresien, teils in dem Wunsche, von der an der Oberfläche bleibenden Unwissenheit oder Dummheit oder Krankheit oder, wie man es sonst nennen mag, abzubringen; indem ich versuchte, wenigstens die nicht vollkommen Unheilbaren zu überzeugen und der Wahrheit zuzuführen, habe ich mich dieser Auseinandersetzungen bedient"[1060].

Kirchengeschichtlich betrachtet ist die häreseologische Konzeption des Klemens von Alexandrien mit der Bestimmung der Häresie als Mangelerscheinung ein Novum. Aufgrund der Selektion biblischer Schriften und der damit verbundenen Glaubensinhalte ist der Glaube der Häretiker unvollkommen, da ihm heilsrelevante Wahrheiten fehlen.

Problematisch und für den Häretiker gefährlich wird es erst, wenn er sich mit seinem „Halb"-Wissen von der Kirche abwendet und sich in der vermeintlichen Sicherheit, die Wahrheit vollends erkannt zu haben, dem weiteren Prozeß der Wahrheitsfindung durch Ausgrenzung entzieht. Der Häretiker, der nur begrenzt Schriften und Glaubenswahrheiten für sich anerkennt, aber mit dem Anspruch, im Vollbesitz der Wahrheit zu sein, auftritt, hat nach Klemens in der Kirche keinen Raum, da er andere zum „leichten Abfall" verführen könnte.

[1057] Klem. Alex., strom. III 80,2 <GCS 52, 232,11–15.16–17: καὶ ἐκκλησίαν, ἣν ἁγνὴν εἶναι δεῖ τῶν τε ἔνδον ἐννοιῶν τῶν ἐναντίων τῇ ἀληθείᾳ τῶν τε ἔξωθεν πειραζόντων, τουτέστι τῶν τὰς αἱρέσεις μετιόντων καὶ πορνεύειν ἀπὸ τοῦ ἑνὸς ἀνδρὸς ἀναπειθόντων, τοῦ παντοκράτορος θεοῦ, ἵνα μὴ; [...] καὶ ἡμεῖς ὑπὸ τῆς κατὰ τὰς αἱρέσεις λίχνου πανουργίας παραβῶμεν τὰς ἐντολάς>.

[1058] Klem. Alex., strom. II 79,3 <GCS 52, 154,13: δικαιοσύνη δὲ δολία εἴρηται ἡ τῶν αἱρέσεων ἐπαγγελία.>.

[1059] Klem. Alex., strom. VII 102,3 <SC 428, 306,13–15: παιδευθεῖεν γοῦν πρὸς τοῦ θεοῦ, τὰς πρὸ τῆς κρίσεως πατρῴας νουθεσίας ὑπομένοντες, ἔστ᾽ ἂν καταισχυνθέντες μετανοήσωσιν>.

[1060] Klem. Alex., strom. VII 102,6 <SC 428, 308,25–31: Ταυτὶ μέν, ἀποτρέψαι βουλόμενος τῆς εἰς τὰς αἱρέσεις εὐεμπτωσίας τοὺς φιλομαθοῦντας, παρεθέμην· τοὺς δὲ τῆς ἐπιπολαζούσης εἴτε ἀμαθίας εἴτε ἀβελτερίας εἴτε κακεξίας εἴθ᾽, ὁτιδήποτε χρὴ καλεῖν αὐτήν, ἀποπαῦσαι γλιχόμενος, μεταπεῖσαι δὲ καὶ προσαγαγεῖν τῇ ἀληθείᾳ τούς γε μὴ παντάπασιν ἀνιάτους ἐπιχειρῶν, τοῖσδε συνεχρησάμην τοῖς λόγοις.>.

Die Gefahr der Häresie ist nicht das Halbwissen[1061], sondern ihr Anspruch, der andere zum Verlassen des Erkenntnisprozesses, zur Wahl des leichteren Weges der Häresie und somit zum Schisma verleitet. Folgerichtig geschieht die Aufnahme der Häretiker in die Gemeinschaft durch Belehrung in der vollen Wahrheit, und zwar, da sich der Häretiker bereits im Besitz der vollen Wahrheit wähnt und in der „Sünde der Unwissenheit" verharrt, durch Gewalt.

Euseb, der streng zwischen orthodoxer und häretischer, göttlicher und teuflischer Lehre differenziert, kann diese Konzeption des Klemens nicht teilen. Es kann für ihn keine Gemeinsamkeit zwischen beiden Größen geben, weshalb Euseb Klemens, so gerne er ihn zu anderen Themen zitiert, nicht zur Häresiethematik anführen kann.

Dennoch finden sich auch innerhalb der h.e. versteckt einige Stimmen, die von der partiellen Übereinstimmung von Orthodoxie und Häresie ausgehen. So zitiert Euseb in h.e. V 13,5 Rhodon, der Apelles' Gotteslehre als das dunkelste Problem seiner Lehrmeinung ansieht, jedoch einräumen muß, daß er wie die orthodoxen Christen nur ein Prinzip annimmt. Auch Serapion bescheinigt der Häresie des Marcian, daß sie in den meisten Punkten mit der wahren Lehre übereinstimmt (h.e. VI 12,6). Beide Bemerkungen fallen angesichts der Überzahl an Aussagen zur eusebianischen Konzeption nicht in Gewicht.

3.2.2.3.6 Die Vorstellung, die Häresie bewirke die Spaltung der Kirche: Hegesipp und Dionysius von Alexandrien

Die Vorstellung, daß die Häretiker die Kirche spalten und ihre Einheit zerreißen, findet sich vielfach in der h.e. Das Hegesipp-Zitat in h.e. IV 22,6 endet mit der Klage, daß die falschen Christusse, die falschen Propheten und die falschen Apostel die Einheit der Kirche durch verderbliche Lehren über Gott und seinen Gesalbten zerstören.[1062] Zudem übernimmt Euseb diese Aussage zweimal aus den Briefen des Dionysius von Alexandrien, der sich darüber beklagt, daß Novatus die Kirche gespalten habe (h.e. VI 45 und h.e. VII 8).[1063]

Die Vorstellung, die Häresie könnte die Einheit auflösen und die Kirche aufspalten, entspricht ganz und gar nicht dem eusebianischen Verständnis. Vergegenwärtigt man sich die eusebianische Konzeption, wonach die Häretiker in die Kirche eindringen, enttarnt bzw. widerlegt und schlußendlich aus der christlichen

---

[1061] Vgl. Klem. Alex., strom. VII 103,7 <SC 428, 310,25–312,28: Οὐ γὰρ ἂν ὑπερέβαλον σοφίᾳ τοὺς ἔμπροσθεν ἄνδρας, ὡς προσεξευρεῖν τι τοῖς ὑπ' ἐκείνων ἀληθῶς ῥηθεῖσιν, ἀλλ' ἀγαπητὸν ἦν αὐτοῖς, εἰ τὰ προπαραδεδομένα μαθεῖν ἠδυνήθησαν>.

[1062] Euseb, h.e. IV 22,6 <GCS Euseb II/1, 372,3–6: ἀπὸ τούτων ψευδόχριστοι, ψευδοπροφῆται, ψευδαπόστολοι, οἵτινες ἐμέρισαν τὴν ἕνωσιν τῆς ἐκκλησίας φθοριμαίοις λόγοις κατὰ τοῦ θεοῦ καὶ κατὰ τοῦ Χριστοῦ αὐτου.>

[1063] Ausgelassen hat Euseb die Textpassage aus strom. VII 107,4, wo Klemens von Alexandrien dieselbe Ansicht vertritt.

Gemeinschaft ausgeschlossen werden, dann bleibt die christliche Wahrheit durch die Apostel, Anwälte und Streiter für die Wahrheit geschützt und die Kirche selbst vom Auftreten der Häretiker unberührt. Daß Euseb diese Vorstellung, die Häresie spalte die Kirche, in seine Kirchengeschichte übernimmt, wird in der Bedeutung von Hegesipp und Dionysius von Alexandrien begründet sein, nicht aber darin, daß er deren Meinung teilt.

3.2.2.3.7 Die Vorstellung vom Verlust der ursprünglichen Reinheit durch das Auftreten der Häretiker: Hegesipp

Eine weitere von Euseb nicht geteilte Vorstellung betrifft Hegesipps Einschätzung der gesamten Kirchengeschichte. Hegesipp charakterisiert die Geschichte der Kirche mit dem Entstehen der Häresien als eine Verfallsgeschichte.[1064] Die „Jungfrau" Kirche ist mit ihrem erstmaligen Auftreten „durch eitle Reden befleckt", ihre Einheit durch die häretischen Lehren der „Pseudochristusse", der „Pseudopropheten" und der „Pseudoapostel" unwiederbringbar zerstört.

Euseb zitiert zwar diese Quelle, teilt aber die Ansicht Hegesipps nicht. Für ihn stellt die Wahrheit eigene „Streiter" in Form von Aposteln, Bischöfen und Schriftstellern auf, welche die orthodoxe Lehre gegen die Häretiker verteidigen. Die Kirche bleibt von der Häresie unberührt.[1065]

3.2.2.4 Von Euseb nicht geteilte Datierungen zur Häresieentstehung

Betrachtet man die unterschiedlichen Aussagen zur Datierung der Häresieentstehung innerhalb der h.e., so ergibt sich ein diffuses Bild, das in vielen Teilen Eusebs eigener Ansicht inhaltlich zuwiderläuft.

Euseb stimmt mit Irenäus darin überein, daß Simon Magus der erste christliche Häretiker ist. Auch wenn er Irenäus diesbezüglich nicht zitiert, teilt er doch dessen Meinung, daß Simon Magus bereits bei seiner Auseinandersetzung mit Petrus als Häretiker auftrat – eine Einschätzung, die sich innerhalb der Apostelgeschichte nicht belegt findet. Euseb führt damit die Apostelgeschichte (fälschlicherweise) als Zeugnis dafür an, daß das Phänomen Häresie bereits in der samaritanischen Zeit des Petrus entstanden ist.

Das Zeugnis Justins über den Zeitpunkt der Häresieentstehung ist indifferent. Justin leitet seinen Abschnitt über die Häresien in der *Ersten Apologie* mit den Worten μετὰ τὴν ἀνέλευσιν τοῦ Χριστοῦ εἰς οὐρανὸν ein, was nur den *terminus post quem* bezeichnet. Sodann berichtet er – unter Auslassung der Informationen der Apostelgeschichte – von der römischen Wirksamkeit des Simon Magus. Damit „datiert"

[1064] Vgl. zu den Anschauungen Hegesipps auch Nigg, Kirchengeschichtsschreibung, 12; Brox, Häresie, 288.

[1065] Vgl. zur eusebianischen Konzeption Teil II 2.6.1 Die Beständigkeit der Wahrheit und Teil II 3.1.2 Die Häresie als Darstellungsmöglichkeit von Geschichte.

er die Häresieentstehung sehr viel später als noch Irenäus in die Wirksamkeit des Petrus in Rom. Euseb kann diese seiner Konzeption widersprechende Aussage nur durch die Verbindung mit den Informationen der Apostelgeschichte integrieren und durch erläuternde Zusätze (Flucht des Simon und des Petrus) Unstimmigkeiten in seiner Kirchengeschichte vermeiden.

Noch später, in die Zeit Trajans, datiert Ignatius die Häresieentstehung, wenn man Euseb in h.e. III 36,4 folgen will. Dort heißt es: Die Häresien entstehen gerade, als Ignatius auf dem Weg nach Rom ist. Euseb wird mit dieser Aussage auf den Brief an die Traller 8,1 anspielen, in dem es heißt, daß die Häretiker in Tralles noch nicht angekommen sind, daß Ignatius aber Vorsorge treffen will, da er die Nachstellungen des Teufels voraussehe.[1066]

Völlig unvereinbar mit der eusebianischen Konzeption, die ein Konglomerat aus Informationen der Apostelgeschichte, von Justin und Irenäus darstellt, erscheint Hegesipps Datierung der Häresieentstehung in h.e. IV 22,4–6. Dieser geht davon aus, daß es vor dem Auftreten des Thebutis eine Zeit gab, in der die Kirche noch nicht durch häretische Lehren beschmutzt war. Das Phänomen der Häresie, das es bis dahin nur im Judentum gab, begegnet erstmals mit Thebutis auf christlichem Boden, als dieser nach dem Tod des Herrenbruders Jakobus nicht Bischof wird. Erst daraufhin initiiert Thebutis christliche Häresien, indem er Simon Magus und andere zum Abfall verleitet. Mit dem Verweis auf Thebutis und dem Tod des Herrenbruders Jakobus nennt Hegesipp als *terminus post quem* der christlichen Häresieentstehung das Jahr 62, in dem Jakobus die Steinigung in Jerusalem erlitt, wobei noch eine, wenn auch geringe Zeitspanne eingerechnet werden muß, in der Thebutis die Sektengründer zu ihrem Abfall überredete.

Geht man mit Euseb davon aus, daß Petrus aufgrund der Häresie des Simon Magus unter Klaudius (41–54) in Rom erscheint (h.e. II 14,6[1067]) und bereits unter Nero (54–68) das Martyrium erleidet (h.e. II 25,5; h.e. III 1,2), dann kann die Kirche nicht bis zum Jahr 62 noch von der Häresie unbefleckt gewesen sein, wie Hegesipp seinem Leser glauben machen will.

Euseb erkennt diesen Widerspruch in seiner Kirchengeschichtsdarstellung und versucht, die Differenzen in seinem Referat der Hegesipp-Quelle (h.e. III 32,7) zu verschleiern. Dort berichtet er ordnungsgemäß, daß Hegesipp die Kirche bis in die Zeit Trajans für häresiefrei hielt, fügt aber eigenmächtig hinzu, daß sich die Häretiker, wenn es schon solche gab, wohl noch in Finsternis versteckt und verborgen hielten. Mit dieser Aussage über die Möglichkeit verborgener Häresien weicht Euseb die Ansicht Hegesipps auf.

[1066] Anders im Brief an die Epheser 9,1, in dem Ignatius von Personen berichtet, die mit ihrer schlechten Lehre auf der Durchreise waren, und daraus schließt (10,1), daß nun die letzten Zeiten angebrochen sind.

Der Brief nach Tralles ist wie die Briefe nach Ephesus, Magnesia und Rom noch von Smyrna aus geschrieben worden, vgl. dazu Lindemann/Paulsen, Apostolische Väter, 176.

[1067] Die Datierung ist, wie die Analyse des Abschnitts gezeigt hat, eine eusebianische Eigenschöpfung, vgl. Anm. I 228.

Der gesamte Abschnitt h.e. III 32,7 ist als ein Bemühen Eusebs zu werten, diese derart entgegengesetzte Konzeption Hegesipps in seine h.e. zu integrieren. Mit seinen auf Ausgleich bedachten Aussagen stellt er gleichzeitig seine eigene Häresie-Darstellung in Frage, da er zuvor bereits von Simon Magus, Menander, Ebionäern, Kerinth und Nikolaïten berichtet hatte, die, wie die Ehrensäule für Simon Magus zeigt, mit Sicherheit *nicht* im Verborgenen agierten.

Obwohl Euseb die Konzeption Hegesipps notdürftig mit seiner eigenen Konzeption in Einklang zu bringen versucht, ist ganz offensichtlich, daß er dessen Spätdatierung der Häresieentstehung nicht teilt. Seine gesamte Häresiedarstellung, angefangen mit Simon Magus, über Menander, die Ebionäer und Kerinth bis zu den Nikolaïten, spricht dagegen. Es gab bis zum Auftreten des Thebutis (frühestens) im Jahr 62 keine häresiefreie Zeit.

3.3 Eusebs Umgang mit seinen Quellen

Das Urteil über Eusebs Zitierweise der in seine Kirchengeschichtsdarstellung eingefügten Quellen schwankt zwischen überschwenglichem Lob über seine Genauigkeit auf der einen und Tadel wegen seines unangemessenen Umgangs auf der anderen Seite.

Die negative Beurteilung Eusebs wurde grundlegend von der Kritik Burckhardts geprägt[1068], dem sich bis heute zahlreiche Wissenschaftler anschließen.[1069] So unterstellte Harnack Euseb zunächst eine bewußte Fälschung des Tatian-Zitats zum Martyrium Justins, revidierte seine Einschätzung zu dieser Textpassage jedoch später.[1070] Sein Urteil über Euseb schwankt zwischen Lob über die Ordentlichkeit und Zuverlässigkeit seiner wissenschaftlichen Arbeit[1071] und Kritik an der Art und Weise des Umgangs mit seinen Quellen[1072]. Die Urteile von Barnes und Gustavsson

---

1068 Burckhard, Gesammelte Werke I, 239,262, 271f., erkennt in Euseb nicht nur den „widerlichsten aller Lobredner", der Konstantins „Bild durch und durch verfälscht" hat (239), sondern hält ihn auch für den „erste[n] durch und durch unredliche[n] Geschichtsschreiber des Altertums" (262). Es beschreibt ihn als einen „Theologe[n] von Bedeutung, ein[en] Forscher zwar von geringer Kritik, aber von großem Fleiße" (271), dessen Werk „nach zahllosen Entstellungen, Verheimlichungen und Erdichtungen [...] gar kein Recht mehr darauf [hat], als entscheidende Quelle zu figurieren" (272). Bereits zuvor hatte Joseph Scaliger Eusebs Zitierweise mit „errata, absurditates, deliria, halucinationes" umschrieben, vgl. Freudenthal, Hellenistische Studien I, 3.

1069 Moreau, Eusebius, 1072: „Emphase, Umschreibung, Auslassung, Halbwahrheit u[nd] sogar Urkundenfälschung ersetzen die wissenschaftliche Interpretation sicherer Dokumente". Moreau nennt als Beispiel für die Fälschung die *damnatio memoriae*, die Manipulation von Urkunden und die Tilgung von Textpassagen.

1070 Vgl. dazu Anm. I 550.

1071 Harnack, Altchristliche Litteratur II, 107: „Ordnung, Sauberkeit, Zuverlässigkeit – unter diesen hellen Sternen steht die bibliothekarische und wissenschaftliche Arbeit des Eusebius."

1072 Harnack, Griechische Apologeten, TU 1, 141: „Eusebius ist ein berechnender und geschickter Schriftsteller. Er kennt ferner die Anforderungen, die ein Historiker an sich zu stellen hat, sehr

sind bereits eingangs referiert worden. Ihre Kritik reicht von der verfälschenden Integration einer Quelle in einen Kontext, über den Eingriff in die Quelle (durch Verkürzung oder Erweiterung nach eigenen Vorstellungen; Umsetzung der oratio obliqua in oratio recta) bis hin zur tendenziellen Berichterstattung.[1073] Positiv hingegen sehen Schwartz[1074], Winkelmann[1075], Ulrich[1076] und wohl auch Carriker[1077] Eusebs Tätigkeit.[1078]

An dieser Stelle soll kein allgemeingültiges Urteil über alle in die h.e. eingearbeiteten Quellen gefällt werden. Es können nur diejenigen Quellen, die im Kontext der Häresiethematik betrachtet wurden, auf ihre Rezeption bei Euseb hin untersucht werden. Die Ergebnisse erheben damit keinen Anspruch auf Allgemeingültigkeit, sollen aber zwischen den verhärteten Fronten Stellung beziehen. Es erscheint sinnvoll, die erhobenen Vorwürfe einzeln durchzugehen.

1) Euseb unterscheide nicht zwischen Primär- und Sekundärquellen.

Bei den zur Häresiethematik eingearbeiteten Quellen ließ sich kein Gebrauch von Sekundärquellen – wie beispielsweise häreseologische Anthologien – nachweisen.

2) Sofern Euseb seine Quellen paraphrasiere, sei er frei, sie zu erweitern oder zu kürzen.

Zur Häresiethematik arbeitet Euseb zwei Texte ein, die er an anderer Stelle paraphrasiert: einmal einen Abschnitt aus Irenäus (h.e. III 28,6), den er in h.e. IV 14,6–7

---

wohl, aber er kennt auch jene feinen Mittel, durch welche der Schriftsteller den Geschichtsschreiber und die Leser ohne Aufsehen zu täuschen vermag. Wäre er eben so sorgfältig wie geschickt, oder auch gewissenloser, als er es sich zu sein verstattete, so hätte er der Nachwelt die Controlle unmöglich gemacht [...]." Harnack führt als Beispiel für seine Behauptung den Versuch Eusebs in h.e. IV 11,8–9 an, seinem Leser weiß zu machen, er zitiere aus Justins Schrift gegen Marcion, obwohl er die Textpassage aus der *Ersten Apologie* übernimmt.

[1073] Gustavsson, Eusebius' Principles, 432–433, kritisiert Euseb dahingehend, daß er nicht kenntlich mache, ob er Primär- oder Sekundärquellen in seiner Kirchengeschichte verwende (vgl. dazu Anm. E 13). Barnes, Constantine and Eusebius, 140–141, beschuldigt Euseb eines fast willkürlichen Umgangs mit seinen Quellen, der paraphrasierend sich alle Freiheiten herausnehme, diese zu erweitern oder zu kürzen. Bei Zitaten gebe Euseb kaum acht auf grammatikalische Strukturen und löse seine Quellenzitate derart aus dem Kontext heraus, daß ihr Sinn verändert oder gar entstellt werde (vgl. dazu Anm. E 20).

[1074] Schwartz, Eusebios, 1382: „Die Sorgfalt des philologischen Forschers, der eine trümmerhafte und widerspruchsvolle Überlieferung so läßt, wie sie ist, und sich hütet, sie gewaltsam zu harmonisieren, ist unverkennbar."

[1075] Winkelmann, Euseb, 112–113: „Denn wenn ihm auch Hilfskräfte zur Verfügung standen, die die Zitate abschrieben, so wachte er doch genau über deren Auswahl und Begrenzung. Zudem hat er dieses wie auch andere seiner Werke mehrmals überprüft, in mehreren Ausgaben vorgelegt, überarbeitet, verbessert und konkretisiert. Er war ein sehr gewissenhafter Arbeiter."

[1076] Ulrich, Euseb und die Juden, 74 und Anm. 102 und 103, bescheinigt Euseb eine wortgetreue Zitierweise. Vgl. auch Ulrich, Christenverfolgung, 279 Anm. 36; 289.

[1077] Vgl. oben Anm. E 13.

[1078] Die älteren positiven Urteile wie das Dindorfs, der die exakte Zitierweise sowie die genaue Zitatabgrenzung bei Euseb lobt, siehe Freudenthal, Hellenistische Studien, 4.

noch einmal wörtlich zitiert und sodann ein Hegesipp-Zitat in h.e. III 32,7, das Euseb in h.e. IV 22,4–6 noch einmal wörtlich zitiert. Im Fall der Irenäus-Paraphrase schmückt Euseb den Ausgangstext aus, doch halten sich die Erweiterungen in Grenzen. Die Pointe der Quelle wird verstärkt, zu inhaltlichen Verschiebungen kommt es durch die Ergänzungen nicht. Anders verhält es sich beim Hegesipp-Referat: Euseb versucht, die abweichenden Aussagen zur Häresieentstehung mit der eigenen Konzeption zu verbinden und Hegesipps Ansichten aufzuweichen.[1079]

3) Euseb arbeite seine Zitate ungeachtet der grammatikalischen Strukturen ein.
Dieser Vorwurf ließ sich bei den zur Häresiethematik eingearbeiteten Quellen nicht nachweisen.

4) Die Zitate würden von Euseb aus dem Kontext herausgelöst, so daß ihr Sinn entstellt wird.
Nur an einer Stelle konnte gezeigt werden, wie Euseb ein (wörtlich wiedergegebenes!) Zitat aus seinem Kontext herauslöste und in einen anderen Zusammenhang stellte, so daß der Inhalt der Quelle verändert wurde. Euseb übernimmt den irenäischen Vergleich von Satorninus und Menander hinsichtlich ihrer Lehre vom unbekannten Vater und Engelschöpfer, welcher jedoch, da Euseb die Lehre Menanders nicht dargestellt hatte, zunächst ins Leere läuft. Im Gesamtkontext der h.e. wird Irenäus so zum Zeugen dafür, daß Satorninus als Erlöser auftrat und mit seiner Lehre Unsterblichkeit im diesem Leben versprach.[1080]

Vielfach ist Euseb der Manipulation des Tatian-Zitats zum Martyrium Justins bezichtigt worden, das vom Text orat. ad graec. 18–19 abweicht. Die genaue Analyse des Abschnittes hat aber ergeben, daß die Überlieferung der Stelle nicht eindeutig ist, so daß zumindest mit der Möglichkeit gerechnet werden muß, daß die Textvarianten voreusebianisch sind.[1081]

5) Euseb kürze seine Zitate, ohne dies kenntlich zu machen bzw. tilge ganze Textpassagen.
Bei den vielen zur Häresiethematik eingearbeiteten Quellen ist das Bestreben Eusebs deutlich, seinem Leser Kürzungen kenntlich zu machen. Er wählt dazu Überleitungen wie ὑπερβάς; ὑποκαταβὰς δ' ἐν ταὐτῷ; αὖθις δ' ὑποκαταβὰς (...) ταῦτά φησιν; καὶ μεθ' ἕτερα πάλιν ταῦτά φησιν; καὶ αὖθις δὲ μετὰ βραχέα ταῦτά φησιν oder εἶτ' ἐπιφέρει λέγων. Nur an zwei Stellen ließ sich eine nicht kenntlich gemachte Kürzung des Textes nachweisen. Euseb ließ bei dem Zitat aus Justin, Apol. I 26 (h.e. II 13,3) die Aufzählung τρίτον δέ zu Beginn des Zitats aus, da sie ohne die ersten beiden Aufzählungspunkte verwirrt hätte.[1082] Auch das Markus Magus-Zitat ist durch zwei

---

[1079] Vgl. oben S. 418–419.
[1080] Vgl. oben S. 137–138.
[1081] Vgl. oben Anm. I 550.
[1082] Vgl. oben Anm. I 210.

Kürzungen gekennzeichnet: Euseb gibt nur den ersten Teil der Taufformel wieder und läßt den zweiten Teil aus; zudem bricht er das Zitat vor den angeblich hebräischen Worten an die Weihenden ab, die Irenäus in adv. haer. I 21,3 überliefert.[1083]

6) Eusebs Darstellung sei geprägt durch Entstellungen, Verheimlichungen und Erdichtungen.

Die Analyse der Häresiedarstellungen, insbesondere die Stoffauswahlkriterien, haben gezeigt, daß Euseb seine Stoffe und damit auch seine Quellen sehr genau auswählt. Verheimlichungen konnten Euseb nicht generell nachgewiesen werden. Vielmehr zeigte sich, daß Euseb auch unbequeme oder seiner Konzeption widersprechende Aussagen (Hegesipps Häresiekonzeption oder Justins Dämonentheorie) aufnimmt. Die nicht von Euseb übernommenen Häresiekonzeptionen, Häresien oder Häretikerschüler sind kaum unter „Verheimlichungen" zu rechnen. Reine Erfindungen von Informationen ließen sich nicht nachweisen, auch wenn sich nicht in allen Fällen die Herkunft der eusebianischen Angaben klären ließ.

7) Euseb versuche, seine Leser zu täuschen.

Harnack (vgl. Anm. 1094) ist vollkommen Recht zu geben, daß Euseb über ausreichend Möglichkeiten verfügt, seine Leser zu täuschen, aber nicht so gewissenlos ist, seine Täuschungen so sorgfältig zu verbergen, daß eine Kontrolle unmöglich wird.

Man kommt Euseb bei seinen Täuschungen vielfach auf die Schliche, wenn man die Präsentation der Schriften genauer betrachtet. Das vielfach angeführte Beispiel für einen „Betrug" Eusebs ist das Zitat in h.e. IV 11,9, zu dem er bemerkt, er habe es aus Justins gegen Marcion gerichteter Schrift entnommen, es stattdessen aber aus dessen *Erster Apologie* abschrieb. Bereits die Darstellung der Schrift ließ den Verdacht aufkommen, daß Euseb von dieser Justin-Schrift nur aus Irenäus' Worten wußte. Bestätigt wird der Zweifel an Eusebs Darstellung dadurch, daß die Apologie Justins erhalten und der „Betrug" Eusebs damit aufdeckbar ist.

Ärgerlich wäre dieser falsche Zitatnachweis, wenn eine Schrift nicht erhalten und eine derartige Täuschung nicht leicht zu enttarnen ist. Da Euseb es jedoch unterläßt, anonyme Quellen mit Namen zu versehen, dürfte sich die Zahl dieser Täuschungen in Grenzen halten. Zudem ist zu bedenken, daß vermutlich zu Eusebs Zeiten noch weit mehr von ihm benutzte Quellen im Umlauf waren, so daß ein „Betrug" von seinen Zeitgenossen leicht durchschaubar gewesen wäre.

Trotz der aufgezählten Kritikpunkte muß man Euseb ob seines Umgangs mit den Quellen Respekt zollen. Er ist der erste Schriftsteller, der in einem historischen Werk in diesem Umfang Quellen zur Darstellung von geschichtlichen Ereignissen heranzieht.[1084] Wenn diese nach eusebianischem Verständnis als authentische Zeugnisse für die selbständig berichteten Textpassagen dienen sollen, wird verständlich,

---

[1083] Vgl. oben S. 181–183.
[1084] Vgl. unten Anm. II 161.

warum er auf eine wortgetreue Zitierweise großen Wert gelegt haben muß.[1085] Es ließ sich folgerichtig bei den betrachteten Quellen auch kein Fall namhaft machen, bei dem er inhaltlich korrigierend in den Wortbestand eingreift. Seine Quellen-Kürzungen sind unerheblich und bleiben inhaltlich ohne Konsequenzen. Euseb zitiert seine Quellen offensichtlich aus dem Original; für den Gebrauch häreseo-logischer Werke hat sich kein Anhaltspunkt ergeben. Zitate aus Sekundärquellen ließen sich im Bereich der Häresiethematik ebenfalls nicht nachweisen.

[1085] Vgl. oben Anm. I 210, Anm. I 251 und Anm. I 293. Vgl. auch dazu Schwartz, Über Kirchen-geschichte, 123: „Der gelehrte Forscher [sc. Euseb] läßt, wie man jetzt unschönerweise zu sagen pflegt, ‚die Quellen selbst sprechen‘; jene Urkunden und Urkundensammlungen machen die Dar-stellung nicht überflüssig und werden durch sie nicht gedeckt; sie spielen dieselbe Rolle wie die Zeugenaussagen in der Rede des Advokaten."

Teil II:
Die eusebianische Häreseographie

1. Die eusebianischen Aussagen zur Häresie

Nachdem in Teil I die voreusebianischen Quellen und ihre Rezeption durch Euseb im Zentrum der Analyse standen, sollen nun die genuin eusebianischen Aussagen zum Thema näher betrachtet werden. Dafür erscheint es sinnvoll, sich alle Text-passagen zur Häresie, die nachweislich ohne Vorlage einer Quelle formuliert sind, zu vergegenwärtigen – auch, wenn manche bereits im ersten Teil aufgrund der in sie integrierten Quellen betrachtet wurden. Um die Entscheidung „eusebianisch" – „nicht eusebianisch" zu erleichtern, sind im folgenden alle Aussagen, die sich als genuin eusebianisch erweisen lassen, kursiv gesetzt.

h.e. II 1,11–12[1]

1,11 ἐπὶ τοσοῦτον δ' ὁ Σίμων βεβοημένος κατ' ἐκεῖνο καιροῦ τῶν ἠπατημένων ἐκράτει γοητείᾳ, ὡς τὴν μεγάλην αὐτὸν ἡγεῖσθαι εἶναι δύναμιν τοῦ θεοῦ. τότε δ' οὖν καὶ οὗτος τὰς ὑπὸ τοῦ Φιλίππου δυνάμει θείᾳ τελουμένας καταπλαγεὶς παραδοξοποιίας, ὑποδύεται καὶ μέχρι λουτροῦ τὴν εἰς Χριστὸν πίστιν καθυποκρίνεται·

Dieser damals so berühmte Simon faszinierte die von seiner Zauberei Betrogenen so sehr, daß sie ihn für die große Kraft Gottes hielten. Da er damals von den Wundertaten, welche Philippus in göttlicher Kraft vollbrachte, ergriffen wurde, machte er sich an ihn heran und ließ sich, den christlichen Glauben heu-chelnd, sogar taufen.

1,12 ὃ καὶ θαυμάζειν ἄξιον εἰς δεῦρο γινό-μενον πρὸς τῶν ἔτι καὶ νῦν τὴν ἀπ' ἐκείνου μιαρωτάτην μετιόντων αἵρεσιν, οἳ τῇ τοῦ σφῶν προπάτορος μεθόδῳ τὴν ἐκκλησίαν λοιμώδους καὶ ψωραλέας νόσου δίκην ὑποδυόμενοι, τὰ μέγιστα λυμαίνονται τοὺς οἷς ἐναπομάξασθαι οἷοί τε ἂν εἶεν τὸν ἐν αὐτοῖς ἀποκεκρυμμένον δυσαλθῆ καὶ χαλεπὸν ἰόν. ἤδη γέ τοι πλείους τούτων ἀπεώσθησαν, ὁποῖοί τινες εἶεν τὴν μοχθηρίαν, ἁλόντες, ὥσπερ οὖν καὶ ὁ Σίμων αὐτὸς πρὸς τοῦ Πέτρου καταφωραθεὶς ὃς ἦν, τὴν προσήκουσαν ἔτισεν τιμωρίαν.

Mit Verwunderung nimmt man dergleichen auch noch heute an denen wahr, welche sich noch jetzt seiner Häresie anschließen, *nach der Art ihres Stammvaters sich wie Pest und Krätze in die Kirche einschleichen* und *die-jenigen in das größte Verderben stürzen, denen sie das in ihnen verborgene, unheilvolle und schlimme Gift verabreichen können.* Die mei-sten von ihnen sind allerdings bereits, *sobald sie ihrer Bosheit überführt wurden, ausgestoßen* worden wie Simon selbst, der in seinem Wesen von Petrus bloßgestellt wurde und *die verdiente Strafe empfing.*

---

[1]   Euseb, h.e. II 1,11–12 <GCS Euseb II/1, 106,22–108,10>.

h. e. II 13,1.6[2]

13,1 Ἀλλὰ γὰρ τῆς εἰς τὸν σωτῆρα καὶ κύριον ἡμῶν Ἰησοῦν Χριστὸν εἰς πάντας ἀνθρώπους ἤδη διαδιδομένης πίστεως, ὁ τῆς ἀνθρώπων πολέμιος σωτηρίας τὴν βασιλεύουσαν προαρπάσασθαι πόλιν μηχανώμενος, ἐνταῦθα Σίμωνα τὸν πρόσθεν δεδηλωμένον ἄγει, καὶ δὴ ταῖς ἐντέχνοις τἀνδρὸς συναιρόμενος γοητείαις πλείους τῶν τὴν Ῥώμην οἰκούντων ἐπὶ τὴν πλάνην σφετερίζεται.

13,6 πάσης μὲν οὖν ἀρχηγὸν αἱρέσεως πρῶτον γενέσθαι τὸν Σίμωνα παρειλήφαμεν· ἐξ οὗ καὶ εἰς δεῦρο οἱ τὴν κατ' αὐτὸν μετιόντες αἵρεσιν τὴν σώφρονα καὶ διὰ καθαρότητα βίου παρὰ τοῖς πᾶσιν βεβοημένην Χριστιανῶν φιλοσοφίαν ὑποκρινόμενοι, ἧς μὲν ἔδοξαν ἀπαλλάττεσθαι περὶ τὰ εἴδωλα δεισιδαιμονίας οὐδὲν ἧττον αὖθις ἐπιλαμβάνονται, καταπίπτοντες ἐπὶ γραφὰς καὶ εἰκόνας αὐτοῦ τε τοῦ Σίμωνος καὶ τῆς σὺν αὐτῷ δηλωθείσης Ἑλένης θυμιάμασίν τε καὶ θυσίαις καὶ σπονδαῖς τούτους θρησκεύειν ἐγχειροῦντες,

Als sich der Glaube an unseren Heiland und Herrn Jesus Christus bereits über die ganze Menschheit ausbreitete, suchte der Feind des menschlichen Heils die Hauptstadt an sich zu *reißen.* Er bemächtigte sich daher des oben erwähnten Simons und *unterstützte ihn in seinen trügerischen Kunststücken.* So gewann er zahlreiche Bewohner Roms für seinen Irrtum.

Simon war, wie uns die Überlieferung lehrt, der erste Urheber jeder Häresie. Von seinem Auftreten bis auf unsere Zeit haben die Anhänger seiner Häresie *die vernünftige und wegen der Sittenreinheit bei allen berühmte Philosophie der Christen* nur geheuchelt. Den Götzendienst, von dem sie sich – wie es schien – freimachten, nehmen sie gleichwohl wieder an. Sie werfen sich vor den Gemälden und Bildern sowohl des Simon wie seiner erwähnten Genossin Helena nieder und erkühnen sich, sie mit Weihrauch, Schlacht- und Trankopfern zu verehren.

h. e. II 14,1–6; 15,1[3]

14,1 τοιούτων κακῶν πατέρα καὶ δημιουργὸν τὸν Σίμωνα κατ' ἐκεῖνο καιροῦ ὥσπερ εἰ μέγαν καὶ μεγάλων ἀντίπαλον τῶν θεσπεσίων τοῦ σωτῆρος ἡμῶν ἀποστόλων ἡ μισόκαλος καὶ τῆς ἀνθρώπων ἐπίβουλος σωτηρίας πονηρὰ δύναμις προυστήσατο.

14,2 Ὅμως δ' οὖν ἡ θεία καὶ ὑπερουράνιος χάρις τοῖς αὐτῆς συναιρομένη διακόνοις, δι' ἐπιφανείας αὐτῶν καὶ παρουσίας ἀναπτομένην τοῦ πονηροῦ τὴν φλόγα ἦ τάχος ἐσβέννυ, ταπεινοῦσα δι' αὐτῶν καὶ καθαιροῦσα πᾶν ὕψωμα ἐπαιρόμενον κατὰ τῆς γνώσεως τοῦ θεοῦ.

14,3 διὸ δὴ οὔτε Σίμωνος οὔτ' ἄλλου του τῶν τότε φυέντων συγκρότημά τι κατ' αὐτοὺς ἐκείνους τοὺς ἀποστολικοὺς ὑπέστη χρόνους. ὑπερενίκα γάρ τοι καὶ ὑπερίσχυεν ἅπαντα τὸ τῆς ἀληθείας φέγγος ὅ τε λόγος αὐτὸς ὁ θεῖος ἄρτι θεόθεν ἀνθρώποις ἐπιλάμψας ἐπὶ

Diesen Simon, den Vater und Urheber solcher Schändlichkeiten, stellte *die schlimme, dem guten abholde und den Menschen wegen ihrer Erlösung mißgünstige Kraft* als gewaltige Gegenmacht gegen die großen, gotterleuchteten *Apostel unseres Erlösers auf.*

Doch die göttliche, himmlische Gnade half ihren Dienern. Durch das Erscheinen und Auftreten derselben löschte die Gnade rasch die angefachte Flamme des Bösen aus, indem sie durch jene Männer alles, was sich hochmütig gegen die Erkenntnis Gottes erhob, demütigte und niederwarf.

Daher hatte weder die Sekte des Simon noch die irgendeines anderen damals auftretenden Mannes in jenen apostolischen Zeiten Bestand. Denn der Glanz der Wahrheit und das göttliche Wort selbst, das vor kurzem vom Himmel herab den Menschen geleuchtet hatte, auf Erden

---

2 Euseb, h. e. II 13,1.6 <GCS Euseb II/1, 132,1–134,1; 136,8–15>.

3 Euseb, h. e. II 14,1–6; 15,1 <GCS Euseb II/1, 136,24–140,2>.

γῆς τε ἀκμάζων καὶ τοῖς ἰδίοις ἀποστόλοις ἐμπολιτευόμενος.

14,4 αὐτίκα ὁ δηλωθεὶς γόης ὥσπερ ὑπὸ θείας καὶ παραδόξου μαρμαρυγῆς τὰ τῆς διανοίας πληγεὶς ὄμματα ὅτε πρότερον ἐπὶ τῆς Ἰουδαίας ἐφ᾽ οἷς ἐπονηρεύσατο πρὸς τοῦ ἀποστόλου Πέτρου κατεφωράθη, μεγίστην καὶ ὑπερπόντιον ἀπάρας πορείαν τὴν ἀπ᾽ ἀνατολῶν ἐπὶ δυσμὰς ᾤχετο φεύγων, μόνως ταύτῃ βιωτὸν αὐτῷ κατὰ γνώμην εἶναι οἰόμενος·

14,5 ἐπιβὰς δὲ τῆς Ῥωμαίων πόλεως, συναιρο-μένης αὐτῷ τὰ μεγάλα τῆς ἐφεδρευούσης ἐνταῦθα δυνάμεως, ἐν ὀλίγῳ τοσοῦτον τὰ τῆς ἐπιχειρήσεως ἤνυστο, ὡς καὶ ἀνδριάντος ἀναθέσει πρὸς τῶν τῇδε οἷά θεὸν τιμηθῆναι. οὐ μὴν εἰς μακρὸν αὐτῷ ταῦτα προυχώρει.

14,6 παρὰ πόδας γοῦν ἐπὶ τῆς αὐτῆς Κλαυδίου βασιλείας ἡ πανάγαθος καὶ φιλανθρωποτάτη τῶν ὅλων πρόνοια τὸν καρτερὸν καὶ μέγαν τῶν ἀποστόλων, τὸν ἀρετῆς ἕνεκα τῶν λοιπῶν ἁπάντων προήγορον, Πέτρον, ἐπὶ τὴν Ῥώμην ὡς ἐπὶ τηλικοῦτον λυμεῶνα βίου χειραγωγεῖ· ὃς οἷά τις γενναῖος θεοῦ στρατηγὸς τοῖς θείοις ὅπλοις φραξάμενος, τὴν πολυτίμητον ἐμπορίαν τοῦ νοητοῦ φωτὸς ἐξ ἀνατολῶν τοῖς κατὰ δύσιν ἐκόμιζεν, φῶς αὐτὸ καὶ λόγον ψυχῶν σωτήριον, τὸ κήρυγμα τῆς τῶν οὐρανῶν βασιλείας, εὐαγγελιζόμενος.

15,1 οὕτω δὴ οὖν ἐπιδημήσαντος αὐτοῖς τοῦ θείου λόγου, ἡ μὲν τοῦ Σίμωνος ἀπέσβη καὶ παραχρῆμα σὺν καὶ τῷ ἀνδρὶ καταλέλυτο δύναμις·

h.e. III 26,4[4]

26,4 ἦν δ᾽ ἄρα διαβολικῆς ἐνεργείας διὰ τοιῶνδε γοήτων τὴν Χριστιανῶν προσηγορίαν ὑποδυομένων τὸ μέγα τῆς θεοσεβείας μυστήριον ἐπὶ μαγείᾳ σπουδάσαι διαβαλεῖν διασύραί τε δι᾽ αὐτῶν τὰ περὶ ψυχῆς ἀθανασίας καὶ νεκρῶν ἀναστάσεως ἐκκλησιαστικὰ δόγματα. ἀλλ᾽ οὗτοι μὲν τούτους σωτῆρας ἐπιγραψάμενοι τῆς ἀληθοῦς ἀποπεπτώκασιν ἐλπίδος·

in Blüte stand und in den Aposteln wirkte, ge-wann über alles Sieg und Macht. Nachdem der erwähnte Betrüger zuerst *vom Apostel Petrus in Judäa seiner bösen Taten überführt wor-den war, ergriff er alsbald die Flucht und begab sich, in seinem Geiste wie von einem göttlichen wunderbaren Licht geblendet, auf eine große Seereise von Osten nach Westen in der Meinung, nur dort ein Leben nach Wunsch führen zu können.*

Nach seiner Ankunft in der Stadt der Römer hatte er infolge energischer Unterstützung von seiten der dort lauernden Macht in kurzer Zeit in seinen Unternehmungen solchen Erfolg, daß er von den Bewohnern wie ein Gott durch Errichtung einer Bildsäule geehrt wurde. Doch nicht lange dauerte der Erfolg.

Denn noch unter der Regierung des Klaudius führte die allgütige und so barmherzige, alles beherrschende Vorsehung sofort Petrus, den ge-waltigen und großen unter den Aposteln, der infolge seiner Tüchtigkeit der Wortführer aller anderen war, nach Rom, um gegen diesen ge-fährlichen Verderber des Lebens aufzutreten. Wie ein wahrer Feldherr Gottes, mit göttlichen Waffen gewappnet, brachte er den Schatz des geistigen Lebens aus dem Osten nach dem Westen, indem er das Licht selbst und das die Seelen rettende Wort, die Lehre vom Himmel-reich, verkündete.

Da sich nunmehr das göttliche Wort dort ausbreitete, erlosch die Macht des Simon und verschwand sofort schon mit seiner Person.

Es gehörte zum Plan der teuflischen Macht, durch solche Zauberer (in diesem Fall: Menan-der), die sich mit dem Namen Christen schütz-ten, das große Geheimnis unseres Glaubens als Zauberei zu verleumden und die kirchliche Lehre von der Unsterblichkeit der Seele und der Auferstehung der Toten zu verspotten. Doch wer sich solchen Heilanden verschrieben hatte, ging der wahren Hoffnung verlustig.

---

[4] Euseb, h.e. III 26,4 <GCS 9,1, 254,18–23>.

h. e. III 29,1.4[5]

29,1 Ἐπὶ τούτων δῆτα καὶ ἡ λεγομένη τῶν Νικολαϊτῶν αἵρεσις ἐπὶ σμικρότατον συνέστη χρόνον, ἧς δὴ καὶ ἡ τοῦ Ἰωάννου Ἀποκάλυψις μνημονεύει· οὗτοι Νικόλαον ἕνα τῶν ἀμφὶ τὸν Στέφανον διακόνων πρὸς τῶν ἀποστόλων ἐπὶ τῇ τῶν ἐνδεῶν θεραπείᾳ προκεχειρισμένων ηὔχουν. ὅ γε μὴν Ἀλεξανδρεὺς Κλήμης ἐν τρίτῳ Στρωματεῖ ταῦτα περὶ αὐτοῦ κατὰ λέξιν ἱστορεῖ· [...]
29,4 ταῦτα μὲν οὖν περὶ τῶν κατὰ τοὺς δηλουμένους χρόνους παραβραβεῦσαι τὴν ἀλήθειαν ἐγκεχειρηκότων, λόγου γε μὴν θᾶττον εἰς τὸ παντελὲς ἀπεσβηκότων εἰρήσθω·

Damals existierte kurze Zeit auch die sogenannte Häresie der Nikolaiten, die auch die Offenbarung des Johannes erwähnt. Die Nikolaïten rühmten den Nikolaus als einen der Diakonen, die sich Stephanus angeschlossen hatten und von den Aposteln für die Armenfürsorge ernannt worden waren. Klemens von Alexandrien berichtet über ihn im dritten Buch der Teppiche wörtlich also: [...]
Dies mag genügen bezüglich derer, welche zur erwähnten Zeit die Wahrheit zu verfälschen suchten, *aber schneller als man beschreiben kann, völlig verschwunden sind.*

h. e. IV 7,1–5; 7,10–8,1[6]

7,1 Ἤδη δὲ λαμπροτάτων δίκην φωστήρων τῶν ἀνὰ τὴν οἰκουμένην ἀποστιλβουσῶν ἐκκλησιῶν ἀκμαζούσης τε εἰς ἅπαν τὸ τῶν ἀνθρώπων γένος τῆς εἰς τὸν σωτῆρα καὶ κύριον ἡμῶν Ἰησοῦν Χριστὸν πίστεως, ὁ μισόκαλος δαίμων οἷα τῆς ἀληθείας ἐχθρὸς καὶ τῆς τῶν ἀνθρώπων σωτηρίας ἀεὶ τυγχάνων πολεμιώτατος, πάσας στρέφων κατὰ τῆς ἐκκλησίας μηχανάς, πάλαι μὲν τοῖς ἔξωθεν διωγμοῖς κατ' αὐτῆς ὡπλίζετο,

Während so die über den Erdkreis sich ausbreitenden Kirchen gleich herrlich glänzenden Gestirnen leuchteten und der Glaube an unseren Erlöser und Herrn Jesus Christus siegreich zu allen Völkern drang, nahm der dem Guten abholde Teufel als Feind der Wahrheit und ständiger bitterster Gegner der menschlichen Erlösung, im Kampfe gegen die Kirche alle möglichen Mittel ausnützend, nachdem er es früher mit äußeren Verfolgungen gegen sie versucht hatte,

7,2 τότε γε μὴν τούτων ἀποκεκλεισμένος, πονηροῖς καὶ γόησιν ἀνδράσιν ὥσπερ τισὶν ὀλεθρίοις ψυχῶν ὀργάνοις διακόνοις τε ἀπωλείας χρώμενος, ἑτέραις κατεστρατήγει μεθόδοις, πάντα πόρον ἐπινοῶν, ὡς ἂν ὑποδύντες γόητες καὶ ἀπατηλοὶ τὴν αὐτὴν τοῦ δόγματος ἡμῖν προσηγορίαν, ὁμοῦ μὲν τῶν πιστῶν τοὺς πρὸς αὐτῶν ἁλισκομένους εἰς βυθὸν ἀπωλείας ἄγοιεν, ὁμοῦ δὲ τοὺς τῆς πίστεως ἀγνῶτας δι' ὧν αὐτοὶ δρῶντες ἐπιχειροῖεν, ἀποτρέποιντο τῆς ἐπὶ τὸν σωτήριον λόγον παρόδου.

jetzt aber dieser Kampfmittel beraubt war, schlimme, trügerische Menschen als seelenvernichtende Werkzeuge und als Knechte des Verderbens in seine Dienste. Der Teufel ging neue Wege; nichts ließ er unversucht. Falsche, verführerische Männer sollten sich unseren christlichen Namen aneignen, um einerseits die von ihnen eingefangenen Gläubigen in den Abgrund des Verderbens zu stürzen und andererseits solche, die unseren Glauben nicht kannten, durch ihre Handlungen vom Wege zur Heilslehre abzuhalten.

7,3 ἀπὸ γοῦν τοῦ Μενάνδρου, ὃν διάδοχον τοῦ Σίμωνος ἤδη πρότερον παραδεδώκαμεν, ἀμφίστομος ὥσπερ καὶ δικέφαλος ὀφιώδης τις προελθοῦσα δύναμις δυεῖν αἱρέσεων διαφόρων ἀρχηγοὺς κατεστήσατο, Σατορνῖνόν τε Ἀντιοχέα τὸ γένος καὶ Βασιλείδην Ἀλεξανδρέα· ὧν ὁ μὲν

Von jenem Menander, den wir bereits weiter oben als Nachfolger Simons bezeichnet haben, ging eine doppelzüngige, zweiköpfige schlangenartige Kraft aus, welche Satorninus in Antiochien und Basilides aus Alexandrien als Häupter zweier verschiedener Häresien

---

κατὰ Συρίαν, ὁ δὲ κατ' Αἴγυπτον συνεστήσαντο θεομισῶν αἱρέσεων διδασκαλεῖα.

7,4 τὰ μὲν οὖν πλεῖστα τὸν Σατορνῖνον τὰ αὐτὰ τῷ Μενάνδρῳ ψευδολογῆσαι ὁ Εἰρηναῖος δηλοῖ, προσχήματι δὲ ἀπορρητοτέρων τὸν Βασιλείδην εἰς τὸ ἄπειρον τεῖναι τὰς ἐπινοίας, δυσσεβοῦς αἱρέσεως ἑαυτῷ τερατώδεις ἀναπλάσαντα μυθοποιίας.

7,5 πλείστων οὖν ἐκκλησιαστικῶν ἀνδρῶν κατ' ἐκεῖνο καιροῦ τῆς ἀληθείας ὑπεραγωνιζομένων λογικώτερόν τε τῆς ἀποστολικῆς καὶ ἐκκλησιαστικῆς δόξης ὑπερμαχούντων, ἤδη τινὲς καὶ διὰ συγγραμμάτων τοῖς μετέπειτα προφυλακτικὰς αὐτῶν δὴ τούτων τῶν δηλωθεισῶν αἱρέσεων παρεῖχον ἐφόδους·

7,10 τούτοις δῆτα συνέβαινεν διακόνοις χρώμενον τὸν ἐπιχαιρεσίκακον δαίμονα τοὺς μὲν πρὸς αὐτῶν ἀπατωμένους οἰκτρῶς οὕτως εἰς ἀπώλειαν ἀνδραποδίζεσθαι, τοῖς δ' ἀπίστοις ἔθνεσιν πολλὴν παρέχειν κατὰ τοῦ θείου λόγου δυσφημίας περιουσίαν, τῆς ἐξ αὐτῶν φήμης εἰς τὴν τοῦ παντὸς Χριστιανῶν ἔθνους διαβολὴν καταχεομένης.

7,11 ταύτῃ δ' οὖν ἐπὶ πλεῖστον συνέβαινεν τὴν περὶ ἡμῶν παρὰ τοῖς τότε ἀπίστοις ὑπόνοιαν δυσσεβῆ καὶ ἀτοπωτάτην διαδίδοσθαι, ὡς δὴ ἀθεμίτοις πρὸς μητέρας καὶ ἀδελφὰς μίξεσιν ἀνοσίαις τε τροφαῖς χρωμένων.

7,12 οὐκ εἰς μακρόν γε μὴν αὐτῷ ταῦτα προυχώρει, τῆς ἀληθείας αὐτῆς ἑαυτὴν συνιστώσης ἐπὶ μέγα τε φῶς κατὰ τὸν προϊόντα χρόνον διαλαμπούσης.

7,13 ἔσβεστο μὲν γὰρ αὐτίκα πρὸς αὐτῆς ἐνεργείας ἀπελεγχόμενα τὰ τῶν ἐχθρῶν ἐπιτεχνήματα, ἄλλων ἐπ' ἄλλαις αἱρέσεων καινοτομουμένων, ὑπορρεουσῶν ἀεὶ τῶν προτέρων καὶ εἰς πολυτρόπους καὶ πολυμόρφους ἰδέας ἄλλοτε ἄλλως φθειρομένων· προήει δ' εἰς αὔξην καὶ μέγεθος, ἀεὶ κατὰ τὰ αὐτὰ καὶ ὡσαύτως ἔχουσα, ἡ τῆς καθόλου καὶ μόνης ἀληθοῦς ἐκκλησίας λαμπρότης, τὸ σεμνὸν καὶ εἰλικρινὲς καὶ ἐλεύθεριον τό τε σῶφρον καὶ καθαρὸν τῆς ἐνθέου πολιτείας τε καὶ

aufstellte. Der eine von ihnen gründete in Syrien, der andere in Ägypten gottfeindliche Ketzerschulen.

Wie Irenäus mitteilt, trug Satorninus in den meisten Punkten die gleiche falsche Lehre wie Menander vor und dehnte Basilides, tiefe Geheimnisse versprechend, mit Hilfe von selbsterdichteten Wundergeschichten seine gottlosen ketzerischen Erfindungen ins Unendliche aus.

Von den zahlreichen Kirchenmännern, die zu jener Zeit für die Wahrheit kämpften und mehr mit Vernunftgründen für die apostolische und kirchliche Lehre eintraten, gaben nunmehr einige in ihren Schriften den späteren Generationen auch Heilmittel gegen diese erwähnten Irrlehren in die Hand.

Solcher Leute bediente sich der schadenfrohe Teufel, um einerseits die von ihnen Verführten jämmerlich dem Verderben auszuliefern und andererseits den ungläubigen Heiden Überfluß an übler Nachrede gegen das göttliche Wort zu geben, da der Ruf solcher Leute sich zur Verleumdung des ganzen Christenvolkes verbreitete.

Dadurch vor allem kam es, daß damals bei den Ungläubigen der gottlose und äußerst unsinnige Verdacht umging, wir hätten mit Müttern und Schwestern unerlaubten Umgang und würden wüste Speisen genießen.

Doch nicht lange hatte der Teufel solche Erfolge zu verzeichnen. Denn die Wahrheit raffte sich auf und erstrahlte in dem folgenden Zeitalter zu herrlichem Licht.

Durch ihre Kraft widerlegt, brachen rasch die Angriffe der Feinde zusammen. Da stets neue Häresien ersonnen wurden, siechten die früheren immer wieder dahin und lösten sich bald auf diese, bald auf jene Weise zu mannigfaltigen und vielgestaltigen Erscheinungen auf. Der Glanz der katholischen und allein wahren Kirche aber wuchs und vergrößerte sich in unbedingter Beständigkeit und ließ vor allen griechischen und barbarischen Völkern Würde,

φιλοσοφίας εἰς ἅπαν γένος Ἑλλήνων τε καὶ βαρβάρων ἀποστίλβουσα.

Tadellosigkeit, Vornehmheit, Weisheit und Reinheit des göttlichen Lebens und der göttlichen Lehren leuchten.

7,14 συναπέσβη δ᾽ οὖν ἅμα τῷ χρόνῳ καὶ ἡ κατὰ παντὸς τοῦ δόγματος διαβολή, ἔμενεν δὲ ἄρα μόνη παρὰ πᾶσι κρατοῦσα καὶ ἀνομολογουμένη τὰ μάλιστα διαπρέπειν ἐπὶ σεμνότητι καὶ σωφροσύνῃ θείοις τε καὶ φιλοσόφοις δόγμασιν ἡ καθ᾽ ἡμᾶς διδασκαλία, ὡς μηδένα τῶν εἰς νῦν αἰσχρὰν ἐπιφέρειν τολμᾶν κατὰ τῆς πίστεως ἡμῶν δυσφημίαν μηδέ τινα τοιαύτην διαβολὴν οἵαις πάλαι πρότερον φίλον ἦν χρῆσθαι τοῖς καθ᾽ ἡμῶν ἐπισυνισταμένοις.

Mit der Zeit hörte man auch nichts mehr von den gegen die ganze Lehre ausgestreuten Verleumdungen. Es blieb aber unsere Lehre allein überall mächtig und genoß wegen ihrer Erhabenheit und Weisheit und wegen ihrer göttlichen und auch philosophischen Grundsätze größtes Ansehen. Daher wagte es bis auf unsere Zeit niemand mehr, gegen unseren Glauben solche Schmähreden und Verleumdungen auszusprechen, wie sie seinerseits in den Kreisen unserer Gegner üblich waren.

7,15 Ὅμως δ᾽ οὖν κατὰ τοὺς δηλουμένους αὖθις παρῆγεν εἰς μέσον ἡ ἀλήθεια πλείους ἑαυτῆς ὑπερμάχους, οὐ δι᾽ ἀγράφων αὐτὸ μόνον ἐλέγχων, ἀλλὰ καὶ δι᾽ ἐγγράφων ἀποδείξεων κατὰ τῶν ἀθέων αἱρέσεων στρατευομένους·
8,1 ἐν τούτοις ἐγνωρίζετο Ἡγήσιππος, οὗ πλείσταις ἤδη πρότερον κεχρήμεθα φωναῖς, ὡς ἂν ἐκ τῆς αὐτοῦ παραδόσεως τινὰ τῶν κατὰ τοὺς ἀποστόλους παραθέμενοι.

Jedoch ließ die Wahrheit zu jener Zeit wieder mehrere ihrer Anwälte auftreten, welche nicht nur in mündlichen Widerlegungen, sondern auch in schriftlichen Begründungen gegen die gottlosen Häresien zu Felde zogen. Zu diesen (Anwälten der Wahrheit) zählte Hegesipp, den wir schon oben ausführlich zu Wort kommen ließen, als wir einige seiner Berichte über das apostolische Zeitalter wiedergaben.

h.e. IV 24[7]

24 [...] τῶν γε μὴν αἱρετικῶν οὐ χεῖρον καὶ τότε ζιζανίων δίκην λυμαινομένων τὸν εἰλικρινῆ τῆς ἀποστολικῆς διδασκαλίας σπόρον, οἱ πανταχόσε τῶν ἐκκλησιῶν ποιμένες, ὥσπερ τινὰς θῆρας ἀγρίους τῶν Χριστοῦ προβάτων ἀποσοβοῦντες, αὐτοὺς ἀνεῖργον τοτὲ μὲν ταῖς πρὸς τοὺς ἀδελφοὺς νουθεσίαις καὶ παραινέσεσιν, τοτὲ δὲ πρὸς αὐτοὺς γυμνότερον ἀποδυόμενοι, ἀγράφοις τε εἰς πρόσωπον ζητήσεσι καὶ ἀνατροπαῖς, ἤδη δὲ καὶ δι᾽ ἐγγράφων ὑπομνημάτων τὰς δόξας αὐτῶν ἀκριβεστάτοις ἐλέγχοις διευθύνοντες. ὅ γέ τοι Θεόφιλος σὺν τοῖς ἄλλοις κατὰ τούτων στρατευσάμενος δῆλός ἐστιν ἀπό τινος οὐκ ἀγεννῶς αὐτῷ κατὰ Μαρκίωνος πεπονημένου λόγου, ὃς καὶ αὐτὸς μεθ᾽ ὧν ἄλλων εἰρήκαμεν εἰς ἔτι νῦν διασέσωσται.

[...] Da die Häretiker auch schon damals gleich dem Unkraut die reine Saat der apostolischen Lehre zu verderben suchten, so haben die überall in den Gemeinden aufgestellten Hirten sie, die wilden Tieren glichen, von den Herden Christi verscheucht und abgehalten, indem sie bald durch Mahnungen und Ermunterungen an die Brüder, bald auch im offenen Angriff in persönlicher, mündlicher Aussprache und Widerlegung sowie durch Schriften deren Meinung gründlich zerpflückten. Daß u. a. auch Theophilus gegen die Häretiker zu Felde zog, ergibt sich aus seiner vortrefflichen Schrift gegen Marcion, welche ebenso wie die erwähnten Arbeiten noch bis heute erhalten ist.

h.e. IV 30,3[8]

30,3 ἦν δ᾽ οὗτος πρότερον τῆς κατὰ Οὐαλεντῖνον σχολῆς, καταγνοὺς δὲ ταύτης πλεῖστά τε τῆς

Bardesanes hatte sich früher der Schule Valentins angeschlossen. Als er sie aber durchschaut

---

7   Euseb, h.e. IV 24 <GCS Euseb II/1, 380,1–12>.
8   Euseb, h.e. IV 30,3 <GCS Euseb II/1, 392,23–27>.

κατὰ τοῦτον μυθοποιίας ἀπελέγξας ἐδόκει μέν
πως αὐτὸς ἑαυτῷ ἐπὶ τὴν ὀρθοτέραν γνώμην
μετατεθεῖσθαι, οὐ μὴν καὶ παντελῶς γε
ἀπερρύψατο τὸν τῆς παλαιᾶς αἱρέσεως ῥύπον.

*hatte, wies er die meisten ihrer Fabeln zurück
und glaubte sich zu einer reinen Lehre bekehrt
zu haben. Doch hat er den Schmutz der alten
Häresie nicht vollständig abgeschüttelt.*

h.e. V 14–16,1 [9]

14 μισόκαλός γε μὴν ἐς τὰ μάλιστα καὶ
φιλοπόνηρος ὢν ὁ τῆς ἐκκλησίας τοῦ θεοῦ
πολέμιος μηδένα τε μηδαμῶς τῆς κατὰ τῶν
ἀνθρώπων ἀπολιπὼν ἐπιβουλῆς τρόπον,
αἱρέσεις ξένας αὖθις ἐπιφύεσθαι κατὰ τῆς
ἐκκλησίας ἐνήργει· ὧν οἳ μὲν ἰοβόλων δίκην
ἑρπετῶν ἐπὶ τῆς Ἀσίας καὶ Φρυγίας εἷρπον,
τὸν μὲν δὴ παράκλητον Μοντανόν, τὰς δ' ἐξ
αὐτοῦ γυναῖκας, Πρίσκιλλαν καὶ Μαξίμιλλαν,
ὡς ἂν τοῦ Μοντανοῦ προφήτιδας γεγονυίας
αὐχοῦντες·
15 οἳ δ' ἐπὶ Ῥώμης ἤκμαζον, ὧν ἡγεῖτο Φλωρῖνος
πρεσβυτερίου τῆς ἐκκλησίας ἀποπεσών,
Βλάστος τε σὺν τούτῳ, παραπλησίῳ πτώματι
κατεσχημένος· οἳ καὶ πλείους τῆς ἐκκλησίας
περιέλκοντες ἐπὶ τὸ σφῶν ὑπῆγον βούλημα,
θάτερος ἰδίως περὶ τὴν ἀλήθειαν νεωτερίζειν
πειρώμενος.

*Wiederum erregte der Feind der Kirche Got-
tes, welcher das Gute tödlich haßt und das
Böse liebt und welcher keine Gelegenheit, den
Menschen nachzustellen, je vorübergehen läßt,
seltsame Häresien gegen die Kirche. Die einen
schlichen gleich giftigen Schlangen in Asien
und Phrygien umher und priesen Montanus
als Paraklet und seine Anhängerinnen Priscilla und Maximilla als die Prophetinnen des
Montanus.*

*Die anderen erhoben sich zu Rom. An ihrer
Spitze standen Florinus, der das kirchliche
Amt des Presbyters niedergelegt hatte, und
neben ihm Blastus, der in gleicher Weise abgefallen war. Diese hatten noch mehrere von
der Kirche abwendig gemacht und zu sich
hinübergezogen. Bezüglich der Wahrheit
suchte jeder eigene, neue Wege zu gehen.*

16,1 Πρὸς μὲν οὖν τὴν λεγομένην κατὰ Φρύγας
αἵρεσιν ὅπλον ἰσχυρὸν καὶ ἀκαταγώνιστον
ἐπὶ τῆς Ἱεραπόλεως τὸν Ἀπολινάριον, οὗ καὶ
πρόσθεν μνήμην ὁ λόγος πεποίητο, ἄλλους τε
σὺν αὐτῷ πλείους τῶν τηνικάδε λογίων ἀνδρῶν
ἡ τῆς ἀληθείας ὑπέρμαχος ἀνίστη δύναμις, ἐξ
ὧν καὶ ἡμῖν ἱστορίας πλείστη τις ὑπόθεσις
καταλέλειπται.

*Gegen die sogenannte kataphrygische Häre-
sie hat jene Macht, welche für die Wahrheit
kämpfte, zu Hierapolis in Apollinarius, der
schon früher erwähnt wurde, und außer ihm
in noch mehreren anderen gebildeten Männern
jener Zeit eine starke, unbezwingbare Schutzwehr aufgestellt. Dieselben haben auch uns
reichlichen Stoff für unsere Geschichte hinterlassen.*

h.e. V 20,1 [10]

20,1 ἐξ ἐναντίας δὲ τῶν ἐπὶ Ῥώμης τὸν ὑγιῆ τῆς
ἐκκλησίας θεσμὸν παραχαραττόντων, Εἰρηναῖος
διαφόρους ἐπιστολὰς συντάττει [...]

*Gegen die, welche in Rom die gesunde Ordnung
der Kirche störten,* verfaßte Irenäus verschiedene Briefe.

h.e. V 28,1–2 [11]

28,1 Τούτων ἕν τινος σπουδάσματι κατὰ τῆς
Ἀρτέμωνος αἱρέσεως πεπονημένῳ, ἣν αὖθις

Einer dieser Männer *verfaßte gegen die Häresie des Artemon, welche in unserer Zeit Paulus*

---

9   Euseb, h.e. V 14–16,1 <GCS Euseb II/1, 458,16–460,4>.

10   Euseb, h.e. V 20,1 <GCS Euseb II/1, 480,16–17>.

11   Euseb, h.e. V 28,1–2 <GCS Euseb II/1, 500,3–11>.

ὁ ἐκ Σαμοσάτων Παῦλος καθ' ἡμᾶς ἀνανεώσασθαι πεπείραται, φέρεταί τις διήγησις ταῖς
ἐξεταζομέναις ἡμῖν προσήκουσα ἱστορίαις.

von Samosata zu erneuern suchte, eine Schrift,
in der eine Erzählung überliefert wird, die
für unser Thema von Bedeutung ist.

28,2 τὴν γάρ τοι δεδηλωμένην αἵρεσιν ψιλὸν
ἄνθρωπον γενέσθαι τὸν σωτῆρα φάσκουσαν
οὐ πρὸ πολλοῦ τε νεωτερισθεῖσαν διευθύνων,
ἐπειδὴ σεμνύνειν αὐτὴν ὡς ἂν ἀρχαίαν οἱ
ταύτης ἤθελον εἰσηγηταί, πολλὰ καὶ ἄλλα εἰς
ἔλεγχον αὐτῶν τῆς βλασφήμου ψευδηγορίας
παραθεὶς ὁ λόγος ταῦτα κατὰ λέξιν ἱστορεῖ

Die Schrift weist nach, daß die erwähnte
Häresie, welche lehrt, der Erlöser sei ein
bloßer Mensch gewesen, erst vor kurzem
entstanden ist, während ihre Stifter ihr ein
hohes Alter nachrühmen wollten. Nachdem
sie zur Widerlegung ihrer gotteslästerlichen
Lüge verschiedenes andere vorgebracht, erzählt sie wörtlich:

h.e. VI 2,13–14[12]

2,13 [...] τυγχάνει δεξιώσεως ὁμοῦ καὶ
ἀναπαύσεως παρά τινι πλουσιωτάτῃ μὲν τὸν
βίον καὶ τὰ ἄλλα περιφανεστάτῃ γυναικί,
διαβόητόν γε μὴν ἄνδρα περιεπούσῃ τῶν τότε
ἐπὶ τῆς Ἀλεξανδρείας αἱρεσιωτῶν· τὸ γένος
ἦν οὗτος Ἀντιοχεύς, θετὸν δ' υἱὸν αὐτὸν εἶχέν
τε σὺν ἑαυτῇ καὶ ἐν τοῖς μάλιστα περιεῖπεν ἡ
δεδηλωμένη.

[...] Er [sc. Origenes] fand Aufnahme bei
einer sehr reichen und vornehmen Frau.
Diese nahm sich aber auch eines berühmten
Mannes an, welcher zu den damals in Alexandrien lebenden Häretikern gehörte und
aus Antiochien stammte. Die genannte Frau
hatte ihn als Adoptivsohn bei sich und sorgte
aufs beste für ihn.

2,14 ἀλλὰ τούτῳ γε ἐπάναγκες ὁ Ὠριγένης
συνών, τῆς ἐξ ἐκείνου περὶ τὴν πίστιν ὀρθοδοξίας
ἐναργῆ παρείχετο δείγματα [...].

*Obwohl Origenes nun gezwungen war, mit die-
sem Mann zusammenzuleben, gab er von da ab
deutliche Proben seiner Rechtgläubigkeit.* [...]

h.e. VI 18,2[13]

18,2 καὶ ἄλλοι δὲ πλείους τῶν ἀπὸ παιδείας,
τῆς περὶ τὸν Ὠριγένην φήμης πανταχόσε
βοωμένης, ᾔεσαν ὡς αὐτόν, πεῖραν τῆς ἐν τοῖς
ἱεροῖς λόγοις ἱκανότητος τἀνδρὸς ληψόμενοι·
μυρίοι δὲ τῶν αἱρετικῶν φιλοσόφων τε τῶν
μάλιστα ἐπιφανῶν οὐκ ὀλίγοι διὰ σπουδῆς
αὐτῷ προσεῖχον, μόνον οὐχὶ πρὸς τοῖς θείοις
καὶ τὰ τῆς ἔξωθεν φιλοσοφίας πρὸς αὐτοῦ
παιδευόμενοι.

Zahlreiche Häretiker und nicht wenige von
den angesehensten Philosophen hörten ihm
[sc. Origenes] mit Eifer zu und ließen sich
von ihm ebenso in den göttlichen Dingen
wie auch in der heidnischen Philosophie unterrichten.

h.e. VI 38[14]

38 Τότε δὲ καὶ ἄλλης διαστροφῆς κατάρχεται ἡ
τῶν Ἐλκεσαϊτῶν λεγομένη αἵρεσις, ἣ καὶ ἅμα τῷ
ἄρξασθαι ἀπέσβη. μνημονεύει δ' αὐτῆς ὁμιλῶν
ἐπὶ τοῦ κοινοῦ εἰς τὸν πβ ψαλμὸν ὁ Ὠριγένης,
ὧδέ πως λέγων

*Damals begann auch die sogenannte Häresie
der Elkesaïten, die allerdings schon bei ihrem
Erscheinen erlosch, mit einer anderen Verirrung.*
Ihrer gedenkt Origenes in einer vor dem Volke zum 82. Psalm gehaltenen Homilie. Er
sagt daselbst:

---

[12]   Euseb, h.e. VI 2,13–14 <GCS Euseb II/1, 522,19–26>.

[13]   Euseb, h.e. VI 18,2 <GCS Euseb II/2, 556,12–17>.

[14]   Euseb, h.e. VI 38 <GCS Euseb II/2, 592,13–16>.

h.e. VII 27,1–2[15]

27,1 Ξύστον τῆς Ῥωμαίων ἐκκλησίας ἔτεσιν ἔνδεκα προστάντα διαδέχεται τῷ κατ' Ἀλεξάνδρειαν ὁμώνυμος Διονύσιος. ἐν τούτῳ δὲ καὶ Δημητριανοῦ κατ' Ἀντιόχειαν τὸν βίον μεταλλάξαντος, τὴν ἐπισκοπὴν Παῦλος ὁ ἐκ Σαμοσάτων παραλαμβάνει.

27,2 τούτου δὲ ταπεινὰ καὶ χαμαιπετῆ περὶ τοῦ Χριστοῦ παρὰ τὴν ἐκκλησιαστικὴν διδασκαλίαν φρονήσαντος ὡς κοινοῦ τὴν φύσιν ἀνθρώπου γενομένου, ὁ μὲν κατ' Ἀλεξάνδρειαν Διονύσιος παρακληθεὶς ὡς ἂν ἐπὶ τὴν σύνοδον ἀφίκοιτο, γῆρας ὁμοῦ καὶ ἀσθένειαν τοῦ σώματος αἰτιασάμενος, ἀνατίθεται τὴν παρουσίαν, δι' ἐπιστολῆς τὴν αὐτοῦ γνώμην, ἣν ἔχοι περὶ τοῦ ζητουμένου, παραστήσας, οἱ δὲ λοιποὶ τῶν ἐκκλησιῶν ποιμένες ἄλλος ἄλλοθεν ὡς ἐπὶ λυμεῶνα τῆς Χριστοῦ ποίμνης συνῇσαν, οἱ πάντες ἐπὶ τὴν Ἀντιόχειαν σπεύδοντες.

Nachdem Xystus die römische Kirche elf Jahre regiert hatte, folgte ihm Dionysius, ein Namensvetter des Bischofs von Alexandrien. Um diese Zeit übernahm auch nach dem Tod des Demetrianus Paulus von Samosata das Bischofsamt in Antiochien.

Da dieser *niedrige und unwürdige Anschauungen* über Christus hatte und im Gegensatz zur kirchlichen Lehre behauptete, er sei seiner Natur nach ein gewöhnlicher Mensch gewesen, wurde Dionysius von Alexandrien zu einer Synode eingeladen. Doch erschien er wegen seines hohen Alters und seiner körperlichen Gebrechlichkeit nicht persönlich und setzte seine Anschauung über die Frage in einem Brief auseinander. *Alle übrigen Hirten der Kirchen aber eilten von allen Seiten nach Antiochien und traten gegen den Verwüster der Herde Christi zusammen.*

h.e. VII 29,1–2[16]

29,1 καθ' ὃν τελευταίας συγκροτηθείσης πλείστων ὅσων ἐπισκόπων συνόδου, φωραθεὶς καὶ πρὸς ἁπάντων ἤδη σαφῶς καταγνωσθεὶς ἑτεροδοξίαν ὁ τῆς κατὰ Ἀντιόχειαν αἱρέσεως ἀρχηγὸς τῆς ὑπὸ τὸν οὐρανὸν καθολικῆς ἐκκλησίας ἀποκηρύττεται.

29,2 μάλιστα δ' αὐτὸν εὐθύνας ἐπικρυπτόμενον διήλεγξεν Μαλχίων, ἀνὴρ τά τε ἄλλα λόγιος καὶ σοφιστοῦ τῶν ἐπ' Ἀντιοχείας Ἑλληνικῶν παιδευτηρίων διατριβῆς προεστώς, οὐ μὴν ἀλλὰ καὶ δι' ὑπερβάλλουσαν τῆς εἰς Χριστὸν πίστεως γνησιότητα πρεσβυτερίου τῆς αὐτόθι παροικίας ἠξιωμένος· οὗτός γέ τοι ἐπισημειουμένων ταχυγράφων ζήτησιν πρὸς αὐτὸν ἐνστησάμενος, ἣν καὶ εἰς δεῦρο φερομένην ἴσμεν, μόνος ἴσχυσεν τῶν ἄλλων κρυψίνουν ὄντα καὶ ἀπατηλὸν φωρᾶσαι τὸν ἄνθρωπον.

Unter ihm versammelten sich sehr viele Bischöfe zu einer letzten Synode, auf welcher *das Haupt der antiochenischen Häresie entlarvt und klar und einhellig wegen der Ketzerei verurteilt, aus der katholischen Kirche, sowie sie sich unter dem Himmel ausbreitet, ausgeschlossen wurde.*

Der ihn und sein *Versteckspiel* am gründlichsten zur Rechenschaft zog und restlos widerlegte, war Malchion, ein vielseitig gebildeter Mann, der einer Rhetorenschule vorstand, die zu den griechischen Bildungsstätten Antiochiens gehört, aber auch wegen der hervorragenden Lauterkeit seines Glaubens an Christus des priesterlichen Amtes in der dortigen Gemeinde gewürdigt ward. Dieser hatte mit ihm eine Disputation geführt, welche von Schnellschreibern mitgeschrieben wurde und, wie wir wissen, noch heute erhalten ist. Er allein unter ihnen allen war imstande, den *heimtückischen und betrügerischen Menschen* zu *entlarven.*

---

15 Euseb, h.e. VII 27,1–2 <GCS Euseb II/2, 702,1–12>.
16 Euseb, h.e. VII 29,1–2 <GCS Euseb II/2, 704,7–18>.

h.e. VII 31,1–2[17]

31,1 Ἐν τούτῳ καὶ ὁ μανεὶς τὰς φρένας ἐπώνυμός τε τῆς δαιμονώσης αἱρέσεως τὴν τοῦ λογισμοῦ παρατροπὴν καθωπλίζετο, τοῦ δαίμονος, αὐτοῦ δὴ τοῦ θεομάχου σατανᾶ, ἐπὶ λύμῃ πολλῶν τὸν ἄνδρα προβεβλημένου. βάρβαρος δῆτα τὸν βίον αὐτῷ λόγῳ καὶ τρόπῳ τήν τε φύσιν δαιμονικός τις ὢν καὶ μανιώδης, ἀκόλουθα τούτοις ἐγχειρῶν, Χριστὸν αὐτὸν μορφάζεσθαι ἐπειρᾶτο, τοτὲ μὲν τὸν παράκλητον καὶ αὐτὸ τὸ πνεῦμα τὸ ἅγιον αὐτὸς ἑαυτὸν ἀνακηρύττων καὶ τυφούμενός γε ἐπὶ τῇ μανίᾳ, τοτὲ δέ, οἷα Χριστός, μαθητὰς δώδεκα κοινωνοὺς τῆς καινοτομίας αἱρούμενος·

31,2 δόγματά γε μὴν ψευδῆ καὶ ἄθεα ἐκ μυρίων τῶν πρόπαλαι ἀπεσβηκότων ἀθέων αἱρέσεων συμπεφορημένα καττύσας, ἐκ τῆς Περσῶν ἐπὶ τὴν καθ' ἡμᾶς οἰκουμένην ὥσπερ τινὰ θανατηφόρον ἰὸν ἐξωμόρξατο, ἀφ' οὗ δὴ τὸ Μανιχαίων δυσσεβὲς ὄνομα τοῖς πολλοῖς εἰς ἔτι νῦν ἐπιπολάζει. τοιαύτη μὲν οὖν ἡ καὶ τῆσδε τῆς ψευδωνύμου γνώσεως ὑπόθεσις, κατὰ τοὺς δεδηλωμένους ὑποφυείσης χρόνους.

Um jene Zeit rüstete sich auch der Wahnsinnige, benannt nach seiner vom Teufel besessenen Häresie, mit der Waffe der Geistesverwirrung. Der Teufel, der wider Gott kämpfende Satan selbst hatte ihn zum Schaden vieler vorgeschoben. Ein Barbar in seiner Lebensführung nach Sprache und Sitte, war er seinem Wesen nach besessen und rasend. Was er erstrebte, war dementsprechend. Er suchte Christus zu spielen. Bald gab er sich selbst, aufgeblasen in seinem Wahnsinn, als den Tröster und gar den Heiligen Geist aus, bald erwählte er als Christus zwölf Jünger zu Genossen seiner Neuerung. Seine falschen und gottlosen Lehrsätze trug und flickte er aus zahllosen, längst erloschenen gottlosen Häresien zusammen und übertrug sie von Persien aus wie ein tödliches Gift auf unser ganzes Reich. Seitdem ist der ruchlose Name der Manichäer allgemein bekannt bis auf den heutigen Tag. So steht es um den Ursprung auch dieser fälschlich sogenannten Gnosis, die um die erwähnte Zeit entstanden ist.

2. Das Wesen der Häresie

2.1 Die Dämonologie

Euseb führt das Entstehen der Häresie auf die Wirksamkeit des Teufels zurück. Obwohl man meinen könnte, das Thema wäre in der h.e. dominant ausgeführt und ziehe sich wie ein roter Faden durch die eusebianische Darstellung, sind es doch nur wenige geschickt plazierte Aussagen, die dem Leser diesen Eindruck vermitteln. Euseb betont die Dämonologie zu Beginn sehr stark und führt sie im Kontext der Darstellung des Simon Magus (h.e. II 13.14), des Menander und der Ebionäer (h.e. III 26.27) breit aus. Später läßt er das Thema nur noch einmal pro Buch anklingen: h.e. IV 7,1, h.e. V 14 und dann erst wieder zum Abschluß bei Mani in h.e. VII 31. Da außer den drei Justin-Zitaten (h.e. II 13,3–4 zu Simon Magus, h.e. III 26,3 zu Menander und h.e. IV 11,9 zu Marcion) nur noch Kornelius von Rom von der Besessenheit des Novatus durch den Satan (h.e. VI 43,14)

---

17   Euseb, h.e. VII 31,1–2 <GCS Euseb II/2, 716,1–15>.

ausgeht, bleibt das Thema der Besessenheit des Häresiegründers durch den Teufel über weite Phasen der h. e. unausgeführt.

Die wenigen Aussagen Eusebs zur dämonischen Herleitung der Häresie sollen im folgenden genauer analysiert werden (2.1.1). Des weiteren soll die eusebianische Konzeption mit ihrem Ausgangspunkt und ihrer geschichtlichen Vorlage, der justinischen Dämonologie, verglichen werden (2.1.2). Abschließend wird ihre Funktion für die eusebianische Häreseographie untersucht (2.1.3).

2.1.1 Eusebs Aussagen zur Dämonologie in der h. e.

In h. e. II 13,1 berichtet Euseb, daß der „Feind des menschlichen Heils die Hauptstadt an sich zu reißen versuchte" und sich dazu „hinter den oben erwähnten Simon machte und ihn in seinen trügerischen Kunststückchen unterstützte". Er greift dabei auf Überlegungen Justins zurück, der die bösen Dämonen als Untertanen der Teufels, nicht aber den Teufel selbst, als Antriebskraft der Häretiker ausmacht.[18] Zugleich geht Euseb aber auch über Justin hinaus, wenn er die vielen Dämonen zu einer Person, dem Teufel, zusammenfaßt und die vielen Mächte in einer Person konzentriert. So agiert innerhalb der Kirchengeschichte Eusebs der *eine* Teufel als Gegenspieler des *einen* Gottes; der Kampf zwischen Gut und Böse ist damit von Euseb symmetrisch angelegt.[19]

In h. e. II 14, dem eusebianischen Versuch, die unterschiedlichen Traditionen (Apostelgeschichte, Justin) zu Simon Magus zusammenzubringen, erwähnt er den Teufel mehrmals. Euseb erinnert seine Leser noch einmal daran, daß Simon Magus von der „schlimmen, dem Guten abholden und den Menschen wegen ihrer Erlösung mißgünstigen Kraft als gewaltige Gegenmacht gegen die großen, gotterleuchteten Apostel unseres Erlösers" aufgestellt war. Dieser Satz läßt verschiedene Aspekte der eusebianischen Häreseographie erkennen: Die Häretiker sind vom Teufel als wirkmächtige Gegenkraft gegen die Apostel aufgestellt. Wie Gott seine Apostel zur Verkündigung der Wahrheit aufstellt, so stellt der Teufel seine Häretiker als Gegenmacht auf. Wie Gott und Teufel auf der metaphysischen Ebene Gegenspieler sind, so stehen sich Apostel und Häretiker auf Erden gegenüber. Gott und Teufel sind am Kampf nur indirekt durch ihre irdischen Vertreter beteiligt: In h. e. II 14,2 berichtet Euseb, daß die „göttliche, himmlische Gnade ihren Dienern hilft und durch ihr Erscheinen und Auftreten die angefachte Flamme des Bösen auslöschte, indem sie durch jene Männer alles, was sich hochmütig gegen die Erkenntnis Gottes erhob, demütigte und niederwarf"[20]. Damit ist trotz der Betonung der Wirk-

---

18   Vgl. Justin in h. e. II 13,3: Unter Kaiser Klaudius wirkte er durch die Kraft der in ihm tätigen Dämonen Zauberstücke.

19   Vgl. Teil II 2.1.3 Die Singularität des Teufels als denknotwendige Voraussetzung der eusebianischen Häreseographie. Zur Funktion des Teufels innerhalb der *demonstratio evangelica* und der h. e. vgl. auch Sirinelli, Vues Historiques, 307–311, zur Häresiethematik insbesondere 310–311.

20   Euseb, h. e. II 14,2 <GCS Euseb II/1, 138,3–6>.

mächtigkeit und der Gefährlichkeit des Teufels der Kampf ziemlich einseitig; der positive Ausgang für die Seite Gottes und seiner Diener steht fest.

Bei der Darstellung des Menander (h.e. III 26) erinnert Euseb seinen Leser an die *teuflische* Anstiftung der Häretiker[21], womit er die folgende Angabe Justins, die Dämonen hätten Menander aufgestellt, „neutralisiert". Im Anschluß an das Zitat geht Euseb auf das planvolle Vorgehen des Teufels ein. Hatte Euseb die Strategie und das Ziel des teuflischen Agierens bislang nur angedeutet[22], so offenbart er in h.e. III 26,4 erstmals das Vorgehen des Teufels als planvolles Handeln. Der Teufel benutzt den Zauberer Menander, der sich mit dem Namen Christ schützt, um „das große Geheimnis unseres Glaubens als Zauberei zu verleumden und die kirchliche Lehre von der Unsterblichkeit der Seele und der Auferstehung der Toten zu verspotten."[23] Damit greift Euseb wiederum Gedanken Justins auf, der die Verleumdung des Glaubens als Zauberei als ein Ziel des dämonischen Wirkens ausmacht.[24]

Bei den Ebionäern betont Euseb wiederum das strategische Vorgehen des Teufels im Kampf gegen die menschliche Erlösung (h.e. III 27). Da der böse Dämon nur bei einem (kleinen) Teil der Christen mit dem Auftreten Simons Erfolg hatte und den Glauben untergraben konnte, „fand er eine andere schwache Seite an ihnen und gewann sie für sich"[25]. Der Teufel analysiert demnach die „Schwachstellen" der christlichen Lehre und setzt gezielt Häretiker ein, die diese Schwäche für ihre Ziele ausnutzen. Die Häresie der Ebionäer ist demnach „die andere Häresie" – vollkommen verschieden von den in einer häretischen Sukzession stehenden Magiern Simon Magus und Menander.

Nachdem Euseb innerhalb der Darstellung der ersten Häresien die teuflische Anstiftung der Häresiegründer besonders betonte, spart er dieses Thema im folgenden weitgehend aus und kommt erst in h.e. VI 7,1–2 auf seine häreseologische Konzeption zurück. Wie bereits in h.e. II 13,1–2 beobachtet, legt Euseb auch in h.e. VI 7,1–2 seine Häresiekonzeption in der Einleitung zu den folgenden Häresien (Satorninus, Basilides und Karpokrates) dar: Da sich die christliche Lehre bei allen Völkern ausbreitete, war der Teufel zum Handeln gezwungen. „Der dem Guten abholde Teufel als Feind der Wahrheit und ständiger bitterster Gegner der menschlichen Erlösung nahm im Kampfe gegen die Kirche alle möglichen Mittel ausnützend – nachdem er es früher mit äußeren Verfolgungen gegen sie versucht hatte,

---

[21]   Euseb, h.e. III 26,1: Menander als „Werkzeug der teuflischen Kraft".

[22]   In h.e. II 13,1 erkennt Euseb in der Reise des Simon nach Rom den Versuch des Teufels, nach der Niederlage in Samarien die Hauptstadt des Reiches an sich zu reißen. Die Beschreibung des Teufels als „Feind des menschlichen Heils" (h.e. II 13,1) oder als den Menschen „wegen ihrer Erlösung mißgünstige Kraft" (h.e. II 14,1) läßt das Ziel der teuflischen bzw. häretischen Agitation im Fernhalten der Menschen von der christlichen Lehre erahnen.

[23]   Euseb, h.e. III 26,4 <GCS Euseb II/1, 254,18–23>.

[24]   Vgl. dazu unten Teil II 2.1.2 Die Dämonologie Justins als Ausgangspunkt der eusebianischen Häreseographie.

[25]   Vgl. h.e. III 27,1 <GCS Euseb II/1, 254,24–256,2: ἄλλους δ' ὁ πονηρὸς δαίμων, τῆς περὶ τὸν Χριστὸν τοῦ θεοῦ διαθέσεως ἀδυνατῶν ἐκσεῖσαι, θατεραλήπτους εὑρὼν ἐσφετερίζετο Ἐβιωναίους τούτους οἰκείως ἐπεφήμιζον οἱ πρῶτοι, πτωχῶς καὶ ταπεινῶς τὰ περὶ τοῦ Χριστοῦ δοξάζοντας.>

2. Das Wesen der Häresie

jetzt aber dieser Kampfmittel beraubt war – schlimme, trügerische Menschen als seelenvernichtende Werkzeuge und als Knechte der Verderbens in seine Dienste".[26]

Wie Euseb ausführt, ist der Einsatz von Häretikern bereits der zweite Versuch des Teufels, gegen die Ausbreitung der christlichen Lehre vorzugehen. War er nach dem Ende der Christenverfolgungen der Möglichkeit der „Verfolgung von außen" beraubt, attackiert er nun die christliche Wahrheit von innen, indem er Häretiker zur Eindämmung der christlichen Lehre in die Kirche einschleust: „Der Teufel ging neue Wege; nichts ließ er unversucht. Falsche, verführerische Männer sollten sich unseren christlichen Namen aneignen, um einerseits die von ihnen eingefangenen Gläubigen in den Abgrund des Verderbens zu stürzen und andererseits solche, die unseren Glauben nicht kannten, durch ihre Handlungen vom Wege zur Heilslehre abzuhalten."[27] Die teuflische Agitation zielt demnach zum einen auf die Verfälschung der christlichen Lehre, um die Gläubigen von der wahren Lehre und damit vom Heil fernzuhalten, und zum anderen auf den christlichen Lebenswandel, um die (noch nicht bekehrten) Heiden durch die zwielichtigen Handlungen der Häretiker abzuschrecken. Der Teufel hat demnach mit der Aufstellung der Häretiker zwei unterschiedliche Personenkreise im Visier. Die einen versucht er durch die falsche Lehre von der wahren abzubringen, die anderen versucht er aufgrund des verwerflichen Verhaltens der Häretiker für immer vom Christentum abzuschrecken. Warum der Teufel dazu seine Häretiker nicht nur als konkurrierende Lehrer auftreten lassen kann, sondern sie direkt in die Kirche „einschleusen" muß, erklärt Euseb plausibel damit, daß sie zunächst aufgrund ihrer Bezeichnung als Christen einen Schutz innerhalb der Kirche genießen, der ihnen ein unbehelligtes und damit sehr viel effizienteres Wirken ermöglicht.

Nach diesen Angaben kehrt Euseb zur Darstellung der Häretiker Satorninus und Basilides sowie Karpokrates zurück und kommt erst im Anschluß daran wiederum auf seine häreseologische Konzeption, insbesondere auf die dämonische Herleitung der Häresie, zurück. Er knüpft in h.e. IV 7,10 an die Aussagen in h.e. IV 7,2 an, wenn er noch einmal das doppelte Ziel des häretischen Wirkens aufzeigt: „Solcher Leute bediente sich der schadenfrohe Teufel, um einerseits die von ihnen Verführten jämmerlich dem Verderben auszuliefern und andererseits den ungläubigen Heiden Überfluß an übler Nachrede gegen das göttliche Wort zu geben, da der Ruf solcher Leute sich zur Verleumdung des ganzen Christenvolkes verbreitete."[28] Als Beispiel dieser Verleumdungen nennt Euseb den bei den Ungläubigen umgehenden Verdacht, daß die Christen mit Müttern und Schwestern unerlaubten Umgang hätten und wüste Speisen genießen[29], um gleich anschließend in h.e. IV

---

26   Euseb, h.e. IV 7,1–2 <GCS Euseb II/1, 308,17–22>.

27   Euseb, h.e. IV 7,2 <GCS Euseb II/1, 308,22–27>.

28   Euseb, h.e. IV 7,10 <GCS Euseb II/1, 312,8–13>. Vgl. zur Stelle auch Sirinelli, Vues Historiques, 311.

29   Euseb, h.e. IV 7,11 <GCS Euseb II/1, 312,13–16>.

7,14 zu betonen, daß die teuflische Wirkmächtigkeit zeitlich begrenzt war und sich die Verleumdungen schnell auflösten.[30]

In h.e. IV 7,3 hatte Euseb eher am Rande erwähnt, daß von Menander eine „doppelzüngige, zweiköpfige schlangenartige Kraft ausging"[31], welche Satorninus in Antiochien und Basilides aus Alexandrien als Häupter von Ketzerschulen aufstellte. Diese Beobachtung der Verzahnung von Häretikern könnte hier in h.e. IV 7,3 noch als literarischer Kunstgriff Eusebs verstanden werden, wenn nicht h.e. V 14 eine ähnliche Parallelisierung von Montanus in Asien und Phrygien mit Florinus und Blastus in Rom zu finden wäre: „Wiederum erregte der Feind der Kirche Gottes, welcher das Gute tödlich haßt und das Böse liebt und welcher keine Gelegenheit, den Menschen nachzustellen, je vorübergehen läßt, seltsame Häresien gegen die Kirche. Die einen schlichen gleich giftigen Schlangen in Asien und Phrygien umher und priesen Montanus als Paraklet und seine Anhängerinnen Priscilla und Maximilla als die Prophetinnen des Montanus. Die anderen erhoben sich zu Rom. An ihrer Spitze standen Florinus, der das kirchliche Amt des Presbyters niedergelegt hatte, und neben ihm Blastus, der in gleicher Weise abgefallen war."[32]

Vergleicht man Eusebs Einleitung der Häresien in h.e. IV 7,3 und h.e. V 14 mit den zuvor gemachten Einleitungen im zweiten und dritten Häresieblock, so zeigt sich, daß Euseb zuvor keine Anstrengungen unternommen hatte, die Häresien zeitlich zu parallelisieren. Es genügte ihm bisher, diejenigen Häresien zusammenzustellen, die in einer bestimmten Regierung entstanden waren, ohne aber über zeitliche Überschneidungen der Häresien zu reflektieren. In h.e. IV 7,3 und h.e. V 14 berichtet Euseb erstmals darüber, daß Häresien *zeitgleich* auftreten, was er als teuflischen Schachzug interpretiert. In h.e. IV 7,3 beschreibt Euseb diese Strategie eher implizit im Bild der doppelzüngigen Schlange. In h.e. V 14 wird Euseb deutlicher und schreibt dem Teufel ganz explizit die Anzettelung eines Zweifrontenkrieges in Asien/Phrygien und Rom zu.

Ein letztes Mal läßt Euseb in h.e. VII 31 die Dämonologie bei der Darstellung der Häresie Manis anklingen. Diesen führt Euseb als „vom Teufel besessen" ein, um im folgenden weiter auszuführen: „Der Teufel, der wider Gott kämpfende Satan selbst, hatte ihn zum Schaden vieler vorgeschoben."[33] Mit dieser Formulierung gibt Euseb seinem Leser keine neuen Informationen, vielmehr erinnert er noch einmal daran, daß hinter dem Wirken des Häretikers der Teufel mit seinen Agitationen steht. Zugleich betont er ausdrücklich die Wirksamkeit und die Gefährlichkeit der Häresie, welche in der Unterstützung der Häretiker durch den Teufel begründet sind.

---

30   Euseb, h.e. IV 7,14 <GCS Euseb II/1, 312,26–314,2>.

31   Euseb, h.e. IV 7,3 <GCS Euseb II/1, 308,27–310,4>.

32   Euseb, h.e. V 14,1;15.1 <GCS Euseb II/1, 458,16–25>.

33   Euseb, h.e. VII 31,1 <GCS Euseb II/2, 716,2–4: [...] τοῦ δαίμονος, αὐτοῦ δὴ τοῦ θεομάχου σατανᾶ, ἐπὶ λύμη πολλῶν τὸν ἄνδρα προβεβλημένου.>.

2.1.2 Die Dämonologie Justins als Ausgangspunkt der eusebianischen Häreseographie

Mit der Rückführung der Häresie auf das Wirken des Teufels bzw. der Dämonen greift Euseb einen in der Alten Kirche weit verbreiteten Topos auf. Neben Polykarp von Smyrna, Tertullian und Cyprian ist es vornehmlich Justin, welcher die Häresie als vom Teufel verursacht ansieht.[34] Für das eusebianische Verständnis sind jedoch vornehmlich die Vorstellungen von Justin und Irenäus prägend und sollen daher kurz als Ausgangspunkt der eusebianischen Dämonologie skizziert werden.

Entscheidend für das Verständnis von Häresie bei Justin ist es, daß die Häresien durch die dämonische Anstiftung einzelner Männer entstehen[35], wie das Justin-Zitat in h.e. II 13,3 zeigt: Τρίτον δ' ὅτι καὶ μετὰ τὴν ἀνέλευσιν τοῦ Χριστοῦ εἰς οὐρανὸν προεβάλλοντο οἱ δαίμονες ἀνθρώπους τινὰς λέγοντας ἑαυτοὺς εἶναι θεούς.[36] Von Simon (h.e. II 13,3, vgl. Justin, apol. I 56) wie auch von Menander (h.e. III 26,3, vgl. Justin, apol. I 56) wird berichtet, daß sie durch die in ihnen wirksamen Dämonen Zauberkünste vollbringen können. Marcions Verführungskunst „der Massen aus allen Volksstämmen" beruht ebenfalls auf der σύλληψις der Dämonen (h.e. IV 11,9, vgl. Justin, apol. I 58).[37]

Die dämonologische Herleitung der Häresien steht bei Justin in einem größeren metaphysischen Zusammenhang. Die Dämonen, in apol. II 5 als Kinder der gefallenen Engel beschrieben[38], versuchen seit Anbeginn der Welt gegen das Wirken Christi zu intrigieren. Justin nennt als Beispiele dafür die Erfindung der griechischen Sagen, welche die Geschichte Christi als ein ebensolches Märchen erscheinen lassen sollen (apol. I 54–55; vgl. apol. I 21,5–6), sowie die Verfolgung der Christen durch römische Kaiser, die ebenfalls durch die Dämonen zur Eindämmung des Christentums angestiftet sind (apol. I 5; apol. II 4; vgl. apol. I 12,5).

---

[34] Vgl. dazu Polyk. 7,1; Tert., de praescr. XL 2.8; Cypr., ep. 59,7 und ep. 69,1. Alle Schriftsteller identifizieren die Häretiker mit den endzeitlichen Falschpropheten oder direkt mit dem Antichristen, womit sie das Wirken des Bösen und die Wirkmächtigkeit der Häretiker erklärbar machen können. Vgl. dazu auch Brox, Häresie, 265; Le Boulluec, La notion, I, 64–67.

[35] Zur dämonischen Natur der Häresie bei Justin vgl. auch Le Boulluec, La notion, I, 64–67.

[36] Justin, apol. I 26,1 <PTS 38, 69,1–3>.

[37] Über das Verhältnis zwischen dämonischem und menschlichem Wirken der Häretiker beim Vollbringen ihrer magischen Künste wird von Euseb ebensowenig reflektiert wie über die Frage, warum sich einige Menschen auf die teuflischen Verführungen einlassen bzw. warum der Teufel gerade diese Menschen in seinen Dienst nimmt. Euseb fokussiert allein auf den apologetischen Aspekt, der die Wirkmächtigkeit der Häresie erklären soll; die anthropologische Frage vom Wirken des Teufels im Menschen, die Frage nach der menschlichen Freiheit gegenüber der Inbesitznahme durch den Teufel sowie die sich daraus im Hinblick auf die Soteriologie ergebenden Probleme werden von Euseb vollkommen ausgeblendet. — Vgl. zur Verbindung zwischen Magie und Dämonenbesessenheit bei Justin Le Boulluec, La notion, I, 64.

[38] Nach Justin, apol. II 5,2–4, sind die Engel nach der Schöpfung über die Menschen gesetzt worden, um Vorsorge für sie zu treffen. Justin greift auf Gen 6,4 zurück, wenn er weiter beschreibt, daß diese Engel jedoch die göttliche Anordnung übertraten und mit Menschenfrauen Kinder zeugten, welche Dämonen genannt werden.

Mit derselben Intention, die Eindämmung des wahren Christentums zu erwirken, schieben die Dämonen von ihnen aufgestellte Menschen vor, welche die Taten Christi imitieren und so die Menschen von der rechten Lehre abbringen sollen: „Es genügte den Dämonen nicht, vor dem Erscheinen Christi glauben zu machen, daß wirklich die vorerwähnten Söhne des Zeus existiert hätten, sondern da sie auch nach seinem Erscheinen und Wandeln unter den Menschen in Kenntnis kamen, wie er von den Propheten vorher verkündigt worden, und erkannten, daß er in jeder Nation und Menschenklasse Gläubige finde und erwartet werde: So schoben sie wieder, wie wir bereits gezeigt haben, andere vor, nämlich den Simon und Menander von Samaria, die durch Zauberei selbst Wunder wirkten, wodurch sie viele völlig berückten und sie zur Stunde noch in ihrem Wahn festhalten."[39]

Die Abhängigkeit der eusebianischen Häresiekonzeption von den Äußerungen Justins in seiner *Apologie* ist deutlich. Erstens zitiert Euseb diese Schrift dreimal (h.e. II 13,3; h.e. III 26,3; h.e. IV 11,9). Zweitens scheint er Justin auch terminologisch zu folgen, wenn er das „Aufstellen" der Häretiker mit dem nicht gerade naheliegenden Verb „προβάλλω" beschreibt.[40] Drittens wird Euseb die in h.e. IV 7,1.2 entwickelte Doppelstrategie des Teufels, die Christen von außen durch Verfolgungen sowie von innen durch Häretiker anzugreifen, aus Justin übernommen haben.

Doch dürfen diese in der Abhängigkeit begründeten Parallelen nicht über die Differenzen zwischen beiden hinwegtäuschen. Obwohl Justin die Häresie erst nach der Himmelfahrt Christi entstanden sieht, begannen die Angriffe der Dämonen auf die Lehre Christi bereits mit der Weltentstehung und zeugen für den Urkampf zwischen Gott und den Dämonen seit dem Abfall der Engel. Euseb hingegen kennt kein Wirken des Teufels vor der Geburt Christi.[41] Die grundlegende Unterscheidung, daß Justin vom Wirken der Dämonen, Euseb aber vom Wirken des Teufels spricht, soll weiter unten betrachtet werden.[42]

---

[39] Justin, apol. I 56,1 <PTS 38, 112,1–7: Οὐκ ἠρκέσθησαν δὲ οἱ φαῦλοι δαίμονες πρὸ τῆς φανερώσεως τοῦ Χριστοῦ εἰπεῖν τοὺς λεχθέντας υἱοὺς τῷ Διῒ γεγονέναι, ἀλλ' ἐπειδή, φανερωθέντος αὐτοῦ καὶ γενομένου ἐν ἀνθρώποις, καὶ ὅπως διὰ τῶν προφητῶν προεκεκήρυκτο ἔμαθον καὶ ἐν παντὶ γένει ‹ἀνθρώπων› πιστευόμενον καὶ προσδοκώμενον ἔγνωσαν, πάλιν, ὡς προεδηλώσαμεν, προεβάλλοντο ἄλλους, Σίμωνα μὲν καὶ Μένανδρον ἀπὸ Σαμαρείας, οἳ καὶ μαγικὰς δυνάμεις ποιήσαντες πολλοὺς ἐξηπάτησαν καὶ ἔτι ἀπατωμένους ἔχουσι.>.Vgl. auch apol. I 58,3. Die Wirkmächtigkeit der Dämonen (und der durch sie gesteuerten Häretiker) erklärt Justin damit, daß sie mittels Traumbilder und Magie Macht über die Menschen gewinnen; vgl. apol. I 14,1 und die Häresiedarstellungen apol. I 26; I 56 und I 58. Als Imitation kirchlicher Bräuche durch die Dämonen nennt Justin namentlich die Taufe (apol. I 62) und die Eucharistie (apol. I 66,4).

[40] Vgl. Justin, apol. I 26 <PTS 38, 69,2: προεβάλλοντο οἱ δαίμονες ἀνθρώπους> und Euseb, h.e. VII 31 <GCS Euseb II/2, 715,2–3.3–4: τοῦ δαίμονος [...] τὸν ἄνδρα προβεβλημένον>.

[41] Selbst der Sündenfall, welcher den Ausgangspunkt für die eusebianische Kulturtheorie bildet (h.e. I 2,17–23), wird von Euseb als *menschliche* Geringachtung des göttlichen Gebots erklärt, nicht aber auf den Teufel zurückgeführt. Vgl. dazu Teil II 2.3 Die metaphysische Komponente.

[42] Vgl. unten Teil II 2.1.3 Die Singularität des Teufels als denknotwendige Voraussetzung der eusebianischen Häreseographie.

Zum Abschluß soll noch gefragt werden, ob auch andere in der h.e. genannte Häreseologien als Ausgangspunkt der eusebianischen Dämonologie in Frage kommen. Die zwei anderen Quellen neben Justin, die von einer teuflischen Anstiftung der Häretiker (die antimontanistische Streitschrift, h.e. V 16,9) bzw. von einer Besessenheit durch den Satan (Kornelius von Rom, h.e. VI 43,14) ausgehen, beinhalten keine derart reflektierte Häreseologie wie Justin/Euseb: Hinter der Aussage der antimontanistischen Streitschrift ist keine Konzeption erkennbar; Kornelius betont die Teufelsbesessenheit des Novatus, um zu zeigen, daß der Teufel Anlaß des Gläubigwerdens des Novatus war, um daraus zu folgern, daß alle weiteren kirchlichen Weihen aufgrund seines Unglaubens unwirksam sind.[43] Die anderen häreseologischen Konzeptionen scheiden als Vorlage Eusebs für die teuflische Anstiftung der Häretiker aus.[44]

2.1.3 Die Singularität des Teufels als denknotwendige Voraussetzung der eusebianischen Häreseographie

Die Analysen der eusebianischen Darstellung von Simon Magus, Menander und Marcion haben bereits gezeigt, daß Euseb im Gegensatz zu Justin vom Wirken des Teufels, nicht von dem der Dämonen spricht.[45] Er zitiert Justins Worte, ohne diese zu korrigieren, gruppiert aber seine eigene Ansicht über das Wirken des Teufels derart rahmend um die Quelle herum, daß die abweichende Dämonologie Justins überlagert wird.

Nach den eusebianischen Aussagen zur Dämonologie ist offensichtlich, daß der Kampf zwischen Gut und Böse symmetrisch konzipiert ist: Gott und Teufel stehen sich auf der metaphysischen Ebene gegenüber, während sich Apostel bzw. Streiter für die Wahrheit und Häretiker auf der irdischen Ebene gegenüberstehen. Mit einiger Sicherheit wird die Einheit Gottes das Konzept der Singularität der bösen Macht nach sich gezogen haben.

Ein weiterer Grund wird Euseb zur Korrektur der vielen Dämonen in den einen Teufel bewogen haben. Justins Dämonen sind nur die Kinder der gefallenen Engel, die wiederum Untergebene des Teufels sind. Eine direkte Rezeption

---

[43]   Man könnte erwägen, ob das Motiv des häretischen Einschleichens in die Kirche durch Kornelius' Aussagen motiviert sind; vgl. dazu Teil II 2.2 Die Doppelstrategie des Teufels: innere und äußere Feinde.

[44]   Irenäus favorisiert die Herleitung der Häresie aus der Philosophie. Klemens und Origenes gehen von viel komplexeren Ursachen für die Häresieentstehung aus als Euseb. Eine dämonologische Herleitung käme für sie als Vereinfachung des Sachverhaltes nicht in Betracht. Vgl. die einzelnen Ansätze in Teil I 3.2.2.3 Von Euseb nicht übernommene häreseologische Erklärungsmöglichkeiten zur Entstehung und zum Wesen der Häresie.

[45]   Auf alle vermittelnden Instanzen zwischen Gott/Teufel und den Menschen, wie die „Engel der Völker" oder die Dämonen, die in der *praeparatio evangelica* noch eine bedeutende Rolle einnehmen, verzichtet Euseb in seiner Kirchengeschichte. Vgl. Sirinelli, Vues Historique, 312–326 (Dämonen) und 326–336 (Engel der Völker).

der justinischen Konzeption hätte dann innerhalb der eusebianischen Geschichtskonzeption ergeben, daß Gott nur mit minderen Geschöpfen des Teufels kämpft,
nicht aber mit dem Teufel selbst. Innerhalb der justinischen Konzeption bedeutete
dies keine Schwierigkeit, da es ihm mit den Aussagen zur Häreseologie nicht um
eine umfassende Deutung der (Kirchen-)Geschichte ging. Spätestens mit der Ein-
arbeitung der Justin-Zitate in die h.e. mußte die Häresie – als eine die Geschichte
gliedernde Größe – vom Teufel selbst verursacht und veranlaßt sein: Kämpften Gott
bzw. seine Verteidiger der Wahrheit nur gegen Dämonen, so wäre ein Sieg über sie
noch keiner über den Teufel, welcher sowohl von Gott als auch den „Kämpfern
für die Wahrheit" in seinem Tun unangefochten bliebe. Da dies nicht sein konnte,
mußte Euseb, wie er Gott selbst in seiner Kirche am Werk sah, auch annehmen,
daß der Teufel selbst in seinen Häretikern agierte. Aus logischen Überlegungen
mußte Euseb die Pluralität der justinischen Dämonen zugunsten der Singularität
des Teufels aufgeben.

2.1.4 Die Funktion der Dämonologie innerhalb der Häreseologie

Die dämonische Herleitung der Häresie nimmt die Wirkmächtigkeit der Häretiker
ernst und erklärt ihre Fähigkeiten mit der teuflischen Agitation. Ihre magischen
Kunstfertigkeiten konnten auf die Gläubigen Eindruck machen; ihr machtvolles
Auftreten faszinierte nicht nur die einfachen Gemeindechristen. Das mußten
sowohl Justin als auch Euseb eingestehen. Selbst der Zulauf der Massen wird
verständlich, wenn man das häretische Tun nicht nur als Menschen-, sondern als
Teufelswerk erkennt. Die Macht der Häresie rührt vom Teufel her und ist damit
vergleichbar mit derjenigen der Kirche, welche ihre Kraft nicht aus sich heraus,
sondern von Gott her empfängt. Die Rückführung der Häresie auf den Teufel hat
somit zunächst eine „apologetische" Funktion.

Sodann erfüllt die Herleitung der Häresie vom Teufel die Funktion, ihre
Gefährlichkeit und Tödlichkeit zu betonen[46] und die Gläubigen von den beein-
druckenden, die Menschen in ihren Bann ziehenden Häresien durch den Hinweis
auf den Verlust ihres Heils abzuschrecken.

2.2 Die Doppelstrategie des Teufels: innere und äußere Feinde

Das planmäßige Vorgehen des Teufels wird an vielen Stellen der h.e. von Euseb
hervorgehoben. Die eusebianischen Aussagen sind am besten zu untergliedern in
allgemeine Aussagen zum strategischen Vorgehen des Teufels (2.2.1), in Aussagen
zur eusebianischen Konzeption von inneren und äußeren Feinden der Kirche und
ihr Verhältnis zueinander (2.2.2) sowie in Aussagen über das doppelte Ziel des

---

[46]   Vgl. dazu Teil II 2.9 Die Gefährlichkeit und Tödlichkeit der häretischen Lehre.

Angriffs der inneren Feinde (2.2.3). Abschließend soll der Topos vom Einschleichen der Häretiker in die Kirche näher betrachtet werden (2.2.4).

2.2.1 Allgemeine Aussagen zum strategischen Vorgehen des Teufels

In h.e. II 13,1 beschreibt Euseb zum ersten Mal das strategische Vorgehen des Teufels, der durch Simon Magus, in Samaria von Petrus widerlegt und ausgeschlossen, die Hauptstadt Rom an sich zu reißen versucht. Bei der Verbindung beider Simon Magus-Traditionen in h.e. II 14,1 führt Euseb die Häretiker als eine vom Teufel aufgestellte Gegenmacht zu den Aposteln ein. Da Petrus und Simon Magus um die Heiden in Rom kämpfen, der eine, um ihnen das Evangelium zu bringen, der andere, um sie von diesem fernzuhalten, ist das Missionsfeld beider Seiten identisch, Häretiker und Apostel als gegnerische Mächte und Konkurrenten eingeführt.

Die ebionitische Häresie wird nach Eusebs Angaben in h.e. III 27,1 vom Teufel als Alternative zu den zuvor genannten Häresien ersonnen, da er scheinbar mit den „alten" Häresien, namentlich Simon und Menander, nicht den erwünschten Erfolg erzielen konnte.

Ein letztes Mal zeigt Euseb das strategische Vorgehen des Teufels bei Satorninus und Basilides (h.e. IV 7,3) sowie bei Montanus, Florinus und Blastus (h.e. V 14,1) auf. Während sich Euseb bei Satorninus und Basilides eher in Andeutungen ergeht und nur mehrere Häresien in einer kaiserlichen Regierungszeit zusammenstellt, gestaltet er in h.e. V 14,1 das Auftreten von Montanus, Florinus und Blastus zu einen Zweifrontenkrieg. Der Teufel, der „keine Gelegenheit vorübergehen läßt, den Menschen nachzustellen", ersinnt in Phrygien und Rom neue Häresien. Mit diesen agiert der Teufel erstmals parallel an unterschiedlichen Orten gegen die Kirche. Mit dieser konzertierten Aktion des Teufels gelingt Euseb eine Dramatisierung seiner Häresie- und seiner Geschichtsdarstellung. Es tritt nicht mehr nur jeweils eine Häresie auf, sondern in West und Ost lodern mehrere Häresien gleichzeitig auf, die von den Streitern für die Wahrheit in den Griff bekommen werden müssen.[47]

2.2.2 Die inneren und äußeren Feinde der Kirche: Die Häretiker und die Christenverfolger

Bereits in h.e. III 26,4 und h.e. IV 7,2 hatte Euseb vom strategischen Vorgehen des Teufels berichtet, wonach sich Häretiker wie Simon Magus und Menander in die Kirche einschleichen und sich mit dem christlichen Namen schützen, um das Geheimnis des Glaubens zu verleumden und die kirchliche Lehre zu verspotten.[48] Der Schutz durch das scheinbare Annehmen des christlichen Glaubens steht auch

---

47 Vgl. Teil II 2.5.5 Die Steigerung innerhalb der Sukzession.
48 Vgl. unten Teil II 2.2.3 Das doppelte Ziel der inneren Feinde.

in h.e. IV 7,2 im Zentrum: „Falsche, verführerische Männer sollten sich unseren christlichen Namen aneignen, um einerseits die von ihnen eingefangenen Gläubigen in den Abgrund des Verderbens zu stürzen und andererseits solche, die unseren Glauben nicht kannten, durch ihre Handlungen vom Wege der Heilslehre abzuhalten."[49] Es ist demnach der Trick des Teufels, Menschen für sich zu gewinnen, die sich von außen – den Glauben heuchelnd – in die Kirche einschleichen und sich dort geschickt als Christen tarnen, um möglichst lange unentdeckt Gläubige wie Heiden von der wahren Lehre abzubringen. Obwohl die Häretiker von außen in die Kirche eindringen, nennt Euseb sie „innere Feinde", um sie von den „äußeren Feinden", den Kaisern, abzugrenzen. Die Charakterisierung in innere und äußere Feinde bezieht sich demnach nicht auf ihren Ursprung, der in beiden Fällen außerhalb der Kirche liegt, sondern auf ihren Wirkungsbereich.

Die Unterscheidung in innere und äußere Feinde konkretisiert Euseb in h.e. IV 7,2 dahingehend, daß er beide Größen in eine temporäre Abfolge bringt: „[...] da nahm der dem Guten abholde Teufel als Feind der Wahrheit und ständiger bitterster Gegner der menschlichen Erlösung, im Kampfe gegen die Kirche alle möglichen Mittel ausnützend, nachdem er es früher mit äußeren Verfolgungen gegen sie versucht hatte, jetzt aber dieser Kampfmittel beraubt war, schlimme, trügerische Menschen als seelenvernichtende Werkzeuge und als Knechte des Verderbens in seine Dienste."[50]

Diese Formulierung, die darauf schließen läßt, daß das Phänomen „Verfolgung" vom Phänomen „Häresie" *abgelöst* wird, verwundert zunächt im Gesamtkontext der eusebianischen Kirchengeschichte, die weitere Verfolgungen durch Römische Kaiser kennt.[51] Kann Euseb wirklich meinen, daß dem Teufel seit der Regierung Hadrians (117–138) die christenfeindlichen Verfolgerkaiser „ausgingen" und er seine Taktik in einen Angriff der Kirche von innen ändern mußte?

Betrachtet man die in den ersten sieben Büchern genannten Verfolgungen, so scheint Euseb seinen Leser wirklich erklären zu wollen, daß seit Hadrian die Verfolgung von der Häresie abgelöst wurde:

– Die Verfolgung der Christen in Gallien unter Mark Aurel, die Euseb in h.e. V 1,1–63 berichtet, führt er beachtenswerter Weise nicht auf die durch den Teufel getriebenen Kaiser, sondern explizit „auf die Hetze städtischer Einwohner" zurück (h.e. V praef. 1). Damit ist bei der lokal begrenzten Aktion in Gallien ein anderer Sachverhalt gegeben, der von den durch den Teufel initiierten „universalen" Verfolgungen der Christen zu unterscheiden ist.

– Die Verfolgung unter Decius (h.e. VI 39,1–5) wird von Euseb zwar auf den Teufel zurückgeführt, erscheint aber vornehmlich gegen Origenes gerichtet.

---

[49] Euseb, h.e. IV 7,2 <GCS Euseb II/1, 308,22–27>.

[50] Euseb, h.e. IV 7,1.2 <GCS Euseb II/1, 308,17–22>.

[51] Euseb nennt die Verfolgung unter Mark Aurel (h.e. V 1,1–63), die Verfolgung unter Decius (h.e. VI 39,1–5), die Verfolgung unter Valerian (h.e. VII 10,2–11,25) und die Verfolgung unter Diokletian (h.e. VIII 1–13).

Damit ist sie als die Verfolgung einer einzelnen Person wiederum von den „universalen" Verfolgungen der Christen durch die Kaiser zu unterscheiden.[52]

– Die Verfolgung unter Valerian (h.e. VII 10,2–11,25) wird fast ausschließlich aus dem Blickwinkel des Dionysius von Alexandrien durch Zitate aus seinen Briefen an Hermammon und an Germanus geschildert. So kann beim Leser der Eindruck entstehen (und muß dies nach der Verfolgung des Origenes auch), daß sich diese Bedrückung ebenfalls gegen Dionysius als Einzelperson richteten.

– Da die Diokletianische Verfolgung nicht auf den Teufel, sondern auf Gott zurückgeführt wird[53], kann diese hier ausgeblendet werden.[54]

Euseb mag zu diesem frühen Zeitpunkt der h.e.-Abfassung durchaus von der positiven Grundüberzeugung ausgegangen sein, daß es keine allgemeinen Verfolgungen mehr gegen die christliche Bevölkerung geben kann. Dies zeigen auch seine Ausführungen in h.e. IV 7,14, wonach die christliche Religion von allen aufgrund ihrer noblen Grundsätze respektiert und sogar bewundert wird. Betrachtet man den Kontext, in den diese Formulierung integriert ist, kommt dieser Verständnismöglichkeit einige Wahrscheinlichkeit zu. Euseb setzt im folgenden mit der Darstellung der kaiserlichen Gesetzgebung zugunsten der Christen fort: Das Hadrian-Reskript (h.e. IV 9,1–3) fordert eine gerichtliche Untersuchung der angeklagten Christen und eine Verurteilung nur im Falle einer Gesetzesübertretung; das (gefälschte) Christenreskript des Kaisers Antoninus Pius (h.e. IV 13,1–7) verlangt die Freilassung der

---

52 Die Beobachtung, daß Euseb zwischen universalen und regionalen Verfolgungen unterscheidet, wird durch das Beispiel des Apollonius in h.e. V 21,2–4 bestätigt: Nach Euseb geht der Teufel neue Wege und nimmt einen Mann in Besitz, der den Christen Apollonius vor Gericht bringt. Obwohl dieser am Ende das Martyrium erleidet und seinem Ankläger (nur) die Beine zerschlagen werden, kann Euseb urteilen, daß unter der Regierung des Commodus „unsere Verhältnisse ruhiger" wurden „und durch die Gnade Gottes die Kirchen des ganzen Erdkreises Frieden erhielten" (h.e. V 21,1). Die Tendenz, Verfolgungen als ein ungewöhnliches und seltenes Phänomen der Kirchengeschichte zu zeichnen, führt Barnes, Constantine and Eusebius, 136, auf das apologetische Interesse Eusebs zurück: „success was a mark of truth", daher mußte die christliche Kirche von Anfang an – auch in der Frühzeit – respektiert und toleriert sein.
    Vgl. zur Funktion der Verfolgung „gegen Origenes" Teil II 2.4 Die irdisch-geschichtliche Komponente.

53 Die Diokletianische Verfolgung in Buch VIII wird von Euseb vollkommen anders begründet. Er beschreibt in h.e. VIII 1,7, daß „infolge zu großer Freiheit unser Sinn zu Stolz und Lässigkeit sich kehrte, indem der eine den anderen beneidete und beschimpfte und wir uns, wenn es sich so traf, im Wortstreit beinahe wie mit Schwert und Speer bekämpften, Vorsteher mit Vorsteher zusammenstießen und Laien gegen Laien sich erhoben, unaussprechliche Heuchelei und Verstellung den höchsten Grad ihrer Bosheit erreichten, da begann das göttliche Strafgericht [...]". War zuvor die Anstiftung der Kaiser durch den Teufel der Anlaß der Christenverfolgung, so ist in Buch VIII die Diokletianische Verfolgung die Erfüllung eines von Gott längst durch Psalm- und Prophetenworte (Klgl 2,1–2; Ps 88,40–46) angedrohten Strafgerichts (vgl. h.e. VIII 1,1–2,3 mit der eusebianischen Erklärung für die Verfolgung).

54 Damit ist auch die Frage, ob Euseb eine Sieben- oder eine Acht-Bücher-Erstausgabe verfaßte, irrelevant.

Christen, sofern man ihnen nichts weiter als ihr Christsein vorwerfen kann; und schlußendlich fordert der (ebenfalls gefälschte) kaiserliche Befehl des Kaisers Commodus (h.e. V 21,3), die Ankläger der Christen zur Todesstrafe zu verurteilen.

Geht man von den Erfahrungen Eusebs zum Zeitpunkt der Abfassung der Sieben-Bücher-Erstausgabe der h.e. (vor 303, d.h. vor der Diokletianischen Verfolgung[55]) aus, konnte man in der auf Frieden mit den Christen zielenden kaiserlichen Gesetzgebung[56] durchaus eine endgültige Überwindung der Frontstellung zwischen Kaisern und Christen, vielleicht sogar eine allgemeine und öffentliche Anerkennung des Christentums erkennen. Aus diesem Grund mußten nach Eusebs Konzeption die Häretiker als „Ersatz" für die Verfolger eintreten.

2.2.3 Das doppelte Ziel der inneren Feinde

Wenn Euseb auf die mit dem Auftreten der Häretiker offenbar werdende Zielsetzung des Teufels zu sprechen kommt, nennt er stets eine doppelte Absicht der inneren Feinde. In h.e. III 26,4 führt Euseb als Ziel an, „das große Geheimnis unseres Glaubens als Zauberei zu verleumden und die kirchliche Lehre von der Unsterblichkeit der Seele und der Auferstehung der Toten zu verspotten."[57] Daß es sich bei dieser Aussage um zwei verschiedene Ziele aufgrund unterschiedlicher Adressatengruppen handelt, wird erst aus den Ausführungen in h.e. IV 7,10 deutlich: „Solcher Leute bediente sich der schadenfrohe Teufel, um einerseits die von ihnen Verführten jämmerlich dem Verderben auszuliefern und andererseits den ungläubigen Heiden Überfluß an übler Nachrede gegen das göttliche Wort zu geben, da der Ruf solcher Leute sich zur Verleumdung des ganzen Christenvolkes verbreitete."[58]

Das Wirken des Teufels zielt demnach zum einen auf die ungläubigen *Heiden*, bei denen das Geheimnis des Glaubens als Zauberei verleumdet (h.e. III 26,4) bzw. denen Überfluß an übler Nachrede gegen das göttliche Wort gegeben werden soll (h.e. IV 7,10). Mit diesen beiden Aussagen spielt Euseb nicht nur auf die Magier Simon, Menander und Karpokrates, sondern auch auf alle anderen Häretiker an, denen er ein moralisch verwerfliches Verhalten nachweisen konnte – und das sind fast alle Häretiker der h.e. Zum anderen zielt das Wirken des Teufels auf die *Christen* und die christliche Lehre: Die Häretiker verspotten die kirchliche Lehre (h.e. III 26,4) und liefern damit die von ihnen Verführten dem Verderben aus (h.e. IV 7,10),

---

[55] Die Diokletianische Verfolgung erschüttert Eusebs positive Weltsicht und veranlaßt ihn zur Fortschreibung seiner h.e., vgl. Laqueur, Eusebius als Historiker, 212–215, und Twomey, Apostolicos Thronos, 13–16.

[56] Euseb ist nicht als Fälscher des Christenreskripts des Antoninus Pius oder des Commodus auszumachen. Wie Schwartz, Eusebios, 1407, festhält, sind die Urkundenfälschungen voreusebianisch. Wenn Euseb auf diese Quellen sein positives Geschichtsbild gründet, ist er der Betrogene, nicht der Betrüger.

[57] Euseb, h.e. III 26,4 <GCS Euseb II/1, 254,18–23>.

[58] Euseb, h.e. IV 7,10 <GCS Euseb II/1, 312,8–13>.

denn „wer sich solchen Heilanden verschrieben hatte, ging der wahren Hoffnung verlustig" (h.e. III 26,4).[59] Die eine Stoßrichtung des teuflischen Wirkens wirkt nach außen und versucht, die Umwelt vom Christentum fernzuhalten, die andere wirkt nach innen und versucht, die Gläubigen durch Verwirrung der kirchlichen Lehre von der Orthodoxie abzubringen und so dem Verderben zuzuführen.

2.2.4 Der Topos des Einschleichens der Häretiker

Schon oben[60] wurde darauf hingewiesen, daß die Häretiker nach ihrem Wirkungsbereich als innere Feinde bezeichnet werden, obwohl sie von außen in die Kirche eindringen. Der Topos vom Einschleichen in die Kirche ist in diesem Kontext von enormer Bedeutung. Er begegnet bereits in den ersten, allgemein gehaltenen Aussagen zum Häresiethema. Euseb macht deutlich, daß sich alle Häretiker wie ihr Stammvater Simon Magus in die Kirche einschleichen.[61] Der Ursprung der Häresie wie der Häretiker ist mit dem Teufel als außerhalb der Kirche liegend bestimmt. Der Häretiker muß sich erst Zugang zur Kirche verschaffen – nach Eusebs Ansicht durch die Heuchelei des Glaubens. Folgerichtig wird der Häretiker, sofern der Ursprung seiner Lehre sowie seine Ziele erkannt sind, aus der Kirche ausgeschlossen. Er gehört damit, obwohl er in der Kirche auftritt und auch wirksam wird, wesensmäßig nicht zu ihr und kann ohne weitere Überlegungen aus der kirchlichen Gemeinschaft ausgesondert werden.

Euseb vertritt mit dem Topos vom Einschleichen der Häretiker eine singuläre Meinung innerhalb der altkirchlichen Häreseologie.[62] Justin sah zwar die Häretiker durch den Teufel angestiftet an, um die Gläubigen von der wahren Lehre abzubringen, kennt aber weder das Motiv des Glaubenheuchelns noch den Topos vom Einschleichen in die Kirche. Man könnte erwägen, ob dieses Motiv des Einschleichens durch Kornelius von Rom oder die Aussagen des Synodalschreibens motiviert sind. In h.e. VI 43,14 betont Kornelius die Besessenheit des Novatus, um zu zeigen, daß der Teufel Anlaß zum Gläubigwerden war. Daraus ließe sich folgern, daß alle weiteren empfangenen kirchlichen Weihen aufgrund des novatianischen Unglaubens unwirksam waren. Euseb konnte Kornelius dahingehend verstehen, daß sich Novatus, angestiftet durch den Teufel, die Aufnahme in die Kirche erschlich, indem er den Glauben heuchelte.

---

59 Euseb, h.e. III 26,4 <GCS Euseb II/1, 254,22–23>.
60 Siehe oben S. 446.
61 Euseb, h.e. II 1,12 <GCS Euseb II/1, 108,2–7>.
62 Grundlage aller altkirchlichen Überlegungen zum Ursprung der Häretiker ist 1. Joh 2,19 („Sie sind aus unserer Mitte gekommen, aber sie gehörten nicht zu uns; denn wenn sie zu uns gehört hätten, dann wären sie bei uns geblieben"). Diese Bibelstelle erklärt die Abspaltung von häretischen Gruppierungen dadurch, daß ihr Ausgangspunkt außerhalb der Kirche liegt und sie wesensmäßig nie zur Kirche gehört haben. Die Textstelle kennt die Vorstellung vom Einschleichen der Häretiker in die Kirche zur Verwirrung der Gläubigen nicht.

Auch einen Satz des Synodalschreibens gegen Paulus von Samosata konnte Euseb für seine Theorie des häretischen Einschleichens in die Kirche auswerten. In h.e. VII 30,16 betont das Synodalschreiben, daß Paulus von Samosata nicht in den Reihen der Kirche steht und er daher für seine Lehre nicht zur Rechenschaft gezogen werden muß. Im Gesamtkontext des Briefes dient diese Aussage dazu, den im folgenden berichteten Ausschluß zu rechtfertigen. Da Paulus mit der Häresie des Artemas prahlt und damit außerhalb der Kirche steht, ist es nur logisch, ihn aus der Kirche auszuschließen und für ihn Ersatz zu suchen. Die Argumentation des Synodalschreibens ist folglich apologetischer Natur und dient der Rechtfertigung des Ausschlusses. Euseb konnte diese Aussage, die zwar nicht vom Einschleichen der Häretiker in die Kirche spricht, für seine Konzeption dahingehend auswerten, daß der Häretiker einen Fremdkörper in der Kirche darstellt. Da das Synodalschreiben anscheinend auch falsch lehrende Kirchenglieder kennt, die es nicht auszuweisen, sondern zurechtzuweisen gilt, kann Euseb schließen, daß sich die wesenmäßig andersartigen Häretiker in die Kirche eingeschlichen haben und schließlich wieder ausgeschlossen werden müssen. Daß Euseb das Synodalschreiben damit in starkem Maße nach seinen eigenen Vorstellungen interpretiert, ist offensichtlich.

Beide Quellenvorgaben, Kornelius in h.e. VI 43,14 und das Synodalschreiben in h.e. VII 30,16, kommen als Ausgangspunkt der eusebianischen Konzeption vom Einschleichen der Häretiker in Betracht und werden von diesem als Bestätigung seiner eigenen Aussage eingefügt worden sein. Diesen Topos aber ausschließlich von Eusebs Quellenvorlagen zu erklären, wird ihm nicht gerecht. Es sind vielmehr auch logische Überlegungen, die Euseb zu dieser Annahme führten: Wenn die Häretiker zunächst *außerhalb* der Kirche vom Teufel angestiftet werden – wie gesehen, kann der Teufel nicht innerhalb der Kirche agieren[63] –, dann müssen sie, um den teuflischen Plan zu erfüllen, zunächst einmal in die Kirche *eindringen*, um die Lehre zu verwirren und die Gläubigen vom wahren Glauben abzubringen. Der Topos vom Einschleichen der Häretiker ist nur folgerichtig von Euseb angenommen und steht in engem Zusammenhang mit der Aussage, daß der Glauben der Häretiker nur geheuchelt ist. Während der Topos vom Heucheln des Glaubens von Irenäus übernommen ist, stammt die Aussage vom Einschleichen der Häretiker in die Kirche von Euseb selbst.

---

[63] Vgl. dazu den Teil I 2.14 Exkurs 1: Die Durchlässigkeit der Grenze zwischen Häresie und Orthodoxie anhand der Darstellung der Häresien von Tatian und Bardesanes.

2.3 Die metaphysische Komponente: Der Kampf zwischen Gott und dem „Feind alles Guten und der menschlichen Erlösung"

Euseb stellt den Kampf zwischen Häretikern und Aposteln als Kampf des Teufels gegen Gott dar. Er beschreibt, wie jede Seite die eigenen Anhänger aufstellt und für die Schlacht ausrüstet. Der Teufel unterstützt die Magier Simon und Menander mit trügerischen Kunststückchen, um die Zuschauer zu bezaubern und an sich zu binden. Die göttliche Wahrheit hilft wiederum den eigenen Anhängern und tritt für sie ein, so daß diese den Sieg über die Häresie erringen. Die eigentliche Auseinandersetzung zwischen Gott und Teufel wird von Euseb nicht dargestellt; er berichtet ausschließlich vom irdischen Kampf der Anhänger.

Im Gegensatz zu seiner Vorlage Justin, der den Kampf zwischen Gott und Dämonen seit dem Anbeginn der Welt ausgefochten sieht, enthält sich Euseb jeglichen Kommentars über einen Anfangszeitpunkt. Er beginnt seine Darstellung der Kirchengeschichte mit der „Geschichte" des präexistenten Logos, der sich einzelnen Menschen offenbarte (h.e. I 2,1–16), und fährt dann mit der Darstellung der Menschheitsgeschichte fort (h.e. I 2,17–23), welche nach ihrem Sündenfall erst auf die Offenbarung Christi vorbereitet werden mußte.[64] Euseb kennt aber keine Auseinandersetzung zwischen Gott bzw. dem Logos und dem Teufel. Selbst der Sündenfall des ersten Menschen, traditionell das erste Wirken des Teufels, wird von Euseb nicht auf diesen zurückgeführt. Es ist der Mensch, welcher das göttliche Gebot verachtete und „deshalb in dieses sterbliche, hinfällige Leben geraten war und gegen die frühere Seligkeit in Gott diese verfluchte Erde eingetauscht hatte".[65] Der Teufel begegnet innerhalb der eusebianischen Kirchengeschichte erstmals mit

---

[64] Die Heilsgeschichte ist für Euseb eine Geschichte der fortschreitenden Erziehung und Vergeistigung der Menschen. Mit Abfall des ersten Menschen von Gott verläßt der Mensch sein seliges Leben und sinkt herab in ein vergängliches, irdisches Leben, das durch Verrohung und Mord bis hin zum Kannibalismus geprägt ist. Gottes Heilsplan zielt nun auf die Vergeistigung und Erziehung der Menschheit. Der Mensch, der sich nach dem „Sündenfall" auf der Kulturstufe der Nomaden wiederfindet, besitzt weder den göttlichen Logos, noch ist er fähig, „Christi Lehre, die voll Weisheit und Kraft ist, zu erfassen" (h.e. I 2,17). Die Übergabe des νόμος an Mose durch den göttlichen Logos führt das Volk Israel, die Bemühungen der Philosophen führen die Griechen und Römer zu einer fortschreitenden sittlichen Besserung des Menschengeschlechts, die auch Wirkung auf die Heiden hat. Erst mit der Erziehung durch das Gesetz des Mose und durch die hellenistische Philosophie ist die Menschheit auf die Inkarnation des Logos als Höhepunkt des Heilshandelns Gottes vorbereitet (h.e. I 2,23). Vgl. dazu auch Timpe, Römische Geschichte, 109–110.

[65] Euseb, h.e. I 2,18 <GCS Euseb II/1, 20,17–22,2: [εὐθὺς μέν γε ἐν ἀρχῇ μετὰ τὴν πρώτην ἐν μακαρίοις ζωὴν ὁ πρῶτος ἄνθρωπος ἧττον τῆς θείας ἐντολῆς φροντίσας,] εἰς τουτονὶ τὸν θνητὸν καὶ ἐπίκηρον βίον καταπέπτωκεν καὶ τὴν ἐπάρατον ταυτηνὶ γῆν τῆς πάλαι ἐνθέου τρυφῆς ἀντικατηλλάξατο [...].>. — Vgl. auch Eusebs spätere Aussagen zu diesem Thema in der Festpredigt zur Kircheinweihung in Tyrus (h.e. X 4,57). Dort beschreibt Euseb, wie sich die vollkommene Seele durch den Neid und die Eifersucht des Dämons, der das Böse liebt, *aus eigener freier Wahl* der Leidenschaft und dem Bösen hingibt. Sie war, da sich Gott von ihr zurückzog, des Beschützers beraubt, leicht zu überwältigen und erlag rasch seinen Nachstellungen. Auch in diesen späten Äußerungen Eusebs zeigt sich, daß er den Teufel nicht als Grund für den urzeitlichen Abfall der menschlichen Seele benennt.

dem Thema Häresie.[66] Wenn Euseb über den Kampf zwischen Gott und Teufel berichtet, dann immer nur indirekt als Kampf zwischen ihren Anhängern auf Erden. Die metaphysische Komponente wird nur im irdischen Kampf, im Stellvertreterkrieg[67], sichtbar.

2.4 Die irdisch-geschichtliche Komponente: Der Kampf zwischen der von der göttlichen Gnade aufgestellten Schutzwehr für die Wahrheit und den Häretikern

Die Tatsache, daß der Teufel sich der Häretiker bemächtigte, wird von Euseb im Anschluß an Justin an mehreren Stellen der h.e. berichtet.[68] Nun sollen die Passagen der h.e. untersucht werden, in denen er die (durch die Tradition vorgegebenen) einseitigen Übergriffe des Teufels zu einem Kampf beider Seiten ausgestaltet.

Bereits beim ersten Häretiker Simon Magus gibt Euseb seinem Leser einen Einblick in die Auseinandersetzung zwischen Gott und Teufel auf dem irdischen Schlachtfeld: In h.e. II 14,1 knüpft er an die zuvor zitierte Aussage Justins an, wenn er seinen Leser daran erinnert, daß der Teufel Simon als „gewaltige Gegenmacht gegen die großen, gotterleuchteten Apostel unseres Erlösers" aufstellt. Den Grund für den Kampf gegen die Kirche sieht Euseb darin, daß der Teufel dem Guten abhold und den Menschen wegen ihrer Erlösung mißgünstig war. Durch den Angriff des Teufels herausgefordert, greift die göttliche Gnade ein und hilft ihren Dienern: „Durch ihr Erscheinen und Auftreten löschte die Gnade rasch die angefachte Flamme des Bösen aus, indem sie durch jene Männer alles, was sich hochmütig gegen die Erkenntnis Gottes erhob, demütigte und niederwarf" (h.e. II 14,2). Euseb schließt seine Ausführungen mit der Feststellung, daß „aus diesem Grund weder die Sekte Simons noch die irgendeines anderen damals auftretenden Mannes in jenen apostolischen Zeiten Bestand hatte. Der Glanz der Wahrheit und der göttliche Logos, der vor kurzem vom Himmel herab geleuchtet hatte, auf Erden in Blüte stand und in den Aposteln wirkte, gewann über alles Sieg und Macht."[69]

Aus den eusebianischen Äußerungen darf man schließen, daß es der Logos selbst ist, der für die Wahrheit seiner Lehre eintritt. Wie der Logos-Christus vor kurzem seine Lehre offenbart hatte, so tritt er nun erneut für die Wahrheit seiner Lehre ein, indem er sie vor den Angriffen des Teufels schützt. Die Ungleichheit beider Seiten ist offensichtlich, wenn allein das Erscheinen und Auftreten der himm-

---

[66]   In h.e. II 3,2 beschreibt Euseb, wie sich das Christentum ausbreitet und die Christen die *teuflische* Vielgötterei verwerfen. Außer dem terminologischen Hinweis gibt er aber an keiner Stelle zu erkennen, daß sich hinter dieser Formulierung eine eigene Strategie des Teufels verbirgt.

[67]   Timpe, Was ist Kirchengeschichte, 190.

[68]   Vgl. die Passagen zu Simon Magus, Menander und Marcion.

[69]   Euseb, h.e. II 14,2–3 <GCS Euseb II/1, 138,3–6>.

lischen Gnade ausreicht, Macht über die Häresie zu gewinnen und ihre Auflösung zu bewirken.

Nach diesen Ausführungen muß Euseb seinem Leser erklären, wie Simon Magus – trotz der Mithilfe der göttlichen Gnade und trotz des Auftreten ihres Dieners Petrus – in Rom einen derartigen Erfolg verzeichnen konnte, daß er mit einer Bildsäule geehrt wurde. Er macht, wie oben gesehen, aus der Not eine Tugend und beschreibt, daß sowohl Simon Magus als auch Petrus *von Gott* nach Rom geleitet werden. Simon Magus bekommt von der göttlichen Vorsehung eine „Gnadenfrist" eingeräumt, in der er noch auftreten kann – solange, bis Petrus nach Rom geeilt kommt und der Häresie ein Ende macht. Euseb beschreibt das Auftreten des Petrus mit einer dem Kriegswesen entlehnten Terminologie: „Petrus, der wahre Feldherr Gottes, gewappnet mit göttlichen Waffen", eilt nach Rom und bringt den Schatz des geistigen Lebens aus dem Osten nach dem Westen.[70] Die erneute Wirksamkeit des Simon Magus in Rom ist demnach kein Zeichen für die Schwäche des göttlichen Logos, sondern gerade Ausdruck seiner Überlegenheit. Er nutzt Simon Magus, um Petrus anzutreiben und ihn unverzüglich und auf direktem Weg nach Rom eilen zu lassen, damit er dort die Lehre vom Himmelreich ausbreiten kann. So kommt nach eusebianischer Vorstellung der Häresie eine durchaus positive Funktion zu, da sie die schnelle Ausbreitung der wahren Lehre fördert; die teuflische Strategie, Simon Magus nach Rom zu schicken, um „die Hauptstadt an sich zu reißen", wird in den größeren göttlichen Heilsplan überführt.

Nach dem ersten „Showdown" zwischen Petrus und Simon Magus kehrt Euseb erst spät im Ablauf der h.e. zum irdischen Kampf zwischen Gott und Teufel zurück. Nachdem er vom Tod der Apostel berichtet hatte, mußte er seinen Lesern erklären, welcher Personenkreis auf kirchlicher Seite den Kampf der Apostel gegen die Häresie weiterführen wird. Er berichtet daher in h.e. IV 7,5 von den „zahlreichen Kirchenmännern, die zu jener Zeit für die Wahrheit kämpften (ὑπεραγωνίζομαι), vornehmlich mit Vernunftgründen für die apostolische und kirchliche Lehre eintraten" und „in ihren Schriften den späteren Generationen auch Heilmittel gegen diese erwähnten Irrlehren in die Hand" gaben.[71] Diese Kämpfer für die Wahrheit kann Euseb in h.e. IV 7,15 auch „Anwälte" oder „Verteidiger" der Wahrheit (ὑπέρμαχος) nennen.[72] Als einen Vertreter dieser Anwälte der Wahrheit führt Euseb im Anschluß Hegesipp ein, dessen Berichte Euseb zuvor bereits zum apostolischen Zeitalter zitiert hatte.

---

70 Euseb, h.e. II 14,6 <GCS Euseb II/1, 138,24–28>.

71 Euseb, h.e. IV 7,5 <GCS Euseb II/1, 310,7–12: πλείστων οὖν ἐκκλησιαστικῶν ἀνδρῶν κατ' ἐκεῖνο καιροῦ τῆς ἀληθείας ὑπεραγωνιζομένων λογικώτερόν τε τῆς ἀποστολικῆς καὶ ἐκκλησιαστικῆς δόξης ὑπερμαχούντων, ἤδη τινὲς καὶ διὰ συγγραμμάτων τοῖς μετέπειτα προφυλακτικὰς αὐτῶν δὴ τούτων τῶν δηλωθεισῶν αἱρέσεων παρεῖχον ἐφόδους·>.

72 Euseb, h.e. IV 7,15 <GCS Euseb II/1, 314,3–6: Ὅμως δ' οὖν κατὰ τοὺς δηλουμένους αὖθις παρῆγεν εἰς μέσον ἡ ἀλήθεια πλείους ἑαυτῆς ὑπερμάχους, οὐ δι' ἀγράφων αὐτὸ μόνον ἐλέγχων, ἀλλὰ καὶ δι' ἐγγράφων ἀποδείξεων κατὰ τῶν ἀθέων αἱρέσεων στρατευομένους·>.

Diese „Streiter für die Wahrheit" agieren nicht nur einzeln, sondern können auch als größere Streitmacht auftreten. In h.e. V 16,1 nennt Euseb Apollinarius von Hierapolis namentlich, ordnet ihn aber in einen größeren Zusammenhang ein, wenn er ausführt, daß die Wahrheit in noch mehreren anderen gebildeten Männern eine starke, unbezwingbare Schutzwehr gegen die kataphrygische Häresie aufgestellt habe.[73] Zwar ist die eusebianische Redeweise von ὅπλον ἰσχυρὸν καὶ ἀκαταγώνιστον, der kraftvollen und unbesiegbaren Kriegs- bzw. Schutzmacht, Resultat seiner Unsicherheit hinsichtlich der Verfasserschaft der im folgenden zitierten Quelle, doch zeigt sich häufig, insbesondere bei Darstellungen der Synoden, daß die Streiter für die Wahrheit bei zentralen Problemen zu einem – militärisch gesprochen – Verbund zusammentreten, um gemeinsam gegen eine Häresie vorzugehen.[74]

Dem Teufel mußte daran gelegen sein, daß die von ihm aufgestellten Häretiker unentdeckt und ungehindert in der Kirche agieren konnten. Daher schützte er seine Anhänger bei ihrem Tun, der Verfälschung der Wahrheit, dadurch, daß er die Schutzwehr der Wahrheit *von außen*, durch die Inbesitznahme von Menschen, angriff. Da sich diese Aktionen ausschließlich gegen einzelne Personen richteten, sind sie von den „früheren" äußeren Angriffen des Teufels auf die Kirche deutlich zu unterscheiden.[75] So versuchte der Teufel nach Eusebs Bericht in h.e. V 21,2–3, Apollonius in Rom vor den Richter zu bringen. Auch in h.e. VI 39,5 berichtet er, daß der böse Dämon sich gegen Origenes rüstete, der nach Eusebs Darstellung zu Lebzeiten allein drei Häresien enttarnte und ihre Anhänger zur wahren Lehre zurückführte. Vornehmlich gegen ihn zettelte der Teufel die Decische Verfolgung an.[76]

Betrachtet man den eusebianischen Sprachgebrauch bei der Beschreibung der irdischen Auseinandersetzung zwischen Häretikern und Aposteln bzw. Verteidigern der Wahrheit, so fällt auf, daß er sich durchgängig der militärischen Terminologie bedient. Während ὑπέρμαχος eher den defensiven Charakter des kirchlichen Vorgehens gegen die Häresie betont, heben die anderen Begriffe die kämpferisch-

---

[73] Euseb, h.e. V 16,1 <GCS Euseb II/1, 458,28–460,4: Πρὸς μὲν οὖν τὴν λεγομένην κατὰ Φρύγας αἵρεσιν ὅπλον ἰσχυρὸν καὶ ἀκαταγώνιστον ἐπὶ τῆς Ἱεραπόλεως τὸν Ἀπολινάριον, οὗ καὶ πρόσθεν μνήμην ὁ λόγος πεποίητο, ἄλλους τε σὺν αὐτῷ πλείους τῶν τηνικάδε λογίων ἀνδρῶν ἡ τῆς ἀληθείας ὑπέρμαχος ἀνίστη δύναμις, ἐξ ὧν καὶ ἡμῖνἱστορίας πλείστη τις ὑπόθεσις καταλέλειπται.>.

[74] Einzig die Darstellung der Synode gegen Paulus von Samosata weicht insofern ab, als Euseb die Person Malchions besonders hervorhebt und betont, daß *er allein* fähig war, die Häresie zu widerlegen. Alle anderen Synodenberichte offenbaren ein gemeinsames Vorgehen aller Bischöfe und Presbyter gegen die häretische Lehre.

[75] Siehe oben Teil II 2.2.2 Innere und äußere Feinde der Kirche und ihr Verhältnis zueinander.

[76] Euseb fokussiert im Abschnitt h.e. VI 39,5 in starkem Maße auf Origenes, so daß der Eindruck entstehen kann, daß die Decische Verfolgung ein einziges Toben des Teufels gegen Origenes darstellt: „Die zahlreichen Erlebnisse des Origenes während der Verfolgung, seine letzten Schicksale, welche *ihm* der böse Dämon bereitete, da er sich eifersüchtig mit ganzer Macht *gegen ihn* rüstete, mit aller List und Gewalt *gegen ihn* zu Felde zog und sich *auf ihn mehr als auf alle seine damaligen Feinde* stürzte, seine vielen harten Leiden [...] – all dies berichten die so zahlreichen Briefe dieses Mannes wahrheitsgemäß und genau" (Hervorhebungen durch die Verf.).

offensive Seite hervor. Die Verteidigung der Wahrheit geschieht durch den Angriff auf die falsche Lehre. Bereits Bauer hat auf die immense Anzahl von Steigerungsformen im Kontext der Auseinandersetzung zwischen kirchlichen Vertretern und Häretikern aufmerksam gemacht.[77] Eine an die Verzeichnung der historischen Situation grenzende Steigerung der kirchlichen Größe, ihrer Stärke und ihres Einflusses, ihrer Häreseologen und ihrer Erfolge über die Häresie zeige sich in der Verwendung der Termini μυρίοι, πλεῖστοι und πάντες, welche die zahlenmäßige Überlegenheit der Orthodoxie über die Häresie veranschaulichen sollen.

2.5 Die eusebianische successio haereticorum

Mit der Einordnung der Häresien in eine häretische Sukzession greift Euseb eine seit Irenäus bekannte und in der Häreseologie weit verbreitete Tradition auf. Es soll bei der Betrachtung der ideengeschichtlichen Abhängigkeit der Häresien in der h.e. zunächst die sukzessive Einordnung analysiert (2.5.1) und anschließend nach möglichen eusebianischen Vorlagen gefragt werden (2.5.2). In einem weiteren Schritt wird die Funktion des Sukzessionsgedankens für die Häreseologie eingehend beschrieben, welche Aufschluß über die Bedeutung und die weite Verbreitung dieser Konzeption geben kann (2.5.3). Die beiden letzten Abschnitte widmen sich den Spezifika der eusebianischen *successio haereticorum*: die ideengeschichtliche Abhängigkeit der Häresien als Modifikation des irenäischen Ansatzes (2.5.4) und das Motiv der Steigerung innerhalb der häretischen Sukzession, das bei Eusebs Vorgängern nicht vorhanden oder nur sehr undeutlich zu erkennen ist (2.5.5).

2.5.1 Die sukzessive Einordnung der Häresien

Die Analyse der einzelnen Häresien (Teil I 2.1–2.26) hat gezeigt, daß Euseb daran liegt, die Häresien in eine Abhängigkeit zu bringen. Zum Teil übernimmt er dazu Quellen, die bereits eine häretische Sukzession bieten, zum Teil schafft er die Verbindungen und die Abhängigkeiten zwischen den Häresien selbst. Der Leser der h.e. gewinnt früh den Eindruck, daß Euseb – wie Irenäus in seinen *Adversus haereses* – alle Häresien in eine Sukzession einfügen will, wenn er programmatisch zu Beginn seiner Ausführungen zur Häresie in h.e. II 1,12 Simon als Stammvater *aller* Häresien beschreibt. Die *sucessio haereticorum* scheint damit von Euseb als ein wesentliches Charakteristikum seiner Häreseographie bestimmt.

Das folgende Diagramm soll die sukzessive Abhängigkeit der Häresien in der h.e. visualisieren:

---

77   Bauer, Rechtgläubigkeit und Ketzerei, 193–194, mit zahlreichen Beispielen aus der h.e., welche die eusebianische Tendenz, die eigene Seite groß zu reden, deutlich werden läßt.

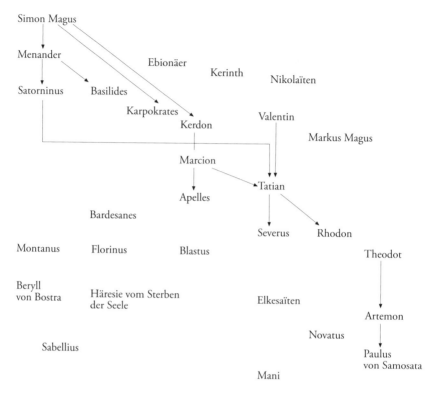

Das Schaubild läßt die Diskrepanz zwischen dem von Euseb eingangs vermittelten Eindruck und der tatsächlichen Durchführung deutlich erkennen. Die Einordnung der Häresien in eine Sukzession ist nur in zwölf von 29 Fällen erreicht. Die Einordnung der Häresie der Theodotianer (= Artemon) als Vorläuferhäresie des Paulus von Samosata, die Euseb selbst schafft, zeigt die Bedeutung der häretischen Sukzession für seine Kirchengeschichte. Sie ist wie gesehen als Auftakt der eusebianischen Ausführungen zu Mani konzipiert, der, in allen seinen Lehren ideengeschichtlich abhängig, den Abschluß der Häresie in der h.e. bildet.

So sehr Euseb auch seine Häresien in eine Beziehung zueinander setzen möchte – es gelingt ihm aufgrund seiner Quellen nur in den wenigsten Fällen, wie ein Durchgang durch die Häresiegeschichte der h.e. zeigt:

Von Simon Magus abhängig kann Euseb – im Anschluß an Justin – Menander einordnen. Die Ebionäer führt er geschickt als teuflische „Alternative" zu Menander ein und kaschiert damit, daß er sie nicht in eine Sukzession einordnen kann. Kerinths Herkunft bleibt offen, da Eusebs Vorlage Gaius anscheinend keinen Hinweis auf eine Abhängigkeit oder Schülerschaft gab. Die Nikolaïten trennt Euseb – gegen seine Vorlage Irenäus – von ihrem Ursprung Nikolaus ab, was das irenäische Problem des doppelten Ursprungs der Häresie in der apostolischen Zeit vermeidet, ihm aber eine weitere, *extra successionem* genannte Häresie einbringt. Menander, Satorninus, Basilides und Karpokrates kann Euseb wieder problemlos mit Irenäus auf den Erzhäretiker Simon Magus zurückführen. Valentin bereitet ihm Schwierigkeiten, da Irenäus ihn nicht direkt in die Sukzession einordnet, sondern seine Häresie als Höhepunkt aller Häresien in der Abhandlung allen Häresien voranstellt; Euseb findet bei ihm also nicht den üblichen (zitierfähigen) Hinweis auf die Abhängigkeit, so daß er in der h.e. vollkommen ohne Vorläufer bleibt.

Bei der Abhängigkeit Marcions von Kerdon kann Euseb wieder auf Informationen des Irenäus zurückgreifen, und damit die Informationen des Rhodon über die Marcionschüler, insbesondere über Apelles, verbinden. Der zeitgleich mit Kerdon auftretende Markus Magus wird nur zeitlich parallelisiert, bleibt aber wie in Eusebs Vorlage Irenäus *extra successionem*.

Von Tatian kann Euseb zum einen Rhodon ausgehen lassen, der in seiner Widerlegung des Apelles selbst den Hinweis auf seine Schülerschaft bei Tatian gibt, zum anderen weiß er aus nicht identifizierbarer Vorlage, daß auch Severus ein Schüler und Nachfolger Tatians ist, weshalb die Gruppierung auch Severianer genannt wird.

Mit Tatian und seinen Nachfolgern enden zunächst die eusebianischen Aussagen zur Sukzession. Sie wird nur noch einmal bei den beiden letzten Häresien wieder aufgegriffen: Bei Paulus von Samosata erinnert Euseb seine Leser an die häretische Sukzession und an dessen Abhängigkeit von Artemon, die er bereits im Abschnitt über die Theodotianer angelegt hatte. Den Lesern war die häretische Sukzession frisch ins Gedächtnis gerufen, als Euseb Mani als Höhepunkt und Abschluß der Häresie präsentierte.[78] Die Häresien zuvor – Bardesanes, Montanus, Florinus, Blastus, Beryll von Bostra, die Häresie vom Sterben der Seele, die Elkesaïten, Novatus und Sabellius – bleiben uneingeordnet.

Die Betrachtung hat gezeigt, daß Euseb bei seinen Aussagen zur häretische Sukzession in starkem Maße von den Vorgaben seiner verarbeiteten Quellen abhängig ist. Aus diesem Grund sollen die Aussagen in Eusebs Vorlagen näher betrachtet werden.

2.5.2 Die eusebianischen Vorlagen zur *successio haereticorum*

Bei der ältesten von Euseb zur Häresiethematik herangezogenen Quelle, Justins *Erste Apologie*, wird die Position hinsichtlich der *successio haereticorum* nicht ganz deutlich. Justin nennt drei Häretiker – Simon Magus, Menander, Marcion – *pars pro toto* für alle Häresien und wird vermutlich die beiden ersten als Auftakt, Marcion als Höhepunkt und Abschluß der Häresie angesehen haben. Die Vorstellung einer häretischen Sukzession läßt sich bei Justin nur schwer greifen. Zwar wird

---

[78] Vgl. dazu Teil I 2.26 c) Mani als Abschluß der Häresiethematik – Aspekte der eusebianischen Häresiekonzeption.

Menander als Schüler des Simon Magus eingeführt (vgl. h.e. III 26,3: μαθητὴς τοῦ Σίμωνος), aber bei Marcion fehlt jeglicher Hinweis darauf, daß er am Ende eines – durch ein Lehrer-Schüler-Verhältnis konstituierten – Traditionsprozesses steht.[79]

Da Justins *Syntagma gegen alle Häresien*, das Irenäus noch kannte (vgl. h.e. IV 11,10), nicht mehr erhalten ist, läßt sich nicht mehr klären, ob die von Irenäus favorisierte *successio haereticorum* nicht vielleicht schon bei Justin zu finden war.

Irenäus übernimmt in *Adversus haereses* den bereits in Justins Apologie angelegten Gedanken, die Häresien in eine Abhängigkeit, eine häretische Sukzession, zu bringen.[80] Menander wird als Nachfolger (*successor*) des Simon Magus eingeführt (adv. haer. I 23,5). Von Menander und seinen Schülern ausgehend (*ex his*) werden Satorninus und Basilides in adv. haer I 24,1 genannt: Satorninus lehrte *similiter ut Menander;* inwieweit die dargestellte Lehre des Basilides auf die des Menander zurückgeht, bleibt bei Irenäus unausgeführt. Ebenfalls von den Simonianern ausgehend (*ab his*) nennt Irenäus Kerdon in adv. haer. I 27,1. Damit zieht er eine zweite, zu Menander/Satorninus/Basilides parallele Entwicklungslinie. Marcion folgt Kerdon nach (*succedens*, adv. haer. I 27,2).

Bevor Irenäus die zwei unterschiedlichen häretischen Entwicklungslinien miteinander verknüpft, macht er in adv. haer. I 28,1 eine für diesen Zusammenhang wichtige Aussage: „Aus den Gruppen, die ich bisher besprochen habe, sind als zahllose Ableger inzwischen zahllose Häresien entstanden. Das kommt daher, daß viele von diesen Leuten, ja letztlich alle, Lehrer sein wollen. Sie treten aus der Häresie aus, zu der sie gehörten, bauen auf der einen Meinung eine andere und auf der einen Lehre dann wieder eine andere und legen großen Wert darauf, mit ihrer Doktrin neuartig zu wirken. Dazu geben sie sich als die Erfinder der jeweiligen Lehre aus, die sie zusammengestellt haben."[81] Als Beispiel nennt Irenäus die Enkratiten und Tatian, welche von Valentin die Erfindung der Äonen und von Satorninus und Marcion die Lehre von der Ehelosigkeit übernommen haben (adv. haer. I 28,1). Andere, nicht namentlich genannte Häretiker, orientieren sich eher an Basilides und Karpokrates, wenn sie den unterschiedslosen Geschlechtsverkehr und eine Vielzahl von Ehen einführen (adv. haer. I 28,2).

Spätestens nach diesen Ausführungen in adv. haer. I 28,1–2 ist deutlich, daß Irenäus sich nicht mehr wie Justin nur mit einer einfachen Abhängigkeit im Sinne eines Lehrer-Schüler-Verhältnisses begnügt. Die Textpassage läßt erkennen, daß

---

[79] Anders Le Boulluec, La notion, I, 80–91: Le Boulluec geht davon aus, daß bereits Justin eine sukzessive Verknüpfung der Häresien vertrat, was er zum einen an der Bezeichnung Menanders als Schüler Simons festmacht. Zum anderen sei Irenäus' Darstellung in Adv. haer. 23–27 von Justins Syntagma abhängig (86,162–173). Le Boulluec muß aber einräumen, daß Irenäus diese Verbindung auch selbständig geschaffen haben könnte (87).

[80] Zur Sukzession bei Irenäus vgl. Le Boulluec, La notion, I, 162–173.

[81] Iren., adv. haer. I 28,1 <FC 8/1, 322,20–26: Ab his autem qui praedicti sunt iam multae propagines multarum haereseum factae sunt, eo quod multi ex ipsis, immo omnes, velint doctores esse et abscedere quidem ab haeresi in qua fuerunt, aliud autem dogma ab alia sententia et deinceps alteram ab altera componentes nove docere insistunt, semetipsos adinventores sententiae quamcumque compegerint enarrantes.>.

Irenäus die *successio haereticorum* auch im Sinne einer ideengeschichtlichen Abhängigkeit versteht. Der Häretiker nimmt mit seiner Lehre den Ausgangspunkt bei anderen Häretikern, von denen er gewisse Lehrinhalte, Vorstellungen oder Gedanken übernimmt und zu einer neuen Lehre zusammenstellt. Mit dieser etwas lockeren Verbindung zwischen einzelnen Häresien kann Irenäus die unterschiedlichen häretischen Entwicklungslinien (bis adv. haer. I 27) miteinander verknüpfen. Dies bringt für ihn die Erleichterung, nicht zwanghaft eine Lehrer-Schüler-Abhängigkeit behaupten zu müssen.[82]

Eine dritte Entwicklungslinie von den Simonianern zieht Irenäus später zu den Barbelo-Gnostikern (*ex his*; adv. haer. I 29,1), um dann weitere gnostische Häresien als Alternativen locker anzufügen (adv. haer. I 30,1–31,2), von denen – deutet man die schwierige Formulierung in adv. haer. I 31,3 richtig – im weiteren die Valentinianer ausgehen.[83]

Die *successio haereticorum* ist eine die irenäische Häreseologie weitgehend prägende Darstellungsweise, jedoch scheint Irenäus sich dem von ihr ausgehenden Zwang nicht immer unterzuordnen: In adv. haer. I 25–26 nennt er mit Karpokrates (adv. haer. I 25,1–6), Kerinth (adv. haer. I 26,1) und den Ebionäern (adv. haer. I 26,2) drei Häresien außerhalb der häretischen Sukzession. Mit den Nikolaïten (adv. haer. I 26,3), die im Nikolaus der Apg ihren *magister* erkennen, führt Irenäus sogar seine eigene Zielsetzung *ad absurdum*, die ja alle Häretiker auf den *einen* Erzketzer Simon Magus zurückführen wollte. Alle vier Häresien in adv. haer. I 25 und 26 scheinen von Irenäus aus einer vorgegebenen Quelle mit einer abweichenden Konzeption entnommen worden zu sein.

Irenäus schreibt damit seine Vorlage fort, indem er neuere, noch nicht in die justinische *successio haereticorum* aufgenommene Häresien einfügt. Waren bei Justin noch die Marcioniten Abschluß und Höhepunkt der Häresie, so sind es nun die Valentinianer, welche der Hauptgegenstand der Widerlegung sind. Die Valentinianer werden in adv. haer. I 22,2 von Irenäus als Höhepunkt der Häresie präsentiert, obwohl sie aufgrund ihrer Bedeutung innerhalb der Darstellung vorgezogen sind (adv. haer. I 1–9). Marcion verliert aufgrund der parallelen Entwicklungslinien, die sich von den Simonianern ausgehend entwickeln, sowie aufgrund der Fortführung der Sukzession seine exponierte Stellung, die er noch bei Justin innehatte.

---

[82] Vgl. dazu Löhr, Basilides und seine Schule, 18. Löhr differenziert in eine enge und in eine lockere Verbindung innerhalb der *successio haereticorum*. Die engere ist terminologisch am Begriff *successor* festzumachen und impliziert die Schülerschaft bei einem Häretiker (Menander, Marcion). Alle anderen in die Sukzession eingefügten Häretiker sind der lockeren, von Irenäus häufiger verwendeten Verbindung zuzuordnen.

[83] Iren., adv. haer. I 31,3 <FC 8/1, 354,1–3: A talibus †matribus et† patribus et proavis eos qui a Valentino sint, sicut ipsae sententiae et regulae ostendunt eos, [...]>. Vgl. zur Schwierigkeit der Interpretation Brox, FC 8/1, 354 Anm. 141.

2.5.3 Die Funktion des Sukzessionsgedankens für die irenäische und die eusebianische Häresiekonzeption

Irenäus und Euseb integrieren in ihre Darstellungen jeweils eine doppelte Sukzession: eine *successio apostolorum* und eine *successio haereticorum*. Beide dienen dazu, Orthodoxie von Häresie zu unterscheiden und die Wahrheit vor häretischer Verfälschung zu schützen.

Die apostolische Sukzession dient dem Nachweis, daß die innerhalb der Kirche tradierte Lehre direkt auf die Apostel zurückgeht und sie unverfälscht durch die von den Aposteln eingesetzten Bischöfe weitergegeben wird. Der Nachweis der lückenlosen Sukzession in der Bischofsabfolge wird so zum Garanten für die unverfälschte Wahrheit.[84] Einzig die kirchliche Überlieferung, „quae est ab apostolis, quae per successiones presbyterorum in ecclesiis custoditur"[85], garantiert die Wahrheit der kirchlichen Lehre. Die Wahrheit wiederum ist *ausschließlich* in kirchlichem Besitz: „Traditionem itaque apostolorum in toto mundo manifestatam in omni ecclesia adest perspicere omnibus qui vera velint videre, et habemus adnumerare eos qui ab apostolis instituti sunt episcopi in ecclesiis et successores eorum usque ad nos."[86]

Die häretische Sukzession, das Pendant zur apostolischen Sukzession, führt alle Häretiker auf einen Urvater, Simon Magus, zurück und dient als zweite Absicherung der kirchlichen Wahrheit. Die Zuweisung einer Lehre zur Häresie durch den Nachweis der Abhängigkeit von einem häretischen Lehrer oder von einer häretischen Lehre führt zur klaren Scheidung von der orthodoxen Lehre. Aufgrund des unterschiedlichen Ursprungs der Lehre kann es inhaltlich keine Übereinstimmungen zwischen Orthodoxie und Häresie geben.

Mit der Rückführung einer Lehre auf eine Häresie erübrigt sich strenggenommen auch ihre Widerlegung: „Ferner ist die Wurzel und Herkunft einer verwirrenden Lehre somit in einer Art freigelegt, durch die sie zugleich erledigt wird, denn die Urväter der H[äresie] sind von den berühmten Lehrern der früheren Zeit längst widerlegt, u[nd] die aktuelle H[äresie] gerät somit in den ‚Dunstkreis‘ alter, überholter Irrtümer. Man stellt also die einzelne Häresie in einen umfassenden Zusammenhang falschen Denkens und hat sie damit eingeordnet, aber auch als gefährlich erwiesen."[87]

Die Einordnung einer Lehre in ein häretisches Abhängigkeitsverhältnis dient Irenäus und Euseb jedoch nicht nur zur „Widerlegung". Sie geben ihren Lesern damit auch Orientierung über das vielgestaltige Phänomen Häresie. Durch ihre Systematisierung der häretischen Ideen in einem Konstrukt von inhaltlichen Abhängigkeiten, die Irenäus aufgrund seiner häreseologischen Herangehensweise

---

[84] Vgl. zur Sukzession der römischen Bischöfe auch die Bischofsliste in adv. haer. III 3,1–3 und den Brief an Florinus (insbesondere h.e. V 20,4).

[85] Iren., adv. haer. III 2,2 <FC 8/3, 26,13–15>.

[86] Iren., adv. haer. III 3,1 <FC 8/3, 28,10–14>.

[87] Brox, Häresie, 285. Le Boulluec, La notion, I, 170–171. Vgl. Iren., adv. haer. I praef. 2.

stärker als der Kirchengeschichtsschreiber Euseb vorantreibt, verlieren die einzelnen Häresien an Eigenständigkeit und Originalität.

2.5.4 Die eusebianische Bearbeitung der irenäischen Vorlage

Euseb operiert mit zwei Arten der Verbindung von Häretikern innerhalb der häretischen Sukzession. Er kennt die enge Verbindung, das *Lehrer-Schüler-Verhältnis*, das er mit Justin und Irenäus bei Simon Magus/Menander und bei Kerdon/Marcion annimmt. Sodann kennt Euseb auch die lockere, *ideengeschichtliche Abhängigkeit* eines Häretikers von einem anderen, so bei Satorninus und Basilides (von Menander); Karpokrates (von Simon Magus); Kerdon (von Simon Magus); Tatian (von Marcion, Kerdon und Valentin); Apelles (von Marcion); Rhodon (von Tatian); Severus (von Tatian); Paulus von Samosata (von Artemon).

Wie Irenäus die justinische Sukzession fortschrieb und dessen Ausführungen um neue Häresien ergänzte, so führt Euseb die irenäische Sukzession im Sinne eines Schüler-Lehrer-Verhältnisses weiter: Apelles wird als Schüler des Marcion (h.e. V 13,2–3), Rhodon (h.e. V 13,1.8) und Severus (h.e. IV 29,4) als Schüler Tatians aufgenommen. Ohne erkennbare Vorlage konzipiert Euseb die Häresie des Artemon als Vorläufer des Paulus von Samosata. Die ideengeschichtliche Einordnung wird von Euseb offensichtlich nicht weiterverfolgt.

Alle anderen Häresien der h.e. werden nicht explizit in die häretische Sukzession eingeordnet. Doch zeigt der Abschluß der Häresiethematik mit Mani, der seine „falschen und gottlosen Lehrsätze aus zahllosen, längst erloschenen gottlosen Häresien zusammentrug und flickte", daß Euseb bei allen vorherigen Häresiedarstellungen eine ideengeschichtliche Abhängigkeit untereinander nicht ausführt, aber doch impliziert. Die Parallelen innerhalb der Häresie-Darstellungen – auch wenn sie topischer Natur sind – zeigen deutlich die Übereinstimmungen in der Lehre und im Lebensvollzug der Häretiker, so daß Euseb eine ideengeschichtliche Abhängigkeit offensichtlich nicht ausführen mußte. Die Analyse der einzelnen Häresiepassagen der h.e. hat bereits auf die inhaltlichen Parallelen in den Darstellungen aufmerksam gemacht.[88]

Waren die *extra successionem* genannten Häresien bei Irenäus ein Problem, da sie nicht auf Simon Magus zurückgeführt werden konnten und so die eigene Zielsetzung in Frage stellten, so löst sich diese Schwierigkeit innerhalb der euse-

---

[88] Von den *extra successionem* genannten Häresien streicht Euseb bei Montanus die Parallele zu Apelles heraus, da sich beide auf Prophezeiungen der mit ihnen umherziehenden „Prophetinnen" verlassen und diese normativen Charakter für die Gruppierung besitzen. Auch die Elkesaïten, die sich auf eine andere Instanz als auf die biblischen Schriften berufen, reihen sich in das „ideengeschichtliche Sukzession" ein. Eine andere Parallele betont Euseb zwischen Tatian und den Theodotianern mit dem Hinweis auf den häreseologischen Topos der „Schrift-Verbesserung" (h.e. IV 29,6). Der Vergleich der beiden Häresieberichte über Paulus von Samosata und Mani (h.e. VII 27–30 und h.e. VII 31) hat gezeigt, daß Euseb sie bewußt als Doppelhäresie konzipiert hat.

bianischen Häresiekonzeption durch die Kombination mit der dämonologischen Erklärung der Häresieentstehung. Da Euseb neben der sukzessiven Einordnung der Häresien auch von der dämonischen Anstiftung der Häresiegründer ausgeht, können auch außerhalb der Sukzession immer wieder neue Häresien entstehen. Da der Teufel immer andere Angriffe auf die Kirche ersinnt und daher immer neue Häretiker gegen die Anwälte der Wahrheit aufstellt, können Häretiker zum einen bereits vorhandene häretische Lehrsätze übernehmen und zu einer neuen Lehre zusammenstellen, oder aber mit Hilfe des Teufels vollkommen neue Lehren ersinnen. Die Häresie kann nach Euseb nicht nur durch Abgrenzung von einem Lehrer (Alternative A) oder durch Neukombination einzelner häretischer Gedanken und Vorstellungen (Alternative B), sondern auch durch den Teufel angestiftet ohne häretische Analogie entstehen (Alternative C). Die letzte Möglichkeit führt Euseb mit den Ebionäern ein. Deren Häresie wurde explizit vom Teufel als Alternative zu Menander ersonnen. Im Hinblick auf die eusebianische Häresiekonzeption wirkt die fehlende sukzessive Einordnung der Häresie nicht störend, vielmehr bestärkt sie die von Euseb favorisierte, dämonologische Erklärung zur Häresieentstehung.

2.5.5 Die Steigerung innerhalb der Sukzession

Eine weitere Neuerung, die Euseb in die irenäische Vorlage einträgt, ist der Gedanke der Steigerung innerhalb der häretischen Sukzession, der im folgenden betrachtet werden soll.

Ohne besondere Betonung der Einzelhäresie reiht Irenäus die von ihm behandelten Häresien hintereinander. Einzig der Darstellung der Valentinianer, die ihn zur Abfassung von *Adversus haereses* veranlaßten, kommt eine besondere Bedeutung zu, die sich unter anderem an der bevorzugten Stellung zu Beginn der Abhandlung ablesen läßt. Die Valentinianer sind für Irenäus die Hauptgegner, die es zu widerlegen gilt; alle anderen Häresien werden ihnen in der richtigen Reihenfolge und Abhängigkeit von Simon Magus nachgeschaltet. Die Verbindung der einzelnen Häresien entsteht durch die Aussagen zur Sukzession, ansonsten stehen die Passagen als unverbundene Einheiten nebeneinander.

Euseb hatte im Gegensatz zu Irenäus das „Problem", daß er keine Häreseologie, sondern eine historische Darstellung, eine Kirchengeschichte, schrieb. Er mußte die Häresien nicht nur historisch korrekt hintereinanderschalten, sondern ihnen darüber hinaus noch eine Bedeutung im Gesamtkontext der Geschichtsschreibung zuweisen. Jede Geschichtsschreibung braucht ein Ziel, auf das die dargestellte Geschichte zuläuft. Um eine zielgerichtete Bewegung darstellen zu können, benötigt man allein aus dramaturgischen Gründen eine Steigerung auf eine Klimax hin.

Euseb konnte nicht mehr nur alle Häresien hintereinanderreihen und eine Häresie als die wichtigste – wie bei Justin Marcion und bei Irenäus die Valentinianer – benennen. Er konnte sich auch nicht damit begnügen, dem Häretiker ein orthodoxes Pendant beizugeben. Damit hätte er zwar die Begründung für die Aufnahme der Thematik in die h.e. geliefert, aber die Häresie bliebe wie auch die Orthodoxie eine Aneinanderreihung von notdürftig verknüpften Einzelepisoden. Die eusebianische Kirchengeschichte wäre ohne Bewegung geblieben, wenn nicht die Häresie und mit ihr ein Moment der Steigerung und der Dramatik in die Kirchengeschichte aufgenommen worden wäre.[89]

An dieser Stelle soll das dramaturgische Element der Steigerung innerhalb der eusebianischen Häresiedarstellung untersucht werden, das Irenäus noch nicht kannte. Zwar verweist er, wie das Zitat in h.e. IV 11,2 (= Adv. haer. I 27,2) belegt, darauf, daß Marcion mit Kerdons Lehre noch mehr Schule machte, doch wird diese Aussage eher auf historischen Beobachtungen als auf Erwägungen zur Dramaturgie beruhen. Euseb übernimmt diese Angabe gerne, da sie zu seiner Aussage über Severus in h.e. IV 29,4 paßt. Dort berichtet er nämlich analog zu Marcion, daß auch Severus in die Häresie seines Lehrers Tatians noch mehr Leben brachte. Beide Schüler können die Häresie ihres jeweiligen Lehrers stärken und ihr neuen Zulauf verschaffen, wobei zumindest für die Severianer deutlich ist, daß sie die Lehre ihres Meisters modifizieren.[90]

Eine gänzliche andere Art der Dramatisierung findet sich in h.e. IV 7,4, wo Euseb beschreibt, daß von der Häresie Menanders gleich zwei neue Häresien ausgehen. Zuvor ging von Simon Magus nur Menander, d.h. von einer Häresie nur *eine* neue aus. Seit Menander vervielfachen sich die Schüler und deren Häresien – ein Eindruck, der später von Euseb insofern modifiziert wird, als er von weiterer ebenfalls von Simon Magus ausgehenden Häretikern, Karpokrates und Kerdon, berichtet. Die Häresie potenziert sich im Laufe der Geschichte.

In der folgenden Häresie des Karpokrates findet sich ein weiteres, von Euseb eigenständig geschaffenes Moment der Dramatisierung.[91] Während Simon Magus seine magischen Künste noch im Verborgenen praktizierte, wollten die Karpokratianer diese öffentlich präsentieren (h.e. IV 7,9). Hielt sich die Häresie bis zu diesem Zeitpunkt noch in geheimen Kreisen verborgen, so dringt sie nach Eusebs Vorstellung jetzt nach außen und geht (aggressiv) zum (An-)Werben von Anhängern über.

---

[89] Vgl. zur Funktion der Häresie für die eusebianische Geschichtsdarstellung unten Teil II 3.1.2 Die Häresie als Darstellungsmöglichkeit von Geschichte.

[90] Wie unten genauer zu betrachten sein wird, bedeutet für Euseb die Modifikation der häretischen Lehre durch Schüler gleichzeitig den Beginn ihrer Auflösung. Die eusebianische Aussage, die Schüler würden in die Häresie noch mehr Leben bringen, ist daher eindeutig aus Gründen der Steigerung eingefügt, führt sie doch die gesamte Auflösungstheorie *ad absurdum*. Mit den Aussagen, daß Marcion und Severus die Häresie vorantreiben, kommt die Steigerung der Sukzession an ihre Grenzen. Vgl. aber auch oben, S. 177–178, für die Gründe, warum Euseb auf das Irenäus-Zitat zu Kerdon/Marcion nicht verzichten konnte.

[91] Daß sich diese Aussage mit den zuvor geäußerten Häresie-Angaben nicht in Einklang bringen läßt und sich bei Irenäus nicht findet, ist bereits angemerkt worden. Siehe oben Teil I 2.8 Karpokrates.

Eine weitere Form der Dramatisierung gelingt Euseb in h.e. V 14–15 mit seiner Einleitung in die Häresien des Montanus, des Florinus und des Blastus. Euseb verzahnt die drei Häresien miteinander, obwohl die montanistische zeitlich früher anzusetzen ist. Er parallelisiert mit seiner Darstellung nicht nur das Auftreten der Häretiker, sondern er gestaltet ihr Auftreten als einen vom Teufel angestifteten Zwei-Fronten-Krieg: Während Montanus in Phrygien aktiv war, brachten Florinus und Blastus in Rom die Ordnung der Kirche durcheinander. Der Teufel greift die Kirche jetzt nicht mehr nur mit einem Einzelhäretiker an, sondern attackiert sie von mehreren Seiten.

Die Häresie als Summe ihrer Einzelhäresien nimmt im Laufe der Geschichte an Dramatik zu. Sie wird größer, mächtiger und aggressiver im Kampf gegen die Kirche. Die reine Aneinanderreihung von Häresien, wie sie noch von Irenäus geboten wurde, bekommt innerhalb der Kirchengeschichte Eusebs eine Dynamik, die bis Paulus von Samosata an Dramatik zunimmt, um schließlich bei Mani in sich zusammenzufallen.

2.6 Die Unbeständigkeit der Häresie

Der Schlüssel zum Verständnis der eusebianischen Vorstellung von der Häresie liegt in der Kontrastierung von Häresie und Orthodoxie/Wahrheit. Nach eusebianischem Verständnis sind Häresie und Wahrheit grundlegende Gegensätze. Diesem Sachverhalt Rechnung tragend scheint es ratsam, sich zunächst kurz einen Überblick zu Eusebs Verständnis von Wahrheit zu verschaffen (II 2.6.1) und erst in einem anschließenden zweiten Schritt zur Analyse des unbeständigen Wesens der Häresie überzugehen. Die Häresie wird von Euseb als Neuerung eingeführt (II 2.6.2) und hat – im Gegensatz zur Wahrheit – keinen Bestand und damit auch keine eigene Zeit (II 2.6.3). Der größte Unterschied zur Wahrheit liegt aber inhaltlich in ihrer Wandelbarkeit und der damit gegebenen Unbeständigkeit der häretischen Lehre (II 2.6.4), welche letztlich die zentralen Gründe für deren Auflösungsprozeß darstellen, der in einem eigenen Abschnitt (II 2.7) näher betrachtet werden soll.

2.6.1 Die Beständigkeit der Wahrheit

Wenn, wie oben bereits angedeutet, die Wahrheit der Kontrastbegriff zur Häresie ist, dann müssen alle für die Wahrheit geltenden Eigenschaften und Wesenseigentümlichkeiten im Hinblick auf die Häresie verneint werden. Diese These wird im folgenden zu überprüfen sein.

Euseb beginnt seine Kirchengeschichtsschreibung nach einem kurzen Prolog über die zu behandelnden Themen (h.e. I 1,1–8) mit der Geschichte des Logos Gottes. Dieser offenbart sich als präexistenter Logos einzelnen Menschen (h.e. I

2,1–16). Schon von Beginn des Menschengeschlechts an haben einzelne, wie Abraham oder Mose, „den göttlichen Logos mit den reinen Augen des Geistes erkannt und ihm als Sohn Gottes die gebührende Ehre erwiesen"[92] (h. e. I 2,17). Da die gesamte Menschheit aber noch nicht fähig war, „Christi Lehre, die voll Weisheit und Kraft ist, zu erfassen", fügt Euseb einen zweiten Erklärungsdurchgang zur Menschheitsgeschichte hinzu, welche die Vorbereitung der Menschheit auf die Offenbarung des Logos in Christus beschreibt.[93] Nach einigen Ausführungen zu den Weissagungen über den Gottessohn bei den Propheten und ihre Erfüllung in Christus (h. e. I 3,1–20) kommt Euseb auf die in Christus offenbarte Lehre (διδασκαλία, h. e. I 4,1) zu sprechen und verteidigt diese gegen den Vorwurf der Neuerung. Obwohl die Christen mit ihrer Lehre erst mit dem Erscheinen des Logos auftreten, ist ihre Glaubensüberzeugung nicht neu, denn die „Art unseres Wandels mitsamt der Lehre der Frömmigkeit ist doch nicht erst vor kurzem von uns hinzugefügt, sondern gewissermaßen schon von Beginn des Menschengeschlechts an durch natürliche Erwägungen der alten Gottesfreunde"[94] bestimmt. Euseb geht daher sogar so weit zu sagen, daß diese Art der Gottesverehrung „die erste, die allerälteste und ursprünglichste"[95] ist.

Der eusebianische Altersbeweis für die christliche Lehre trägt für die hier interessierende Definition von Wahrheit einiges aus. Die christliche Wahrheit, die von alters her unverändert Bestand hat, wird mit der Offenbarung des Logos vollkommen und vollständig offenbart. Sie unterliegt damit keinem Wandel und keiner Entwicklung. Eine Ausdifferenzierung einzelner Lehrsätze (unter anderem in Auseinandersetzung oder in Abgrenzung von häretischen Lehren) ist für Euseb daher ebenso ausgeschlossen wie eine Anpassung der christlichen Lehre an geschichtliche Gegebenheiten. Die eusebianische Beschreibung läßt sie als eine unwandelbare, kei-

---

[92]   Euseb, h. e. I 2,6. Zur Offenbarung vor Abraham vgl. h. e. I 2,6–8. Euseb fügt im weiteren noch die Offenbarungen vor Mose (h. e. I 2,9.13), vor Jakob (h. e. I 2,9) und vor Josua (h. e. I 2,11–12) hinzu.

[93]   Die Menschheit sank nach dem Sündenfall des ersten Menschen auf die Stufe der Nomaden zurück und nahm ein tierisches Wesen und eine unerträgliche Lebensweise an. Die Menschen kannten weder Städte noch Staaten, weder Künste noch Wissenschaften. Als Extrembeispiele für die sittliche Verrohung der damaligen Menschen nennt Euseb Bosheit, Schändlichkeit, Mord und Kannibalismus (h. e. I 2,19). In dieser Situation griff der präexistente Logos ein und offenbarte sich einzelnen Menschen und legte damit „die Samen der Gottesfurcht", so daß aus den Hebräern auf Erden ein ganzes Volk der Gottesfurcht entstand. Die Übergabe des νόμος an Mose durch den göttlichen Logos führte das Volk Israel, die Bemühungen der Philosophen führten die Griechen und Römer zu einer fortschreitenden sittlichen Besserung des Menschengeschlechts, welche auch nicht ohne Wirkung auf die Heiden blieb. Erst nach diesen Bemühungen sah Euseb die Menschheit soweit vorbereitet, die Offenbarung des Logos in Christus zu fassen (h. e. I 2,23).

[94]   Euseb, h. e. I 4,4 <GCS Euseb II/1, 40,4–7: καὶ τῆς ἀγωγῆς ὁ τρόπος αὐτοῖς εὐσεβείας δόγμασιν ὅτι μὴ ἔναγχος ὑφ' ἡμῶν ἐπιπέπλασται, ἐκ πρώτης δ' ὡς εἰπεῖν ἀνθρωπογονίας φυσικαῖς ἐννοίαις τῶν πάλαι θεοφιλῶν ἀνδρῶν κατωρθοῦτο, ὧδέ πως ἐπιδείξομεν.>.

[95]   Euseb, h. e. I 4,10 <GCS Euseb II/1, 42,5: πρώτην ... καὶ πάντων παλαιοτάτην τε καὶ ἀρχαιοτάτην>.

ner Entwicklung unterworfene und damit völlig ungeschichtliche Größe erscheinen, obwohl sie in der Geschichte offenbart ist.[96]

Die einzige „Geschichte", welche die vollständig in Christus offenbarte christliche Wahrheit haben kann, ist die Geschichte ihrer Verbreitung.[97] Einzig mit der regionalen Ausbreitung ist eine Entwicklung und damit Zeitlichkeit der christlichen Lehre verknüpft. In h.e. IV 7,13 beschreibt Euseb diesen Prozeß: „Der Glanz der katholischen und allein wahren Kirche aber *wuchs* und *vergrößerte sich* in unbedingter Beständigkeit und ließ vor allen griechischen und barbarischen Völkern Würde, Tadellosigkeit, Vornehmheit, Weisheit und Reinheit des göttlichen Lebens und der göttlichen Lehren leuchten."[98] Die Wahrheit selbst jedoch bleibt unwandelbar.

2.6.2 Die Häresie als Neuerung

Die Häresie wird als Gegenbegriff zur Wahrheit zu verstehen sein. Ist die Wahrheit ewig, so ist die Häresie sekundär und posterior; ist die Wahrheit unwandelbar, so gilt für die Häresie die Wandelbarkeit und Unbeständigkeit (vgl. unten 2.6.4).

Wenn die christliche Gottesverehrung, welche die Christen aufgrund ihrer offenbarten Lehre praktizieren, „die erste, die allerälteste und ursprünglichste" (h.e. I 4,10) ist, kann die Häresie zeitlich nur später angesetzt werden. Dieser Sachverhalt läßt sich an der h.e. in zweierlei Weise erkennen: zum einen terminologisch an der Bezeichnung der Häresie als νεωτεροποιία resp. καινοτομία, zum anderen inhaltlich an der eusebianischen Darstellung der Häresie.

Die Häretiker werden nach h.e. I 1,1 durch Neuerungssucht (νεωτεροποιία[99]) zur Einführung falscher Lehren getrieben. Z.B. ist die Häresie der Theodotianer nach eusebianischer Quelleneinleitung in h.e. V 28,2 „erst vor kurzem entstanden" (νεωτερισθεῖσαν[100]).

---

[96]   Vgl. dazu Kraft, Eusebius, 35: „Der eigentliche Gegenstand der Darstellung, die διαδοχή τῶν ἀποστόλων, ist keine veränderliche und insofern auch keine geschichtliche Größe. Sie ist gleichsam der Fels im Strom der Zeit. Die Zeit, genauer die Zeit, in der die Lehre offenbart ist, ist ein Attribut. Es dient dazu, zwischen der unveränderlichen Größe (der apostolischen Überlieferung) und den veränderlichen Größen (den geschichtlichen Ereignissen und Personen) zu vermitteln." Vgl. Barnes, Constantine and Eusebius, 132.

[97]   Anders Barnes, Constantine and Eusebius, 132, der von Eusebs Situationsbericht der Verhältnisse unter der Regierung des Commodus ausgeht (h.e. V 21,1) und daraus folgert: „The main concept of 'the mission and expansion of Christianity' was alien to Eusebius: for him the apostles and their immediate followers had spread the gospel everywhere – the history of the Church was not primarily a story of gradual expansion in either geographical or a social sense."

[98]   Euseb, h.e. IV 7,13 <GCS 312,22–26: προῄει δ᾽ εἰς αὔξην καὶ μέγεθος, ἀεὶ κατὰ τὰ αὐτὰ καὶ ὡσαύτως ἔχουσα, ἡ τῆς καθόλου καὶ μόνης ἀληθοῦς ἐκκλησίας λαμπρότης, τὸ σεμνὸν καὶ εἰλικρινὲς καὶ ἐλευθέριον τό τε σῶφρον καὶ καθαρὸν τῆς ἐνθέου πολιτείας τε καὶ φιλοσοφίας εἰς ἅπαν γένος Ἑλλήνων τε καὶ βαρβάρων ἀποστίλβουσα.>.

[99]   Euseb, h.e. I 1,1 <GCS Euseb II/1, 6,7>.

[100]   Euseb, h.e. V 28,2 <GCS Euseb II/1, 500,8>.

Häufiger als die Charakterisierung der Häresie durch den Wortstamm νεωτερίζω findet sich die Umschreibung mit dem Wortfeld καινοτομέω. Die Neuheit der häretischen Lehre beschreibt Euseb bei Mani mit καινοτομία (h.e. VII 31,1[101]). Aber auch das Verb καινοτομεῖν findet sich zur Beschreibung des häretischen Tuns, des Erfindens neuer Lehren: Das „Ersinnen neuer Häresien" führt zur Auflösung der vorherigen (h.e. IV 7,13). Apollinarius von Hierapolis schreibt ein Werk gegen die Montanisten, welche bald darauf „mit ihrer neuen Lehre begannen" (h.e. IV 27). Firmilian verurteilt die „Neuerung" des Paulus von Samosata (h.e. VII 30,4).

Neben die terminologische Charakterisierung der Häresie als Neuerung tritt die erzählerische Umsetzung dieser Überzeugung in der Kirchengeschichte. Euseb berichtet, daß sie in Simon Magus erst *nach* der Offenbarung des Logos auftritt – bereits dies ein Zeichen für ihre Nachrangigkeit. Die *successio haereticorum*, die eine zeitliche Einordnung der Häretiker zum Ziel hat, sichert die Posteriorität aller Häretiker, die in Simon Magus ihren Ausgangspunkt nahmen.

Euseb benennt aber noch weitere Indizien für die Posteriorität der häretischen Ansichten gegenüber der wahren Lehre. Die Analyse der eusebianischen Lieblingsthemen hat gezeigt, daß Euseb den Topos des Einschleichens der Häretiker in die Kirche eigenständig entwickelt und in die von den Quellen vorgegebenen Informationen eingearbeitet hat.[102] Wenn es nach eusebianischem Verständnis zum Wesen der Häretiker gehört, sich in die Kirche einzuschleichen, um die christliche Lehre zu verwirren, dann ist offensichtlich, daß die häretische Lehre zur Wahrheit sekundär und die Häresie zeitlich später als die Orthodoxie anzusetzen ist.

Auch die häretische Imitation kirchlicher Bräuche, die oben als eines der Lieblingsthemen Eusebs erkannt wurde (vgl. Teil I 3.2.1 Eusebs bevorzugt aufgenommene Inhalte und Motive), setzt die Posteriorität der Häresie gegenüber der Orthodoxie voraus. Wenn beispielsweise Menander (h.e. III 26,2) oder Markus Magus (h.e. IV 11,5) eine Taufe praktizieren, dann tun sie dies in Nachahmung der kirchlichen Praxis.

Die Bezeichnung der Häresie als „Neuerung", welche einer Lehre gleichzeitig Originalität, Apostolizität und den Anspruch auf Wahrheit abspricht, ist bereits seit Hegesipp und Irenäus ein innerhalb der Häreseologie häufig angeführter Topos.[103] Dieser basiert auf dem nicht nur im Christentum geläufigen Axiom „antiquior

---

101 Euseb, h.e. VII 31,1 <GCS Euseb II/2, 716,1–9: [...] Χριστὸν αὐτὸν μορφάζεσθαι ἐπειρᾶτο, τοτὲ μὲν τὸν παράκλητον καὶ αὐτὸ τὸ πνεῦμα τὸ ἅγιον αὐτὸς ἑαυτὸν ἀνακηρύττων καὶ τυφούμενός γε ἐπὶ τῇ μανίᾳ, τοτὲ δέ, οἷα Χριστός, μαθητὰς δώδεκα κοινωνοὺς τῆς καινοτομίας αἱρούμενος'>.

102 Siehe oben Teil II 2.2.4 Der Topos des Einschleichens der Häretiker.

103 Vgl. zu Hegesipp Euseb, h.e. III 32,7–8; IV 22,4–5 und zu Irenäus, haer. III 4,3 <SC 211, 51,16– 17; 52,2–4.6–7: Ante Valentinum enim non fuerunt qui sunt Valentino, neque ante Marcionem erant qui sunt a Marcione [...] Reliqui vero qui vocantur Gnostici, a Menandro Simonis discipulo, quemadmodum ostendimus, accipientes initia [...] Omnes autem hi multo posterius, mediantibus iam ecclesiae temporibus, insurrexerunt in suam apostasiam>. Auch hinter der Formulierung νέας προφητείας im Brief an Karikus und Pontius (h.e. V 19,2 <GCS Euseb II/1, 478,27>) läßt sich diese Vorstellung vermuten.

omnibus veritas"[104], das den Wahrheitsgehalt einer Lehre mit ihrem Alter verknüpft: Allein deshalb, weil die Häresie später als die (wahre) Lehre auftrat, kann sie nicht wahr sein. Die Neuheit einer Lehre bedeutet demnach auch ihre Inferiorität.[105]

Euseb greift mit der Bezeichnung der Häresie als καινοτομία einen gängigen Topos der Häreseologie auf, ohne ihn aber für seine Darstellung besonders zu betonen. Er hätte die Neuheit der häretischen Lehre mit dem hohen Alter der wahren Lehre kontrastieren und so die Priorität der orthodoxen Lehre bzw. die Inferiorität der Häresie unzweifelhaft „beweisen" können, aber er unterläßt eine direkte Reflexion darüber in seiner Kirchengeschichtsschreibung.[106]

2.6.3 Die Wandelbarkeit und Unbeständigkeit (Unzuverlässigkeit) der häretischen Lehre

Die Aussage, daß die Häresie keinen Bestand hat, findet sich an vier Stellen der h.e. explizit formuliert. In h.e. II 14,3 stellt Euseb fest, daß die Häresie in den apostolischen Zeiten keinen Bestand hatte. Dann rahmt er die Darstellung der Nikolaïten mit den Aussagen, daß sie nur für kurze Zeit existierten (h.e. III 29,1) und schneller als man beschreiben kann verschwunden sind (h.e. III 29,4). Die Häresie der Elkesaïten ist nach Eusebs Ausführungen sogar schon bei ihrem Entstehen erloschen (h.e. VI 38).

Neben diese direkten Äußerungen treten Eusebs Häresie-Beschreibungen, welche die Wandelbarkeit und Unbeständigkeit der Häresie deutlich werden lassen. Die Berichte lassen erkennen, daß Euseb die Unbeständigkeit der Häresie zum einen an Einzelhäresien festmacht, zum anderen am Wesen der Häresie, wie es in der Gesamtheit aller Einzelhäresien sichtbar wird.

Die Einzelhäresien lassen in ihrer Gesamtheit und Vielgestaltigkeit auf das *Wesen der Häresie* an sich schließen, das einem ständigen Entwicklungsprozeß unterworfen ist. Wenn der Teufel mit den Einzelhäresien die kirchliche Wahrheit ständig aufs Neue zu attackieren sucht und – wie bei den Ebionäern gesehen – auch alternative Häresien erfindet, sofern die Vorgängerhäresie nicht den gewünschten Erfolg erzielt hat, dann kann von einem einheitlichen, beständigen Wesen der Häresie nicht die Rede sein.

Betrachtet man die *Einzelhäresie*, so thematisiert Euseb dort die Unbeständigkeit der häretischen Lehre fast immer im Kontext der Darstellung von Lehr-

---

[104] Im häreseologischen Kontext findet sich dieses Axiom häufiger bei Tertullian; vgl. Tert., apol. 47,1; vgl. de praescr. XXIX 5; adv. Marc. IV 5,1; adv. Prax. 2,2.

[105] Vgl. Brox, Häresie, 262: „Gegenüber der kirchlichen Regula scheitert die H[äresie] an ihrer posteritas u[nd] novellitas. [...] Bei dieser Qualifikation der H[äresie] als Spätzeiterscheinung wird mit der zeitgenössischen Aversion gegen Neues u[nd] Neuerung kalkuliert und ein Konservatismus gepflegt."

[106] Im Abschnitt II 3.2.4 Das Problem der Definition der Häresie als „Neuerung" soll mit aller Vorsicht nach Gründen für diese Auslassung gefragt werden.

entwicklungen. An mehreren Stellen der h.e. wird von Schülern (Apelles, Syneros, h.e. V 13) oder Schülergruppen (Severianer, h.e. IV 29,4–5) berichtet, welche die häretische Lehre ihres Lehrers modifizieren oder Teile der ihnen überkommenen Lehre verwerfen. Auch die Einzelhäresie ist demnach ständigen Wandlungen unterworfen. Die antiartemonitische Streitschrift berichtet aus orthodoxer Sicht die mit dieser permanenten Fortentwicklung gegebene Unzuverlässigkeit der häretischen Lehre. Sie macht ihre Kritik daran fest, daß sich die Theodotianer noch nicht einmal auf eine gemeinsame Textgrundlage bei ihrer Bibelausgabe einigen können (h.e. V 28,16), was implizit auf die Uneinheitlichkeit der darauf gegründeten Lehre schließen läßt.[107]

Da Euseb die Aussagen zur Wandelbarkeit einer Lehre innerhalb einer häretischen Gruppe immer unter das Vorzeichen des darin sichtbar werdenden Auflösungsprozesses stellt, sollen diese Ausführungen unten näher betrachtet werden.[108]

2.6.4 Die Ewigkeit der Wahrheit und die Zeitlosigkeit der Häresie

Versteht man die häretische Lehre als Kontrastbegriff zur Wahrheit, so kann sie im Gegensatz zur Wahrheit, die ihrem Wesen nach ewig ist, keine Dauer besitzen. Insbesondere die im vorigen Abschnitt zur Wandelbarkeit genannten Texte (h.e. II 14,3; III 29,1.4; VI 38) zeigen, daß der Häresie von Euseb keine eigene Zeit eingeräumt wird. Ganz deutlich macht Euseb dies bei den Elkesaïten, die bereits in ihrem Entstehen wieder erloschen.

Die einzelne Häresie entsteht punktuell in der Geschichte und erlischt sofort nach ihrem Erscheinen.[109] Innerhalb der Kirchengeschichte scheint die Einzelhäresie ein zeitloses Phänomen zu sein. Erst die Summe der Einzelhäresien, die sich in neuen Häresiegründungen immer neu generieren, bringt eine gewisse Konstanz in die Kirchengeschichte und kann durch die Vielgestaltigkeit der Einzelhäresien

---

[107] Es ist naturgemäß nicht zu erwarten, daß sich die Gruppe der Häretiker, die nur von außen durch die Ablehnung der orthodoxen Christen konstituiert ist, hinsichtlich ihrer Lehre untereinander einig ist. Vielmehr ist aufgrund der Verschiedenheit der Lehren auch eine gegenseitige Ablehnung der Einzelhäresien gegeben. Die Beobachtung der „Uneinheitlichkeit" von Häresie ist demnach in der Wahrnehmungsperspektive begründet. Die orthodoxen Häreseologen – und mit ihnen Euseb – kontrastieren gerne die eigene (vermeintliche) Einheit in der Lehre, die im Wahrheitsbesitz gründet, mit der Vielzahl sich widersprechender häretischer Lehren. Erst mit dem Anlegen der eigenen „orthodoxen Perspektive" wird aus der Abgrenzung gegenüber mehreren Einzelhäresien der Topos von der Widersprüchlichkeit und der Unbeständigkeit der Häresie.

[108] Vgl. unten Teil II 2.7.2 Die Auflösung der Häresie durch das Entstehen neuer häretischer Lehren.

[109] Sofern Euseb vom Weiterexistieren einer Häresie Kunde hatte, gibt er diesen Bericht seinem Leser nicht weiter, sondern hält an seinem Postulat der Zeitlosigkeit der Häresie fest: Wie gesehen wußte Euseb durch Irenäus von der Karpokratianerin Marcellina in Rom, die dort unter Anicet wirkte. Doch da die Karpokratianer sich nach Eusebs Konzeption (h.e. IV 7,12) sofort wieder auflösen, spart er diese Information aus und verzeichnet gegen besseres Wissen die historische Situation.

als ein quasi-kontinuierliches Gegenüber der Wahrheit erscheinen.[110] Zeitlichkeit jedoch erlangt auch die Summe der Einzelhäresien damit nicht.

Das folgende Schaubild soll den Sachverhalt verdeutlichen:

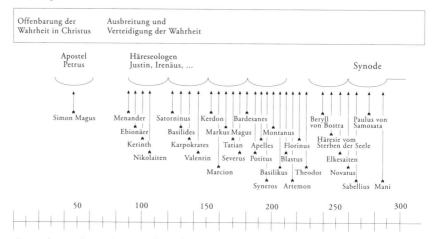

Gesondert zu betrachten sind an dieser Stelle vier Aussagen Eusebs, in denen er der Häresie eine Existenzspanne einzuräumen scheint. Die erste Textpassage ist von Euseb selbst geschaffen, die anderen mit Zitaten in die h.e. übernommen:

– Bei der Verknüpfung der justinischen mit der biblischen Tradition zu Simon Magus ist Euseb genötigt, seinem Leser zu erklären, warum Simon trotz seiner Widerlegung in Samaria nach Rom fliehen und dort wiederum zahlreiche Anhänger für sich gewinnen kann. Euseb löst diese Schwierigkeit in h.e. II 14 damit, daß er die Flucht des Simon als göttliche Fügung deutet: Die Zeit der Wirksamkeit Simons in Rom kann daher als von der göttlichen Vorsehung eingeräumte Frist verstanden werden, die mit dem Auftreten des Petrus in Rom und der Verkündigung der Wahrheit sofort erlischt (vgl. h.e. II 15,1). Die „Zeit" der Häresie ist nach eusebianischem Verständnis eine von der göttlichen Gnade gewährte Zeitspanne, um die Ausbreitung der Wahrheit voranzutreiben.

– Die zweite und dritte Aussage, die von der Dauer und damit von der Zeitlichkeit einer Häresie ausgehen, finden sich in h.e. IV 11,1 im Zitat zu Kerdon und Valentin. Über Valentin berichtet Irenäus, wie dieser unter Hyginus nach

---

[110] Vgl. auch unten Teil II 3.1.2 Die Häresie als Darstellungsmöglichkeit von Geschichte. — Gödecke, Geschichte als Mythos, 143, sieht die eusebianische Geschichtsschreibung zwischen den Polen Gott und Teufel ausgespannt: „Für Euseb verläuft die Geschichte [...] in einer unregelmäßigen Pendelbewegung zwischen zwei immer sich gleich bleibenden Polen". Brox, Häresie, 288, beschreibt diesen Sachverhalt als „dunkle Parallelkontinuität zur kirchlichen Wahrheitsgeschichte", wobei er gleichzeitig betont, daß erst durch die Häresie Unbeständigkeit und Bewegung in die Geschichte kam, die Wahrheit aber konstant sei.

Rom kam, unter Pius Ansehen gewann und noch unter Anicet blieb. Im selben Zitat gibt Irenäus die Geschichte Kerdons wieder, der seinen Irrtum bekannte, im geheimen abtrünnige Lehren vortrug, seinen Irrtum wiederum bekannte, schlechter Lehren überführt wurde und wiederum von der Gemeinschaft der Brüder abfiel. Dieser Bericht, das Hin und Her von Abfall und Bekenntnis, suggeriert dem Leser eine gewisse Dauer der kerdonischen Häresie, wenn auch nicht explizit davon die Rede ist. Euseb brauchte dieses Zitat des Irenäus zur sukzessiven Einordnung Marcions und mußte dafür den Gedanken der Zeitlichkeit einer Häresie in Kauf nehmen.

– Ein letzter Bericht über die Zeitlichkeit einer Häresie findet sich in der Beschreibung des Paulus von Samosata. Zum einen läßt das Synodalschreiben mit seinem Bericht über die Vorgeschichte der Synode – u. a. zwei Besuche Firmilians, die jeweils mit einer Umkehrbeteuerung des Paulus endeten (h.e. VII 30,4) – einen längeren Zeitraum der Auseinandersetzung erkennen. Zum anderen zeigt die eusebianische Überleitung zum Nachspiel unter Aurelian, wie Euseb die Zeitlichkeit der Häresie zwar einräumen, aber eher verschleiern will. Da Euseb die Vertreibung des Paulus durch Aurelian berichten möchte, er der Häresie aber keine Dauer zugestehen will, muß er die zwei Jahre der Regierung des Klaudius übergehen. Euseb fügt die sich unter Aurelian ereignende Begebenheit nahtlos an die Berichte von der Synode unter Gallienus an (h.e. VII 30,18–19). Da er bereits in h.e. VII 28,3 wie in einem Zeitraffer von dem Übergang der Herrschaft an Klaudius und nach zwei Jahren an Aurelian berichtet hatte, fällt es innerhalb der Paulus-Darstellung nicht auf, daß dieser seine Stellung als Bischof in Antiochien auch nach der Synode noch mindestens zwei weitere Jahre unangefochten innehatte. Der Grund für das erzählerische Vorziehen der beiden Regierungswechsel (h.e. VII 28,3) wird zum einen in dem Bemühen um Einheitlichkeit der Häresiedarstellung liegen, die nicht durch Kaiser- und Bischofswechsel aufgespalten werden sollte, zum anderen aber in dem eusebianischem Beharren darauf, der Häresie keine eigene Zeit und damit Beständigkeit, gar Resistenz auf die Widerlegung durch eine Synode, einräumen zu müssen.

Die längere Auseinandersetzung mit Paulus, während der Firmilian und Dionysius versterben, und die zahlreichen Zusammenkünfte lassen keinen Zweifel aufkommen, daß das eusebianische Ziel, der Häresie keine Zeit einzuräumen, bei der Darstellung des Paulus von Samosata gescheitert ist, so gut die „Verschleierung" des Sachverhalts beim Nachspiel unter Aurelian auch angelegt ist.

2.7 Der Auflösungsprozeß der Häresie

Der Auflösungsprozeß der Häresie ist eines der Lieblingsthemen Eusebs, dessen Darstellung er – sofern sich ihm die Gelegenheit dazu bietet – ausführlich in seiner Kirchengeschichte zelebriert. Die Berichte sind nach der Art der Ursache, die zur Auflösung führt, in drei Gruppen zu unterscheiden. Euseb nennt als wichtigsten Grund für die Auflösung der Häresie die Widerlegung von außen durch die „Streiter für die Wahrheit" (2.7.1), kennt daneben aber auch die Auflösung durch das Entstehen neuer häretischer Lehren (2.7.2) und die Widerlegung der Häresien untereinander (2.7.3). Alle drei Ursachen werden von Euseb als Gründe für den Auflösungsprozeß der Häresie benannt, ohne daß er sie aber untereinander in eine Beziehung setzt.

2.7.1 Die Widerlegung von außen (durch „Streiter für die Wahrheit")

Die Widerlegung der Häresie von außen durch Streiter für die Wahrheit findet sich bereits im ersten Abschnitt zu Simon Magus. Dort hält Euseb nach dem Bericht über die Widerlegung des Simon Magus verallgemeinernd fest, daß „die meisten von ihnen [sc. die sich wie Simon Magus einschleichen] allerdings bereits, nachdem sie ihrer Bosheit überführt worden waren, ausgestoßen wurden wie Simon selbst, der in seinem Wesen von Petrus bloßgestellt wurde und die verdiente Strafe empfing" (h.e. II 1,12). Wie Simon Magus hier erstmals als Stammvater aller Häretiker eingeführt wird, so tritt Petrus als Prototyp aller späteren Streiter für die Wahrheit auf.[111] Der Kampf zwischen Petrus und Simon Magus wird durch den verallgemeinernden Zusatz zum Archetyp aller späteren Auseinandersetzungen zwischen Orthodoxen und Häretikern und der Widerlegung von außen durch Streiter für die Wahrheit. Betont wird dies durch die Wiederholung der Auseinandersetzung in Rom (h.e. II 14,6), die mit der Ausbreitung der wahren Lehre und dem Verschwinden der Macht des Simon endet (h.e. II 15,1). Die Formulierung in h.e. II 15,1 läßt keinen Zweifel aufkommen, daß die Ausbreitung des göttlichen Wortes die Macht des Simon brach und zur Auflösung seiner Häresie führte.

Von der Widerlegung einer Häresie erfährt der Leser erst wieder explizit durch den Bericht der antimontanistischen Streitschrift, die erwähnt, wie „Gläubige Asiens wiederholt an verschiedenen Orten zusammenkamen, die neue Lehre prüften, ihre Gemeinheit erkannten und die Häresie verurteilten, woraufhin diese Leute aus der Kirche hinausgeworfen und aus der Gemeinschaft ausgeschlossen wurden" (h.e. V 16,10).

Auch die antimontanistische Streitschrift selbst, so das Resümee Eusebs zum ersten Buch (h.e. V 16,11), widerlegt „durch das ganze Buch den Irrtum der Mon-

---

[111]   Zu den Streitern für die Wahrheit vgl. oben Teil II 2.3 Die metaphysische Komponente: der Kampf zwischen Gott und dem „Feind alles Guten und der menschlichen Erlösung".

zeichnet", im Kampf gegen die Kirche immer neue häretische Lehren hervorbringen zu können, sich aufgrund dieser Eigenschaft selbst auflösen?

Der erste mögliche Lösungsansatz geht von einer wechselnden Anhängerschaft aus. Mit dem Wechsel der Anhängerschaft von einer bestehenden zu einer neu gegründeten Häresie könnte der Anhängerverlust zur Auflösung der Vorgängerhäresie führen. In diesem Sinne würde die Entstehung neuer Häresien zur Auflösung bereits bestehender Häresien führen. Diese Interpretation hätte den Vorteil, daß Euseb für seine Darstellung keinen Bericht über eine Widerlegung mehr benötigte, wenn die Entstehung einer neuen Häresie die Auflösung der alten bedeutete. Damit wäre auch sein Postulat, daß keine Häresie über einen längeren Zeitraum Bestand hat, abgesichert.

Das Problem dieser Interpretation liegt aber darin, daß sie von einer festumrissenen Größe an der Häresie zugeneigten Menschen ausgeht. Nur unter dieser Voraussetzung führt der Wechsel von einer zur anderen Häresie und der damit verbundene Verlust an Anhängern zu einem Auflösungsprozeß. Geht man hingegen von einer unbestimmten Zahl von Anhängern aus, die durch Abwerbung aus den orthodoxen oder heidnischen Reihen angereichert werden kann, muß diese Interpretation scheitern: Die Vorläuferhäresie löst sich dann nicht mehr durch die Entstehung neuer häretischer Gruppierungen auf.

Die Entscheidung hängt demnach am eusebianischen Verständnis von der häretischen Anhängerschaft. Da Euseb – wie der Abschnitt zur Tödlichkeit der häretischen Lehre noch näher ausführen wird (Teil II 2.9) – von einer häretischen Gefahr auch für orthodoxe Christen ausgeht, kann es keine festumrissene Größe der Häresieanhänger geben. Folglich kann auch der Auflösungsprozeß der Häresie nicht durch Wechselhäretiker und den Verlust der Anhänger eingeleitet sein.

Ein weiterer Lösungsversuch geht von einer innerhäretischen Lehrfortbildung als Grund für die Auflösung aus. Die Einzelanalysen (Teil I 2.1–2.26) haben gezeigt, daß Euseb nur eigenständige Häresiegründer behandelt und ihre Schüler, sofern sie nicht selbst eine eigene Häresie begründen, beiseite läßt. Es fanden sich nur drei Berichte über Schüler, die alle ein Ziel verfolgten: die Darstellung der Auflösung einer Häresie. Der Bericht über die marcionitische Schule zeigte anschaulich, wie die Einheit der Häresie Marcions unter seinen Schülern im Streit über die Anzahl der Prinzipien in drei Richtungen zerfällt (h.e. V 13).[113] Weiter hat die Einzelanalyse zur Häresie Tatians ergeben, daß seine Schüler unter Severus dessen Lehre grundlegend umwandeln und damit von innen auflösen.[114] Das letzte Beispiel findet sich in der Darstellung der Häresie des Theodot. Nach Angaben der antiartemonitischen Streitschrift führt die ständig fortgeführte Arbeit am Bibeltext zur Auflösung der Einheit, da die Abschriften der einzelnen Anhänger, namentlich diejenigen von Asklepiades und Apolloniades, nicht mehr mit denen ihres Lehrers Theodot übereinstimmen (h.e. V 28,16–17).

---

[113] Vgl. dazu Teil I 2.15 Die marcionitische Schule: Apelles.

[114] Vgl. dazu Teil I 2.13 Tatian, Severus und die Severianer.

Da die letztere Interpretation durch die drei Beispiele in der h.e. bestätigt wird
und zugleich auch verständlich macht, warum Euseb – entgegen seines Vorsatzes,
keine Schüler darzustellen – diese Berichte in seine h.e. integriert, wird man ihr den
Vorzug geben müssen. Für die Interpretation von h.e. IV 7,12 bedeutet dies, daß
die Häresie nicht nur durch Angriffe von außen durch die Streiter der Wahrheit,
sondern auch durch Angriffe von innen durch die eigenen Häretiker-Schüler attak-
kiert wird. Sie sind es, welche die Ausgangshäresien durch neue Lehren aufspalten
und dazu führen, daß sie sich „bald auf diese, bald auf jene Weise zu mannigfaltigen
und vielgestaltigen Erscheinungen auflösen" (h.e. IV 7,13).

2.7.3 Die Widerlegung der Häresien untereinander

Als dritten Grund für die Auflösung einer häretischen Lehre nennt Euseb die Widerlegung der Häresien untereinander. Als Beispiele führt er den Kampf Rhodons,
eines Schülers Tatians, gegen den Marcionschüler Apelles an, der zum Ende seiner mündlichen Auseinandersetzung Apelles ob seiner Lehre nur noch auslachen
kann (h.e. V 13,1.7). Auch Bardesanes, der nach Eusebs Vorstellung weiterhin
Valentinianer ist, verfaßt gegen die Marcioniten und die Anhänger anderer Lehren
Dialoge (h.e. IV 30,1.3). Mit der Widerlegung der Häresien untereinander ist ein
Mittelweg zwischen äußeren (2.7.1) und inneren Angriffen (2.7.2) auf die Häresie
beschritten. Die Bekämpfung der Häresien untereinander ist das extremste Beispiel
für die Uneinheitlichkeit der Häresie, das Euseb anführen kann. Sie ist in ihrem
Wesen derart widersprüchlich, daß ihre Einzelhäresien sich gegenseitig auflösen
und vernichten wollen.

2.7.4 Die indirekte Widerlegung von außen durch die Darstellung
innerhalb eines häreseologischen Kontextes

Vergleicht man die Zahl der widerlegten und der nicht widerlegten Häresien, so
fällt ein Ungleichgewicht auf. Von den 27 Häresien sind vier durch orthodoxe
Streiter überführt, zwei durch andere Häretiker widerlegt sowie drei durch den
eigenen Schülerkreis bis zur Unkenntlichkeit der Ausgangslehre weitergeführt. Von
achtzehn Häresien berichtet Euseb keine Widerlegung.

Es stellt sich die Frage, ob die aufgeführten Häresien nicht allein aufgrund
ihrer Darstellung als Häresie aus der Feder eines orthodoxen Schriftstellers indirekt
widerlegt sind. Konkret hieße dies: Sind die von Irenäus übernommenen Darstellungen häretischer Lehren nicht bereits deshalb als falsch erwiesen, weil sie innerhalb der irenäischen Häreseologie abgehandelt werden? Geht man davon aus, daß
allein die Verurteilung einer Lehre durch einen orthodoxen Schriftsteller ausreicht,
um über sie das Urteil ,Häresie' zu verhängen, ohne explizit eine Widerlegung

tanisten". Apollonius wiederum „verfaßte gegen sie [sc. die kataphrygische Häresie] eine eigene Schrift, worin er ihre vorgeblichen Weissagungen Wort für Wort als falsch widerlegte" (h.e. V 18,1). Nach dem Bericht des Kornelius von Rom durchschauten die Bekenner Novatus als erste und „entlarvten seine Verschlagenheit und Falschheit, seine Meineide und Lügen [...]" (h.e. VI 43,6). Euseb berichtet über die Synode gegen Paulus von Samosata, daß „sie eifrig bemüht war, seine Häresie und Lästerung gegen Christus zu enthüllen [...]" (h.e. VII 28,2) und fährt dann fort: „Der ihn und sein Versteckspiel am gründlichsten zur Rechenschaft zog und restlos widerlegte, war Malchion [...]" (h.e. VII 29).

Berichte über Widerlegungen durch orthodoxe Streiter sind – entgegen der Ankündigung bei Simon Magus (h.e. II 1,12) und der damit beim Leser erweckten Erwartung – in der Kirchengeschichte Eusebs selten. Nicht jeder in der Tradition des Simon Magus stehende Häretiker wird seiner Bosheit überführt und wie Simon ausgestoßen. Von den 27 Häresien werden nur vier (!) durch Streiter für die Wahrheit widerlegt. Den Beweis für das in h.e. II 1,12 erhobene Postulat bleibt Euseb damit schuldig. Vermutlich fehlten ihm, insbesondere für die frühe Zeit, schlicht die Quellen, da seine Hauptinformanten Justin und Irenäus die Häresie in ihrer Falschheit zwar darstellen, nicht aber über eine Widerlegung berichten. Aus diesem Grund muß Euseb auf zwei im folgenden zu analysierende „Hilfskonstruktionen" zurückgreifen, welche seine These von der sofortigen Auflösung der Häresie (siehe oben Teil II 2.6.4 Die Ewigkeit der Wahrheit und die Zeitlosigkeit der Häresie) stützen sollen.

2.7.2 Die Auflösung der Häresie durch das Entstehen neuer häretischer Lehren

Nicht ganz einfach ist das Verständnis der eusebianischen Formulierung in h.e. IV 7,12, welche die Textgrundlage für die erste „Hilfskonstruktion" darstellt. Nachdem Euseb zuvor den Kampf der Wahrheit gegen die Häresie thematisiert hatte, der damit endet, daß, „durch ihre Kraft widerlegt, die Angriffe der Feinde rasch zusammenbrachen", wendet er sich der zweiten Möglichkeit zu, welche den Auflösungsprozeß einer Häresie einleiten kann: die Entstehung neuer häretischer Lehren. „Da stets neue Häresien ersonnen wurden, siechten die früheren immer wieder dahin und lösten sich bald auf diese, bald auf jene Weise zu mannigfaltigen und vielgestaltigen Erscheinungen auf."[112]

Da Euseb seine kurze Bemerkung nicht weiter ausführt, sondern in den Lobgesang auf die Beständigkeit der Wahrheit einstimmt (h.e. IV 7,13), bleibt das Verständnis unklar. Warum sollte die Häresie, deren Wesen sich gerade darin „aus-

---

[112] Euseb, h.e. IV 7,13 <GCS Euseb II/1, 312,20–22: ἄλλων ἐπ' ἄλλαις αἱρέσεων καινοτομουμένων, ὑπορρεουσῶν ἀεὶ τῶν προτέρων καὶ εἰς πολυτρόπους καὶ πολυμόρφους ἰδέας ἄλλοτε ἄλλως φθειρομένων·

berichten zu müssen, dann sind alle Häresieberichte in der h.e. bereits durch ihre Beurteilung als Häresie durch einen orthodoxen Schriftsteller widerlegt. Selbst die Lehren der einzig von Euseb als Häresie dargestellten Gruppierung der Ebionäer, die Euseb ohne Quellennachweis einfügt, sind durch seine eigene priesterliche, später seine bischöfliche Autorität als falsch erwiesen.

Euseb verwendet alle vier unterschiedlichen Arten der Widerlegung einer häretischen Lehre, er setzt sie aber nicht miteinander in Beziehung. Die eusebianische Präferenz liegt nach den ausführlichen Darstellungen der „Streiter für die Wahrheit" unzweifelhaft auf der Widerlegung von orthodoxer Seite. Es hat den Anschein, daß Euseb solche Informationen, sofern sie ihm vorlagen, mit Vorleibe in die h.e. integrierte und gerne noch häufiger einen Bericht über eine Widerlegung von außen berichtet hätte.

Die anderen beiden Arten der expliziten Widerlegung (durch Schüler oder andere Häretiker) konnte Euseb gut mit seinen Aussagen zur Unbeständigkeit der Häresie kombinieren; er wird sie daher zur Bestätigung in seine Häresiekonzeption eingefügt haben.

Waren ihm derartige Informationen nicht zugänglich, wie dies bei achtzehn Häresien der Fall ist, begnügt er sich damit, daß der zitierte (orthodoxe) Informant die Lehre als Häresie darstellt und somit indirekt widerlegt hat. Die indirekte Widerlegung scheint demnach aus dem Mangel an geeigneten Quellen zu resultieren.

2.8 Die Verwerflichkeit der Häresiegründer

Die Untersuchung der einzelnen Häresien hat ergeben, daß Euseb mit Vorliebe Quellen zu den moralischen Verfehlungen der Häretiker auswählt. Er fokussiert auf die anstößige Lebensweise der Häretiker, zumeist mit dem Ziel, die häretische Lehre selbst aussparen zu können. Da nach Eusebs Vorstellung ein Häretiker an seiner Lebensführung erkannt wird, braucht er die häretische Lehre nicht mehr im Detail darzustellen. Er scheint darin mit seiner Quelle Apollonius übereinzustimmen, der in h.e. V 18,8 gegen die Montanisten ins Feld führt: „Es ist notwendig, die Früchte des Propheten zu prüfen; denn an der Frucht wird der Baum erkannt."[115] Euseb selbst hatte bei Menander h.e. III 26,1 formuliert, daß dessen Lebenswandel ihn als Werkzeug des Teufels offenbart.

Neben dem gnoseologischen Aspekt, der Euseb zur Darstellung häretischer Verfehlungen bewegt, verfolgt er noch ein weiteres Interesse. Er beschreibt in h.e. IV 7,10 die doppelte Stoßrichtung der häretischen Agitation: „Solcher Leute bediente

---

[115] Euseb, h.e. V 18,8 <GCS Euseb II/1, 476,10–13: καὶ εἰ πεποίθησιν ἔχουσιν, στήτωσαν ἐν τούτῳ καὶ διορισάσθωσαν ἐπὶ τούτοις, ἵνα ἐὰν ἐλεγχθῶσιν, κἂν τοῦ λοιποῦ παύσωνται πλημμελοῦντες. δεῖ γὰρ τοὺς καρποὺς δοκιμάζεσθαι τοῦ προφήτου· ἀπὸ γὰρ τοῦ καρποῦ τὸ ξύλον γινώσκεται.>.

sich der schadenfrohe Teufel, um einerseits die von ihnen Verführten jämmerlich dem Verderben auszuliefern und andererseits den ungläubigen Heiden Überfluß an übler Nachrede gegen das göttliche Wort zu geben, da der Ruf solcher Leute sich zur Verleumdung des ganzen Christenvolkes verbreitete."[116] Während die Christen durch die häretische Lehre von der Wahrheit abgebracht werden sollen, dient der moralisch verwerfliche Lebensstil der Häretiker dazu, den Heiden Grund für üble Nachrede zu geben und durch den schlechten Ruf die Nichtchristen von der scheinbar verwerflichen Lebensart der Christen fernzuhalten.

Wie Orthodoxie und Häresie Kontrastbegriffe in der eusebianischen Konzeption sind, so ist auch die Lebensführung ihrer Anhänger grundlegend verschieden, wie Euseb im folgenden ausführt: Nach h.e. IV 7,11 geht aufgrund der Verleumdungen durch Häretiker bei den Ungläubigen der – aus Sicht Eusebs vollkommen unsinnige – Verdacht um, „wir hätten mit Müttern und Schwestern unerlaubten Umgang und würden wüste Speisen genießen."[117] Doch der Teufel kann diesen unsinnigen Verdacht trotz seiner unmoralisch lebenden und lehrenden Häretiker nicht aufrecht erhalten. Schließlich setzt sich die Wahrheit durch: „Der Glanz der katholischen und allein wahren Kirche aber wuchs und vergrößerte sich in unbedingter Beständigkeit und ließ vor allen griechischen und barbarischen Völkern Würde, Tadellosigkeit, Vornehmheit, Weisheit und Reinheit des göttlichen Lebens und der göttlichen Lehren leuchten."[118]

Unmoral und anstößiges Verhalten auf häretischer Seite stehen der Würde, Tadellosigkeit, Vornehmheit, Weisheit und Reinheit der orthodoxen Lehre und Lebensweise gegenüber. Wie in h.e. V 18,8 geht Euseb auch hier davon aus, daß sich Lehre und Lebensweise entsprechen.

Obwohl Euseb gerne auf die anstößige Lebensweise der Häretiker fokussiert, um die Lehre aussparen zu können, haben die Einzelanalysen auch ergeben, daß Euseb nicht alle ihm bekannten „schlüpfrigen" Informationen aufnimmt. Er spart Klemens' Details zu den sexuellen Verfehlungen bei den Karpokratianern (strom. III 10,1–2) aus, die er als Beispiel für die „häßlichsten Schandtaten" (h.e. IV 7,9) hätte anführen können. Auch die im Kontext der geistigen Vermählung vollzogenen sexuellen Praktiken der Markosier, über die Irenäus in adv. haer. I 13,3–6 berichtet, übernimmt Euseb nicht. Er benennt die häretischen Verfehlungen sachlich zurückhaltend, pikante Details überliefert er nicht. Es geht ihm um das „Daß", nicht um die Beschreibung des „Wie" der häretischen Verfehlung. Damit wahrt er ein gewisses Niveau seiner Kirchengeschichtsschreibung.

---

116 Euseb, h.e. IV 7,10 <GCS Euseb II/1, 312,8–13: τούτοις δῆτα συνέβαινεν διακόνοις χρώμενον τὸν ἐπιχαιρεσίκακον δαίμονα τοὺς μὲν πρὸς αὐτῶν ἀπατωμένους οἰκτρῶς οὕτως εἰς ἀπώλειαν ἀνδραποδίζεσθαι, τοῖς δ' ἀπίστοις ἔθνεσιν πολλὴν παρέχειν κατὰ τοῦ θείου λόγου δυσφημίας περιουσίαν, τῆς ἐξ αὐτῶν φήμης εἰς τὴν τοῦ παντὸς Χριστιανῶν ἔθνους διαβολὴν καταχεομένης.>.

117 h.e. IV 7,11 <GCS Euseb II/1, 312,13–16: ταύτῃ δ' οὖν ἐπὶ πλεῖστον συνέβαινεν τὴν περὶ ἡμῶν παρὰ τοῖς τότε ἀπίστοις ὑπόνοιαν δυσσεβῆ καὶ ἀτοπωτάτην διαδίδοσθαι, ὡς δὴ ἀθεμίτοις πρὸς μητέρας καὶ ἀδελφὰς μίξεσιν ἀνοσίαις τε τροφαῖς χρωμένων.>.

118 Euseb, h.e. IV 7,13 <GCS Euseb II/1, 312,22–26>; für den griechischen Text vgl. Anm. II 97.

2.9 Die Gefährlichkeit und Tödlichkeit der häretischen Lehre

Wenn Euseb in derart starkem Maße betont,

- daß die Christen wie die göttliche Wahrheit selbst durch die Apostel und die „Schutzwehr für die Wahrheit" behütet werden,
- daß die Häretiker unmittelbar nach ihrer Enttarnung aus der Kirche ausgeschlossen werden,
- daß sich die Häresie nach ihrer Widerlegung auflöst und
- daß schlußendlich die Wahrheit von der Häresie vollkommen unberührt bleibt,

scheint innerhalb der häreseologischen Konzeption Eusebs von der Häresie nur sehr kurzfristig eine Gefahr auszugehen. Die Häretiker erscheinen fast nur noch als „Ruhestörer", welche den kirchlichen Frieden und die kirchliche Ordnung kurzfristig durcheinanderbringen, wie es Euseb selbst bei Florinus' und Blastus' Auftreten in Rom formuliert (vgl. h.e. V 20,1).

Seiner Konzeption zum Trotz wird Euseb aber nicht müde, die Gefährlichkeit, gar Tödlichkeit der Häresie zu betonen. So schreibt er in h.e. III 26,4, daß es zum Plan der teuflischen Macht gehöre, Häretiker wie Menander aufzustellen, und folgert daraus: „Doch wer sich solchen Heilanden verschrieben hatte, ging der wahren Hoffnung verlustig."[119]

An den anderen Stellen der h.e. thematisiert Euseb die „Gefährlichkeit von Häresie" in verschiedenen Bildern und Motiven. Diese Bilder sind ebenso wie die sprachliche Reflexion darüber von großer Bedeutung für das Verständnis der eusebianischen Position, spiegeln sie doch sehr viel unbewußter die Vorstellungen Eusebs über die von der Häresie ausgehende Gefahr wider.

Häufig findet sich der Vergleich der häretischen Lehre mit Gift (a). Damit zusammenhängend und ebenso zahlreich ist die Beschreibung der Häretiker als Schlangen (b). Biblisch entlehnt sind die eusebianischen Charakterisierungen als wilde Tiere (c) oder als Unkraut (d). Der Vergleich der Häresie mit einer todbringenden Krankheit (e) ist von Euseb selbst geschaffen und wird von ihm neben dem Gift-/Schlangen-Motiv offensichtlich favorisiert, da er an prominenter Stelle eingebracht wird. Da die Gefährlichkeit der Häresie insbesondere in ihrer Tarnung als orthodoxe Lehre liegt, soll anschließend auch das eusebianische Geheimnismotiv (f) näher analysiert werden.

a) Die Häresie als Gift

Bereits im Auftakt der Häresiedarstellung berichtet Euseb von Simon Magus, daß dieser – wie alle seine Nachfolger – sein „verborgenes, unheilvolles, schlimmes Gift" den Gläubigen „verabreiche" (h.e. II 1,12), womit er auf einen gängigen Topos der

---

[119] Euseb, h.e. III 26,4 <GCS Euseb II/1, 254,22–23: ἀλλ' οὗτοι μὲν τούτους σωτῆρας ἐπιγραψάμενοι τῆς ἀληθοῦς ἀποπεπτώκασιν ἐλπίδος'>.

Häreseologie zurückgreift[120]. Das Synodalschreiben stuft die Lehre des Paulus von Samosata als „todbringend" ein. An viele Bischöfe wurden Briefe mit der Aufforderung geschickt, heilend Hand an diese Lehre zu legen (h.e. VII 30,3). Auch die Lehre Manis charakterisiert Euseb als ein „tödliches Gift", das dieser von Persien in das Römische Reich verbreitet hat (h.e. VII 31,2).[121]

b) Die Häretiker als Schlangen

Der Charakterisierung der Häresie als Gift korrespondiert die Darstellung der Häretiker als Giftschlangen. Das gleichzeitige Auftreten von Satorninus und Basilides beschreibt Euseb als eine „doppelzüngige, zweiköpfige, schlangenartige Kraft" (h.e. IV 7,3). Das Verhalten Valentins vergleicht Euseb mit dem einer lauernden Schlange, die sich in einer Höhle versteckt und verborgen hält (h.e. IV 11,3). Die Montanisten schleichen „wie giftige Schlangen" in Asien und Phrygien umher (h.e. V 14,1).

c) Die Häretiker als wilde Tiere

Ausgehend vom Gleichnis des Guten Hirten (Joh 10), das neben den falschen Hirten (fremder Hirte, Mietknecht) auch die Gefahr von wilden Tieren kennt (Joh 10,12), beschreibt Euseb die Häretiker als Verwüster der Herde Christi. Während das Augenmerk des Gleichnisses auf dem Mietknecht liegt, der die Schafe gerade nicht gegen den Wolf verteidigt, fokussiert Euseb auf die Gefahr durch die wilden Tiere. Der biblische Mietknecht, sozusagen der „falsche Hirte", wird von Euseb gerade nicht mit den Häretikern identifiziert, obwohl dies nahe gelegen hätte. Gegen die biblische Intention des Gleichnisses interpretiert Euseb den „wahren Hirten" als die die Herden Christi verteidigenden Bischöfe und Schriftsteller, und erkennt im biblischen Kampf mit dem Wolf die Auseinandersetzung mit den Häretikern: „So haben die überall in den Gemeinden aufgestellten Hirten sie, die wilden Tieren glichen, von den Herden Christi verscheucht und abgehalten, indem sie bald durch Mahnungen und Ermunterungen an die Brüder, bald auch im offenen Angriff in persönlicher, mündlicher Aussprache und Widerlegung sowie durch Schriften deren Meinung gründlich zerpflückten."[122]

Des gleichen Bildes bedient sich Euseb auch zur Beschreibung der Einberufung der Synode gegen Paulus von Samosata, wenn er in h.e. VII 27,2 formuliert: „Alle

---

[120] Bereits Ignatius, An die Traller 6,2, wirft den Häretikern vor, daß sie mit ihrer Lehre tödliches Gift in den Honigwein mischen. Auch Cyprian, de unitate eccl. IX, vergleicht die Häretiker mit dem „tödlichen Gift der Schlangen".

[121] Euseb wird den Vergleich der Häresie mit tödlichem Gift auch später in die *vita Constantini* (v.C. III 64,1) übernehmen.

[122] Euseb, h.e. IV 24 <GCS Euseb II/1, 380,3–9: οἱ πανταχόσε τῶν ἐκκλησιῶν ποιμένες, ὥσπερ τινὰς θῆρας ἀγρίους τῶν Χριστοῦ προβάτων ἀποσοβοῦντες, αὐτοὺς ἀνεῖργον τοτὲ μὲν ταῖς πρὸς τοὺς ἀδελφοὺς νουθεσίαις καὶ παραινέσεσιν, τοτὲ δὲ πρὸς αὐτοὺς γυμνότερον ἀποδυόμενοι, ἀγράφοις τε εἰς πρόσωπον ζητήσεσι καὶ ἀνατροπαῖς, ἤδη δὲ καὶ δι' ἐγγράφων ὑπομνημάτων τὰς δόξας αὐτῶν ἀκριβεστάτοις ἐλέγχοις διευθύνοντες.>.

übrigen Hirten der Kirchen aber eilten von allen Seiten nach Antiochien und traten gegen den Verwüster der Herde Christi [sc. Paulus von Samosata] zusammen."[123]

Eine ähnliche Vorstellung mag sich hinter der Formulierung des Kornelius von Rom verbergen, der Novatus als ein „hinterlistiges und bösartiges Tier" charakterisiert (h.e. VI 43,6).

d) Die Häretiker als Unkraut

Ebenfalls auf ein Gleichnis geht die Beschreibung der Häretiker als Unkraut zurück. Euseb orientiert sich hierbei am Gleichnis vom Unkraut unter dem Weizen (Mt 13,24–26), wenn er in h.e. IV 24 die Häretiker als Unkraut bezeichnet, welches die reine Saat (der Lehre Christi) zu verderben sucht. Ungewöhnlich ist, daß Euseb dieses Gleichnis auf die Häretiker anwendet, liegt doch gerade die Pointe des Gleichnisses darin, daß das Unkraut (= die Häretiker) bis zur Ernte zusammen mit dem Weizen (= der wahren Lehre) wachsen und gerade *nicht vorzeitig* ausgerissen werden soll.[124] Eusebs Darstellung der Häresie in seiner Kirchengeschichte favorisiert hingegen eine diesseitige Scheidung zwischen Orthodoxie und Häresie[125], womit er einer Interpretation folgt, die bereits bei Ignatius angelegt ist.[126]

e) Die Häresie als tödliche Krankheit

Die Beschreibung der Häresie als todbringende Krankheit wird von Euseb an hervorgehobenen Stellen der h.e. eingefügt. Im allgemein gehaltenen Abschnitt der Simon Magus-Darstellung (h.e. II 1,12) wird als Kennzeichen aller Häretiker festgehalten, daß sie noch jetzt „nach der Art ihres Stammvaters sich wie Pest und Krätze in die Kirche einschleichen und diejenigen in das größte Verderben stürzen, denen sie ihr verborgenes, unheilvolles, schlimmes Gift verabreichen können."[127] Man kann vermuten, daß hinter der eusebianischen Formulierung in h.e. IV 7,5 derselbe Vorstellungszusammenhang steht, wenn er berichtet, daß von den zahlrei-

---

[123] Euseb, h.e. VII 27,2 <GCS Euseb II/2, 702,10–12: οἱ δὲ λοιποὶ τῶν ἐκκλησιῶν ποιμένες ἄλλος ἄλλοθεν ὡς ἐπὶ λυμεῶνα τῆς Χριστοῦ ποίμνης συνῄεσαν, οἱ πάντες ἐπὶ τὴν Ἀντιόχειαν σπεύδοντες.>.

[124] Von einer *endzeitlichen* Scheidung von Weizen und Unkraut gehen Klemens und auch Euseb in seiner Spätschrift *de theophania* aus; vgl. dazu die Anm. I 1055.

[125] Von einer *diesseitigen* Scheidung zwischen Unkraut und Weizen ging vor Euseb bereits Cyprian in de unitate eccl. IX aus, der erklärte, daß es notwendigerweise Irrlehren geben müsse, damit die Treuen offenbar und die Untreuen entlarvt werden. Im Entlarven der Treulosen, welche sich einer Häresie angeschlossen haben, werden „schon *vor* dem Tage des Gerichts auch hier bereits die Seelen der Gerechten und Ungerechten geschieden und von dem Weizen die Spreu gesondert" (Übersetzung Baer).

[126] Ignatius scheint bereits in Eph. 10,3 auf dieses Gleichnis anzuspielen, wenn er die Häretiker als „des Teufels Pflanze" (τοῦ διαβόλου βοτάνη) charakterisiert. Deutlicher wird er in Phld. 3,1, wenn er die Philadelphier auffordert, sich „der schlechten Gewächse, die Jesus Christus nicht zieht, weil sie nicht des Vaters Pflanzung sind, zu enthalten".

[127] Euseb, h.e. II 1,12 <GCS Euseb II/1, 108,3–7: [...] οἳ τῇ τοῦ σφῶν προπάτορος μεθόδῳ τὴν ἐκκλησίαν λοιμώδους καὶ ψωραλέας νόσου δίκην ὑποδυόμενοι, τὰ μέγιστα λυμαίνονται τοὺς οἷς ἐναπομάξασθαι οἷοί τε ἂν εἶεν τὸν ἐν αὐτοῖς ἀποκεκρυμμένον δυσαλθῆ καὶ χαλεπὸν ἰόν. >.

chen Kirchenmännern, „die zu jener Zeit für die Wahrheit kämpften [...], nunmehr einige in ihren Schriften den späteren Generationen auch Heilmittel gegen diese erwähnten Irrlehren in die Hand gaben."[128] Die Rede von den „Heilmitteln gegen die Irrlehren" setzt voraus, daß es sich bei der Häresie um eine Krankheit handelt.

Die breitgefächerte Motivik zur Gefährlichkeit der Häresie zeigt, daß Euseb sie – auch wenn seine häreseologische Konzeption zunächst anderes vermuten läßt – sehr ernst nimmt. Die Gefahr der Häresie besteht weder für die Wahrheit an sich, noch für die Kirche als Summe aller Gläubigen. Es ist der Einzelne, für den die Häresie tödlich ist. Seine Hinwendung zur Häresie, die gleichzeitig einen Abfall von der Wahrheit mit sich bringt und einen Ausschluß aus der kirchlichen Gemeinschaft und damit den Verlust des Heils zur Folge hat, ist für das Individuum in letzter Konsequenz tödlich. Aus diesem Grunde wird Euseb nicht müde, die von der Häresie ausgehende Gefahr für jeden einzelnen Menschen zu betonen. Folgerichtig unterläßt er es, die häretische Lehre darzustellen, um seine Leser gar nicht erst in Versuchung zu führen.

f) Das Geheimnismotiv

Eine Besonderheit der Häresie, welche ihre Gefährlichkeit erheblich steigert, liegt darin, daß sie sich nicht offen als Häresie zu erkennen gibt. Euseb macht darin den teuflischen Plan aus, daß sich die Häretiker zunächst mit der Bezeichnung Christ vor der Enttarnung und dem Ausschluß schützen wollen (siehe oben Teil II 2.2). Zu diesen expliziten Äußerungen Eusebs treten Bilder und Motive, welche die Geheimhaltung und die Undurchsichtigkeit der Häresie thematisieren.

Das Geheimnismotiv zieht sich durch die gesamte Häresiedarstellung Eusebs. Die Beschreibung Valentins als eine lauernde Schlange, die sich in einer Höhle *versteckt* und *verborgen* hält (h.e. IV 11,3), wurde oben bereits genannt. Euseb kennt *geheime* Truglehren Kerinths (h.e. III 28,6), die er bei Irenäus gelesen hat, aber nicht wiedergibt. Er nennt *verborgene* Weihen und *geheime* Handlungen des Karpokrates (h.e. IV 7,9). Kerdon lehrt im geheimen (h.e. IV 11,1), Basilides verspricht tiefe *Geheimnisse* (IV 7,4). Valentin versucht die Schlechtigkeit seiner Lehre *verborgen* zu halten (h.e. IV 11,3). Auch Novatus strebt heimlich nach der bischöflichen Würde und *verbarg* dieses Verlangen lange in sich (h.e. VI 43,5, Kornelius von Rom). *Still* hatte er in sich Ränke und Bosheiten gehegt und suchte *heimlich* und mit List die bischöfliche Würde an sich zu reißen (h.e. VI 43,6.8, Kornelius von Rom). Ebenso versucht Paulus von Samosata, das Irrige seiner Lehre zunächst noch *verborgen* zu halten und zu *verschleiern* (h.e. VII 28,2; vgl. h.e. VII 29,2).

Die besondere Gefährlichkeit der Häresie besteht darin, daß sie zunächst im geheimen operiert und ihr (häretisches) Wesen tarnt. Euseb schürt mit seinem Geheimnismotiv das Mißtrauen gegen die Häresie, indem er betont, daß die Lehre der Häretiker doppeldeutig und nicht einfach zu durchschauen ist. Zwischen äuße-

---

128 Euseb, h.e. IV 7,5 <GCS Euseb II/1, 310,10–12: ἤδη τινὲς καὶ διὰ συγγραμμάτων τοῖς μετέπειτα προφυλακτικὰς αὐτῶν δὴ τούτων τῶν δηλωθεισῶν αἱρέσεων παρεῖχον ἐφόδους·>.

rem Schein und innerem Wesen der Häresie ist zu unterscheiden. Vielleicht ahnte Euseb hinter der nach außen offenbarten Lehre in vielen Fällen eine geheime, nur den Anhängern zugängliche Lehre[129], vor der er seine Leser nur warnen konnte.

2.10 Die Häresie und das Evangelium

Das Problem, daß sich die Häretiker wie die orthodoxen Christen mit ihrer Lehre nicht nur auf völlig falsche, gar religionswidrige Schriften[130], sondern auch auf die Bibel berufen, findet sich von Euseb in seiner h.e. immer wieder thematisiert. Er kann ihnen den Umgang mit den biblischen Schriften nicht ganz absprechen, zitiert aber immer wieder Quellen, welche belegen sollen, daß die Häretiker mit der Bibel nicht angemessen umgehen: Sie verwenden die Bibel selektiv (a), legen sie falsch aus (b), gehen unangemessen mit der biblischen Überlieferung um (c) oder relativieren ihre Aussagen durch die Annahme weiterer Offenbarungsquellen (d).

a) Selektiver Umgang mit den Schriften

Eine Gruppe von Häretikern verwirft Teile des Schriftenkanons: Die Paulusbriefe werden von den Ebionäern (h.e. III 27,4), den Severianern (h.e. IV 29,5) und den Elkesaïten (h.e. VI 38, Origenes) abgelehnt. Apelles verwirft nach Rhodon die prophetischen Schriften (h.e. V 13,6). Die Theodotianer gehen noch weiter und verwerfen das Gesetz und die Propheten (h.e. V 28,19, antiartemonitische Streitschrift). Die Elkesaïten verwerfen nach Origenes' Angaben gewisse Teile *jeder* Schrift, gebrauchen dafür aber Worte aus dem gesamten Alten und Neuen Testament (h.e. VI 38). Paulus von Samosata geht sogar so weit, die Psalmen zu verbieten, da sie seiner Meinung nach zu jung seien (h.e. VII 30,10, Synodalschreiben).[131]

---

[129] Euseb weiß beispielsweise aus Irenäus' Ausführungen über Basilides (adv. haer. I 24,6), daß dessen Anhänger die Mysterien in Schweigen bewahren müssen. Er kennt die Arkandisziplin in einzelnen häretischen Gruppierungen, läßt seinen Leser davon aber nichts wissen.

[130] In h.e. III 25,6–7 nennt Euseb drei Gruppen von Schriften: einmal die echten, allgemein anerkannten Schriften, zum anderen die nicht zum Kanon gehörenden und sogar bestrittenen Schriften, die aber bei sehr vielen Kirchenmännern Beachtung finden. Von diesen zu unterscheiden sind die von Häretikern verfaßten Werke, die unter dem Namen eines Apostels, wie Petrus, Thomas oder Matthias, umlaufen. Die Schriften der letzten Gruppe „geben sich aber dadurch deutlich zu erkennen, daß sie Fiktionen von Häretikern sind" (h.e. III 25,7), daß sie falsche Gedanken aufweisen, die im stärksten Gegensatz zu der wahren, echten Lehre stehen.

[131] Erstaunlich ist, daß Euseb die vielfach an Marcion erhobene Kritik des „Herumschneidens am Lukasevangelium", d.h. seinen selektiven Umgang mit dem biblischen Text und die Verwerfung einzelner Passagen, gerade nicht berichtet. Die Information, daß sich die Valentinianer hauptsächlich auf das Lukas- und das Johannesevangelium berufen (adv. haer. III 11,7; 14,4), gibt Euseb seinem Leser nicht weiter, da sie vermutlich nicht aussagekräftig genug war.

b) Falsche Auslegung der Schriften

Sofern Euseb bei den Häretikern keinen selektiven Umgang berichten kann, der immer auch die Vorstellung eines Mangels an Wahrheit in sich trägt, muß er den Häretikern eine falsche Auslegung der biblischen Schriften nachweisen. Dies wird ganz offensichtlich bei einer zweiten Gruppe von Häretikern: Bei der Darstellung der Severianer muß Euseb einräumen, daß sie die Evangelien, das Gesetz und die Propheten zwar benutzen. Er fügt jedoch sofort hinzu, daß sie diese Schriften *eigenartig* auslegen (h.e. IV 29,5). Die Ebionäer fordern – gegen die neutestamentlichen Aussagen – die jüdische Toraobservanz für ihre Gruppierung (h.e. III 27,2). Zudem fußt ihre Auslegung unter anderem auf einer *falschen* Übersetzung von Jes 7,14 (h.e. V 8,10, Irenäus). Nach Rhodons Bericht verlästert Apelles mit seiner Auslegung die göttlichen Schriften und versündigt sich gegen das Gesetz des Mose (h.e. V 13,9). Auch Symmachus versucht mit einer *eigenartigen* Auslegung des Matthäus-Evangeliums seine Häresie zu bekräftigen (h.e. VI 17,1).

c) Unangemessener Umgang mit den Schriften

Einer dritten Gruppe von Häretikern, der Euseb keinen selektiven Umgang mit den Schriften nachweisen kann, hält er eine dem biblischen Text unangemessene Behandlung vor. Es geht bei diese Gruppe von Häretikern weniger um inhaltliche Fragen der Bibelauslegung, als um einen falschen oder unangemessenen Umgang mit den heiligen Schriften, der das Wesen des Häretikers offenbart. So verwenden die Theodotianer alle göttliche Schriften, gebrauchen aber nach Informationen der antiartemonitischen Streitschrift die Wissenschaften der Ungläubigen, um ihre Häresie zu beweisen. Die Quelle berichtet zudem, daß die Theodotianer bei ihrer verfälschenden Manipulation am biblischen Text vorgeben, die göttlichen Schriften zu *verbessern* (h.e. V 28,13.15.17). Dieser vermessene Umgang mit der Bibel belegt nach Ansicht des Verfassers eindeutig, daß die Häretiker entweder ungläubig oder verrückt sind, da sie entweder nicht glauben, daß die göttlichen Schriften vom Heiligen Geist diktiert sind, oder sich für weiser hielten (h.e. V 28,18). Auch von Tatian berichtet Euseb, daß er die Briefe des Paulus korrigierte, um dessen Ausdrucksweise zu verbessern (h.e. IV 29,6).

d) Der Gebrauch sekundärer Offenbarungen

Eine vierte Gruppe von Häretikern benutzt über die biblischen Schriften hinausgehend weitere (apokryphe) Evangelien oder andere Offenbarungsquellen. Die Ebionäer verwenden nach Euseb das Hebräerevangelium (h.e. III 27,4). Die Elkesaïten hören gläubig auf ein Buch, das angeblich vom Himmel gefallen sein soll (h.e. VI 38, Origenes).[132]

---

132 Auffälligerweise gibt Euseb die Information aus Irenäus, adv. haer. III 11,9 nicht wieder, wo dieser berichtet, daß Valentins Anhänger eigene Evangelien, unter anderem das Evangelium der Wahrheit, benutzen und sich gegenüber den orthodoxen Christen rühmen, mehr Evangelien zu besitzen.

Andere Häretiker orientieren sich mit ihrer Lehre an eigenen Offenbarungen oder an denen ihrer Propheten. Kerinth schreibt seine von Engeln empfangenen Offenbarungen in einem Buch nieder und gibt ihm den Namen eines Apostels (h.e. III 28,2, Gaius). Nach Rhodon folgt Apelles den Sprüchen einer besessenen Jungfrau Philumene (h.e. V 13,2). Montanus ist selbst prophetisch wirksam, erweckt zudem noch weitere Prophetinnen (h.e. V 16,9), deren Prophezeiungen für die häretische Gruppierung maßgeblich sind.

Es ist bemerkenswert, daß Euseb das Thema „Häresie und Evangelium" zwar eher am Rande, aber doch recht häufig in seinen Häresiedarstellungen thematisiert. Es mußte für Euseb und seine Zeitgenossen ein Ärgernis sein, daß sich die Häretiker ebenso wie die orthodoxen Christen mit ihrer Lehre auf die Bibel beriefen, so daß eine Unterscheidung zwischen Orthodoxie oder Häresie für einen Laien nicht immer möglich war.

Die Verunsicherung, daß nicht alle Prediger, die sich auf die Bibel beriefen, Christen sein sollten, muß beim einfachen Volk groß gewesen sein.[133] Dies gilt insbesondere, wenn man bedenkt, wie viele Anläufe auch gebildete Bischöfe, Presbyter und Lehrer benötigten, die Falschheit einer Lehre wie etwa derjenigen des Paulus von Samosata aufzudecken. Euseb greift nun dieses Ärgernis, diese Verunsicherung, auf und veranschaulicht an diesem Gegenstand, woran man einen häretischen Umgang mit der Bibel erkennen kann.

An der ersten Gruppe von Häretikern, welche mit den biblischen Schriften selektiv umgeht, zeigt Euseb seinem Leser, daß diese – im Gegensatz zur Kirche – nicht die volle Wahrheit besitzen kann, da sie einen Teil der Schriften verwirft. Die zweite Gruppierung veranschaulicht, daß auch der Gebrauch *aller* Schriften noch nicht notwendig für die Orthodoxie einer Lehre sprechen muß, da auch die orthodoxe Auslegung der Schriften von zentraler Bedeutung ist, welche nur durch die apostolische und bischöfliche Sukzession gesichert wird. Der dritten und der vierten Gruppierung ist gemeinsam, daß sie von der Mangelhaftigkeit der biblischen Schrift ausgehen: Die einen meinen, in häretischer Selbstüberschätzung die biblischen Schriften korrigieren zu müssen, die anderen halten die biblischen Schriften für unvollständig und ergänzungsbedürftig, so daß sie weitere Offenbarungen und Evangelien hinzufügen.

Ohne sich damit inhaltlich mit den Häretikern und ihrem Gebrauch der Bibel auseinandersetzen zu müssen, hat Euseb das „Ärgernis" des häretischen Umgangs mit der Bibel entschärft und seinem Leser erklärt, daß das Berufen auf die Bibel allein kein Indiz für die Orthodoxie einer Lehre ist.[134]

---

[133] Vgl. auch Teil I 3.2.1.1 Von Euseb häufig ausgewählte Themen (Die häretische Imitation kirchlicher Bräuche).

[134] Es ist spannend zu beobachten, daß Euseb auch zu Nepos' Anhängern notiert, daß diese die Apostelbriefe geringachten, Gesetz und Propheten verwerfen und eine Schrift des Nepos als normativ verwenden (h.e. VII 24,5). Die Charakterisierung erfüllt alle Kriterien für eine Häresie, trotzdem hält Euseb Nepos wie auch seine Schüler für orthodox. Vgl. Teil II 3.2.2 Die innerkirchlichen Streitigkeiten als Problem für die eusebianische Häresiekonzeption, c) Das Schisma des Nepos.

3. Die eusebianische Häreseologie: Ihre Funktion für die Kirchengeschichtsschreibung und ihre Grenzen

3.1 Die Bedeutung der Häreseologie für die eusebianische Kirchengeschichtsschreibung

3.1.1 Die Häresie als eines der zentralen Themen der h.e.

Euseb nennt in der Einleitung seines Werkes in einem langen Partizipialsatz, was nach seiner Ansicht die zentralen Inhalte der Geschichtsschreibung sind (h.e. I 1,1–2). Er möchte als erstes die „διαδοχαί τῶν ἱερῶν ἀποστόλων" der Nachwelt weiterreichen, womit sich sogleich ein Verständnisproblem ergibt.[135] Euseb exemplifiziert diese Formulierung dadurch, daß er inhaltlich sechs Themenkreise aufstellt[136], die er in seiner Kirchengeschichte behandeln möchte: 1) die großen Ereignisse der Kirchengeschichte darstellen, 2) die Sukzession der Bischöfe in den angesehensten Gemeinden wiedergeben, 3) über die Lehrer und Schriftsteller berichten, 4) die Häretiker benennen, 5) das Schicksal des jüdischen Volkes aufzeigen und 6) die Angriffe der Heiden notieren sowie die Märtyrer benennen. Der weitere Fortgang der Einleitung setzt sich aus traditionellen Topoi zusammen.[137]

---

[135] Zum Verständnis von τῶν ἱερῶν ἀποστόλων διαδοχάς (h.e. I 1,1) vgl. Kraft, Eusebius, 32–35; Twomey, Apostolikos Thronos, 22–32; Moreau, Eusebius, 1072–1072. — Kraft ist dahingehend Recht zu geben, daß die Interpretation von διαδοχή allein als „Bischofslisten" auszuschließen ist, da sie später ein weiteres Mal als Darstellungsgegenstand genannt werden. Twomey wie auch Kraft vermuten, daß Euseb unter der Formulierung διαδοχαί – durch den philosophischen Sprachgebrauch nahegelegt – „Sukzession" versteht. Euseb greife damit auf den im christlichen Bereich von Hegesipp und Irenäus vertretenen Sukzessionsgedanken zurück, der den Nachweis einer lückenlosen Sukzession der Amtsträger von den Aposteln als Beweis für die wahre und unverfälschte Lehre anführt. Damit wäre διαδοχή im Sinne von „Übermittler der apostolischen Lehre" zu verstehen (Kraft, Eusebius, 35). — Twomey, Apostolikos Thronos, 29, sieht den Terminus bei Euseb in noch einem anderen Sinn als bei seinen Vorgängern verwendet: „it is used in the primary sense of chronological *sequence*, parallel to the successions of secular rulers".

[136] Anders Kraft, Eusebius, 36, der von sieben Gruppen ausgeht: Wie die materielle Welt aus sieben Sphären aufgebaut ist, so sei auch die in ihr sich abspielende Geschichte siebenfach gegliedert. Diese Geschichte sei nicht nur eine Aufreihung von irdischen Ereignissen, sondern Heilsgeschichte, die zeige, wie bei allen genannten Ereignissen die gnädige Hilfe des Heilandes gegenwärtig sei.
  Leider unterläßt es Kraft, die sieben Gruppierungen zu benennen. Es ist zu fragen, ob Euseb wirklich heilsgeschichtliche Themenkreise auflistet, an denen das gnädige Eingreifen Gottes erfahrbar wird. Im Hinblick auf das „Schicksal der Juden" könnte man Kraft noch Recht geben, würde aber bei den Häretikern oder den Verfolgern einen Hinweis auf ihre Vernichtung oder das Ende ihrer Attacken erwarten, was in der Formulierung „Schicksal" bei den Juden impliziert ist.

[137] Euseb betont die Neuartigkeit seines Vorhabens und die Schwierigkeit dieses Unterfangens. Vgl. Kraft, Eusebius, 28, der einen Vergleich der literarischen Topoi Eusebs mit denen des Lukrez (I,136ff.) anfügt.

Twomey hat mit einigem Recht darauf aufmerksam gemacht, daß die unter 4) bis 6) genannten Gruppierungen als Feinde der Kirche anzusehen sind.[138] Im Anschluß an die Lehrer und Schriftsteller nennt Euseb ihre direkten Gegner, die Häretiker, welche im Gegensatz zur apostolischen eine neue Lehre einführen wollen. Mit der Darstellung des jüdischen Volkes benennt Euseb einen zweiten Typus von Gegnern, nämlich die alttestamentliche Dynastie, welche mit der Geburt Christi an ein Ende gekommen ist. Als dritten großen Gegenspieler der Kirche macht Euseb in seiner Einleitung die Nichtchristen aus, welche mit ihren Angriffen und Verfolgungen die Kirche vernichten wollen.

Der Bericht „über die Person, die Zahl und die Zeit derer, die sich aus Neuerungssucht zu den schlimmsten Irrtümern hinreißen ließen und sich dann als Einführer einer fälschlich sogenannten Erkenntnis verkündigten, wütenden Wölfen gleich sich schonungslos auf die Herde Christi stürzten", ist von Euseb als eines der zentralen Themen seiner Kirchengeschichtschreibung eingeführt, wobei für die Untersuchung zunächst irrelevant ist, ob der Prolog ursprünglich zur eusebianischen Kirchengeschichte gehörte oder erst in einer späteren Auflage hinzugefügt wurde.[139]

Aber nicht nur *inhaltliche* Gründe haben Euseb dazu geführt, auch die Feinde der Kirche darzustellen. Auch *formale* Gründe dürften hinter der Darstellungsweise Eusebs stehen.

3.1.2 Die Häresie als Darstellungsmöglichkeit von Geschichte

Die Analysen der Einzelhäresien haben bereits gezeigt, daß Euseb weniger auf die Details einer häretischen Gruppierung bzw. einer häretischen Lehre Wert legt als darauf, die Häresiethematik dazu zu verwenden, aus vielen Einzelepisoden einen Geschichtsfluß zu gestalten.

In der Forschung ist vielfach darauf aufmerksam gemacht worden, daß Euseb seine Kirchengeschichte in ein Gerüst aus Kaiser- und Bischofslisten einpaßt. Er verbindet die ihm vorliegende Kaiserliste mit den Bischofslisten der wichtigsten Gemeinden, wie Rom, Alexandrien, Antiochien und Jerusalem. Vermutlich hat er die Kombination von römischer und alexandrinischer Liste bereits von Julius Africanus

---

[138]　Twomey, Apostolikos Thronos, 32–33.

[139]　Die Überlegungen Laqueurs, Eusebius als Historiker, 210–212, der die Verheißung am Ende der Einleitung, die von der „gnädigen und liebevollen Hilfe unseres Erlösers" spricht (h.e. I 1,2), und Grants, Eusebius as Church Historian, 16, der die gesamte Einleitung (h.e. I 1,1–2) als für die Edition des Jahres 315 formuliert ansieht, sollen kurz benannt werden, können für unsere Analyse aber ansonsten vernachlässigt werden. Es wird für die folgenden Überlegungen irrelevant sein, ob der heutige Wortlaut von h.e. I 1,1–2 bereits bei der Erstedition der h.e. abgefaßt oder ob er erst zu einem späteren Zeitpunkt hinzugefügt wurde. Sollte die Einleitung sekundär sein, würde sie nur dem Empfinden Eusebs Ausdruck verleihen, daß er diese sechs Bereiche als zentrale Themen in seiner h.e. dargestellt hat. Die Einleitung wäre dann nicht mehr Absichtserklärung, sondern Resümee der eigenen Darstellung.

übernommen. Alle anderen Verbindungen sowohl der Bischofslisten untereinander als auch ihre Verknüpfung mit den Kaiserlisten sind Eusebs eigener Verdienst.[140]

Die Kombination aus Kaiser- und Bischofslisten bildet das chronologische Gerüst, in das Euseb alle anderen in der Einleitung h. e. I 1,1–2 genannten Themen integriert. Ausgehend von quellenimmanenten Datierungen wählt Euseb, wie oben gesehen, die früheste ihm vorliegende Quelle für seine Darstellung aus.[141] Mit dieser Vorgehensweise hängt es zusammen, daß Euseb kurze und damit in die Kaiser-/Bischofslisten-Struktur integrierbare Erzähleinheiten benötigt.

Die Konstruktion der eusebianischen Kirchengeschichte aus vielen kleinen, chronologisch (und teilweise auch geographisch) geordneten Einheiten bringt gleichzeitig mit sich, daß es keinen Geschichtsfluß geben kann. Euseb schreibt eine statische Geschichte. Eine dynamische Bewegung, die ein Hinausgehen über die Kaiser-/Bischofslisten-Struktur bedeuten würde, gibt es bei fünf der sechs in der Einleitung genannten Themen nicht: Die großen Ereignisse der Kirchengeschichte (Thema 1), die Lehrer und Schriftsteller (Thema 3), das Schicksal des jüdischen Volkes (Thema 5) und die Verfolgungen der Christen (Thema 6) werden jeweils einem oder vereinzelt auch mehreren Zeiträumen zugeordnet. Die Darstellung der lückenlosen Sukzession der Bischöfe (Thema 2) dient selbst zur Untergliederung der Geschichte. Sogar das Auftreten einzelner Häretiker (Thema 4) läßt sich in das Raster aus Kaiser- und Bischofslisten einordnen.

Allein die Häresie ist von Euseb in einen größeren Zusammenhang eingeordnet. Die zeitlose Einzelhäresie verweist auf das Wesen der Häresie an sich und durch ihren Ursprung auf den Teufel als Gegenspieler Gottes.

Analysiert man die eusebianische Kirchengeschichte dahingehend, wann und wie häufig er die Ebene der immanenten Berichterstattung verläßt und von einem direkten Eingreifen Gottes bzw. des Teufels in die Geschichte berichtet, wird die Funktion der Häresie im Gesamtkontext der Themen deutlich. Selten berichtet Euseb im Kontext der Märtyrer- bzw. Verfolgungs-Thematik von einer die irdischen Ereignisse transzendierenden Metaebene.[142] Dagegen finden sich häufig Hinweise auf das geschichtliche Eingreifen Gottes zum Schutz der Christen bzw. zur Rache der an Christen begangenen Freveltaten, doch geben diese keinen Hinweis auf den

---

140 Vgl. zur Kombination von Kaiser- und Bischofslisten als Grundgerüst für die eusebianische Kirchengeschichte Overbeck, Anfänge, 29–33; Schwartz, Eusebios, 1396; Nigg, Kirchengeschichtsschreibung, 22–24; Timpe, Römische Geschichte, 107.

141 Vgl. Teil I 3.1 Quellenauswahlkriterien.

142 In h. e. V praef. 4 berichtet Euseb, daß die Märtyrer in Gallien über die Dämonen triumphieren, und greift damit Informationen aus seiner Quelle auf (vgl. h. e. V 1,25.27). Eigenständig berichtet Euseb, daß der Dämon – aus Rache für die Bekehrung von Teilen der römischen Oberschicht zum Christentum – Apollonius zum Martyrium führt (h. e. V 21,2) und daß er Licinius böse werden und die Christen verfolgen läßt, weil es nicht ertragen konnte, daß den Christen noch weitere Vorzüge eingeräumt werden (h. e. X 8,2). Die Hinweise auf die Metaebene bleiben im Kontext der Verfolgungsthematik vereinzelt und unverbunden.

metaphysischen Kampf zwischen Gott und Teufel.[143] Vielmehr zeigt sich in diesen Beispielen, wie Gott sein Christenvolk gegen *irdische* Verfolger in Schutz nimmt.

Vom Kampf zwischen Gott und Teufel erfährt der Leser der eusebianischen Kirchengeschichte nur im Zusammenhang mit der Häresiethematik.[144] Obwohl die Häretiker nur kurzzeitig wirksam sein können, bevor sie entdeckt und aus der christlichen Gemeinschaft ausgeschlossen werden, und obwohl sie sich damit gut in die Kaiser-/Bischofs-Listen einpassen lassen, stellen sie in ihrem immer wiederkehrenden Anstürmen gegen die Kirche doch ein quasi-permanentes Gegenüber zu den Christen dar.

Euseb stellt die Einzelhäresien durch ihre teuflische Anstiftung in einen Zusammenhang, teilweise in eine sukzessive Abhängigkeit, und schafft so eine Erzählebene oberhalb des geschichtlichen Erzählstranges. Da die Häresie, aus immer neuen Einzelhäresien generiert, im Laufe der Geschichte anwächst und darin die Auseinandersetzung mit dem Teufel an Dramatik zunimmt, schafft es Euseb, eine Bewegung in seine Geschichtsschreibung zu integrieren. Der metaphysische Kampf, voll Dramatik und Dynamik, weicht den statischen Aufbau der eusebianischen Geschichtsschreibung auf und fügt die einzelnen Erzähleinheiten zu einem Ganzen zusammen.[145] Es ist *nicht* die Ausbreitung der christlichen Lehre, die einen Fluß in die Kirchengeschichte bringt[146]; vielmehr sorgt die Häresie, die Antwort des Teufels

---

143 Petrus wird durch einen Engel Gottes befreit (h.e. II 9,4). Als Bestrafung für sein Einschreiten gegen die Apostel wird Herodes durch einen Engel des Herrn geschlagen, so daß er stirbt (h.e. II 10,1–9). Wegen der Freveltaten an Christus, seinen Aposteln und den Christen kommt das Strafgericht Gottes über die Juden (h.e. III 5,3; h.e. III 6,28; h.e. III 7,8–9). Bevor Aurelian seine Religionspolitik ändern kann, greift Gott ein (h.e. VII 30,21). Die göttliche Gnade beendet die Diokletianische Verfolgung (h.e. VIII 16,1) und bestraft Galerius (h.e. VIII 16,2–5). Gott nimmt Rache an Maximinus für die Verfolgung der Christen (h.e. IX 8,1.2.13; vgl. h.e. IX 10,13), er besiegt den Tyrannen Maxentius an der Milvischen Brücke (h.e. IX 9,4) und schenkt Konstantin aufgrund seiner Frömmigkeit den Sieg über Licinius (h.e. X 9,1.4). Nur in einem einzigen Fall kann sich das göttliche Eingreifen in die geschichtlichen Zusammenhänge auch gegen die Christen richten: In h.e. VIII 1,7–2,1 berichtet Euseb, daß die Diokletianische Verfolgung Gottes Strafgericht für die Zerstrittenheit, Heuchelei und Bosheit der Kirche war.

144 Euseb, h.e. II 13,1–15,1 (Simon Magus), h.e. III 26,1 (Menander), h.e. III 27,1 (Ebionäer), h.e. IV 7,1–2.10–13 (Einleitung zu Häresien), h.e. V 14.15 (Einleitung zu Häresien), h.e. V 16,9 (Quelle: antimontanistische Streitschrift), h.e. VI 43,14 (Quelle: Kornelius von Rom zu Novatus), h.e. VII 31,1 Mani.

145 Vgl. Zimmermann, Ecclesia, 16, der Gott und Satan als die „geschichtsbildenden Faktoren" der eusebianischen Kirchengeschichte ausmacht.

146 Euseb berichtet häufig von den Fortschritten in der Ausbreitung des Evangeliums: h.e. IV 2,1 (die Lehre und die Kirche blühten mehr auf und machten immer größere Fortschritte); h.e. IV 7,1 (der Glaube drang siegreich zu allen Völkern); h.e. IV 7,13 (der Glanz der Kirche wuchs und vergrößerte sich in unbedingter Beständigkeit); h.e. IX 11,1 (das Wort Christi gewann mehr Freiheit). Trotz der von Euseb angedeuteten Ausbreitung ist eine daraus resultierende Dynamik nicht zu erkennen.

auf die Ausbreitung der christlichen Lehre, für erzählerische Geschlossenheit und Geschichtsfluß innerhalb der Kirchengeschichte.[147]

Das Thema Häresie scheint Euseb demnach nicht nur wegen der Darstellung der orthodoxen Bestreiter, schon gar nicht aufgrund seines Interesses an der Häresie aufgenommen zu haben, sondern vielmehr, um seiner Kirchengeschichte einen geschichtlichen Fluß zu geben, der das statische Raster der Kaiser-/Bischofslisten-Struktur mit Leben füllt. Die Zeitlosigkeit der Einzelhäresie und das sich stets neu generierende Wesen der Häresie dienen Euseb dazu, Geschichte als eine dynamische Bewegung beschreiben zu können.

3.1.3 Eusebs Darstellung von Geschichte im Kontext der griechischen Geschichtsschreibung seiner Zeit[148]

Die christlichen Chronographien des zweiten und dritten Jahrhunderts waren Euseb größtenteils[149] bekannt und kommen als direkte Vorläufer der eusebianischen *Chronik* in Betracht. Historiographisch sind diese Jahrhunderte durch Versuche geprägt, die christliche Chronologie mit der paganen Geschichtsschreibung in Beziehung zu setzen.[150] Vorläufer Eusebs waren u. a. Klemens von Alexandrien, Julius Africanus und Hippolyt von Rom, welche die Kaiserlisten mit den Bischofslisten synchronisierten.[151] In ihren Chronographien präsentieren sie die Geschichte derart, daß

---

[147]   So auch Nigg, Kirchengeschichtsschreibung, 12: „Eusebs Darstellung der Häretiker kann dahingehend interpretiert werden, daß durch die Ketzer eine Bewegung in die Geschichte der Kirche gekommen ist. Die Kirche als solche hat keine Geschichte."

[148]   Da Eusebs Kirchengeschichte sich inhaltlich und formal im wesentlichen an der griechischen Geschichtsschreibung orientiert, kann die römische Geschichtsschreibung des dritten und vierten Jahrhunderts an dieser Stelle unberücksichtigt bleiben.

     Einzig Timpe, Was ist Kirchengeschichte, 195, sieht Parallelen zu Pompeius Trogus gegeben, der durch Justin epitomiert der christlichen Leserschaft zugänglich gemacht wurde. Parallelität bestehe in der Universalität der Geschichtsschreibung sowie in der positiven Bewertung des Römischen Imperiums. Zudem hätten die Breviarien generell eine mit der eusebianischen Kirchengeschichte vergleichbare Intention: Breit gestreute Informationen, ein lehrhafter Zweck und eine einprägsame Darstellung kamen dem Informationsbewußtsein der Leser entgegen. Geschichte auf Schlagworte, auf Formeln, auf Leitideen gebracht, zielte auf ein breites Lesepublikum, das sowohl in den Breviarien als auch in Eusebs Kirchengeschichte vorausgesetzt werden kann. — Anders Momigliano, Pagan and Christian Historiography, 318–319, der in den Breviarien eine Gattung sieht, die in der Charakterisierung derart neutral und ohne religiösen Inhalt ist, daß sie für Christen keinen Anstoß gaben, andererseits aber gut als Materialsammlung für die eigenen Zwecke benutzt werden konnten. Als Vorbild für die eusebianische Kirchengeschichtsschreibung konnte die Gattung nicht dienen.

[149]   Euseb kannte und benutzte Klemens von Alexandriens *Stromata* und Julius Africanus' *Chronographie*. Die *Chronik* Hippolyts von Rom, die dem Schema des Africanus folgt, wird Euseb nicht gekannt haben. Vgl. dazu Teil I 1.16 Klemens von Alexandrien und I 1.18 Hippolyt. Zur Rezeption des Julius Africanus vgl. Carriker, Library, 220.

[150]   Vgl. zum folgenden auch Momigliano, Pagan and Christian Historiography, 310–333.

[151]   Vgl. dazu Zimmermann, Ecclesia, 12–13.

die christliche Heilsgeschichte einfach abzulesen ist: Sie zeigen die Priorität der Juden (und damit der Christen) gegenüber den Heiden und etablieren die Kriterien der Orthodoxie durch den simplem Hinweis auf die apostolische Sukzession. Die christliche Chronographie, welche den heilsgeschichtlichen Zusammenhang aller historischen Ereignisse voraussetzt, ist im Gegensatz zur paganen Geschichtsschreibung notwendigerweise universal ausgerichtet und religiös gefärbt.[152] Euseb ist der erste, der eine *Kirchengeschichte* verfaßt. Er konnte dabei auf seine Vorarbeiten an der *Chronik* zurückgreifen.[153] Es ist aber nicht nur Topik, wenn Euseb sein Vorhaben in der h. e. als etwas vollkommen Neues ankündigt: „Wir sind nämlich die ersten, die sich an dieses Thema gewagt haben und gewissermaßen einen öden und unbegangenen Weg zu schreiten suchen"[154] (h. e. I 1,3). Er kann jedoch auch nicht verleugnen, daß es Vorläufer in der christlichen Geschichtsschreibung gab, die er kennt und auf die er zurückgreifen kann[155]: „Von Menschen, die denselben Weg wie wir gegangen sind, können wir keineswegs zutage liegende Spuren finden, abgesehen von nur geringen, ungenauen Angaben, in welchen der eine auf diese, der andere auf jene Weise Bruchstücke von Berichten über selbsterlebte Zeiten uns hinterlassen hat."[156]

Euseb kannte als gebildeter Mann mit Zugang zu einer der größten Bibliotheken seiner Zeit die griechische und römische Geschichtsschreibung.[157] Er wußte, daß die griechische Geschichtsschreibung ein rhetorisches Werk mit einem Maximum an eingefügten Reden und einem Minimum an authentischen Dokumenten

---

152   Momigliano, Pagan and Christian Historiography, 315: „Christian chronology was also a philosophy of history".

153   Euseb schreibt selbst in h.e. I 1,6, daß er in seiner *Chronik* bereits einen Auszug aus der Kirchengeschichte gegeben habe. Jetzt aber hätte er sich entschlossen, eine ausführlichere Geschichte zu verfassen. Zum Verhältnis von Kirchengeschichte und *Chronik* vgl. Timpe, Römische Geschichte, 106–108; Schwartz, Eusebios, 1376–1379; Overbeck, Anfänge, 22–24; Grant, Eusebius as Church Historian, 22.

154   Euseb, h.e. I 1,3 <GCS Euseb II/1, 6,20–8,2: ἐπεὶ καὶ πρῶτοι νῦν τῆς ὑποθέσεως ἐπιβάντες οἷά τινα ἐρήμην καὶ ἀτριβῆ ἰέναι ὁδὸν ἐγχειροῦμεν [...]>.

155   Will man der Information des Sozomenos (h.e. I 1,12) vertrauen, haben auch Klemens von Alexandrien, Hegesipp und Julius Africanus die ersten Zeiten der Christenheit behandelt. Zum (heute nicht mehr erhaltenen) Werk Hegesipps bemerkt Hieronymus, de vir. ill. 22, daß jener darin eine Geschichte der kirchlichen Ereignisse (*ecclesiasticorum actuum* [...] *historia*) von der Passion Christi an bis zu seiner eigenen Zeit dargelegt habe. — Zur Frage nach einer voreusebianischen Kirchengeschichtsschreibung vgl. Overbeck, Anfänge, 5–22; Nigg, Kirchengeschichtsschreibung, 1–7.9, und Zimmermann, Ecclesia, 11–15, die erst in Euseb den „Vater der Kirchengeschichte" bzw. den „Schöpfer der Kirchengeschichtsschreibung" erkennen und die Notiz des Sozomenos dadurch entwerten, daß dieser die genannten Schriften nicht selbst vorliegen hatte. Der Ehrentitel Eusebs als Vater der Kirchengeschichte begegnet erstmals bei Städlin, Geschichte der Literatur, 12.

156   Euseb, h.e. I 1,3 <GCS Euseb II/1, 8,3–6: [...] ἀνθρώπων γε μὴν οὐδαμῶς εὑρεῖν οἵοι τε ὄντες ἴχνη γυμνὰ τὴν αὐτὴν ἡμῖν προωδευκότων, μὴ ὅτι σμικρὰς αὐτὸ μόνον προφάσεις, δι' ὧν ἄλλος ἄλλως ὧν διηνύκασι χρόνων μερικὰς ἡμῖν καταλελοίπασι διηγήσεις [...]>.

157   Zur Kenntnis der profanen Historiker sowie ihrer Rezeption in der *Chronik* Eusebs vgl. Barnes, Constantine and Eusebius, 114–118; Winkelmann, Euseb, 60–68.

ist[158] und entwickelt mit seiner Kirchengeschichtsschreibung bewußt ein Gegenmodell zur profanen Historiographie.

Die von Euseb verfaßte Kirchengeschichte ist in vielerlei Hinsicht von der Geschichtsschreibung seiner Umwelt unterschieden.

In *formaler* Hinsicht unterscheidet sich das eusebianische Werk durch die Aufnahme und wörtliche Wiedergabe von Quellen, die das Werk immer wieder in den Ruf einer Vorarbeit zur Kirchengeschichte oder einer reinen Materialsammlung brachten.[159] Während die zeitgenössische Historiographie auf Zitate verzichtet und stattdessen Reden einfügt, welche die Geschichte in ihren inneren Zusammenhängen erklären sollen, verknüpft und deutet Euseb die geschichtlichen Ereignisse selbst und fügt Quellen als Beweis für die eigene Interpretation ein.[160] Diese Vorgehensweise dürfte Euseb aus der häreseologischen Literatur – wie etwa Klemens von Alexandriens *Stromata*, Origenes' *Contra Celsum* oder aber auch Pamphilus' *Apologie für Origenes* – gekannt haben; in historiographischem Kontext ist das Zitieren von Quellen jedoch vollkommen neu.[161] Euseb schafft damit die erste „Dokumentation".[162] Auch wenn Euseb im letzten Teil seines Werkes bei der Darstellung

---

158 So Momigliano, Pagan and Christian Historiography, 322: „He knew that it was a rhetorical work with a maximum of invented speeches and a minimum of authentic documents."

159 So Schwartz, Über Kirchengeschichte, 117. Diese Einschätzung blieb nicht unwidersprochen, vgl. Mühlenberg, Geschichte, 195–196; Momigliano, Pagan and Christian Historiography, 323; Winkelmann, Euseb, 112; Timpe, Was ist Kirchengeschichte, 178. Timpe, Römische Geschichte, 108, bringt die Spannung in Eusebs Kirchengeschichtsschreibung treffend zur Geltung, wenn er schreibt: „So kann die Kirchengeschichte mit der Doppelnatur des präexistenten Christus beginnen, um mit einer Aktensammlung zu enden; die spannungsreiche Synthese des Eusebius besteht in der Verknüpfung an sich unmetaphorischer Chronistik mit an sich ahistorischer Logosspekulation."

Die eusebianische Einleitung in h.e. I 1,1–2, in der Euseb sein Programm für die Kirchengeschichtsschreibung entwirft, die Formulierung in h.e. I 1,6, wonach Euseb seinen knappen Abriß in der *Chronik* zu einer ausführlichen Geschichte ausschreiben will, sowie die obigen Analysen der Häresiepassagen haben gezeigt, daß Euseb nicht nur Materialien sammeln wollte, sondern mit einer deutlichen Geschichtskonzeption an die Kirchengeschichtsschreibung heranging.

160 Nach Timpe, Was ist Kirchengeschichte, 189, stellt die Aufnahme von Zeugnissen, Beweisstellen und Belegen ein Novum innerhalb der Geschichtsschreibung dar. Er hält aber das Fehlen von Reden als historiographischem Mittel innerhalb der eusebianischen Kirchengeschichte für unerheblich.

161 Vgl. Momigliano, Pagan and Christian Historiography, 322: „Since he chose to give plenty of documents and refrained from inventing speeches, he must have intended to produce something different from ordinary history." Nur selten zitieren auch profane Historiker der Antike wie Thukydides, Polybios, Alexander Polyhistor oder Diogenes ihre Quellen wörtlich, vgl. Winkelmann, Euseb, 112. Moreau, Eusebius, 1072, bestimmt den Unterschied zwischen Euseb und seinen Vorgängern folgendermaßen: „E[usebius] versteht die Aufgabe des Historikers anders als ein Thukydides oder Tacitus; nach E[usebius] ist es die Aufgabe des Historikers, authentische Texte zu sammeln, welche die Ereignisse u[nd] die Ideen bezeugen, u[nd] sie durch knappe Erklärungen in den richtigen Zusammenhang zu stellen."

162 Momigliano, Pagan and Christian Historiography, 325: „A new chapter of historiography begins with Eusebius not only because he invented ecclesiastical history, but because he wrote it with a documentation which is utterly different from that of the pagan historians."

der eigenen Zeit auf Quellen größtenteils verzichten kann, da er selbst als Zeuge eintritt, integriert er doch die wichtigen Quellen seiner Zeit, wie beispielsweise kaiserliche Edikte. Damit ist auch im letzten Abschnitt der eusebianischen Kirchengeschichte ihr dokumentarischer Charakter gewahrt.

Eine weitere formale Neuheit ist die Entwicklung der Kirchengeschichte aus der Chronographie, was die Grundlegung des Bischofs- und Kaiserlisten-Rasters zur Folge hat. Dieses Raster, in das Euseb alle geschichtlichen Ereignisse einordnet, führt wie gesehen zu einer statischen Geschichtsschreibung, die der jahrhundertelang die Historigraphie prägenden Forderung des Thukydides († ca. 399 v. Chr.) nach größtmöglicher Bewegung grundlegend entgegensteht. Vergleicht man dessen Darstellung des Peleponnesischen Krieges mit der eusebianischen Kirchengeschichte im Hinblick auf die in ihr dargestellte geschichtliche Dynamik, so kann Eusebs Darstellung die geltenden Kriterien für eine nach griechischem Verständnis akzeptable Geschichtsschreibung nicht erfüllen.

Durch den Dokumentationscharakter der eusebianischen Kirchengeschichte, der an sich bereits ein Novum darstellt, integriert Euseb unterschiedlichste Gattungen der paganen Geschichtsschreibung. Die Gattung „Chronik" ist der Ausgangspunkt der Kirchengeschichte. Die Gattung „Biographie" findet sich *in nuce* bei der Darstellung der Bischöfe, der Schriftsteller und nicht zuletzt bei der Darstellung Kaiser Konstantins. Dieser durch die Aufnahme von Zitaten entstandene Gattungsmix war für griechische Leser unerhört.[163]

Inhaltlich entwirft Euseb seine Geschichtsschreibung vollkommen anders als seine paganen Vorläufer. Er beschreibt die Geschichte der Christen als die eines über das Römische Reich ausgebreiteten Volkes.[164] Der Ursprung dieses Volkes ist nach Eusebs Einleitung in h.e. I 1,8 transzendent. Dem besonderen Wesen dieses Christenvolkes entsprechend, ficht es nicht im Sinne der griechischen Historiographie „normale" Kriege aus, sondern kämpft gegen äußere Feinde der Kirche in

---

[163] Mit dem Gattungsmix integriert Euseb auch das narratologische Mittel der internen Fokalisierung, der zeitweiligen Einschränkung des Erzählerblickfeldes auf das Blickfeld einer am Geschehen beteiligten Person mit dem Ziel, dem Leser die Wirkung bestimmter Ereignisse auf die berichtende Person und andererseits die Motive der Akteure nahezubringen. Benutzten Thukydides und Sallust diese Methode, um ein Ereignis aus dem Blickwinkel einer handelnden Person zu berichten, so schafft Euseb mit der variablen Fokalisierung, d. h. dem ständigen Quellenwechsel, die Betrachtung eines Ereignisses aus mehreren Blickwinkeln. In der Erzähltechnik vergleichbar ist nur Herodians Geschichtswerk. Dort ist es jedoch ein allwissender Erzähler, der unterschiedliche Erzählstandpunkte einnimmt. Vgl. dazu Hidber, Zeit und Erzählperspektive, 160–161.

[164] Zum eusebianischen Verständnis und Gebrauch des Terminus ἔθνος vgl. Zimmermann, Ecclesia, 22–24. Zur Darstellung der christlichen Geschichte als Volksgeschichte vgl. Nigg, Kirchengeschichtsschreibung, 13–14 (Darstellung) sowie 25–26 (Kritik); Overbeck, Anfänge, 42; Momigliano, Pagan and Christian Historiography, 323. Kritisch setzt sich Timpe mit Kirchengeschichte, 183–184, mit der Analogie zwischen Kirchengeschichte und Volksgeschichte auseinander, da der Terminus „Volk" (γένος, δῆμος, ἔθνος) als Bezeichnung für die christliche Gemeinschaft innerhalb des römischen Reiches in die Irre führe, weil er die Spezifika der unterschiedlichen Sprache, Sitte, politischen Verfassung oder räumlichen Lage vernachlässige.

Verfolgungen und gegen innere Feinde, die Häretiker.[165] Anführer des Christenvolkes in seinen Kämpfen ist Christus, Anführer der Feinde ist der Teufel. Die christliche Historiographie beschreibt die Geschichte des Kampfes gegen den Teufel.[166] Die eusebianische Kirchengeschichte unterscheidet sich damit durch die metaphysische Ebene und die Bezogenheit des Christenvolkes auf den transzendenten Christus von der paganen Geschichtsschreibung.[167]

Auch die Themen Häresie und Verfolgung, ungeachtet ihres metaphysischen Überbaus, sind der paganen Geschichtsschreibung fremd. Der sich in der kirchlichen Auseinadersetzung mit den Häresien offenbarende Exklusivitätsanspruch der christlichen Lehre war der griechischen Geschichtsschreibung unbekannt. Auch Lehrstreitigkeiten innerhalb der philosophischen Schulrichtungen haben keine vergleichbare Darstellung gefunden. Die eusebianische Dokumentation der Christenverfolgungen und der Martyrien ist weit von der Forderung des Thukydides nach Darstellung der größtmöglichen Leiden entfernt, wie seine Umsetzung im Peleponnesischen Krieg zeigt.

Mit der Bestimmung der Geschichte als Geschichte des Kampfes zwischen Gott und Teufel fallen andere in der paganen Historiographie zentrale Themen in der eusebianischen Kirchengeschichte weg. Euseb benennt Ereignisse der politischen Geschichte nur, soweit sie für die Christen relevant sind[168]: Die Edikte der Kaiser für bzw. gegen die Christen gibt Euseb wieder; ihre Kriegsführung läßt er

---

[165]   Euseb, h.e. V praef. 3–4.

[166]   Nigg, Kirchengeschichtsschreibung, 11, charakterisiert die eusebianische Kirchengeschichte als mythische Kirchengeschichtsschreibung, da sie „die mythische Entstehung und die Ausbreitung des Christenvolkes erzählen" will. Charakteristisch für das Wesen des Mythos sei es, „eine geringere Schärfe im Erfassen der harten Linien des Wirklichen" zu besitzen, was sich am ersten Buch der eusebianischen Kirchengeschichte – am historisch nicht feststellbaren Anfang, der fehlenden kausalen Betrachtung der Ereignisse und dem direkten Eingreifen Gottes und des Teufels – deutlich ablesen lasse (Nigg, Kirchengeschichtsschreibung, 16–18). Ebenso Grant, Father of Church History, 413. Timpe, Was ist Kirchengeschichte, 190–192, setzt sich kritisch mit den Folgen der mythischen Geschichtsschreibung wie der Vereinseitigung der Motivation und Aufhebung der Kausalität für die Darstellung auseinander.

[167]   Auch Herodot vertrat – singulär in der paganen Geschichtsschreibung – eine theologische Geschichtsdeutung, wonach die Gottheit segnend oder verfluchend in die menschlichen Geschicke eingreift. Auch er kannte eine die irdischen Ereignisse transzendierende Ebene. Jedoch liegt sein Hauptaugenmerk nicht auf der Geschichte der Gottheit mit einem Volk, nicht auf einem metaphysischen Kampf zwischen Gott und Teufel, auch nicht auf dem Leiden Einzelner. Herodot interessiert am Eingreifen der Gottheit in die menschlichen Belange nur die Erfüllung des Schicksals und das Sichtbarwerden des göttlichen Ratschlusses, vgl. dazu Strasburger, Wesensbestimmung der Geschichte, 70–71.

[168]   Timpe, Römische Geschichte, 108–109, bestimmt den Gegenstand der eusebianischen Kirchengeschichte als „kein konkreter und spezieller historischer Gegenstand neben anderen möglichen und erst recht kein Gegensatz zu profaner Geschichte, sondern potentiell Weltgeschichte unter heilsgeschichtlichem Aspekt" (108), welche die göttliche Vorsehung mit den Menschen nachzeichne. „Der Sinn des Ganzen liegt fest; das macht die menschlichen Täter zu Werkzeugen Gottes oder des Teufels und läßt für Autonomie menschlichen Handelns, für Ergründung seiner Ursachen oder Aufklärung seiner Ziele keinen Raum" (108–109).

hingegen ebenso unbeachtet wie ihre Innen- und Außenpolitik oder ihre diploma-
tischen Verstrickungen. Auch die seit Herodot weitverbreitete Länder- und Staats-
kunde interessiert Euseb nicht.[169]

Da Euseb – wie gesehen – die Häresiethematik auch aus formalen Gründen
in seine Kirchengeschichte integriert, nämlich um eine geschichtliche Bewegung
in seine Darstellung zu bringen, so ist abschließend zu fragen, wie Eusebs pagane
Vorläufer historische Abläufe dargestellt haben.
Die Forderung des Thukydides nach größtmöglicher Bewegung hat für lange Zeit
die griechische Geschichtsschreibung geprägt. Aus diesem Grund stand dort die
geschichtliche Dynamik im Vordergrund der Berichterstattung, hinter der die
historischen Ereignisse zurücktreten mußten. Die dramatische Schilderung eines
Ereignisses oder die die Geschichte darstellenden und deutenden Reden fiktiver
Personen wurden dem nüchtern-historischen Bericht eines Augenzeugen vorgezogen. Die griechische Geschichtsschreibung hatte daher kaum ein Problem damit,
die Geschichte als einen Geschichts*fluß* darzustellen.

Ganz anders verhält es sich bei Eusebs „Dokumentation", welche von einem
statischen Raster ausgeht. Er fügt für den Geschichtsfluß eher „sperriges" Quellenmaterial ein. Sein Werk genügt dem Anspruch auf wahrheitsgemäße Berichterstattung, kann der Forderung nach geschichtlicher Dynamik jedoch nicht gerecht
werden.

Timpe hat darauf aufmerksam gemacht[170], daß der Ausdruck σωματοποιῆσαι
in h.e. I 1,4 erkennen lasse, daß Euseb am alten historiographischen Anspruch,
ein Ganzes zu gestalten, festgehalten hat, und verweist dabei auf die Forderung
Lukians von Samosata. Von diesem ist die einzige Reflexion über das Geschäft des
Geschichteschreibens erhalten. In seiner in Briefform gehaltenen Schrift „Wie man
Geschichte schreiben soll" (πῶς δεῖ ἱστορίαν συγγράφειν) wendet sich Lukian gegen
die Flut zeitgenössischer enkomiastischer Geschichtswerke, die anläßlich des Par-
therkrieges (162–166) des Lucius Verus entstanden. Der zweite Teil (34–60) enthält die eigentliche Anleitung zur Abfassung eines Geschichtswerkes. Dort fordert
er zunächst eine sorgfältige Analyse des Geschehens. Ein Geschichtsschreiber soll
dabei nicht nationalen Interessen verpflichtet sein, sondern soll das Ereignis „objektiv" analysieren und darstellen.[171] Erst in einem zweiten Schritt soll er dafür Sorge

---

[169] Nach Momigliano, Pagan and Christian Historiography, 327–328, gibt es inhaltlich und formal
       kaum Berührungspunkte zwischen christlicher und paganer Historiographie, da beide Seiten ihren
       eigenen Typus von Geschichtsschreibung kreierten. Die heidnischen Historiker thematisieren –
       auch nach 311 – in den seltensten Fällen das Christentum, die christlichen Historiker zeigen kaum
       Interesse an den traditionellen Themen der paganen Geschichtsschreibung.

[170] Timpe, Was ist Kirchengeschichte, 190.

[171] Hier zeigt sich eine weitere Parallele zwischen Euseb und Lukian im Bewußtsein, in erster Linie der
       historischen Wahrheit, nicht der gelungenen Darstellung verpflichtet zu sein. Lukian, *historia* 41,
       fordert von seinem Leser, dem potentiellen Geschichtsschreiber, eine *wahrheitsgemäße* Schilderung
       der Ereignisse. Sofern er bei einem Geschehen nicht zugegen war, könne er entweder gar nichts
       schreiben oder aber müsse auf Zeugenaussagen zurückgreifen. Nichts anderes macht Euseb in
       seiner h.e.: In der frühen Kirchengeschichte fügt Euseb Quellen ein mit Nennung des Verfassers

tragen, daß seine Geschichtsschreibung nicht in die verschiedenen einzelnen Episoden zerfällt, aus denen sie zusammengefügt ist. Lukian geht damit (ebenso wie Euseb) anders als seine Vorgänger vor, nämlich vom Einzelereignis zur Gesamtdarstellung, nicht von der generellen geschichtlichen Bewegung zur einzelnen Begebenheit.

Obwohl die Ähnlichkeiten zwischen Lukians Historiographie-Theorie und Eusebs Kirchengeschichtsdarstellung deutlich sind, läßt sich die Kenntnis von „Wie man Geschichte schreiben soll" bei Euseb nicht nachweisen.[172] Sicher ist aber, daß Euseb – der Forderung des Lukian nachkommend – die Häresiethematik auswählt, um die historischen Einzelepisoden zu einem Ganzen, zu einem Geschichtsfluß, zu vereinen.

3.2 Die Grenzen und Probleme der eusebianischen Häreseographie

3.2.1 Die Dämonologie und die *successio haereticorum* als Ersatz für die fehlende inhaltliche Kriterienbildung zur Häresie

Eusebs Häresiekonzeption, die das Entstehen der Häresie auf das Wirken des Teufels zurückführt und sein Häresie-Urteil mittels der *successio haereticorum* absichert, bleibt weit hinter den sehr viel differenzierteren Reflexionen seiner häreseologischen Vorgänger zurück. Man denke nur an die Ausführungen des Klemens von Alexandrien, wonach die Häresieentstehung in der Schwierigkeit der Materie der Theologie begründet und das Wesen der Häresie als Mangelerscheinung oder Halbwissen von der orthodoxen Lehre unterschieden ist.[173]

Eusebs Bild, das er seinem Leser in seiner Kirchengeschichte von der Häresie zeichnet, erweckt einen stark vereinfachenden Eindruck, fast wie eine Schwarz-Weiß-Zeichnung: Häresie und Orthodoxie sind aufgrund ihres Ursprungs und damit aufgrund ihres Wesens unterschieden; eine Grauzone zwischen beiden Größen kann es nicht geben. Auch ein Wechsel von der Häresie zur Orthodoxie ist

---

und der Schrift, der er das Zitat entnommen hat; sobald er beim Bericht der eigenen Lebenszeit angekommen ist, kann Euseb auf Quellenmaterial verzichten und selbst als Zeuge der berichteten Ereignisse fungieren.

172 So auch Carriker, der dieses Buch als nicht in der Bibliothek von Cäsarea vorhanden einschätzt. Da Euseb aber auch die klassischen griechischen Geschichtsschreiber wie Herodot, Thukydides oder Cassio Dio nicht direkt zitiert, sondern seine Kenntnis derselben nur indirekt verrät (Carriker, Library, 151–154), muß das Fehlen eines Zitats aus Lukians *Wie man Geschichte schreiben soll* nicht auf die Unkenntnis des Werkes bei Euseb hindeuten.

173 Vgl. dazu Teil I 3.2.2.3 Von Euseb nicht übernommene häreseologische Erklärungsmöglichkeiten zur Entstehung und zum Wesen der Häresie, insbesondere I 3.2.2.3.4 und I 3.2.2.3.5 zu Origenes und Klemens von Alexandrien.

aus diesem Grund ausgeschlossen.[174] Eine differenzierte inhaltliche Auseinandersetzung mit der Häresie unterbleibt.[175]

Es ist Euseb bei seiner Darstellung von Häresie zugute zu halten, daß er in seiner Kirchengeschichte keine eigene Widerlegung der Häresie zu bieten brauchte. Es reichte für seine Zwecke aus, sein Urteil „Häresie" mit fremden Quellenbelegen zu untermauern. So konnte er inhaltlich auf eine Auseinandersetzung mit der Häresie verzichten. Er mußte seine Position nicht begründen oder erklären, *warum* ein Lehre häretisch ist.

Darüber hinaus drängt sich aber der Verdacht auf, daß Euseb keine allgemeingültigen Kriterien zur Beurteilung einer Lehre besaß. Er läßt nicht erkennen, daß er einen Kanon an heilsnotwendig zu glaubenden Inhalten voraussetzt und die Häresie als Abweichung davon definiert.[176] In diesem Sinn hat Grant Recht, wenn er bemerkt, Euseb „was no student of heresy and, of course, firmly believed that his own theology was orthodox"[177].

Dementsprechend kann Euseb auch die orthodoxe Position inhaltlich nicht gegenüber der häretischen Lehre abgrenzen. Die Garantien für die Orthodoxie einer Lehre sind zum einen die apostolische Herkunft und zum anderen die ununterbrochene Überlieferung durch die Bischöfe, die *successio apostolorum*.[178] Innerhalb der eusebianischen Konzeption qualifizieren folglich Ursprung und Überlieferung eine Lehre, eine inhaltliche Qualifizierung nimmt Euseb nicht vor.

Ließe sich die Kenntnis von zeitgenössischen Häresien nachweisen (vgl. oben I 3.2.2.2.2 Ausgelassene Häresien), dann wäre auch die abweichende Darstellungs-

---

[174] Vgl. dazu die Häresiedarstellungen des Tatian (Teil I 2.13), des Bardesanes (Teil I 2.14) und des Beryll von Bostra (Teil I 2.20).

[175] Der bewundernde Umgang mit Tatian und Rhodon läßt vermuten, daß Euseb doch nicht vollkommen hinter seiner Dämonologie-Erklärung steht. Sie vereinfacht ihm die Darstellung in seiner Kirchengeschichte in starkem Maße; doch wenn Euseb ernsthaft Tatian und Rhodon als vom Dämon angestiftete Menschen gesehen hätte, dürfte er ihre wissenschaftlichen Leistungen eigentlich nicht lobend erwähnen. Es scheint, als ob Euseb die Häretiker persönlich doch differenzierter betrachtete, als es sich in der h.e. textlich greifen läßt.

[176] Damit bleibt Euseb selbst hinter der Häresie-Darstellung des Irenäus zurück, der in adv. haer. I 10,1 alle heilsrelevanten Glaubensinhalte auflistet, um im folgenden alle von dieser Norm abweichenden Häresien zu notieren und ihre Verfehlungen zu analysieren. Gleichsam scheinen die Verfasser des Synodalschreibens eine allgemein anerkannte (vielleicht sogar zuvor genannte) Glaubensnorm vorauszusetzen, wenn sie in h.e. VII 30,6 formulieren: „Da er von der Glaubensregel abgefallen und zu falschen und unechten Lehren übergegangen, so steht er außerhalb (der Kirche) und so ist es nicht unsere Pflicht, über seine Handlungen ein Urteil zu fällen".

[177] Grant, Eusebius as Church Historian, 86–87.

[178] Um die bischöfliche Sukzession als Garant für die orthodoxe Lehre zu wahren, mußte Euseb die Aussage des Kornelius (h.e. VI 43,14) betonen, wonach der Teufel der Anlaß zu Novatus' Glauben war und folglich sowohl dessen Taufe, als auch seine Presbyter- und Bischofsweihe nichtig waren. Bei Paulus von Samosata hatte er keine diesbezüglichen Informationen, da die Quelle selbst die heilsnotwendigen Inhalte voraussetzt und anschließend die Abweichungen der Lehre des Paulus notiert. Für Eusebs Konzeption war daher die Formulierung entscheidend, daß Paulus außerhalb der Kirche steht und von der Häresie des Artemon ausging, womit die Reinheit der bischöflichen Sukzession wieder hergestellt ist.

weise in Buch VIII erklärt. Wie gesehen konnte Euseb zur Darstellung der früheren Zeiten Quellen einfügen, die für ihn das Urteil „Häresie" sprachen. Obwohl sich die Kenntnis der zeitgenössischen Häresien bei Euseb erst zu einem späteren Zeitpunkt (nämlich in der *vita Constantini*) nachweisen läßt, kann man vermuten, daß Euseb diese Gruppierungen bereits bei der Abfassung der Kirchengeschichte kannte, aber nicht aufnahm. Mit der Skizzierung der eigenen Zeitgeschichte in den Büchern VIII–X hätte Euseb die dargestellten Lehren selbst beurteilen müssen, wozu ihm anscheinend die Kriterien fehlten.[179]

Die Dämonologie und die *successio haereticorum* sind innerhalb der eusebianischen Häresiekonzeption als Kompensationsmöglichkeiten für die mangelnde inhaltliche Auseinandersetzung mit der Häresie zu verstehen. Mit der Anstiftung durch den Teufel und der Einordnung der Häretiker in ein häretisches Abhängigkeitsverhältnis kann Euseb den Nachweis führen, daß eine bestimmte Lehre aufgrund ihres Wesens und ihrer Abkunft häretisch ist. Der Gedanke von *successio apostolorum* und *successio haereticorum*, der von Irenäus zunächst als Hilfskonstruktion neben die inhaltliche Definition gestellt war, wird von Euseb ausgebaut und mit der Dämonologie Justins kombiniert, um eine inhaltliche Auseinandersetzung mit der Häresie zu umgehen.

3.2.2 Die innerkirchlichen Streitigkeiten als Problem für die eusebianische Häresiekonzeption

Euseb erwähnt in den ersten sieben Büchern seiner Kirchengeschichte drei innerkirchliche Streitigkeiten: den Osterfeststreit (h.e. V 22–24.25), den Ketzertaufstreit (h.e. VII 2–5,6) und das Schisma des Nepos (h.e. VII 24).[180] Bevor auf die Probleme der einzelnen Auseinandersetzungen für die eusebianische Häreseographie

---

[179]   Der Brief Konstantins an Alexander und Arius, den Euseb in v.C. II 64–72 wiedergibt, kennt als einziges Merkmal der Häresie die Spaltung (v.C. II 66 zu den Donatisten). Im Falle der Arianischen Streitigkeiten zeigt sich jedoch, daß diese Definition von Häresie ihre Schwierigkeiten besitzt. Konstantin erscheint die Ursache der Trennung zwischen Alexander und Arius nebensächlich (v.C. II 68). Er geht sogar so weit zu behaupten, daß *beide Seiten* die Spaltung herbeigeführt haben (v.C. II 70), womit er keine Partei der Häresie bezichtigt: „Es hat ja nicht eines von den Hauptgeboten in dem Gesetze den Anlaß zum Streit gegeben, der entbrannt ist, noch wurde von dem einen oder dem anderen eine neue Irrlehre bezüglich der Gottesverehrung eingeführt, sondern ihr habt eine und dieselbe Überzeugung". Wie Euseb versucht auch Konstantin, ohne eine inhaltliche Definition von Orthodoxie bzw. Häresie auszukommen. Warum die schismatischen Donatisten, nicht aber die schismatischen Arianer als Häretiker angesehen werden, wenn doch die Spaltung das einzige Kriterium für die Häresie darstellt, kann Konstantin nicht plausibel erklären.

[180]   Auf die innerkirchlichen Streitigkeiten der folgenden Bücher kann an dieser Stelle verzichtet werden, da sie inhaltlich vollkommen anders als die in den Büchern I–VII dargestellt sind. Der Häresievorwurf begegnet dort nicht mehr. Nach Eusebs Darstellung in Buch VIII 1,7 sind es Stolz und Lässigkeit der Christen infolge zu großer Freiheit, der Neid und die Streitsucht, welche zu innerkirchlichen Streitigkeiten unter den Vorstehern und Laien führen (ganz parallel auch v.C. II 61) und die mit der göttlichen Strafe der Diokletianischen Verfolgung bestraft werden.

eingegangen werden kann, sollen kurz die eusebianischen Ausführungen betrachtet werden.

a) Der Osterfeststreit

Euseb stellt in h.e. V 22–24.25 den Osterfeststreit dar, den Viktor im zehnten Jahr der Regierung des Commodus anzettelte. Nach Eusebs Beschreibung entstand der Konflikt, als Viktor von Rom die Bischöfe Asiens als Häretiker exkommunizieren wollte (h.e. V 24,9), da sie – „auf dem ganzen Erdkreis nicht üblich"[181], so Euseb – den „14. Tag des Mondes, an welchem den Juden die Opferung des Lammes befohlen war, als Fest des Erlösungspascha feiern und auf jeden Fall an diesem Tag, welcher Wochentag es gerade sein möchte, das Fasten beenden [...]".[182] Nach Eusebs Referat versuchte Viktor von Rom, „die Gemeinden von ganz Asien sowie die angrenzenden Kirchen insgesamt als häretisch von der Gemeinschaft und Einheit auszuschließen, und rügte sie öffentlich in einem Schreiben, worin er alle dortigen Brüder insgesamt als außerhalb der Kirchengemeinschaft stehend erklärte".[183] Euseb schwenkt dann bei der Darstellung der weiteren Entwicklung auf die Ausführungen des Irenäus um, der eine vermittelnde Position im Konflikt einnahm. Dieser vertrat die „römische" Datierung des Osterfestes, machte aber unmißverständlich deutlich, daß auch eine unterschiedliche Praxis die Einheit der Kirche nicht auflösen darf: „Diese verschiedene Praxis im Fasten ist nicht erst jetzt in unserer Zeit aufgekommen, sondern schon viel früher, zur Zeit unserer Vorfahren [...], aber trotz dieser Verschiedenheit lebten alle diese Christen in Frieden, und leben auch wir in Frieden."[184] Mit diesen zum Frieden und zur Einheit mahnenden Worten läßt Euseb die Streitigkeiten enden, ohne weiter über den historischen Fortgang der Ereignisse zu berichten.

Der Streit wird von Euseb weder in der *Chronik*, noch in der Kirchengeschichte als Häresie bezeichnet, obwohl die Beschreibung in zwei Punkten an die Darstellung einer Häresie erinnert:

1) Viktor von Rom *exkommuniziert* Polykrates von Ephesus und die Gemeinden Asiens aufgrund ihrer (häretischen) Praxis, das Osterfest am 14. Nissan zu feiern (h.e. V 24,9).

2) Hinter der Exkommunikation ist der *Vorwurf der Verfälschung bzw. Neuerung* zu vermuten, wie die Rechtfertigung des Polykrates von Ephesus erkennen läßt,

---

[181] Euseb, h.e. V 23,1 <GCS Euseb II/1, 488,13–14: [...] οὐκ ἔθους ὄντος τοῦτον ἐπιτελεῖν τὸν τρόπον ταῖς ἀνὰ τὴν λοιπὴν ἅπασαν οἰκουμένην ἐκκλησίαις [...]>.

[182] Euseb, h.e. V 23,1 <GCS Euseb II/1, 488,9–12: [...] τὴν τεσσαρεσκαιδεκάτην ᾤοντο δεῖν ἐπὶ τῆς τοῦ σωτηρίου πάσχα ἑορτῆς παραφυλάττειν, ἐν ᾗ θύειν τὸ πρόβατον Ἰουδαίοις προηγόρευτο, ὡς δέον ἐκ παντὸς κατὰ ταύτην, ὁποίᾳ δ᾽ ἂν ἡμέρᾳ τῆς ἑβδομάδος περιτυγχάνοι, τὰς τῶν ἀσιτιῶν ἐπιλύσεις ποιεῖσθαι [...]>.

[183] Euseb, h.e. V 24,9 <GCS Euseb II/1, 494,1–5: [...] ἀθρόως τῆς Ἀσίας πάσης ἅμα ταῖς ὁμόροις ἐκκλησίαις τὰς παροικίας ἀποτέμνειν, ὡς ἂν ἑτεροδοξούσας, τῆς κοινῆς ἑνώσεως πειρᾶται, καὶ στηλιτεύει γε διὰ γραμμάτων ἀκοινωνήτους πάντας ἄρδην τοὺς ἐκεῖσε ἀνακηρύττων ἀδελφούς·>.

[184] Euseb, h.e. V 24,13.

die mit den Worten beginnt: „unverfälscht begehen wir den Tag; wir tun nichts dazu und nichts hinweg" (h.e. V 24,2).[185]

Das Ende der eusebianischen Darstellung des Osterfeststreits läßt eine harmonisierende Tendenz erkennen. Die Auseinandersetzung mit der Position der Quartadezimaner ist mit dem Brief des Irenäus nicht gelöst, die von Viktor geforderte Einheit der kirchlichen Bräuche nicht hergestellt.[186] Euseb beendet schlichtweg seinen Bericht mit dem vermittelnden Brief des Irenäus, dessen Wirkung auf den Streit nicht bekannt ist.

b) Der Ketzertaufstreit

Auch der Ketzertaufstreit (h.e. VII 2–5,6) stellt ein besonderes Problem für die eusebianische Kirchengeschichtsschreibung dar, da sich hier – wie im Osterfeststreit – der Häresie- und der Neuerungsvorwurf[187] finden.

Euseb datiert den Ketzertaufstreit in die Regierungszeit des Trebonianus Gallus, der auf der einen Seite vornehmlich von Stephanus von Rom und Dionysius von Alexandrien und auf der anderen Seite von Cyprian von Karthago und Firmilian von Cäsarea geführt wurde. Euseb berichtet hier tendenziös: Während die alexandrinisch-römische Position aus den zitierten Briefen deutlich zu erkennen ist, kann die Position der Gegenpartei ausschließlich aus Rückschlüssen der Zitate rekonstruiert werden. Den eusebianischen Ausführungen in h.e. VII 2 nach zu schließen, berief sich Stephan von Rom bei seiner Wiederaufnahmepraxis auf den alten Brauch, den von häretischen Gruppierungen zur Kirche Zurückkehrenden ausschließlich die Hände aufzulegen und für sie zu beten. Er kritisierte die Gegenpartei, unzulässige Neuerungen einzuführen und brach die Gemeinschaft mit jenen Bischöfen ab[188], die auf Synoden beschlossen hatten, „daß die, welche von den Häresien herkommen, zuerst den Katechumenenunterricht erhalten und dann von dem Schmutze des alten und unreinen Sauerteiges abgewaschen und gereinigt werden sollten."[189]

Die Gegenpartei unter der Führung Cyprians praktizierte demnach die erneute Taufe der zur Kirche Umkehrenden, nachdem sie einen Katechumenenunterricht zur Vermittlung der wahren Lehre empfangen hatten.

---

[185]   Zum Neuerungsvorwurf siehe auch unten Teil II 3.2.4 Das Problem der Definition der Häresie als „Neuerung" und die eusebianische Darstellung des Osterfest- und Ketzertaufstreits.

[186]   Die Quartadezimaner werden von Konstantin 325 als Judaisten verurteilt, halten sich aber bis ins 5. Jh., vgl. Lohse, Quartadezimaner, 733.

[187]   Zum Neuerungsvorwurf siehe auch unten Teil II 3.2.4 Das Problem der Definition der Häresie als „Neuerung" und die eusebianische Darstellung des Osterfest- und Ketzertaufstreits.

[188]   Euseb, h.e. VII 5,4 <GCS Euseb II/2, 640,8–12: ἐπεστάλκει μὲν οὖν πρότερον καὶ περὶ Ἑλένου καὶ περὶ Φιρμιλιανοῦ καὶ πάντων τῶν τε ἀπὸ Κιλικίας καὶ Καππαδοκίας καὶ δῆλον ὅτι Γαλατίας καὶ πάντων τῶν ἑξῆς ὁμορούντων ἐθνῶν, ὡς οὐδὲ ἐκείνοις κοινωνήσων διὰ τὴν αὐτὴν ταύτην αἰτίαν, ἐπειδὴ τοὺς αἱρετικούς, φησίν, ἀναβαπτίζουσιν.>.

[189]   Euseb, h.e. VII 5,5 <GCS Euseb II/2, 640,14–16: ὥστε τοὺς προσιόντας ἀπὸ αἱρέσεων προκατηχηθέντας εἶτα ἀπολούεσθαι καὶ ἀνακαθαίρεσθαι τὸν τῆς παλαιᾶς καὶ ἀκαθάρτου ζύμης ῥύπον.>.

Hinter der Frage, ob die mit der Handauflegung verbundene Geistverleihung – wie auch bei reuigen Büßern praktiziert – ausreiche oder eine erneute Taufe der konvertierenden Häretiker notwendig sei, steht das grundsätzliche Problem, ob diejenigen die Taufe praktizierenden Häretiker die Vollmacht zur Sündenvergebung besitzen und ob die bei den Häretikern praktizierte Taufe „ausreichend" ist. Stephan erkennt, der römischen Tradition folgend, die Gültigkeit der häretischen Taufe an, sofern sie mit korrekter dreigliedriger Formel vollzogen ist, die aber durch die allein in der Kirche mögliche Geistverleihung ergänzt werden muß. Sowohl Firmilian als auch Cyprian sehen in der Anerkennung der häretischen Taufe auch die Anerkennung der die Taufe spendenden Häretiker und lehnen sie mit der Begründung ab, daß es nur eine Kirche mit der apostolischen Vollmacht der Sündenvergebung geben könne.[190]

Dionysius, der die Position des Stephanus von Rom teilt, versucht um der Einheit der Kirche willen, in der sich abzeichnenden Spaltung zwischen Rom und Karthago zu vermitteln, indem er flehentlich an Stephanus von Rom schreibt.[191] Damit hätte Euseb die Darstellung des Ketzertaufstreits beenden können, wie er es anscheinend auch mit h.e. VII 5,6 geplant hatte.

Da er jedoch mit dem Bericht über die fünf Dionysiusbriefe zur Taufe fortfährt, kommt er um weitere Aussagen zur Ketzertaufthematik nicht herum. Bemerkenswert ist, daß Euseb hier – wie auch beim Osterfeststreit – den innerkirchlichen Streit „minimiert", indem er zum Abschluß harmonisierende Stimmen zu Wort kommen läßt. Wie Irenäus im Osterfeststreit zur Einheit mahnte, vermittelt hier Dionysius von Alexandrien. In seinem Brief an den römischen Presbyter Philemon gibt er zu bedenken, „daß die afrikanischen Bischöfe jetzt nicht als erste diesen Brauch eingeführt haben, daß vielmehr lange zuvor in den Tagen der uns vorhergehenden Bischöfe in den volkreichsten Kirchen und auf den Synoden der Brüder, zu Ikonium und Synada und noch oft, diese Ansicht (= die erneute Taufe) vertreten wurde."[192] Der eingangs erhobene Vorwurf des Stephanus, daß die nordafrikanischen Bischöfe unzulässige Neuerungen einführen, ist damit entkräftet. Ein weiterer Vermittlungsversuch zeigt sich im Eingeständnis des Dionysius, daß Novatus „den Heiligen Geist völlig aus den Abgefallenen vertreibt, auch wenn noch irgendeine Hoffnung bestand, daß er in ihnen verbleibe oder zu ihnen wieder zurück-

---

[190] Diese Vollmacht der Sündenvergebung, die allein im Besitz der Kirche ist, sei die Voraussetzung für die wahre Taufe, so daß die Taufe der Häretiker ungültig sein müsse, „quia salus extra ecclesiam non est" (Cypr., ep. 73,21 <CSEL 3/2, 795,3–4>).

[191] Euseb, h.e. VII 5,5.

[192] Euseb, h.e. VII 7,5 <GCS Euseb II/2, 644,16–19: ὅτι μὴ νῦν οἱ ἐν Ἀφρικῇ μόνον τοῦτο παρεισήγαγον, ἀλλὰ καὶ πρὸ πολλοῦ κατὰ τοὺς πρὸ ἡμῶν ἐπισκόπους ἐν ταῖς πολυανθρωποτάταις ἐκκλησίαις καὶ ταῖς συνόδοις τῶν ἀδελφῶν, ἐν Ἰκονίῳ καὶ Συνάδοις καὶ παρὰ πολλοῖς, τοῦτο ἔδοξεν.>. — Nach Schindler, Afrika I, 649, geht die Ablehnung der Anerkennung einer von Häretikern oder Schismatikern gespendeten Taufe beim Übertritt in die Kirche auf eine alte Tradition zurück: Tertullian, de baptismo 15, bezeuge diese Haltung bereits, und Agrippinus bestätige diese Tradition um 220 auf einer Synode (ep. 73,3; ep. 71,4).

kehre"[193], so daß die mit der Handauflegung verbundene Geistverleihung bei der Wiederaufnahme seiner ehemaligen Anhänger nicht ausreiche.

Bei der Darstellung des Ketzertaufstreits ist auffällig, daß Euseb seinem Leser wieder einmal die Unterscheidung von Häresie und innerkirchlichen Streitigkeiten nicht erläutert. Beide Seiten erheben den Häresievorwurf: Stephanus von Rom wirft Cyprian Neuerung und eine zur althergebrachten Überlieferung im Widerspruch stehende Praxis vor und exkommuniziert ihn deshalb. Cyprian hingegen begegnet diesem Häresievorwurf mit der Einberufung einer Synode, die seine Position als orthodox und die Gegenposition als häretisch bestätigt. Warum eine der beiden Positionen nicht häretisch, sondern beide sogar orthodox sein sollen, geht aus Eusebs Ausführungen nicht hervor. Warum Cyprian mit seiner Lehre, die Euseb nach seiner Einleitung in h.e. VII 3 nicht teilt[194], kein Häretiker, sondern trotz Exkommunikation orthodox ist, kann Euseb nicht erklären. Er wendet sich bei seiner Darstellung des Ketzertaufstreits als eines innerkirchlichen Konfliktes sogar gegen die Aussagen seiner Quellen und das Urteil der Synoden, die von der Häresie des Gegners ausgingen.

Zur Nivellierung des Unterschieds zwischen Häresie und innerkirchlichen Streitigkeiten kommt hinzu, daß Euseb terminologisch nicht eindeutig arbeitet. Die Analyse der eusebianischen Häresiekonzeption (2.6.2 Die Häresie als Neuerung) hat gezeigt, daß für Euseb die Neuheit einer Lehre ein deutliches Indiz für Häresie ist. Auch die eusebianische Einleitung in die erste, innerhalb des Ketzertaufstreits zitierte Quelle, bestätigt dies. Euseb betont, daß die Kirchen überall die Neuerung (νεωτεροποιία) des Novatus abgelehnt hatten (h.e. VII 4). Direkt daneben steht die Äußerung Eusebs in h.e. VII 3, daß Stephanus Cyprian die Einführung von Neuerungen vorgeworfen hatte.[195] Der Terminus „Neuerung" ist demnach nicht auf die Verwendung innerhalb der Häresie-Darstellung beschränkt, sondern kann auch in den innerkirchlichen Streitigkeiten Verwendung finden.

c) Das Schisma des Nepos

Über das Schisma des ägyptischen Bischofs Nepos berichtet Euseb in h.e. VII 24. Zunächst geht er nur auf dessen falsche Lehre ein, wonach er die in den göttlichen Schriften gegebenen Verheißungen mehr nach jüdischer Art auslegen wollte und behauptete, daß es tausend Jahre sinnlicher Freude auf Erden geben werde. Seine Lehre bewies Nepos mit Schriftzitaten aus der Apokalypse des Johannes und

---

[193]   Euseb, h.e. VII 8 <GCS Euseb II/2, 646,10–12: τό τε πνεῦμα τὸ ἅγιον ἐξ αὐτῶν, εἰ καί τις ἦν ἐλπὶς τοῦ παραμεῖναι ἢ καὶ ἐπανελθεῖν πρὸς αὐτούς, παντελῶς φυγαδεύοντι.>

[194]   Euseb führt Cyprian mit den Worten ein, daß er „erste war, der glaubte, man dürfe dieselben nur aufnehmen, wenn sie sich vorher durch die Taufe von ihrem Irrtum gereinigt hätten." Damit ist deutlich, daß für Euseb die Position Stephans die orthodoxe, weil althergebrachte, die Ansicht Cyprians aber die „häretische" ist.

[195]   Euseb, h.e. VII 3 <GCS Euseb II/2, 638,8–10: ἀλλ᾽ ὅ γε Στέφανος μὴ δεῖν τι νεώτερον παρὰ τὴν κρατήσασαν ἀρχῆθεν παράδοσιν ἐπικαινοτομεῖν οἰόμενος, ἐπὶ τούτῳ διηγανάκτει·>.

legte sie in einer Schrift dar, welche er „Widerlegung der Allegoristen" (ἔλεγχον ἀλληγοριστῶν λόγον) betitelte.

Euseb wußte von Nepos und seiner Schrift offensichtlich nur durch Dionysius von Alexandrien, der in seinem Werk *Über die Verheißungen* gegen die Lehre des Nepos auftritt. Euseb zitiert zwei längere Passagen aus der Dionysius-Schrift: Dieser schätzt den zum Zeitpunkt der Abfassung der *Verheißungen* bereits verstorbenen Nepos „wegen seines Glaubens, seines Fleißes, seiner Beschäftigung mit der Schrift und seiner zahlreichen geistlichen Lieder"[196], muß ihn aber hinsichtlich seiner millenaristischen Lehre kritisieren, die er in seiner Abhandlung ausgeführt hat. Unter Berufung auf Nepos' Schrift verachten manche seiner Schüler das Gesetz und die Propheten, wollen den Evangelien nicht folgen und achten die Briefe des Apostels gering (h. e. VII 24,5). Das zweite Zitat in h. e. VII 24,6 berichtet über ein Zusammentreffen mit den Anhängern des Nepos. „Da sich in Arsinoë [...] seit langem diese Lehre verbreitete, daß ganze Kirchen schismatisch und abtrünnig wurden"[197], sah sich Dionysius genötigt, in einer Versammlung eine öffentliche Prüfung der Frage anzustreben. Er beschreibt, wie man drei Tage nach der Wahrheit rang – bis Korakion, der die Lehre eingeführt hatte, schließlich schwor, diese nicht weiter zu verbreiten.

Da Euseb größtenteils seine Quelle übernimmt und kaum erläuternde Zusätze hinzufügt, verwischt er rein terminologisch die Grenze zwischen Häresie und innerkirchlichen Streitigkeiten: Während Dionysius sehr viel differenzierter über die Häresie reflektiert und zwischen Häresie und Schisma unterscheidet, kennt Euseb diese Unterscheidung nicht.[198] Diese terminologische Indifferenz zieht zwei Konsequenzen nach sich:

---

[196] Euseb, h. e. VII 24,4 <GCS Euseb II/2, 686,13–15: [καὶ ἀγαπῶ Νέπωτα] τῆς τε πίστεως καὶ τῆς φιλοπονίας καὶ τῆς ἐν ταῖς γραφαῖς διατριβῆς καὶ τῆς πολλῆς ψαλμῳδίας [...]>.

[197] Euseb, h. e. VII 24,6 <GCS Euseb II/2, 688,9–11: ἐν μὲν οὖν τῷ Ἀρσενοΐτῃ γενόμενος, ἔνθα, ὡς οἶδας, πρὸ πολλοῦ τοῦτο ἐπεπόλαζεν τὸ δόγμα, ὡς καὶ σχίσματα καὶ ἀποστασίας ὅλων ἐκκλησιῶν γεγονέναι [...].>.

[198] Euseb nennt mit dem Titel der Irenäus-Schrift „An Blastus über das Schisma" (h. e. V 20,1) erstmals in seiner h. e. ein Schisma; er selbst führt die Gruppierung um Blastus unter „Häresie". Bei der Darstellung der novatianischen Häresie (h. e. VI 44,1) berichtet Euseb – vermutlich in Anlehnung an den Sprachgebrauch der zitierten Quelle –, daß Dionysius von Alexandrien an Fabius einen Brief schrieb, da dieser „etwas zum Schisma neigte". Dionysius, so zeigt sein Brief an Novatus in h. e. VI 45, bezeichnet die Abspaltung der Gruppierung um Novatus als „Schisma". Euseb hingegen bezeichnet die Gruppierung um Novatus in den Kapitelüberschriften als „Häresie". Euseb setzt sich damit terminologisch über die Differenzierung Häresie – Schisma hinweg. Da er davon ausgeht, daß sich alle Häretiker mit ihrer falschen Lehre in die Kirche einschleichen und als wesensmäßige Fremdkörper aus der Kirche ausgeschlossen werden müssen, braucht Euseb nicht zwischen Falschlehrern, die eine Häresie initiieren, und Schismatikern, die sich aus der Kirche absondern, zu differenzieren. Formuliert Euseb ohne erkennbare Quellenvorlage, subsumiert er alle Gruppierungen unter „Häresie".
  Vgl. dazu auch Brox, Häresie, 275–276, der nachweist, daß die Termini Häresie und Schisma in der Alten Kirche größtenteils wie bei Euseb synonym gebraucht werden. Ihre Abgrenzung voneinander sei zunächst nur wenig durchdacht, auch später nicht einheitlich und prinzipiell beweg-

1) Da die Streitfrage der Nepos-Anhänger von Euseb als innerkirchlicher Konflikt, nicht aber als Häresie dargestellt wird, minimiert Euseb die Aussage des
Dionysius, daß „ganze Kirchen schismatisch und abtrünnig" wurden, zu einer
(kleineren) kirchlichen Auseinandersetzung.

2) Zum anderen nivelliert Euseb die Grenze zwischen Orthodoxie und Schisma,
wenn sich nach seiner Darstellung Schismatikertum (durch Dionysius explizit so benannt) und Orthodoxie nicht zu widersprechen scheinen. In letzter
Konsequenz heißt dies, daß die eusebianische Differenzierung zwischen Orthodoxie, deren Kennzeichen die „Einheit", und Häresie, deren Kennzeichen die
„Uneinheitlichkeit, Vielgestaltigkeit und Wandelbarkeit" ist, aufgehoben ist.
Euseb hätte die Terminologie des Dionysius aufgreifen und sich von ihr distanzieren müssen, um nicht seine eigene Häresiekonzeption grundlegend in Frage
zu stellen.

Zur terminologischen tritt die inhaltliche Indifferenz der eusebianischen Darstellung. Betrachtet man Dionysius' Beschreibung, wonach die Nepos-Anhänger
das Gesetz und die Propheten verwerfen, den Evangelien nicht folgen wollen
und die Paulus-Briefe geringachten, so kommt man nach eusebianischen Häresie-
Kriterien nicht umhin, die Gruppierung als häretisch einzustufen. Dieser ordnet die
Gruppierung hingegen als innerkirchlich und damit als orthodox ein, da sie nach
klementinischem Zeugnis von der falschen Lehre ablassen und zur wahren Lehre
zurückkehren. Es scheint, als ob Euseb vom Ausgang der Begebenheit die Beurteilung „innerkirchliche Streitigkeit" und „Orthodoxie" gewinnt – ohne inhaltliche
Bewertungskriterien anzulegen.

Ein letztes ist an der Darstellung des Nepos zu beobachten: Dionysius kann
zwischen der Person des Nepos, den er aufgrund seines Glaubens schätzt, und seiner häretischen Lehre differenzieren. Eine derartige Differenzierung ist für Euseb,
der von der teuflischen Anstiftung der Häretiker und ihrem Einschleichen in die
Kirche ausgeht, vollkommen ausgeschlossen. Aus diesem Grund muß er Nepos,
der zudem noch Bischof und damit Garant für die Wahrheit ist, vom Verdacht der
Häresie rein halten.[199] Seine Lehre ist zwar falsch, kann aber nicht häretisch sein.

Vielleicht hatte Euseb noch seine Auseinandersetzung mit der millenaristischen
Lehre des Papias (und des Irenäus) im Gedächtnis. Dort geht er einen – nicht sehr
freundlichen – Mittelweg: Nach seiner Aussage „hat Papias diese Vorstellung von
einem tausendjährigen Reich Christi auf Erden von den Aposteln übernommen,
wobei er das, was die Apostel geheimnisvoll in Andeutungen gesprochen hatten,

---

lich. Vgl. auch Schindler, Häresie II, 320. Nach Schindler, Unterscheidung, 229, finden sich erst
ab den 360er Jahren Spuren einer Differenzierung zwischen Häresie und Schisma in der kaiserlichen Gesetzgebung.

[199]   Vgl. Die Quellen- und Stoffauswahl zur Häresie der Nikolaïten (Teil I 2.5 c)) und die Darstellung
des Novatus (Teil I 2.23).

nicht verstanden hat."[200] Euseb setzt hinzu, daß Papias „geistig sehr beschränkt"
gewesen ist. Mit der Betonung der geistigen Beschränktheit gelingt es, die Orthodoxie des Papias zu wahren und gleichzeitig die millenaristische Lehre zu verurteilen.
Nur so kann Euseb seine strikte Trennung zwischen Orthodoxie und Häresie sowie
die Einheit und Reinheit der orthodoxen Lehre aufrechterhalten.

3.2.3 Zusammenfassung

Die drei behandelten Streitfälle lassen die Grenzen der eusebianische Häresiekonzeption erkennen. Mit ihnen ist die eusebianische Darstellung der Kirchengeschichte vor zwei Probleme gestellt:

1. Euseb muß seinen Lesern das Verhältnis von *Häresie* zu den *innerkirchlichen
   Streitigkeiten* erklären, was ihn vor massive Schwierigkeiten stellt, zumal er
   keine inhaltlichen Kriterien zur Bestimmung von Häresie und Orthodoxie
   entwickelt hat.

   Die Darstellung von innerkirchlichen Streitigkeiten, die formal zwischen
   Häresie und Orthodoxie anzusiedeln sind, gewinnt noch dadurch an Brisanz,
   daß sich die streitenden Parteien gegenseitig der Häresie bezichtigen. Euseb
   muß die in den innerkirchlichen Streitigkeiten verwendete Häresie-Termino-
   logie ignorieren und die Streitigkeiten als (normale) Auseinandersetzung zweier
   orthodoxer Gruppierungen umdeuten. Euseb versucht nicht einmal in Ansätzen, den Unterschied zwischen Häresie und innerkirchlichen Streitigkeiten zu
   erläutern, obwohl das Verhalten und Auftreten beider Gruppierungen zum
   Verwechseln ähnlich ist. Die kirchlichen Vertreter agieren im Streit wie Häretiker, werfen ihrem Gegenüber eine häretische Lehre vor, scheinen aber – nach
   Euseb – doch weiterhin auf kirchlichem Boden zu agieren. Da Euseb weder
   terminologisch noch inhaltlich strikt trennen kann, wo die Grenze zwischen
   Häresie und innerkirchlichen Auseinandersetzungen verläuft und warum dasselbe Verhalten einmal ein Indiz für die Häresie und einmal als Kriterium für
   das orthodoxe Ringen um die Wahrheit zu werten ist, kommt keine saubere
   Differenzierung der Gruppen zustande. Auch Nepos, der mit vielen Gemeinden schismatisch wird, scheint nach Ansicht Eusebs den kirchlichen Boden mit
   seiner Lehre nicht verlassen zu haben.
2. Die andere Schwierigkeit, die Euseb mit der Darstellung der innerkirchlichen
   Streitigkeiten in seine h.e. integriert, war ihm sicher nicht bewußt: Sie stellt
   mit diesen die Kirche in zwei Lager trennenden Streitfragen und der schismatischen Abgrenzung der Gemeinden im Falle des Nepos die Einheit der
   Kirche in Frage. Wie gesehen, übergeht Euseb ihm bekannte Vorstellungen

---

[200]   Euseb, h.e. III 39,12–13 <GCS Euseb II/1, 290,9–10: ἃ καὶ ἡγοῦμαι τὰς ἀποστολικὰς παρεκδεξάμενον
        διηγήσεις ὑπολαβεῖν, τὰ ἐν ὑποδείγμασι πρὸς αὐτῶν μυστικῶς εἰρημένα μὴ συνεορακότα. σφόδρα γάρ τοι
        σμικρὸς ὢν τὸν νοῦν, [...]>.

von der Spaltung der Kirche durch die Häresie und beteuert dagegen, daß die Orthodoxie durch die Streiter für die Wahrheit gesichert ist. Im Gegensatz zur Vielgestaltigkeit und Wandelbarkeit der Häresie sind es die Beständigkeit, die Einheit und Einfachheit, die Kennzeichen für die wahre Lehre sind. Diese Konzeption, die für die Positionierung von Orthodoxie und Häresie als zwei entgegengesetzten Extremen überzeugend ist, wird mit der Einführung von innerkirchlichen Streitigkeiten grundlegend in Frage gestellt. Wenn die Wahrheit – an den innerkirchlichen Auseinandersetzungen erkennbar – doch keine einheitliche ist, worin unterscheidet sie sich dann noch von der vielgestaltigen Häresie?

Da Euseb an keiner Stelle seiner Kirchengeschichte über Unterscheidungskriterien von Häresie, Orthodoxie und innerkirchlichen Streitigkeiten reflektiert, kann über Erklärungen des indifferenten Sachverhaltes nur gemutmaßt werden. Euseb könnte zur „Rettung" seiner häreseologischen Konzeption auf den teuflischen Ursprung der Häresie verweisen, damit die kirchliche Lehre wesensmäßig abgrenzen und die Infragestellung abmildern; das mit den innerkirchlichen Streitigkeiten entstandene Problem kann er damit aber auch nicht lösen.

3.2.4 Das Problem der Definition der Häresie als „Neuerung" und die eusebianische Darstellung des Osterfest- und Ketzertaufstreits

Da es Euseb unterläßt, sowohl die Orthodoxie als auch die Häresie inhaltlich zu definieren, werden terminologische Definitionen der Häresie um so notwendiger. Eine wichtige Charakterisierung der Häresie ist ihre Bezeichnung als „Neuerung" (καινοτομία), die Euseb zwar häufig anführt[201], aber im Gegensatz zu seinen häreseologischen Vorgängern nicht zu einem schlagkräftigen Argument gegen die Häresie ausbaut.[202] Dieses verwundert um so mehr, als Euseb, der in Buch I die Kirchengeschichtsschreibung mit der Präexistenz des göttlichen Logos beginnt (h.e. I 2,1–3), alle Möglichkeiten offenstanden, um die Priorität der kirchlichen Lehre gegen die Häresie auszuspielen.

Der Grund für die Auslassung dieses Argumentes wird darin liegen, daß auch in den innerkirchlichen Auseinandersetzungen mit dem Topos der Neuerung agiert wird. Viktor von Rom exkommuniziert Polykrates von Ephesus und die Gemeinden Asiens, da sie mit ihrer Osterfest-Praxis eine Neuerung eingeführt hätten. Stephanus wirft Cyprian die Einführung von Neuerungen vor (h.e. VII 3).

---

201   Euseb, h.e. IV 7,13; h.e. IV 27; h.e. VII 30,4; h.e. VII 31,1.

202   Details dazu oben Teil II 2.6.2 Die Häresie als Neuerung. Die Schwierigkeit, die Häresie *allein* als Neuerung zu charakterisieren, zeigte sich bereits im Zitat der antiartemonitischen Streitschrift (h.e. V 28,2–3), wo sowohl die orthodoxe als auch die häretische Seite gegen die gegnerische Seite den Neuerungsvorwurf erhebt. Will man – wie Euseb – auf eine inhaltlich-argumentative Darstellung des Altersbeweises verzichten, muß die Auseinandersetzung unentschieden enden.

Über die rein terminologische Problematik hinausgehend, stellt der Neuerungsvorwurf in den innerkirchlichen Streitigkeiten Euseb auch *konzeptionell* vor
einige Schwierigkeiten. Den Osterfeststreit beendet Euseb salomonisch mit der
Ermahnung des Irenäus, so daß er nicht klären muß, welche der beiden Positionen
die ältere ist. Auch beim Ketzertaufstreit harmonisiert Euseb zum Abschluß mit
Dionysius von Alexandrien, um nicht urteilen zu müssen, welche Praxis neu ist.

Nach Eusebs Geschichtskonzeption, die von einer einheitlichen, in Christus
vollständig offenbarten Lehre ausgeht, hätte jeweils eine der beiden Positionen im
Osterfest- und Ketzertaufstreit neu sein *müssen*. Ließe sich aber eine von renom-
mierten Bischöfen und Synoden vertretene Lehre als Neuerung erweisen, fiele
Eusebs Konzeption von der apostolischen bzw. bischöflichen Sukzession als Garant
für die Orthodoxie in sich zusammen. Euseb weicht in seiner Darstellung einer
Klärung aus, welche der beiden Positionen in den innerkirchlichen Streitigkeiten
die ursprüngliche und wahre ist.

Hätte Euseb im Häresiekontext den Topos der Neuerung stärker hervorgehoben
und ihn deutlicher als Kennzeichen der Häresie bestimmt, dann wären die Grenze
zwischen Häresie und Orthodoxie sowie die Grenze zwischen Häresie und innerkirchlichen Streitigkeiten gefallen. Euseb betont den Neuerungsvorwurf gegenüber
der Häresie also wohl deshalb nicht, damit die innerkirchlichen Streitigkeiten nicht
zu offensichtlich mit der Häresie in Verbindung gebracht werden können.

Fazit:
Eusebius von Cäsarea als Häreseograph

Euseb ist der erste antike Schriftsteller, der die Häreseo*logie* in einen historiographischen Kontext stellt und sie somit in die Häreseo*graphie* überführt. Man hat ihn mit einigem Recht „Vater der Kirchengeschichte" genannt. Ebenso könnte man ihn als „Vater der Häreseographie" bezeichnen. Eingangs wurde bereits darauf hingewiesen, daß allein die Gattung „Kirchengeschichte" es Euseb bereits unmöglich machte, gegen eine Häresie argumentativ vorzugehen und sie zu widerlegen. Er konnte nur kurze Berichte für seine Darstellung gebrauchen und war aus diesem Grunde über kurze Widerlegungsberichte dankbar – auch wenn die Genauigkeit der Häresie-Darstellung darunter litt.

Vergleicht man die eusebianische Häresiekonzeption mit den Ausführungen des Origenes oder des Klemens von Alexandrien, so erscheint sie für das beginnende vierte Jahrhundert sonderbar rückständig und undifferenziert. Vielfach wurde die eusebianische Konzeption mit ihrer teuflischen Anstiftung der Häretiker, der strikten Trennung zwischen Häresie und Othodoxie, zwischen Gut und Böse, als vereinfachende, gar verzeichnende Schwarz-Weiß-Malerei abgetan. Diese Kritik verkennt jedoch, daß Eusebs häreseologische Konzeption die (fehlende) inhaltliche Auseinandersetzung mit häretischen Lehren, die im Rahmen einer Kirchengeschichtsschreibung nicht zu leisten war, ersetzen mußte. Euseb wählt dazu keine originelle Konzeption:

a) Die Ansicht Justins, wonach die Dämonen die Häretiker aufstellen, war für Eusebs historische Darstellung ausreichend, auch wenn sie in der praktischen Auseinandersetzung mit einem häretischen Gegenüber längst von differenzierteren Konzeptionen, wie die eines Origenes oder Klemens von Alexandrien, abgelöst worden war.

b) Die häretische Sukzession, die Irenäus einst gegen die Häretiker ins Feld geführt hatte, greift Euseb in seiner Darstellung auf. Da er aber erkennt, daß er dem Sachverhalt mit der Erklärung durch ein einfaches Lehrer-Schüler-Verhältnis nicht gerecht wird, modifiziert er die irenäische Konzeption. Er weitet sie auf eine ideengeschichtliche Abhängigkeit der Häresien aus und schafft so eine Orientierung über das unübersichtliche Phänomen „Häresie".

Das Novum der eusebianischen Häreseographie besteht darin, daß er die Häretiker nach einem *zeitlichen* Aspekt in seine Kirchengeschichtsschreibung integriert.
Irenäus reihte die Häresien in *Adversus haereses* nur hintereinander und ließ den
chronologischen Aspekt außer acht. Euseb ordnet die Häretiker in das chronologische Raster aus Kaiser- und Bischofslisten ein und stellt sie ihren orthodoxen
Widerlegern gegenüber – erst das Postulat von der raschen Auflösung der Häresie
nach ihrer Widerlegung ermöglicht diese Zuordnung.

Da Euseb – Justin folgend – von der Anstiftung aller Häretiker durch den
Teufel ausgeht, kann er eine Metaebene in seine Kirchengeschichtsdarstellung integrieren, die der Häreseologie noch fremd war. Er abstrahiert von der Einzelhäresie
und schließt von ihr auf einen Kampf des Teufels gegen Gott und gegen seine
Streiter für die Wahrheit. Dieser vom Teufel stets neu angefachte Kampf, der im
Laufe der Zeit an Intensität und Dramatik immer weiter zunimmt, bringt eine
geschichtliche Bewegung in Eusebs Geschichtsdarstellung, die zwar nicht mit dem
antiken Ideal der Historiographie mithalten, aber der Erwartungshaltung entgegen-
kommen konnte.

Das Ende der Häresie ist von Euseb so einfach wie genial konstruiert. Mit
Paulus von Samosata sind alle häretischen Lehren offenbar geworden und widerlegt.
Was nun folgt, sind Neuzusammenstellungen längst widerlegter Lehrsätze, die der
christlichen Kirche und ihren Anhängern nicht mehr gefährlich werden können.
Die orthodoxen Christen besitzen die schriftlichen Widerlegungen ihrer Kämpfer für die Wahrheit als „Häresieprophylaxe" (προφυλακτικαί ἔφοδοι, h.e. IV 7,5).
Euseb läßt damit das Thema Häresie mitten im Geschichtsfluß „auslaufen" und
greift es in späteren Ausgaben der h.e. auch nicht mehr auf. Dieses Thema ist – wie
das der Juden oder der Verfolgungen – im Verlauf der Kirchengeschichte obsolet
geworden, so dringend die Auseinandersetzungen damit in der Frühzeit der Kirche
noch schienen.

Eusebs Häreseographie greift auf bekannte Erklärungsmuster zurück. Die
Analyse der Einzelhäresien, insbesondere die Untersuchung der Kriterien zur Auf-
nahme/Ablehnung einer Tradition oder eines Stoffes, hat gezeigt, daß Euseb sehr
bedacht mit seinen Quellen umgeht: Weder deutet er sie um, noch greift er korrigierend in den Wortbestand ein. Er wählt die Quellen sehr genau aus und grenzt
die zitierten Textabschnitte seinen inhaltlichen Intentionen gemäß ab. Auf diese
Weise werden unter anderem die Lehrinhalte konsequent übergangen. Von Euseb
nicht geteilte häreseologische Erkärungen, wie die Dämonentheorie Justins oder
die Häresieerklärung durch Thebutis bei Hegesipp, werden von Euseb entweder
in einen die zitierte Aussage modifizierenden Rahmen eingepaßt (Justin) oder
nur unscheinbar am Rande der Häresiethematik zur Sprache gebracht (Hegesipp).
Immerhin läßt er auch andere Stimmen in seiner Darstellung zu Wort kommen.

Diese Widersprüchlichkeiten in der Kirchengeschichtsdarstellung machen es
notwendig, zwischen Eusebs eigenen Ansichten und denen seiner Quellen zu differenzieren. Das Quellenstudium der Euseb vorliegenden Schriften ließ erkennen,

wie Euseb sich (im Falle der Nikolaïten) sehr bewußt gegen die Tradition seiner Vorlagen entschied und im Anschluß an Klemens von Alexandrien gegen die Mehrheit seiner Quellen votierte.

Insbesondere die häreseographische Konzeption, so schlicht sie zunächst erscheinen mag, erweist Euseb als eigenständigen Schriftsteller, der die Inhalte seiner Kirchengeschichtsschreibung souverän nach eigenen Vorstellungen gestaltet. Er verbindet die (antike) Idee der Geschichtsschreibung als einer geschichtlichen Bewegung mit der Detailgenauigkeit einer historischen Sammlung von Quellenaussagen. Diese Verbindung von erzählter Geschichte, geprägt durch den Kampf zwischen Gott und Teufel, zwischen den Häretikern und den orthodoxen Streitern, und quellengesicherter Dokumentation, macht die eusebianische Häreseographie einzigartig.

Literaturverzeichnis

Quellen

Ambros., de paradiso = Ambrosius, De paradiso, in: CSEL 32/1, S. Ambrosii opera I, ed. Karl Schenkl, Prag 1897, 264–336.

Athanasius, de sent. Dionysii = Athanasius, De Sententia Dionysii, in: Athanasius Werke Bd. II/1, ed. Hans Georg Opitz, Berlin 1941.

Coll. leg. mos. et rom. = Mosaicarum et Romanarum Legum Collatio, Iurisprudentiae anteiustinianae reliquias II/2, ed. Philipp Eduard Huschke, Lipsiae 1927.

— Mosaicarum et Romanarum Legum Collatio, ed. Moses Hyamson, London u. a. 1913.

Cyprian, ep. = Sancti Cypriani Episcopi Opera III,1 (ep. 1–57), CChrSL III B, Turnholt 1994. — Opera III,2 (ep. 58–81), CChrSL III C, Turnholt 1996. — Opera III,3 (prolegomena; codices – editiones – indices), CChrSL III D, Turnholt 1999.

Cyprian, de unitate eccl.= De Lapsis and De Ecclesiae Catholicae Unitate / Thascius Caecilius Cyprianus, ed. Maurice Bévenot, Oxford Early Christian Texts, Oxford 1971.

— Über die Einheit der katholischen Kirche, ed. Julius Baer, BKV 34, München 1918.

Diogenes Laertius, vitae philosophorum = Diogenis laertii vitae philosophorum, ed. H. S. Long, 2 Bde., Oxford 1964.

Epiphanius, pan. = Epiphanius, Panarion, GCS Epiphanius I (Ancoratus und Panarion, haer. 1–33), ed. Karl Holl, Leipzig 1915, 153–464 (2., bearb. Auflage, ed. Jürgen Dummer, Berlin 1980). — GCS Epiphanius II (Panarion, haer. 34–64), ed. Karl Holl, Leipzig 1922. (2., bearb. Auflage, ed. Jürgen Dummer, Berlin 1980) — GCS Epiphanius III (Panarion, haer. 65–68), ed. Karl Holl, Leipzig 1933 (2., bearb. Auflage, ed. Jürgen Dummer, Berlin 1985).

Euseb, c. Marc. = Euseb, Contra Marcellum, in: GCS Euseb IV, ed. Erich Klostermann, Leipzig 1906, 1–58 (3., ergänzte Auflage, ed. Günther Christian Hansen, Berlin 1991).

Euseb, Chronik = Euseb, Die Chronik des Hieronymus, GCS Euseb VII/1, ed. Rudolf Helm, Leipzig 1913 (= 3., unveränderte Auflage Berlin 1984). — Die *Chronik*, aus dem Armenischen übersetzt, GCS Euseb V, ed. Josef Karst, Leipzig 1911.

Euseb, de eccl. theol. = Euseb, De ecclesiastica theologia, in: GCS Euseb IV, ed. Erich Klostermann, Leipzig 1906, 59–182 (3., ergänzte Auflage, ed. Günther Christian Hansen, Berlin 1991).

Euseb, de mart. Pal. (S) = Euseb, De martyribus Palaestinae, GCS Euseb II/2, ed. Eduard Schwartz, 907–950.

Euseb, de theophania = Euseb, Die Theophanie. Die griechischen Bruchstücke und Übersetzung der syrischen Überlieferungen, GCS Euseb III/2, ed. Hugo Gressmann, Leipzig 1904 (2., überarbeitete Auflage, ed. Adolf Laminski, Berlin 1991).

Euseb, dem. ev. = Euseb, Demonstratio evangelica, GCS Euseb VI, ed. Ivar August Heikel, Leipzig 1913.

Euseb, ecl. proph. = Euseb, Eclogae propheticae, in: Generalis elemantaria introductio, PG 22, 1021–1261.

Euseb, h.e. = Euseb, historia ecclesiastica, GCS Euseb II/1 (h.e. I–V), ed. Eduard Schwartz, Leipzig 1903 (= 2., unveränderte Auflage, GCS Euseb N.F. 6,1, ed. Friedhelm Winkelmann, Berlin 1999). — GCS Euseb II/2 (h.e. VI–X), ed. Eduard Schwartz, Leipzig 1908 (= 2., unveränderte Auflage, GCS Euseb N.F. 6,2, ed. Friedhelm Winkelmann, Berlin 1999). — GCS Euseb II/3 (Einleitungen, Übersichten und Register), ed. Eduard Schwartz, Leipzig 1909 (= 2., unveränderte Auflage, GCS Euseb N.F. 6,3, ed. Friedhelm Winkelmann, Berlin 1999).

— Eusebius von Caesarea. Kirchengeschichte, ediert und eingeleitet von Heinrich Kraft, übersetzt von Philipp Haeuser (in der 2. Auflage durchgesehen von Hans Armin Gärtner), unveränderter Nachdruck der 3. Auflage, Darmstadt 1997.

Euseb, onom. = Euseb, Onomasticon, GCS Euseb III/1, ed. Erich Klostermann, Leipzig 1904.

Euseb, praep. ev. = Euseb, Die praeparatio Evangelica, GCS Eusebius VIII/1, ed. Karl Mras/ Édouard des Places, 2. Auflage, Berlin, 1982. — GCS Eusebius VIII/2, ed. Karl Mras/ Édouard des Places, 2. Auflage, Berlin, 1985.

— Eusèbe de Césarée, La préparation évangélique, SC 206 (p.e. I), ed. Jean Sirinelli, Paris 1974. — SC 228 (p.e. II–III), ed. Éduard des Places, Paris 1976. — SC 262 (p.e. IV–V,17), ed. Odile Zink, Paris 1979. — SC 266 (p.e. V,18–VI), ed. Éduard des Places, Paris 1980. — SC 215 (p. e. VII), ed. Éduard des Places, Paris 1975. — SC 369 (p.e. VIII–X), ed. Guy Schroeder/Éduard des Places, Paris 1991. — SC 292 (p.e. XI), ed. Éduard des Places, Paris 1982. — SC 307 (p.e. XII–XIII), ed. Éduard des Places, Paris 1983. — SC 338 (p.e. XIV–XV), ed. Éduard des Places, Paris 1987.

Euseb, v.C. = Euseb, De Vita Constantini, GCS Euseb I, ed. Ivar Heikel, Leipzig 1902; 2., unveränd. Auflage, ed. Friedhelm Winkelmann, Berlin 1999.

Filaster, haer. = Filastrius, diversarvm hereseon liber, CSEL XXXVIII, ed. Friedrich Marx, Wien 1898.

— Filastrii Episcopi Brixensis Diversarum Hereseon Liber, ed. Vincentius Bulhart, Eusebii Vercellensis Episcopi quae supersunt, CChrSL IX, Turnholt 1957, 207–324.

Hier., c. Ruf. = St. Jérôme, Apologie contre Rufin, SC 303, ed. Pierre Lardet, Paris 1983.

Hier., comm. in Mt. = SC 242 (Buch I–II), ed. Émile Bonnard, Paris 1977. — SC 259 (Buch III–IV), ed. Émile Bonnard, Paris 1979.

Hier., de vir. ill. = Hieronymus, Liber de viris illustribus, TU XIV, 1a, ed. Ernest Cushing Richardson, Leipzig 1896.

Hier., ep. = Hieronymus, epistularum pars I (epistulae I–LXX), CSEL LIV, ed. Isidorus Hilberg, Wien 1996. — Hieronymus, epistularum pars II (epistulae LXXI–CXX), CSEL LV, ed. Isidorus Hilberg, Wien 1996. — Hieronymus, epistularum pars III (epistulae CXXI–CLIV), CSEL LVI/1, ed. Isidorus Hilberg, Wien 1996.

Hier., in Eph. = S. Eusebii Hieronymi stridonensis presbyteri Commentariorum in Epistolam ad Galatas libri tres, PL XXVI, Paris 1845, 307–618.

Hier., in Hiez. = S. Hieronymi Presbyteri Opera, Pars I Opera exegetica, 4 Commentariorum in Hiezechielem libri XIV, CChr SL LXXV, Turnholt 1964.

Hier., in Is. = S. Hieronymi Presbyteri Opera, Pars I Opera exegetica, 2 Commentariorum in Isaiam libri I–XI, ed. Marci Adriaen, CChr SL LXXIII, Turnholt 1963.

— Commentaires de Jérôme sur le prophète Isaïe, ed. Roger Gryson, Vetus Latina 30 (Bd. 8–11), Freiburg 1996. — Commentaires de Jérôme sur le prophète Isaïe, ed. Roger Gryson, Vetus Latina 35 (Bd. 12–15), Freiburg 1998.

Hippolyt, ref. = Refutatio omnium haeresium, PTS 25, ed. Miroslav Marcovich, Berlin–New York 1986.

Ign., ad Tral. = Ignatius, An die Traller, ed. Andreas Lindemann/Henning Paulsen, Die apostolischen Väter, Tübingen 1992, 198–206.

Iren., adv. haer. = *Adv. haer. I*: SC 263 (Introduction, notes justificatives, tables), ed. Adelin Rousseau, Paris 1979; SC 264 (texte et traduction), ed. Adelin Rousseau, Paris 1979. — *Adv. haer. II*: SC 293 (Introduction, notes justificatives, tables), ed. Adelin Rousseau, Paris 1982; SC 294 (texte et traduction), ed. Adelin Rousseau, Paris 1982. — *Adv. haer. III*: SC 34, Irénée de Lyon, Contre les héresies, livre III, ed. F. Sagnard, Paris 1952. — *Adv. haer. III*: SC 210 (Introduction, notes justificatives, tables), ed. Adelin Rousseau, Paris 1974; SC 211 (texte et traduction), ed. Adelin Rousseau, Paris 1974. — *Adv. haer. IV*: SC 100/1 (Introduction, notes justificatives, tables), ed. Adelin Rousseau, Paris 1965; SC 100/2 (texte et traduction), ed. Adelin Rousseau, Paris 1965. — *Adv. haer. V*: SC 152 (Introduction, notes justificatives, tables), ed. Adelin Rousseau, Paris 1969; SC 153 (texte et traduction), ed. Adelin Rousseau, Paris 1969.

Justin, apol. = Iustini Martyris Apologiae pro Christianis, PTS 38, ed. Miroslav Marcovich, Berlin–New York 1994.

Justin, dial. c. Trypho = Iustini Martyris Dialogus cum Tryphone, PTS 47, ed. Miroslav Marcovich, Berlin–New York 1997.

Klemens Alex., ecl. proph. = Eclogae propheticae, GCS Clemens Alexandrinus III, ed. Otto Stählin, Leipzig 1909.

Klemens Alex., exc. Theodot. = Excerpta ex Theodoto, (Buch VII–VIII), GCS Clemens Alexandrinus III, ed. Otto Stählin, Leipzig 1909.

— SC 23, ed. F. Sagnard, Paris 1948.

Klemens Alex., strom. = Klemens Alexandrinus, Stromata (Buch I–VI), GCS Clemens Alexandrinus II, ed. Otto Stählin, 3. Auflage ed. Ludwig Fruechtel, Berlin 1960. — Stromata (Buch VII–VIII), GCS Clemens Alexandrinus III, ed. Otto Stählin, Leipzig 1909.

— SC 30 (strom. I), ed. Marcel Caster und Claude Mondésert, Paris 1951. — SC 38 (strom. II), ed. P. Th. Camelot und Claude Mondésert. — SC 463 (strom. IV), ed. Annewies van den Hoek und Claude Mondésert, Paris 2001. — SC 278 (strom. V: introd., texte critique et index), ed. Pierre Voulet, Paris 1981. — SC 279 (strom. V: Commentaire, bibliographie et index), ed. Alain de Buolluec, Paris 1981. — SC 446 (strom. VI), ed. Patrick Descourtieux, Paris 1999. — SC 428 (strom. VII), ed. Alain de Buolluec, Paris 1997.

Klemens Alex., quis dives salv. = Quis dives salvetur, GCS Clemens Alexandrinus III, ed. Otto Stählin, Leipzig 1909.

Lukian, historia = Lukian, Quomodo historia sit conscribenda – Wie man Geschichte schreiben soll, ed. H. Homeyer, München 1965.

Pamphilus/Euseb, Apologie für Origenes = Pamphile, Eusèbe de Césarée, Apologie pour Origène, SC 464 (texte, traduction et notes), ed. René Amacker et Éric Junod, Paris 2002. — SC 465 (étude, commentaire philologique et index), ed. René Amacker et Éric Junod, Paris 2002.

Praedestinatus = Salviani Massiliensis presbyteri, Arnobius Junioris, Mamerti Claudiani, S. Patricii, Hybernorum Apostoli necnon aliorum aliquod scriptorum opera omnia [...] intermiscentur auctoris anonymi de haeresi praedestinatiana libri tres, PL LIII, Paris 1847.

Melito, de pascha = Melito of Sardis. On pascha and fragments, ed. Stuart George Hall, Oxford 1979.

Methodius, sympos. = Methodius, Symposium = Méthode d'Olympe, Le banquet, SC 95, ed. Herbert Musurillo et Victor-Henry Debidour, Paris 1963.

Minucius Felix, Octavius = M. Minucius Felix, Octavius, ed. Bernhard Kytzler, München 1965.

Orig., c. Cels. = Origenes Buch I–IV gegen Celsus, GCS Origenes I, ed. Paul Koetschau, Leipzig 1899. — Origenes Buch V–VIII gegen Celsus, GCS Origenes II, ed. Paul Koetschau, Leipzig 1899.

— Origène, Contre Celse, SC 132 (c. Cels. I–II), ed. Marcel Borret, Paris 1967. — SC 136 (c. Cels. III–IV), ed. Marcel Borret, Paris 1968. — SC 147 (c. Cels. V–VI), ed. Marcel Borret, Paris 1969. — SC 150 (c. Cels. VII–VIII), ed. Marcel Borret, Paris 1969. — SC 227 (Introduction générale, tables et index), ed. Marcel Borret, Paris 1976.

Orig., comm. in ep. ad Titum = Origenes, Titusbriefkommentar, PG 17, o. O. 1857.

Orig., comm. in Io. = Origenes, Der Johanneskommentar, GCS Origenes IV, ed. Erwin Preuschen, Leipzig 1903.

— Origène, Commentaire sur Saint Jean, SC 120 (Buch I–V), ed. Cécile Blanc, Paris 1996. — SC 157 (Buch VI–X), ed. Cécile Blanc, Paris 1970. — SC 222 (Buch XIII), ed. Cécile Blanc, Paris 1975. — SC 290 (Buch XIX–XX), ed. Cécile Blanc, Paris 1982. — SC 385 (Buch XXVIII und XXXII), ed. Cécile Blanc, Paris 1992.

Orig., comm. in Mt. = Origenes, Der Matthäuskommentar, GCS Origenes X (1. Die griechisch erhaltenen Tomoi), ed. Erich Klostermann, Leipzig 1935.

Orig., comm. ser. in Mt. = Origenes, Matthäuserklärung, GCS Origenes XI (2. Die lateinische Übersetzung der commentariorum series), ed. Erich Klostermann, Leipzig 1933.

Orig., de oratione = Origenes, Die Schrift vom Gebet, GCS Origenes II, ed. Paul Koetschau, Leipzig 1899.

Orig., de princ.= Origenes, De Principiis, GCS Origenes V, ed. Paul Koetschau, Leipzig 1913

— Origène, Traité des principes, SC 252 (de princ. I–II), ed. Henri Crouzel et Manilo Simonetti, Paris 1978. — SC 253 (commentaire et fragments), ed. Henri Crouzel et Manilo Simonetti, Paris 1978. — SC 268 (de princ. III–IV), ed. Henri Crouzel et Manilo Simonetti, Paris 1980. — SC 269 (commentaire et fragments), ed. Henri Crouzel et Manilo Simonetti, Paris 1980. — SC 312 (Compléments et index), ed. Henri Crouzel et Manilo Simonetti, Paris, 1984.

— Origenes, Vier Bücher von den Prinzipien, ed. Herwig Görgemanns/Heinrich Karpp, Texte zur Forschung 24, Darmstadt 1976; 3., unveränderte Auflage Darmstadt 1992.

Origenes, dial. c. Heraklides = Entretien d' Origène avec Héraclide, SC 67, ed. Jean Scherer, Paris 1960.

Orig., hom. in Ez. = Origenes, Homilien zu Samuel I, zum Hohelied und zu den Propheten, GCS Origenes VIII, ed. Wilhelm Adolf Baehrens, Leipzig 1925.

— Origène, Homélies sur Ézéchiel, SC 352, ed. Marcel Borret, Paris 1989.

Orig., hom. in Gen. = Origenes, Homilien zum Hexateuch in Rufins Übersetzung (Teil 1: Die Homilien zu Genesis, Exodus und Leviticus), GCS Origenes VI, ed. Wilhelm Adolf Baehrens, Leipzig 1920.

— Origène, Homélies sur la Genèse, SC 7, ed. Henry de Lubac et Louis Doutreleau, Paris ²1996.

Orig., hom. in Jeremiam = Origenes, Jeremiahomilien, GCS Origenes III, ed. Erich Klostermann, Leipzig 1901 (2., bearbeitete Auflage, ed. Pierre Nautin, Berlin 1983).

— Origène, Homélies sur Jérémie, SC 232 (hom I–XI), ed. Pierre Husson et Pierre Nautin, Paris 1976. — SC 238 (hom XII–XX), ed. Pierre Husson et Pierre Nautin, Paris 1977.

Orig., hom. in Lucam = Origenes, Die Homilien zu Lukas in der Übersetzung des Hieronymus und die griechischen Reste der Homilien und des Lukas-Kommentars, GCS Origenes IX, ed. Max Rauer, Leipzig 1930 (2., neubearbeitete Auflage, ed. Max Rauer, Berlin 1959).

— Origène, Homélies sur S. Luc, SC 87, ed. Henri Crouzel, François Fournier et Pierre Périchon, Paris 1962.

Pamphilus, apol. Orig. = Pamphilus, Apologia pro Origene, PG 17, o. O. 1857, 541–616.

— Pamphile et Eusèbe de Césarée, Apologie pour Origène suivi de Rufin d'Aquilée Sur la falsification des livres d'Origène, SC 464 (Texte critique, traduction et notes), ed. René

Amacker et Éric Junod, Paris 2002. — SC 465 (Étude, commentaire philologique et index), ed. René Amacker et Éric Junod, Paris 2002.

Palladius, hist. Laus. = Palladius, Historia ad Lausum, PG 34, Paris 1903, 995–1278.

Polyk. = Polykarpbrief, ed. Andreas Lindemann/ Henning Paulsen, Die apostolischen Väter, Tübingen 1992, 242–257.

Photius, bibl. = Photius, Bibliotheca, ed. René Henry, 8 Bde. — Bd. 1 (Codices 1–48), Paris 1959. — Bd. 2 (Codices 84–185), Paris 1960. — Bd. 3 (Codices 186–222), Paris 1962. — Bd. 4 (Codices 223–229), Paris 1965. — Bd. 5 (Codices 223–229), Paris 1967. — Bd. 6 (Codices 242–245), Paris 1971. — Bd. 7 (Codices 246–256), Paris 1974. — Bd. 8 (Codices 257–280), Paris 1977.

Pseudoklementinen, Homilien = Die Pseudoklementinen, Bd. 1. Homilien, GCS 42, ed. Bernhard Rehm, 3., verbesserte Auflage von Georg Strecker, Berlin 1992.

Pseudoklementinen, Recognitionen = Die Pseudoklementinen, Bd. 2. Rekognitionen in Rufins Übersetzung, GCS 51, ed. Bernhard Rehm, 2. verbesserte Auflage von Georg Strecker, Berlin 1994.

Ruf., apol. praef. = In Apologeticum S. Pamphili pro Origene Rufini Praefatio ad Macarium, in: Tyrannii Rvfini opera, CChrSL XX, ed. Manlius Simonetti, Turnholt 1961.

Severus von Antiochien, Contra Additiones Juliani, in: Robert Hespel, Sévère de Antioche. La polémique antijulianiste II, A. Le contra Additiones Juliani, CSCO 295, Louvain, 1968 (syrischer Text), CSCO 296, Louvain 1968 (frz. Übersetzung).

Socrates, h.e. = Sokrates Kirchengeschichte, GCS N.F. 1, ed. Günther Christian Hansen, Berlin 1995.

Sozomenos, h.e. = Sozomenus, Kirchengeschichte, GCS 50, ed. Günther Christian Hansen, Berlin 1960; GCS N.F. 4 (2., durchges. Auflage), Berlin 1995.

— Sozomène, Histoire ecclésiastique, livres I–II, SC 306, ed. Joseph Bidez, Paris 1983.

Tatian, orat. ad. Graec. = Tatian, Oratio ad Graecos, PTS 43, ed. Miroslav Marcovich, Berlin–New York 1995.

Tert., adv. Hermog. = Tertullian, Adversus Hermogenem, SC 439, ed. Frédéric Chapot, Paris 1999.

Tert., adv. Marc. = Tertullian, Adversus Marcionem, CChr SL I, Tertulliani opera I, Turnholt 1954, 441–726.

— SC 365 (adv. Marc. I), ed. René Braun, Paris 1990). — SC 368 (adv. Marc. II), ed. René Braun, Paris 1991. — SC 399 (adv. Marc. III), ed. René Braun, Paris 1994. — SC 456 (adv. Marc. IV), ed. René Braun, Paris 2001. — SC 483 (adv Marc. V), ed. Claudio Moreschini, Paris 2004.

Tert., adv. Prax. = Tertullian, Adversus Praxean, CChr SL II, Tertulliani opera II, Turnholt 1954, 1157–1205.

— FC 37, ed. Hermann-Josef Sieben, Freiburg u. a. 2001.

Tert., adv. Val. = Tertullian, Adversus Valentinianos, CChr SL II, Tertulliani opera II, Turnholt 1954, 751–778.

— SC 280 (Text), ed. Jean-Claude Fredouille, Paris 1980. — SC 281 (Kommentar, Index), ed. Jean-Claude Fredouille, Paris 1981.

Tert., apol. = Tertullian, Apologeticum, CChr SL I, Tertulliani opera I, Turnholt 1954, 77–171.

Tert., de anima = Tertullian, De anima, CChr SL II, Tertulliani opera II, Turnholt 1954, 779–869.

— Quinti Septimi Florentis Tertulliani De anima, ed. Jan Hendrik Waszink, Amsterdam 1947.

Tert., de baptismo = Tertullian, De baptismo, CChr SL I, Tertulliani opera I, Turnholt 1954, 275–295.

Tert., de carne = Tertullian, De carne christi, CChr SL II, Tertulliani opera II, Turnholt 1954, 871–917.

— SC 216 (Introduction, texte critique et traduction), ed. Jean-Pierre Mahé, Paris 1975.
— SC 217 (Commentaire et index), ed. Jean-Pierre Mahé, Paris 1975.

Tert., de paen. = Tertullian, De paenitentia, CChr SL I, Tertulliani opera I, Turnholt 1954, 319–340.

— SC 316, ed. Charles Munier, Paris 1984.

Tert., ieiun. = Tertullian, De ieiunio adversus psychicos, CChr SL II Tertulliani opera pars II, Turnholt 1954, 1255–1277.

Tert., praescr. = Tertullian, De praescriptione haereticorum, CChr SL I, Tertulliani opera I, Turnholt 1954, 185–224.

— SC 46, ed. François Refoulé, Paris 1957.

Tert., virg. vel. = Tertullian, De virginibus velandis, CChr SL II, Tertulliani opera II, Turnholt 1954, 1208–1226.

— SC 424, ed. Eva Schulz-Flügel, Paris 1997.

Ps.-Tert., adv. omn. haer. = (Pseudo-)Tertullian, Adversus omnes haereses, CChr SL II Tertulliani opera pars II, Turnholt 1954, 1399–1410.

Theodoret, haeret. fab. = Theodoret, haereticarum fabularum compendium, in: Theodoret, Opera omnia IV, PG 83, Paris 1864, 339–556.

Theodoret, h.e. = Theodoret, Kirchengeschichte, ed. Leon Parmentier, GCS N.F. 5, Berlin ³1998.

Hilfsmittel (in Auswahl)

Bauer, W., Griechisch-Deutsches Wörterbuch zu den Schriften des Neuen Testamentes und der frühchristlichen Literatur. 6. völlig neu bearbeitete Auflage, hg. v. K. Aland und B. Aland, Berlin–New York 1998.

Lampe, G. W. H., A Patristic Greek Lexicon, Oxford 1961.

Liddell, H. G./Scott, R. A Greek-English Lexicon. Compiled by H. G. Liddell and R. Scott (...) with a supplement, Oxford 1982.

Novum Testamentum Graece, post Eb. et Erw. Nestle communiter ed. K. Aland, M. Black, C. M. Martini, B. M. Metzger, A, Wikgren, apparatum criticum recensuerunt et ed. novis curis elaboraverunt K. Aland et B. Aland (...), Stuttgart 1979 (26. Auflage).

Sekundärliteratur

Adam, Syneisakten = A. Adam, Art. Syneisakten, in: RGG³, 560–561.

Aland, Marcion/Marcionitismus = Barbara Aland, Art. Marcion/Marcionitismus, in: TRE 22, 89–101.

Aland, Montanismus = Kurt Aland, Art. Montanismus, in: RGG³, 1117–1118.

Alexander, Novatian/Novatianer = James S. Alexander, Art. Novatian/Novatianer, in: TRE 24 (1994), 678–682.

Altaner/Stuiber, Patrologie = Berthold Altaner/Alfred Stuiber, Patrologie. Leben, Schriften und Lehre der Kirchenväter, Freiburg, Basel, Wien ⁸1978.

Andresen, Siegreiche Kirche = Carl Andresen, „Siegreiche Kirche" im Aufstieg des Christentums. Untersuchungen zu Eusebius von Caesarea und Dionysius von Alexandrien, ANRW II 23,1 (1979), 387–459.

Bardy, Paul de Samosate = Gustave Bardy, Paul de Samosate. Étude historique, SSL 4, Paris 1923.

Barnes, Chronology = Timothy D. Barnes, The chronology of Montanism, JTHS NS XXI, Oxford 1970, 403–408.

Barnes, Constantine and Eusebius, = Timothy D. Barnes, Constantine and Eusebius, Cambridge/Mass. 1981.

Barnes, Editions = Timothy D. Barnes, The Editions of Eusebius' Ecclesiastical History, in: Greek, Roman and Byzantine Studies 21 (1980), 191–201, wieder abgedruckt in: ders., Early Christianity and the Roman empire, London 1984, 191–201.

Bauer, Rechtgläubigkeit und Ketzerei = Walter Bauer, Rechtgläubigkeit und Ketzerei im ältesten Christentum, Beiträge zur historischen Theologie 10, 2. Auflage 1964, hg. v. G. Strecker.

Baumeister, Montanus = Theofried Baumeister, Art. Montanus, in: LACL (1998), 444–445.

Baumstark, Lehre = Anton Baumstark, Die Lehre des römischen Presbyters Florinus, ZNW 13, 1912, 306–319.

Berner, Initiationsriten = Wolf Dietrich Berner, Initiationsriten in Mysterienreligionen, im Gnostizismus und im antiken Judentum, Diss. theol. (masch.) Göttingen 1972.

Bienert, Apologie = Wolfgang A. Bienert, Die älteste Apologie für Origenes? Zur Frage nach dem Verhältnis zwischen Photius, cod. 117, und der Apologie des Pamphilus, in: Origeniana Quarta. Die Referate des 4. Internationalen Origeneskongresses (Innsbruck, 2.–6. September 1985), hg. v. Lothar Lies, Innsbrucker Theologische Studien 19, Innsbruck – Wien 1987, 123–127.

Blum, Chiliasmus = Georg Günter Blum, Art. Chiliasmus II (Alte Kirche), in: TRE 7 (1981), 729–733.

Blum, Kallimachos = Rudolf Blum, Kallimachos. The Alexandrian Library and the Origins of Bibliography, Wisconsin 1991.

Blum, Literaturverzeichnung = Rudolf Blum, Die Literaturverzeichnung im Altertum und Mittelalter. Versuch einer Geschichte der Biobibliographie von den Anfängen bis zum Beginn der Neuzeit, Frankfurt/Main 1983.

Böhling, Manichäismus = Alexander Böhling, Art. Manichäismus, in: TRE 22 (1992), 25–45.

Brox, Adversus haereses, FC 8/1–8/5 siehe unter Quellen: Irenäus, Adversus haereses.

Brox, Häresie = N. Brox, Art. Häresie, RAC 13 (Stuttgart 1986), 248–297.

Bourgess, Dates = R. W. Bourgess, The Dates and Editions of Eusebius' chronici canones and Historia ecclesiastica, in: JThS 48 (1997), 471–504.

Burrus, Rhetorical Stereotypes = Virginia Burrus, Rhetorical Stereotypes in the Portrait of Paul of Samosata, VigChr. 43 (1989), 215–225.

Campenhausen, Kirchenväter = Hans Freiherr von Campenhausen, Die griechischen Kirchenväter, 2. Auflage, Stuttgart 1956.

Carriker, Library = Andrew Carriker, The library of Eusebius of Caesarea, Supplements to Vigiliae Christianae 67, Leiden 2003.

Carriker, Sources = Andrew J. Carriker, Seven unidentified sources in Eusebius' „Historia ecclesiastica", in: Nova doctrina vetusque, FS Fredric Schlatter, ed. Douglas Kries, New York 1999, 79–92.

Chadwick, Contra Celsum = Origen: Contra Celsum, translated, with an introduction & notes by Henry Chadwick, Cambridge 1965.

Chapot, Hermogène = Frédéric Chapot, L'hérésie d'Hermogène: fragments et commentaire, in: Recherches augustiniennes (1997), 3–111.

Connolly, Eusebius H.E. v. 28 = R. H. Conolly, Eusebius H. E. v. 28, in: JThS 49 (1964), 73–79.

de Riedmatten, Les Actes = Henri de Riedmatten, Les Actes du Procès de Paul de Samosate: Étude sur la Christologie du IIIe au IVe siècle, Paradosis 6, Fribourg en Suisse 1952.

Decker, Monarchianer = Michael Decker, Die Monarchianer. Frühchristliche Theologie im Spannungsfeld zwischen Rom und Kleinasien, Hamburg 1987.

Drijvers, Bardaisan = Han Jan Willem Drijvers, Bardaisan of Edessa, Studia Semitica Neerlandica, Assen 1966.

Drijvers, Bardesanes = Han Jan Willem Drijvers, Art. Bardesanes, TRE 5 (1980), 206.

Drobner, Patrologie = Hubertus R. Drobner, Lehrbuch der Patrologie, Freiburg/Br. 1994.

Elze, Sabellius = Martin Elze, Art. Sabellius, in: RGG³ (1961), 1262.

Elze, Tatian = Martin Elze, Tatian und seine Theologie, Forschungen zur Kirchen- und Dogmengeschichte 9, Göttingen 1960.

Elze, Häresie = Martin Elze, Häresie und Einheit der Kirche im 2. Jahrhundert, in: ZThK 71 (1974), 389–409.

Fernández, Herejía = José M. Magaz Fernández, La herejía en la „Historia eclesiástica" de Eusebio de Cesarea, in: Revista agustiniana 40 (1999), 479–532.

Fitzgerald, Little Labyrinth = John T. Fitzgerald, Eusebius and the Little Labyrinth, Suppl. Nov. Test. 90, Leiden 1998, 120–146.

Förster, Marcus Magus = Niclas Förster, Marcus Magus. Kult, Lehre und Gemeindeleben einer valentinianischen Gnostikergruppe, WUNT 114, Tübingen 1999.

Frend, Montanismus = William Hugh Clifford Frend, Art. Montanismus, in: TRE 23 (1994), 271–279.

Frenschkowski, Mani = Marco Frenschkowski, Art. Mani, in: BBKL 5 (1993), 669–680.

Frenschkowski, Montanus = Marco Frenschkowski, Art. Montanus, in: BBKL 6 (1993), 77–81.

Freudenthal, Hellenistische Studien = Jakob Freudenthal, Hellenistische Studien, Heft 1: Alexander Polyhistor und die von ihm erhaltenen Reste jüdischer und samaritanischer Geschichtswerke, in: Jahresbericht des jüdisch-theologischen Seminars „Fraenkel'scher Stiftung", Breslau 1874.

Frickel, Das Dunkel um Hippolyt von Rom = Josef Frickel, Das Dunkel um Hippolyt von Rom, ein Lösungsversuch, Grazer Theologische Studien 13 (Graz 1988), 3–9.

Gärtner, Eusebios = Helga Gärtner/Hans A. Gärtner, Eusebios als Erzähler. Zu seinem Origenesbild im 6. Buch der Kirchengeschichte, in: Der Freund des Menschen, FS Georg Christian Macholz, ed. Arndt Meinhold, Neukirchen 2003, 223–236.

Gödecke, Geschichte als Mythos = Monika Gödecke, Geschichte als Mythos. Eusebs „Kirchengeschichte", Europäische Hochschulschriften XXIII 307, Frankfurt/Main 1987.

Gonnet, L'acte de citer = Dominique Gonnet, L'acte de citer dans l'Histoire ecclésiastique" d'Eusèbe, in: L'historiographie de l'Église des premiers siècles, Actes du colloque de Tours 2000, ed. Bernard Pouderon/Michel Quesnel, Paris 2001, 181–193.

Grant, Eusebius as Church Historian = Robert McQueen Grant, Eusebius as Church historian, Oxford 1980.

Grant, Father of Church History = Robert McQueen Grant, The Case against Eusebius, or, Did the Father of Church History Write History?, in: Stud. Patr. XII. Papers presented to the Sixth International Conference on Patristic Studies held in Oxford 1971, part I, hg. v. Elizabeth A. Livingstone, Berlin 1975, 413–421.

Grant, Heresy = Robert McQueen Grant, Heresy and Criticism. The search for Authenticity in Early Christian Literature, Louisville 1993.

Grant, The heresy of Tatian = Robert McQueen Grant, The heresy of Tatian, JThS, N.F. V, Oxford 1954, 62–68.

Greschat, Apelles = Katharina Greschat, Apelles und Hermogenes. Zwei theologische Lehrer des zweiten Jahrhunderts, Supplements to Vigiliae Christianae 48, Leiden–Boston–Köln 2000.

Gustavsson, Eusebius' Principles = B. Gustavsson, Eusebius' Principles in handling his Sources, as found in his Church History, Books I–VII, Studia Patristica IV (TU 79), Berlin 1961, 429–441.

Hamel, Artemon = A. Hamel, Art. Artemon, RGG³, 636.

Harnack, Dogmengeschichte = Adolf von Harnack, Dogmengeschichte, 8. Auflage (unveränderter Nachdruck der 7. Auflage), Tübingen 1991.

Harnack, Altchristliche Litteratur = Adolf von Harnack, Geschichte der altchristlichen Litteratur bis Eusebius, Bd. I (Die Überlieferung und der Bestand), Leipzig 1893. — Bd. II/1 und II/2 (Die Chronologie), Leipzig 1897 (II/1) und 1904 (II/2).

Harnack, Griechische Apologeten = Adolf (von) Harnack, Die Überlieferung der griechischen Apologeten des zweiten Jahrhunderts in der alten Kirche und im Mittelalter, TU I 1 und I 2, Leipzig 1883.

Harnack, Marcion = Adolf von Harnack, Marcion. Das Evangelium vom fremden Gott. Eine Monographie zur Geschichte der Grundlegung der katholischen Kirche, unverändert. reprographischer Nachdr. der 2., verb. und verm. Auflage Leipzig 1924 (TU 45), Darmstadt 1996.

Hausammann, Schriftsteller = Susanne Hausammann, Frühchristliche Schriftsteller: „Apostolische Väter", Häresien, Apologeten, Neukirchen-Vluyn 2001.

Hauschild, Lehrbuch = Wolf-Dieter Hauschild, Lehrbuch der Kirchen- und Dogmengeschichte, Bd. 1 Alte Kirche und Mittelalter, Gütersloh 1995.

Hefele, Conciliengeschichte = Carl Joseph von Hefele, Conciliengeschichte, Bd. 1, 2. Auflage Freiburg/Breisgau 1873. (ders., Histoire des conciles d'après les documents originaux, übersetzt v. Henri Leclercq, Paris 1907.)

Hidber, Zeit und Erzählperspektive = Thomas Hidber, Zeit und Erzählperspektive in Herodians Geschichtswerk, in: Martin Zimmermann (Hrsg.), Geschichtsschreibung und politischer Wandel im 3. Jh. n. Chr., hg. v. Martin Zimmermann, Historia Einzelschriften 127, Stuttgart 1999, 145–167.

Hilgenfeld, Ketzergeschichte = Adolf Hilgenfeld, Die Ketzergeschichte des Urchristentums, Darmstadt 1963 (unveränderter Nachdruck der Ausgabe Leipzig 1884).

Inglebert, L'histoire = Hervé Inglebert, L'histoire des heresies chez les hérésiologues, in: L'historiographie de l'Église des premiers siècles, Actes du colloque de Tours 2000, ed. Bernard Pouderon/Michel Quesnel, Paris 2001, 105–125.

Karpp, Donatismus = Heinrich Karpp, Art. „Donatismus", in: RGG, 239–241.

Kastner, Kontroverse = Karl Kastner, Zur Kontroverse über den angeblichen Ketzer Florinus, ZNW 13, 1912, 133–156.

Kettler, Melitius = F. H. Kettler, Art. „Melitius", in: RGG³, 845–846.

Kienast, Römische Kaisertabelle = Dietmar Kienast, Römische Kaisertabelle. Grundzüge einer römischen Kaiserchronologie, Darmstadt 1990.

Koch, Tertullian = Hugo Koch, Tertullian und der römische Presbyter Florinus, ZNW 13, 1912, 95–83.

Kraft, Eusebius = Heinrich Kraft (Hrsg.), Eusebius von Caesarea. Kirchengeschichte, Darmstadt 1997 (unveränderter Nachdruck der 3. Auflage 1989).

Kretschmar, Satornil = Georg Kretschmar, Art. „Satornil", in: RGG³, 1374–1375.

Lampe, Stadtrömische Christen = Peter Lampe, Die stadtrömischen Christen in den ersten beiden Jahrhunderten, WUNT 2/18, Tübingen ²1989.

Lawlor, Eusebiana = Hugh Jackson Lawlor, Eusebiana. Essays on the Ecclesiastical History of Eusebius Bishop of Caesarea, Oxford 1912.

Laqueur, Eusebius als Historiker = Richard Laqueur, Eusebius als Historiker seiner Zeit, AzKG 11, Berlin/Leipzig 1929.

Lawlor/Oulton, Eusebius = Hugh Jackson Lawlor/John Ernest Leonard Oulton, Eusebius. Bishop of Caesarea, The Ecclesiastical History and the Martyrs of Palestine, 2 Bde., London 1927/1928.

Le Boulluec, La notion = Alain Le Boulluec, La notion d'hérésie dans la littérature greque IIᵉ–IIIᵉ siècles, Bd. I De Justin à Irénée, Paris 1985 (Seite 1–262); Bd. II Clément d' Alexandrie et Origène, Paris 1985 (Seite 263–662).

Leroy, L'Évangile =Yannick Leroy, L'„Évangile de Pierre" et la notion d'„hétérodoxie": Sérapion d'Antioche, Eusèbe de Césarée et les autres, in: Revue biblique 114 (2007), 80–98.

Lindemann/Paulsen, Apostolische Väter = Andreas Lindemann/Henning Paulsen (Hgg.), Die Apostolischen Väter, Tübingen 1992.

Löhr, Basilides und seine Schule = Winrich Alfried Löhr, Basilides und seine Schule. Eine Studie zur Theologie- und Kirchengeschichte des zweiten Jahrhunderts, Tübingen 1996.

Löhr, Theodotus = Winrich Alfried Löhr, Theodotus der Lederarbeiter und Theodotus der Bankier – ein Beitrag zur römischen Theologiegeschichte des zweiten und dritten Jahrhunderts, ZNW 87 (1996), 101–125.

Loofs, Leitfaden = Friedrich Loofs, Leitfaden zum Studium der Dogmengeschichte, 1. und 2. Teil: Alte Kirche, Mittelalter und Katholizismus bis zur Gegenwart, Tübingen ⁶1959.

Loofs, Paulus von Samosata = Friedrich Loofs, Paulus von Samosata. Eine Untersuchung zur altkirchlichen Literatur- und Dogmengeschichte, TU 44,5, Leipzig 1924.

Lohse, Quartadezimaner = Bernhard Lohse, Art. Quartadezimaner, in: RGG⁴, 733.

Lortz, Tertullian = Joseph Lortz, Tertullian als Apologet, Bd. 2, Münster 1928.

Louth, Date = Andrew Louth, The Date of Eusebius' historia ecclesiastica, in: JThS 41 (1990), 111–123.

Markschies, Kerinth = Christoph Markschies, Kerinth: Wer war er und was lehrte er?, JbAC 41, 1998, 48–76.

Markschies, Montanismus = Christoph Markschies, Art. Montanismus, in: RGG⁴, 1471–1473.

Markschies, Satornil = Christoph Markschies, Art. Satornil, in: RGG⁴, 846.

Markschies, Valentinus Gnosticus = Christoph Markschies, Valentinus Gnosticus Untersuchungen zur valentinianischen Gnosis mit einem Kommentar zu den Fragmenten Valentins, WUNT 65, Tübingen 1992.

May, Markion = Gerhard May, Markion und der Gnostiker Kerdon, Evangelischer Glaube und Geschichte. Festschrift Grete Mecenseffy, Die aktuelle Reihe 26, Wien 1984, 233–246.

May, Schöpfung aus dem Nichts = Gerhard May, Schöpfung aus dem Nichts. Die Entstehung der Lehre von er Creatio ex Nihilo, AKG 48, Arbeiten zur Kirchengeschichte Bd. 48, Berlin–New York 1978.

Mendels, Sources = Doron Mendels, The sources of the „Ecclesiastical history" of Eusebius: the case of Josephus, in: L'historiographie de l'Église des premiers siècles. Actes du colloque de Tours 2000, ed. Bernard Pouderon/Michel Quesnel, Paris 2001, 195–205.

Momigliano, Pagan and Christian Historiography = Arnaldo Momigliano, Pagan and Christian Historiography in the fourth century, in: ders. The Conflict between Paganism and Christianity in the Fourth Century. Essays ed. by Arnaldo Momigliano, Oxford 1963, 79–99, wieder abgedruckt in: Geschichtsbild und Geschichtsdenken im Altertum, hg. v. José Miguel Alonso-Núñez, WdF 631, Darmstadt 1991, 310–333.

Mühlenberg, Basilides = Ekkehard Mühlenberg, Art. Basilides, in: TRE 5 (1980), 296–301.

Mühlenberg, Geschichte = Ekkehard Mühlenberg, Die Geschichte in der Kirchengeschichte. Beobachtungen zu Eusebs Kirchengeschichte und ihren Folgen, in: Klaus-Michael Kodalle/Anne M. Steinmeier (Hgg.), Subjektiver Geist. Reflexionen und Erfahrung im Glauben, FS für Traugott Koch, Würzburg 2002, 189–205.

Mühlenberg, Wirklichkeitserfahrung = Ekkehard Mühlenberg, Wirklichkeitserfahrung und Theologie bei dem Gnostiker Basilides, KuD 18 (1972), 161–175.

Nautin, Lettres et écrivains = Pierre Nautin, Lettres et écrivains chrétiens des IIᵉ et IIIᵉ siècles, Patristica 2, Paris 1961.

Nautin, Origène = Pierre Nautin, Origène. Sa vie et son oeuvre, Christianisme antique 1, Paris 1977.

Nigg, Kirchengeschichtsschreibung = Walter Nigg, Die Kirchengeschichtsschreibung: Grundzüge ihrer historischen Entwicklung, München 1934.

Norris, Heresy = Richard A. Norris, Heresy and orthodoxy in the later second century, in: Union Seminary quarterly review 52 (1998), 43–59.

Overbeck, Anfänge der Kirchengeschichtsschreibung, = Franz Overbeck, Über die Anfänge der Kirchengeschichtsschreibung (Programm zur Rektoratsfeier), Libelli CLIII, Darmstadt 1965 (Nachdruck der Ausgabe Basel 1892).

Pagels, Valentinian Interpretation = Elaine Hiesey Pagels, A Valentinian Interpretation of of Baptism and Eucharist – and its Critique of „Orthodox" Sacramental Theology and Practice, in: Harvard Theological Review 65, 1972, 153–169.

Pannenberg, Christologie = Wolfhart Pannenberg, Art. Christologie II (Dogmengeschichtlich), in: RGG ³, 1762–1777.

Perrone, Eusèbe = Lorenzo Perrone, Eusèbe de Césarée face à l'essor de la littérature chrétienne au II siècle: propos pour un commentaire du IV livre de l'Histoire ecclésiastique, in: ZAC (2007), 311–334.

Pesch, Apostelgeschichte = Rudolf Pesch, Die Apostelgeschichte (Apg 1–12), EKK V/1, Neukirchen 1986.

Pourkier, L'hérésiologie = Aline Pourkier, L'hérésiologie chez Épiphane de Salamine, Christianisme Antique 4, Paris 1992.

Reichert, Melitius = Eckhard Reichert, Art. Melitius. Bischof von Lykopolis, in: BBKL 5 (1993), 1213–1219.

Richard, Orthodoxie = Pablo Richard, Orthodoxie und Häresie in den Anfängen des Christentums, in: Suchet zuerst das Reich Gottes und seine Gerechtigkeit, FS Kuno Füssel, ed. Urs Eigenmann, Luzern 2001, 59–68.

Röwekamp, Streit um Origenes = Georg Röwekamp, Streit um Origenes. Eine theologiegeschichtliche Untersuchung zur Apologie für Origenes des Pamphilus von Cäsarea, 2004, unter: http://ubdata.uni-paderborn.de/ediss/01/2004/roewekam/disserta.pdf

Röwekamp/Bruns, Hebräerevangelium = Georg Röwekamp/Peter Bruns, Art. Hebräerevangelium, in: LACL, 277.

Roloff, Apostelgeschichte = Jürgen Roloff, Die Apostelgeschichte, NTD Bd. 5, Göttingen 1981.

Sample, The Messiah as Prophet = Robert Lynn Sample, The Messiah as Prophet. The Christology of Paul of Samosata, Ann Arbor, Michigan, 1977.

Schatz, Konzilien = Klaus Schatz, Allgemeine Konzilien – Brennpunkte der Kirchengeschichte, Paderborn et al. 1997.

Schindler, Afrika I = Alfred Schindler, Afrika I. Das christliche Nordafrika (2.–7. Jh.), in: TRE 1 (1977), 640–700.

Schindler, Häresie II, = Alfred Schindler, Art. Häresie II (kirchengeschichtlich), in TRE 14 (1985), 320–341.

Schindler, Unterscheidung, = Alfred Schindler, Die Unterscheidung von Schisma und Häresie in der Gesetzgebung und Polemik gegen den Donatismus, in: Pietas, Festschrift für Bernhard Kötting, hg. v. Ernst Dassmann und Karl Suso Frank, JAC.E8, Münster 1980, 228–236.

Schneemelcher, Arius = Wilhelm Schneemelcher, Art. „Arius", in: RGG ³, 606.

Schöllgen, διπλῆ τιμή = Georg Schöllgen, Die διπλῆ τιμή von 1Tim 5,17, in: ZNW 80 (1989), 232–239.

Schöllgen, Sportulae = Georg Schöllgen, Sportulae. Zur Frühgeschichte des Unterhaltsanspruches der Kleriker, in: ZKG 101 (1990), 1–20.

Schöne, Einbruch = Hermann Schöne, Ein Einbruch der antiken Logik und Textkritik in die altchristliche Theologie. Eusebios' KG 5,28,13–19 in neuer Übertragung erläutert, in: Pisculi (FS Franz Joseph Dölger), Münster 1939, 252–265.

Schott, Heresiology = Jeremy M. Schott, Heresiology as universal history in Epiphanius's „Panarion", in: ZAC 10 (2006), 546–563.

Schwartz, Eusebios = Eduard Schwartz, Art. Eusebios, RE 6, 1370–1439.

Schwartz, Über Kirchengeschichte = Eduard Schwartz, Über Kirchengeschichte (1908), in: Gesammelte Schriften I (1938), 110–130.

Sirinelli, Vues Historiques = Jean Sirinelli, Les vues historique d'Eusèbe de Césarée durant la période prénicéenne, Publications de la section de langues et littératures 10, Dakar 1961.

Slusser, Paulus von Samosata = Michael Slusser, Art. Paulus von Samosata, in: TRE 26 (1996), 160–162.

von Soden, Urkunden = Urkunden zur Entstehungsgeschichte des Donatismus, Hg. v. Hans von Soden, 1913, bearb. von Hans von Campenhausen, 2. Auflage, 1950.

Stäudlin, Geschichte und Literatur = Carl Friedrich Stäudlin, Geschichte und Literatur der Kirchengeschichte, Hannover 1827.

Strecker, Judenchristentum = Georg Strecker, Art. Judenchristentum, in: TRE 17 (1988), 310–325.

Strutwolf, Origenismus = Holger Strutwolf, Der Origenismus des Euseb von Caesarea, in: Origenes in den Auseinandersetzungen des 4. Jahrhunderts, ed. Wolfgang A. Bienert, Leuven 1999, 141–147.

Studer, Theologie = Basil Studer, Die historische Theologie des Eusebius von Cäsarea, in: Adamantius 10 (2004), 138–166.

Timpe, Was ist Kirchengeschichte = Dieter Timpe, Was ist Kirchengeschichte? Zum Gattungscharakter der Historia Ecclesiastica des Eusebius, in: Werner Dahlheim u. a. (Hg.), FS Robert Werner, Xenia 22 (1989), 171–204.

Timpe, Römische Geschichte = Dieter Timpe, Römische Geschichte und Heilsgeschichte, Hans-Lietzmann-Vorlesungen 5, Berlin–New York 2001.

Thelamon, Écrire l'histoire = Françoise Thelamon, Écrire l'histoire de l'Église: d'Eusèbe de Césarée à Rufin d'Aquilée, in: L'historiographie de l'Église des premiers siècles. Actes du colloque de Tours 2000, ed. Bernard Pouderon/Michel Quesnel, Paris 2001, 207–235.

Thomassen, Orthodoxy = Einar Thomassen, Orthodoxy and heresy in second-century Rome, in: Harvard theological review 97 (2004), 241–256.

Thümmel, Memorien = Hans Georg Thümmel, Die Memorien für Petrus und Paulus in Rom. Die archäologischen Denkmäler und die literarische Tradition, AKG 76, Berlin–New York 1999.

Twomey, Apostolikos Thronos = Vincent Twomey, Apostolikos Thronos: The primacy of Rome as reflected in the Church history of Eusebius and the historico-apologetic writings of Saint Athanasius the Great, Münsterische Beiträge zur Theologie 49, Münster 1982.

Ulrich, Christenverfolgung = Jörg Ulrich, Euseb, HistEccl III,14–20 und die Frage nach der Christenverfolgung unter Domitian, ZNW 87 (1996), 269–289.

Ulrich, Euseb = Jörg Ulrich, Euseb und die Juden. Der origeneische Hintergrund, in: Origenes in den Auseinandersetzungen des 4. Jahrhunderts, ed. W. A. Bienert, Leuven 1999, 135–140.

Ulrich, Euseb, HistEccl III = Jörg Ulrich, Euseb, HistEccl III,14–20 und die Frage nach der Christenverfolgung unter Domitian, in: ZNW 87 (1996), 269–289.

Ulrich, Euseb und die Juden = Jörg Ulrich, Euseb von Caesarea und die Juden in der Theologie des Eusebius von Caesarea, PTS 49, Berlin 1999.

Ulrich, Kirchengeschichtsschreiber = Jörg Ulrich, Eusebius als Kirchengeschichtsschreiber, in: Die antike Historiographie und die Anfänge der christlichen Geschichtsschreibung, hg. Eve-Marie Becker, BZNW, Berlin–New York 2005, 277–287.

Van Oort, Elkesaiten = Johannes van Oort, Art. Elkesaiten, in: RGG⁴, 1227–1228.

Verdoner, Fortalt Virkelighed = Marie Verdoner, Fortalt Virkelighed. Euseb af Caesareas kirkelige historie, Aarhus 2007.

Vielhauer, Geschichte der urchristlichen Literatur = Philipp Vielhauer, Geschichte der urchristlichen Literatur. Einleitung in das Neue Testament, die Apokryphen und die Apostolischen Väter, 4. Auflage, Berlin 1985.

Völker, Tendenzen = Walther Völker, Von welchen Tendenzen liess sich Eusebius bei Abfassung seiner „Kirchengeschichte" leiten?, in: VigChr 4 (1950), 157–180.

Wallace-Hadrill, Eusebius of Caesarea = David Sutherland Wallace-Hadrill, Eusebius of Caesarea, London 1960.

Williams, Origenes = Rowan Williams, Origenes – ein Kirchenvater zwischen Orthodoxie und Häresie, in: ZAC 2 (1998), 49–64.

Williams, Origenes/Origenismus = Rowan Williams, Origenes/Origenismus, in: TRE 25, Berlin–New York 1995, 397–420.

Williams, Damnosa haereditas = Rowan Williams, Damnosa haereditas: Pamphilus' Apology and the Reputation of Origen, in: Logos, FS Luise Abramowski zum 8. Juli 1993, BZNW 67, Berlin–New York 1993, 151–169.

Willing, Neue Frage = Meike Willing, Die Neue Frage des Marcionschülers Apelles, in: Marcion und seine kirchengeschichtliche Wirkung. Vorträge der Internationalen Fachkonferenz zu Marcion vom 15.–18. August 2001 in Mainz, hg. v. Gerhard May und Katharina Greschat, TU 150, Berlin–New York 2002, 221–231.

Winkelmann, Euseb von Kaisareia = Friedhelm Winkelmann, Euseb von Kaisareia: Der Vater der Kirchengeschichte, Berlin 1991.

Wright/McLean, Ecclesiastical History = William Wright/Norman McLean (Hgg.), The Ecclesiastical History of Eusebius in Syriac. Cambridge 1898.

Wyrwa, Platonaneignung = Dietmar Wyrwa, Die christliche Platonaneignung in den Stromateis des Clemens von Alexandrien, AzKG 53, Berlin 1983.

Zimmermann, Ecclesia = Harald Zimmermann, Ecclesia als Objekt der Historiographie. Studien zur Kirchengeschichtsschreibung im Mittelalter und in der frühen Neuzeit. Österreichische Akademie der Wissenschaften, Phil.-Hist. Klasse, Sitzungsberichte 235. Band, 4. Abhandlung, Wien 1960.

Register

Moderne Autoren

Personenregister

Stichwortregister

Stellenregister

Biblische Schriften

Quellen